Le R d

Poitou-Charentes

Directeur de collection et auteur
Philippe GLOAGUEN

Cofondateurs
Philippe GLOAGUEN
et Michel DUVAL

Rédacteurs en chef adjoints
Amanda KERAVEL
et Benoît LUCCHINI

Directrice de la coordination
Florence CHARMETANT

Directrice administrative
Bénédicte GLOAGUEN

Directeur du développement
Gavin's CLEMENTE-RUÏZ

Direction éditoriale
Catherine JULHE

Rédaction
Isabelle AL SUBAIHI
Mathilde de BOISGROLLIER
Thierry BROUARD
Marie BURIN des ROZIERS
Véronique de CHARDON
Fiona DEBRABANDER
Anne-Caroline DUMAS
Géraldine LEMAUF-BEAUVOIS
Olivier PAGE
Alain PALLIER
Anne POINSOT
André PONCELET

Conseiller à la rédaction
Pierre JOSSE

Administration
Carole BORDES
Éléonore FRIESS

2016

hachette

Remarque importante aux hôteliers et restaurateurs

Les enquêteurs du *Routard* travaillent dans le plus strict anonymat. Aucune réduction, aucun avantage quelconque, aucune rétribution n'est jamais demandé en contrepartie. Face aux aigrefins, la loi autorise les hôteliers et restaurateurs à porter plainte.

Avis aux lecteurs

Le Routard, ce n'est pas comme le bon vin, il vieillit mal. On ne veut pas pousser à la consommation, mais évitez de partir avec une édition ancienne. Les modifications sont souvent importantes.

Les réductions accordées à nos lecteurs ne sont jamais demandées par nos rédacteurs afin de préserver leur indépendance. Les hôteliers et restaurateurs sont sollicités par une société de mailing, totalement indépendante de la rédaction, qui reste donc libre de ses choix. De même pour les autocollants et plaques émaillées.

Avec routard.com, choisissez, organisez, réservez et partagez vos voyages !

✓ Rejoignez la plus grande communauté francophone de voyageurs : plus de **2 millions** de visiteurs !

✓ Échangez avec les routarnautes : forums, photos, avis d'hôtels.

✓ Retrouvez aussi toutes les informations actualisées pour choisir et préparer vos voyages : plus de 200 fiches pays, une centaine de dossiers pratiques et un magazine en ligne pour découvrir tous les secrets de votre destination.

✓ Enfin, comparez les offres pour organiser et réserver votre voyage au meilleur prix.

Pictogrammes du *Routard*

Établissements

- Hôtel, auberge, chambres d'hôtes
- Camping
- Restaurant
- Boulangerie, sandwicherie
- Glacier
- Café, salon de thé
- Café, bar
- Bar musical
- Club, boîte de nuit
- Salle de spectacle
- Office de tourisme
- Poste
- Boutique, magasin, marché
- Accès Internet
- Hôpital, urgences

Sites

- Plage
- Site de plongée
- Piste cyclable, parcours à vélo

Transports

- Aéroport
- Gare ferroviaire
- Gare routière, arrêt de bus
- Station de métro
- Station de tramway
- Parking
- Taxi
- Taxi collectif
- Bateau
- Bateau fluvial

Attraits et équipements

- Présente un intérêt touristique
- Recommandé pour les enfants
- Adapté aux personnes handicapées
- Ordinateur à disposition
- Connexion wifi
- Inscrit au Patrimoine mondial de l'Unesco

Le *Routard* est imprimé sur un papier issu de forêts gérées.

Tout au long de ce guide, découvrez toutes les photos de la destination sur ● *routard.com* ● Attention au coût de connexion à l'étranger, assurez-vous d'être en wifi !

I.S.B.N. 978-2-01-912412-0

LA PLAINE NIORTAISE

LE MELLOIS

LE HAUT VAL DE SÈVRE

LA GÂTINE

LA VALLÉE DE LA VONNE

LA VALLÉE DU THOUET

L'OUEST DE LA GÂTINE

LE BOCAGE

LA VALLÉE DE L'ARGENTON

LA HAUTE VALLÉE DU THOUET

LE MARAIS POITEVIN

LE MARAIS MOUILLÉ ET LA VENISE VERTE

LE MARAIS DESSÉCHÉ

LA CHARENTE-MARITIME

L'AUNIS

L'ÎLE DE RÉ

AU SUD-EST DE LA ROCHELLE

LA CÔTE DE LA ROCHELLE À ROCHEFORT

LA SAINTONGE

LES VALS DE SAINTONGE – SAINTONGE DORÉE

LE VAL DE CHARENTE

LA HAUTE SAINTONGE

L'ESTUAIRE DE LA SEUDRE

L'ÎLE D'OLÉRON

LA CÔTE DE BEAUTÉ

L'ESTUAIRE DE LA GIRONDE

LA CHARENTE

LA VALLÉE DE LA CHARENTE, D'ANGOULÊME À COGNAC

LE COGNAÇAIS ET LA GRANDE CHAMPAGNE

LE SUD-CHARENTE

LE PAYS D'HORTE ET TARDOIRE

LE CONFOLENTAIS ET LA CHARENTE LIMOUSINE

LE RUFFÉCOIS

LA VALLÉE DE LA CHARENTE, DE RUFFEC À ANGOULÊME

Recommandation à ceux qui souhaitent profiter des réductions et avantages proposés dans le *Routard* par les hôteliers et les restaurateurs.

À l'hôtel, pensez à les demander au moment de la réservation ou, si vous n'avez pas réservé, **à l'arrivée.** Ils ne sont valables que pour les réservations en direct et ne sont pas cumulables avec d'autres offres promotionnelles (notamment sur Internet). Au restaurant, parlez-en **au moment** de la commande et surtout **avant** que l'addition ne soit établie. Poser votre *Routard* sur la table ne suffit pas : le personnel de salle n'est pas toujours au courant et une fois le ticket de caisse imprimé, il est souvent difficile de modifier le total. En cas de doute, montrez la notice relative à l'établissement dans le *Routard* de l'année, bien sûr, et ne manquez pas de nous faire part de toute difficulté rencontrée.

IMPORTANT : DERNIÈRE MINUTE

Sauf rare exception, le *Routard* bénéficie d'une parution annuelle à date fixe. Entre deux dates, des événements fortuits (formalités, taux de change, catastrophes naturelles, conditions d'accès aux sites, fermetures inopinées, etc.) peuvent intervenir et modifier vos projets de voyage. Pour éviter les déconvenues, nous vous recommandons de consulter la rubrique « Guide » par pays de notre site ● ***routard.com*** ● et plus particulièrement les dernières ***Actus voyageurs.***

☎ **112 :** c'est le numéro d'urgence commun à la France et à tous les pays de l'UE, à composer en cas d'accident, agression ou détresse. Il permet de se faire localiser et aider en français, tout en améliorant les délais d'intervention des services de secours.

LES COUPS DE CŒUR DU ROUTARD

- S'émerveiller de l'exubérance des couleurs médiévales lors des **polychromies de Notre-Dame-la-Grande** à Poitiers. .... p. 59

- Prendre, avec joie, le risque d'un torticolis pour **admirer les fresques sublimes de l'abbaye de Saint-Savin,** représentant les scènes de l'Ancien Testament et inscrites au Patrimoine mondial de l'humanité par l'Unesco. .... p. 109

- **S'offrir les célèbres macarons aux amandes de la maison *Rannou-Métivier* à Montmorillon.** .... p. 113

- **Admirer le musée Bernard-d'Agesci à Niort,** musée atypique, véritable cabinet de curiosités géant, d'une richesse époustouflante............................ p. 137

- **Flâner dans les rues médiévales de Parthenay** le long des belles maisons à pans de bois, portes imposantes, ponts vénérables, églises cachées... Se rejouer, dans l'enchantement, un bon vieux film de cape et d'épée... .... p. 160

- Au **château de Saint-Loup,** dans une immense chambre gothique, avec un beau lit à baldaquin, s'endormir comme un seigneur de l'époque et se réveiller dans un autre siècle. .... p. 169

- **Conter fleurette à bord d'une plate** en se laissant dériver au hasard du dédale aquatique du Marais poitevin. ..... p. 199

- **Faire le tour de l'île d'Aix à vélo** et explorer chaque parcelle de plages souvent désertes. .... p. 300

- **Déguster une douzaine d'huîtres** chez les ostréiculteurs de Marennes, avec un verre de vin blanc et des tartines de beurre demi-sel. .... p. 363

- **Célébrer l'autre star locale,** dans bien des restos du bord de mer, **la moule** servie marinière ou, mieux, en mouclade, cuite sur des aiguilles de pin. Une saveur unique ! .... p. 25

- **Flâner dans les ruelles anciennes de Hiers-Brouage** et faire un saut dans le temps, au XVIe s, dans cette citadelle intacte, fortifiée par Richelieu...... p. 370

- Revivre avec curiosité l'époque de *Mon oncle* de Jacques Tati en s'offrant **une balade architecturale dans Royan,** ville nouvelle des années 1950. .... p. 406

- Quadriller Angoulême pour **dénicher les fresques des célèbres dessinateurs de B.D.** .... p. 435

- **S'offrir une balade découverte du vignoble de Cognac** en 2CV ou en jeep puis conclure par une bonne dégustation. .... p. 460

- **Embarquer à bord d'une gabare** pour observer autrement les trésors cachés de la vallée de la Charente... p. 440, 445, 462

- **Découvrir la surprenante église souterraine d'Aubeterre-sur-Dronne.** .... p. 469

Nous tenons à remercier tout particulièrement Loup-Maëlle Besançon, Thierry Bessou, Gérard Bouchu, François Chauvin, Grégory Dalex, Fabrice Doumergue, Cédric Fischer, Carole Fouque, Michelle Georget, David Giason, Claude Hervé-Bazin, Emmanuel Juste, Dimitri Lefèvre, Fabrice de Lestang, Romain Meynier, Éric Milet, Pierre Mitrano, Jean-Sébastien Petitdemange et Thomas Rivallain pour leur collaboration régulière.

Perrine Attout
Emmanuelle Bauquis
Jean-Jacques Bordier-Chêne
Michèle Boucher
Sophie Cachard
Caroline Cauwe
Lucie Colombo
Agnès Debiage
Jérôme Denoix
Tovi et Ahmet Diler
Clélie Dudon
Sophie Duval
Perrine Eymauzy
Alain Fisch
Cécile Gastaldo
Bérénice Glanger
Adrien et Clément Gloaguen
Bernard Hilaire
Sébastien Jauffret
Jacques Lemoine
Jacques Muller
Caroline Ollion
Justine Oury
Martine Partrat
Odile Paugam et Didier Jehanno
Émilie Pujol
Prakit Saiporn
Jean-Luc et Antigone Schilling
Alice Sionneau
Caroline Vallano
Camille Zecchinati

Direction : Nathalie Bloch-Pujo
Contrôle de gestion : Jérôme Boulingre et Alexis Bonnefond
Secrétariat : Catherine Maîtrepierre
Direction éditoriale : Catherine Julhe
Édition : Matthieu Devaux, Géraldine Péron, Olga Krokhina, Gia-Quy Tran, Julie Dupré, Victor Beauchef, Jeanne Cochin, Emmanuelle Michon, Flora Sallot, Quentin Tenneson et Sandra Vavdin
Préparation-lecture : Magali Vidal
Cartographie : Frédéric Clémençon et Aurélie Huot
Fabrication : Nathalie Lautout et Audrey Detournay
Relations presse France : COM'PROD, Fred Papet. ☎ 01-70-69-04-69.
• *info@comprod.fr* •
Illustration : Anne-Sophie de Précourt
Direction marketing : Adrien de Bizemont, Lydie Firmin et Clémence de Boisfleury
Contacts partenariats : André Magniez (EMD). • *andremagniez@gmail.com* •
Édition des partenariats : Élise Ernest
Informatique éditoriale : Lionel Barth
Couverture : Clément Gloaguen et Seenk
Maquette intérieure : le-bureau-des-affaires-graphiques.com, Thibault Reumaux et npeg.fr
Relations presse : Martine Levens (Belgique) et Maureen Browne (Suisse)
Régie publicitaire : Florence Brunel-Jars. • *fbrunel@hachette-livre.fr* •

Remerciements

Vienne
– Huges Lallemand, Audrey Roy, ainsi que Léa Rousseau, de la Maison du tourisme et du terroir de la Vienne.
– Karine Odo, de l'office de tourisme de Poitiers.

Deux-Sèvres
– Pascaline Ricard, de l'ADT des Deux-Sèvres.
– Et les nombreux offices de tourisme qui nous ont apporté leur aide.

Charente-Maritime
– Stéphane Morand, du CDT de la Charente-Maritime.
– France Aumont, de l'office de tourisme de Saintes.
– Marie-France Poletti, du chantier de *L'Hermione* à Rochefort.
– David Guilbot, de l'office de tourisme de Jonzac.
– Annabelle, de la Maison de la baie du Marais poitevin à Esnandes.

Charente
– Laure Thomas, de Charente Tourisme.
– Les offices de tourisme du Rouillacois, ainsi que tous ceux qui ont contribué à cette édition.

COMMENT Y ALLER ?

PAR LA ROUTE

➢ ***Par l'autoroute :*** l'A 10 traverse 3 départements sur les 4 de la région Poitou-Charentes. Depuis Paris, elle mène ainsi directement à Poitiers, permet d'aller à Niort et dans les Deux-Sèvres en rejoignant l'A 83 et se poursuit vers la Charente-Maritime.
De Bordeaux, A 10 pour aller à Poitiers, N 10 en direction d'Angoulême, A 10 puis A 837 (ou D 137) vers La Rochelle. De Rennes à Poitiers, N 137 jusqu'à Nantes, où il faut prendre l'A 83 (qui passe à proximité de Niort) et enfin l'A 10.
➢ Si vous voulez prendre votre temps – et économiser un peu d'argent –, vous pouvez gagner Angoulême (4-voies à partir de Poitiers) et La Rochelle ***par les nationales*** 10 et 11.

Le covoiturage

Le principe est économique, écologique et convivial. Les conducteurs sont invités à proposer leurs places libres afin de partager le trajet et les frais avec d'autres passagers. L'inscription est gratuite.
• *blablacar.fr* •

EN TRAIN

➢ ***De Paris :*** TGV au départ de la gare de Paris-Montparnasse. Trains pour la station TGV du Futuroscope (env 1h30), Poitiers (1h30), Châtellerault (1h30), Angoulême (2h30), Niort (2h15) et La Rochelle (2h50). Également des trains Corail au départ de Paris-Austerlitz pour les mêmes destinations ainsi que pour Cognac, Saintes, Rochefort et Royan.
➢ ***Depuis Lille et la région parisienne :*** TGV directs pour Angoulême et Poitiers uniquement depuis les gares de Lille, aéroport Charles-de-Gaulle-TGV, Marne-la-Vallée-TGV et Massy-TGV.

Pour préparer votre voyage

– ***e-billet :*** réservez, achetez et imprimez votre e-billet sur Internet.
– ***m-billet :*** plus besoin de support papier, vous pouvez télécharger le code-barres de votre voyage correspondant à votre réservation directement dans votre smartphone, à l'aide de l'application *SNCF Direct*.
– ***Billet à domicile :*** commandez votre billet par Internet ou par téléphone au ☎ *36-35 (0,34 €/mn, hors surcoût éventuel de votre opérateur)* ; la SNCF vous l'envoie gratuitement à domicile sous 48h, en France.

Pour voyager au meilleur prix

La SNCF propose des tarifs adaptés à chacun de vos voyages.
➢ ***Prem's :*** des petits prix disponibles toute l'année, jusqu'à 90 jours avant le départ. Billets non échangeables et non remboursables (offres soumises à conditions). Impossible de poser des options de réservation sur ces billets : il faut les payer immédiatement.
➢ ***Les IDTGV :*** des prix mini, à saisir sur Internet uniquement.
➢ ***Les tarifs Loisirs***
Une offre pour programmer votre

PARCOUREZ
LA LOIRE
à Vélo
avec le Routard
La Loire
à Vélo
Le Routard
hachette
routard.com
14€
UN GUIDE ILLUSTRÉ
TOUT EN COULEURS
800 km
de voies cyclables
8
itinéraires
41
étapes
ET TOUS LES BONS PLANS DU ROUTARD

voyage tout en gardant des billets modifiables : ils sont échangeables et remboursables. Pour bénéficier des meilleures réductions, pensez à réserver vos billets à l'avance (les réservations sont ouvertes jusqu'à 90 jours avant le départ) ou à voyager en période de faible affluence.

➢ ***Les cartes de réduction***

Pour ceux qui voyagent régulièrement, profitez de réductions garanties tout le temps avec les cartes Enfant +, Jeune 12-17, Jeune 18-27, Week-end ou Senior + (valables 1 an).

Renseignements et réservations

- ***Internet :*** *• voyages-sncf.com •*
- ***Téléphone :*** *☎ 36-35 (0,34 € TTC/mn).*
- Également dans les gares, les boutiques SNCF et les agences de voyages agréées.

▲ VOYAGES-SNCF.COM

- Infos et résas depuis la France : • voyages-sncf.com • et sur tablette et mobile avec les applis V. (trains) et V. Hôtel (hôtels).

- Réserver un vol, un hôtel, une voiture : ☎ 0-899-500-500 (1,35 € l'appel, puis 0,34 €/mn).

- Une question ? Rubrique Contact ou au ☎ 09-70-60-99-60 (n° non surtaxé).

Voyages-sncf.com, distributeur de voyages en ligne de la SNCF, vous propose ses meilleurs prix de train, d'avion, d'hôtel et de location de voitures en France et en Europe. Accédez aussi à ses services exclusifs : billets à domicile (en France), Alerte Résa, calendrier des prix, offres de dernière minute...

Comment circuler dans la région Poitou-Charentes ?

Le TER Poitou-Charentes

- ***Pass Loisirs TER :*** permet de voyager seul ou accompagné de 1 à 5 personnes dans toute la région Poitou-Charentes, toute l'année, au prix de 35 €.
- ***TER Poitou-Charentes Services :*** *☎ 0810-810-888 ou ☎ 36-35 (0,34 €/mn), et sur l'application « TER Mobile ». • ter-sncf.com/poitou-charentes •* Pour tout renseignement.

EN AVION

▲ HOP !

Rens et résas sur • hop.com •, via les canaux de ventes Air France, *dans ttes les agences de voyages et au centre d'appel ☎ 0825-30-22-22 (0,15 €/mn, tlj, tte l'année).*

➢ Depuis La Rochelle, vols directs vers Lyon, Bruxelles, Londres, Genève, Porto, Ajaccio...

➢ Depuis Poitiers, vols directs vers Lyon et Ajaccio ; sinon, nombreux vols en correspondance via Lyon.

HOP ! propose des tarifs attractifs toute l'année. Possibilité de consulter les meilleurs tarifs du moment sur *• hop.com •*

Les compagnies *low-cost*

Ce sont des compagnies dites « à bas prix ». De nombreuses villes de province sont desservies, ainsi que les aéroports limitrophes des grandes villes.Réservation sur Internet ou par téléphone (pas d'agence et pas de « billet papier », juste un numéro de réservation) et aucune garantie de remboursement en cas de difficultés financières de la compagnie. En outre, les pénalités en cas de changement d'horaires sont assez importantes, et les taxes d'aéroport rarement incluses. Ne pas oublier non plus d'ajouter le prix du bus pour se rendre à ces aéroports, souvent assez éloignés du centre-ville.

▲ RYANAIR

Infos sur • ryanair.com •

➢ La Rochelle a des liaisons vers Bruxelles, Londres (Stansted), Dublin, Porto.

➢ Poitiers est relié à Marseille, Dublin, Porto, Londres et Édimbourg.

POITOU-CHARENTES UTILE

Pour la carte du Poitou-Charentes, se reporter au cahier couleur.

ABC DU POITOU-CHARENTES

- *Superficie :* 25 810 km².
- *Préfectures :* Poitiers (préfecture régionale, Vienne), Niort (Deux-Sèvres), Angoulême (Charente), La Rochelle (Charente-Maritime).
- *Population :* 1 700 000 hab.
- *Densité :* 66 hab./km².
- *Signes particuliers :* 800 églises romanes, 8 sites classés au Patrimoine mondial de l'Unesco et 4 îles (Oléron – la plus grande après la Corse –, Ré, Aix et Madame).
- *Principaux secteurs d'activité :* industrie du bois, agroalimentaire, cuir, agriculture (bovins, lait et céréales).

Cette région multiple, kaléidoscope de paysages marqués, est aussi une terre de tradition. De l'ouest de la Charente aux confins de la Vienne, des cantons reculés des Deux-Sèvres au littoral de Charente-Maritime, le *parlanjhe,* ou patois poitevin-saintongeais, est ce puissant vecteur culturel qui permet de faire le grand écart entre des contrées au caractère bien trempé. Pour le reste, chacun cultive sa différence. Alors on ne compare pas. On embarque à bord d'une gabare et on se laisse dériver le long de la Charente, humant les fragrances subtiles du nectar des dieux en croisant Cognac, détaillant au passage les fresques de la vieille ville d'Angoulême, bastion contemporain du neuvième art, cherchant enfin dans l'ombre des tours de La Rochelle les fantômes de grands navigateurs. Ou alors on prend son bâton de pèlerin et on égrène le chapelet sans fin des merveilles romanes essaimées sur la route de Saint-Jacques : Saint-Jouin-de-Marnes, Notre-Dame-la-Grande à Poitiers, Saint-Hilaire à Melle, Saint-Pierre à Aulnay-de-Saintonge... Partout, la magie opère. Partout, le merveilleux l'emporte sur l'histoire, surtout à Saint-Savin, incontournable chapelle Sixtine de l'art roman.

Mais les monuments ne sont pas tous religieux. Il y a de superbes forteresses, comme l'illustre fort Boyard et l'inexpugnable Coudray-Salbart, de délicieux villages pittoresques, ruraux ou marins, les cités insolites de Rochefort, Brouage et Richelieu, au tracé éminemment militaire, mais aussi des grottes énigmatiques, les mystérieux tumulus de la nécropole de Bougon et le fabuleux Marais poitevin aux portes de Niort.

Les contrastes sont forts en Poitou-Charentes, et cette région, à la fois festive et secrète, balnéaire et rurale, moderne et rustique, a quelque chose à offrir à tous ses visiteurs. Certains rêvent d'une escapade au Futuroscope, d'autres aspirent à se détendre sur les plages de rêve de Ré ou d'Oléron, les plus curieux envisagent les deux à la fois. Vallées, bocages, îles, estuaires,

marais, forêt... Au total, ce ne sont pas moins de 80 entités différentes qui composent le paysage du Poitou-Charentes, parsemé d'innombrables petits trésors architecturaux. À croire qu'une bonne fée est passée par là ! On pense bien sûr à cette chère et infatigable Mélusine...

AVANT LE DÉPART

Adresses utiles

■ ***Direction de l'Attractivité du Territoire :*** *15, rue de l'Ancienne-Comédie, 86021 Poitiers Cedex.* ☎ *05-49-55-77-00.* • *poitou-charentes-vacances.com* •

■ ***Comités départementaux du tourisme :*** *« CDT » ou « ADT » selon les départements ; voir en introduction de chaque département.*

■ ***Gîtes de France :*** • *gites-de-france.com* • Les réservations se font auprès des *Gîtes* de chaque département (voir en introduction de chacun de ceux-ci).

Carte internationale d'étudiant (carte ISIC)

La carte ISIC donne droit à des réductions réservées aux étudiants à travers tout l'Hexagone : musées, sites culturels, loisirs en général, voyages (transports, hébergements...). Selon votre âge et vos centres d'intérêt (certains musées étant gratuits pour les moins de 26 ans), à vous de voir si elle peut vous aider à tenir les cordons de votre bourse ! Compter 13 €.

Renseignements et inscriptions

- En France • *isic.fr* •
- En Belgique • *isic.be* •
- En Suisse • *isic.ch* •
- Au Canada • *isiccanada.com* •

Carte d'adhésion internationale aux auberges de jeunesse (carte FUAJ)

Cette carte vous ouvre les portes des 4 000 auberges de jeunesse du réseau *HI-Hostelling International* en France et dans le monde. Il n'y a pas de limite d'âge pour séjourner en auberge de jeunesse. Il faut simplement être adhérent.

Les tarifs de l'adhésion

- *Carte internationale individuelle FUAJ - de 26 ans :* 7 €. Pour les mineurs, une autorisation parentale et la carte d'identité du parent tuteur sont nécessaires pour l'inscription.
- *Carte internationale individuelle FUAJ + de 26 ans :* 11 €.
- *Carte internationale FUAJ Famille :* 20 €. Pour les familles ayant un ou plusieurs enfants de - de 16 ans. Les enfants de + de 16 ans devront acquérir une carte individuelle FUAJ.

Renseignements et inscriptions

- En France • *hifrance.org* •
- En Belgique • *lesaubergesdejeunesse.be* •
- En Suisse • *youthhostel.ch* •
- Au Canada • *hihostels.ca* •

Si vous prévoyez un séjour itinérant, vous pouvez réserver plusieurs auberges en une seule fois en France et dans le monde : • *hihostels.com* •

BUDGET

Nous vous donnons ci-dessous l'échelle des tarifs auxquels nous nous référons pour le classement de nos adresses en France.

Hébergement

D'une manière générale, nous indiquons des fourchettes de prix allant de la chambre double la moins chère en basse saison à celle la plus chère en haute saison. Ce qui implique parfois d'importants écarts de prix, pas toujours en adéquation avec la rubrique dans laquelle l'établissement est cité. Le classement retenu est donc celui du prix de la majorité des chambres et de leur rapport qualité-prix. À noter que lorsque les lieux d'hébergement sont équipés d'un accès ***Internet*** et/ou ***wifi,*** nous le mentionnons sans autres précisions.
– Les tarifs des ***campings*** sont calculés sur la base d'un emplacement pour deux avec voiture et tente en haute saison. Ils sont classés en tête de rubrique « Où dormir ? ».
– Les ***auberges de jeunesse*** et ***gîtes d'étape*** pratiquent en règle générale des tarifs « Bon marché » pour une nuitée en dortoir (avec ou sans les draps). Le tarif indiqué est celui du lit en dortoir, et/ou de la chambre double quand il y en a.
– En ***chambres d'hôtes,*** les prix sont donnés sur la base d'une chambre double. Ils incluent le petit déjeuner. Les cartes de paiement sont rarement acceptées. Dans le cas contraire, nous indiquons « CB acceptées ».
– Concernant les ***hôtels,*** la base reste celle d'une nuit en chambre double (sans petit déjeuner), sauf exception, notamment pour les chambres familiales.
– ***Bon marché :*** jusqu'à 50 €.
– ***Prix moyens :*** de 50 à 80 €.
– ***Chic :*** de 80 à 120 €.
– ***Plus chic :*** de 120 à 150 €.
– ***Beaucoup plus chic :*** plus de 150 €.

Restos

Au restaurant, notre critère de classement est le prix du premier menu servi le soir (hors boissons). Les notions de « Prix moyens » ou « Plus chic » n'engagent donc que les prix. Autrement dit, certains restos chic proposant parfois d'intéressantes formules, notamment au déjeuner, pourront malgré tout être classés dans la rubrique « Plus chic ».
– ***Très bon marché :*** moins de 15 €.
– ***Bon marché :*** de 15 à 25 €.
– ***Prix moyens :*** de 25 à 35 €.
– ***Chic :*** de 35 à 50 €.
– ***Plus chic :*** plus de 50 €.

Recommandation à ceux qui souhaitent profiter des réductions et avantages proposés dans *Le Routard* par les hôteliers et les restaurateurs

À l'hôtel, pensez à les demander au moment de la réservation ou si vous n'avez pas réservé **à l'arrivée.** Ils ne sont valables que pour les réservations en direct et non cumulables avec d'autres offres promotionnelles (notamment sur Internet). Au restaurant, parlez-en **au moment** de la commande et surtout **avant** que l'addition soit établie. Poser votre *Routard* sur la table ne suffit pas : le personnel en salle n'est pas toujours au courant et une fois le ticket de caisse imprimé, il est difficile de modifier le total. En cas de doute, montrez la notice relative à l'établissement dans *Le Routard,* et ne manquez pas de nous faire part de toute difficulté rencontrée.

LIVRES DE ROUTE

N'hésitez pas à consulter le site de *Geste Éditions* • *gesteditions.com* •, éditeur régional comptant à son actif quelque 300 références dans les domaines les plus pointus.
– ***Le Roman d'un enfant,*** de Pierre Loti, Folio, 1999. À travers des notes personnelles, « l'enfant terrible » de Rochefort se dévoile et raconte ses souvenirs de famille. Loin de ses célèbres récits de voyage, du Loti plus intimiste.
– ***Nouvelles et Récits,*** de Pierre Loti, Presses de la Cité, 2000. Panachage de nouvelles, récits, souvenirs allant de l'enfance aux longs voyages.
– ***Lieux mystérieux en Poitou-Charentes,*** de E. et B. Vaesken, Ouest-France, 2014. Une soixantaine de lieux insolites ou surprenants à découvrir au fil de vos itinérances à travers la région.
– ***Contes des grands-mères des Charentes et du Poitou,*** de Michèle Valière, Geste, 2006. Du vécu... rien de tel pour s'imprégner de l'histoire locale et comprendre les mœurs des gens d'ici.
– ***Le Lys et la Pourpre,*** de Robert Merle, LGF, coll. « Le Livre de Poche », 1999. Ce livre est le 10e de la grande série de Robert Merle *Fortune de France.* Vous pourrez, au travers du siège de La Rochelle par Richelieu, plonger dans le passé protestant et tumultueux de la ville fortifiée.
– Sans oublier certains ***Maigret,*** du grand Georges Simenon, qui, installé à une époque de sa vie en Charente-Maritime, s'inspira de La Rochelle, de l'île de Ré et de la campagne avoisinante pour situer ses enquêtes *(Le Voyageur de la Toussaint, Le Coup de vague...).*

PERSONNES HANDICAPÉES

Le label Tourisme et Handicap

Ce label national, créé par le secrétariat d'État à la Consommation et au Tourisme en partenariat avec les professionnels du tourisme et les associations représentant les personnes handicapées, permet d'identifier les lieux de vacances (hôtels, campings, sites naturels, etc.), de loisirs (parcs d'attractions, etc.) ou de culture (musées, monuments, etc.) accessibles aux personnes handicapées. Il apporte aux touristes en situation de handicap une information fiable sur l'accessibilité des lieux. Cette accessibilité, visualisée par un pictogramme correspondant aux quatre types de handicaps (moteur, visuel, auditif et mental), garantit un accueil et une utilisation des services proposés avec un maximum d'autonomie dans un environnement sécurisant.
Pour connaître la liste des sites labellisés : • *rendezvousenfrance.com* • (rubrique « Tourisme et Handicap »).

Par ailleurs, dans notre guide, nous indiquons par le logo ♿ les établissements qui possèdent un accès ou des chambres pouvant accueillir des personnes handicapées. Certaines adresses sont parfaitement équipées selon les critères les plus modernes. D'autres, plus simples, plus anciennes aussi, sans répondre aux normes les plus récentes, favorisent l'accueil des personnes handicapées en facilitant l'accès à leur établissement, tant sur le plan matériel que sur le plan humain. Évidemment, les handicaps étant très divers, des lieux accessibles à certaines personnes ne le seront pas pour d'autres. Appelez donc auparavant pour savoir si l'équipement de l'hôtel ou du resto est compatible avec votre niveau de mobilité. Malgré les combats menés par les nombreuses associations, l'intégration des personnes handicapées à la vie de tous les jours est encore balbutiante en France. Il tient à chacun de nous de faire changer les choses. Une prise de conscience est nécessaire, nous sommes tous concernés.

SITES INTERNET

- ***routard.com*** • Rejoignez la plus grande communauté francophone de voyageurs ! Échangez avec les routarnautes : forums, photos, avis d'hôtels. Retrouvez aussi toutes les informations actualisées pour choisir et préparer vos voyages : plus de 200 fiches pays, une centaine de dossiers pratiques et un magazine en ligne pour découvrir tous les secrets de votre destination. Enfin, comparez les offres pour organiser et réserver votre voyage au meilleur prix. Routard.com, le voyage à portée de clics !
- ***lacharente.com*** • Site officiel du comité départemental du tourisme de la Charente, avec une partie sur la vallée de la Charente, de la source à l'océan.
- ***charente-maritime.org*** • Site officiel du département. Nombreuses cartes, itinéraires, historiques...
- ***cognac.fr*** • Le site du bureau national interprofessionnel du cognac. Renseignements sur toutes les grandes marques de cognac, avec de nombreux liens.
- ***bdangouleme.com*** • Le site du fameux festival de B.D. d'Angoulême. Réservations en ligne.
- ***futuroscope.fr*** • Informations détaillées en image des différentes attractions du parc du Futuroscope et réservations en ligne.
- ***nuitsromanes.poitou-charentes.fr*** • Informations détaillées relatives aux spectacles et événements artistiques organisés tous les étés dans des lieux prestigieux de la région Poitou-Charentes. Près de 170 soirées festives, conviviales et gratuites illuminent les plus beaux monuments romans.
- ***zoo-palmyre.fr*** • Site ludique de ce zoo incontournable en Poitou-Charentes.
- ***iledere.com*** • Pour découvrir l'île de Ré de A à Z (activités, thalasso, hébergements...).
- ***ile-oleron-marennes.com*** • Pour découvrir l'île d'Oléron cette fois-ci : visites virtuelles, pistes cyclables, météo...
- ***parc-marais-poitevin.fr*** • Site officiel du parc interrégional du Marais poitevin. Tous les trésors de la Venise verte.

HOMMES, CULTURE, ENVIRONNEMENT

BAUDET DU POITOU

« Baudet » vient de l'ancien français *bald* : « lascif ». L'être qui fait insulte ainsi aux bonnes mœurs n'est autre qu'un âne, animal aux performances reconnues depuis l'Antiquité. Mais cet âne n'est pas comme les autres. C'est une véritable bête de concours, issue d'une sélection très ancienne dont les origines remontent sans doute à l'époque gauloise. Des documents datés de 1717 attestent déjà de la grande renommée du baudet. Quand il ne se livre pas à des activités coupables, le baudet sert de moto au paysan. Plus les vraies motos prolifèrent, moins l'âne est nécessaire. Le baudet du Poitou a bien failli disparaître. Il produisait des mulets résistants qui se vendaient à prix d'or en Europe et au Maghreb. Il vient d'être sauvé de la disparition totale grâce aux efforts d'une petite association de Dampierre-sur-Boutonne, en Charente-Maritime. Cette petite asinerie mène de front deux projets délicats : faire connaître cet animal attachant au grand public en organisant des visites et des randos bâtées, et augmenter les effectifs (moins de 50 individus dans les années 1970) en limitant les risques de consanguinité. Et les résultats sont positifs. Pour en savoir plus, voir également dans le chapitre « La Vienne » les baudets du Poitou de Mirebeau dans les environs de Vouillé.

CHARENTAISES

Cette invention digne du génie français, complément indissociable du béret basque et de la baguette, est née à Angoulême au temps de Louis XIV. On la doit au sens de l'économie des Charentais. La ville s'étant spécialisée dans la confection de manteaux en feutre pour la marine royale, ses habitants récupéraient les chutes pour s'en faire des chaussons. Comme quoi, le recyclage ne date pas d'aujourd'hui... Les « silencieuses », comme on les appelait à l'époque, font un tabac à la Cour : leurs patins de feutre évitaient aux domestiques d'arriver avec leurs gros sabots ! Perfectionnées par les cordonniers de la région, les charentaises ont continué à être portées au fil des siècles. Un modèle a même été spécialement conçu pour le général de Gaulle : il avait les pieds trop grands ! Aujourd'hui, elles se vendent dans le monde entier, appréciées pour leur confort inégalé. Curieusement, elles n'ont pas perdu leur petit côté aristocratique : Lady Di en avait offert, paraît-il, à toute sa famille...

CHARENTE, FLEUVE NONCHALANT

Henri IV l'avait, paraît-il, baptisée « le plus beau fossé du royaume ». Comme la Loire, et bien avant la Seine, la Charente, fleuve mythique méconnu, a participé, à sa façon, à tout un pan de l'histoire de France. On y transporta du sel et du bois, puis des tonneaux de cette « liqueur des dieux » issue de ses rives : le cognac. Ses

eaux claires alimentèrent les moulins des meilleures papeteries de l'Angoumois, connues dans toute l'Europe pour leur fameux papier royal : le vélin. Ses boucles permirent à une kyrielle de charmants villages de s'y blottir et de prospérer. Ses flancs accueillirent châteaux et abbayes, églises romanes et prestigieuses maisons de négoce.
La Charente est une « artère royale », mais aussi le berceau d'une civilisation fluviale (celle des gabariers), ainsi que le plus beau des fils conducteurs pour découvrir un terroir. Des villes glorieuses la bordent, d'Angoulême à Cognac et de Saintes à Rochefort. Pourtant, comme ses habitants, la Charente sait se faire discrète. Soucieuse des trésors qu'elle charrie, elle ne les dévoile pas au premier visiteur venu. Ses habitants l'ont bordée de croquignolettes chapelles et l'ont embellie de ponts de pierre, de chemins de halage et de dizaines d'écluses, que franchissent ces « croiseurs » venus spécialement pour elle, séduits par la vogue du tourisme fluvial. On peut aussi longer ses rives ombragées à vélo ou à pied, ponctuées de plages de galets pour s'y baigner en été !

CHEMINS DE SAINT-JACQUES-DE-COMPOSTELLE

Les différents chemins de Compostelle convergent vers la côte galicienne espagnole et la cathédrale Saint-Jacques où sont conservées les reliques d'un des plus importants apôtres de Jésus, Jacques, mort en martyr vers l'an 35.
C'est en 800 qu'un ermite, guidé en songe par une étoile, retrouve le tombeau du saint. Le nom de Compostelle proviendrait d'ailleurs de *campus stellae* : « champ d'étoiles »... Dès le Xe s, des pèlerins en provenance de toute l'Europe viennent se recueillir sur ses reliques. Aujourd'hui encore, on assiste parfois à une certaine affluence sur les chemins en période de pèlerinages et pendant les vacances...
Au fil des ans, aux pèlerins se joignent amateurs d'art roman et férus de randonnée. Il faut dire que les chemins de Compostelle, cadre de ressourcement spirituel extraordinaire, sont aussi d'une beauté et d'un intérêt historique qui valent le détour : les échanges culturels et religieux et la nécessité d'héberger un grand nombre de pèlerins ont favorisé dès le Moyen Âge le développement des villes et des monuments étapes sur le chemin.
Balisés en 1970 par la Fédération de randonnée pédestre, les quatre sentiers français commencent respectivement à Vézelay, au Puy-en-Velay, à Arles et à Tours (aujourd'hui à Paris). Depuis 1998, le parcours est classé au Patrimoine mondial de l'humanité. Que vous partiez à pied, à cheval ou à VTT, que vous marchiez tout le long de la route ou sur les derniers kilomètres uniquement, ouvrez grand les yeux pour ne pas rater les beautés croisées sur le chemin : une aubergiste super accueillante, une église romane perdue dans la campagne, les champs à perte de vue, et souvent de bien belles rencontres...
On vous renseignera aussi sur les possibilités de faire transporter quotidiennement votre sac à dos si besoin (ou vous-même sur une ou plusieurs étapes si vous avez un coup de mou ou êtes éclopé), de confier vos clés pour que votre voiture vous attende à la dernière étape de votre parcours, les technologies récentes qui permettent aux malvoyants de cheminer, etc.
– En Poitou-Charentes, cela concerne : l'église Saint-Eutrope à Saintes (17) ; l'abbaye royale Saint-Jean-Baptiste à Saint-Jean-d'Angély (17) ; l'église Saint-Hilaire à Melle (79) ; l'église Saint-Pierre à Aulnay (17) ; l'église Saint-Hilaire-le-Grand à Poitiers (86) ; et l'ancien hôpital des pèlerins à Pons (17).
– Pour plus de renseignements : ***Fédération française des associations des chemins de Saint-Jacques-de-Compostelle (FFACC),*** • *compostelle-france.fr* •

COGNAC, JARNAC, JONZAC, BLANZAC, CHIRAC...

On remarque vite, sur n'importe quelle carte des Charentes, que la plupart des noms de villages sonnent en « -ac »... Une sacrée brochette : Segonzac, Conzac, Cressac, Rouillac, Montignac et autre Fleurac. En cherchant bien, on trouvera même, au sud de Confolens, un village du nom de Chirac ! Paradoxalement, pas de « Mitterrandac » (mais finalement, Jarnac lui allait assez bien). Une explication toute simple à cette floraison de consonances « ac-ceuses » : le suffixe « -ac » se traduit grosso modo par « chez », un peu comme le « -ker » des Bretons. En Saintonge et dans l'Angoumois, les appellations de ces communes remontent souvent aux Gallo-Romains. Ainsi, Cognac, à l'époque, signifiait « domaine de Comnius »... Chirac, dans ce cas, ça voudrait dire « chez Chi » ?

CUISINE

Les fameux fruits de mer

– ***Les huîtres :*** en Charente-Maritime, elles font vivre 15 000 personnes sur de petites exploitations familiales, peu mécanisées. Une huître sur deux gobées en France vient des plus vastes parcs du pays, situés dans le bassin de Marennes-Oléron (au sud de Rochefort). Introduite après une épidémie, cette « gigas » a d'ailleurs ses aïeules au Canada (et non pas au Japon). Pourquoi Marennes ? D'abord, l'île d'Oléron abrite naturellement le site. Ensuite, celui-ci loge dans ses sols imperméables (ceux d'anciens marais salants) de petits écrins d'eau claire – ces longs bassins de 4 à 10 ares, profonds de 50 cm, et qu'on appelle justement « claires ». Protégées par une appellation contrôlée, ces huîtres nécessitent 2 à 3 mois d'affinage qui occasionnent un étrange phénomène : une algue microscopique locale, la navicule bleue, teint les huîtres en vert, laissant au passage un petit goût d'herbe. *Fines de claires* (très bonnes) et *spéciales de claires* (encore meilleures) ne proviennent que de Marennes. Quant aux huîtres exquises baptisées *Marennes,* elles descendent des rescapées des très anciens bancs d'huîtres du cru, presque totalement anéantis par l'épidémie de 1920.

LES HUÎTRES ET LA DERNIÈRE GUERRE

Autrefois, les huîtres étaient consommées par une élite. Dès 1941, la nourriture ne s'achetait que sur présentation de tickets de rationnement. Toutefois, les huîtres (trop rares ?) se vendaient sans tickets. Très vite, la consommation décupla. La production aussi. À la fin de la guerre, les Français y avaient pris goût.

Plate ou creuse, mangez-la comme vous voulez. Crue ou marinée, avec des petites saucisses grillées (les *crépinettes*) et un verre de pineau. Mais aussi chaude : en gratin (pas terrible), en bouchée avec du lard, en brochette (avec du lait et du paprika ou du jambon vendéen), en gelée (exquis), et même en pâté ou en soupe.
– ***Les moules :*** moins connue que l'huître, la moule du bassin de l'Aiguillon, favorisée par un mélange d'eau douce et d'eau de mer, fait elle aussi figure de grand cru. Les « boucholeurs » l'élèvent sur des piquets, les « bouchots ».
En plus de la classique *marinière,* les Saintongeais la préparent à la mode de chez eux, c'est-à-dire en *mouclade* – une sauce au pineau blanc, avec œufs, crème fraîche et curry. Autre recette dont l'île d'Oléron revendique la paternité, plus rustique encore : l'*éclade* (ou *églade*). On cuit là (en plein air obligatoirement !)

tout un plateau de moules sur une planche ou une plaque d'ardoise sous un tapis d'aiguilles de pin enflammées. C'est la fête : on mange même avec les doigts !
– ***Les coques*** (ou *sourdons*) réclament, quant à elles, une sauce à la crème et au pineau fort calorique.
– Et bien sûr : les ***pétoncles,*** pêchés à la drague en haute mer (en hiver uniquement), que l'on peut faire sur le gril ; les ***clams,*** importés des États-Unis, qui ont trouvé les eaux de la Seudre à leur goût (on les mange frais ou farcis) ; les ***couteaux,*** à la longue coquille tranchante comme un... ; les ***lutraires,*** dont la forme rappelle une grosse amande grise, etc.

Crustacés et poissons

Malgré le « ramassage » intensif, les trous d'eau laissés par la marée sur les côtes des îles regorgent encore de crevettes et d'étrilles. Mais aussi de tourteaux et de crabes verts, qu'on attrape au harpon.
Quant aux poissons, ils aiment fréquenter les vases ou les rochers d'une côte échancrée d'estuaires riches en nourriture. Les Rétais font moisson de *casserons* (seiches), les habitants d'Oléron attrapent les *céteaux* (petites soles souvent préparées en friture). Et la plupart des pêcheurs charentais taquinent le bar, les petits rougets *(barbarins)*, la lamproie, le maigre, l'alose et la fameuse sardine de Royan. N'oublions pas l'anguille, véritable emblème du Marais poitevin.
Les poissons nobles, trop menus pour être cuisinés tels quels, vont plonger dans la *chaudrée* (ou *migourée*), avatar charentais ou vendéen de la cotriade bretonne, qui n'est rien d'autre qu'un court-bouillon de vin blanc mêlant toutes les espèces marines.

POISSONS CHANTEURS

Les maigres sont les vedettes de cette mer. Pour attirer les femelles, les mâles disposent d'une petite poche pleine de gaz qui leur permet d'émettre un bruit similaire à un grognement. Voilà pourquoi on les pêche « à l'écoute ». Autre particularité, leurs oreilles renferment une petite pierre (concrétion calcaire).

Le bon beurre

Les laitages poitevins et charentais comptent, au même titre que ceux d'Isigny en Normandie, parmi les meilleurs au monde. S'ils ont toujours existé, la véritable naissance de ces laitages remonte aux années 1880, quand les agriculteurs mirent en herbages leurs arpents de vigne ruinés par le phylloxéra. Au début du XXe s, le fameux gastronome Curnonsky recommandait les beurres des Deux-Sèvres, tout comme ceux de La Rochelle. Aujourd'hui, on pointe plutôt le beurre de Surgères... Comme tous les grands beurres, ils ont leur place à table (non en cuisine) et sont meilleurs en été, saison des beaux herbages.
Centrée sur la commune du même nom, l'appellation « Échiré » (beurre AOC) s'est taillé une belle réputation, avec un délicieux beurre jaune pâle, facile à tartiner.

Les gentils escargots

Ce diablotin cornu est le héros des Charentes. Qu'il s'appelle « luma » (en Poitou et en Aunis) ou « cagouille » (notamment en Saintonge, dont les habitants sont surnommés « cagouillards »), il s'agit du même petit-gris, tendre et parfumé. On le chasse en été le long des « palisses » ou dans les vignes, après un gros orage. On le débusque en hiver dans les vieilles souches des marécages, où il hiberne par tribus entières. Engraissé (au thym, c'est meilleur ; à la farine, c'est plus gras), il est mis à jeûner 15 jours. Après quoi, on le nettoie longuement... Et l'on invite toute la famille pour le déguster grillé, braisé, cuit au pineau, en pot-au-feu, à la vinaigrette, en sauce blanche, ou même agrémenté d'une farce à l'ail, à la tomate, aux échalotes, etc. Dans cet animal, tout est bon (peut-être pas la coquille) ; on peut même manger ses œufs, le caviar d'escargot.

Les belles viandes

– À bon beurre, belle viande ! L'herbe du Poitou et des Charentes engraisse l'***agneau diamandin,*** aux chairs délicatement persillées, légères, à marier aux inévitables mojettes ou aux morilles. S'il est *de pré-salé* (les prairies côtières, battues par les embruns), il n'en sera que plus fondant.

– On aime aussi le ***bœuf*** de race ***parthenaise,*** rouge et bien « viandeux », héros idéal des innombrables daubes poitevines, et bien meilleur encore en veau, élevé sous la mère.

– Sans oublier le ***lapin,*** orgueil de ces contrées, qui le consomment farci ou accompagné d'une sauce piquante.

– ***Le cochon*** n'est pas en reste. Il prête ses abats au *gigorit,* ragoût au vin rouge accompagné de couennes, et produit d'excellents rillons (ici, on dit « grillons »), ainsi que les andouilles fameuses – au moins dans la région – des Deux-Sèvres et de Vouillé, prétextes à de savoureux gâteaux, un plat de gala que l'on consomme surtout en famille. Quant à la *fressure* (dite aussi « tantouillet »), il faut l'avoir goûtée au moins une fois. Imaginez un boudin sans sa peau, enrichi d'abats et de lard. S'il ne vous transporte pas chez Lucullus, ce plat traditionnel du Poitou, pauvre mais honnête, fait bonne figure avec des mojettes...

Le potager

– ***Les mojettes :*** retenez bien ce nom... Il désigne des petits haricots de marais aux couleurs diverses, que l'on cuisine à toutes les sauces. Notamment à la saintongeaise (couennes et huile de noix), aux tomates, en vinaigrette ou en potée (palette, saucisson, pommes de terre, choux divers).

– ***Les choux :*** les Poitevins font leurs choux gras des variétés « Pont-l'Abbé » et « Rognon de l'Oise ». En matière de *chou farci* (le fameux *farci poitevin*), en revanche, l'Auvergne peut être jalouse. Dans les villages du Poitou, tout le potager y passe. Des choux, petits et gros, mais aussi blancs de poireaux, pommes de terre, oignons, fèves, joutes (bettes), ciboulette et persil, oseille s'il se peut, et mojettes (haricots blancs ou rouges) par-dessus tout. Et aussi de la mie de pain, du lard, de la farine et des œufs. Et encore du blanc de volaille, de la couenne. Pétrissez et mettez à cuire 3h dans de l'eau. Enfin, cuit, haché et mélangé au beurre, le chou inspire également une autre préparation : l'*embeurrée.*

– ***Les oignons*** (sous la cendre) **:** beurk, direz-vous... pas s'il s'agit de bons gros oignons rouges des campagnes ou des Vertus (ils sont jaune paille). Après 1h30 de cuisson, ces pauvres choses acquièrent un délicieux moelleux et un fameux goût de fumé. Servez-les avec distinction : sur une tranche de pain de miche, avec du gros sel.

LE MEUNIER N'EST PAS UNE TRUFFE

C'est vers 1790 qu'un meunier poitevin, Pierre Mauléon, eut le premier l'idée de semer des glands et de reproduire ainsi l'environnement naturel d'une truffière. La trufficulture était née ! À l'époque, comme dans le Périgord, la Vienne était l'un des premiers producteurs français de truffes à l'état sauvage. La production a diminué au début du XXe s, avant d'être relancée dans les années 1970 par l'Association des trufficulteurs de la Vienne.

– ***La pomme de terre de l'île de Ré :*** premier légume français à bénéficier d'une AOC. Il faut dire qu'elle le mérite. Goûteuse comme pas deux, on la mange tout simplement avec du beurre et du sel. En primeur, elle est merveilleuse... mais bien chère.
– ***Les melons du Poitou :*** la première production maraîchère de la région est incontournable entre juillet et septembre. Ils sont protégés par une IGP.

Les fromages

Ici, pas de fromage superstar. En revanche, la région se targue de produire la moitié des ***fromages de chèvre*** consommés en France. Chabichou, bougon, la mothe, couhé, mothais, etc., qui ont des cousins tout aussi réputés : les fromages de brebis du Marais poitevin (trébèche ou tricornes).
Cette région produit aussi un rustique ***fromage de vache,*** la *pigouille* – du nom de la perche dont s'aident les Maraîchins pour diriger leurs barques. La fameuse *caillebotte,* elle, n'est qu'un caillé de lait de vache (ou bien, désormais, de brebis) à manger frais avec du sucre ou du miel et de l'essence de café, ou encore avec un petit verre de pineau. Tout comme sa cousine, la *jonchée* saintongeaise, enveloppée de paille de joncs (d'où son nom), est servie au dessert, parfumée à l'amande.

Desserts et gourmandises

– ***L'angélique :*** céleste par le nom, présumée diabolique quant à ses effets, elle soignait la peste au XVIe s. Les religieuses de Niort en ont fait une friandise réputée. Ces bâtonnets verts translucides ornent aujourd'hui les cakes et les gâteaux, lorsqu'ils ne sont pas transformés en délicieuses confitures ou bonbons irrésistibles. Voilà pour les enfants. Les parents pourront se laisser tenter par un doigt de liqueur, au goût inimitable et riche en saveurs.
– Pour le reste, la région n'est pas très « dessert ». Citons quand même, en Poitou, le ***broyé*** (grosse galette friable et dure), le ***plisson*** (une crème délicieuse), le ***macaroné aux amandes*** (de Sanxay), la ***fouace*** (brioche de La Mothe-Saint-Héray), le ***tourteau fromager*** (gâteau à base de fromage de chèvre du sud des Deux-Sèvres) et la ***grimolle poitevine*** (gâteau montmorillonnais), un délicieux mélange de pommes et d'eau-de-vie. Côté Charente, notons la ***galette charentaise*** (qui se mange aussi bien à l'apéro avec un pineau qu'au dessert ou au goûter), la ***pichotte*** de La Rochefoucauld (sorte de bonbon), ainsi que certaines spécialités angoumoisines, comme celles de la chocolaterie *Letuffe.*

ÉCONOMIE

En Poitou-Charentes, la population comme les activités se répartissent et s'équilibrent sur l'ensemble du territoire. Poitiers s'est certes hissée au rang de capitale régionale, mais c'est une capitale qui n'étouffe pas et qui laisse s'exprimer les différences. Les préfectures des quatre départements (Poitiers, La Rochelle, Niort et Angoulême) sont d'importance plus ou moins comparable, et toutes desservies par le TGV les reliant à la capitale en moins de 3h... Un fait suffisamment rare en France pour être signalé ! Le PIB régional par habitant est inférieur de 20 % à la moyenne française. Il est comparable à celui du Nord-Pas-de-Calais, de la Corse ou encore de l'Auvergne.

Le poids de l'agriculture et de la pêche

L'agriculture reste un pilier de l'économie régionale, même si le nombre d'exploitations a diminué. En 10 ans, environ 10 000 exploitations ont disparu du fait des cessations et fusions, soit 28 % d'entre elles ! La population active dans le secteur

agricole (agriculteurs et ouvriers agricoles) atteint aujourd'hui 5,8 % (contre 3,3 % au niveau national), et les terres agricoles recouvrent 70 % du territoire régional (en France, ce taux est de 51 %). Le blé constitue la principale culture, tant en superficie qu'en production (385 000 ha en 2010, soit 22 % de la surface agricole). Le Poitou-Charentes est aussi la troisième région oléagineuse en 2014, avec 260 000 ha consacrés au tournesol et au colza, soit 12,8 % de la surface française. En été, vous ne pourrez donc pas éviter les romantiques tournesols penchant leurs têtes vers l'horizon enflammé par un soleil couchant... La production de maïs grain représente 208 000 ha, ce qui positionne la région au second rang au niveau national. Le secteur des grandes cultures s'est fortement imposé ces dernières années au détriment des activités d'élevage, mais rassurez-vous, vous pourrez déguster de très bons melons charentais (près de 24 % de la production française), dont celui du haut Poitou.
Le Poitou-Charentes est aussi la première région pour l'élevage de chèvres. Leur nombre est particulièrement important dans les Deux-Sèvres (que les plaisantins surnomment... « Deux-Chèvres » !), même si les petites exploitations familiales, autrefois innombrables, ont progressivement cédé la place à des exploitations familiales qui livrent leur production aux laiteries coopératives ou transforment leur lait en fromages fermiers ; ce département compte à lui seul près de 20 % du cheptel français. La chèvre poitevine, race locale, est encore présente dans des élevages. La région fournit plus de 40 % du lait caprin du pays et est sans surprise célèbre pour ses excellents fromages. Les ovins et lapins arrivent également en bonne position (respectivement 8 % et 11 % des effectifs nationaux). La production de viande de bovins est significative notamment grâce à la fameuse vache parthenaise, dont les troupeaux au pelage fauve paissent sereinement depuis trois siècles dans le nord des Deux-Sèvres. Autrefois appréciée pour son lait qui fit la gloire du beurre d'Échiré, la parthenaise est aujourd'hui recherchée pour sa viande savoureuse.
Évidemment, sur la façade maritime, l'activité se concentre sur la pêche et la conchyliculture. Les trois principaux ports (La Rochelle – huitième port de commerce français –, La Cotinière et Royan), tournés vers la pêche au large, totalisent près de 8 300 t de poissons par an. Le bassin de Marennes-Oléron est au contraire spécialisé dans la conchyliculture ; il s'agit d'ailleurs de la première zone de production d'huîtres en France. Ceux qui ont déjà l'eau à la bouche se reporteront à « La magie des huîtres de Marennes-Oléron » évoquée dans le guide lors de la halte à Marennes.

Une industrie diversifiée et dominée par l'agroalimentaire

L'agroalimentaire constitue le secteur traditionnel de l'économie régionale. Il concentre près de 36 % des établissements industriels, dont le fleuron régional est incontestablement le cognac. La production a été de 166,7 millions de bouteilles, dont plus de 97 % sont exportées (ce qui représente 22 % des exportations régionales), nos amis anglais étant les meilleurs clients européens, suivis par les Allemands (les États-Unis restent cependant le premier importateur ; viennent ensuite Singapour et la Chine) ! Le beurre Charentes-Poitou bénéficie également d'une bonne réputation (dont le célèbre beurre d'Échiré, apprécié depuis le début du XIXe s et toujours fabriqué dans les barattes traditionnelles en bois de teck). N'omettons pas non plus l'industrie laitière caprine avec son célèbre chabichou du Poitou.
D'une manière générale, l'industrie régionale est assez diversifiée. La construction navale, aujourd'hui plus tournée vers les bateaux de plaisance et l'industrie nautique, est une activité ancestrale en Charente-Maritime mais en fort développement depuis une dizaine d'années. Les secteurs du papier-carton et la filière bois dans les deux Charentes sont également très présents ; en favorisant le développement

de l'emballage haut de gamme et le conditionnement, la production de spiritueux n'y est certainement pas pour rien. En revanche, d'autres branches d'activité se sont implantées plus récemment. C'est le cas de l'industrie automobile et aéronautique sur l'axe Poitiers-Châtellerault et dans les Deux-Sèvres (une centaine d'établissements), ainsi que du domaine de la construction électrique et électronique, toutes deux remontant aux années 1960-1970. La région dispose là d'un important secteur d'avenir ; plusieurs sites sont spécialisés dans la production de véhicules électriques (Cerizay, La Rochelle, Angoulême).

Une nette prédominance du tertiaire

Le tertiaire représente un peu plus de 70 % des emplois régionaux, La Poste étant le plus gros employeur de la région. L'une des originalités du Poitou-Charentes est incontestablement le nombre de compagnies d'assurances dont le siège a élu domicile à Niort ! Peut-être la douceur du climat... Évidemment, impossible de clore ce chapitre sans évoquer le tourisme, dont la contribution à l'économie régionale représente près de 8 % de son PIB. Avec ses deux pôles majeurs : le parc du Futuroscope (environ 1 million de visiteurs par an, suivi de l'aquarium de La Rochelle et du zoo de La Palmyre) et le littoral, avec ses 463 km de côte et ses îles pleines de charme. La Charente-Maritime et la Vienne se partagent près de 90 % des nuitées de la région Poitou-Charentes ! Ce qui ne veut pas dire, loin de là, que les autres coins de la région sont dépourvus d'intérêt ! Depuis quelque temps, des efforts importants ont été faits pour le développement du thermalisme (Rochefort, Jonzac, La Roche-Posay). Enfin, tirons notre chapeau aux différentes initiatives culturelles qui, aujourd'hui, ont acquis une notoriété nationale et contribuent pleinement à l'économie régionale. On pense notamment, bien sûr, aux Francofolies de La Rochelle et au Festival de la bande dessinée à Angoulême, mais aussi au festival Nuits romanes, dont le succès grandissant contribue chaque été à la mise en valeur du patrimoine roman lors de concerts et spectacles gratuits dans toute la région.

ENVIRONNEMENT

La région se compose d'une grande diversité de paysages et d'écosystèmes : le littoral, le bocage, les zones humides douces ou salées dont le Marais poitevin... Cette richesse constitue un facteur important de l'attractivité touristique régionale, et sa conservation une forte préoccupation pour une majorité de ses habitants.
La préservation et la valorisation des espaces naturels se traduisent essentiellement par le soutien du conseil régional aux différents partenaires de la gestion des espaces naturels et ruraux (Conservatoire d'espaces naturels, Conservatoire de l'espace littoral). Le réseau « Natura 2000 » couvre quant à lui près de 15 % du territoire régional... Des programmes sont ainsi entrepris pour développer la protection mais aussi l'attractivité touristique des espaces naturels, comme dans le parc naturel régional du Marais poitevin.
En matière de qualité de l'eau douce, le bilan reste à améliorer, les cours d'eau servant malheureusement d'exutoire naturel aux rejets des activités humaines. En 10 ans, les concentrations en nitrates ont fortement augmenté dans toutes les régions ouest de la France, et notamment en Poitou-Charentes. En revanche, les concentrations en phosphore et en matières organiques et oxydables sont en nette diminution dans toutes les régions de l'Ouest atlantique, et en particulier en Poitou-Charentes. Cette amélioration est due en partie à la pluviométrie enregistrée sur cette période. Celle-ci a un impact positif certain sur la qualité de l'eau brute, mais, pour pallier l'augmentation des taux de nitrates, les collectivités ont dû mettre en œuvre des systèmes de mélange d'eau sur l'ensemble du territoire et des unités de traitement adaptées.

En France, l'amélioration de la qualité des eaux de baignade est constante, et la région Poitou-Charentes ne fait pas exception à la règle.
La région Poitou-Charentes peut également se vanter d'avoir un des airs les plus purs de France. Les indices ATMO de ses principales agglomérations sont tous au vert et indiquent une qualité variant de bonne à excellente si l'on considère les principaux micropolluants.

GÉOGRAPHIE

Quand on évoque la région Poitou-Charentes, on y associe souvent le Marais poitevin. Cette entité naturelle, à cheval sur trois départements, est l'une des grandes richesses écologiques de la région. Mais en rester là serait méconnaître le littoral atlantique en Charente-Maritime avec La Rochelle comme vitrine. En passant par Niort, l'administrative, les Deux-Sèvres, plus rurales, et le fameux Marais, on rejoint la Vienne, Poitiers et cette région boisée, vallonnée et verdoyante qu'est le Poitou. Puis, plus au sud, on découvre les coteaux de la Charente, célèbres pour leur pineau, au sol calcaire et au relief peu contrasté. On récupère ensuite la côte par Saintes, Royan et l'embouchure de la Gironde, sud de la Charente-Maritime, assez plate et exposée aux vents.

Le littoral

Délimitant l'ouest du département de la Charente-Maritime, on trouve une centaine de kilomètres de côtes, le long desquelles se succèdent plages (de La Rochelle à la côte sauvage), baies (en patois, les « conches »), ports, stations balnéaires, parcs à huîtres (Oléron, Marennes) et marais salants. Réputées pour leur douceur de vivre, les îles d'Oléron et de Ré contribuent aussi à la renommée du littoral Poitou-Charentes, avec une nature encore sauvage et préservée, et de sublimes jeux de lumière en fin de journée.

Les marais

À cheval entre les Deux-Sèvres (le Marais mouillé et ses célèbres canaux tapissés de lentilles d'eau) et la Charente-Maritime (le Marais desséché), le Marais poitevin reste une des zones les plus sauvages de la région et une des plus marécageuses de France. Plus au sud subsistent encore quelques marais très localisés en pays d'Aunis, de Saintonge, ainsi que d'anciens marais salants près de Marennes.

Les cours d'eau

Fleuves et rivières tiennent une place importante dans la géographie régionale. D'abord parce que ce sont eux qui délimitent le Poitou-Charentes : la Vienne à l'est, la Sèvre niortaise au nord, et l'estuaire de la Gironde au sud. Mais aussi parce qu'ils ont longtemps été – la Charente et la Boutonne notamment – un moyen efficace de communication. Et c'est aujourd'hui grâce à ce dense réseau de fleuves et de rivières que la campagne reste verdoyante toute l'année.

La campagne intérieure

L'intérieur de la région Poitou-Charentes est une mosaïque de bocages, petites plaines et vallées, collines boisées (aux sommets frôlant les 280 m !) et forêts, et ce du nord des Deux-Sèvres à la Vienne et à la Charente. Champs et pâturages foisonnent néanmoins. Au sud, c'est le royaume des vignobles, qui s'étendent à perte de vue.

La région a mis en place de nombreux observatoires et conservatoires pour l'entretien et la protection de son patrimoine naturel, qui ont pour but d'observer et de préserver au mieux l'environnement du Poitou-Charentes (Conservatoire du littoral, AREQUA pour le suivi de la qualité de l'air, Forum des marais atlantiques...).

HISTOIRE

La bataille de Poitiers (premier épisode)

Dans la galerie des héros fondateurs, Clovis vient après Vercingétorix. L'imagerie franchouillarde veut que, en 507, ses Francs intrépides aient écrasé, près de Poitiers (à Vouillé), la barbarie germanique (incarnée par les Wisigoths et leur roi Alaric II), préfigurant ainsi les victoires de 1914-1918. Hiatus : les Francs étaient aussi germains que les Wisigoths. Si ce n'est plus : les Wisigoths (traduction : « Goths sages ») avaient été invités par les Romains, parce qu'on les trouvait plus présentables. Un peu plus et notre belle France s'appellerait aujourd'hui « Belle Wisigothie » : à l'époque, le Wisigoth tenait le plus gros de la Gaule, avec l'Espagne en prime. La perte du Poitou-Charentes lui faisait autant d'effet que s'il avait cassé sa brosse à dents : ces régions n'étaient guère peuplées. Nos ancêtres les Gaulois, Santons (Saintongeais) et Pictons (Poitevins), avaient été, comme les autres, alliés à Vercingétorix, et ils furent vaincus comme les autres. Romanisés de bonne grâce, ils édifièrent deux cités puissantes : Poitiers et Saintes (il n'y a qu'à voir leurs monuments), promises à un éclat certain, avant que les Wisigoths les gouvernent « à la romaine ».

La bataille de Poitiers (deuxième épisode)

Second cliché bien tricolore : en 732, le héros Charles Martel sauve la France en étripant les Arabes et en tuant leur chef. Ce Charles « Marteau » (quelle poigne !) n'est pas une Jeanne d'Arc sortie de nulle part, mais le propre grand-père de Charlemagne. Maire du palais d'Austrasie – l'Allemagne de l'Ouest –, il domine la France du Nord. D'ici peu, son armée, forte et bien entraînée, engloutira la Provence. Des musulmans, ce prince franc ne sait pas grand-chose, sauf qu'ils ont conquis l'Espagne, voici 14 ans, sur les Wisigoths. Et qu'ils razzient désormais l'Aquitaine... Le duc de Toulouse, qui les avait arrêtés en 721, ne trouve rien de mieux à faire que de s'allier avec leur chef, Othman, contre le grand émir Abd er-Rhaman. Voilà ce qu'on appelle un engrenage... Abd er-Rhaman passe les Pyrénées, et le duc – après la perte de Bordeaux – en appelle au grand Charles. À Moussais, près de Poitiers, la cavalerie berbère s'écrase contre l'infanterie franque. Après cette vigoureuse poignée de main, tout le monde part content. Abd er-Rhaman rentre tranquillement chez lui. Quant à Charles Martel, il prend l'Aquitaine pour prix de son déplacement.

Le vent du nord disperse les reliques

Lorsqu'ils partaient tout casser à Bordeaux, Lisbonne ou Séville, les Vikings n'oubliaient pas de s'exercer sur le Poitou et les Charentes. Un petit pied-à-terre aménagé près de Rochefort leur permet des incursions juteuses à Saintes, Poitiers, Angoulême. Premiers visés : les monastères, où brille l'or des reliquaires. Ici comme ailleurs, les moines prennent la route à la moindre alerte. Ermentaire, religieux à Noirmoutier *(Le Monastère noir)*, gémit en se tordant les mains : « Les Normands répandaient sans cesse l'épouvante, s'abattant sur le port de l'île et dévastant tout. Les habitants, suivant l'exemple de leur seigneur, préféraient s'enfuir. L'abbé, voyant que le camp retranché qu'il avait construit ne suffisait pas et craignant que nos cruels ennemis ne déterrassent le sarcophage de saint Philibert, déplaça les reliques à Déas. » Peu à peu, les comtes locaux fermeront la porte à ces hooligans.

La bataille de Poitiers (troisième épisode)

Celle-là ne fait pas lancer de cocoricos, puisqu'elle prend place, entre Alésia, Waterloo et Diên-Biên-Phu, au rang des grands « désastres nationaux ». À Crécy, en 1346, l'Anglais avait déjà mis les *Froggies* knock-out. En 1416, il va cruellement récidiver à Azincourt. Poitiers, en 1356, est le deuxième fléau de la trilogie de la guerre de Cent Ans. Et le plus lourd de conséquences.
À ma gauche, le roi de France Jean le Bon : l'archétype du chevalier sans peur, sans reproche et sans cervelle... À ma droite, le Prince Noir, Édouard de Galles, fils aîné du roi d'Angleterre et fameux général. Cette année, la France est à feu et à sang. Pendant que le parti anglais progresse en Bretagne, en Normandie et dans le Cotentin, le Prince Noir ravage l'Aquitaine. Si les armées du Nord et du Sud opèrent leur jonction, le roi de France est en mauvaise posture. Mais, en fin stratège, il conduit ses troupes plein sud, droit contre le Prince Noir. Celui-ci l'attend tranquillement, sur une butte. Les Français, plus nombreux, sont décimés par les archers. Protégé par son fils, le futur Charles V (« Père, gardez-vous à droite, gardez-vous à gauche... »), Jean le Bon se montre « moult vaillantz homme », mais sa chevauchée fantastique se termine dans une prison de Londres. Les Anglais réclament une énorme rançon.
Aujourd'hui, on s'interroge : fallait-il saigner le pays aux quatre veines pour libérer cette andouille couronnée ? À l'époque, on ne discute pas, on paie. Et le prix fort : l'Anglais reçoit tout le grand Sud-Ouest, Saintonge et Limousin compris. Mais le pire reste à venir...

Turbulences autour d'une réforme

Au siècle de Louis XIII, en 1628, le cardinal de Richelieu n'hésita pas à se faire peindre en cuirasse, surveillant l'érection de la digue qui permettrait d'affamer les habitants de La Rochelle. Ses soldats, on s'en doute, avaient reçu l'absolution d'avance...
Quoi qu'il en soit, ce fameux siège concluait un siècle d'agitation protestante en Poitou-Charentes. Les séjours de Calvin, dans les années 1530, avaient converti de nombreux marchands, notables et grands personnages (Jarnac, La Rochefoucauld). Très vite, la région s'impose comme tête de pont de la nouvelle religion. La guerre civile éclate violemment. Poitiers la protestante est conquise par les catholiques. La Réforme trouve sa capitale à La Rochelle. Ses champions s'appellent l'amiral de Coligny (Jean-Claude Brialy dans *La Reine Margot*), la future régente Jeanne d'Albret et le prince de Condé, puis Henri de Navarre en *guest star* (Daniel Auteuil dans *La Reine Margot*)... Devenu Henri IV, ce dernier réconcilie les deux religions en promulguant l'édit de Nantes.
Louis XIII, son fils, montrera nettement plus d'ardeur envers le catholicisme, poussant les protestants à reprendre les armes. Seule et sans soutien, La Rochelle doit s'allier avec l'Angleterre. Pour Richelieu et son roi, c'est une provocation. Pendant que les troupes de Buckingham (l'homme des ferrets de la reine dans *Les Trois Mousquetaires*) se font culbuter à l'île de Ré, l'armée royale assiège La Rochelle. Au bout de 416 jours, la ville tombe enfin : les trois quarts de ses habitants sont morts.

Je m'souviens qu'ma mère disait...

Les révolutions cultivent volontiers la paranoïa : quand les bornes sont franchies, il n'y a plus de limites... Dès la mort de Louis XVI, les représentants du peuple se lancèrent dans une épuration massive. Les prêtres réfractaires en eurent leur part.

Comme on ne pouvait les guillotiner tous, on planifia leur déportation en Guyane. En attendant, ces dangereux individus furent relégués à Rochefort, et dans l'île Madame (250 prêtres y sont enterrés), à l'embouchure de la Charente. Entassés par groupes de 400 dans des pontons à fleur d'eau (de vieux vaisseaux désaffectés), dormant sur la paille pourrie, nourris de fèves et se lavant à l'eau salée, ils finirent fusillés ou emportés par le typhus (au rythme d'une douzaine par jour).
La citadelle de l'île de Ré avait « accueilli » 1 023 prêtres réfractaires. Au siècle suivant, elle servit de centre de transit pour les forçats destinés au bagne de Cayenne – ouvert dès 1852. Enchaînés, matriculés, la tête rasée, ces « grands bandits » étaient surtout de petits délinquants (type Jean Valjean ou Papillon), des déserteurs, des prisonniers politiques (les communards), de faux traîtres (Alfred Dreyfus) et de faux coupables (comme vraisemblablement Seznec)... 130 g de pain par jour, 700 g de légumes, viande trois fois par semaine, les conditions restaient passablement saines en regard de la Guyane...
Le bagne aboli, la citadelle de Saint-Martin-de-Ré hébergea un temps le personnel de l'OAS. Désormais, elle n'est plus qu'une prison comme les autres.

Charentes d'outre-mer

Si Jacques Cartier, l'homme qui découvrit le Saint-Laurent en 1534, venait de Bretagne, la région Poitou-Charentes lui offrit de nombreux successeurs. Huit ans plus tard, la flotte d'Alphonse de Saintonge appareillait de La Rochelle et débarquait 200 colons au Canada. Pierre Du Gua de Mons, lui, était un protestant de Royan : Henri IV lui concède la lieutenance générale sur la côte est du Canada, où quatre navires de colons français accostent en 1604. La région couvre alors le territoire actuel de la Nouvelle-Écosse, du Nouveau-Brunswick et de l'île du Prince-Édouard au Canada, ainsi qu'une partie de l'État du Maine aux États-Unis. Les Français la trouvent si agréable qu'ils la baptiseront « Acadie », du nom de l'antique Arcadie grecque qui était un pays de cocagne. Le Saintongeais Samuel de Champlain fonde la ville de Québec en 1608. Réputés plus « terriens » que les Bretons et les Normands, ceux du Poitou, d'Aunis et de Saintonge affrontent pourtant par milliers les tempêtes de l'Atlantique Nord pour bâtir la Nouvelle-France.
Mais la couronne anglaise a jeté son dévolu sur le Canada. Elle investit en hommes, en matériel, alors que pour Voltaire (et les autres), ces immensités se réduisent à « quelques arpents de neige ». C'est surtout l'essor de cette nouvelle colonie qui suscite la jalousie des colonies anglaises qui, dès lors, persécutent les Acadiens de toutes les façons possibles. Plus tard, Louis XIV cède l'Acadie à la domination anglaise par le traité d'Utrecht (1713). Dès lors, les Anglais deviennent de plus en plus nombreux sur le territoire. En 1755, le nouveau gouverneur britannique exige des Français d'Acadie un serment d'allégeance. Ceux qui refusent seront déportés, leurs maisons et récoltes détruites. Ce triste épisode, connu aujourd'hui sous le nom de Grand Dérangement, a profondément modifié le visage des anciennes colonies. Les Acadiens sont dispersés dans divers États, voire emprisonnés en Angleterre. Certains partent vers la Guyane et les Antilles ; beaucoup se réfugient en Louisiane, où ils formeront une nouvelle Acadie, toujours peuplée aujourd'hui par leurs descendants, les Cajuns. D'autres sont rapatriés en France en 1758, mais ruinés et sans terre. En juillet 1772, le marquis de Pérusse des Cars accepte d'établir 1 500 Acadiens sur son domaine. Mais les Acadiens de la ligne restent encore longtemps sans statut défini. Il faut attendre la Révolution pour qu'ils obtiennent enfin leur acte de propriété. C'est la fin d'un très long périple...

Quelques dates

– ***5000-3000 av. J.-C. :*** prolifération des dolmens en Poitou.
– ***52 av. J.-C. :*** révolte de Vercingétorix et châtiment des Santons et des Pictons.

- ***Ier s :*** urbanisation, formation des grands domaines *(villæ).*
- ***IIIe s :*** débuts de la christianisation.
- ***350 :*** saint Hilaire, premier « docteur » en foi, devient évêque de Poitiers.
- ***360 :*** saint Martin fonde le monastère de Ligugé.
- ***Ve s :*** les Wisigoths s'emparent de la région.
- ***476 :*** fin de l'Empire romain.
- ***507 :*** Clovis bat les Wisigoths près de Poitiers. La région devient franque.
- ***VIe s :*** période de troubles.
- ***732 :*** Charles Martel arrête les Arabes près de Poitiers.
- ***781 :*** Charlemagne crée le royaume d'Aquitaine pour son fils Louis.
- ***799 :*** première incursion viking.
- ***845 :*** les Vikings prennent Saintes.
- ***Xe-XIe s :*** les comtes-ducs d'Aquitaine régissent l'actuelle région Poitou-Charentes.
- ***1152 :*** en plus de l'Aquitaine, Aliénor apporte le Poitou-Charentes à son nouvel époux, Henri II Plantagenêt, comte d'Anjou. Quand celui-ci devient, en outre, roi d'Angleterre, ses domaines français sont alors aussi étendus que ceux du roi lui-même. Toute la guerre de Cent Ans découle de cette situation.
- ***1204 :*** première prise de Poitiers par Philippe Auguste. La seconde, en 1224, sera définitive.
- ***1224 :*** rattachement de la Saintonge et de l'Aunis au domaine royal.
- ***1308 :*** rattachement de l'Angoumois au domaine royal.
- ***1356 :*** défaite de Jean le Bon à Poitiers.
- ***1534-1535 :*** Calvin prêche à Saintes, Poitiers, Angoulême.
- ***1562 :*** début des guerres de Religion.
- ***1569 :*** l'armée du protestant Coligny assiège Poitiers.
- ***1577 :*** signature de l'édit de Poitiers, qui accorde certaines garanties aux protestants.
- ***1603-1604 :*** premier voyage d'exploration de Samuel de Champlain au Canada.
- ***1627-1628 :*** siège et prise de La Rochelle.
- ***1664 :*** Colbert fonde Rochefort.
- ***1773 :*** une partie des Acadiens regagne le Poitou.
- ***1790 :*** le Poitou-Charentes est dépecé en quatre départements, la Charente (ex-Angoumois), la Charente-Inférieure (ex-Aunis et Saintonge), les Deux-Sèvres et la Vienne (ex-haut Poitou, le bas Poitou constituant le département de Vendée).
- ***1815 :*** après sa déchéance, Napoléon Ier s'embarque à l'île d'Aix.
- ***1822 :*** « complot » des quatre sergents de La Rochelle.
- ***1945 :*** Royan est anéantie par les bombardements alliés.
- ***1966 :*** un pont relie l'île d'Oléron au continent.
- ***1984 :*** inauguration du Futuroscope.
- ***1988 :*** un pont relie l'île de Ré au continent.
- ***1996 :*** enterrement de François Mitterrand à Jarnac.
- ***2002 :*** nomination de Jean-Pierre Raffarin au poste de Premier ministre. Il le restera jusqu'en 2005.
- ***2004 :*** Ségolène Royal devient présidente du conseil régional de Poitou-Charentes ; seule femme à la tête d'une région française. Suite à sa défaite à l'élection présidentielle de 2007, elle est réélue en 2009 dans sa région, dès le premier tour comme elle l'avait annoncé.
- ***2009 :*** la tempête Xynthia ravage la région, qui est entièrement déclarée zone de catastrophe naturelle.
- ***2010 :*** découverte du gisement paléontologique d'Angeac-Charente, près d'Angoulême, qui met au jour plus de 400 ossements de dinosaures. Et les fouilles ne font que commencer !
- ***2012 :*** le Futuroscope fête ses 25 ans.
- ***2014 :*** Ségolène Royal devient ministre de l'Écologie et cède donc son poste de présidente du conseil de Poitou-Charentes. Le Marais poitevin retrouve son statut

de Parc naturel régional (PNR), perdu en 1997. Les Francofolies de La Rochelle ont fêté leurs 30 ans.
– ***2015 :*** au terme d'un chantier de reconstruction de 18 ans à Rochefort, la frégate *L'Hermione* a enfin hissé les voiles et fait la traversée vers l'Amérique, sur les traces de La Fayette.

LANGUE RÉGIONALE

Biau pour « beau », *pus* pour « plus », *rein* pour « rien ». Et, là-dessus, roulez les « r »... Même s'ils n'ont pas la rudesse charnue de l'idiome berrichon, les patois du pays d'Ouest gardent un bon fumet de terroir. Bien que parlés au sud de la Loire, ils découlent des dialectes du Nord, dont le Poitou fut la voie de pénétration. Ici, on vous montrera des *ponnes,* ces grandes cuves en terre cuite qui servaient autrefois à faire la *buaï,* la lessive...
De Vendée jusqu'en Gironde, bien sûr, mille nuances ponctuent l'éventail des terroirs. On peut toutefois regrouper toutes ces langues dialectales au sein d'une même famille, appelée le poitevin-saintongeais, ou encore le « parlanjhe ».

Un peu de vocabulaire pour s'amuser

Après-midi	*tantôt*
Aujourd'hui	*aneut*
Au revoir	*à la revouèyure*
Balivernes	*rigourdaines*
Bouche	*goule*
C'est vraiment bien	*ol é bé bèn*
Ça s'arrange	*o s'aminoche*
Dos	*échine*
Eau-de-vie	*goutte*
Embrasser	*bijher*
Enfant	*drôle*
Estomac	*jhabot*
Fatigué	*las*
Heureux	*benèse*
Insupportable	*achalant*
Ivre	*brindzéy*
Maintenant	*avoure*
Rentrer	*se rendre*
Sieste	*marienne*
Vêtements	*jhardes*

PATRIMOINE ARCHITECTURAL

Une terre romane

En sillonnant les chemins du Poitou, de l'Angoumois et de la Saintonge, en traversant les bourgs de ces anciennes provinces du duché d'Aquitaine, les églises romanes se dévoilent, les unes après les autres, discrètement, presque secrètement. Dans tel bourg, l'église est imposante avec son clocher trapu en forme de tour. Là, elle semble chuchoter quelque chose aux vignobles fuyant vers l'horizon. Ici, elle arbore avec fierté sa façade enrichie de créatures fantastiques et de figures inquiétantes. Ailleurs, elle témoigne de l'audace et de l'imagination créative de l'architecte, du peintre ou du sculpteur. Les formes rigoureuses du roman s'épanouissent dans une floraison monumentale d'absides, de colonnes et de coupoles en craie blonde... René Huyghes, grand historien de l'art, a choisi la façade de

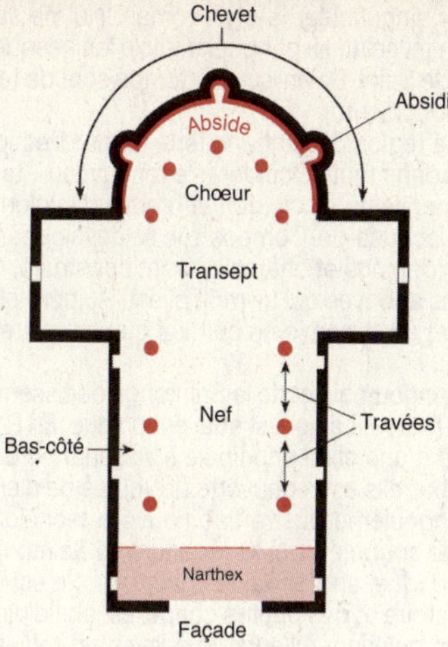

PLAN D'UNE ÉGLISE ROMANE

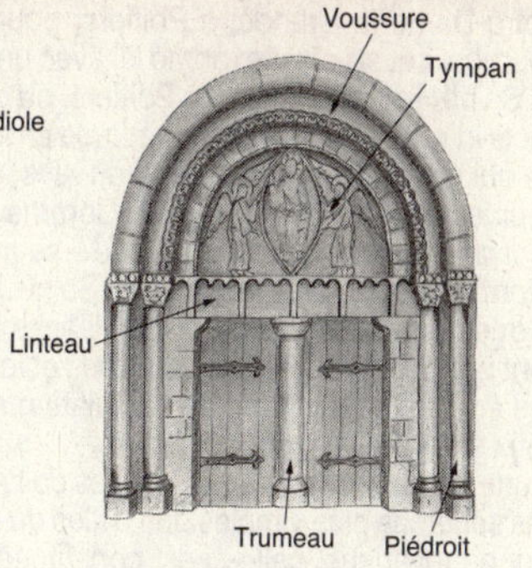

PORTAIL D'ÉGLISE ROMANE

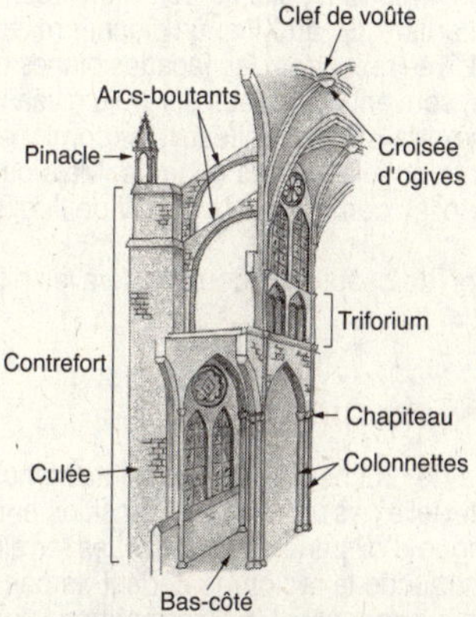

COUPE TRANSVERSALE D'UNE ÉGLISE GOTHIQUE

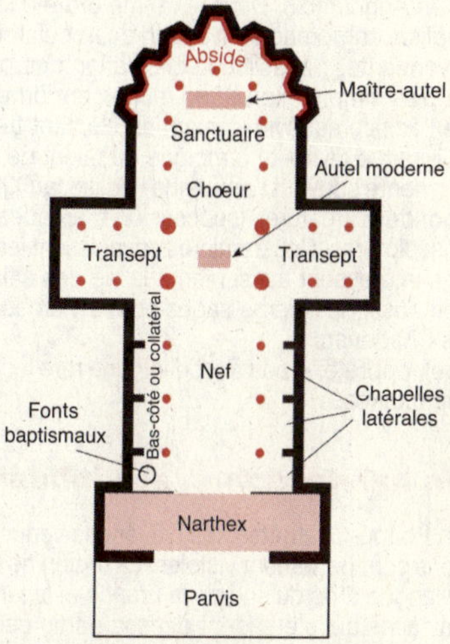

PLAN D'UNE ÉGLISE GOTHIQUE

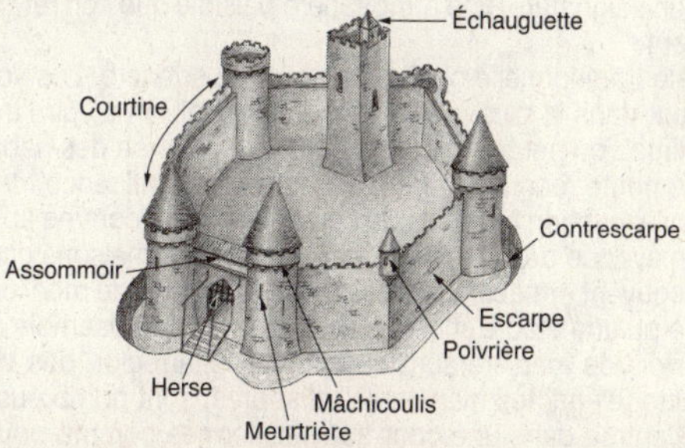

CHÂTEAU FORT

Notre-Dame-la-Grande, à Poitiers, pour singulariser le style roman. Nul ne sait pourquoi cet art s'est exprimé ici avec un tel éclat. Ni par quel miracle les fresques de Saint-Hilaire-le-Grand, à Poitiers, ou de Saint-Savin-sur-Gartempe sont de tels chefs-d'œuvre de la peinture murale en Occident.
Ce qui est sûr, c'est qu'à partir du XIe s la région devient une terre de prédilection pour la diffusion de l'art roman. Comme dans tout l'Occident, le renouveau – tant économique que démographique – se manifeste, le clergé fait preuve de volonté réformatrice, les pèlerinages vers Saint-Jacques-de-Compostelle se développent. Si quelques ouvrages civils et militaires (donjons et châteaux) sont construits, ce sont surtout les églises, les prieurés et les abbayes qui se multiplient. Aujourd'hui, ces édifices témoignent de l'émulation et du dynamisme culturel qui marquèrent deux siècles d'histoire.
D'une manière générale, les églises de l'Angoumois et de la Saintonge obéissent à des schémas plus simples que celles du Poitou. La nef est souvent unique. En Poitou, en revanche, celle-ci est constituée d'une allée principale (vaisseau) bordée de deux allées plus modestes (collatéraux) ; elle est recouverte de voûtes de pierre (voûtes en berceau). La cathédrale d'Angoulême illustre une nouvelle technique de construction du XIIe s : la nef coiffée de coupoles, qui se répandra en Saintonge et en Angoumois. Dans le même ordre d'idée, en Poitou, le chevet (partie est de l'église) comprend souvent un déambulatoire et des petites chapelles (absidioles) rayonnantes ; il facilite la circulation des pèlerins. Ailleurs, le chevet est réduit à sa plus simple expression, richement ornementé sur le mur extérieur. La façade de l'édifice est évidemment un élément très important ; elle se doit d'évoquer la puissance divine et témoigne du talent de l'artiste. Si, au XIe s, un clocher massif surmonte souvent l'entrée de l'église, au XIIe s se répandent les façades planes où abondent arcatures (succession d'arcades, souvent disposées sur trois niveaux) et sculptures. Ces dernières envahissent les portails, les chapiteaux, les corniches, et s'intéressent aussi bien à la vie des saints qu'à la vie des champs. Mais on y voit aussi des vierge sages et des vierges folles comme sur le portail de l'église de Chadenac.
Bref, apprêtez-vous à recevoir une rare leçon de beauté qui bouleversera les plus réfractaires.

Un habitat sobre, aux influences multiples

En Poitou-Charentes, les influences venues de proches ou de plus lointains horizons sont nettement visibles. La région ne fut-elle pas une terre de transition entre la langue d'oc du sud de la France et la langue d'oïl parlée au Nord ? Les terrains calcaires qui s'étendent dans la partie centrale de la région ne cèdent-ils pas la place aux roches granitiques et schisteuses qui annoncent le Massif armoricain et le Massif central ? De là à croire que l'habitat ne présente aucune homogénéité, il n'y aurait qu'un pas. Et pourtant, l'œil averti percevra assez facilement un type bien particulier, une signature, une atmosphère paisible que l'on retrouve presque immanquablement.
L'habitation rurale traditionnelle obéit à une grande sobriété. Les volumes et les plans s'organisent dans la plus grande simplicité. Doit-on y voir l'expression de la douceur du climat, ou peut-être bien de l'esprit économe des habitants ? Avec des toits à faible pente recouverts de tuiles romanes, l'influence méridionale est omniprésente, à l'exception toutefois de certaines zones, comme au nord de Poitiers où l'ardoise évoque déjà l'Anjou et la Touraine. Les maisons charentaises et poitevines sont souvent étroites, avec des murs constitués de moellons calcaires ; avec une grange ou une étable accolée, elles forment un ensemble de bâtiments qui s'étirent parfois de manière surprenante. Dans la région des vignobles, les maisons de maître, élégantes mais toujours sobres, sont nombreuses ; un beau portail marque l'entrée dans une cour souvent fermée comme pour mieux préserver le secret de l'alchimie qui s'opère dans le chai. Au contact du Bordelais, ces

demeures gagnent en prestige. La pierre de taille remplace le moellon. En bord de mer, les maisons sont petites comme pour donner moins de prise aux vents du large. Les murs blanchis à la chaux sont ponctués par le vert, le bleu des volets et des hampes de roses trémières. Le Marais poitevin recèle également une multitude de « cabanes » isolées que l'on découvre parfois soudainement en glissant le long d'un canal. Ce sont les sièges des anciennes exploitations. Là encore, murs blancs et volets de couleurs vives séduisent. Enfin, pour compléter cette diversité, les habitations en Gâtine et dans le Confolentais offrent résolument une impression de robustesse avec des murs de granit et de schiste.

Une côte à défendre

De Ré à Oléron en passant par l'île d'Aix et par toute la côte du Chapus à Fouras, ce ne sont pas moins de 12 places fortes qui furent édifiées du Moyen Âge au XIXe s.
Il y eut d'abord le château fort de Fouras, bâti au XIe s par les ducs d'Aquitaine pour contrer les Normands et défendre l'entrée de la Charente. Puis, au XIIe s, la haute tour de Broue, perdue dans les marais à quelques kilomètres de Brouage, et aujourd'hui en ruine.
Mais c'est sous Louis XIV et ses maîtres d'œuvre, Vauban et Montalembert, que les forts se multiplièrent. Il s'agissait de parer aux assauts des Anglais, Espagnols et autres Hollandais qui avaient alors la maîtrise des mers – sans oublier les pirates de tout poil. Les arsenaux de Brouage puis Rochefort devaient impérativement être protégés. C'est principalement à Vauban que l'on doit le système de fortification en étoile, défense exemplaire dont seront dotés Ré, Oléron, l'île d'Aix et l'île Madame, quelques points côtiers (fort Lupin, fort Chapus), ainsi que l'îlot d'Énet. Une protection tellement imparable qu'elle reste un modèle d'architecture militaire ! N'oublions pas le célèbre fort Boyard, au large d'Oléron – dont la construction périlleuse fut confiée aux bagnards. Malgré quelques revers (prise du fort de la Rade de l'île d'Aix en 1757, destruction de la flotte française acculée dans l'estuaire de la Charente sous le Premier Empire), ce système défensif – et dissuasif – s'est montré efficace. Quelques remaniements au cours du XIXe s consolidèrent et adaptèrent ces défenses aux progrès techniques (projectiles explosifs, portée de tir accrue, etc.) mais, bientôt, elles devinrent obsolètes. Au point que le fort Boyard, achevé en 1860, ne fut jamais armé. Il n'a pour autant pas été perdu pour tout le monde puisqu'on y incarcéra les communards... avant qu'une société de production n'en fasse le succès télévisuel que l'on connaît.

PERSONNAGES

– ***Antoine Albeau :*** né en 1972, le blond véliplanchiste rochello-rétais amateur d'adrénaline a raflé plus de 20 titres de champion du monde ! Il a tout naturellement été sacré marin de l'année en 2010 par la Fédération française de voile, succédant ainsi à Michel Desjoyeaux.
– ***Marguerite d'Angoulême*** *(1492-1549)* ***:*** née à Angoulême, comme son nom l'indique, cette descendante de la dynastie des Valois devint reine de Navarre. Considérée comme la femme la plus cultivée de son époque (elle parlait au moins six langues), cette humaniste aida des esprits aussi divers que Calvin et Clément Marot, écrivit des poèmes et des pièces, et laissa un célèbre recueil de nouvelles, *L'Heptaméron*.
– ***Aliénor d'Aquitaine*** *(1122-1204)* ***:*** née à Poitiers, la fille du comte de Poitou fait toujours parler d'elle... Elle est à l'origine, entre autres, de la guerre de Cent Ans. Rappelez-vous vos cours d'histoire : si seulement Aliénor s'était contentée, après sa répudiation, de quitter le roi de France (Louis VII) pour le roi d'Angleterre (Henri II

Plantagenêt), on en aurait fait une banale histoire de couple. Mais elle apportait ses territoires dans la corbeille de mariage : l'Aquitaine et le Poitou ! De son second époux, elle met au monde cinq fils et trois filles, dont les fameux Richard Cœur de Lion et Jean sans Terre.

– ***Françoise d'Aubigné*** *(1635-1719)* **:** née à Niort, petite-fille d'Agrippa, la gentille Françoise fut chargée de l'éducation des enfants de Louis XIV et de Mme de Montespan. Bientôt, elle ne s'occupa plus uniquement des enfants... mais du roi en personne. Ce dernier fit d'elle la marquise de Maintenon, supplantant ainsi sa rivale, et l'épousa en secret.

– ***Laurent Cantet*** **:** né en 1961 à Melle, dans les Deux-Sèvres, il fait des études en audiovisuel à Marseille. C'est donc tout naturellement que ce fils d'instituteur réalise le film *Entre les murs,* primé de la Palme d'or à Cannes, et plus récemment *Foxfire, confession d'un gang de filles.*

– ***Samuel de Champlain*** *(1570-1635)* **:** né à Brouage, ce grand navigateur est une star au Canada. Normal : il a « découvert » le pays et fondé la ville de Québec.

– ***Émile Combes*** *(1835-1921)* **:** né à Roquecourbe, homme politique qui, après avoir perdu la foi, s'installe à Pons (Charente-Maritime) et devient sénateur de la Charente en 1885. Cet homme de gauche deviendra vite le précurseur d'une politique fortement anticléricale à laquelle il donnera son nom, le *combisme.* S'il demeure aujourd'hui une grande figure politique française, c'est parce qu'il est le papa de l'école laïque.

– ***Pierre-Philippe Denfert-Rochereau*** *(1835-1921)* **:** né à Saint-Maixent (Deux-Sèvres), ce polytechnicien fait carrière dans les armes, et on le nomme gouverneur militaire de Belfort. Assiégé par les Prussiens en 1870, il résiste et réussit à conserver la ville. Il est malgré tout viré de l'ingrate armée pour ses idées révolutionnaires et devient député de gauche. Pour lui rendre hommage, la municipalité de Belfort décora d'un lion la place qui porte son nom à Paris.

– ***René Descartes*** *(1596-1650)* **:** l'immense philosophe et « plus grand mathématicien de tous les temps » passe son enfance à Châtellerault et obtient son diplôme en droit à Poitiers en 1616. Ensuite, il voyage beaucoup, s'intéresse absolument à tout (il taille des verres, observe les poulies, dissèque des anguilles et va jusqu'à étudier les jeunes filles qui louchent), joue les ermites en Hollande et se met à écrire des tas de petits traités complètement révolutionnaires. Son père, encore plus cartésien que lui, aurait déclaré, après la publication du *Discours de la méthode* : « Faut-il que j'aie mis au monde un fils assez ridicule pour se faire relier en veau ! »

– ***Michel Foucault*** *(1926-1984)* **:** né à Poitiers, celui que l'on connaît comme l'un des plus grands philosophes français du XXe s quitte vite sa ville natale pour s'installer à Paris. En 1968, il est solidaire des événements de mai, ce qui ne l'empêche pas d'être nommé professeur au Collège de France en même temps qu'il enseigne à l'université libre de Vincennes. Mais une réputation de scandale (liée à son homosexualité) le poursuit. Il a déjà publié ses meilleurs ouvrages (dont la fameuse *Histoire de la folie à l'âge classique*) quand il se tourne vers la Californie, où sa réputation est aussi grande qu'au Japon. Atteint du sida, il rentre en France, où il meurt. Il est enterré à Vendeuvre-du-Poitou. Une chose est sûre : l'œuvre est bien là et elle défiera les siècles.

– ***François Ier*** *(1494-1547)* **:** né à Cognac, fils du comte d'Angoulême, c'est bien un enfant du pays, même si maman était savoyarde... Ironie du sort, la chapelle du château où il fut baptisé sert aujourd'hui à entreposer du cognac ! Sacré vin de messe ! Il monte sur le trône de France en 1515 après que son cousin Louis XII meurt sans héritier.

– ***François Gabart*** *(1983)* **:** à tout juste 30 ans, ce navigateur et skipper professionnel français, né à Saint-Michel-d'Entraygues en Charente, a remporté la 7e édition du Vendée Globe en janvier 2013, en établissant un nouveau record de navigation en solitaire, sans escale sur monocoque, en 78 jours. Fin mai 2013, il remporte la Mauritius Regatta, devant Michel Desjoyeaux. Il s'apprête désormais à prendre le départ de la Transat Jacques Vabre fin 2015, aux commandes d'un trimaran.

– ***Joseph-Ignace Guillotin*** *(1738-1814)* **:** né à Saintes. Son nom vous dit sûrement quelque chose... À son grand dam, d'ailleurs, car ce médecin plutôt du genre humaniste ne voulait pas que la guillotine porte son nom ! Il l'avait conçue (ou plus exactement perfectionnée, puisqu'elle existait déjà) uniquement pour qu'elle abrège les souffrances des condamnés à mort... Quand on songe à l'enthousiasme de Robespierre et consorts devant l'infernale machine... Ils n'imaginaient sans doute pas que leurs têtes sauteraient à leur tour !

– ***François de La Rochefoucauld*** *(1613-1680)* **:** ils furent une bonne vingtaine à porter ce nom... et ce prénom (voir la ville du même nom dans le chapitre « La Charente »). Mais nous retiendrons le numéro 6. L'auteur des fameuses *Maximes* avait son propre château au nord d'Angoulême, où il fut exilé pour avoir conspiré contre Richelieu. Ça aide quand on veut écrire tranquillement. Un autre François de La Rochefoucauld, né un siècle plus tard, a laissé une phrase à défaut d'une œuvre. C'est lui qui répondit à Louis XVI : « Ce n'est pas une révolte, Sire, c'est une révolution. »

– ***Pierre Loti*** *(1850-1923)* **:** aussi célèbre pour ses récits de voyage que pour ses excentricités, dont sa maison n'est pas la moindre, Julien Viaud (de son vrai nom) a passé sa vie à fuir sa Charente-Maritime natale pour mieux y retourner.

PIERRE LOTI, PAS TRÈS CLAIR

Après le succès de son roman Ramuntcho, *Loti tomba en admiration devant le Pays basque. Il séjourna fréquemment à Hendaye et décida d'avoir des enfants d'une mère basque, afin qu'ils soient d'une race... plus pure. Il eut trois enfants basques dont le premier s'appela Ramuntcho. Ils furent élevés par sa femme officielle !*

– ***François Mitterrand*** *(1916-1996)* **:** né et enterré à Jarnac, Tonton, homme patient selon la tradition charentaise, était un authentique enfant du pays. C'était aussi le digne héritier des personnalités régionales : philosophe inspiré tel La Rochefoucauld, intrigant à la manière de Mme de Maintenon, lettré à l'égal de Guez de Balzac, laïc comme Combes, orientaliste à la façon de Fromentin, et autant partisan de l'Europe que Monnet... Mais il régna deux fois moins longtemps que François Ier.

– ***Jean Monnet*** *(1888-1979)* **:** le « père de l'Europe » est né à Cognac. Héritier d'une maison de négoce en cognac, il préfère devenir banquier, puis occupe un poste important à la Société des nations (ancêtre de l'ONU). Pendant la guerre, il se bat aux côtés du général de Gaulle depuis Londres. Ainsi va naître l'idée de l'Europe politique : Monnet propose une union entre Anglais et Français. Il prolonge ensuite cette idée à d'autres pays et tentera de la mettre en application en tant que président du Comité pour les États-Unis d'Europe.

– ***Mme de Montespan*** *(1640-1707)* **:** née Françoise de Rochechouart à Lussac (Charente), c'est elle qui fut remplacée par la marquise de Maintenon (Françoise d'Aubigné) citée plus haut. Issue d'une très grande famille poitevine, elle devient dame d'honneur de la reine en 1663. Quatre ans plus tard, elle prend la place de Mlle de La Vallière dans le cœur (et le lit) de Louis XIV, à qui elle eut le temps de donner huit enfants. Elle reste également célèbre pour avoir réintroduit dans les mœurs de la cour l'art d'empoisonner certain(e)s indésirables... Louis XIV lui évite une condamnation à mort, mais elle est exilée à Versailles, avec l'interdiction de revoir ses enfants, qui seront élevés – cruauté du sort – par la Maintenon...

– ***Jean-Pierre Raffarin*** **:** né à Poitiers en 1948, diplômé de Sup de Co Paris, l'enfant du pays débute sa carrière professionnelle comme chef de produit chez Jacques Vabre et assure de 1981 à 1988 la direction générale du cabinet Bernard Krief Communication. Président du conseil régional de Poitou-Charentes en 1988, député européen en 1989, ministre des Petites et Moyennes Entreprises, du Commerce et de l'Artisanat en 1995, il occupera finalement le poste de Premier ministre de 2002 à 2005. En 2014, il fait partie du triumvirat des anciens Premiers ministres qui prend temporairement la tête de l'UMP, avec Fillon et Juppé. Il est sénateur de la Vienne.

– ***François Ravaillac*** *(1578-1610)* **:** l'assassin d'Henri IV est charentais. Il naquit dans la petite commune de Touvre (à l'est d'Angoulême). Domestique puis maître d'école devenu mystique, il bouleversa l'histoire de France d'un simple coup de couteau. On peut dire que l'inventeur de la poule au pot n'en a pas eu (de pot) !

– ***René Antoine Ferchault de Réaumur*** *(1683-1757)* **:** ce physicien et naturaliste né à La Rochelle a publié des rapports sur les sujets les plus divers (de la fabrication des perles artificielles à la conservation des œufs frais), découvert le processus de transformation de la fonte en acier, étudié la locomotion des oursins et laissé une somme inachevée (six tomes tout de même !) sur les insectes.

– ***Ségolène Royal*** **:** née en terre africaine (au Sénégal) en 1953, c'est depuis le Poitou-Charentes que cette femme politique construit sa carrière au sein du parti socialiste, après avoir détrôné Jean-Pierre Raffarin à la présidence de la Région. Ancienne députée, quatre fois ministre sous Bérégovoy et Jospin, « Ségo » fut en 2007 la première femme à parvenir au second tour d'une élection présidentielle française. Après sa défaite, elle se fait réélire à son poste en Poitou-Charentes dès le premier tour. En revanche, elle échoua magistralement à la députation de La Rochelle (parachutage loupé). 2014 a sonné le début de nouvelles fonctions puisque, à la faveur d'un remaniement ministériel, Ségolène Royal devient ministre de l'Écologie et cède donc son poste de présidente du conseil régional.

– ***Georges Simenon*** *(1903-1989)* **:** l'écrivain belge s'installe en Charente-Maritime avant la guerre. Le père de Maigret s'inspire de l'atmosphère du littoral et des cafés de diverses bourgades (Nieul-sur-Mer, Charron, Esnandes) pour certains de ses romans. Et c'est à La Rochelle (si bien décrite dans *Le Voyageur de la Toussaint*) qu'il passera, selon ses dires, les plus belles années de sa vie...

– ***Alfred de Vigny*** *(1797-1863)* **:** un bien curieux garçon, militaire mais poète, ancien « mousquetaire rouge » à l'aspect souffreteux, météore littéraire lancé par Victor Hugo, qui se retira sur ses terres, dégoûté du showbiz de l'époque. Lui qui pensait profiter de la fortune de sa femme (fille du richissime gouverneur de la Jamaïque) n'eut droit, en dot, qu'à une île paumée de Polynésie, « toute pleine d'anthropophages » ! Consolation : il récupéra la propriété charentaise de son grand-père, le bien mignon domaine du Maine-Giraud, où il écrivit *La Bouteille à la mer* avant de se recycler dans le commerce du cognac...

SITES INSCRITS AU PATRIMOINE MONDIAL DE L'UNESCO

Organisation des Nations Unies pour l'éducation, la science et la culture

En coopération avec le centre du patrimoine mondial de l'UNESCO

Pour figurer sur la liste du Patrimoine mondial, les sites doivent avoir une valeur universelle exceptionnelle et satisfaire à au moins un des 10 critères de sélection. La protection, la gestion, l'authenticité et l'intégrité des biens sont également des considérations importantes.

Le patrimoine est l'héritage du passé dont nous profitons aujourd'hui et que nous transmettons aux générations à venir. Nos patrimoines naturel et culturel sont deux sources irremplaçables de vie et d'inspiration. Ces sites appartiennent à tous les peuples du monde, sans tenir compte du territoire sur lequel ils sont situés.

Pour plus d'informations : • *whc.unesco.org* •

Pour la région Poitou-Charentes sont concernés pas moins de huit sites, à commencer par l'***abbaye de Saint-Savin-sur-Gartempe*** (inscrite en 1983), dans la Vienne, ainsi que la ***fortification Saint-Martin-de-Ré,*** sur l'île de Ré (Charente-Maritime), qui fait partie des sites Vauban classés en 2008. Par ailleurs, six autres sites sont inscrits, depuis 1998, comme étapes sur les chemins de Saint-Jacques-de-Compostelle : les ***églises Saint-Hilaire-le-Grand de Poitiers*** (Vienne), ***Saint-Eutrope de Saintes*** (Charente-Maritime), ***Saint-Hilaire de Melle*** (Deux-Sèvres), ***Saint-Pierre d'Aulnay-de-Saintonge*** (Charente-Maritime), l'***abbaye royale de Saint-Jean-d'Angély*** (Charente-Maritime) et l'***hôpital des pèlerins de Pons*** (Charente-Maritime).

VINS ET ALCOOLS

Le cognac

Les Anglo-Saxons l'ont adopté sous le nom de *brandy,* les Chinois ne jurent que par lui, et les Japonais ont racheté l'un de ses producteurs. Et même s'il est presqu'intégralement exporté, n'allez pas demander aux Charentais si le cognac est encore un produit français ! C'est une AOC (un cahier des charge règlemente processus d'élaboration et aire de production) reconnue depuis 1936, et bien que copié et recopié, le cognac est-il encore une eau-de-vie française.

À partir du XVIIe s, les vins du Poitou, de La Rochelle et de l'Angoumois sont transformés en eaux-de-vies et bonifiés en fûts de chêne. On parle alors de cognac. Aujourd'hui les procédés de distillation sont restés identiques, de même que l'alambic dit « à repasse ». L'aire de production est concentrée autour des villes de Segonzac, Cognac, Jarnac et Jonzac.

La distillation s'effectue en deux temps : d'abord, obtention du premier distillat appelé « brouillis », qui est mis en chaudière pour une seconde distillation appelée « la bonne chauffe ». Le vieillissement du cognac prend plusieurs décennies et comprend trois phases principales : l'extraction, l'hydrolyse et l'oxydation. La maturation s'effectue grâce au bois qui établit un contact indirect entre l'eau-de-vie et l'air ambiant. Chaque maître de chai procède à un assemblage d'eaux-de-vie, d'âges et de crus différents, qui permet à chaque produit de conserver toute sa personnalité. Tous les cognacs ne se ressemblent donc pas ! Une fois en bouteille, contrairement au vin, le cognac n'évolue plus ; il conserve donc l'âge qu'il avait au moment de son embouteillage.

Certaines maisons de cognac proposent visite et dégustation alors renseignez-vous !

AL-KHÔL

Les origines de l'alambic charentais remontent à l'Égypte antique. Le vase en cuivre, utilisé alors pour la fabrication du khôl (maquillage pour les yeux), est appelé Al-ambic *par les Égyptiens. Par la suite, les Arabes commencèrent à distiller le vin et donnèrent le même nom au produit obtenu, d'où l'apparition du mot* Al-khôl, *signifiant la « chose subtile » et qui donna, par la suite, notre célèbre alcool.*

Les vins

Poitevins et Charentais ont toujours cru produire du bon vin. Cette illusion s'est dissipée, et les bouteilles ont désormais leur place près des casseroles... Pourtant, quelques crus jouissent d'une réputation honorable : les vins du Thouarsais (qui ressemblent aux vins d'Anjou), les vins du haut Poitou (gamay pour les rouges, sauvignon pour les blancs) qui ont décroché l'AOC en 2011 et les blancs de l'île de Ré, au goût desquels les vacanciers s'efforcent de s'accoutumer. Certains vignerons consciencieux ont même réussi à produire quelques crus délicieux, comme les fameux S, PN ou Y (comprendre, sauvignon, pinot noir et gamay) du domaine *Ampelidae* dans le haut Poitou, aussi inattendus qu'inclassables.

Le pineau

Au XVIe s, un vigneron versa par hasard du moût de raisin dans un tonneau de cognac. Pensant avoir perdu toute la précieuse eau-de-vie, il laisse le tonneau dormir dans un coin. Ayant besoin quelques années plus tard du contenant, il goûte quand même le contenu avant de le jeter... Et, ô miracle, il gagna le gros lot : le pineau des Charentes ! Voilà pour la petite histoire.
Maintenant, les explications techniques. On sait que tout vin découle d'une fermentation, qui transforme en alcool les sucres du moût (le jus). Pour produire du pineau, le viticulteur attend que le degré d'alcool du moût monte à 10°. Il y ajoute alors du cognac « rassis » (c'est-à-dire issu d'une distillation antérieure) qui doit titrer au minimum 60° et provenir du même domaine. D'un côté, cet alcool arrête la fermentation (l'alcool est un tueur de champignons et de levure), gardant ainsi au moût ses réserves de sucre. D'un autre côté, il élève à quelque 17° la teneur alcoolique du vin. Bu après avoir vieilli de 18 mois à 3 ans, le pineau se révèle à la fois fort et sucré, doux et capiteux. Il existe deux sortes de pineau : un blanc et un rosé. Les Charentais les ont réservés longtemps à leur propre consommation. Aujourd'hui, le pineau (qui se boit frais, en apéritif ou comme vin de dessert) réjouit les Belges, les Canadiens, les Allemands et les Américains. Les Chinois, amateurs de cognac, se laisseront-ils tenter ?

LA VIENNE

ABC DE LA VIENNE

- *Population :* 424 354 hab.
- *Superficie :* 6 990 km^2.
- *Préfecture :* Poitiers.
- *Sous-préfectures :* Châtellerault et Montmorillon.
- *Trufficulture :* sa paternité est attribuée à un meunier poitevin ! Aujourd'hui, l'Associationdes trufficulteurs de la Vienne regroupe 140 adhérents qui cultivent 300 ha de truffières.

Le parc du Futuroscope a sorti la Vienne de sa léthargie sur le plan touristique. L'audacieux pari d'installer la capitale mondiale de l'image du futur au beau milieu des labours est gagné. Grâce à cette locomotive, relayée par de nouveaux parcs d'attractions (la Planète des Crocodiles, la Vallée des Singes...), la fréquentation touristique ne cesse d'augmenter dans le département. Mais il serait dommage de se contenter du seul périmètre du Futuroscope et de négliger le reste du patrimoine. Si les curieux se risquent jusqu'à Poitiers, de nombreux voyageurs se contentent de prendre le train du retour, la tête encore pleine de féeries en trois dimensions. Allez, posez vos valises ! Prenez plutôt le temps d'explorer cette région clé de l'histoire de France, terrain d'âpres disputes et de glorieux combats qui contribuèrent à fonder la France. La Vienne, comme toute région rurale, est secrète. Mais si beaucoup des belles demeures qui agrémentent son paysage restent très privées, les bijoux d'un très riche patrimoine roman et les lieux d'histoire sont suffisamment nombreux pour que votre voyage ne soit pas qu'un voyage imaginaire.

Adresses et infos utiles

Agence touristique de la Vienne *(plan couleur de Poitiers, B2,* ***1****) : 33, pl. Charles-de-Gaulle, 86000* ***Poitiers****. ☎ 05-49-37-48-48. • reservation-vienne-futuroscope.com • tourisme-vienne.com • Accueil à la Maison du terroir et agence touristique de la Vienne à Poitiers.*

Relais départemental des Gîtes de France *(plan couleur de Poitiers, B2,* ***1****) : même adresse que l'ATV. ☎ 05-49-37-19-77. • gitesdefrance-vienne.com •* Sur simple appel téléphonique, cette association peut vous adresser le catalogue des gîtes et chambres d'hôtes de la Vienne.

Bienvenue à la Ferme : *chambre régionale d'agriculture, BP 50001, 86550* ***Mignaloux-Beauvoir****. ☎ 05-49-44-74-74. • bienvenue-a-la-ferme.*

com/poitou-charentes • Sur simple appel téléphonique, cette association peut vous adresser le catalogue « Bienvenue à la ferme », qui présente la liste des chambres affiliées à cet organisme. À noter : les réservations de chambres se font directement auprès des agriculteurs. Également plein d'infos sur le site internet sur toutes les activités à la ferme et sur les marchés de producteurs du pays.

– ***Sites internet :*** pour des renseignements généraux sur le tourisme dans la Vienne, consultez le site du département, • *tourisme-vienne.com* • (réservation en ligne d'entrées de sites avec des tarifs réduits). Pour des infos sur le parc du Futuroscope : • *futuroscope.com* •

POITIERS (86000) 91 000 hab. *Carte Vienne, B3*

Pour le plan de Poitiers, se reporter au cahier couleur.

Poitiers conserve, tout au long de ses trottoirs étroits, son air médiéval des grands jours. Il faut dire que de ce côté-là, l'ancienne capitale de France est gâtée : une poignée de batailles historiques apprises par cœur (507, 732, 1356), une pléiade de monuments prestigieux (du plus ancien baptistère des Gaules à la plus belle façade de l'art roman poitevin), une université fondée au XVe s où passent le truculent Rabelais, le doux Ronsard et le froid Descartes... Les Pictaviens peuvent s'enorgueillir de ce prestigieux passé ! Malgré les guerres de Religion qui la ruinent et la stagnation concertée des XVIIIe et XIXe s, c'est le grand bond en avant après la dernière guerre.
Aujourd'hui, la ville n'a plus à prouver son dynamisme (25 000 étudiants) et ne cesse de s'embellir, forte d'une politique municipale soucieuse de remettre en valeur les mille et un trésors du passé. La place Leclerc est devenue entièrement piétonne, offrant ainsi un point de vue dégagé sur la préfecture, située dans l'axe de l'hôtel de ville. Nettoyée par de longs et patients travaux, la façade de Notre-Dame-la-Grande offre son magnifique livre de pierre aux visiteurs. Une résurrection ? On s'y active en tout cas.

UN PEU D'HISTOIRE

Nos ancêtres les Gallo-Romains

Sur un plateau rocheux entre Clain et Boivre, occupant le centre du seuil du Poitou, passage entre Nord (Oïl) et Sud (Oc), sur ce que les préhistoriens appellent un « éperon de confluence », on a retrouvé les restes de l'oppidum gaulois : *Lemonum* (la ville de l'Orme). ***Très vite, les habitants vont se mettre au service de César,*** qui passe dans le coin. Les « Pictons » font ami-ami, et l'oppidum se transforme rapidement en *urbs*. Trois aqueducs, un amphithéâtre stupidement rasé en 1857, des thermes, tout le confort de l'époque pour ces Gallo-Romains fidèles à César. Mais les invasions guettent. ***À la fin du IIIe s, on édifie une vaste et solide enceinte, l'une des plus grandes de Gaule.*** Dans cette *Aquitania Felix,* on se la coule douce, en liaison avec Bordeaux et Saintes.

L'agitation chrétienne

Vers l'an 400, les Wisigoths entrent dans Poitiers. Clovis les en chasse en 507 lors de la fameuse bataille de Vouillé. Un groupe épiscopal se constitue alors avec, à sa tête, saint Hilaire et son adjoint saint Martin. Du coup, un quartier ecclésiastique se développe, avec ses ***églises mérovingiennes.*** À partir de 560, Radegonde,

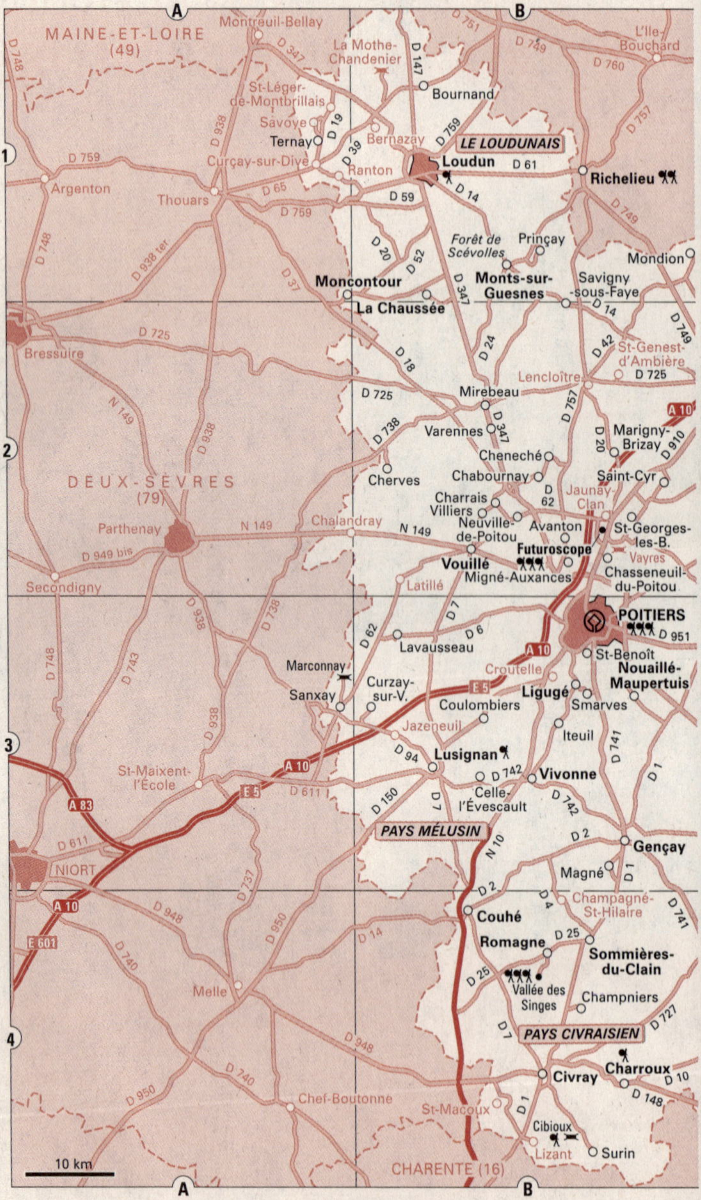
A
B
1
2
3
4
MAINE-ET-LOIRE
(49)
DEUX-SÈVRES
(79)
CHARENTE (16)
LE LOUDUNAIS
PAYS MÉLUSIN
PAYS CIVRAISIEN
Montreuil-Bellay
La Mothe-Chandenier
L'Ile-Bouchard
Bournand
St-Léger-de-Montbrillais
Savoye
Ternay
Bernazay
Loudun
Richelieu
Ranton
Curçay-sur-Dive
Argenton
Thouars
Forêt de Scévolles
Prinçay
Mondion
Moncontour
La Chaussée
Monts-sur-Guesnes
Savigny-sous-Faye
Bressuire
St-Genest-d'Ambière
Lencloître
Mirebeau
Varennes
Marigny-Brizay
Cheneché
Cherves
Chabournay
Saint-Cyr
Charrais
Villiers
Jaunay-Clan
Neuville-de-Poitou
Avanton
St-Georges-les-B.
Parthenay
Chalandray
Futuroscope
Vayres
Vouillé
Migné-Auxances
Chasseneuil-du-Poitou
Secondigny
Latillé
POITIERS
Lavausseau
St-Benoît
Nouaillé-Maupertuis
Marconnay
Croutelle
Curzay-sur-V.
Sanxay
Ligugé
Smarves
Coulombiers
Jazeneuil
Iteuil
Lusignan
St-Maixent-l'École
Vivonne
Celle-l'Évescault
Gençay
NIORT
Magné
Champagné-St-Hilaire
Couhé
Romagne
Sommières-du-Clain
Vallée des Singes
Champniers
Melle
Charroux
Civray
Chef-Boutonne
St-Macoux
Cibioux
Lizant
Surin
10 km
D 748
D 347
D 751
D 749
D 760
D 147
D 938
D 19
D 759
D 757
D 39
D 61
D 14
D 65
D 59
D 938 ter
D 20
D 52
D 347
D 37
D 725
D 24
D 42
N 149
D 18
D 738
A 10
D 910
D 62
D 949 bis
N 149
D 7
D 6
D 951
D 743
E 5
D 94
D 741
D 742
D 611
D 150
D 1
A 83
N 10
D 2
D 737
D 4
D 948
D 950
D 740
E 601
D 25
D 727
D 10
D 148

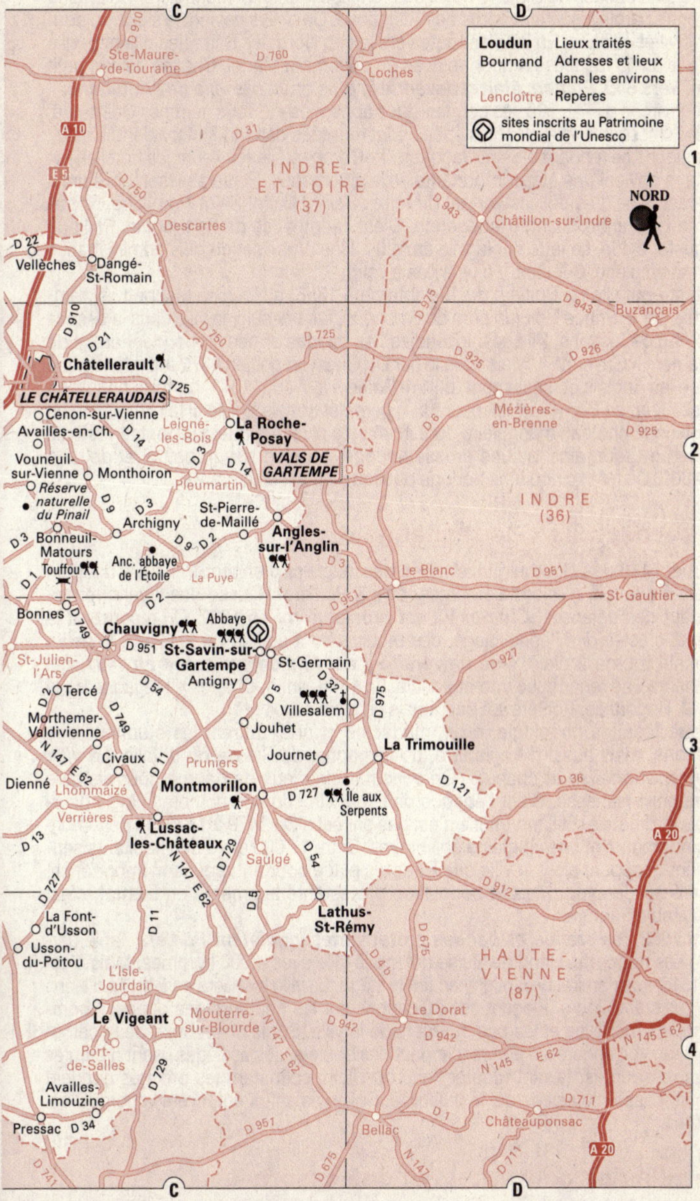
C
D
Loudun Lieux traités
Bournand Adresses et lieux dans les environs
Lencloître Repères
sites inscrits au Patrimoine mondial de l'Unesco
NORD
1
2
3
4
INDRE-ET-LOIRE (37)
INDRE (36)
HAUTE-VIENNE (87)
Ste-Maure-de-Touraine
Loches
Descartes
Châtillon-sur-Indre
Buzançais
Vellèches
Dangé-St-Romain
Châtellerault
LE CHÂTELLERAUDAIS
Cenon-sur-Vienne
Availles-en-Ch.
Leigné-les-Bois
La Roche-Posay
VALS DE GARTEMPE
Mézières-en-Brenne
Vouneuil-sur-Vienne
Monthoiron
Pleumartin
Réserve naturelle du Pinail
Archigny
St-Pierre-de-Maillé
Angles-sur-l'Anglin
Bonneuil-Matours
Anc. abbaye de l'Étoile
Touffou
La Puye
Le Blanc
St-Gaultier
Bonnes
Chauvigny
Abbaye
St-Savin-sur-Gartempe
St-Germain
St-Julien-l'Ars
Antigny
Tercé
Villesalem
Morthemer-Valdivienne
Jouhet
La Trimouille
Civaux
Pruniers
Journet
Dienné
Lhommaizé
Montmorillon
Île aux Serpents
Verrières
Lussac-les-Châteaux
Saulgé
Lathus-St-Rémy
La Font-d'Usson
Usson-du-Poitou
L'Isle-Jourdain
Le Vigeant
Mouterre-sur-Blourde
Le Dorat
Port-de-Salles
Availles-Limouzine
Pressac
Bellac
Châteauponsac
A 10
E 5
A 20
D 910
D 760
D 31
D 750
D 943
D 22
D 725
D 21
D 975
D 925
D 926
D 14
D 3
D 6
D 9
D 2
D 1
D 951
D 749
D 927
D 32
D 5
D 54
N 147
E 62
D 11
D 121
D 36
D 727
D 13
D 729
D 912
D 675
D 942
N 145
D 711
D 34
D 741
D 4b

LA VIENNE

cinquième épouse de Clotaire Ier, roi de France, fait bâtir un monastère. On prêche la bonne parole jusqu'aux bords de l'Atlantique. Un palais devient le siège du pouvoir civil et militaire. En 732, en route vers le cap Nord, les Sarrasins pillent la ville juste avant la fâcheuse rencontre avec un dénommé Martel, Charles de son petit nom. ***Vers 840, Poitiers était redevenue la plus opulente ville de l'Aquitaine.*** Aux environs de l'an 900, les comtes-ducs apparaissent. Tous nommés Guillaume, ils enrichissent la ville, dont les épées sont réputées dans tout l'Occident. L'afflux de pèlerins se rendant à Saint-Jacques-de-Compostelle fait fleurir les hôtelleries : Poitiers devient une étape importante. Ville pittoresque, Poitiers ressemble alors à Carcassonne. Les églises sortent de terre : Saint-Hilaire, Saint-Porchaire, Notre-Dame-la-Grande, Sainte-Radegonde. C'est l'apothéose de l'art roman. Philippe Auguste, avide, se jette sur la ville en 1204. Une organisation plus administrative se met en place. Circulez, y'a plus rien à voir !

La triste bataille de Poitiers du 19 septembre 1356, à Nouaillé-Maupertuis, remportée par le Prince Noir (un nom de catcheur), fait basculer la ville dans la besace des Anglo-Gascons. Pillages, incendies, les bandes armées répondent au cri de ralliement « Guyenne ». Mais voilà le fier Du Guesclin qui, en 1372, ne fait rien que battre les Anglais et, finalement, délivre Poitiers le 7 août 1372, parmi le peuple en liesse. Jean de Berry, « moult heureux », gère désormais la ville. Il fait construire un magnifique château triangulaire dont il ne reste plus que quelques petits vestiges de rien du tout, ainsi qu'une grosse horloge, accolée sur un beffroi et détruite en 1800. Ce fut la cinquième horloge publique installée en France.

Une « capitale » de rechange

En mai 1418, les Bourguignons, alliés des Anglais, prennent Paris. Le dauphin Charles s'enfuit, d'abord à Bourges, puis à Poitiers. Hausse des loyers, renforcement des défenses, ***Charles VII est proclamé roi en 1422.*** On reconstruit la mairie, c'est-à-dire l'échevinage, des moulins sont édifiés sur le Clain ; la petite capitale tourne à plein. ***Une université y est finalement créée en 1431,*** qui connaîtra une renommée internationale. En 1436, enfin, Charles VII regagne Paris libéré. Regonflée, Poitiers est désormais en plein essor.

Quatre facultés (théologie, droit, médecine et arts) attirent les étudiants des environs, mais aussi d'Angleterre, d'Allemagne, de Suisse ou d'Italie. ***La ville s'internationalise*** et chahute. On construit cinq jeux de paume pour distraire cette belle jeunesse. C'est l'époque de la construction de nombreux logis bourgeois et d'hôtels. Et l'imprimerie n'est pas en reste. De 1479 à 1520, on dénombre 11 imprimeurs et une vingtaine de libraires. Entre 17 000 et 18 000 habitants seulement occupent alors la ville que Rabelais place pourtant, pour son importance, au niveau de Lyon. Mais la population protestante augmente et, bientôt, c'est l'inévitable fracture.

Vers 1562, les premières bandes protestantes inquiètent Poitiers, tapie derrière ses remparts. Henri de Guise défend la ville avec 4 000 hommes. Mais c'est en 1569 que l'amiral de Coligny en fait le siège. La ville tombera en 24h, lui dit-on : elle résista 45 jours. Plaçant ses 20 canons sur les hauteurs des dunes, il bombarde les murailles et les bas quartiers de la ville. Sur le chevet plat de la cathédrale, on voit encore les points d'impact des boulets. Les assiégés usent de toutes leurs ressources, faisant monter l'eau du Clain, colmatant les brèches pendant la nuit. Lassé d'un siège qui le ridiculise, Coligny s'enfuit enfin vers le nord. C'est la fête...

La ville des couvents... et des casernes

Les couvents se multiplient, les monastères médiévaux s'agrandissent. ***En 1604, les jésuites édifient un collège.*** En 1616, les ursulines et les feuillants s'installent à Poitiers, suivis des frères de la Charité, des filles de Notre-Dame et des carmélites, qui impriment à la ville un fort caractère religieux. On ne badine pas avec le Saint-Esprit dans ***« la ville aux cent clochers ».*** Mais la faculté de droit reste encore « la plus fameuse et renommée de France », en particulier lors des Grands Jours du parlement de Paris, tenus à Poitiers en 1579. « Seconde Athènes » ou « Athènes de l'Ouest », la ville croule sous les épithètes élogieuses. Pourtant, la densité de population reste faible. De passage en 1539, Charles Quint décrit la ville comme un « grand village ». Passe la Révolution, bourrasque lointaine, mal comprise. La population fond au soleil. En 1801, Poitiers ne compte plus que 18 000 habitants. Le XIXe s sera cataleptique. À part l'apparition d'une gare de chemin de fer en 1851, il faut attendre le Second Empire pour voir surgir de nouveaux bâtiments, bien à l'image de cette époque administrative. Sous la IIIe République, Poitiers devient ***ville de garnison.*** Un prêtre, un soldat, un prêtre, un soldat... voilà le rythme des passages dans les rues de Poitiers. L'époque 1900 passe dans la mollesse frileuse que réveille seulement l'heure de l'absinthe. Le temps s'est arrêté à Poitiers.

Poitiers aujourd'hui

En 1961, enfin, la ville devient ***capitale de la région Poitou-Charentes.*** Les affaires reprennent. Dans l'euphorie, Poitiers se retrouve même, en 1972, en tête de l'expansion. On construit des installations sportives, un vaste campus, des parkings souterrains (en massacrant au passage des trésors archéologiques). Enfin, cerise sur le gâteau, le TGV Atlantique place la ville à 1h40 de Paris, autant dire en grande banlieue. C'est ce Poitiers d'aujourd'hui, classé dans la catégorie des ***« Pays d'art et d'histoire »,*** que vous avez sous les yeux : une combinaison réussie de modernité et d'histoire.

Arriver – Quitter

En train

➢ ***De Paris-Montparnasse, aéroport Charles-de-Gaulle-TGV, Marne-la-Vallée, Massy-TGV.*** *☎ 36-35 (0,34 €/mn).* • *voyages-sncf.com* • Liaisons régulières chaque jour en TGV. Durée : 1h40.

En bus

■ ***Les Rapides du Poitou :*** *☎ 05-49-46-27-45.* • *lesrapidesdupoitou.fr* • Liaisons vers Ligugé, Vivonne, Chauvigny, Saint-Savin, Civray, Gençay.

■ ***Veolia Transport Poitou-Charentes :*** *☎ 05-49-02-23-23.* • *vtpc86.fr* • Liaisons vers Châtellerault, L'Isle-Jourdain, Loudun, Monts-sur-Guesnes.

■ ***Voyages HM :*** *☎ 05-49-69-90-22.* Liaisons vers Lusignan, Saint-Sauvant.

– ***Lignes en Vienne :*** pendant l'été, le conseil général met en place un service de bus qui dessert plusieurs sites touristiques du département, au départ des gares de Poitiers et du Futuroscope. *Tarif : 3 € A/R. Billet à acheter auprès du chauffeur ou résas sur* • *tourisme-vienne.com* • Sur présentation du billet de car, des réductions sont accordées dans les sites desservis : la Vallée des Singes, la Planète des Crocodiles, le Vieux Cormenier, « Les Géants du Ciel », le parc de Saint-Cyr, Défi Planet' au Domaine de Dienné.

■ ***Cars SNCF :*** *☎ 36-35 (0,34 €/mn).* Liaisons vers Vouillé, Chauvigny, Saint-Savin.

Adresses utiles

Informations touristiques

ℹ ***Office de tourisme de Poitiers*** *(plan couleur B2,* ***2****) :* *45, pl. Charles-de-Gaulle. ☎ 05-49-41-21-24.* • *ot-poitiers.fr* • *De mi-juin à mi-sept, lun-sam 10h-19h, dim et j. fériés 10h-18h ; de mi-sept à mi-juin, lun-sam 9h30-18h.* Propose en été *(mar-dim)* des visites guidées thématiques passionnantes *(env 2h ; 5,50 €, réduc),* des ateliers pour enfants

(6-12 ans) avec goûter bio (environ 1h30), et des livrets de coloriage et jeux dès 3 ans. Également 4 balades libres et une chasse aux trésors à suivre sur MP3 ou smartphone. L'application « Portées disparues » vous plongera dans l'univers du polar, au cœur d'une enquête policière, que vous aurez à mener... Et jetez un œil à la salle du Patrimoine, qui offre une bonne introduction à l'histoire et à la découverte de la ville. Film de 15 mn, maquette et photo panoramique, point de départ (idéal) pour la visite guidée. Réservation de chambres d'hôtel, de chambres d'hôtes et vente de billets pour le Futuroscope.

Maison du tourisme et du terroir de la Vienne *(plan couleur B2, **1**) : 33, pl. Charles-de-Gaulle. ☎ 05-49-37-48-48. • tourisme-vienne.com • reservation-vienne-futuroscope.com • (résa). En plein centre-ville, en face de Notre-Dame-la-Grande. Juil-août, tlj 9h-21h sans interruption (23h 2de quinzaine de juil-1re quinzaine d'août) ; le reste de l'année, lun-ven 9h-18h, sam 10h-19h.* Bureau bien organisé, proposant de la documentation très bien faite sur tout le département de la Vienne. Tout est classé méthodiquement par « pays ». Possibilité de trouver des chambres d'hôtel à la dernière minute, de réserver une chambre d'hôtes, d'acheter ses billets pour le Futuroscope. Tarifs promotionnels pour les principaux sites touristiques du département. Cartes cadeau, coffrets regroupant une offre large (visites de sites, hébergements, activités diverses, vol en montgolfière...). Topoguides de la région et large gamme de produits régionaux *(vente en ligne sur • boutique-terroir.com •).* Sur smartphone, application « Futurotour » disponible gratuitement. Accueil souriant et dynamique.

Transports

■ ***Vitalis :*** *☎ 05-49-44-66-88. • vitalis-poitiers.fr •* Le ticket « jour-découverte » *(4,10 €)* permet à un groupe de 4 personnes maximum d'effectuer un nombre de voyages illimité sur tout le réseau de bus de Poitiers et son district (Futuroscope inclus) pendant toute la journée.

■ ***Location de vélos :*** l'agglomération possède un parc de 450 vélos mécaniques ou électriques en location *(compter 3-8 €/j.). **Cap Vélo :** 52, bd du Grand-Cerf (gare SNCF). ☎ 05-49-52-36-36. Sur la pl. Charles-de-Gaulle en juil-août.* Géré par un regroupement de commerçants.

■ ***Location de voitures :*** ***Hertz,** 105-107, bd du Grand-Cerf. ☎ 05-49-58-24-24. **Avis,** 133, bd du Grand-Cerf. ☎ 05-49-58-13-00. **Europcar,** 48, bd du Grand-Cerf. ☎ 05-49-58-25-34.*

Où dormir ?

Bon marché

Auberge de jeunesse *(hors plan couleur par A3, **11**) : 1, allée Roger-Tagault. ☎ 05-49-30-09-70. • poitiers@hifrance.org • hifrance.org • À 3 km du centre-ville. De la gare, bus nº 7, direction Pierre-Loti, arrêt Auberge-de-Jeunesse. Accueil pour les arrivées 18h-22h. Congés : 18 déc-5 janv. Nuitée 15,40 €/pers en dortoir de 4 lits ; petit déj 4,70 €. Emplacement de camping env 7,10 €/j. slt en juil-août pour 16 pers. Repas env 10 €. Carte des AJ obligatoire. (rdc).* Très excentrée et peu pratique, l'AJ est avant tout fonctionnelle et familiale. Soyons francs, on ne se déplace ici ni pour le quartier ni pour l'architecture années 1970 de l'auberge. La bonne surprise, c'est le grand parc, sur lequel donnent la plupart des chambres. Douches et sanitaires en commun, lavabos dans les chambres. Côté popote, cuisine à disposition et vente de plats traiteur à se faire réchauffer au micro-ondes. Billard sur place et piscine municipale à côté. Pour quelques euros de plus, préférer loger en ville !

Prix moyens

Hôtel de l'Europe *(plan couleur B2-3, **12**) : 39, rue Carnot. ☎ 05-49-88-12-00. • reservations@hotel-europe-poitiers.*

com • hotel-europe-poitiers.com • ♿ Congés : vac scol de Noël. Doubles 69-79 € selon confort ; également 8 supérieures 105 € ; familiales 3-4 pers 112-122 €. Parking payant. 💻 📶 Installé dans un ancien relais de poste, un hôtel moderne de bon standing doté d'agréables chambres personnalisées et bien équipées, réparties dans plusieurs bâtiments autour d'une cour calme. La lumineuse salle de petit déj donne sur un joli jardin. L'ensemble a été entièrement refait dans un style très actuel et offre un bon rapport qualité-prix. Excellent accueil.

Hôtel Au Chapon Fin *(plan couleur B2,* ***13****) : 11, rue Lebascles, pl. du Maréchal-Leclerc. ☎ 05-49-88-02-97. • contact@hotel-chaponfin.com • hotel-chaponfin.com • Doubles 52-59 € selon confort ; familiales 79-100 € ; également 3 chambres avec w-c sur le palier 41 €. Parking privé payant.* 📶 Un petit hôtel installé dans un joli bâtiment à la façade restaurée, idéalement placé en plein centre-ville, sur la belle place piétonne de l'hôtel de ville. Les chambres sont bien tenues et de bon volume pour les plus chères. Un très bon rapport qualité-prix, là encore. Accueil dévoué.

Hôtel Le Plat d'Étain *(plan couleur B2,* ***14****) : 7-9, rue du Plat-d'Étain. ☎ 05-49-41-04-80. • contact@poitiers-leplatdetain.com • poitiers-leplatdetain.com • Congés : vac scol de Noël. Doubles 58-80 € selon confort ; familiales 3-5 pers 88-105 € ; également quelques chambres avec w-c sur le palier autour de 40 €. Parking privé clos payant.* 📶 *Réduc de 25 % sur le petit déj sur présentation de ce guide.* Ancien relais de poste niché dans une calme rue piétonne. Chambres confortables et personnalisées à la déco très contemporaine, réparties sur plusieurs ailes. Celles du dernier étage (sans ascenseur) offrent une jolie vue sur le clocher de Saint-Porchaire. Toutes possèdent un frigo. Terrasse intérieure pour un petit déj à l'air libre. Accueil très gentil.

Chambres d'hôtes Le Tilleul *(plan couleur B2,* ***15****) : chez Mme Odile Poupet, 3, rue de la Celle. ☎ 05-49-88-66-33. 📱 06-87-86-19-06. • letilleulpoitiers@gmail.com • letilleulpoitiers.wordpress.com • Doubles 75-80 € selon saison.* 📶 *Réduc de 10 % sur présentation de ce guide.* Élégante demeure du XVIIIe s où les hôtes ne risquent pas d'être gênés par la promiscuité. Des volumes qui font rêver, des moulures sur un plafond d'une belle hauteur dans la chambre du rez-de-chaussée, au pied du grand escalier. Autre style 2 étages plus haut, dans une chambre plus contemporaine. En été, dans le jardin, le tilleul protège des grosses chaleurs alors que la terrasse est juste impeccable pour prendre le soleil. Accueil charmant de la propriétaire ; un coup de cœur en ville.

Hôtel Le Memphis *(plan couleur A2,* ***20****) : 101, bd du Grand-Cerf. ☎ 05-49-37-83-83. • contact@hotelmemphis.fr • hotelmemphis.fr • Presque en face de la gare. Réception 16h-20h. Double env 54 € ; single 39 €.* 📶 Sur le boulevard bruyant et sans charme de la gare, un mini-hôtel convivial de 9 chambres seulement, toutes coquettes et décorées avec soin par Françoise, la patronne, dont on pourra apprécier les travaux de couture à l'accueil. Bon, peu d'espace et celles sur rue souffrent de la rumeur de la circulation malgré le double vitrage, mais à ce prix-là, et avec ce doux accueil, l'adresse est sympathique.

Appart-hôtel Adagio Access *(plan couleur A1,* ***16****) : 23, bd du Grand-Cerf. ☎ 05-49-49-16-00. • H8401@adagio-city.com • adagio-city.com • Studios pour 2 pers 61-120 €/nuit ; apparts famille 4 pers 78-180 €/nuit. Tarif dégressif à partir de 4 nuits consécutives. Laverie sur place. Parking payant.* 📶 À 100 m de la gare, une résidence hôtelière toute neuve proposant 125 studios et appartements de bon confort, avec clim, TV, cuisine... Un bon plan pratique pour la visite de Poitiers et du Futuroscope. Préférer les hébergements sur le jardin à l'arrière. En prime, une piscine couverte. Service très pro.

Hôtel Continental *(plan couleur A2,* ***17****) : 2, bd Solférino. ☎ 05-49-37-93-93. • hotel@continental-poitiers.com • continental-poitiers.com • En face de la gare. Doubles 58-79 €.* 📶 Hôtel de gare classique, aux chambres fonctionnelles et plutôt bien insonorisées. Sans charme mais pratique pour une étape courte. Personnel attentif et dévoué.

De chic à plus chic

Le Grand Hôtel *(plan couleur B2, **18**) : 28, rue Carnot. ☎ 05-49-60-90-60. • contact@grandhotelpoitiers.fr • grandhotelpoitiers.fr • ♿ (2 chambres). Doubles 81-158 € selon confort ; petit déj-buffet 12,50 €. Réduc w-e et vac scol sur le site internet. Parking 6,50 €.* En plein cœur de la cité et en retrait de la rue, un *Best Western* fréquenté en semaine par les cols blancs de passage et le week-end par une clientèle plus familiale, contente d'économiser quelques euros par rapport au prix semaine. Chambres spacieuses et bien équipées (bonne literie, clim), terrasse agréable pour le petit déj (de qualité) et accueil attentif. Toutes les chambres standard viennent d'être rénovées.

Chambres d'hôtes Les Cours du Clain *(hors plan couleur par A3, **19**) : chez Fabienne Aubin-Liné, 117, chemin de la Grotte-à-Calvin. 📱 06-10-16-09-55. • lescoursduclain@gmail.com • lescoursduclain-poitiers.com • À 5 mn du centre-ville par le pont Saint-Cyprien, puis longer le Clain. Congés : 15 nov-31 mars. Doubles 85-110 € ; suite familiale 160 €. Également un gîte 8 pers.* Tout proche du centre dès qu'on a une voiture et déjà perdue entre les méandres du Clain, cette demeure cossue du XIXe s a un sacré cachet. Les 5 chambres sont toutes plus charmantes les unes que les autres, mêlant mobilier ancien, idées originales et bien-être contemporain. Les familles avec enfants hésiteront entre le petit appartement avec salon de jeux, la chambre bien séparée à l'étage de « l'orangerie » (lits gigognes) et la tour tronquée avec coin cuisine. En perspective, baignade dans la piscine, balades au vert au bord du Clain et farniente dans le parc magnifique !

Hôtel Mercure Poitiers *(plan couleur B2, **21**) : 14, rue Édouard-Grimaux. ☎ 05-49-50-50-60. • H8539@accor.com • mercure.com • Doubles 102-185 € selon confort et saison ; suite 280 € (!) ; petit déj 16 €. Promos sur le site internet.* Ce nouvel hôtel du groupe Accor est particulier : il est installé dans une chapelle datée de 1852, entièrement restaurée ! Si les suites (exceptionnelles !) sont à prix inabordables et les standard dans l'extension petites et très classiques, nous retenons les petits duplex déjà de grand confort, avec piliers apparents et linteaux restuqués, à la déco sobre et harmonieuse. Service très pro, forcément.

Où manger ?

À Poitiers, ville universitaire, les restos ne font pas défaut, pour tous les goûts et toutes les bourses. Tous proposent une formule autour de 10-12 € le midi en semaine, et c'est à celui qui fera la meilleure pour ce prix d'ami !

De très bon marché à prix moyens

La Serrurerie *(plan couleur B2, **30**) : 28, rue des Grandes-Écoles. ☎ 05-49-41-05-14. ♿ Tlj sf Noël et réveillon. Formules déj en sem 11-13,40 € ; carte env 15 € ; brunch w-e et j. fériés 11h-15h 19,50 €.* Déco hybride de bistrot à l'ancienne et de galerie d'art, où les miroirs d'époque reflètent la dernière expo temporaire. Au fond, beau patio sous verrière, flanqué d'une vitrine chargée de vieux jouets... Ce lieu atypique a vraiment de la gueule sans être guindé, loin de là. Agréable petite terrasse animée sur la rue piétonne. Sur l'ardoise, de grosses salades, des tartares, et de bien belles assiettes aux saveurs exotiques... Sympa aussi pour boire un verre.

Le Garden *(plan couleur A2, **44**) : 5 ter, rue Victor-Hugo. ☎ 05-49-30-69-42. • le.garden@live.fr • Congés : 24 juil-15 août et 24 déc-8 janv. Ouv le midi lun-ven, plus le soir mer-sam. Formules déj en sem 10-15 € ; carte env 27 €.*

Apéritif offert sur présentation de ce guide. Une petite table très fréquentée par des habitués en col blanc le midi en semaine. Faut dire qu'à 10 € le menu de bons produits frais de saison, bien cuisinés et servis avec le sourire, on est tenté de revenir. Bon carpaccio proposé à la carte également. Joli cadre contemporain dans la salle en mezzanine ; quant au jardin, on ne l'a pas trouvé !

IOI ***La Gazette*** *(plan couleur B2, **31**) : 1, rue Gambetta. ☎ 05-49-61-49-21. ♿ Tlj sf 25 déc et 31 déc 7h45-22h30 (fin de service). Formule déj 11,20 € ; plats à la carte 13,50-21 € ; brunch w-e 19,50 €.* *La Gazette* du palais, et pas seulement du Palais de justice tout proche. La cuisine sait se défendre aussi avec les avocats à table midi ou soir ; bar-brasserie en vogue, tenu par les patrons de *La Serrurerie* et au cadre, là aussi, très réussi. On hésite entre l'accueillante terrasse et l'intérieur plus intime avec ses murs de pierre, son carrelage à l'ancienne, l'incontournable zinc et la verrière qui coiffe l'arrière-salle. Aussi sympa pour boire un verre accompagné d'une planche de jambon San Daniele que pour tailler une bavette autour de plats bien vus, parfois créatifs sans trop prendre de risques. Service jeune et branché aussi.

IOI ***Le Bistro de l'Absynthe*** *(plan couleur B2, **32**) : 36, rue Carnot. ☎ 05-49-37-28-44. • absynthe86@sfr.fr • ♿ Tlj sf dim-lun et midi des j. fériés. Congés : 2 sem début août. Menu du jour le midi en sem 9,80 € ; menus à l'ardoise 20-27 €.* L'absinthe aurait la réputation de faire perdre la tête ? Que nenni ! Ici, elle est plutôt bien vissée sur les épaules. Et les plats bien exécutés, hésitant entre le régional et l'original, font le bonheur des convives avec des produits frais et des recettes gourmandes. Déco résolument bistrot, avec ses pubs anciennes, ses macarons et ses babioles d'époque, elle favorise une atmosphère bavarde et décontractée. Les charmants propriétaires ont ouvert une annexe plus chic, le *Vingélique,* juste en face (voir plus loin « De prix moyens à chic »).

IOI ☕ ***Laissez-vous Ten'Thé*** *(plan couleur B2, **33**) : 40 bis, rue du Moulin-à-Vent. ☎ 05-49-55-45-98. • mpbranger@orange.fr • Lun 10h-15h, mar-sam 10h-19h. Formule 11,40 €. Café offert sur présentation de ce guide.* Pour un grignotage convivial autour d'un plat du jour, d'une tarte salée ou d'une bonne salade, à déguster dans la petite salle ou en terrasse. Déco sobre, en accord avec la boisson phare du lieu, le thé. Pas d'excès, donc, dans ce salon de thé où l'on picore sainement, mais un heureux dérapage calorique côté desserts !

De prix moyens à chic

IOI ***Le Déjeuner sur l'Herbe*** *(plan couleur B2, **45**) : 14, pl. Charles-VII. ☎ 05-49-55-39-30. Tlj sf dim-lun. Résa vivement conseillée. Formule déj 14,90 € ; menus 24,80-45 €. Café offert sur présentation de ce guide.* Un bistrot moderne aux allures d'atelier d'artiste avec pinceaux, tubes de couleurs... et des toiles vierges. Le tableau, le vrai, est dans l'assiette ! Et pas des moindres, une œuvre d'art ! Des plats créatifs et audacieux, au dressage flamboyant, à base de produits nobles et de saison. Cochon de lait à la faisselle, rencontre de lieu jaune et de *lomo* ibérique... des associations inédites et savoureuses, qui exaltent les sens. Et pour vernir l'ensemble, un accueil des plus attentif et chaleureux. Chapeau l'artiste !

IOI ***Toqué ! Cuisine Bistro*** *(plan couleur B2, **37**) : 44, rue de la Cathédrale. ☎ 05-49-62-19-33. • gregory@bistro-toque.com • Tlj sf dim-lun. Résa vivement conseillée. Congés : 3 sem en août et 1 sem à Noël. Formule et menu déj en sem 12,90-15,90 € ; autres menus 19,90 € (sam midi)-29 € ; ardoise env 32 €.* Juste quelques tables en salle ou en terrasse sur la rue, mais une formule efficace et bien ficelée. Le chef a quitté le faste des grandes maisons pour jouer la carte de la simplicité. Sur l'ardoise sans cesse renouvelée, il propose toujours de belles originalités. Dur de résister au café gourmand quand il est inclus dans la formule !

IOI ***La Table du Jardin*** *(plan couleur B2, **35**) : 42, rue du Moulin-à-Vent. ☎ 05-49-41-68-46. ♿ Tlj sf dim-lun. Formule déj 12,50 € ; carte env 27 €.*

Quelques tables en terrasse (rue piétonne) et un décor champêtre servent de cadre à cette petite adresse déjà très courue en ville. En particulier au déjeuner, où les Poitevins viennent se sustenter d'une cuisine de marché créative et fort bien réalisée, à prix, somme toute, bien raisonnables. Très agréable aux beaux jours.

Les Bons Enfants *(plan couleur B1, **36**) : 11 bis, rue Cloche-Perse. ☎ 05-49-41-49-82. Tlj sf dim-lun et j. fériés. Congés : 1 sem en fév, 1 sem mi-août et 1 sem à la Toussaint. Formules déj 8,50-12,50 € ; menus 22,50-26,50 € ; carte env 31 €. Café offert sur présentation de ce guide.* Dans un quartier charmant se cache un endroit tout droit sorti d'un conte de fées, une vraie maison de poupée. Une fresque d'*Alice au pays des merveilles*, de vieilles photos d'écoliers et quelques fleurs sur les tables pour ajouter un peu de couleur... Coquet ! Et puis c'est tout petit, histoire de garantir une certaine intimité au lieu. Accueil fort souriant. Cuisine régionale bien vue, ce qui ne gâte rien.

Le Poitevin *(plan couleur A3, **38**) : 76, rue Carnot. ☎ 05-49-88-35-04. • contact@le-poitevin.fr • Tlj sf sam midi, dim soir et lun. Congés : 3 sem mi-juil. Formule déj en sem 12 € ; menus 25-36 €. Apéritif offert sur présentation de ce guide.* Ce resto a tout pour plaire : une équipe souriante, une atmosphère intimiste, un cadre agréable avec des tonalités chaudes et des entrelacs de poutres. Un endroit fréquenté par les hommes d'affaires le midi et les amoureux le soir. Pas de problème, il y a 6 petites salles colorées différentes, idéales pour l'intimité. Cuisine régionale et gourmande.

Les Archives *(plan couleur B2, **21**) : 14, rue Édouard-Grimaux. ☎ 05-49-30-53-00. Ouv tlj. Formule déj en sem 19 € ; menus 26-55 €.* Une adresse à la mode à Poitiers. Indépendant de l'hôtel, installé à l'étage, ce resto chic a posé ses tables dans la nef d'une vaste chapelle entièrement restaurée dans un style contemporain. Traversé de gros piliers obliques lui donnant une allure design, avec cuisine ouverte dans le chœur, l'endroit a de l'allure ! Pas de déception côté assiette : dès les premiers prix, le chef propose des plats savoureux, à base de produits de très bonne qualité, à la cuisson irréprochable. Il manque cependant un brin d'audace à cette cuisine un peu trop traditionnelle. Service chaleureux, attentif et sans chichis.

Antipodes *(plan couleur A3, **39**) : 65, rue Théophraste-Renaudot. ☎ 05-49-42-02-93. • antipodesrestau@orange.fr • Tlj sf sam midi, dim et lun midi. Formule et menu déj 12,50-15,50 € ; autres menus 32-42 €.* « Antipodes », en référence aux multiples voyages effectués par le chef ainsi qu'à l'inspiration qu'il a puisée aux quatre coins du globe. Un voyage gourmand dans une salle voûtée du XIIe s, insoupçonnée de l'extérieur ! Il s'agit du cellier de l'ancienne chantrerie Saint-Hilaire, classé Monument historique ! Évidemment, mieux vaut ne pas être claustro ni allergique à l'encens... Le chef s'amuse en faisant des alliances originales, en jouant avec les épices et les saveurs, ce qui n'est pas pour nous déplaire. Soirée jazz le jeudi.

Vingélique *(plan couleur B2, **40**) : 37, rue Carnot. ☎ 05-49-55-07-03. • vingelique86@sfr.fr • Tlj sf dim-lun et j. fériés. Congés : 2 sem début août. Formule déj 11,90 € ; menus 27-44 € ; menu découverte 52 €.* Vous êtes ici dans l'annexe gastronomique du célèbre *Bistro de l'Absynthe* (voir plus haut « De très bon marché à prix moyens »). Car c'est bien au bistrot que les propriétaires ont fait leurs armes. Depuis, le chef a pris de l'assurance, et, dans une salle chic et moderne ouvrant sur la terrasse, il s'adonne à un art culinaire plus enlevé. La carte évolue régulièrement au fil du marché et des saisons. La terrasse à l'arrière est à réserver d'urgence aux beaux jours !

Alain Boutin *(plan couleur A3, **42**) : 65, rue Carnot. ☎ 05-49-88-25-53. • alainboutinresto@orange.fr • Tlj sf sam midi, dim et lun midi. Formules déj 10-15 € ; le soir, menus 25-36 €.* Sérieux et application maintiennent cette adresse au-dessus du panier, dans le registre traditionnel. La salle, à la déco sans excentricité, est à l'image de la cuisine qui privilégie les valeurs sûres et proches du terroir. Excellent accueil.

Où manger dans les environs ?

La Fine Mouche *(hors plan couleur par C3,* ***34****)* **:** *125, route de Nouaillé. ☎ 05-49-56-86-80. ♿ Accès par la rue du Faubourg-du-Pont-Neuf ; prendre à droite la rocade jusqu'au 1er feu ; la maison est à l'angle, sur la gauche. Parking au Jardiland en face. Fermé sam midi et dim-lun. Formules déj 15-18 € ; menu, teinté d'exotisme et d'originalité, 22 € ; carte env 30 €.* Dans la zone commerciale du Grand Large, une petite maison toute colorée, précédée d'une courette. Ici, on vous propose d'abord une variété d'épices et des recettes du bout du monde, servies dans une petite salle gaie ou, en terrasse, dans le jardin à l'arrière. Vous naviguerez entre des plats libanais, mexicains, indonésiens, indiens, selon l'humeur de la chef (le menu change chaque semaine), une routarde impénitente passée derrière les fourneaux. Le résultat est plus que convenable. Une fine adresse.

Au Gardon Frais : *route de l'Ancienne-Gare, Aigne, 86240* ***Iteuil****. ☎ 05-49-55-00-04. • augardonfrais@orange.fr • ♿ À Aigne, à 2 km d'Iteuil, au sud de Poitiers ; suivre la direction Aigne, et ensuite, c'est fléché. Tlj sf lun-mar (hors fériés). Congés : 10 j. en janv, mars, sept et nov. Formule déj en sem 12 € ; menus 22-45 €. Apéritif offert sur présentation de ce guide.* Le *Gardon Frais* fait partie de ces adresses connues et reconnues par les gens du pays. On y réserve sa table les yeux fermés, à peu près sûr de retrouver la même cuisine traditionnelle teintée de modernisme, goûteuse et pas trop intrépide. Quelques spécialités : friture de petits poissons, pied de porc farci... Accueil fort sympathique. Reste le cadre un peu trop conventionnel.

Passions et Gourmandises : *6, rue du Square, 86280* ***Saint-Benoît****. ☎ 05-49-61-03-99. • passionsetgourmandises@gmail.com • À 3 km, sortie sud de la ville. Tlj sf dim soir, lun et mar midi. Formule déj express en sem 24 € ; menus 33 € (midi en sem)-45 € (sf le soir ven-sam et dim midi) et menu 7 services 89 € (50 € en accord avec vins). Menus et carte modifiés ts les mois.* Richard Toix a une étoile, qui brille dès le 1er menu, ouvrant le monde culinaire de ce chef autodidacte. Un monde exquis de saveurs en harmonies subtiles et délicates, agrémenté d'une petite touche moléculaire. Le respect des meilleurs produits (poisson, agneau du Poitou, viande labellisée Vienne...) pour une cuisine « simple ». La carte des vins est à la hauteur : innovante, originale. Laissez-vous guider par le chef, grand fan de petits viticulteurs, et par son épouse, qui vous aura accueilli avec le sourire dans ce cadre contemporain clair et sobre s'ouvrant sur la terrasse et la nature. Service exquis et généreux. Une très grande adresse.

POITIERS

Où boire un verre ? Où sortir ?

Toutes ces bonnes adresses pour boire un verre font également restaurant, et l'apéro pourra devenir dînatoire...

La Serrurerie *(plan couleur B2,* ***30****)* **:** *28, rue des Grandes-Écoles. ☎ 05-49-41-05-14. ♿ Tte l'année, tlj sf Noël. Voir aussi « Où manger ? ».* Le rendez-vous très apprécié des Poitevins, pour sa situation centrale, son cadre, son ambiance, et parce que c'est l'un des rares lieux ouverts le dimanche ! Superbe assiette de jambon *pata negra* pour l'apéro.

Le Pince-Oreille *(plan couleur B1,* ***50****)* **:** *11, rue des Trois-Rois. ☎ 05-49-60-25-99. • lepinceoreille.fr • ♿ Tlj sf dim-lun 17h-2h. Congés : 1re quinzaine d'août.* Le bar culturel de Poitiers, connu pour son dynamisme et sa créativité. Pas un soir sans une surprise, souvent très bonne et dans une belle atmosphère de café-concert. Musique live à partir du mercredi avec concerts de blues, jazz, etc. Une salle de resto sur 2 étages permet de s'offrir un plat de brasserie à prix honnête. Côté liquides, traditionnels cocktails et belle carte de rhums arrangés.

Le Plan B *(plan couleur A1,* ***56****)* **:** *30-32, bd du Grand-Cerf. ☎ 09-50-56-16-59. • barleplanb.*

fr • Bar ouv mar-sam 18h-minuit (2h w-e) ; cantine ouv le midi en sem. Un bar culturel et solidaire où il se passe toujours quelque chose. Dans cet espace alternatif, on peut boire un coup, manger, bouquiner, débattre sur des thèmes variés d'actualité, voir une expo, assister à un concert (presque tous les soirs à partir de 21h)... Suivre la programmation sur le site internet.

🍸 🎵 ***Le Confort Moderne*** *(hors plan couleur par C3, **51**) : 185, rue du Faubourg-du-Pont-Neuf. ☎ 05-49-46-08-08. • confort-moderne.fr • ♿ Sept-juin pour les concerts, tte l'année pour les expos. Bar ouv selon concerts et événements organisés.* Atypique, cet espace rassemble un vaste bar façon hangar relooké tout en noir (ouvert les soirs de concert), une salle de concerts de 700 places (2 fois par semaine, plus les bœufs plus ou moins improvisés dans le bar), 2 galeries d'art, une fanzinothèque, des locaux de répétition et un disquaire. Programme généralement chargé, de soirées étudiantes, concerts, expositions temporaires... De l'énergie à revendre ! Consulter le programme sur le site et jugez par vous-même de l'étendue des spectacles... La vitrine culturelle la plus anticonformiste de Poitiers !

🍸 ***Caribou Café*** *(plan couleur B2, **52**) : 7, rue de la Regratterie. ☎ 05-49-00-43-66. ♿ Tlj sf dim-lun et midi des j. fériés 12h-2h. Carte env 15 €. Apéritif offert sur présentation de ce guide.* Une authentique cabane au Canada ! Il ne manque que les traîneaux et les congères bien épaisses. Pour le reste, on s'attable à l'étage entre une paire de skis ou de patins à glace, un trophée d'élan et un ours empaillé. Il est vrai qu'en terre poitevine on considère un peu les Acadiens comme la famille, depuis la fameuse affaire. Alors, ce n'est que justice de trinquer à leur santé, à grand renfort de bières québécoises comme la Pisse de Caribou, la Rousse du Trappeur, ou plus simplement la pression allongée au sirop d'érable.

🍸 🎵 ***L'Île Jouteau*** *(plan couleur B3, **53**) : 5, chemin de Tison. ☎ 05-49-01-21-88. ♿ Mai-août, tlj sf sam midi, dim soir et lun. Apéritif offert sur présentation de ce guide.* En saison seulement, le petit Clain romantique à souhait accueille sur ses berges petits concerts et récitals improvisés. Atmosphère de guinguette idéale pour boire l'apéro, ou même pour y manger un plat bien ficelé.

🍽 🍸 ***La Table du Chai*** *(plan couleur B2, **57**) : 12, rue de la Croix-Blanche. ☎ 05-49-88-92-33. • contact@latableduchai.com • Tlj sf dim-lun.* Élégant bar à vins proposant une trentaine de références au verre et plus d'une centaine de cuvées dans l'espace caviste. Grands crus, vin de petits producteurs, de France et d'ailleurs... toujours de belles découvertes à faire. À accompagner d'une assiette de charcuterie, de fromage, de poisson fumé ou d'un panier-repas. Resto également.

🍸 ***Café des Arts*** *(plan couleur B2, **54**) : 5, pl. Charles-de-Gaulle. ☎ 05-49-41-14-61. Tlj sf dim.* La terrasse à l'ombre du chevet de Notre-Dame-la-Grande est un must, tandis que sa petite salle rassemble les habitués. À l'étage, mignonne salle plus tranquille. Débats philosophiques le mercredi.

🍸 ***Le 16 Carnot*** *(plan couleur B2, **55**) : 16, rue Carnot. ☎ 05-49-41-22-04. Tlj jusqu'à minuit.* Une des rares adresses ouvertes le dimanche. Prisé, ce lieu branché du centre-ville est même surbooké certains soirs. Déco *lounge*, avec lumières rosées le soir pour voir la vie selon Piaf. Service relax, comme l'ambiance, pour siroter un verre ou partager un bon plat de brasserie.

🍸 Les adresses ne manquent pas dans la vie estudiantine : le ***Square Café*** *(plan couleur B2-3 ; 8, rue de Magenta),* branché et stylé, propose des concerts certains soirs ; ***La Gazette,*** à deux pas des potins du Palais de justice (voir « Où manger ? ») ; le ***Café de la Paix*** *(plan couleur B2 ; pl. de l'Hôtel-de-Ville),* pour voir, boire et être vu ; ***Jasmin et Citronnelle*** *(plan couleur B2 ; 32, rue Gambetta ; mar-sam 12h-18h30),* un petit salon de thé dans une calme courette, au cœur du centre piéton...

Achats

Rannou-Métivier (plan couleur B2, **60**) **:** *30, rue des Cordeliers. ☎ 05-49-30-30-10. Lun 13h45-19h, mar-sam 9h-19h. Autre boutique 13 bis, rue des Cordeliers (fermée dim-lun).* Pour ceux qui n'auraient pas fait le crochet par Montmorillon ou pour les perfectionnistes qui ont préféré attendre le dernier moment pour avoir des macarons bien frais, c'est ici qu'il faut acheter cette délicieuse spécialité, dont la recette se transmet depuis 5 générations !

Fabrique de parapluies François Frères (plan couleur B2, **61**) **:** *137, Grand-Rue. ☎ 05-49-41-18-77. • parapluie-artisanal.com • Mar-sam 10h-12h30, 14h30-18h30. Grand choix 52-98 €.* Des pépins magnifiques, des petits pliants aux grands bien enveloppants, des imprimés éclatants, la pluie n'a rien d'ennuyeux ici ! Pierre François peut se targuer d'être le 4e de sa génération à perpétuer un savoir-faire artisanal, à porter comme un accessoire de mode !

À voir

Notre-Dame-la-Grande (plan couleur B2) **:** *pl. du Général-de-Gaulle. Tlj 9h-19h. Visites organisées par l'office de tourisme tt au long de l'été. « Polychromies » 21 juin-Journées du patrimoine (3e w-e de sept) à 22h30 en saison et 21h30 en sept ; quelques soirs également pdt les vac de Noël à 18h ; durée : 15 mn.*
De Notre-Dame-la-Grande, dépendance de la cathédrale de Poitiers, édifiée sur les vestiges d'une église carolingienne, c'est surtout la façade, datant du milieu du XIIe s et autrefois colorée, que vous pourrez admirer, enfin restaurée dans toute sa splendeur après de longs travaux. Martelées par les huguenots, malmenées par les révolutionnaires, les sculptures ont tenu bon malgré quelques décapitations irréversibles.
Les scènes se lisent à partir du bas (juste au-dessus du portail central) et de la gauche : on commence avec Adam et Ève, en passant par Nabuchodonosor, l'Annonciation, la Visitation et la Nativité, correspondance entre l'Ancien et le Nouveau Testament. Au-dessus, 12 apôtres et 2 évêques (saint Hilaire et saint Martin ?) ; enfin, au sommet, le Christ en gloire, entouré du soleil et de la lune. Notez les tourelles en pomme de pin, caractéristiques du style poitevin. Entrez, que diable !
Eh non, il n'y a pas de transept, d'où l'impression de longueur obscure de la nef. Mais si vous passez par là à 12h pile, placez-vous sous le clocher (à l'endroit où se trouvait probablement l'ancien autel du crucifix), seul endroit où tombe un faisceau de lumière directe. Les peintures murales datent de 1851. Huysmans, qui les haïssait, les comparait à « des tatouages de vieux sauvages tombés en enfance » ! Sur la voûte du chœur cependant, des vestiges (très estompés) d'une fresque de la fin du XIe s présentant de nombreux personnages, dont une Vierge à l'Enfant et le Christ en majesté.
De nombreuses petites chapelles latérales, édifiées par des seigneurs fortunés, dont celle d'Yvon du Fou, qui abrite une émouvante mise au tombeau (XVIe s), celle Fumé, la chapelle Potier... Admirez les deux lutrins balèzes, la Sainte Parenté, émouvante sculpture en pierre du XVIe s représentant sainte Anne et sa descendance, et la chaire en bois sculptée de petits angelots du XVIIe s.
En saison estivale, ne manquez pas les « Polychromies de Notre-Dame ». Un magnifique spectacle visuel qui, durant une quinzaine de minutes, permet de revivre la magie d'une façade mise en couleurs comme au temps du Moyen Âge. Superbe !

Le Palais de justice (plan couleur B2) **:** *pl. Alphonse-Petit. ☎ 05-49-50-22-00. Lun-ven 8h30-12h, 13h30-17h30. Fouille obligatoire pour accéder*

à l'intérieur (le Palais de justice est toujours en activité jusqu'à son déménagement prévu pour 2017).
À l'origine palais des comtes de Poitou et des ducs d'Aquitaine, il est surtout célèbre pour sa grande salle, dite « salle des pas perdus », qui servait aux réceptions d'hommages, assemblées de vassaux, joutes poétiques et banquets. Les murs sont tapissés de hautes arcatures, soutenues par de fines colonnettes, suivant le style gothique angevin. Au fond de cette salle de 50 m de long sur 16,85 m de large, le mur aux trois cheminées colossales, édifiées sous Jean de Berry. On remarquera la variété des sculptures des chapiteaux : petits personnages accroupis, têtes hirsutes, masques grotesques et autres petits plaisantins.
À gauche des cheminées, une porte permet d'accéder directement à la ***tour Maubergeon*** (en principe, non autorisée au public) : la tradition, tenace, dit que Jeanne d'Arc y aurait été interrogée par les docteurs de Poitiers. Qui sait ?

Repassez devant Notre-Dame-la-Grande et redescendez par la ***Grand-Rue*** *(plan couleur B-C2).* Reprenant le tracé de l'ancienne route gallo-romaine, c'est l'une des plus anciennes et des plus typiques de la ville.
– Au n° 190, l'*hôtel Barbarin,* du XVIe s, et son inscription latine : *Nec spe, nec metu, mediis tranquillus in undis, 1590* (« Sans vanité, sans peur, je reste en paix parmi les flots ») gravée à la base des lucarnes.
– Au n° 159, l'*hôtel du Grand Prieuré d'Aquitaine* (1667) abrita le siège du Grand Prieuré de l'ordre de Malte.
– Au n° 118, voici la *maison des Trois Clous* (XVe s) et sa haute façade à pignons surmontée de gargouilles. Charles VII y aurait, dit-on, habité. Peu probable, compte tenu de l'exiguïté des lieux. Mais on peut toujours rêver.
– Au n° 102, le bel *hôtel d'Isaïe de Rochefort,* enfin restauré. Il abrite les divers services de la direction régionale des Affaires culturelles *(lun-ven 9h-12h, 14h-17h).* Entrez dans la cour intérieure pour mieux voir l'étendue des bâtiments. À l'origine, Louis XI possédait ici un immeuble.
– Des n°s 104 à 108, succession de maisons à pans de bois.
– Également quelques jolies et très anciennes boutiques comme cette fabrique de cierges et de bougies fondée en 1735 (n° 115) ou la *Fabrique de parapluies François Frères,* qui crée des parapluies depuis 1882 (n° 137 ; voir plus haut la rubrique « Achats »).

➢ Tournez à droite dans la rue Émile-Faguet, puis à gauche, rue Piorry, et vous débouchez sur la Grand-Place de la cathédrale Saint-Pierre, dont la façade vous apparaît dans toute sa splendeur.

La cathédrale Saint-Pierre *(plan couleur C2)* **:** *tlj 8h-19h.*
Les travaux commencent au XIIe s, à la demande d'Aliénor d'Aquitaine. Il faudra deux siècles pour achever ce vaste vaisseau de pierre, enfin consacré en 1379. Mais des travaux secondaires se poursuivront jusque vers 1500. On avait le temps, à l'époque...
À l'extérieur, remarquez les deux grosses tours, dont l'une abrite un bourdon de 4 500 kg ! Les trois portails à tympan, rénovés il y a quelques années, sont à lire en commençant par le portail central, où se déploie le thème du Jugement dernier. Il semblerait ici que Notre-Dame de Paris ait inspiré les sculpteurs. C'est d'ailleurs le style gothique d'Île-de-France qui a été retenu pour l'ensemble de la façade, identifiable à sa rosace et à ses portails à gable (surface décorative pyramidée coiffant le portail). Le portail de gauche présente la dormition et le couronnement de la Vierge, tandis que celui de droite relate l'histoire de saint Thomas l'incrédule, inspirée de *La Légende dorée.* N'oublions pas non plus que saint Thomas est le patron des architectes et des bâtisseurs.
L'intérieur hésite entre roman et gothique, ce fameux style gothique angevin qui s'exprime ici magnifiquement. Mais c'est surtout par son chevet plat que l'édifice est original et évoque une église-halle. La sculpture est omniprésente avec ses 350 chapiteaux. Dans le chœur, les stalles élégamment sculptées au XIIIe s passent

PLANS ET CARTES EN COULEURS

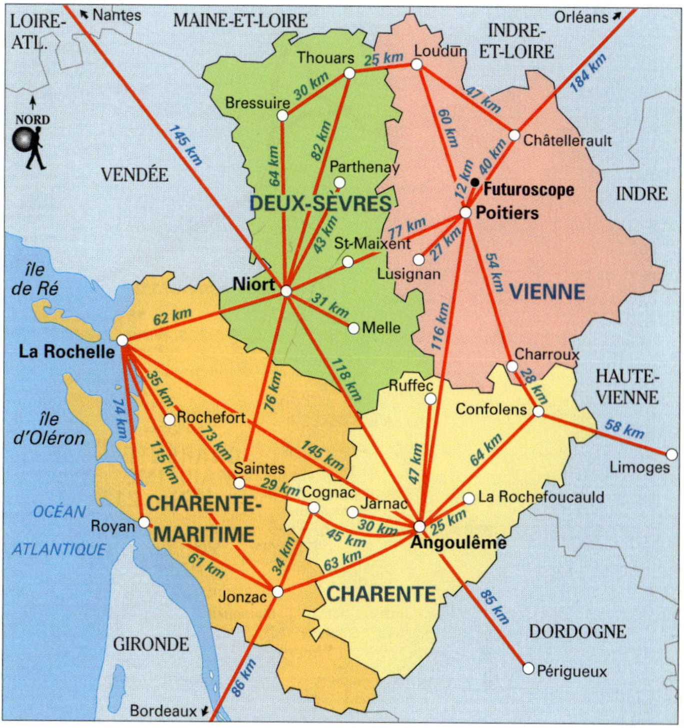

DISTANCES PAR LA ROUTE

sites inscrits au Patrimoine mondial de l'Unesco
NORD
LOIRE-ATLANTIQUE (44)
MAINE-ET-LOIRE (49)
VENDÉE (85)
DEUX-SÈVRES (79) p. 128
CHARENTE-MARITIME (17) p. 215
GIRONDE (33)
OCÉAN ATLANTIQUE
Cholet
Massais
Argenton-les-Vallées
Nueil-les-Aubiers
Voultegon
Mauléon
Bressuire
Cerizay
Moncoutant
L'Absie
Secondigny
Champdeniers-St-Denis
Coulonges-sur-l'Autize
Echiré
La Roche-sur-Yon
Les Sables-d'Olonne
Luçon
MARAIS POITEVIN
Coulon
NIORT
St-Hilaire-la-Palud
Arçais
Mauzé-sur-le-Mignon
Beauvoir-sur-Niort
St-Martin-de-Ré
Île de Ré
LA ROCHELLE
AUNIS
Surgères
Chizé
Châtelaillon-Plage
Île d'Aix
Dampierre-sur-Boutonne
Aulnay-de-Saintonge
St-Pierre-d'Oléron
Fouras-les-Bains
Île d'Oléron
Rochefort-sur-Mer
Hiers-Brouage
St-Jean-d'Angély
La Roche-Courbon
St-Savinien
St-Trojan-les-Bains
Taillebourg
Ronce-les-Bains
Marennes
La Tremblade
Saintes
Mornac
Cognac
La Palmyre
St-Palais-sur-Mer
Royan
St-Georges-de-Didonne
Pons
Meschers-sur-Gironde
Talmont-sur-Gironde
Gironde
Mortagne-sur-Gironde
Jonzac
A 83
A 87
A 10
A 837
E 5
E 602
N 249 E 62
N 149 E 62
N 11 E 601
N 150
N 10 E 606
D 137
D 32
D 160
D 948
D 949b
D 746
D 148
D 949
D 743
D 648
D 611
D 939
D 733
D 728
D 14
D 730
D 732
D 700
D 142
D 2
D 699
0 10 20 km

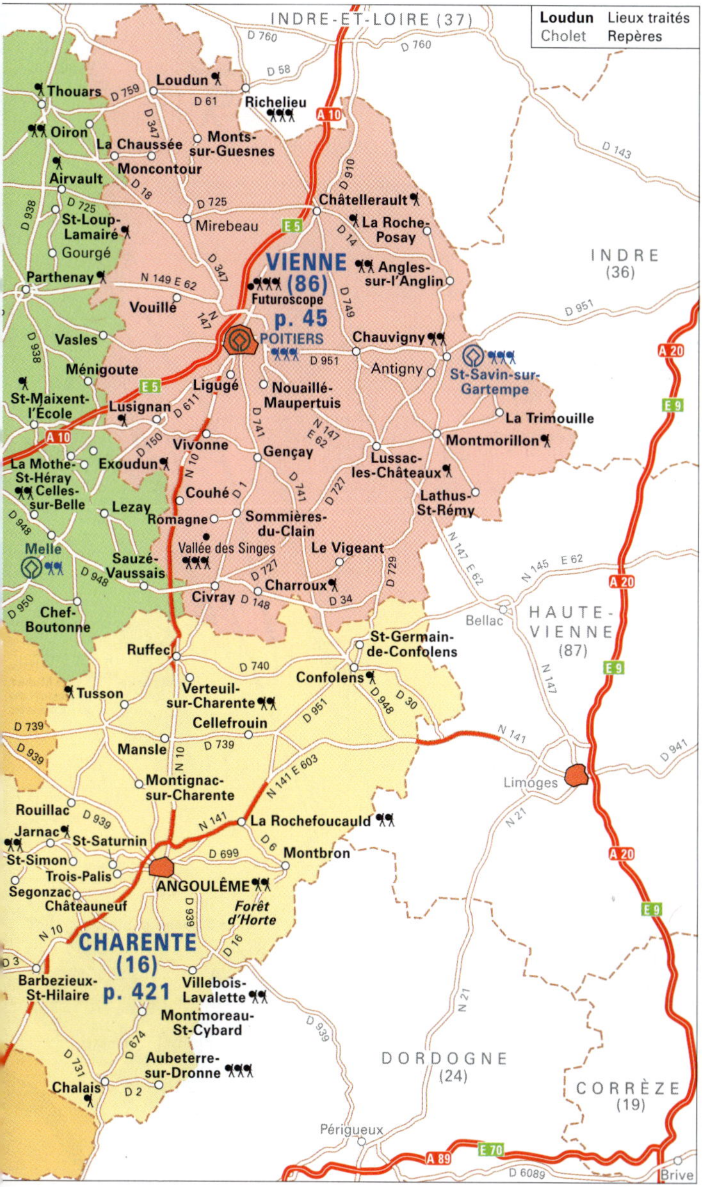

POITOU-CHARENTES

■ Adresses utiles

- 1 Maison du tourisme et du terroir de la Vienne, agence touristique de la Vienne et Relais départemental des Gîtes de France
- 2 Office de tourisme de Poitiers

Où dormir ?

11 Auberge de jeunesse
12 Hôtel de l'Europe
13 Hôtel Au Chapon Fin
14 Hôtel Le Plat d'Étain
15 Chambres d'hôtes Le Tilleul
16 Appart-hôtel Adagio Access
17 Hôtel Continental
18 Le Grand Hôtel
19 Chambres d'hôtes Les Cours du Clain
20 Hôtel Le Memphis
21 Hôtel Mercure Poitiers

Où manger ?

21 Les Archives
30 La Serrurerie
31 La Gazette
32 Le Bistro de l'Absynthe
33 Laissez-vous Ten'Thé
34 La Fine Mouche
35 La Table du Jardin
36 Les Bons Enfants
37 Toqué ! Cuisine Bistro
38 Le Poitevin
39 Antipodes
40 Vingélique
42 Alain Boutin
44 Le Garden
45 Le Déjeuner sur l'Herbe

Où boire un verre ? Où sortir ?

30 La Serrurerie
50 Le Pince-Oreille
51 Le Confort Moderne
52 Caribou Café
53 L'Île Jouteau
54 Café des Arts
55 Le 16 Carnot
56 Le Plan B
57 La Table du Chai

Achats

60 Rannou-Métivier
61 Fabrique de parapluies François Frères

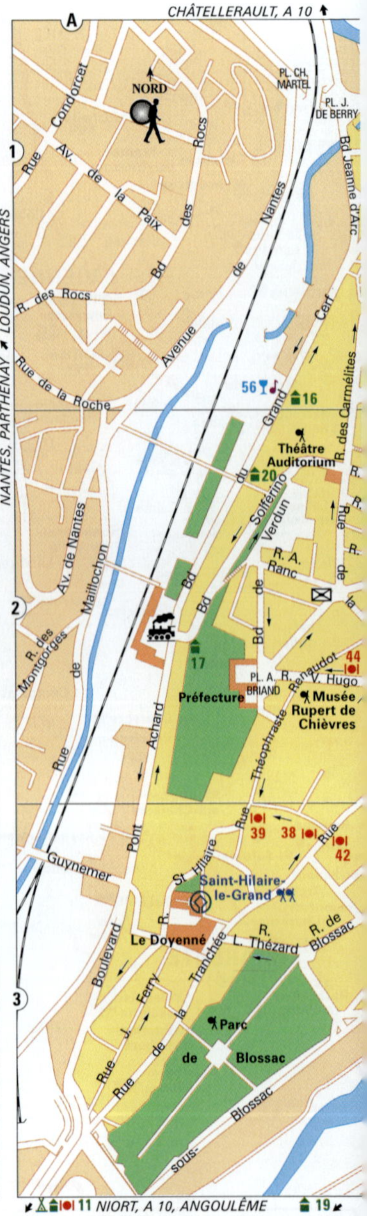

B
C
site inscrit au Patrimoine mondial de l'Unesco
centre piéton
1
Moulin de Chasseigne
Saint-Jean-de-Montierneuf
Jardin des plantes
Bd Abbé Frémont
Boulevard Chasseigne
R. Gal Sarrail
R. du Mouton
PL. MONTIERNEUF
R. J. Macé
R. J. Bouchet
R. de la Bretonnerie
Rue des Quatre Roues
PASSERELLE
Promenade du Clain
Bd de Lattre de Tassigny
Av. G. Pompidou
R. de la Cueille Aigüe
Voie André Malraux
Saint-Germain
R. de Champagne
PLACE DU GUESCLIN
Hôtel Berthelot
R. de la Chaîne
R. de l'Hôtel Dieu
R. S. Drault
Hôtel Fumé
R. Descartes
Rue des Feuillants
Tour Bénisson
R. de la Croix-Rouge
Clain
R. de l'Université
PL. CHARLES VII
du Moulin à Vent
R. Riffault
Mgr Augouard
R. des Carmes
Bd Bajon
PL. CH. DE GAULLE
Notre-Dame-la-Grande
Boncenne
PLACE A. PETIT
Palais de justice
Grand Rue
Tour Maubergeon
PONT JOUBERT
E. Grimaux
Gambetta
R. du Marché
R. de la Cathédrale
Rue Arsène Orillard
R. E. Faguet
Sainte-Radegonde
Bd du Colonel Barthal
Bourbeau
R. Guillon
PLACE DE LA CATHÉDRALE
Cathédrale St-Pierre
R. A. De La Mauvinière
St-Porchaire
Rue Jean Jaurès
Esp. Pierre Mendès-France
R. de l'Ancienne Comédie
Rue Marne
R. Le Coq
Bd du Pont Joubert
Ste-Notre-Dame-des-Dunes
Rue Cornet
Coligny
PLACE LECLERC
Hôtel de ville
Baptistère Saint-Jean
Musée Sainte-Croix
R. L. Renard
Chapelle St-Louis
Rue Ste-Catherine
Saint-Hilaire-de-la-Celle
PONT-NEUF
Carnot
Magenta
R. J. Alexandre
Rue du Fg du Pont Neuf
R. Mal Foch
Rue de
Bd Anatole France
Rue Girouard
Aldert
R. du 125e R.I.
R. St Grégoire
Bd François
PONT SAINT-CYPRIEN
Bd du Clain
Rue Louis Pasteur
Bd de Tison
Clain
Promenade des Cours
Cyprien
Rue du Faubourg Saint
Promenade des
0 100 200 m
50 45 36 57 33 2 1 35 52 54 37 61 21 31 60 30 14 55 13 18 32 40 12 15 53
CHAUVIGNY, CHÂTEAUROUX MONTMORILLON, LIMOGES
MONTMORILLON, LIMOGES 34 51 ST-BENOÎT, GENÇAY, CONFOLENS

POITIERS

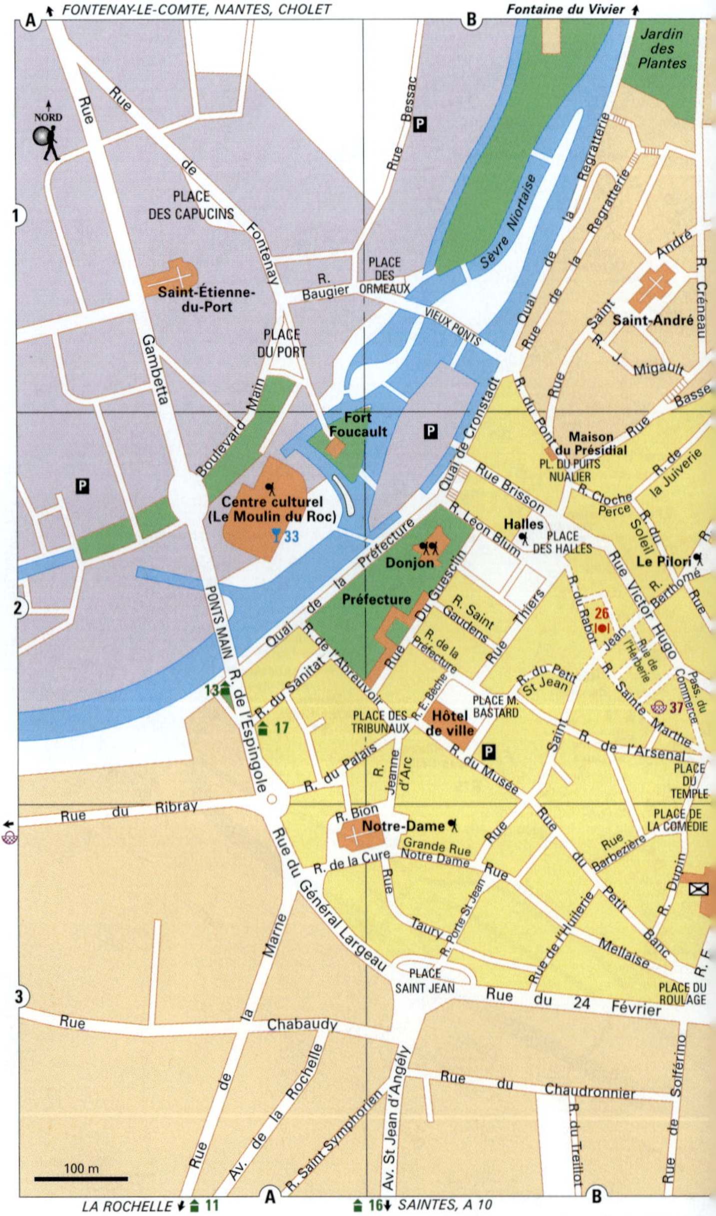
FONTENAY-LE-COMTE, NANTES, CHOLET
Fontaine du Vivier
A
B
1
2
3
NORD
Jardin des Plantes
Rue de Fontenay
Rue Gambetta
Rue Bessac
PLACE DES CAPUCINS
Saint-Étienne-du-Port
R. Baugier
PLACE DES ORMEAUX
PLACE DU PORT
VIEUX PONTS
Sèvre Niortaise
Quai de la Regratterie
Rue de la Regratterie
Rue Saint André
Saint-André
R. Créneau
R. J. Migault
Rue Basse
Boulevard Main
Fort Foucault
Quai de Cronstadt
R. du Pont
Maison du Présidial
PL. DU PUITS NUALIER
R. de la Juiverie
Rue Brisson
R. Cloche Perce
R. du Soleil
Centre culturel (Le Moulin du Roc)
33
Quai de la Préfecture
R. Léon Blum
Halles
PLACE DES HALLES
Le Pilori
Donjon
R. Berthomé
Rue Victor Hugo
Préfecture
Rue Du Guesclin
R. Saint Gaudens
Rue Thiers
R. du Rabot
26
Rue Jean
Rue de l'Herberie
PONTS MAIN
R. de l'Abreuvoir
R. de la Préfecture
R. du Petit St Jean
R. Sainte Marthe
Pass. du Commerce
R. du Sanitat
37
13
R. de l'Espingole
17
PLACE DES TRIBUNAUX
R. E. Bêche
Hôtel de ville
PLACE M. BASTARD
Rue Saint Jean
R. de l'Arsenal
PLACE DU TEMPLE
R. du Palais
R. Jeanne d'Arc
R. du Musée
Rue du Ribray
R. Bion
Notre-Dame
PLACE DE LA COMÉDIE
Grande Rue Notre Dame
Rue Barbezière
R. de la Cure
Rue Taury
R. Porte St Jean
Rue de l'Huilerie
Rue du Petit Banc
R. Dupin
Rue Mellaise
Rue de la Marne
Rue du Général Largeau
PLACE SAINT JEAN
PLACE DU ROULAGE
Rue du 24 Février
Rue Chabaudy
Rue du Chaudronnier
Rue de la Rochelle
Av. de la Rochelle
R. Saint Symphorien
Av. St Jean d'Angély
R. du Treillot
Rue de Solférino
100 m
LA ROCHELLE 11
16 SAINTES, A 10

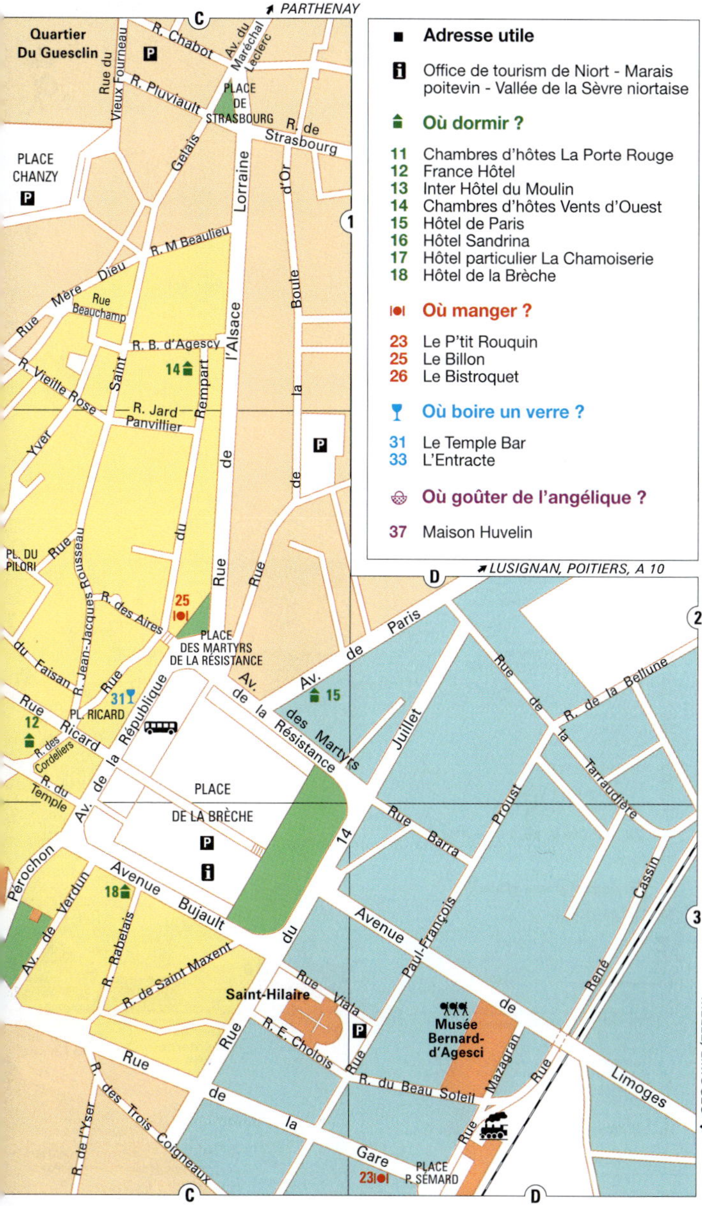

■ Adresse utile
Office de tourism de Niort - Marais poitevin - Vallée de la Sèvre niortaise
Où dormir ?
11 Chambres d'hôtes La Porte Rouge
12 France Hôtel
13 Inter Hôtel du Moulin
14 Chambres d'hôtes Vents d'Ouest
15 Hôtel de Paris
16 Hôtel Sandrina
17 Hôtel particulier La Chamoiserie
18 Hôtel de la Brèche
Où manger ?
23 Le P'tit Rouquin
25 Le Billon
26 Le Bistroquet
Où boire un verre ?
31 Le Temple Bar
33 L'Entracte
Où goûter de l'angélique ?
37 Maison Huvelin
PARTHENAY
LUSIGNAN, POITIERS, A 10
MELLE, LIMOGES
Quartier Du Guesclin
PLACE CHANZY
PLACE DE STRASBOURG
R. Chabot
Av. du Maréchal Leclerc
R. Pluviault
Rue du Vieux Fourneau
R. de Strasbourg
Gelais
Rue de l'Alsace Lorraine
Rue de la Boule d'Or
R. M Beaulieu
Rue Mère Dieu
Rue Beauchamp
R. B. d'Agescy
Saint
R. Vieille Rose
R. Jard Panvillier
Rue du Rempart
Yver
PL. DU PILORI
Rue Jean-Jacques Rousseau
R. des Aires
R. du Faisan
PLACE DES MARTYRS DE LA RÉSISTANCE
PL. RICARD
Rue Ricard
R. des Cordeliers
R. du Temple
Av. de la République
Av. de la Résistance
Av. de Paris
des Martyrs
Juillet
Rue de la Tarraudière
R. de la Bellune
Proust
Rue Barra
PLACE DE LA BRÈCHE
Pérochon
Av. de Verdun
Avenue Bujault
Rue du 14
Avenue de Paul-François
Cassin
René
R. Rabelais
R. de Saint Maxent
Saint-Hilaire
Rue Viala
R. E. Cholois
Musée Bernard-d'Agesci
R. du Beau Soleil
Mazagran
Limoges
Rue de la Gare
R. des Trois Coigneaux
R. de l'Yser
PLACE P. SÉMARD

NIORT

■ **Adresses utiles**

- i Office de tourisme
- @ Atlantis Cyber C@fé
- 2 CycloMania
- 3 Vélos jaunes
- Croisières Inter-Îles
- 5 Comédie La Rochelle
- 6 La Coursive
- 7 Carré Amelot
- 8 Passeur électrique et bus de mer
- 9 Cyclo-Parc
- 10 Ecovelo Cyclos et Scoots

Où dormir ?

- 11 Camping municipal de Port-Neuf
- 13 Au Petit Port de L'Houmeau
- 14 Hôtel Le Bord'O
- 15 Hôtel Alizéa
- 16 Axe Hôtel
- 18 Hôtel La Marine
- 19 Hôtel de l'Océan
- 20 Hôtel de la Paix
- 21 Hôtel Henri IV
- 22 Hôtel Saint-Nicolas
- 23 Entre Hôtes
- 24 Chambres Vue sur Cour
- 25 Best Western Hôtel Champlain France-Angleterre
- 26 Best Western Masqhotel
- 27 Chambres d'hôtes La Maison du Palmier
- 28 Hôtel de la Monnaie Art & Spa
- 29 Un Hôtel en Ville
- 30 Hôtel Saint-Jean d'Acre

Où manger ?

- 17 Le 28
- 31 Les Flots
- 32 Bistrot de Rémi Massé
- 34 Le Verdière
- 35 Les Pérot-Quais
- 36 Tonton Louis
- 37 Restaurant Les Orchidées
- 38 La Rose des Vins
- 40 Crêperie des Halles
- 41 Les Quatre Sergents
- 42 Le Comptoir des Voyages
- 43 Le Soleil brille pour tout le Monde
- 44 Le P'tit Bleu
- 46 Ze' Bar
- 47 Le Bistrot de Mémé
- 48 La Solette
- 50 La Cuisine de Jules
- 51 La Petite Marche
- 52 Au Goût du Jour
- 53 Le Comptoir de Walter
- 54 Le Jardin
- 55 Ze' Bar fait son marché
- 57 Restaurant Le Thiers Temps

Où prendre le petit déjeuner ?

- 54 Le Jardin

Où déguster une glace ?

- 56 Ernest Le Glacier

Où prendre un café ?
Où boire un verre ? Où sortir ?

- 60 La Cav'A'So
- 61 Le Café de la Paix
- 62 L'Académie de la Bière, La Terrasse, Piano Pub, le KgB, Le Bergamote et Les Mauvais Garçons
- 63 Le Set et Le Cohiba
- 64 Corrigans Irish Pub
- 65 La Brûlerie du Marché
- 66 La Cave de la Guignette
- 67 The General Humbert's

Où trouver de bons produits ?

- 71 L'Épicurium

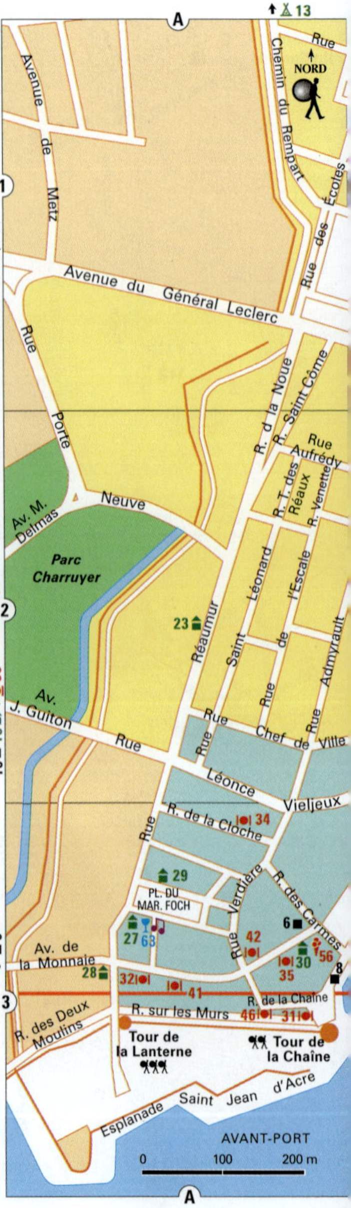

LA ROCHELLE (PLAN I)

LA ROCHELLE – PLAN II

■ **Adresses utiles**

- Charente-Maritime Tourisme
- 2 Motive Location (location de vélos)
- 8 Passeur électrique, bus de mer et liaison maritime La Rochelle-Oléron

Où dormir ?

- 10 Camping municipal Le Soleil
- 12 Auberge de jeunesse
- 15 Hôtel Les Gens de Mer
- 17 Hôtel Le Rochelois
- 19 Appart'hôtel Odalys L'Archipel
- 53 Hôtel Le Transatlantique

Où manger ?

- 53 Le Vieux Carré
- 55 La Marie-Galante

Où trouver de bons produits ?

- 70 Puces de Mer

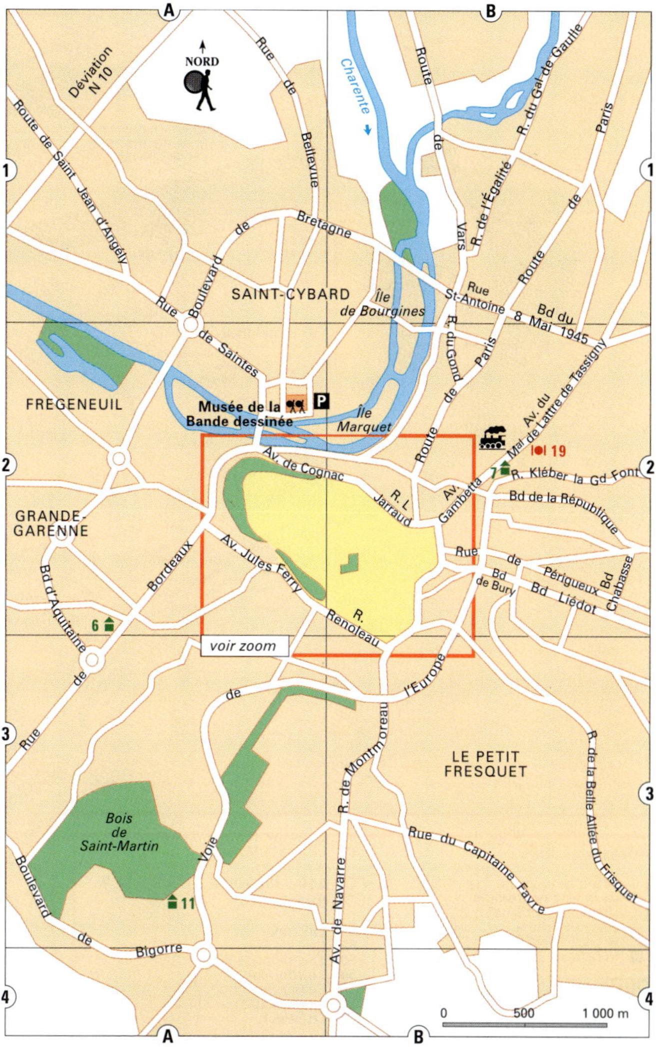

ANGOULÊME – PLAN D'ENSEMBLE

Où dormir ?

- **6** Hôtel-restaurant Chez Gasté
- **7** Hôtel d'Orléans
- **11** Chambres d'hôtes de Champ Fleuri

Où manger ?

- **19** Le Terminus

■ **Adresses utiles**

- 1 Office de tourisme du pays d'Angoulême
- 2 Charente Tourisme, Gîtes de France et Centre Info Rando
- P Parkings

Où dormir ?

- 12 Hôtel du Palais
- 13 Hôtel de France Mercure

Où manger ?

- 16 Le Bistroc
- 17 La Ruelle
- 25 Au Jardin
- 26 Chez Paul
- 27 Le Passe-Muraille

Où boire un verre ? Où sortir ? Où danser ?

- 31 La Girafe
- 32 Le Cinq Sens
- 33 The Kennedy Pub
- 34 Le Why Not
- 35 Le Rancho
- 36 Le River 102
- 37 Le Select

Où acheter de bons produits ?

- 40 Letuffe
- 42 Chocolaterie Duceau
- 43 Parfums Sucrés
- 44 Biscuiterie Lolmède

ANGOULÊME – ZOOM

■ **Adresses utiles**

- i Office de tourisme
- 2 Royan By Cycles
- 3 Cycles Horseau

Où dormir ?

- 10 Camping Clairefontaine
- 11 Hôtel Miramar
- 12 Hôtel Trident-Thyrsé
- 13 Hôtel-restaurant Beau Rivage
- 15 Hôtel Belle-Vue

Où manger ?

- 22 Entre Midi et 2
- 23 La Jabotière et Face à New-York
- 24 L'Avocette
- 25 Les Filets Bleus
- 26 Le Lido
- 27 Le Petit Bouchon
- 28 Koud à Koud

Où boire un verre ?

- 30 Café Astoria
- 32 La Maison Blanche

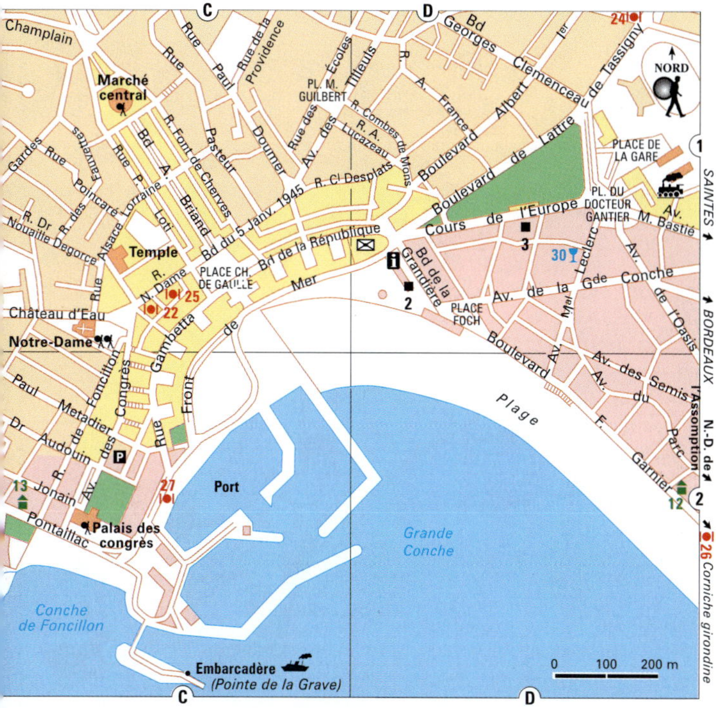

ROYAN

L'ÎLE DE RÉ

L'ÎLE D'OLÉRON

pour être les plus anciennes de France. Enfin, le grand orgue 16 pieds, construit à la fin du XVIIIe s, est l'une des pièces majeures du mobilier. La pureté de ses sonorités remplit d'allégresse les mélomanes pendant les concerts !

De la cathédrale, descendez vers Sainte-Radegonde par la ***rue de la Mauvinière,*** où vous remarquerez, aux nos 2 et 4, deux maisons du XVe s, dont une avec un petit jardin où se trouve un minicloître en bois avec colonnettes sculptées. Aux abords de l'église existaient une multitude de petites auberges *(Le Chat qui pêche, Le Pigeon Blanc...)*, où descendaient les pèlerins venus du Nord et de Belgique par trains entiers (c'était la route de Lourdes). Ils conduisaient leurs malades à l'église Sainte-Radegonde, réputée pour ses miracles.

L'église Sainte-Radegonde *(plan couleur C2)* **:** *rue du Pigeon-Blanc. Tlj 8h-19h (18h en hiver).*
Radegonde, princesse de Thuringe, avait épousé Clotaire Ier, fils de Clovis. Mais la cruauté de son époux l'obligea à fuir la Cour pour venir à Poitiers ! Elle y fonda, vers 555, le premier monastère de femmes d'Occident. Elle y ajouta une petite église (Sainte-Marie-hors-les-Murs), où elle fut enterrée en 587 et qui prit pour nom... Sainte-Radegonde. On admire d'abord le clocher-porche roman, ou plutôt on l'admirait, car il fut transformé au XVe s, dans ses parties basses, en un portail gothique flamboyant restauré. Les statues du porche et une grande partie du décor intérieur ont été détruits en 1562 par les huguenots. De même, la nef romane fut remplacée au XIIIe s par une nef gothique.
À l'intérieur, le chœur polychrome surélevé indique la présence d'une crypte : c'est là que repose, dans un lourd sarcophage très sobre, le corps de la sainte, autour duquel il convenait de tourner sept fois avant de formuler un vœu. Remarquez les vitraux, qui datent des XIIIe, XIVe et XIXe s. Les plus anciens sont du côté nord et racontent, en style naïf, des épisodes de la vie de la sainte.

UN « PAS DE DIEU » PAS PERDU POUR TOUT LE MONDE

Un étrange détail dans l'église Sainte-Radegonde mérite d'être signalé : le « pas de Dieu », qui se trouve dans un enfeu (tombeau creusé dans un mur), sur le côté sud de la nef, entre les statues du Christ et de la sainte. La tradition rapporte que le Christ lui-même aurait laissé ses empreintes sur la dalle. Une petite grille recouvre ce miracle, car des pèlerins trop zélés grattaient la pierre pour en substituer des fragments qu'ils embarquaient avec eux dans un grand élan mystique... ou dans un but plus commercial.

Le baptistère Saint-Jean *(plan couleur C2)* **:** *rue Jean-Jaurès. Avr-sept, tlj sf mar (hors juil-août) 10h30-12h30, 15h-18h ; oct-mars, tlj sf mar 14h30-16h30. Fermé 1er janv, 1er mai et 25 déc. Entrée : 2 € ; ½ tarif moins de 12 ans.*
Attention les yeux, voici l'un des plus anciens et des mieux conservés des édifices chrétiens des Gaules (IVe s). Ses parties basses et sa piscine octogonale (elle servait aux baptêmes) datent du haut Moyen Âge. Le reste est principalement mérovingien. Aux deux salles originelles, on ajouta une abside polygonale et deux absidioles.
On pénètre d'abord dans le narthex, une salle polygonale précédant la salle baptismale. À l'époque, les catéchumènes étaient baptisés par immersion, avec de l'eau jusqu'aux genoux. On leur faisait endosser ensuite une tunique blanche, symbole de purification, et le tour était joué ; ils étaient prêts pour une vie nouvelle... Mais la coutume du baptême par immersion se perd peu à peu et le baptistère devient au Xe s une église, décorée de fresques encore visibles (XIIe-XIVe s), qui se superposent par endroits.
Le baptistère renferme des collections lapidaires mérovingiennes (blocs sculptés, stèles, sarcophages découverts dans la région) et des fresques des XIIe et XIIIe s.

On reconnaît le Christ et les 12 apôtres de l'Ascension. Sur le mur sud, donc à droite en entrant, un personnage auréolé tient une lance et un bouclier. Il s'agit de saint Maurice, officier romain converti. À sa droite, un paon ; à sa gauche, un dragon face à un petit homme tenant une épée. Aux murs est et ouest, quatre cavaliers dont un très effacé. Sous la voûte de l'abside, enfin, un grand Christ en majesté portant un globe qui n'est autre que le monde. Sur le mur de la cella, l'histoire d'Hérode et de Salomé, qui, comme chacun sait, finit fort mal pour saint Jean-Baptiste, patron du lieu.

Le musée Sainte-Croix *(plan couleur B-C2) : 3 bis, rue Jean-Jaurès. ☎ 05-49-41-07-53. • musees-poitiers.org • Juin-sept, mar-dim 10h-12h, 13h15 (14h w-e)-18h (20h mar juil-août) ; oct-mai, mar 10h-17h, mer-ven 10h-12h, 13h15-17h, sam-dim 14h-18h. Entrée : 4 € ; réduc ; gratuit moins de 18 ans et pour ts mar et 1er dim de chaque mois (½ tarif les autres dim). Ateliers enfants 6 €.*

Construit en 1972 à l'emplacement de l'ancienne abbaye Sainte-Croix, ce riche musée à l'architecture moderne mérite bien 2h de visite, d'autant plus qu'il hérite provisoirement d'une partie des collections du musée Rupert-de-Chièvres (essentiellement des meubles). Au sous-sol, les importantes collections sur la préhistoire ouvrent le bal (armes, outillage...) avec des plaques gravées représentant des portraits humains parmi les premiers de l'histoire de l'humanité, talonnées par les sections gallo-romaines. Les vestiges ont été découverts lors de la construction du musée et intégrés au parcours de la visite, ce qui donne une idée de la richesse du sous-sol de la ville ! Chaque coup de pelle dans le béton de Poitiers apporte son lot de découvertes antiques ! Parmi les récentes acquisitions du musée, des monnaies gauloises. Admirer la statue en marbre blanc d'*Athéna*, trouvée en 1902 et, depuis, fétiche antique de la ville. À l'étage, le Moyen Âge livre ses trésors de l'art roman avec de nombreux chapiteaux. Étudiez celui dit de la Dispute : deux larrons se tirent la barbiche, serpe tendue, tandis que leurs pauvres femmes tentent de les modérer, en vain. Historiette vieille comme le monde ! À l'étage supérieur, le musée des Beaux-Arts expose notamment de belles œuvres de Camille Claudel, quelques-unes de Rodin et un intéressant Maillol : *Les Nymphes de la prairie,* plus connu sous le nom des *Trois Grâces.* Ne ratez pas la fameuse Grand'goule en bois polychrome du XVIIe s, le monstre du Loch Ness local tué par sainte Radegonde. Personne ne l'a jamais vu (il vit dans des souterrains), mais tout le monde le connaît...
Les amateurs de peinture trouveront également de la matière. Éléments d'un polyptique du XIVe s attribué à Paolo Veneziano, portraits et paysage hollandais du XVIIe s, dont une précieuse nature morte d'Ambrosius Bosschaert. Du XIXe s, un beau *Dante et Virgile* ou un *Amour au fond des bois* signés Curzon, peintre régional. Des petits formats d'Ingres, Boudin, Bonnard, Vuillard... Ne pas oublier les orientalistes avec des œuvres de Fromentin ou de Chassériau. Chez les symbolistes, un chef-d'œuvre : *La Sirène et le Poète* de Gustave Moreau.

Saint-Hilaire-le-Grand *(plan couleur A3) : dans la partie sud-ouest de la ville. Tte l'année, tlj 9h-18h30.*
Arrivez par la rue du Doyenné, qui vous permettra de contempler la superbe harmonie romane du chevet. Le clocher s'est écroulé en 1590. Six absidioles, une sur chaque croisillon et quatre sur l'abside, donnent une ampleur inhabituelle à ce chevet. Observez le décor sculpté très soigné au niveau des corniches courant sous la toiture. Lorsque saint Hilaire mourut, au IVe s, il fut enterré dans ce qui n'était alors qu'une chapelle *(cella)* à la sortie de la ville (église Saint-Hilaire de la Celle). Pour autant, cette église fut presque entièrement reconstruite de 1869 à 1875. Mais au XIIe s, nombreux étaient les pèlerins en route vers Compostelle qui s'arrêtaient là pour honorer la dépouille du saint. Saint Augustin, saint Jérôme, Cassien, tous parlent d'Hilaire avec admiration. Située sur les chemins de Saint-Jacques-de-Compostelle, elle est classée au Patrimoine mondial de l'humanité par l'Unesco depuis 1998.

De l'église du XIe s, il reste les murs à fresques de l'absidiole du chœur. Ils représentent une série d'évêques de Poitiers ainsi que saint Martin en train de partager son manteau (c'est gentil, ça). Parmi les chapiteaux, l'un représente la mort d'Hilaire, un autre la Fuite en Égypte. Ne vous extasiez pas trop devant les vitraux, ils datent tous du XIXe s. Mais ils ne sont pas si mal que ça, après tout ! Conçus dans un esprit néoroman, ils représentent une kyrielle d'autres saints. Au centre du déambulatoire, une statue en pierre polychrome de la fin du XVe s en qui l'on reconnaît la Sainte-Trinité, sujet très rarement représenté.

Le Théâtre et l'Auditorium de Poitiers (TAP; *plan couleur A2)* **:** *6, rue de la Marne. Infos et résas : ☎ 05-49-39-29-29. • tap-poitiers.com • Lun-ven 11h-19h, sam 14h-18h ; vac scol, lun-ven 12h-17h.* Ce cube de verre opalescent à l'architecture résolument moderne a fait une entrée remarquée (en 2008) dans le centre historique de Poitiers ! Cette Scène nationale, lieu de production et de diffusion artistique au top de la technologie, a une programmation riche et variée avec un théâtre de plus de 700 places, une salle d'art et d'essai, un auditorium... À voir aussi de nuit, quand les murs s'illuminent !

Le musée Rupert-de-Chièvres *(plan couleur A2)* **:** *9, rue Victor-Hugo.* ***Fermé pour travaux ;*** *pas de date de réouverture prévue pour le moment.* Le musée occupe l'ancien hôtel particulier de M. Rupert de Chièvres, collectionneur et amateur d'art poitevin du XIXe s. Le portail du musée, édifié vers 1660, est orné de moulures et de cordons de feuillages, et encadré de deux paires de colonnes cannelées à chapiteaux corinthiens.

La chapelle Saint-Louis *(plan couleur B2)* **:** *ouv slt en été si expo.* C'est la chapelle du collège Henri-IV, fondée en 1608. Noire et inachevée, anormalement orientée (nord-sud) car adossée au collège, elle vaut surtout pour son étonnante architecture intérieure, le chœur et la sacristie. Construite par les jésuites, c'était un lieu de prédication et d'enseignement. De plan carré, dépouillée et très lumineuse, elle présente une extraordinaire acoustique, en accord avec sa mission. Le chœur est particulièrement riche : boiseries, peintures. À noter : Saint Louis y est représenté jeune (sous les traits de Louis XIV) et plus âgé (sous les traits de Louis XIII).

La rue de la Chaîne *(plan couleur B1)* **:** très escarpée, elle est bordée de vieilles demeures médiévales à pans de bois. Au Moyen Âge, on barrait les rues avec une lourde chaîne en cas de troubles. Il faut croire qu'ici on était plus agité que dans les autres rues puisque le nom est resté... On croirait flâner en plein XVe s !

– Juste avant d'attaquer la descente de la rue de la Chaîne, au n° 8 de la rue Descartes, l'*hôtel Fumé.* Cet ancien hôtel particulier, construit au début du XVIe s et qui accueille aujourd'hui des étudiants, présente une belle façade de style gothique flamboyant. Dans la cour *(accessible slt lun-ven 8h30-18h30 ; fermé fin juil-fin août),* superbe galerie de circulation supportée par de délicates colonnes en spirale.

– Au n° 24 de la rue de la Chaîne, passez le portail pour découvrir la cour de l'*hôtel Berthelot (ouv lun-ven),* dont le propriétaire fut maire vers 1529. Admirez les fenêtres et les lucarnes de type Renaissance, ainsi que les très délicats rinceaux italianisants. En bas de la rue, on trouve, à un carrefour, plusieurs maisons à pans de bois, avant de déboucher dans la rue des Trois-Rois, appelée de 1792 à 1805 « rue des Trois-Tyrans » ! À Poitiers aussi, on fit sa révolution. Mais prenez plutôt la rue Jean-Bouchet et, chemin faisant, descendez doucettement jusqu'à la place Montierneuf, où vous attend la dernière église de notre parcours.

L'église abbatiale Saint-Jean-de-Montierneuf *(plan couleur B1)* **:** *pl. Montierneuf. Tlj 9h-19h.*

Nécropole des comtes-ducs d'Aquitaine, Montierneuf fut un peu le Saint-Denis poitevin. Bâtie sur l'ordre de Guillaume VIII au XIe s pour le pardon de ses péchés, cette abbaye clunisienne a été pillée et dévastée en 1562.

Au sud de l'abbatiale, les importants bâtiments monastiques datent du XVIIe s. Devant la façade, datant de 1644, observez la frise de l'architrave décorée de rinceaux, de génies, de guirlandes et d'angelots joufflus. Sur la gauche, des motifs romans venant de la façade primitive.
À l'intérieur, large nef à collatéraux, longue d'environ 80 m. Les murs ont gardé leur cachet roman. Les parties hautes du chœur, qu'un orage a fait s'effondrer au XVIe s, ont été reconstruites en style gothique. La luminosité du chœur est excellente et fait le charme particulier de l'église. Un des chapiteaux romans représente... un éléphant. Le transept, par son amplitude et sa hauteur, est vraiment spectaculaire. Chapiteaux à volutes retaillés au XVIIe s, culots à têtes d'animaux pittoresques. Dans l'absidiole du croisillon sud, de grandes statues en pierre polychrome du XIXe s : saint Guillaume, saint Maurice (patron des militaires). L'absidiole nord abrite à son tour cinq statues, dont une de saint Vincent, patron des vignerons, et une de saint Isidore, patron des laboureurs.
En sortant de l'abbatiale, dirigez-vous vers le Clain tout proche, où vous découvrirez l'ancien ***moulin de Chasseigne,*** propriété de la Ville.

À voir si vous avez le temps...

L'espace Pierre-Mendès-France *(plan couleur C2) : 1, pl. de la Cathédrale. ☎ 05-49-50-33-08. • emf.fr • Tlj sf lun 9h (14h w-e)-18h30. Fermé dim pdt vac scol d'été. Expos temporaires : 5 € ; 2,50 € enfant.* À un roucoulement de colombe du baptistère Saint-Jean. Repérable à son dôme en forme de demi-œuf. Le palais de la Découverte poitevin donne un avant-goût de ce qui vous attend au parc du Futuroscope, avec son planétarium *(pdt vac scol, séance tlj à 16h30, slt dim et certains sam hors juil-août ; entrée : 6 €, réduc).* Expositions temporaires (commentée l'après-midi seulement) autour de la science, espace multimédia, ateliers scientifiques destinés aux enfants (le dimanche après-midi) et cycles de conférences.

La Fanzinothèque *(hors plan couleur par C3) : 185, rue du Faubourg-du-Pont-Neuf. ☎ 05-49-46-85-58. • fanzino.org • ♿ Accès de plain-pied, dans les locaux du* Confort Moderne *(derrière le bar). Lun-ven 10h-12h, 14h-17h, et les soirs de concert. Fermé de mi-juil à mi-août. Possibilité d'emprunt avec adhésion de 5 €. GRATUIT.* Mais non, il ne s'agit pas d'une nouvelle secte ou d'un groupuscule nébuleux, mais plus simplement d'une poignée de doux dingues réunis par la même passion : la collecte de tout ce qui touche de près ou de loin aux fanzines (contraction de *fanatic* et *magazine,* des publications amateurs popularisées par le mouvement punk). Des milliers de références (plus de 30 000 sont consacrées au rock), tandis que le fonds rassemble plus de 50 000 volumes à consulter sur place ! Il y en a même qui proviennent du Japon et de Cuba.

Le parc de Blossac *(plan couleur A3) : tlj 7h-22h30 (21h30 en hiver).* Aménagé à la fin du XVIIIe s par le comte de Blossac, intendant du Poitou, ce vaste jardin à la française, bordé à l'est et au sud par les anciens remparts, domine la vallée du Clain. 9 ha de verdure taillée au cordeau dont un charmant jardin à l'anglaise *(ouv jusqu'à 20h en été, jusqu'à la tombée de la nuit en hiver),* beaucoup plus romantique. Cours d'eau et petits ponts du jardin anglais raviront les petits routards.

Le Jardin des plantes *(plan couleur B1) : avr-sept, tlj 7h-20h ; oct-mars, tlj 8h-17h30. Entrée libre.* Autour d'un petit étang, chêne vert centenaire, ginkgo, séquoia géant, vénérable cèdre de l'Himalaya et fleurs à profusion. Un havre de verdure et de calme à quelques pas de la ville. Le jardin botanique recèle des trésors de plantes médicinales et officinales, de condiments et d'aromates. La serre *(lun-ven 8h-12h, 14h-17h)* abrite plus de 150 espèces exotiques et tropicales.

Le point de vue sur la ville *(plan couleur C2) : bd du Colonel-Barthal, quartier de la caserne Aboville ; accès par bus* Vitalis *ligne n° 5, arrêt Aboville, ou à pied en gravissant* *l'escalier en face du pont Joubert (prenez votre souffle, ça grimpe un peu).* Une petite terrasse aménagée, et Poitiers s'ouvre, entre monuments et quartiers plus secrets.

Manifestations

– ***Sortir à Poitiers :*** *pdt tte la saison estivale. Infos à l'office de tourisme.* Une cinquantaine de spectacles de théâtre, de danse, de folklore, des concerts, du cinéma en plein air, etc. animent les différents quartiers de la ville. Il y en a pour tous les goûts et, chouette, tout est gratuit !
– ***Festival Itinérance :*** *ts les w-e de juil. Infos à l'office de tourisme.* Spectacles et animations autour du patrimoine (chasse au trésor, sieste musicale, lectures, animations avec clowns et fanfare...).
– ***Les Expressifs :*** *début oct. Infos : ☎ 05-49-50-73-49. • lesexpressifs.com •* Spectacles de théâtre de rue, de cirque, ou encore concerts entièrement gratuits qui dynamisent le centre-ville.
– ***Rencontres Henri-Langlois :*** *pdt 1 sem fin nov-début déc. Infos : ☎ 05-49-03-18-90 (accueil festival). • rihl.org •* Festival international de courts-métrages de fin d'études des écoles de cinéma. Les maîtres mots de cette semaine d'images : découverte, échanges et convivialité !

DANS LES ENVIRONS DE POITIERS

Chez Manuel, musée d'Art populaire (hors plan couleur par B1) **:** *86440* ***Migné-Auxances.*** *☎ 05-49-52-70-05. 📱 06-05-39-01-11. • musee-chez-manuel.com • ♿ À 5 km au nord de la ville, au bord de la D 910 en direction de Châtellerault. Avr-oct, tlj 10h-12h, 14h15-18h30 ; nov-mars, tlj sur rdv. Entrée : 4 € ; 2 € enfant.* Atypique ? Excentrique ? Sans doute, mais surtout épatant ! Ce musée pas comme les autres rassemble les collections éclectiques de Manuel Ribeiro, démarrées par hasard il y a plus de 50 ans. Aujourd'hui, Manuel et sa femme ne sont plus, mais leur fils Jean-Claude fait vivre le musée avec la même joie. Il y en a tant que les 1 000 m² du premier entrepôt ne suffisent plus ! Les objets chinés avec patience et détermination ont progressivement envahi la cour, l'arrière-cour, les buissons, et même la colline voisine. Au hasard de vos pérégrinations, vous croiserez un avion accroché au toit, un hélico Sikorski, des automobiles à foison (Renault AX de 1907, Ford T, camion de pompier Renault de 1924...), des machines à vapeur, des calèches... Fatigué ? Il reste pourtant à voir des pianos mécaniques, voitures à pédales des années 1930, pendules, jouets, uniformes et mille et un bibelots.

L'église abbatiale de Saint-Benoît : *rue de l'Ermitage, 86580* ***Saint-Benoît.*** *☎ 05-49-47-44-53 (office de tourisme). • ville-saint-benoit.fr • À 3 km, sortie sud de la ville. Tte l'année, tlj aux heures d'ouverture de l'office de tourisme : lun 14h-18h ; mar-ven 9h-12h30, 13h30-18h ; sam 9h-13h. Visite libre, sinon résa obligatoire pour la visite commentée (10 pers min). Entrée libre.* Monastère bénédictin au VIIe s, l'ancienne abbatiale abritait les reliques de saint Benoît. Incendiée, elle redevint abbaye au XIe s. Il ne reste que les vestiges des bâtiments conventuels (et quelques traces de l'église primitive dans les murs). La salle capitulaire et le dortoir des moines abritent des expos.

LE PARC DU FUTUROSCOPE

Carte Vienne, B2

Jusqu'en novembre 1984, rien ; une plaine vaguement agricole et agricolement vague. Vingt ans plus tard, une ville à l'architecture avant-gardiste

surgit de ce néant par la volonté de René Monory, ancien maire de Loudun, président du conseil général de la Vienne et ex-président du Sénat. Que de paradoxes : un parc de loisirs dans un département peu touristique ; un énorme employeur (le plus gros de la Vienne !) dans un environnement d'exploitations et d'entreprises familiales ; une architecture de verre et d'acier au milieu des champs... Et pourtant, le pari est gagné. En plus des Français, les Espagnols, les Anglais, les Belges et les Allemands y affluent, surtout depuis la création de la gare TGV à seulement 1h40 de Paris-Montparnasse. En marge du parc de loisirs, une aire de formation (lycée pilote, école supérieure d'aéronautique...), une aire économique (regroupant une soixantaine d'entreprises de pointe et de communication), ainsi que pléthore d'hôtels standardisés complètent cette étrange cité. Et des espaces verts superbement entretenus et dégagés, et la possibilité de pique-niquer sur place. Et puis, surtout, la présence peu envahissante des boutiques de souvenirs, alors que le parc s'est hissé en deuxième place du podium français en terme de fréquentation touristique et de chiffre d'affaires.

Comment y aller ?

Le parc est situé à une dizaine de kilomètres au nord de Poitiers, sur les communes de Chasseneuil-du-Poitou et de Jaunay-Clan.

➢ ***Par la route :*** accès direct par l'A 10 (sortie n° 28) ou par la D 910. Paris-Poitiers : 330 km. Bordeaux-Poitiers : 220 km. La Rochelle-Poitiers : 140 km. Lyon-Poitiers : 500 km. Le parking est payant (7 €/j. ; 3 € à partir de 17h).

➢ ***En train :*** *rens et résas, ☎ 36-35 (0,34 €/mn).* Accès direct au parc du Futuroscope grâce à la gare TGV Futuroscope. Une passerelle mène tout droit à celui-ci. Liaisons directes au départ de Paris-Montparnasse (1h20), aéroport Charles-de-Gaulle (2h10), Marne-la-Vallée-Chessy (2h), Lille (3h35), Lyon (3h40), Toulouse (4h15) et d'autres encore... Mais attention, il y a assez peu de liaisons chaque jour. Des offres promotionnelles avec hébergement (facultatif) sont proposées en fonction du calendrier saisonnier. Un acheminement de vos bagages est assuré de la gare vers votre hôtel en cas de réservation hôtelière.

➢ ***En bus depuis Poitiers :*** *rens, ☎ 05-49-44-66-88. • vitalis-poitiers.fr •* La ligne n° 1 s'arrête à l'entrée du parc. À prendre près de l'église Notre-Dame ou à la gare SNCF. Fréquence : ttes les 15-30 mn env en sem. Attention, slt 6 liaisons dim (ligne E). Le ticket « jour-découverte » coûte 4 € pour 4 personnes.

➢ ***En avion :*** aéroport de Poitiers-Biard, à 10 mn du parc du Futuroscope. Liaisons avec une dizaine de villes de province, ainsi que quelques grandes villes européennes (Londres, Édimbourg...).

Infos pratiques

Renseignements et réservations

Résas : ☎ 05-49-49-30-80 (lun-ven 9h-19h, sam 9h-18h). • futuroscope.com •

Horaires

De début fév à mi-sept, tlj ; de mi-sept à mi-oct, jeu-dim ; puis selon calendrier (w-e et vac scol) de mi-oct à début janv. Fermé en janv. De 10h à la tombée de la nuit. Le parc reste ouv le soir pour le spectacle nocturne. Rens complémentaires sur • futuroscope.com •

Tarifs

– ***Le billet d'entrée daté de 1 ou 2 jours :*** *il donne accès aux attractions et au spectacle nocturne. Il est possible de l'acheter à l'avance ou de le télécharger pour éviter l'attente aux*

caisses. Le billet 2 j., daté, est valable pour 2 j. consécutifs.
– ***Tarif classique :*** *42 € pour 1 j. ou 79 € pour 2 j. ; 32 € enfant (5-16 ans révolus) pour 1 j. ou 62 € pour 2 j.*
– ***Billet soirée :*** *en hte saison et à partir de 17h, un billet soirée permet de bénéficier d'une visite du parc en fin d'ap-m et d'assister au spectacle nocturne. Tarifs : 20 € ; 14 € 5-16 ans.*
– ♿ ***Pour les personnes handicapées :*** *réduc de 15 % sur le billet et sur celui de l'accompagnant, accueil personnalisé à l'entrée.*
– ***Pour les enfants de moins de 5 ans :*** *l'entrée du parc est gratuite.*
– ***Pour les seniors (plus de 60 ans) :*** *39 € pour 1 j. ou 74 € pour 2 j.*
– ***Pour les familles nombreuses et les étudiants :*** *réduc de 15 % sur les billets.*
– ***Tarif malin :*** *pour une résa à J-3 sur le site internet, réduc pour les adultes de 3 € pour 1 j., 2 € pour 2 j.*
– ***Également d'autres formules :*** *incluant visite, hébergement et restauration (séjour 2 j. + 1 nuit, séjour 2 j. + 2 nuits avec ou sans dîner...).*
– ***Pass Premium :*** *donne un accès prioritaire pour les attractions incontournables et une place au carré VIP du spectacle nocturne. 15 €.*
– ***Parking payant :*** *7 €/j. Pour une sortie temporaire, passer aux guichets d'entrée pour prendre une contremarque.*

Quelques tuyaux

– ♿ Le parc est adapté aux personnes handicapées, avec accès facilité aux attractions.
– Possibilité de louer des fauteuils roulants et des poussettes.
– *Argent :* il y a un distributeur automatique de billets à droite juste après

les guichets d'entrée. Un second distributeur est situé en face de l'attraction *L'Âge de Glace, l'Expérience 4D*.

– *Pique-nique :* des aires sont prévues à cet effet. Pratique... et démocratique.

– *Consigne :* à l'entrée du parc, payante *(5 €)*.

– Sur le site, différentes possibilités pour se restaurer. Le restaurant de cuisine moléculaire *Le Cristal*, notamment, est très prisé. Penser à réserver en arrivant sur le site, afin d'éviter l'attente au déjeuner.

– En période de forte affluence, comme les vacances scolaires, il est possible d'acheter un *Pass Premium* qui donne un accès prioritaire à cinq attractions incontournables *(15 €)*.

– Dernière info : profitez des pelouses, elles sont toutes autorisées.

ATTENTION : les spectacles que nous citons et décrivons ici peuvent être modifiés.

Conseils pour les attractions

Chaque attraction dure entre 5 et 40 mn, temps d'attente non compris. Un plan du parc est édité chaque jour, avec le programme et les horaires des différentes séances. À retirer à l'accueil, il est très utile pour organiser au mieux sa visite en fonction des heures de séance ; il est donc vivement conseillé de s'y reporter. En revanche, certaines animations fonctionnent en continu. Les temps d'attente sont signalés et, en fonction de l'affluence, les guides orientent les visiteurs vers l'une ou l'autre attraction. N'hésitez pas à leur demander conseil, ils sont là pour vous éviter les désagréments de l'attente. Sinon, il est possible de télécharger l'application gratuite sur son mobile pour consulter les horaires et temps d'attente des attractions *(● futuroscope.mobi ●)*.

– Le matin, commencez de préférence par les pavillons les plus éloignés de l'entrée – *Arthur, l'Aventure 4D, L'Âge de Glace, l'Expérience 4D, Danse avec les Robots* notamment. Cela vous évitera une grande attente aux attractions situées à proximité de l'entrée *(La Vienne Dynamique, La Machine à voyager dans le temps avec les Lapins Crétins)*, toujours très prisées dès l'arrivée.

– Les cinémas dynamiques (les salles équipées de simulateur, là où ça secoue !) sont déconseillés aux personnes cardiaques, aux femmes enceintes, aux personnes fragiles des vertèbres, aux jeunes enfants... Attention, pour certaines attractions, il faut mesurer plus de 1,20 m.

– Pour les jeunes enfants, nous recommandons plus particulièrement : *La Machine à voyager dans le temps, iMagic,* sans oublier, bien sûr, *Le Monde des Enfants* et le spectacle du soir.

– De manière générale, pour mieux profiter des projections, essayez de vous placer le plus possible au centre de la salle.

Où dormir ?

Sur le site, hors du parc de loisirs

Le parc hôtelier se trouve sur les communes de Chasseneuil-du-Poitou et de Jaunay-Clan. Les hôtels n'ont pas été construits à l'intérieur même du Futuroscope mais aux portes de celui-ci. C'est donc bien pratique d'y loger, en particulier si l'on aime ce genre d'hôtels modernes et fonctionnels. Astuces : on peut faire la résa à partir du site ● *futuroscope.com* ● (formules entrées au parc, nuit et repas tout compris). Le Futuroscope détient son propre hôtel, l'*Hôtel du Futuroscope,* entièrement refait en 2014 et accessible à pied par une passerelle, et la plupart des grandes chaînes y sont présentes, des plus économiques *(Ibis budget, Première Classe, Formule 1, Quick Palace, B & B)* aux plus chères *(Hôtel Plaza, Novotel Futuroscope, Mercure),* sans oublier les catégories moyennes, souvent d'un bon rapport qualité-prix *(Alteora Futuroscope, Ibis, Campanile).*

– Une navette gratuite fait la tournée des hôtels pour l'entrée du parc.

– Il existe un espace d'accueil pour les camping-cars, avec borne de vidange.

Où manger ?

Dans le parc du Futuroscope

I●I Dans le parc, où les pique-niques sont autorisés, on trouve 7 restos, dont 2 self-services et une dizaine de kiosques *Illico Resto* (restauration rapide). ***La Table d'Arthur :*** dans un décor moderne et coloré, un buffet à volonté, eau et vin compris. Et puis, côté cafétéria, le ***Quai Gourmand.*** Autres décors sympas : le ***Studio Grill,*** avec son décor pop art et ses viandes juteuses ; ***Saveurs du Soleil,*** consacré à la cuisine méditerranéenne ; ***Comptoirs du Monde,*** où l'on dévore des mets du... bravo ! vous avez tout compris ; ***La Crêpe Volante,*** sympathique crêperie au décor inspiré de l'univers des Lapins Crétins ; enfin, ***Le Cristal*** *(ouv de mi-juil à fin août ; résa indispensable sur place)* offre la possibilité de déjeuner au bord du lac. Mais c'est surtout sur votre assiette qu'on voudrait attirer vos papilles : le chef s'inspire de la gastronomie moléculaire pour inventer une cuisine créative, jalonnée d'expériences ludiques, et concocte des plats aux textures inédites, légères, parfois aériennes, qui mettent en valeur leurs qualités gustatives.

Où dormir ? Où manger dans les proches environs ?

À Chasseneuil-du-Poitou (86360 ; 3 km à l'est du Futuroscope)

⛺ **Camping municipal des Écluzelles :** *rue Leclanché. ☎ 05-49-62-58-85. • maire@mairie-chasseneuildupoitou.fr • ville-chasseneuil-du-poitou.fr • ♿ Accès par l'A 10, sortie Poitiers-Nord ou Futuroscope. Ouv de mi-avr à fin sept. Compter 12,60-15,60 € pour 2 selon saison ; prix caravane : 88,20-109,20 €/sem. 28 empl.* Minuscule camping en centre-bourg, proche du Futuroscope. Tout simple, mais l'accueil est sympa, les sanitaires propres et l'ambiance familiale. L'accès en saison à la piscine municipale, juste à côté, est gratuit pour les campeurs.

À Saint-Georges-les-Baillargeaux (86130 ; 4 km à l'est du Futuroscope)

⛺ **Le Futuriste :** *rue du Château. ☎ 05-49-52-47-52. • camping-le-futuriste@wanadoo.fr • camping-le-futuriste.fr • ♿ Accès par la D 20 ; entrée au niveau du château d'eau. Ouv tte l'année. Prix : 19-26,30 € selon saison ; loc de chalets et mobile homes 4-6 pers 452-900 €/sem selon saison. 102 empl.* Grand camping familial offrant de beaux emplacements délimités par des haies de verdure et une vue imprenable sur l'architecture futuriste du parc. Sanitaires très propres et bon confort général, avec, entre autres, un étang de pêche, 2 piscines chauffées (dont 1 couverte), un toboggan aquatique, etc. Possibilité de prendre le petit déj. Vente de billets d'entrée pour le Futuroscope. Bon accueil et équipements de qualité. Resto en saison.

Autour d'Avanton (7 km à l'ouest du Futuroscope)

⛺ ***Camping du Futur :*** *9, rue des Bois, 86170* ***Avanton.*** *☎ 05-49-54-09-67. • contact@camping-du-futur.com • camping-du-futur.com • ♿ Accès de Poitiers par la D 757 ; à gauche avt l'entrée du village. Ouv avr-oct. Prix : 14,90-19,90 € selon saison ; roulotte et mobile homes 5 pers 385-595 €/sem selon saison. 55 empl.* Bordant un vaste champ, des emplacements bien ombragés et délimités par des haies dans un joli jardin paysager bien entretenu. Un camping familial 3-étoiles bien sympathique avec piscine, minigolf, sanitaires nickel, bar et vente à emporter. Bon accueil.

La Ferme du Château de Martigny : *chez Annie et Didier Arrondeau, 39, route de Chasseneuil, à* ***Martigny.*** *☎ 05-49-51-04-57. 06-07-24-75-30. • lafermeduchateau@orange.fr • lafermeduchateau.fr • Dans un hameau sur la D 18, entre Chasseneuil-du-Poitou et Avanton (à 3 km du Futuroscope). Chambre 69 € pour 2, petit déj gourmand inclus (gâteaux maison, compotes...). Pot de bienvenue offert et réduc de 10 % sur le billet d'entrée au Futuroscope sur présentation de ce guide.* Dans la ferme rénovée et son jardin clos fleuri, 3 chambres confortables et indépendantes. Salon avec cheminée et cuisine à disposition pour les hôtes, table de ping-pong, jeux, barbecue, etc. Il y a aussi un duplex pour des familles à tarif avantageux. Plusieurs coins terrasse pour se prélasser entre les massifs de fleurs et la piscine. Accueil agréable et de gentilles attentions pour les hôtes.

Autour de Neuville-de-Poitou *(14 km à l'ouest du Futuroscope)*

Chambres d'hôtes La Galerne : *chez Mme Pavy, 22, chemin de Couture, 86170* ***Neuville-de-Poitou.*** *☎ 05-49-51-14-07. • lagalerne86@gmail.com • lagalerne.eu • Du Futuroscope, direction Neuville par la D 62 ; au panneau d'entrée de Neuville, lieu-dit Bellefois, tourner à droite. Au milieu des champs. Doubles 56-65 € selon saison. Réduc de 10 % sur l'entrée au Futuroscope sur présentation de ce guide.* Dans ce bâtiment moderne de plain-pied, bien léché et bien conçu, on flirte gentiment avec le petit hôtel. Confort et propreté irréprochables dans les 5 chambres familiales, ouvertes sur le jardin avec jeux pour enfants. Aux beaux jours, vous pourrez profiter de la grande piscine en plein air. Accueil tout sourire.

Chambres d'hôtes chez Jean-Yves et Martine Martinet : *16, rue des Ormeaux, au hameau de Charrajou, 86170* ***Charrais.*** *☎ 05-49-51-14-62. • martinet.jean-yves@orange.fr • chambrehote.net • À 1 km de Charrais vers Neuville-du-Poitou par la D 84. Ouv tte l'année. Double 52 €. Parking dans la grande cour fermée. Réduc de 10 % sur la chambre, en basse saison, sur présentation de ce guide.* Protégée par un beau portail et une lourde grille, la maison poitevine des Martinet abrite des chambres simples, un peu à l'ancienne mais claires et spacieuses. Calme royal la nuit. Pas de table d'hôtes mais une kitchenette à disposition. Petit déj copieux avec confiture maison et lait de la ferme. Les propriétaires, vraiment gentils, ont un grand sens de l'accueil.

Chambres d'hôtes Le Chai : *2, Champ-Parmant, 86190* ***Villiers.*** *06-27-93-64-77. • chambresdhotespoitiers@gmail.com • chambredhotefuturoscope.com • Dans le bourg. Doubles 90-120 € selon chambre et saison. Table d'hôtes 32 €.* Une adresse de charme soignée dans le moindre détail, dans l'esprit des magazines de déco (la propriétaire est férue de décoration et ça se voit !). À l'étage de cet ancien chai superbement restauré, 2 chambres douillettes au confort raffiné, avec mobilier chiné et patiné, douche à l'italienne. Beau salon à partager, et en prime, une jolie piscine avec mobilier de jardin élégant. Idéal pour un couple sans enfants qui désire se faire cocooner. Et pas de TV, on est là pour se reposer !

Brasserie de Bellefois : *51, route de Clan, 86170* ***Neuville-de-Poitou.*** *☎ 05-49-59-40-32. Du centre de Neuville, suivre la route de Jaunay-Clan, la brasserie est sur un rond-point. Tlj sf lun et le soir mar-mer, plus sam midi et dim soir hors saison. Formule déj en sem 14,50 € ; menu 22 € le w-e ; carte 20-25 €. Apéritif maison offert sur présentation de ce guide.* Derrière la grande baie vitrée d'où l'on voit les cuves de fabrication, un restaurant éminemment sympathique, dans la brasserie même : gros volumes, pierres aux murs, poutres au plafond, impressionnantes cuves en inox et large verrière, le décor est campé, moderne et avenant. Généreuse cuisine de marché, mijotée à la bière dès que les plats s'y prêtent. On vous guidera sur l'accord mets et bières, mais la dorée nous a plu autant par sa robe que par son caractère. Visite guidée à 16h habituellement, mais, après le repas, si l'activité le permet, on vous dira volontiers deux mots sur cette jeune entreprise artisanale. Vente au détail dans la boutique.

Autour de Vendeuvre-du-Poitou (14 km au nord-ouest du Futuroscope)

Chambres d'hôtes La Rosalière : *chez Nadine Voronowsky-Mignard, 14, rue de l'École, 86380* ***Chabournay.*** *☎ 05-49-51-53-57. 06-16-41-20-18. • larosaliere@cegetel.net • larosaliere.com • Dans un petit village situé à 4 km au sud-ouest de Vendeuvre, en allant vers Neuville. Chambres 50 € pour 2 pers, 60-75 € pour 3-4 pers. Animaux acceptés.* Un joli portail, une grande cour intérieure très fleurie, une maison et une grange. C'est dans cette dernière que dorment les hôtes. 4 jolies chambres en haut et une en bas ; agréable salon au dallage ancien à partager, avec cheminée et grand pressoir. Pas de table d'hôtes mais une kitchenette à disposition. En prime, une jolie véranda pour se poser, avec jacuzzi (en sus). Accueil vraiment charmant et pas compliqué.

Chambres d'hôtes du manoir de Vilaines : *chez M. et Mme Simonnet, 86110* ***Varennes.*** *☎ 05-49-60-73-93. • manoirdevilaines@orange.fr • manoir-de-vilaines.com • 3 km avt Mirebeau, en venant de Neuville par la D 347, tourner à gauche au niveau du calvaire blanc. Ouv 15 fév-15 nov. Double 70 € (18 €/pers supplémentaire) ; également un gîte (7 pers) 390-535 €/sem, un 2d (12 pers) dans un ancien hôtel particulier à Mirebeau. Réduc de 10 % sur le prix de la chambre, hors juil-août, sur présentation de ce guide.* Belle demeure de caractère plantée dans un parc agréable, dissimulée par un mur d'enceinte et une rangée d'arbres. Jolie suite de plain-pied, agrémentée d'une cheminée et de pierres apparentes, 2 chambres cossues à l'étage, au mobilier ancien, et 1 chambre familiale. Vue dégagée sur la campagne environnante. Beaucoup de cachet (les chambres ont été rénovées et redécorées) et un accueil exemplaire.

Chambres d'hôtes du château de Labarom : *chez M. et Mme Le Gallais, 86380* ***Cheneché.*** *☎ 05-49-51-24-22. • labarom@labarom.com • labarom.com • Sur la D 15 entre Vendeuvre et Mirebeau. Sortir de Cheneché en direction de Thurageau ; après 1 km, une croix en pierre marque l'embranchement avec le chemin qui mène au château. Congés : 15 nov-1er avr. Compter 79-84 € pour 2.* Au milieu de ces 180 ha de bois et de champs, la découverte du château de Labarom, bâti entre le XVIe et le XVIIIe s, est de l'ordre du ravissement. Les propriétaires ont aménagé 2 vastes suites dotées de 2 chambres séparées chacune, et 1 double de belle taille. Toutes sont équipées de sanitaires privés et décorées de meubles de style et de famille. Vue sur le parc et son magnifique pigeonnier. Également une piscine... Accueil simple et cordial, calme absolu... Bref, royal !

LE FUTUROSCOPE

LE PARC MÊME

Le Futuroscope, deuxième parc de loisirs français avec environ 1,6 million de visiteurs par an, propose près d'une trentaine d'attractions et de spectacles dont l'objectif est d'appréhender le monde d'aujourd'hui et son évolution technologique en s'amusant, avec une sensibilisation louable à la préservation de l'environnement. Émotions, jeux, humour, explorations ou sensations fortes, il y en a pour tous les goûts et tous les âges. Le parc présente les formats d'images spéciaux les plus originaux et les plus spectaculaires : cinémas dynamiques, cinémas circulaires, écrans géants et hémisphériques, images en 3D, relief et effets spéciaux ainsi que des parcours interactifs, des expos et des jeux de plein air et aquatiques pour les enfants... On passe donc d'une attraction à l'autre, toutes différentes, toutes innovantes, de qualité technique exceptionnelle et parfois même uniques au monde... On en prend plein les yeux !

Chaque année, le parc du Futuroscope se renouvelle en ouvrant de nouvelles attractions et en présentant des films inédits de réalisateurs prestigieux (Jean-Jacques Annaud, Jacques Perrin, Luc Besson...), qui s'intéressent à ces nouvelles techniques et inventent une nouvelle génération de films de fiction et documentaires à sensations.

Les attractions en détail

Classées dans le sens du parcours de visite à partir de l'entrée du parc, on peut les découvrir dans l'ordre que l'on veut.

La Machine à voyager dans le temps avec les Lapins Crétins : couronnée par le prix de la meilleure attraction au monde par les professionnels du secteur ! Un voyage spatio-temporel des plus crétin, à bord d'un train de sièges de w-c s'arrêtant devant des scènes délirantes et hilarantes reconstituant des moments forts de l'Histoire. Lunettes 3D, effet 4D (par le mouvement des sièges) et ressenti en 5D (projection d'air et d'eau). Certaines trouvailles sont vraiment drôles ! La dernière en date des attractions phare, qui ancre bien le parc sur la thématique de l'humour décalé.

La Vienne Dynamique + d'effets : ce film promotionnel et touristique de la Vienne fait découvrir le département en associant le mouvement d'un simulateur dynamique à l'image. C'est l'histoire d'un jeune homme qui doit se marier. Dans le train, il manque sa gare de destination. Il saute du wagon et se retrouve dans une forêt profonde de la Vienne, habitée par une étrange créature. Commence alors pour lui une course aventureuse, semée d'embûches, qu'il doit surmonter avant de retrouver la mariée... Frissons garantis lorsque vous vous retrouverez au volant d'une Formule 3 lancée à pleine vitesse dans les ruelles de Chauvigny. Drôle et efficace, avec force effets spéciaux (vent, eau, son « spatialisé »...). Mais attention, le rythme soutenu peut surprendre certains. Une de nos attractions préférées. Dans la salle d'attente, jolie mais longuette projection numérique de sculptures aquatiques.

Chocs Cosmiques : vous n'êtes pas là dans un vulgaire planétarium. Installé dans un fauteuil incliné, les yeux rivés vers cet écran hémisphérique de 21 m de diamètre, vous découvrirez des simulations de phénomènes cosmiques, certains réels et provenant de données de la NASA ou du télescope Hubble, d'autres de synthèse. Des images de l'univers saisissantes et d'une qualité rare, servies par les commentaires amusants et amusés de Lorànt Deutsch. Une immersion franchement extra.

Le Monde des Enfants : le bonheur des moins de 12 ans ! Parmi la vingtaine d'activités, on y trouve des jeux de plein air, un labyrinthe, des jeux musicaux, des vélodos, des jeux nautiques *(Mission : éclabousse !)*, un manège... Les enfants adoreront *Le Splash des Loustics, Les Apprentis Pompiers* pour éteindre un feu virtuel et *Graines de Pilotes*. Bref, le bonheur aussi des parents, qui trouveront là l'occasion de se poser quelques instants...

Dynamics ! : Virus Attack 3D, un nouveau virus menace l'humanité. Réduit à une échelle microscopique et propulsé à grande vitesse à l'intérieur du corps humain, vous n'avez que quelques minutes pour enrayer le redoutable virus et affronter la révolte des globules blancs ! Un beau partenariat avec l'INSERM. Ou en alternance ***L'Attaque des Drones*** : dans un monde futuriste, participez à une course-poursuite haletante à moto. Le pilote, seul rescapé d'une attaque de vaisseaux volants, vous entraîne dans sa fuite éperdue. Suspense, secousses et sensations fortes sont au rendez-vous.

Les Mystères du Kube : laissez-vous emporter dans un univers fantastique par ce spectacle vivant mêlant acrobates, danseurs et arts numériques. Des archéologues ont mis au jour un cube mystérieux. Pour la première fois, il est exposé sur scène et semble endormi, quand soudain...

iMagic : un spectacle de magie vivant et humoristique, digne d'un des plus grands maîtres de l'illusionnisme, Bertran Lotth. Mise en scène signée Arthur Jugnot. Lévitations et faux-semblants dans une mise en scène rythmée. Ce spectacle a été élu Meilleur grand spectacle de magie français de l'illusion. On en est restés babas !

8e Continent, le jeu : à l'origine de cette attraction parrainée par la Fondation Maud-Fontenoy, il y a la découverte en 1997, par le navigateur britannique Charles Moore, d'une immense « soupe » formée de déchets plastiques, agglutinés à des micro-organismes marins, qui flotte au milieu du Pacifique. La superficie de cette plaque grande comme trois fois la France lui vaut le nom de 8e continent. Sous la forme d'un jeu vidéo grandeur nature, le Futuroscope sensibilise les visiteurs aux conséquences de la pollution marine et à la nécessité de préserver les océans. Face à un écran panoramique, les visiteurs prennent place sur des scooters dynamiques individuels pour détruire à coup de pistolet ces horribles déchets.

La Gyrotour : une vue d'ensemble à 45 m de hauteur. Les photographes et cinéastes amateurs pourront revenir avec de superbes images sur l'ensemble du parc. Un système rotatif permet de jouir d'un spectacle panoramique impressionnant. Nos lecteurs sensibles au vertige s'en dispenseront.

Habitat Zéro Carbone : pour souffler entre deux attractions à sensations, petit espace de sensibilisation écologique à l'utilisation du bois comme matériau de construction.

Les Yeux Grands Fermés, parcours dans le noir : un voyage sensoriel dans l'obscurité à travers plusieurs espaces reconstitués à partir de matières, d'odeurs et de sons. Le visiteur est guidé par une personne aveugle et découvre sur un mode ludique la réalité du quotidien des non-voyants. Attention, pour cette activité, une participation est demandée au profit des associations de malvoyants et non-voyants.

L'Âge de Glace, l'Expérience 4D : enfilez votre peau de bête puis venez rire et frémir en famille avec les héros de *L'Âge de glace !* Sid le paresseux décide d'élever trois bébés tyrannosaures perdus par leur mère. Mais quand celle-ci réapparaît, les ennuis commencent. Pour lui comme pour vous ! Effets étonnants dans la salle et plate-forme dynamique pour cette aventure préhistorique qui fait bouger les zygomatiques !

L'Explorarium : Jean-Michel Cousteau, fils du célèbre Jacques, vous invite à découvrir l'océan sous un dôme 3D et sous un jour nouveau en plongeant dans les fonds sous-marins des Bahamas, des îles Fidji et de Bimini. Dans ces profondeurs océanes, un monde est resté secret. Il est peuplé des plus petits organismes marins qui sont à la base de la chaîne de vie océanique et dont nous dépendons tous. Une plongée spectaculaire dans un univers dont la beauté et la diversité incitent à protéger encore plus les océans.

Arthur, l'Aventure 4D : rétrécissement immédiat pour vous mettre dans la peau d'un *Minimoy* et vous propulser à bord d'un simulateur en forme de coccinelle géante dans le monde féerique imaginé par Luc Besson. Une aventure dynamique pour découvrir l'attraction élue meilleure au monde par la TEA (Themed Entertainment Association) en 2012.

Futur, l'Expo : faites un tour dans le futur et participez à 10 expériences ludiques pour comprendre comment les innovations technologiques vont prochainement modifier nos habitudes de vie. Robots, objets connectés, nouvelles images et imprimantes 3D investissent notre quotidien, à la maison, au travail, dans nos loisirs. Bientôt, vous pourrez surveiller votre santé grâce à votre dressing intelligent, envoyer votre avatar au bureau à votre place, faire confiance à votre majordome virtuel pour organiser vos rendez-vous, et pourquoi pas vous imprimer la nouvelle paire de chaussures à la mode !

Danse avec les Robots by Martin Solveig : dans une ambiance clubbing, on embarque à bord de robots articulés de 7 m de haut au rythme de musiques choisies par le célèbre DJ. Ambiance électro avec lasers et fumigènes. Trois niveaux de sensations entre la danse douce et le rythme endiablé : vous aurez le temps de choisir en attendant votre tour sur la mezzanine. Décoiffant !

La Loi du plus Fort *(à partir d'avril 2016)* **:** cette aventure nous démontre que les plus petits deviennent parfois les plus grands des géants ! Un écureuil dans un bois sauvage et une souris-sauterelle dans les déserts brûlés de l'Arizona sont tous deux contraints de grandir vite avant de se retrouver seuls pour la première fois. Courage et ingéniosité sont leurs armes pour rester en vie et devenir maîtres de leur univers. Course, bagarres, suspense... Tous les ingrédients d'un film d'action sont réunis dans cette aventure saisissante de réalisme grâce à la nouvelle technologie de projection laser IMAX, pour la première fois en Europe.

L'Arena Fun Xperiences : une attraction récente (2015). Idéal pour faire une pause détente entre deux attractions. Ambiance zen, étrange végétation virtuelle... On est ensuite invité à pénétrer dans une aire de jeux vidéo organisée par thèmes. Les écrans et les consoles, d'excellente qualité, raviront les fans de jeux de sport, d'aventure, de simulation auto ou encore de combat. À faire s'il vous reste un peu de temps ou si vos enfants vous supplient d'y aller.

L'Aérobar : pour boire un coup à 35 m du sol, les pieds dans le vide et les cheveux au vent. Consommation obligatoire et payante.

Le Monde de l'Invisible : et si vous aviez le superpouvoir de voir toutes les choses invisibles qui vous entourent ? Toutes ces choses qui sont si petites, si rapides ou si lentes qu'il vous est impossible de les percevoir à l'œil nu ? Grâce aux progrès de la science et à la magie des nouvelles technologies, explorez en projection hémisphérique un monde inconnu qui vous révèle que ce que vous voyez n'est finalement qu'une part infime de ce qui peut être visible sur la terre.

Le Jardin des Énergies : pour revenir sur terre après tant d'émotions, rien de mieux qu'une petite balade pépère dans ce jardin qui propose un vaste panorama des énergies peu émettrices en CO_2 (hydroélectrique, solaire, géothermique, biomasse, éolienne...). On pourra produire soi-même un peu d'énergie avec de drôles de machines et appréhender leur intérêt écologique sur des panneaux informatifs.

Nebula, une aquaféerie nocturne imaginée par le Cirque du Soleil : une jeune automobiliste égarée croise la route d'un être stellaire de 18 000 ans... Un voyage intersidéral d'une incroyable beauté. Entre le Géant des étoiles et la jeune fille perdue va naître une histoire d'amitié fabuleuse qui emportera les visiteurs du parc dans un rêve éveillé. Ce pur moment d'émerveillement à vivre en famille est accessible aux visiteurs à la tombée de la nuit, tous les soirs d'ouverture du Futuroscope, sur une scène aquatique de 7 000 m^2. Inclus dans le prix du billet du parc, il est l'apothéose d'une journée.

DANS LES ENVIRONS DU PARC DU FUTUROSCOPE

Le Technopole *(hors plan du Futuroscope)* **:** à proximité du Futuroscope, ce pôle technologique regroupe des établissements de formation, des laboratoires de recherche, des entreprises, un centre de congrès, de nombreux hôtels. Grâce aux outils de communication les plus modernes, le Technopole voudrait préfigurer la cité idéale du XXIe s. L'architecture est particulièrement spectaculaire. À contempler du haut de la Gyrotour.

La Maison d'autrefois : *3, rue de la Poste, 86360* ***Chasseneuil-du-Poitou.*** *☎ 05-49-52-83-64 (office de tourisme). • tourisme-chasseneuil-du-poitou.com • De juin à mi-sept, tlj sf mar 14h30-19h30 ; le reste de l'année, se renseigner à l'office de tourisme. GRATUIT.* Une maison ancienne accueille des collections disparates d'objets usuels, domestiques et professionnels, datés du XIXe s aux années 1950. Reconstitution d'une forge, d'une école, d'une chapelle... Un petit musée d'arts et traditions populaires mignon comme tout mais un brin vieillot, en totale rupture avec le parc du Futuroscope, à deux pas.

Le parc de loisirs de Saint-Cyr : *☎ 05-49-62-57-22. • lacdesaintcyr.com • Tte l'année : juin, mer et w-e 13h-19h ; juil-août, tlj 10h-19h ; se rens sur le reste de l'année. Entrée : 3 € ; réduc ; gratuit moins de 5 ans.* Animations et baignade surveillée en saison.

Camping du Lac de Saint-Cyr : *parc de loisirs de Saint-Cyr. ☎ 05-49-62-57-22. • contact@campinglacdesaintcyr.com • campinglacdesaintcyr.com • Ouv avr-sept. Compter env 26 € en hte saison pour 2 pers avec tente et voiture ; bungalows toilés, yourtes et mobile homes 4-8 pers 224-875 €/sem. 198 empl.* Outre son plan d'eau, ses activités aquatiques (baignade, embarcations à pédales, planche, voilier...) et ses jeux pour petits et grands (tir à l'arc, volley, pêche...), le parc de loisirs abrite un camping plutôt confortable et bien équipé. Évidemment assez cher, mais on bénéficie de toute l'infrastructure. Piscine. Golf à proximité.

Le domaine Ampelidae : *à* ***Marigny-Brizay.*** *☎ 05-49-88-18-18. • ampelidae.com • À 2 km du village par la D 82 direction Beaumont. Lun-ven 9h-12h, 14h-18h ; sam 10h-12h, 14h-17h. Résa conseillée. Entrée : 4 € ; forfaits dégustation 5-15 €.* L'un des domaines les plus intéressants du vignoble de la Vienne, qui produit des vins complexes, dits « contemporains », très atypiques pour la région. Vignoble conduit en agriculture biologique. La gamme « Marigny-Neuf » permet d'approcher le travail de Frédéric Brochet, à côté de sa grande gamme, exceptionnelle mais hors catégorie. Visite instructive des chais et dégustation. Accueil sympathique et attentionné. Un coup de cœur !

L'Huilerie de Neuville : *2, rue Robert-Schumann, 86170* ***Neuville-de-Poitou.*** *☎ 05-49-51-20-16. • huilerie-deneuville.com • Au bord de la N 147. Boutique ouv tte l'année : juin-août, lun-sam 9h-19h, dim 10h-13h ; sept-mai, fermé dim-lun. Visite mar-sam 10h-16h sf janv-mars.* Sur les 13 huileries que comptait Neuville, c'est la seule rescapée, l'huile de noix ayant progressivement cessé de faire recette. Mais ici, voilà plus de 150 ans que la noix du Poitou est reine : apportée à l'huilerie par les particuliers, elle est broyée sous cette belle meule de pierre, puis poêlée et pressée avant d'être décantée et filtrée. Tout un processus de fabrication artisanal qu'on suit dans ce nouveau site ultramoderne !

VOUILLÉ

(86190) 3 500 hab. *Carte Vienne, B2*

Vous seriez venu ici il y a environ 1 500 ans, ça bougeait à Vouillé... En 507, Clovis, roi des Francs, battait à plate couture l'armée wisigothe d'Alaric II, libérant l'Aquitaine qui se rallia alors au royaume fraîchement catholique des Francs. En donnant son nom à la première des grandes batailles qui devaient secouer la région et amener la création d'une nation, Vouillé faisait son entrée dans l'histoire. La cité est aujourd'hui bien loin de ce passé guerrier. De la muraille, bâtie au XVe s pour protéger la ville des Anglais, ne reste qu'une porte qui abrite aujourd'hui la mairie.

Adresse utile

Office de tourisme du Vouglaisien : *10, pl. de l'Église, BP 14. ☎ 05-49-51-06-69. • tourisme-vouille.fr • En saison, mar-sam 9h-13h, 14h-18h ; hors saison, mar-sam slt le mat.* N'hésitez pas à leur rendre visite, ils ont toujours quelques idées de randonnées pédestres ou cyclistes. Location de vélos électriques *(8 €/j.)*. Infos sur les balades en ULM ou en montgolfière.

Où dormir ? Où manger ?

Hôtel-restaurant Le Cheval Blanc et Le Clovis : *3, rue de la Barre. ☎ 05-49-51-81-46. • lechevalblanc.clovis@wanadoo.fr • cheval-blanc-clovis.fr • Congés : vac scol de fév et fin juin-début juil. Double 62 € ; familiales 74-78 €. Formule déj en sem 15 € ; menus 20,50-47 €.* À chaque bâtiment son enseigne, mais il n'y a qu'une seule maison ! Pour simplifier, au *Cheval Blanc*, la restauration et une partie de l'hôtellerie (les chambres les plus agréables sont ici, avec vue sur la rivière) et, à une centaine de mètres, l'hôtellerie seule au *Clovis* (chambres plus nombreuses mais plus classiques). Cuisine régionale de qualité, servie avec beaucoup de professionnalisme dans une salle claire ou sur la terrasse couverte au bord de la rivière.

DANS LES ENVIRONS DE VOUILLÉ

La Cité des Tanneurs et la commanderie hospitalière de Lavausseau : *7, Grand-Rue, à* **Lavausseau.** *☎ 05-49-43-77-67. • lavausseau-cite-des-tanneurs.fr • (sf la Commanderie). À 12 km au sud-ouest de Vouillé par la D 21. De mi-mars à mi-nov, mar-ven 10h-12h, 14h-17h, sam-dim 14h-17h. Accès libre à l'expo permanente. Visite guidée de la tannerie et de la commanderie tlj sf lun à 15h. Compter 1h30. Tarif : 6,50 € ; réduc ; 5,50 € sur présentation de ce guide. Ateliers enfants et adultes, se renseigner. Sinon, chemin de découverte du patrimoine rural.*
Patrimoine industriel unique en France, l'association La Cité des Tanneurs ouvre les portes de la tannerie de la Boivre pour présenter les savoir-faire du dernier pelletier artisanal. Lavausseau se serait lancé dans le travail du cuir et des peaux à la fin du XIIe s avec l'installation d'une commanderie des hospitaliers de Saint-Jean-de-Jérusalem (classée aux Monuments historiques depuis 2013). En 1811, 11 tanneries (contre 30 au XVIIe s) exercent encore sur les bords de la Boivre, plaçant alors le centre industriel lavaucéen au deuxième rang du département. Depuis 1929, la tannerie est gérée par la famille Carbonnier, qui a formé Ludovic Guignard, aujourd'hui en poste, et qui perpétue la tradition des peaux destinées à la décoration. Ici, les 2 500 peaux tannées chaque année sont travaillées avec le poil (pelleterie).
La visite de l'atelier est passionnante : étape par étape, devant machines et outils d'époque en état de marche, on assiste avec émerveillement (et quelques haut-le-cœur parfois, à cause des odeurs !) au travail du cuir : salage, reverdissage, écharnage, tannage, opération pendant laquelle le cuir devient imputrescible... L'intérêt de cette tannerie est bel et bien de ne pas être un musée mais un lieu de production vivant. Attenant, un bel espace d'exposition et une boutique de vente des peaux travaillées. Possibilité de pique-niquer ou de casser la croûte au resto voisin *À Fleur de Peau*.

Le château de Chiré-en-Montreuil : *dans le bourg. ☎ 05-49-51-84-50 (mairie). Ponctuellement, visite guidée gratuite avec M. Bertin, guide conférencier (sur* *rdv).* Petit château du XIVe s planté au confluent de l'Auxance et de la Vendelogne. Avec son pont dormant et ses tours d'angle, ce castel trapu aux allures de petite forteresse séduira les amoureux d'histoire médiévale.

La forêt domaniale de Vouillé-Saint-Hilaire : *☎ 05-49-88-55-22 (LPO).* Elle s'étend sur plus de 1 500 ha de terres de brande, où dominent les chênes rouvres, les hêtres et les pins. Parcours de santé, sentiers de randos pédestres ou à VTT. Au mois de juin, l'ONF et la LPO (Ligue de protection des oiseaux) organisent des sorties sur le thème de l'engoulevent, un oiseau migrateur.

La ferme culturelle du Pays mirebalais : *à* ***Cherves.*** *☎ 05-49-51-58-55 ou 06-87. • gensdecherves.free.fr • À env 18 km au nord-ouest de Vouillé par la N 149 et la D 72 ; fléché. Juin-sept, dim 15h-18h30 ; tte l'année sur rdv pour les groupes. Entrée : 4 € ; gratuit jusqu'à 12 ans. « L'été à Cherves » propose nombre d'animations et festivals.*
L'association Les Gens de Cherves gère cette ancienne ferme évoquant la culture populaire traditionnelle du haut Poitou et a restauré le *moulin Tol,* seul moulin à vent de la Vienne en état de fonctionnement, classé Monument historique en 2005. Le musée présente une des plus importantes collections textiles de la région : « droguet », « chanvre », coiffes, trousseaux y dévoilent leurs secrets. D'autres salles retracent le travail à la campagne, suivant les saisons ; une autre encore évoque le monde de l'enfance il y a 200 ans, ou encore la géologie, la botanique, la faune et l'énergie. Expositions tournantes tout l'été... Des supports vidéo ainsi que des animations *(dim de mi-juin à mi-sept)* offrent un agréable complément à une visite archi-instructive.

Les baudets du Poitou de Mirebeau : avec ses longs poils hirsutes, le baudet du Poitou est facilement identifiable. Plus ancienne race française d'ânes, il constitue l'emblème de Mirebeau, qui lui a longtemps consacré un grand rassemblement en été. Il faut dire que la légende veut que la ville ait été sauvée d'une attaque des protestants grâce aux braiements de plusieurs d'entre eux. Pour leur rendre hommage, la municipalité a acquis quatre baudets de pure souche, qui vivent tranquillement dans leur prairie au bord de l'étang Saint-Martin à Varennes, à 16 km au nord de Vouillé par la D 62 et la D 347, un peu avant Mirebeau.

LE LOUDUNAIS

Pays de vignobles (les vins de Loire ne sont pas loin), la région de Loudun, répartie autour de la forêt de Scévolles, présente une physionomie plutôt agréable. Nos ancêtres ne s'y étaient d'ailleurs pas trompés, comme en témoigne la concentration exceptionnelle de dolmens, tumulus et autres traces d'une très ancienne occupation humaine. Plus récentes, les qualités architecturales, et parfois défensives, des villes et des châteaux attestent l'intérêt que nos aïeux ont porté au Loudunais. Anglais et Français y guerroyèrent à moult reprises. Plus pacifiques, de nombreux Britanniques en quête d'un climat clément s'y installent aujourd'hui.

LOUDUN (86200) 7 110 hab. *Carte Vienne, B1*

Loudun et son donjon dominent la région du haut de leur butte. Cette situation on ne peut plus stratégique fit rapidement de Loudun une place forte.

UN PEU D'HISTOIRE

Les Celtes s'y installent les premiers, suivis des Romains qui fortifient la ville, puis des comtes d'Anjou qui bâtissent la Tour carrée, avant que ***Philippe Auguste,*** docteur ès murailles, ne fasse construire en 1206 une enceinte réputée imprenable. Plus tard, la ville devient un ***centre intellectuel important*** et voit la naissance du journalisme, grâce à ***Théophraste Renaudot,*** qui crée sa fameuse *Gazette*. Celui-ci ne tarde pas à vendre sa plume au diable, puisqu'il va rapidement travailler pour Richelieu. Le cardinal, agacé par la protestante prospérité de Loudun, fait détruire la forteresse et construire à côté une ville portant son nom. La révocation de l'édit de Nantes, provoquant la fuite des protestants, achève Loudun bien après la mort du cardinal. La ville est aujourd'hui un peu assoupie...

LES ENVOÛTÉES ET L'EMPOISONNEUSE

Deux histoires devenues légendaires restent associées au nom de la ville. D'abord, celle d'Urbain Grandier, curé mondain du début du XVIIe s, dont le libertinage mit le feu au couvent des ursulines de Loudun. Plusieurs d'entre elles se déclarèrent envoûtées (ben voyons !), et le bouillant curé finit sur le bûcher. Son procès fit grand bruit.
Autre procès célèbre, plus récent, celui de l'empoisonneuse de Loudun, version hexagonale d'*Arsenic et vieilles dentelles* : Marie Besnard (1896-1980), accusée de 11 meurtres, subira la vindicte d'experts incompétents et arrogants. Au total, elle endura trois procès et sera... acquittée en 1961. On ne put jamais prouver sa culpabilité, malgré l'exhumation des corps de ses victimes supposées. En effet, le sol du cimetière contenant de l'arsenic, la présence du poison sur les cadavres ne fit guère avancer l'enquête ! Alice Sapritch incarna Marie Besnard à l'écran en 1986, rôle repris 20 ans plus tard par Muriel Robin dans un téléfilm franco-belge.

Adresse utile

Office de tourisme : *2, rue des Marchands. ☎ 05-49-98-15-96. • loudun-tourisme.fr • En été, lun-sam 10h-13h, 14h-18h30, dim 9h30-13h30 ; juin et sept, fermé dim ; oct-mai, fermé dim, j. fériés et lun mat.* Accueil charmant et compétent. Propose différentes visites guidées de la ville en été *(5 €).* Riche documentation sur toute la région loudunaise et fiches pour une douzaine de randos pédestres dans la région.

Où dormir ? Où manger ?

Hôtel-restaurant Le Ricordeau : *6, pl. de la Bœufferie. ☎ 05-49-22-67-27. Tlj sf dim soir et lun. Congés : vac de fév et de la Toussaint. Résa indispensable le midi et le w-e. Double 55 €. Formule 11,90 € (tlj midi et soir !) ; menus 17,50-34,50 €.* Un couple plein d'entrain a réveillé cette belle maison de caractère. Il propose une formule épatante, à base de bons produits de producteurs locaux, à prix défiant toute concurrence. Il ne faudra pas pour autant négliger les autres menus pour apprécier pleinement la savoureuse cuisine de Jacques, qui aime revisiter avec originalité et audace de bons plats de notre terroir. Ça se passe dans un cadre élégant de style très contemporain. En saison, petite terrasse face au chevet de l'église Saint-Pierre. À l'étage, 3 chambres seulement, vastes, guillerettes et confortables. Un gros coup de cœur.

L'Aumônerie : *3, bd du Maréchal-Leclerc. ☎ 05-49-22-63-86. • chris.lharidon@wanadoo.fr • l-aumonerie.biz • Doubles 54-64 € ; familiales 3-4 pers 85-110 €.* Mauvaise pioche si vous comptiez venir pour le catéchisme, cette aumônerie-là servit d'hôpital au Moyen Âge ! Le logis a conservé quelques beaux restes, offrant un cadre chaleureux aux hôtes de passage. À l'inverse, la déco des 3 chambres est nettement plus au goût du jour, coquette et colorée. L'une d'entre elles profite d'un salon privé à l'étage, une autre se définit comme une suite, avec 2 chambres contiguës et un salon équipé. Adresse fort calme car en retrait de la rue, dans un beau jardin.

Hôtel Renaudot : *40, av. de Leuze. ☎ 05-49-98-09-38. • reservation@hotelrenaudot.com • hotelrenaudot.com • Doubles 82-102 € selon saison ; également des business class et des suites. Un petit déj pour un enfant de moins de 12 ans offert sur présentation de ce guide.* À l'entrée de la ville, dans un bâtiment moderne sans charme ; en revanche, l'intérieur est joliment décoré dans un style vintage-chic. Chambres récentes de style très contemporain, aux couleurs harmonieuses et bien équipées. Les *business* sur l'arrière sont un peu chères, préférer les standard déjà de très bon confort. Hammam au sous-sol (en sus). Accueil très pro.

Où dormir ? Où manger dans les environs ?

Chambres d'hôtes La Dorelle : *chez Jacqueline et Joseph Thomas, 14, La Dorelle, 86120* ***Bournand.*** *☎ 05-49-98-72-23. • ladorelle@voila.fr • ladorelle.com • À 13 km au nord de Loudun par la D 147 et la D 39. À Bournand, passer devant le château et suivre le fléchage jusqu'au village de La Dorelle. Double 56 €. Réduc de 10 % sur le prix de la chambre (oct-mars) sur présentation de ce guide.* Dans un hameau paisible au milieu des champs, cette ancienne ferme restaurée avec talent abrite 4 chambres coquettes dans un bâtiment indépendant. Une au rez-de-chaussée (équipée pour les personnes handicapées) et 3 autres sous les toits. Beaucoup de confort : agréable salon pour les hôtes avec cheminée, bibliothèque et jeux de société, table de billard et grand jardin. Accueil très agréable.

Château de Ternay : *chez Loïc et Caroline de Ternay, 9, rue du Château, 86120* ***Ternay.*** *☎ 05-49-22-97-54. • loic-de-ternay@orange.fr • chateau-de-ternay.com • Doubles 130-140 €. Dîner aux chandelles sur résa 40 €/pers (20 € enfant). Gîte 8-10 pers 600-1 000 €/sem. Visite guidée du château pour les clients offerte sur présentation de ce guide.* Dans ce magnifique château (XVe et XIXe s), Loïc de Ternay et sa femme proposent une poignée de vastes chambres et une suite aménagées avec goût. Selon les appartements, on profite de lits à baldaquin, d'immenses cheminées, de salles de bains coincées dans les tours... En prime, la piscine à flanc de falaise. Tout cela a un prix, bien sûr élevé mais amplement justifié. En hiver, on ne manquera pas le dîner sur le thème des truffes... Accueil familial et décontracté. Voir aussi plus loin « Dans les environs de Loudun » pour la visite du château.

À voir. À faire

La Tour carrée : on la voit de loin. Le château démantelé au XVIIe s ne devait pas être maigrichon. Ne se visite plus. En revanche, accès au petit jardin médiéval en été où poussent les essences nécessaires à la fabrication du Polychreston, premier médicament français, ancêtre de l'aspirine.

➢ **Petit tour de la ville :** vous pourrez commencer par la *promenade de la Lice* (aussi appelée Foulques-Nerra), son jardin à la française et les ruines du château. La rue du Petit-Château vous ramènera à la petite rue du Jeu-de-Paume, où se trouve le *musée Renaudot* (voir ci-après). La grande rue du Jeu-de-Paume vous

conduira à la *collégiale Sainte-Croix* (aujourd'hui reconvertie en lieu pluriculturel), de style pur roman malgré les outrages du temps. Belles fresques des XIIe-XIVe s restaurées. Vous aurez alors une pensée brûlante pour Urbain Grandier, car c'est ici qu'eurent lieu certains exorcismes, un bûcher étant installé sur la place qui porte son nom.
En remontant vers l'hôtel de ville (XIXe s), on passe devant le portail Renaissance de l'*église Saint-Pierre-du-Marché.* Construite par Philippe Auguste, elle fut saccagée pendant la guerre de Cent Ans et rebâtie avec la participation de la corporation des bouchers, qui y gagna son blason sur un chapiteau.
Par la rue du Palais, puis à gauche, la rue de la Croix-Bruneau, qui devient rue du Martray, on parvient à la *porte* du même nom, la dernière à être encore debout sur les quatre portes qui fermaient la ville. Jeter un coup d'œil à l'*église Saint-Hilaire* récemment restaurée *(ouv sam et dim ap-m de mi-mai à mi-sept)* et à son gigantesque vitrail du XIXe s, avant la visite (optionnelle) du musée Charbonneau-Lassay (voir plus loin).

Le musée Renaudot (labellisé Maison des Illustres) : *2, Petite-Rue-du-Jeu-de-Paume. ☎ 05-49-98-27-33. • museerenaudot.com • Tlj sf lun 14h-18h. Entrée : 3,50 € ; gratuit jusqu'à 17 ans. Visite guidée (sans résa, 1h) ou libre.* La maison natale du père de tous les scribouillards (une belle demeure du XVIe s) accueille logiquement son musée. Des mannequins de cire nous rappellent qu'avant de publier le premier journal de France *La Gazette* en 1631, Théophraste inventa le Polychreston ! Touche-à-tout de génie et philanthrope, il créa également les « bureaux d'adresses », à l'origine de notre Pôle Emploi actuel, ou encore le premier mont-de-piété. Visite ludique au cours de laquelle on peut imprimer le n° 1 de *La Gazette* (distribuée jusqu'en 1915 !), avant de découvrir la cuisine et son puits, la profonde cave troglo, la bibliothèque... Expos temporaires intéressantes à l'étage.

Le musée Charbonneau-Lassay : *24, rue du Martray. ☎ 05-49-98-08-48. • alienor.org/musees • Mer et sam-dim 15h-18h (juil-août, tlj sf mar 15h-19h ; visite guidée mer à 15h30). Entrée libre ; visite guidée 3,50 € (gratuit jusqu'à 17 ans).* Passionné d'histoire, Louis Charbonneau-Lassay légua à sa mort, en 1946, ses collections à la Ville. Réunis dans un hôtel particulier du XVIIIe s, ses armes anciennes, documents, mobilier régional, objets usuels, tableaux et sculptures évoquent l'histoire de Loudun et sa région. Une section fait la part belle au folklore local. Expos temporaires.

➢ ***Le Pé de Jojo :*** agréable sentier de découverte de 1,5 km aménagé sur le promontoire de Véniers, un petit village à 2 km au nord de Loudun. Un parcours « nature » agrémenté de tables de jeu, de bornes ludiques et de panneaux pour découvrir les richesses historiques, géologiques et botaniques de ce très joli petit site. À pratiquer en famille !

DANS LES ENVIRONS DE LOUDUN

Le château de Ternay : *à* ***Ternay,*** *bien sûr. ☎ 05-49-22-97-54. • chateau-de-ternay.com • Visites guidées sam à 17h de mi-juin à mi-sept (ou sur résa). Compter env 1h. Entrée : 7 € ; réduc ; gratuit jusqu'à 7 ans.* Bertrand de Beauveau, une force de la nature, mort à 92 ans après avoir négocié le dernier traité de paix de la guerre de Cent Ans, fit construire ce château au XVe s sur l'emplacement d'une ancienne forteresse du XIIe s. On lui doit la façade gothique de la cour intérieure et surtout la flamboyante chapelle aux curieux visages grimaçants. On vient de loin admirer ce véritable chef-d'œuvre, connu pour ses sculptures taillées dans la masse une fois les arcs posés. Un procédé difficile qui n'admettait aucune erreur, si bien qu'il n'a été repris qu'une seule fois, à Amboise. Malgré des remaniements tardifs, aux XVIIe et

XIXe s, le château a toujours fière allure. Il a d'ailleurs échappé au démantèlement pendant la Révolution, car le marquis de l'époque était aimé de ses gens. Sans doute était-il aussi sympathique que ses descendants qui assurent, avec humour et passion, la visite de leur demeure familiale. Demandez-leur de raconter l'histoire de l'acquisition du château, un récit épique truffé de rebondissements dignes des meilleurs romans de cape et d'épée !
Possibilité de profiter des *chambres d'hôtes* du château (voir plus haut « Où dormir ? Où manger dans les environs ? »).

La Fondation Anako, Ethno-musée du château de Verrière : *1, château de Verrière, 86120* ***Bournand.*** *06-61-49-20-09. • fondation-anako.org • À env 4 km de Loudun par la D 347 en direction des Trois-Moustiers, fléché à droite. Mai-fin sept, jeu-dim 14h-19h. Visites guidées à 15h, projections à 14h et 17h. Entrée : 6 € ; réduc ; gratuit moins de 12 ans.* La Fondation Anako participe activement, par ses actions de sensibilisation et ses programmes de terrain, à la préservation et à la sauvegarde des cultures et des peuples qui sont aujourd'hui les plus menacés (derniers chasseurs-cueilleurs, grands nomades, sociétés tribales et ethnies minoritaires). Dans le superbe château médiéval de Verrière, un espace d'exposition de 600 m² leur est consacré, des postes de visionnage et trois salles de projection présentent des films documentaires et un parcours-découverte pour enfants avec yourte mongole et tipi amérindien. Des ciné-conférences et de riches expos temporaires sont également organisés (infos sur le site internet).

MONCONTOUR (86330) 950 hab. *Carte Vienne, A-B1*

Joli village le long de la Dive, théâtre de la sanglante bataille qui aurait laissé 10 000 morts en 1529. Les principales curiosités sont le donjon carré du XIe s, au style proche de celui de Loudun, une église Saint-Nicolas, romane bien sûr, et un sentier de balade charmant ayant pour thème les lavoirs qui avaient donné à la ville le nom de « Cité aux 100 lavoirs » au XIXe s.
Une base de loisirs (ouverte de mai à septembre) au bord d'un lac de 10 ha permet aux familles de se mettre au vert. Baignade, planche à voile, pêche...

Adresse utile

Office de tourisme : *15, rue Porte-aux-Dames. ☎ 05-49-98-94-94. • tourisme-loudunais.com • De mi-juin à mi-sept, tlj ; le reste de l'année, mar-sam.*

Où camper ?

Moncontour Active Park : *lac du Gué-du-Magne. ☎ 05-55-84-34-48. • commercial@relaisterresdefrance.com • moncontour-active-park.com • À 1 km de Moncontour ; fléché. Ouv avr-oct. Compter env 9-19 € pour 2 selon saison et type d'emplacement ; également des chalets 4-8 pers, ainsi que 13 gîtes (175-649 €/sem selon saison et taille). Réduc de 10 % pour tt séjour de 3 nuits sur présentation de ce guide.* À côté du plan d'eau de 10 ha de la base de loisirs, pour pratiquer tous les sports aquatiques et assurer la détente. Kayak, toboggan, tennis, minigolf... animent des vacances familiales. Un camping 3 étoiles très nature, avec de bons emplacements bien ombragés en lisière de forêt. Notre préférence va à ceux situés vers l'étang (prévoir un bon antimoustiques). Sanitaires nickel et snack en saison.

À voir

Le donjon : ☎ 05-49-98-94-94. Ouv mai-sept (juil-août, visite guidée ven-dim à 16h). Pour les visites guidées (1h), s'adresser à l'office de tourisme. Entrée : 2 € ; gratuit moins de 12 ans. Au carrefour de la Touraine, de l'Anjou et du Poitou, on aperçoit sa silhouette de loin. Dix siècles d'histoire, en passant par la guerre de Cent Ans et la Seconde Guerre mondiale. Restauré, il offre, depuis sa terrasse panoramique, un beau point de vue sur les courbes harmonieuses de la vallée de la Dive. Une légende raconte qu'il aurait été élevé en un jour par la fée Mélusine...

À faire

➢ ***Promenades balisées :*** *dépliants à l'office de tourisme.* Au total, 16 sentiers et 400 km de chemins balisés dans le pays loudunais. Le *sentier des Lavoirs* (environ 2 km) part à la découverte de la petite et de la grande histoire des lavandières, en bord de Dive. C'est la *sente de l'Eau vive* (balise bleue, 4,5 km) que nos pieds routards ont choisie... pour pénétrer la vie sauvage, la flore et la faune aquatiques au cœur des marais. Panneaux explicatifs, bornes ludiques, espaces d'interprétation, bancs et passerelles, un bonheur éducatif et vert. Sinon, la *sente divine* permet de faire le tour du pays loudunais en... 50 km ! Mais on peut saucissonner le parcours.

➢ ***Téléski nautique :*** *06-61-09-11-31. • teleskinautiquemoncontour.fr • Accès fléché (base de loisirs) depuis le bourg. Mai-juin et sept, tlj sf mar ; juil-août, lun-ven 13h-19h, sam-dim 10h-20h ; avr et oct, le w-e slt. Tarifs (matériel inclus) : 17 €/h, 34 €/ap-m et 43 €/j. ; réduc moins de 16 ans.* Il faut savoir nager, c'est évident ! Mais le ski nautique devient presque accessible à tous. Cadre de compétitions nationales et européennes, le téléski (pas de bateau, on est accroché à un câble en circuit) propose un parcours de 650 m, départ debout ! Un avantage qui ne fait pas de vous un champion dès le premier essai. Accessible à tous à partir de 10 ans.

LA CHAUSSÉE (86330) 190 hab. *Carte Vienne, B1-2*

Petit hameau en lisière de la forêt de Scévole, dont la vieille et adorable église du XIIIe s est coiffée d'un clocher en pierre (reconstruit !). Juste à côté, la Maison de l'Acadie rappelle que de nombreux habitants de la région se sont exilés au XVIIe s pour conquérir l'Acadie. Cette province d'Amérique du Nord aujourd'hui disparue correspondait à la Nouvelle-Écosse, au Nouveau-Brunswick et à l'île du Prince-Édouard au Canada, ainsi qu'à une partie de l'actuel Maine, aux États-Unis.

À voir

La Maison de l'Acadie : *☎ 05-49-22-22-22 (Maison du tourisme du Pays loudunais). Juil-août, mer-dim 14h30-18h30 ; hors saison, sur rdv. Entrée : 3,50 € ; réduc.* Les premiers colons quittèrent le pays de Loudun en 1632 sous l'impulsion d'Isaac de Razilly, conseiller de Richelieu aux Affaires maritimes. Quelques petites salles évoquent leur souvenir et éclairent le béotien sur ces aventureux Poitevins partis conquérir le Nouveau Monde. Pas spectaculaire mais extrêmement intéressant d'un point de vue historique. Voir aussi dans « Hommes, culture, environnement » la rubrique « Histoire. Charentes d'outre-mer ».

MONTS-SUR-GUESNES

(86420) 656 hab. *Carte Vienne, B1*

À l'entrée du bourg par la D 46, les amateurs de kitsch apprécieront une curieuse maison, dite « Les Cigognes », bâtie autour d'un ancien moulin. Les visiteurs plus classiques ne manqueront pas de s'intéresser au château, qui abrite les bureaux de la mairie et de l'office de tourisme. Ancien château fort du XVe s situé au centre du village, il a fière allure avec son impressionnante silhouette défensive. Il comporte une tour hexagonale qui abrite un superbe escalier, orné d'une frise sculptée représentant des scènes de chasse. La tour de guet, la tour carrée et la façade nord sont de beaux vestiges de l'art gothique. Admirez aussi, dans la chapelle, un retable en pierre et trois magnifiques écussons en marbre blanc de Carrare (signés Nicolas Coutou). Le secteur est aussi une bonne base de départ pour des balades dans la forêt de Scévolles.

Adresse utile

Office de tourisme : *12, pl. Frézeau-de-la-Frézellière ; au château. ☎ 05-49-22-89-81. • tourisme-loudunais.com • De mi-juin à mi-sept, tlj ; le reste de l'année, tlj sf dim-lun.* Très dynamique et accueillant. Visite guidée gratuite du château tte l'année sur résa *(ven-sam à 16h, plus dim 15 juin-15 sept).* Demander la plaquette sur le grand sentier de Scévolles, entre Guesnes et Monts-sur-Guesnes (22 km !). Également une brochure sur les *sentes de Fondoire,* 3 circuits aménagés à l'étang de Guesnes.

LA VIENNE

Où camper ? Où manger dans les environs ?

Camping municipal : *au Champ-Charles, à* ***Guesnes.*** *☎ 05-49-22-80-53 (mairie). • guesnes@cg86.fr • Ouv mai-oct. Compter 6 € pour 2. CB refusées. 20 empl.* Au cœur de la forêt de Scévolles, en bordure d'un étang poissonneux, un tout petit camping familial très simple, dans un sous-bois, avec bloc sanitaire rudimentaire. Le cadre est charmant et bucolique à souhait, et le petit parc de loisirs voisin est apprécié pour ses activités nature.

Le Savignois : *2, rue du Lavoir, 86140* ***Savigny-sous-Faye.*** *☎ 05-49-90-53-91. • lesavignois@gmail.com • À 9 km au sud-est de Monts-sur-Guesnes par la D 14 et la D 73. Jeu-dim midi et soir. Plats à l'ardoise 8-20 € ; repas complet min 25 €.* Les amateurs de bonnes petites adresses dans les coins paumés seront comblés avec cette table atypique, tenue par Frédéric et Didier, qui apportent un vent de fraîcheur à ce calme village. Une cuisine dans l'air du temps, travaillée avec rigueur, à base d'excellents produits locaux. Pas de menu, mais une ardoise qui varie selon les saisons et revisite des recettes de grand-mère. On conseille les anguilles (sur commande, le 1er lundi du mois). Jolies salles à la déco contemporaine avec un mur végétal et agréable terrasse dans un jardin fleuri. Pour sûr, on s'est régalés !

DANS LES ENVIRONS DE MONTS-SUR-GUESNES

➢ ***La forêt de Scévolles :*** massif forestier de 3 000 ha, où chênes et noisetiers côtoient robiniers et pins, offrant refuge à de nombreux animaux. Cette forêt est bien plaisante. Agréables balades possibles, à pied ou à vélo.

➢ ***Le parc de loisirs de Guesnes :*** 16 ha de nature pour s'adonner aux activités en plein air ; étang de pêche, *sentes de Fondoire* (itinéraires de découverte avec cabanes et arbres remarquables), aire de jeux, etc. Camping 2 étoiles sur place (voir plus haut « Où camper ? Où manger dans les environs ? »). De là part le grand sentier de Scévolles (22 km) jusqu'à Monts-sur-Guesnes.

➢ ***La Ligne verte :*** un siècle d'histoire à découvrir au fil des saisons sur une piste verte inédite, aménagée sur 37 km pour la pratique du VTT, de la randonnée pédestre et de l'équitation. Aires d'accueil, panneaux de découverte et bornes ludiques jalonnent le parcours.

Le logis de Haute-Porte : *à la sortie de* ***Prinçay.*** *☎ 05-49-22-80-08. De mi-juil à fin août, visite guidée tlj sf sam 15h-18h ; hors saison, sur rdv. Entrée : 3 € ; réduc.* Les propriétaires, de charmants retraités, font visiter avec enthousiasme leur domaine soigneusement rénové : une ancienne maison forte du XVIIe s, flanquée d'une tour et d'un pigeonnier rond du XVIe s. Également un four à pain et une buanderie, où l'on peut voir une « ponne », énorme marmite en pierre utilisée pour faire la lessive. Pour terminer, un petit souterrain-refuge pour les spéléologues amateurs.

RICHELIEU (37120) 2 165 hab. *Carte Vienne, B1*

On nous pardonnera cette petite escapade dans le département d'Indre-et-Loire, tout près de la « frontière » départementale ! Et puis, il est vrai, à l'époque de sa création, la ville se situait en Poitou. Comme le dit son nom, c'est le cardinal qui a voulu cette ville étrange. Imaginez un vaste quadrilatère de 700 m de long sur 500 m de large, qu'un axe central bordé de maisons identiques sépare dans la longueur ; à chacune des extrémités de cet axe, une place carrée ; en son milieu, une rue perpendiculaire la coupe ainsi que les deux rues parallèles situées de part et d'autre de l'axe ; le tout ceinturé de murailles et de douves, et fermé par quatre portes (dont une fausse). Finalement, Richelieu ne passa que peu de temps dans cette ville, « le plus beau village de l'univers » selon La Fontaine, parfois un peu moqueur, comme on le sait. Cet ensemble obsessionnellement géométrique, considéré à l'époque comme une merveille, constitue en tout cas si ce n'est un chef-d'œuvre, du moins un modèle d'urbanisme. Quant à l'ancien château de Richelieu, qui complétait l'ensemble, il fut détruit au XIXe s. Il n'en reste aujourd'hui qu'un pavillon à dôme et deux bâtiments qui servaient de cave et d'orangerie, ainsi que, bien sûr, son superbe parc.

UN PEU D'HISTOIRE

En 1631, pour ***remercier le cardinal Richelieu*** de ses bons et loyaux services, Louis XIII octroie aux terres que possédait sa famille, dans ce coin de Touraine, le titre de ***duché-pairie.*** Et quand on porte un tel badge, on se doit d'être à la hauteur ! Surtout quand on a la grosse tête, comme c'était le cas pour le cardinal. Puisque le petit château que possédait sa famille depuis le XVe s n'était pas à la hauteur, il le fit démolir et remplacer par un autre, vaste et luxueux, en même temps qu'il ordonnait la construction de la ville pour y loger sa cour. Les frères Lemercier, les plus prestigieux architectes de l'époque (ceux du roi), furent mis sur l'affaire. Les directives étaient simples : élever une cité idéale. Rien de moins ! Idéale, elle le fut certainement dans la géométrie poussée à outrance de son plan et de ses édifices, mais beaucoup moins en ce qui concerne son pouvoir de séduction. Il semble que Richelieu ait dû avoir recours à de savantes ***combines financières*** pour convaincre ses courtisans de venir s'y installer : don des parcelles sur lesquelles ils devaient faire bâtir le logis dont ils n'étaient même pas maîtres des plans, exonérations fiscales, etc. D'ailleurs, à la mort du cardinal en 1642, tout ce beau monde prit la poudre d'escampette, et la ville, inachevée, tomba dans l'oubli.

INTENDANT DES MENUS PLAISIRS DU ROI

C'était le titre très prestigieux d'Armand du Plessis, duc de Richelieu et arrière-petit-neveu du célèbre Cardinal. Il s'occupait des loisirs de Louis XV : théâtre, concerts, festivités... Coureur de jupons invétéré et libertin, il sélectionnait lui-même les comédiennes et inventa la promotion canapé. Outre ses maîtresses innombrables, il contracta trois mariages, dont le dernier à 84 ans !

Adresse et info utiles

Office de tourisme : *pl. du Marché. ☎ 02-47-58-13-62. ● tourisme-richelieu.com ● Juil-août, tlj 9h30-12h30, 14h-18h30 ; le reste de l'année, horaires restreints tlj sf dim (plus sam en hiver).* Importante doc sur la région. L'office propose, en juillet-août, une visite guidée de la ville tout à fait passionnante *(jeu à 11h, ven-sam à 15h, dim à 10h, plus mar à 11h de mi-juil à mi-août ; 4 € ; billet jumelé visite guidée + espace Richelieu + musée de l'Hôtel-de-Ville 10 €).*

■ ***Locations de vélos :*** ***La Bicyclette Richelaise,*** *06-84-16-60-68.*

Où dormir ? Où manger ?

Le Puits Doré : *24, pl. du Marché. ☎ 02-47-58-16-02. ● info@lepuitsdore.fr ● lepuitsdore.fr ● Tlj sf 24-25 déc et 31 déc-1er janv. Doubles 59,50-71 € selon confort et saison ; triples et quadruples 72-95 €. Menus 14 € (midi sf dim), puis 19-24,50 €. Réduc de 10 % sur la chambre sur présentation de ce guide.* De belles chambres confortables, rénovées, dans le cadre de cet hôtel particulier du XVIIe s. On aime celles qui sont mansardées ou qui s'ouvrent sur la place du Marché. Un gros faible pour la suite « Cardinal ». Cuisine traditionnelle simple et soignée.

À voir. À faire

La ville : commençons par la *Grande-Rue* et son impressionnante enfilade de façades toutes semblables. À l'origine, les 28 maisons qui la bordent étaient absolument identiques. Un devis strict établissait les règles de leur construction : même plan, même nombre de pièces disposées de la même façon, même cour intérieure bordée d'écuries ouvrant sur un jardin aux dimensions calibrées... Mais dès la mort du cardinal, la plupart

FENÊTRES SUR COUR...

Dans la Grande-Rue de Richelieu, par le jeu des vis-à-vis, côté rue et côté cour, chacun pouvait voir ou deviner ce qui se tramait chez son voisin d'en face. Subtil système de surveillance qui valut à la rue le surnom de « rue de la Vertu-Obligée »...

des propriétaires s'empressèrent de revendre leur hôtel ; finalement, un grand nombre des intérieurs ne furent jamais achevés, et la ville elle-même ne fut pas terminée exactement selon les plans initiaux.
À l'extrémité nord de la Grande-Rue, la *place des Religieuses,* où se dressaient un couvent et l'académie où l'on enseignait aux jeunes nobles la pensée cartésienne. Au sud, la *place du Marché,* autour de laquelle s'ordonnent l'église, de style baroque, l'hôtel de ville et la grande halle, récemment restaurée, coiffée d'une superbe charpente, qui continue d'accueillir le marché (les lundi et vendredi). Et, au-delà des places, les portes fortifiées.

Le musée de l'Hôtel-de-Ville : *1, pl. du Marché. ☎ 02-47-58-13-62 (office de tourisme) ou ☎ 02-47-58-10-13 (mairie). De mi-avr à fin sept, tlj sf mar 10h-12h, 14h-18h ; le reste de l'année, lun et mer-ven 10h-12h, 14h-17h. Entrée : 3 € ; réduc ; gratuit jusqu'à 12 ans. Billet jumelé avec l'espace Richelieu (6 € pour les deux) et la visite de la ville (10 € pour les trois).* Petit musée consacré à l'histoire de la ville, au cardinal et à son château. Nombreux souvenirs ayant appartenu à Richelieu (livres, six peintures de la galerie des Batailles du château de Richelieu...). Vraiment petit mais pas inintéressant.

L'espace Richelieu : *28, Grande-Rue. ☎ 02-47-98-48-70. De mi-avr à fin sept, tlj sf mar 10h-12h, 14h-18h ; oct-11 nov, jusqu'à 17h. Entrée : 4 € ; réduc ; gratuit jusqu'à 12 ans. Billet jumelé avec le musée de l'Hôtel-de-Ville (6 € pour les deux) et la visite de la ville (10 € pour les trois).* Un espace dédié à Richelieu : expos, film (le château aujourd'hui disparu est reconstitué en 3D)...

Les vieilles halles : au centre de la bourgade, lieu de rencontres magiques, d'odeurs et de couleurs lors du marché les lundi et vendredi matin (qui s'étend aussi sur la place). Beaux produits régionaux et gourmands.

Le parc du château : *infos au ☎ 02-47-58-10-13. Tlj 8h-21h (9h-18h oct-mars). GRATUIT.* Réquisitionné à la Révolution, puis démoli pierre par pierre par un marchand de biens au XIXᵉ s, le château n'a laissé comme souvenir de sa splendeur que ce magnifique parc, ses caves et l'orangerie, ainsi qu'un pavillon (le Dôme) où sont exposés plans, maquette et quelques souvenirs de la magnificence passée. Se promener dans les allées plantées de marronniers et de platanes séculaires, dans la roseraie ou le long de la rivière qui traverse le parc, se révèle être un vrai délice.

Festival et manifestation à Richelieu et dans les environs

– ***Marché aux truffes :*** *2ᵉ et 4ᵉ sam de janv, 2ᵉ sam de fév et 21 et 28 déc 8h-13h30. À **Marigny-Marmande,** à env 15 km au sud-est de Richelieu.*
– ***Festival de musique du Dôme de Richelieu :*** *2 sem fin juil-début août. ● festivalmusiquerichelieu.fr ●*

LE CHÂTELLERAUDAIS ET LES VALS DE GARTEMPE

Plus tout à fait poitevine, pas encore tourangelle, cette petite région méconnue sent bon la douce France. Manoirs, châteaux, belles demeures s'y succèdent, sans pour autant ouvrir leurs portes aux visiteurs. Plus vallonnés que la région de Poitiers, les environs de Châtellerault, arrosés par cinq cours d'eau, sont également plus verdoyants. Leur sol calcaire, le tuffeau, est très

recherché pour la restauration des monuments anciens. Son exploitation depuis le Moyen Âge a permis la percée d'une multitude de souterrains, qui servirent de refuges à la population lors des nombreuses guerres et batailles qui émaillèrent l'histoire de la région.

CHÂTELLERAULT

(86100) 35 700 hab. *Carte Vienne, C2*

C'est ici qu'au Xe s Airaud, vicomte du Poitou, choisit de s'installer et de bâtir un château. Il n'en reste rien, si ce n'est le nom qu'il donna à la ville (chastel Airaud, élémentaire !). Sur la route de Saint-Jacques-de-Compostelle et reliée au monde par le cours de la Vienne, la cité de Châtellerault a connu un âge d'or. De nombreux drapiers, tanneurs, horlogers et surtout couteliers et bateliers s'y établirent, protestants pour la plupart. Les guerres de Religion mirent un terme à sa prospérité. Châtellerault ne releva la tête qu'avec la révolution industrielle et l'arrivée, au début du XIXe s, de la manufacture d'armes royales qui ferma en 1968. D'autres industries lourdes (mécanique, fonderie...) continuent de tourner, même si la gloire de la ville est d'accueillir l'une des écoles de la Gendarmerie nationale.

TACT POLITIQUE !

Édith Cresson, longtemps maire de Châtellerault, fut la seule femme Premier ministre de la République, heureusement pendant peu de temps. Elle choqua le monde entier quand elle affirma : « La majorité des hommes des pays anglo-saxons sont homosexuels. Peut-être pas la majorité, mais aux USA il y en a déjà 25 % et au Royaume-Uni et en Allemagne, c'est bien pareil. »

LA VIENNE

Comment y aller ?

Gare SNCF : *bd Sadi-Carnot. ☎ 36-35 (0,34 €/mn). • voyages-sncf.com •* 3-5 liaisons directes/j. au départ de Paris-Montparnasse en TGV (direction Poitiers). Durée : env 1h30.

Veolia : *5, rue Bernard-Palissy. ☎ 05-49-02-23-23. • vtpc86.fr •* Liaisons vers Chauvigny, La Roche-Posay, Poitiers, le Futuroscope, Mirebeau, Loudun, Lencloître, Monts-sur-Guesnes.

Adresse utile

Office de tourisme du Pays châtelleraudais : *1, pl. Sainte-Catherine. ☎ 05-49-21-05-47. • tourisme-chatellerault.fr • ♿ Juin-sept, lun-sam 9h30-19h, dim 10h30-12h30 ; le reste de l'année, lun-sam 10h-18h, plus dim mat pdt vac scol.* Accueil souriant et avisé qui justifie le vieux dicton « Châtellerault, cité du bon accueil ». Visites guidées de la ville sur résa le samedi à 10h et du théâtre Blossac à 15h *(5 € ; réduc).* Audioguide à télécharger gratuitement sur le site internet.

Où dormir ? Où manger ? Où boire un verre ?

Chambres d'hôtes La Dulcinière : *chez Godeleine et Dominique Péteul, 34, av. Clemenceau. ☎ 05-49-02-80-28. • contact@ladulciniere.fr •*

ladulciniere.fr • Fermé à Pâques et à Noël. Doubles 70-100 €. En plein centre, cette jolie maison de ville en pierre de tuffeau est bien agréable avec son grand jardin. Pour ne rien gâcher, l'accueil y est enjoué ! À l'étage, 3 chambres, dont 2 qui se partagent la salle de bains, tout indiquées pour les familles. Dans le pavillon indépendant, une ancienne écurie, une autre chambre plus contemporaine, très lumineuse et agréable elle aussi. Salle de jeux au rez-de-chaussée (jeux de société, ping-pong, baby-foot). Une bonne étape en ville.

Hôtel La Gourmandine et Le Bistrot Côté Jardin : *22, av. Wilson. ☎ 05-49-21-05-85. • info@la-gourmandine.com • la-gourmandine.com • (à l'annexe). Resto ouv le soir sf dim, et le midi sf lun. Doubles 106-126 € ; également des suites ; petit déj 14 €. Au Bistrot, formule déj en sem plus lun soir 19 € ; côté gastro, menus 26-65 €. Flûte de pétillant offerte avec le dessert sur présentation de ce guide.* Ancienne demeure d'apparat, l'imposante maison cache un parc verdoyant et des chambres modernes, élégantes et personnalisées. Les plus petites (les moins chères aussi), comme la « Chinoise », sont déjà cossues et sophistiquées. Un bel hôtel de charme ! Côté resto, la formule bistrot est intéressante à midi pour un déjeuner en terrasse dans un cadre magnifique ; en revanche, le rapport qualité-prix est beaucoup moins convaincant côté gastro. Quelques bémols dans l'accueil.

La Petite Auberge : *14, rue Cognet. ☎ 05-49-21-72-85. Tlj sf sam midi, dim et lun soir. Résa conseillée. Menus 18 € (midi en sem), puis 24,50-30,50 €.* Dans une salle pittoresque avec colombages aux murs ou dans le patio aux beaux jours, on se régale d'une cuisine de saison raffinée et pleine d'originalité, servie avec convivialité. Une bonne adresse qui sait fidéliser sa clientèle !

La Ferme Saint-Jacques : *15, av. John-Kennedy. ☎ 05-49-21-01-77. Fermé dim-lun en basse saison. Congés : 2 sem en fév et 3 sem en août. Formules 18,50-16,15 € le midi, 21,50 € le soir ; menus 26-33 €.* Déco réussie de ferme à l'ancienne avec ses tables en bois et ses outils agricoles. La rôtissoire passe à la broche de belles pièces de viande, et la plancha saisit des poissons qui ont bonne mine. Le tout sous l'œil vigilant d'une clientèle d'autant plus en confiance que la cuisine est ouverte sur la salle. Les desserts sont si gourmands qu'on a moins de scrupules à faire grimper l'addition. Service efficace, presque trop même, on ne traînera pas à table !

Restaurant Bernard Gautier : *189, rue d'Antran. ☎ 05-49-90-24-74. Tlj sf dim soir, lun et mer soir. Formules en sem 22-24 €, vin inclus ; menu 32-44 € ; carte env 45 €.* Cadre classique dans cette maison à l'écart du centre-ville, fréquentée par les gourmets régionaux. Bernard Gautier mise sur les saveurs et la fraîcheur pour une cuisine de marché généreuse qui maîtrise cuissons et textures. L'assiette se fait gourmande, aromatique même, notamment sur les poissons et les desserts. Accueil tout sourire.

Auberge du Lac : *53, av. Camille-Pagé. ☎ 05-49-21-59-54. Un peu en dehors du centre, par la route de Poitiers. Tlj sf dim soir, lun et jeu soir. Congés : 2 sem en janv et 3 sem en août. Menu du jour 18,50 € (midi en sem) ; autres menus 26-39 €.* Au premier abord, cette petite maison située dans une zone excentrée ne paie pas de mine. Elle renferme pourtant une salle de resto agréable et colorée, prolongée en saison par une terrasse donnant sur un jardin. Cuisine traditionnelle terre-mer, soignée et copieuse. Bon accueil.

Millésime, bar à vins : *32, pl. Dupleix. ☎ 05-49-85-09-44. Face aux halles. Tlj sf dim-lun.* Un vrai coup de cœur pour ce petit bar à vins d'allure moderne tenu par Nicolas et Thierry, deux jeunes passionnés d'œnologie. Ils proposent à l'ardoise 5 trouvailles (rouge-blanc-rosé) différentes chaque semaine, dénichées chez de petits producteurs de tout l'Hexagone. Également une belle cave de plus de 400 références à prix très abordables, avec dégustation possible contre un droit de bouchon modique. Pour accompagner le nectar, belles assiettes de charcuterie ou de saumon. Ne pas manquer les soirées dégustation ni les grosses fêtes des samedis de juillet, débordant sur toute la place des halles. On adore !

Où dormir ? Où manger dans les environs ?

Au sud et au sud-est de Châtellerault

La Roulotte Chimère : *chez Françoise Pierre, 23, route de la Croix, 86530* ***Cenon-sur-Vienne.*** *☎ 05-49-85-36-04. • roulotte.chimere@hotmail.fr • roulotte-chimere.over-blog.com • À env 2 km de Cenon. Direction Vouneuil-sur-Vienne, puis à gauche à la patte-d'oie ; à la sortie du lieu-dit les Jumeaux, 1re route à droite. Ouv mai-sept. Roulotte 75 € ; serre 85 €. Un petit déj/pers et par nuit offert sur présentation de ce guide.* À l'arrière de la maison, Françoise a installé dans son jardin 2 logements insolites : une belle roulotte pour se la jouer bohème et une serre pour dormir plus près des étoiles ! Rien ne manque au confort, les stores occultants ont été prévus, ainsi qu'une longue-vue pour admirer la voûte céleste. Pour se la couler douce, coin salon dans la maison quand le temps ne permet pas de lézarder au soleil, à l'ombre des arbres fruitiers. Cuisine à disposition.

La Maison Ronde : *32, rue Croix-Birocheau, 86210* ***Monthoiron.*** *☎ 05-49-93-68-19. 06-74-36-50-03. • lamaisonronde@orange.fr • lamaisonronde.fr • ♿ À 12 km par la D 749 et la D 9. Compter 5 €/pers en camping ; 260 €/w-e, 500-580 €/sem (8-10 pers) selon saison ; également des cahutes pour 3 pers 160 €/sem. Accueil chevaux en pré ou box. Œufs, confiture ou miel offert(s) sur présentation de ce guide.* Mon toit rond, ma maison aussi. Convivialité de l'espace commun, chaleur du bois et 5 chambres avec cuisine équipée. Possibilité de camper dans le jardin ou de dormir dans des cahutes en bois de forme... ronde. Et pour ne pas tourner en rond, nombreuses balades à faire dans ce joli coin.

Hôtel Le Pigeonnier du Perron : *86530* ***Availles-en-Châtellerault.*** *☎ 05-49-19-76-08. • reservations@lepigeonnierduperron.com • lepigeonnierduperron.com • ♿ À moins de 10 km au sud de Châtellerault. Bien indiqué depuis la D 749. Doubles tt confort 83-86 € ; familiales 108-126 €. Menu unique le soir 22,50 € (avec les légumes du jardin).* Nul besoin de prendre un air inspiré en pénétrant dans cette ancienne ferme du XVe s joliment restaurée. Si la propriété a bel et bien appartenu à René Descartes, on ne s'embarrasse guère de méditations métaphysiques ! L'accueil est souriant et décontracté, à l'image des chambres coquettes revêtues de pierres apparentes, situées à l'étage du logis principal ou dans un bâtiment auquel on accède par un beau pigeonnier. Une étape de charme isolée en pleine nature et écolabellisée au niveau européen.

Entre Châtellerault et Chauvigny

Chambres d'hôtes La Pocterie : *chez Martine Poussard, 86210* ***Vouneuil-sur-Vienne.*** *☎ 05-49-85-11-96. • martinelapocterie@orange.fr • lapocterie.chambres.free.fr • De Châtellerault, prendre la D 749 vers Chauvigny ; passer l'embranchement de la route vers Vouneuil et continuer sur la D 749 (panneau à gauche après 3 km). Compter 70 € pour 2. Réduc de 10 % à partir de 3 nuits consécutives (15 nov-15 mars) sur présentation de ce guide.* La petite route s'enfonce en pleine campagne, avant de déboucher sur une ancienne ferme rénovée avec soin. Elle jouit d'une belle vue sur les champs de céréales et la vallée. 3 vastes chambres de bon goût, avec tout le confort. Piscine face au couchant.

Chambres d'hôtes Les Pierres Blanches : *8, chemin des Pierres-Blanches, 86210* ***Bonneuil-Matours.*** *☎ 05-49-85-24-75. • les.pierres.blanches@orange.fr • les-pierres-blanches.fr • À mi-chemin entre Châtellerault et Chauvigny. Du bourg de Bonneuil-Matours, prendre la D 3 en direction de Poitiers ; à la caserne des pompiers, emprunter la route à gauche sur 1,3 km. Congés :*

2 sem en juin et 2 sem en sept. Doubles 60 € (w-c sur le palier)-70 €. Cette maison récente (avec piscine) dispose de 3 chambres, toutes différentes, dont 2 (« Cachemire » et « Primevère ») avec bains et terrasse privative. La dernière, « Louisiane », est plus petite et les toilettes sont sur le palier.

Le Pavillon Bleu : *7, Le Port, 86210* ***Bonneuil-Matours.*** *☎ 05-49-85-28-05. • lepavillonbleu86@orange.fr • Au pont à l'entrée de Bonneuil-Matours, à env 12 km au sud de Châtellerault par la D 749. Tlj sf dim soir et lun, plus le soir mar-mer hors saison. Formule déj en sem 13,80 € ; menus 22-42 €. Café offert sur présentation de ce guide.* Si vous croisez dans les parages, n'hésitez pas à jeter l'ancre dans la rade de cet ancien relais de poste. À la barre, un chef talentueux cuisine des plats de saison délicats : fraîcheur des produits et belle utilisation des épices. De quoi rester des heures à observer le lent débit de la Vienne, d'autant que la jolie salle à manger incite à prendre ses aises. Il ne manque qu'un accueil souriant !

Au nord de Châtellerault

Chambres d'hôtes La Massonnière : *chez Guy et Simone Bordelais, 86230* ***Mondion.*** *☎ 05-49-86-64-15. • guy.bordelais@orange.fr • lamassonniere.fr • De Châtellerault, prendre la D 749 direction Richelieu, puis la D 22 vers Leigné-sur-Usseau et Vellèches ; fléché sur la D 22 entre les 2 villages (ne pas aller dans le village de Mondion). Double 58 € ; tarifs dégressifs à partir de 3 nuits. Également un gîte 5-7 pers dans le jardin. Pas de table d'hôtes, mais repas traiteur sur commande.* Pour la visite de Poitiers, du Futuroscope ou même des châteaux de la Loire (pas très éloignés), la grande propriété meublée avec goût ouvre sa grille aux hôtes et leur offre calme et repos. Des chambres classiques confortables. Accueil charmant de ces amoureux de la campagne (elle entoure la propriété), qui prennent soin de leur jardin comme de leurs hôtes, avec passion. Piscine pour clore le tout.

Ferme-auberge et chambres d'hôtes La Blonnerie : *chez Marie-France Massonnet, 86230* ***Vellèches.*** *☎ 05-49-86-41-72. 06-80-47-03-32. • marie.massonnet@outlook.com • manoir-blonnerie.com • De Châtellerault, prendre la D 3 direction Antran puis Vellèches ; l'adresse se trouve 2 km avt le bourg (fléchage). Double env 66 €, petit déj compris ; 98 € pour 4 pers. Grand gîte (10 pers) en vieilles pierres également. Menus à partir de 26 € à la ferme-auberge (sur résa ven soir-dim).* En plus de son exploitation agricole (bio, labellisée « Clé verte »), Marie-France prépare avec amour des repas avec les produits de la ferme. Elle propose également des stages de cuisine (sur demande). Parmi ses spécialités : le confit de porc au miel, le navarin d'agneau... un délice à déguster en terrasse dans le parc, ou dans une jolie salle rustique comme il faut. Petit sentier botanique au bord d'un étang, idéal pour se mettre en appétit. Côté hébergement, les chambres se révèlent confortables et coquettes.

Gîte La Grenouillère : *chez Noël Braguier, 17, rue de la Grenouillère, 86220* ***Dangé-Saint-Romain.*** *☎ 05-49-86-48-68. • lagrenouillere86@orange.fr • lagrenouillere86.com • Gîte 7 pers 750-900 €/sem ; yourte 2-4 pers 110-135 € ; toue cabanée 2 pers 90 €.* Agréable maison du XIXᵉ s, avec un joli parc boisé et un petit plan d'eau. Elle peut héberger 7 personnes avec ses 3 chambres, dont une au rez-de-chaussée. 2 hébergements insolites, l'un en yourte mongole, l'autre dans une toue cabanée (bateau de Loire). Le patron, très affable, a concocté plein d'itinéraires de balades dans les environs, et un spa vous tend les bras. Piscine.

À voir. À faire

Le pont Henri-IV : construit par Charles Androuet du Cerceau (frère de l'architecte du Pont-Neuf à Paris, c'est de famille !) et achevé en 1611, il enjambe la Vienne sur 144 m. Côté rive gauche, deux tours de défense coiffées d'ardoises

LA VIENNE

protégeaient autrefois l'entrée de la ville. Symbole de l'architecture Renaissance, il est classé parmi les plus beaux ponts de France.

L'hôtel Sully : *14, rue Sully.* Bel hôtel particulier, également construit par Androuet du Cerceau au début du XVIIe s, avec les pierres qui restaient du pont. Il accueille désormais des expositions ponctuelles et parfois des concerts.

L'église Saint-Jacques : *rue Saint-Jacques.* Commencée vers 1008 et consacrée en 1066 par l'évêque de Poitiers, cette église romane fut restaurée au XIXe s. Belle voûte romane gothisée au XIIIe s. Le chœur conserve son style d'origine. Étape importante des pèlerins sur la route de Saint-Jacques-de-Compostelle, comme le rappelle le saint Jacques en bois polychrome du XVIIe s. L'une des tours abrite un carillon de 52 cloches.

Le théâtre à l'italienne Blossac : *58, bd Blossac. À côté de l'hôtel de ville. Visite guidée mai-juin, sept et vac scol sam à 15h et 16h30 ; 5 €, réduc, gratuit jusqu'à 24 ans.* Après une longue restauration à l'identique, ce superbe théâtre à l'italienne daté de 1842, classé Monument historique, accueille des représentations ponctuelles. L'office de tourisme organise des visites de sa machinerie (en état de marche), avec apparition de fantômes !

Le musée Auto Moto Vélo : *La Manu, 3, rue Clément-Krebs. ☎ 05-49-21-03-46. Vers la sortie sud de la ville, sur la rive gauche. Du 1er juil à mi-sept, tlj sf mar 10h-12h, 14h-18h ; le reste de l'année, mer-dim 14h-18h. Fermé janv, 1er mai et 25 déc. Entrée : 5 € ; réduc.* Métamorphosée par des architectes et designers, l'ancienne Manufacture d'armes de Châtellerault accueille aujourd'hui, sur 3 000 m², ce superbe musée. C'est sur ce site industriel que se sont échinés jusqu'à 8 000 manuchards, ces ouvriers employés à la manufacture, dont les conditions de travail étaient très rudes. Le musée présente dans leur contexte historique, de 1818 à nos jours, près de 200 véhicules, une collection de moteurs, d'accessoires, d'affiches, et même un garage à l'ancienne acheté et reconstitué à l'identique. Panhard et Levassor, Werner, Michaux, Terrot, Jaguar... : la fine fleur de la production des moyens de transport à deux, trois ou quatre roues, avec ou sans moteur, est représentée ici. Vous pouvez y admirer quelques pièces vraiment rares et exceptionnelles (Delahaye 135M, Voisin C14, une draisienne – les premiers vélos – ou un scooter Paul Vallée...), ainsi que des prototypes, comme cette Longchamp-Decoussy connue pour avoir battu en son temps un record de vitesse.

➢ **Bateau-promenade sur la Vienne :** *• autour-de-leau.fr • Juil-août, tlj sur résa 10h-19h ; juin et 1re sem de sept, w-e. Tarif : 12 € ; 8 € moins de 12 ans.* Découvrir la Vienne en bateau traditionnel, sur les parcours adaptés en fonction de la hauteur de l'eau.

Manifestation

– **Festival Jazzellerault :** *1 sem mi-juin. Rens : ☎ 05-49-93-03-08. • jazzellerault.com •* Un festival de jazz qui monte, qui monte... et qui swingue ! Des pointures françaises et internationales s'y retrouvent en nombre chaque année. De nombreux concerts gratuits également.

DANS LES ENVIRONS DE CHÂTELLERAULT

La réserve naturelle du Pinail : *sur la commune de* ***Vouneuil-sur-Vienne,*** *au sud de Châtellerault. ☎ 05-49-02-33-47. • reserve-pinail.org • Visite libre tte l'année ; nombreuses sorties animations nature et balades commentées (voir calendrier sur le site internet).* Drôle de lande, plantée d'épineux, dont le sol est

LA VIENNE

troué de cratères devenus des mares à grenouilles. Ce terrain servit longtemps de carrière de pierre meulière (utilisée pour moudre le grain). Reste ce paysage lunaire et désolé, dont la faune et la flore sont aujourd'hui protégées. C'est dans ces environs que Charles Martel aurait repoussé les Arabes.

Le moulin de Chitré : *à* ***Vouneuil-sur-Vienne.*** *☎ 05-49-85-11-66. • cpie-poitou.fr • À 13 km au sud de Châtellerault, route de Chauvigny. Juil-août, tlj sf mar 14h30-18h30 ; mai-juin et sept, w-e 14h-18h ; vac scol de Pâques et de la Toussaint, mer-dim 14h30-17h30. Tarifs : 2 € en visite libre ; 3,50 € en visite guidée ; gratuit moins de 18 ans et étudiants.* Dans un ancien moulin situé sur la Vienne, cet espace muséographique est consacré aux énergies renouvelables, ainsi qu'à l'histoire de la pierre meulière, autrefois extraite dans la réserve naturelle du Pinail. Départ possible pour une balade dans la réserve.

LA ROCHE-POSAY (86270) 1 570 hab. *Carte Vienne, C2*

Située à la jonction des provinces du Berry, de la Touraine et du Poitou, aux confins du département de la Vienne et aux limites de la Brenne et de ses mille étangs, l'ancienne place forte de La Roche-Posay domine la vallée de la Creuse de son donjon et de son église fortifiée. C'est devenu une aimable petite station thermale – capitale de la dermatologie européenne, quand même –, toute blanche et toute pimpante. Les curistes s'y feront dorloter, les autres y feront une courte halte le temps d'une balade dans la vieille ville.

Adresse utile

Office de tourisme : *14, bd Victor-Hugo. ☎ 05-49-19-13-00. • larocheposay-tourisme.com • Mai-sept, tlj sf dim ap-m ; oct-avr, tlj sf dim et jeu mat.* Visites guidées thématiques de la ville toute l'année le mercredi à 14h, et visites théâtralisées nocturnes de fin juin à fin septembre. Produits du terroir et service de billetterie.

Où dormir ?

Camping La Roche-Posay Vacances : *route de Lésigny. ☎ 05-49-86-21-23. • info@larocheposay-vacances.com • larocheposay-vacances.com • Proche de l'hippodrome, à 1,5 km du centre-ville par le sentier piétonnier. Ouv de mi-avr à fin sept. Compter 18-35 € pour 2 ; loc de mobile homes 343-896 €/sem (4-6 pers) selon saison.* En bordure de la Creuse, un beau camping 4 étoiles (200 emplacements) avec un parc aquatique (piscine couverte chauffée, bassin extérieur avec toboggans...), idéal pour les familles. Beaux emplacements ombragés et délimités par des haies sur un terrain bien entretenu, les meilleurs sont au bord de l'eau. Sur place, location de vélos et canoës, snack et bar. Accueil très pro.

Hôtel de l'Europe : *19, av. des Fontaines. ☎ 05-49-86-21-81. • hotel-de-europe@wanadoo.fr • hotel-l-europe.fr • Congés : nov-fév. Doubles 58-62 €.* Grosse bâtisse avec jardinet sur l'arrière offrant une trentaine de chambres fraîches, toutes avec une petite déco personnalisée. Une adresse sans prétention mais agréable.

Le Clos Paillé : *4, rue du Clos-Paillé. ☎ 05-49-86-20-66. 06-70-63-67-94. • clos.paille@wanadoo.fr • clos-paille.fr • Congés : de mi-déc à mi-janv. Doubles 55-62 € ; 66-75 € en studio meublé.* En retrait de la place principale, un peu en hauteur, cette grosse bâtisse abrite des chambres d'hôtel simples et pas très grandes. Autre option, les studios et appartements dans 2 annexes, prisés par les curistes et les familles. Quelle que soit la formule choisie, piscine, salle de fitness, grand jardin avec jeux pour enfants et barbecue. Accueil charmant et dynamique qui plus est.

Chambres d'hôtes Le Pigeonnier : *15, rue Bourbon. ☎ 05-49-93-39-25. 06-29-38-04-95. • info.pigeonnier@gmail.com • le-pigeonnier.blogspot.com • Compter 74 € pour 2. Table d'hôtes sur résa 30 €/pers, boisson comprise. Également des gîtes.* Pigeonnier pour roucouler de bonheur dans cette maison de caractère du XVe s restaurée et décorée avec un goût exquis. De la grande salle à manger commune aux salons, le confort d'un nid douillet. Les 4 chambres de charme disposent aussi d'une cuisine commune. Possibilité de se reposer dans un grand jardin privé (à 500 m), en bordure de rivière. Cuisine de terroir et de saison.

Chambres d'hôtes Le Jardin des Lys : *9, rue du 4e-Zouave. ☎ 05-49-86-70-47. 06-81-60-69-35. • anne@lejardindeslys.com • lejardindeslys.com • Congés : nov-mars. Double 85 €.* Comment deviner qu'en ville, derrière les murs en pierre de cette maison bourgeoise, se cache un magnifique jardin, admirablement fleuri ? Les 5 chambres sont accueillantes, aménagées avec goût et impeccablement tenues.

À voir. À faire

➢ ***Balade*** – petite – ***dans la ville*** en musardant dans son atmosphère chaleureuse et douillette. Longez les façades médiévales du XVe s, passez sous la porte fortifiée de Bourbon et descendez jusqu'au pont pour découvrir un panorama sur le donjon du XIIe s et les tours à mâchicoulis de l'église fortifiée (principalement du XVe s, le clocher datant du XIe s). Dans cette église, deux bas-reliefs intéressants, de la fin du XVIIe s : à gauche, une Nativité, à droite, le martyre de saint Laurent. Ils proviennent de la proche abbaye de la Merci-Dieu.

➢ ***Balade nature :*** *départ mar à 15h de l'office de tourisme.* Rando accompagnée d'environ 6-7 km dans la campagne et les alentours de la ville.

Le parc thermal et les jardins : de vastes espaces paysagers pour les amoureux de nature et de détente. Échiquier géant, jeux pour enfants, hamacs et transats à la disposition de tous.

➢ ***Promenades balisées :*** *rens à l'office de tourisme de La Roche-Posay et dans les offices de tourisme de la région.* Plus de 400 km de promenades balisées au départ des 11 communes de la Communauté de communes. À pied, à VTT, à cheval...

Manifestation

– ***Les Vacances de M. Haydn :*** *3e w-e de sept. Rens : 06-87-30-30-90. • lesvacancesdemonsieurhaydn.com •* Ce double grand festival de musique de chambre en arrive à sa 11e édition (2015) : festival « in » et festival « off », avec une touche de musique contemporaine. De jeunes talents et des talents confirmés pour des concerts gratuits (une centaine) ou payants de grande qualité.

ANGLES-SUR-L'ANGLIN (86260) 360 hab. *Carte Vienne, C2*

À l'entrée, un panneau annonce fièrement que voilà l'un des Plus Beaux Villages de France. Le château en ruine, juché sur son éperon rocheux, domine

noblement ce petit village aux allures de lithographie romantique. Bien sûr, en saison estivale, ne vous attendez pas à être le seul à profiter de ses charmes et de sa sérénité !

Adresse utile

Office de tourisme : *2, rue du Four-Banal. ☎ 05-49-48-86-87. • anglessuranglin.com • En principe, ouv tlj en saison.* Visites guidées du village en saison.

Où dormir ? Où manger ?

Le Relais du Lyon d'Or : *4, rue d'Enfer. ☎ 05-49-48-32-53. • contact@lyondor.com • lyondor.com • Resto ouv de mi-avr à mi-nov, le soir slt. Doubles 99-159 € ; familiales 159-199 €. Menus 27-40 €.* Cet ancien relais de poste du XVe s recèle une dizaine de chambres, toutes différentes et personnalisées : certaines tendrement vieillottes avec meubles anciens, d'autres plus contemporaines... l'esprit des lieux demeure. Côté marmite, le chef suit les saisons et se défend dans une gamme terroir. Atmosphère médiévale dans la salle à manger, avec sa grande cheminée, ses poutres... Belle carte des vins qui plombent malheureusement l'addition.

Chambres d'hôtes Artemisia : *chez Didier et Gratienne Henry-Pioger, 6, rue Traversière. ☎ 05-49-84-01-83. • pioger@hotmail.fr • chambre-hote.eu • Ouv tte l'année sur résa. Compter 75 € pour 2.* Le vieux village recèle des trésors cachés, comme la cour de cette belle maison d'artistes peintres, nichée dans une ruelle ! Quelle quiétude dans cet intérieur à la déco exquise, raffinée, autour de la pièce d'eau et de la véranda ! À l'arrière, la maîtresse des lieux vous montrera ce qu'elle appelle son « jardin de simples », délicieux lui aussi. 2 chambres élégamment meublées, pour le plaisir d'un séjour conforté par l'accueil.

LA VIENNE

À voir. À faire

Le centre d'interprétation de la frise magdalénienne du Roc-aux-Sorciers : *2, route de Certeaux. ☎ 05-49-83-37-27. • info@roc-aux-sorciers.net • roc-aux-sorciers.com • Juil-août, tlj 10h-12h30, 13h30-19h ; le reste de l'année, mer-dim jusqu'à 18h (plus lun pdt vac scol). Fermé janv-début fév. Visite guidée slt (45 mn) : 5 € ; réduc. Visites plus élaborées (1h30) : 7 €. Ateliers de fabrication d'objets (1 € de plus). Parking gratuit. Aire de pique-nique. Boutique.* La frise unique (au monde), « le Lascaux de la sculpture », découverte en 1950 au pied de la falaise du Roc-aux-Sorciers, n'est pas accessible au public. Le centre d'interprétation propose une double reconstitution : une mise en lumière extérieure d'un moulage d'une vingtaine de mètres (entièrement tactile) et une projection de deux documentaires numériques sur une frise intérieure (effet proche du 3D), suivie de courts films montrant en détail la fabrication d'objets préhistoriques. La visite, guidée par de jeunes archéologues passionnés (dont Oscar et Marie), est passionnante. Ils savent mettre en lumière avec des explications érudites la longue histoire d'un roc qui n'a pas livré tous ses secrets. En fin de visite, passage devant la reconstitution d'un camp magdalénien (avec courts films sur un écran interactif) avant d'aller jeter un œil du belvédère sur la vallée de l'Anglin.

Le château : *visite slt avec l'office de tourisme sur résa (2 € ; réduc).* Fondé au début du XIe s par Gilbert, évêque de Poitiers, Angles fut longtemps un lieu stratégiquement important... La forteresse médiévale fut construite sur un promontoire rocheux, et la ville elle-même était protégée par des remparts. Elle devint le fief de la puissante famille Lusignan du Poitou jusqu'au XIIIe s. Aux XVIe et XVIIe s, le château subit d'importants dégâts pendant les guerres de Religion et la Fronde. Le château, abandonné au XVIIIe s, devint une carrière de pierre à la Révolution, puis sera divisé en parcelles cultivées au XIXe s, avant d'être classé Monument historique en 1926. Du haut de la petite chapelle Saint-Pierre, à gauche du château, point de vue tout à fait typique sur le village et sur l'Anglin.

➢ ***Rues, ruelles et artisans :*** au rythme médiéval, promenades dans ce beau village de France pour en découvrir les charmes et les artisans (broderie *Les jours d'Angles,* sculpture sur bois, reliure, bouquinerie, créatrice de vêtements et chapeaux...).

➢ ***Balades nature :*** neuf circuits de 3,5 à 15 km permettent de jalonner les bords de l'Anglin, de border des falaises où il est possible de pratiquer l'escalade *(rens à l'office de tourisme).*

La Maison des jours d'Angles et du tourisme : *2, rue du Four-Banal. ☎ 05-49-48-86-87. À l'arrière de l'office de tourisme, mêmes j. et horaires d'ouverture. Démonstration et stage d'initiation sur résa slt.* Les fameux « jours » d'Angles sont une sorte de broderie très raffinée qu'on réalisait ici pour les grands magasins parisiens, dont les clientes raffolaient à la Belle Époque. Trois cents ouvrières y travaillaient alors ! Les paquebots *Normandie* et *Queen Elizabeth* en étaient particulièrement friands. Petite salle d'expo de broderies à fils tirés de ces « ajoureuses ».

LA VIENNE

Manifestations

- ***Les Artisanales :*** *en principe w-e du 14 juil.* Savoir-faire et création d'artisans d'Angles et d'ailleurs.
- ***Spectacle pyromélodique :*** *1er dim d'août.* Embrasement des ruines du château et de la vallée de l'Anglin.
- ***Festival du livre :*** *w-e du 15 août.*

DANS LES ENVIRONS D'ANGLES-SUR-L'ANGLIN

Saint-Pierre-de-Maillé : *à 5 km à l'ouest d'Angles-sur-l'Anglin.* Au cœur du pays de val de Gartempe et Creuse, un village typique de l'habitat poitevin, en bord de rivière, avec sa petite chapelle Notre-Dame-du-Rosaire, qui a les pieds (presque) dans l'eau.

- En saison, possibilité également de faire du canoë-kayak et du *stand up paddle* sur la Gartempe avec le ***club Fourmy*** au camping *Le Grand Pré (📱 06-15-77-71-97 ; infos : ● valdegartempecanoe.fr ●).*

AU SUD ET À L'EST DE POITIERS

LIGUGÉ (86240) 2 814 hab. *Carte Vienne, B3*

Petit village au bord du Clain, à la grande périphérie de Poitiers, aussi célèbre pour son abbaye bénédictine que pour ses ateliers d'imprimerie (Aubin).

Adresse utile

Bureau municipal de tourisme : *espace culturel Eugène-Aubin, pl. Pannonhalma. ☎ 05-49-55-97-19. • liguge.fr • Juin-sept, l'ap-m dim-ven, plus sam tte la journée. Fermé le reste de l'année.*

Où manger dans les environs ?

Auberge des Quat'z Assiettes : *route de Gençay, 86240* ***Smarves.*** *☎ 05-49-88-54-38. • aubergedes4assiettes@wanadoo.fr • À 3 km à l'est de Ligugé, en bordure de la D 741. Fermé lun, mer soir, dim soir et soir des j. fériés, plus mar soir et jeu soir hors saison. Congés : 20 juil-5 août. Formules déj en sem 12,30-16,50 € ; menus 20,50-30,50 €. Café offert sur présentation de ce guide.* Malgré sa situation un peu banale en bordure de route, la salle est agréable et climatisée, et la cuisine appréciée du voisinage. Quelques spécialités traditionnelles : ris de veau braisé, cuisses de grenouilles, tête de veau ravigote...

À voir

L'abbaye : *☎ 05-49-55-21-12. • abbaye-liguge.com • Visite partielle libre et gratuite, magasin et musée mar-sam 10h-11h15, 14h30-17h30 ; dim 11h45-12h30, 15h-16h15, 17h15-18h. Visites guidées le w-e à 15h (donation libre).*
Fondée au IVe s par saint Martin, l'abbaye serait « le plus ancien monastère d'Occident », rien de moins. Des fouilles effectuées en 1953 ont permis d'exhumer les restes d'une villa gallo-romaine, visibles dans la « crypte » archéologique. Celle-ci abrite un ensemble complexe de constructions appartenant à quatre grandes périodes de la fin de l'Antiquité au XIe s. À l'intérieur, belle scénographie mettant en valeur les divers vestiges, abside de la salle du VIe s (dite basilique de Saint-Martin), dalle funéraire, abside axiale de la crypte de l'église du XIe s, etc.
Mais c'est surtout l'église Saint-Martin et le monastère qui sont intéressants. Accès par le clocher entièrement restauré, avec une introduction à l'histoire de l'édifice. Dans la cour extérieure, servant de parking aux visiteurs, vous remarquerez une tour ronde dite « tour Rabelais » : c'est là que l'écrivain séjourna fréquemment de 1524 à 1527.
Du monastère, où Huysmans, Rouault et Forain firent retraite, on visite une galerie d'exposition d'émaux contemporains de Ligugé. La bibliothèque contenant plus de 120 000 volumes n'est pas accessible, en revanche la librairie propose divers ouvrages religieux et présente une collection d'émaux à partir de peintures d'artistes modernes.
Pour les gourmands, la visite est devenue une étape obligatoire. Depuis que les sœurs de Niort ont vendu la mèche (elles recevaient tant de commandes qu'elles ont dû dévoiler la recette !), les frères préparent à leur tour ce fameux biscuit, le SCOFA (chaque initiale correspond à un ingrédient, alors ?). Pour éliminer le tout, plusieurs chemins de randonnée entourent l'abbaye et permettent d'agréables balades dans les bois et au bord du Clain. L'abbaye sert aussi d'écrin à un festival de musique sacrée *(chaque année, fin juin ou sept ; rens : • cheminsdemusique.fr • ; entrée payante).*

La maison de Joris-Karl Huysmans : *4, rue Huysmans (en fait, c'est une impasse). Monter par la rue du Parc, à l'entrée du bourg en venant de Poitiers.* Vue sur le bourg et l'abbaye. Grande demeure blanche, avec des arcades imitant un promenoir de cloître, que le célèbre écrivain se fit bâtir à grands frais vers 1898. Malheureusement, il ne resta pas plus de quelques mois oblat à l'abbaye, celle-ci ayant succombé aux fameuses lois anticléricales de 1901. Huysmans dut rentrer précipitamment à Paris et vendre sa thébaïde.

Manifestation

– ***Festival de la B.D.*** **:** *1er w-e d'avr. Rens : ☎ 05-49-88-04-75. • bdlire86.free.fr* • Une trentaine d'auteurs connus (dont un fort contingent belge). Ambiance sympa, décontractée, pour les fans, les accros de la B.D. en quête du Graal dédicacé et personnalisé.

NOUAILLÉ-MAUPERTUIS

(86340) 2 500 hab. *Carte Vienne, B3*

Magnifique ensemble abbatial au bord du Miosson, Nouaillé est aussi le lieu d'une célèbre bataille de 1356. Pendant la guerre de Cent Ans, l'armée de Jean le Bon se heurte au Prince Noir aux alentours de Nouaillé. Le 19 septembre, la bataille a lieu et se solde par une lourde défaite française et la capture du roi de France (chaque année, les habitants la commémorent en costumes d'époque ; voir plus bas).

PIÈCE D'ÉCHANGE

« Père, gardez-vous à droite, père, gardez-vous à gauche » est la célèbre formule prononcée le jour de la bataille de Nouaillé-Maupertuis en 1356 par le fils de Jean le Bon, mais en vain. Le roi de France est fait prisonnier et emmené en Angleterre. C'est à cette occasion que fut créé le franc, pour pouvoir payer la rançon !

À voir

🏛🏛 ***L'abbaye*** **:** *32-34, rue de l'Abbaye. ☎ 05-49-55-35-69. • nouaille.com • Visite libre tte l'année jusqu'à la tombée du jour ; visite guidée sur rdv (4 €). Sinon, signalétique le long du parcours.* Entourée de fortifications ceintes de douves où se baladent des canards, elle forme un ensemble bucolique où le temps semble s'être arrêté. Vers le sommet de la D 12, un parking vous permettra d'embrasser tout le site et d'en comprendre la disposition. Après avoir franchi l'enceinte, dirigez-vous vers l'église, construite aux XIe et XIIe s, dans laquelle on pénètre par un clocher-porche. À l'intérieur, le transept et le chœur à chevet plat ont été reconstruits vers 1681. Bel ensemble mobilier (stalles, jubé, lutrin) du XVIIe s. Derrière le maître-autel, sarcophage du Xe s, orné de peintures. Après l'église, allez voir les bâtiments conventuels. Le bâtiment occidental date du Moyen Âge ; quant au second, reconstruit en 1730, il présente tous les aspects de l'architecture classique. Enfin, joli jardin d'inspiration médiévale.

Manifestation

– ***Festival médiéval*** **:** *3 sem en mai-juin. Infos : ☎ 05-49-46-85-00. • nouaille-1356.org* • Spectacle nocturne et journée médiévale : marché, repas et divertissements en habits d'époque.

GENÇAY

(86160) 1 870 hab. *Carte Vienne, B3*

À 20 km au sud de Poitiers, un joli bourg surmonté par la masse impressionnante de son château fort en ruine, et autrefois réputé pour ses halles

joliment achalandées. Au XIXe s, un élève d'Eiffel les a reconstruites. C'est ici que le Prince Noir retint captif Jean le Bon après sa défaite de Nouaillé. Gençay constitue une halte pour de nombreux pèlerins sur leur chemin vers Saint-Jacques-de-Compostelle.

Adresse utile

ℹ ***Office de tourisme :*** *pl. du Marché.* ☎ *05-49-59-47-37.* • *ot-gencay.fr* • *Lun 14h-16h30 ; mar-ven 9h-12h30, 14h-17h15 ; sam 9h-12h30 ; plus dim juil-août 10h-12h30.* Accueil compétent et souriant. Organise divers événements, notamment le Salon dessin et peinture le 3e dimanche de juin. Plus d'infos sur le site internet.

Où dormir ? Où manger dans les environs ?

Bon marché

Auberge de l'Écurie : *à La Font-d'Usson, 86350* ***Usson-du-Poitou.*** ☎ *05-49-59-53-84.* • *aubergedelecurie.fr* • *À 17 km au sud-est de Gençay par la D 741, puis à Saint-Secondin prendre la D 102 (ne pas aller à Usson-du-Poitou). Fermé dim soir, lun et mer soir. Double 56 €. Formule déj en sem 14 € (vin inclus !) ; menus 29,50-33 €.* Hasardez-vous donc dans cette campagne isolée, l'auberge vaut assurément une embardée gourmande ! Vivante et chaleureuse, la salle de resto l'est sans aucun doute, à l'image des deux garçons à la barre. La cheminée et les objets hétéroclites y sont pour quelque chose, mais il flotte en plus un zeste de fantaisie qui donne envie de revenir. Dans les assiettes, la cuisine est traditionnelle, ficelée rapidement (mais avec soin) le midi, plus élaborée le soir, et d'un formidable rapport qualité-prix. Mais les bruits courent vite, et il est prudent de réserver. Dans un bâtiment annexe, une poignée de chambres classiques mais impeccables.

LA VIENNE

À voir

Au départ de l'hôtel de ville, des plaques d'information sur les façades des maisons jalonnent un ***circuit historique*** à travers le village.

Le château médiéval : *pas de visite, on ne voit que l'extérieur.* Construit au XIIIe s par Geoffroy III de Rançon, avec le soutien financier de Saint Louis, il accueille le visiteur du haut de son éperon rocheux entre les rivières Belle et Clouère. De forme triangulaire, avec une grosse tour à chaque angle, la forteresse résista aux assauts pourtant célèbres de Du Guesclin voulant libérer Jean le Bon. Puis, l'endroit étant devenu inutile, les toitures s'écroulèrent par manque d'entretien. Le château fut classé Monument historique par Prosper Mérimée dès 1840.

L'église de Saint-Maurice-la-Clouère : ☎ *05-49-59-47-37. Traverser le bourg et tourner à droite avt la route de Poitiers. Ouv tlj.* L'église actuelle, dont le chœur remonte à la fin du XIe s, a été donnée vers l'an 1100 par Guillaume le Chauve à l'abbaye Saint-Cyprien de Poitiers. Sa particularité est d'être en plan tréflé, exemple rare dans l'art roman poitevin. Puissante tour carrée posée à la croisée du transept, peut-être du XVe s. À l'intérieur, superbe peinture du Christ en gloire, portant le globe terrestre de la main qui ne bénit pas. Au-dessus, quelques anges en jazz-band sonnent de la trompette (pour réveiller les morts), le tout peint vers le XIVe s.

DANS LES ENVIRONS DE GENÇAY

Le château de la Roche-Gençay-Magné : *sur la route de* ***Magné*** *(86160), à la sortie sud de Gençay. 06-23-78-85-61. Visites guidées juil-août, tlj sf lun à 10h, 11h, 11h45, 14h30, 15h30, 16h30 et 17h30 ; le reste de l'année, sur rdv. Visite du château, de la chapelle, du musée de l'Ordre de Malte (45 mn) : 8 € ; réduc moins de 10 ans.*

Entouré de deux parcs aménagés au XVIIe s sur des plans de Le Nôtre (le père du jardin à la française en personne !), le château possède une façade mi-gothique, mi-Renaissance. Agrandi à la fin du XVe s, on lui adjoignit la troisième tour et une chapelle vers 1530 (qui subit des modifications jusqu'en 1880).

Du château, habité par le descendant du comte Michel de Pierredon, bailli de l'ordre de Malte, on visite uniquement le rez-de-chaussée. Salle à manger et enfilade de trois petits salons avec de beaux parquets à la française et des boiseries d'origine, agrémentés de mobilier d'époque, d'innombrables portraits de famille, de tapisseries et d'un lustre en cristal de Bohême. Dans la chapelle, construite en 1535, vous remarquerez les vitraux (primés à l'Exposition universelle de 1870) et l'autel en boiserie de style néogothique.

Dans les communs a été aménagé un *musée de l'Ordre de Malte*, unique en France.

UN ORDRE CARITATIF...

L'ordre de Malte, à la fois militaire et hospitalier de Saint-Jean-de-Jérusalem, de Rhodes et de Malte, fut longtemps une force militaire redoutée et posséda l'île de Malte jusqu'en 1798. Aujourd'hui, cette association caritative est présente dans 105 pays. Des dispensaires et des hôpitaux sont gérés par les fils spirituels de ces chevaliers qui inventèrent le premier bateau-hôpital, le premier drapeau, la première armée permanente, la première école navale et la première retraite du combattant...

Le parc de la Belle : *86160* ***Magné,*** *face à l'église. ☎ 05-49-87-80-86. • info@parcdelabelle.com • parcdelabelle.com • Mai-juin et sept, w-e et j. fériés 10h-18h ; juil-août, tlj 10h-19h. Entrée : 6 € ; 4 € 5-12 ans ; gratuit pour les plus jeunes. Possibilité de billets combinés avec la Vallée des Singes et le Cormenier.*

En bordure de la rivière Belle, autour d'une charmante demeure du XVe s, 10 ha de nature ont été métamorphosés en un superbe parc où fleurs, arbustes et massifs colorés se découvrent au détour d'allées qui serpentent sous des arbres séculaires. Roseraie, potager, jardin de curé, plantes de rocailles, de sauges, de fuchsias... agrémentés de panneaux didactiques et de petites expériences à faire soi-même (comme vérifier la théorie d'Archimède... pas toujours très convaincant).

Possibilité de passer une nuit en amoureux ou en famille sur place, dans l'une des ***15 cabanes en bois*** construites dans les arbres, au milieu du parc. *Cabane pour 2 pers 99-119 € la nuit, plus env 30 €/pers supplémentaire, avec visite du parc (petit déj en option 7 €). Panier-repas à partir de 20 €. Rens sur • cabanesdelabelle.com •*

LUSSAC-LES-CHÂTEAUX

(86320) 2 430 hab. *Carte Vienne, C3*

Entourée de grottes préhistoriques qui abritent 10 000 gravures magdaléniennes, cette petite ville a vu naître Mme de Montespan et mourir le connétable Chandos, en 1370, dans une embuscade.

Adresse utile

Office de tourisme : *7 bis, av. du Recteur-Pineau, pl. du 11-Novembre-1918. ☎ 05-49-84-57-73. • tourisme-lussac-les-chateaux.fr • Juin-sept, lun-sam 9h30-12h30, 14h-18h (plus dim mat juil-août) ; le reste de l'année, mar-sam. (gratuit 10 mn).* Outre l'accueil souriant, propose plus de 25 circuits de promenade à pied, à vélo ou en voiture à la découverte de Lussac et de ses environs. Billetterie avec réduction sur certains sites du département.

Où dormir ? Où manger dans le coin ?

Les Orangeries : *12, av. du Docteur-Dupont, à Lussac-les-Châteaux. ☎ 05-49-84-07-07. • orangeries@wanadoo.fr • lesorangeries.fr • Resto tlj juin-sept ; tlj sf lun, sam midi et dim soir hors saison. Doubles 80-165 € ; suites 4 pers 145-215 €. Formules déj en sem 15,50-19,50 € ; formule « retour du potager bio » 28 € ; menu dégustation 51 €.* Une maison de famille chaleureuse et superbement retapée qui abrite 15 chambres très bien équipées, habillées de teintes naturelles. Celles qui donnent sur le parc (avec piscine de 35 m) sont plus chères. Salle de bains en chêne et acajou. 2 salons, dont l'un, sous une superbe charpente, fait aussi office de salle de jeux (billard, jeux anciens...). Le premier hôtel français à bénéficier de l'écolabel, qui distingue les établissements déployant des efforts en matière de développement durable. Le concept s'étend au resto, dont la plupart des produits viennent de leur potager bio (élu « Meilleur restaurant durable international »). Une adresse de charme, à laquelle Olivia et Jean-Philippe ont insufflé une âme. Une étape qu'on quitte à regret...

Défi Planet' au Domaine de Dienné : *86410* ***Dienné.*** *☎ 05-49-45-77-88. • info@defitplanet.com • defitplanet.com • À 15 km au nord-ouest de Lussac par la N 147 ; à 3 km du village de Dienné. Congés : 4 janv-4 fév. Camping 21-39 € pour 2 selon saison et confort ; sinon, env 365-1 495 €/sem (pour 2-5 pers) selon hébergement choisi. Menus 16-20 € (midi en sem), puis 25-33 € ; menu-enfants 10,50 €. Réduc de 10 % sur la 2e sem en loc consécutive dans le même hébergement, ou de 5 % sur les loc et emplacements de camping sur présentation de ce guide. Bien-être, nature et sports :* voici la devise de ce domaine de près de 500 ha, où s'égrènent des hébergements « insolites ». Yourtes, roulottes, cabanes ou château (pour 10 personnes) dans les arbres, maisons des farfadets, maisons escargot ou champignon, chalets, carré d'étoiles... Des noms évocateurs, dignes du Pays imaginaire. Faites votre choix, la yourte étant la solution la plus économique en dehors du camping. Rien ne manque dans ces espaces optimisés, la formule est rodée et permet de faire sa tambouille, de manger en chanson à la *Plancha des Farfadets,* d'aller au snack ou au restaurant gastro du domaine. Pratique, le petit déj peut être livré de bon matin devant sa bicoque. Mais ce qui prime, c'est le site magnifique, immense terrain de jeux pour les enfants qui ne demandent qu'à jouer à cache-cache avec les voisins ! Un camping amélioré, en somme ! Parc aventure, parcours santé et VTT, accrobranches, tir à l'arc, chasse au trésor ou encore centre équestre... Bref, la vie sportive pour toute la famille, si on ne rechigne pas à mettre la main au porte-monnaie. Piscines, jeux pour enfants avec trampolines (gratuits), espace bien-être avec sauna, hammam et jacuzzi (payants)...

La Passerelle : *2, rue du Baron-de-Soubeyran, 86300* ***Morthemer-Valdivienne.*** *☎ 05-49-01-13-33. À env 16 km de Lussac par la N 147, puis à Lhommaizé prendre la D 8 vers Valdivienne. Tlj sf dim soir et lun. Congés : 2 sem en sept. Formule déj en sem 12 € ; menus 18-24 €.* En bordure de la

LA VIENNE

Dive, au pied de l'adorable village de Morthemer, dominé par un majestueux château et une belle église des XIe-XIVe s, la terrasse de cette jolie auberge mérite une douce et romantique pause gourmande. L'assiette suit les saisons avec de belles salades périgourdines et du carpaccio en été ou des aiguillettes de canard et du jarret de porc braisé pour les plus gros appétits.

La Bisquine : *2, impasse Peline, 86320* ***Civaux.*** *☎ 05-49-48-06-03. • labisquine@orange.fr • À env 8 km de Lussac par la D 749. Dans la ruelle à gauche du Musée archéologique. Tlj sf lun soir et mer. Congés : vac de Noël. Résa conseillée le w-e. Formule déj en sem 13,80 € ; carte env 14 €. Café (2 max) offert sur présentation de ce guide.* Une sympathique crêperie-pizzeria de village avec une agréable véranda sur l'arrière. Outre les croustillantes pizzas et de bonnes galettes, on recommande la copieuse assiette gourmande, agrémentée de magret fumé et de foie gras maison. Ne pas manquer les desserts, le chef est également pâtissier. Après cette gentille pause, on filera saluer les crocodiles...

À voir. À faire

La Sabline – Musée de la Préhistoire : *21, route de Montmorillon. ☎ 05-49-83-39-83. • museedeprehistoire@lasabline.fr • lasabline.fr • Juin-sept, mar-dim 10h-12h, 14h-18h ; petites vac scol (zone B), mar-sam 10h-12h, 14h-17h ; sinon mer et ven-sam 10h-12h, 14h-17h. Entrée : 3 € ; réduc ; gratuit jusqu'à 17 ans ; visite guidée du musée et des grottes, plus atelier : 5 €, réduc.* Les pierres gravées magdaléniennes, vieilles de 15 000 ans, découvertes dans les grottes de la région, sont une spécificité locale. Décorées de motifs abstraits, d'animaux, elles présentent aussi les premières représentations naturalistes et réalistes d'humains et sont, à ce titre, exceptionnelles. Le musée propose une nouvelle scénographie, quatre audiovisuels et des jeux interactifs (manipulation d'outils, jeux de déchiffrage des gravures...). Également un parcours extérieur vers les grottes.

➢ ***La fosse aux Loups :*** un sentier, parfois commun avec le GR 48 et le GR Pays Vienne-Limousine, et des boucles. Plusieurs tracés de 6,5 km à 20 km entre Lussac et Persac, accessibles à pied, à cheval ou à vélo. Carte des circuits à l'office de tourisme de Lussac. La fosse aux Loups, là où ils avaient l'habitude de venir s'abreuver, servait peut-être aussi de piège pour cet animal pourchassé...

DANS LES ENVIRONS DE LUSSAC-LES-CHÂTEAUX

La Planète des Crocodiles : *route du fond d'Orveau, 86320* ***Civaux.*** *☎ 05-49-91-80-00. • planete-crocodiles.com • À 6 km au nord de Lussac-les-Châteaux (accès fléché). Tte l'année, tlj 10h-18h (19h juil-août). Entrée : 12 € ; réduc ; tarif de groupe accordé pour 1 pers sur présentation de ce guide. Billets combinés à prix réduit (17 €) avec l'Île aux Serpents à La Trimouille. Animations pédagogiques avec nourrissage tt au long de la journée (les enfants peuvent participer !). Buvette, snack et boutique sur place.*

Sous un dôme de verre et de métal, un parc zoologique entièrement dédié aux huit espèces emblématiques de crocodiliens présents sur terre. L'eau nécessaire aux crocodiles provient de pompes à chaleur de la centrale nucléaire voisine.

Attention, effet de serre oblige, il fait en été une chaleur de bête (euh, de crocodile) sous le dôme. En tee-shirt, vous partirez ainsi à la découverte de leur

DENT POUR DENT

Au cours de leur existence, les crocodiles renouvellent leurs 80 dents une cinquantaine de fois, soit 4 000 dents au total. L'homme, lui, achète un dentier.

LA VIENNE

planète, le long d'un chemin sinueux qui part de la nursery jusqu'à l'Australie et la Louisiane, en passant par l'Afrique et l'Asie. La déco est particulièrement soignée et reconstitue de façon ludique les atmosphères des zones évoquées : le Nil et sa cascade de fraîcheur, le grand bassin d'Afrique centré sur sa hutte et son imposant squelette d'éléphant, l'avion crashé dans les bayous de la Louisiane... En tout, plus de 200 individus, dont certains feront près de 7 m pour 1 t de muscles, tous nés en captivité, avec l'espoir de réintroduire certaines espèces menacées dans leur biotope d'origine. Ne pas manquer les alligators blancs albinos ! Panneaux explicatifs bien faits sur le parcours, mais ne pas hésiter à questionner les soigneurs, ils sont érudits et incollables. Une visite passionnante pour petits et grands.

La nécropole mérovingienne de Civaux : *à 6 km au nord-ouest de Lussac. ☎ 05-49-48-34-61. • musee.civaux@orange.fr • ville-civaux.fr • Visite libre et gratuite tte l'année. Visite guidée payante (sur résa au Musée archéologique) : 6 € ; réduc ; incluant l'entrée au musée.*
L'ancienne nécropole et le cimetière communal ne font qu'un, de sorte que les antiques sarcophages voisinent avec les pierres tombales d'aujourd'hui. Une telle accumulation de sarcophages (entre 7 000 et 15 000) est probablement en lien avec la christianisation précoce de Civaux et le culte aux saints Gervais et Protais. À partir du IVe s, le christianisme imprégna la région, et une église fut édifiée à Civaux, associée à un baptistère, formant un ensemble religieux de premier plan. À l'époque, beaucoup de gens attendaient le moment ultime pour se faire baptiser. On les aurait donc enterrés sur le lieu de leur baptême ? Cela reste une hypothèse. Les tombes sont des cuves monolithiques, trapézoïdales, taillées au pic. Les couvercles sont ornés de trois traverses et parfois de symboles chrétiens (croix, chrisme, poisson...) et d'inscriptions (Maria, Pientia...).
Les inhumations ont perduré dans ce lieu jusqu'à aujourd'hui, soit plus de 1 600 ans d'occupation, faisant de la nécropole de Civaux un lieu unique, chargé d'histoire.

LA VIENNE

Le Musée archéologique de Civaux : *centre culturel de Civaux, 30, pl. de Gomelange. ☎ 05-49-48-34-61. • ville-civaux.fr • ♿ À 6 km au nord-ouest de Lussac. Juil-août, tlj sf lun 10h30-12h30, 14h30-19h ; mai-juin et de sept à mi-nov, mer et sam-dim 14h30-18h ; vac scol de Pâques et de la Toussaint, mar-dim 14h30-18h. Entrée : 4 € ; réduc ; gratuit moins de 18 ans. Expos temporaires gratuites.* Des objets de la préhistoire au Moyen Âge, provenant de Civaux et des alentours. Film de 20 mn sur le patrimoine de la ville. Livret de visite pour enfants et adultes. À noter que l'église de Civaux est l'une des plus anciennes de France, avec son chœur des IVe et VIe s et ses chapiteaux originaux.

Défi Planet' au Domaine de Dienné : *86410* ***Dienné.*** *☎ 05-49-45-87-63. • info@defiplanet.com • defiplanet.com • À 15 km au nord-ouest de Lussac par la N 147 ; à 3 km du village de Dienné. Tlj 10h-19h (dernière entrée à 16h). Congés : 4 janv-4 fév. Visite env 3h. Entrée : 13 € ; 8 € 5-12 ans ; gratuit moins de 5 ans.*
Comment préserver au mieux notre environnement ? C'est sous cet angle écologique que le parcours a été articulé, faisant cheminer les visiteurs à travers cinq villages reconstitués, du Poitou à un village berbère en passant par les yourtes mongoles. Au passage, vous pourrez sympathiser avec un dromadaire, un lama, des baudets du Poitou, traverser une forêt magique où lutins et farfadets vous aideront à sauver la « Planète bleue ». Hébergements insolites sur place (voir plus haut « Où dormir ? Où manger dans le coin ? ») et nombreuses activités annexes (en sus), dont un parcours aventure avec tyroliennes, un minigolf, un *disc golf*, du tir à l'arc, un centre équestre et un espace bien-être avec sauna, hammam et jacuzzi.

CHAUVIGNY (86300) 7 025 hab. *Carte Vienne, C3*

Dominée par ses cinq châteaux forts en ruine et sa collégiale Saint-Pierre, Chauvigny se divise en petites ruelles pleines de charme pour la ville haute (médiévale) et en bourg commercial prospère pour la ville basse. Dans les environs, les multiples carrières rappellent que la pierre de Chauvigny est réputée dans le monde entier : elle a servi de socle pour la tour Eiffel, l'Empire State Building ou encore la statue de la Liberté.

Adresses et info utiles

ℹ ***Office de tourisme :*** *5, rue Saint-Pierre (ville haute).* ☎ *05-49-46-39-01.* • *chauvigny.fr* • *Juil-août, tlj ; juin et sept, tlj sf lun ; avr-mai et oct, l'ap-m slt mar-dim.*

ℹ ***Point « Info » centre-ville :*** *dans les locaux de la mairie, sous les arcades, rue de Marché.* ☎ *05-49-46-39-01. Juil-août, tlj ; nov-mars, l'ap-m mar-ven, plus sam mat.*

– En juillet-août, la ***Société de recherches archéologiques de Chauvigny*** *(jouxtant l'office de tourisme)* propose des visites guidées de la cité médiévale et sur le Pays chauvinois, ainsi que des visites-conférences à thème *(rens :* ☎ *05-49-46-35-45 ou à l'office de tourisme).*

Où dormir ? Où manger ?

La ville haute rassemble quelques crêperies et restos à prix doux, impeccables pour caler une petite faim en terrasse entre 2 visites. Néanmoins, nos meilleures adresses se trouvent dans la ville basse.

Camping

⛺ ***La Fontaine :*** *rue de la Fontaine.* ☎ *05-49-46-31-94.* • *camping-chauvigny@cg86.fr* • *chauvigny.fr* • ♿ *À 600 m du centre de Chauvigny (fléché). Ouv avr-sept. Prix : 9,40 € en hte saison ; 4 chalets pour 4 pers 225-500 €/sem. 100 empl.* Dans un quartier tranquille à deux pas du centre et de la ville haute. Agréable camping bien ombragé, calme, propre, bien équipé et à petits prix. Pour les enfants, des jeux et le jardin public tout contre. Le matin, livraison de pain et pâtisseries. De plus, l'accueil est très gentil. Bref, un vrai plan routard !

De bon marché à prix moyens

🏠 ***Chambre d'hôtes La Maison Rouge :*** *chez Christophe et Marie Loir, 19, rue de la Maison-Rouge.* ☎ *05-49-39-67-93.* 📱 *06-21-99-58-51.* • *la_maison_rouge@sfr.fr* • *chauvigny.net* • *Compter 60 € pour 2 pers, 70-80 € pour 3-4 pers. Tarif dégressif dès la 2ᵉ nuit, hors vac et w-e fériés.* 📶 Posées sur les hauteurs de la butte faisant face à la ville haute, 2 adorables chambres d'hôtes installées dans un « cul levé », une maison biscornue recouverte de bois, indépendante de celle des propriétaires. L'une recèle une mezzanine-cabane pour les enfants, l'autre un petit salon avec vue imprenable sur les châteaux. Joliment décorées et de bon confort (mais avec toilettes sèches), elles conviendront à merveille aux familles. En prime, petit jardin avec transats, mare à libellules, jeux pour enfants et kitchenette commune. Une adresse insolite et pleine de charme, tenue par un jeune couple très sympathique.

🏠 🍽 ***Hôtel-restaurant Beauséjour :*** *18-22, rue Vassalour.* ☎ *05-49-56-01-18.* • *hotelbeausejour86@orange.fr* • *hotelrestobeausejour.e-monsite.com* • *Tlj sf lun mat, plus le soir ven, dim et j. fériés. Congés : 19 déc-8 janv. Double 52 €. Menus*

13,50-27 €. Parking. Café offert sur présentation de ce guide. Petit hôtel-restaurant familial dans une rue tranquille du centre. Un bistrot de quartier au rez-de-chaussée, quelques chambres à l'étage que les propriétaires modernisent régulièrement. Du coup, c'est nickel. Il y a aussi les chambres de l'annexe, bien entretenues également, qui occupent une petite maison de ville du XIXe s prolongée par un jardin agréable avec meubles de jardin. Un petit air province tout à fait reposant. Bon accueil.

Hôtel-restaurant Le Lion d'Or : *8, rue du Marché. ☎ 05-49-46-30-28. • liondor86@orange.fr • hotel-restaurant-le-lion-dor.fr • Congés : de Noël à mi-janv. Double 55 €. Formule déj (sf dim) 13 € ; menus 21-47 €. Parking.* Hôtel traditionnel près de l'église. Chambres très classiques et un brin vieillottes, situées soit dans le bâtiment principal donnant sur la rue, soit dans une annexe à l'arrière. Au resto, de bonnes spécialités locales, avec une touche d'originalité, servies dans une jolie salle à la déco évoquant un jardin d'hiver.

Angelic Caffé : *8, pl. du Marché. ☎ 05-49-46-32-34. • andredaniele.point@laposte.net • Tlj sf mar-mer, plus dim soir hors saison. Formules sf dim 13-14,90 € ; menu-carte 26 € ; carte env 30 €. Apéritif offert sur présentation de ce guide.* Un bar-resto central qui fédère les troupes depuis le petit déjeuner jusqu'au dîner ! Entre le bar et la fresque peinte sur le mur du fond, une grande salle avenante et sans chichis. Le terroir est mis à l'honneur avec quelques spécialités savoureuses et copieusement servies (chevreau, tête de veau sauce gribiche) qui côtoient des plats de brasserie de bonne facture.

Où dormir ? Où manger ? Où écouter de la musique dans les environs ?

Domaine de Normandoux : *rue des Sapins, 86800* ***Tercé.*** *☎ 05-49-01-02-01. • reception@normandoux.fr • normandoux.fr • À 10 km au sud-ouest de Chauvigny ; accès fléché par la D 2, direction Gençay. Ouv tte l'année. Resto fermé dim soir sf juil-août. Doubles 85-100 € selon confort et saison ; 115-170 € pour 3-5 pers. Formule 21 € ; menus 26-38 €.* Répartis entre le joli pigeonnier du manoir des XVe et XVIIe s restauré et de belles dépendances, des chambres et appartements neufs ou refaits entre respect architectural et modernisme fonctionnel. Bel environnement au cadre bucolique paisible et resto gastro de bonne qualité (ouvert aux non-résidents). Idéale en amoureux ou en famille, cette résidence hôtelière écologique propose pour se ressourcer une piscine couverte hydromassante et – en sus – un spa avec hammam, massage et soins corporels. Location de vélos et jeux pour enfants. Pour compléter l'ensemble, à quelques centaines de mètres, le Domaine a aménagé les ***carrières de Tercé,*** remplies d'eau, et des concerts dans une salle pouvant accueillir jusqu'à 400 personnes *(ouv à ts ; entrée payante ; programme sur le site internet).*

À voir. À faire

Les cinq châteaux de la ville haute : *• chauvigny-patrimoine.fr •* Sur un éperon rocheux long de 350 m, la pointe braquée vers le sud et d'une hauteur de 45 m, les ruines de ces châteaux flanquent le vertige. Entourés de murs renforcés de contreforts arrondis et de tourelles, le château baronnial et les châteaux d'Harcourt, de Gouzon, de Montléon et de Flins dressent leurs carcasses triomphantes et forment un ensemble qui dut être redoutable (seuls les trois premiers se visitent).

Cela n'empêcha pas les Anglais de s'emparer de la ville en 1369, avant qu'elle ne soit libérée par Du Guesclin (spécialiste du genre). Suit une longue période de paix, troublée par des opérations de maquisards en 1944, qui font sauter deux ponts, dont un sur la Vienne. Représailles, exactions, victimes, mais l'enjeu n'est plus limité aux châteaux de la ville haute.

– ***Le château baronnial :*** dit ***château des Évêques,*** c'est le plus impressionnant de l'ensemble. Déjà fort endommagé au XVIIe s, il est vendu comme bien national pendant la Révolution à un carrier qui le pille. À sa belle époque, il jouait le rôle de refuge ultime pour la garnison et la population de la ville haute. C'est ici que se déroule le spectacle « Les Géants du Ciel » (voir plus loin).

– ***Le château d'Harcourt :*** *visite libre de la cour.* Propriété des vicomtes de Châtellerault, il fut racheté au XVe s par les évêques de Poitiers. C'est le mieux conservé de l'ensemble. L'entrée était défendue par un assommoir et une herse. Les meurtrières à niches de tir, par leurs six traverses, savaient à l'occasion se montrer très redoutables. La tour sud du donjon conserve une belle salle du XIIIe s, tandis qu'au rez-de-chaussée se trouve encore la prison voûtée (souvent fermée).

– ***Le donjon de Gouzon :*** *abrite un espace d'archéologie industrielle. ☎ 05-49-46-91-56. • chauvigny-patrimoine.fr • Avr-juin et sept-nov, tlj 14h-18h ; juil-août, lun-ven et sam ap-m 10h-12h30, 14h30-18h30, dim 11h-18h30 ; sinon jeu-dim 14h-18h. Fermé vac scol de Noël. Entrée : 5 € (billet combiné avec la visite du musée des Traditions populaires) ; gratuit moins de 14 ans.* Ce donjon des XIIe et XIIIe s, restauré, propose une rétrospective de l'histoire des industries chauvinoises : ses carrières, dont les pierres servirent à la construction d'édifices célèbres (le Grand Louvre, le Metropolitan Museum de New York), la manufacture de porcelaine Apilco-Deshoulières qui habille les tables de quelques-uns des plus grands restaurants, la présentation de plusieurs pièces, telles que des saintongeaises XVIe-XVIIIe s, et d'autres activités aujourd'hui disparues (les moulins à eau, les fours à chaux et les tuileries). En fin de visite, un grand moteur à vapeur en état de marche dans la section énergie. Intéressant mais plutôt technique, et franchement barbant pour les enfants. Expositions temporaires tous les ans de mai à décembre. Belle terrasse panoramique accessible par un ascenseur super design.

Les Géants du Ciel : *au château des Évêques. ☎ 05-49-46-47-48. • geantsduciel.com • De mi-avr à fin juin, spectacle tlj à 15h (sf lun 12 mai-30 juin) ; juil-août, spectacle tlj à 15h et 17h (plus à 11h 21 juil-31 août) ; sept-début oct, spectacle mer, jeu et sam-dim à 15h. Durée : 45 mn. Spectacle annulé en cas de pluie. Entrée : 12 € ; 8 € 4-12 ans ; tarif groupe 9 € sur présentation de ce guide.* C'est dans cet amphithéâtre à ciel ouvert, dominant la ville et encastré entre deux tours du XIe s, que les oiseaux prennent leur envol. Impossible de rester comme une buse devant la majesté du cadre et les prouesses des rapaces, dressés au doigt et à l'œil par des fauconniers qui tirent les ficelles de cette chorégraphie aérienne. À la buse de Harris succède l'aigle bateleur, puis viennent les dames blanches (chouettes) et les charognards. Mais les plus applaudis restent les emblématiques faucons pèlerins, champions en titre du record de vitesse (plus de 400 km/h). Gare au brushing, les oiseaux rasent parfois de (très, très) près les têtes, pour la plus grande joie des enfants ! Plus fantaisiste, l'escadrille de cigognes qui part dans les ascendants thermiques pour redescendre en zigzags surprenants. La partie la plus intéressante du spectacle est le moment où les rapaces piquent subitement pour saisir un morceau de nourriture. Le spectacle se termine sur une note colorée et enjouée où des perroquets volent ensemble. Les commentaires sont dynamiques et mettent l'accent sur les mœurs particulières de certaines espèces, démonstrations à l'appui... Ensuite, chacun pourra se plonger dans le monde des ténèbres en visitant la grotte naturelle située sous le château et habitée par une colonie de grandes chauves-souris.

Vraiment très bien fait, le spectacle captivera autant les enfants que leurs parents. D'autant qu'il redonne ses lettres de noblesse à une pratique ancestrale : la fauconnerie. Après (ou avant) le spectacle, les visiteurs peuvent parcourir le dédale des ruines du château et découvrir de près les oiseaux au repos dans leurs volières.

Le musée des Traditions populaires : *dans l'ancien presbytère de la ville haute (mêmes horaires que le donjon de Gouzon, mais slt l'ap-m dim en juil-août). Entrée : 5 € (billet combiné avec le donjon de Gouzon).* Petit musée d'ethnographie régionale : reconstitution d'un intérieur poitevin, nombreuses coiffes, vêtements traditionnels, outils... Au 1er étage, salle présentant cinq maquettes montrant Chauvigny et son territoire du néolithique au XIXe s, avec objets représentatifs des périodes.

La collégiale Saint-Pierre : *rue Saint-Pierre, dans la ville haute.* Collégiale romane des XIe et XIIe s, remarquable pour les chapiteaux du chœur sculptés par un certain Gofridus. Il était très rare, à l'époque, qu'un artiste sorte de la masse anonyme pour signer ses œuvres. Les chapiteaux des six colonnes représentent des scènes bibliques : l'Annonciation, l'Adoration des mages, le Jugement dernier, et des scènes infernales, où s'entremêlent monstres et dragons.

➢ **Le vélo-rail :** *10, rue de la Folie. ☎ 05-49-88-93-63. • velorail-chauvigny.fr • Ouv avr-11 nov : hors vac scol, mer-ven départ à 14h ; vac de Pâques, la Toussaint, w-e et j. fériés départs à 10h et 14h ; juil-août, départs à 10h, 14h et 17h. Résa obligatoire. Compter 23-29 € par vélo selon nombre de participants. On peut monter jusqu'à 5 pers (4 adultes et 1 enfant 5-12 ans ; plus jeune, se renseigner à l'accueil).* Sur 17 km (environ 2h de balade), une façon originale et très cool de découvrir en famille les environs de Chauvigny, ses paysages entre forêt, cultures et rivière. Sur cette plate-forme sur roues juchée sur l'ancienne voie ferrée, les sportifs pédalent, les contemplatifs admirent le paysage.

Manifestation

– **Festival d'été :** *juil-août. Infos et programme à l'office de tourisme.* Chauvigny et plusieurs villages du pays chauvinois s'animent de nombreux spectacles, concerts, animations et expositions entièrement gratuits.

DANS LES ENVIRONS DE CHAUVIGNY

Le château de Touffou : *à* **Bonnes.** *☎ 05-49-56-40-08. • touffou.com • À 6 km au nord-ouest de Chauvigny par la D 147 et la D 6. Avr-sept, w-e 10h-12h, 14h-18h. Visite du château et des jardins (45 mn) : 7 € ; 5 € enfant.*
Classé Monument historique depuis 1923, propriété privée depuis près de huit siècles, Touffou s'étend sur une terrasse artificielle de la rive gauche de la Vienne. Le charme paisible de ses jardins et l'ocre rose de son crépi en font un monument plein de grâce et de majesté.
C'est d'abord le double donjon de 27 m de long, 13 m de large et 18 m de haut qui attire l'œil. C'est là le château originel, datant du XIIe s et conçu pour la défense militaire, donc très prosaïque. Les deux donjons possédaient cinq niveaux, chacun n'ayant qu'une seule salle. Il subsiste aujourd'hui peu d'ouvertures romanes : à part la fenêtre géminée de la fin du XIIe s, la plupart des autres ont été remaniées.
La tour Saint-Jean fut édifiée à l'angle sud-est. La salle du rez-de-chaussée (appelée « salle des Quatre-Saisons » ou « chambre François Ier ») est décorée de peintures du XVIIe s figurant les travaux des différents mois. Au 1er étage, des scènes de chasse et de pêche et une cheminée ornée d'un paysage. Le plafond du 2e étage présente le chiffre de François Ier et les trois « C » de Diane de Poitiers.
La tour de la chapelle abrite un christ du XIIIe s. Au-dessous, un auditoire de justice et, plus bas encore, des cachots : progression d'une logique impitoyable...
La tour et le pavillon de l'hôtellerie sont construits, eux, dans le style Renaissance. Au sous-sol, un musée de la Cuisine d'autrefois et les anciennes boulangeries, avec des voûtes en berceau.
Pour l'anecdote, Jean III Chasteigner fut un des quatre chambellans de François Ier. Il fut blessé à Pavie d'un coup de mousquet à la jambe, et son infirmité le

rendit célèbre. Consécration suprême : Rabelais le cite dans son *Pantagruel*... En outre, le seigneur suivra son maître jusqu'au bout : en 1547, il fut le maître de cérémonie aux obsèques de François Ier.
– Dans les anciennes écuries, un petit *musée de la Chasse* présente une importante collection de boutons et de trophées. Buvette sur place.

L'abbaye de l'Étoile : *86210* ***Archigny.*** *☎ 09-88-77-33-49. ♿ (sf salle capitulaire). À 15 km au nord-est de Chauvigny. Suivre la D 2 vers Angles-sur-l'Anglin, puis direction Cenan peu avt La Puye ; fléché à partir de Cenan. Mai-juin et sept, slt w-e et j. fériés 14h-18h ; juil-août, tlj sf mer 14h30-18h30. Visite libre : 3 € ; visite guidée : 4 € ; réduc.*
À l'écart des grandes voies de passage et perdue dans son vallon silencieux, l'abbaye de l'Étoile, fondée en 1124, réunit les principales caractéristiques du monastère cistercien basé sur le plan bernardin. La guerre de Cent Ans passe par là et ravage tout. Mis en commende à partir de 1520, le domaine périclite jusqu'à l'aube du XVIIe s. En 1621, c'est le miracle d'une nouvelle naissance : l'abbaye attire les vocations et compte parmi les berceaux de la Réforme, dite « de la stricte observance ». La Révolution achève l'abbaye. L'ultime messe y sera célébrée clandestinement, de nuit, pendant la Révolution !

UNE SAINTE DENTISTE

Dans l'unique chapelle rescapée de l'abbaye, on vouait un culte à sainte Laurence, censée guérir des maux de dents... Sous la statue de la bienheureuse, on aperçoit une pierre dans laquelle il fallait mordre pour que le miracle s'accomplisse !

L'abbaye de l'Étoile, en cours de restauration, se présente gravement mutilée. Il reste peu de choses à voir, il faut avoir de l'imagination. Reste la façade au portail sobre, flanquée de puissants contreforts que nécessitait la hauteur primitive de l'édifice. À l'intérieur, une nef unique qui formait un long vaisseau de 28 m divisé en quatre travées.
La plus belle partie de l'abbaye est certainement la salle capitulaire, construite au XIIe s et remaniée à la fin du XIIIe s. Belles voûtes sur croisées d'ogives, d'une extrême sobriété. Faites encore le tour par le moulin, pour aller voir le cloître et la petite chapelle Saint-Laurent, derrière les bâtiments.

La ferme-musée acadienne : *dans le village des « Huit Maisons », 86210* ***Archigny.*** *☎ 05-49-21-54-39. • archigny.net • ♿ Sur la D 9, entre La Puye (5 km) et Archigny. Juil-août, tlj 14h30-18h30 ; mai-juin et sept, w-e et j. fériés 14h-18h ; sinon sur résa. Entrée : 3,50 € ; gratuit moins de 12 ans.* La ferme fait partie de la « Ligne acadienne », un ensemble de 58 maisons construites en 1773-1774 pour accueillir les familles d'Acadie, chassées de leur terre par les Anglais entre 1755 et 1758. Animée par l'association Les Cousins acadiens du Poitou, la maison est entretenue dans son état d'origine. On visite l'ensemble du bâtiment aux murs de pisé : la pièce d'habitation centrale, meublée d'époque et restituée en son état d'origine, l'écurie où sont exposés de vieux outils aratoires, ceux du sabotier et du tonnelier, et la grange. La guide vous racontera de façon très vivante les aventures de ce peuple sacrifié au bon vouloir des monarques du moment (voir aussi, dans « Hommes, culture, environnement », la rubrique « Histoire. Charentes d'outre-mer »). Également un film de présentation d'une quinzaine de minutes.

SAINT-SAVIN-SUR-GARTEMPE

(86310) 950 hab. *Carte Vienne, C3*

Sur les bords de la Gartempe, ce petit bourg est mondialement connu pour son abbaye et son église romanes, dont les fresques du XIIe s en font « la chapelle Sixtine de l'art roman », comme le déclarait Malraux. Classées au

Patrimoine mondial de l'Unesco, elles attirent toute l'année des milliers de touristes de tous pays. En arrivant par le vieux pont, on a certainement la vue la plus photogénique sur l'abbatiale et les bâtiments monastiques.

Adresse utile

Office de tourisme : *20, pl. de la Libération. ☎ 05-49-48-11-00. • saintsavin.com • Juil-août, lun-sam 9h-12h30, 13h30-17h30, plus dim mat de mi-juil à mi-août ; le reste de l'année, lun-ven.* Documentation bien fournie et visites guidées sur réservation des villages de Saint-Savin et de Saint-Germain *(3 €).*

Où dormir ? Où manger ? Où boire un verre ?

Camping

Moulin de la Gassotte : *10, rue du 8-Mai-1945. ☎ 05-49-48-18-02. • campingdumoulin@aol.com • Fléché depuis le centre-ville. Ouv mai-sept. Prix : 6,90 € ; chambre au gîte d'étape 47 € ; 12,50 €/pers en dortoir (draps compris). CB refusées. 50 empl.* Situé sur les rives de la Gartempe et à deux pas du centre, un petit camping municipal très chouette et au calme, proposant des emplacements sur une pelouse plantée de grands arbres. Belle vue sur la flèche de l'abbatiale. Jeux pour enfants, salle de jeux... Également 3 gîtes avec cuisine équipée et 3 dortoirs de 2-6 lits d'étape. Bien tenu, familial, et accueil fort sympathique, ce qui ne gâche rien.

Prix moyens

Le Patisson : *52, pl. de la République. ☎ 05-49-84-14-73. • lepatisson@bbox.fr • Ouv le midi tlj sf mer, le soir jeu-sam slt, et j. fériés en saison. Congés : 2de quinzaine d'août. Formule déj en sem 11,50 € ; menus 14,50-26 €.* On aime bien la déco fraîche et colorée de la salle principale avec ses tirages photos en grand format de champs de coquelicots, ainsi que l'agréable terrasse dans ce calme petit coin de la place, mais plus encore l'assiette savoureuse de produits frais de saison, finement travaillés. Brochettes de Saint-Jacques, filet de bœuf Rossini avec foie gras maison... sans oublier les pâtisseries que Gérard, le jeune chef plein d'allant, aime confectionner. Excellent accueil. Une valeur sûre !

Le Saint-Butler : *40, pl. de la République. ☎ 05-49-48-97-01. • stbutler86@yahoo.fr • Tlj sf jeu.* Sur la place principale, un bar sympa et branché que l'on ne s'attend pas à trouver dans ce calme village. Idéal pour boire un verre en terrasse après la visite de l'abbaye. S'il pleut, on pourra aller boire un thé dans les fauteuils club en salle, et même faire un billard. Fait snack également. Chaude ambiance les soirs de concert !

Où dormir dans les environs ?

Gîtes En Lo : *chez Eva et Jean-François Masson, lieu-dit la Grange Blanche, 86310* ***Saint-Germain.*** *☎ 05-49-48-98-69. • enlo@orange.fr • gite-enlo.fr • À 3 km de Saint-Savin, sur la route d'Angles-sur-l'Anglin (D 5-D 951). Nuitée en gîte 28-32 € pour 2 selon saison. Draps 5 €.* À mi-chemin entre le refuge et l'auberge de jeunesse, ces gîtes fraternels occupent une grande ferme en pleine nature. Les 2 gîtes sont dans des bâtiments distincts, et comprennent des chambres simples (de 3 à 5 personnes) avec douche et w-c privés. En commun, un coin salon avec TV et bibliothèque, une salle à manger et une cuisine équipée. Atmosphère conviviale tout en douceur.

En prime, les proprios proposent des promenades à cheval ou à dos de poney et louent des VTT. Sentiers de grande randonnée à proximité, et la Gartempe toute proche pour les amoureux de pêche. Bref, un des meilleurs gîtes de la région.

À voir

L'abbaye de Saint-Savin : ☎ 05-49-84-30-00. • contact@abbaye-saint-savin.fr • abbaye-saint-savin.fr • *Juil-août, tlj 10h-19h ; avr-juin et sept-oct, lun-sam 10h-12h, 14h-18h, slt l'ap-m dim ; fév-mars et nov-déc, lun-sam 10h-12h, 14h-17h, slt l'ap-m dim. Fermé en janv, 11 nov, 25 et 31 déc. Visite guidée du site, parcours scénographique compris : 8 € ; 6 € en visite libre ; gratuit moins de 12 ans. Jeu de piste (1h, pour les 9-13 ans), avec questions et énigmes pour découvrir un petit trésor caché quelque part dans l'abbaye. Visite libre de l'église abbatiale.*

Saint-Savin, ensemble composé de l'église abbatiale, du bâtiment conventuel, du jardin-terrasse et du logis abbatial, est sans doute le plus méconnu des sites français classés au Patrimoine de l'humanité par l'Unesco. C'est pourtant un véritable trésor. L'abbaye est fondée à l'époque carolingienne, à partir du IXe s ; c'est aux alentours de 1100 que l'église abbatiale et son décor peint furent exécutés. En gros, l'église est épargnée par la guerre de Cent Ans, les guerres de Religion, et même la Révolution. En revanche, le bâtiment conventuel est très endommagé à la fin du XVIe s, puis reconstruit au XVIIe s. Au début du XIXe s, ça se dégrade, mais Mérimée veille ! Il lance les premières campagnes de restauration qui, depuis, ne se sont pratiquement jamais arrêtées. Classée en 1840 sur une des premières listes des Monuments historiques. C'est dire que les célèbres peintures ont été particulièrement chouchoutées ! Les derniers travaux de restauration, réalisés entre 2005 et 2008, ont permis non seulement de nettoyer les peintures, mais aussi de consolider les supports de cette œuvre. Première bande dessinée de l'histoire, les peintures de Saint-Savin, en raison de leur technique *a fresco, a secco* et *a semi-fresco,* ont dû être réalisées dans un temps très court (4 ans ?) par une équipe restreinte. La voûte de la nef, longue de 42 m environ et d'une demi-circonférence de près de 11 m, représente à elle seule une surface peinte de quelque 460 m². Les scènes qui la décorent représentent une cinquantaine d'épisodes de l'Ancien Testament dans la nef, tirés de la Genèse et de l'Exode. Dans le clocher-porche et à la tribune (celle-ci n'est accessible que par le biais de la visite guidée), ce sont des scènes de l'Apocalypse et de la passion du Christ. Leur enchaînement n'est pas linéaire et plutôt complexe : plus on avance vers le chœur, plus les scènes sont glorieuses et participent au salut de l'âme. Le parcours scénographique donne des explications précises sur le sujet.

– ***Les scènes de la nef :*** elles représentent des cycles de la Création, d'Adam et Ève, de Caïn et Abel, de Noé, de la tour de Babel, d'Abraham, de Joseph et de Moïse. À lire de gauche à droite, en partant du haut... De cet ensemble foisonnant ressortent essentiellement trois scènes mieux conservées que les autres. D'abord, l'arche de Noé. La forme du vaisseau attire l'œil, avec ses trois étages où sont entassés les animaux et la figure de proue en forme de tête d'animal. De l'autre côté des bandeaux (pivotez sur vous-même), on remarque près du chœur la scène dite « de l'ivresse de Noé ». Ce brave patriarche a trop goûté au vin et reste allongé, sonné, sur sa couche, ses habits en désordre ne cachant plus rien de sa nudité. Placés derrière lui, ses deux fils, Sem et Japhet, s'empressent de couvrir leur père, tandis que le troisième fils, Cham, se marre comme un bossu (ce qui lui vaudra la malédiction du père). À gauche, plusieurs femmes ne perdent pas une miette de la scène. En faisant glisser votre œil vers la droite, vous tombez sur la masse picturale de la tour de Babel, célèbre métaphore de la vanité humaine.

– ***Le clocher-porche :*** fléaux de l'Apocalypse, telles ces sauterelles géantes sous forme de chevaux équipés pour la guerre, ou encore la scène de la femme et du dragon. À la tribune, accessible lors des visites guidées, se lisent le Baiser de Judas, la Flagellation, la Déploration du Christ, la Descente de croix et la Mise au tombeau.

- ***La crypte :*** elle ne se visite plus pour des raisons de conservation, mais une reconstitution virtuelle des scènes est visible lors du parcours scénographique. Les peintures de la crypte relatent la vie et le martyre de Savin et de Cyprien.
- Dans le ***réfectoire,*** la scène du Combat des rois, extraite du cycle d'Abraham. C'est aussi là qu'ont lieu les expositions temporaires.
- À l'étage, l'ancien bâtiment monastique abrite un ***parcours scénographique*** dans les anciennes cellules des moines. Bandes sonores, écrans tactiles, coupes, maquettes ou films permettent de découvrir de plus près le trésor de l'abbaye, et l'art roman en général. Projection également d'un très joli film *a fresco* qui nous plonge durant 30 mn au cœur de la création des fresques de Saint-Savin, reconstituant le travail et l'histoire de ces moines artistes.

En sortant de l'abbaye, au sud, se dresse l'ancien ***logis abbatial*** avec sa tourelle crénelée du XIXe s, dans laquelle l'inventeur de l'ascenseur (Léon Édoux, et non Otis !) installa ici, pour la première fois, cette machine bien utile... pour monter au ciel.

DANS LES ENVIRONS DE SAINT-SAVIN-SUR-GARTEMPE : LA VALLÉE DES FRESQUES

En complément de la visite de l'abbaye de Saint-Savin, on pourra partir à la découverte des peintures des églises et chapelles de la ***Vallée des Fresques.*** Concentré dans un rayon de 20 km, le circuit inclut : l'*église de Saint-Germain,* l'*église Notre-Dame d'Antigny,* la *chapelle Sainte-Catherine de Jouhet,* l'*église Saint-Divitien de Saulgé* ainsi que l'*église Notre-Dame,* la *chapelle Saint-Laurent* et l'*Octogone* à Montmorillon. Chaque site peut se visiter indépendamment. Dans le cadre de l'opération « Un jour, un site », un guide conférencier assure une permanence dans l'un de ces sites prestigieux : *juil-août, tlj 15h-18h ; mai-juin et 1re quinzaine de sept, w-e et j. fériés. Rens : ☎ 05-49-84-30-00. Calendrier des visites sur • abbaye-saint-savin.fr • ou à retirer dans les offices de tourisme. Attention, le jour de visite des sites est susceptible de varier.*

L'église de Saint-Germain : *à 2 km de Saint-Savin, sur l'autre rive de la Gartempe. Visites commentées gratuites juil-août, jeu 15h-18h ; mai-juin et sept, se renseigner pour les dates.* Située au bord de la rivière. Au cours du troisième quart du XIXe s, un curé a voulu rajeunir son église. Deux peintures « en grisaille » (imitant le bas-relief) viennent compléter des peintures polychromes. Ce trompe-l'œil surprenant illustre la vie légendaire de saint Germain, évêque d'Auxerre, et rappelle les peintures de la chapelle de la Vierge à Saint-Germain-des-Prés. L'église et les peintures ont été restaurées.

L'église Notre-Dame : *86310* ***Antigny.*** *À 4 km au sud de Saint-Savin. Juil-août, visites commentées gratuites lun 15h-18h ; mai-juin et sept, se renseigner pour les dates.* Une église romane, forcément romane, avec un chœur gothique cependant. Une halte s'impose pour ses peintures de la fin du XVe s dans la chapelle seigneuriale. Naïves et d'une facture simple, elles n'en demeurent pas moins émouvantes. Christ en majesté entouré des symboles des quatre évangélistes au-dessus de l'ancien emplacement de l'autel. Le Jugement dernier, l'Enfer, le Dict des trois Morts et des trois Vifs (« Ce que vous êtes nous l'avons été, ce que nous sommes vous le serez », disent trois cadavres à trois fringants chevaliers) se trouvent sur le mur nord, tandis que le mur sud présente des scènes de l'enfance et de la passion du Christ. Quant à la nef, recouverte d'une belle voûte en bois de chêne, des peintures datant sans doute du XIVe s y ont été mises au jour. Sous pas moins de six couches successives de badigeon, on a découvert des scènes de la

Résurrection, l'Ascension et la Pentecôte, du combat entre le Bien et le Mal... Ces peintures ont d'ailleurs été restaurées et certaines redécouvertes.
– En sortant tout ébloui sur la place, vous vous heurterez à une superbe ***lanterne des morts*** du XIIe s. Une lampe était hissée au sommet et symbolisait la lumière guidant vers le ciel l'âme des morts.

Le Musée archéologique : *à* ***Antigny.*** *☎ 05-49-48-99-18 ou 04-49 (mairie). De mi-juil à mi-août, tlj sf mar 14h30-18h30. Entrée : 2,30 € ; gratuit jusqu'à 14 ans.* Vestiges d'architecture gallo-romaine provenant du site du Gué de Sciaux. Reconstitution grandeur nature du fronton d'un petit temple classique dédié à un héros romain. Autres pièces : belle tête de Mercure et dieu accroupi. À l'étage, tout un topo explicatif sur le chauffage sur hypocauste, chauffage central de l'époque, très ingénieux et efficace.

La chapelle funéraire Sainte-Catherine : *86500* ***Jouhet.*** *À 10 km au sud de Saint-Savin, sur la route de Montmorillon. Prendre les clés au café* Val de Gartempe *(tlj sf lun), moyennant un petit droit d'entrée. Juil-août, visites commentées mar 15h-18h ; mai-juin et sept, se renseigner pour les dates.* C'était au Moyen Âge la chapelle funéraire de la famille des seigneurs de la Contour. D'architecture très simple, sa voûte en berceau brisé est ornée de peintures très belles dans leur simplicité, réalisées à la fin du XVe s. Elles présentent des similitudes avec celles de l'église d'Antigny et du château de Bois-Morand : les trois domaines appartenaient au même seigneur, qui a fait travailler la même équipe. Sur la scène de l'Adoration des mages, on reconnaît d'ailleurs Pierre de Moussy agenouillé au pied d'une Vierge à l'Enfant. Les autres peintures murales présentent la Création avec Adam et Ève, le Péché originel, l'Annonciation, la Nativité, l'Annonce aux bergers, l'Adoration des mages, le Jugement dernier et la fameuse Rencontre des trois Morts et des trois Vifs.

MONTMORILLON (86500) 7 590 hab. *Carte Vienne, C3*

Cernée par la brande (une lande peu fertile composée d'ajoncs, de genêts ou de fougères), cette vieille ville s'est établie sur les rives de la Gartempe, dans un pays dit « de terres pauvres ». D'abord prospère, elle est ruinée par les guerres de Religion. Aujourd'hui capitale des macarons, Montmorillon essaie de relancer le tourisme autour des souvenirs de son glorieux passé. La Cité de l'Écrit et des Métiers du livre cherche encore ses marques mais redonne un nouveau souffle au centre ancien.

UN PEU D'HISTOIRE

La ville émerge vraiment au ***XIe s*** mais il est probable que l'origine de son nom remonte à l'***invasion arabe,*** en souvenir d'un chef maure (Maurillio) qui fit élever un petit château en bois sur la motte castrale (Mont). On construit l'église Notre-Dame à la fin du même siècle. Puis un certain Robert Du Puy revient des croisades et décide de soigner les bobos : ***on édifie la Maison-Dieu, hôpital richement doté.*** Dans la foulée, ***on bâtit le fameux Octogone,*** chapelle funéraire dont le modèle serait le Saint-Sépulcre. Arrive la guerre de Cent Ans. Comme il se doit, les Anglais prennent la ville et, comme il se doit aussi, ils la rendent en 1372 à Du Guesclin, habitué de ce genre de sport qui consiste à reprendre ce qui a été volé. Les remparts font bien rire les protestants, puisqu'ils la mettent à sac en 1562, 1567 et 1585 ; la routine, quoi ! Puis les royalistes ne laissent qu'un tas de ruines fumantes. ***Au XXe s, on industrialise un peu.*** Mais l'exode rural saigne la région. Quelques manifestations, dont un Salon du livre (un week-end mi-juin), animent heureusement la ville.

LA CITÉ DE L'ÉCRIT ET DES MÉTIERS DU LIVRE

Pour ***redynamiser l'économie locale*** et le tourisme, Montmorillon s'est lancée dans un vaste projet culturel destiné à faire du centre ancien ***une Cité de l'Écrit et des Métiers du livre,*** sur le modèle de Bécherel (Ille-et-Vilaine), Montolieu (Aude) ou Redu (Belgique). L'objectif était de restaurer une des plus vieilles rues de la ville, la rue Montebello (dans le quartier du Brouard), qui part du vieux pont et gravit la colline de l'église Notre-Dame. Plusieurs vieux magasins alors à l'abandon sont devenus, depuis 2000, des échoppes à l'ancienne tenues par des gens du métier. On voit à l'œuvre enlumineurs, calligraphes latin ou chinois, libraires et bouquinistes. Autour de ces activités commerciales ouvertes à tous, des stages, des expos, des conférences sont organisés aussi pour le grand public *(rens : La Préface, 3, rue Bernard-Harent ; ☎ 05-49-83-03-03 ; • citedelecrit.fr •).* Enfin, un parcours intitulé « L'Histoire au fil des rues » et deux parcours fléchés avec la carte du Valet de Cœur (La Hire était seigneur de Montmorillon) permettent la découverte agréable et informée de différents points de la ville. Un bémol dans ce monde de lettres : de nombreuses échoppes sont fermées hors saison, en semaine surtout. Plan disponible à l'office de tourisme.

Adresse utile

🅸 ***Office de tourisme :*** *2, pl. du Maréchal-Leclerc. ☎ 05-49-91-11-96. • tourisme-montmorillon.fr • ♿ Juil-août, lun-sam 9h30-12h30, 14h-18h30, dim et j. fériés 14h-18h ; hors saison, lun-sam 10h-12h, 14h-18h.* Très bien documenté et accueil fort sympathique. Service de billetterie avec des prix réduits sur de nombreux sites du département. Plan avec parcours de visites.

Où dormir ? Où manger ?

Camping

⛺ ***Camping L'Allochon :*** *31, av. Fernand-Tribot. 📱 06-14-88-43-99. • camping@ville-montmorillon.fr • ♿ À 300 m du centre-ville sur la route de Lathus (sur la gauche). Ouv mars-oct. Compter env 5,86 € pour 2 avec voiture et tente ! CB refusées. 80 empl.* Un camping municipal 3 étoiles sans équipements superflus mais agréable, bien tenu et vraiment pas cher. Le terrain, entouré d'arbres, est tout en longueur. Barbecue, piscine municipale à quelques enjambées, jeux pour enfants. Sanitaires nickel. Un bon plan pour un court séjour.

De bon marché à prix moyens

🏠 🍽 ***Hôtel de France – Restaurant Le Lucullus :*** *4, bd de Strasbourg. ☎ 05-49-84-09-09. • lucullus.hoteldefrance@orange.fr • hoteldefrance-lelucullus.fr • ♿ Bistrot fermé ven soir-dim midi ; gastro fermé lun-mar et dim soir. Double 61 €. Formule brasserie (midi et soir en sem) 13,50 € ; gastro 25-39 €.* 📶 Un très bon hôtel posté face à la Gartempe ! Passé la surprenante déco africaine de l'accueil (les propriétaires ont longtemps tenu un resto au Cameroun), on découvre des chambres modernes, pimpantes, lumineuses et bien équipées (clim, Canal +...). Côté resto, une formidable surprise vous attend : *Le Luccullus* est une table gourmande de haut vol, proposant une cuisine créative de saison, pleine d'originalité, au dressage flamboyant. Service impeccable dans un cadre élégant et chaleureux, avec des tables bien séparées pour ne pas se gêner. Un sans-faute ! Dans une autre salle, aux allures de bistrot, bonne formule à prix d'ami, servie le soir également en semaine. Une bien belle adresse !

Le Roman des Saveurs : *2, rue Montebello. ☎ 05-49-91-52-06. Tlj sf dim soir. Menus 16,50-22,50 € ; carte env 25 €.* Une demeure des XVIe-XVIIIe s chargée d'histoire (une partie du bâtiment a servi un temps de prison !), une vue bucolique sur la Gartempe, 4 petites salles en escalier, quelques vieilles pierres, de vénérables poutres, le décor est campé ! Un cadre sobre et aéré, voire quelque peu dépouillé, qui permet de se concentrer sur son assiette. Cuisine française sans esbroufe, simple et fraîche.

Où dormir dans les environs ?

Chambres d'hôtes de La Loge : *chez Nathalie et Daniel Capillon,* **La Loge-Monteil,** *86500 Montmorillon. ☎ 05-49-91-33-11. 06-06-56-06-07. • info@chambres-hotes-la-loge.com • chambres-hotes-la-loge.com • À 2 km de Montmorillon ; prendre la route de Chauvigny, puis une petite route de campagne sur la droite (fléché). Doubles 60-70 € (tarif dégressif à partir de 4 nuits).* Une maison ancienne restaurée, bien cachée dans un minuscule hameau. Elle comprend 3 chambres claires aménagées avec goût, dont 1 équipée d'une kitchenette et dotée d'une entrée privée, convient bien aux séjours prolongés. Bon petit déj pris dans une agréable salle à manger ou, aux beaux jours, dans le beau jardin fleuri. Le charme et le calme de la campagne à deux pas de la ville. Accueil agréable.

Où acheter de bons gâteaux ?

Rannou-Métivier : *32, bd de Strasbourg. ☎ 05-49-83-03-30. • rannou-metivier.com • Tlj sf 25 déc 8h30 (9h dim)-12h30, 13h30 (14h30 dim)-19h. Coffrets à partir de 10,20 € les petits macarons nature et 16 € les 2 saveurs.* Le fameux macaron de Montmorillon, ce solide biscuit aux amandes et au cœur tendre mis à l'honneur dans le musée de l'Amande et du Macaron (lire ci-après la rubrique « À voir »), est préparé nature ou décliné aux parfums de saison. Pistache-chocolat en hiver, rose-fleur d'oranger au printemps, fraise confite en été ou encore noix-noisette à l'automne. De pures merveilles dont la recette traditionnelle est gardée secrète depuis 1920 ! Également une belle sélection de chocolats fins, pâtes de fruits et autres gourmandises vendus sur place ou sur la boutique en ligne.

À voir

L'église Notre-Dame : *pl. du Terrier. Juil-août, visites commentées dim 15h-18h ; mai-juin et sept, se renseigner pour les dates (☎ 05-49-84-30-00). En dehors de ces visites, vous pouvez demander la clé de la crypte à l'office de tourisme.* Le chœur et la crypte ont été édifiés au XIe s ; la façade et le portail sont du XIVe s, et le clocher a été refait au XVIIe s. À l'intérieur, crypte Sainte-Catherine d'Alexandrie et son décor pictural de la fin du XIIe s qui relate des épisodes de la vie de cette vierge martyre. Les peintures murales et l'église sont classées.

La chapelle Saint-Laurent : *pl. des Augustins. Juil-août, visites commentées sam 15h-18h ; mai-juin et sept, se renseigner pour les dates (☎ 05-49-84-30-00).* C'est ce qui reste de l'ancienne église de la Maison-Dieu (hôpital-monastère fondé au XIe s), soit le clocher, la façade et les murs de la nef. Le clocher de pierre forme une pyramide octogonale. Au-dessus du portail, la grande baie percée au XVIIe s donne un aspect original à la façade. Elle est surmontée d'une frise qui relate l'enfance de Jésus. Mais on se déplace surtout pour les très belles peintures murales du XIXe s, véritable catéchisme pour les séminaristes. Évocation du martyre de saint Laurent sur les galets de couleurs du parvis.

L'Octogone : *au fond de la cour intérieure de la Maison-Dieu. Juil-août, visites commentées mer 15h-18h ; mai-juin et sept, se renseigner pour les dates (☎ 05-49-84-30-00). Sinon, se procurer la clé à l'office de tourisme.* L'Octogone, qui serait une réplique du Saint-Sépulcre de Jérusalem, était autrefois la chapelle du cimetière et l'ossuaire de la Maison-Dieu.

Le musée de l'Amande et du Macaron : *34, bd de Strasbourg. ☎ 05-49-83-03-38. • museedumacaron.com • Lun-sam 9h30-12h, 14h-18h ; dim et j. fériés 10h-12h, 15h30-18h ; dernière entrée à 17h. Visite libre avec audioguide. Entrée : 3,50 € ; réduc. Supplément dégustation : 3,20 €.* Cinq générations de docteurs en macaron, ça forge une réputation. Alors forcément, quel meilleur emplacement pour un musée qu'à l'étage de la *maison Rannou-Métivier* ? Les panneaux descriptifs ne passent aucun détail : vous saurez tout de l'amandier, des différentes variétés d'amandes et de leurs usages gourmands et bienfaisants, et bien sûr du macaron. On peut aussi voir une maquette de boutique d'un confiseur au XIXe s, et dans la salle d'exposition, l'ancien four à macarons datant des années 1950. Mais au final, le mieux pour connaître à fond le macaron, c'est encore de le goûter. C'est ce qu'on fera à l'issue de la visite, après avoir assisté à la projection d'un film rappelant la saga des Rannou-Métivier.

L'Aventure de la machine à écrire et à calculer : *3 bis, rue Bernard-Harent. ☎ 05-49-83-03-03 ou 05-49-91-22-94. • machines-a-ecrire.fr • Avr-sept, lun-ven 14h-18h, sam-dim 10h-12h30, 14h-18h (19h juil-août) ; oct-mars, mer-dim 14h-18h (ts les ap-m pdt vac scol). GRATUIT.* Quelque 150 bécanes sont exposées dans cette salle : ici une reconstitution de la première machine à écrire, là une insolite machine chinoise, d'autres avec un pédalier, véritables œuvres d'art... Possibilité de taper sur des machines et de retrouver le plaisir du bruit des touches à l'ère des ordinateurs ! Mais ce sont surtout les commentaires de cette bénévole passionnée qui donnent du relief à la visite.

Le château de Lalande : *☎ 05-49-91-15-80. À 5 km de Montmorillon sur la route de Lathus ; sur la gauche, panneau discret. Visite guidée (30 mn) de juil à mi-août et 1re quinzaine de sept, lun-ven 14h30-17h30. Entrée : 2 € ; réduc. Jardin en accès libre.* Voilà près d'un demi-millénaire que cette ancienne maison forte reste dans la même famille ! Certes bien conservé, le château a subi des modifications au XIXe s qui l'ont transformé en château néogothique tel qu'on le voit aujourd'hui.

LATHUS-SAINT-RÉMY (86390) 1 360 hab. *Carte Vienne, C3-4*

Dans ce coin de verdure paumé à la frontière limousine, entre les méandres de la Gartempe, sont réunis un centre de plein air, une ferme pédagogique, un centre équestre et d'activités sportives, le tout géré par une association ultra-dynamique, qui a raflé bon nombre de labels de tourisme responsable. Il y a même une bonne table. De Lathus, suivre les indications qui mènent au roc d'Enfer, zone d'escalade où la rivière devient torrent entre les parois rocheuses. On y trouve des espèces botaniques rares et un curieux oiseau, le cincle plongeur (sorte de passereau brun), que vous apercevrez peut-être.

Où dormir ?

Le centre de plein air La Voulzie : *au bord de la Gartempe, 200 m après l'auberge. ☎ 05-49-91-83-30. • info@cpa-lathus.asso.fr • cpa-lathus.asso.fr • Hébergement en chambres doubles ou en petits dortoirs, avec sanitaires privés : pens complète 42,20-54,10 €/j. par pers,* *hébergement seul 17,70-29,60 €/pers la nuit ; emplacement de camping 3,70 €/pers, douche comprise. Repas 10,40 €. Compter 25 € pour participer aux activités (réduc à partir de 8 pers). Activités également ouv aux non-résidents.* Côté hébergement, le 1er bâtiment est plutôt réservé aux collectivités (lits superposés, sanitaires extérieurs). Les familles et les bandes de copains préféreront le bâtiment plus récent, à l'arrière et relié par une passerelle. Chambres spacieuses de 2 à 4 lits, douches et toilettes. Bref, une association écolo et sportive très réussie, soucieuse de conjuguer pédagogie et développement durable.

Où manger ?

Restaurant La Voulzie : *sur les bords de la Gartempe. ☎ 05-49-91-72-71. • sylvain-liret@orange.fr • ♿ Tlj sf lun-mar. Résa conseillée en été. Congés : 2 janv-12 fév. Menus 13 € (midi en sem), puis 19,50-27,50 € ; carte 28-35 €. Café offert sur présentation de ce guide.* Idéalement situées sur les bords de la Gartempe, une belle salle avec baie vitrée et une petite terrasse pour admirer le spectacle de la nature dans un cadre enchanteur. On recommande les anguilles à la poitevine ou le sandre, mais la qualité n'est pas toujours au rendez-vous quand des groupes débarquent.

À faire

– ***Le centre de plein air La Voulzie :*** dans ce grand bâtiment en bois les pieds dans l'eau, on gère de multiples activités telles que canoë-kayak, rafting, escalade, voile, spéléologie, tir à l'arc, équitation, course d'orientation, VTT, pêche et initiation au cirque. Il y a aussi une ferme pédagogique de 140 ha avec vaches, cochons, chèvres et poules. Voir plus haut « Où dormir ? ».

LA TRIMOUILLE (86290) 1 140 hab. *Carte Vienne, D3*

La Trimouille est une petite ville de passage, ancien fief des La Trémoille, glorieuse famille qui compta 12 ducs entre 1040 et 1933. Aujourd'hui, elle est surtout célèbre pour son vivarium de serpents tropicaux, l'une des grandes attractions touristiques du département.

Adresse utile

Office de tourisme : *3, pl. de la Mairie. ☎ 05-49-91-66-75. • tourisme-la-trimouille.fr • Juil-août, tlj sf lun 10h30-12h30, 14h-17h ; le reste de l'année, fermé dim-lun.*

Où dormir dans le coin ?

Chambres d'hôtes Ferme du Haut-Peu : *chez Chantal et Jacques Cochin, Le Haut-Peu, 86290* ***Journet.*** *☎ 05-49-91-62-02. • cochin.chantal@orange.fr • ferme-du-haut-peu.fr • À 8 km de La Trimouille par la D 121 ; à Journet, prendre direction Haims, c'est à 1 km. Double 60 € ; gîtes (2-5 pers) 320-405 €/sem selon nombre de pers, également loué à la nuit selon disponibilité. Table d'hôtes le soir slt (sf dim juil-août) sur résa 17 €.* En pleine campagne, entourée de champs, cette belle ferme recouverte d'ampélopsis (vigne vierge) abrite 3 chambres champêtres ravissantes et un gîte de caractère. La salle à manger-cuisine occupe l'ancien four à pain et communique avec les chambres aménagées dans l'écurie. Confortable et beaucoup de cachet. Table d'hôtes et goûter à la ferme. Les propriétaires élèvent des chèvres, et on peut assister à la fabrication du fameux chabichou. Un petit bois et un étang privé pour les amateurs de pêche. Accueil convivial et chaleureux.

À voir

L'Île aux Serpents : *à l'entrée du village en venant de Poitiers. ☎ 05-49-91-23-45. • ileauxserpents.com • Juil-août, tlj 10h-19h ; mars-juin et sept-11 nov, tlj 10h-18h. Entrée : 9 € ; 7 € 5-12 ans ; gratuit moins de 5 ans ; tarif de groupe accordé pour 1 pers sur présentation de ce guide. Billets combinés à prix réduit (17 €) avec la Planète des Crocodiles à Civaux. Aire de jeux et de pique-nique, snack sur place.*

Il s'agit de l'un des premiers vivariums de France, devenu une référence pour la préservation des reptiles. Dans un décor tropical reconstitué, terrariums et aquariums de toutes tailles présentent plus de 200 animaux et une soixantaine d'espèces étonnantes, le plus souvent rares ou protégées.

Après avoir rencontré des iguanes et quelques sauriens, ainsi que plusieurs variétés de testunidés (dont la tortue géante d'Aldabra), place aux stars du lieu : pythons, boas et autres ophidiens du monde entier tels que le boa de Cuba, un magnifique python molure (qui peut atteindre jusqu'à 7 m de longueur à l'âge adulte) et une dizaine d'anacondas verts et de mignons petits serpents bicolores sans écailles. Des panneaux explicatifs donnent toutes les informations sur chacune de ces espèces, mais ne pas hésiter à questionner les soigneurs, passionnés et érudits. Enfin, des animations régulières (nourrissages ponctuels, sorties fréquentes de couleuvres que les enfants pourront caresser) vous permettront de faire peut-être copain-copain avec eux.

La magie se prolonge avec un parcours paysager à l'extérieur pour voir les tortues, les iguanes noirs, la fosse aux lézards, des loutres cendrées, des suricates (prédateurs pour les serpents) et une miniferme d'animaux bien d'chez nous.

MORDU DE SERPENTS

Le parc de l'Île aux Serpents n'existerait pas sans Jean-François Masset, pharmacien retraité à La Trimouille. Dans son arrière-boutique, où il passait ses heures libres, vivaient à ses côtés des dizaines de serpents, des vipères et même des pythons géants ! Cet homme passionné a réussi à transmettre son amour pour les reptiles : sa collection (unique en France) a donné l'idée au conseil général de la Vienne de créer une entreprise touristique publique (à gestion privée) nommée Île aux Serpents.

DANS LES ENVIRONS DE LA TRIMOUILLE

Le prieuré Notre-Dame de Villesalem : *à 8 km au nord de La Trimouille, en direction du Blanc par la D 675. ☎ 05-49-91-07-53. • prieure-villesalem.org • Pour connaître les conditions de visite, se renseigner par téléphone. Juin-sept, concerts de musique dans la nef (infos sur le site internet).*

Le nom de Villesalem, qui signifie « ville de la paix », viendrait du vieux syriaque et serait copié sur le nom de Jérusalem, « cité de la paix ». Ces origines

orientalisantes sont pour le moins troublantes en terre poitevine... Fondé en 1109, il réunissait des religieuses bénédictines cloîtrées et des moines chargés du service religieux et de l'exploitation des terres, strictement séparés, bien sûr. Appartenant à Fontevrault, le prieuré sera donc essentiellement occupé par des dames, sous la férule d'une grande prieure, du XIIe au XVIIIe s.
Ici, c'est l'église qui nous intéresse, avec son style roman poitevin très pur. Vendue comme bien national à la Révolution, l'église servit de grange agricole jusqu'en 1962, date de son rachat par l'État... Depuis, l'édifice a été superbement restauré et bien des merveilles ont été redécouvertes. Sur les portails, on remarquera des motifs originaux, telle cette chaîne de mains humaines tenant des branches feuillues, ou encore, sur le portail de la façade ouest, deux oiseaux s'abreuvant dans une même coupe. Des éléments « païens » apparaissent : têtes de bœufs, svastika en modillon. Sur la façade nord, la voussure principale représente des têtes couronnées alternant avec des basilics (genre de reptile), curieux mélange de symboles qui fait qu'on appelle cet ensemble « portail des Rois ». Partout, çà et là, des détails attirent l'œil, et le prieuré semble s'animer joyeusement.

LE PAYS MÉLUSIN

La région doit son nom à la fée Mélusine, fondatrice (officieuse) de la ville de Lusignan. On vous raconte l'édifiante histoire de cette femme-serpent plus loin (voir « Mélusine, fée bâtisseuse » dans « Le Marais poitevin »). Voici la suite du premier épisode : après son mariage avec Raymondin, Mélusine lui suggéra de demander au seigneur du coin la parcelle de terre que pourrait délimiter une peau de cerf. Royalement, celui-ci leur offrit ce qu'il pensait n'être qu'un misérable terrain, tout juste bon à accueillir trois rangées de radis... Mais, redoutablement astucieuse, Mélusine découpa la peau en fines lanières et obtint ainsi un immense territoire ! Elle put alors donner naissance à Lusignan et à son château. Sur sa lancée, elle fonda d'autres cités. À tel point qu'on lui attribue la création de la plupart des châteaux du Poitou ! On s'en doute, sa beauté, son intelligence et ses pouvoirs mystérieux la rendirent très populaire dans la région...

LUSIGNAN (86600) 2 669 hab. *Carte Vienne, B3*

Bâti sur un éperon rocheux, le château médiéval des seigneurs de Lusignan a été détruit lors des guerres de Religion. Sur son emplacement, une agréable promenade offre un beau point de vue sur la vallée de la Vonne. Lusignan, avec les venelles tortueuses de sa ville haute, se présente aujourd'hui comme une agréable bourgade marquée par le souvenir de cette chère Mélusine. Le nez en l'air, on pourra s'amuser à compter le nombre de statues, bas-reliefs, chapiteaux ou simples enseignes qui évoquent la fée-serpent.

LES LUSIGNAN DE CHYPRE ET D'ARMÉNIE

Sur la route des ***croisades,*** certains chevaliers francs parvinrent à se tailler des royaumes en Orient. Ce fut le cas des Lusignan. ***En 1191, Guy de Lusignan*** est si puissant qu'il ***achète l'île de Chypre*** à Richard Ier Cœur de Lion. Pendant presque ***trois siècles, de 1191 à 1489, la famille de Lusignan règne sur l'île,*** considérée comme un rempart de la chrétienté contre l'islam. Un Lusignan, Pierre Ier, porte même le titre de roi de Chypre, de Jérusalem et d'Arménie. Léon VI, le dernier roi de cette dynastie poitevine installée en Orient, est fait prisonnier par le sultan d'Égypte avant d'être accueilli en France – il meurt à Paris en 1493. Son gisant se trouve aujourd'hui dans la basilique Saint-Denis, près de ceux des rois de France. En souvenir de la famille de Lusignan et de cette incroyable épopée, la ville de Lusignan est désormais ***jumelée avec la ville chypriote de Lefkara,*** située à 40 km au sud-ouest de Nicosie (partie grecque de l'île).

Adresse utile

ℹ ***Maison du tourisme et du patrimoine :*** *pl. du Bail.* ☎ *05-49-43-61-21.* • *cc-paysmelusin.fr* • *Mai-août, lun-sam 10h-12h30, 13h30-17h30 ; le reste de l'année, lun-ven (sf j. fériés) l'ap-m slt.* Installée dans les derniers vestiges du château, la Maison du tourisme partage ses locaux avec l'association Les Lusignan et Mélusine, qui présente une expo illustrant l'histoire de la ville (maquette du château aujourd'hui détruit, généalogie des seigneurs de Lusignan rois de Chypre, d'Arménie et de Jérusalem, et diaporama). Juin-août, visites guidées de la ville *(sur résa ; 5 €).*

Où dormir ? Où manger ?

⛺ ***Camping municipal de Vauchiron :*** *7, chemin de la Plage-Charles-Clerc.* ☎ *05-49-43-30-08 ou 31-48 (mairie, hors saison).* • *lusignan@cg86.fr* • *lusignan.fr* • ♿ *Ouv de mi-avr à fin sept. Prix : 10,50 € pour 2 ; également 3 mobile homes 208-270 €/sem. 100 empl.* Idéalement situés au bord de la Vonne, dans un joli cadre de verdure, des emplacements répartis sur 4 ha au pied de la vieille ville. Jolie vue sur l'église et le viaduc qui dominent le camping. Loisirs aquatiques et départs de sentiers de randonnée. Sur la rivière, plage artificielle surveillée en été, location de canoës-kayaks et aire de jeux pour enfants. Snack en saison. Bon accueil.

🏠 🍽 ***Le Bistroquet :*** *34, av. de Poitiers.* ☎ *05-49-53-45-83.* • *info@bistroquet-hotel-restaurant.fr* • *bistroquet-hotel-restaurant.fr* • *À l'entrée de la ville basse en venant de Poitiers. Tlj sf dim. Doubles 55-61 € selon taille. Formule bistrot 13,50 € ; menu à l'ardoise 30 € (vin inclus).* 📶 En bordure de route, ce bistrot gourmand propose, dans un cadre très contemporain, une formule économique intéressante avec un grand buffet d'entrées et de desserts et un plat du jour copieux. Bon choix de vins de petits producteurs à l'ardoise. À l'étage, une douzaine de chambres refaites mais sans charme et sans aucune déco, très petites sur l'arrière et bruyantes sur l'avant. Pour dépanner seulement, donc.

Où dormir ? Où manger dans les environs ?

De prix moyens à chic

🏠 ***Chambres d'hôtes et gîtes du château de la Livraie :*** *chez Éva et Lysiane Morin, 86600* ***Celle-l'Évescault.*** ☎ *05-49-43-52-59.* • *lalivraie@sfr.fr* • *lalivraie.com* • *À env 7 km à l'est de Lusignan en allant vers Vivonne. Sur la commune de Celle-l'Évescault, mais de l'autre côté de la route (fléché). Doubles 62-65 €.* 📶 Grande maison bourgeoise au milieu d'un parc arboré avec rivière et barque. Éva et sa fille élèvent des moutons. Elles reçoivent leurs hôtes dans 3 grandes chambres meublées à l'ancienne et vraiment démodées (papier peint à fleurs, salle de bains vieillotte...). Mais le calme absolu, la vue bucolique sur le parc et la rivière, et surtout l'accueil d'une grande gentillesse en font une adresse attachante. Vélos à disposition.

🏠 🍽 ***Auberge du Centre-Poitou :*** *39, rue Nationale, 86600* ***Coulombiers.***

☎ 05-49-60-90-15. • hotel@centre-poitou.com • centre-poitou.com • ♿ À 8 km de Lusignan par la D 611 en direction de Poitiers. Au centre du bourg. Congés : 2 sem fin fév et fin sept. Resto tlj sf dim soir et lun midi hors juil-août. Doubles 59-110 € selon confort. Formule bistrot le midi sf dim 15 € ; menus 29,90-53 €. Derrière les portes de cette grosse maison pleine de charme se cache un endroit de caractère. Repas à déguster sous une adorable tonnelle en retrait de la route ou dans la salle rustico-chic, égayée d'un feu de cheminée les jours de frimas. L'hôtel, tenu par la même famille depuis 4 générations, dispose de chambres confortables ; les plus agréables donnent sur le jardin intérieur.

Où acheter des macarons ?

***Aux Saveurs Mélusines :** 23, rue de Chypre. ☎ 05-49-43-31-33. Dans la rue principale de la ville basse. Tlj sf dim ap-m et lun 6h30-13h, 14h30-19h30.* Dans cette pâtisserie, on fabrique d'excellents macarons et des raymondins, spécialité de la maison. À déguster sur place ou à emporter.

À voir. À faire

L'église Notre-Dame-et-Saint-Junien : cette imposante église montre la puissance des seigneurs de Lusignan au XIe s, quand Hugues IV la commandita. Architecture romane typique, malgré les modifications des siècles suivants. De la construction originale, terminée au XIIe s, on remarquera la crypte et surtout le portail nord, dissimulé et protégé par une construction récente. D'étranges animaux hybrides sculptés sur les voussures forment un inquiétant bestiaire. Une Mélusine, comme une gargouille, orne l'absidiole sud.

➢ ***Balade dans la ville :*** commencez la promenade par le *Petit Blossac* (jardins sur les ruines de l'ancien château), descendez vers la Vonne, puis remontez en ville par une ruelle qui débouche derrière l'église, à côté de laquelle se trouvent les halles du XIXe s et la *Maison de bois,* une demeure à colombages du XVe s. On pourra ensuite se perdre dans les ruelles pavées adjacentes.

➢ ***Le circuit de Mélusine :*** *randonnée de 9 km. Compter 3h A/R (sans les arrêts). Facile. Balisage jaune pour le PR, blanc et rouge pour le GR 364. Cartes IGN au 1/25 000, 1727-O et 1728-O, sinon plan du circuit à l'office de tourisme, à la mairie et au camping.* Départ de la base de loisirs de Vauchiron. Longez la plage et prenez le chemin sous le viaduc, le long de la Vonne. Un drôle de truc : une sculpture de la fée Mélusine a été encastrée sur les hauteurs du viaduc ! Vous poursuivez jusqu'à la route du moulin de la Touche. Le chemin conduit à la ferme des Brousses et rejoint la Vonne, qu'il faut longer jusqu'au moulin de Mongadon. Un petit pont délaisse le balisage du GR et traverse la rivière. À 100 m, prendre à gauche un chemin fléché « Forêt communale du Grand-Parc », puis, 5 mn après, le premier chemin à droite qui longe la rivière et le bois. Il emprunte le GR du chemin de Saint-Jacques-de-Compostelle et vous ramène agréablement en moins de 1h au camping de Lusignan, où vous pourrez vous reposer sur la plage.

DANS LES ENVIRONS DE LUSIGNAN

***Le musée du Vitrail :** à **Curzay-sur-Vonne.** ☎ 05-49-01-19-65. • musee-du-vitrail.com • À 13 km au nord-ouest de Lusignan par la D 94. De mi-mars à mi-juin et oct, jeu-dim 14h-17h30 ; de mi-juin à fin sept, tlj sf mar 10h-12h30, 14h-17h30. Visite guidée à 15h ; audioguide. Entrée : 7 € ; réduc ; gratuit moins de 10 ans.* L'église Saint-Martin abrite ce joli musée consacré à l'art du vitrail. Les plus anciens vitraux remontent aux XIVe et XVe s, tandis que les expositions temporaires permettent de découvrir des artistes contemporains. Film explicatif sur la création d'un vitrail. Passage à l'atelier qui est en activité. Résidence d'artiste verrier en été.

Le site archéologique de Sanxay : *fléché à partir du village de Sanxay, à env 15 km au nord-ouest de Lusignan. ☎ 05-49-53-61-48. • sanxay.monuments-nationaux.fr • ♿ (partiel). De mi-mai à mi-sept, tlj 9h30-12h30, 14h-18h30 ; le reste de l'année, tlj sf sam 10h-12h30, 14h-17h30 ; dernière visite 1h avt la fermeture. Fermé certains j. fériés. Entrée : 5,50 € ; gratuit jusqu'à 25 ans et pour ts le 1er dim du mois nov-mai. Visites guidées pour 5 pers min (à 10h30 et 15h30) ou visite libre (avec un fascicule prêté).* Cette importante agglomération gallo-romaine, occupée du Ier au IVe s, s'organise autour d'un théâtre assez bien conservé de 6 500 places, de thermes et d'un vaste sanctuaire, implantés de part et d'autre d'une petite rivière, dans un cadre champêtre charmant. Du temple, il ne reste que les fondations, mais on distingue encore nettement, au centre, l'emplacement de la salle où se trouvait l'effigie du dieu... L'un des ensembles monumentaux les mieux conservés et les plus intéressants du monde gallo-romain. Les mélomanes seront gâtés : le théâtre accueille des opéras chaque été *(rens : ☎ 05-49-44-95-38).*

VIVONNE (86370) 2 970 hab. *Carte Vienne, B3*

Sous le château de Vivonne aujourd'hui ruiné, trois rivières – la Vonne, le Clain et le Palais – unissent leurs eaux. Ce qui fait de cette petite ville tout en longueur un haut lieu de pêche. À propos de péché, c'est dans l'église Saint-Georges (XIIe-XIIIe s) que Ravaillac eut l'idée d'en commettre un gros. Suite à une illumination, il fonça poignarder Henri IV. De nombreux sentiers balisés font de Vivonne un agréable lieu de randonnées, à pied ou à VTT, et la rivière est idéale pour le kayak.

Adresses et infos utiles

Office de tourisme : *pl. du Champ-de-Foire. ☎ 05-49-43-47-88. • tourisme-vivonne.fr • Juin-août, tlj sf dim ap-m et lun mat ; 2de quinzaine de mai et 1re quinzaine de sept, le mat mar-sam ; le reste de l'année, slt sam mat.* Bon accueil. Randos accompagnées le jeudi matin à 9h ou 9h30 pour les moins chevronnés (environ 2h).

Club de canoë-kayak des Pagayous : *📱 06-81-94-87-05.* Animations et locations.

– **Marché :** *sam, pl. du Champ-de-Foire.*

Où dormir ? Où manger ?

Le Saint-Georges : *12, Grand-Rue. ☎ 05-49-89-01-89. • courrier@hotel-st-georges.com • hotel-st-georges.com • ♿ Resto fermé ven, sam midi et dim soir nov-avr. Doubles avec ou sans clim 69-83 €. Formules bistrot le midi en sem 11,50-12,50 € ; menus 27-35 € ; carte env 30 €. Café offert sur présentation de ce guide.* Accolé à l'église (beau portail du XIIe s), cet hôtel suit les canons de la modernité. Il s'agit d'ailleurs de 2 hôtels. La maison mère accueille la plupart des chambres, modernes, confortables et bien équipées (Canal +). En face, l'annexe au-dessus du resto s'adresse aux voyageurs plus aisés avec la clim, un ascenseur et un balcon pour les plus chanceux. D'un côté, la brasserie pour une formule buffet le midi ; de l'autre, le restaurant traditionnel, malheureusement pas à la hauteur de l'hôtel. Bon accueil des propriétaires.

LE PAYS CIVRAISIEN

Peut-être moins agricole que le reste du département, cette région du sud de la Vienne bénéficie déjà de la douceur des paysages charentais. Le cours voluptueux de la Charente et ses berges verdoyantes y sont certainement pour quelque chose.

CIVRAY

(86400) 3 030 hab. *Carte Vienne, B4*

Baignée par la Charente et rassemblée autour de sa belle église romane, Civray offre une plaisante physionomie et les traces d'un passé bien conservé.

Adresse utile

Maison du tourisme : *pl. du Maréchal-Leclerc (à côté de l'église). ☎ 05-49-87-47-73. • tourisme-civray.fr • Juil-août, ouv du lun au sam mat ; juin et sept, du mar au sam mat ; le reste de l'année, horaires restreints.* Riche doc sur tout le pays civraisien.

Où camper ? Où manger ?

Camping de Civray : *route de Roche, « La Plage ». ☎ 05-17-34-50-02. 06-08-51-88-80. • campingdecivray@gmail.com • camping-de-civray.com • Ouv de mi-avr à oct. Prix : 10 € en hte saison ; loc de chalets et mobile homes (4-8 pers) 180-480 €/sem selon saison. Menus 10-13 € (midi), puis 18 €. 120 empl. Apéritif offert sur présentation de ce guide.* Sur une grande pelouse bien entretenue, ce camping, familial de vocation, jouit d'une bien belle situation face à une île bordée par la Charente. De nombreux arbres offrent des espaces ombragés et les sanitaires sont neufs. Sympathique petit bar-resto ouvert à tous, disposant d'une terrasse les pieds dans l'eau : plat du jour honnête, moules-frites, crêpes, etc. Multitude d'activités proposées : canoë-kayak, pêche, jeux pour enfants, minigolf, randos à VTT, etc.

À voir. À faire

L'église Saint-Nicolas : *sur la pl. du Marché. En général, tlj 8h-20h.* Sa tour-lanterne se voit de loin, mais c'est son incroyable portail que l'on vient admirer. Sa façade rectangulaire, unique en Poitou, se compose de voussures sculptées de thèmes chers à la fantasmagorie des artistes du XIIe s. Le Christ, entouré d'anges et des vierges folles, règne sur le portail central. L'intérieur, intégralement repeint au XIXe s, conserve néanmoins une fresque du XIVe s sur le bras du transept sud.

➢ En sortant de l'église, n'hésitez pas à suivre le ***circuit historique*** de la ville, agrémenté de panneaux explicatifs. Il peut être complété par une agréable promenade le long des charmantes berges du fleuve Charente jusqu'à la plage.

LA VIENNE

ROMAGNE (86700) *Carte Vienne, B4*

Des primates au pays des baudets du Poitou ! Des gorilles et des macaques sous les chênes gaulois, à deux pas des champs de blé, de tournesols et de maïs. On croit rêver. Eh non, pourtant, on est bel et bien en pleine campagne poitevine, entre Civray et Sommières-du-Clain.

Où camper dans les environs ?

Les Peupliers : *86700* ***Couhé.*** *☎ 05-49-59-21-16. • info@lespeupliers.fr • lespeupliers.fr • ♿ À 11 km au nord-ouest de Romagne. Ouv mai-sept (loc de chalets tte l'année et de mobile homes d'avr à mi-nov). Prix : 29,50 € pour 2 en hte saison ; hébergement locatif 240-1 060 €/sem selon confort et saison. Réduc de 35 % sur les emplacements mai-juin et sept. 187 empl.* Un grand bol d'air animé en bord de rivière et en bord d'étang. Lieu de séjour familial idéal pour la détente autour du complexe aquatique chauffé *(ouv jusqu'à minuit en saison).* Mais aussi pour se promener dans la Vienne, et même dans le Marais poitevin. Les meilleurs emplacements sont au bord de l'eau... Les chalets et mobile homes sont situés en hauteur, en pleine nature, dans un environnement boisé. Les « grand confort » sont sur des parcelles de 200 m² avec barbecue. Du camping haut de gamme, pour routards aisés. Location de frigos, de draps, de chaises ou de lits enfants. En saison, cuisson de pain toute la journée, et croissants. Piscine, minigolf et resto.

LA VIENNE

Où manger ?

L'Auberge du Marronnier : *2, route de Sommières. ☎ 05-49-97-13-71. ♿ Au centre du bourg, face à l'église. En saison, tlj sf mar soir, mer et dim soir ; hors saison, le midi sf lun et mer, plus le soir ven-sam (mais tél avt). Congés : vac scol de fév et 1 sem à Noël. Résa conseillée. Menus 15-30 €. Café offert sur présentation de ce guide.* Pour une bonne régalade avant d'aller saluer les singes, on aime bien cette charmante petite auberge de village, sa douce terrasse ombragée par son grand marronnier et sa salle élégante et climatisée. Dans l'assiette, une convaincante cuisine de terroir, pleine d'authenticité, à base de bons produits locaux (viande limousine, agneau du Poitou, canard confit... accompagnés de légumes du jardin). Excellent accueil de Coralie et d'Alain, qui savent soigner leurs hôtes.

DANS LES ENVIRONS DE ROMAGNE

La Vallée des Singes : ***Le Gureau.*** *☎ 05-49-87-20-20. • la-vallee-des-singes.fr • ♿ À 35 km de Poitiers. Prendre la direction d'Angoulême en empruntant la N 10 ; sortir à Couhé (sortie « Vallée des Singes »), puis c'est indiqué. Ouv de mars à mi-nov (infos sur le site) : vac de fév et 6 avr-20 sept, tlj 10h-18h (19h juil-août) ; 14 mars-5 avr, w-e slt ; de fin sept à mi-nov, mer et w-e slt. Dernière entrée 1h30 avt fermeture. Compter min 3h de visite. Entrée : env 18,50 € ; 12,50 € 5-12 ans. Possibilité de billets combinés avec le parc de la Belle à Magné et le Cormenier à proximité. Poussettes et fauteuils roulants à disposition.*
Une quinzaine d'hectares avec un bois au centre, planté de chênes et de châtaigniers. Dès l'entrée, on vous donne des consignes de sécurité et des renseignements pratiques. Les pique-niques doivent être méticuleusement rangés dans des sacs (qu'on

vous distribue), histoire ne pas vous faire barboter votre casse-croûte. Pour voir les animaux, privilégiez l'heure des repas (à peu près toutes les heures ; voir le plan du visiteur), prétexte à une petite conférence sur chaque espèce. Présents sur chaque territoire, les guides animaliers ne sont pas avares en explications et anecdotes.
Rencontre avec des primates en liberté qu'on découvre à pied, sur leur territoire, le long de sentiers balisés par des panneaux explicatifs. Ici, pas de cages ni de grilles, mais des îles très vastes entourées de cours d'eau qui servent de barrières naturelles et les empêchent de s'enfuir. La Vallée n'est pas un zoo mais plutôt une réserve. Les canaux remplis d'eau délimitent d'ailleurs le territoire de chaque espèce, leur permettant ainsi de reconstituer des familles et leur mode de vie ancestral. Ici vivent plus de 30 espèces de primates, soit plus de 400 animaux qui s'épanouissent dans un superbe environnement naturel arboré. Les singes proviennent tous de différents parcs zoologiques européens, jamais directement d'Afrique ou d'Asie (c'est interdit). À Romagne, on accueille essentiellement des espèces menacées de disparition, comme les tamarins lions ou les tamarins empereurs à la curieuse moustache blanche, les ouistitis pygmées (7 cm de haut, pour 120 g, le poids d'un pot de yaourt !), les saïmiris. Sur un autre îlot s'ébattent des lémuriens de Madagascar, à la silhouette si étrange. Plus loin, des acrobates se balancent aux branches des arbres, ce sont les gibbons d'Asie du Sud-Est, reconnaissables à la longueur excessive de leurs bras. Mais on pourra aussi admirer mandrills et colobes africains, titis du Brésil (des espèces particulièrement colorées), des singes laineux, des macaques de Barbarie, des capucins à poitrine jaune (l'une des 25 espèces les plus menacées au monde)... Le clou de la visite, ce sont sans doute les imposants gorilles (la plus grande colonie en France), les amusants chimpanzés (ces grands singes sans queue, si habiles) et les troublants bonobos, qui partagent 98 % du patrimoine génétique avec l'homme ! Ne pas manquer non plus les singes hurleurs.
Pour preuve que, dans l'ensemble, ces primates ont trouvé ici l'environnement idéal à leur bonheur, le carnet rose affiche plusieurs naissances chaque année ! Une visite à ne pas manquer, surtout avec les enfants. Restos rapides, aires de pique-nique, miniferme et nombreux jeux de plein air pour les petits.

Le Cormenier : au lieu-dit Chez Bernardeau, 86400 ***Champniers.*** *☎ 05-49-87-32-33. • lecormenier.com • ♿ À env 5 km de la Vallée des Singes (fléché un peu partout). Juil-août, tlj 11h-19h ; sept-mai, tlj pdt vac scol et slt mer-dim hors vac scol 11h-18h ; juin, tlj 11h-18h. Dernière visite 1h avt la fermeture. Fermé en janv. Entrée : 9 € ; réduc 5-12 ans. Possibilité de billets combinés avec le parc de la Belle à Magné et la Vallée des Singes.* Installé dans un adorable hameau, typique du sud de la Vienne, ce musée propose de remonter le temps et de plonger dans la vie rurale d'autrefois, à travers un parcours-spectacle avec une scénographie multisensorielle (automates, odorama, son spatialisé et 16 scènes, de la naissance du petit Pierre à son mariage). Dans un hangar aménagé surveillé par une armée d'épouvantails, reconstitution d'un intérieur poitevin du début du XXe s, salle de classe, collection d'outils et nombreuses machines agricoles anciennes (dont des tracteurs aux roues en fer, un pressoir de 1741, un vieil alambic). Un lieu dynamique, ludique et vraiment très intéressant.

SOMMIÈRES-DU-CLAIN

(86160) 690 hab. *Carte Vienne, B4*

Adorable bourgade baignée par le Clain et dominée par le château de Vareille, une élégante bâtisse de style Louis XIV qui semble un peu à l'abandon. Chaque année, au mois de septembre, Sommières accueille la *Saint-Claud,* importante et surprenante foire aux melons et aux chiens !

Où camper ?

Camping municipal Les Aulnes : *route de Château-Garnier. ☎ 05-49-87-72-41 ou 70-14 (mairie). • contact@sommieres-vienne.com • sommieres-vienne.com • ♿ À 200 m du bourg. On accède à ce camping de poche par une petite route qui part au pied du château. Ouv de juin à mi-sept. Prix : 5 € pour 2 avec voiture et tente ! CB refusées. 19 empl.* Au bord de la rivière, une vingtaine d'emplacements ombragés et au calme. Pas d'équipements, juste un ponton de pêche aménagé pour les personnes en fauteuil, une petite aire de jeux et des canoës à louer pour profiter des beautés de ce bel environnement.

CHARROUX

(86250) 1 440 hab. *Carte Vienne, B4*

La légende prétend que Charlemagne lui-même aurait fondé Charroux et son abbaye. Il paraît plus probable que Roger de Limoges s'en soit chargé au VIIIe s. Grâce à ses reliques (vrais bouts de la Vraie Croix, vrai Sang du Vrai Christ, etc.), Charroux devint un lieu de pèlerinage important sur la route de Saint-Jacques-de-Compostelle, et une ville de foire connue. Son abbaye, de dimensions conséquentes, rayonna jusqu'à accueillir 213 filles à son apogée, au XIIe s. La guerre de Cent Ans, puis celles de Religion ruinèrent l'abbaye qui, à la veille de la Révolution, n'abritait plus que trois moines. Vendue comme bien national, elle servit longtemps de carrière de pierres. L'intervention de Prosper Mérimée, sous le Second Empire, mit fin à cette exploitation. Hélas, il ne reste pas grand-chose de la grandeur passée. Symbole de la ville, la tour Charlemagne tient néanmoins toujours debout, et des fouilles ont permis de retrouver la structure de l'église et de dégager la crypte. Aujourd'hui, Charroux, outre les vestiges de son abbaye, garde encore quelques traces de son glorieux passé, disséminées dans les petites rues du centre.

LA TRÊVE DE DIEU

En 989, au concile de Charroux (Poitou), les évêques interdirent la guerre du mercredi soir au lundi matin et pendant les jours de fêtes (près de 80 jours par an). Ce mouvement oublié sera, pendant trois siècles, bien plus efficace que l'ONU. Le bellicisme des seigneurs était, au Moyen Âge, catastrophique dans les campagnes.

Adresse utile

Office de tourisme : *2, route de Châtain (au pied de la tour). ☎ 05-49-87-60-12. • charroux-en-poitou.com • Juin-août, tlj 9h30-12h30, 14h30-18h30, dim 9h30-13h30 ; mai et sept, tlj sf dim ; oct-avr, mar-sam.* Visites guidées de la ville sur rendez-vous. On peut également voir une maquette de l'abbaye à ses plus belles heures.

Où dormir ? Où manger dans le coin ?

Le Village Flottant de Pressac : *étang de Ponteil, 86460* **Pressac.** *☎ 05-86-16-02-25. 📱 06-78-35-85-38. • info@village-flottant-pressac.com • village-flottant-pressac.com • ♿ À env 16 km à l'est de Charroux, à gauche après le bourg de Pressac en remontant la D 751 vers Gençay (fléché).*

Congés : janv. Cabanes flottantes 130 € pour 2, 195 € pour 4 ; tarif dégressif dès la 2e nuit. Panier-repas 20-24 €/pers ; possibilité de repas dans un Kota Grill ou au resto (ouv à ts) : formule déj env 14,50 €. Cocktail de la Marina offert sur présentation de ce guide. Au sein d'un espace préservé propice au ressourcement, sur un calme étang de 6,5 ha, un original et nouveau village de cabanes flottantes au toit de chaume. Accessible en barque ou par une passerelle flottante, elles sont toutes différentes et personnalisées, de bon confort (panneaux solaires, chauffage hors saison, toilettes sèches) et avec, pour chacune, une terrasse pour pêcher ou se la couler douce. Pour les amoureux, certaines sont isolées dans un bras d'eau. À la capitainerie, on trouvera des sanitaires, une petite piscine chauffée, ainsi qu'un resto guinguette et une expo de la LPO sur la faune et la flore. Location de VTT pour sillonner la jolie campagne vallonnée et parcours pédagogique autour de l'étang. Une jolie nouveauté en matière d'écotourisme.

Chambres d'hôtes du château de Cibioux : *86250* ***Surin.*** *☎ 05-49-87-04-89. • chateau-de-cibioux@wanadoo.fr • chateau-de-cibioux.com • À env 8 km au sud de Charroux (fléché). Une petite merveille à 100 € pour 2. Table d'hôtes sur résa 25 € le soir, vin compris. Réduc de 10 % sur le prix de la chambre sur présentation de ce guide.* Il y a dans ce château 2 chambres à louer (pour 3 ou 4 personnes), et quelles chambres ! En fait, ce sont de véritables suites avec parquet du XVIIe s et plafond à la française, l'une d'elles étant prolongée par une loggia sur laquelle on peut prendre le petit déj. L'hiver, on se réfugiera dans la belle cuisine où flambe un bon feu dans la cheminée. Immenses salles de bains, toilettes dans une tourelle, superbes meubles, le tout dans un site magnifique et parfaitement calme. Accueil souriant.

Hostellerie Charlemagne : *7, rue de Rochemeau, à Charroux. ☎ 05-49-87-50-37. • hostellerie-charlemagne@orange.fr • Presque à côté des ruines de l'abbaye, en face des halles. Tlj sf dim soir et lun hors saison. Menus 20-35 €.* Malgré sa façade décrépie, l'*Hostellerie,* construite avec des pierres de l'abbaye, nous projette dans un passé somptueux. La salle à manger à l'atmosphère médiévale un brin désuète, réchauffée par un bon feu dans l'âtre en hiver, est digne d'un roman de cape et d'épée. On y sert une cuisine correcte fleurant bon le terroir.

Où acheter un bon jus de pomme ?

Gargouil : *Chantegrolle, à Charroux. ☎ 05-49-87-50-23. À la sortie de Charroux en allant vers Civray. Tlj sf dim-lun et j. fériés 9h30-12h30, 14h30-18h30.* Ce producteur de pommes vend en direct des jus délicieux (médaille d'or au Concours agricole de Paris 2014), des gelées, des compotes et des fruits.

À voir. À faire

L'abbaye Saint-Sauveur : *dans le centre de Charroux. ☎ 05-49-87-62-43. Sonner le gardien à la grille. Tlj sf lun et certains j. fériés 10h-12h30, 14h-18h30 (17h30 sept-avr). Visites guidées à 10h15, 11h15, 14h15, 15h30, 16h45, plus 17h30 mai-août. Entrée : 3 € ; réduc ; gratuit moins de 18 ans.* Hormis l'impressionnante tour Charlemagne qui, dès le XIe s, baignait l'église de lumière, il ne reste pas grand-chose de l'abbaye, malgré plusieurs reconstructions jusqu'au XVe s. La visite éclaire néanmoins sur la taille de l'abbaye, dont l'église, hybride entre un plan en croix latine et un plan circulaire, mesurait 126 m de long. On visite le cloître ainsi que l'imposante salle capitulaire. Celle-ci abrite certaines des gracieuses sculptures gothiques qui décoraient autrefois le portail de l'abbatiale. Dans la salle du trésor, trois vierges folles et deux vierges sages se font face, remarquées par Prosper Mérimée, qui en assura la sauvegarde. Et dans une vitrine dort le fameux trésor. Remarquez notamment le magnifique reliquaire aux anges du XIIIe s portant les armes de Blanche de Castille, triangulaire quand il est ouvert et carré lorsqu'il est fermé.

➢ ***Promenade dans la ville :*** on passe devant les 50 piliers en chêne des halles, bâties au XVIe s sur un ancien cimetière. Non loin, une maison à colombages du XVe s. La rue Saint-Sulpice grimpe jusqu'à l'église du même nom, en passant sous le porche de l'aumônerie du XIIIe s. Joli point de vue sur la ville, puis redescente par les escaliers de la rue des Soupirs ou les pavés de la rue du Merdanson. Au passage, notez les étranges visages de pierre qui sortent mystérieusement des murs.

DANS LES ENVIRONS DE CHARROUX

Le château de Cibioux : *voir plus haut « Où dormir ? Où manger dans le coin ? ». ☎ 05-49-87-04-89. • chateau-de-cibioux.com • Juil-août, tlj sf mar-mer 12h-18h ; mai-juin et sept, le w-e slt ; le reste de l'année, sur rdv. Compter 1h de visite. Entrée : 5 € ; réduc ; gratuit moins de 13 ans.* Ce petit château champêtre bâti au XVe s a failli disparaître au début du XIXe s. Heureusement, ses trop lourdes pierres ont découragé les liquidateurs. Voilà ce que vous dira, entre autres, le propriétaire des lieux, qui n'a pas peur de bricoler. Après la visite de la cuisine (beau tournebroche) et d'un salon, on descendra dans les jardins admirer les vestiges des remparts et d'une tour du XIVe s.

LE VIGEANT (86150) 880 hab. *Carte Vienne, C4*

Le Vigeant pourrait être un village comme les autres, avec son intéressante église romane. Oui mais voilà, il y a, dans ses proches environs, le circuit du Val de Vienne, et ça attire les bolides qui vrombissent au rythme des V10 en échappement libre !

Où dormir ? Où manger dans les environs ?

La Châtellenie : *1, rue du Commerce, 86460* ***Availles-Limouzine.*** *☎ 05-49-84-31-31. • restaurant.chatellenie@gmail.com • lachatellenie.fr • ♿ Resto fermé dim soir, lun, sam midi hors saison, plus vac scol de fév. Congés : 1 sem en nov. Double 62 €. Formule déj (sf dim) 18 € ; menus 26-36 €.* Les chambres du 1er étage, rénovées avec beaucoup de goût, sont fraîches et spacieuses, avec leur beau plancher d'origine. On aime bien aussi celles sous les combles au 2e étage, avec vue sur le village et la Vienne. Double porte pour préserver au mieux son intimité. Au resto, de l'amuse-bouche aux mignardises, attendez-vous à un festival de saveurs avec des plats revisités de grande qualité, dressés avec panache et élaborés avec rigueur à partir de bons produits. L'accueil d'une grande gentillesse d'Émilie et Thomas achèvera de vous charmer. Un gros coup de cœur !

Chambres d'hôtes Les Écots : *chez Pierre et Line Salvaudon, 86460* ***Availles-Limouzine.*** *☎ 05-49-48-59-17. • pierre.salvaudon@wanadoo.fr • les-ecots.info • À env 15 km au sud du Vigeant. D'Availles, prendre la D 100 qui monte vers Mauprévoir, c'est à 3 km. Double avec sdb privée et w-c communs 48 € ; également un gîte pour 5 pers dans* *une dépendance.* *Réduc de 10 % à partir de 2 nuits consécutives, hors pleine saison, sur présentation de ce guide.* Jolie ferme en pierre, isolée en pleine campagne, où un couple sympathique d'agriculteurs élève des moutons. Ils ont aménagé 2 chambres mignonnettes mais très simples dans l'ancien grenier de leur maison rustique, face à la bergerie. Vélos à disposition. Belles balades en perspective dans la région.

À voir

L'***église du Vigeant*** est drôlement bâtie. D'abord, il y a ce clocher-porche du XIe s, dont la porte est cernée de deux chapiteaux aux étranges figures. Et puis il y a l'intérieur, plus large que long, ce qui est assez rare.

UN GISANT AUX POUVOIRS... ÉVANOUIS

On peut voir dans l'église du Vigeant un gisant très endommagé, découvert en 1860. On lui attribua rapidement des pouvoirs magiques. Le curé intervint et fit réenterrer l'homme de pierre afin de le protéger et de préserver aussi ses ouailles de leurs croyances bien païennes.

LES DEUX-SÈVRES

ABC DES DEUX-SÈVRES

- *Population :* 382 000 hab.
- *Superficie :* 5 999 km^2.
- *Préfecture :* Niort.
- *Sous-préfectures :* Bressuire et Parthenay.

Les législateurs de 1790 ont, une fois encore, fait preuve d'une imagination débordante en baptisant ce département : la Sèvre niortaise y coule, en effet, mais moins longtemps que le Thouet. Quant à la Sèvre nantaise (la seconde Sèvre, donc), elle n'y fait qu'une timide apparition mais y prend naissance ! Néanmoins, l'eau est partout présente dans les Deux-Sèvres. Ne serait-ce qu'avec le célèbre Marais poitevin, ce « pays du grand silence vert » que chantait le roi Henri IV à la belle Corisande.

Le département est de plus en plus prisé par les touristes, et notamment les Anglais, qui y trouvent malgré tout calme, repos et authenticité. Comme on les comprend ! Ce département discret offre à la fois un visage rural pittoresque, ancré dans la tradition, mais aussi moderne et dynamique.

Il y a largement de quoi s'en mettre plein les mirettes... autant que dans les assiettes ! Car les bons vivants ne seront pas oubliés et se raviront le palais entre le chabichou (le fromage AOC des Deux-Sèvres), un bon tourteau fromager, le « luma » (escargot), la mojette (haricot blanc), les pommes reinette, l'angélique... et les vins d'Anjou ou du haut Poitou. Nous vous invitons donc à y musarder, comme le firent Villon et Rabelais, sur les petites routes et les chemins creux du Mellois, de la Gâtine ou du Bocage. Car voici un patchwork de petits pays authentiques, bourrés de trésors cachés, de secrets, d'histoire et de légendes : la fée Mélusine y a semé bourgs perchés et châteaux, et c'est sur les chemins de Saint-Jacques-de-Compostelle de la région que s'est, en grande partie, inventé l'art roman.

Adresses utiles

i ***Agence de développement touristique :*** *21, rue de la Boule-d'Or, 79025 Niort Cedex.* ☎ *05-49-77-87-79.* • *tourisme-deux-sevres.com* • À disposition, de bonnes cartes thématiques : la route du chabichou, la vallée du Thouet, le Marais poitevin, etc., ainsi que des guides pratiques sur la pêche,

l'équitation, ou des idées de rando à pied, à vélo et à cheval.

■ ***Gîtes de France*** *(plan couleur de Niort, B2)* **:** *21, rue de la Boule-d'Or, BP 8524, 79025* ***Niort*** *Cedex 09.* ☎ *05-49-05-62-16.* ● *gites-de-france-deux-sevres.com* ●

NIORT

(79000) 59 350 hab. *Carte Deux-Sèvres, A3*

➧ Pour le plan de Niort, se reporter au cahier couleur.

De prime abord, la capitale de l'angélique, cette fameuse plante aromatique dont les tiges confites font le bonheur des gourmands, offre l'image d'une ville plutôt aisée, au secteur tertiaire florissant. Commerçante et animée (dans la journée...), elle mise sur sa situation géographique qui lui permet d'être aux portes du Marais, à moins de 1h de l'océan, ou proche du val de Loire. Mais pas seulement. Depuis quelques années, Niort s'est lancée dans un ambitieux programme de travaux pour dynamiser le centre-ville. L'inauguration du vaste musée d'Agesci et la restauration du superbe donjon furent de belles réalisations, mais c'est la restructuration de l'emblématique place de la Brèche qui a vraiment modifié la donne. Le parking qui la défigurait est désormais enfoui sous quelques mètres de bonne terre, et est avantageusement remplacé par un vaste jardin public. Quant aux restos et cafés, ils ont profité du recul de la voiture pour avancer leurs terrasses ! Si l'on ajoute un joli petit centre ancien en grande partie piéton, et les 20 km² d'espaces verts qui accompagnent la Sèvre dans son parcours urbain, on comprend mieux pourquoi Niort grimpe souvent en tête du classement des villes où il fait bon vivre. C'est vrai, on s'y sent bien et l'ambiance y est, comment dire ?... angélique !

NIORT ASSURÉE !

Niort est la ville des mutuelles. Tout débute en 1936, avec l'installation de la MAAIF (Mutuelle d'assurance automobile des instituteurs de France), rebaptisée MAIF par la suite. Puis naît la CAMIF après la guerre (fermée en 2008). En 1950, une nouvelle mutuelle niortaise, la MAAF, est réservée aux artisans. Effet boule de neige : la MACIF, suivie au début des années 1970 par la SMACL, puis par la CRAMA s'installent à Niort. Niort est donc définitivement la capitale des mutuelles.

UN PEU D'HISTOIRE

Le nom de la ville viendrait du latin *novium ritum,* « nouveau gué » (sur la Sèvre). Son existence est attestée dès l'époque romaine. Au Ier s apr. J.-C., la ville joue déjà un important rôle commercial. Au IXe s, les envahisseurs, notamment vikings, ayant une fâcheuse tendance à remonter la Sèvre, forcent les habitants à se réfugier sur les pentes de deux collines se faisant face. Après le remariage d'Aliénor d'Aquitaine avec Henri II Plantagenêt, la ville et sa région passent, en 1152, sous domination anglaise. Avantages ? Aliénor d'Aquitaine confirme en 1203 la charte qui fait de Niort une « franche commune ».

Au XIIe s toujours, Henri II puis Richard Cœur de Lion offrent à la ville son premier château « en dur ». En 1224, la ville, assiégée par Louis VIII, revient à la couronne

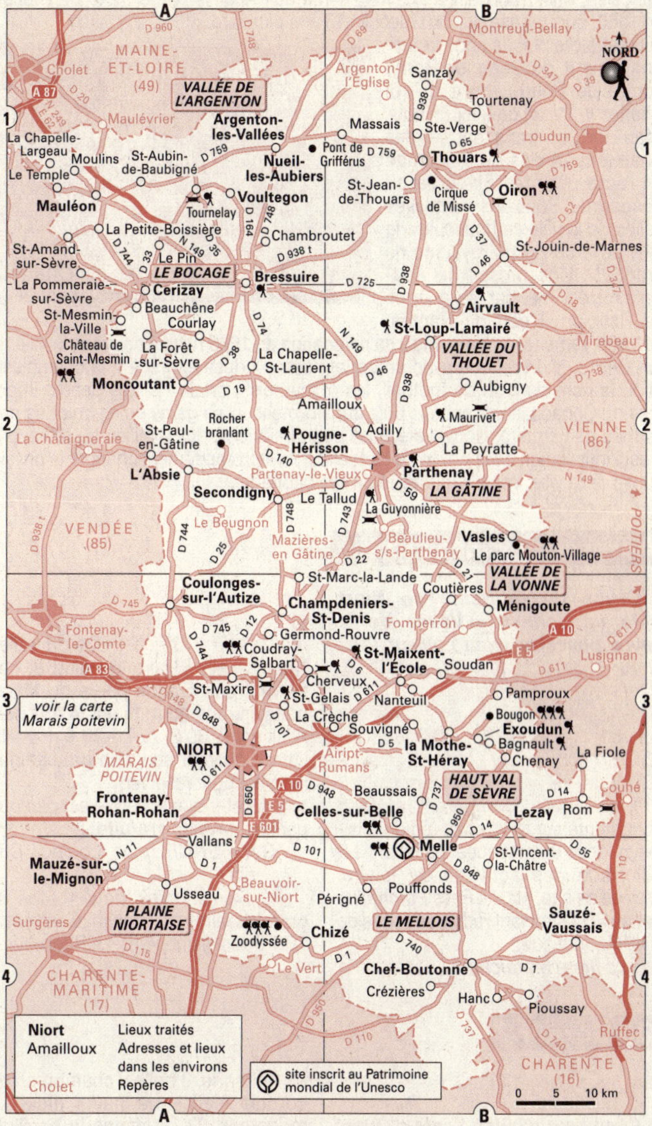

LES DEUX-SÈVRES

française. Mais Niort est à nouveau livrée aux Anglais par le traité de Brétigny en 1360, puis reprise par Du Guesclin 13 ans plus tard.

Elle est alors placée sous la responsabilité de Jean de Berry, comte de Poitou, frère du roi Charles V. Il y fait creuser un nouveau port, où transitent sel des Charentes et vins de Saintonge en route pour les Flandres ou l'Espagne. Sous les nouvelles halles de la ville se bouscule « la plus belle cohue du royaume de France ». Une prospérité nouvelle mise à mal par les guerres de Religion. L'édit de Nantes, en 1598, ramène le calme. Mais sa révocation en 1685 ruine à nouveau la ville. Au XVIIIe s, Niort renoue avec un certain essor industriel grâce à la chamoiserie (d'où le nom du club de football, les « Chamois niortais » !). Les peaux, importées du Canada, sont tannées puis transformées ici en gants ou en culottes pour l'armée de l'Empire. Nouvelle éclipse économique jusqu'au milieu du XXe s, puis c'est l'installation de la première mutuelle qui va profondément changer la physionomie de la ville, voire la mentalité de ses habitants.

ET LA PESTE ARRIVA À NIORT

En 1603, en pleine foire annuelle, un voyageur fut retrouvé mort de la peste, dans sa chambre. Pour ne pas effrayer les marchands, on l'enterra discrètement de nuit et sans aucune protection. En quelques jours, la population fut décimée et le mal s'étendit à tout le Poitou.

Adresses et infos utiles

Office de tourisme de Niort – Marais poitevin – Vallée de la Sèvre niortaise *(plan couleur C3) : 2, rue Brisson. ☎ 0820-20-00-79. • info@niortmaraispoitevin.com • niortmaraispoitevin.com • De mi-juin à mi-sept, lun-sam 10h-19h, dim 10h-13h ; en demi-saison, lun-sam jusqu'à 18h30 ; en basse saison, lun-sam 10h-13h, 14h-18h.* Compétent et bien documenté sur Niort et sa région. Visites guidées thématiques toute l'année. Billetterie des activités de loisirs, entrées de site, etc. (le *Pass'Patrimoine* donne accès au tarif réduit des sites de la ville). Boutique.

La ligne Maraîchine : *départ de la gare via pl. de la Brèche. Infos et résas : ☎ 05-49-09-09-00 ou au kiosque info bus, pl. de la Brèche.* Bus qui relient Niort à Saint-Hilaire-la-Palud et desservent une grande partie du Marais poitevin. Juil-août, tlj env 4 A/R par j. Aller env 1,30 €, A/R 2,30 €. Possibilité de charger son vélo gratuitement (appeler pour réserver).

À noter que le centre est parcouru par une ***navette gratuite.***

Gare SNCF *(plan couleur D3) : pl. Pierre-Sémard. Rens : ☎ 36-35 (0,34 €/mn).* Trains pour toutes les grandes villes de proximité et réseau TGV Ouest (ligne Paris-La Rochelle).

Où dormir ?

Prix moyens

Chambres d'hôtes Vents d'Ouest *(plan couleur C1,* ***14****) : 71, rue du Rempart. ☎ 05-49-06-97-60. • ventsdouest@laposte.net • Congés : 1 sem à Noël. Double 62-67 €. Parking fermé payant (sur résa).* On se sent bien chez Agnès : sa jolie maison est située dans une rue très tranquille, et renferme 3 belles chambres tout confort (salles de bains nickel et modernes, TV, et même la bouilloire pour le thé ou le café !), ainsi qu'un petit salon cosy donnant sur un jardinet bien caché. C'est d'ailleurs là qu'on prendra le petit déj si le temps le permet. Un havre de paix à deux pas du centre.

France Hôtel *(plan couleur C2,* ***12****) : 8, rue des Cordeliers.*

☎ 05-49-24-01-34. • contact@francehotelniort.com • francehotelniort.com • Double 68 €. Idéalement situé au cœur de la vieille ville, cet hôtel très convivial répartit ses chambres entre un bâtiment donnant sur la rue piétonne et ceux qui encadrent une cour intérieure, où l'on a aménagé une terrasse bien agréable. Chambres rénovées, impeccables et joliment personnalisées avec de belles déco contemporaines. Excellent accueil.

Inter Hôtel du Moulin *(plan couleur A2,* ***13****) : 27, rue de l'Espingole. ☎ 05-49-09-07-07. • moulin@hotelniort.fr • hotelniort.fr • Doubles 66-74 €. Parking. Réduc de 10 % sur le prix de la chambre sur présentation de ce guide.* Nulle roue à aubes à l'horizon, mais une bâtisse moderne fonctionnelle qui domine la Sèvre. Chambres nickel, rénovées peu à peu avec de belles douches à l'italienne et des meubles plus actuels. Bon confort général (TV satellite, écran plat, sèche-cheveux, coffre, minibar, clim). Pour être plus au calme, préférez une chambre donnant sur la rivière. Quant aux familiales, elles occupent une petite annexe agréable et confortable située à deux pas. Accueil efficace et tout sourire.

Hôtel Sandrina *(hors plan couleur par B3,* ***16****) : 43, av. Saint-Jean-d'Angély. ☎ 05-49-79-28-42. • hotelsandrina@wanadoo.fr • hotelsandrina.com • Congés : 23 déc-1er janv. Doubles 58-62 € ; familiales 3-4 pers 74-84 €. Parking payant (sur résa). Un petit déj/chambre par nuit offert sur présentation de ce guide.* Tenu par une jeune famille très sympathique, cet hôtel convivial est une option dans sa catégorie : la salle de petit déj est très accueillante, toute pimpante avec ses couleurs vives, et les chambres, sobres, fonctionnelles et lumineuses, se révèlent d'un bon niveau de confort.

Hôtel de Paris *(plan couleur C2,* ***15****) : 12, av. de Paris. ☎ 05-49-24-93-78. • info@hotelparis79.com • hotelparis79.com • Réception fermée 12h-17h le w-e. Double 69 € ; familiale 80 €. Parking payant.* Cet hôtel classique de taille moyenne est bien situé et propose des chambres propres de différents styles : certaines sont sobres et fonctionnelles, d'autres arborent une déco plus élégante, tandis que les plus récentes profitent de belles salles de bains rénovées. Un bon rapport qualité-prix. Accueil très sympathique.

Chambres d'hôtes La Porte Rouge *(hors plan couleur par A3,* ***11****) : 68, av. de La Rochelle. ☎ 05-49-28-41-62. 06-60-73-24-04. • contact@maisonlaporterouge.com • maisonlaporterouge.com • Doubles 89-98 €.* À la lisière de la ville, cette imposante demeure bourgeoise du XIXe s offre confort, charme et la tranquillité de son très beau jardin (avec piscine !). Décor élégant et chaleureux, voire sophistiqué, qu'il s'agisse des parties communes ou des 5 chambres personnalisées, de la romantique avec ciel de lit à la contemporaine au cadre empreint de sobriété. Agréable salon-bibliothèque à disposition des hôtes. Accueil très agréable.

Chic

Hôtel particulier La Chamoiserie *(plan couleur A2,* ***17****) : 10, rue de l'Espingole. ☎ 05-49-78-07-07. • reservation@hotelparticulierniort.com • hotelparticulierniort.com • Doubles 85-138 €. Parking payant (sur résa). Réduc de 10 % sur le prix de la chambre (oct-avr) sur présentation de ce guide.* Le confort d'un hôtel, l'atmosphère intimiste d'une maison d'hôtes à trois pas du centre ! Dans cette demeure de maître de 1898, le proprio a réussi une brillante combinaison d'ancien et de contemporain, d'équilibre entre antiquités et design. Résultat, un charme un peu baroque qu'on retrouve partout, du grand salon cossu aux chambres tout confort (superbes salles de bains à l'italienne). En prime, un vaste jardin clos au calme, avec terrasses pour les chambres du rez-de-chaussée, *deck* pour le petit déj et un immense magnolia pour vous faire croire que vous êtes à la campagne. Vélos à disposition.

Hôtel de la Brèche *(plan couleur C3,* ***18****) : 9, av. Bujault (pl. de la Brèche). ☎ 05-49-35-11-11. • contact@niorthoteldelabreche.*

com • niorthoteldelabreche.com • Doubles env 73-130 €. L'hôtel de standing par excellence, dans un édifice du XIXᵉ s complètement relooké dans un style résolument contemporain. Une esthétique raffinée, des tons doux et harmonieux, le nec plus ultra du confort (lit *king size,* TV écran plat, belles salles de bains avec toilettes séparées, etc.). Et pour ne rien gâcher, l'accueil est aux petits soins !

Où manger ?

De bon marché à prix moyens

Le P'tit Rouquin *(plan couleur D3,* ***23****) : 92, rue de la Gare. ☎ 05-49-24-05-34. Fermé ven soir et sam-dim. Congés : 15 j. en août. Résa conseillée. Formule et menu 14,90 € (midi en sem)-25 € ; carte env 35 €.* Dans le genre bistrot à vins des copains, c'est la référence ! Faut dire que tout concourt au succès : le cadre vintage soigné (zinc, carrelage à damier...), l'accueil jeune et chaleureux, l'excellence des produits de saison (le plus souvent locaux), les gouleyants vins naturels (à emporter à prix caviste si affinité), et les p'tits plats de ménage frais et savoureux. On ne s'en lasse pas, surtout si l'on obtient une table sur la jolie terrasse.

Le Billon *(plan couleur C2,* ***25****) : 3, pl. des Martyrs-de-la-Résistance. ☎ 05-49-08-05-32. • accueil@lebillon.fr • Tlj 12h-14h, 19h-22h30. Formules et menus 12,50-13,80 € (midi), puis 18,50-27,80 €.* Grande brasserie abritée dans une élégante demeure du XIXᵉ s, avec une large terrasse ensoleillée (et protégée) et un agréable patio sous verrière. Cadre contemporain recherché se conjuguant harmonieusement avec les arcades et murs en pierre des anciens remparts. Cuisine de brasserie bien faite, dont la carte fait la part belle aux produits locaux. Bon choix de poisson et de viandes, mais aussi des burgers ou tout simplement des huîtres de Marennes. Service jeune et souriant.

Le Bistroquet *(plan couleur B2,* ***26****) : 4, rue du Rabot. ☎ 05-49-24-54-71. • bistroquet79@gmail.com • Ouv mar-sam. Formules et menus 9,90 € (en sem)-13,90 € (plus quelques suppléments) ; le soir, tapas en plus.* Au cœur de la vieille ville, ce bistrot s'est taillé une belle réputation pour son accueil aimable, son cadre contemporain original (et pourtant confortable et chaleureux), mais surtout pour sa fraîche cuisine de marché servie généreusement à des prix anticrise ! Grosses salades, viandes tendres, belle sélection de vins. Chaises baquet, chaises hautes ou terrasse sur rue piétonne prise d'assaut, le choix pour se détendre dans cette ambiance de néobistrot dans l'air du temps.

Où boire un verre ?

Niort n'est pas réputée pour sa vie nocturne débridée. Les noctambules iront toutefois du côté de la place de la Brèche, où les bars comme ***Le Temple Bar*** et ***Les Remparts*** rassemblent de nombreux jeunes.

Le Temple Bar *(plan couleur C2,* ***31****) : pl. de la Brèche, av. de la République. ☎ 05-49-05-11-56. • templebar.fr • Tlj jusqu'à 2h (4h jeu-sam).* Happy hours *lun-ven 17h-20h.* Le pub irlandais de la ville, au cadre chaleureux et à l'ambiance festive. DJ les jeudi et vendredi.

L'Entracte *(plan couleur A2,* ***33****) : 9, bd Main. ☎ 05-49-26-31-07. Tlj sf dim-lun et certains j. fériés, plus le soir mar-mer hors saison.* Ce bar-brasserie dépendant du centre culturel François-Mitterrand profite d'une situation géniale, avec une vaste terrasse donnant sur le parc et la Sèvre. Un lieu de rendez-vous très populaire, surtout en été. Bonnes pizzas.

Où goûter de l'angélique ?

Établissements Thonnard *(hors plan couleur par A3)* **:** av. de Sevreau (à la sortie de la ville, en direction de Magné/Coulon). ☎ 05-49-73-47-42. *Mar-sam 8h-12h15, 14h-19h.* L'incontournable en matière d'angélique. Liqueur et apéritif d'angélique, angélique confite et crème d'angélique. Quasiment les derniers à préparer ces spécialités à partir de plantes qu'ils cultivent dans la région.

Maison Huvelin *(plan couleur B2,* **37***)* **:** 24, rue Sainte-Marthe. ☎ 05-49-28-33-52. *Lun 14h-19h, mar-sam 9h-19h.* Célèbre artisan confiseur, dont les spécialités ne sont plus un secret pour des générations de becs sucrés : mojettes du Marais, grenouilles à l'angélique... Chocolats à se damner.

À voir

Le centre ancien

Départ *place de la Brèche (plan couleur C2-3),* centre géographique de la ville, transformée en un immense jardin public. De la Brèche s'ouvre le vieux Niort par la rue Ricard *(plan couleur C2),* longue artère piétonne qui se distingue par ses deux dragons à la gueule béante !

Le passage du Commerce *(plan couleur B2)* débouche sur la place du Temple. Le petit temple protestant s'est installé en 1805 dans l'ancienne église des Cordeliers, du XIIIe s, malheureusement plusieurs fois remaniée.

Les agréables ***rues piétonnes*** du vieux Niort *(plan couleur B2)* comptent nombre de maisons anciennes : face aux halles, à l'entrée de la rue du Rabot, belle maison à colombages. Au bout de la rue de l'Hôtel-de-Ville, l'*hôtel de ville* inspiré de celui de Paris. Au n° 30 de la rue Saint-Jean, la *maison dite « du Gouverneur »* (XVe s), ravissante demeure à colombages et remplage brique et torchis, ouverte d'une baie gothique, superbe fenêtre en accolade. Au n° 46, petit passage sur jardinet, calme et vert, puis, au n° 56, un bel édifice ancien de la République. En face, au-dessus d'une porte datant de 1840, jolie vierge sous un dais. L'*hôtel d'Estissac,* au 3, rue du Petit-Saint-Jean, où Rabelais aurait séjourné. Façade Renaissance, linteau finement ciselé et belles lucarnes. À l'angle de la rue du Rabot et de la rue Saint-Jean, maison à pans de bois dite « du disciple de Palissy » (XVIe s). Enfin, 3, rue du Mûrier, notez les vestiges d'une entrée gothique bien usée ouvrant sur un bel escalier à vis.

L'église Notre-Dame *(plan couleur A-B3)* **:** sur la colline du même nom. L'édifice actuel a été construit de 1491 à 1534, sur la base d'une église du XIIe s. De cette époque date le clocher, haut de 75 m, l'un des plus hauts du Poitou. Forte tour carrée, renforcée à chaque angle de pinacles dentelés et creusés de niches ; flèche ornée à la base de crochets, de clochetons et de lucarnes. L'intérieur a été inversé au XVIIIe s : l'autel a été réorienté à l'ouest, et des portes classiques ont été ouvertes dans le chevet. Un imposant vitrail (fin XVe-XVIIe s et XXe s), représentant un arbre de Jessé, éclaire le large chœur. Les piliers aux chapiteaux joliment sculptés soutiennent une voûte à huit nervures de style gothique angevin (dit « Plantagenêt »). Dans la première chapelle du bas-côté gauche, étonnants mausolées (XVIIe s) de la famille des Baudéan-Parabère, gouverneurs de Niort, représentés surgissant de leurs tombeaux le jour de la Résurrection des morts ! Les films d'horreur n'ont rien inventé... Dans la deuxième chapelle, tableau monumental du XVIIIe s. Dans la troisième, autre toile de Latinville, qui devait avoir signé un gros contrat. Dans la quatrième, enfin, une *Adoration des mages* de 1680. À l'extrémité du bas-côté droit, des fonts baptismaux du XVIe s, qui servirent pour le baptême de Françoise d'Aubigné, future marquise de Maintenon. En sortant, rue Bion, intéressant portail dédié à la Vierge.

« Le » Donjon *(plan couleur B2)* **:** *rue Du-Guesclin. ☎ 05-49-28-14-28. Tlj sf lun 10h-12h30, 14h-17h (18h de mai à mi-sept). Entrée : 3,50 € (4,50 € avec le musée Bernard-d'Agesci) ; gratuit moins de 25 ans. Le* Pass'Patrimoine *donne accès aux tarifs réduits (voir à l'office de tourisme).* En fait, on trouve deux donjons ! Ce sont les éléments centraux et les seuls vestiges de la mégalomaniaque forteresse du XIIe s voulue par Henri II Plantagenêt. Deux énormes tours presque carrées, surmontées de terrasses crénelées légèrement dissemblables : le donjon sud, haut de 28 m, est un parfait exemple d'architecture militaire médiévale (murs épais, archères, mâchicoulis sur arc...) ; le donjon nord est plus modeste avec ses 23 m de haut. Il a, en fait, été reconstruit en 1750, après s'être en partie écroulé. À l'origine, ces frères siamois distants de 16 m étaient reliés par un corps de logis abritant le cellier, la salle d'apparat et le chemin de ronde. Il sera modifié au XVe s. Après avoir servi de prison d'État sous les Bourbons, le Donjon a été, en 1896, transformé en l'un des tout premiers musées ethnographiques de France ! Aujourd'hui, ses belles salles parfois voûtées, agrémentées pour certaines de remarquables charpentes et de cheminées, accueillent différents espaces muséographiques thématiques : sur l'histoire de la ville, sur le donjon lui-même (son architecture, ses spécificités), mais aussi sur le mobilier poitevin du XIXe s et le quotidien de l'époque (collection de coiffes, reconstitution d'un intérieur caractéristique...). Après une halte sur la terrasse nord pour profiter d'un superbe panorama sur la ville et la Sèvre en contrebas, la visite s'achève au commencement, dans les salles basses qui rassemblent les petites sections archéologiques (poteries, parures, armes...). Très complet.

Les halles *(plan couleur B2)* **:** *tlj sf lun.* Vaste marché couvert, du XIXe s. Un style à la Baltard, reconnaissable à ses arceaux de fonte et à ses verrières. Marché et animation garantie les jeudi et samedi matin.

Le Pilori *(plan couleur B2)* **:** *rue Berthomé.* Pilori : un nom à faire frémir, synonyme des souffrances des malheureux exposés à la vindicte populaire... mauvaise pioche ! En guise de poteau de torture, on découvre un curieux bâtiment de plan trapézoïdal, à l'architecture étonnamment compliquée. Construit au XIVe s à l'emplacement du pilori médiéval (ah, quand même !), cet édifice, qui n'est autre que l'ancien hôtel de ville, connut une première campagne d'agrandissement de 1530 à 1535. Façade Renaissance du plus bel effet. Un beffroi a été ajouté au XVIIe s, surmonté au XIXe s d'un clocheton. Une vraie pièce montée ! Il accueille aujourd'hui des expositions temporaires *(gratuit).*

En redescendant vers la Sèvre *(plan couleur B2)*

Au 5, rue du Pont, ***ancienne prison de la ville*** où séjourna le père de Françoise d'Aubigné, future Mme de Maintenon, et où elle naquit. Au n° 23, au milieu d'une venelle, se trouve le vieil *hôtel Chabot* (XVIe s), avec son portail sculpté (et rénové à la va-vite) surmonté d'armoiries et de la coquille Renaissance. Façade à colombages du XVIe s au débouché de la rue du Pont sur le pittoresque quai de la Regratterie où, autrefois, étaient installées les chamoiseries de Niort.

La Coulée verte *(plan couleur A-B1-2)* **:** un vaste espace naturel qui accompagne, sur plus de 20 km, la Sèvre dans sa traversée de la ville. Balade obligatoire ! Des barques sont amarrées sur de petites îles. Peupliers, aulnes et frênes trempent leurs branches dans l'eau. Un avant-goût urbain du Marais poitevin.

Le Moulin du Roc *(plan couleur A2)* **:** *9, bd Main. ☎ 05-49-77-32-32. • moulinduroc.asso.fr •* Un cube de béton posé en bord de Sèvre. Scène nationale avec une programmation ambitieuse et éclectique : ciné d'art et d'essai, théâtre, danse, musique... Expos temporaires intéressantes et gratuites.

Du côté de la gare

Le musée Bernard-d'Agesci *(plan couleur D3) : 26, av. de Limoges. ☎ 05-49-78-72-00. Tlj sf lun 10h-17h (18h de mai à mi-sept). Entrée : 3,50 € (4,50 € avec le donjon) ; gratuit moins de 25 ans. Le* Pass'Patrimoine *donne accès au tarif réduit (se renseigner à l'office de tourisme). Expos temporaires et animations régulières.*
Difficile de reconnaître l'ancien lycée de jeunes filles dans ce bel ensemble entièrement repensé, où les extensions de métal et de verre fusionnent avec la pierre dans une symphonie architecturale harmonieuse. Du beau travail !
Au total, ce sont 5 000 m² qui accueillent des collections aussi riches que variées, car ce musée atypique se définit comme un immense cabinet de curiosités. C'est d'ailleurs ce qui en fait son charme. Chacun y trouvera son compte, entre les animaux naturalisés et les squelettes du département d'histoire naturelle, les tableaux, sculptures, instruments à cordes et faïences de la section des beaux-arts, ou encore le matériel pédagogique du Conservatoire de l'éducation. Une balade très ludique portée par une remarquable muséographie, pour démontrer que la culture est à la fois scientifique et artistique.

1er étage
- Étonnantes galeries des sciences naturelles dont vous admirerez la partie ornithologique fort bien mise en valeur, de même que la petite section minéralogique (et ses étonnants fossiles du Jurassique). Pièces exceptionnelles dans la salle des instruments de mesure, de physique-chimie, d'histoire-géo... Reconstitution émouvante d'une salle de classe d'il y a un demi-siècle, avec son cortège d'objets scolaires qui marquent l'époque, les fameuses cartes géographiques *Hatier*, les livres...
- Section d'art religieux avec des vêtements sacerdotaux d'époque, des ivoires finement ciselés, des céramiques de l'entourage de Bernard Palissy, de superbes émaux de Limoges du XVIe s... Portraits de Pierre Mignard et présentation unique de panneaux historiés venant du château de La Mothe-Saint-Héray (XVIIe s) et reproduisant le cycle de la Bible (toujours de beaux paysages en fond). Puis une intéressante section d'art islamique de Perse, Inde, Asie centrale (splendides aiguières).
- Remarquable section de peinture, surtout flamande et hollandaise du XVIe au XVIIIe s. Peu de peintres très connus, mais beaucoup de « petits maîtres » de haute qualité et de « suiveurs » de talent. Comme cette jolie *Vierge aux raisins* ou le *Salomon et la Reine de Saba* de l'atelier de Francken. En particulier, détailler l'exquise et subtile technique picturale dans le *Vendeur d'oignons.* Après *Création* de Bruegel de Velours, les écoles italienne et française. Superbe *Louis XV* de Van Loo, puis Coypel, Nattier, Bernard d'Agesci...

2e étage
- Peintres et sculpteurs du XIXe s, dont Louis-Georges Brillouin, spécialiste des œuvres historiques d'après les écrits de Victor Hugo et Musset. Section argenterie et rare expo de « modèles » pour décors gravés (comme les couverts de tables). Atelier du célèbre luthier Auguste Tolbecque, belles violes de gambe. Fameuse production de Parthenay, avant d'admirer l'extraordinaire plafond en faïence, l'un des musts du musée ! Des paysages de Corot, suivis d'intéressantes sculptures de Pierre-Marie Poisson. Dans la section XXe s, le très douloureux *La famille veille à Nivelle* de Stani Nikowski, visionnaire expressionniste (qui peint à la façon de James Ensor), et un insolite hommage à Dubuffet.

Certes, on se répète : autant par son contenu que par sa présentation, un musée exceptionnel !

- À noter, face au musée, au nº 25 de l'avenue de Limoges, la maison familiale d'Ernest Pérochon, illustre écrivain régional qui remporta le prix Goncourt avec *Nêne* en 1920, devenue Centre national d'art photographique.

Fête et manifestations à Niort et dans les environs

– ***Foirexpo :*** *10 j. fin avr-début mai, au parc des Expositions. • foirexpo-niort.com •* Produits régionaux, artisanat local, conférences. En 2004, la foire de Niort a eu l'honneur d'accueillir le dalaï-lama.
– ***Les Jeudis de Niort :*** *ts les jeu de l'été.* Spectacles musicaux gratuits en bordure de Sèvre.
– ***Fête des Bateaux fleuris :*** *dernier dim de juil, à* ***Saint-Maxire,*** *à 9 km au nord de Niort. • bateauxfleuris.com •* Sur la Sèvre, depuis 1942, défilés à thème de bateaux décorés de fleurs en papier.
– ***Rencontres de la jeune photographie internationale :*** *pdt 10 j. ; se renseigner car les dates varient. À la Villa Pérochon, tt nouveau centre d'art contemporain photographique. • pourlinstant.com • GRATUIT.* Expositions, rencontres de photographes et artistes.

DANS LES ENVIRONS DE NIORT

Saint-Gelais : *de Niort, prendre la D 743 vers Parthenay, puis à droite la D 8.* Un village charmant et calme, superbement rénové, avec ses maisons de pierre blanche étincelante, qui se serrent autour du château – privé – du XVIe s (façade Renaissance) et de l'église construite au XIIe s.

Le château de Coudray-Salbart : *de Niort, prendre la D 743 vers Parthenay, sortie indiquée (depuis l'A 83, sortie n° 10 Niort-Nord). ☎ 05-49-25-71-07. • coudraysalbart.fr • De mi-avr à mi-juin et sept-début nov, visite libre w-e et j. fériés 10h-12h, 14h-18h ; 15 juin-août, tlj sf mar 10h-12h30, 14h30-18h30, visites guidées à 11h, 15h et 17h. Entrée : 5 € (visite guidée 6 €) ; réduc ; 1 € de remise sur le prix des entrées sur présentation de ce guide. Le* Pass'Patrimoine *donne accès au tarif réduit (se renseigner à l'office de tourisme).*
Construit au début du XIIIe s par les Larchevêque, seigneurs de Parthenay, au-dessus de la Sèvre, voie de communication entre Niort et la Gâtine. Un lieu stratégique qu'il était indispensable de contrôler alors que Capétiens et Plantagenêts se disputaient Poitou et Saintonge. De fait, le château n'a jamais été attaqué ! Abandonné au XVIe s, il ne fut jamais ni remanié ni démantelé. Ce qui en fait aujourd'hui (après des dizaines d'années de chantiers bénévoles de restauration !) le plus bel exemple d'architecture militaire médiévale de la région, situé qui plus est dans un environnement préservé.
La forteresse se divise en deux parties : la basse-cour, vide aujourd'hui (seuls subsistent quelques murs des écuries), et le château. Tout signale encore la vocation militaire de l'édifice : les éperons qui permettaient de dévier les boulets, le pont-levis (restauré) qui protège la tour du Portal, les assommoirs à l'entrée des tours. L'enceinte du château comprenait, pour faciliter le déplacement des troupes, deux niveaux de circulation : le chemin de ronde, aujourd'hui impraticable, au sommet des remparts, et, aménagée dans l'épaisseur des murs, la surprenante « gaine », long couloir voûté, percé d'archères dirigées à la fois vers l'extérieur et l'intérieur de la forteresse. Ce très rare et astucieux système défensif permettait aux assiégés de prendre au piège tout ennemi réussissant à prendre pied dans la cour... puisqu'il n'y avait que très peu d'accès ! Les six tours, rondes et massives, se visitent (selon l'avancée des travaux en cours) : belle salle voûtée à huit croisées d'ogives dans la Grosse Tour, cheminée monumentale, etc.
Animations dans et autour du château.

LA PLAINE NIORTAISE

FRONTENAY-ROHAN-ROHAN

(79270) 2 650 hab. *Carte Deux-Sèvres, A3*

Ancienne place forte des Lusignan, érigée en duché par Louis XIV au bénéfice d'Hercule Mériadec de Rohan. Peu de vestiges historiques dans cette petite ville bien tranquille, aux portes du Marais. Joliment restaurés, la place avec les halles, l'église attenante, ainsi que le petit lavoir à l'entrée du bourg présentent néanmoins un certain charme.

Où dormir dans les environs ?

Chambres d'hôtes Le Logis d'Antan : *140, rue Saint-Louis, 79270 Vallans. ☎ 05-49-04-86-75. • info@logisdantan.com • logisdantan.com • De Frontenay, prendre la D 611 sur 5 km, direction Mauzé, puis la D 1 sur la gauche, direction Vallans ; fléché ensuite. Congés : dernière sem d'oct-1re sem de nov. Double 74 €. Dîner sur résa 28 € tt compris.* *Le Logis d'Antan* a les deux pieds dans l'avenir ! Car la belle maison ancienne d'origine s'est métamorphosée au fil des ans : aux chambres des débuts, rustiques et vieille école, on a ajouté un pavillon moderne isolé dans le jardin. Idéal pour les familles avec ses 2 petites chambres pimpantes, simples et colorées, qui se partagent une salle de bains. Puis on a restauré les dépendances, pour créer un gîte de charme. Et, quitte à bien faire, la piscine ajoute une touche de luxe à cette bien agréable propriété. Bref, une bonne adresse, sans esbroufe et conviviale.

À voir

L'église Saint-Pierre : des travaux d'embellissement du XIIe s, elle conserve son clocher carré percé de deux baies en plein cintre. Portail gothique (et... fatigué), minicadran solaire à l'entrée, et une des plus anciennes cloches du département, fondue en 1537. À l'intérieur, il reste quelques jolis éléments architecturaux, comme les chapiteaux de la chapelle de la Sainte-Vierge figurant un joueur de vielle et un joueur de biniou.

MAUZÉ-SUR-LE-MIGNON

(79210) 2 650 hab. *Carte Deux-Sèvres, A4*

L'ancienne ville close de *Mavzeacum,* dont les remparts furent détruits au XVIe s, devint rapidement une ville-étape pour le commerce (vins, eaux-de-vie) sur la route de La Rochelle. Mais la ville est avant tout fière de son « héros ». Routard avant l'heure, l'enfant du pays s'appelle René Caillié (1799-1838). Il est le premier explorateur français entré à Tombouctou (précédé de 23 Européens qui ne sont jamais arrivés à bon port). Un premier voyage en 1816 jusqu'au Sénégal avec « 60 F pour toute fortune et une paire de souliers neufs ». Quelques galères plus tard, le voilà reparti en 1824 vers le Sénégal, avant d'atteindre, via le haut Niger, Tombouctou, la ville interdite,

en ayant échappé de peu au scorbut. Médaillé de la Société de géographie, il rédige son *Journal d'un voyage à Tombouctou.* Il décède plus tard de la tuberculose, loin de tout... en Charente-Maritime. Depuis, pas moins de trois monuments lui rendent hommage à Mauzé. Tous les ans, le dernier dimanche de juin, une fête lui est consacrée, célébrée par une course à pied, suivie d'une semaine d'animations sur la thématique de l'aventure.

DANS LES ENVIRONS DE MAUZÉ-SUR-LE-MIGNON

Le village d'Usseau : pour son ***centre culturel Pierre-Henri-Mitard,*** à côté de la mairie, présentant des sarcophages mérovingiens découverts localement *(infos auprès de la mairie : ☎ 05-49-04-85-16 ; GRATUIT).* Ce petit musée moderne expose le travail de fouilles effectuées depuis plusieurs années dans la région. Découvertes, techniques de recherche, outils, on peut voir une grande salle recomposant le chantier, avec les sarcophages au sol, et une autre à l'étage, plus petite, expliquant la vie d'Éléonore d'Olbreuse, « la grand-mère de l'Europe », car elle est l'ancêtre de la plupart des dynasties européennes.

Chambres d'hôtes Le Logis d'Antigny : *5, rue de la Serpe, 79210* ***Usseau.*** *☎ 05-49-75-53-70. • lelogisdantigny@gmail.com • Dans le village d'Antigny, à env 1 km d'Usseau. Ouv avr-oct. Doubles 69-90 €. Table d'hôtes sur résa 27 € tt compris.* Un point de chute intéressant à mi-chemin du *Zoodyssée* de Chizé et du Marais poitevin, d'autant que les chambres, confortables et agréablement décorées de façon thématique, occupent une belle et imposante longère du XIXe s rénovée avec soin. Accueil sympathique.

CHIZÉ ET SA FORÊT (79170) *Carte Deux-Sèvres, A4*

Au Moyen Âge, la vaste forêt d'Argenton couvrait toute la région. Le temps (et l'homme surtout !) ayant fait son œuvre, la forêt de Chizé est, avec celle d'Aulnay, l'un des derniers vestiges de cette immensité verte. Sur près de 5 000 ha, elle recèle hêtres, charmes, chênes et quelques rares conifères. Dans les années 1950, l'armée américaine avait installé une base et ses *GI's,* remplacés depuis par les chercheurs du Centre d'études biologiques des animaux sauvages, dépendant du CNRS. Évidemment, l'accès de la forêt est, à cet endroit, toujours interdit au grand public. Les 2 000 ha clos répondant au doux nom de « réserve biologique intégrale » ne sont accessibles que dans le cas des sorties crépusculaires organisées par le Zoodyssée. Vous vous consolerez donc avec la visite de ce fameux Zoodyssée, les petites routes en plan étoilé, idéales pour les balades à vélo, et les nombreux sentiers de randonnée (carte IGN Frontenay-Rohan-Rohan).

Où dormir?

Prix moyens

Chambres d'hôtes chez Mme Bonneau : *moulin de Thibault, 20, rue des Ponts-de-Boutonne, à Chizé. ☎ 05-49-76-77-03. Sur la D 1, direction Villefollet, à droite juste avt de passer le petit pont sur la Boutonne. Double 55 €. Réduc de 10 % à partir de 2 nuits sur présentation de ce guide.* Cadre rustique à l'ancienne, avec une petite vue sur la rivière Boutonne. Chambres simples mais agréables, avec de beaux meubles anciens. La plus sympa dispose d'un balcon surplombant les jardins. On est accueilli par Huguette, qui a son caractère mais aussi toujours le souci de faire plaisir.

À voir. À faire

Zoodyssée : *parc animalier de faune européenne en forêt de Chizé (fléché à partir de Beauvoir-sur-Niort ou de Chizé), à 20 mn au sud de Niort. ☎ 05-49-77-17-17. • zoodyssee.org • D'avr à mi-sept, tlj 10h-19h (18h avr et sept) ; de mi-fév à fin mars et de mi-sept à mi-nov, tlj sf mar hors vac scol 13h30-18h. Fermé le reste de l'année. Entrée : env 11,50 € (supplément calèche 4,20 €) ; réduc ; gratuit moins de 4 ans. Circuit commenté en calèche tlj en juil-août, aire de jeux pour enfants et restauration sur place (tlj avr-août, bon marché). Animaux domestiques interdits.*
Tout a commencé en 1973. Le CNRS avait ouvert à l'époque un premier site pour présenter au grand public les espèces sur lesquelles il travaillait. Repris en main par le conseil général, Zoodyssée est aujourd'hui une immense structure en constante évolution : rien de moins qu'une trentaine d'hectares au cœur de la forêt, où des centaines d'animaux représentant près de 80 espèces évoluent dans de vastes espaces arborés ! De quoi offrir aux visiteurs un large panorama de la faune européenne : reptiles, mammifères sauvages (loup, lynx, bison...) ou domestiques (baudet du Poitou, l'« âne rasta » !), et même des races reconstituées comme l'auroch, disparu depuis le XVIe s.
Zoodyssée comprend en réalité trois parties bien distinctes. Le *Petit Parc,* qui s'apparente à un parc animalier classique, est jalonné de kiosques thématiques (sur l'audition, la vision, la nutrition, la reproduction...) et concentre des enclos plus petits, des bassins, des volières, où tout est fait pour faciliter l'observation des animaux : terriers vitrés, fosses de vision, tours d'observation, et même une miniferme qui fait la joie des petits ! Si les adorables chèvres se laissent caresser, il faudra en revanche vous équiper de jumelles (prêtées à l'entrée) lorsque vous pénétrerez dans le *Grand Parc,* la seconde partie du site, qui se démarque par d'immenses espaces permettant aux troupeaux de daims, sangliers, et autres mouflons de gambader à leur aise. Un spectacle tout simplement étonnant. Quant à la troisième partie de ce parc atypique en cours de développement, elle comprendra, à terme, un itinéraire dans une plaine d'antan reconstituée et une halte dans une ferme, pour évoquer en détail le monde rural et sensibiliser le public à l'environnement, avant de se conclure par la traversée haute en couleur et en émotion d'une superbe volière de 2 000 m² ! Une visite assurément ludique et définitivement pédagogique, surtout après un passage par l'animalerie pour découvrir les couveuses ! Animations régulières en été et sorties guidées...

LE MELLOIS

Un pays de doux vallonnements et de fraîches prairies. Si les baudets du Poitou, dont le Mellois a longtemps tiré sa réputation et sa richesse, ont presque disparu, ici plus qu'ailleurs, le département mérite son surnom de « Deux-Chèvres »... Ses fromages (dont le fameux chabichou) s'inviteront automatiquement à votre table (possibilité de suivre la route du Chabichou !). Un pays de rivières (dont les quatre B : Boutonne, Belle, Berlande et Béronne), ponctué de moulins, de lavoirs et de fontaines. Une région de forêts plantées de châtaigniers, de noyers et de pins parasols, où, sur les chemins creux, les randonneurs ont remplacé les protestants qui, autrefois, se rendaient discrètement à leurs assemblées. Un pays de paisibles et superbes villages avec leurs maisons aux toits dorés et leurs murets de pierres sèches. Et un patrimoine historique d'une exceptionnelle richesse.

MELLE

(79500) 3 800 hab. *Carte Deux-Sèvres, B4*

Perchée au-dessus de l'étroite vallée de la Béronne, la ville doit avant tout son existence au plomb argentifère découvert par les Francs, qui implantèrent dans la cité un important atelier monétaire. Melle devint également célèbre avec sa trilogie romane qui fait aujourd'hui chavirer d'émotion les amateurs : Saint-Savinien, Saint-Hilaire (classée au Patrimoine mondial de l'Unesco) et Saint-Pierre. Trois églises destinées à accueillir les pèlerins empruntant le grand chemin de Saint-Jacques aux XIe et XIIe s.
Longtemps aussi, la ville fut réputée pour son centre d'élevage de mules et de baudets du Poitou : on venait de très loin (même d'Espagne !) pour en acheter lors des foires. La motorisation des campagnes a mis fin à la carrière de ce sympathique animal, même si certains y reviennent. Aujourd'hui, Melle mise beaucoup sur le tourisme, grâce à son patrimoine exceptionnel. Sympathique et dynamique, Melle est une belle surprise, une ville « nature », classée à juste titre parmi les petites cités de caractère.

Adresse utile

i ***Office de tourisme du Pays mellois :*** *3, rue Émilien-Traver. ☎ 05-49-29-15-10. • officedetourisme@paysmellois.org • Ouv tte l'année : 15 juin-15 sept, tlj sf lun mat 9h30-12h30 (10h-13h sam-dim), 14h-17h30 (18h sam-dim) ; en mi-saison, fermé le mat dim-lun ; déc, fermé dim et lun mat.* Visites guidées de la ville toute l'année pour les groupes (sur réservation). Bien documenté et très compétent. Brochures détaillées et gratuites à disposition, ainsi que des fiches pédestres (payantes).

Où dormir ? Où manger ?

Camping

La Fontaine de Villiers : *rue de Villiers. ☎ 05-49-27-18-04 (en saison) ou à la mairie. • contact@ville-melle.fr • decouvertes.paysmellois.org • Ouv 15 avr-15 oct. Forfait env 9 € pour 2. 26 empl. Réduc de 10 % pour les adhérents : Camping Club Caravaning, Fédération française de cyclotourisme, Auto camping caravaning de France, Caravaning club de France.* Petit camping simple et agréable, idéalement situé dans un lieu calme et reposant au pied de la ville, non loin de l'église Saint-Pierre et du lavoir. Emplacements ombragés et séparés par de petites haies champêtres, sanitaires bien entretenus, petite aire de jeux pour enfants. Proche de la piscine et d'un sentier de randonnée remarquable pour ses collections nationales d'arbres et de rosiers.

De bon marché à prix moyens

Hôtel-restaurant Les Glycines : *5, pl. René-Groussard. ☎ 05-49-27-01-11. • contact@hotel-lesglycines.com • hotel-lesglycines.com • Resto fermé dim soir, plus ven soir et sam midi nov-fév. Congés : 2e et 3e sem de janv. Doubles 65-85 € selon confort et saison. Formules et menus 11,30-12,90 € (midi sf dim côté brasserie), puis 21,50-44,50 €.* Une adresse connue de longue date pour sa cuisine de terroir soignée, parfois réinventée de façon contemporaine, et servie dans un cadre moderne et agréable. Quant aux chambres, pas toujours très grandes, elles ont été rénovées dans un style actuel classique. Une bonne étape.

Chambres d'hôtes Tony et

LES DEUX-SÈVRES

Violette Gurr : *26, rue de la Gour. ☎ 05-49-29-96-61. • tony.gurr@wanadoo.fr • De la rue principale, monter au marché et passer sous l'arche ; c'est à 500 m à droite. Double 75 €. Table d'hôtes 30 € (sur résa).* Une belle adresse, surtout pour nos lecteurs motards (l'hôte l'est lui-même), qui occupe une grande demeure bourgeoise de charme dans un environnement serein. À l'intérieur, mobilier ancien choisi avec goût, rampe en bois sculpté. Chambres plaisantes : au 1er étage, avec salle de bains privée (à côté de la chambre) ; au 2e étage, 3 mansardées pour famille ou amis et salle de bains commune (mais si c'est un couple seul, on lui donne l'exclusivité de l'étage). Beau jardin avec piscine et tennis. Accueil vraiment sympa.

Restaurant La Côte de Bœuf : *26, Grand-Rue. ☎ 05-49-29-08-81. Tlj sf dim soir, lun et mar soir. Formules 9-11 € (midi en sem), puis 14,90-24,90 €. Café offert sur présentation de ce guide.* Avec sa petite salle conviviale et sa terrasse en contrebas de la place des Halles, cette adresse sympathique est l'endroit idéal pour passer une soirée agréable et sans chichis en ville : bons plats de viande limousine (excellentes grillades) et grosses salades, le tout d'un bon rapport qualité-prix.

L'Argentière : *route de Niort. ☎ 05-49-29-13-74. • restaurant largentiere@wanadoo.fr • Tlj sf dim soir et lun. Menus 21 € (midi en sem)-46,50 €. Parking. Café offert sur présentation de ce guide.* Un grand classique dans le secteur. Familles bourgeoises, retraités réjouis et hommes d'affaires investissent en force ce cadre sobre et contemporain, notamment le midi pour les formules typées brasserie. Le soir, on se délecte d'une cuisine traditionnelle réactualisée, élaborée avec de bons produits régionaux. Carte évoluant bien sûr au gré des saisons.

Où dormir ? Où manger dans les environs ?

Couette et Potager d'Antan : *Coubortiges, 79500* ***Pouffonds.*** *☎ 05-49-29-95-13. • couette.et.potager@orange.fr • coubortiges-gites.com • À 6 km de Melle. Prendre la D 948 en direction de Sauzé-Vaussais, puis à droite, direction Pouffonds (D 44) ; fléchage jusqu'à Coubortiges. Double 52 € ; gîte 4 pers 280-480 €/sem. Table d'hôtes sur résa 19 €, boisson comprise ; les légumes viennent directement du potager. Réduc de 10 % sur le prix de la chambre à partir de 3 nuits consécutives, hors juil-août, sur présentation de ce guide.* Une chambre d'hôtes de charme, très impliquée dans le respect et la préservation de l'environnement, retirée au cœur d'un joli village coupé du monde. À peine arrivé, on se laisse envahir par l'atmosphère sereine qui en émane : les abeilles de la maison butinent dans le jardin, les beaux bâtiments en pierre de pays somnolent au soleil, et les chambres coquettes et confortables sont un appel au farniente. La « Campagnarde », notamment, accueille jusqu'à 4 personnes (avec « cuisinette »). Les fumets qui s'échappent de la cuisine mettent en appétit les plus récalcitrants... Quant aux 2CV à louer, elles permettent aux amateurs de s'offrir une virée vintage haute en couleur ! Irrésistible, comme l'accueil tout sourire.

Ferme-auberge du Vieux Four : *à 7 km au nord-est de Melle, au cœur du petit bourg de* ***Saint-Vincent-la-Châtre.*** *☎ 05-49-29-94-25. • vieuxfour@mellecom.fr • mellecom.fr/fastvincent • Double 50 €. Table d'hôtes tlj sur résa à partir de 17,50 €.* La belle ferme de Betty et Jean-Luc Boutin ressemble à une grande maison bourgeoise fleurant bon, dès la porte poussée, les produits du terroir. Que de bons produits, en somme, à déguster dans une salle rustique auprès de la cheminée, ou sous la grange par beau temps. Piscine pour les résidents des chambres d'hôtes (confortables et joliment aménagées dans un style champêtre). Accueil très sympa.

À voir

L'église Saint-Savinien : en plein centre. La plus ancienne des églises de la ville, édifiée entre la fin du XIe et le début du XIIe s, dans l'enceinte du castrum féodal. Clocher carré posé sur une nef unique. Le portail principal est composé d'un linteau (en bâtière) et d'un tympan nu, plus auvergnat que poitevin. On y distingue encore un christ nimbé, debout entre deux lions. Au-dessus de la porte, d'autres sculptures archaïques : chevalier, oiseau, cerf, poisson, lutteurs ainsi que, eh oui, un couple en train de faire l'amour ! Désaffectée, l'église Saint-Savinien a été considérablement aménagée pour servir de prison de 1801 à 1926. Grâce à une lente rénovation amorcée dans les années 1960, l'intérieur a désormais retrouvé son exemplaire sobriété : belle abside voûtée qui contraste avec la charpente de la nef. L'une des pierres tombales, celle de Pierre-Saturne Houlier, a inspiré à La Fontaine son conte *Le Juge de Mesle.*

Le vieux Melle : du riche passé féodal de la ville ne subsistent que quelques vestiges. Des portions de tours dans la partie des murailles qui domine la rue de la Petite-Motte, d'autres tours, rue de la Motte et rue des Fossés, et une partie du mur d'enceinte, porte Saint-Jean. Au hasard des petites rues aux noms délicieusement pittoresques (Tire-Boudin, Roule-Crotte !) et aux murs de pierres sèches, on découvre encore quelques vieilles maisons, dont certaines à colombages comme celle du no 1, Grand-Rue. Dans l'une d'entre elles naquit le futur général Charles Aymé, baron d'Empire, et chef d'état-major des armées du maréchal Murat, roi de Naples. Certaines rues piétonnes sont joliment éclairées la nuit.

L'hôtel de Ménoc : rue Émilien-Traver. Façade néogothique (et flamboyante !). Côté square, deux tours originales du XVe s, flanquées de tourelles en encorbellement (échauguettes). Élégantes fenêtres à meneaux. Abrite le palais de justice et, de juin à septembre, des expositions (années impaires). La salle des pas perdus accueille aussi des expositions.

L'église Saint-Pierre : aujourd'hui désaffectée. De style roman poitevin, elle dresse sa silhouette de calcaire ocre sur une terrasse au-dessus de la Béronne. Édifiée au début du XIIe s. Massif clocher à arcatures aveugles. Observez l'incroyable décoration du monument. Depuis le chevet, magnifique, chaque fenêtre de l'abside et des absidioles est ornée d'un motif différent : étoiles, cylindres, losanges, palmettes, etc. Sous la corniche : masques humains et têtes d'animaux. Le portail sud présente une niche abritant le Christ en majesté. Entre le portail et la niche court une corniche à modillons, là encore sculptés : centaures, agneau pascal, symboles des évangélistes et des signes du zodiaque.
Le décor intérieur n'est pas mal non plus. Chapiteaux tout aussi richement sculptés sur d'énormes piliers. Le plus beau : la Mise au tombeau du Christ (deuxième pilier face à la porte) ; le plus drôle : le tireur d'épine (à droite de la porte). Coupole octogonale à la croisée de transept. Dans le bas-côté gauche, tombeau du bachelier inconnu (!), fondateur de la Bachellerie, confrérie médiévale qui regroupait les jeunes gens destinés à devenir... bacheliers. Sur la place, devant l'église, sarcophage qui aurait contenu son corps.

De là, on peut prendre la route sur la gauche, puis le sentier menant au ***lavoir de Villiers,*** bassin ovale, rare dans l'ouest de la France, protégé par une charpente octogonale percée d'arcades.

L'église Saint-Hilaire : rue du Pont-Saint-Hilaire.
Au bord de la Béronne, la plus importante et la plus connue des trois églises de Melle. Édifiée entre la fin du XIe et le début du XIIe s. Chevet très sobre, avec des chapelles rayonnantes coiffées de tuiles, et une façade harmonieuse flanquée de clochetons coniques. La façade nord, la plus en vue, témoigne de l'énorme

importance accordée à la sculpture par l'art roman poitevin. Thèmes récurrents et pédagos : Luxure dont deux chimères dévorent les seins, Vertus casquées qui piétinent les Vices...
Histoire que le pèlerin, bluffé par la magnificence de l'extérieur, ne soit pas déçu en pénétrant dans l'église, les bâtisseurs romans sont allés jusqu'à sculpter l'intérieur du portail qui fait face à l'entrée ! Nef immense. Voûte en berceaux brisés soutenus par des colonnes quadrilobées. Chapiteaux aux décors naïfs et variés : chasse au sanglier, arbre de vie, joueurs de vielle à archet et de psaltérion, chat à deux corps, etc. Le chœur, le transept et l'abside ont été restaurés au XIXe s, après que Prosper Mérimée, alors inspecteur des Monuments de France, s'est inquiété de leur état d'abandon. Depuis 1998, Saint-Hilaire est inscrite par l'Unesco au Patrimoine mondial de l'humanité comme étape sur les chemins de Saint-Jacques-de-Compostelle. En 2011, une œuvre contemporaine réalisée par le designer Mathieu Lehanneur a été installée dans le chœur de l'église.

Les mines d'argent des rois francs : *en contrebas de la ville (fléché). ☎ 05-49-29-19-54. • mines-argent.com • Avr-2 nov, tlj ; les contacter pour connaître les horaires des visites. Entrée : 8 € ; réduc. Visite guidée pleine de faconde et d'érudition. Env 1h30.*
Ne rêvez pas : ces mines carolingiennes (exploitées du VIIe au Xe s), redécouvertes en 1830, fournissaient en fait de la galène argentifère, qui contient beaucoup plus de plomb que d'argent. Connues dès l'époque romaine, elles sont les plus anciennes de France, sinon d'Europe. Au VIIe s, sous le bon roi Dagobert, Melle payait déjà un impôt en plomb pour aider à la construction de la basilique Saint-Denis, en région parisienne. À l'époque carolingienne, un atelier monétaire lié à l'exploitation des mines s'implante à Melle. Charles le Chauve lui donne l'exclusivité de la frappe de la monnaie (deniers, oboles) pour la grande Aquitaine. L'atelier fonctionnera jusqu'en l'an 1000 avec l'une des plus grandes diffusions de pièces de l'époque.
Après un topo historico-géologique bien monté (vidéos et panneaux clairs) vient le moment tant attendu de la visite du site. Sur la trentaine de kilomètres de galeries creusées par l'homme, 350 m se visitent aujourd'hui. Une bande sonore recrée l'atmosphère de la mine pendant la balade, tandis que les éclairages mettent en valeur les géodes où se cristallise la galène, les cheminées d'aération et les traces d'oxydation de la roche (créées lorsque les mineurs la faisaient éclater). À la sortie des galeries, un curieux tipi en métal abrite trois fours. Il s'agit de modèles expérimentaux reconstitués à partir de documents anciens pour transformer et réduire le plomb et, par coupellation (technique chère aux alchimistes), en extraire l'argent. Des démonstrations ont lieu en été.
À côté, un jardin des plantes du haut Moyen Âge (carolingien) avec plantes médicinales et légumes oubliés (chou-palmier, dolique, cardère, mandragore, etc.).

MONNAIE « SONNANTE ET TRÉBUCHANTE »

Dès le Moyen Âge, les faux-monnayeurs étaient punis d'ébouillantage. Ce crime de lèse-majesté affaiblissait le pouvoir royal. Cette forfaiture a même été à l'origine de révoltes. Pour distinguer une bonne monnaie, on la faisait tomber (son bruit « sonnait » juste) et on la pesait avec une petite balance (un trébuchet).

La collection de motocyclettes Monet & Goyon : *espace Sainte-Catherine, près de la poste. ☎ 05-49-27-90-18. • mellecom.fr/monetgoyon • Juil-août, tlj 10h-12h, 14h30-18h30 ; juin et sept, slt w-e 14h30-18h30 ; hors saison, sur résa. Entrée : 3 € ; réduc.* Lustrées avec amour, entretenues avec passion, les incroyables machines estampillées Monet & Goyon brillent de mille feux sous le regard émerveillé des visiteurs. Car ces mécaniques des années 1920 à 1950 sont bien vivantes, toutes en parfait état de marche. Bicyclette à moteur, 175 cc des années 1920 et grosses cylindrées d'après guerre, autant de modèles rares qui constituent la plus importante collection de France sur le sujet.

À faire

➢ ***L'arboretum du chemin de la Découverte de Melle :*** *randonnée de 6 km Très bonne petite brochure gratuite à l'office de tourisme.*
Un magnifique parcours botanique primé. Il est constitué de deux tronçons de voies ferrées désaffectées, transformés en arboretum.
Une cinquantaine d'essences rares en Europe retiennent l'attention par leurs diverses écorces colorées. Le long de l'ancienne voie qui remonte vers la gare et le pont du chemin de fer, mille espèces d'arbres ou arbustes à feuillage caduc alternent avec une centaine de rosiers botaniques et de roses anciennes. Non loin du pont SNCF, le lavoir de Villiers et la fontaine qui l'alimente ont été construits vers 1852. Site classé par le Conservatoire des collections végétales spécialisées et troisième arboretum de France pour le nombre de collections.

Manifestations

– ***Biennale internationale d'art contemporain :*** *juil-août, ts les 2 ans (années impaires). ☎ 05-49-29-15-10 (office de tourisme).* Expositions et intéressantes créations d'artistes contemporains dans toute la ville (en extérieur, chez les commerçants et dans les églises Saint-Pierre et Saint-Savinien, dans la galerie de l'office de tourisme et à l'hôtel de Ménoc).
– ***Les Nuits romanes :*** *• nuitsromanes.poitou-charentes.fr •* Plus de 150 spectacles dans les plus belles églises romanes de toute la région.

CELLES-SUR-BELLE (79370) 3 480 hab. *Carte Deux-Sèvres, B3*

« Celles » vient de *cella* en latin, qui signifie « petit monastère ». Lieu de pèlerinage depuis longtemps, Clovis serait même venu y prier après sa victoire sur les Wisigoths à Vouillé. Puis les Jacquets, en chemin vers Compostelle, s'y arrêtaient pour vénérer une statue de la Vierge, prétendument miraculeuse. Cette fréquentation a transformé le modeste prieuré de Celles en une abbaye prospère qui accueillit d'autres prestigieux pèlerins : l'assidu Louis XI, qui exempta les habitants du bourg de tout impôt et taille, le pape Clément V et François Ier. L'église et l'abbaye furent en partie détruites pendant les guerres de Religion, le reste étant par la suite transformé en prison sous la Révolution. En 1899, le pèlerinage renaît, toujours vivace aujourd'hui, sous le nom de « septembresche ». Depuis, on vient découvrir cette impressionnante abbaye, et son petit village qui compte de beaux logis des XVIe et XVIIe s. Les pèlerins ne s'y sont pas trompés...

Adresse utile

ℹ ***Office de tourisme :*** *dans le pavillon d'entrée de l'abbaye. ☎ 05-49-29-15-10. • officedetourisme@paysmellois.org • De mi-mai à mi-juin et de mi-sept à mi-oct, mar-mer et ven 10h30-12h30, 14h30-17h30 ; de mi-juin à mi-sept, tlj 10h30-12h30, 14h30-18h30 ; hors saison, ouv slt mer.* Bonne documentation et accueil très sympa.

Où dormir ? Où manger à Celles et dans les environs ?

Hostellerie de l'Abbaye : *1, pl. des Époux-Laurant (pl. de l'Église), à Celles. ☎ 05-49-26-03-18. • hostellerie-de-abbaye.fr • Tlj sf sam midi et dim soir. Congés : 1 sem à Noël. Doubles 63-71 €. Formules déj en sem 11,50-13,50 € ; menus 29-48 €.* Malgré le nom, cette hostellerie ne fait pas dans le médiéval, bien au contraire ! Totalement rénovée dans une déco contemporaine et chaleureuse, elle propose côté resto une cuisine de saison élégante et soignée (plus simple le midi, lorsque le service se fait dans la brasserie cosy, mais le rapport qualité-prix est épatant !), et côté hôtel des chambres modernes, sobres et tout confort. La familiale est même atypique, avec un salon, 2 chambres et 2 salles de bains ! Une excellente adresse, tenue par une équipe sympa et efficace.

Chambres d'hôtes La Groie-L'Abbé : *La Groie-L'Abbé. ☎ 05-49-75-81-93. • la.groie.labbe@gmail.com • lagroielabbe.com • À env 1 km sur la D 948 en direction de Niort. Pas d'arrivée dim soir pour 1 nuit. Doubles 53-58 € ; également 3 gîtes. Réduc de 10 % sur le prix de la chambre, hors juil-août, sur présentation de ce guide.* On est bien chez Véronique. Sa maison est belle (une ferme du XIXe s, autrefois métairie de l'abbaye royale), ses chambres joliment aménagées et tout confort (celle en duplex a les faveurs des amoureux avec son lit à baldaquin, tandis que la familiale est une vaste suite), et ses parties communes bien pensées : salon sympa, cuisine à dispo, et même une bibliothèque et un vélo d'appartement pour les accros ! On est gâtés !

Chambres d'hôtes La Ferme de Magnantru : *Magnantru, 79170* ***Périgné.*** *☎ 05-49-07-20-50. • jean.pierre-charlesdemagnantru@orange.fr • lafermedemagnantru.com • À env 10 km au sud-ouest par la D 119 ; bien indiqué depuis Périgné. Doubles env 62-67 €. Table d'hôtes sur résa 25 €.* En pleine campagne, cet ensemble de beaux bâtiments en partie recouverts de glycines est une vraie carte postale ! L'intérieur ne déçoit pas : vaste salon rustique, chambres tout confort, de bonne taille et joliment aménagées dans un style champêtre par la charmante propriétaire. Quant à la cuisine, elle est élaborée avec les produits bio de la ferme. Un sans-faute !

À voir

L'église Notre-Dame : ancienne abbatiale à l'histoire mouvementée. Reconstruite en partie sous Louis XI, puis détruite pendant les guerres de Religion en 1568, l'église a été relevée 100 ans plus tard (mais dans le style du XVe s) par l'architecte François Leduc, dit Toscane. Dans le narthex, curieux portail roman polylobé qui provient de la première abbatiale (XIIe s). Extraordinaire décor rayonnant qui révèle une influence orientale (hispano-arabe, voire persane). Un monumental escalier accède à la nef néogothique qui frappe par sa luminosité, son architecture élancée et ses dimensions : longue de 70 m, large de 27 m et haute de 18 m. Sur les côtés, inhabituelles larges arcades. Extrême finesse des colonnes se terminant en voûtes en palmier. Au fond du chœur couvert de belles voûtes complexes à clés pendantes, statue de Notre-Dame de Celles, belles stalles au sobre décor (XVIIe s) et inscription en latin qui rappelle l'histoire de l'église.

L'abbaye royale : *• abbaye-royale-celles.fr • Visite guidée de mi-juin à mi-sept, tlj 10h30-12h30, 14h30-18h30 ; de mi-avr à mi-juin et de mi-sept à mi-oct, slt mar-mer et ven (☎ 05-49-32-92-28). Entrée : 5,50 € ; réduc ; gratuit moins de 14 ans.* Du XVIIe s, elle est également l'œuvre de Leduc. Précédée par un beau jardin à la française et deux ravissants pavillons qui en marquent l'entrée, l'imposante façade (83 m de long) en pierre de taille biseautée a fière allure avec ses pilastres ioniques. Elle est toutefois bizarrement déséquilibrée. L'escalier est complètement décentré, et pour cause : l'aile droite du bâtiment n'a jamais été construite ! Dans le vestibule, un escalier avec une gracieuse rampe en fer forgé. Immense réfectoire voûté en ogive, doté d'une monumentale cheminée ornée de motifs sculptés et de larges baies, donnant, comme la terrasse, sur le jardin, le parc et la vallée de la Belle. Ces abbés-là (Talleyrand en fut) savaient vivre ! À voir aussi, de nombreuses expositions dans la salle du « Pilier ». Du déambulatoire, adossé au chevet de Notre-Dame, on peut apercevoir les vestiges de l'ancienne église paroissiale Saint-Hilaire (crypte du XIIe s). Au coucher du soleil, le parc, la bâtisse et les jardins à la française, le moulin et son jardin sont superbes.

La Maison des fromages de chèvre de Charentes-Poitou : *1, av. de Niort. ☎ 05-49-16-67-16. Mar-ven 9h-12h30, 14h-18h ; sam 9h-12h30. GRATUIT.* Petit espace moderne et dynamique, où une exposition à la muséographie ludique (audios, jeux interactifs, collections de faisselles...) permet de tout apprendre, ou presque, sur nos amies les biquettes, tandis qu'un comptoir propose une belle sélection de fromages.

CAPRINS DEVINS

La chèvre a une caractéristique insolite : elle est dotée de pupilles... rectangulaires ! Pas étonnant dans ces conditions qu'au Moyen Âge on lui attribuait des pouvoirs surnaturels, comme celui de voir le futur !

Manifestations

- ***Animations d'été :*** *mai-sept.* Divers événements organisés dans l'abbaye royale ; expos temporaires, concerts et spectacles, etc. Programme disponible à l'office de tourisme.
- ***Master classes de musique :*** *pdt l'été.* En présence de musiciens prestigieux.
- ***Lumières du baroque :*** *1 sem fin août-début sept, dans l'abbaye royale.* Festival de musique baroque.
- ***Festival Le Monde à l'envers :*** *18-23 sept.* Poètes, plasticiens, musiciens, performeurs.

LES DEUX-SÈVRES

DANS LES ENVIRONS DE CELLES-SUR-BELLE

Le plan d'eau du Lambon : *à 5 km au nord par la D 103. • lelambon.com • Ouv tte l'année.* Base de loisirs avec un lac de 15 ha et de nombreuses activités et services.

Le musée du Poitou protestant : *à **Beaussais,** accès par la D 103 jusqu'à Vitré, puis la D 108. ☎ 05-49-32-83-16. • museepoitouprotestant.com • ♿ De mi-avr à fin juin et sept-oct, w-e et j. fériés 14h30-18h ; juil-août, mar-sam et j. fériés 10h30-12h, 14h30-18h30. Entrée : 5 € ; réduc.*
Visite guidée intéressante dans le temple de Beaussais – église romane du XIIe s remise aux protestants suite au Concordat en 1803 – qui comprend un petit parcours-spectacle ludique. En quatre scènes, un instituteur du XVIIe s, exilé en Hollande suite aux persécutions, raconte à sa fille Marie l'histoire des protestants du Poitou : l'arrivée de Jean Calvin à Poitiers et les idées de la Réforme, les guerres de Religion conclues par la signature de l'édit de Nantes, sa révocation en 1685 par Louis XIV avec ses conséquences tragiques, notamment en Poitou (dragonnades, métiers interdits aux protestants, destruction de temples).

Évocation du Désert, époque où l'interdiction d'exercer leur culte oblige les protestants à tenir des assemblées secrètes, dans la campagne, au « désert ».
Un sentier huguenot relie Beaussais à La Couarde, à 3 km. On peut, chemin faisant, apercevoir des cyprès qui signalent les tombes clandestines des protestants, bannis des cimetières paroissiaux par la révocation de l'édit de Nantes (de même, le pin parasol planté devant une maison indiquait une habitation huguenote). Une anecdote : devant l'augmentation de cette pratique, l'administration l'officialisa et publia une loi qui « autorisait l'inhumation clandestine » !

CHEF-BOUTONNE

(79110) 2 220 hab. *Carte Deux-Sèvres, B4*

Le nom de ce gros bourg signifie « tête de la Boutonne », rivière qui prend sa source au pied de l'ancien château féodal de Chef-Boutonne. Il ne reste que quelques vestiges de cette vieille place forte, dont un large pan de murailles, mais la balade dans le quartier permet de découvrir de belles venelles pittoresques et le lavoir. En revanche, la ville sœur Javarzay (Chef-Boutonne a avalé sa proche voisine) peut s'enorgueillir d'un joli château, qui fut la demeure de Jean-François Cail (1804-1871), modeste apprenti chaudronnier devenu l'une des grandes figures du monde industriel au Second Empire (il avait comme hôtel particulier la mairie du 8e arrondissement à Paris !). D'abord spécialiste de la distillerie du sucre, il fera ensuite sortir de ses usines les locomotives Crampton qui vont tirer le train impérial du tsar de Russie et celui du vice-roi d'Égypte. Il fut aussi l'un des premiers (en 1848) à créer une association ouvrière au sein d'une de ses entreprises, et il fonda, en son temps, l'étonnante ferme industrielle et expérimentale de La Briche en Indre-et-Loire.
Notez qu'ici se tiennent tous les ans (depuis 1821) la traditionnelle foire aux pirons, le 26 juin, ainsi qu'un tournoi international de tennis de table, parmi les plus importants de France !

UN VILLAGE DANS LE VENT

Dans le vieux quartier de Chef-Boutonne, ce ne sont pas les antennes de télévision qui fleurissent sur les toits... mais les girouettes ! En métal ou en bois, fabriquées maison par des enthousiastes, elles sont désormais plus de 150 à valser au gré des alizés. Chaque année, de nouvelles créations drôles et originales enrichissent ce véritable musée à ciel ouvert.

Où dormir ? Où manger dans les environs ?

Le Moulin : *au moulin de* ***Tréneuillet.*** *☎ 05-49-29-73-46. • info@campingchef.com • campingchef.com • ♿ À la sortie de la ville, sur la route de Brioux. Ouv tte l'année. Forfait 14,70 € pour 2 en hte saison ; mobile homes 180-400 €/sem. CB refusées. 30 empl.* Petit camping très mignon, parfaitement entretenu : beau gazon, massifs taillés et fleurs de rigueur ! Propret, en retrait de la route et au bord de la Boutonne, il est très prisé par nos amis britanniques. Resto à prix doux en saison. Terrasse bien agréable au bord de la piscine.

Auberge et chambres d'hôtes La Prairie : *79110* ***Hanc.*** *☎ 05-49-29-67-82. • denisprairie@gmail.com • laprairie-hanc.com • ♿ À 6 km de Chef-Boutonne par la D 740 en direction de Villefagnan. Resto sur résa du ven soir au dim midi (en sem sur* *demande). Double 61 € ; tarif dégressif. Menus 17-38 €.* Dans un secteur dépourvu en chambres d'hôtes, *La Prairie* est une halte bienvenue. La maison, très modernisée et indépendante de celle des propriétaires, occupe un terrain agréable à flanc de colline. Au rez-de-chaussée, une grande salle à manger où l'on sert une cuisine de terroir classique ; à l'étage, des chambres sobres, confortables et impeccables, dotées de quelques meubles de famille pour la petite touche terroir. L'accueil sincère et la piscine en font une bonne option dans la région.

À voir

Le château de Javarzay : *à la sortie de Chef-Boutonne, en direction de Brioux. ☎ 05-49-29-86-31. De mi-avr à début nov, tlj sf lun et mer 15h-18h (juil-août, tlj sf le mat sam-lun 10h-12h, 15h-18h). Entrée : 4 € ; réduc.*
Ce qui reste d'un château Renaissance, construit en 1514 ; Henri IV s'y arrêta à deux reprises. Ce fut l'un des plus importants châteaux du Poitou, avec sa grande enceinte jadis jalonnée de 12 tours rondes à mâchicoulis. L'une d'elles, au centre de l'aile du château encore debout, a survécu à la Révolution et aux démolitions postérieures. Subsiste également un ravissant châtelet d'entrée, flanqué aux angles de tourelles, percé de fenêtres à meneaux et coiffé d'une haute toiture quadrangulaire en ardoises. À l'intérieur : expositions d'arts et traditions populaires (plus de 400 coiffes des Deux-Sèvres et des départements voisins, des costumes 1900, des jouets et meubles anciens), et plusieurs salles consacrées à Jean-François Cail, le célèbre enfant du pays (lire l'intro de Chef-Boutonne). Une vidéo intéressante retrace l'histoire de sa vie, un destin pas ordinaire qui fera d'un simple ouvrier un égal des grands. Avant de partir, grimpette obligatoire jusqu'au chemin de ronde pour profiter du point de vue et découvrir la belle charpente d'origine de la tour. Plan d'eau avec parc ouvert au public à proximité et expositions temporaires.
Par un sentier qui traverse le parc, regagnez l'***église Saint-Chartier*** (XIIe s), qui était située sur un chemin secondaire pour Saint-Jacques-de-Compostelle. C'est pourquoi on reconnaît sur la façade la sculpture d'un pèlerin. Romane à l'origine, elle présente aujourd'hui un mélange de styles : un chœur gothique a été ajouté au XVIe s à la belle nef.

DANS LES ENVIRONS DE CHEF-BOUTONNE

La ferme du Champ du Parc : *chez Christiane et Jean Waroux, 79110* ***Crézières.*** *☎ 05-49-29-65-37. • fermedupoitou.fr • À 5 km au sud de Chef-Boutonne sur la D 109, dans le hameau de Ouimes (juste avt Crézières). Ouv avr-oct. Visite guidée l'ap-m sur résa : 5 € ; 3,50 € enfant.* C'est l'histoire d'un couple de néo-ruraux gentil comme tout qui a eu l'idée un peu folle de faire revivre les animaux du Poitou : la chèvre poitevine qui était en voie de disparition, les baudets du Poitou et... la fameuse poule aux œufs d'or, la poule de Marans, dont les œufs ont la couleur du cuivre. Une visite hors des sentiers battus, vraiment sympa et pleine de fraîcheur.

Les fresques de l'église de Pioussay : *à 6 km au sud de Chef-Boutonne sur la D 740. Mairie : ☎ 08-99-95-59-99.* Dans la pittoresque église romane (XIIe s) du minuscule village de Pioussay, une série de fresques du XIVe s ont été découvertes. Elles évoquent la passion du Christ. Le passage du temps n'a pas effacé la Cène, le Portement de croix et la Mise au tombeau.

SAUZÉ-VAUSSAIS (79190) 1 660 hab. *Carte Deux-Sèvres, B4*

Outre l'avantage de se situer au carrefour entre Niort, Poitiers, La Rochelle et Angoulême, Sauzé-Vaussais est doté d'une petite église romane du XIIe s au chevet plat (rarissime en Poitou) avec seulement trois petites fenêtres à colonnes géminées et ciselées, comme des meurtrières. L'église Saint-Julien possède une remarquable abside et une coupole à pendentifs triangulaires d'influence limousine ; elle tient son nom d'un anachorète (moine ermite vivant dans la solitude) qui évangélisa la région au Ve s. Curieux aussi, un beau et gracieux pigeonnier immanquable, en plein centre-ville. Préférez un arrêt le jour du marché (le jeudi matin), toujours plus dynamique. Plusieurs sites intéressants aux alentours.

Où dormir ? Où manger ?

Ferme-auberge du Puy d'Anché : *Le Puy d'Anché. ☎ 05-49-07-90-69. • contact@ferme-puyanche.fr • ferme-puyanche.fr • Sur la D 1, direction Chef-Boutonne, panneaux à 2 km à gauche. Resto fermé dim soir et lun. Congés : 2 sem début mars et début sept. Résa conseillée. Doubles 65-73 €, avec petit déj. Menus 22-67 € ; carte. Café offert et réduc de 10 % sur le prix de la chambre à partir de la 2e nuit sur présentation de ce guide.* Une jolie ferme, bien propre et parfaitement organisée. L'accueil est rodé, presque trop, mais il y fait bon vivre. Une jolie salle rustique du XVIe s, agrémentée d'une immense cheminée dans laquelle, en hiver, on se fait griller du bon pain dans le « rôtissou ». Au menu, d'excellents produits de la ferme et de la région. Pour les résidents, menu fixe. Spécialité de la maison : l'élevage de porcs noirs, et tout ce qui en découle... rillettes, boudin, jambons, etc. Vente des produits de la ferme et visite possible des lieux. Les chambres d'hôtes, rustiques et meublées dans le style de la région, sont aménagées dans un bâtiment indépendant du XVe s.

LEZAY (79120) 2 100 hab. *Carte Deux-Sèvres, B3*

Ce gros bourg dissimule quelques belles demeures dans le centre ancien et a le mérite de présenter, aux alentours, des lieux fort surprenants et de qualité. Mais vous pouvez aussi vous rendre au marché aux veaux et aux bestiaux (le deuxième en Europe), qui se tient tous les mardis de 7h à 11h. L'ambiance y est particulièrement animée. Et pour les gourmands, la spécialité locale, c'est le tourteau fromager. Comme son nom ne l'indique peut-être pas, c'est un gâteau sucré à base de fromage de chèvre, dont la croûte noire – qui a l'air brûlé – cache une pâte moelleuse. On le mange froid, et il s'accommode très bien d'un pineau des Charentes.

Où manger ?

Restaurant du Marché : *rue Pré-de-l'Étang. ☎ 05-49-29-45-01. • restaurantdumarche@wanadoo.fr • Ouv le midi slt lun-ven (mar 6h30-14h, jour de la foire). Congés : 1 sem à l'Ascension et 2 sem mi-juil. Formules* *déj en sem 10,90-13 € ; menus 18,50-23 €.* Dans l'enceinte du célèbre marché aux veaux, avec vue sur l'animation. Connu pour sa spécialité de... tête de veau ! Sinon, entrecôte ou autre pièce de viande, en plus du buffet de hors-d'œuvre. Le mardi matin, atmosphère fiévreuse garantie avec les maquignons.

Où goûter un vrai tourteau fromager dans les environs ?

Maison Baubeau :** à **L'Artigault. *☎ 05-49-29-32-30. De Lezay, direction Saint-Vincent-la-Châtre par la D 105, puis à droite à une fourche (panneau). Visite de l'atelier lun-sam sur résa ; gratuit.* Pour tout connaître de la vraie recette du célèbre tourteau fromager. Car Olivier Baubeau est le dernier à fabriquer ce délicieux gâteau de façon artisanale : c'est bon, bon !

DANS LES ENVIRONS DE LEZAY

***Le musée de Rauranum – Espace Archéoludix :** 1, pl. de l'Église, 79120 **Rom.** ☎ 05-49-27-26-98. • musee-rauranum.com • Fév-juin et oct-nov, tlj sf lun 14h-18h ; juil-sept, mar-ven 10h-12h, 14h-18h, sam-dim et j. fériés 14h-18h. Fermé en déc-janv. Entrée : 4 € ; réduc.* Un musée inventif et chaleureux. Particularité : savoir s'adresser aux enfants. Pédagogique et très ludique, avec un jeu de piste, une reconstitution de jeux existant à l'époque gallo-romaine et des bacs pour apprendre à « fouiller ». Même les plus grands y apprendront beaucoup. Car *Rauranum* était une agglomération gallo-romaine importante, édifiée sur la voie impériale reliant Poitiers à Saintes. Le fameux poète Ausone y avait même une villa d'agrément ! Alors, forcément, les fouilles ont déjà permis de dégager de beaux bijoux, des instruments de chirurgie, des objets du quotidien (superbe rasoir pliable dont l'animal sculpté sur le manche est devenu la mascotte du musée) et toutes sortes de choses présentées au gré des découvertes. Un musée en devenir, puisque seule une infime partie de la zone archéologique a été fouillée pour le moment.

LE HAUT VAL DE SÈVRE

Une petite région entre plaine et gâtine, où naît la Sèvre à Brieuil. Aujourd'hui desservi par l'A 10 entre Poitiers et Niort, le haut val de Sèvre est riche en histoire et a su conserver de nombreux sites témoins d'une occupation humaine ancienne, des tumulus néolithiques de Bougon au château médiéval du Coudray-Salbart.

LA MOTHE-SAINT-HÉRAY

(79800) 1 990 hab. *Carte Deux-Sèvres, B3*

Cette petite ville paisible doit son nom et son origine à un monastère fondé au VIe s par saint Héray. Aujourd'hui, elle coule des jours tranquilles au bord de la Sèvre. Il ne reste plus du château de Murat qu'une superbe dépendance,

l'Orangerie, utilisée pour des expos ou par la municipalité. C'est donc dans les charmantes ruelles qu'on ira chercher l'âme de La Mothe, en particulier dans les passages pittoresques qui empruntent les berges de la rivière. Au gré de la balade, petits ponts, lavoirs, et jardins recroquevillés sur des îlots offrent une image romantique de cette petite cité de caractère. Unique en France, la ville est aussi célèbre pour sa fête des Rosières (voir plus loin) et sa fouace de Rabelais.

Adresse utile

Syndicat d'initiative : *moulin du Pont-l'Abbé. ☎ 05-49-05-19-19. • moulin-labbe.fr • 16 juin-21 sept, tlj sf mar et dim mat. Horaires restreints oct, nov, mars, avril, mai et fermé déc-fév.* Intéressants dépliants gratuits de randonnées pédestres (150 km de parcours) et de visites aux alentours.

Où dormir ? Où manger ?

Hôtel-restaurant Le Corneille : *13, rue Joffre. ☎ 05-49-05-17-08. • corneille@wanadoo.fr • Tlj sf sam et certains dim. Congés : 2 sem pdt les fêtes de fin d'année. Double 66 €. Menus 13,50 € (en sem)-25,50 € et carte. Digestif offert sur présentation de ce guide.* Ce petit hôtel a le charme des grandes maisons de famille de province : escalier en bois et salons joliment lambrissés, où trônent de beaux meubles comme cet impressionnant gramophone. C'est dans cet agréable cadre rustique que vous sera servie une bonne cuisine de terroir. Côté chambres, c'est classique, confortable et fonctionnel. Une adresse qu'on aime bien. Excellent accueil.

Où dormir ? Où manger dans les environs ?

L'Orangerie : *10, route de l'Atlantique, 79800* ***Soudan.*** *☎ 05-49-06-56-06. • orangerie79@orange.fr • lorangerie79.com • Fermé dim soir et lun. Congés : janv. Doubles 59-70 € selon confort. Formule déj en sem 14 € ; menus 17 € (sf sam soir, dim et j. fériés), puis 26-36 €.* Cet établissement moderne de centre-bourg est la bonne étape du secteur. Excellente cuisine mitonnée par deux frères consciencieux : chacun dans son domaine (un pour le salé, l'autre pour les desserts) travaille dans les règles les produits du terroir, réactualisés juste ce qu'il faut pour leur donner une petite touche de modernité. C'est bon, sans esbroufe, et servi dans une salle très classique donnant sur un jardin. Quant aux chambres, elles sont fonctionnelles, propres et, au final, d'un bon rapport qualité-prix. Impeccable.

Le Petit Courault : *Petit Courault, 79800* ***Pamproux.*** *☎ 05-49-04-29-32. • contact@petitcourault.com • Tlj sf mar, plus le soir lun et mer hors saison, sur résa. Formules déj en sem 14,30-16,80 € ; le soir 24-48 €.* Cadre romantique et apaisant pour cette belle propriété en pleine campagne, où l'on se régale de bonnes spécialités traditionnelles parfaitement exécutées (dont la choucroute, les patrons sont de là-bas) et préparées avec d'excellents produits locaux. Super !

Où goûter de la fouace ?

Pâtisserie Daniel Favreau : *15, rue du Maréchal-Joffre. ☎ 05-49-05-01-53.* Si autrefois les pèlerins de Compostelle faisaient le détour par Bagnault pour sa fouace, il n'y a plus aujourd'hui qu'un pâtissier de La Mothe-Saint-Héray pour préparer cette délicieuse galette ronde et bombée, d'aspect brioché à l'intérieur, dont Rabelais vantait les grands mérites. Elle est faite à partir de fleur de farine et cuite sous la cendre.

À voir

L'Orangerie : *à la sortie de la localité, à droite en direction de Melle. Accessible au public lors des expos temporaires ; sinon, contacter le syndicat d'initiative.* Seul vestige intact du château de Murat, démantelé en 1842, et dont subsistent quelques pans de murailles, de tours, et l'amorce d'un large pont-levis. On trouve ainsi, au hasard des rues de la ville, des linteaux de fenêtre « empruntés » au château. Son classement évitera à l'Orangerie de subir le même sort. Avec son petit jardin à la française donnant sur la rivière, ce long édifice joue élégamment du contraste entre son crépi rose et la pierre blanche tout juste restaurée. À chaque aile, des pavillons de style Louis XIII, dotés de fenêtres à meneaux qui donnent un petit côté Versailles au site, sont reliés par des galeries au bâtiment central. Aujourd'hui, la municipalité utilise la salle où sont régulièrement organisées des expositions.

Fête

– **Fête des Rosières :** *1er w-e de sept.* Une très curieuse fête locale créée en 1821 par un avocat philanthrope du nom de Benjamin Chameau, soucieux de « participer au redressement des mœurs ». Il avait légué une partie de sa fortune (60 000 francs de l'époque) afin de récompenser d'une dot trois jeunes filles vertueuses. La sélection était draconienne, mais les heureuses élues recevaient une importante somme d'argent. Autres temps, autres mœurs, les candidates se font rares aujourd'hui, et une seule rosière est récompensée chaque année. La rosière, en costume et coiffe, est présentée par le maire au balcon de l'hôtel de ville baptisé « maison des Rosières », et la cérémonie donne lieu à 3 jours de fête avec parade, banquet et bal populaire à la clé.

DANS LES ENVIRONS DE LA MOTHE-SAINT-HÉRAY

Le musée des Tumulus de Bougon : *au lieu-dit la Chapelle, 79800* ***Bougon.*** *☎ 05-49-05-12-13. • deux-sevres.com • Fév-avr et oct-déc, tlj sf lun 10h (13h w-e et j. fériés)-17h30 ; mai-sept, tlj sf lun 10h-18h30 ; janv, slt dim ap-m. Entrée : 4,50 € avec audioguide ; gratuit moins de 18 ans. Resto sur place, en saison slt. Boutique (livres, jeux, produits naturels).*
Une vaste et imposante nécropole néolithique découverte en 1840, et qui ne connut ses premières fouilles qu'à la fin des années 1960. C'est sans doute ce qui lui a valu d'être aussi bien préservée. Pendant longtemps, le site n'était rien de plus qu'une balade pour romantiques, un bout de champ surveillé du coin de l'œil par un gardien débonnaire. Désormais l'un des pôles touristiques majeurs des Deux-Sèvres. À juste titre.

PLUS FORTS QUE LES ÉGYPTIENS !

Certains des ossements découverts lors des fouilles permirent de dater du Ve millénaire av. J.-C. les premières chambres funéraires de la nécropole. Cela en fait les plus anciennes formes d'architecture mégalithique de la façade atlantique... érigées plus ou moins 2 000 ans avant l'édification des grandes pyramides en Égypte ! Khéops ne va pas être content.

Le musée

Son architecture a fait l'objet de nombreuses controverses, comme d'habitude. Nous, on aime beaucoup ce long vaisseau de verre et de métal, dont les ailes enveloppent, comme pour mieux la protéger, une chapelle du XIIe s, vestige d'un ancien prieuré cistercien. Après une présentation rapide et astucieuse de la création du monde, plusieurs salles sont consacrées au Néolithique. On nous présente l'homme, jusqu'alors routard impénitent, construisant des villages, domestiquant plantes et animaux. On pénètre ou observe des habitats d'époque reconstitués : cabane de branches et de joncs du village de Charavines près de Grenoble (2750 et 2650 av. J.-C.), maison construite à Çatal Hüyük (Turquie) entre 6750 et 5600 av. J.-C. (on trouve encore ce type d'habitat dans les villages anatoliens, un exemple qui vaut beaucoup de discours sur le déséquilibre Nord-Sud !). Également une belle reconstitution de la chambre à couloir de Gavrinis (Morbihan), et toute une section consacrée aux produits des fouilles de Bougon : crânes trépanés (plusieurs fois : les bonshommes survivaient à l'opération !), colliers, pendeloques, céramiques et outils qui mettent en évidence l'existence de rites funéraires.

La nécropole

Du musée, un chemin y conduit. Sur le parcours, labyrinthe pédagogique, présentation grandeur nature des étapes de construction des mégalithes, reconstitution d'habitats néolithiques (dont une maison de plus de 40 m de long !) et, clou du spectacle, les six tumulus (de A à F). La construction et l'utilisation de ces énormes mamelons recouverts d'herbes folles se sont échelonnées sur près de 2 000 ans. Le *tumulus A* comporte une chambre funéraire du IVe millénaire av. J.-C., recouverte d'une énorme dalle de 90 t ! Le *tumulus B* (36 m de long sur 8 m de large) renferme deux coffres funéraires sur le sommet et deux dolmens plus récents encore utilisés au IVe millénaire av. J.-C. Le *tumulus C* (IVe millénaire av. J.-C.), imposante masse en pierre et en terre, est doté d'une chambre funéraire et d'une terrasse. La quatrième structure (appelée *tumulus D*), simple tertre allongé, semble n'avoir été construite que pour partager la nécropole en deux. Deux chambres sépulcrales pour le *tumulus E* : l'une ronde (Ve millénaire), l'autre rectangulaire (IVe millénaire). Sur le site, de nombreux outils ont été découverts dans les carrières qui ont servi à l'édification de ces tumulus : pics en bois de cerf, omoplates de bovidés pour évacuer la terre...

Le parcours s'achève au *tumulus F*, le plus grand, un trapèze de 72 m de long, large de 12 à 16 m et d'une hauteur moyenne de 3 m, qui se compose de trois parties : un tertre circulaire doté d'une chambre ronde à la superbe fausse voûte en encorbellement (datée de 4700 av. J.-C., une des plus anciennes du monde néolithique) ; au centre, un tumulus ne contenant aucune chambre sépulcrale, puis un dolmen de type angoumoisin (début du IVe millénaire), chambre recouverte d'une dalle de 32 t qui a vraisemblablement été transportée sur plus de 4 km !

Sur le chemin du retour, des démonstrations vous donneront, en période estivale, une petite idée des techniques déployées pendant la préhistoire pour l'édification de ces tumulus, à la fois tombeaux et monuments de prestige. On note encore un espace botanique présentant des plantes tinctoriales (utilisées pour obtenir des couleurs) et des plantes consommées au Néolithique, cultivées ou sauvages. Des ateliers sont aussi mis en place pour les familles, et des manifestations (expos, Nuit de la préhistoire en juin, championnat de tir à l'arc préhistorique...) se succèdent pendant toute l'année.

Pamproux : sur la place du village, belle halle à charpente de bois (XVIIe s) jouxtant une pittoresque demeure en pierre sur large arcade. Église à l'imposant clocher-porche roman percé de baies à multiples colonnes. Portail joliment ciselé de « S » inversés. Et, pour les amateurs, on y trouve une bonne petite brasserie artisanale (la *Brasserie du Val de Sèvres*).

EXOUDUN

(79800) 670 hab. *Carte Deux-Sèvres, B3*

Sur la D 307, en direction de Chenay. Jolie route, de part et d'autre de la Sèvre, qui prend sa source dans le secteur, entre Brieuil et Bagnault, et qui mène au très beau village médiéval d'Exoudun. Fief protestant, la ville a résisté avec héroïsme et obstination aux dragonnades. De très sympathiques promenades, bourrées de clins d'œil, sont à faire en ville et aux alentours. Une petite étape surprenante.

À voir

Le donjon : près du temple et de l'église, vestiges du château féodal de Raoul d'Exoudun, de la légendaire famille des Lusignan, en partie détruit sous Richelieu. L'édifice a encore fière allure. Belles maisons anciennes, fontaines et lavoirs à découvrir au fil des ruelles.

Petite promenade urbaine

La mairie a eu la bonne idée de créer un itinéraire livrant les clins d'œil historiques les plus pittoresques. Se garer sur la place principale. Dès le 4, rue Vieille-Pierre, après de vénérables pubs délavées, inscription d'un maître chirurgien (1670) ; au nº 5, linteau gravé d'un « Fait bâti pour vivre libre et mourir » ! Au nº 6, linteau blasonné ; au nº 10 (c'est une manie !), un péremptoire « Vivre libre ou mourir » (il a fini par succomber !)... De la rue du Coq, avec du recul, on distingue au nº 7 de la rue Vieille-Pierre, sous la gouttière, l'inscription « Fait par moy Louis Simonnot 1630 »... Bon, on espère vous avoir donné le goût de découvrir tous les autres détails émouvants parsemant le village.

DANS LES ENVIRONS D'EXOUDUN

Bagnault : autre haut lieu du protestantisme poitevin. Là encore, village superbe, d'une remarquable homogénéité architecturale. Bagnault était aux XVIe et XVIIe s un bourg florissant, sur la route Saintes-Poitiers et sur « le grand chemin de la mer » emprunté par sauniers et fariniers. Grâce à ce commerce florissant de sel et de farine, le bourg fut surnommé « la Petite Genève » par les huguenots. Au hasard des tranquilles petites rues aux noms pittoresques, vous verrez encore de nombreux lavoirs et fontaines, des maisons seigneuriales comme celle de la Terre-Douce et, tout au long de la Grand-Rue (des Sauniers), ancien chemin de la mer, de nombreuses hôtelleries (certaines aujourd'hui pathétiquement abandonnées) où s'arrêtaient marchands et pèlerins en chemin vers Compostelle. Festival de fenêtres à meneaux ou à accolade.

SAINT-MAIXENT-L'ÉCOLE

(79400) 7 650 hab. *Carte Deux-Sèvres, B3*

Ville natale de Denfert-Rochereau, sauveur de Belfort pendant la guerre de 1870 et célèbre pour avoir donné son nom à un nombre impressionnant

d'avenues en France. Connue pour son école militaire qui forme 4 000 à 5 000 sous-officiers chaque année, elle l'est aussi pour son riche patrimoine architectural. La ville a vécu par ailleurs le passage de François Villon. Il resta tristement célèbre ici pour avoir été l'auteur d'une tragique farce à l'encontre de l'abbé Tappecoue, lequel périt pour ne pas avoir voulu rendre service au grand poète lors d'une fête organisée en ville. Le détail de cette longue histoire fut conté par Rabelais lui-même, d'un demi-siècle plus âgé que Villon, qui vécut un temps en Poitou.

Adresse utile

Office de tourisme du haut val de Sèvre : *porte Chalon. ☎ 05-49-05-54-05. • tourisme-hautvaldesevre.fr • Tte l'année, lun-sam 9h30-12h30, 14h-17h30.* Brochure illustrée gratuite et complète de la ville et sa région. Visite guidée de la ville en groupe sur réservation.

Où manger ?

La Marmite : *33, pl. du Marché. ☎ 05-49-05-75-74. Dans le centre. Tlj sf dim et j. fériés, lun soir et mer soir. Congés : 2 sem en août. Menus 11-13 € ; carte env 15 €. Apéritif maison offert sur présentation de ce guide.* Une charmante crêperie bretonne, au cadre chaleureux et rustique de bon ton. Grande variété d'excellentes crêpes et galettes tournées à la commande, ou quelques spécialités pour changer, comme l'entrecôte aux anchois.

Où dormir ? Où manger dans les environs ?

De prix moyens à chic

Chambres d'hôtes de Bois Bourdet : *au hameau de Bois-Bourdet, 79800* ***Souvigné.*** *☎ 05-49-34-57-99. • info@boisbourdet.com • boisbourdet.com • À 6 km de Saint-Maixent par la D 10, direction Melle. Peu après Souvigné, panneau à gauche. Doubles 59-79 € ; gîtes pour 4-7 pers 535-1 755 €/semaine selon taille et saison. Table d'hôtes 25 €. Réduc de 10 % sur le prix de la chambre sur présentation de ce guide.* Isolée en pleine campagne, cette grande ferme soigneusement rénovée profite d'un environnement de choix : terrain arboré de 3 ha, joliment fleuri et doté d'une belle piscine pour les beaux jours. Quant aux chambres, rustiques et cosy, elles sont réparties entre la maison principale et ses dépendances. En été, elles se louent sous forme de gîte et de préférence à la semaine. On a alors accès à de beaux espaces communs et à des cuisines tout équipées. Une bonne option.

Les Yourtes au Paradis : *1, chemin du Paradis, hameau de Fonfréroux, 79800* ***Souvigné.*** *☎ 09-62-02-88-36. • yourteoparadis@hotmail.fr • nuit-en-yourte.fr • À env 5 km par la D 10, direction Melle. Peu après Souvigné, panneau à gauche. Pas d'accueil dim. Env 90 € pour 2 (15 €/pers supplémentaire). Plateau-repas sur résa 19-35 €. Corbeille de fruits et 1 bouteille de haut-poitou offertes sur présentation de ce guide.* Du camping de grand luxe ! Car ces belles yourtes mongoles sont cosy à souhait (joliment meublées et dotées de détails haut de gamme comme la machine à expresso ou le lecteur DVD), couplées à un bloc sanitaire privé nickel, et donnent sur un jardin où tout est prévu pour la détente. Un verre à la main dans le transat, entre 2 virées à la piscine et un œil sur l'aire de jeux des enfants... on se dit qu'on a effectivement trouvé une version du paradis ! Accueil sympa et dynamique.

À voir

La porte Chalon : impossible à rater ! Depuis le XVIIIe s, cet édifice marque l'entrée dans le cœur de la ville. Belle imposte de fer forgé. C'est ici que se trouve l'office de tourisme.

Les maisons anciennes : nombreuses dans les rues du centre, hôtels particuliers et bâtisses médiévales. Rue du Palais, l'*hôtel Balizy* construit vers 1529 (façade Renaissance avec médaillons sculptés à l'effigie d'empereurs romains) où Catherine de Médicis et Henri IV ont séjourné. Toujours rue du Palais, l'hôtel de ville occupe l'ancien *hôtel Pied-Foulard* (XVIe-XVIIIe s). Encore un hôtel particulier, rue Chauray, construit en 1531 pour Pierre Paen, seigneur de Chauray. Rue de l'Audience, la *tour de l'Horloge,* ancien beffroi surmonté d'un campanile de bois, domine quelques-unes des plus vieilles maisons de la ville. Rue Anatole-France, notamment, on trouve au no 13 une ancienne boutique du XVe s, construite pour un apothicaire, comme en témoigne l'inscription sur la façade : *hic valetudo* (« ici, la santé » !). Au no 58 de la rue Chalon, face à la rue Saint-Pierre, se trouve la maison natale de l'enfant du pays, Denfert-Rochereau.

L'abbaye : bénédictine, elle a été construite à l'emplacement d'un monastère fondé au Ve s par le moine ermite Agapit et son disciple Adjutor, qui prit le nom de Maixent. En grande partie détruite pendant les guerres de Religion du XVIe s, sa reconstruction (de 1668 à 1682) est l'œuvre de Leduc, dit Toscane (voir aussi l'église Notre-Dame et l'abbaye royale à Celles-sur-Belle). L'église abbatiale, qui paraît de prime abord un massif monument gothique flamboyant, est sérieusement composite : le porche et les murs latéraux appartenaient à un édifice roman du XIe s, le clocher est du XVe s, mais sa flèche date de 1888 !
L'intérieur est plus homogène, même si quelques chapiteaux romans subsistent sous les très hautes voûtes en étoile de la gigantesque nef gothique. Le mobilier date, comme la nef, du XVIIe s : à l'entrée, boiseries qui formaient jadis la clôture du chœur des moines, confessionnal et porte de la sacristie sont également des vestiges de l'ancien jubé. Sous le chœur, une crypte recreusée et décorée en 1682 renferme les tombeaux en pierre du XIe s (vides depuis le pillage des huguenots) de saint Maixent et saint Léger. Derrière le chœur, statue en bois polychrome de la Vierge à l'Enfant, toujours du XVIIe s.

La crypte Saint-Léger : *face à l'église, de l'autre côté de la rue Garran-de-Balzan.* Du VIIe s, elle renfermait à l'origine, comme son nom l'indique, le corps de saint Léger. Elle a été redécouverte en 1875.

La rue Garran-de-Balzan mène jusqu'à la ***place du Marché*** : très belle maison sur galerie à arcades, construite en 1470.

Si le fait d'en avoir croisé quelques-uns au cours de cette balade vous a rendu sensible au prestige de l'uniforme, vous serez sans doute satisfait de visiter le ***musée du Sous-Officier*** *(av. de l'École-Militaire, quartier Marchand ; ☎ 05-49-76-85-31 ; mer-dim 10h-12h, 13h30-18h ; GRATUIT).*

LES DEUX-SÈVRES

Manifestations

– ***Festival Bach à Pâques :*** *w-e de Pâques.* Nombreux concerts en ville et dans les environs.
– ***Festival international folklorique des Enfants du monde :*** *1 sem mi-juil. ☎ 05-49-05-54-05 (office de tourisme).* Festival de folklore qui rassemble des enfants du monde entier : danses, concerts, marché artisanal, initiation aux différentes danses présentées, feu d'artifice de clôture...

– ***Festival Contes en chemins :*** *2de quinzaine de juil.* ☎ *05-49-76-29-85.* • *hautvaldesevre.fr* • Balades contées ou contes théâtraux en plein air. Une dizaine de commune accueillent un spectacle.

DANS LES ENVIRONS DE SAINT-MAIXENT-L'ÉCOLE

Le puits d'Enfer : *à l'extrémité de la pl. Denfert-Rochereau, prendre à gauche la rue de Bechereau. Un parking attend à quelques km, le reste se fait à pied.* Une petite balade au creux d'un profond vallon dit « du puits d'Enfer », creusé par la rivière dans le schiste : entassement de rochers, cascades... Frais et agréable le matin. Aires de pique-nique, parcours santé. L'endroit, plutôt fréquenté le week-end, est quasiment désert en semaine. Carte d'interprétation à l'entrée du site. Offre une jolie vue sur toute la ville.

Le musée de la TSF : *136, rue de Charnay, 79400* ***Nanteuil.*** ☎ *05-49-05-55-93.* ♿ *Panneaux depuis le centre de Nanteuil. De la pl. Denfert-Rochereau à Saint-Maixent, suivre la direction Melle, puis à gauche vers Nanteuil par la D 24. Ouv tte l'année, sur résa, tlj 14h-18h30. Entrée : 2,50 € ; gratuit moins de 12 ans.* Le musée de la TSF, c'est avant tout l'histoire d'une passion. Celle d'un ancien radioélectricien qui a chiné la perle rare tout au long de sa carrière, réparé l'irréparable, troqué les modèles en double. Aujourd'hui, fort de 500 appareils, son surprenant musée est le seul du genre en Poitou-Charentes. C'est avec une vraie émotion qu'il présente ses plus beaux modèles, de l'époque de la galène à celle des tubes à vide, et qu'il les met en marche dans un tonnerre de crépitements digne d'« Ici Londres ».

Le musée de la Vie rurale et de la Coiffe : *à* ***Souvigné.*** ☎ *05-49-76-02-37.* • *musee-souvigne.com* • *À 5 km de Saint-Maixent par la D 10, direction Melle. Mai-sept, w-e et fêtes (slt dim mai-juin) 14h30-18h30. Entrée : 6 € ; réduc.* Dans l'ancien prieuré datant du XVe s se cache un musée de village plein de surprises. Le 1er étage est essentiellement consacré aux coiffes traditionnelles et aux costumes de cérémonie paysans, tandis que le rez-de-chaussée abrite une belle reconstitution d'un intérieur typique. C'est aussi l'occasion de s'intéresser au quotidien des aïeux : outils, section sur le pain et la vigne, et histoire de la lessive à l'ancienne (le linge n'était blanchi qu'une fois par an dans la ponne, opération qui ne prenait pas moins de 3 jours !). Le tout présenté en détail et avec passion par une équipe de bénévoles.

Le château de Cherveux : ☎ *05-49-75-06-55. Rejoindre Cherveux par la D 611 à la sortie de Saint-Maixent, puis prendre la D 8 direction Cherveux. Le château est au centre du bourg. Visite guidée de la cour intérieure et du donjon avr-oct le w-e sur rdv (15h-18h). Entrée : 7 € ; 3 € enfant.* Une vraie forteresse de carte postale. Sur le site, il règne un petit air médiéval (même s'il est de la seconde moitié du XVe s) avec ses douves en eau et son imposant donjon-porte à mâchicoulis. Salle de garde du XVIe s, visite de la prison, du cachot, du donjon et du chemin de ronde avec ses quatre sculptures pittoresques (dont le savoureux chieur à l'air si satisfait !)... Ne pas louper la superbe charpente en coque de navire renversée des grandes salles.

– À environ 4 km (indiqué depuis Cherveux), à ***Saint-Christophe-sur-Roc,*** plan d'eau avec plage, *paddle,* tennis, camping, toboggan, centre équestre...

LA GÂTINE

La Gâtine, c'est le haut bocage : des prairies grasses, séparées de haies vives et parsemées, ici et là, d'étangs. C'est un environnement subtil et reposant, à découvrir au détour de ses petites routes et chemins creux. Avec Parthenay

comme capitale militaire, religieuse, et aujourd'hui ambassadrice des hautes technologies, la région a vu s'installer, depuis le XIIe s, églises romanes, abbayes, forteresses et commanderies le long des chemins de Saint-Jacques-de-Compostelle. Côté nature, un beau réseau de jardins répartis sur toute la région se fond avec le patrimoine historique. Dans l'ombre du marais, un pays à découvrir.

PARTHENAY (79200) 10 500 hab. *Carte Deux-Sèvres, B2*

Infatigable fée Mélusine qui, outre Melle, Saintes, La Rochelle et une poignée de châteaux, aurait fondé Parthenay ! Au Moyen Âge, on dénombre jusqu'à 30 tours sur 1 km de remparts encerclant la cité. Ville-étape sur le chemin de Saint-Jacques-de-Compostelle, Parthenay profite du flot des pèlerins qui s'y arrêtent.
Aujourd'hui, la ville abrite encore de surprenants sites empreints d'histoire (vieux ponts, porte, tour, château, églises), un vieux centre aux maisons à pans de bois et un célèbre marché aux bestiaux.

PANZANI : DES PÂTES BIEN FRANÇAISES

Même si le fondateur a un nom d'origine italienne (c'est sa chance !), sa première usine ouvrit à Parthenay. Autre chance, pendant la guerre, il était le seul à fabriquer des pâtes en zone occupée. Il n'eut donc pratiquement aucune concurrence.

LES DEUX-SÈVRES

Adresse et infos utiles

Office de tourisme (plan A1) : *8, rue de la Vau-Saint-Jacques.* ☎ *05-49-64-24-24. • tourisme-gatine.com • Au cœur du quartier médiéval Saint-Jacques. Avr-mai et oct, mar-sam 10h-12h, 14h-17h ; juin-sept, lun-sam 10h-12h30, 14h-18h, plus dim 14h-18h juil-août ; nov-mars, mar-ven 14h-17h, plus mer 10h-12h.* Sympathique. Guide des randonnées pédestres de la Gâtine.

– Visites guidées de la ville médiévale : de juin à septembre avec le *Pays d'art et d'histoire* (programme varié). *Rens :* ☎ *05-49-94-90-63 ou à l'office de tourisme.*

– Autre association créative et dynamique, la ***Sauvegarde du quartier Saint-Jacques*** organise des manifestations estivales dans le quartier médiéval. *Rens auprès de l'office de tourisme.*

Gare routière : bus pour Poitiers, Cholet (via Bressuire, Cerizay, Mauléon), Niort, Nantes et Thouars.

Où dormir à Parthenay et dans les environs proches ?

Camping

Le Bois Vert : *14, rue de Boisseau, 79200* ***Le Tallud.*** ☎ *05-49-64-78-43. • campingboisvert@orange.fr • camping-boisvert.com • À la sortie de la ville, sur la route de Secondigny (D 949b) ; à droite juste après le pont. Ouv avr-fin oct. Forfait env 19,50-23,50 € pour 2 selon saison ; mobile homes 4-6 pers env 427-693 €/sem. 90 empl. Réduc : sem pour couple avec enfant de moins de 3 ans en locatif 196 €/sem*

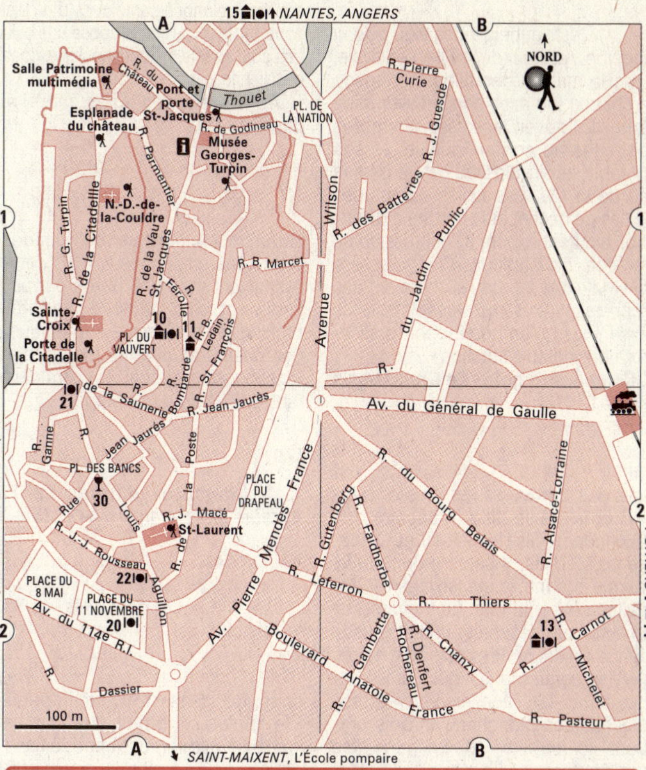

PARTHENAY

Adresse utile
- Office de tourisme

Où dormir ?
- **10** Chambres d'hôtes de M. et Mme Giboury
- **11** Chambres d'hôtes Le Grand Logis
- **13** Les Jardins Saint-Laurent
- **14** Au Relais des Lilas
- **15** Chambres d'hôtes La Villa Ayrault

Où manger ?
- **20** Restaurant La Truffade
- **21** La Citadelle
- **22** Le Sentier des Saveurs

Où boire un verre ?
- **30** Café des Arts

1er avr-1er juil et 25 août-30 oct. Au bord du Thouet, un camping de taille moyenne, bien équipé, avec des aires pour camping-cars, le tout dans un espace verdoyant. Un peu loin du centre-ville mais tranquille. Base de loisirs à proximité. Familial et animé. Piscine.

De bon marché à prix moyens

***Chambres d'hôtes de M. et Mme Giboury** (plan A1, **10**) : 10, pl. du Vauvert, à Parthenay. ☎ 05-49-64-12-33. • patrick.giboury@orange.fr • Double 40 €. Table d'hôtes sur* *résa 10 € en groupe de 10 pers (si, si !).* C'est l'auberge idéale du pèlerin moderne. Au cœur de la ville médiévale, la vieille maison des Giboury dégage un charme fou avec son escalier raide hérité du Moyen Âge, ses chambres coquettes au confort douillet et son adorable jardin clos qu'on ne devine pas de la rue. Les salles communes pleines de cachet et la cuisine à disposition ajoutent encore à l'impression de bien-être, qui participe à l'atmosphère conviviale due à l'accueil charmant des propriétaires, très impliqués dans la vie locale. Plus qu'un bon rapport qualité-prix, une véritable aubaine !

Chambres d'hôtes Le Grand Logis *(plan A1, **11**) : 7, rue Bélisaire-Ledain, à Parthenay. ☎ 05-49-70-22-00. • gabriele.pied@wanadoo.fr • grandlogis.fr • Double 60 €.* C'est l'une des demeures les plus anciennes de la vieille ville (François, duc d'Alençon, 5e fils de Henri II et Catherine de Médicis, y séjourna en 1575). Charme énorme, immense jardin et vue privilégiée sur la cité. Des chambres romantiques à souhait : la très grande « Bélisaire » (52 m²) et son coin salon, la « Marguerite Marie » qui s'ouvre sur le jardin, et la « Monseigneur » et son balcon... Les planchers en bois craquent, le mobilier ancien parle, les murs transpirent l'histoire. Elle vous frôle d'ailleurs à chaque moment... En prime, l'accueil est excellent !

Les Jardins Saint-Laurent *(plan B2, **13**) : 15, rue Carnot, à Parthenay. ☎ 05-49-64-70-30. • lesjardinssaintlaurent@gmail.com • jardins-saint-laurent.com • Resto fermé dim-lun. Doubles 75-85 € selon confort. Plats env 15-25 €.* Hôtel convivial et intimiste offrant de confortables chambres suivant des thématiques assez originales : voyage, contemporain, noir et blanc... Également une belle suite avec 2 chambres. Jolie piscine bien agréable en ville, prolongée par le *deck* d'un bistrot contemporain où l'on propose une cuisine très convenable mêlant spécialités locales et italiennes.

Au Relais des Lilas *(hors plan par B2, **14**) : 197, av. A.-Briand, à Parthenay. ☎ 05-49-94-06-44. • info@aurelaisdeslilas.com • aurelaisdeslilas.com • Sur la route de Poitiers, en sortie de ville. Double 69 €.* Sa situation en bordure de rocade ne plaide pas en sa faveur, mais cet établissement moderne bordé par un joli jardin est bien pratique : facilité de parking, accueil très sympathique, et des chambres neutres mais propres, fonctionnelles et suffisamment confortables. Bien pour une étape.

Chic

Chambres d'hôtes La Villa Ayrault *(hors plan par A1, **15**) : 36, route de Thouars, 79200 **Châtillon-sur-Thouet**. 06-72-01-14-98. • villa.ayrault@gmail.com • villa-ayrault.com • À la sortie de la ville, après le rond-point du périphérique. Doubles 90-95 € ; familiales 105-155 €. Table d'hôtes sur résa 25 €.* Beaucoup de gens du coin l'appellent « le château ». Il faut dire que cette immense villa impressionne : à flanc de colline, avec sa piscine et ses 400 m² habitables, c'est un phénomène. L'intérieur ne déçoit pas, avec des salons et de vastes chambres et, cerise sur le gâteau, un mobilier avant-gardiste ad hoc (il y a même un ascenseur !). Tout est vintage et authentique, dans un esprit 50-60's génial qui donne à l'ensemble une impression de voyage dans le temps. Un vrai décor de cinéma sur lequel règne un couple très sympa, héritier de ce qui était en réalité l'ancienne maison des patrons, attenante à une briqueterie prospère.

Où dormir dans les environs ?

Chambres d'hôtes La Coussaie d'Adilly *: lieu-dit la Coussaie, 79200 **Adilly**. ☎ 05-49-70-00-47. • pacaultjp@cc-parthenay.fr • lacoussaie.cabanova.fr • De Parthenay, direction Bressuire puis, à 7 km, tourner à gauche vers Adilly ; au croisement, prendre à droite, direction Moncoutant (D 19) et suivre le fléchage. Double 48 € ; gîtes (4 pers) env 330-450 €/sem. Table d'hôtes sur résa 20 €.* Ancienne fermette

LES DEUX-SÈVRES

restaurée avec soin, amoureusement entretenue et délicatement meublée. Les propriétaires sont d'une gentillesse infinie. Tout respire le calme et la simplicité, des chambres rustiques pleines de cachet (la plus vaste avec kitchenette) à la bonne cuisine bio familiale. Les canards, les oies et les lapins l'ont bien saisi et s'épanouissent autour de la maison, même s'ils finissent leur vie dans votre assiette, accompagnés d'un verre de petit vin local ! Piscine.

Chambres d'hôtes du château de Tennessus : *79350 **Amailloux.** ☎ 05-49-95-50-60. • tennessus@orange.fr • tennessus.com • À 8 km au nord de Parthenay en direction de Bressuire ; hameau indiqué sur la droite. Doubles 130-165 €.* Après 15 ans de travaux, Philippa et Nicholas Freeland nous offrent un vrai bijou au cœur de la Gâtine. Un château médiéval pur jus, avec douves en eau, pont-levis, donjon et meurtrières pour défendre l'accès du logis. L'intérieur n'est pas en reste : le mobilier rappelle l'ambiance des films de cape et d'épée ; on hésite entre la chambre seigneuriale et celle du chevalier, entre le lit à baldaquin classique et le lit cloisonné. Tout un programme ! Grandes cheminées de pierre, beaux parquets, tissus colorés agrémentent les chambres. Jardin avec une piscine – royale –, qui devient aussitôt le seul élément qui ne semble pas d'époque. L'accueil à l'accent anglais est charmant, et l'on est tellement dépaysé qu'on finit par se demander où l'on a bien pu laisser son cheval. Souvenir inoubliable en perspective.

Où manger ?

De bon marché à prix moyens

Restaurant La Truffade *(plan A2, **20**) : 14, pl. du 11-Novembre. ☎ 05-49-64-02-26. • latruffade79@gmail.com • Tlj sf mer-jeu. Congés : 2 sem fin fév et 2 sem fin nov. Formule déj en sem 12,50 € ; menus 14,50-33 € ; carte. Café offert sur présentation de ce guide.* Pour changer de la succulente parthenaise, un resto spécialisé dans la gastronomie auvergnate. Plats simples et bien tournés : truffade, aligot et tripoux, chou farci maison au confit de canard... Petite salle classique ou terrasse sur la place.

La Citadelle *(plan A1-2, **21**) : 9, pl. Georges-Picard. ☎ 05-49-64-12-25. • restolacitadelle@orange.fr • Tlj sf sam midi, dim-lun et j. fériés (ouv lun midi hors saison). Carte env 25 €. Apéritif offert sur présentation de ce guide.* Où vont maquignons et éleveurs après une bonne vente au marché aux bestiaux ? À *La Citadelle*. Car la maison est connue pour ses belles entrecôtes, ses pavés fondants, ses bavettes goûteuses, ses jarrets d'agneau, de préférence grillés tout simplement. C'est pourquoi on la prend volontiers d'assaut, cette citadelle... mais il n'y a que 2 (agréables et rustiques) petites salles pour accueillir les nombreux amateurs : celle du bas, bruyante et animée, et celle du 1er étage, beaucoup plus tranquille. La table incontournable de la ville !

Le Sentier des Saveurs *(plan A2, **22**) : 17, rue Louis-Aguillon. ☎ 05-49-64-75-58. • lesentierdessaveurs@live.fr • Tlj sf mar-mer. Formules et menus 14,90-19,90 € (midi en sem), puis 23-33 €.* Une réjouissante petite adresse au cadre moderne et coloré, à l'image de la cuisine qui mêle aux incontournables locaux (comme l'indéboulonnable entrecôte !) quelques propositions plus innovantes, parfois teintées d'exotisme. Simple, frais, bon et bien présenté : le bon rapport qualité-prix est indéniable, d'autant que l'accueil jeune et dynamique est charmant.

Où boire un verre ?

Café des Arts *(plan A2, **30**) : 2, pl. des Bancs. ☎ 05-49-94-01-88. • lecafedesarts@hotmail.fr • Tlj sf dim.* On ne peut pas louper ce super café. On s'y arrête volontiers pour boire un verre en terrasse, car la place est fort mignonne, mais on y revient aussi pour l'excellente bande-son rock en salle et ses concerts occasionnels. Le meilleur choix de la ville pour les bières.

À voir

De nombreux circuits permettent de découvrir le centre historique, les principaux monuments et autres curiosités de la ville médiévale. L'idéal est de laisser la voiture place du Drapeau, puis de tout faire à pied, la ville étant en grande partie piétonne. Emprunter la rue Jean-Jaurès pour tourner à gauche dans la rue de la Poste qui, après une maison du XVe s (bel escalier à vis), débouche sur la place Saint-Laurent.

L'église Saint-Laurent *(plan A2)* **:** le plus vieil édifice religieux de la ville, maintes fois remanié au cours des ans, présente aujourd'hui un vrai patchwork de styles du XIIe au XIXe s. L'intérieur est à peine plus homogène : intéressants chapiteaux romans représentant la pesée des âmes, sur lesquels repose une belle voûte ogivale du XVIIe s.

Par la rue Louis-Aguillon, on gagne la place Picard, puis la ***porte de la Citadelle*** *(plan A1).* Date du début du XIIIe s. Elle marquait l'entrée dans la citadelle construite par les seigneurs de Parthenay aux XIIe et XIIIe s. Deux tours rondes à bec encadrent la porte en forme d'ogive. On peut grimper dans celle de droite. Depuis le XVe s y est installée une horloge. De l'autre côté de la porte, à gauche, la terrasse qui borde d'anciennes prisons offre une jolie vue sur le vieux faubourg de tanneurs Saint-Paul et son pont du XIIe s sur le Thouet. De la terrasse de droite, on distingue bien les deux lignes de fortification : celle de la citadelle qui soutient cette terrasse et celle de la ville avec la porte Saint-Jacques.

L'église Sainte-Croix *(plan A1)* **:** *rue de la Citadelle.* La nef et les bas-côtés romans datent du milieu du XIIe s, période de construction de cette ancienne collégiale. Mais la façade romane a été détruite en 1781 pour élargir la rue ! Clocher carré de 1457 et chapelle du XVIIe s. À l'intérieur : gisants polychromes du XVe s dans les enfeus, représentant Guillaume VII Larchevêque, seigneur de 1358 à 1401, habillé en chevalier, un chien (symbole de fidélité) à ses pieds, et, à ses côtés, Jeanne de Mathefelon, son épouse, l'aumônière à la ceinture. Tombeaux profanés en 1793, sur ordre de la Convention, pour récupérer le plomb des cercueils. Jeter un œil sur le beau buffet d'orgues et son harmonieux escalier en spirale, ainsi que sur la cuve de la chaire (sur le bas-côté gauche). Abondamment sculptée de scènes de la vie du Christ. Imposants symboles des quatre évangélistes.

En poursuivant la rue de la Citadelle (porte du XVe s encastrée dans un mur de l'hôpital), on passe devant le ***portail de Notre-Dame-de-la-Couldre*** *(plan A1),* dernier élément de l'église du château (XIIe s) démolie pendant la Révolution. De style roman, quatre voussures à trois arcades ornées de sculptures usées par le temps. Elles présentent l'Annonce à Zacharie de la naissance de saint Jean-Baptiste ; l'Annonciation à Marie ; le Christ bénissant entouré d'anges ; les six vieillards de l'Apocalypse.

La rue de la Citadelle débouche sur la vaste ***esplanade du Château*** *(plan A1),* démantelé par Richelieu, puis rasé aux trois quarts en 1831. Trois tours sont encore debout : la tour Bastille dite « de Richemont », la tour d'Harcourt et la tour de la Poudrière, qui se visite avec un guide *(voir avec l'office de tourisme).* De l'esplanade, départ du sentier des remparts qui suit une partie du système de défense de la citadelle.

Par la rue du Château, on rejoint le ***pont*** et la ***porte Saint-Jacques*** *(plan A1),* un bel ensemble fortifié qui garde depuis le XIIIe s l'entrée de la ville basse. Jean sans

Terre a assuré le financement de la porte, bel exemple d'architecture militaire : deux tours encadrent le passage voûté, surmontées de mâchicoulis et de créneaux. On peut grimper (entrée par le 1, rue de la Vau-Saint-Jacques), en passant par la salle des gardes, jusqu'à la plate-forme crénelée du chemin de ronde.

Le musée Georges-Turpin *(plan A1)* **:** *1, rue de la Vau-Saint-Jacques (au pied de la porte Saint-Jacques).* ☎ *05-49-94-90-27.* ♿ *Mer-ven 10h-12h, 14h-18h ; sam-dim 14h30-18h (fermé sam oct-mai). GRATUIT.* Sur trois niveaux, ce joli musée accueillant et bien agencé rassemble une collection de monnaies médiévales, divers objets usuels des XIVe, XVe et XVIe s, une section d'art religieux et deux grandes maquettes animées qui permettent de mieux comprendre l'évolution historique de la ville. Plusieurs salles sont évidemment consacrées aux faïences de Parthenay et au travail des maîtres. En particulier, on notera ces salières vraiment sophistiquées et l'impressionnante aiguière. Quant au rez-de-chaussée, il est réservé aux expositions temporaires. Le même bâtiment abrite la *Maison des cultures de pays* : une structure assez unique en son genre, à la fois lieu de diffusion artistique (salle de spectacle, théâtre en plein air) et surtout outil de mise en valeur et d'insertion des cultures de pays.

La rue de la Vau-Saint-Jacques *(plan A1)* **:** les pèlerins en route pour Saint-Jacques-de-Compostelle déposaient d'abord leurs malades à la Maison-Dieu au décor (roman) restauré (dont l'église subsiste encore, route de Thouars), avant de franchir la porte Saint-Jacques et de se disperser dans les auberges et autres estaminets de cette rue. Ils passaient ensuite aux nourritures célestes avec une visite aux 16 sanctuaires de la ville, dont Notre-Dame-de-la-Couldre et Sainte-Croix, pour revenir ensuite festoyer dans le quartier. Un quartier qui, jusqu'à la place Vauvert, conserve un charme fou avec ses rues aux noms pittoresques : rue Cour-à-Moïse (marque l'entrée du quartier juif), rue Moque-Souris, rue Château-Mailloche, rue de la Calinauderie. Un seul regret : la circulation automobile. Dans cette rue, les maisons en encorbellement des XIVe et XVe s sont, pour la plupart, intactes. Petit détour par les jardins d'inspiration médiévale entre la rue Moque-Souris et la rue Férolle.

Le marché aux bestiaux : *foirail de Bellevue ; sortir du centre en direction de Poitiers, puis prendre la rocade nord ; très bien fléché. Ts les mer (ou mar si le mer est férié).*

En activité depuis le XVIIIe s. À la veille de la Révolution, plus de 3 000 bovins partaient chaque mois pour Paris, gardés le long des routes par des chiens dressés et « les toucheurs de bœuf ». Si le marché aux bestiaux a quitté l'ancienne place du Champ-de-Foire (où les vaches rentraient parfois dans les bistrots) pour de très modernes installations en périphérie, les transactions restent fidèles à cette tradition séculaire.

Elles débutent au signal, à 8h pile, dans une hâte fiévreuse et dans l'incroyable brouhaha des mugissements d'un bon millier de veaux, de génisses, de vaches et de taureaux. Le maquignon, vêtu comme l'éleveur de la typique blouse noire, pousse la bête de son bâton, l'examine, l'évalue ; la vente se fait encore à l'estime, et la transaction donne lieu à d'âpres marchandages dont la teneur échappe au profane ! Un claquement de mains scelle la transaction. Le paiement se fera 15 jours plus tard. À 9h30 démarre la vente des ovins, puis, à 11h30, celle des chevreaux. Pendant qu'acheteurs et éleveurs s'accoudent au bar ou s'attablent dans la grande salle de restaurant, une commission de cotation établit les cours du jour (Parthenay est un des marchés français de référence). Que les cours chutent, et toutes les routes de la Gâtine se couvrent de slogans rageurs tracés à la peinture blanche...

Le centre d'interprétation de l'architecture et du patrimoine du pays d'art et d'histoire de Parthenay *(plan A1)* **:** *28, rue du Château. Rens auprès de l'office de tourisme.* Le CIAP, lieu d'information, de rencontre et de pédagogie, est installé dans la Maison du patrimoine. Une exposition permanente permet de comprendre le patrimoine local sous différentes formes : archéologie, monuments historiques, faune, flore, paysages, savoir-faire...

L'église Saint-Pierre de Parthenay-le-Vieux : *prendre la D 743, direction Niort.* Édifiée fin XIe-début XIIe s pour des moines dépendant de La Chaise-Dieu, en Auvergne, selon le plus pur style roman poitevin. Façade remarquablement symétrique : trois portails, dont deux aveugles, surmontés de trois baies qui annoncent les trois vaisseaux intérieurs. Sur la voussure du portail, sirène sculptée qui représenterait la fée Mélusine. Sous la corniche, des têtes de félins aux oreilles pointues qui rappellent celles de diablotins. L'intérieur est d'une homogénéité et d'une sobriété remarquables : ample nef voûtée à berceau brisé, épaulée par deux collatéraux en demi-berceau. À la croisée du transept, le clocher repose sur une coupole sur trompes. De chaque côté du chœur, chapiteaux sculptés de lions, de chèvres et de sirènes (Mélusine, encore !). Derrière la maison du gardien (nº 27), on peut voir quelques vestiges d'un prieuré.

Manifestations

– ***Le Festival Jazz bat la campagne :*** *fin juin-début juil.* Musique dans les granges, bistrots, jardins, places de village. Concerts payants ou gratuits.
– ***Le Flip, festival des Jeux :*** *10 j. en juil. • jeux-festival.com •* Jeux vidéo, de société, de rôle, de l'esprit ou de hasard, de construction ou d'adresse... des milliers de jeux d'accès libre et gratuit. Des compétitions de haut niveau (échecs, awalé, Monopoly...) aux nouveautés, tous les âges sont concernés.
– ***De Bouche à Oreille :*** *5 j. fin juil-début août. • metive.org •* Festival de musiques « traditionnelles et métissées ». En provenance du monde entier, des groupes de world music se mettent en scène pendant 1 semaine à travers la Gâtine : bals, spectacles, stages musicaux.

DANS LES ENVIRONS DE PARTHENAY

Le château de la Guyonnière : *☎ 05-49-64-22-99. À 8 km au sud de Parthenay. Emprunter la D 142 en direction de Beaulieu-sous-Parthenay (chemin du Poitou secret) ; le château se trouve env 1 km avt Beaulieu, sur la droite. Fléchage à partir du bourg. Visites gratuites 1er juin-14 juil (slt le jardin) et 15 août-30 sept, tlj 9h30-12h, 14h30-18h. Visites guidées payantes tte l'année sur rdv.* Édifié pendant la guerre de Cent Ans, un logis rural fortifié : enceinte entourée de douves et flanquée de tours d'angles, porte cochère défensive. Le bâtiment d'habitation est plutôt élégant, avec ses larges fenêtres à meneaux, ses lucarnes et son escalier à vis. Un petit pont-levis conduit au jardin médiéval reconstitué : plantes mellifères, aromatiques, roses anciennes, fruits et légumes, etc.

LA VALLÉE DE LA VONNE

VASLES

(79340) 1 560 hab. *Carte Deux-Sèvres, B2*

Un village qui a décidé de lutter contre l'exode rural en s'appuyant sur sa principale ressource : le mouton. Un vaste programme de développement, à la fois professionnel (aménagement d'un marché couvert, création d'une

charte de qualité) et touristique. Vasles s'est autoproclamé « Mouton-Village », sans pour autant se transformer en parc d'attractions coupé de toute authenticité rurale. Une expérience intéressante.

À voir

Le parc Mouton-Village : _☎ 05-49-69-12-12. • moutonvillage.fr • Avr-nov : juil-août, tlj 10h-19h ; vac scol de Pâques et de la Toussaint, tlj 13h30-18h ; le reste du temps, slt mer et sam-dim 13h30-18h. Fermé en hiver. Entrée : 10 € ; 6 € 4-16 ans ; hors saison 8,50 €, 5 € 4-16 ans. Régulièrement, démonstrations de chiens de berger, tétée des agneaux. Aire de pique-nique. Atelier de fabrication de savon au lait de brebis (5 €)._
Aucun risque de s'endormir en les comptant ! Ce parc paysager de 6 ha rassemble 23 races de moutons venus du monde entier, mais la présentation ludique réserve de belles surprises aux visiteurs tout au long du parcours. Parmi les stars, le mouton vendéen, bien sûr, celui que vous avez salué dans les champs en venant à Vasles, apparu dans le Poitou dès le Xe s, mais aussi le mouton de Soay, espèce née il y a 9 000 ans en Irak et émigrée en Écosse, le Border Leicester, « mouton à tête de lapin », le mouton de Somalie et le Solognot, dont la laine servait à fabriquer les robes de bure des moines... et quelques autres animaux exotiques dont on exploite la laine, comme l'alpaga ou la chèvre angora.
Casque à infrarouge sur les oreilles, on va d'enclos classiques en habitats reconstitués de façon amusante (comme les moutons d'Ouessant regroupés sur une île avec son phare pittoresque !), guidé par l'histoire que raconte au petit Nicolas son grand-père, ancien berger. Un commentaire, inspiré du « Dessine-moi un mouton » de Saint-Exupéry, vivant et chaleureux.

MÉNIGOUTE (79340) 860 hab. *Carte Deux-Sèvres, B3*

Petit bourg dominant la vallée de la Vonne. Il s'y tient chaque année, à la Toussaint, un festival du film ornithologique, rendez-vous des cinéastes animaliers du monde entier. Si vous y passez l'été, profitez-en pour faire une halte au musée des Arts et Traditions Raoul-Royer, place des Cloîtres (collection d'objets et outils de la vie rurale, jouets, mobilier...).

À voir

La chapelle du château Jean-Boucard : exemple de pur style gothique flamboyant (vers 1530), une sorte de mini-Sainte-Chapelle plus impressionnante d'extérieur que d'intérieur. Sachez que Jean Boucard était le trésorier du chapitre de Ménigoute au XVIe s.

Manifestation

– **_Festival du Film ornithologique :_** _fin oct-début nov. • menigoute-festival.org •_ Rendez-vous des cinéastes animaliers du monde entier.

DANS LES ENVIRONS DE MÉNIGOUTE

Le jardin des Sens et la Maison des jardiniers : _à **Coutières** (par la D 178). ☎ 05-49-69-01-44. Jardin en accès libre tlj, tte la journée._ Conçu par le Centre permanent d'initiatives pour l'environnement de Gâtine poitevine, un joli jardin où alternent parties sauvages et aménagées, et où les odeurs se bousculent. Un cadran solaire, un patio garni de roses, un minilabyrinthe... sont autant de petites surprises qui en font un excellent outil pédagogique pour montrer comment on peut cultiver le plus sainement possible. Allez donc aussi jeter un œil à la Maison des jardiniers, où vous attendent une serre, une bibliothèque et des expositions.

LA VALLÉE DU THOUET

Entre Parthenay et Airvault, les vallées du Thouet et de ses affluents n'ont, au fil des années, pas perdu une... goutte de leur charme : succession de châteaux et d'églises au cœur de paysages boisés et mouillés (la haute vallée du Thouet sera traitée avec Thouars).

La Peyratte : un petit village où l'on s'arrêtera pour l'église Notre-Dame, repérable à sa grosse tour carrée haute de 17 m. À l'intérieur, beau retable en bois doré du XVIIIe s. Croix hosannière du XIIe s sur la place.

Le château de Maurivet : *à* ***Oroux.*** *☎ 05-49-63-01-28. De La Peyratte, prendre la D 165 direction Thénezay ; le château est dans un virage, visible de la route. Visite sur résa.* Ensemble majestueux construit sur trois siècles (XVIe-XVIIIe) et pourtant homogène. Longues dépendances coiffées d'ardoise, qui bordent la cour d'honneur occupée par le corps de logis et son pavillon central qui abrite un escalier. À l'intérieur, découverte en 1975, une des deux seules cheminées sculptées du XVIe s existant toujours en France.

Aubigny : en lisière de bois, ce mignon petit village possède une église du XVIIIe s très lumineuse, dédiée à saint Aubin (d'où le nom d'Aubigny). Juste derrière, un curieux pigeonnier. Sa particularité, carré d'extérieur et... rond à l'intérieur.

■ ***La Chevalerie du Thouet :*** *79390* ***Aubigny.*** *☎ 05-49-69-88-20. • lachevalerieduthouet.fr • Accès par la D 134, puis la D 162 ; suivre les panneaux. Fermé nov-mars.* Pour mieux découvrir les alentours d'une façon originale, on peut parcourir, dans une roulotte tirée par un solide cheval de trait, les chemins de la Gâtine. Roulottes aménagées pour 5 personnes ou chariots, loués à la semaine ou pour un week-end *(260-310 € selon période).* Nombreuses formules accessibles même aux non-initiés.

SAINT-LOUP-LAMAIRÉ

(79600) 1 100 hab. *Carte Deux-Sèvres, B2*

Cette Petite Cité de caractère est un calme et charmant village construit au confluent du Cébron et du Thouet. On plonge dans le passé grâce à son église, ses ruelles, le château et son parc. Étonnant aussi, Saint-Loup est la ville natale de Jean-Théophane Vénard (le bien mal nommé), prêtre de la Société des missions étrangères, décapité en 1861... au Tonkin, dans l'actuel Vietnam, et qui sera par la suite canonisé à Rome et proclamé bienheureux par le pape en 1988.

Où dormir ? Où manger ?

De bon marché à prix moyens

Hôtel Le Relais du Chapeau Rouge : *33, rue Théophane-Vénard. ☎ 05-49-64-68-08. • lechapeaurouge@laposte.net • lerelaisduchapeaurouge.fr • Tlj sf lun midi, mer et dim soir (au resto). Double 57 €. Menus 13 € (midi en sem), puis 22,90-35,90 €.* Petit hôtel tranquille de village dans une maison du XVIe s avec escalier à vis et cheminée médiévale. Une poignée de chambres simples, au confort suffisant (TV satellite). Cuisine traditionnelle convenable. Jardin intérieur verdoyant et terrasse ombragée.

Très chic

Chambres d'hôtes du château de Saint-Loup : *☎ 05-49-64-81-73. • st-loup@wanadoo.fr • chateaudesaint-loup.com • Doubles 145-220 €.* Dormir dans le château du Chat botté où séjournèrent Voltaire, La Fontaine, Perrault ou Blaise Pascal, ce n'est pas courant. Et ce n'est pas non plus à la portée de toutes les bourses. Mais les vastes chambres meublées de style ne manquent pas de cachet, qu'il s'agisse des « médiévales » protégées par l'épaisseur des murailles du vieux donjon ou des suites lumineuses rassemblées dans le beau château Henri IV-Louis XIII. Pour info, l'architecte du château n'est autre que Clément Métézeau, celui qui dessina la place des Vosges à Paris. Pour les amoureux de la nature, un superbe parc de 50 ha entoure le château (lire aussi « À voir »).

À voir

Les parcs et jardins du château de Saint-Loup-Lamairé : *☎ 05-49-64-81-73.* Accès libre à la porte de la première cour pour admirer la façade de ce pur exemple du style Henri IV-Louis XIII, d'un classicisme rigoureux, en réaction à l'italianisme alors à la mode. Reconstruit en 1609 après son acquisition par une grande famille poitevine, les Gouffier, les derniers marquis de Carabas, qui inspirèrent par ailleurs Charles Perrault pour son conte du *Chat botté*. Entourés de douves, cinq corps de bâtiment aux combles détachés les uns des autres et couverts de hauts toits à la française. Édifice en forme de H, le pavillon central est flanqué de deux courtes ailes avec, au centre, une tour rehaussée d'un lanternon. La façade est percée de hautes fenêtres couronnées de frontons en demi-cercles qui dépassent du toit, typiques du style Louis XIII. À droite de l'entrée du parc, imposant donjon (XIVe-XVe s) et vestiges du logis de l'ancien château médiéval.
– **Visite des parcs et jardins :** *juil-août, tlj 14h-18h ; Pâques-juin et sept-Toussaint, slt dim 14h-18h. Téléphoner avt. Entrée : 6 €.* Dans un parc de 50 ha reconstitué d'après des plans de 1745, un bel ensemble aux allures de Versailles, on découvre une orangerie, de nombreux arbres fruitiers, toujours disposés avec un souci géométrique et esthétique. Une bien belle promenade.

Dans la **grand-rue Théophane-Vénard,** qui part du château, nombreuses maisons à colombages des XVe et XVIe s dont, au no 41, celle des grands-parents de Voltaire (maison Arouet). Saint-Loup-Lamairé a d'ailleurs été, un temps, débaptisé pour s'appeler Voltaire. En toute humilité.

L'église Notre-Dame : intéressant porche roman, avec chapiteaux à palmettes et oiseaux, et frise d'animaux fantastiques. Sous la corniche, série de masques, loups, signes du zodiaque. À l'intérieur, superbe retable du XVIIe s, l'un des plus fascinants du département, représentant la Vierge de pitié et la Vierge du rosaire. Belles orgues Aubertin de 1998.

AIRVAULT (79600) 3 500 hab. *Carte Deux-Sèvres, B2*

Dans le creux d'une gorge, un exemple de bourg paisible et chargé d'histoire, comme la vallée du Thouet en compte beaucoup. L'histoire voudrait (d'après M. d'Ormesson, de l'Académie française) que le nom de Voltaire, qui traîna longtemps dans les parages, fût une sorte d'anagramme de la ville d'Airvault.

Adresse utile

Office de tourisme de l'Airvaudais : *48, rue des Halles.* ☎ *05-49-70-84-03.* • *avt-tourisme.fr* • *Juin-sept, tlj sf dim-lun 9h30-12h30, 14h-18h ; mars-mai et oct, mar-sam sf ven ap-m et j. fériés ; hors saison, slt sam 9h-13h.* Brochures de randonnées, balades pédestres et à VTT. Animations et visites guidées.

Où dormir ? Où manger ?

Hôtel du Cygne : *10, rue de la Gare.* ☎ *05-49-63-30-58.* • *hotelducygne79@orange.fr* • *airvault-hotelducygne.fr* • *Resto fermé ven soir, sam midi et dim soir. Doubles 62-92 €. Menus 17-28 €.* Hôtel à deux pas du centre, un genre d'ancien relais de poste, plutôt sympa et fonctionnel. Chambres modernes d'une certaine sobriété, tout confort et au calme. Bonne cuisine de terroir.

Le Vieux Château : *6, rue Brelucan.* ☎ *05-49-64-25-78.* • *levieuxchateau@free.fr* • *levieuxchateau-airvault.com* • *Doubles 69-79 € selon confort. Table d'hôtes sur résa 23 €. Réduc de 10 % sur le prix de la chambre à partir de la 3e nuit sur présentation de ce guide.* Dominant la ville de ses 3 tours carrées, cette petite forteresse médiévale fera le bonheur des amateurs de vieilles pierres. À l'abri derrière ses remparts, le logis seigneurial abrite une poignée de chambres agréables, largement modernisées, mais dotées pour certaines de ces fameuses fenêtres munies de banquettes, où les belles se perdaient en rêveries romantiques... Il n'y a plus guère de quenouilles, mais la vue sur le clocher de l'abbatiale les remplace avantageusement !

Restaurant Le 12 : *12, rue de la Gendarmerie.* ☎ *05-49-63-99-50.* • *le12restaurant@gmail.com* • *Ouv le midi tlj sf j. fériés, plus le soir mer-dim ; hors saison, ouv le midi tlj sf dim et j. fériés, plus le soir ven-dim. Formules 9,60-15 € le midi en sem, 17-21 € le soir. Apéritif offert sur présentation de ce guide.* Tout est frais et fait maison ! C'est la devise du jeune maître-restaurateur à la barre de cette petite adresse moderne et colorée. Le résultat est concluant : c'est simple, bon et bien ficelé, qu'il s'agisse des plats du jour, des spécialités traditionnelles ou des pizzas (le soir). Sympa, surtout si l'on obtient une table en terrasse. Accueil dynamique.

À voir

L'église abbatiale Saint-Pierre : *accès libre tte l'année ; visites guidées gratuites de mi-juin à mi-sept, tlj sf dim-lun 10h-12h30, 14h30-19h.*
Voici l'un des fleurons de l'art roman du Poitou. Bâtie en pierre calcaire, l'abbatiale juxtapose les styles poitevin (XIIe s) et angevin (XIIIe s). Un exemple, pour bien différencier les deux styles : la façade (avec ses contreforts-colonnes et sa statue

équestre mutilée) indique le roman poitevin, alors que le clocher carré serait plutôt du style angevin, avec sa flèche de pierre effilée sans nervures, flanquée de quatre clochers. En revanche, le très curieux porche formant narthex, à moitié enterré, est unique dans la région. Deux piliers carrés, éléments d'une église antérieure (Xe s), soutiennent une voûte d'arêtes appuyées sur un arc doubleau à décor de billettes. Longue nef centrale couverte de voûtes gothiques (style angevin Plantagenêt), bombées et compartimentées comme dans l'abbatiale de Saint-Jouin-de-Marnes. Trois rangées de clés parallèles, sculptées de scènes de l'Ancien et du Nouveau Testament. Pas moins de 120 chapiteaux d'une grande variété ont été sculptés sur les piliers : collerette berrichonne, tête celte, Daniel dans la fosse aux lions, saint Georges... Grâce aux panneaux explicatifs à l'entrée, prenez le temps de bien tous les détailler. Encadrant les chapiteaux de la nef, 16 statues maladroitement sculptées, décapitées, donc devenues énigmatiques, dont on ne trouve pas d'autre exemple en Poitou-Charentes. Autel du XIIe s. Dans le croisillon nord, tombeau du premier abbé d'Airvault, Pierre de Saine-Fontaine, décédé en 1110. Couvercle de sarcophage orné d'une croix de Malte et, en façade, niche avec des personnages, peut-être le Christ et les apôtres.

Sur le flanc sud de l'église, dans le jardin du presbytère, vestiges du ***cloître*** gothique et entrée de la ***salle capitulaire*** romane.

Le musée Jacques-Guidez : *☎ 05-49-70-84-07. De mi-avr à fin sept, tlj 14h30-18h30 ; hors saison, slt mer 14h-17h30. GRATUIT.* À quelques mètres de l'abbatiale, le musée a été aménagé dans les bâtiments conventuels : prison (XIIe s) incluse dans les remparts du XVe s, cuvier voûté (XIIe s), salles souterraines du XIVe s avec voûtes gothiques, chapelle et logis abbatial (reconstruit au XVIIe s). Rassemblées à l'origine par un ancien instituteur passionné, les collections se sont agrandies au gré des donations et constituent aujourd'hui un précieux témoignage de la vie quotidienne en Poitou. Une mine d'informations.

Manifestations

- ***Festival Musiques et Danses du monde :*** *en juil.* Le village se transforme en ville internationale.
- ***Festival Le Rêve de l'aborigène :*** *pdt 3 j. mi-juil. Rens : association Rêve de l'aborigène à l'office de tourisme.* Découverte de la culture aborigène, dans un cadre naturel, à travers les rythmes du didgeridoo, de la guimbarde et du chant ! Concerts, expos, stands, ateliers, etc.
- ***Festival Les Murs ont des oreilles :*** *2de quinzaine d'août, dans les cantons d'Airvault et de Saint-Loup-Lamairé.* Ces rencontres associent concerts de musique classique et découverte du patrimoine.

L'OUEST DE LA GÂTINE

SECONDIGNY (79130) 1 770 hab. *Carte Deux-Sèvres, A2*

Depuis le haut Moyen Âge, des pommiers poussaient à l'état sauvage en Gâtine, notamment autour de Secondigny. Les périodes de disette des XVe et XVIe s ont obligé les hommes à rationaliser leur exploitation. Et si aujourd'hui la région a sacrifié aux golden et autres variétés à haut rendement, sa fierté reste la pomme clocharde au goût acidulé, ainsi appelée à cause de sa forme irrégulière (en dehors du département, elle prend l'appellation plus

commerciale de « reinette de Parthenay » !). Bourgade industrielle et commerçante, Secondigny est mise en valeur par la campagne avoisinante, surtout au printemps, quand ses 1 000 ha de pommiers se couvrent de fleurs.

Où camper ?

Camping du Moulin des Effres : *chemin des Effres. ☎ 05-49-65-54-25. 06-70-34-85-20. • contact@bonnes-vacances-sarl.com • bonnes-vacances-sarl.com • À la sortie de la ville (500 m) sur la route de Niort. Ouv avr-oct. Forfait 13-18 € pour 2 selon saison ; tipis, tentes meublées ou mobile homes env 161-707 €/sem. 85 empl.* Camping tout équipé niché au cœur d'un site paysager de 10 ha, proche de vergers de pommiers, au bord d'un lac. Tennis, minigolf, piscine avec toboggan. Location de vélos et d'embarcations à pédales. À faire sur place : cyclisme, randos (GR 36), équitation. Accueil souriant.

À voir. À faire

L'église Sainte-Eulalie : fin XIe-début XIIe s. L'église romane poitevine typique, massive et austère, avec un étonnant portail de style breton (XVe s). Impressionnant clocher, carré à la base, octogonal au sommet. À l'intérieur : voûtes angevines (XIIIe s) et chapiteaux de style roman classique (animaux, monstres).

➢ ***La ronde des Vergers :*** un circuit pédestre, équestre ou cyclotouriste de 14 km pour découvrir les haies plantées de pommiers clochards, ou encore le verger conservatoire d'espèces oubliées ou peu connues de l'association Les Croqueurs de pommes. La région compte 110 variétés de reinettes ! Itinéraire disponible à la mairie, qui donne aussi des indications pour des balades dans la forêt domaniale de Secondigny.

POUGNE-HÉRISSON

(79130) 350 hab. *Carte Deux-Sèvres, A-B2*

Village d'Histoire (château du XIe s, chapelle Saint-Georges du XIIe s, prieuré Saint-Jean des XIIe-XIIIe s) et d'histoires depuis qu'un conteur fameux dans tout le Sud-Ouest, Yannick Jaulin, l'a proclamé « Nombril du Monde ». On y trouve un beau château féodal (privé) sur cette ancienne route du sel, qui fit de Pougne-Hérisson l'une des communes les plus importantes de la Gâtine. Région des chirons, ces formes granitiques que l'on peut trouver un peu partout le long de la rivière Arcis. Celle dite « la Merveille » se trouve à la sortie du bourg, et une autre, « le Nombril du Monde », se situe devant l'église. Panneau de randonnées pédestres autour du village, en face du château.

À voir. À faire

Le Nombril du Monde : *☎ 05-49-64-19-19. • nombril.com • 17 avr-juin et sept, slt les w-e, ponts et j. fériés 14h-19h ; juil-août, mer-dim 14h-19h. Visites contées tlj à 15h et 17h. Jardin gratuit, visites contées 5-7 €.*
Ici, il faut le croire pour le voir. Et écouter pour mieux le dire... à sa façon. C'est ce que l'on raconte dans le Jardin du Nombril du Monde, un lieu magique et

poétique où chacun est invité à écouter et faire le plein d'histoires. Ne dit-on pas que toutes les histoires du monde sont parties du village de Pougne-Hérisson lors du big bang mythologique, et que ses habitants sont aujourd'hui de fervents ombilicologues (ils cherchent ce que les nombrils ont dans le ventre), à l'instar de John Barney Fergusson, un Américain parachuté malencontreusement dans la mine de contes, et de Robert Jarry, le forgeron du village dont on peut suivre les matérialisations inventives tout au long de ce parcours initiatique ?
Ainsi, grands et petits déambulent de trouvailles foldingues en légendes fertilisées à coups d'idées burlesques. On découvre le laboratoire d'ombilicologie, la salle des théories, la bambouseraie, l'arbre inoxydable, les bosquets qui chuchotent, les machines à tarabuster... faisant parler les cailloux. Et comme les pierres qui roulent n'amassent pas foule, Fergusson a fondé une caillouthèque, rassemblant les pierres les plus précieuses !
Vous l'avez compris, le Nombril du Monde n'est pas un site comme les autres. C'est une sorte de parcours initiatique, où le Spoutnik, la Forêt sans Tête, la Chambre d'Amour, la Roseraie turbulente et les dômes sont autant d'espaces ludiques susceptibles d'éveiller la curiosité, de stimuler la créativité... et de faire retrouver à chacun son âme d'enfant.
– Le Nombril du Monde assure également un programme très riche de spectacles, expérimentations sonores, visites contées par des artistes conteurs, etc. tout au long de la saison.

CHAMPDENIERS-SAINT-DENIS

(79220) 1 512 hab. *Carte Deux-Sèvres, A3*

Bourg perché, autrefois réputé jusqu'en Espagne pour ses foires au mulet. La Grand-Rue qui le traverse de part en part garde quelques maisons à colombages, symboles de ce florissant passé. Agréable vue sur la ville depuis la colline en face (D 748, la route de Niort).

Où dormir dans les environs ?

Chambres d'hôtes de Breilbon : *chez Josette et Didier Blanchard, 40, chemin de la Minée, 79220* ***Germond-Rouvre.*** *☎ 05-49-04-05-01. • josette.didier@breilbon.com • breilbon.com • Dans un hameau à 4 km de Champdeniers. Prendre la D 743 direction Niort, puis la 2e route à droite, direction Germond-Rouvres ; fléchage ensuite. Congés : 15 j. en nov. Double 53 €. Table d'hôtes sur résa 19,50 €, vin compris. Apéritif offert sur présentation de ce guide.* Perdue dans un charmant village de l'arrière-pays, une maison ancienne en pierre apparente, bien jolie avec son jardin clos. Chambres agréables, confortables et sans esbroufe, réparties entre les dépendances et la maison principale. Mais le vrai plus, c'est la cuisine. Car Didier est pâtissier de métier. Il passe donc souvent en cuisine, et pas uniquement pour les desserts : velouté à l'ortie, farci poitevin, lapin à l'ail, jambon aux mojettes, desserts à l'angélique... Vélos à la disposition des clients ; sympa pour les balades digestives !

À voir

L'église Notre-Dame : inspirée de celle de Parthenay-le-Vieux, elle domine la vallée de l'Égray, joli paysage un peu gâché par une monumentale usine.

À l'entrée, sous le porche, une dalle funéraire qui, bizarrement, sert de banc. Église en grande partie romane (XIIe s), typiquement poitevine, même si la tour octogonale fait penser aux écoles limousine et auvergnate. Jolis chapiteaux sur les 12 piliers : feuillages stylisés, masques grimaçants, etc. Une grande baie éclaire le sanctuaire flamboyant du XVe s. Crypte sous le chœur, les chapiteaux des colonnes datent du XIe s. Petit auvent à l'entrée, appelé « le ballet ».

DANS LES ENVIRONS DE CHAMPDENIERS-SAINT-DENIS

La commanderie des Antonins : *à* ***Saint-Marc-la-Lande.*** *☎ 05-49-63-43-31. Accès par la D 743, puis fléché à droite. Mai-sept, mer-dim 11h-19h ; avr, mer-dim 14h-18h ; oct, jeu-dim 14h-18h. Fermé déc-mars. Entrée libre aux expos. Visite avec audioguide : 3 €.* Construite au XVIIe s, elle a appartenu à l'ordre monastique des Antonins. La collégiale de Saint-Marc-la-Lande, qui sert aujourd'hui d'église paroissiale à ce minuscule village perdu en pleine campagne, peut quant à elle être datée du début du XVIe s. Elle présente une impressionnante façade de style gothique flamboyant (première Renaissance). L'église a subi les affres des guerres de Religion et de la Révolution française, et a donc vécu une histoire mouvementée faite de destructions et de renaissances. La toiture a été refaite après les dégâts provoqués par la tempête de 1999. Salle capitulaire, cheminée monumentale, escalier de pierre en colimaçon. Expositions d'art dans la commanderie (peinture, sculpture...). Verger conservatoire et un jardin de plantes médicinales (verveine, gentiane...).

LES PREMIERS PAS DU LSD

Aux abords des chemins de Saint-Jacques-de-Compostelle, les moines de Saint-Marc-la-Lande accueillaient les malades atteints du « feu Saint-Antoine » ou « mal des ardents ». Cette maladie (hallucinations, folie) était provoquée par l'ergot, un champignon noir qui pousse sur le seigle. Synthétisé chimiquement, l'ergot de seigle fera, quelques siècles plus tard, son petit effet (psychédélique) sous le nom de... LSD.

COULONGES-SUR-L'AUTIZE

(79160) 2 350 hab. *Carte Deux-Sèvres, A3*

Petite ville bâtie sur un plateau, pas désagréable du tout depuis qu'elle a joliment rénové son centre. Coulonges-les-Royaux a évidemment été débaptisée à la Révolution. Mais ne cherchez pas l'Autize, elle coule 4 km plus au nord. Un beau château et son parc ouverts au public occupent le cœur de la ville, tandis que la place voisine accueille des halles à la Baltard qui méritent le coup d'œil.

Adresse utile

Office de tourisme : *pl. du Château. ☎ 05-49-06-10-72. • ville-coulonges-sur-lautize.fr • Juil-août, mar-sam 10h-12h30, 14h30-17h.* Documentation disponible sur les randos pédestres. Départ des visites guidées.

À voir

Le château : rens au ☎ 05-49-06-10-72 (mairie). Juil-août, visite guidée mar-sam à 10h30 et 15h. Entrée (musée du Charronnage compris) : 3 € ; réduc. Construit au XVIe s pour Geoffroy d'Estissac et sa famille, de style Renaissance. Abandonné juste avant la Révolution, il fut peu à peu démantelé jusqu'à perdre une aile et demie, et privé de ses principaux éléments ornementaux (escalier d'honneur, cheminée dite « alchimique ») par un certain Octave de Rochebrune qui, en 1866, les déménagea au château de Terre-Neuve, à Fontenay-le-Comte. Il n'a été sauvé de la destruction totale que grâce à sa transformation en hôtel de ville. Vous pourrez cependant visiter ses impressionnantes cuisines à voûtes d'arête losangées où, au coin d'une des cheminées ornementales, on s'attend presque à surprendre Rabelais, Henri II, Catherine de Médicis ou Montaigne. La visite inclut également la chapelle et un musée lapidaire où l'on verra une maquette du château à son âge d'or.

L'église Saint-Étienne : du XIIe s. Romane évidemment, avec une belle nef voûtée en berceau brisé à doubleaux. Mais le bas-côté nord et le chevet plat sont de style gothique flamboyant.

Le musée du Charronnage et de la Tonnellerie : *4, pl. du Château. Rens : ☎ 05-49-06-10-72 (mairie). Mêmes horaires et tarifs (billet combiné) que le château.* Présentation d'outils ayant appartenu au dernier charron du village, et reconstitution des différentes phases de réalisation d'une roue, d'un tonneau, du travail de la forge.

Juste à la sortie de la ville, sur la D 25 en direction de Magné, surgit, d'un champ où broutent les vaches, une monumentale ***cheminée d'usine*** de 1870, vestige de l'un des nombreux fours à chaux de la commune, nés d'une tentative de développement industriel au XIXe s. La Grande Cheminée – comme on la nomme ici – se dresse en pleine campagne, au bout d'un chemin boisé.

L'ABSIE

(79240) 1 095 hab. *Carte Deux-Sèvres, A2*

Un bourg plutôt industrialisé (textile, meuble), donc sans grande particularité si ce n'est l'abbaye, et la campagne environnante qui ravira les botanistes.

À voir

L'abbaye royale Notre-Dame de L'Absie : l'ancienne abbaye bénédictine a disparu au XVIIIe s, ne laissant que cette église reconstruite au XVe s et remaniée au XIXe s. L'intérieur est plus intéressant : voûtes et fresques du XVe s (saint Michel terrassant le dragon). Dans le transept, crucifixion et résurrection du Christ, d'époque médiévale.

DANS LES ENVIRONS DE L'ABSIE

La vallée et les coteaux boisés de Saint-Paul-en-Gâtine sont riches en espèces rares comme la berce du Caucase, donc un paradis pour les botanistes.

Le rocher branlant : *à* ***La Morelière,*** *juste après La Chapelle-Seguin, sur la D 136 en direction de Largeasse.* Un chaos (en patois, *chiron*) granitique formé de plusieurs roches dispersées dans un champ, comme il en existe beaucoup dans le coin. Un bloc de plus de 30 t s'est ainsi trouvé par hasard posé en équilibre sur un autre. Et si vous voulez épater la galerie, c'est le moment : une simple pression de la main, et l'énorme rocher oscille du chef !

UN AMOUR DE CHIRON

La légende raconte que ce serait la fée Mélusine qui, pour se venger de l'arrogance des seigneurs de Châtelaillon (en Charente-Maritime), aurait dispersé les pierres de leur château. Ces « merveilles » ou « rochers branlants » servaient de « pierres de jugement » : les femmes soupçonnées d'adultère étaient graciées si elles parvenaient à faire bouger la roche supérieure. Un bon plan pour celles qui sont infidèles mais musclées !

MONCOUTANT (79320) 2 985 hab. *Carte Deux-Sèvres, A2*

C'est ici que, le 19 août 1792, un attroupement autour d'un rocher s'est vite transformé en une troupe d'insurgés qui ont marché vers Mauléon et Bressuire. Premier soulèvement de ce qui allait devenir les guerres de Vendée. Monument commémoratif devant l'église d'un gothique flamboyant très XVe s (et très restauré). Par ailleurs, la ville accueille le plus grand centre de pêche touristique d'Europe : le site de Pescalis, qui a pour vocation de relancer le tourisme dans la région, autour des thèmes de la pêche, des loisirs et de la famille.

LES DEUX-SÈVRES

Où camper dans le coin ?

La P'tite Cuiller : *La Sablière, 79320* ***Moutiers-sous-Chantemerle.*** *☎ 05-49-74-28-06. • camping-ptite-cuiller.fr • Ouv tte l'année (résa obligatoire en basse saison). Forfait 14 € ; bengali 150-360 €/sem selon saison ; mobile homes 175-600 €/sem selon saison et confort.* Au sud de Moncoutant, au bord du lac, c'est le camping du Centre international nature. Beaux emplacements spacieux et bien équipés : laverie, petite épicerie, dépôt de pain, bar, resto (en saison), jeux pour enfants et location de vélos. Piscine chauffée. Accueil souriant et bonne ambiance. Quelques animations en été. Un des nos campings préférés !

Ferme Les Noues de Puy-Jean : *Puy-Jean. ☎ 05-49-72-62-98. • puyjean@wanadoo.fr • ferme-pedagogique-puyjean.com • À la sortie de Montcoutant par la D 744 en direction de Niort. Ouv avr-sept. Env 45-70 €/tente pour 2-5 pers selon confort.* Insolite ! Car cette ferme très branchée nature s'est investie à fond dans l'accueil des touristes, en proposant à la visite un jardin pédagogique charmant et ludique, et en aménageant ici ou là des tentes de trappeurs équipées de literie, avec vue sur un plan d'eau. Les sanitaires sont dans un bâtiment annexe, de même qu'un espace avec une cuisine où l'on pourra mitonner de bons petits plats avec les produits vendus en direct (fruits, légumes et viande).

À faire

Pescalis – Centre international nature et pêche : *à la sortie de Moncoutant, route de Niort (D 744). ☎ 05-49-72-00-01. • pescalis.com • Aquarium*

ouv fin mars-vac scol de la Toussaint. Entrée : 7 € ; réduc ; gratuit moins de 6 ans. Pack Pêche (avr-oct) 12 €.
Un projet qui fédère de façon originale le monde de la pêche et celui de la famille et de la détente. Sur près de 100 ha de plans d'eau, le centre présente plusieurs sites où les pêches sont adaptées aux désirs de chacun (pêche au coup, du carnassier, à la mouche et de la carpe), mais aussi des activités extra-pêche pour toute la famille : aquariums, différents sentiers de randonnée et d'orientation (avec observatoires perchés dans les arbres pour observer les oiseaux)... auxquels il faut encore ajouter équitation, VTT, piscine, tennis, aire de jeux, minigolf, diverses formes d'hébergement possibles et un resto. Bref, il y en a pour tous les goûts ! Également une aire de pique-nique et une aire d'accueil pour camping-cars.
Le site répond autant aux pros qu'aux amateurs, les uns comme les autres pratiquant le *no kill* (remise à l'eau des poissons). Pour ceux qui souhaitent s'initier, il existe le *Pack Pêche,* où tout est fourni.
Quant à ceux qui souhaitent en savoir un peu plus sans se mouiller les pieds, la ***visite du monde aquatique de Pescalis*** présente, dans un parcours souterrain, le monde secret de l'eau douce au gré de quelques expositions thématiques et de films projetés sur grand écran, et abrite le plus grand aquarium d'eau douce de la région Poitou-Charentes. Et si après ça vous n'avez pas la... pêche !

LE BOCAGE

Le Bocage bressuirais peut être considéré comme l'épicentre des guerres de Vendée : la plupart des leaders de ce soulèvement sont nés dans les châteaux alentour. Le souvenir vendéen reste un passé à jamais présent ! Aujourd'hui, la proximité du puy du Fou prolonge cet omniprésent voisin. Pendant la saison d'été, les hôtels du Bocage sont réservés des mois à l'avance pour des groupes se rendant à la célèbre scénographie vendéenne.

BRESSUIRE (79300) 19 350 hab. *Carte Deux-Sèvres, A1-2*

Ville au centre d'un bocage davantage tourné vers Cholet et la Vendée que vers les Deux-Sèvres. Important carrefour dès l'époque gallo-romaine, Bressuire a massé ses maisons basses coiffées de tuiles bombées sur une colline dominant le vallon du Dolo, autour de l'imposant château et de la chapelle Saint-Cyprien. Riche en sites à explorer aux alentours.

UN PEU D'HISTOIRE

À la fin du XIe s, Bressuire est une importante cité drapière qui commerce avec la Bretagne, le Nord, l'Angoumois. Mais la guerre de Cent Ans met fin à ce développement. La ville, comme le Poitou, devient possession anglaise jusqu'en 1370, date à laquelle Du Guesclin la ramène de force à la couronne française. Bressuire coule ensuite des jours heureux avec Jacques de Beaumont, confident de Louis XI. Prospérité mise à mal par les guerres de Religion (la très catholique Bressuire est pillée en 1568 par les protestants), puis par le soulèvement vendéen (elle refuse la constitution civile du clergé et, en 1793, c'est la « levée en masse »). Sanglante répression : le général Grignon restera dans l'histoire sous le surnom de « boucher de Bressuire », ce qui donne une idée de ce que ses Colonnes infernales ont fait subir à la ville.

Bressuire se relèvera après la Révolution. Elle est devenue aujourd'hui un important centre d'élevage et d'industries alimentaires, animé par de grands marchés aux bestiaux. Fait notable : Bressuire possède la seule école des métiers de la viande de France.

Adresse utile

Office de tourisme du Bocage bressuirais : *6, pl. de l'Hôtel-de-Ville. ☎ 05-49-65-10-27. • tourisme-bocage.com • Près de l'église Notre-Dame. Juil-août, lun-sam 9h30-12h30, 14h30-18h30 ; sept-juin, lun 14h-18h, mar-ven 10h-12h, 14h-18h, sam 10h-12h.* Demander le livret du circuit découverte du centre-ville.

Où dormir ? Où manger ?

Le Puy Rond : *à* **Cornet.** *☎ 05-49-72-43-22. 06-85-60-37-26. • puyrondcamping@gmail.com • puyrondcamping.com • À 1 km au sud de la ville, à la jonction de la D 38 et de la D 938 ter. Ouv d'avr à mi-oct. Forfait 18,50 € pour 2 en hte saison ; loc de chalets 2-6 pers 336-560 €/sem. 25 empl.* Calme et ombragé, un petit camping simple mais intime et convivial, tenu par un couple de Britanniques très sympas. Situé à proximité du lac de la Chaize, où il est possible de pêcher. Piscine.

Hôtel-restaurant La Boule d'Or : *15, pl. Émile-Zola. ☎ 05-49-65-02-18. • hotel.labouledor@wanadoo.fr • hotellabouledor-bressuire.com • Resto fermé dim soir et lun midi. Double 60 €. Formule 13,50 € (sf w-e et j. fériés) ; menus 18,50-36 €.* Un établissement à l'ancienne, au cadre plus que classique, qui vaut la peine pour sa cuisine traditionnelle bien réalisée. Pour les pressés, le petit menu est impeccable, de même que les maxi-salades. Les chambres sont en revanche vieillottes. Bon accueil.

Table Notre-Dame : *14, pl. Notre-Dame. ☎ 05-49-65-03-31. • latablenotredame@gmail.com • Tlj sf dim soir, lun, mer soir et soir des j. fériés. Formules 10,50-13,50 € midi lun-sam, 26,40 € soir et dim.* En face de l'église, un tout petit resto qui ne paie pas de mine, avec une salle sobre et moderne. Ne pas s'arrêter à ce détail, on y déguste une cuisine de grande qualité, pleine de créativité et utilisant de beaux produits locaux de saison. Accueil jeune et sympa. Une valeur sûre.

Où manger dans les environs ?

Auberge Les Fontaines : *79300* **Chambroutet.** *☎ 05-49-80-34-80. • lhermitage711@orange.fr • À env 12 km au nord de Bressuire. Ouv ven soir-dim et le midi des j. fériés. Congés : 10-20 août. Résa obligatoire. Menus 21-32 €. Apéritif et café offerts sur présentation de ce guide.* Une maison très connue pour sa cuisine authentique, généreuse et consistante, et tout particulièrement pour le superbe foie gras et les magrets parfaitement cuisinés. Cadre chaleureux d'auberge campagnarde, avec ses vastes salles rustiques aménagées dans une ancienne écurie dont on a gardé les grosses solives, les box et les mangeoires d'origine. Bonne petite sélection de vins pas chers.

Où boire un verre ?

Tennessee Bar : *10, rue Jean-Jaurès. ☎ 05-49-74-05-28. 07-80-36-74-69. Tlj sf dim jusque tard.* À l'ombre de l'église Notre-Dame.

Un bar-pub rock super, avec un décor extra (instruments de musique divers) et de bonnes bières. Clientèle jeune et musicos (ça va de soi), et accueil sympa (mais là, on s'en doutait !). Baby-foot pour les accros.

À voir

L'église Notre-Dame : son clocher, conçu d'un seul jet au XVIe s, domine la ville de ses 56 m, mélange de styles gothique et Renaissance. Dans son ensemble, Notre-Dame s'apparente aux monuments du Val de Loire. Porche à 11 voussures. De style Plantagenêt : la large et très sobre nef unique (début XIIIe s), couverte de voûtes gothiques bombées, les portails et les chapiteaux encore romans. Sous influence angevine : le vaste chœur quadrangulaire, genre halle de style gothique flamboyant (fin XVe s). Beaux chapiteaux historiés. Colonnes et voûte en palmier. Il faut aller jusqu'au fond de l'église pour bien contempler les murs peints et les vitraux ; ces derniers exceptionnellement à hauteur des yeux pour mieux les admirer. Superbe verrière centrale axée sur la Vierge. Belle Crucifixion sur sa gauche. Les vitraux ont été réalisés en 1882 mais dans un style médiéval réussi, en de flamboyantes couleurs.

La crèche animée : *dans la chapelle du cloître Notre-Dame. Rens à l'office de tourisme. Fermé en août.* Crèche construite par l'abbé Rochard dans les années 1950, restaurée depuis peu par des bénévoles. Les enfants adoreront découvrir ce beau village de Palestine animé par 120 automates.

Le musée : *pl. de l'Hôtel-de-Ville. ☎ 05-49-74-32-24. Ouv sur rdv et pour les expos temporaires 14h30-18h30. GRATUIT.* Sur la place de l'hôtel de ville construit au XIXe s, à l'emplacement de l'ancien couvent des Cordeliers. Le petit musée municipal a trouvé place dans l'ancienne halle aux grains, où sont évoqués le fameux fleuve préhistorique Yprésis, la naissance de la ville de Bressuire et les poteries de Saint-Porchaire, village voisin où des potiers fabriquaient des pots depuis le XVe s. Également un ensemble exceptionnel d'œuvres du verrier et vitrailliste bressuirais Max Ingrand (1908-1969) : dalle de verre, vitrail, miroirs...

Le château : *GRATUIT.* Fief de la puissante baronnie des Beaumont-Bressuire, le château, même s'il a subi l'outrage des années, reste un des plus monumentaux ensembles médiévaux de la région. Ses deux enceintes, qui couronnent un éperon rocheux au-dessus de la vallée du Dolo, sont encore jalonnées par plusieurs dizaines de tours ! En ruine, certes, mais ça vaut le coup d'œil. En 1370, Du Guesclin libère Bressuire des Anglais. Selon la tradition, il aurait fait pendre le gouverneur du château aux créneaux de la tour massive... Un sentier permet de faire le tour de l'enceinte extérieure (XIIIe s). Une poterne, dans l'enceinte intérieure du XIe s, donne accès à la cour. Incendié pendant la Révolution, le logis seigneurial, dont subsistent quelques maigres vestiges, a été remplacé au XIXe s par un bâtiment de style néogothique. Il accueille régulièrement des expos temporaires. Au pied du château, chapelle Saint-Cyprien (XVe s).

CERIZAY

(79140) 4 710 hab. *Carte Deux-Sèvres, A1-2*

Petit centre industriel sans beaucoup de charme, et pour cause : en août 1944, un régiment de SS a incendié la quasi-totalité de cette ville d'origine gallo-romaine, qui avait miraculeusement échappé aux destructions des guerres de Vendée. Ville d'importance dans le secteur, présentant des sites intéressants à proximité : châteaux, églises, balades.

Où dormir ?

Hôtel du Cheval Blanc : *33, av. du 25-Août-1944. ☎ 05-49-80-05-77. • chevalblanc.cerizay@wanadoo.fr • hotel-restaurant-cerizay.com • ♿ En centre-ville, sur la route de Saint-Mesmin. Double 77 €.* Des chambres fonctionnelles et propres, donnant pour la plupart dans un bâtiment moderne à l'arrière. Celles du rez-de-chaussée ouvrent sur un carré de gazon. Sans charme particulier mais convenable pour une étape.

Où dormir ? Où manger dans les environs ?

Les Roches Blanches : *Les Roches-Blanches, 79140* ***Le Pin.*** *☎ 05-49-81-03-31. • isabelle.moreau16@wanadoo.fr • roches-blanches.net • À 6 km de Cerizay par la D 33, peu après Le Pin à droite (panneau). 4 gîtes (2-9 pers) 300-640 €/sem selon taille et saison, 160-300 € le w-e. Une visite guidée du parc offerte pour 1 sem de loc sur présentation de ce guide.* Un havre de paix. Car il s'agit d'une très belle propriété de 80 ha, avec un étang et plus de 20 ha de forêts qui servent d'écrin à la maison et à ses dépendances. Ces dernières abritent les gîtes, vastes, très confortables et bien équipés. Mais le must, c'est le studio aménagé dans un pavillon isolé dans une clairière. Romantique à souhait... Excellent accueil.

La Fontaine Fleurie : *9, pl. Jeanne-d'Arc, 79140* ***Le Pin.*** *☎ 05-49-81-03-15. • la.fontaine.fleurie@wanadoo.fr • Ouv le midi lun-ven. Congés : 21 fév-8 mars et 18 juil-9 août. Menus 9,50-12,50 €.* Au centre du village, face à l'église et au vieux puits, cette sympathique petite auberge offre un menu correct avec buffet de hors-d'œuvre, plat, fromage, dessert, un verre de vin et le... café... imbattable ! Accueil jeune dans une salle claire et agréable. Terrasse agréable.

Le Cheval Blanc : *36, rue du Maréchal-de-Lattre-de-Tassigny, 79380* ***La Forêt-sur-Sèvre.*** *☎ 05-49-80-86-35. • lechevalblanc79@orange.fr • aubergeduchevalblanc79.fr • À 6 km au sud de Cerizay par la D 744. Double 68 €, petit déj inclus. Formule déj en sem 14,50 € et menus 19,50 €, puis soirs et w-e 27-39 €.* Ce petit établissement discret et loin des sentiers battus mérite une halte, car le jeune maître-restaurateur y propose une cuisine de saison classique, fraîche et savoureuse, agrémentée parfois de quelques touches de modernité bienvenues. Simple, fort bon et servi avec le sourire dans une salle un brin réactualisée elle aussi. Quelques chambres sans chichis à l'étage et, pour les amateurs, des soirées thématiques russes (rappel des origines de madame !).

DANS LES ENVIRONS DE CERIZAY

L'abbaye de Beauchêne : *direction Pouzauges, puis à gauche vers Beauchêne. Si l'abbaye ne se visite pas (privée), l'église, accolée au site, est accessible au public.* Une des rares abbayes que possédèrent en France, à partir de 1875, les moines augustins de la congrégation de Latran. Couvent reconstruit au XIXe s et petite église romane, remaniée au XVe s. Nef éclairée par des vitraux du XIXe s, évoquant les guerres de Vendée : notamment Lescure, « le saint du Poitou », en prière avec ses hommes, avant un combat. La clef de voûte porte les armes de La Rochejaquelein.

Le château de Saint-Mesmin-la-Ville : *sur la commune de* ***Saint-André-sur-Sèvre.*** *☎ 05-49-80-17-62. • chateau-saintmesmin.fr • ♿ Sur la D 960 bis en direction de Pouzauges, juste avt Saint-Mesmin. Visite (guidée, audioguidée ou libre) : de mai à mi-juin, dim et j. fériés 14h30-18h30 ; de mi-juin à mi-sept, tlj 10h30-13h, 14h30-19h (slt 14h30-18h30 juin et sept). Entrée : env 7 € en été et 5 € hors saison ; réduc. Nombreuses animations médiévales (tlj en juil-août).*

LES DEUX-SÈVRES

Une petite forteresse médiévale trapue et puissante (XIVe-XVe s), classée Monument historique. Son enceinte hexagonale est flanquée de cinq tours en fer à cheval, dont deux, réunies en châtelet d'entrée, encadrent une porte protégée par un pont-levis. Le donjon de 28 m de haut a remplacé l'une de ces tours au XVe s. Ce qui fait l'originalité du site, c'est l'atmosphère ludique qui règne entre ces hauts murs. Car chaque année, en fonction de la thématique choisie (l'artisanat, la cuisine, la guerre...), vous avez toutes les chances de croiser un maître-queux ou un rôtisseur dans la cuisine, un maître d'armes dans la salle d'armes, et de trouver un feu de cheminée dans le logis du seigneur. Cela ajoute beaucoup de piquant à une belle visite qui, de la cour intérieure au chemin de ronde, permet de revivre l'époque des chevaliers, gentes dames, trouvères et troubadours...

Le musée d'École de la Tour-Nivelle : *79440* ***Courlay.*** *☎ 05-49-80-29-37. • tournivelle.fr • ♿ Sur la D 938 entre Bressuire et La Forêt-sur-Sèvre. De début juil à mi-sept, mar-dim 10h30-18h30 ; hors saison, le 3e dim du mois, visite animée 14h30-18h30. Fermé pdt vac de Noël. Entrée : 5 € ; réduc. Nombreuses activités pédagogiques pour les enfants.* Nous sommes au village d'Ernest Pérochon, Prix Goncourt 1920 avec *Nêne,* alors il fallait bien un petit musée ! Celui-ci est pittoresque et retrace l'école d'hier à aujourd'hui. Une salle avec encriers et pupitres du passé, jusqu'à la salle multimédia ! On verra aussi la chambre de l'instituteur (à l'étage), et une exposition consacrée à l'œuvre et à l'histoire d'Ernest Pérochon.

MAULÉON (79700) 3 200 hab. *Carte Deux-Sèvres, A1*

Ville perchée, comme son étymologie *(mons leonis)* l'indique, et massée autour des rares vestiges d'un château féodal. Ça bouge à Mauléon, et ce depuis l'époque gallo-romaine.

UN PEU D'HISTOIRE

Connue dès l'époque gallo-romaine, la ville s'est surtout développée au XIe s grâce à la puissance de la famille des Mauléon. Mais les guerres de Religion lui seront fatales : la ville sera entièrement rasée au XVIe s, puis reconstruite début XVIIIe s. En 1793, Châtillon devient la capitale de la Vendée militaire : le Conseil supérieur, amorce de gouvernement des régions, s'y installe ; on y imprime même des bons royaux correspondant aux assignats. D'âpres combats s'y déroulent en juillet 1793, qui se soldent par la victoire des royalistes. Mais en octobre, les bleus sont de retour, surprennent les défenseurs, et la ville est incendiée par les Colonnes infernales de Westermann.

Adresse utile

Office de tourisme du Bocage bressuirais : *27, Grand-Rue. ☎ 05-49-65-10-27. • tourisme-bocage.com • Ouv mar-ven.* Brochures intéressantes, dont un circuit de découverte du centre-ville très bien fait. Accueil disponible.

Où dormir ? Où manger ?

Hôtel-restaurant L'Europe : *15, rue de l'Hôpital. ☎ 05-49-81-40-33. • hotel-restaurant-leurope.com • ♿ Resto fermé lun midi (ven soir, sam et dim soir hors saison). Congés : 1er-10 mai et 25 déc-14 janv. Double 63 €. Menus et formules 14-16 €, puis 28-36 €. Kir offert sur présentation de ce guide.* C'est une adresse connue de tous, où habitués et touristes en goguette se réunissent dans une salle classique pour goûter la bonne cuisine traditionnelle de la maison. Beau menu terroir. À l'étage, des chambres simples tout à fait agréables car lumineuses et parfaitement entretenues. Accueil souriant.

À voir

Le château : ou plutôt ce qu'il reste d'un château du XIIe s qui appartenait alors aux seigneurs de Mauléon : une porte monumentale du XVe s qui s'ouvre sur le *Castel*... un cinéma très moderne, bien solitaire sur l'esplanade du château féodal disparu. De la terrasse, vue sur la ville et les alentours.

Le musée du BRAHM : *pl. de l'Hôtel-de-Ville. ☎ 05-49-81-86-23. (rdc). Tlj 15h-18h. Entrée : 2 € ; gratuit moins de 16 ans.* Ce sigle un peu barbare désigne le Bureau de recherche archéologique et historique du Mauléonnais. En clair, il s'agit d'un musée régional très complet, installé dans l'imposant bâtiment (XVIIIe s) de l'ancienne abbaye de la Trinité fondée au XIe s. Mérite une visite ne serait-ce que pour son atmosphère géniale, avec sa muséographie d'un autre siècle, ses parquets qui craquent, et sa foultitude de trésors entassés dans un joyeux bric-à-brac ! À l'entrée, une jolie fontaine. Principale curiosité : neuf des pierres gravées des Vaux, découvertes près de Saint-Aubin-de-Baubigné, rochers ornés de motifs géométriques et de curieux personnages anthropomorphiques, datés de la fin de l'âge du fer (peut-être vers 500 av. J.-C.).

DANS LES ENVIRONS DE MAULÉON

L'église de Moulins : *sur la D 156.* Pour sa surprenante Vierge, bébé, emmaillotée et couchée dans un berceau. En tôle moulée et peinte, elle a été rapportée d'Italie par une religieuse.

L'église Saint-Martin : *à* ***La Pommeraie-sur-Sèvre,*** *à 12 km au sud de Mauléon.* Nous sommes ici en Vendée (à la limite des Deux-Sèvres), mais le détour est curieux. Des fresques du XVIe s représentent les sept péchés capitaux qu'un diable pousse d'un bâton et qu'un démon entraîne, enchaînés, en enfer. De droite à gauche : l'Orgueil qui chevauche un lion, l'Envie et son lévrier, l'Avarice sur un loup, la Luxure sur un bouquetin, la Gourmandise sur un pourceau, buvant et mangeant des deux mains, la Colère sur un griffon et la Paresse sur un âne. Ces péchés personnifiés sont vêtus de costumes très XVIe s (!).

LA VALLÉE DE L'ARGENTON

Très bucolique : des coteaux plantés de chênes verts et de cèdres, et une rivière au nom changeant : appelée Argent en amont, elle devient Argenton après avoir mêlé ses eaux à celles du Ton.

NUEIL-LES-AUBIERS (79250) 5 000 hab. *Carte Deux-Sèvres, A1*

Où dormir ? Où manger ?

Le Logis de la Minaudière : *lieu-dit Caphar. ☎ 05-49-65-59-53. • capharlaminaudiere@orange.fr • la-minaudiere.com • À deux pas du centre. Doubles 73-78 €.* La dynamique et souriante Virginie ne manque pas de bonnes idées. Elle a métamorphosé une grange du XVIIe s en supprimant une partie du toit pour créer un vaste patio, avec parterres de fleurs et bassin pour les poissons de rigueur, le tout surplombé par une galerie où l'on a aménagé une chambre. Génial ! Le reste est à l'avenant : belles et vastes parties communes, et des chambres tout confort (clim, TV, bouilloire...) à la déco thématique soignée. Ajoutez la piscine et l'étang romantique dans le parc, et vous obtenez l'une des meilleures adresses de la région !

Auberge de Regueil : *☎ 05-49-65-42-56. • auberge.de.regueil@wanadoo.fr • ferme-regueil.wifeo.com • De Nueil, prendre la D 35 en direction de Bressuire, tourner à droite après 1 km, fléchage ensuite. Résa conseillée au resto. Double 55 €. Formule déj en sem 13,50 € ; menus 21-30 €. Apéritif maison offert sur présentation de ce guide.* Une grande exploitation agricole en pleine campagne, qui n'a cessé de se développer avec les années. Il y eut d'abord les chambres, simples, rustiques et confortables, puis le studio, et enfin les chalets. Et comme Colette et Serge Ganne élèvent des charolaises, des volailles et des lapins, ils ont tout naturellement ouvert une table d'hôtes. Atmosphère chaleureuse et bonne cuisine familiale (jambon à l'os, tarte Tatin), à déguster dans une véranda donnant sur un très joli paysage de bocage. Accueil chaleureux.

Le Moulin de la Sorinière : *☎ 05-49-72-39-20. • contact@hotel-moulin-soriniere.com • hotel-moulin-soriniere.com • Au sud-ouest du village, direction Cerisay, puis Combrand (bien indiqué). Resto fermé dim soir et lun. Doubles env 64-69 € selon saison. Menus 16 € (midi en sem), puis 19 € (sf w-e) et 29-35 €.* En pleine campagne, petit hôtel de charme offrant une dizaine de chambres classiques, réparties entre un ancien moulin et un grand chalet de bois. Fort bon confort et calme garantis. Salle à manger agréable avec grandes baies s'ouvrant sur le parc. Excellente cuisine réalisée avec de bons produits locaux.

À voir

Le parc et le jardin du château de Tournelay : *sortir de Nueil par la D 33 en direction de Cerizay sur 300 m, sonner à la grille d'entrée, à gauche après le pont. ☎ 05-49-65-61-13. 14 juil-25 août, tlj 12h-18h ; sinon, sur résa. Entrée : 5 €.* Bel exemple d'un grand domaine de la première moitié du XIXe s. Élégant bâtiment de brique et de pierre de style néo-Louis XIII, au centre d'un immense parc paysager de 35 ha traversé par l'Argent. Pour les fans de botanique, 5 km de balade au long des sentiers balisés et boisés (20 000 arbres et 400 essences) avec des cyprès chauves de Louisiane, des cèdres de l'Atlas et des araucarias du Chili. Visite des dépendances : écuries, chenil, sellerie, potager. Pique-nique autorisé sur demande.

VOULTEGON

(79150) 485 hab. *Carte Deux-Sèvres, A1*

Un petit village, un vieux pont, un château : à l'image de l'environnement de cette vallée.

ARGENTON-LES-VALLÉES

(79150) 1 040 hab. *Carte Deux-Sèvres, A1*

Bourg construit sur un promontoire qui domine les gorges formées par les confluents de l'Argenton et de l'Ouère. C'est aussi la ville de Philippe de Commynes (1447-1511), célèbre chroniqueur du Moyen Âge et conseiller du roi Louis XI.

Adresse utile

Office de tourisme, antenne d'Argenton-les-Vallées : *10, pl. Léopold-Bergeon. ☎ 05-49-65-96-56. En principe avr-sept, l'ap-m mar-mer et ven, jeu tte la journée et sam mat.*

Où camper ?

Camping municipal d'Hautibus : *rue de la Sablière. ☎ 05-49-65-95-08. • campinghautibus@orange.fr • argentonlesvallees.fr • En contrebas de l'agglomération (panneaux depuis le centre). Ouv avr-15 oct. Forfait env 10,50 € pour 2 ; chalets tte l'année 2-7 pers 258,50-425 €/sem selon saison (loc possible en nuitée si disponibilité). 63 empl. Tennis gratuit 1h/j. sur présentation de ce guide.* Un camping bien entretenu, situé dans un endroit calme, au bord du lac d'Hautibus. Sur place, randos, tir à l'arc. À proximité, vaste piscine, tennis, pêche, embarcations à pédales, équitation (5 km), karting (2 km), site d'escalade (4 km), canoë... Accueil dynamique et souriant.

À voir

L'église Saint-Gilles : fondée aux XIe et XIIe s, elle a été largement remaniée au XVe s puis au XIXe s. De l'époque romane, elle conserve un portail sculpté en tuffeau classé aux Monuments historiques. Magnifiquement restaurée à la fin des années 1990 par biominéralisation (technique innovante qui consiste à injecter des bactéries qui forment une carapace protectrice en mourant) ! Les thèmes habituels de l'iconographie poitevine restent déchiffrables : anges glorifiant l'Agneau, triomphe des Vertus sur les Vices, vierges sages et vierges folles, apôtres lavant le Christ, signes du zodiaque et travaux des mois. À gauche de l'archivolte, une scène évoquerait la parabole du festin du mauvais riche. À droite, deux autres scènes montreraient les damnés jetés dans la gueule d'un monstre (Enfer) et les élus groupés dans le sein d'Abraham (Paradis).

Le château : *visite guidée sur résa à l'office de tourisme du Bocage bressuirais (☎ 05-49-65-10-27).* La rue du Château, qui descend de la place Bergeon, longe quelques tours et murs, vestiges d'une puissante forteresse médiévale où vécut Philippe de Commynes (1447-1511), conseiller de Louis XI, sénéchal du Poitou et chroniqueur.

Le pont Cadoret : fortifié au XIIIe s, il fut intégré à la muraille qui enserrait la ville au Moyen Âge. Il domine l'Ouère.

Le lac d'Hautibus : *en contrebas du bourg. Pour infos, contacter l'office de tourisme.* Randonnées pédestres et à VTT, piscine ludique, restaurant, etc.

DANS LES ENVIRONS D'ARGENTON-LES-VALLÉES

Après Argenton-les-Vallées, la D 759 file tout droit vers Thouars et oublie de suivre le cours de la rivière. Prendre plutôt à droite la D 181 (environ 2 km après Le Breuil-sous-Argenton) qui descend vers le ***pont de Grifférus.*** Coin superbe ! L'Argenton se transforme subitement en un timide torrent entre des gorges de schiste où poussent, au printemps, ajoncs, genêts, aubépines et digitales. La route remonte ensuite sur La Sorinière. Au centre du village, tourner à gauche pour rejoindre Massais.

Massais : *sur la route de Thouars, par la D 759.* Petit bourg construit sur une colline, au-dessus des gorges de l'Argenton. Dans l'ancienne église, on venait en pèlerinage offrir à saint Cloud une poignée de... clous pour guérir des maladies de peau.

LA HAUTE VALLÉE DU THOUET

THOUARS (79100) 11 000 hab. *Carte Deux-Sèvres, B1*

Il vaut mieux aborder Thouars par le sud (en arrivant de Bressuire ou de Parthenay) pour prendre toute la mesure de cette ville, construite dans l'enfilade de son château perché sur un promontoire rocheux, cerné par la rivière. Sur les toits des maisons, l'ardoise angevine commence à céder la place à la tuile romaine. Nous aimons bien Thouars, entre autres pour le Duhomard (son apéro local), mais surtout pour ses rues et son ambiance médiévale. Et – est-ce un aperçu de la douceur angevine ou le propre des régions viticoles de France ? – ses habitants nous semblent naturellement chaleureux.

UN PEU D'HISTOIRE

Tudae Arx, la « citadelle du Thouet », existe sans doute depuis l'époque gallo-romaine. Témoin, la portion de voie romaine (12 km) qui s'étire de Saint-Jouin-de-Marnes à la croix du Chillas, ouverte aux randonneurs.
Ralliée massivement à la Réforme, Thouars perd, à la révocation de l'édit de Nantes, la moitié de sa population. Républicaine, clé de l'Anjou et du Poitou, au début du XXe s, la ville connaît une prospérité éphémère grâce à l'installation des ateliers de la compagnie de l'État, qui emploient près de 1 000 ouvriers.
Thouars est aujourd'hui une ville animée et fleurie, industrielle et commerçante, au cœur d'une région restée essentiellement rurale.

LES DEUX-SÈVRES

Adresse utile

Office de tourisme : *32, pl. Saint-Médard, BP 50076. ☎ 05-49-66-17-65. ● tourisme-pays-thouarsais.fr ● Sept-juin, mar-ven 10h-12h, 14h-18h, plus lun et sam 15h-18h avr-juin et sept ; juil-août, lun-sam 9h30-13h, 14h-18h, dim 15h-18h.* Bonne documentation. Itinéraires de randonnées pédestres et à VTT. En été, sur résa pour certaines, diverses visites guidées (animées, randos thématiques, etc.). Téléchargement possible (et gratuit) d'une visite audioguidée de la ville sur le site internet, et application mobile gratuite.

Où dormir ?

Le Clos Imbert : *rue de la Grande-Côte-de-Crevant. ☎ 05-49-66-17-99. 06-87-93-67-50. ● camping@ville-thouars.fr ● thouars-communaute.fr/camping_municipal.html ● Vers le centre-ville, dans le bas de Thouars ; fléché. Ouv de mi-juin à fin sept. Forfait 10,47 € pour 2. Réduc de 5 % aux adhérents de la Fédération de camping et de caravaning. CB refusées. 44 empl.* Très bien situé : à 500 m du centre-ville, sur une bande de terrain ombragé au bord du Thouet. En revanche, côté confort, c'est très basique et les sanitaires sont vieillots. Multiples activités à proximité.

Hôtel de la Gare : *1, pl. de la Gare. ☎ 05-49-66-20-75. • thouarshoteldelagare@wanadoo.fr • hotel-de-la-gare79.com • Congés : 15 j. mi-août. Double 60 €. Garage clos. Réduc de 10 % sur le prix de la chambre sur présentation de ce guide.* Un hôtel de gare pas comme les autres. D'abord, une atmosphère chaleureuse et conviviale... Ensuite, un décor contemporain réussi, notamment dans les chambres d'un bon niveau de confort. Beau petit déj continental (confitures maison) servi dans une salle agréable. Bar.

Où manger ?

Au Plaisir des Gourmets : *21, av. Émile-Zola. ☎ 05-49-66-48-99. Tlj sf dim-lun, mar soir et j. fériés. Formule en sem 17 € ; menus 21 € (sf w-e)-31 €.* Cadre d'une certaine sobriété, tables bien séparées pour une cuisine traditionnelle finement revisitée. Produits rigoureusement sélectionnés, cuissons parfaitement maîtrisées, et associations subtiles de saveurs résument le talent de ce chef d'une grande générosité. À l'image de cet épatant 1er menu (servi le soir), pas du tout passe-partout comme le sont souvent les premiers menus, proposant au contraire de délicieux petits plats élaborés. Accueil affable, service jeune. Bref, cette adresse est promise à un très bel avenir.

Le Trait d'Union : *8, pl. Saint-Médard. ☎ 05-49-66-08-13. Tlj sf mer et dim soir. Formule et menu midi en sem 11,50-13,90 € ; autres menus 24,50-27,50 €. Apéritif offert sur présentation de ce guide.* Au sein du quartier historique, une bonne petite adresse pimpante et dynamique, nichée dans une belle demeure à colombages. En salle ou en terrasse, on se régale d'une cuisine de saison qui ne manque pas d'idées et élaborée avec de bons ingrédients locaux. Le rapport qualité-prix est impeccable, notamment pour les petits menus simples et savoureux du midi. Accueil fort sympathique et attentif.

Où boire un verre ?

Café des Arts : *53, rue Saint-Médard. ☎ 05-49-66-09-13. • aucafedesarts@gmail.com • Tlj sf lun-dim jusqu'à 20h (2h ven-sam).* Ce superbe café datant de 1912 est définitivement une halte de choix : pour son cadre, sa terrasse, mais aussi pour ses bons concerts !

Où dormir ? Où manger ? Où boire un verre dans les environs ?

Hôtellerie Saint-Jean : *25, route de Parthenay, 79100 **Saint-Jean-de-Thouars.** ☎ 05-49-96-12-60. • hotellerie-st-jean@wanadoo.fr • hotellerie-st-jean.fr • (au resto). Resto fermé le soir dim et j. fériés, plus lun en hte saison. Double 55 €. Formules 15 € (midi en sem), puis 19 € (sf dim)-26,50 €.* Une longue et grosse bâtisse moderne en surplomb de la route. Chambres fonctionnelles et bien tenues, plus agréables côté champs. Mais le gros plus ici, c'est la cuisine : du classique parfaitement maîtrisé, élégant, savoureux et mis en scène avec soin. Du beau travail à découvrir dans une vaste salle frangée de baies vitrées. Très bon accueil.

Restaurant Le Logis de Pompois : *13, rue de la Gosselinière, à **Sainte-Verge,** 79100 Thouars. ☎ 05-49-96-27-84. Prendre la direction d'Argenton-les-Vallées, puis sur la droite celle de Saumur ; suivre alors le fléchage. Tlj sf dim soir et lun-mar, hors j. fériés. Congés : 30 juil-19 août. Formule 23 € ; menus 29,50-50 € ; carte. Apéritif pour 2 pers offert sur* *présentation de ce guide.* Une adresse de charme, autant pour le cadre que pour la cuisine. Imaginez un ancien domaine viticole avec une grande salle aux poutres et pierres apparentes, typique du Poitou. En été, grande terrasse fleurie et protégée en prise directe sur la campagne. La cuisine haut de gamme et la qualité de l'accueil font de ce *Logis* une adresse remarquable. Les plats, fins et traditionnels, sont concoctés à base de produits frais (spécialité de poisson), au gré des saisons... Vos papilles s'en souviendront !

IOI 🍸 ♪ ***Trompe Souris Café :*** *moulin de Volbine, 23, rue Trompe-Souris, 79100* ***Luzay.*** *☎ 05-49-67-80-30. • trompesouriscafe@wanadoo.fr • trompesouriscafe.fr • Mer-dim et j. fériés 10h-19h (1h ven-sam). Congés : 1 sem en août et 15 déc-15 mars. Au resto, apéritif offert sur présentation de ce guide.* Café culturel génial installé dans un vieux moulin. Animations diverses (dont au moins un concert mensuel) et d'intéressantes expos... Possibilité de grignoter quelques petits plats maison frais et bons dans une sympathique ambiance.

À voir

Là encore, monuments en nombre oblige, voici un petit itinéraire pour bien découvrir la vieille ville.

Même si vous n'êtes animé par aucun sentiment de conquête, pénétrez dans la ville, comme les troupes de Du Guesclin en 1372, par la ***porte au Prévost*** : donjon de 40 m de haut, flanqué de deux tours massives, typique de l'architecture médiévale en Poitou (datant du XIIIe s). ***Rue du Président-Tyndo*** se trouve un hôtel du même nom, construit au XVe s (belle tour d'escalier pentagonale) pour le sénéchal Tyndo, conseiller de Louis XI. Cette rue débouche sur la tour du Prince-de-Galles.

La tour du Prince-de-Galles : elle fait partie intégrante des fortifications (dont on a une belle perspective depuis la rue Gelusseau, sur laquelle débouche l'escalier sous la tour). Effectivement, cette tour du XIIIe s a servi, entre autres, de réserve à grains, d'où son surnom de « tour grainetière » ; parfois aussi appelée « tour Fringall », nom qui serait une déformation de « prince de Galles » ! Au XVIIIe s, la tour est transformée en prison pour les contrebandiers qui faisaient transiter le sel de Vendée vers les régions de grande gabelle (Anjou, Touraine, Bassin parisien). Elle accueille une expo permanente d'œuvres contemporaines.
– Expos temporaires organisées dans la *chapelle Jeanne-d'Arc,* à une centaine de mètres de là.

Par la *rue du Prince-de-Galles* et la *rue Saugé,* gagnez la ***place Saint-Médard.*** Au n° 17, la maison du père Jacques, historien du vieux Thouars, imposante maison en brique à colombages, du XVe s.

L'église Saint-Médard : d'un premier édifice roman à trois nefs, elle a conservé une intéressante façade du XIIe s, de style poitevin, malgré sa rosace gothique du XVe s. À gauche, une tour carrée, avec échauguettes, fut ajoutée au XVe s. Portail central sans tympan, plutôt chargé. Voussures sculptées de scènes du Nouveau Testament, qui reposent sur des colonnettes aux curieux chapiteaux (supplices infligés aux différents vices). Le portail du flanc nord est tout aussi curieux : son style mauresque a peut-être un rapport avec les expéditions en Espagne des vicomtes de Thouars. L'intérieur, remanié au XVe s, présente aujourd'hui une large nef unique à voûte surbaissée.

De la place Saint-Médard au château : empruntez la *rue Imbert,* où s'amorce la pittoresque *rue des Soixante-Quinze-Marches,* qui, comme son nom l'indique, est en fait un escalier couvert en partie d'un torchis médiéval. Descendez ensuite la ***rue du Château*** : plusieurs maisons en encorbellement, comme, au n° 11, l'hôtel des Trois-Rois (en référence aux Mages), où un seul aurait séjourné :

Louis XI. Poursuivez par la ***rue de la Porte-Maillot*** : au n° 35, maison de l'architecte du château ; devant sa porte, levez les yeux et vous comprendrez vraiment ce que veut dire l'expression « à pied d'œuvre » ! Au-dessus du Thouet : le ***pont des Chouans,*** sur lequel veillent les vestiges de la porte Maillot.

Le château des ducs de La Trémoille : construit en 1635 à l'emplacement d'une forteresse médiévale et dû à Marie de La Tour d'Auvergne, duchesse de La Trémoille, sœur aînée de Turenne. Imposant bâtiment central, d'un classicisme rigoureux, flanqué de deux pavillons et assis sur un amphithéâtre de terrasses que relient entre elles de vastes escaliers. Un portique entoure la cour sur trois côtés. À l'est, un grand escalier à balustres de marbre jaspé donne accès aux pièces de réception. Dommage pour vous, seuls les élèves du collège qui occupent le château profitent aujourd'hui de toute cette magnificence. Il vous sera néanmoins possible de découvrir l'édifice dans le cadre de visites guidées *(rens auprès de l'office de tourisme).* De l'esplanade, belle vue sur les méandres du Thouet.
La ***sainte chapelle*** du château, construite entre 1503 et 1518, est aujourd'hui un fief intégriste. Elle se visite, accompagné d'un guide du service « de l'Architecture et des Patrimoines », comme pour le château. Mais personne ne vous interdira de jeter un coup d'œil à la façade : au-dessus du portail richement orné, exemple rare de galerie de la Renaissance.

Le musée Henri-Barré : *7, rue Marie-de-La-Tour. ☎ 05-49-66-36-97. De mi-avr à mi-mai, juin et sept, tlj sf lun 14h30-18h30 ; de mi-mai à fin mai et fin sept-fin oct, w-e et j. fériés aux mêmes horaires. Entrée : 2 € ; réduc ; gratuit pour ts mer ap-m et le 1er dim du mois.* Installé dans la maison du docteur Henri Barré, un coquet édifice néogothique de la fin du XIXe s, le musée rassemble des collections archéologiques, des objets et œuvres d'art avec une prestigieuse collection de faïences (de Rigné, Delft, Nevers, Parthenay, entre autres) et de nombreux tableaux illustrant la peinture française du XIXe s. L'histoire locale est également représentée. Un peu fourre-tout, charmant et désuet, il a tout de ces cabinets de curiosités d'antan.

➢ Par la *rue du Temple* et la *rue Anne-Desrays,* on arrive *place Saint-Laon.*

L'église Saint-Laon : très beau clocher roman carré à deux étages d'arcatures à chapiteaux du XIIe s. À l'intérieur, *Mise au tombeau* polychrome du XVe s, retable baroque en pierre du XVIIe s et tableau attribué au Guerchin (XVIIe s) représentant la Cananéenne. Dans la sacristie repose Marguerite d'Écosse, première femme de Louis XI.

– Au pied de l'église, au n° 12 de la *place Saint-Laon,* façade Renaissance avec un étonnant fronton sculpté d'une tête d'Indien. Derrière l'église, l'*hôtel de ville* occupe les bâtiments de l'ancienne abbaye des chanoines de Saint-Augustin (XVIIe s).

Le moulin de Crevant : *promenade des Pommiers. ☎ 05-49-68-38-59. En contrebas de la ville, le long du Thouet (panneaux). De mi-juin à mi-sept, ven-dim, visite guidée l'ap-m. Entrée : 4 € ; réduc ; gratuit moins de 6 ans.* Construit en 1840, ce moulin servait à moudre le grain mais également à faire fonctionner une pompe pour acheminer l'eau jusqu'à la ville. Après un film sur le dernier meunier et une section bien ficelée sur le site, on pénètre enfin dans les entrailles de la bête. Bourdonnante, cliquetante et ahanante, la machine dévoile sur trois niveaux ses rouages en parfait état de marche. Impressionnant. Une visite pleine d'anecdotes et d'humour : on n'est vraiment pas roulé dans la farine !

Le centre régional Résistance & Liberté : *les écuries du Château, rond-point du 19-Mars-1962. ☎ 05-49-66-42-99. • crrl. fr • Au bout de la rue de La Trémoille. Juil-sept, tlj sf j. fériés 14h-18h ; le reste de l'année, lun-ven plus dim avr-juin 14h-18h. Entrée : 4 € ; gratuit moins de 12 ans.* Pour ne pas oublier le passé récent, comprendre et vivre « sa liberté » en ce début de XXIe s. Ce musée pas comme les autres, car avant tout un centre d'interprétation, commence par un rappel utile : résistance, du verbe latin *resistere,* de la racine *stare* qui signifie « être debout ». Ce lieu d'exposition explique, à travers une fresque et un parcours historique, pourquoi des individus, en 1940, ont choisi la voie de la résistance. Comment ils se sont forgé un destin à la hauteur de leurs exigences et non à la mesure du monde. Films, commentaires sonores, fac-similés, B.D. mises en scène sous forme de bornes interactives témoignent et nous aident à comprendre pour ne pas oublier : « Vous tous qui restez, soyez dignes de nous ! », écrivait Guy Môquet avant d'être exécuté. Et comme il s'agit d'un thème universel, le centre s'efforce de donner des pistes pour tenter de comprendre les résistances d'aujourd'hui.

Le centre d'interprétation géologique du Thouarsais : *les écuries du Château, rond-point du 19-Mars-1962. ☎ 05-49-66-42-18. ♿ Au bout de la rue de La Trémoille. Mêmes horaires et période d'ouverture que le centre régional Résistance & Liberté. Entrée : 4 € ; réduc.* Présentation pédagogique, scientifique et culturelle de la géologie dans le Thouarsais, par le biais de panneaux, de vidéos, de maquettes ou d'outils. C'est très ludique, et petits et grands se prendront très vite au jeu. Car la géologie permet finalement d'aborder toutes sortes de sujets : l'extraction, la taille, la cuisson des roches (pour la brique), le type de sol et les cultures qui en découlent, la toponymie... Ainsi parle-t-on de la blancheur du tuffeau, de la chaleur du calcaire et de la robustesse du granit. Une très bonne grille de lecture qui nous rend encore plus curieux sur la région, son habitat, ses traditions. Avant de partir, coup d'œil obligatoire à la mascotte du musée : un fossile de plésiosaure !

Manifestations

- ***Atout Arts :*** *en juil.* Concerts rock, jazz, blues, world music, etc. Le tout gratuit et en plein air.
- ***Marché à la belle étoile :*** *dernier sam de juil.* Comme son nom l'indique, une sympathique idée qui transforme toute la ville.
- ***Montgolfiade :*** *début sept.* Rassemblement de montgolfières sur l'hippodrome de Sainte-Verge.

DANS LES ENVIRONS DE THOUARS

Tourtenay : petit village serré autour d'une colline de tuffeau exploitée au moins depuis l'âge du bronze. Dépourvu de fortifications, le village s'est développé à l'époque médiévale, sous la colline : habitations, étables, bergeries... Une véritable cité troglodytique qui rappelle celles de l'Anjou proche. De cet ensemble ne subsistent aujourd'hui que de vastes caves sous les maisons, des galeries transformées en champignonnières et surtout l'étonnant pigeonnier souterrain, unique en France, qui compte 1 875 boulins (niches pour les volatiles ; *visite sur résa au 06-60-69-73-51*).

➢ Les environs de Thouars foisonnent d'endroits délicieusement bucoliques, très peu fréquentés, comme les sauvages ***gorges du Ligron,*** aux roches chaotiques, le ***vallon du Coulonges,*** affluent du Thouet (cascade de Pommier, château du Pressoir), le ***cirque naturel de Missé.*** Fermes aux toits de tuiles rondes, pigeonniers, moulins et ponts romans en dos d'âne sur les rivières : des lieux au charme intact, comme l'adorable ***chapelle de l'Hermitage*** à ***Sanzay.*** Une vraie carte postale ! Une quinzaine de circuits de randonnée pédestre, ainsi que des itinéraires pour les adeptes de VTT (balisés). Fiches en vente à l'office de tourisme de Thouars.

OIRON

(79100) 945 hab. *Carte Deux-Sèvres, B1*

Il était une fois, à Oiron, un somptueux château qui consacrait à merveille les épousailles de l'art Renaissance et de l'art contemporain en une féerie inespérée... Dans la lignée des grands châteaux de la Loire, un fleuron de l'architecture régionale.

– Et, quitte à venir de loin pour ce beau château qui en vaut la peine, passez donc pour la ***fête des 1 001 Scènes*** : le 1er dimanche de juin, une foule d'artistes (musiciens, jongleurs, chorales...) s'emparent du château, du parc et du village.

UN PEU D'HISTOIRE

Le château atteint son apogée avec Claude Gouffier, grand écuyer d'Henri II et marquis de Carabas (voir, à l'entrée consacrée à Saint-Loup-Lamairé, le château du même nom). Mais le XVIIe s voit le déclin de sa descendance. Mme de Montespan, reléguée, achète le château en 1700 pour son fils, le duc d'Antin. Puis l'État l'acquiert en 1943.

Des artistes d'aujourd'hui ont créé des œuvres destinées à s'inscrire définitivement dans des salles longtemps laissées vides. Des collections d'art contemporain de grande qualité, au même titre que celles du Centre Pompidou à Paris mais dépourvues de l'esprit mode et parisien.

Hic terminus haeret. (« Ici est la fin. ») Cette phrase de Virgile que Claude Gouffier, grand écuyer, choisit comme devise figure à maintes reprises dans le décor du château.

Où dormir ? Où manger ?

Le Relais du Château : *17, pl. des Marronniers. ☎ 05-49-96-54-96. • sylvia.hotot@sfr.fr • le-relais-du-chateau.fr • Resto fermé ven, dim soir et lun. Double 46 €. Menus 14 € (midi en sem), puis 19-27 €.* Elle a tout pour plaire, cette gentille petite auberge de campagne : une cour fleurie ou une salle à manger rustique pour savourer la bonne cuisine traditionnelle du chef, préparée avec de beaux produits bio, locaux et de saison. Chambres simples, calmes et nickel, qui se révèlent bien agréables pour le prix. Ajoutez à cela un accueil sympathique et pas compliqué, et l'on pose volontiers ses valises.

Où acheter du vin ?

Les Terres Blanches : *cour des Badauds. ☎ 05-49-96-52-16. • terres-blanches.fr • En plein centre. Tlj sur résa.* Ça vaut la peine de s'arrêter dans ce petit domaine bio. D'abord, parce que l'accueil des jeunes vignerons est très sympa, ensuite, parce que leurs vins sont bons, voire très bons (notamment le chemin sec et leurs vins à bulles gourmands !).

À voir

Le château : *dans le bourg. ☎ 05-49-96-51-25. • oiron.fr • Tlj 10h30-18h (17h oct-mai) ; dernière entrée 30 mn avt la fermeture. Entrée : 7,50 € ; réduc ; gratuit moins de 26 ans. Très belle librairie de livres d'art.*

De la demeure d'origine restent essentiellement la galerie Renaissance et ses peintures murales réalisées *a secco* (vers 1550). Elles présentent un cycle de la guerre de Troie, suivi de quelques scènes de *L'Énéide,* dans des formats impressionnants et superbes par la richesse de leurs couleurs. Remarquez le plafond et ses 1 600 caissons, tous peints selon un motif différent... Reste aussi le *cabinet des Muses,* paré de moulures, de colonnettes et de guirlandes dorées. Sur le trumeau de la cheminée, une Diane chasseresse entourée de ses nymphes.
Côté art contemporain, de nombreuses salles, avec du bon et du « conceptuel ». On retiendra notamment la *grande salle du Roi,* avec les 12 corps en morceaux de Daniel Spoerri, en parfaite harmonie avec le plafond polychrome d'époque, le *cabinet des Monstres,* de Thomas Grünfeld, avec ses animaux-montages empaillés, ou encore la fameuse *salle à manger de Raoul Marek,* avec son service de table personnalisé pour les habitants d'Oiron, 150 pièces disposées sur les murs : assiettes, verres et serviettes, pour un banquet qui se tient tous les ans, le 30 juin.

DANS LES ENVIRONS D'OIRON

L'abbatiale de Saint-Jouin-de-Marnes : *au sud d'Oiron. ☎ 05-49-67-40-61 (Marie-Joseph Naudeau). Visite libre sur demande, tlj de 9h au coucher du soleil.*
C'est à peu près tout ce qu'il reste de ce « Vézelay du Poitou » qui fut l'abbaye la plus importante de la région. L'édifice fut fondé au IVe s. L'abbatiale actuelle fut construite entre 1095 et 1130.
En 1568, une troupe de cavaliers protestants incendia et dévasta le sanctuaire. À la Révolution, les démolisseurs s'en donnant à cœur joie. Mais l'église demeure, ainsi qu'une portion du cloître du XVe s et un bâtiment conventuel (privé)... Sauvée par Prosper Mérimée qui la compare à l'époque à un morceau de sucre en train de fondre !

L'extérieur

Sur la façade, deux portes latérales entourent un très beau porche roman aux archivoltes remarquables. À droite, saint Pierre avec ses clés ; à gauche, saint Paul qui devait implanter l'Église chez les païens. Au niveau supérieur à droite, une très belle Annonciation : l'ange Gabriel lève la main vers Marie, à qui la quenouille tombe des mains. Au fronton, le Jugement dernier ; les élus sont symbolisés par 30 petits personnages de toutes conditions, s'avançant vers le Christ victorieux. Avant de pénétrer dans l'église, admirez le magnifique chevet frangé d'absidioles adorables.

L'intérieur

Les dimensions de l'église surprennent par leur ampleur : 72 m de long et 14 m de large. À l'époque, l'abbaye voyait affluer un nombre considérable de pèlerins. C'est la plus longue des nefs de style poitevin aujourd'hui debout. Inhabituelle construction sur trois niveaux (invitation à ralentir la marche pour admirer la beauté du lieu ?). Les voûtes Plantagenêt sont ingénieusement adaptées à la structure romane de la nef. Des médaillons historiés sont ménagés à tous les points d'intersection des nervures. La plupart des chapiteaux de la grande nef ont été refaits à la fin du XIXe s... Pour les autres, chevaux, sphinx, oiseaux, atlantes, centaures et feuillages, tout l'univers de l'art roman du XIIe s.
À noter, bien sûr, la coupole octogonale à la croisée de transept et l'élégante harmonie du chœur, avec ce jeu de lignes verticales et cette profusion de sculptures qui fait de la pierre une admirable dentelle imagée. Très profond et demi-circulaire, le chœur est environné par un déambulatoire dont il est séparé par six groupes de piliers quadrilobés. Belles stalles sculptées du XVIIe s, avec décor floral ciselé. On notera cependant une certaine sobriété de l'ensemble (œuvre de moines ébénistes). Dans le mobilier, on remarque un superbe lutrin en bois de poirier représentant un griffon aux ailes déployées. Cinq grands tableaux du XVIIe s représentent l'Adoration des bergers, la Présentation de Jésus au temple, la Résurrection, etc.

⛺ ***Les Gentils Lieux – Aire naturelle Le Clos :*** *18, rue des Gentils-Lieux, 79600* ***Saint-Jouin-de-Marnes.*** *☎ 05-49-67-47-89. ♿ À 9 km d'Airvault par la D 46. Ouv 15 avr-15 oct. Prix tente en hte saison : 8 € ; hébergement locatif 120 €/sem en basse saison, 280 €/sem en hte saison. Également des studios et un gîte.. Loc de mobile homes pour 4 pers 120-280 €/sem selon saison. CB refusées. 10 empl.* Un camping à la maison ! Car il s'agit tout simplement d'un morceau de prairie à proximité d'une jolie ferme. Les propriétaires sont des gens sympathiques, artistes et engagés. Pour les fans de rando, GR 36 à proximité. Pour tous : vélo, balade à cheval, en carriole. Dans le village, équitation, et un peu plus loin, canoë-kayak et jet-ski.

LE MARAIS POITEVIN

Incontournable, immanquable, inévitable, nécessaire ! Tout visiteur qui passe dans cette région, aux confins des trois départements de la Vendée, des Deux-Sèvres et de la Charente-Maritime, se doit de s'arrêter dans ce coin de France, célèbre pour ses beautés. Mais attention, la Venise verte sait garder ses secrets. Ici, on vous affirmera que seuls les vrais Maraîchins peuvent circuler dans le Marais sans jamais se perdre. C'est inscrit dans leurs gènes. Car, exploit au XXIe s, à l'heure des balises Argos et du GPS, on peut encore s'égarer dans cette jungle bocagère qui décline son camaïeu de verts à l'infini, au travers de tunnels étroits perdus dans la chevelure des arbres. On peut ramer des heures, des jours, dans ce méandre aquatique sans pouvoir en sortir. Et impossible de semer des petits cailloux pour se repérer !
Malgré tout, magie ou pas, le Marais poitevin se meurt. La plus grande zone humide de France après la Camargue s'assèche, vidée, pompée, drainée pour répondre aux nécessités de rentabilité des cultures céréalières. Depuis 1973, sur les 100 000 ha du Marais, plus de 30 000 ha de prairies ont été retournés pour y faire de la culture intensive (du maïs principalement). Les intérêts s'opposent, les hommes aussi. Le conflit est ouvert. L'affaire est compliquée. Il faut choisir son camp. La survie de ce Marais millénaire est à ce prix. Explications.

LA LONGUE HISTOIRE DU MARAIS

Autrefois envahi par la mer, le Marais est né, comme la Hollande, de la main de l'homme. Avant le XIe s, les quelques populations courageuses installées là en dépit d'un environnement inhospitalier se contentent d'élever des digues sur le pourtour des îles pour lutter contre la mer, qui n'a aucune difficulté à pénétrer dans les terres. Progressivement, un autre problème apparaît, celui des eaux douces venues de la plaine. L'absence presque totale de pente empêche leur cheminement vers l'océan.
Au XIIe s, la mer continue son retrait, et des terres de plus en plus nombreuses émergent. L'Église voit là un bon moyen de s'enrichir. Des moines cisterciens et bénédictins sont donc dépêchés sur les lieux pour défricher les terres et creuser des canaux. Au XIIIe s, de terres jusque-là incultes naissent prairies et champs fertiles. Dernier

COMME VACHE QUI PISSE

L'origine surnaturelle du Marais poitevin semble attribuée à Gargantua… Après quelques frasques rochelaises, le géant voulut pisser. Un pied sur la cathédrale de Fontenay, l'autre sur celle de Luçon (qui, du coup, s'enfonça !). Le voilà en train de se soulager, remplissant abondamment et pour longtemps les canaux du Marais. Son descendant, s'il existe quelque part, devrait bien en faire autant, car le Marais se dessèche, en attendant la pluie du ciel !

témoignage de cette époque de « pionniers », le canal des Cinq-Abbés reste le principal maillon du système de drainage du Marais.

Henri IV, séduit par la magie d'un lieu « où les gens ne se déplacent qu'en bateau plat », ordonne à Sully d'entreprendre la restauration et l'amélioration du Marais. Il fait même venir des ingénieurs hollandais, spécialistes des polders. Lentement, on creuse des canaux, on endigue et on draine. Peu à peu, la poldérisation devient réalité. La partie occidentale est desséchée, et on laisse le fond du golfe recevoir les eaux de la plaine vendéenne. Il sert de réservoir. Louis XIII et Louis XIV poursuivent cette œuvre titanesque. À la fin du XVIIIe s, le *Marais desséché* connaît sa physionomie actuelle alors que le *Marais mouillé* reste encore sauvage. Au nord et

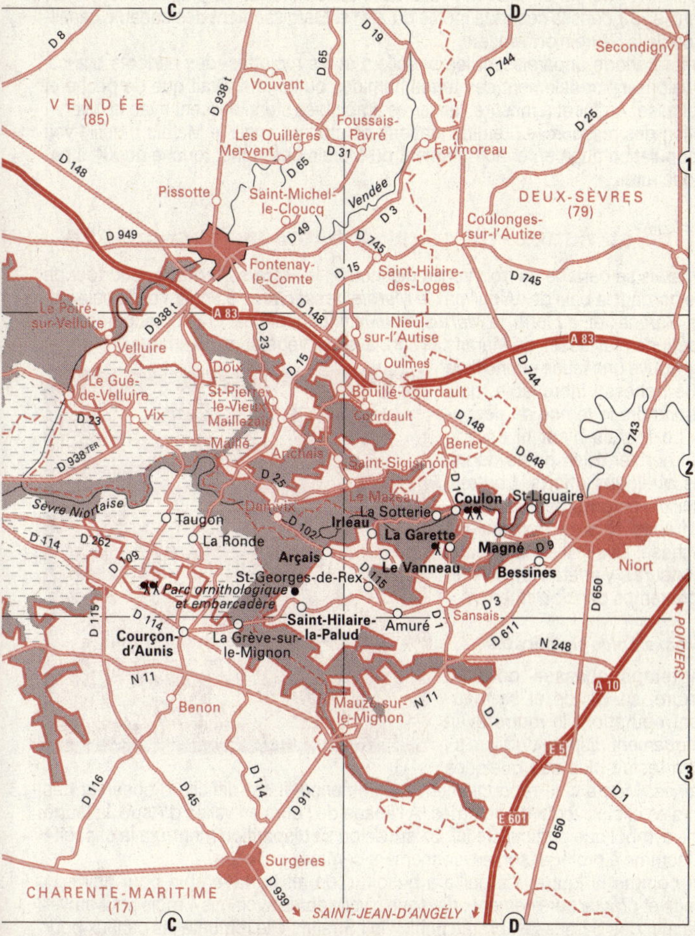

LE MARAIS POITEVIN

à l'est, le Marais mouillé sert à la fois d'éponge contre les crues d'hiver et, en été, de réservoir d'eau pour le Marais desséché, protégé de la mer par des portes à flots qui se ferment à marée haute.

Du coup, on parle du premier comme d'un enfer où règnent pestilences, maladies et pauvreté. Les habitants du Marais mouillé avaient mauvaise réputation. En effet, les réfractaires de tout poil sont venus s'installer ici, échappant ainsi à la justice, à la conscription ou au bagne. On les appelle des *colliberts* (en latin : « épris de liberté »). Le Marais leur assure anonymat et oubli. Chacun devait, pour obtenir une terre, construire une maison en bois en une nuit. Si, au lever du soleil, la fumée sortait par le toit, la terre lui appartenait.

Napoléon Ier donne un élan nouveau au Marais mouillé. La plupart des projets voient le jour dans la seconde moitié du XIXe s. Élargissement des canaux, canalisation de la Sèvre niortaise, etc.
À cette période apparaissent les peupliers et les mojettes (des haricots blancs) qui valorisent brutalement ces terres humides où l'on ne vivait que de pêche et de chasse. Au fur et à mesure, les terres amphibies s'enrichissent avec la diversification des ressources. Les inondations continuent, mais le Marais mouillé voit sa population augmenter au détriment du Marais desséché, touché au XXe s par l'exode rural.

Un milieu naturel d'une grande richesse écologique

Le Marais se partage en trois zones distinctes : le ***Marais maritime,*** pourtour de vase bordant la baie de l'Aiguillon ; le ***Marais desséché,*** s'étendant de la baie jusqu'à Marans ; et, au fond, le ***Marais mouillé*** (inondable par crue ou engorgement en période pluvieuse), de Marans à Niort, avec sa végétation luxuriante.
On y trouve une faune et une flore d'une richesse incroyable, qu'il faut prendre le temps de découvrir. Le Marais n'est ni un zoo ni un herbier. Rien ne se donne sans quelques efforts. Loutres, anguilles, hérons, roseaux, tamaris, frênes têtards bordant les conches... Des milliers d'oiseaux migrateurs s'y arrêtent en hiver et au printemps principalement.

L'OR BLANC DU MARAIS

Le peuplier blanc, caractérisé par un haut tronc rectiligne, une écorce claire, lisse et fine, se nourrit de beaucoup d'eau et s'épanouit parfaitement dans ces milieux marécageux dont il borde les principales voies d'eau. Servant à la fabrication de charpentes, mais aussi de contreplaqué pour des boîtes à fromage, il fit la fortune de familles du Marais. Pas étonnant alors qu'on ait coutume de planter un peuplier à la naissance d'un enfant ! Fut donc un temps où l'on comptait autant d'habitants que de peupliers dans le Marais.

Deux exemples significatifs

Longtemps chassée pour sa fourrure, sa viande et sa mauvaise réputation, la loutre avait pratiquement disparu du Marais ; il n'en restait plus que quelques dizaines. Même si le repeuplement a commencé, il est difficile d'observer ces bestioles exclusivement nocturnes. À l'image de l'ours en vallée d'Aspe, la loutre a une symbolique particulière ici. Sa survie ou sa disparition montrera la capacité de l'homme à protéger son environnement contre la pollution.
Tout comme la loutre, l'anguille a besoin d'un milieu favorable pour finir son voyage et grandir sereinement : devenue civelle après avoir mis 1 mois pour arriver de la mer des Sargasses, portée par le Gulf Stream, elle remonte les canaux pour vivre ici. Mais les difficultés pour traverser les marais sont tellement nombreuses qu'il y en a de moins en moins. De plus, elle est intensivement pêchée à son arrivée en baie de l'Aiguillon.

Le Marais : problème écologique, économique et politique

Chaque partie du Marais subit des évolutions, les projets fusent, les thèses s'affrontent. En fait, l'équilibre précaire de ce site a commencé à vaciller dans les années 1950, avec le remembrement. La polyactivité devient de moins en moins rentable, et l'obligation de produire à bas prix conduit les hommes à vouloir s'affranchir du vieux problème des inondations pour pouvoir survivre. Ce problème humain ne peut être méprisé.
Mais deux logiques s'affrontent, celle de l'intensification agricole (subventionnée par la Commission européenne), conduisant à un assèchement progressif, et celle

de la valorisation écologique des zones humides. À la fin des années 1970, les autorités politiques décident de créer un parc naturel régional. Seulement, il risque de menacer sérieusement l'agriculture intensive. Résultat : en 1996, Brice Lalonde, ministre de l'Environnement, décide de retirer le label ; la charte du parc n'ayant pas été renouvelée à temps ! Les remembrements, les drainages et l'assèchement ont diminué la richesse biologique du Marais... Heureusement, on a enfin admis les erreurs du passé, et aujourd'hui certains canaux sont à nouveau creusés dans les marais. Le résultat ne s'est d'ailleurs pas fait attendre : en 2014, le Marais a retrouvé son label de Parc naturel régional !

On pompe, on pompe...

Pendant longtemps, le retournement des prairies et le drainage des terrains pour la culture des céréales ont constitué les principales sources de modification du Marais. Mais depuis une dizaine d'années, une autre menace plus insidieuse est apparue : l'irrigation des champs de « maïs boit-sans-soif » dans les plaines autour du Marais. Et là où l'eau n'a jamais manqué durant des millénaires, la nappe phréatique s'épuise. Depuis plusieurs années, chaque été, l'eau manque dans les rivières et les canaux, et ce sont les eaux maritimes qui remontent vers la terre. Le Marais ne joue plus son rôle d'épurateur naturel.
Les scientifiques ne cachent pas leur inquiétude. Le Marais est un écosystème qui ne cesse de s'appauvrir de manière alarmante. Les photos prises par le satellite Spot le prouvent. Les zones humides régressent dangereusement. Les effectifs de canards hivernants ont chuté de près de 75 % en 20 ans. Le système hydraulique du parc concerne tout le Marais. Une rupture de l'équilibre pourrait entraîner un bouleversement écologique irréversible. Ces zones n'existent pas par hasard. Elles ont une fonction naturelle bien précise dans l'écosystème planétaire, comme les forêts, les mers et les banquises.

Tiens, une autoroute !

Comme si cela ne suffisait pas, il fallait une autoroute pour compliquer le problème. Après avoir déjà échappé de justesse au projet de tronçon entre Niort et Coulon pour rejoindre l'A 83, le Marais est malheureusement menacé par la construction de l'A 831, une nouvelle autoroute qui devrait relier Fontenay à La Rochelle !

Et les élus, là-dedans ?

Ah, les élus... La gestion des eaux du Marais poitevin fait l'objet d'un véritable enjeu politique. Comment peut-on gérer logiquement une zone couvrant trois départements, deux régions administratives ? Chacun s'accorde à dire que l'État doit prendre ses responsabilités. Facile, mais en attendant, les céréales continuent à gagner du terrain. Et beaucoup craignent que le Marais ne se réduise d'ici quelques années à Damvix et à Coulon, vitrines pour touristes en autobus qui verront quelques lentilles pendant une demi-heure de bateau. Plusieurs mesures d'urgence ont néanmoins été prises ces dernières années, afin de sauver ce site unique de l'Hexagone : la création de la réserve naturelle de la baie de l'Aiguillon, le classement au titre de la loi paysages de 18 000 ha du Marais mouillé, la mise en chantier d'un « plan Marais poitevin 2000 » destiné à fédérer les acteurs locaux autour d'un projet consensuel.

MÉLUSINE, FÉE BÂTISSEUSE

Au Moyen Âge, dans un petit bois non loin de Lusignan, près de Poitiers, le comte Raymondin rencontre Mélusine qui, sur le bord d'une fontaine, peigne sa longue chevelure en chantant. C'est le coup de foudre. Superbe créature, Mélusine est la fille du roi de Calédonie (autre nom de l'Écosse) et de la fée Pressine. Plus gênant : elle fut maudite par sa mère pour avoir maltraité son père (ironie du sort, elle ne cherchait qu'à venger sa mère d'un époux volage !). Le jeune comte demande la belle en mariage. Cette dernière pose une condition : tous les samedis, il devra renoncer à la voir et la laisser s'enfermer dans la plus haute tour du château. Si d'aventure il devenait trop curieux, un grand malheur s'abattrait sur le foyer. Raymondin accepte, et le couple coule alors des jours heureux, bien que chacun des 10 garçons qu'ils ont ensemble, dont un certain Pantagruel (!), soit affublé d'un handicap (œil unique, grande dent, oreilles dissymétriques...). Puis le démon de la jalousie s'immisce dans le ménage. Le frère de Raymondin pousse le mari à se poser des questions. Mélusine ne recevrait-elle pas un amant chaque samedi, au nez et à la barbe de son nigaud d'époux ? Raymondin n'y tient plus, et, un samedi, il jette un œil par le trou de la serrure de la porte interdite. Horreur et stupéfaction : il découvre sa bien-aimée femme jusqu'à la taille et serpent jusqu'au bout de la queue... La douce Mélusine est donc une femme-serpent ! Surprise, celle-ci s'envole en faisant trois fois le tour de Lusignan, pousse trois cris qui déchirent le crépuscule et disparaît à tout jamais pour rejoindre la famille des fées, des monstres et des dieux déchus dont elle était issue.

Adresses et infos utiles dans le Marais

i *Comités départementaux du tourisme :* *contacter les CDT (ou ADT, l'équivalent) des départements concernés (voir en début de chapitre).*

i *Parc naturel régional du Marais poitevin :* *2, rue de l'Église, 79510 Coulon.* ☎ *05-49-35-15-20.* • *parc-marais-poitevin.fr* • Toute l'actualité du parc sur l'ensemble du Marais, ses animations et manifestations. Idéal pour préparer son séjour.

Découvrir le Marais de façon originale

– ***Randonnées pédestres :*** il existe de nombreuses excursions au départ de presque toutes les communes du Marais poitevin. Pour profiter pleinement des lieux sans s'y « enliser », nous vous conseillons vivement de vous munir de cartes IGN, en vente dans la plupart des offices de tourisme de la région...

– ***À VTT ou à vélo :*** grâce aux efforts conjoints de différentes collectivités, 800 km de pistes cyclables entièrement sécurisées, dont une partie en site propre, sillonnent à présent le Marais. En vente dans tous les offices de tourisme du Marais, les Maisons du parc et chez certains prestataires (loueurs de cycles), des cartes détaillées proposent toutes sortes d'itinéraires. Également différentes brochures sur le sujet. Bon à savoir : vous pouvez acheter en ligne les cartes cyclistes dont vous avez besoin. • *cartovelo.com* •

– ***En barque :*** possibilité de découvrir le Marais en barque, accompagné d'un guide ou seul. Il existe une trentaine d'embarcadères sur tout le Marais mouillé, listés sur la carte touristique du parc. Nous en signalons certains dans nos pages.

Une adresse militante

■ ***Coordination pour la défense du Marais :*** *85490 Benet.* 📱 *06-84-61-65-41.* • *marais-poitevin.org* • Engagée dans la lutte pour la survie du Marais. Beaucoup de documentation.

Le vin du Marais

Deux, voire trois vignobles dans le Marais poitevin... Tous sont regroupés sous l'appellation générique de ***fiefs vendéens. Vix*** et ***pissotte*** sont les deux plus petits... des vins rares, en somme ! Et, comme pour démentir le célèbre adage, ils offrent pourtant un excellent rapport qualité-prix (comme l'ensemble de l'appellation, du reste). Quelques petits producteurs, compétents et motivés, sont à leur tête, nous vous les signalons dans les communes où ils sont installés.

LE MARAIS MOUILLÉ ET LA VENISE VERTE

Le cœur du Marais, et aussi sa partie la plus visitée : plus de 350 000 touristes s'y pressent chaque année pour s'apercevoir que le Marais ne recèle pas seulement tous les clichés servis en guise d'apéritif, en même temps que le fameux *préfou.* Ici vivent des hommes et des femmes qui aiment leur petit coin de paradis. Beaucoup vous aideront à le découvrir, avec gentillesse et dévouement, pour vous faire partager leurs passions et leur vie. Ne l'ont-ils pas façonné de toutes pièces ? Mais il faut prendre son temps, et ne pas se contenter d'une petite balade en barque du côté de Coulon. Se promener, marcher, apprécier cet air étrange aux parfums de terre et d'eau douce, se laisser pénétrer par l'esprit unique de la Venise verte !

COULON (79510) 2 170 hab. *Carte Marais poitevin, D2*

Vitrine du Marais et de la Venise verte, Coulon est un village de caractère, un des plus beaux du département. Aux confins des provinces de l'Aunis, du Poitou et de la Saintonge, le port de Coulon fut l'un des plus considérables du bassin de la Sèvre niortaise. Aujourd'hui, c'est le village du Marais poitevin possédant le plus d'embarcadères... et, par conséquent, le plus visité. Dès les beaux jours, l'activité de batellerie y est très importante, car les touristes débarquent sur le site pour faire l'incontournable balade à bord d'une « plate » et découvrir les beautés des conches et du Marais. C'est évidemment beaucoup plus calme hors saison. L'endroit est magique. Peupliers, palmiers et bananiers (si, si ! preuve que le climat est doux), frênes têtards, lentilles, vaches dans les prés... tout est réuni pour la photo. On peut également découvrir ici l'habitat maraîchin traditionnel. Sobres, tout en harmonie et en subtilité, les maisons sont basses, allongées, avec des murs blanchis à la chaux et des volets peints de couleurs vives. Et une barque attend devant chaque maison.

Adresses et info utiles

- ***Office de tourisme :*** *à la Maison du Marais poitevin, pl. de la Coutume. ☎ 0820-20-00-79. • niortmaraispoitevin.com • Pâques-Toussaint, tlj.* Compétent et très sympa. Bonne documentation. Propose divers ouvrages et de très bonnes cartes de balades à pied, à vélo ou en barque. Vente de billets pour de nombreux sites, animations et sorties d'été.
- ***Location de vélos :*** ***La Libellule,*** *pl. de l'Église. ☎ 05-49-35-83-42. Ouv avr-sept.*
- Plusieurs ***embarcadères*** sur le chemin de halage. Nombreuses formules de balades. Lire plus loin « À voir. À faire ».

Où dormir ? Où manger ?

Camping

- ***Camping de la Venise Verte :*** *178, route des Bords-de-Sèvre. ☎ 05-49-35-90-36. • accueil@camping-laveniseverte.com • camping-laveniseverte.com • ♿ À la sortie de Coulon, direction Irleau. Ouv avr-oct.*

LE MARAIS POITEVIN

Forfait pour 2 env 14-33 € selon confort et saison ; chalets et mobile homes 4-6 pers 350-810 € selon saison. 120 empl. Sur les bords de la Sèvre, un agréable camping à l'ambiance familiale, offrant tout le confort nécessaire. Bon point de départ pour découvrir le Marais poitevin. A obtenu l'écolabel pour sa bonne gestion des ressources. Piscine et resto en saison.

De prix moyens à chic

Hôtel-restaurant Le Central : *4, rue d'Autremont. ☎ 05-49-35-90-20. • le-central-coulon@wanadoo.fr • hotel-lecentral-coulon.com • Face à l'église. Resto fermé dim soir et lun. Congés resto : 3 sem pdt vac scol d'hiver. Doubles 80-100 € selon confort et saison. Formule déj (sf dim) 17,50 € ; menus 21,50 € (sf dim)-46 €. Réduc de 10 % sur le prix de la chambre hors juil-août sur présentation de ce guide.* La table incontournable du Marais : sérieux du service et qualité irréprochable des plats. Ça sent bon la France éternelle sur les murs et dans l'assiette : fricassée d'anguilles, carré d'agneau du Poitou à la croûte d'ail... que des bonnes recettes héritées de la maman (succulente charlotte de tourteau). Le chef respecte à la lettre les grands classiques, mais il n'hésite pas pour autant à ajouter à l'occasion une pointe d'originalité dans l'association des saveurs et dans la présentation raffinée. À déguster dans une salle très agréable, lumineuse, joliment agrémentée de boiseries claires. Les chambres sont aménagées, on s'en doute, dans le même esprit : à la fois décorées avec goût (vasques contemporaines, beaux tissus) et dotées de quelques éléments plus rustiques (pierre apparente). Annexe façon chalet dans le jardin, idéale pour les familles (patio intérieur). Une valeur sûre. Ne pas manquer de réserver, surtout le week-end.

Hôtel Au Marais : *46-48, quai Louis-Tardy. ☎ 05-79-98-02-82. • contact@hotel-marais-poitevin.com • hotel-marais-poitevin.com • Congés : 1er nov-1er avr. Résa conseillée. Doubles 71-85 €. Réduc de 5 % sur le prix de la chambre sur présentation de ce guide.* Un emplacement de rêve ! Non seulement cet hôtel convivial, tenu par une équipe très sympathique, profite d'un cadre romantique sur les bords de la Sèvre, mais il occupe également une position centrale, à deux pas de l'église et des commerces. Réparties dans 2 maisons voisines, ses chambres ont été joliment réactualisées dans un style gai et lumineux (belles salles de bains). Une excellente adresse.

L'Atelier Gourmand : *2, pl. de la Pêchoire. ☎ 05-49-79-68-02. Tlj sf mar soir et mer nov-mars. Formules 13-19 € ; menu 25-27 €.* De l'ancienne boucherie, il ne reste que les marbres et un insolite coffre encastré. Pour le reste, la déco fait dans le néobistrot, mêlant moderne et objets vintage. Sympa et chaleureux donc, à l'image d'une cuisine simple, bonne et copieuse, présentée à l'ardoise. Choix relativement restreint mais suffisant pour satisfaire tout le monde (de la tarte salée au plat de poisson du jour, joliment présenté). Vraiment agréable, surtout si l'on obtient une table dans le joli patio à l'arrière.

Auberge La Pigouille : *52, quai Louis-Tardy. ☎ 05-49-35-80-99. • lapigouille@free.fr • Sur le chemin de halage. Fermé mer hors saison. Formule déj en sem 16,50 € ; menus 19,90-26,50 €. Apéritif maison offert sur présentation de ce guide.* Dans 2 jolies salles rustiques, ce resto très touristique mais sympa propose une honnête cuisine locale (matelote d'anguilles, farci poitevin, « lumas » en sauce, joues de loup). En terrasse, face à la Sèvre, le cadre est tout bonnement enchanteur. À noter que la *pigouille* est la perche qui sert à faire avancer la barque plate dans les conches. D'ailleurs, ce resto a son propre embarcadère et propose des formules promenade en barque avec repas. Bon accueil.

Quai Sud : *7, rue de la Pêchoire. ☎ 05-49-24-64-35. Fermé lun sf fériés. Menu 17,50 € ; carte env 26 €. Apéritif maison offert sur présentation de ce guide.* Cadre agréable et terrasse pour une bonne cuisine régionale largement à base de produits du Marais : planche de poissons grillés, poêlée (anguilles, cuisses de grenouilles, escargots, écrevisses...), jambon grillé aux mojettes de Vendée, etc.

Où dormir ? Où manger dans les environs ?

De bon marché à prix moyens

Chambres d'hôtes La Rigole : *180, route des Bords-de-Sèvre, BP 1. ☎ 05-49-35-97-90. Sortir de Coulon par la D 123 en direction d'Irleau ; après 1,5 km, tourner à droite juste après le camping, pour s'engager dans un petit chemin. Double 48 € (très bon petit déj).* Au bord de la rivière, isolée dans un grand jardin arboré, cette charmante maison maraîchine dégage une impression de bien-être... Un sentiment confirmé en découvrant l'accueil fort sympathique de Serjine, et les 4 chambres mignonnettes avec salle de bains, toutes personnalisées. Une avec lit à rouleaux, une de style 1900, une autre plus romantique avec son lit à baldaquin... Belle salle à manger avec grande cheminée. Un des meilleurs rapports qualité-prix du Marais.

L'Auberge de l'Écluse : *328, route des Bords-de-Sèvre,* ***La Sotterie*** *(route d'Irleau). ☎ 05-49-35-90-42. • aubergedelecluse@orange.fr • Fermé dim soir, lun et mar soir hors saison ; Pâques-fin sept, fermé mar slt. Congés : de mi-déc à mi-janv. Formule déj en sem 17 € ; menus 21,70-55 €.* Dans cette pittoresque auberge de mariniers du XVIIIe s (déjà resto en 1880), avec sa terrasse en bord de Sèvre et ses belles salles rustiques (cheminée, vieux meubles et pierres apparentes de rigueur), on vous servira de bonnes spécialités locales qui ont fait leurs preuves : fricassée d'anguilles à l'ail, agneau en croûte, dodine d'escargots au chèvre chaud, et une délicieuse tarte aux poires et à l'angélique. Un classique dans le secteur.

Où goûter des produits régionaux ?

Boutique Saveurs Régionales : *10, pl. de l'Église. Autre adresse : 13, rue de l'Église. ☎ 05-49-35-99-96. Avr-nov, tlj 9h30-19h.* Chez Christophe Godard, les bouteilles s'exposent comme des œuvres d'art : liqueur d'angélique, pineau des Charentes, poire Williams, cognac, mais aussi une création originale que l'on ne trouvera que chez lui, la fleur de caramel salé. Mais on ne fait pas que regarder, on peut également goûter de nombreux produits. Accueil sympathique.

Conserverie Saveurs du Marais : *à l'ancienne laiterie de Coulon, à la sortie du bourg en direction d'Irleau. ☎ 05-49-79-61-88. En saison, tlj sf dim 9h-12h30, 14h30-18h ; hors saison, se renseigner.* On y trouve tous les produits du Marais déposés par les producteurs des environs.

L'Ambassade du Cacao : *à l'ancienne laiterie de Coulon, à la sortie du bourg en direction d'Irleau. ☎ 05-49-35-98-94. • totocacao.com • Boutique ouv en saison tlj sf dim 10h-12h30, 14h-18h (19h juil-août) ; hors saison, slt mar-sam. Visites l'ap-m pdt vac scol (vérifier sur le site) : 4,50 € pour la visite guidée ; 2 € pour la visite non guidée ; réduc.* Les becs sucrés seront à la fête ! Car le sympathique maître chocolatier aime faire partager sa passion : à travers de grandes baies vitrées, on assiste à la fabrication de ses dernières créations ! Et pour les vrais amateurs, possibilité de suivre des visites guidées aussi gourmandes qu'instructives (1h30 de visite, avec film, petit espace muséographique et dégustation). On peut aussi se contenter d'une visite non accompagnée (même chose mais sans les commentaires).

À voir. À faire

L'église Sainte-Trinité : XIe-XVe s. D'origine romane, elle a subi quelques ajouts de style gothique (nef sud et sa porte). Nombreux vitraux et une architecture dont on perçoit les divers remaniements du XIXe s.

Le chemin de halage : suivre les venelles et ruelles partant de l'église jusqu'à la Sèvre – en fait, d'anciennes voies d'eau comblées. Balade sympa le long des quais, de part et d'autre de la Sèvre canalisée (lavoirs, cales, embarcadères).

La Maison du Marais poitevin : *pl. de la Coutume. ☎ 05-49-35-81-04. • maison-marais-poitevin.fr • Avr-juin et de sept à mi-nov, tlj 10h-13h, 14h-18h30 (18h 1re quinzaine d'avr et d'oct à mi-nov) ; juil-août, tlj 10h-13h, 14h-19h30 ; dernière entrée 1h avt. Entrée : 7 € ; réduc. Passionnantes visites guidées sur résa. Différentes activités pédagogiques pour les enfants et expos thématiques.*
Porté à bout de bras par une équipe de passionnés, cet espace muséographique est l'un de ces endroits interactifs où l'on vient avant tout pour comprendre. Car il s'agit de prendre conscience de la spécificité du Marais, de sa fragilité, de ses richesses et de sa formidable histoire commencée alors que toute la région était recouverte par l'océan. Au gré de la balade, enrichie par les interventions des guides, on saura tout de l'apprivoisement du Marais par l'homme et du mode de vie de ses habitants : reconstitution d'un intérieur traditionnel, section sur l'anguille, petite reine des marais en voie de disparition dans le secteur, salle consacrée à la batellerie locale (avec un atelier de construction de sa célèbre plate), et le *Maraiscope*, audiovisuel retraçant l'histoire du Marais. D'ailleurs, pour l'anecdote, l'écomusée est installé dans la maison de la Coutume (XVe s), où logeaient les percepteurs d'un droit coutumier prélevé sur les marchandises qui remontaient la Sèvre niortaise.
À l'arrière de la maison, pigeonnier et grande fenêtre Renaissance ; sous l'entablement, personnage grotesque, feuilles de chardon et bélier sculptés, qui seraient des symboles alchimistes. Au final, une visite paisible, reposante... comme le Marais.

L'Ambassade du cacao : *voir plus haut « Où goûter des produits régionaux ? ».*

➢ En juillet-août, ***balades découverte*** combinant marche et promenade en bateau organisées par la Maison du Marais poitevin : les guides vous emmènent de sentiers en chemins d'eau à la découverte des particularités du Marais (histoire, habitat traditionnel, hydraulique, faune, flore...). *Résa indispensable.*

➢ ***Le Pibalou :*** *6, rue de l'Église. ☎ 05-49-35-14-14. À côté de l'église. Résa conseillée. Tarifs : 10 € ; 7 € jusqu'à 9 ans ; gratuit jusqu'à 3 ans. Formule « forfait nature » avec barque + petit train + Maison du Marais poitevin 25 €/adulte et 16 €/enfant ; également 2 autres formules (dont 1 en calèche).* Un parcours de 1h dans un petit train vert pour visiter le Marais sans se fatiguer. Mais, nous direz-vous, le Pibalou, c'est quoi ? Eh bien, ça vient de « pibale », le petit de l'anguille, tout simplement !

LE MARAIS POITEVIN

Promenades en barque

La Trigale – DLM Tourisme : *6, rue de l'Église. ☎ 05-49-35-14-14. • lemaraispoitevin.fr • Avr-sept.* Nombreuses formules avec ou sans guide, dont une qui combine promenade en barque et repas régional ou virée à vélo.

Embarcadère Cardinaud : *av. de la Repentie (route de Magné). ☎ 05-49-35-90-47. • embarcadere-cardinaud.fr • À l'entrée de la ville. Loc de bateau libre ou avec guide. Promenade « classique » en visite guidée collective de 1h 8,50 €/pers ou de 2h 15 €/pers ; respectivement 6,50 € et 11 € enfant. Visites guidées privées pour 2-3 pers env 16 €/h par pers. Possibilité de balades « insolites » à l'aube (6h30-8h avec petit déj) ou au crépuscule (20h-21h30 avec dégustation de produits régionaux) 37,50 € ; réduc.* Très organisé et professionnel.

Fête et manifestation

– ***Rallye canoë-kayak :*** *dernier w-e de juin.* Le plus grand rassemblement nocturne de canoës en France, où chaque participant est déguisé.
– ***Fête du Miget :*** *1er w-e de juil.* Fête ayant pour thème la vie maraîchine d'autrefois.

LA GARETTE

(79270) 350 hab. *Carte Marais poitevin, D2*

Village maraîchin typique dont les maisons s'étirent le long de la Vieille Sèvre et d'une conche, avec un double accès : par la cale (petit port sur le fleuve) et par la rue des Gravées. Le village se résume d'ailleurs à cette unique rue, très belle, avec un herbier sculpté le long du sol pavé, où se succèdent de petits embarcadères. Le « coteau pentu » donne lieu à un étagement de maisons qui s'imbriquent, et chaque propriété bénéficie d'un accès à la « conche des cabanes ». L'architecture ancienne a été préservée (façades traditionnelles, tuiles rustiques dites « tiges de botte »), ce qui donne du cachet au village...

Où dormir ?

Camping L'Îlot du Chail : *rue des Gravées. ☎ 05-49-35-00-33 ou 05-49-04-51-73. • camping-ilotduchail@orange.fr • Au centre du village. Ouv avr-sept. Forfait pour 2 env 12-16 € ; bungalows toilés tt équipés (sans sanitaires) 290-360 €/sem selon saison. CB refusées. 100 empl.* À deux pas des commerces et des restos, ce camping est situé dans un cadre verdoyant, sur un beau terrain bordé par des conches (petits canaux) typiques de la Venise verte. Emplacements vastes et ombragés, confort classique très correct. Possibilité de loger dans les bungalows toilés, de grandes tentes meublées avec 2 chambres et kitchenette. Sympa.

La Vieille Auberge : *2, pl. du Port. ☎ 05-49-24-51-10. 06-38-39-90-84. • anne.philipponneau@orange.fr • Doubles 65-75 € selon saison.* Une bâtisse toute blanche, bien située, en bord de conche, avec port d'embarquement. Chambres simples, fonctionnelles, bien tenues et de bon confort (demander avec vue sur la rivière). Terrasse ombragée. Location de barques et canoës. Accueil sympathique. Une bonne option à prix raisonnables.

MAGNÉ

(79460) 2 930 hab. *Carte Marais poitevin, D2*

Si vous traversez en voiture cette charmante bourgade fleurie, il y a peu de chance pour que vous remarquiez sa particularité. Magné est en fait une île enserrée entre le cours principal de la Sèvre et le bras du Sevreau, avec quatre ponts la reliant aux autres communes. Sous l'Ancien Régime, le commerce de l'anguille salée y connut un développement considérable. La place de l'église et les bords de Sèvre invitent à la flânerie. Un petit arrêt s'impose dans celle qui se proclame la « première commune du Marais » (en venant de Niort) !

Où manger à Magné et dans les environs ?

Auberge du Sevreau : *24, rue du Marais-Poitevin, à Magné. ☎ 05-49-35-71-02. • david-pubert@9business.fr • Tlj sf mer, plus mar hors saison. Formule déj en sem 13 € ; menu 19,80 € ; carte env 30 €. Café offert sur présentation de ce guide.* Sur l'axe principal, cette sympathique auberge au bord de l'eau propose une bonne cuisine du Marais. Cadre rustique simple et plaisant : murs de pierre, poutres, feu de cheminée qui crépite aux premiers frimas. Goûter aux escargots farcis, au pigeonneau rôti à la sarriette et sa tranche de foie gras poêlée, à l'assiette du Marais (fricassée d'anguilles, grenouilles, escargots...). Terrasse idyllique aux beaux jours.

|●| ***Auberge de La Roussille :*** *30, impasse de la Roussille, 79000* ***Niort-Saint-Liguaire.*** *☎ 05-49-06-98-38. • leclusegourmande@wanadoo.fr • ♿ Bien indiqué depuis la D 9 en arrivant de Coulon ou de Niort ; laisser la voiture au parking et traverser la passerelle. Fermé dim soir et lun ; plus mar soir mar hors saison. Formule déj en sem 20 € ; menus 34-69 €.* C'est d'abord le cadre qui bluffe le voyageur égaré... Après avoir traversé un quartier résidentiel moderne, on ne s'attend pas à découvrir au bout d'un petit chemin cette auberge isolée, ancienne maison d'éclusier au milieu des vaches. Alors forcément, dès que le soleil pointe le bout de son nez, la terrasse au bord de l'eau est envahie d'habitués qui se régalent d'une bonne cuisine traditionnelle réactualisée sans excès et soigneusement préparée.

À voir. À faire

L'église collégiale Sainte-Catherine : de style gothique du XVIe s, avec son vieux portail signé Mathurin Berthomé et sa belle rosace (à voir depuis l'intérieur). Après la Révolution, elle fut utilisée successivement comme entrepôt à fourrage et hôpital militaire.

À quelques mètres, un ***pont-levis,*** qui n'a rien de médiéval, enjambe la Sèvre. À côté, le ***four Pontet,*** remis à neuf, utilisé comme salle d'exposition, et dernier four de potier, témoin d'un artisanat qui apparaît dans la région dès le Néolithique.

➢ Sur l'autre rive, petite ***balade*** le long du chemin de halage, agréablement entretenu. Il mène jusqu'à l'écluse du Marais-Pin (1864) au lieu-dit la Motte-qui-Branle. La légende raconte que le sol y est si instable qu'on le sent se dérober sous nos pas... En tout cas, l'écluse, elle, n'a pas bougé et témoigne des grands travaux hydrauliques de la fin du XIXe s dans la région, pour réguler et gérer les flux de l'eau. Réserve de pêche, baignade interdite !

BESSINES

(79000) 1 400 hab. *Carte Marais poitevin, D2*

Première commune après Niort, à l'entrée du Marais mouillé. Village natal de Jean Richard, commissaire Maigret à l'écran et directeur de cirque. Ce qui explique, fait exceptionnel, qu'une rue ait été, de son vivant, baptisée de son nom. Village bien calme, avec un sympathique et discret embarcadère des Trois-Ponts en sortie du village, sur la route de Magné.

Où manger ?

|●| ***L'Adress :*** *1, rue des Iris. ☎ 05-49-79-41-06. • restaurant.ladress@orange.fr • En arrivant de Niort par la D 811, au rond-point pour Bessines, ne pas entrer dans le village mais prendre à gauche (panneaux). Tlj sf dim-lun. Congés : 15 j. en août. Résa conseillée. Formule déj en sem 20 € ; menus 34-70 €. Café offert sur présentation de ce guide.* L'adresse est improbable, mais la meilleure table du secteur mérite le détour. Ils sont d'ailleurs nombreux à rallier cette grande maison moderne aux allures de villa, et à s'installer dans la salle élégante et design dont les baies vitrées donnent sur le jardin. Un seul mot d'ordre : « Le produit, rien que le produit ! » Cuisine

inventive, fraîche, pleine de couleurs, de saveurs subtiles qui se télescopent : on se régale. Délicieuses mises en bouche, mignardises et merveilleux desserts viendront compléter votre bonheur. Service pro. Un grand donc, à prix abordables...

À voir

L'église Saint-Caprais : *à la sortie du village.* Église romane du XIe s, remaniée au XVe s. Tympan chapeauté d'une cloche apparente. Chemin de promenade à la sortie de l'église pour rejoindre le cœur du village.

LE VANNEAU

(79270) 800 hab. *Carte Marais poitevin, D2*

Verdoyant petit port, rénové avec goût, peu fréquenté puisque dépourvu d'embarcadère. Jardins potagers sur la motte, d'accès public. Tout à côté, la Belette, rue typique en bord de conche avec des maisons ayant entrées sur rue et sur l'eau, comme à Arçais, La Garette ou Saint-Hilaire-la-Palud. Bon point de départ pour une balade à pied autour des canaux à travers de petites forêts, et pour rejoindre Irleau.

DANS LES ENVIRONS DU VANNEAU

Saint-Georges-de-Rex : un charmant village, avec sa grande fontaine, ses quatre lavoirs, son pigeonnier. Quelques curiosités, comme les ruines de la forteresse féodale, aux douves encore remplies d'eau (ne se visite pas). Et si le Christ en croix qui marque l'entrée du village est noir, dans l'église, celui du retable polychrome du XVIIe s est habillé en bleu-blanc-rouge !

Chambres d'hôtes Du Coq à l'Âne : *12, rue du Moulin, 79210* ***Saint-Georges-de-Rex.*** *☎ 05-49-35-06-28. • contact@ducoqalane.fr • ducoqalane.fr • Ouv fin mars-début nov. Double 65 € ; yourte ou tente du prospecteur 70-75 € pour 2 (elles se partagent une salle de bains et une kitchenette).* Tout est dit dans le nom de la maison. Ici, on fournit le couchage, dans de coquettes chambres colorées et confortables (mezzanines pour les enfants), réparties dans une ancienne écurie pleine de cachet, ou... dans une yourte, à moins de craquer pour la tente du prospecteur, façon Far West ! Et dès le chant du coq, départ pour une virée bâtée avec les meilleurs compagnons qui soient : les célèbres baudets du Poitou ! Original et sympa comme tout pour les familles. Vous pouvez aussi acheter des savons au lait d'ânesse fabriqués sur place. Enfin, les sympathiques propriétaires proposent des plateaux-repas (bons produits) et prêtent tout le nécessaire pour le BBQ. Du sur mesure !

➢ **Rando'Âne :** *s'adresser à la chambre d'hôtes* Du Coq à l'Âne, *à* ***Saint-Georges-de-Rex*** *(voir ci-après). • ducoqalane.fr • Circuits à partir de 25 € la ½ journée.* Pour ceux qui voudraient découvrir le Marais autrement qu'en barque ou à vélo, la balade accompagnée d'un âne s'impose. Animations pour enfant.

Amuré : tout mignon village avec son église romane du XIIe s et son petit cimetière, sa croix hosannière et ses curieuses sépultures dont la forme symboliserait la lutte contre les inondations.

IRLEAU

(79270) 410 hab. *Carte Marais poitevin, D2*

Un petit village au nom évocateur, lente déformation du mot « îlot ». La route entre Coulon et Irleau suit le cours du... fleuve (la Sèvre se jette dans la mer, donc on parle bien d'un fleuve !). Vous pourrez y voir un de ces barrages-écluses qui ont permis, au XIXe s, de rendre la Sèvre navigable de Niort à Marans. Possibilité de faire de longues balades au calme, entre les canaux jusqu'au Vanneau, loin de la route principale souvent dangereuse. Passez l'écluse et suivez les chemins...

Où dormir dans les environs ?

Chambres d'hôtes Le Paradis : *embarcadère 29, Sainte-Sabine, 79270* **Le Vanneau-Irleau.** *☎ 05-49-35-33-95. • giteleparadis@hotmail.fr • gite-le-paradis.com • Doubles 62-73 € ; également des triples et des familiales ; gîte 370-480 €/sem selon saison.* À quelques kilomètres d'Arçais, une petite route plonge vers la rivière et débouche sur un site enchanteur : déroulé sur les berges, un parc arboré de 5 ha où les chevaux partagent l'espace avec différentes maisons en pierre de pays. Elles abritent de jolies chambres d'hôtes nickel et confortables, avec entrée indépendante et sanitaires privés. Salle à manger commune avec réfrigérateur, micro-ondes, vaisselle, et vaste terrasse sous auvent pour un pique-nique champêtre. Possibilité de louer barques et canoës sur place *(tlj 10h-12h, 14h-18h).* Une super adresse, d'autant que l'accueil est charmant et disponible.

ARÇAIS

(79210) 650 hab. *Carte Marais poitevin, C2*

Un village typiquement maraîchin, à l'image de La Garette. Au XIIIe s, déjà, Arçais était un port dynamique où transitaient bois, vin, céréales... Juste en face de l'embarcadère, un logis de rêve du XIXe s nargue la rivière (propriété privée). Emprunter le chemin de halage et découvrir les marais dans les environs. Sur le petit coteau, belle vue sur le Marais sauvage. Prisé des artistes, qui viennent de plus en plus s'installer au village : sculpteur, potier, tourneur sur bois, vannier...

Adresse et infos utiles

Office de tourisme : *pl. de l'Église. ☎ 0820-20-00-79. • niortmaraispoitevin.com • De mi-avr à fin sept, tlj 10h-13h, 14h-18h (19h de mi-juin à mi-sept).* Très serviable et compétent. Infos complètes sur le Marais, ouvrages, cartes pour la rando et le VTT, billetterie pour les sites, animations et sorties d'été. Billetterie des activités de loisirs et entrées de site.

Embarcadères : il y en a 3 sur le port. Arçais se targue d'être le seul village du Marais à posséder 40 km de canaux navigables et une superficie de 1 000 ha de Marais mouillé. Passez voir notamment l'équipe d'*Au Martin Pêcheur* *(☎ 05-49-35-62-34 ; • aumartinpecheur.com •),* qui connaît une foule d'histoires sur le Marais. Promenades en barque libres ou commentées, location de canoës et kayaks. Accueil compétent.

Où dormir ?

Camping

Camping de la Taillée : *route de Damvix. ☎ 05-49-35-62-34. 06-89-47-94-78. • camping-arcais-marais poitevin.com • ♿ À côté du port. Ouv avr-oct. Forfait pour 2 env 11 €. 39 empl.* Petit camping tout simple mais agréable car situé sur un terrain verdoyant suffisamment à l'écart de la route. Ombragé et bon marché, à proximité du village. Location de vélos et de barques, et visites guidées du Marais.

Prix moyens

Maison Flore : *25, rue du Port. ☎ 05-49-76-27-11. • contact@mai sonflore.com • maisonflore.com • ♿ Congés : de mi-déc à mi-fév. Doubles 69-77 € ; petit déj 9,80 €.* La *Maison Flore,* c'est avant tout un beau projet porté par une équipe chaleureuse : celui de réaliser un établissement de charme en préservant à la fois le patrimoine architectural et l'environnement. Pari gagné ! Centrale photovoltaïque, bassin de récupération d'eau de pluie ou installation aérothermique au sol permettent en coulisse de faire vivre les chambres personnalisées de façon séduisante, le salon commun meublé comme à la maison et la salle de petit déj aux allures de salon de thé, tous répartis dans les différents bâtiments de 2 anciennes maisons maraîchines. Sans négliger le confort : double vitrage, clim, TV... Et toujours plus de petits plus, comme les buffets bio du matin, les déjeuners à la guinguette contre l'embarcadère familial (possibilité de balades en barque et de visites guidées), et le beau jardin où il fait bon lézarder. Location de vélos. Une adresse intime qui tient plus de la chambre d'hôtes que de l'hôtel.

Chambres d'hôtes du Canal : *10, rue de l'Ouche. ☎ 05-49-35-42-59. • chambresetgitesducanal@gmail. com • chambre-dhote.com • ♿ Double 60 € ; gîtes jusqu'à 6 pers 200-650 €/sem selon saison. Barque à disposition pour la découverte du Marais sur présentation de ce guide.* On ne croirait pas que cette grande demeure, posée au cœur du village, dissimule un havre de paix. Si la maison, côté rue, ne se distingue pas particulièrement, à l'arrière, un beau jardin arboré court vers une adorable conche. Une piscine chauffée couverte d'une verrière-solarium domine l'ensemble, tandis qu'une autre piscine est bien cachée derrière de hauts murs. On est alors à l'abri des va-et-vient du village, à 100 m à peine du port d'Arçais. Chambres rustiques dans la maison principale, à moins de préférer les vastes gîtes, très confortables et meublés à l'ancienne, répartis dans la propriété. Tous les avantages sans les inconvénients. Accueil très sympathique.

À faire

➢ **Le chemin de halage :** il démarre au pied du logis. Ce vieux chemin longe le quartier de la Garenne. On voit des fermes à flanc de coteau, dont les dépendances descendent jusqu'au bief Minet. Même si certains bâtiments sont en ruine, remarquez les superbes appareillages de pierres. Entre chaque maison s'ouvrent des venelles pour accéder aux barques. Elles permettent juste le passage d'une brouette !

– **La Bicyclette Verte :** *36, route de Saint-Hilaire-la-Palud. ☎ 05-49-35-42-56. • bicyclette-verte.com • Pâques-Toussaint, presque tlj ; le reste de l'année, sur résa.* Location de tous types de vélos, bien entretenus, avec tout le matériel adéquat. Accueil très sympa.

SAINT-HILAIRE-LA-PALUD

(79210) 1 360 hab. *Carte Marais poitevin, C2*

Deux hameaux, La Rivière et Montfaucon, pour un seul village : Saint-Hilaire-la-Palud, qui se proclame – attention ! – « capitale du Marais sauvage des Deux-Sèvres ». Ce village est un des points de départ pour une balade dans le Marais.

PALU ? PAS VU !

Le nom de Saint-Hilaire-la-Palud vient du latin palus, qui signifie... « marais ». D'où d'ailleurs l'origine du mot « paludisme » ! Vous voilà dans la partie la plus sauvage et la moins connue du Marais, mais pas de panique : le moustique infecté ne sévit plus sous ces latitudes, et les libellules du Marais détruisent la plupart des moustiques !

Adresses et info utiles

Office de tourisme : *pl. de la Mairie. ☎ 0820-20-00-79. • niortmaraispoitevin.com • Fin sept-mi avril : lun-sam 10h-13h, 14h-18h. Mi avril-fin sept : lun-sam 10h-18h30. Fin juin-fin août : lun-sam 10h-19h + mi avril-fin août : dim et j. fériés : 10h-13h.* Infos complètes, cartes (randos et VTT), billetterie pour les sites et les animations d'été.

La ligne Maraîchine : bus qui relient Niort à Saint-Hilaire-la-Palud et desservent une grande partie du Marais poitevin. Voir à Niort « Adresses et infos utiles ».

Embarcadère du port de Montfaucon : *☎ 05-49-35-34-97. • embarcadere-port-montfaucon.fr •* Un peu moins connu que Coulon, Arçais ou La Garette, et dans une partie plus sauvage du Marais, donc logiquement moins fréquenté. Bon accueil et petit historique sur le Marais avec plans, cartes et vieux outils avant chaque départ en visite guidée *(résa conseillée pour éviter l'attente ; 15,50 €/h par pers avec 2 passagers, 11,50 €/h par pers avec 4 passagers, ensuite c'est dégressif).* Location de barque en visite libre également *(compter 15 €/h pour 1-4 pers, 25 € pour 2h, etc.).*

Embarcadère du Lidon : *☎ 05-49-35-33-64.* Ici, on s'inscrit dans l'écotourisme : découverte du Marais avec un guide naturaliste, à travers les activités du milieu, l'agriculture traditionnelle, la vie locale, la défense de la culture, des traditions et de l'environnement, etc. Vraiment intéressant ! Autres activités : balades en barque, promenades en calèche, animations nature, etc.

Base de canoë-kayak : *à la base nautique de Lidon. ☎ 05-49-35-31-60 (tlj 13h-19h en saison).* Propose des locations ou une initiation.

Où dormir ?

Camping Le Lidon : *☎ 05-49-35-33-64. • info@le-lidon.com • le-lidon.com • ♿ À 3 km de Saint-Hilaire ; suivre Courçon et, à 1 km, tourner à droite vers La Roche et Lidon. Ouv d'avr à mi-sept. Forfait 17,50-24,50 € pour 2 selon saison ; loc de tentes, bungalows toilés, roulottes et chalets 2-7 pers 150-700 €/sem. 140 empl. Réduc de 5 % sur présentation de ce guide.* À l'orée du Marais sauvage (point de départ pour randos et balades en barque ou en canoë), longé par une conche, un camping très convivial avec animations, nombreuses activités sportives (piscine, aquagym, ping-pong, pêche en rivière, vélo, équitation à proximité...). Situé sur la route de Saint-Jacques-de-Compostelle.

Chambres d'hôtes Les Lavandières : *8, rue des Lavandières. ☎ 05-49-35-31-20. 06-80-21-19-26. • les.lavandieres@wanadoo.fr • les-lavandieres.net • Congés : sept-fév. Double 68 €.* Les Lavandières, c'est le genre d'adresse que l'on a bien du mal à quitter une fois le portail franchi. Car rien ne manque : une grande et belle maison, retirée au fond d'une impasse paisible, une cour fleurie, où les outils décorant la terrasse se reflètent dans la piscine, des chambres tout confort, nickel, coquettes et personnalisées, une salle à manger conviviale, des infos de premier ordre et un accueil tout sourire, aux petits oignons... Irrésistible !

Chambres d'hôtes Côté Marais : *2, rue du Four-Banal. ☎ 05-49-35-09-96. 06-27-62-65-81. • martine.jouanny@sfr.fr • cote-marais.fr • Double 65 € ; gîte 6-8 pers 700 €/sem hors chauffage.* Grande bâtisse en pierre de style maraîchin typique, dans un beau jardin en bord de conche possédant son propre embarcadère. Environnement calme et verdoyant, donc, et des chambres cosy comme tout à l'étage de la maison (salle de bains commune), à moins de préférer le gîte aménagé dans l'ancien chai. Beau petit déjeuner. Accueil au diapason. Piscine, vélo et barque à disposition, et même une super cabane dans les arbres pour les enfants ! Un excellent point de chute.

Où manger ?

Au Vieux Mignon : *6, pl. de la Mairie. ☎ 05-49-73-98-16. • auvieuxmignon@orange.fr • Juil-août, fermé dim soir et lun ; plus mar soir hors saison. Formule déj en sem env 10,50 € ; menus 12,60-22 €.* Agréable cadre contemporain, accueil jeune et souriant. À la carte, une bonne cuisine traditionnelle ou une douzaine de pizzas.

Restaurant du Lidon : **Le Lidon.** *Dans le camping du même nom (voir « Où dormir ? »). Plats env 10-15 €.* Tenu par des jeunes souriants et affables. Grande salle aérée et terrasse ombragée, impeccable pour un repas sans façons autour d'une grande assiette de produits régionaux. Renseignements pour les promenades en barque et la découverte écotouristique du Marais.

Où goûter des produits régionaux ?

Les Fromages d'Emma : *38, rue de Pied-Blanc. 06-83-16-50-33. • lesfromagesdemma@orange.fr • En principe, mar et ven 17h-19h.* Arrêt obligatoire pour tous les amateurs de fromages de chèvre, car ceux d'Emma, de fabrication fermière et au lait cru, sont rudement bons ! Et si vous êtes sympa, vous pourrez même assister à la traite !

LE MARAIS POITEVIN

À voir

Le parc ornithologique et embarcadère Les Oiseaux du Marais poitevin : **Le Petit-Buisson.** *☎ 05-49-26-04-09. • oiseauxmaraispoitevin.com • Fléché depuis Saint-Hilaire. Des vac scol de Pâques à mi-sept, tlj 10h-19h30 ; mars-Pâques et de mi-sept à la Toussaint, tlj sf lun 14h30-19h. Entrée : 8,50 € ; réduc, y compris sur présentation de ce guide (7 €). Possibilité de forfait : visite du site et balade en barque. Loc de barques avec ou sans guide et de canoës (réduc de 10 % sur la loc de barques pour les visiteurs du parc). Jeux pour enfants, aire de pique-nique et petite restauration (bons fromages) sur place.*

Imaginez une zone vierge du Marais entièrement dévolue à la faune locale et aux oiseaux, un petit paradis de 8 ha aménagé en une immense volière, le plus souvent à ciel ouvert. C'est le pari gagné par deux passionnés qui ont réalisé leur rêve : nous faire entrer dans l'intimité du Marais et nous donner la possibilité de voir de plus près les petits habitants de la région et toutes ces créatures ailées qui nous narguent souvent de bien haut...
Ici, ce sont 70 espèces d'oiseaux représentées par plus de 350 volatiles que l'on admire le long d'un sentier qui serpente entre conches et parcelles aménagées, quand il ne traverse pas carrément l'une des vastes volières. Des petits modules pédagogiques apportent juste ce qu'il faut d'explications, souvent agrémentées d'anecdotes savantes ou de devinettes pour petits et grands. Parmi les plus précieux, le héron bihoreau si difficile à observer, car c'est un noctambule, la grue cendrée qui a du mal à se reproduire en captivité, mais aussi les oies à tête barrée qui peuvent voler jusqu'à 8 000 m et passent au-dessus de l'Himalaya, les cygnes chanteurs ou ces ibis sacrés qui sont arrivés plus tard et se sont acclimatés... Aux côtés de ces hôtes prestigieux, on découvre aussi les représentants de la faune typique du Marais, comme les oies grises, et en saison les chevaux de trait mulassiers et les adorables baudets du Poitou, au formidable manteau laineux.
Enfin, on ne manquera pas de se perdre dans le labyrinthe fait de frênes têtards, d'aubépines et de saules. Un bon complément à la végétation du Marais, qui est préservée sur le site (une trentaine de plantes sont d'ailleurs présentées avec leurs vertus médicinales, leurs usages culinaires ou leurs toxicités, à l'instar de l'angélique qu'on découvre sous sa forme originelle). La visite s'achève par un beau film de 20 mn.
Un point restauration avec, au menu, des plats à base de légumes frais du Marais accompagnés de produits locaux.

À faire

➢ ***Randonnées pédestres, à VTT ou à cheval dans le Marais :*** de nombreuses balades à faire dans le coin, mais peu de sentiers balisés. Se renseigner à l'office de tourisme Niort – Marais poitevin – Vallée de la Sèvre Niortaise à Saint-Hilaire, à Arçais, à Niort ou à Coulon. Ils vendent des cartes IGN, indispensables pour se repérer dans cette nature où seuls les bruits de pas ou de sabots seront susceptibles de vous déranger...

Manifestation

– ***Les 24 Heures de la barque :*** *w-e de mi-juil.* Ce sont les 24 Heures du Mans, mais en barque, sur les canaux, autour d'une fête où se rassemblent petits marchands régionaux et groupes de musique. Randonnée pédestre, vide-greniers, concours de farci poitevin...

LE MARAIS DESSÉCHÉ

Très étendu, il représente plus de 50 000 ha. Ici, le paysage change radicalement. L'absence pratiquement totale d'arbres le rend plus uniforme, à l'image des polders de Hollande et parfois même de la Camargue. C'est dire la beauté du lieu. Les villages se sont réfugiés sur les anciennes îles du golfe des Pictons. Ici, les Maraîchins sont agriculteurs, traditionnellement tournés vers l'élevage. Mais les céréales envahissent de plus en plus cette partie du Marais, où le comblement des conches va bon train.

Malgré ces transformations, le Marais desséché a retrouvé son label de Parc naturel régional en 2014 ; il ne l'avait plus depuis 1996. Bourgades principales : en Vendée, Chaillé-les-Marais et en Charente-Maritime, Marans et Courçon-d'Aunis.

MARANS

(17230) 4 620 hab. *Carte Marais poitevin, B2*

Autrefois « île enfermée de marais bocageux » (selon les mots d'Henri IV), Marans était un relais important pour le cheminement des pelleteries importées d'Amérique du Nord vers Niort, et une éminente plaque tournante de la foire aux grains du Poitou. Elle avait la particularité d'être une ville portuaire à l'intérieur des terres, reliée à l'océan et à La Rochelle par le fameux canal de Marans (du XIXe s). Un passé riche, dont témoigne encore la présence de belles demeures des XVIIe et XVIIIe s. Aujourd'hui, située sur la D 137 qui relie La Rochelle à l'A 83, Marans ne rigole pas tous les jours et subit la tyrannie d'un trafic routier dense et bruyant. En attendant la construction de l'autoroute, cette petite bourgade fleurie demeure la porte d'entrée principale, par la Sèvre Niortaise, du Marais poitevin côté Charente-Maritime.

OH ! LA BELLE POULE

C'est à partir du XIIe s qu'apparaît la poule de Marans, reconnue tant pour ses œufs fermes de couleur rousse que pour sa chair. Cette qualité, elle la doit à un joli croisement entre des coqs d'origine lointaine et les poules du Marais poitevin. On compte moult variétés de la marans, qui a pourtant perdu quelques plumes au cours du XXe s, notamment après la guerre, où l'on a même cru à la disparition de l'espèce.

Adresses utiles

Office de tourisme Aunis – Marais poitevin – Bureau de tourisme de Marans : *1, pl. Cognacq. ☎ 05-46-01-12-10. • aunis-maraispoitevin.com • À env 300 m sur la droite de la rue principale en venant du pont. Juil-août, lun-sam ; avr-juin et sept, lun-sam sf l'ap-m jeu et sam ; oct-mars, lun-ven sf jeu ap-m.* Organise des visites guidées du moulin de la ville et du canal Marans-La Rochelle... Cartes des circuits à vélo Aunis-Marais poitevin. Livret découverte de la ville gratuit, découverte du patrimoine (balade d'environ 1h30).

Embarcadère du Marais poitevin : *77, quai Joffre. 06-43-83-78-35. Près du vieux pont. De mi-mars à mi-oct, tlj 8h30-19h30.* 2 bases (une nouvelle en 2015, avec bateaux électriques pour une approche plus douce de la faune). Location de bateaux à pédales et à moteur sans permis au forfait horaire ou à la journée *(21 €/h pour 1-4 pers).* Une bonne solution pour une visite du Marais poitevin. Très bel itinéraire de 5h30, avec passage par aire de pique-nique *(72 € pour 1-4 pers).*

Embarcadère TLM : *73, quai Joffre. 06-66-92-18-04. Mêmes conditions.*

Marais Plaisance : *1, route de Nantes, lieu-dit le Marais-Fleuri. ☎ 05-46-01-04-07.* Location de canoës et kayaks, de bateaux à moteur sans permis, de *stand up paddle*, etc. *(21 €/h pour 1 à 4 pers).*

Cycles Nadeau : *66, rue Gambetta. ☎ 05-46-01-03-50. Ouv mar-sam. Fermé 2de quinzaine d'août. Compter env 15 €/j. ; forfait couple 20 € (2 vélos).* Location de vélos et VTT.

Où dormir ? Où manger dans le coin ?

Une liste des chambres d'hôtes est disponible à l'office de tourisme, et l'équipe saura vous conseiller une chambre sympa à l'écart du trafic.

Chambres d'hôtes La Grande Bastille : *chez Bernard et Roselyne Rocheteau, 17230 Marans. ☎ 05-46-01-14-51. 06-82-21-18-72. À 8 km au sud-est de Marans sur la D 114 en direction de Courçon. Double 65 € ; bon petit déj. Mise à disposition gratuite de la cuisine d'été, et visite de l'écomusée sur présentation de ce guide.* Belle ferme au jardin fleuri, en rase campagne. Les gentils propriétaires ont aménagé 2 grandes chambres rustiques de plain-pied dans le corps du logis : la rose, au mobilier ancien, possède une jolie petite terrasse sur jardin avec table et chaises ; la bleue, familiale, est également pourvue d'une terrasse. Pour les longs séjours, une cuisine entièrement équipée, avec lave-linge, est à disposition.

La Porte Verte : *20, quai Foch, à Marans. ☎ 05-46-01-09-45. Le long du canal ; fléché. Tlj sf dim soir et lun. Formules 2, 3 ou 4 services 19,90-29 € ; menus surprise 5-6 services 39-49 €.* 2 petites salles blanches avec tables en zinc et bois, pavés anciens. Ou quelques tables en terrasse à quelques mètres du chenal. Une adresse sympa comme le service, pour une cuisine du marché et de saison (légumes notamment), tout en fraîcheur des produits locaux. Prix sages, surtout le midi.

À voir. À faire

L'église Saint-Étienne : *au milieu du cimetière.* Construite au XIIe s. Il ne subsiste que quelques murs et un clocher octogonal très particulier.

L'église Notre-Dame : en 1988, grâce à la générosité du Marandais Barthélemy Fabbro, on édifia enfin le clocher de cette église inachevée depuis le début du XXe s, faute de moyens financiers. Campanile de verre et de béton conçu par les architectes Pasquel et Chicot, il mesure 52 m et abrite une belle salle panoramique.

Le moulin à vent de Beauregard : *av. de la Gare. 06-82-66-14-65. Mai-sept, tlj sf ven-sam 10h-12h, 15h-19h, dim 14h-19h. Visite : 4 € ; réduc.* Ce moulin du XVIIe s a été racheté en 1994 par la commune, qui l'a restauré à l'identique. Son toit conique (qui pèse près de 10 t !) pivote à 360° pour pouvoir placer les ailes face au vent. Ne pas rater la meunière à la jupe transparente à l'entrée sur la gauche... La visite est commentée par le meunier qui produit sa farine sur place.

➢ ***Balade le long du canal :*** pousser ses gambettes jusqu'aux écluses des Enfrenaux, avant-dernier barrage entre les eaux de la Sèvre Niortaise et l'océan. Une balade qui rappelle l'importance des voies navigables dans l'histoire prospère de La Rochelle, à laquelle Marans reste très liée. L'activité portuaire de Marans (haute place protestante) s'est essoufflée après la révocation de l'édit de Nantes. La ville livre désormais son port et ses canaux à la navigation de plaisance.

➢ ***Voies cyclables :*** les voies *Vélodyssée* et *Vélo Francette* passent par Marans. De belles balades en perspective. • *lavelodyssee.com* • *lavelofrancette.com* •

– Et aussi pêche du mulet au lancer, pêche à l'écrevisse, balades en calèche et plein d'autres animations. Se renseigner à l'office de tourisme.

COURÇON-D'AUNIS (17170) 1 700 hab. *Carte Marais poitevin, C3*

Village carrefour entre le Marais poitevin et la forêt, qui en constitue une des principales portes d'entrée. Courçon, autrefois très connu pour ses foires aux bestiaux, vaut surtout pour son église dite fortifiée et ses tumulus. Pour info, le village a été bâti sur l'un des points culminants de la région, soit à... 25 m d'altitude. Ouvrez grand vos poumons !

Adresse utile

Office de tourisme Aunis – Marais poitevin – Bureaux de tourisme de Marans ou de Surgères : *☎ 05-46-01-12-10. ● aunis-maraispoitevin.com ●* *Voir à Marans, plus haut.*

Où dormir dans le coin ?

Camping

Écocamping La Frênaie : *1, chemin du Camping, 17170* ***La Grève-sur-le-Mignon.*** *☎ 05-46-67-14-77 ou 05-49-26-96-91. ● lafrenaie.org@gmail.com ● lafrenaie.org ● Accès par la D 3, à 1,5 km du centre du bourg, juste à la limite des 2 départements. Ouv de mai à mi-oct. Prix : env 11 € en hte saison. Yourte dortoir 16 €/adulte et 12 €/enfant ; yourte familiale (avec frigo) 4 pers 105 € la nuit, 153 € le w-e ou 360 €/sem pour une famille. CB refusées. 80 empl.* Un terrain ombragé de 2,5 ha au bord de la rivière sur une prairie du Marais régulièrement inondée. Confort rudimentaire, mais calme et agréable. Yourtes de fabrication maison, en frêne avec isolation en chanvre et laine de mouton. On aime beaucoup cette structure verte et écolo, avec sa gestion environnementale (pas de désherbant, petit potager, toilettes sèches, four solaire aléatoire, etc.). Échanges garantis entre campeurs ! Animations nature. Plein de pistes cyclables pas loin. Bonne ambiance, accueil simple et agréable.

Chic

Le Puits Sainte Claire : *chez Fabienne Drappeau, 17, Grand-Rue, à Courçon-d'Aunis. ☎ 05-46-01-62-93. 📱 06-88-16-40-07. ● contact@puits-sainte-claire.com ● puits-sainte-claire.com ● Ouv fin mars-oct. Doubles 85-95 € (prix fixes en tte saison), petit déj très gourmand compris ; familiale 4 pers 150 €. Parking clos. Garage à vélos.* Un havre de paix au centre du bourg. Une grande piscine couverte et chauffée. Un jardin avec cuisine d'été pour un pique-nique parmi les fleurs ou sous le patio. 4 chambres douillettes, toutes différentes par leur charme et leur déco, identiques par leur confort. Coquettes salles de bains. Accueil plein de petites attentions, aussi charmant que le cadre. Coup de cœur, vous avez compris.

À voir. À faire

L'église Notre-Dame : église romane d'apparence fortifiée de la fin du Xe s. De cette époque demeurent la nef, l'échauguette (sorte de petite tour d'angle qu'on trouvait sur les châteaux forts pour guetter l'ennemi), le portail et le clocher (remanié aux alentours de 1900). Agrandie aux XIVe et XVe s, elle fut prolongée d'un chœur et de deux chapelles gothiques. Enfin, fortement restaurée au XXe s, elle a été flanquée, sur décision du maire de l'époque (parano ou mégalo, la limite est floue !), de pseudo fortifications purement ornementales dont elle aurait pu se passer ! À l'intérieur, très belle reproduction d'un tableau de Raphaël qui se trouve au Louvre, *La Sainte Famille,* attribuée à Jules dit le Romain, disciple du grand peintre. Remarquez aussi les quatre magnifiques vitraux au fond du chœur, qui représentent, de gauche à droite, saint Guillaume, duc d'Aquitaine (touché par la grâce divine, il est à l'origine de la construction de l'abbaye de la Grâce-Dieu, près de Benon, première abbaye cistercienne en Aunis), Jeanne d'Arc, Saint Louis et saint Bernard (fondateur de l'abbaye).

➢ ***Balades guidées :*** *rens à l'office de tourisme Aunis – Marais poitevin.* Calendrier de sorties de juin à octobre, à cheval, en barque ou en calèche (et même une sortie pêche à l'écrevisse !).

➢ ***Découverte du Marais, location de barques, cyclotourisme :*** *la société* ***Vert et Bleu Tourisme*** *dispose d'un embarcadère dans les environs, Marais Bazoin, 17170* ***La Ronde*** *(par la D 116, 3,5 km après La Ronde, suivre le fléchage depuis le village). ☎ 05-46-01-17-16. • bjr-tourisme.com • Pâques-sept, tlj 10h-19h. Balades classiques en barque familiale à partir de 30,20 €/h pour 2 pers ; pour 1-3 pers en canoë, compter 29 € la ½ journée. Également loc de vélos.* Légèrement plus cher avec accompagnateur mais très intéressant compte tenu de la richesse de la flore sur ce secteur du Marais poitevin. C'est surtout l'un des rares du département à organiser une navigation découverte de plusieurs jours dans les marais profonds et sauvages de la Venise verte. L'aventure ! Location de tentes et de matériel de cuisine en sus, à moins d'apporter le sien. À noter que le sac de couchage n'est pas fourni. Enfin, des circuits de cyclotourisme pour 1h ou pour la journée.

DANS LES ENVIRONS DE COURÇON-D'AUNIS

La Briqueterie : ***La Grève-sur-le-Mignon.*** *☎ 05-46-09-21-18. • briqueterie-lagrevesurmignon.com • À droite du pont de la D 3 vers Niort, à la sortie du bourg. Juil-août, tlj ; mai-juin et sept-oct, slt w-e. Espace muséographique gratuit. Ateliers et visites des « bris » (à pied ou en barque) payants (se renseigner).* Un haut lieu du patrimoine industriel régional, au cœur du Marais. Du bri, le trou d'extraction de l'argile à la brique, un parcours didactique retraçant l'histoire de la première tuilerie mécanique du marais. Un espace d'écohabitat dédié à l'écoconstruction et à l'écorénovation. Atelier de fabrication de briques *(sur résa).* Didactique et pratique. L'usine est en cours de rénovation.

Le Pôle-Nature du Marais poitevin : *à* ***Taugon.*** *☎ 05-46-56-34-46. D'avril à sept, sam ap-m et dim ap-m hors vacs scol. Pendant vacs tlj 10h-12h30, 13h30-18h. Entrée : 2,50 € ; réduc. Sorties pédestres et ateliers familiaux organisés en été.* Ce pôle propose un espace scénographique pour découvrir le paysage du Marais et sa diversité, mais aussi son ingénieux réseau hydraulique. Le sentier de découverte long de 1,5 km (accès gratuit) permet une activité à la fois pédagogique, ludique et aérée.

LA CHARENTE-MARITIME

ABC DE LA CHARENTE-MARITIME

- *Population :* 640 800 hab., soit le département le plus peuplé de la région Poitou-Charentes.
- *Superficie :* 6 864 km^2.
- *Densité :* 93 hab./km^2.
- *Préfecture :* La Rochelle.
- *Sous-préfectures :* Jonzac, Rochefort, Saintes, Saint-Jean-d'Angély.
- *Ressources naturelles :* Céréales, fourrages, oléagineux, vignes, ostréiculture et mytiliculture.
- *Signes particuliers :* 1er département français en termes d'offres labellisées « Tourisme & Handicap » ; 2e département préféré des touristes français. Produits d'excellence protégés : cognac, pineau des Charentes, beurre Charentes-Poitou, pomme de terre de Ré, les vins de pays charentais et les huîtres de Marennes-Oléron.

S'étendant sur les deux anciennes provinces de l'Aunis et de la Saintonge, la Charente-Maritime est avant tout la façade océanique de la région Poitou-Charentes. Comme son nom l'indique, la mer tient ici le premier rôle : 420 km de côtes, où alternent vastes plages bordées de pins maritimes, falaises et marais, et un superbe archipel comprenant les îles d'Oléron, de Ré, d'Aix et Madame (oui, monsieur !). Elle est dotée de milieux naturels d'une grande richesse écologique. On s'en doute, cette manne naturelle a dopé toute l'économie du département : activité portuaire intense à La Rochelle, Rochefort et Tonnay-Charente, pêche et construction navale. Sans oublier le plus grand bassin ostréicole d'Europe, à Marennes-Oléron ! La côte jouit également du meilleur ensoleillement du littoral français hors Méditerranée. Ce qui lui vaut depuis longtemps un vif succès estival avec plus de 70 % de l'activité touristique régionale et le troisième rang national après le Var et l'Hérault.

Avec ça, n'oublions pas un patrimoine culturel et historique des plus intéressant : Saintes, capitale romaine et romane de l'Aquitaine, avec ses arènes et son arc de Germanicus ; Rochefort, sa Corderie royale, son arsenal et sa frégate *L'Hermione* du XVIIIe s, qui a quitté le port pour naviguer vers l'histoire ; le vieux port de La Rochelle ; les forts et bastions côtiers souvent signés Vauban ; et la plus forte densité d'églises romanes en France – d'ailleurs caractéristiques puisqu'on parle d'art roman « saintongeais » ! Une mosaïque patrimoniale encore composée de villages labellisés « de pierres et d'eau ».

Mais le visiteur averti ne négligera pas non plus l'intérieur du département : le relief s'accentue, devient vallonné et se boise aux alentours de Saintes et dans la haute Saintonge traversée de cours d'eau poissonneux. La viticulture à l'est (coteaux de Saintonge produisant une bonne part du cognac), l'élevage au nord et une polyculture active en haute Saintonge alimentent de longue date la Charente-Maritime, tant en denrées qu'en devises.
Ces aspects agricoles viennent compléter une palette gastronomique déjà riche en produits de la mer (ce n'est pas le moindre attrait du département !). Ici, on se régale d'escargots (qu'on appelle « lumas » au nord et « cagouilles » plus au sud), volailles coureuses, gibier, anguilles, « royans » (sardines), huîtres, chaudrée, éclade ou églade (moules cuites aux aiguilles de pin). À accompagner, comme il se doit, d'un petit blanc du pays, qui ne cesse de progresser d'année en année, porté par des coopératives dynamiques ou des petits producteurs passionnés. On peut ainsi dénicher quelques bonnes bouteilles à prix défiant toute concurrence. Sinon, pensez à rapporter de la fleur de sel des îles de Ré et d'Oléron, ou des salicornes (une délicieuse plante qui pousse dans les marais et qui remplace avantageusement les cornichons).
En somme, la Charente-Maritime a plusieurs cordes à son arc, toutes bien tendues. Mais pour nos lecteurs poètes, sa magie est ailleurs : dans sa lumière, pâle et douce, grâce à cette merveilleuse symbiose entre mer, ciel et terre.

Adresses et infos utiles

i *Charente-Maritime Tourisme* *(Comité départemental du tourisme ; plan couleur II de La Rochelle, F5) : 85, bd de la République, 17076* ***La Rochelle*** *Cedex 09. ☎ 05-46-31-71-71. ● en-charente-maritime.com ● charente-maritime.fr ● Lun-ven 9h-12h30, 14h-17h30 (17h ven).*

■ ***Relais départemental des Gîtes de France*** *(plan couleur II de La Rochelle, F4) : 18, rue Émile-Picard, immeuble L'Amirauté, BP 32, 17000* ***La Rochelle.*** *☎ 05-46-50-63-63. ● gites-de-france-atlantique.com ●* Renseignements et réservations pour gîtes ruraux et chambres d'hôtes. Demandez leur brochure.

■ ***Espace Nature :*** *35, rue Audry-Puyravault, 17300* ***Rochefort.*** *☎ 05-46-82-12-44. ● ville-rochefort.fr ● Tte l'année, lun-sam 10h-12h (12h30 sam), 14h30-18h30.* Centre d'information et de sensibilisation sur l'environnement (expos, ouvrages, etc.) et sur l'ensemble des 14 « Pôles Nature » de la Charente-Maritime.

– ***Les Enfants d'abord ! :*** si vous partez en famille, procurez-vous auprès du Comité départemental du tourisme cette brochure qui détaille les sites qui assurent un accueil particulier aux enfants.

– ***Sitalia 17 :*** *● en-charente-maritime.com ●* Une cinquantaine de sites culturels, historiques et touristiques sont référencés et portent un numéro repère. Fichiers audio MP3 en libre téléchargement.

– ***Villages de pierres et d'eau :*** *● charente-maritime.fr ●* Un réseau de 13 villages emblématiques rassemblés autour d'un dénominateur commun : le patrimoine qui unit les pierres des bâtisses remarquables et l'eau sous ses aspects divers, de l'océan au marais, de l'estuaire aux rivières.

– ***La Vélodyssée en Charente-Maritime :*** *● charente-maritime.fr ● lavelodyssee.com ●* Un tronçon de 150 km de la partie française de l'Eurovéloroute n° 1 qui vient de Norvège et s'étend jusqu'au Portugal. Un parcours balisé, sécurisé, accessible à tous tant pour une balade d'une journée que pour un trajet itinérant. Des frontières de la Vendée (pont de Brault à Charron) à l'embarcadère du bac à Royan. Au fil de l'eau, du patrimoine... Par le canal de Marans, La Rochelle, Châtelaillon, Rochefort...

● charente-maritime.mobi ● : toutes les infos utiles (agenda des manifestations, visites guidées, horaires de musées, météo...) pour les mobinautes !

La Charente-Maritime
"ma préférence"
CHARENTE-MARITIME
championne de vos vacances
© S. LAVAL
la Charente Maritime
en-charente-maritime.com

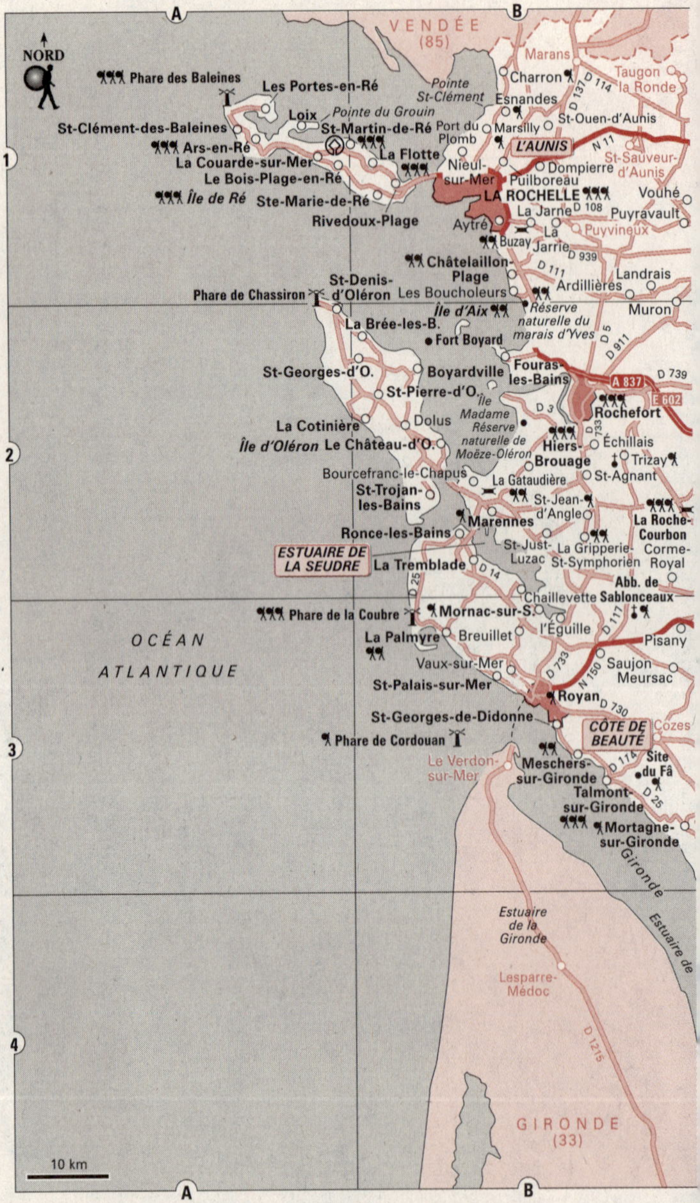
NORD
VENDÉE (85)
Phare des Baleines
Les Portes-en-Ré
Loix
Pointe du Grouin
St-Clément-des-Baleines
St-Martin-de-Ré
Ars-en-Ré
La Couarde-sur-Mer
La Flotte
Le Bois-Plage-en-Ré
Île de Ré
Ste-Marie-de-Ré
Rivedoux-Plage
Pointe St-Clément
Marans
Charron
Esnandes
Marsilly
Port du Plomb
Nieul-sur-Mer
L'AUNIS
LA ROCHELLE
Taugon
la Ronde
St-Ouen-d'Aunis
N 11
D 137
D 114
Dompierre
Puilboreau
St-Sauveur-d'Aunis
Vouhé
La Jarne
D 108
Puyravault
Aytré
La Jarrie
Puyvineux
Buzay
D 939
Châtelaillon-Plage
D 111
Landrais
Ardillières
St-Denis-d'Oléron
Phare de Chassiron
Les Boucholeurs
Muron
Île d'Aix
Réserve naturelle du marais d'Yves
D 5
D 911
La Brée-les-B.
Fort Boyard
Fouras-les-Bains
D 739
A 837
E 602
St-Georges-d'O.
Boyardville
St-Pierre-d'O.
Île Madame
D 3
Rochefort
La Cotinière
Dolus
Réserve naturelle de Moëze-Oléron
D 733
Échillais
Île d'Oléron
Le Château-d'O.
Hiers-Brouage
Trizay
Bourcefranc-le-Chapus
La Gataudière
St-Agnant
St-Trojan-les-Bains
St-Jean-d'Angle
Marennes
La Roche-Courbon
Ronce-les-Bains
ESTUAIRE DE LA SEUDRE
St-Just-Luzac
La Gripperie-St-Symphorien
Corme-Royal
La Tremblade
D 14
D 25
Abb. de Sablonceaux
Chaillevette
Phare de la Coubre
Mornac-sur-S.
D 117
l'Éguille
La Palmyre
Breuillet
Pisany
OCÉAN ATLANTIQUE
Vaux-sur-Mer
D 733
N 150
Saujon
Meursac
St-Palais-sur-Mer
Royan
D 730
St-Georges-de-Didonne
CÔTE DE BEAUTÉ
Cozes
Phare de Cordouan
Le Verdon-sur-Mer
Meschers-sur-Gironde
D 114
Site du Fâ
Talmont-sur-Gironde
D 25
Mortagne-sur-Gironde
Gironde
Estuaire de la Gironde
Estuaire de
Lesparre-Médoc
D 1215
GIRONDE (33)
10 km
A
B
1
2
3
4

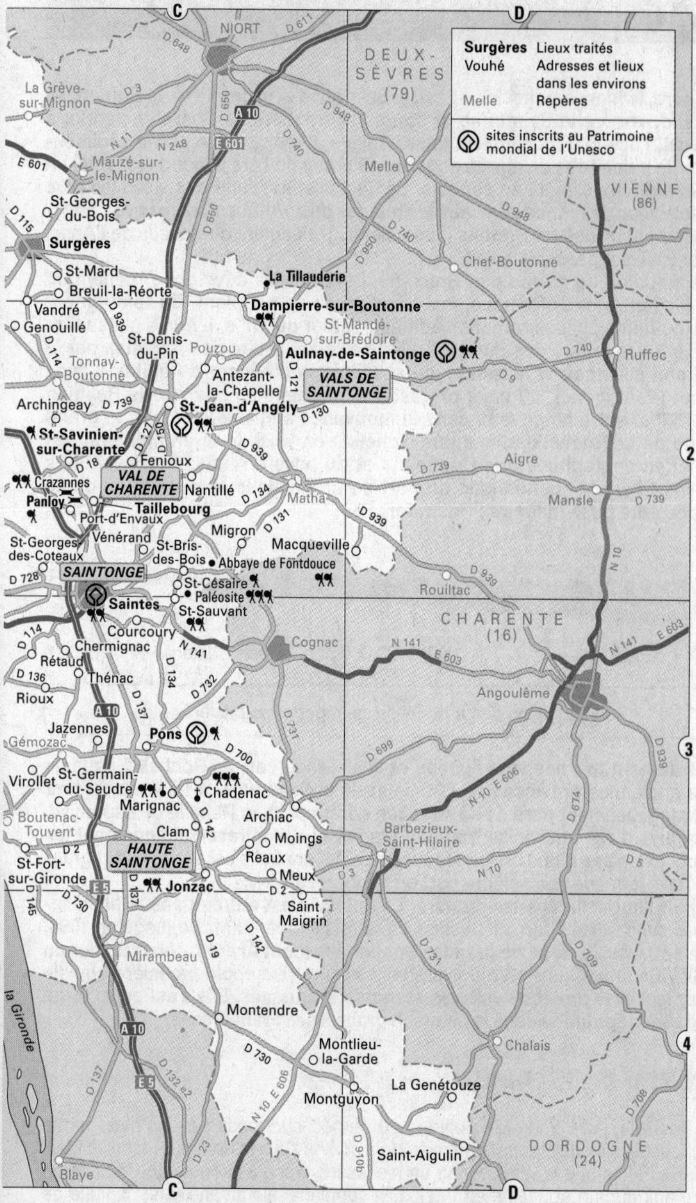

LA CHARENTE-MARITIME

L'AUNIS

Au nord, le Marais poitevin ; à l'est, la Saintonge et sa frontière, la Boutonne ; au sud, encore la Saintonge et son autre frontière, la Charente ; enfin, à l'ouest, l'océan, tout simplement. Au milieu, l'Aunis, petite plaine sédimentaire de calcaire et de marne apparue au cours de l'ère secondaire. Voici un pays au doux climat : sa capitale, La Rochelle, est l'une des villes les plus ensoleillées de France ! En effet, les nuages du nord-ouest, après avoir généreusement arrosé les Bretons (tiens, tiens...), s'étiolent au-dessus de l'Aunis pour y laisser passer le soleil.
Peu peuplée au temps des Romains, la région se développe réellement au Moyen Âge. Défrichées, les campagnes se peuplent. En témoignent les multiples églises romanes édifiées autour du XIIe s. L'Aunis passa très vite sous la coupe des ducs d'Aquitaine (c'est-à-dire des Anglais), par le jeu des alliances et le remariage stratégique d'Aliénor d'Aquitaine avec Henri Plantagenêt. L'Aunis, protestante pendant les guerres de Religion du XVIe s, entre à nouveau dans la mouvance anglaise. Il faudra le grand siège de La Rochelle, mené par Richelieu en 1628, pour en finir avec les velléités anglophiles des Rochelais et du pays d'Aunis. Avec le XVIIe s arrivent l'essor économique du port de La Rochelle et la création d'une importante base militaire : Rochefort.

LA ROCHELLE

(17000) 80 000 hab. *Carte Charente-Maritime, B1*

Pour les plans de La Rochelle, se reporter au cahier couleur.

Résolument tournée vers l'océan et ses ressources, La Rochelle, capitale des anciennes provinces de l'Aunis et de la Saintonge, a toujours su tirer avantageusement parti de sa situation géographique. Rebelle et insoumise, s'appuyant sur une vieille tradition maritime, elle a traversé dignement les hauts et les bas d'une histoire mouvementée, dont elle est sortie plutôt grandie. Les tours de son célèbre port en témoignent !
Aujourd'hui, telle une aventurière, La Rochelle est entrée dans le IIIe millénaire avec fierté : dernier bastion de la résistance au *McDo* jusqu'en 1995, elle est aussi le siège de grandes entreprises (dont Alstom, constructeur du TGV Atlantique), une ville universitaire et une ville écolo pionnière choisie pour lancer le projet de voitures et motos électriques. Elle s'est aussi forgé une belle réputation dans la chanson grâce à ses Francofolies.

UN PEU D'HISTOIRE

La Rochelle, jadis tranquille petit village de pêcheurs posé sur une plate-forme rocheuse, se signale pour la première fois au Xe s sous le nom de *Rochella*. Mais c'est au XIIe s que la ville connaît un réel essor, grâce à la chute de Châtelaillon face aux ducs d'Aquitaine en 1131. Elle supplante alors l'ancienne capitale de l'Aunis et ***obtient, à la fin du XIIe s, sa charte de commune, qui l'affranchit ainsi de toute tutelle féodale.*** Dotée d'un maire qui a pouvoir de justice et est entouré de ses conseillers ou échevins, la « république » de La Rochelle était presque née.

La cité huguenote

Très tôt, on observe à La Rochelle, port de commerce prospère et cosmopolite, une ***montée de l'esprit laïc*** et une ***ouverture aux idées de la Réforme.*** De fait, ayant toujours adroitement exploité les querelles des Anglais et des Français, elle a rapidement développé son ***commerce du sel et du vin dans toute l'Europe du Nord.*** Logiquement soumise aux influences extérieures, il s'en fallait de peu que La Rochelle ne devienne la capitale française de la doctrine protestante. Sur le plan militaire, d'une part, puisqu'elle héberge les Condé, Coligny, La Rochefoucauld et autres grands chefs protestants, tandis que Henri de Navarre, futur Henri IV, en prend la tête. Sur le plan intellectuel également, car l'***imprimerie rochelaise*** réunit de grands noms protestants qui contribuent largement à la diffusion des idées. Enfin et surtout sur le plan religieux, puisque c'est à La Rochelle même qu'est signée la Confession de foi des Églises réformées de France, sous l'autorité de Théodore de Bèze, en 1571.
Les huguenots, forts des privilèges obtenus, y établissent peu à peu leur place forte en développant considérablement le commerce avec l'Afrique, Terre-Neuve et l'Amérique du Sud.

Le grand siège, funeste épisode rochelais...

Au tout début du ***XVIIe s, les protestants représentent 90 % de la population*** de la capitale de l'Aunis. L'absolutisme naissant, incarné par Richelieu et Louis XIII, s'inquiète, à juste titre d'ailleurs, de la prospérité rochelaise, jugée dangereuse pour l'autorité royale. Qu'à cela ne tienne ! Pour y remédier, on organise le siège de La Rochelle...
Point de bataille, quelques coups de feu symboliques tout au plus. Pire, la ville est finalement soumise, réduite par la famine, au bout de 13 mois et 20 jours d'une résistance acharnée de Jean Guiton, alors maire, et de ses ouailles protestantes... Il faut dire que les habitants n'avaient pas vraiment le choix, puisque ceux qui voulaient se rendre étaient systématiquement tués ! ***Jean Guiton,*** fidèle à la tradition rochelaise, ***appelle à l'aide les Anglais,*** qui viennent d'entrer sur l'île de Ré. C'était sans compter sur plus malin que soi : Richelieu coupe l'accès maritime de La Rochelle en bloquant le port et fait construire une digue dont les Rochelais pensaient qu'elle ne résisterait pas aux tempêtes. Erreur : non seulement l'ouvrage résiste, mais il s'avère, de plus, d'une redoutable efficacité. Les accès par voie terrestre étant eux aussi bloqués, La Rochelle est encerclée. L'attente est longue, l'étau se resserre, le courage des assiégés s'amenuise, la quantité de vivres aussi. Au final, c'est l'hécatombe, et la ville se rend en octobre 1628 après avoir perdu les quatre cinquièmes de sa population ! Clémence royale il y aura. Si les Rochelais ***perdent leurs remparts et grand nombre de leurs privilèges, ils conservent néanmoins leur liberté de culte.*** Quant à Jean Guiton, on le retrouve... au service du roi !

Les Rochelais à la conquête du Nouveau Monde

La Rochelle ne sort pas indemne du grand siège. Son commerce, prospère jusqu'alors, s'est effondré. Viennent les heures difficiles des ***dragonnades*** qui voient se convertir en masse, contraints, des protestants au catholicisme. Des familles entières partent pour New Rochelle (États-Unis). Puis la foi huguenote connaît un véritable renouveau tout au long du XVIIIe s. Sur le plan commercial, les effectifs et le tonnage des bateaux ne cessent d'augmenter, si bien qu'on pense déjà à agrandir le port. ***C'est l'âge d'or du commerce triangulaire.*** Les navires français partent chercher des esclaves sur les côtes d'Afrique (Cap-Vert et Guinée), les emmènent aux Antilles (à Saint-Domingue, où de nombreuses plantations sont gérées par des familles d'armateurs, tels les Fleuriau), d'où ils rapportent du sucre,

mais aussi du café et de l'indigo (une plante tinctoriale). Cette activité place La Rochelle au deuxième rang des ports négriers français, après Nantes...
Un autre négoce prospère : celui des pelleteries avec le Canada, la ville devenant la plaque tournante des importations de peaux en Europe.
Sur le plan intellectuel et architectural, La Rochelle connaît un véritable développement lié aux fabuleuses fortunes constituées : on construit, à la mode de Paris, de prestigieux hôtels particuliers de style néoclassique. Cette ***prospérité économique*** ne résistera cependant pas aux révoltes d'esclaves à Saint-Domingue, à l'interdiction de la traite des Noirs et à la Révolution. En même temps qu'elle entre dans le XIXe s, La Rochelle entame sa traversée du désert...

CHAMPLAIN, L'INFATIGABLE

Né à Brouage vers 1570, Samuel de Champlain, lecteur assidu de Jacques Cartier, devient navigateur, commerçant, explorateur, diplomate, géographe, ethnologue, écrivain, etc. ! Mais l'œuvre de sa vie, c'est la fondation de la ville de Québec en 1608. Il traverse 19 fois l'Atlantique. Il est administrateur en chef de Québec jusqu'à sa mort en 1635 ; la colonie comporte alors... 200 personnes.

Le(s) port(s) de La Rochelle aujourd'hui

Il faut attendre la fin du XIXe s et la construction d'un port capable d'accueillir des chalutiers de gros tonnage pour que la ville connaisse un regain de dynamisme. ***Le port de commerce de La Pallice,*** inauguré en 1890, marque le point de départ d'une ***nouvelle ère.*** En 1994, le port de pêche a été entièrement refait, avec une criée informatisée et tout le toutim... de l'ultra-modernisme. La Pallice possède une autre facette moins connue, celle de port de transit de bois tropicaux (au premier rang européen) et d'importation d'hydrocarbures. Le blocage du dépôt par les marins pêcheurs, en 2008, suite à l'inflation du prix des carburants, a d'ailleurs été l'un des plus longs...
Pendant la Seconde Guerre mondiale, La Pallice a été la base du dernier siège de La Rochelle : les Allemands, à qui on ne la fait pas, ont repéré cet endroit hautement stratégique de la façade atlantique. Ils y construisent deux bunkers monumentaux destinés à accueillir leurs U-Boots jusqu'en 1945, époque à laquelle La Rochelle retrouve enfin sa liberté. ***Propriété de l'armée française il y a peu encore, le port est devenu port autonome*** (et donc privé), et du même coup inaccessible au public, prétendument pour des raisons de sécurité. C'est dommage, car le site est vraiment impressionnant. Steven Spielberg y a même tourné une séquence d'*Indiana Jones* !
Enfin, au sud de la ville d'adoption de la navigatrice Isabelle Autissier s'étend le port de plaisance, les Minimes, le plus important d'Europe, tandis que le vieux port n'accueille plus que quelques bateaux de plaisance.

LA BASE SOUS-MARINE DE LA PALLICE

Ce gigantesque bunker de 192 m de long fut construit pour protéger les sous-marins allemands. Son toit de 3,5 m d'épaisseur fut bombardé plusieurs fois, sans succès. Spielberg le filma dans une scène d'Indiana Jones et l'Arche perdue. On ne peut pas le visiter, mais on l'aperçoit à 300 m.

LES FRANCOFOLIES DE LA ROCHELLE

Impossible d'évoquer La Rochelle sans ses Francofolies, qui ont fêté leurs 30 ans en 2014... Les premières Francofolies de 1985, qui accueillirent 25 000 personnes,

étaient conçues comme une fête de la Chanson franco-canadienne. Depuis, ce festival est devenu, avec le Printemps de Bourges, ***LA référence, LE pouls de la chanson francophone.*** Une référence qui s'exporte, puisque des Francofolies sont également organisées à Montréal, Spa (en Belgique), Buenos Aires et Santiago du Chili... sans oublier les concerts labellisés Francofolies au Japon, en Norvège, en Pologne, en Allemagne et en Espagne.
Aujourd'hui, les Francofolies sont gérées comme une grosse entreprise avec un budget de plusieurs millions d'euros (dont seulement 30 % de subventions). Les chiffres sont à l'avenant : pendant 6 jours, une centaine d'artistes pour une centaine de concerts, et sur une dizaine de scènes. Tout cela pour attirer 75 000 festivaliers, gentiment surnommés « francofous ». Pour La Rochelle, c'est la poule aux œufs d'or. Les francofous injectent chaque année une quinzaine de millions d'euros dans le commerce local...
L'ambiance des Francofolies a tenu pour beaucoup à la personnalité de Jean-Louis Foulquier, rochelais d'origine et découvreur de talents (Bruel, Patricia Kaas, Nilda Fernandez, entre autres). Pour les fauchés, il y a les concerts gratuits du festival off et le simple plaisir de se balader dans La Rochelle effervescente et en fête. *– Rens : ☎ 05-46-28-28-28. • francofolies.fr •*

Comment y aller ?

➢ ***En train :*** *rens SNCF, ☎ 36-35 (0,34 €/mn). • voyages-sncf.com •* Départ tlj de Paris-Montparnasse en TGV. 8 liaisons directes/j. Durée : env 3h jusqu'à la jolie gare de La Rochelle (classée Monument historique). Sinon, Corail ou TER pour Bordeaux et Nantes, et TER pour Rochefort, Saintes, Pons, Jonzac, Niort, Poitiers, Surgères...

Adresses utiles

Office de tourisme *(plan couleur I, B3) : 2, quai Georges-Simenon, Le Gabut, 17025 La Rochelle Cedex 01. ☎ 05-46-41-14-68. • larochelle-tourisme.com • Ouv tte l'année sf 1er janv et 25 déc : avr-sept, lun-sam 9h-20h (18h avr-mai, 19h juin et sept), dim 9h-17h (19h juil-août) ; oct-mars (fermé lun sf vac scol), mar-sam 10h-13h, 14h-18h (17h nov-fév), dim 10h-13h (fermé nov-fév).* Personnel dynamique et compétent. Plans de la ville et brochure touristique complète et fort bien faite. Service de billetterie, visites guidées, à pied ou en calèche, dont une visite nocturne avec mise en scène de la ville, « Ronde de nuit » *(jeu de mi-juin à mi-sept, sur inscription).* 2 nouvelles visites sont à découvrir chaque année. On peut également s'y procurer le *Pass Rochelais* (lire plus loin la rubrique « À voir. À faire »). Accueil super sympa et souriant.

Charente-Maritime Tourisme *(plan couleur II, F5) : voir en introduction du chapitre « La Charente-Maritime ».*

@ ***Atlantis Cyber C@fé*** *(plan couleur I, C3) : 25, quai de Marans. ☎ 05-46-50-58-91. Tlj 15h (16h30 dim)-23h.* 6 postes au fond d'un vidéoclub.

Transports

Gare routière – RTCR *(Réseau des transports de la communauté rochelaise ; plan couleur I, A-B1) : pl. de Verdun. ☎ 0810-17-18-17. • yelo-larochelle.fr •* Assure diverses liaisons avec le centre-ville et les environs. Notamment l'aérodrome de La Rochelle-Laleu (fréquence en fonction des vols).

■ ***Locations de vélos et scooters :*** *dans différents quartiers de la ville. Les tarifs sont assez semblables et l'accueil en général sympa. Compter 25 €/j. pour un vélo électrique et 15 €/j. pour un VTT/VTC.* ***Motive Location*** *(plan couleur II, F4, 2) : quai Louis-Prunier, face à l'espace Encan. 06-27-48-32-42. Tlj 9h30-12h30, 14h30-18h.* Location de vélos, VTT et VTC. **Cyclo-Parc** *(hors plan couleur I par A3, **9**) : av. de la Monnaie (parc de loisirs, plage de la Concurrence). ☎ 05-46-07-25-06. 📱 06-11-20-68-87. Tlj en saison.* Tandems et vélos électriques. Accessoires. Location long terme. **Ecovelo Cyclos et Scoots** *(hors plan couleur I par A2, **10**) : 282 ter, av. Jean-Guiton (Port-Neuf). ☎ 05-46-00-90-00. Juil-août, tlj 9h-12h, 16h30-18h45 ; hors saison, lun ap-m et mar-sam 9h-12h30, 14h-18h45. Fermé vac scol de Noël.* Vélos ; scooters thermiques *(à partir de 30-40 €).* **CycloMania** *(plan couleur I, C3, **2**) : 23, quai de Marans (quartier du Vieux-Port). Ouv tlj en saison ; mar-sam hors saison.* VTC, vélos fitness et vélos électriques.

■ ***Vélos jaunes*** *(plan couleur I, B3, **3**) : pl. de la Motte-Rouge (face à l'office de tourisme). Tlj en saison, dès les vac scol de Pâques. 1,30 €/h, et caution 150 €.* À noter que les Vélos jaunes sont autorisés à bord du passeur électrique. Ne pas confondre avec « Yélo » (47 bornes dont 3 avec paiement par carte bancaire), système de location de vélos nettement plus onéreux pour les visiteurs ponctuels.

■ ***Passeur électrique et bus de mer*** *(plan couleur I, A3, **8**, et plan couleur II, F4, **8**) :* moyen de transport original et « rapide » qui permet de traverser le port pour se rendre au quai de la Médiathèque (Musée maritime, aquarium et départs en bateaux rapides pour l'île d'Oléron avec la compagnie *La Rochelle-Oléron*), et surtout au port des Minimes. Environ 1-2 € selon le trajet. Pour plus d'infos, se référer à « À voir. À faire. Le port des Minimes ».

⛴ **Croisières Inter-Îles** *(plan couleur I, B3) : sur le Vieux-Port, cours des Dames (embarcadère et billetterie). ☎ 0825-13-55-00 (0,15 €/mn). • inter-iles.com • Également un embarcadère sur le parking de l'esplanade Saint-Jean-d'Acre. Départ tlj pdt vac scol de fév, début avr-fin sept et pdt vac scol de la Toussaint ; mars et oct, slt le w-e.* Promenades en mer avec l'approche commentée du fort Boyard (2h), escale sur l'île d'Aix à la journée ou demi-journée (passage par le fort Boyard à l'aller). Liaison régulière d'avril à octobre à destination de l'île de Ré (Saint-Martin) et de l'île d'Oléron (Boyardville). Saint-Denis d'Oléron en juillet-août.

⛴ **La Rochelle-Oléron** *(plan couleur II, F4, **8**) : Médiathèque, av. Michel-Crépeau (embarcadère et billetterie). ☎ 05-46-47-05-10. • oleron-larochelle.com • Départ presque tlj début avr-fin sept (tlj juil-août) et pdt vac scol de la Toussaint.* Liaison maritime rapide (50 mn) à destination de l'île d'Oléron (Boyardville).

🚕 ***Taxis :*** ***Abeilles Taxis,*** *☎ 05-46-41-22-22 ou 55-55.*

Culture

■ **La Coursive** *(plan couleur I, A3, **6**) : 4, rue Saint-Jean-du-Pérot. ☎ 05-46-51-54-00. • la-coursive.com • Résa tlj 13h (14h sam-lun)-18h30 ; tlj 14h-18h par tél. Résa souhaitée 2 sem à l'avance pour les principaux spectacles.* Cinéma d'art et d'essai et salle de spectacle, théâtre, musique et danse ! Rien que le bâtiment vaut d'être vu…

■ **Carré Amelot** *(plan couleur I, C2, **7**) : 10 bis, rue Amelot. ☎ 05-46-51-14-70. Rens tlj sf dim-lun 12h30 (10h mar et jeu-ven, 14h sam)-19h.* Espace culturel, mais aussi représentations théâtrales, concerts et autres événements artistiques.

■ **Comédie La Rochelle** *(plan couleur I, B1, **5**) : 18, rue Rambaud. ☎ 05-46-28-78-70. Rens tlj 10h-12h, 14h-20h.* Nouvelle salle de théâtre d'humour et de one-man show.

Où dormir ?

La Rochelle est une destination courue, tout le monde le sait… En haute saison, certains hôtels considérés comme bon marché en temps normal basculent en prix moyens, voire carrément chic ! Par ailleurs, l'affluence est telle (notamment lors des Francofolies) qu'il faut redoubler de précautions lors des réservations : ne pas hésiter à demander une trace écrite de votre réservation, certains hôteliers n'ayant pas la patience d'attendre et louant leurs chambres aux premiers arrivés. Sachez également que d'avril à fin octobre, l'office de tourisme tient un listing à jour des disponibilités et qu'il se charge même de la réservation (2 € de frais de réservation).

Campings

⛺ 🏠 ***Au Petit Port de L'Houmeau*** *(hors plan couleur I par A1,* ***13****) : rue des Sartières, 17137* ***L'Houmeau****. ☎ 05-46-50-90-82. • info@aupetitport.com • aupetitport.com • ♿ À quelques km au nord de La Rochelle, en direction de l'île de Ré, puis Nieul-sur-Mer. Bus n° 13 jusqu'au bourg. Ouv avr-fin sept. Prix : 25 € en hte saison. Caravanes, mobile homes et chalets 300-900 €/sem, ainsi que de jolies maisonnettes bleu et blanc à louer. 132 empl.* Un charmant petit camping familial à 800 m du bord de mer et 3,5 km du pont de Ré. Ici, tout est à taille humaine, très verdoyant, calme et bien entretenu, entre campagne et zone résidentielle. Emplacements des chalets pas très grands, mais zones bien ombragées. Sanitaires joliment décorés façon marine. Bar et petite restauration, jeux pour enfants et ping-pong. Location de vélos. Labellisé Tourisme & Handicap.

⛺ ***Camping municipal Le Soleil*** *(plan couleur II, F4,* ***10****) : av. Michel-Crépeau. ☎ 05-46-44-42-53. • camping.soleil@ville-larochelle.fr • ♿ À 5 mn à pied du centre, entre le Vieux-Port et le port des Minimes. Ouv de mi-juin à mi-sept. Résa conseillée très longtemps à l'avance (hors saison, contacter le Camping municipal de Port-Neuf : ☎ 05-46-43-81-20). Prix : 15,80 € en hte saison ; caravane 110,60 €/sem. 154 empl.* Petit camping citadin proche de tout, mais les emplacements entre la route et les appartements résidentiels s'entassent au détriment de l'intimité. Le terrain pour les tentes s'avère le plus sympa, un peu plus vert. Encore un peu de patience pour l'ombrage des arbres replantés après les dégâts de Xynthia.

⛺ ***Camping municipal de Port-Neuf*** *(hors plan couleur I par A1,* ***11****) : bd Aristide-Rondeau, à* ***Port-Neuf****. ☎ 05-46-43-81-20. • camping.port-neuf@ville-larochelle.fr • ♿ À 2,5 km au nord-ouest de La Rochelle. Bus n° 6 de la gare. Ouv avr-sept (24 emplacements dispos hors saison). Prix : 15,80 € en hte saison. 184 empl.* Un camping à taille humaine, un poil excentré en zone péri-urbaine mais relativement proche de la plage et bien arboré. Emplacements concentrés mais convenables, sanitaires et douches assez bien tenus. Attention, il se révèle parfois bruyant. Tennis gratuit à proximité.

⛺ ***Les Sables*** *: route du Pontreau, 17440* ***Aytré****. ☎ 05-46-45-40-30. • camping_les_sables@yahoo.fr • camping-les-sables.com • ♿ Au sud de La Rochelle. Ouv de début avr à mi-oct. Forfait 30 € pour 2 ; mobile homes pour 4-6 pers, du classique au luxe, 380-970 €/sem selon confort et période. 250 empl.* Un immense 4-étoiles, super bien équipé, à 200 m de la plage. Seule petite gêne peut-être, le train, mais il ne se compose que de 2 wagons, ne passe que 8 fois par jour (le dernier vers 23h) et se révèle relativement silencieux. Plus de 250 emplacements bien herbus, séparés par des haies et assez ombragés. Tout le confort espéré : laverie, sèche-linge, salle de repassage, resto, bar, tennis, aires de jeux, miniclub (en juillet-août) et le must : 2 piscines en plein air (avec toboggans) et une grande couverte et chauffée. Salle de remise en forme, sauna. Location de vélos et frigos. Animations et soirées à thème.

Bon marché

🏠 🍽 ***Auberge de jeunesse*** *(plan couleur II, E5,* ***12****) : av. des Minimes, BP 63045. ☎ 05-46-44-43-11. • larochelle@hifrance.org • aj-larochelle.fr • ♿ Au port des Minimes, à env 30 mn à pied du centre historique de La Rochelle. Accès avec le bus de mer depuis le Vieux-Port. De la gare, prendre le bus Illico de la RTCR ; arrêt La Sole. Congés : vac scol de Noël. Nuitée 16,30-17,50 € en dortoir, couette et draps fournis, avec petit déj ; doubles lits superposés avec sanitaires privatifs env 38-44 €. Repas 7-11 €*

(dîner slt). ½ pens (demandée en juil-août) 27,30-28-50 €. Apéritif offert sur présentation de ce guide. Mieux qu'une AJ, un centre international de séjour frais et clair... Avec notamment des salles de bains pimpantes. Le petit plus, c'est le bar à l'unique étage, prolongé par une terrasse qui domine le port de plaisance. Coin TV, sono et vaste zinc pour les brèves de comptoir. Consigne à bagages.

Hôtel Le Transatlantique *(lycée hôtelier ; plan couleur II, E5,* **53***) : av. des Minimes, BP 3020. ☎ 05-46-44-90-42. • lycée-hotelier.fr • ♿ Au port des Minimes, à env 30 mn à pied du centre historique de La Rochelle. Accès avec le bus de mer depuis le Vieux-Port. De la gare, prendre le bus Illico de la RTCR ; arrêt La Sole. Réception ouv mar-ven. Congés : vac scol zone B. Chambre 52 €, petit déj en chambre compris. Resto et brasserie (voir* Le Vieux Carré *et* Les Alizés *dans « Où manger ? »). Parking gratuit.* L'hôtel d'application, entièrement rénové, digne d'un 4-étoiles, du lycée hôtelier de La Rochelle. 8 chambres seulement, modernes, confortables, super équipées (TV écran plat, station lecture iPod...) et fonctionnelles (douche à l'italienne). Un espace commun avec hamacs et fauteuils pour profiter de la vue sur le port de plaisance. Du luxe à un prix plus qu'abordable, avec la seule contrainte des périodes d'ouverture.

Hôtel Alizéa *(hors plan couleur I par A2,* **15***) : 207, av. Jean-Guiton. ☎ 05-46-43-09-57. 📱 06-20-43-47-23. • contact@hotel-alizea.com • hotel-alizea.com • À 2 km du Vieux-Port et de l'aéroport. Accès bus ligne 6, arrêt Point-du-Jour. Ouv tte l'année. Congés : se renseigner. Doubles 44,50-56,50 € selon saison ; familiales 3-4 pers 49,50-70,50 €. Salle d'eau et toilettes communes. Rosé pamplemousse offert sur présentation de ce guide.* Un petit hôtel pour budget serré, sur une voie importante d'accès à la ville. Ça implique certaines concessions comme les sanitaires communs, mais à ce prix-là, difficile de faire mieux. D'autant que les petites chambres sont pimpantes. Possibilité de demi-pension et pension à prix plancher aussi. L'accueil dévoué d'Odile et de Stéphane saura vous séduire pour partager convivialité et simplicité.

LA ROCHELLE

De prix moyens à chic

Hôtel de la Paix *(plan couleur I, B1,* **20***) : 14, rue Gargoulleau. ☎ 05-46-41-33-44. • hpaix17@wanadoo.fr • hotelalarochelle.com • Tte l'année. Doubles 69-105 € selon saison ; familiales 95-150 €. Promos régulières sur Internet. Table d'hôtes à partir de 20 € le soir (sf dim). Réduc de 10 % sur le prix de la chambre sur présentation de ce guide.* Dans le centre de la vieille ville sans y être vraiment, une ancienne maison d'armateur du XVIIIe s devenue plus tard un hôtel de famille, dont l'actuel propriétaire a su garder l'esprit. On s'y sent un peu comme à la maison... ou comme chez grand-mère. Très élégante cage d'escalier menant à une vingtaine de chambres de charme, toutes différentes, de bon confort. On a un faible pour la familiale rénovée avec cheminée, balcon, et surtout une jolie vue sur le beau jardin du musée du Nouveau Monde juste en face. Petit déj-buffet. Accueil chaleureux.

Hôtel Le Bord'O *(plan couleur I, C3,* **14***) : 43, rue Saint-Nicolas. ☎ 05-46-41-31-22. • contact@hotel-lebordo.com • hotel-lebordo.com • À 500 m de la gare. Doubles 60-115 € selon confort et saison. Parking 8 places à 50 m env 6 €.* Au cœur de Saint-Nicolas, ancien quartier de pêcheurs qui, la journée, ressemble à un tranquille village mais fait quelquefois la fête le soir... Petit hôtel à la façade accueillante et aux chambres bien tenues. Celles sous les toits sont les plus ensoleillées, mais les supérieures ont été récemment rénovées, double vitrage et agréables salles de bains, le tout pour une différence de prix minime. Certaines disposent même d'un petit balcon. Toutes avec la clim, la TV et un coffre. Attention, quelques-unes un peu petites peut-être (en voir plusieurs).

Axe Hôtel *(plan couleur I, C3,* **16***) : 5, rue de la Fabrique. ☎ 05-46-41-40-68. • axehotel@orange.fr • axehotellarochelle.com • ♿ Doubles 68-88 €*

selon confort et saison. Promos selon périodes sur Internet. ᯤ *Réduc de 10 % sur le prix de la chambre sur présentation de ce guide.* Très bien situé, sur une place ensoleillée et fréquentée en journée, cet hôtel des années 1960 en pierre blanche, entièrement refait dans un style contemporain, abrite des chambres modernes, lumineuses, insonorisées et de bon confort (2 familiales pour 3 et 4 personnes). On aime l'atmosphère feutrée et les couleurs harmonieuses. Agréable salle de petit déj en briquette. Accueil très pro.

Hôtel Les Gens de Mer *(plan couleur II, F4,* ***15****) : 20, av. du Général-de-Gaulle.* ☎ *05-46-41-26-24. • agismlarochelle@wanadoo.fr • lesgensdemer.fr • ♿ Doubles avec douche et TV satellite 72-89 € selon saison. Parking 7,50 €.* 💻 ᯤ Un peu à l'écart du centre-ville mais finalement très bien situé entre la gare et le port, à deux pas de l'aquarium. Ce bâtiment était réservé aux gens de mer dans les années 1960, c'est-à-dire aux familles des marins de commerce, de la pêche ou de la Marine nationale. Aujourd'hui, tout le monde peut y faire escale et profiter ainsi des prix démocratiques, du confort simple mais suffisant, et de ce charme indicible, sans doute lié à son histoire et à son petit côté rétro. En fait, l'hôtel se divise en 2 parties. Côté résidence, des chambres calmes et confortables donnant sur l'agréable parc (ou sur le parking), avec double vitrage. Dans le bâtiment ancien, des chambres avec balcon donnant côté rue, moins chères mais un peu plus bruyantes. Chambres pas bien grandes mais joliment décorées, façon marine bien sûr. Bar et terrasse. Petit déj-buffet. En bref, un bon rapport qualité-prix.

Appart'hôtel Odalys L'Archipel *(plan couleur II, F4,* ***19****) : 27, rue de la Huguenotte.* ☎ *05-46-44-44-56. • archipel@odalys-vacances.com • odalys-vacances.com • À partir de 60 € la nuit pour un studio 2 pers (linge de lit et de toilette fourni, lits faits à l'arrivée et ménage quotidien).* À 300 m de la zone portuaire du port des Minimes et à 10 mn à pied du centre-ville, cette résidence hôtelière comprend 86 studios et appartements 2 et 3 pièces de grand confort, dotés d'une kitchenette et d'une connexion Internet. Sur place : piscine extérieure, salle de petit déjeuner et parking couvert. Une adresse proposant un excellent rapport qualité-prix, idéale pour une escapade dans la ville blanche.

Hôtel de l'Océan *(plan couleur I, B3,* ***19****) : 36, cours des Dames.* ☎ *05-46-41-31-97. • ocean.hotel@wanadoo.fr • hotel-ocean-larochelle.com • Accueil au 1er étage. Doubles 58-91 € selon vue et saison ; familiale 118 €.* ᯤ *Réduc de 10 % sur le prix de la chambre nov-mars (hors marathon) sur présentation de ce guide.* Idéalement situé face au Vieux-Port. Les chambres, tendance marine, rénovées et fraîches, sont plutôt simples. Prix en fonction de l'étage (les moins chères sont au 4e sans ascenseur), de la vue et de la taille. Clim, salles de bains nickel et bonne isolation phonique pour les chambres côté quai (pas négligeable en saison, lorsqu'un vent de fête souffle sur la vieille ville). Bon accueil.

Hôtel Henri IV *(plan couleur I, B2,* ***21****) : 31, rue des Gentilshommes.* ☎ *05-46-41-25-79. • contact@henri-iv.fr • henri-iv.fr • Selon saison, doubles avec lavabo (w-c sur le palier) 45-68 €, avec douche et w-c 60-98 € ; familiales 90-148 €.* 💻 ᯤ Une maison du XVIe s sur une petite place en plein centre historique et piéton, à deux pas de l'hôtel de ville comme du port. Le quartier est évidemment très vivant pendant la journée, plus calme le soir, hors fêtes... En haut de l'escalier de bois, un dédale labyrinthique de couloirs mène à une vingtaine de chambres simples mais bien entretenues. Celles situées sous les toits profitent même, à l'occasion, d'une petite vue sur l'océan. Néanmoins, c'est un peu cher (surtout en été).

Hôtel Le Rochelois *(hors plan couleur II par E4,* ***17****) : 66, bd Winston-Churchill, à* ***Port-Neuf.*** ☎ *05-46-43-34-34. • rochelois@orange.fr • le-rochelois.fr • ♿ En venant du Vieux-Port, par l'allée du Mail, puis par la rue Philippe-Vincent, à env 2 km du centre-ville. Doubles 59-110 € selon confort et vue ; familiales 79-132 €. Garage payant. Parking gratuit.* ᯤ *Réduc de*

10 % hors juil-août et j. fériés, et un petit déj/chambre offert sur présentation de ce guide. Hôtel à l'architecture moderne, dans un secteur tranquille, face à l'océan. Chambres fonctionnelles de bon confort, avec douche à l'italienne ou bains. Celles du rez-de-chaussée ont une terrasse, d'autres un balcon. Le grand plus : des salles de musculation et de culture physique sur 3 étages, bain californien, hammam, sauna, piscine couverte et extérieure, ainsi qu'un tennis ; le tout en accès libre ! Très vacances sportives, tout ça ! Encore que rien ne vous empêche de lézarder sur la plage.

De chic à plus chic

Un Hôtel en Ville *(plan couleur I, A3,* ***29****) : 20, pl. du Maréchal-Foch. ☎ 05-46-41-15-75. • larochelle@unhotelenville.fr • unhotelenville.fr • Congés : 26 déc-3 janv. Doubles 75-115 € selon confort et saison ; suites 2-4 pers 125-155 € selon saison. Un petit déj/chambre par nuit offert sur présentation de ce guide.* Ce charmant petit hôtel aux allures de maison d'hôtes, situé dans le quartier historique du Vieux-Port, propose des chambres douillettes tout confort (AC, TV écran plat) et lumineuses. Certaines assez petites au 2e étage et une (plus sombre) ouverte sur la sympathique petite terrasse recouverte de gazon synthétique sur le toit. Au calme, avec vue sur la tour de la Lanterne. Intérieur cosy et tout à fait contemporain. Accueil dévoué, charmant et souriant.

Hôtel La Marine *(plan couleur I, B2,* ***18****) : 30, quai Duperré. ☎ 05-46-50-51-63. • contact@hotel-marine.com • hotel-marine.com • Face au Vieux-Port. Réception au 1er étage. Congés : déc-janv. Doubles avec clim 79-105 € selon vue et saison. Un petit déj/chambre par nuit offert sur présentation de ce guide.* On aurait pu passer sans remarquer l'entrée de cet hôtel de charme, coincé entre 2 de ces terrasses qui inondent le Vieux-Port. Pourtant, en haut du double escalier, ce tout petit établissement à l'atmosphère intime et feutrée renferme des chambres très agréables, insonorisées, entièrement rénovées et climatisées. Certaines d'entre elles offrent une jolie vue sur le Vieux-Port (mais ça se paie cher, la vue !).

Hôtel Saint-Nicolas *(plan couleur I, C2-3,* ***22****) : 13, rue Sardinerie (et pl. de la Solette). ☎ 05-46-41-71-55. • info@hotel-saint-nicolas.com • hotel-saint-nicolas.com • Doubles 100-145 € selon saison ; familiales 3-4 pers 120-180 € ; petit déj 12 €. Parking payant.* Cet hôtel occupe une bien jolie bâtisse (et une annexe) dans un quartier charmant et, qui plus est, central, proche du Vieux-Port. En outre, il renferme un étonnant salon aux allures de jardin d'hiver, où l'on prend le petit déj. Les chambres, impeccables, d'un style contemporain raffiné, bénéficient de tout le confort.

Best Western Hôtel Champlain France-Angleterre *(plan couleur I, B1,* ***25****) : 30, rue Rambaud. ☎ 05-46-41-34-66. • larochelle@hotelchamplain.com • hotelchamplain.com • Juste derrière la pl. de Verdun (parking souterrain payant). Selon confort et vue (jardin ou rue), doubles 95-140 €, familiales 140-165 €. Garage payant. Café offert sur présentation de ce guide.* Un brin de romantisme suranné pour cet ancien hôtel particulier du XVIIIe s, relayé par le raffinement du hall et des salons : escalier d'apparat, sols en marbre ou parquet de chêne, meubles de style, grands miroirs, cheminées, etc. Dans le style, c'est plutôt réussi. Les chambres, vastes et meublées à l'ancienne pour la plupart, sont à l'avenant, confortables et cossues (clim, minibar, TV écran plat). Préférez celles donnant sur le jardin, plus agréables. On est beaucoup moins convaincus par la nouvelle aile moderne qui dépare quelque peu l'ensemble, de l'extérieur tout au moins. Accueil professionnel. Label Accueil Vélo.

Hôtel Saint-Jean d'Acre *(plan couleur I, A3,* ***30****) : 4, rue Saint-Jean-du-Pérot (et 3, pl. de la Chaîne). ☎ 05-46-41-73-33. • info@hotel-la-rochelle.com • hotel-la-rochelle.com • Doubles 85-235 € selon confort, vue et saison ; familiales 3-4 pers 130-160 € ; petit déj-buffet 12 €.* Au pied des tours, à quelques pas du Vieux-Port, une adresse stratégique et un emplacement unique. La vue se paie évidemment pour ces chambres tout confort (avec clim), et même plus. Les plus abordables donnent sur les toits et murs intérieurs. Accueil à la fois professionnel, détendu et d'excellent conseil. Un coup de cœur qui a certes un coût.

De plus chic à beaucoup plus chic

Entre Hôtes (*plan couleur I, A2,* **23**) **:** *8, rue Réaumur. ☎ 05-16-85-93-33. • contact@entre-hotes.com • entre-hotes.com • Congés : 4 janv-5 fév. Doubles 125-145 €, copieux petit déj compris ; chambre insolite 160-178 €.* 5 chambres d'hôtes dans une élégante demeure particulière du XVIIIe s, centrale et pleine de charme, toutes différentes, avec vue sur le jardin et au calme. Décor contemporain style design dans des tons doux gris et beige ou bleutés pour d'autres... Confort total : clim, TV écran plat, satellite... Superbes salles de bains. Ascenseur. Possibilité de prendre le petit déj dans un très agréable jardin. Également une chambre insolite, installée dans le caveau, au fond du jardin, avec baignoire lumineuse intégrée et prestations de luxe. Accueil discret et affable. Une de nos plus séduisantes chambres d'hôtes de ville.

Chambres d'hôtes La Maison du Palmier (*plan couleur I, A3,* **27**) **:** *23, pl. du Maréchal-Foch. ☎ 05-46-50-31-96. • contact@lamaisondupalmier.com • lamaisondupalmier.com • Doubles 100-155 € selon confort et saison ; petit déj 13 €. Formules séjours gastronomique et artistique.* Cette belle maison d'armateurs située en plein cœur de la ville et datant du XVIIIe s offre 3 chambres sur le thème des voyages. Tout est d'un grand raffinement, les matières soigneusement choisies, mariant harmonieusement le contemporain aux objets chinés et à l'âme ancestrale de la maison, autour de sa cour.

Chambres Vue sur Cour (*plan couleur I, B2,* **24**) **:** *10, rue Léonce-Vieljeux. ☎ 05-46-27-70-59. • marika21@orange.fr • vuesurcour.fr • Doubles 120-158 € selon confort et saison ; familiale 150-170 €. Une seule place de parking privée 10 €.* Situé en plein centre, proche du port et de la Grosse Horloge, cet ancien corps de garde bordant autrefois un canal (devenu une rue très fréquentée !) a conservé ses murs épais et sa courette de poche, peuplée d'oiseaux aux beaux jours, avec fontaine et vigne vierge. Devenue la maison d'un chanoine puis une maison bourgeoise au XIXe s, elle abrite désormais 3 chambres et 1 suite avec un salon. La proprio a eu la bonne idée de garder les vieux parquets (issus du fameux commerce triangulaire), mais a fait appel à une jolie boutique du centre-ville pour le reste de la décoration. Cela donne un côté « ancien remis au goût du jour » plutôt réussi. Bon accueil.

Beaucoup plus chic

Best Western Masqhotel (*plan couleur I, C3,* **26**) **:** *17, rue de l'Ouvrage-à-Cornes. ☎ 05-46-41-83-83. • info@masqhotel.com • masqhotel.com • Doubles 99-175 € ; suites 155-210 € ; petit déj 13 €. Surveiller les promos sur le site internet. Formules gastronomiques en association avec le resto 2 étoiles de Richard et Christopher Coutanceau (plage de la Concurrence). Parking privé sur résa 8 €/nuit. Apéritif offert sur présentation de ce guide.* Situé dans un quartier moderne en retrait du port mais à deux pas de la gare SNCF. Plutôt anonyme de l'extérieur, cet hôtel certifié écolabel (européen et environnemental) se coule bien dans son quartier tout en réservant à l'intérieur la surprise d'une déco design au goût du jour, avec fauteuils colorés, ascenseur argenté et arbres en pots. Partout, le choix des matériaux, de l'éclairage et de la musique privilégie une atmosphère qui peut paraître froide à certains mais colorée, branchée et relaxante pour d'autres, c'est selon. Près de 80 chambres et suites personnalisées, toutes équipées de mobilier et de literie haut de gamme. Bar *lounge* avec coins salons et grandes verrières. *Room* *service* 24h/24. Ah, au fait, le nom de l'hôtel provient de ce tout petit masque de Nouvelle-Guinée exposé dans l'entrée…

Hôtel de la Monnaie Art & Spa *(plan couleur I, A3,* ***28****) : 3, av. de la Monnaie. ☎ 05-46-50-65-65. • contact@hotelmonnaie.com • hotelmonnaie.com • Chambres 134-244 € selon saison ; suite 4 pers 359 € (consulter les offres sur Internet) ; petit déj 19 €. Parking 15-20 € selon saison (cher !).* À deux pas du Vieux-Port et de la tour de la Lanterne. Un hôtel particulier du XVIIe s, à l'emplacement même où l'on frappait la monnaie, sauvé de la ruine avant d'être transformé en hôtel de luxe exposant des œuvres d'art. Confort optimal (minibar, clim, insonorisation…) et tranquillité garantie : une trentaine de chambres et 4 suites, aux teintes sobres et aux meubles contemporains dernier cri, s'ordonnant autour d'une belle cour pavée et d'un petit jardin. Vue sur la cour ou sur les remparts de la vieille ville. Le tout très calme. Salle de sport et spa (réservé aux hôtes). Accueil professionnel et sympathique.

Où manger ?

Avec la présence massive des étudiants, la mode des tapas et du grignotage a déferlé sur la ville. La plupart des bars et bistrots proposent ce genre de restauration rapide, conviviale et pas chère. Un petit mot, enfin, sur les restos du cours des Dames, de piètre qualité, que l'on évitera poliment. En revanche, ceux de la rue Saint-Jean-du-Pérot sont pour la plupart de qualité, nous vous indiquons nos adresses préférées…

Dans la vieille ville et sur le port

De bon marché à prix moyens

Le P'tit Bleu *(plan couleur I, B3,* ***44****) : sur le port, quai des Sardiniers (cours des Dames). ☎ 05-46-28-32-65 ou 05-46-56-80-63. Ouverture aléatoire, midi et/ou soir, et parfois non stop, en saison, quand il fait beau… ! Assiettes env 7-11 €.* Certes, le cours des Dames ne brille pas par la qualité de ses restos, mais cette barque de pêcheur située sur le quai est convenable. On règle d'abord sa commande chez cet ostréiculteur-proprio, puis on attend face aux bateaux, assis à l'une des tables dignes d'une dînette, les pieds sur l'eau… Moules, huîtres, crevettes, couteaux, sardines grillées *a la plancha* à prix abordable.

Le Comptoir de Walter *(plan couleur I, C3,* ***53****) : 45, rue Saint-Nicolas (angle rue Sardinerie). ☎ 05-46-50-67-71. • contact@lecomptoirdewalter.fr • Tlj sf dim, plus le soir lun-mer hors saison. Congés : 1 sem fin déc-3 sem en janv. Plat du jour 9,90 €, plats végétariens à partir de 9,90 € ; formule 14,50 € ; carte env 20 €.* Bon, sain et équilibré ! « Que l'aliment soit ton premier remède. » Walter le Belge a quitté la Bretagne pour faire sienne la devise d'Hippocrate. Le principe : on entre, on commande au comptoir de Walter (et de sa charmante épouse), on paie et on mange dans cette petite salle d'angle, lumineuse et chaleureuse, voire en terrasse, côté piétonnier de préférence. Ou comment réduire son addition en assurant son propre service et en mangeant des produits frais et faits maison.

Les Pérot-Quais *(plan couleur I, A3,* ***35****) : 15, rue Saint-Jean-du-Pérot. ☎ 05-46-41-43-68. • lesperotquais@gmail.com • Tlj sf dim-lun et j. fériés 19h30-23h30 (minuit sam). Carte env 35 €.* Dans cette rue truffée de restos, *Les Pérot-Quais* assument pleinement leur « branchitude » avec un décor qui n'est pas sans rappeler un bar de nuit. Dominante blanc et noir, lumière tamisée, terrasse sous les arcades et « cuisine d'ambiance ». À la carte, des assiettes uniques autour d'un thème, comme la tropicale, avec des mélanges créatifs, par exemple noix de Saint-Jacques, risotto et fromage, ou chic-choc « autour du foie gras ». La cuisine est excellente et l'ambiance agréable, avec une tendance *gay friendly* sans prosélytisme. Excellents cocktails.

Le Verdière *(plan couleur I, A3, **34**) : 6, rue de la Cloche. ☎ 05-46-50-56-75. • contact@leverdiere.com • Tlj sf lun, plus dim soir hors saison. Congés : 15 j. en mars et 8 j. en oct. Formules 15 € (midi sf dim)-18 € ; menu 30 €. Mises en bouche et digestif maison offerts sur présentation de ce guide.* À deux pas du port, l'agitation en moins dans une petite rue calme. Une bonne adresse pour le soir ou pour une maussade journée d'hiver. Rien de mieux pour se requinquer que des produits frais, choisis et travaillés avec intelligence, avec quelques échappées orientales (comme un tajine de poisson). Bon accueil.

De prix moyens à chic

Bistrot de Rémi Massé *(plan couleur I, A3, **32**) : 59, rue Saint-Jean-du-Pérot. ☎ 05-46-43-56-08. • bistrotmasse@orange.fr • Tlj sf lun, plus dim hors saison ; service jusqu'à 22h30 ven-sam. Congés : vac scol de Noël. Formule déj 18,90 € ; menus 24-37,50 € ; carte env 45 €.* Il faudrait vraiment être difficile pour ne pas succomber à cette belle cuisine de marché, canaille et ensoleillée, aux accents basques fortement appuyés. Poissons et viandes font un aller-retour précis sur la plancha, avant d'être saupoudrés d'une pointe de piment d'Espelette. Savoureuses spécialités de poisson frais suivant le marché et de *piquillos* farcis à la brandade de morue... Les légumes sont tout aussi savamment préparés et apportent une touche de couleur à des assiettes bien garnies. Salle contemporaine, tout en longueur, ou terrasse aux beaux jours, dans la charmante et fréquentée rue du Saint-Jean-du-Pérot. Accueil adorable en toute saison, parfois plus « touristique » en été.

Le 28 *(plan couleur I, B2, **17**) : 10 bis, quai Duperré. ☎ 05-46-29-61-06. ♿ Fermé lun-mar hors saison. Congés : 4-27 janv. Menus 18,90-22,90 € ; carte env 25 €. Réduc de 10 % sur l'addition hors saison sur présentation de ce guide.* Peut-être l'un des restos les moins attrape-touristes de ce quai. En tout cas, service aimable (quoiqu'un peu dépassé lorsque la terrasse affiche complet) et plats plus élaborés que d'habitude (dos de bonite, purée provençale, sauce au thym) à des prix encore raisonnables, sauf peut-être pour les huîtres dont c'est la spécialité maison (plus chères qu'ailleurs et ne cherchez pas d'autres fruits de mer). Mais elles sont variées et de grande qualité. Bar à vins aussi au rez-de-chaussée avec un bon choix. Au 1er étage, un resto gastro correct, avec une déco moderne assez originale.

De chic à plus chic

Les Flots *(plan couleur I, A3, **31**) : 1, rue de la Chaîne. ☎ 05-46-41-32-51. • contact@les-flots.com • Tte l'année, tlj. 1er menu « Retour de pêche » 29 € servi le midi tlj (même w-e et j. fériés) ; menus du marché 45,50 € et... 85 € ; carte env 75 €.* L'un des grands restaurateurs de La Rochelle n'a pas à rougir de son fils : Grégory Coutanceau, plein de talent, ne manque pas d'idées pour élaborer sa carte... ni de réussite lorsqu'il s'agit de passer à l'acte ! Ni à *L'Entracte,* son autre resto de la rue des restos ! Spécialités de poisson bien maîtrisées et originales (turbot sauvage crousti-moelleux...). Cadre marin très agréable, au pied de la célèbre tour de la Chaîne. Terrasse avec vue imprenable sur les tours et le port. Le soir, c'est tout simplement magique !

Les Quatre Sergents *(plan couleur I, A3, **41**) : 49, rue Saint-Jean-du-Pérot. ☎ 05-46-41-35-80. • contact@les4sergents.com • Tlj, sf lun hors saison. Résa indispensable en saison. Menus 26 € (servi tlj, d'un bon rapport qualité-prix), puis 38-55 €. Verre de pineau-des-charentes offert sur présentation de ce guide.* Installé dans un hôtel particulier du XIXe s et aménagé dans un ancien (et superbe) jardin d'hiver, surmonté d'une verrière. Une jolie galerie court à l'étage (nos tables préférées), survolant plantes vertes et arbres en pots. Le service, très vieille école, est au diapason. Bonne cuisine traditionnelle d'humeur marine, avec quelques échappées exotiques. Exceptionnelle carte des vins (avec quelques trouvailles à prix raisonnable), dont certains servis au verre. Une valeur sûre que l'on prend le temps de détailler parfois au rythme du service...

|●| *Le Comptoir des Voyages* *(plan couleur I, A3,* ***42****) : 22, rue Saint-Jean-du-Pérot. ☎ 05-46-50-62-60. • contact@lecomptoirdesvoyages.com • Tte l'année, tlj. Formules 22,50-27,50 € (midi slt), puis 34 € avec un verre de vin et un café (spécialités d'un nouveau pays ts les 2 mois) ; carte 45-55 €.* Si l'enthousiasme est l'apanage de la jeunesse, ce resto atypique ne déroge pas à la règle. Inspiré d'une véritable bougeotte culinaire, le chef Grégory Coutanceau propose à la carte un tour du monde des saveurs bien rythmé, avec des escales gustatives riches en épices (genre tartare de daurade aux acides de concombre ou ceviche de maigre à la jamaïcaine). Mais fallait-il attendre autre chose d'un *Comptoir des Voyages* ? À savourer dans une ambiance chic décontractée et, si le temps s'y prête, sur la terrasse très agréable. Notez que ***L'Entracte,*** un peu plus haut dans la rue (nº 35), et le resto *Les Flots* appartiennent également à la famille Coutanceau qui, en outre, a une école de cuisine ! *L'Entracte* transcende les produits de la terre et de la mer à des prix plus abordables *(tlj sf dim soir ; formule déj 22,50 €, menu plaisir 32 €, carte 45-50 €).*

Autour du Vieux-Port

Paradoxalement, pour un port plutôt animé, très peu de restos servent après 22h. Voici cependant quelques adresses.

Restos ouverts tard

|●| *Ze' Bar* *(plan couleur I, A3,* ***46****) : 13 bis, rue de la Chaîne. ☎ 05-46-07-05-15. • contact@zebar-larochelle.fr • Tlj 18h-1h. Fermé dim-lun hors saison. Menu 23 €. Café offert sur présentation de ce guide.* Au fond de la rue, un des derniers restos, dans l'angle. En fait, un bar à vins plutôt, proposant un bon choix (200 références en moyenne) de nectars (vins naturels) et un menu, avec la possibilité de choisir ce qu'on veut dedans. De grosses tartines aussi (foie gras, tomate-chèvre-basilic...), des planches de charcuterie ou de fromages (ou mixtes ; préférer les grandes malgré tout), huîtres d'une belle fraîcheur. Clientèle 25-35 ans... et un peu plus parfois. On mange au comptoir, à table ou sur des tonneaux, à la bonne franquette, entre les cartons de vins. Atmosphère bruyante et animée mais conviviale, avec le patron qui distille conseils et bouteilles de derrière les fagots. Quelques tables à l'étage. Fort prisé le soir et le week-end. Et pour déjeuner, *Ze' Bar fait son Marché* (voir plus bas).

|●| *La Solette* *(plan couleur I, C3,* ***48****) : 11, pl. de la Fourche. ☎ 05-46-41-06-33. Ouv slt le soir mar-sam et j. fériés, tant qu'il y a des clients. Menus 22-27 € ; carte env 27 €. Café offert sur présentation de ce guide.* Attablé sous l'*arbre magique* en terrasse d'une charmante placette ou dans l'une des 2 minisalles, on apprécie une fine cuisine bistronomique préparée par un chef formé par Coutanceau. Clientèle très hétéroclite et ambiance vraiment sympa. Le service souriant et sympa mêle humour et petites attentions. La bonne petite adresse bistrot-resto que l'on se glisse au coin de l'oreille.

|●| *Au Goût du Jour* *(plan couleur I, B3,* ***52****) : 10 ter, rue Saint-Nicolas. ☎ 05-46-41-86-69. Tlj sf dim, plus le soir lun et jeu hors saison ; sert jusqu'à 23h-minuit. Congés : 1 sem en janv et 1 sem en juin. Formule déj hors saison 16,50 € ; menus 24,70-29,60 €.* Sympathique resto à l'atmosphère chaleureuse (murs rouges, pierres apparentes, poutres...), proposant des plats variés à base de produits achetés aux fermiers et pêcheurs des environs. Une adresse entourée de bars qui marche bien le week-end.

Autour de la place du Vieux-Marché

Un peu en retrait de l'agitation touristique du port, la place du marché couvert offre une vision nettement plus paisible et plus provinciale de La Rochelle, à deux pas du quartier historique. Les ruelles adjacentes voient naître, depuis quelque temps, moult restos de qualité, la plupart bon marché, où se retrouvent étudiants, branchés, flâneurs et hommes d'affaires. Notre coin préféré !

Bon marché

|●| *Ze' Bar fait son Marché* *(plan couleur I, C1,* ***55****) : 2, rue des Cloutiers. ☎ 05-46-44-22-67. • contact@zebar-larochelle.fr • Ouv le midi tlj, plus le soir ven-sam. Formules 17-19 € ; menu 23 € ; le soir, ardoises de fromages et charcuterie ou entrecôte et petits plats, dont « Ze Burger ». Café offert sur présentation de ce guide.* La réplique au marché de *Ze' Bar,* la vaste référence des vins en moins, dans un cadre néo-moderne. On mange sur des tonneaux métalliques et des chaises hautes. Accueil sympa et décontracté pour s'offrir l'apéro avec une p'tite assiette de dégustation, avant de terminer son marché.

|●| *Le Soleil brille pour tout le Monde* *(plan couleur I, C1,* ***43****) : 13, rue des Cloutiers. ☎ 05-46-41-11-42. • jylachiver@yahoo.fr • Tlj sf dim-lun ; service jusqu'à 22h30. Intéressante formule 14 € avec entrée, plat du jour et légumes frais, servie tlj midi et soir ; autre formule plat-dessert 15 € ; carte env 19 €. CB refusées.* 3 ou 4 tables en terrasse quand le soleil brille (pour tous !). Sinon, les initiés se serrent dans la mignonne petite salle aux murs constellés de mosaïques, autour de la cuisine ouverte, à la mode méditerranéenne. Tout ici, bien sûr, est fait maison à base de produits d'une irréprochable fraîcheur et à dominante bio. Les plats, inscrits au tableau noir, changent suivant les saisons et l'humeur du patron ; ils sont pleins de saveurs et d'épices, et très généreusement servis. En prime, délicieux desserts. Très fréquenté le soir... donc mieux vaut réserver.

|●| *La Rose des Vins* *(plan couleur I, C1,* ***38****) : 16, rue des Cloutiers. ☎ 05-46-41-87-43. • restolarose@aol.com • ♿ Tlj sf dim ; service jusqu'à 23h. Le midi, plat du jour 13 € ; formules 16 € le midi, 19 € le soir ; carte env 35 €. 📶 Apéritif maison offert sur présentation de ce guide.* Un petit resto-bar à vins proche du marché qui, comme son nom l'indique, ouvre sa carte à tous les vins, selon ses affinités avec les producteurs. La sympathique particularité, c'est que l'on peut boire au centimètre (ou au compteur, si vous préférez), donc uniquement en fonction de sa soif. La cuisine suit bien cette tendance bistrot avec des plats qui, certes, pourraient parfois être un peu plus copieux, mais dont la finesse a touché nos papilles (foie gras sous les flammes...). Le tout à déguster dans un décor style cave voûtée ou sur la terrasse de poche. Petits concerts de temps à autre.

|●| *Le Bistrot de Mémé* *(plan couleur I, C2,* ***47****) : 33, rue des Dames. ☎ 05-46-41-18-38. • yvanlhote@sfr.fr • Tlj sf dim-lun 11h45-14h15, 18h45-23h. Menu 15 € ; carte env 25 €. Apéritif maison offert sur présentation de ce guide.* On aime ce décor bric-à-brac... pour une cuisine de grand-mère franchement canaille. Les serveurs, habillés en robe à fleurs façon *Deschiens,* virevoltent avec de séduisants petits plats mijotés, comme la brandade de coin-coin, le magret entier au foie gras et cèpes, l'andouillette-confiture de vin et purée surprise. De belles recettes d'antan... et pas moins de 6 sortes de goûteux tartares (notamment de papou). Sacré ambiance festive certains soirs. *Mémé,* on est tous tes petits-enfants réjouis !

|●| *Crêperie des Halles* *(plan couleur I, C1,* ***40****) : 1, rue des Cloutiers. ☎ 05-46-27-93-97. ♿ Tlj sf dim et jeu soir. Congés : 10 j. fin mai, 8 j. fin août et 8 j. fin déc. Carte env 15 €. 📶* Une excellente crêperie, à côté des halles. Du traditionnel pur jus avec murs lambrissés, quelques tables sur le trottoir et une crêpière chaleureuse, installée là depuis un bail. Pour se caler la panse de bonnes grosses galettes goûteuses à prix riquiqui. Ou de quelques salades et de copieuses spécialités originales... à découvrir !

|●| *La Petite Marche* *(plan couleur I, C2,* ***51****) : 4, rue des Trois-Fuseaux. ☎ 05-46-34-30-30. Lun-sam 10h-15h. Plats et salades env 10-12 €.* Quelques tables et une petite salle informelle pour ce resto-traiteur de qualité. Des plats essentiellement bio, chauds ou froids, sur base de produits frais et de saison, à emporter ou à savourer sur place, à quelques pas du marché, dans une ambiance franchement conviviale.

|●| Voir aussi ***Le Jardin*** *(plan couleur I, B1,* ***54****)* dans « Où prendre le petit déjeuner ? », pour ses formidables salades au dressage magnifique et ses tartines le midi.

De bon marché à prix moyens

|●| ***Le Vieux Carré*** *(lycée hôtelier ; plan couleur II, E5,* ***53****) : av. des Minimes, BP 3020. ☎ 05-46-44-90-42. ♿ Presque en face de l'AJ. Fermé le w-e et pdt vac scol zone B. Résa conseillée. Menus 18 € le midi, env 23-60 € le soir ; petite carte de spécialités régionales.* Mieux vaut réserver, car on y mange bien, c'est pas cher, et ça se sait ! Les élèves, encadrés par leurs professeurs, donnent le meilleur d'eux-mêmes, en cuisine comme en salle, puisqu'il s'agit pour eux de travaux pratiques notés. Du coup, ce resto de 60 couverts est plein pratiquement 1 mois à l'avance, fréquenté par les gens de la région. Sur le même site *(mêmes coordonnées, même résa)*, outre l'*Hôtel Le Transatlantique* (voir « Où dormir ? »), la brasserie ***Les Alizés*** complète l'offre du lycée hôtelier. Petits plats de brasserie *(4-12 €)*.

|●| ***La Marie-Galante*** *(plan couleur II, E5,* ***55****) : 35, av. des Minimes. ☎ 05-46-44-05-54. Fermé lun tte l'année, plus le soir dim-jeu hors saison. Formule déj express en sem (salade, plat du jour et café) 14 € ; menus 19-28 € ; carte env 30 €. Apéritif maison offert sur présentation de ce guide.* À part pour les voileux, les visiteurs du Salon nautique ou ceux qui aiment flâner dans les ports de plaisance, l'endroit n'a pas beaucoup d'intérêt. Une bonne table cependant, pour une cuisine essentiellement marine, qui n'oublie aucun de ses classiques : huîtres, soupe de poisson, moules marinière, assiette de bulots mayonnaise et poisson du jour. Déco blanc-bleu, marine (tiens, surprenant, non ?). Bons desserts concoctés par un chef pâtissier. Terrasse avec vue sur le port.

LA ROCHELLE

Prix moyens

|●| ***La Cuisine de Jules*** *(plan couleur I, C2,* ***50****) : 5, rue Thiers. ☎ 05-46-41-50-91. • giuliano.di-giovanni@wanadoo.fr • Tlj sf dim-lun, midi et soir jusqu'à 22h. Résa conseillée. Formule déj 26 € ; menu 31 € (remarquable !) ; carte env 42 €.* L'adresse qui monte, monte, côté vieux marché. Ça se sait, réservez ! D'autant que l'endroit se révèle plutôt intime, vite rempli (même la terrasse côté rue, par beau temps), avec un décor mi-bois, mi-pierre se mariant fort bien avec le mobilier contemporain. Accueil convivial, clientèle tendance et gourmet tout à la fois. Au tableau noir, les plats du marché. Dans l'assiette, des recettes traditionnelles subtilement revisitées par Guiliano Di Giovanni, amoureux des bons produits et manifestant une réjouissante créativité dans les alliances de saveurs et la présentation. Il faut goûter à tout, au rythme des saisons. L'apothéose : le tiramisù maison au marsala ou les desserts.

|●| ***Restaurant Le Thiers Temps*** *(plan couleur I, C2,* ***57****) : 26, rue Thiers. ☎ 05-46-34-31-81. • lethierstemps@orange.fr • À deux pas du marché central. Tlj sf dim-lun, midi et soir. Formule « Midi créatif » 18,50 € ; formule-carte 31 €.* Ne pas prendre le temps serait triste. Faut un temps plein pour déguster dans une petite salle à la déco minimaliste et sobre, dans l'air du... *Thiers Temps.* Incroyables formules, notamment à midi. L'accès à l'art de la « vraie » cuisine du chef, raffinée, imaginative, voire audacieuse (marinade de bar minute ou opéra de foie gras ; lotte en croûte d'herbes, jeunes carottes glacées, sucs de crustacés et curcuma). Les produits régionaux au fil du marché, mis en valeur par de goûteuses préparations. Beau choix de vins au verre *(4-8 €)*. Accueil charmant, attentionné et prévenant. Un coup de cœur.

|●| ***Restaurant Les Orchidées*** *(plan couleur I, C2,* ***37****) : 24, rue Thiers. ☎ 05-46-41-07-63. • restaurantlesorchidees17@gmail.com • À deux pas du marché central. Tlj midi et soir. Formules 26-28 € ; menu 31 € ; suppléments à prévoir selon ingrédients.* Des saveurs

franches et une cuisine gastronomique fine, créative mais sans artifice, mettant à l'honneur les meilleurs produits du cru. Les viandes et poissons sont garantis de première fraîcheur. Le tout accompagné de légumes bien croquants ou d'une purée de pommes de terre maison, qui égale presque celle de Robuchon ! Beaux desserts de saison. Accueil à l'image des lieux, discret et charmant. Passionné de cuisine, Stéphane Hottlet l'est aussi de vins (belle carte de vins de Loire) et... d'orchidées ! Terrasse.

Au port de pêche

Prix moyens

|●| ***Tonton Louis*** *(hors plan couleur I par A2,* ***36****)* **:** *rue Samuel-Champlain. ☎ 05-46-68-25-97. • tonton-louis@orange.fr • ♿ Très simple : suivre l'av. Jean-Guiton, prolongée par le bd Vladimir-Morch jusqu'au port. Tlj sf dim soir et lun hors saison. Congés : vac scol de Noël. Formule déj express en sem 14,90 € ; le soir, menus 24,90-34,90 € ; buffet de fruits de mer à volonté 34,90 €/pers.* Un bistrot marin isolé dans un endroit improbable, loin des lumières de la ville. Des chalutiers somnolent avant d'affronter l'océan, des pêcheurs en guise de promeneurs et des mouettes pour chanter la sérénade. Vaste salle, pas très folichonne, mais aussi une terrasse pour respirer l'air iodé du grand large. Une bonne mise en condition pour goûter aux spécialités de poisson travaillées sans excès, qui laissent les saveurs des produits frais s'exprimer en toute simplicité.

Où dormir ? Où manger dans les environs ?

De bon marché à prix moyens

|●| ***La Passerelle*** **:** *le port du Plomb (côté* ***L'Houmeau****). ☎ 05-46-50-97-89. Pas trop facile à trouver : direction « Île de Ré » ; avt le péage, suivre « Autres directions », puis en haut à gauche « L'Houmeau », puis 3e à gauche « Port du Plomb ». Tlj sf mar (hors juil-août) 12h-14h, 19h-22h. Congés : oct-mars. Formule déj en sem 13 €, avec un verre ou un café ; carte env 20 €. Café offert sur présentation de ce guide.* Grande maison offrant une salle agréable dans les tonalités marines et une terrasse protégée avec vue (un peu occultée par le mur anti-tempête) sur le large et le pont de l'île de Ré. Spécialités de fruits de mer et de petits plats simples mais bien mijotés, comme la blanquette de blanc de calamars, le tartare d'huîtres ou le gratin de calamars. Plus populaire et moins cher que *Coquillages et Crustacés*, son prestigieux voisin !

|●| ***Restaurant-bar Port Lauzières*** **:** *le port du Plomb, au lieu-dit Lauzières, 17137* ***Nieul-sur-Mer****. ☎ 05-46-37-45-44. ♿ De mi-mars à fin oct, tlj sf lun tte la journée et mar midi hors juil-août. Repas complet env 25 €. Apéritif maison offert sur présentation de ce guide.* Cet ancien cabanon de pêcheur transformé en bar dégustation et en resto de produits régionaux plaira aux amateurs d'authenticité. Ici, c'est une institution, et le temps qui passe semble n'y rien changer. D'un côté, le bar à l'ancienne avec son zinc où l'on sert des verres aux ostréiculteurs du coin ; de l'autre, une agréable salle lambrissée avec vue sur la mer (et cheminée pour les soirs d'hiver) pour goûter une cuisine plus élaborée. En prime, une terrasse où sont servies par beau temps moules, langoustines, sardines, huîtres, etc. Accueil souriant et jovial. De loin notre adresse préférée dans ce coin qui ne manque pas de petits stands de dégustation...

|●| ***Le Café de la Mer*** **:** *le port du Plomb, au lieu-dit Lauzières, 17137* ***Nieul-sur-Mer****. ☎ 05-46-37-39-37. • lecafedelamer@wanadoo.fr • ♿ Avr-sept, tlj sf lun midi et mer (slt mer midi juil-août). Plats à partir de 11 € ; carte 20-25 €. Apéritif offert sur présentation de ce guide.* Dans une maison neuve, coquette et colorée, idéalement située face à la mer et au pont de l'île de Ré. Une clientèle

fidèle s'y retrouve pour les moules à toutes les sauces (11 préparations) ou les assiettes de fruits de mer servies en toute simplicité. La provenance et la taille des moules dépendent de la saison. Le chaleureux patron vous expliquera tout cela. Petite adresse sympathique.

De prix moyens à chic

Le Logis Saint-Léonard : *6, rue des Chaumes, L'Abbaye, 17139* ***Dompierre-sur-Mer.*** *☎ 05-46-35-14-65. • logis-st-leonard@wanadoo.fr • logis-saint-leonard.fr • À 6 km de La Rochelle. Dans Dompierre, au niveau de l'église, prendre la D 111 en direction de Saint-Rogatien/La Jarne ; continuer toujours tt droit et tourner à droite juste après le passage à niveau ; c'est un peu plus loin sur la gauche. Compter 90-100 € pour 2 selon saison. Réduc de 10 % sur le prix de la chambre à partir de 3 nuits (hors vac scol) sur présentation de ce guide.* Vieille demeure charentaise de caractère, entièrement rénovée. Quelques chambres et une suite familiale (notre coup de cœur : « Ré », dans la dépendance), toutes coquettes et agréables, avec salle de bains privée. À disposition, salon, cheminée, billard, bibliothèque... Splendide piscine et vaste jardin arboré et fleuri. Une très belle adresse à la campagne, à quelques encablures du centre-ville.

Chambres d'hôtes Le Clos des Palmiers : *chez Évelyne et Rémy Cariou, 2, rue du Beurre, 17230* ***Saint-Ouen-d'Aunis.*** *☎ 05-46-68-99-52. • contact@leclosdespalmiers.com • leclosdespalmiers.com • À env 15 km au nord-est de La Rochelle par la N 11 et la D 137. Dans le bourg, tourner à gauche juste avt la mairie, au niveau de la boulangerie Galissa. Double 82 € ; chambre 4 pers 149 €. Gîtes 4 pers 390-890 €/sem selon saison.* La grande cour abrite une jolie maison charentaise restaurée, où l'on trouve la chambre pour 4, et, de l'autre côté, 3 chambres de plain-pied. Toutes sur un thème (« Bambou », « Orientale » à la séduisante ambiance, « Évasion »). Elles sont vastes et modernes, un poil kitschounettes mais confortables, avec une terrasse individuelle (sans séparation). Petite cuisine à dispo, pour les repas froids uniquement. Accueil énergique et enthousiaste d'Évelyne. Piscine.

Chambres d'hôtes Le Moulin de l'Abbaye : *chez Hélène et Luc Robin, 27, chemin de l'Abbaye, Puyvineux, 17270* ***La Jarrie.*** *☎ 05-46-35-85-83. • moulin.abbaye17@free.fr • moulin-abbaye17.com • À 15 km à l'est de La Rochelle par la D 939, puis à gauche vers La Jarrie. Double 76 € ; 2 gîtes 4 pers tt confort 350-450 €/sem. Table d'hôtes en famille 29 €, apéro, vin et café compris (10 € enfant).* Ancien moulin devenu domaine viticole, cette magnifique propriété est dans la famille de Luc depuis le XVIe s. Aujourd'hui, la vigne a disparu, alors le pressoir s'est ouvert à 2 chambres d'hôtes et 2 gîtes. Atmosphère champêtre et sereine, avec de jolis meubles anciens. Chaque chambre avec mezzanine pour accueillir les enfants. Cuisine originale où l'on retrouve des spécialités de la région. Hélène et Luc sont des hôtes charmants, et le tutoiement devient vite de rigueur. Superbe piscine couverte. Espace bien-être et massages *(sur résa).* Une adresse juste comme on les aime, chaleureuse et sans façons.

Coquillages et Crustacés : *32, rue du Port, le port du Plomb (côté* ***L'Houmeau****). ☎ 05-46-45-32-52. • contact@coquillagesetcrustaces.com • Pas trop facile à trouver : direction « Île de Ré » ; avt le péage, suivre « Autres directions », puis en haut à gauche « L'Houmeau », puis 3e à gauche, « Port du Plomb » ; fléché dans le village. Tlj sf dim soir et lun, midi et soir jusqu'à 21h30. Congés : nov-fév. Résa vivement conseillée. Menu midi en sem 17 € ; carte 30-40 €.* Face à ce petit port de pêche, le plus ancien de l'Aunis, une imposante « cabane » moderne entourée d'une terrasse-deck. Grand volume intérieur de style contemporain, tonalité orange-noir-rouge, cuisine ouverte, longues tables pour familles. Clientèle assez tendance, mêlant habitués, exubérants copains du patron, touristes égarés et citadins branchés. Plus de monde en terrasse en été bien sûr, pour de beaux fruits de mer et des plats assez élaborés avec une touche de modernité, à l'image de ce croustillant de rouget-chutney de mangue et papaye ou de ce dos de merlu rôti aux moules sauce curry. Atmosphère d'anthologie si le coucher de soleil tient ses promesses. Quelques vélos à dispo pour les clients.

Où prendre le petit déjeuner ?

Le Jardin *(plan couleur I, B1,* ***54****) : 5 bis, rue Gargoulleau. ☎ 05-46-41-06-42. Tlj sf dim 8h30-11h30 pour le petit déj, puis 11h30-19h non-stop, plus le soir ven-sam en saison. Formules petit déj 6,50-7,80 € ; formule déj 17 € ; carte env 20 €. Kir offert sur présentation de ce guide.* Cadre fort agréable que ce jardin doté d'une petite cour très verdoyante, sous les bambous, et fleurie. Au petit déj, délicieuse brioche (quand il en reste !), oranges pressées, etc. Et que des produits maison. Pour le déjeuner, copieuses tartines garnies (excellente Saint-Jacques et fondue de poireaux) et très belles salades à base de produits frais au dressage travaillé. Sans oublier les desserts maison concoctés chaque jour pour mieux varier les plaisirs... Ah, le chocolat !

Où déguster une glace ?

Ernest Le Glacier *(plan couleur I, B2,* ***56****) : 13-15 et 16, rue du Port. ☎ 05-46-50-55-60. Autre adresse : cours des Dames, 1, rue Saint-Jean-du-Pérot (plan couleur I, A3,* ***56****). ☎ 05-46-43-48-65. De mi-mars à fin oct et 3 dernières sem de déc, tlj 12h30-19h (23h en hte saison).* Le rendez-vous incontournable de La Rochelle depuis plus de 10 ans. En hommage à Ernest, leur grand-père paysan, les sympathiques frérots préparent eux-mêmes les cornets, les crèmes glacées, les glaces italiennes, les bâtonnets pleins fruits et yaourts, et les sorbets... Plus de 80 sortes de parfums selon les saisons, dont une douzaine de chocolats différents dont vous nous direz des nouvelles ! « Chocolat 85-poivre de Séchuan-nougatine » : une nouvelle tuerie ! Comme « Méditerranéenne » et « Orientale » en gamme fruitée ! Le *Comptoir des Italiennes* et le *Comptoir des Gaufres* (rue du Port uniquement) sont de véritables antres démoniaques de gourmandise(s) !

Où prendre un café ? Où boire un verre ? Où sortir ?

Ville à taille humaine, à l'ambiance globalement chaleureuse et conviviale, ville étudiante et port de surcroît, La Rochelle se devait de posséder quelques bars intéressants, d'autant qu'elle vit aussi la nuit (et pas seulement pendant les Francofolies...). Pour tout savoir des concerts, spectacles et autres manifestations, procurez-vous (à l'office de tourisme par exemple) les mensuels spécialisés gratuits.

Dans la vieille ville et autour de la place du Vieux-Marché

La Brûlerie du Marché *(plan couleur I, C1,* ***65****) : 5, rue Gambetta (pl. du Marché). ☎ 05-46-41-46-70. Tlj sf dim-lun. Réduc de 10 % sur l'achat du café en magasin sur présentation de ce guide.* Un p'tit café (ou un thé, voire un chocolat) en terrasse, face à l'agitation du marché et des halles. Le café du jour, selon la bonne humeur du chef... qui peut changer, pendant la journée. Le café, pas l'humeur ! Découvrir Cuba ou la Thaïlande, Yrgacheffe d'Éthiopie ou Saint-Domingue... Le plaisir des arômes chez l'artisan-torréfacteur.

Corrigans Irish Pub *(plan couleur I, C1, **64**) : 20, rue des Cloutiers. ☎ 05-46-28-91-39. • barry@corrigans.fr • Calendrier et programme sur • corrigans.fr • Tlj sf lun 18h-2h (1h dim). Un « frisson » (vodka-crème de mûre) offert sur présentation de ce guide.* Un pub sympa à l'irlandaise, déco cosy et bon choix de bières, comme on s'en doute. Chaque dimanche soir, le vent du nord balaie le comptoir et réveille les origines celtes des proprios (de vrais Irlandais associés à des Français). Le groupe Courant d'Eire et ses copains se regroupent à l'occasion pour un bœuf endiablé. Sinon, concerts fréquents le mercredi, à tendance rock-folk.

Le Café de la Paix *(plan couleur I, B1, **61**) : 58, rue Chaudrier. ☎ 05-46-41-39-79. Sous les arcades, à côté du cinéma. Tlj sf dim.* Brasserie historique datant de 1850 au décor Belle Époque, classée Monument historique. Elle accueille dans la journée une clientèle plutôt bigarrée : vieilles dames très dignes aux premières loges, lycéens planqués au fond, cols-bleus au bar. C'était le QG de Georges Simenon, qui venait y prendre des notes pour ses romans. Depuis, rien ne semble avoir changé. Bon petit déj. Côté cuisine, carte de brasserie classique à prix raisonnables.

LA ROCHELLE

Autour du Vieux-Port

La Cave de la Guignette *(plan couleur I, B3, **66**) : 8, rue Saint-Nicolas. ☎ 05-46-41-05-75. Tlj sf dim hors saison 16h-20h, plus 10h30-13h30 lun-mer. Apéritif maison offert sur présentation de ce guide.* Un incontournable à La Rochelle, aujourd'hui LE coin branché de la jeunesse rochelaise ! Y'a qu'à voir la queue sur le trottoir en saison ! À l'heure de l'apéro (attention, ça ferme tôt), on se serre les coudes dans la grande salle. Quelques heureux, arrivés plus tôt que les autres, ont réussi à trouver une place assise ou un coin de barrique où poser leurs fesses. Clientèle éclectique, avant tout estudiantine, et ambiance pour le moins festive (sans musique, c'est un choix). Faut dire que vu les prix, y'a du débit ! Heureusement que la spécialité de la maison, la guignette (genre de kir léger, à base de vin, d'arômes naturels et de fruits), ne titre que 9-11°, si l'on ose dire. On peut d'ailleurs en acheter à emporter.

The General Humbert's *(plan couleur I, B3, **67**) : 14, rue Saint-Nicolas. ☎ 05-46-37-01-08. Dim-jeu 18h-2h, ven 18h-4h, sam 14h-1h.* Un autre pub irlandais qui fait du ramdam dans le quartier. Il faut jouer des coudes pour atteindre le bar où trône une collection de képis, un maillot de l'équipe d'Irlande de rugby, des albums dédicacés par U2 ou les Pogues. Mais la vraie curiosité, ce sont les écrits historiques sur le général Humbert et le canon (présent à Waterloo !) situé dans la cour arrière ! Des concerts y sont fréquemment organisés. Fumoir aux lumières rouges à l'entrée pour les frileux. Ceux qui, les soirs de match, ne sont pas passionnés par les retransmissions sportives pourront aller boire un coup dans le bar voisin ***La Java des Paluches.*** Autre lieu chaud brûlant de la ville.

La Cav'A'So *(plan couleur I, B3, **60**) : 29, quai du Gabut. ☎ 05-46-44-54-98. • lacavaso17@gmail.com • Hors saison, tlj sf lun 12h (14h sam-dim)-23h (2h w-e) ; en saison, tlj sf mer soir 9h-2h. Congés : 20 déc-20 fév.* Un p'tit bar à vins sur le port, tenu avec beaucoup de cœur par Sophie, une Rochelaise d'adoption. Agréable terrasse où So' vous proposera un verre de vin en provenance de toutes les régions françaises, voire d'ailleurs et même de plus loin... À accompagner d'une planchette de tapas, de charcuterie ou de fromages *(7,50-15,50 €)*, servie très généreusement ! Ambiance « bar à copains » et accueil adorable. Petites expos tous les 2 mois, soirées jazz, café-théâtre, café-philo, etc. So' a plus d'un tour dans sa cave !

L'Académie de la Bière, La Terrasse, Piano Pub, Le KgB, Le Bergamote et Les Mauvais Garçons *(plan* couleur I, B2, **62**) : autour de la cour du Temple. Des bars qui se ressemblent et attirent la jeunesse étudiante rochelaise, avide de sensations le week-end venu, et même en semaine quand les beaux jours inondent leurs agréables terrasses. La bière coule à flots, et les décibels ne sont pas en reste... Chacun possède son *dance floor* pour se dégourdir les gambettes jusqu'à pas d'heure.

Le Set et Le Cohiba (*plan couleur I, A3,* ***63***) : *21, pl. du Maréchal-Foch. ☎ 05-46-41-73-14. Mer (jeu en hiver)-sam de 23h à l'aube.* 2 bouâtes mitoyennes qui attirent pas mal d'oiseaux de nuit... mais la sauce ne prend généralement pas avant 2h.

Les bars de l'***aquarium*** (en fait, un restaurant-brasserie) et du ***Musée maritime,*** pour la magie du décor et la vue privilégiée sur les différents ports (voir plus loin).

Où trouver de bons produits ?

La place du marché (marché tous les matins, dimanche compris, et grand marché les mercredi et samedi) et l'ancien marché sous les halles (tous les jours le matin seulement), antres de gourmandises, étalent les produits locaux et régionaux aux yeux des gourmets : entre gariguettes, pommes de terre primeurs de Ré, asperges, poissons, coquillages (essayez les vannets, sortes de pétoncles orangées disponibles pratiquement toute l'année) et crustacés de la pêche locale au fil des saisons... Produits maraîchers et produits fermiers pour un casse-croûte du tonnerre.

L'Épicurium (*plan couleur I, C1,* ***71***) : *2, rue des Cloutiers. ☎ 05-46-42-48-57. Tlj sf dim ap-m et lun 9h30-13h, 15h-19h (tte la journée ven-sam).* Un lieu de perdition : une fabuleuse fromagerie de référence. On entre pour un fromage, et on succombe. Une incroyable palette à compléter avec de divins vins... Se laisser conseiller par le patron dans les choix pour un pique-nique d'anthologie. Manque qu'une baguette craquante en sortant...

Puces de Mer (*plan couleur II, F4,* ***70***) : *au bout du quai Louis-Prunier (suivre le fléchage « Aquarium »). ☎ 05-46-41-44-80. • pucesdemer.fr • Juil-août, tlj 10h-19h ; juin et sept, lun-sam 9h30-12h, 14h-18h30 ; oct-mai, mar-sam aux mêmes horaires.* Envie de revoir la déco de votre chez vous ? C'est ici, dans ce grand dépôt-vente d'accastillage, que vous dénicherez des objets et meubles faits à partir d'objets de récup.

À voir. À faire

Il existe le *Pass Rochelais,* qui permet d'emprunter à volonté les transports rochelais (bus, bus de mer, passeur et accès aux parcs relais, navette électrique). Il donne droit aussi à un tarif préférentiel dans les principaux musées de la ville (y compris l'aquarium et le Musée maritime), ainsi que l'accès à différentes structures de loisirs. Ce *pass* est en vente à l'office de tourisme et à la RTCR. Enfin, on trouve un *pass* intermusées valable toute l'année à 12 € dans les musées municipaux : musée du Nouveau Monde, Musée maritime, musée des Beaux-Arts et Muséum d'histoire naturelle.

Autour du Vieux-Port

La tour de la Lanterne, dite « des Quatre Sergents » (*plan couleur I, A3*) : *☎ 05-46-41-74-13. • la-rochelle.monuments-nationaux.fr • Horaires (sous réserve) et tarifs communs aux 3 tours. Avr-sept, tlj 10h-18h30 ; oct-mars, tlj 10h-13h, 14h15-17h30. Fermé 1er janv, 1er mai et 25 déc. Entrée : 6 € pour 1 tour, 8,50 € pour 3 tours ; gratuit moins de 26 ans et pour ts le 1er dim du mois nov-mars.*

Une des célèbres tours de La Rochelle, datant des XIIe et XVe s et surmontée, contrairement à sa sœur presque jumelle, d'une flèche de style gothique flamboyant. Elle tient son nom de sa première fonction puisque, en son sein, brillait une bougie dans un lanterneau qui permettait aux bateaux de regagner le port. Mais elle eut très tôt vocation geôlière, et ce jusqu'en 1879, pour preuve ces nombreux graffitis (610 répertoriés) de corsaires et autres prisonniers de guerre anglais, français, hollandais et espagnols recensés à partir du XVIe s. Gravés dans la pierre et aujourd'hui protégés, ces graffitis sont de qualité variable, mais certains sont de toute beauté : dessins qui reproduisent navires et scènes de guerre, écritures calligraphiées, petits poèmes ou messages de détresse... Étonnant. Remarquez, au 2e étage, le damier ciselé au sol par des prisonniers. De la galerie du haut, panorama exceptionnel sur le port et la ville.

LA TOUR « DES QUATRE SERGENTS »

Sous la Restauration, le 45e régiment d'infanterie du Quartier latin, refusant de crier « Vive le roi ! », fut transféré à La Rochelle. Quatre sergents, membres des Carbonari, société secrète italienne implantée en France, conspiraient la nuit contre Louis XVIII. Dénoncés, ils furent enfermés dans cette tour avant d'être guillotinés à Paris en 1822. Ils devinrent de véritables « saints républicains »... Certains cabarets se baptisèrent même « Aux Quatre Sergents de La Rochelle ».

🏛🏛 ***La tour de la Chaîne*** *(plan couleur I, A3)* **:** ☎ 05-46-41-74-13. *Mêmes infos que la tour de la Lanterne.* L'une des deux tours qui, pendant 10 siècles, gardèrent l'entrée du port la nuit. Son appellation est due à la grosse chaîne, tirée pour empêcher les bateaux d'entrer dans le chenal, tendue à l'aide d'un cabestan, visible sur demande. La chaîne est toujours là, exposée sur la petite place de la Chaîne, juste à côté de la tour. Exposition permanente sur La Rochelle-Québec et la Nouvelle-France, en hommage aux 400 ans de la ville de nos cousins américains, fondée par le Saintongeais Samuel de Champlain.

🏛🏛 ***La Grosse Horloge*** *(plan couleur I, B2)* **:** marquant la limite entre le port et la cité, c'est l'un des points de repère favoris des Rochelais. L'ancienne porte de ville fortifiée de l'enceinte médiévale, flanquée de deux tourelles, possédait un double passage séparé pour les piétons et les attelages jusqu'en 1672. Elle fut surmontée d'un campanile et d'une horloge à la fin du XIe s avant d'être transformée en cartel Louis XV en 1746, telle qu'on la voit aujourd'hui.

🏛🏛🏛 ***La tour Saint-Nicolas*** *(plan couleur I, B3)* **:** ☎ 05-46-41-74-13. *Mêmes infos que la tour de la Lanterne.* Palais médiéval inscrit dans une véritable forteresse construite à la fin du XIVe s dans la logique de l'appareil défensif du front de mer. Haute de près de 42 m, elle offre elle aussi (après avoir traversé des escaliers et des couloirs labyrinthiques aménagés dans l'épaisseur des murs) une très belle vue sur la ville depuis le chemin de ronde et l'ancienne plate-forme de guet.

🏛 Notez, à proximité de la tour Saint-Nicolas, le phare rouge et blanc qui, avec le phare du quai Valin (blanc et vert), est l'un des ***phares d'alignement de la fin du XIXe s*** destinés à guider les bateaux sans trop de risque dans le port. Celui du quai Valin *(plan couleur I, B3)* est littéralement encastré dans une maison.

🏛🏛 ***Le Gabut*** *(plan couleur I, B3)* **:** ancien quartier de pêcheurs rénové à partir de 1989 (une autre révolution !). L'esprit des premiers baraquements a été conservé : à l'origine peints avec des fonds de pots de peinture, ils étaient de toutes les couleurs. Tout en bois, ce quartier ressemble à un village scandinave. Une ville dans la ville, avec de nombreux cafés, des terrasses et l'office de tourisme.

La gare ferroviaire *(plan couleur II, F4) : à l'est du port.* Dernière gare monumentale édifiée par l'État français, elle fut commencée en 1909 puis interrompue par la Première Guerre mondiale et inaugurée seulement en 1922. Élégant campanile de 45 m de haut (donc plus haut que les tours du port) et qui trône, majestueux comme un phare... Sa façade est recouverte de poissons, crabes et coquilles.

***L'aquarium** (plan couleur II, F4) : quai Louis-Prunier. ☎ 05-46-34-00-00. • aquarium-larochelle.com • À 2 mn à pied de l'office de tourisme. Tte l'année, tlj : avr-juin et sept, 9h-20h ; juil-août, 9h-23h ; oct-mars, 10h-20h ; dernière entrée 1h30 avt la fermeture. Compter min 2h de visite. Entrée : 16 € ; 13,50 € étudiant ; 12 € 3-17 ans. Audioguide 3 € ; 2 € 4-10 ans. Réduc de 2 € sur présentation de ce guide. Partout des panneaux à lire, très explicites (dont certains spécialement adaptés aux enfants et posés à hauteur des yeux), mais l'audioguide est un excellent complément.*
Les chiffres parlent d'eux-mêmes : avec 800 000 entrées par an, cet aquarium est le plus visité de France. Une belle récompense pour une famille hors norme, dévorée par la même passion depuis trois générations. Ce véritable titan des mers résume leur histoire, ou plutôt leur saga, entamée dans les années 1950 par René Coutant, ingénieur horticole devenu constructeur d'aquariums. Les descendants ont repris le flambeau avec panache, jusqu'à réaliser ses rêves les plus fous : le nouvel aquarium occupe une superficie six fois plus importante que le précédent, et présente au public plus de 78 aquariums alimentés par trois millions de litres d'eau de mer pour 12 000 animaux marins.
On approche les mondes marins les plus variés, depuis ceux qui nous sont proches jusqu'aux plus lointains, dans des milieux reconstitués fidèlement. De nombreux aménagements réservés aux enfants, dont la « cabane sous la mer », mais aussi un tas de hublots à leur hauteur et un parcours ludique leur est réservé, avec notamment le tapis magique... pour marcher sur les poissons.

Au 1er niveau

On commence logiquement avec la côte atlantique, et en premier lieu l'estran, cette portion du littoral comprise entre la haute et la basse mer, avec ses flaques animées de mille organismes vivants à observer au microscope. Puis les espèces présentes au large, avec des terriers de langoustines dans un aquarium tapissé d'une multitude d'anémones-bijoux, mais aussi de minuscules civelles, des maigres (un gros poisson, contrairement à ce que son nom suggère), des hippocampes, ou encore des soles camouflées. Et puis... les méduses, qui n'ont pas toujours bonne presse mais que l'on soigne ici pour leur joli ballet et pour leur appartenance au plancton nourricier. Pour rester dans des milieux qui nous sont familiers, c'est la Méditerranée qui est ensuite présentée, avec la reproduction, vraiment étonnante, des trous de rocher des calanques, qui abritent murènes, poulpes, cigales de mer et plein d'autres animaux étranges. Évitez l'aquarium à vagues si vous avez le mal de mer...

Au 2e niveau

On débouche directement sur la salle des Caraïbes, frappante pour son chatoiement de couleurs et ses invertébrés (gorgones), sa murène verte gueule ouverte, ses poissons-lunes... On enchaîne sur le lagon, sa barrière de corail et toute sa diversité multicolore sur 16 m de long. Dans la salle Indo-Pacifique et ses abords plus obscurs, l'étonnante apparence des limules et des nautiles, venus tout droit de la préhistoire, le poisson-rasoir, les poissons-clowns et leur complicité avec les anémones, les rascasses tropicales, infiniment venimeuses, et les poissons-pierres. Puis c'est l'immense aquarium des requins qui fait toute la hauteur du bâtiment ! Impressionnant. Vous pourrez y contempler longuement le poisson-scie, les requins-taureaux, affichant un beau sourire, le requin à pointe blanche, et le requin léopard à la silhouette élégante, le tout en musique, une excellente idée qui renforce la majesté de ces rois des mers... Un passage par l'amphithéâtre pour le film consacré au travail méconnu des soigneurs, plongeurs et techniciens,

puis une dernière immersion avec les requins et enfin l'entrée dans la très belle serre tropicale, avec ses orchidées, son humidité, ses fougères, ses palmiers, une cascade, un bassin de piranhas, et des tortues qui se baladent un peu partout (attention où vous marchez !).
Et, nouveauté 2016, « la Galerie des Lumières » : de la surface aux mystérieuses abysses, une expérience à la découverte des secrets de la lumière...
À savoir, l'aquarium est également un lieu de repos et de soin pour les tortues marines (mais vous ne verrez pas cette clinique) et propose des activités pédagogiques pour sensibiliser les scolaires et le grand public à la diversité marine et à sa sauvegarde.

À votre disposition enfin, une boutique, accessible à toutes les bourses, et un ***café-restaurant*** *(☎ 05-46-50-17-17 ; tlj 10h-20h, jusqu'à 23h en été ; formules 16-25 €),* qui domine la serre et le Vieux-Port. Accessible indépendamment de la visite en elle-même, son ouverture tardive en été fait de sa terrasse un lieu vraiment sympa.

Le Musée maritime *(plan couleur II, F4) : pl. Bernard-Moitessier. ☎ 05-46-28-03-00. • museemaritimelarochelle.fr • Avr-sept, tlj 10h-18h30 (19h juil-août) ; fermeture des guichets 1h avt. Fermé oct-mars. Entrée : 8 € (6,50 € sur présentation de ce guide) ; 5,50 € 4-16 ans et étudiant (4 € sur présentation de ce guide) ; forfait famille. Un jeu de visite est disponible à l'accueil pour les enfants. Animations pour enfants (mer juil-août, sur résa ; se renseigner). Visites nocturnes exceptionnelles juil-août.*
Embarquez dans le *France 1,* ancien navire de la Météorologie nationale, arrivé en fin de carrière au moment de la généralisation de la satellisation (au milieu des années 1980). Miraculé de la casse, il a été racheté par la municipalité, puis transformé en musée. À la bonne heure ! On peut désormais en visiter la passerelle de commandement, la salle des machines, et même les cuisines ! Idéal pour se faire une idée de la vie quotidienne à bord d'un navire.
Vous pouvez également vous promener sur le pont de l'ancien remorqueur de haute mer, le *Saint Gilles,* ou sur *L'Angoumois,* ancien chalutier (pêche arrière). Différentes vidéos montrent d'ailleurs les activités des marins en haute mer. Au bout du quai, le *slipway* (classé Monument historique), cale de carénage construite au cours de la dernière guerre pour la réparation et la mise au sec des navires, est aujourd'hui au service du patrimoine maritime. Et depuis peu, on peut découvrir une nouvelle exposition permanente à terre, sous la galerie des pavillons. Cette exposition aborde l'histoire des ports de La Rochelle autour de quatre thèmes principaux : pêche, commerce, industrie et plaisance.
De 11h à minuit (de début avril à fin septembre), un ***bar,*** sur le pont du *France 1,* offre un cadre sympa pour boire un verre dans une ambiance salsa. Petite restauration fraîche à prix très doux.

Le musée des Automates et le musée des Modèles réduits *(plan couleur II, F4) : la Ville-en-Bois, 12-14, rue de la Désirée. ☎ 05-46-41-68-08. • museeslarochelle.com • Accès par le bus de mer au départ du Vieux-Port (voir plus loin « Le port des Minimes »). Vac scol et ponts, tlj 10h-12h30, 14h-19h ; juil-août, tlj 9h30-19h ; le reste de l'année, tlj 14h-19h. Entrée : 11 € ; 8 € 6-14 ans. Parking gratuit.*

Le musée des Automates
L'origine des automates remonterait à l'époque pharaonique, où les princes de Thèbes mettaient en scène des personnages animés pour leurs cérémonies religieuses... Depuis, les mécanismes se sont perfectionnés et ont donné naissance à des personnages presque réels. Les plus anciens qui nous soient parvenus en parfait état datent du tout début du XXe s.
Le musée propose un bel échantillon de 300 personnages, parmi lesquels nous avons apprécié : « les Clowns mains à mains », le plus vieux puisqu'il date

de 1890, « le Café noir » (1922), ou encore « le Joueur de vielle » (1900). L'ingéniosité force l'admiration, mais c'est la poésie ou la malice des situations qui les rendent si attachants. La production contemporaine n'est pas moins riche : « le Chinois joueur de bonneteau » ou la série de personnages historiques (Jeanne d'Albret, Henri IV, Coligny...) sont des modèles admirables à la gestuelle fluide. Sans oublier cet hommage à Vaucanson, fabriquant son célébrissime canard. Cet automate a nécessité pas moins de 13 mécanismes.
Mais la reconstitution d'un quartier de Montmartre au début du XXe s règne sans partage sur ce petit monde... Tout y est, des rues pavées aux boutiques en passant par ses automates publicitaires... pour l'émerveillement des petits et des grands ! Et le tout, en musique... d'ambiance ou de circonstance !

Le musée des Modèles réduits
Tout aussi réussi que son voisin, sur 800 m², le musée des Modèles réduits présente maquettes de voitures, de camions et, évidemment (qui dit modélisme dit trains électriques), quelques immenses scènes ferroviaires animées. Pour mieux les admirer, un wagon suspendu offre une belle vue sur ce monde miniature. Belle collection de maquettes de bateaux qui évoquent quelques pages historiques marquantes, comme l'arrivée du *Mayflower* en Amérique. Le tout installé dans des décors assez somptueux dans leur genre : intérieur de galion ou de sous-marin... Petit son et lumière sur le thème de la conquête du Nouveau Monde. Expos temporaires thématiques.

Le port des Minimes

➢ Pour se rendre du Vieux-Port (plan couleur I, A3) au port de plaisance des Minimes (plan couleur II, E5), on vous conseille le bus de mer, un peu plus long que la route mais nettement plus agréable. Juil-août, tlj 8h30-23h30 ; juin, tlj 9h-19h (sf 13h) ; avr-mai et sept, tlj 10h-19h (sf 13h) ; oct-mars, slt w-e, j. fériés et vac scol 10h-18h (sf 13h). Liaisons ttes les heures et même ttes les 30 mn en été. Traversée 2 € tte l'année ; gratuit moins de 5 ans. Env 20 mn de trajet. Encore plus pratique, le passeur électrique, qui part du pied de la tour de la Chaîne (plan couleur I, A3) et arrive à la Ville-en-Bois (plan couleur II, F4). Il se déplace à la demande (en appuyant sur le bouton) et arrive en 2 mn (et les Vélos jaunes sont autorisés à bord !). Fonctionne également tte l'année, tlj à partir de 7h30 ; avr-mai jusqu'à 22h, juin-sept jusqu'à minuit, oct-mars jusqu'à 20h. Ticket : 1 €. Rens pour l'un comme pour l'autre à la RTCR *: ☎ 0810-17-18-17. ● yelo-larochelle.fr ●*
Ce port constitue la nouvelle facette de la ville portuaire. Résolument tournée vers l'avenir, celle-ci n'oublie pas sa vocation maritime première ; avec plus de 4 800 emplacements, le port des Minimes apparaît comme le plus grand complexe plaisancier d'Europe sur la façade atlantique. Par ailleurs, conception et installations sont à la pointe du progrès. Le Grand Pavois, premier salon nautique à flot, organisé depuis 1973, en est une très belle illustration. En quelques années, La Rochelle, fortement atteinte par la crise de la pêche des années 1980 et les difficultés économiques des constructions navales, a su se tailler une nouvelle réputation...

La vieille ville

– ***L'hôtel de ville*** *(plan couleur I, B2)* **:** l'un des joyaux du patrimoine architectural de La Rochelle a été ravagé par un dramatique incendie en juin 2013. Depuis, il est fermé à la visite et il le restera pendant toute la durée des travaux de consolidation, qui dureront plusieurs années, pour sauvegarder ce qui peut l'être. Derrière les échafaudages, on aperçoit l'enceinte de l'hôtel de ville. Bâti à l'emplacement de la toute première maison de ville du XIIIe s, l'hôtel de ville a été édifié entre le XVe s (mur d'enceinte) et le XIXe s (aile droite), en passant par la seconde moitié du XVIe s (logis de l'échevinage) et le tout début du XVIIe s (corps de logis).

Le musée rochelais d'Histoire protestante *(plan couleur I, B2) : 2, rue Saint-Michel. ☎ 05-46-50-88-03. • protestantisme-museelarochelle.fr • Accessible par le temple. De mi-juin à mi-sept, tlj sf dim 14h30-18h ; le reste de l'année, sur rdv. Entrée : 4 € ; réduc ; 2 € sur présentation de ce guide ; gratuit jusqu'à 18 ans. Visite commentée recommandée (menée par des bénévoles).* Musée retraçant, dans trois salles adjacentes au temple, l'histoire des protestants de La Rochelle et de la Saintonge, du XVIe s à nos jours. Quelques pièces et documents rares : un exemplaire de la Confession de foi des réformés imprimé à La Rochelle en 1572, des médailles et portraits des grands chefs protestants, des céramiques de l'école de Bernard Palissy... Dans la deuxième salle, évocation très émouvante de « l'Église du Désert », période qui s'étend de la révocation de l'édit de Nantes (1685) à la mise en place de l'édit de Tolérance, pendant laquelle le culte était célébré dans la clandestinité : pour témoins, une chaire et une table de communion du « Désert » entièrement démontables ! Expositions régulières.

Le Bunker de La Rochelle *(plan couleur I, C2) : 8, rue des Dames. ☎ 05-46-42-52-89. • bunkerlarochelle@orange.fr • Tlj 10h-19h. Fermé en janv. Entrée : 7 € ; réduc.* Construit en plein centre-ville dans le plus grand secret en 1941, cet incroyable bunker dont les murs de protection ont une épaisseur de 2 m, resté miraculeusement intact depuis 70 ans, était le siège de l'amiral et des commandants de U-Boot pendant la Seconde Guerre mondiale. Il a conservé ses boiseries d'époque et ses fresques marines. Sur un parcours de 280 m², le musée retrace la période de la Seconde Guerre mondiale à La Rochelle, le long d'un parcours chronologique et à l'approche historique très accessible, avec panneaux explicatifs et vidéos.

La maison Henri II *(plan couleur I, B2) : 11 bis, rue des Augustins.* Décor monumental, construit en 1555 par Hugues Pontard, maître anonyme, dans un style « antique » mêlant colonnes, frontons et plafonds à caissons. Cette réalisation est assez unique au XVIe s, car la façade sans profondeur n'est en fait qu'un décor monumental, dont l'architecture extérieure simule un logis extraordinaire dominant le jardin. Les galeries superposées ne sont en fait que d'étroits couloirs qui prolongent la tourelle d'escalier du logis de droite et desservent le cabinet de travail aménagé dans l'aile gauche du pavillon. Après la Révolution, les deux maisons ont été séparées et vendues à des particuliers, tandis que la maison Henri II et le jardin étaient rachetés par la municipalité...

Les musées d'Art et d'Histoire : le **« MAH »** regroupe sous le même sigle les deux musées du **Nouveau Monde** et des **Beaux-Arts** (attention, chacun possède sa propre billetterie). Pour évoquer tous deux le riche passé culturel de La Rochelle, ville ouverte sur le monde qui a attiré de nombreux artistes, de riches négociants et des personnages historiques.

– **Le musée du Nouveau Monde** *(plan couleur I, B1-2) : 10, rue Fleuriau. ☎ 05-46-41-46-50. Juil-sept, lun et mer-ven 10h-13h, 13h45-18h ; sam-dim et j. fériés 14h-18h. Oct-juin, lun et mer-ven 9h30-12h30, 13h45-17h ; sam-dim et j. fériés 14h-18h. Fermé mar, 1er janv, 1er mai, 14 juil, 1er et 11 nov, et 25 déc. Compter 1h30 pour une visite complète du musée. Tarif : 6 € ; 4 € sur présentation de ce guide ; gratuit moins de 18 ans, étudiants, chômeurs et pour ts le 1er dim du mois (sf juil-août). Audioguides et fiches spéciales enfants.*

Le musée est passionnant. Dans un magnifique hôtel particulier datant de la seconde moitié du XVIIIe s et ayant appartenu aux Fleuriau, riche famille de planteurs rochelais. Retraçant principalement l'histoire des relations entre la France et le Nouveau Monde, le musée s'organise autour de quatre grands thèmes : le commerce avec le Nouveau Monde, l'histoire du Canada, les Indiens et l'esclavage avec l'apogée du commerce triangulaire.

Au rez-de-chaussée

La visite commence par le hall du musée, dans lequel se trouve un magnifique escalier de pierre doté d'une rampe finement travaillée en fer forgé. Très jolie petite table en bois de gaïac. Originaire d'Amérique centrale et devenu très rare, ce bois servait alors de lest aux bateaux qui revenaient du Nouveau Monde chargés de peaux, en particulier pour éviter le contact de ces peaux avec l'eau. Lourd et dense, il possédait des caractéristiques multiples : imputrescible, il résistait à l'eau durant les longs voyages ; sa sève, dont les vertus curatives ont été très tôt reconnues, servait à faire du baume, tandis qu'on utilisait les graines pour soigner certaines maladies vénériennes ; enfin, il avait la particularité d'être autolustrant... pratique pour l'entretien des meubles ! Dans la salle à manger aux boiseries et au très beau mobilier Louis XV, une copie, peinte par Édouard Pinel (1866), de la célèbre *Vue du port de La Rochelle* de Joseph Vernet. Elle restitue, à quelques détails près, la vie du port à l'époque...

À l'entresol, sur le jardin

Les trois salons en enfilade (droite, central et gauche) proposent, outre des boiseries et un mobilier Louis XV-Louis XVI, des portraits et objets décoratifs, une rare collection de pendules dites « au nègre », qui ne sont pas sans rappeler que La Rochelle était le troisième port négrier français. Commandées, à l'origine, par de riches marchands, amateurs de produits rares, elles dépeignent les Amériques au sens allégorique. Et fait curieux, l'Amérique est représentée sur bon nombre d'entre elles par un Noir affublé des attributs des Indiens ! Dans le salon de droite, une pendule en porcelaine de Paris aux motifs allégoriques des quatre continents (à l'époque, on ne connaissait pas encore le cinquième...) : l'Afrique est figurée par un homme habillé d'une peau de lion, les Amériques par un Noir couvert de plumes, l'Asie par un personnage enturbanné et l'Europe par Minerve (déesse de la Sagesse), casquée et dotée des attributs pontificaux. Le salon de gauche, sans doute l'une des plus belles pièces du musée, expose objets, gravures et tableaux relatifs aux productions coloniales de Saint-Domingue (Haïti). Elles firent la richesse des Fleuriau, la canne à sucre en particulier.

« LA BAMBOULA »

Dans un des salons en enfilade, tout en boiserie du XVIIIe s, la peinture aux coloris extraordinaires met en scène des esclaves qui se retrouvent le soir après le travail et s'expriment, au travers de la danse des bambous, autour d'un feu... De là serait née l'expression « faire la bamboula » !

Le bureau, dans le prolongement des trois précédents salons, se veut une reconstitution du bureau d'Aimé-Benjamin Fleuriau ; il présente la particularité d'être tapissé en toile peinte d'époque, merveilleusement bien conservée.

Aux étages

Succession de salles et dégagements où sont exposés meubles, peintures et objets ayant trait à l'histoire de l'exploration du Canada et de l'Amérique du Nord, de la traite des fourrures et des tribus indiennes, en particulier dans le petit salon (on y accède par un petit couloir), qui rassemble cartes et objets ethnographiques.
Au 2e étage, une grande toile allégorique du Portugais José Conrado Rosa (1788), principale curiosité du musée, montre un mariage de nains brésiliens envoyés par les gouverneurs, comme cadeau, à la reine Marie Ire du Portugal !
Dans la galerie centrale qui donne sur le jardin, immense tapisserie de Bruxelles, *America* (1700). Voir également une des pendules « au nègre » les plus fameuses du musée, dont *Le Matelot*, en bronze ciselé.
Enfin, toute une collection est consacrée aux Indiens d'Amérique du Nord, avec une belle évocation des grands chefs sioux du XIXe s. Voir les étonnantes photos d'Indiens d'Edward Curtis, qui a réalisé plusieurs milliers de clichés pour conserver la trace de cette société moribonde au début du XXe s.

– **Le musée des Beaux-Arts** (plan couleur I, B1) : *28, rue Gargoulleau. ☎ 05-46-41-64-65. Juil-sept, lun et mer-ven 10h-13h, 13h45-18h ; sam-dim et j. fériés 14h-18h. Oct-juin, lun et mer-ven 9h30-12h30, 13h45-17h ; sam-dim et j. fériés 14h-18h. En juil-août, visite guidée mer à 14h30. Fermé mar, 1er janv, 1er mai, 14 juil, 1er et 11 nov, et 25 déc. Entrée : 6 € ; 4 € sur présentation de ce guide ; gratuit moins de 18 ans, étudiants, chômeurs et pour ts le 1er dim du mois (sf juil-août). Fiches spéciales enfants.*
Le musée a mis en place une politique de présentation des œuvres originale. Outre les expos temporaires (accessibles à tout public), une personnalité ou un groupe de personnes est invité chaque année à concevoir son propre accrochage à partir des collections.
Aux étages du très bel hôtel de Crussol d'Uzès, ancien palais épiscopal de style néoclassique (fin du XVIIIe s), le musée offre un panorama de la peinture européenne, du XVe au XXe s, avec une prédilection pour le XIXe s.
Commençons par le chef-d'œuvre du musée : le *Jugement dernier* de Gustave Doré. Il s'agirait plutôt des trois juges de l'Enfer mythologique : Hadès, Minos et Radhamante. La technique y est impressionnante dans tous les sens du terme. On sent le talent du peintre-graveur, quand le gris devient couleur et que, par un subtil jeu de camaïeu, il multiple les nuances et les effets. Parmi les peintres régionaux, Eugène Fromentin, dont la peinture exotique s'inspire de scènes observées en Afrique du Nord *(Attaque d'une caravane, Chasse aux gazelles...)*. Également des portraitistes, comme William Bouguereau ou encore André Brossard, dont le portrait des *Trois jeunes filles de la famille Seignette* ne laisse pas indifférent. Enfin, le XXe s est consacré à des expositions d'œuvres de Marquet, Chaissac... Voir aussi les estampes de Georges Rouault.
Au 1er niveau, une salle est consacrée au célèbre siège de La Rochelle en 1627-1628, où trône le tableau d'Henri Motte *Richelieu sur la digue*.

Le Muséum d'histoire naturelle (plan couleur I, B1) : *28, rue Albert-Ier. ☎ 05-46-41-18-25. • museum-larochelle.fr • Juil-sept, tlj sf lun 10h (14h w-e et j. fériés)-19h (21h 1er sam du mois) ; oct-juin, tlj sf lun 9h (14h w-e et j. fériés)-19h (21h 1er sam du mois) ; dernière entrée 30 mn avt la fermeture. Fermé 1er janv, 1er mai, 14 juil, 1er et 11 nov, et 25 déc. Entrée : 6 € ; gratuit moins de 18 ans, étudiants, chômeurs et pour ts le 1er dim du mois (sf juil-août).*
Il est tout beau tout neuf, et pourtant, cet hôtel particulier du XVIIIe s devenu l'hôtel des Gouverneurs puis l'évêché est un musée depuis 1832 ! Agrandi en 1910, il a été entièrement rénové et réaménagé en 2007. Ce lieu plein d'histoire, et pas seulement naturelle car ces trésors sont aussi le résultat de nombreuses expéditions coloniales, se marie très bien avec la nouvelle muséographie moderne. Comme quoi, on peut parfaitement dépoussiérer nos vieux musées... Outre des collections exceptionnelles (comme celle des cônes et autres coquillages tropicaux), il recèle des vieux livres d'histoire marine.

Au sous-sol
Dans une cave voûtée, intéressante section consacrée aux fossiles marins, aux cristaux et aux minéraux.

Au rez-de-chaussée
Consacré au territoire littoral et au marais, avec un mélange de cartes et d'images projetées, de sons d'animaux et, bien sûr, d'animaux naturalisés issus de ce milieu si particulier. Dans de belles vitrines et du mobilier ancien restauré, nombre d'oiseaux, échassiers, rapaces migrateurs, poissons, etc.
On se dirige ensuite vers le 1er étage, non sans admirer la taille de la girafe « Zarafa » exposée dans l'escalier, en provenance du Darfour, « donnée par le vice-roi d'Égypte et ayant vécu 17 ans et demi à la ménagerie » ! C'est la première girafe ayant vécu en France et elle est montée à Paris... à pied ! Elle est l'héroïne du film d'animation de Rémi Bezançon sorti en 2012.

Au 1er étage
C'est la salle des « Sciences et Collections », créée dès 1832. Très impressionnante. Quantité d'animaux exotiques, parmi lesquels nous ne résistons pas au plaisir de vous citer : le gnou bleu, l'oryx gazelle, les lémuriens malgaches capturés à la fin du XVIIIe s, le petit tamarin pinché de Colombie, l'énorme gorille, un bison de Pologne et les tatou et pangolin géants, entre autres ! Et puis des oiseaux exotiques par dizaines (notez la coracine casquée !), des serpents, des papillons, des iguanes dans le formol... On passe à la section « Faune de la côte aux abysses » avec tortue géante, phoque, poissons en tout genre, araignées de mer géantes, coquillages classés par continent, et enfin le squelette d'un rorqual bleu de l'île de Ré, datant de 1924.

PLUS QUESTION DE « PEIGNER LA GIRAFE »

Une girafe fut offerte par le vice-roi d'Égypte à Charles X en vue d'apaiser les relations entre les deux pays. Débarquée à Marseille en 1826, elle traversa la France à pied pour rejoindre le souverain. Atir, un palefrenier égyptien chargé du précieux animal, passait son temps à la nourrir, la brosser, la nourrir, la brosser... histoire de s'occuper. D'où l'expression « peigner la girafe », qui signifie avoir une activité qui ne sert pas à grand-chose.

Au 2e étage
« D'un monde aux autres » : section ethnologique créée, à l'origine, par Étienne Lopé, le conservateur du musée de 1919 à 1954, à qui une salle est consacrée. D'entrée, le musée annonce la couleur avec un petit texte prévenant que les objectifs des colons et des explorateurs étaient le plus souvent intéressés... Lire aussi les étonnantes tribulations au Congo d'Alexandre Petit-Renaud. Salle 19, voir la tête réduite jivaro, puis les superbes pièces africaines : urnes funéraires, figurines, armes et lances, sceptres, boucliers, ornements, coiffes... Quelques-unes en provenance des Indiens d'Amérique du Sud, et pas des moindres. Enfin, section consacrée aux instruments de musique et égayée de quelques vidéos ethnos.

Au 3e étage
Vous trouverez dans cette salle de magnifiques masques et totems en provenance du Vanuatu et d'Océanie. Également une partie dédiée entièrement au chamanisme. Superbe !

Les jardins
Après cette belle visite, reposez-vous au Jardin botanique *(lun-mar et jeu-ven sf vac scol 10h-17h30)* et au Jardin des plantes *(7h30-20h15 avr-sept, 19h hors saison),* situés derrière le musée. Reposants, rafraîchissants et odorants aux beaux jours...

Le parc Charruyer *(plan couleur I, A2)* **:** au moment où le vieux port ne suffisait plus au commerce de La Rochelle et où l'on construisit le port de La Pallice, on décida de relier les deux ports par de grandes avenues. Ce sont d'anciens terrains militaires qui ont été acquis et aménagés en parc grâce aux dons de la famille Charruyer (d'où le nom !) sur près de 2 km. Achevé en 1890, le parc fut classé en 1931. Superbe balade.

Petite découverte de la ville à pied pour visiteurs pressés

Un circuit qui part du Vieux-Port et traverse la vieille ville. Compter 2h, sans la visite des principaux musées et édifices signalés plus haut...

➢ Empruntez le quai du Carénage pour remonter vers le Vieux-Port, traversez les quais Louis-Durand et Maubec, et prenez la rue Saint-Sauveur. Vous y verrez l'***église Saint-Sauveur*** *(plan couleur I, B2 ; mar-sam 10h-12h30, 15h-18h ; dim 10h-12h, 16h-18h30).* Construite au XIIe s, elle subit à deux reprises les assauts du feu. Seule la façade de la seconde reconstruction (1650-1669) subsiste. L'édifice possède des maquettes de navires ex-voto.

➢ Continuez jusqu'à la rue de l'Hôtel-de-Ville, où se trouve le superbe édifice gothique de la *mairie* (voir plus haut), puis ***rue des Merciers*** *(plan couleur I, B2),* la plus ancienne rue commerçante de la ville, célèbre pour ses arcades : de très belles *façades à colombages,* et remarquez, aux nos 17 et 17 bis, les gargouilles qui vous font de l'œil. Si vous faites un détour par la ***rue Saint-Yon*** *(plan couleur I, B2),* elle aussi très commerçante, levez le nez sur les façades des nos 16 et 22 (entre autres), ornées de très beaux masques et, là encore, de nombreuses gargouilles.

➢ Continuez ensuite rue ***Pas-du-Minage*** *(plan couleur I, B1),* qui longe un des côtés de la ***place du Marché*** *(plan couleur I, B-C1),* avec sa belle *halle* restaurée. Prenez, à gauche, la ***rue du Minage*** *(plan couleur I, B-C1),* vraiment remarquable pour ses arcades, jusqu'à la rue Albert-Ier, pour arriver sur la ***place de Verdun*** *(plan couleur I, B1),* bordée d'un côté par des... arcades (encore). Jetez un coup d'œil à l'intérieur du ***Café de la Paix,*** où Simenon prenait des notes pour ses polars (voir aussi « Où prendre un café ? Où boire un verre ? Où sortir ? »). Regardez ensuite du côté de la ***cathédrale Saint-Louis*** *(plan couleur I, B1-2),* curieux ensemble architectural bâti à l'emplacement de deux anciennes églises, mais jamais achevé (à l'intérieur, belles peintures de William Bouguereau).

➢ Reprenez au bout de la rue, à gauche, la rue Chef-de-Ville, puis, à nouveau à gauche, la rue du Palais *(plan couleur I, B2)* pour admirer les façades avec balcon, la ***maison du Chien*** (angle de la rue Fromentin), le superbe ***hôtel de la chambre de commerce,*** les restes du ***palais de justice*** (construit sous Henri IV) et le ***nouveau palais,*** du XVIIIe s. Prolongez derrière la cour du Tribunal *(fermée en dehors des heures de bureau)* par le square Rasteau vers la rue Admyrault et la rue de l'Escale (arcades). Dans la même rue du Palais, ne pas rater le ***passage de la Commanderie*** derrière sa grille *(fermée le soir).* Revenez sur vos pas, dans la rue du Palais, pour retomber sur le ***quai Duperré,*** qui offre une très belle vue sur les tours Saint-Nicolas et de la Chaîne. Le bureau des douanes est l'endroit où l'État percevait les taxes sur les marchandises transitant par La Rochelle. Retour, enfin, à la case départ...

SOUS LES PAVÉS... LE PELAGE !

La rue de l'Escale est fameuse à La Rochelle : pas seulement pour son magnifique hôtel du XVIIIe s, mais aussi et surtout pour le pavage de la rue. En effet, les grosses pierres proviennent... du golfe du Saint-Laurent, au Canada ! Ces cailloux servaient à lester les bateaux remplis de fourrures, trop légères pour assurer la stabilité des navires. Vous arpentez donc une rue du Nouveau Monde !

Manifestations

– ***Festival international du Film de La Rochelle :*** *dans les cinémas et lieux culturels de la ville, fin juin-début juil. Rens : ☎ 05-46-52-28-96, ou à la Coursive.* • *festival-larochelle.org* • Loin du strass et des stars de Cannes, un festival monté par des amoureux du cinéma pour des amoureux du cinéma, de tous les cinémas. Ambiance particulièrement conviviale, rétrospectives en présence des réalisateurs, hommages, et une sélection toujours pertinente de films du monde entier. Parallèlement se tient sur 4 jours ***Sunny Side of the Doc,*** festival international du film

documentaire avec toujours des pépites en projection ouverte pour le grand public *(rens sur ● sunnysideofthedoc.com ●).*
– **Francofolies :** *autour du 14 juil, feu d'artifice sur le port compris !* Voir le paragraphe en introduction à la ville.
– **Le Grand Pavois :** *en sept. Rens : ☎ 05-46-44-46-39. ● grand-pavois.com ●* Depuis 1973, le port des Minimes accueille le premier Salon nautique européen à flot.
– **Festival Jazz entre les deux Tours :** *en oct. Rens : ☎ 05-46-27-11-19. ● jazzentrelesdeuxtours.fr ●*
– **Salon du chocolat :** *fin nov.*

DANS LES ENVIRONS DE LA ROCHELLE

➢ **Le chemin de la Repentie :** *promenade côtière qui va du nord de La Rochelle jusqu'à Charron, en passant par le port du Plomb et la pointe Saint-Clément (env 12 km). Le sentier est entièrement balisé, mais on peut le faire en voiture ou à vélo, en suivant la côte d'un peu plus loin.* Il permet de traverser tantôt un paysage légèrement vallonné et crayeux, tantôt d'anciens marais salants réaménagés en claires pour l'ostréiculture. Un chemin très caractéristique de la côte d'Aunis et pittoresque avec ses nombreuses petites concessions familiales ostréicoles, ses petites maisons de pêcheurs et les carrelets (technique de pêche à l'anguille ou à la sole). Selon la légende, le chemin de la Repentie tient son nom de l'histoire funeste d'une mère qui fit échouer le bateau sur lequel se trouvait son fils. Celle-ci le retrouva mort sur la grève et s'en repentit tout le reste de son existence...

Écartelé entre les communes de Nieul (Lauzières) et de L'Houmeau, le ravissant **port du Plomb,** avec ses maisons blanchies à la chaux et ses cabanes ostréicoles, n'attend que vous pour une jolie balade et pourquoi pas une petite dégustation (voir plus haut nos adresses). Sur place, des panneaux relatent l'histoire incroyable de ce port grand comme un mouchoir de poche et qui, autrefois, accueillait de grands gréements. Il s'agit du plus ancien port d'Aunis puisqu'on trouve déjà des traces de son existence en... 972.

Marsilly : *après Nieul-sur-Mer, par la D 106.*
– Petite **église** romane et gothique accolée à un imposant clocher du XVe s, offrant un superbe panorama sur la baie de l'Aiguillon, l'île de Ré, La Rochelle *(accès en haut : 2 € ; ticket combiné 3 musées et clocher 5 €).* Ne pas rater les signes énigmatiques (environ 60) gravés dans la pierre (c'est la plus grande concentration de la région). Notez que le grand Georges (Simenon, bien sûr) habita également par ici en 1932. Il louait La Richardière, une gentilhommière du XVIe s (ne se visite pas)...
– En face de l'église, au bout d'une petite place, trois petits musées *(accès : 4 € ; ticket combiné avec le clocher 5 € ; gratuit moins de 16 ans et étudiants).*

SUR LA PISTE DE MAIGRET...

On retrouve la trace de Georges Simenon à La Rochelle, présente dans nombre de ses romans, où il organisa l'accueil de 18 000 réfugiés belges pendant l'Occupation. Mais aussi sur l'île d'Aix, où il se réfugia (avec sa femme) pour... se consoler de sa rupture avec la meneuse de revue Joséphine Baker, durant l'été 1927 ! Enfin, il occupa en 1938 une maison à Nieul-sur-Mer, au nord de La Rochelle, où naquit son fils Marc et où il écrivit neuf romans, dont la suite des enquêtes de Maigret, Les Inconnus dans la maison *et* La Veuve Couderc.

– ***Le musée des Graffitis anciens :*** *☎ 05-46-01-48-83. 📱 06-17-79-19-16. • histoireetculture.net • En principe, fermé lun-mar ; de mi-avr à mi-juin, mer-ven 14h30-18h30, sam-dim 14h-19h ; de mi-juin à mi-sept, mer-ven 15h-19h, sam-dim 14h30-19h30 ; le musée étant tenu par des bénévoles, mieux vaut téléphoner avt de faire le détour hors saison.* Y sont exposés plus de 150 moulages de graffitis (bateaux, personnages, inscriptions, etc.) découverts sur différents bâtiments de la région. Certains remontent à l'occupation romaine. Mais c'est aussi l'exposition du travail de M. Martin, un glyptologue passionné, et surtout artiste, qui traque depuis des années la moindre trace laissée par nos ancêtres. Le musée des Graffitis anciens présente deux ensembles de pierres originales couvertes de graffitis : ceux du moulin des Sables à Charron, datant des XVIIe et XVIIIe s, et ceux de l'ancienne maison d'arrêt de La Rochelle.

– ***Le musée des Appareils anciens photo et cinéma :*** *📱 06-11-13-01-53. • cameraunis.fr •* Des vitrines de matériels de toutes origines et de toutes époques. Des passionnés bénévoles pour faire partager la découverte et les mystères de la photo.

– ***Le four à sel gaulois :*** dans un petit local qui jouxte les deux musées, la reconstitution d'un four à sel du Ier s av. J.-C.

Esnandes : *à 10 km au nord de La Rochelle par la D 105. Visites guidées des remparts ou de l'église Saint-Martin de mi-juin à mi-sept, aux horaires d'ouverture de la Maison de la baie du Marais poitevin.* Petit village de pêcheurs. Le site serait occupé de façon continue depuis le Ier s. Petite église romane du XIIe s, fortifiée au XIVe s, à la façade typique de la Saintonge, avec voussures et corniche décorées de sculptures (l'arc polylobé du portail central ne date que du XIXe s). À l'intérieur, mobilier du XVIIIe s. Remarquez les bancs fermés qui étaient loués par les familles riches. Belle promenade à faire sur le chemin de ronde.

– ***La Maison de la baie du Marais poitevin et le musée de la Mytiliculture :*** *pl. de l'Église. ☎ 05-46-01-34-64. • maison-baiemaraispoitevin.fr • Juin-sept, tlj 10h-13h, 14h-19h (18h juin et sept) ; vac scol, tlj 14h-18h ; mai et oct hors vac scol, mer et sam-dim 14h-18h. Entrée musée : 5 € ; 3,50 € enfant. Possibilité de visite musée + église : 9 € ; 5 € enfant. Remparts : 2 €.* Pass'Esnandis *20 € : visite du musée, de l'église, des remparts et tarifs réduits pour les accompagnants.* Accueil charmant et souriant. Petite boutique. Possibilité de visites accompagnées de l'église (45 mn) et des remparts (20 mn). Pour vivre une expérience unique, le ***Carrelet pédagogique*** *(groupe de 10 pers min ; 50 € pour 6h ; rens et résas à la Maison du Marais).* Accès au ***musée de la Mytiliculture*** : pour tout connaître sur la vie des moules et leur environnement ! Et sur leur culture dans la baie de l'Aiguillon *(visite libre, env 1h env).* Muséographie particulièrement ludique et adaptée aux enfants, avec projection d'un reportage sur grand écran.

– ***La pointe Saint-Clément :*** *à env 2 km du village.* Petit promontoire avec table d'orientation qui domine la baie de l'Aiguillon.

Charron : *à 13 km au nord de La Rochelle par la D 105.* Un des premiers villages de la région, avec Marsilly et Esnandes, à avoir développé la culture de la moule sur bouchots. Principal centre de mytiliculture, avec 90 % de la production du département. Un label récompense le respect d'une charte de qualité très contraignante, garante d'un produit d'exception qui a le goût de son terroir. Car il va sans dire que les eaux de l'estran, entre Marais poitevin et baie de l'Aiguillon, donnent un goût particulier à la moule de Charron. Cette culture aurait été introduite dans la région par un certain Patrick Walton, navigateur irlandais qui aurait fait naufrage en 1235. L'activité consiste à élever les moules en les fixant, jeunes, sur des piquets hauts de 5 à 6 m et espacés de 50 à 100 m. Une fois les bouchots plantés en mer, le boucholeur doit veiller à ce que les moules ne soient pas en contact avec le sol ou la vase. Tout le secret est là ! Après, il n'y a plus qu'à « cueillir » la moule... Le petit port du Pavé offre une vision très étonnante de la vie des mytiliculteurs, ainsi qu'un panorama superbe sur la pointe de l'Aiguillon et, à marée basse, les pieux enfoncés dans la vase. Régulièrement, le 1er week-end de juin, une fête est organisée autour du thème de la moule avec animations *(rens à la mairie : ☎ 05-46-01-50-22 ; comité des fêtes : ☎ 05-46-35-16-52).*

Sans oublier le célèbre ***Marais poitevin,*** traité plus haut et qui s'étend jusqu'aux portes de La Rochelle, puisque Esnandes et Marans marquent le début de la Venise verte... Détour obligatoire, donc !

Le château de Buzay : *17220* ***La Jarne.*** *☎ 05-46-56-63-21. 📱 06-07-54-31-50. • buzay.fr • ♿ À 7 km au sud de La Rochelle par la D 939. Mai-juin, w-e et j. fériés slt ; juil-sept, tlj (sf mar en sept) 14h30-17h30. Entrée (visites guidées slt et visite libre du parc) : 8 € ; réduc ; gratuit moins de 12 ans.* Château familial typique de l'époque Louis XV, d'architecture classique, aux volumes maîtrisés, avec une pièce principale (le grand salon), entre cour et jardin, autour de laquelle s'articule tout le reste du château. Marqué de l'empreinte omniprésente de son constructeur, Pierre-Étienne d'Harouard, le lieu est resté tel qu'il a été construit et décoré en 1771 (il n'y a que cinq exemples dans ce cas en France), et le mobilier est entièrement classé. Magnifique vaisselier du XVIIIe s, dans la grande salle à manger, présentant une très belle collection de faïences de Rouen et petite présentation de porcelaines de Chine du XVIIIe s.

« SAUVEZ LES MEUBLES ! »

Pendant l'Occupation, les Allemands avaient laissé 3 jours aux propriétaires du château de Buzay pour déménager leurs meubles avant leur arrivée. Ils ont donc tous été éparpillés chez les habitants du village. Avec la paix retrouvée, tout le mobilier leur a été restitué.

L'ÎLE DE RÉ

▸ Pour la carte de l'île de Ré, se reporter au cahier couleur.

« Sur une carte, elle ressemble un peu à une patte de poulet maigrichonne terminée à l'extrémité ouest par un long ergot recourbé. »

Stephen Clarke,

***God Save les Françaises* (Nil Éditeur).**

Entre pertuis breton et pertuis d'Antioche, voici la perle des îles de la façade atlantique. Elle est tout effilée : 30 km de long, 5 km de large au plus, 8 500 ha de superficie, et un point culminant à 19 m, au Peu-des-Aumonts ! Mais elle en impose ! Baignée par les eaux chaudes du Gulf Stream et ensoleillée 2 600 heures par an, elle exhibe (discrètement, toutefois) ses contrastes. Surnommée « Ré la Blanche », elle n'en rayonne pas moins de ses mille couleurs : plages de sable doré, fleurs aux teintes éclatantes, surfaces bleu-gris des terres argileuses des marais salants, ciel azur... Ses bienfaits naturels sont d'ailleurs réputés, au point qu'on y trouve trois centres de thalassothérapie (à Sainte-Marie, Ars et La Flotte). Ré, celle qui aurait pu être la déesse de l'Abondance (Rhéa), exerce un magique pouvoir d'attraction et de séduction. Pas étonnant qu'il y ait autant de monde en été ! Même si ces lignes donnent quelques clés, rares sont ceux qui parviennent à deviner la vraie identité rétaise...

Finalement, le plus simple consiste à faire comme les Rétais, en s'imprégnant de leur quotidien. Et pour cela, il n'y a qu'une seule solution : *Le Phare de Ré.* Cette géniale feuille de chou locale est devenue le principal organe de communication de l'île. On y parle de tout, plutôt bien, et ses 18 000 exemplaires alimentent... 8 000 familles. Faites le compte !
Ré, déesse de l'Atlantique, reste pourtant tributaire des colères de la nature et de son océan. Dans la nuit du 27 au 28 février 2010, avec des vents de 160 km/h, la tempête Xynthia provoque une surcote de 1,5 m. Les vagues submergent digues et dunes pour provoquer des cicatrices sur le trait de côte, encore visibles aujourd'hui. Ré a « Ré-sisté »... et se relève, en pansant lentement ses plaies.

UN PEU D'HISTOIRE

Il y a fort longtemps, l'île de Ré n'était pas une île... Logique, puisqu'elle était rattachée au continent ! La fonte des glaces entraîna la formation de quatre îlots, ensuite reliés entre eux par des dépôts d'alluvions. Habitée probablement depuis le Paléolithique, l'île de Ré est connue sous son nom actuel depuis le VIIe s. L'origine vient de *ratis* (qui veut dire « fougère » en celte).
Désertée après les incursions dévastatrices des Normands, l'île se repeuple petit à petit de gens venus du continent, attirés par les privilèges concédés aux îliens par les ducs d'Aquitaine puis par les comtes de Poitou. La pêche et le commerce maritime commencent à se développer au Xe s. Mais c'est réellement ***au XIIe s, avec l'arrivée de moines cisterciens à l'abbaye des Châteliers,*** que l'île trouve sa ***vocation commerciale : le sel et la vigne.*** Le développement de l'île aurait pu continuer sur sa lancée si elle n'avait été l'enjeu de ***luttes incessantes entre Français et Anglais.*** En 1372, lasse, elle met un terme aux querelles dynastiques en choisissant la couronne de France (en échange de certains privilèges... évidemment !). Ré sort marquée de ces temps médiévaux, mais son commerce va connaître une renaissance grâce aux dynamiques seigneurs de La Trémoille. Pendant les guerres de Religion, elle traverse encore des moments difficiles : le culte des protestants rétais (habitants de l'île) est sans cesse remis en cause et, durant le siège de Saint-Martin, Toiras, alors gouverneur de l'île, taille l'armée anglaise en pièces. Le XVIIIe s marque un temps d'accalmie pendant lequel l'île s'épanouit. Ses vignes s'étendent à perte de vue, ses eaux-de-vie sont exportées en Europe du Nord, et son cheptel est tel qu'elle peut assurer son autarcie... ou presque, puisque l'insurrection vendéenne pendant la Révolution prive les Rétais de leurs céréales (plus de corn flakes au petit déj !), les enlisant à nouveau dans une situation alimentaire et économique désastreuse... À ce moment, un vent de changement souffle sur la dénomination des villages : Ars s'appellera La Concorde, Loix La Loi, La Couarde La Fraternité, etc.
Le XIXe s, malgré la crise salicole et les ravages du phylloxéra, annonce plutôt un nouvel essor de l'île. La population augmente régulièrement. Une route principale est construite d'est en ouest pour faciliter les échanges et le transport des récoltes. Le premier bateau à vapeur relie l'île à La Rochelle en 1834. Ses eaux-de-vie s'exportent désormais sur le continent nord-américain. Enfin, le folklorique petit train de Ré est mis en service. Depuis la Seconde Guerre mondiale, l'île de Ré est en pleine mutation.
La vigne a quasiment supplanté le sel, même si, aujourd'hui, l'or blanc connaît un indéniable regain avec pas moins de 80 sauniers. L'île produit également des légumes primeurs, dont les fameuses pommes de terre de l'île de Ré, la première à avoir bénéficié d'une appellation d'origine et qu'on ne trouve sur les marchés qu'en mai et juin... Objet rare, précieux et éphémère, dont le prix atteint forcément des sommets. Elle est pourtant produite à 98 % par la coopérative maraîchère. L'ostréiculture, la mytiliculture et la récolte de la salicorne (encouragée par l'INRA) sont en plein essor, tandis qu'on observe une remontée sensible de sa population.

Enfin, le tourisme, depuis l'engouement des premiers congés payés, puis la construction (controversée) du pont constituent une nouvelle manne dont elle aurait tort de se priver.

LE PONT DE RÉ

Les Rétais ont toujours parfaitement assumé leur insularité, se contentant de bateaux à vapeur, puis de bacs (après la Seconde Guerre mondiale) pour rallier le continent. Cependant, si les îliens s'en satisfont, les grandes migrations estivales imposent très vite la mise en place d'un autre moyen de passage que le bac, celui-ci entraînant des files d'attente interminables ! Décidée d'utilité publique après moult débats, la construction du pont commence en 1986. Moins de 2 années plus tard, il s'offre majestueusement à la circulation. ***Long de 2,9 km,*** il est soutenu par 28 piliers, s'élève à 30 m au-dessus de la mer et relie en arc de cercle La Rochelle à la pointe de Sablanceaux (sur la commune de Rivedoux-Plage). Ce n'est pas le pont de Normandie, mais l'ouvrage est d'une légèreté aérienne. En surplomb, il offre un panorama sublime !
On ne peut cependant parler du pont sans évoquer les modifications qu'il entraîne sur le plan socio-économique. S'il facilite indéniablement la vie du vacancier avide de grand air et de plages, il contribue par ailleurs à un accroissement considérable de la population durant les mois d'été. Un phénomène qui ne pouvait aller qu'en augmentant, d'où les mesures qui ont rapidement suivi la construction du pont, visant à limiter le bétonnage sur l'île. Aujourd'hui, on accorde les permis de construire de manière restreinte, et l'île est de toute manière inconstructible à 80 %. Évidemment, cette volonté de maîtrise et de protection du paysage a eu pour effet pervers de faire flamber les prix de l'immobilier. Mais la vente hier de terrains à prix d'or par toute une génération de Rétais s'est faite au détriment de leurs descendants, la jeune génération, qui est aujourd'hui obligée de s'exiler sur le continent. Face à ce cruel dilemme, certains maires se sont lancés dans une véritable politique de logements sociaux comme à La Flotte, La Couarde ou encore Saint-Martin-de-Ré.

LA PETITE REINE

N'en déplaise aux Fangio et autres fous du volant, l'île de Ré est le royaume des vélos... Il y en a partout (50 000 en circulation en été !) et il n'y en a que pour eux (on ne va pas s'en plaindre) ! Et puis les loueurs ont la bonne idée de proposer des petites carrioles à accrocher derrière, idéales pour transporter nos chers bambins avec les courses pour la semaine.
Cinq itinéraires cyclables sont donc proposés à leur intention (en tout, ce sont près de 130 km qui s'offrent sympathiquement à vos mollets !) :
➢ le *chemin de l'Histoire* (22 km), entre la pointe de Sablanceaux et Sainte-Marie, en passant par Rivedoux, La Flotte et Saint-Martin ;
➢ le *chemin du Littoral* (17,5 km), qui donne une vision de la côte de Saint-Martin à Loix en passant par La Couarde. Un de nos préférés, car il longe la mer ;
➢ le *chemin de la Campagne* (19,5 km), de Saint-Martin à La Couarde en passant par Le Bois-Plage ;
➢ le *chemin des Marais* (18 km) contourne le Fier d'Ars de La Couarde aux Portes-en-Ré ;
➢ le *chemin de la Forêt* (10 km), enfin, de Saint-Clément aux Portes par la forêt domaniale du Lisay.
Très bien conçus, ils permettent de bien saisir la variété des paysages de l'île. Les plans précis, avec kilométrage et commentaires, sont disponibles dans tous les offices de tourisme de l'île. Pour les accros, on conseille la lecture complémentaire des *Promenades à bicyclette et à pied* de Jean-Pierre Rault, aux éditions CMD, en vente dans de nombreuses librairies de l'île.

Alors, définitivement, posez votre bolide et partez à bicyclette (ce ne sont pas les loueurs de vélos qui manquent !) à la recherche des secrets de Ré... c'est tellement moins stressant ! Un petit conseil (mine de rien, on tient à nos lecteurs et on déplore quand même quelques accidents chaque année) : même à vélo, il y a un code de la route à respecter. Roulez à droite car les pistes sont à double sens, et tenez compte des priorités lorsque vous traversez un axe routier... Bonne route !

Comment y aller ?

➢ ***En train :*** *rens SNCF, ☎ 36-35 (0,34 €/mn).* • *sncf.fr* • Liaisons quotidiennes entre La Rochelle et Nantes, Bordeaux et Paris-Montparnasse.

➢ ***En bus :*** la ligne n° 3 et le *Ré Express* de *Keolis les Mouettes* (*☎ 0811-36-17-17 ;* • *lesmouettes-transports.com* •) desservent ttes les communes de l'île de Ré à partir de La Rochelle (à l'arrivée des trains à la gare SNCF et pl. de Verdun). La navette *Vélo-Mouettes,* qui circule sur l'île en juillet-août, prend les vélos. En outre, un bus électrique traverse le pont pour 1 € slt, tlj pdt vac scol (5 juil-30 août, une navette ttes les 10 mn 10h-20h ; sinon, navette ttes les 30 mn 10h30-19h) et w-e et j. fériés du w-e de Pâques à fin sept.

La ligne n° 50 de la *RTCR* (*☎ 0810-17-18-17 ;* • *rtcr.fr* •) fonctionne en saison slt. Départ de la pl. de Verdun à La Rochelle mer et w-e en juin, tlj en juil-août. Son terminus se situe à Sablanceaux-Plage, juste après le pont. En juil-août, bus-vélos (ligne n° 51) spécialement équipés pour transporter les vélos (hors Vélos jaunes municipaux).

➢ ***En voiture :*** pour passer le pont, compter 16 € A/R pour une voiture 20 juin-11 sept ; 8 € hors saison. Compter 3 € pour les 2-roues motorisés.

– Le pont est gratuit pour les piétons et les cyclistes.

Adresse et info utiles

ℹ ***Île de Ré Tourisme :*** *ZAC des Mirambelles, rue des Embruns, 17580* ***Le Bois-Plage.*** *☎ 05-46-09-00-55.* • *iledere.com* • L'interlocuteur idéal pour qui cherche une chambre d'hôtel, un meublé ou un emplacement de camping à la dernière minute.

– Voir également le site • *reservation-iledere.com* •, qui informe en temps réel de la disponibilité des hébergements.

L'ÎLE DE RÉ

RIVEDOUX-PLAGE

(17940) 2 010 hab. *Carte Charente-Maritime, B1*

Porte d'accès de Ré, puisque de Rivedoux partent les deux routes principales de l'île : l'itinéraire nord (par la D 735) et l'itinéraire sud (par la D 201). Drôle d'entrée en matière pourtant que cette station dépourvue du charme des autres villages rétais. Très fréquentée pour ses immenses plages de sable fin (au nord et au sud), Rivedoux mérite surtout une halte pour son petit port très pittoresque, entièrement rénové, et pour son panorama sur le pont et le continent. Voir également sa Redoute, un monument construit au XVIIe s sous Vauban pour la défense du port militaire de Rochefort (visitable seulement pour la fête de la Nature mi-mai et les Journées du patrimoine en septembre). Important centre ostréicole, l'huître y est fêtée (avec tout le folklore voulu) début août.

Adresses et infos utiles

Office de tourisme : *pl. de la République. ☎ 05-46-09-80-62. • rivedoux-plage.fr • Avr-sept, lun-sam 9h-13h, 14h-17h (juil-août 9h-18h30, plus dim et j. fériés 9h-12h30) ; hors saison, lun-sam mat 10h-12h, 14h-16h.* Billetteries diverses (*Pass La Rochelle-île de Ré*, croisières interîles, aquarium...). Organise des animations (chasse au trésor, concours de châteaux de sable, festival de manège à pédales, balades contées...). Circuits pédestres de rando, poussettes...

Location de vélos : ***Fun Cycles,*** *203, rue Jules-Ferry. ☎ 05-46-09-69-39.* ***Tout à Vélo,*** *40, rue du Comte-d'Hastrel. ☎ 05-46-66-56-94.* ***Rhéa Vélo,*** *270, av. Gustave-Perreau. ☎ 05-35-54-63-00.*

– **Marché :** *pl. de la République, tlj en saison ; mer et sam-dim hors saison.*

– **Plage sud labellisée « Tourisme et Handicap »** avec Tiralo, Handiquatro et Escal'à dunes pour un accès facilité à la mer.

Où dormir ? Où manger ? Où boire un verre ?

Camping

Camping Le Platin – La Redoute : *125, av. Gustave-Perreau. ☎ 05-46-09-84-10. • platin@campeole.com • campeole.com • À l'entrée de l'île en venant de La Rochelle (avt l'office de tourisme sur la droite). Ouv avr-sept. Prix : 21,50 € en hte saison ; loc de bungalows toilés (jusqu'à 5 pers) 231-1 141 €/sem. 150 empl.* Étendu le long de la plage (et de la route) et à 100 m du bourg, le camping dispose d'emplacements bien ombragés mais sans réel charme ; de l'autre côté de la route, l'espace est réservé aux bungalows. Animations gratuites en été. Aire de jeux sablonneuse, structure gonflable et trampoline géant. Piscine.

De prix moyens à chic

Chambres d'hôtes La Grande Marée : *560, rue Charles-de-Gaulle. ☎ 05-46-09-81-10. 06-78-73-40-59. • lagrandemaree@gmail.com • lagrandemaree.com • Longer le port et tourner à gauche direction Fougères. Tte l'année. Doubles 60-80 € selon saison ; une familiale 3 pers 80-110 €.* À l'arrière du village, au calme, une maison moderne avec un jardin et 5 chambres autour d'un salon commun, pas très grandes mais assez confortables et pas bien chères pour l'île de Ré. La proprio propose des soins esthétiques naturels, et son mari des sorties pour faire de la pêche à pied. Bon accueil.

Hôtel-restaurant La Marée : *321, av. Albert-Sarrault. ☎ 05-46-09-80-02. • contact@hoteldelamaree.com • hoteldelamaree.com • Sur le port. Doubles 70-190 € selon confort et taille ; familiales et suites en duplex 135-265 €. Formules déj 19,90-31 € ; menus 31-55 €.* Très bel hôtel des années 1950 entièrement rénové dans un style Deauville. Beaucoup de bois, beaucoup de planches dans les tons blanc et gris. Les chambres ne sont pas bien grandes, mais elles sont décorées avec un goût très sûr. L'une d'entre elles offre même une terrasse privée pour le même prix que les autres supérieures. Double vitrage partout pour effacer le passage des voitures sur le port, son principal défaut en saison. Piscine chauffée et jacuzzi. Restaurant, *Le M*, tout aussi élégant, avec vue panoramique et terrasse directement sur le port. Une très bonne cuisine (de la mer...) orchestrée par l'ancien chef de *La Baleine Bleue*, ce qui est bon signe.

Les Viviers : *573, av. de la Corniche. ☎ 05-46-09-86-22. Tlj sf mar soir et mer. Congés : de mi-déc au 1er avr. Résa impérative ! Menus 24-29 € ; assiettes et gros plateaux de fruits de mer env 20-35 €, 60-90 € pour 2. Café offert sur présentation de ce guide.* L'une des meilleures adresses de l'île pour se taper un copieux PFM (comprenez plateau de fruits de mer) ! Peu de doute sur la qualité et la fraîcheur des produits, nous sommes dans le resto d'une poissonnerie. La salle, un brin chic, et sa véranda ouvrent d'un côté sur les viviers et de l'autre sur le pont de Ré. Poissons en belles recettes. Accueil super sympa.

La Chaloupe : *104, rue Albert-Sarrault. ☎ 05-46-09-87-84. • lachaloupe@sfr.fr • Tlj en été ; fermé mar soir et mer hors saison. Congés : 15 déc-15 janv. Formule déj en sem 20 € ; carte env 25 €. Digestif maison offert sur présentation de ce guide.* Situé avant l'hôtel *La Marée,* côté port, ce petit bistrot à loups de mer se « branche » mais propose toujours des petits déj, des apéros (saucisse sèche, rillettes de sardines et pâté Hénaff !), des huîtres et quelques plats plus conséquents pour l'estomac et le porte-monnaie. Petits concerts réguliers (programmation sur • *lachaloupe-iledere.fr* •). Sympathique. Belle terrasse sur mer.

Fête et manifestations

– ***Rivedoux Folies :*** *juil-août, 1er mer du mois.* Fête en plein air avec concert gratuit.
– ***Fête de l'Huître :*** *1er w-e d'août.* Fête traditionnelle avec dégustation et concert.
– ***Festival de Salsa :*** *ts les ans dernière sem d'août.* Festival de salsa et West Coast Swing.

SAINTE-MARIE-DE-RÉ

(17740) 3 200 hab. *Carte Charente-Maritime, B1*

Un des plus vieux villages de l'île, comme en témoignent les ruelles très étroites, les maisons basses et blanches, et le clocher gothique du XVe s de l'église entièrement restaurée au XIXe s. Le village labellisé Station verte a son petit charme... Plage assez sauvage. Quelques grands éditeurs de presse y résident discrètement, à l'abri des... magazines people.

CONFUSION SEXUELLE

Pour protéger leurs vignes, certains viticulteurs les traitent désormais sans pesticides. Ils misent sur la niaiserie des papillons mâles. Ils répandent une hormone qui rappelle les effluves (phéromones) des papillons femelles. Les mâles sont tout excités, batifolent dans tous les sens, s'épuisent et meurent. Pas de fécondation, pas de chenilles.

Adresses et info utiles

Office de tourisme : *pl. d'Antioche. ☎ 05-46-30-22-92. • saintemariedere.com • Au centre de Sainte-Marie. En saison, lun-sam 9h-13h, 14h30-19h30, plus dim et j. fériés 10h-13h ; mai-juin, sept et vac scol de Pâques et de la Toussaint, lun-sam 9h30-13h, 15h-18h, plus le mat des dim et j. fériés ; hors saison, lun-ven et sam mat, horaires réduits.* Compétent et accueillant. Dispose de plusieurs adresses de chambres d'hôtes, de chambres chez l'habitant et de maisons à louer. Organise des visites guidées du village *(4 € ; sur résa obligatoire),* dont une adaptée aux enfants *(3 €).* Également un jeu de piste pour enfants *(2 €).* Découverte de la Noue avec smartphone *(prêt de tablette 5 €).*

■ ***Location de vélos : Cyclo-surf,*** *26,*

rue du 14-Juillet. ☎ 05-46-30-19-51. Également au 9 bis, cours des Jarrières (La Noue). ☎ 05-46-30-27-40. **Cycland,** *pl. des Tilleuls (La Noue). ☎ 05-46-43-04-02.*

– **Marchés :** *pl. d'Antioche et pl. des Tilleuls, tlj, le mat ; également 3 semi-nocturnes en juil-août.*

Où dormir ?

Camping

La Côte Sauvage : *route de la Côte-Sauvage. ☎ 05-46-30-21-74. • info@camping-saintemariedere.com • saintemariedere.com • ♿ Ouv avr-oct. Prix : 19 € en hte saison sur résa. 152 empl.* Le moins cher de l'île et pourtant l'un des mieux situés, le long de la côte sauvage. Dans un secteur calme à deux pas du village, ce camping familial, propre et très bien tenu, déploie ses emplacements moyennement ombragés (selon situation ; certains bien ombragés) le long de l'océan (on peut dormir avec vue sur la mer, aux emplacements 76 ou 90 par exemple, nos coups de cœur !), avec accès direct à la plage. Un vrai camping sauvage, sans mobile homes ! Petit snack, laverie, local bébé et quelques jeux pour enfants. Piste cyclable à proximité pour découvrir l'île en toute sécurité. Accueil sympa et souriant.

De prix moyens à chic

Hôtel L'Île sous le Vent : *chez Katia et Xavier Manifet, 17 bis, rue du Petit-Labat. ☎ 05-46-09-60-53. • contact@ilesouslevent.com • ilesouslevent.com • ♿ Congés : du 11 nov à mi-fév. Doubles 60-125 € selon taille et saison. Table d'hôtes 35 €, apéritif et vin inclus (mar-sam, sur résa). Réduc de 10 % sur les nuitées hors hte saison et hors promo sur présentation de ce guide à l'arrivée.* Katia et Xavier vous accueilleront avec beaucoup de gentillesse dans leur petit hôtel de 9 chambres réparties dans un clos typiquement rétais, entouré de murs de pierre, au cœur du petit village et à 10 mn à pied de la mer. Les chambres sont adorables, chacune avec une déco contemporaine particulièrement étudiée, salle d'eau, TV, coffre et une petite terrasse. Piscine chauffée et jardin très agréables à disposition. Location de vélos. Cerise sur le gâteau, Xavier, ancien pâtissier du *Richelieu,* concocte des petits déj et des repas de poisson à la mesure de son expérience et de son talent.

P'tit Déj Hôtel : *12, rue de la Terre-Rouge. ☎ 05-46-30-33-20. • hotel@petitdej-hotel-iledere.com • petitdej-hotel-iledere.com • ♿ Congés : 2 sem début janv et 2 sem fin nov-début déc. Doubles 49-165 € selon saison ; apparts pour 3 pers 69-234 €. Surveiller les promos sur le site. Parking fermé. Café offert sur présentation de ce guide.* Un hôtel neuf, confortable, familial, écologique... et économique (selon saison...) ! Ce nouveau concept d'hébergement *low-cost* offre un rapport qualité-prix vraiment intéressant. Chambres et appartements de style contemporain, aux couleurs du jour, avec terrasse privative donnant sur une belle piscine chauffée, bordée de parasols en paille. Aire de jeux pour enfants, salle de petit déj aux baies vitrées, location de vélos... rien ne manque ! Géré par le patron de l'hôtel *Les Vignes de la Chapelle,* qui propose également des gîtes et des chambres d'hôtes dans le coin.

Beaucoup plus chic

Hôtel Les Vignes de la Chapelle : *5, rue de la Manne. ☎ 05-46-30-20-30. • hôtel@lesvignesdelachapelle.com • lesvignesdelachapelle.com • ♿ Ouv 7 avr-1er nov. Doubles 89-314 € ; pour 3-5 pers 139-344 € ; petit déj 15 €. De façon générale, suivre les promos sur le site. Parking clos payant. Café offert sur présentation de ce guide.* Hôtel 4 étoiles. Tout à la fois *Relais du Silence* et *Ecolodge.* Environnement naturel de charme. Hôtel horizontal au ras d'un océan de vignes qui plongent dans la mer (à 300 m environ). Avec ses tuiles romaines, on le croirait presque planté dans une garrigue gardoise. Un des premiers établissements de l'île à porter l'étiquette « écolo », car les matériaux de construction furent naturels, on y récupère les eaux de pluie (celle des douches et de la piscine est chauffée au solaire), on y pratique le tri sélectif des déchets, etc. *Lodges* de 17 à 45 m² (de 2 à 5 personnes) particulièrement bien conçus et confortables : salle de bains et toilettes séparées, coffre, minibar, coin cuisine avec micro-ondes, bouilloire, vaisselle pour se faire des repas légers. Shampooing et savon bio, bien sûr... À chaque *lodge* sa petite terrasse ouverte sur la verdure. Certes, tout cela a un prix, mais c'est vraiment top comme concept. Piscine, espace bien-être (jacuzzi, sauna, massage...). Location de vélos.

Où manger ?

Les Tilleuls : *pl. des Tilleuls, La Noue.* *☎ 05-46-30-02-76. • les tilleuls.restaurant@gmail.com • Tte l'année, tlj midi et soir. Intéressante formule déj 10,80 € (galettes, crêpes) ; autre formule 18,50 €. Apéritif offert sur présentation de ce guide.* Petit resto de village, sur une place agréable, principalement connu des habitués de l'île. Petite salle simple, tranquille patio pour cuisine tout aussi simple et fraîche : salades, pizzas et crêpes. Plus un bon choix de viandes.

À voir. À faire

Visite guidée du ***village*** et du ***clocher,*** organisée par l'office de tourisme *(au moins 2 fois/sem sur résa, se renseigner sur les horaires ; env 3 €).* Du sommet du clocher, la vue porte jusqu'à 30 km par beau temps.

➢ ***Le sentier des 5 Paysages :*** *8 km ; env 2h.* On flâne au gré des paysages et des milieux naturels qui forment le kaléidoscope du village. Des venelles à la forêt, au littoral (superbes envolées vers les plages et le large) ou au marais salant. Cinq pupitres pour expliquer la flore et la faune. À faire absolument pour la richesse et la diversité des milieux naturels et la biodiversité. N'oubliez pas les jumelles et l'appareil photo !

UNE ARCHITECTURE ADAPTÉE AUX HUMEURS D'ÉOLE !

Si la maison du pêcheur se révèle basse, avec peu d'ouvertures et accolée aux demeures voisines au long de ruelles étroites, c'est uniquement pour laisser le moins de prise possible au vent. Certaines montrent encore à la base des traces de coaltar, genre de goudron rendant étanches les bateaux. En outre, le reste de peinture pour la coque était souvent utilisé pour les portes et fenêtres. D'où l'origine de la couleur verte ultra-dominante dans l'île de Ré !

Et puis pourquoi ne pas aller déguster la Blanche de Ré à la microbrasserie ***Bières de Ré*** *(dans la zone artisanale, à la sortie de La Noue, en direction du Bois-Plage ; ☎ 05-46-43-82-63 ; • bieresdere.fr • ; tlj sf dim)* ? Des bières artisanales légères (sans conservateur ni colorant ni additif) aux noms évocateurs : la Blanche de Ré, la toute première de la collection, blanche et rafraîchissante, à laquelle sont venues s'ajouter la Déferlante, riche en céréales, l'Écume de Ré, bière blanche mais de couleur brune aux arômes torréfiés et épicés, la Blanche Amb'Ré, la Cuivrée, bière au cognac, ou encore une blonde bio... Et de la limonade.

Fêtes et manifestations

– ***Brocantes et vide-greniers :*** *1 fois par mois avr-août.*
– ***Fête des Écluses :*** *dernier w-e de juil.* Pique-nique géant en bord de mer et visite gratuite des écluses.
– ***Fête de La Noue :*** *6 août.* Messe à la chapelle Saint-Sauveur à 10h30 et repas champêtre avec animations à partir de 19h, place des Tilleuls.

LA FLOTTE (17630) 2 923 hab. *Carte Charente-Maritime, B1*

Un ancien village de pêcheurs plein de charme et comptant d'ailleurs parmi les Plus Beaux Villages de France, qui a su, jusqu'ici, conserver son authenticité. Il est désormais labellisé Village de pierres et d'eau parmi 13 communes emblématiques du département. Original, son joli petit port, à l'étonnante jetée en arrondi, devient sec à marée basse ! Encore fréquenté par les bateaux de pêche et très prisé des bateaux de plaisance, il est bordé de terrasses de cafés qui vivent au rythme des saisons. Ses belles demeures du front de mer dissimulent un labyrinthe de ruelles paisibles, où les maisonnettes typiques disparaissent parfois derrière un rideau de roses trémières. Il abrite également une association dynamique, Flottille en pertuis, qui s'efforce de rassembler chaque année (le 1er week-end d'août) le maximum de bateaux de pertuis charentais. Une belle manière de faire découvrir le patrimoine naval régional méconnu du grand public.

> **LA ROSE TRÉMIÈRE**
>
> *Son nom est une déformation de « rose d'outremer ». Oui, la reine des jardins rétais n'est pas d'ici. Elle fut rapportée d'Orient, lors des croisades. Très rustique, elle supporte d'ailleurs la sécheresse.*

Adresses utiles

Office de tourisme : *quai de Sénac. ☎ 05-46-09-60-38. • laflotte-iledere.fr • Sur le port. Juil-août, lun-sam, plus le mat des dim et j. fériés ; hors saison, lun-sam slt.* Accueil pro et très sympa. Labellisé Tourisme & Handicap. Organise des sorties en mer, des visites (avec dégustation) d'élevage d'oursins, des découvertes du village à vélo et des concours de châteaux de sable pour les enfants en saison sur réservation. Livret de promenades pédestres avec énigmes.

Location de vélos : ***Cycland,*** *17, rue du Marché. ☎ 05-46-09-65-27.* Vélos classiques, hollandais et VTT (ou vélos électriques pour les moins sportifs). ***Rhéa Vélo,*** *1 ter, rue Charles-Biret. ☎ 05-46-01-56-49.* ***Tout à Vélo,*** *7, rue Gustave-Déchézeaux. ☎ 05-16-85-24-24.* ***Cyclo-surf,*** *14 bis, rue Henri-Lainé. ☎ 05-46-09-51-60.* Vélos classiques, tandems, avec remorques...

Révasion : *4 bis, rue Gustave-Déchézeaux. ☎ 05-46-09-16-20. • revasion.com • Tte l'année, lun-ven 9h30-12h30, 14h30-18h30 ; sam 10h-12h30.* Seule agence de voyages de l'île habilitée à vendre des billets SNCF (moyennant une commission, bien sûr). Location de voitures.

Où dormir ?

Camping et hôtellerie de plein air

Camping La Grainetière : *route de Saint-Martin (D 735). ☎ 05-46-09-68-86. • la-grainetiere@orange.fr • la-grainetiere.com • ♿ Ouv avr-début oct. Forfait pour 2 pers 40 € en hte saison ; mobile homes 2-3 chambres 310-900 €/sem pour 2-6 pers ;*

roulottes 287-875 €/sem pour 2-4 pers ; et chalet PMR. 150 empl. Situé entre La Flotte et Saint-Martin, ce camping 4 étoiles propose des emplacements correctement ombragés dans un agréable parc de 2,6 ha. Pas mal de services et de loisirs. Et grosse concentration de mobile homes, comme partout. Belle piscine couverte et chauffée, boulodrome, salle de jeux pour petits et grands, location de vélos, salle TV, épicerie, laverie, espace bébé, location de barbecues, de frigos, etc.

■ ***L'Île Blanche :*** *chemin des Bardomières, route de Saint-Martin. ☎ 05-46-09-52-43. • ileblanche@wanadoo.fr • ile-blanche.com • Ouv Pâques-sept. Mobile homes et cottages slt ; forfaits 4-6 pers 315-995 €/sem selon saison. 187 empl.* Ici, on ne plante pas la tente. C'est le nouveau concept à la mode, l'hôtellerie de plein air ou comment louer un hébergement saisonnier au cœur des infrastructures d'un camping 4 étoiles. Les mobile homes et cottages varient de 24 à 35 m², avec chacun 2 chambres, un coin cuisine équipée, une salle d'eau, des w-c et une terrasse. Pas donné en haute saison, mais c'est assez élégant et au milieu d'un environnement bien arboré. Resto. Piscine à toit ouvrant, aires de jeux, boulodrome, ping-pong, volley, tennis, etc.

De prix moyens à chic

■ ***Résidence hôtelière Les Hauts de Cocraud :*** *route de Saint-Martin. ☎ 05-46-68-29-21. • hautsdecocraud@odalys-vacances.com • Congés : début nov-début fév. À partir de 255 €/sem pour 2 pers en chambre et de 345 €/sem pour 5 pers ; également des suites 6-10 pers.* À 100 m de la mer et 1 km du port. Charmantes maisonnettes mitoyennes dans un dédale de ruelles avec cuisine bien équipée, TV écran plat, terrasse privative encadrée de hauts murs... Les habitués privilégient celles exposées plein sud. Piscine chauffée, laverie, location de vélos.

■ ***Le Môle :*** *2, cours Félix-Faure. ☎ 05-46-09-60-43. • lemole17@hotmail.com • le-mole.com • Congés : en principe en début d'année. Selon nombre de pers et saison, doubles 72-99 €, duplex 4 pers 100-175 € (loc à la sem également) ; petit déj 8 € ; plusieurs apparts sur l'île (2-6 pers) 565-1 380 €/sem.* Wi-fi. Sur le front de mer (accès direct), à un pas du port, on ne peut plus central. Dans une grande et noble demeure du XVIIIe s abritant au rez-de-chaussée un magasin de cadeaux et d'antiquités. Location de chambres, studios et appartements de 2 à 6 personnes. Déco de charme, dans les douces tonalités rétaises, bon confort et remarquable rapport qualité-prix pour l'île ! Coup de cœur !

■ ***Hôtel Hippocampe :*** *16, rue du Château-des-Mauléons. ☎ 05-46-09-60-68. • contact@hotel-hippocampe.com • hotel-hippocampe.com • À proximité de l'église. Congés : 18 déc-1er mars. Doubles avec douche 64-89 € ; familiales 99-139 €.* Wi-fi. *Réduc sur la loc de vélos sur présentation de ce guide.* En retrait de l'agitation du port, dans le bourg. L'hôtel a été entièrement rénové ces dernières années. Chambres simples mais très correctes, avec TV pour certaines. Déco rétaise du sol au plafond, jusqu'à la petite cour intérieure pour le petit déj. Salon avec piano. Terrasse.

■ ***Hôtel Le Français :*** *1, cours Félix-Faure. ☎ 05-46-09-60-06. • lefrancais@nerim.net • hotellefrancais.com • ♿ Ouv avr-début nov et pdt les fêtes de fin d'année. Selon saison, doubles avec douche 60-98 €, avec bains et vue sur mer 80-120 €.* Internet. Wi-fi. *Le Français* dispose de chambres réparties dans 3 bâtiments distincts. Du coup, il y en a pour tous les goûts : plus calmes côté rue, animées côté port, moins chères dans la ruelle... L'ensemble est agréable et confortable. Seule la déco, fonctionnelle avant tout, mériterait un brin de fantaisie ! Grande et belle terrasse sur le port. Accueil chaleureux. Resto panoramique à l'étage (à prix corrects) avec vue... tout aussi panoramique !

Où manger ?

Les Pieds dans l'Eau : *8, cours Félix-Faure. ☎ 05-46-09-45-68. • comptoirdere@wanadoo.fr • Sur la promenade du front de mer. Avr-4 nov, tlj sf le soir dim-lun, plus lun midi hors saison. Formules 19-24 € ; carte env 30 €.* Situation on ne peut plus privilégiée (on en profite pour servir des portions parfois chiches, hélas) et cadre élégant pour ce resto-crêperie du front de mer. Poisson du marché, bœuf grillé façon thaïe, galettes de blé noir, grosses salades au camembert chaud et jambon Serrano... le tout à déguster, comme il se doit, en terrasse. Quelques spécialités bien rétaises comme les moules de bouchot servies avec les pommes de terre de l'île.

Chai nous comme Chai vous : *1, rue de la Garde. ☎ 05-46-09-49-85. • laurentfavier17@me.com • Tlj sf jeu en saison et vac scol, sf mer-jeu hors saison. Congés : 11 nov-14 fév. Résa fortement recommandée. Le midi, formule 25 € et menu 19 € ; carte env 40 €.* Dans une ruelle qui se faufile au milieu du port, un petit décor à la fois discret et chic, avec quelques touches design pour la note contemporaine. Cette adresse de bon ton propose une élégante cuisine d'aujourd'hui, plutôt classique mais tempérée d'une pointe de modernité, à base de produits rétais ou rochelais, ultra-frais. Atmosphère intime et seulement quelques tables pour un accueil de caractère.

La Poissonnerie – Dégustation du Port : *4, quai de Sénac. ☎ 05-46-09-04-14. 06-81-09-63-58. • saint-gat@hotmail.fr • Mars-début nov, tlj sf mer. Menu midi en sem 24 € ; plats 16-42 €, assiettes et plateaux de fruits de mer env 30-40 € ; carte 45-50 €. Digestif maison offert sur présentation de ce guide.* La belle terrasse sur le port est déjà une invitation en soi. Devenu un peu cher et touristique. Pourtant, à bien y regarder, on trouve des plats plus abordables comme les huîtres ou les belles assiettes de fruits de mer. La pêche provient exclusivement de petits bateaux privilégiant les poissons nobles (saint-pierre, lotte, sole...). Et franchement, rien à redire sur les portions : de 400 à 600 g !

À voir. À faire

L'église Sainte-Catherine : existant probablement au XIIe s sous forme de chapelle, elle fut profondément remaniée au XVe s et affiche quelques éléments gothiques. Les décorations intérieures, les vitraux, la façade et l'horloge datent du XIXe s. À l'intérieur, le monumental retable du maître-autel pourrait dater du XVIIe s. Il est orné d'une peinture du XIXe s représentant sainte Catherine portée par des anges au-dessus du mont Sinaï, dont l'original se trouve au Musée national de Berlin. Remarquez également la cloche baptisée « Armand Jean » en l'honneur du cardinal de Richelieu, qui en finança la fonte après les destructions des guerres de Religion. En place depuis le XVIIe s, elle a dû être décrochée en 1955 à cause de l'usure de ses anneaux ! Nombreuses maquettes ou peintures maritimes. À côté de l'église, voir la façade du presbytère construit à la fin du XIXe s dans un style néogothique.

Le vieux marché : pittoresques halles d'inspiration médiévale avec une jolie place pavée à l'ancienne. Un marché s'y tient tous les matins, toute l'année ! Du port, on peut gagner le marché en empruntant le cours Félix-Faure, long de 200 m, bordé de quelques beaux hôtels particuliers du XVIIIe s, ou les rues piétonnes du Général-de-Gaulle, puis du Marché.

La Maison du platin : *4, cours Félix-Faure. ☎ 05-46-09-61-39. • maisonduplatin.fr • Avr-août, lun-ven 10h-12h30 (13h juil-août), 14h-18h (19h juil-août) ;*

sam-dim, j. fériés et vac de Pâques 14h-18h. Sept-oct, lun-ven 10h-12h30, 14h-17h30 ; sam-dim et j. fériés 14h-17h30. Nov-mars, sur rdv. Entrée : 4 € ; 2,50 € 6-12 ans ; 3 € sur présentation de ce guide.
Un bien joli musée. Quatre niveaux sont consacrés à la vie traditionnelle, maritime et populaire sur l'île de Ré, dans la première moitié du XXe s principalement, à travers maquettes, vestiges de l'abbaye des Châteliers, sans oublier coiffes, costumes, mobilier (reconstitution d'un intérieur rétais) et une formidable collection de photos prises au début du XXe s. On aborde la pêche, l'ostréiculture et l'agriculture avec une évidente nostalgie.
Réaménagé récemment, le musée développe de nouveaux thèmes comme l'histoire des liaisons Ré-continent avec ses vapeurs, ses bacs, jusqu'à la construction du pont, et propose des expositions temporaires. À voir absolument : un vélo, resté dans les fonds marins pendant 21 mois et 22 jours, illustre de manière éloquente la capacité de colonisation des huîtres ! Pour occuper les plus petits, des jeux de piste et un espace enfants qui met différents ouvrages à leur disposition.

LA PHOLADE

Sur les plages, on trouve des pierres trouées. Le responsable est un mollusque qui fore lentement pour se protéger des prédateurs. Il élargit l'orifice en fonction de sa croissance, ne sort jamais de sa cachette et se nourrit uniquement en filtrant l'eau de mer.

➢ Plusieurs visites guidées (payantes) à thème sont organisées par la Maison du platin : balade nocturne à la découverte du village, les quartiers de La Flotte, les parcs à huîtres, l'abbaye des Châteliers (y compris un jeu familial, « Le secret des moines »). D'autres animations (payantes) sont exclusivement réservées aux enfants, comme la pêche à pied sur le platin ou la chasse au trésor dans le village de La Flotte.

DANS LES ENVIRONS PROCHES DE LA FLOTTE

L'abbaye Notre-Dame-des-Châteliers : *sur la route de Rivedoux-Plage, sur la gauche. Contacter la Maison du platin à La Flotte pour les visites guidées. Tarif : 5 €.* Fondée au XIIe s, elle est construite initialement en style roman, puis restaurée en style gothique tardif après les incursions anglaises du XVe s. Une nouvelle mise à sac par les protestants pendant les guerres de Religion décourage les moines, qui abandonnent l'abbaye en 1575. De l'abbatiale subsistent les murs et la façade. Des fouilles ont permis de mettre au jour poteries et divers autres éléments exposés à la Maison du platin. L'ensemble est d'une beauté à la fois grandiose et magique. Il laisse par ailleurs imaginer ce que devait être cette abbaye au temps de sa magnificence ! Peinte en noir et blanc, elle aurait surtout servi d'amer aux navires (c'est-à-dire de repère de jour). Sise sur un promontoire exposé aux intempéries, l'abbaye a fait l'objet d'une attention et d'une politique de revalorisation toute particulière de la commune de La Flotte : éclairage de nuit...

Le fort de La Prée : *à moins de 1 km après l'abbaye des Châteliers, sur la route de Rivedoux-Plage. ☎ 05-46-09-67-13. • fort-la-pree.com • De mi-avr à fin sept, visite libre lun-ven 15h-19h env, visite guidée sur résa. Entrée : env 4,50 € ; réduc.* Bâti en 1625 avec les restes de pierres des bâtiments conventuels de l'ancienne abbaye, il résiste dignement aux attaques anglaises en 1627. Et après ? Il tombe très rapidement en désuétude au moment de la construction de la citadelle de Saint-Martin.

SAINT-MARTIN-DE-RÉ

(17410) 2 600 hab. *Carte Charente-Maritime, A-B1*

Saint-Martin est le bourg le plus important de l'île, pour ne pas dire la capitale. Les noms de ses rues rappellent un passé évocateur tel le nom de Sully, baron de Chantal, qui fut le père de Mme de Sévigné, mais aussi le fils de Jeanne de Champagne (une sainte qui, une fois veuve, aurait abandonné ses cinq enfants pour fonder un ordre religieux !). Tout indique à quel point le Grand Siècle a marqué la ville sur le plan architectural, économique et militaire. Aujourd'hui, le port et ses vieilles rues n'ont rien perdu de leur charme, même si, en été, il vaut mieux se passer de voiture et flâner tranquillement à pied dans « le Saint-Tropez de l'Atlantique » (l'expression va en fâcher quelques-uns... mais les boutiques de marques envahissent les quais) pour admirer le patrimoine martinais.

EMBARQUEMENT POUR L'ENFER

Papillon, Seznec, Dreyfus... Voilà des noms qui vous disent sûrement quelque chose mais qui ne font pas forcément honneur au passé de l'île. Construite par Vauban en 1681 pour parer aux incursions anglaises, la citadelle trouve très vite une vocation de pénitencier. En 1748, Louis XV supprime les galères et utilise la main-d'œuvre pour des travaux d'aménagement des arsenaux. Et le bagne était né ! Un siècle plus tard, un décret annonce la fin des bagnes en métropole au profit de terres plus lointaines (comme la Guyane) : les prisonniers sont des indésirables. La citadelle de Saint-Martin est désormais un lieu d'incarcération de transit, où se retrouvent successivement prêtres réfractaires, communards et prisonniers de guerre allemands dans des conditions très dures et souvent inhumaines. Le voyage est long et le départ n'annonce pas toujours le retour. Rares sont les Henri Charrière (alias Papillon) qui pourront s'offrir le luxe d'une évasion ! Ce n'est qu'en 1938 qu'est supprimé le bagne, après avoir vu défiler au total plus de 50 000 personnes. Il fut momentanément investi par les Allemands pendant la Seconde Guerre mondiale.

UN PURGATOIRE AU PARADIS

La citadelle de Saint-Martin accueille des prisonniers de droit commun, travaillant pour des entreprises du continent. Aujourd'hui, avec plus de 500 détenus (gardés par 230 surveillants), la prison représente le cinquième de la population de Saint-Martin, ce qui en fait le plus gros employeur de l'île.

Adresses et infos utiles

Office de tourisme : *av. Victor-Bouthillier (face au musée). ☎ 05-46-09-20-06. • saint-martin-de-re.net • Juil-août, tlj ; le reste de l'année, lun-sam, ainsi que dim mat pdt vac scol de Pâques, avr-juin et sept.* Liste des hébergements (consultable aussi sur le site internet). Propose en saison différentes visites guidées de la ville et des fortifications (en calèche notamment et en nocturne également). Billetterie et services aux familles (table à langer, espace enfants avec jeux...). Accueil sympa.

■ **Location de vélos : *Cycland,*** *impasse de Sully. ☎ 05-46-09-08-66.* ***Cyclo-surf,*** *clos Vauban, av. Victor-Bouthillier. ☎ 05-46-09-08-28.*

***Vélocipèdes,** 14, quai de Bernonville. ☎ 05-16-19-14-94. 📱 06-84-32-18-92.* Particularité : la location de vélos insolites, électriques, tandems et cycles pour personnes handicapées. ***Yoo Too,** av. Bouthillier. ☎ 05-46-01-39-02.*

***Croisières Inter-Îles :** ☎ 0825-13-55-00 (0,15 €/mn). • inter-iles.com • Résa conseillée.* D'avril à mi-septembre, différentes croisières au choix : escale île d'Aix avec approche du fort Boyard, promenade en mer vers le fort Boyard et escale à La Rochelle, combiné Aix + La Rochelle, etc.

***Taxis :** **M. Labrusse,** 📱 06-08-22-06-12. **M. Merceron,** ☎ 05-46-09-43-44. **Radio Taxi,** 📱 06-45-92-00-14.*

***Stationnement :** 1 000 places payantes au parking Vauban.*

– ***Marché :** rue Jean-Jaurès, ts les mat (sf lun et mer hors saison).* On y trouve tous les produits frais de l'île.

Où dormir ?

Camping

***Camping Les Maraises :** 7, chemin des Salières. ☎ 05-46-09-67-13. • maraises-direction@orange.fr • camping-les-maraises.com • ♿ Dans la forêt, à 2 km de la plage. Ouv d'avr à mi-oct. Forfait pour 2 pers 22 € ; bungalows toilés et mobile homes 240-770 €/sem pour 2-8 pers selon saison. 160 empl.* Sur 4,5 ha, il propose des emplacements de 80 à 100 m², sous les pins, délimités par des haies. Pelouses bien ombragées. Sanitaires impeccables, grand confort (machine à laver, sèche-linge), location de vélos, écran TV géant. Animations et club enfants (en juillet-août), concerts et spectacles. Barbecue collectif, et même un petit monument historique : une nymphée provenant de l'abbaye de Clairvaux. Accueil très sympa.

De chic à plus chic

***Hôtel Le Galion :** allée de la Guyane. ☎ 05-46-09-03-19. • contact@hotel-legalion.com • hotel-legalion.com • ♿ Ouv tte l'année. Doubles 90-145 € selon confort, vue et saison. Parking payant.* À 50 m du port mais suffisamment à l'écart pour être au calme, cette demeure accueillante dresse sa vaste façade face à la mer et au parc de la citadelle. Une trentaine de chambres confortables et bien tenues, modernes voire design, agrémentées à l'occasion de poutres apparentes (2e étage). Celles à l'étage bénéficient d'une vue imprenable sur le port, les remparts et la mer. Salon zen très agréable. Élégant petit patio ensoleillé où est servi le petit déj.

***Les Colonnes :** 19, quai Job-Foran. ☎ 05-46-09-21-58. • info@hotellescolonnes.com • hotellescolonnes.com • ♿ Resto fermé mer et sam midi. Également un bistrot-crêperie tlj 12h-20h. Congés : 15 déc-15 fév. Doubles avec douche et w-c ou bains 78-136 € selon saison ; doubles design 148-180 €. Menu midi en sem 20 € ; carte env 36 €. Café offert sur présentation de ce guide.* Tenu depuis des lustres par la même famille, cet établissement traditionnel est une véritable institution à Saint-Martin. Des chambres agréables et bien tenues, dont certaines donnent sur le port et ses bateaux. Les plus ensoleillées donnent sur l'arrière, et tant mieux : ce sont les moins chères ! Resto convivial avec spécialités de poisson et brasserie proposant galettes et crêpes pour les petits budgets, flanqués tous 2 d'une belle terrasse sur les quais. Un petit must pour prendre un verre.

Plus chic

***Hôtel La Jetée :** 23, quai Clemenceau. ☎ 05-46-09-36-36. • info@hotel-lajetee.com • hotel-lajetee.com • ♿ Doubles 98-135 € ; suites 160-190 €.* Avec un nom pareil, on est sûr de le trouver sur le port... Bel hôtel contemporain superbement remis au goût du jour, proposant des chambres à la fois élégantes et sobres, sans ostentation, avec une vue sur le port pour certaines (dont une suite).

Parquet flottant (normal, ici...), belles couleurs, TV écran plat et tout le confort d'aujourd'hui. Agréables salon et salle du petit déj... à moins de le prendre dans le charmant patio aux beaux jours. Bon accueil.

Où manger ?

De bon marché à prix moyens

Le Bistrot du Marin : *10, quai Nicolas-Baudin. ☎ 05-46-68-74-66. • arnaud.jc@wanadoo.fr • Sur l'îlot. Tlj sf jeu, plus mer soir en basse saison. Congés : 3 sem début fév. Carte env 25 €. Café offert sur présentation de ce guide.* Un bistrot-resto avec un petit quelque chose de différent ; certainement cette volonté du jeune patron de rendre hommage à son grand-père, pêcheur en Islande (la cafetière qui préparait le café avant les longs voyages est là, sur l'étagère !). À la carte : assiette de charcuterie ou de fromages, côte de bœuf, ou simplement assiette d'huîtres à savourer en terrasse si on trouve une place, ou encore choix du jour sur l'ardoise. Ambiance détendue et conviviale. Sympa aussi à l'heure de l'apéro.

Un Air de Famille : *2, pl. de la République. ☎ 05-46-01-65-36. Tlj sf sam hors saison. Congés : de début nov à mi-fév. Carte 15-20 €.* Pour trouver un peu de calme, quittons le port pour nous rendre sur cette grande place rectangulaire et joliment pavée (déjà l'arrière-pays, en somme). Corinne reçoit ses hôtes comme à la maison, dans un cadre chaleureux d'objets anciens, sous le regard des photos d'aïeux accrochés aux murs et soucieux de nous voir finir nos assiettes. Bonne et goûteuse restauration maison, sans chichis et pas très chère. Salades gourmandes, tartes, soupes en hiver, brunch et puis de bons gâteaux qui attendent dans la cuisine ouverte. Quelques tables en terrasse également.

La Maison Restaurant : *3, route de La Couarde (D 735), à la sortie de Saint-Martin, à gauche. ☎ 05-16-85-27-42. Avr-oct, tlj sf mar-mer (tlj juil-août). Formules 15 € (midi)-19 €.* Bienvenue à la maison ! Fabienne et Jules, jeune couple partageant le souci de bien faire, ont transformé cette maison de campagne en chaleureux havre de paix décoré de meubles chinés dépareillés. On se régale d'une cuisine saine et copieuse préparée à base de produits de saison dont certains viennent du jardin. Le week-end, c'est barbecue dans le jardin !

La Coccinelle : *16 bis, av. du Général-de-Gaulle. ☎ 05-46-66-41-82. ♿ Hors de la vieille ville, à proximité du carrefour pour La Flotte. En saison, ouv le midi mar-sam et j. fériés, plus le soir ven-sam et j. fériés. Formules déj 19 € (tarte)-21 € ; carte env 26 € le midi, 36 € le soir. Apéritif maison offert sur présentation de ce guide.* Une jolie trouvaille que ce resto-traiteur bio dont les recettes sont étudiées et validées par une nutritionniste. Assiettes maison (viande ou poisson selon arrivage), tartes, grandes salades, céréales et légumes chauds... sans oublier des douceurs maison délicieuses. L'après-midi, salon de thé, bio bien sûr ! Ça se passe dans un petit patio à l'arrière d'une discrète maison de ville, à l'écart de la foule. Fait également épicerie... bio !

De prix moyens à chic

La Cible : *av. de la Plage. ☎ 05-46-67-38-82. Tlj 9h-2h. Carte 30-35 €.* Cette avenue part du rond-point au sud de la ville. Merveilleusement situé au bord d'une plage tranquille, la réouverture était attendue depuis des années. Le succès confirme la réussite de ce joli cabanon magnifiquement aménagé (le patron construisait de belles maisons). Par beau temps, on déjeune dehors. En hiver, on choisit une table près de la cheminée. La carte tourne autour des poissons et des produits de la mer. Pour finir, millefeuille au caramel ou fondant au chocolat. À se damner !

La Baleine Bleue : *quai*

Launay-Razilly. ☎ *05-46-09-03-30.* • *info@baleinebleue.com* • ♿ *Sur l'îlot. Tlj sf mar-mer hors saison. Congés : de mi-nov à mi-déc. Formule déj 28 € ; menu 45 € ; carte 50-55 €.* 📶 *Café offert sur présentation de ce guide.* Après avoir fait escale chez Boyer au *Savoy*, le jeune patron Philippe Bodart (c'est le frisé) navigue toutes voiles dehors, porté par une cuisine de la mer aux saveurs d'embruns et d'épices. Des plats concoctés à base de produits frais du littoral (poissons sauvages exclusivement) et juste une viande ! Sur le pont, une clientèle chic, détendue, dans un cadre sobre et élégant. 2 terrasses face aux bateaux pour profiter des beaux jours, ou une salle panoramique confortable pour les soirées fraîches... dans un coin plus calme du port.

L'Avant-Port : *8, quai Daniel-Rivaille.* ☎ *05-46-68-06-68.* • *contact@lavantport.com* • *À côté du bureau du port. Tlj sf dim soir et lun hors saison. Congés : courant janv et 4 sem après le 11 nov. Formules déj en sem 18-34 € ; menu 34 € ; carte env 42 €.* Dans une grande maison de pêcheur du XVIIIe s. Salle fort agréable, blanc lumineux et un mélange d'éléments modernes (poutres métalliques) et de mobilier de récup' (chaises de bistrot et miroirs vénitiens). Dans l'assiette, quasiment que du poisson (du local ou provenant de La Cotinière). Et on la joue fraîcheur, fragrances subtiles et simplicité : risotto de langoustines aux chanterelles, pavé de cabillaud rôti à la fleur de sel, turbot grillé... Poisson du jour sur l'ardoise. Tables bien séparées et, en été, on mange en terrasse, quasiment les pieds dans l'eau.

Où déguster une glace ?

La Martinière : *17-19, quai de la Poithevinière.* ☎ *05-46-09-20-99. Sur le port. Pâques-sept et Toussaint, tlj 10h30-23h env en saison, 22h en demi-saison.* Du nom d'un bateau-cages qui embarquait les prisonniers à destination de Cayenne. Des cornets faits maison depuis près de 40 ans, des parfums de glaces et de sorbets (notamment de subtiles associations... on adore nectarine-jasmin) à ne plus savoir quoi choisir. Bref, si l'on oublie la devanture d'un modernisme peu esthétique, c'est quand même l'endroit rêvé pour les accros des petites boules glacées. Et puis oserez-vous le parfum huître et caviar ou la glace à la pomme de terre de l'île de Ré ? Voire camembert-cerise ? Ou le sorbet « Viagra » ? Vive le péché de gourmandise !

Où boire un verre ? Où sortir ?

Le Cervane : *quai Launay-Razilly.* ☎ *05-46-09-20-24. Sur l'îlot. Tlj jusqu'à 2h en saison ; fermé lun-mer hors saison.* Un bar à tapas idéal pour un apéro en terrasse avec un verre de sangria maison, histoire de bien débuter la soirée un peu au calme. Mais l'intérieur est aussi franchement sympa avec ses vieilles pierres, ses tonneaux et sa mezzanine. Tout ça réveillé par un rouge musclé et par une déco africanisante à l'étage. Une belle brochette de rhums arrangés, au gingembre, au caramel, à la fleur de sel, etc. Le rendez-vous de la jeunesse dorée de l'île et de celle de passage.

Cubana Café : *9, venelle de la Fosse-Bray.* ☎ *05-46-09-93-49. En été, tlj sf lun 18h-2h ; en hiver, tlj sf lun-mar.* Un bar chaleureux à l'ambiance très latino, évidemment, avec un nom pareil... Ici, pas de prise de tête. Un petit vague à l'âme ? Un soudain élan philosophique aidé par un mojito ou un rhum des îles ? Prenez un stylo (parfois fourni) et laissez une trace de votre passage sur le mur. Mais dépêchez-vous, il n'y aura bientôt plus de place. Et si vous êtes seul, vous ressortirez avec plein d'amis ! Concert certains soirs.

À voir

Le musée Ernest-Cognacq et l'hôtel de Clerjotte : *13, av. Victor-Bouthillier. ☎ 05-46-09-21-22. Juil-août, tlj sf mar 10h-19h ; avr-juin et sept, tlj sf mar, sam mat et dim mat 10h-13h, 14h-18h ; oct-mars, tlj sf mar 10h-12h, 14h-17h. Se renseigner pour les j. fériés. Accès libre à la cour de l'hôtel de Clerjotte. Entrée expo temporaire + jardin : 4 € ; réduc ; gratuit moins de 6 ans et pour ts le 1er dim du mois.* Cette demeure du XVIe s est l'un des plus beaux Monuments historiques de l'île, classée depuis 1929. Le corps du logis principal, au fond d'une cour pavée, est de forme rectangulaire et flanqué d'une très belle tour d'angle (porte de style gothique flamboyant) qui renferme un escalier à vis en pierre. Sur 250 m², on découvre l'art et l'histoire de l'île de Ré, son patrimoine et des expositions temporaires à thèmes locaux et maritimes. Une salle est consacrée à Vauban avec une maquette des fortifications de Saint-Martin. Mais la section sur le bagne reste la plus intéressante. Les derniers bagnards partirent pour Cayenne en 1953. Très peu en revenaient. Tout ça sans oublier la qualité de l'accueil qui est formidable, le demi-sourire de Washington dans les jardins qui est inoubliable et bien d'autres choses encore...

L'église : *tte l'année, tlj. Visite libre.*
Anciennement fortifiée (à la mode d'Aunis et de Saintonge), elle est vivement disputée entre Anglais et Français pendant la guerre de Cent Ans. Fi des hostilités avec les Anglais, ce sont les guerres de Religion au XVIe s, puis le bombardement des voûtes et du clocher par Toiras, alors gouverneur de l'île et désireux d'empêcher les Anglais de venir y déposer leur artillerie pour bombarder la citadelle, qui ont finalement raison d'elle. Reconstruite en 1629, sous l'impulsion de Toiras (on se rattrape comme on peut !), elle subit, un demi-siècle plus tard, le bombardement de la flotte anglo-hollandaise. La Révolution et les tempêtes successives (si même les éléments s'en mêlent...) contribuent encore à l'effondrement de certaines parties, tandis qu'un énorme incendie détruit entièrement le chœur et la charpente en 1964 !
Aujourd'hui, son histoire mouvementée lui confère tout son intérêt, du fait de la superposition des styles roman et gothique. Le transept et les parties fortifiées, indemnes, sont réellement majestueux. À l'intérieur, quelques éléments notables : en entrant, à droite, un impressionnant mémorial en hommage aux prêtres réfractaires ; une chaire du XVIIe s, probablement remaniée au XIXe s, avec incrustations de sculptures représentant les Vertus ; une sculpture de marbre blanc qui proviendrait de Gênes et serait arrivée à Ré au XVIIe s, suite au naufrage d'un bateau (l'Enfant Jésus, assis sur un agneau, se fait baiser le pied par saint Jean-Baptiste) ; et deux ex-voto maritimes.
Possibilité de monter au clocher *(2 €),* qui offre un magnifique panorama de 360° sur l'île et beaucoup plus loin par très beau temps. Au cours de l'ascension (117 marches), ne pas manquer de saluer Charles-Catherine et Marie-Joséphine-Élisabeth, cloches lourdes de 900 et 1 140 kg !

Les remparts et la citadelle : la fortification Saint-Martin-de-Ré fait partie du réseau des 12 sites majeurs Vauban et a été classée, à ce titre, au Patrimoine mondial de l'humanité par l'Unesco en 2008. Qui dit remparts dit citadelle. Celle-ci fait partie intégrante du vaste ensemble défensif entrepris en 1681 par Vauban, commissaire général des fortifications sous Louis XIV.

LES SECRETS DE VAUBAN

En suivant la départementale qui longe la forteresse, deux particularités apparaissent : un vaste terrain très plat (le glacis) borde les fortifications. On les aperçoit ainsi à peine, et l'assaillant est totalement à découvert. Par ailleurs, les remparts sont à peine plus hauts que le sol, donc guère à la portée des canons ennemis.

Grande enceinte urbaine, entourant la ville et le port, elle avait surtout pour but d'empêcher les gens mal intentionnés de s'y installer, et de parer à toute velléité expansionniste sur le continent.
Voilà un des grands secrets de Vauban. Entourée de ses cinq courtines, Saint-Martin était à l'époque considérée comme une des plus belles citadelles du royaume. Au final, un travail pas si bien récompensé que ça puisque la citadelle n'a jamais eu à subir d'assaut ! Prison dès l'Ancien Régime, ensuite pénitencier, puis quartier général des Allemands sur l'île pendant la dernière guerre, et enfin, à nouveau prison.
On peut toutefois traverser le parc de la Barbette (où les enfants partent en balade sur le dos des derniers ânes en culotte, typiques de l'île) et longer le chemin de ronde en front de mer. Face à la monumentale porte d'entrée, autrefois rattachée à un pont-levis, petit port où accostèrent quelques bateaux de forçats à destination de la Guyane. Le long de la citadelle, voir les graffitis gravés dans la pierre par les soldats. Plus loin, une plage que les familles en attente ou en retour de parloir partagent avec les touristes... Drôle de mélange.

Les portes de la ville : à l'est, la *porte Toiras* (ou porte de La Flotte), et à l'ouest, la *porte des Campani* (ou porte de La Couarde). Construites à la fin du XVIIe s, elles traversent le rempart au moyen d'un tunnel (sous lequel passait le fameux petit train de Ré !) et sont précédées par un pont à arcades en pierre, autrefois en bois. Enfin, elles sont surmontées de frontons à l'emblème de Louis XIV : un soleil, bien visible sur la porte des Campani.

LES RELÉGUÉS

Après quatre condamnations mineures de plus de 3 mois (chapardage, mendicité, vagabondage...), on pouvait se retrouver au bagne. Cette condamnation était à vie. Victor Hugo condamnera la relégation dans Les Misérables *: Jean Valjean fut envoyé au bagne pour vol de pain et braconnage. La relégation existe encore dans de nombreux états des États-Unis.*

Les maisons anciennes : dans sa partie haute, où il fait bon flâner, Saint-Martin compte encore de belles maisons urbaines de la fin du XVIIe s. Parmi les plus anciennes, la *maison de la Vinatière,* au no 13 de la rue Mérindot, est la mieux conservée. Normal, elle a été restaurée au début du XXe s ! Très belle avec ses pans de bois et ses volets grenat. La partie haute du rez-de-chaussée est surmontée d'une frise représentant des grappes de raisin et des feuilles de vigne. Tout cela rappelle l'importance du commerce du vin sur l'île ! Un coq indiquant les points cardinaux domine le toit de la maison. Et, on ne le voit pas toujours, mais on trouve à l'arrière un beau cadran solaire. Encore de jolies maisons place Anatole-France (au no 3), rues Carnot, de Citeaux, de Sully, impasse Sainte-Claire... Au XVIIIe s, l'enrichissement de certains armateurs et négociants rétais entraîne la construction de magnifiques demeures. On les retrouve concentrées dans la partie est de la ville, vers la citadelle. La rue des Gabaret, notamment, est bordée de belles bâtisses, dont celle du no 23.

La place de la République : autrefois appelée place Royale ou place d'Armes. On y trouve l'hôtel des Cadets-Gentilshommes ; construit en 1776 et acquis par le roi pour y loger les cadets de la noblesse formés à Saint-Martin pour l'armée coloniale. À la Révolution, l'hôtel deviendra le siège des services municipaux, puis de la marine et, enfin, à la fin du XIXe s, de la mairie. En face, au sud de la place, deux très beaux portails. L'un était celui de l'hôtel du gouverneur, l'autre donnait accès à un monastère franciscain. Vendu comme bien national pendant la Révolution, il a abrité la mairie et le tribunal de commerce avant d'être totalement détruit par deux incendies successifs, le premier en 1891, le dernier en 1940.

Île de Ré Chocolats et caramels : *15, av. de Philippsburg. ☎ 05-46-09-22-09. • iledere-chocolats.com • Visite libre (espace vidéo et vue des ateliers) juil-août, lun-sam 10h-12h, 15h-17h ; mai-juin et sept, fermé dim-lun ; oct-avr, fermé sam-lun. Visite guidée avec démonstration et dégustation à 10h30 et 16h lun-ven en juil-août, mar-ven en mai-juin et sept. GRATUIT.* La visite d'un atelier de fabrication de chocolats... et de caramels au beurre salé est toujours très gourmande. M. Vallégeas, chocolatier-confiseur installé à Saint-Martin depuis 1995, suscite cette salivation avec ses créations : le Fort Boyard, la Pomme de terre, la Charentaise, l'irrésistible caramel au beurre AOP Poitou-Charentes et fleur de sel de Ré... Boutique de vente sur place.

Fête et manifestation

– ***Fête de la Mer :*** *15 août.* Départs en bateau puis feu d'artifice à 23h.
– ***Soirées Jazz en Ré :*** *pdt 4 j. fin août. Rens : • jazzenre.fr •* Concerts de jazz et de blues dans les rues ou à l'*Espace jazz* sur le parking de la Courtine.

LE BOIS-PLAGE-EN-RÉ

(17580) 2 410 hab. *Carte Charente-Maritime, A1*

On aborde ici la côte sud de l'île. Un village qui porte évidemment bien son nom avec ses forêts de pins et sa longue, longue plage bordée de dunes. Au centre, quelques ruelles typiques éparpillées autour de l'église et un marché animé fréquenté chaque matin. On y découvrira aussi, au hameau du Morinand, le dernier moulin à vent ayant conservé ses ailes et des vignes à perte de vue...

Adresses et infos utiles

Office de tourisme : *87, rue des Barjottes. ☎ 05-46-09-23-26. • leboisplageenre-tourisme.com • De mi-juin à mi-sept, lun-sam et dim mat ; hors saison, lun-sam slt. (payant).* Plein d'infos et de cartes (pistes cyclables, cartes routières...) sur l'île. Propose des balades pédestres accompagnées et des visites guidées du village, de juin à septembre. Animations pour enfants et concours de châteaux de sable pour tous en été (même les adultes !). Billetterie visites, sorties en mer, pêche, transports, concerts et spectacles.

■ ***Location de vélos : Cycles 1 +,*** *1, rue des Iris. ☎ 05-46-35-96-20.* ***Cycland,*** *8, impasse des Rosiers. ☎ 05-46-35-08-73.* ***Cyclo Surf,*** *26, rue de l'Église. ☎ 05-46-66-53-06.* ***Yootoo,*** *2, pl. de l'Église, 06-21-24-67-26.* ***Lyberty Cycles,*** *46 bis, rue du Chef-de-Ville. ☎ 05-46-00-19-42.*

■ ***Taxi :*** *☎ 05-46-09-47-33.*

– ***Marché :*** *tlj avr-oct et pdt vac scol ; mar, jeu et sam-dim hors saison.*

Où dormir ? Où manger ?

Campings

Les Varennes : *route Raise-Maritaise. ☎ 05-46-09-15-43. • info@les-varennes.com • les-varennes.com • Accès : direction itinéraire sud, puis Le Bois-Plage. Ouv avr-fin sept. Compter 33 € pour 2 pers avec tente et voiture en hte saison ; 85 mobile homes 287-1 289 €/sem. 141 empl.*

Dans un petit bois de pins, à 300 m de la plage. Un 4-étoiles labellisé Camping Qualité, bien tenu et bien équipé : piscine chauffée, épicerie, laverie, snack, jeux pour enfants, fitness... Bien arboré. Il faut toutefois noter l'espace restreint avec la densité de mobile homes au mètre carré. Ambiance paisible et familiale. Bon accueil. Location de vélos.

Au Val de Loire en Ré : *chemin du Château-d'Eau, sur la route de Sainte-Marie, à 4 km du Bois-Plage. ☎ 05-51-56-08-78. • contacts@camping-apv.com • camping-apv.com • ♿ Ouv début avr-fin sept. Prix : 33 € en hte saison ; une trentaine de mobile homes pour 4-6 pers 364-1 071 €/sem (vérifier les offres sur Internet). 200 empl.* Excentré, à 900 m de la plage, 4 ha au milieu du bois des Évières. Pas mal de haies qui coupent l'espace, et ce n'est pas plus mal, car il y a beaucoup d'emplacements. Piscine chauffée, toboggans, château gonflable, terrain multisports, minigolf, jeux pour enfants... mais aussi snacks, sauna, nombreuses animations et soirées à thème en été. Location de vélos. À proximité : pistes cyclables, randos, pêche à pied, voile, surf et kitesurf.

Prix moyens

La Maison de Caroline : *633, rue de la Clairière. ☎ 05-46-09-34-81. • lamaisondecaroline@orange.fr • À env 2 km en allant vers Saint-Martin, à gauche au moulin. Double 86 €, petit déj inclus.* 4 chambres sobres mais soignées, coquettes et colorées, dans de petites maisons rétaises autour d'une piscine chauffée et sécurisée. Accès indépendant de la résidence des proprios. Agréable jardin avec possibilité de pique-nique (ou sous le préau, avec micro-ondes, réfrigérateur et BBQ). Beaucoup de calme.

L'Aile de Ré : *moulin du Morinand, route Raise-Flottaise. ☎ 05-46-09-29-87. • rest.ailedere@hotmail.fr • ♿ À env 2 km en allant vers Saint-Martin, juste à côté du moulin. Juil-août, tlj sf le midi mar, jeu et sam-dim ; hors saison, mer soir-dim midi. Formules déj sf dim 13,50-17,50 € ; menus 28,50-34,50 €.* Isolée en lisière du bourg, bordant une belle étendue de vignes, une salle à la déco très rétaise avec vieux vélo, phare et charpente apparente. Bonne cuisine faite principalement à la cheminée ou au gril en terrasse : en vedette, éclade de moules, gambas *(à volonté ven : 32 €, avec dessert)*...

Chic

Hôtel-restaurant L'Océan : *172, rue Saint-Martin. ☎ 05-46-09-23-07. • info@re-hotel-ocean.com • re-hotel-ocean.com • Resto fermé mer midi avr-sept, plus mer soir, jeu midi et lun midi hors saison. Congés : 3 janv-13 fév. Doubles 85-180 € selon confort et saison. Formule déj 20,50 € ; menus 28-40 € ; menu-enfants 13 € ; carte env 40 €.* Une enfilade d'exquis petits salons conduit à un vaste patio fleuri, où pousse benoîtement un pin centenaire. Autour, une trentaine de chambres, superbement décorées : boiseries à l'ancienne, jonc de mer au sol, couvre-lits en piqué de coton, cabines de bains en guise de placards, etc. On préfère les chambres autour de la piscine (certes plus onéreuses).

Salle de resto aux tons harmonieux, avec quelques toiles marines accrochées au mur. Savoureuse dans sa simplicité et le respect des produits du terroir, cuisine de marché et de saison, produits frais et saveurs justes, poissons et crustacés de premier choix. Pour couronner le tout, agréable piscine extérieure et terrasse, ainsi qu'un espace bien-être avec hammam, soins et massages...

Les Bois Flottais : *chemin des Mouettes. ☎ 05-46-09-27-00. • contact@lesboisflottais.com • lesboisflottais.com • ♿ Congés : début nov-fin mars. Doubles 90-160 € selon confort et saison ; familiales 155-210 € ; petit déj maison 13 €.* Un hôtel atypique où l'on soupire d'aise, la porte à peine entrouverte. L'accueil souriant des hôtes, la déco recherchée des chambres, tout en fraîcheur boisée, agrémentées de tomettes et de vasques en faïence dans les salles de bains, le hammam en accès libre, l'espace bien-être, les 2 piscines chauffées et leurs terrasses en teck au mobilier design, ou encore le petit déj soigné... Bref, tout concourt à un séjour intime et chaleureux, loin des foules. Superbe adresse et coup de cœur.

La Villa Passagère : *25, av. du Pas-des-Bœufs. ☎ 05-46-00-26-70. • contact@hotel-lavillapassagere.fr • hotel-lavillapassagere.fr • Congés : nov-avr. Doubles 90-180 € selon saison ; suites familiales 4 pers 155-240 € ; petit déj 12 €. Parking offert sur présentation de ce guide.* Dans une construction neuve mais agréable, 13 jolies chambres sobres et fraîches, plutôt spacieuses et offrant un excellent confort (TV, minibar...). Toutes de plain-pied, avec une terrasse privative donnant sur le jardin ou la piscine chauffée à bulles.

Où boire un verre ?

La Kve : *21, av. de la Plage, entre l'église et le marché. ☎ 05-46-69-20-40. En été, tlj 7h-15h, 17h-minuit ; hors saison, jeu-dim 9h-13h, 17h-20h.* Un bar à vins pour dégustation sur place ou à emporter. Quelques assiettes de charcuterie ou de fromages. Un bar propose divers types d'huîtres et coquillages. Quelques tables donnant sur la rue.

Les Q Salés : *av. de la Plage, face au marché. ☎ 05-46-66-59-13. En principe, tlj midi et soir en saison ; slt le midi hors saison. Formules 16 € (déj en sem), puis 19-25 € ; carte env 25 €. Verre de vin ou café offert sur présentation de ce guide.* Drôle de nom ! Les culs salés désignent en fait les pêcheurs à pied dont la culotte est pleine de sel. Sympathique café en terrasse pour boire un jus le matin après le marché, et qui se transforme en repaire pour la jeunesse festive le soir. En saison, concert tous les week-ends. On peut également y manger du poisson et des fruits de mer bien frais (le patron tient une poissonnerie sur le marché). Pour finir la soirée, l'usage est de filer ensuite au bar ***D'ici et d'ailleurs,*** sur la plage des Golandières.

Achats

La coopérative des vignerons de l'île de Ré : *juste à l'entrée du Bois-Plage, sur la route de Sainte-Marie. ☎ 05-46-09-23-09. • vigneronsiledere.com • Visites guidées de la distillerie en été slt, lun-ven à 10h30 (1h30 de visite) et 15h30 (courte visite 20 mn ; hors saison, les individuels peuvent se joindre aux groupes éventuels). Coopérative juil-août lun-sam 9h-19h, dim 10h-13h. Dégustation et vente sur place.* Cette coopérative réunit les producteurs de l'île, soit environ 70. On compte 650 ha de vigne sur l'île de Ré et, à la différence d'Oléron, aucun vigneron indépendant. Visite des chais et explications très enrichissantes des procédés de vinification. Ici sont produits notamment les vins de l'île, avec 50 % de cépages blancs et 50 % de noirs. On aime bien le blanc, le *royal,* sec, franc et pas cher du tout, parfait avec les fruits de mer. Plus anecdotique, le *gouverneur* (c'est-à-dire le rouge), et franchement incongru, le chardonnay vieilli en fût... N'oublions pas non plus le *rosé des dunes* (reconnu par des guides spécialisés), le pineau des Charentes et le cognac. Le *Trousse-chemise,* effervescent (rosé et blanc de blanc), peut surprendre agréablement. Excellent accueil.

Les Confitures de Lydie : *23, rue de l'Église. ☎ 05-46-09-40-41. Fév-vac scol de la Toussaint, tlj sf dim ap-m 10h-12h30, 16h-19h.* Confitures allégées ?... Eh bien oui, avec plus de fruits et moins de sucre ! Et pourtant, élaborées de façon artisanale avec 70 % de fruits, ces confitures sont gourmandes avant d'être diététiques. Toutes plus délicieuses les unes que les autres. Nos préférées : la rhétaise (tomate verte, melon d'eau, orange et citron), la confiture de Noël (citron, orange et épices), les confitures de potiron au marasquin, orange-whisky... Et les vôtres ?... Chutneys et sirops naturels pour compléter la palette gourmande.

À faire

Sports de glisse

■ ***Île de Ré Voile :*** *plage des Gollandières.* 06-60-45-13-02. • *ilederevoile.com* • *Avr-sept.* Cours en catamaran ou planche à voile. Location de catamarans, planches à voile, kayaks.

■ ***La Cabane Verte :*** *plage des Gollandières.* 06-09-27-77-26. • *lacabaneverte.com* • *Mars-fin nov.* École de voile (FFV). Stages et location de catamarans, planches à voile, kayaks, *stand up paddle* et surfs. Moniteurs diplômés d'État.

■ ***Papaï Paddle :*** *plage des Gollandières.* 06-87-10-35-43. • *contact@papaipaddle.com* • *papaipaddle.com* • *Avr-oct, ts les ap-m, sur résa slt.* Allez dénicher Marco dans son cabanon sur la plage. Il vous initiera au *stand up paddle,* ce sport de glisse bien plus accessible que le surf et pour tous les niveaux. On peut surfer dans les vagues, découvrir les marais ou renforcer sa ceinture abdominale...

■ ***Swim and Surf :*** 06-62-56-54-46. • *swin-and-surf.com* • *Pâques-Toussaint.* École de surf itinérante et cours de natation. Choix du site en fonction du niveau et de la météo. Moniteur breveté d'État.

■ ***Ré Surf :*** *plage de Gros-Jonc.* 06-30-08-12-81. *Avr-nov.* École de surf labellisée par la FFS. Stage, cours, location.

Manifestations

– ***Les Jeux oubliés :*** *1 fois en juil, 1 fois en août. Gratuit.* Une multitude de jeux sportifs ou ludiques oubliés à pratiquer en famille : jeu du sabot breton, lancer du fer à cheval, jeu de quilles...

– ***Salon du livre :*** *1er w-e d'août.* Un Salon du livre formidable qui se déroule dans la salle des fêtes du Bois-Plage. Grand succès dès la première édition, en 2007. Nombreuses personnalités au rendez-vous, éditeurs comme écrivains. Signatures et rencontres conviviales, débats passionnants. Le tout organisé par l'association L'Encre et la Pierre *(• ileauxlivres@gmail.com • pour infos et dates).*

– ***Concours de châteaux de sable :*** *en juil.* ☎ *05-46-09-23-26.* Sponsorisé par *Le Figaro !*

L'ÎLE DE RÉ

LA COUARDE-SUR-MER

(17670) 1 200 hab. *Carte Charente-Maritime, A1*

Petite bourgade située pile au centre de l'île. D'ailleurs, les deux routes principales s'y rejoignent. Pratique ! Son nom proviendrait du celte *kouart*, signifiant « étranger au pays » ! La Couarde est l'une des toutes premières stations balnéaires de l'île, à l'époque où les bains de mer avaient encore valeur curative. Bordée d'une immense plage de sable blond (qui a fait la joie des gambettes de Mistinguett au début du XXe s), elle continue d'attirer beaucoup de monde en été.

Le maire interdit, avec bonheur, l'accès aux voitures dans le centre-ville en été. Vive le vélo !

Adresses et info utiles

Office de tourisme : *rue Pasteur, à côté de l'église.* ☎ *05-46-29-82-93.* • *iledere-lacouarde.com* • *Juil-août, lun-sam et dim mat ; hors saison, lun-sam slt.* *(payant).* Organise des visites guidées, une chasse au trésor pour les enfants (à la recherche de la couronne d'Henri IV), ainsi qu'un rallye vélo. Expos temporaires gratuites dans une galerie mitoyenne.

■ **Théâtre-cinéma La Maline :** *Le Mail.* ☎ *05-46-29-93-53.* • *lamaline.net* • Le centre culturel de l'île : scène de théâtre et salle de ciné où, pour le coup, on passe des films en même temps que Paris. Programme hebdo à retirer sur place ou à l'office de tourisme. Également des concerts, des expos.

■ **Location de vélos :** ***Cycland,*** *1, rue Aristide-Briand.* ☎ *05-46-29-06-09.* ***Cyclo Surf,*** *23 bis, av. du Mail.* ☎ *05-46-30-19-51.* ***Holland Bikes,*** *21, av. du Peu-Ragot.* ☎ *05-46-29-83-30.*

– **Marché :** *pl. du Marché, Le Mail, ts les mat en été et tte l'année dans le village.*

Où dormir ?

Campings

Camping Le Remondeau : *12, route du Petit-Noue.* ☎ *05-46-29-84-27.* *06-25-36-35-89.* • *campingleremondeau@wanadoo.fr* • *leremondeau.fr* • *Ouv de mi-mars à début nov. Prix : 22,50 € en hte saison ; mobile homes 2-4 pers 304-605 €/sem, slt hors saison ; tentes-cabanons 313-636 €/sem. 180 empl. Réduc de 5 % sur le forfait camping hors juil-août sur présentation de ce guide.* Un camping municipal très bien placé avec sa jolie plage en accès direct. Les meilleurs emplacements, tous très spacieux, sont en terrasse, contre la dune, à l'ombre des pins. Très peu d'ombre autrement. Location de tentes-cabanons avec cuisine équipée, lit, salon mais sans sanitaires.

Le Bois Henri IV : *route d'Ars.* ☎ *05-46-29-87-01.* • *campingduboishenri4@gmail.com* • *campingduboishenri4.17-flash.com* • *Entre La Couarde et Ars-en-Ré. Ouv avr-sept. Prix : 24 € en hte saison ; mobile homes 250-636 €/sem. 108 empl.* À 200 m de la plage par un chemin forestier. Ce camping familial à l'ancienne nous a plu pour sa simplicité et son cadre verdoyant. Emplacements assez bien ombragés. Quelques caravanes à louer pour les petits budgets.

Camping Le Puma : *route d'Ars.* ☎ *05-46-29-85-68.* • *campinglepuma@wanadoo.fr* • *lepuma.com* • *Ouv avr-sept. Prix : 24 € pour 2 en hte saison ; mobile homes 2-6 pers 240-760 €/sem ; yourte. 136 empl. Réduc de 10 % sur présentation de ce guide.* À 400 m de la plage et à 2 km de La Couarde, ce camping tire son curieux nom d'un puma échappé d'un cirque en tournée sur l'île il y a plusieurs années et retrouvé ici ! Rassurez-vous, il est parti depuis belle lurette... Vaste camping bien aménagé, verdoyant, avec des emplacements plus ou moins ombragés. À vrai dire, la partie mobile homes est curieusement la plus ombragée. Côté services, laverie, salle de bains bébé, snack, dépôt de pain. Côté loisirs, plage à proximité, trampoline, boulodrome, aire de jeux, billard, ping-pong, animations, etc.

De prix moyens à chic

Les Mouettes : *28, Grande-Rue.* ☎ *05-46-29-90-30.* • *hotel-lesmouettes@orange.fr* • *hotelslesmouettes17.fr* • *Sur la place du village, face à l'église. Resto fermé le w-e Toussaint-mars. Résa vivement conseillée. Doubles avec douche 70-86 € selon saison. ½ pens souhaitée en hte saison 84-95 €/pers. Menu 19 €.* Le resto-bar-tabac-PMU du village propose une vingtaine de chambres fraîches et impeccables. Menus vraiment pas chers servis en terrasse aux beaux jours et bar-*lounge* dans un patio à l'arrière.

Hôtel Le Vieux Gréement : *13, pl. Carnot. ☎ 05-46-29-82-18. • hotelvieuxgreement@wanadoo.fr • levieuxgreement.com • Hôtel ouv de mi-mars à mi-nov. Doubles standard 79-99 € ; supérieures 99-129 € ; familiales 160-190 €.* Séduisant hôtel aux volets gris, sur une placette tout aussi ravissante, ombragée de tilleuls. Excellent accueil d'un jeune couple, courtois et attentionné. Les chambres, toutes différentes, sont pleines de charme et reposantes, avec de beaux parquets, des teintes douces. Nos préférées sont organisées autour d'un calme patio avec palmier et vignes vierges. Petite restauration sympa en été, à déguster en terrasse.

Les Minutias Village : *1, route de Saint-Martin. ☎ 05-46-29-91-73. • courrier@les-minutias-village.com • les-minutias-village.com • Attention, pour la hte saison, résa 6 mois à l'avance. Studios (3 nuits min) 90-170 €/nuit pour 2 pers, 150-250 € pour 4-6 pers ; en réalité, loc plutôt à la sem : 620-1 610 €/sem pour 2-4 pers selon saison. Également des lodges très luxueux, chacun avec sa piscine privative (très chers 1 350-3 400 €/sem). Loc de vélos. Service de baby-sitting. Parking gratuit.* Dans le village, une résidence luxueuse au calme avec 14 maisons typiquement rétaises, dotées de petites cours privées avec salons de jardin et barbecue. L'intérieur, confortable et bien conçu, dégage une plaisante atmosphère marine. Chaque studio ou appartement, tout de blanc décoré, est équipé d'une salle de bains, d'une vraie cuisine (avec lave-vaisselle), d'un séjour (avec TV) et de la clim. En commun, salle de jeux, laverie, abri vélos...

Où manger ?

Voir aussi les restos des hôtels cités précédemment.

Très bon marché

Salon de thé Z'Adore : *16, Grande-Rue. ☎ 05-46-34-80-09. Mer-dim 9h-19h. Env 10-15 €.* Bien plus qu'un salon de thé puisqu'on y sert à toute heure des tartes salées ou sucrées, des cookies et les excellentes assiettes de Zaza qui changent selon son humeur et les arrivages. Le chocolat chaud est un bonheur. Terrasse agréable.

O'25 : *25, Grande-Rue. ☎ 05-46-28-05-36. Dans la rue piétonne. En saison, tlj 10h-22h ; hors saison, tlj sf mer 10h-20h. Env 5-12 €. Café offert pour tt repas commandé sur présentation de ce guide.* Sandwichs variés et surtout préparés à la demande, paninis et salades du jour. Quelques tables en terrasse pour prendre un café ou déguster un verre de vin. Paniers pique-nique. Idéal pour une étape à vélo, à la croisée des pistes cyclables venant du nord ou du sud.

De prix moyens à chic

La Terrasse : *25, av. du Mail. ☎ 05-46-29-86-53. • laterrasse.17@orange.fr • En été, tlj ; sept-Toussaint et Pâques-juin, tlj sf lun ; sinon slt le midi lun-ven. Congés : 20 déc-20 janv. Formules déj en sem 12-14 € avec café ; formule en été 20 € ; carte env 25 €.* Viandes excellentes cuites devant vous dans la cheminée (côte de bœuf, onglet de veau, os à moelle, etc.). Cuisine de bistrot traditionnelle à la fois abordable et variée, proposée par Freddy. Les artisans du village s'y retrouvent, c'est bon signe ! Atmosphère conviviale autour de la table de ferme près de la cheminée. Terrasse ombragée.

La Cabine de Bain : *31, Grande-Rue. ☎ 05-46-29-84-26. • lacabinedebain@gmail.com • Ouv de mi-mars à mi-nov : en saison, tlj sf mer ; le reste du temps, tlj sf lun-mer. Formule déj 17 € ; menu 30 € le soir ; carte env 40 €. Café offert sur présentation de ce guide.* Déco pétillante et cuisine originale. Les poissons du coin sont cuits *a la plancha* et préparés avec une touche d'exotisme et d'inventivité.

Carte variant au fil des saisons, garantissant de bons produits d'une grande fraîcheur. Terrasse bien agréable donnant sur la rue piétonne (couverte en hiver). Tenu par un jeune couple franco-irlandais bien sympathique.

Le Balaou : *av. Nouralène, en face de la plage du Peu-Ragot. ☎ 05-46-29-86-07. • lebalou17@gmail.com • Tlj sf lun hors saison. Congés : nov-mars. Plat du jour 9,50 € ; menu 20 € ; carte env 30 €. Café offert sur présentation de ce guide.* Des plats traditionnels, notamment d'excellents poissons avec parfois des touches antillaises (acras succulents) ou japonaises (*tataki* de thon). Plats à l'ardoise, signe de renouvellement constant. Petite terrasse avec parasols, à 100 m de la plage.

La Fromentine : *40, Grande-Rue. ☎ 05-46-29-92-08. ♿ Juil-août, tlj sf lun. Galettes 8,50-15 €.* Cadre agréable de bois blanc et gris pastel. Bien sûr, la galette au sarrasin est le must, notamment la fromentine et la paimpolaise aux Saint-Jacques, spécialités de la maison. Service familial et chaleureux.

Où déguster une glace ?

Palais de la Glace et du Sorbet : *25, Grande-Rue. ☎ 05-46-29-40-67. Ouv avr-sept.* Patron très sympathique et choix incroyable de glaces artisanales toutes plus goûteuses les unes que les autres. On a un gros faible pour celle au caramel salé. L'église est juste à côté, pour aller confesser son péché de gourmandise ! Même si on a envie d'y revenir ensuite...

Où boire un verre ?

Le Comptoir des Vins, La Part des Anges : *42, Grande-Rue. ☎ 05-46-29-83-62. Avr-sept, vac scol de la Toussaint et de Noël, tlj sf mer.* Un petit bar à vins sympathique avec une ambiance très « copains » à l'apéro. Possibilité de grignoter une assiette de charcuterie, de fromage ou de la mer, pour ne pas tanguer après le 3e verre... Yann et Audrey sont adorés par toutes les générations du village. Le meilleur choix pour acheter des vins à un prix fort correct (et il s'y connaît, le bougre !). Un secret : ceux qui arrivent trop tard pour une table donnant sur la rue piétonne peuvent trouver leur bonheur dans la cour du fond !

Où sortir ?

La Pergola : *32, route de Joachim. ☎ 05-46-29-86-21. Près de la plage de la Pergola. Juil-août, tlj 22h30-5h ; avr-mai, Ascension, Pentecôte et Toussaint, le w-e slt. Entrée : 12 €.* Né dans les années 1930 mais toujours dans le coup, c'est même sans conteste le meilleur endroit de l'île pour sortir ; tous les Rétais le savent. Idéal pour boire un verre et danser en plein air une bonne partie de la nuit, au son d'une musique assez éclectique. Propose également une formule restaurant le soir, dès l'apéro à 18h.

À voir. À faire

Le vieux bourg : dans ses rues étroites (les venelles) bordées de basses maisons blanches aux volets colorés, le tout fleuri de roses trémières et de glycines, balade très pittoresque. Rue Pasteur, rue du Ventoux ou encore Grande-Rue, quelques cadrans solaires originaux à découvrir. *Avr-sept, visite guidée ven à 11h.* – *L'église Notre-Dame-de-l'Annonciation* possède un autel et des fonts baptismaux du XVIIe s, mais elle n'a été édifiée qu'au XIXe s. À noter : l'étonnante inscription laïque et républicaine sur la façade, qui rappelle les bagarres anciennes entre le curé et le maire. Don Camillo n'est pas loin.

– Derrière, le dernier *kiosque à musique* de l'île : datant de la fin du XIXe s, il a été restauré en 1992, en partie grâce à la générosité des habitants. Concerts le samedi soir en été.
– Chaque jeudi après-midi en été, spectacles gratuits jeune public sur la place de l'Église.

➢ ***Le chenal du Goisil :*** *à côté de l'école de voile.* Très belle balade, surtout à marée basse.

➢ ***En quittant le bourg vers Ars,*** traverser le bois Henri-IV et prendre la petite route de La Passe (à 2 km), qui offre une vue saisissante sur les étendues marécageuses et qui débouche sur les marais salants de Loix.

Sports de glisse

■ ***Sup Évasion :*** *plage des Prises. 📱 06-63-87-67-09. • supevasion.com • Juil-août, tlj.* Propose des séances découverte, des cours et des randos de *stand up paddle.* Moniteurs sérieux et brevetés. Sûrement l'un des grands moments de vos vacances !

■ ***Philovent :*** *plage du Boutillon et plage du Grouin (selon le vent). 📱 06-50-78-83-08. • philovent.com • Juin-sept, tlj.* Et pourquoi ne pas tenter le kitesurf sur ce spot aux vents réguliers et aux eaux peu profondes ? Séances découverte et cours évolutifs de qualité.

■ ***Île de Ré Voile :*** *plage des Prises. 📱 06-50-89-62-89. • iledereVoile.com •*

■ ***Jet revasion :*** *plage du Boutillon. 📱 06-87-07-23-72. • jetrevasion.com •*

■ ***Centre nautique de Goisil :*** *plage nord. ☎ 05-46-29-82-40. • cncg.fr •*

■ ***École de voile Les Dauphins :*** *grande plage du Peu-Ragot. ☎ 05-46-29-80-29. 📱 06-63-69-01-92. • iledereVoile.fr •*

LOIX

(17111) 700 hab. *Carte Charente-Maritime, A1*

Petit bout de terre rescapé de l'époque quaternaire, petite presqu'île dans l'île, Loix a toujours la configuration d'un îlot entouré par le Fier d'Ars et la fosse de Loix, isolé du reste par les marais salants. Le bourg, typiquement rétais et paisible à souhait, a su préserver charme et authenticité. Église de village du XIXe s coiffée d'un clocher carré, rues étroites, maisons basses aux volets verts, fleurs à gogo et port croquignolet, où se niche le dernier moulin à marée de l'île. Sa situation isolée particulière en fait certainement l'un des endroits les plus préservés de l'île de Ré.

Adresse utile

ℹ ***Office de tourisme :*** *pl. du Marché. ☎ 05-46-29-07-91. • iledere-loix.fr • Tte l'année, lun-sam (plus dim mat vac scol de Pâques et juil-août).* 💻 📶 Organise des visites des écluses à poissons, des balades et des sorties nature en saison. Expos temporaires. Billetterie. Accueil charmant.

Où dormir ?

Camping

⛺ ***Flower Camping Les Ilates :*** *Le Petit-Boucheau, route du Grouin. ☎ 05-46-29-05-43. • camping.les.ilates@flowercampings.com • camping-loix.com • ♿ Ouv avr-sept. Prix : 45 € en hte saison ; mobile homes et maisonnettes 246-1 161 €/sem pour 4-8 pers. 228 empl.* À l'écart, sur la route du Grouin, ce gentil camping familial est quand même classé

4 étoiles pour le nombre de ses services et infrastructures. Sur 4,5 ha, les emplacements sont moyennement ombragés mais délimités par des haies. Coup de cœur pour les *lodges* sur pilotis. Côté loisirs, piscine découverte chauffée, jacuzzi, 2 tennis, ping-pong, location de vélos. Et la plage est à 750 m (surveillée en été).

Chic

Chambres d'hôtes Couette & Café : *chez Frédéric Guerlain, 5, rue des Quatre-Chemins. 06-74-30-87-47. • accueil@couette-cafe-loix.com • couette-cafe-loix.com • Congés : de mi-nov à fév. Résa conseillée longtemps à l'avance. Selon saison, doubles 75-145 €, familiales 3-4 pers 115-195 €. Réduc de 10 % sur le prix de la chambre hors saison sur présentation de ce guide.* Au cœur du village, 5 chambres, dont une plus vaste façon design et donnant sur la piscine (et accessible aux personnes handicapées). Les autres sont petites mais propres et fonctionnelles. Un peu cher, mais peu d'hébergements dans ce coin. Accueil cordial.

Où manger ?

Place des Délices : *pl. du Marché. ☎ 05-46-29-06-67. • place-des-delices@orange.fr • Ouv tlj en saison ; service continu 7h-20h.* Cette bonne boulangerie-pâtisserie propose un grand choix de salades composées et de bons sandwichs faits minute. Idéal pour se faire un pique-nique avant de partir à vélo.

La Cabane du Feneau : *sur l'unique route qui mène à Loix, 1 km avt d'arriver au village. ☎ 05-46-30-43-68. • lacabanedufeneau@orange.fr • Fermé mar et le soir sf en été. Compter 25-35 € selon l'appétit.* On déjeune dehors au milieu des marais (c'est donc fermé quand il pleut !). Il faut être rétais pour connaître cette adresse tenue par deux frères ostréiculteurs. Directement du producteur au consommateur. On déguste donc les huîtres et gambas toujours fraîches. Le sourire est offert.

La Route du Sel : *9, pl. de l'Église. ☎ 05-46-29-06-83. • jllaroutedusel@gmail.com • Mi fév-fin sept, tlj sf le soir mar-mer hors vac scol ; oct, w-e et vac scol de la Toussaint. Congés : 12 nov-15 fév. Carte env 15 €. Apéritif offert sur présentation de ce guide.* Avec ses crêpières fonctionnant en continu, *La Route du Sel* constitue une étape idéale entre 2 pistes cyclables ou en sortant de la plage. Galettes ou crêpes, classiques ou plus originales. Également des grillades, des salades et des moules (en saison). Cuisine simple à déguster dans une jolie petite salle climatisée ou sur une placette très appréciée des boulistes.

À voir. À faire

L'écomusée du Marais salant : *route de la Passe, env 1 km avt le village, sur la gauche en bordure de route. ☎ 05-46-29-06-77. • marais-salant.com • De mi-fév à fin mars et de mi-sept au 11 nov, tlj sf dim-lun 14h30-17h30 ; d'avr à mi-juin, tlj 14h30-18h ; de mi-juin à mi-sept, tlj 10h-12h30, 14h-19h ; dernière visite 80 mn avt la fermeture. Compter 1h. Entrée : 5 € ; réduc ; gratuit moins de 8 ans.*

UNE HISTOIRE QUI NE MANQUE PAS DE SEL !

Bon, on vous racontera certainement cette anecdote au cours de vos visites des salines car elle est assez connue : à Rome, le sel était une monnaie d'échange pratique. La ration de sel attribuée au légionnaire en guise de solde s'appelait le salarius.

À la fin du XIXe s, avec l'évolution technique des moyens de transport, les marais salants de l'île de Ré ont connu, comme tous ceux de la côte atlantique, la rude concurrence des sels de Méditerranée et des sels de mines (sel gemme). Les sauniers sont passés de 330 au tout début du XXe s à 50 dans les années 1970. Depuis 10 ans, on assiste à une reprise de l'activité salicole (ils sont aujourd'hui une centaine). L'écomusée est un des acteurs de cette reprise. Excellentes explications des techniques de fabrication du sel et de la fleur de sel autour d'une maquette, suivies d'une visite guidée d'un marais salant en activité. En été, et en fonction des conditions météo, possibilité sur réservation (cinq personnes maximum !) de s'initier au maniement des outils avec le saunier sur le marais. Visites également des écluses à poissons et sorties découverte sur l'estran sur réservation.
Boutique où sont vendus les produits du marais : gros sel marin extrêmement riche en minéraux, fleur de sel (celui qui est récolté en surface, plus fin et légèrement rosé), sel aux herbes (vraiment spécial !), caramels et chocolats à la fleur de sel, salicorne, etc.

L'église : au fronton, comme à La Couarde, « Liberté, Égalité, Fraternité », une inscription bien laïque et républicaine pour un lieu de culte ! Dans le petit cimetière attenant, étonnant caveau de la famille Fournier (seconde moitié du XIXe s) sur lequel un tailleur de pierre, compagnon du devoir, a représenté les six membres de sa famille (loidaise en costume local) ; chacun des défunts est, comme dans la Rome antique, représenté avec les outils de sa fonction.

Le village artisanal de Loix : à 2 km du bourg, au milieu des marais, une zone artisanale en plein développement où l'on pourra visiter la ***Savonnerie de Ré,*** les ruches de ***L'Abeille de Ré,*** la célèbre ***Fromagerie Lefort*** dont la traite des chèvres en fin d'après-midi passionne tant les enfants, ainsi que ***L'Atelier Quillet,*** très réputé pour son travail de reliure et de restauration de livres anciens (dont des manuscrits des Xe et XIe s pour la Bibliothèque nationale !).

– ***Planète Sports & Loisirs :*** *village artisanal de Loix. ☎ 05-46-29-66-71. • planete-sports-loisirs.com • Tlj 9h30-19h (20h en été).* Michaël, l'un des premiers kitesurfeurs en France, est aussi sauveteur en mer, pilote d'hélico et d'ULM, éducateur sportif, moniteur d'aéromodélisme et sapeur pompier volontaire ! Un gars dynamique qui vient d'ouvrir un espace de 1 000 m² et un site école de 4 ha à la hauteur de ses ambitions : partager ses passions et faire découvrir son île, vue du ciel ou des flots. Il propose des balades en ULM électrique, des cours de pilotage de modèles réduits, du *stand up paddle,* du char à cerf-volant... Quelle santé ! Loue également des vélos neufs, du matériel de plongée et une foule d'équipements pour tous sports et loisirs.

➢ ***Du moulin à marée à la pointe du Grouin :*** une balade sublime entre mer et marais, formant une boucle d'une dizaine de kilomètres, qui vous conduira du moulin au fort du Grouin. Le moulin, dernier survivant des huit ou neuf ayant existé sur l'île de Ré, offre une vue imprenable sur la fosse de Loix. Déjà signalé au XVIIe s (donc probablement antérieur), ce moulin nettoyait le sel avant de moudre le grain. Il ne se visite pas (il y a une résidence secondaire dessus !).

➢ ***Visites guidées de la côte en canoë :*** *rens et inscriptions auprès de l'office de tourisme. Horaires selon marées. Compter 22 €/pers ; réduc.*

➢ ***Visites atypiques :*** le *Jeu de Loix (en vente à l'office de tourisme ; 1 €)* pour une balade de 1h au cœur des venelles, ou, pour le tour complet de Loix, avec un carnet de croquis voyageur mis en image par des artistes peintres *(4 €).*

Manifestations

– ***Course d'escargots :*** *w-e de l'Ascension.* Grande course (!) à l'occasion du marché rétais et du marché aux plantes.
– ***Pique-nique sur la place :*** *mi-juil.* Pique-nique avec concert et barbecue.
– ***Pass par Loix :*** *mi-juil.* Réservé aux enfants (ateliers ludiques et goûter géant).
– ***Journée du port :*** *début août.* Villageois et promeneurs sont invités à descendre dans le port, équipés de pelles et de chaussures à lacets, pour le dévasage annuel. Puis traditionnelle course dans la vase et apéritif sur la place du Port.
– ***Journée des peintres de Loix :*** *15 août.* Concours de peinture qui rassemble plus de 150 artistes confirmés ou de simples amateurs peignant coins et recoins de Loix (ouvert à tous).

ARS-EN-RÉ

(17590) 1 370 hab. *Carte Charente-Maritime, A1*

Ars, la ville qui se repère de loin avec son curieux clocher blanc et noir, tient son nom de *arx* (« citadelle ») et serait la plus ancienne paroisse de l'île. Elle tira très tôt ses revenus du commerce du sel et fut, de ce fait, gravement touchée par la crise salicole. Depuis, entre vins, céréales et huîtres, elle a diversifié ses recettes en se tournant vers le tourisme. Bonne idée ! La situation du port est telle qu'il peut accueillir de nombreux voiliers et se transformer en un port de plaisance de premier ordre. Mais Ars, classée Village de pierres et d'eau parmi les Plus Beaux Villages de France, est surtout devenue un lieu chic de résidences secondaires discrètes dans lesquelles se cachent personnalités et Parisiens de la mode, de la télévision et de la politique.

Adresses et info utiles

Office de tourisme : *24, pl. Carnot.* ☎ *05-46-29-46-09.* • *iledere-arsenre.com* • *Avr-sept, tlj sf dim ap-m ; le reste de l'année, tlj sf dim.* Organise des visites guidées des venelles et du clocher de l'église *(4 €, réduc, gratuit moins de 8 ans)*, d'un marais salant *(juil-août ; 5 €, réduc)*, ainsi que des rallyes-vélos *(en saison)*. Se procurer le dépliant de visite de la ville et de randonnées dans le coin (durée : 1h à 2h30). Expo temporaire *(résa mairie)*. Billetterie.

■ ***Location de vélos :*** ***Cycles et Pêche,*** *8, pl. de la Chapelle.* ☎ *05-46-29-20-88. Ouv tte l'année.* ***Cycland,*** *quai de La Prée, sur le port.* ☎ *05-46-29-47-17.*
– ***Marché :*** *sur le port et dans la halle couverte, ts les mat avr-sept. Hors saison, pl. Carnot ou sur le port, mar, ven et sam mat (slt mar et ven en hiver).* L'un des plus beaux et des plus réputés de l'île. Environ un tiers du sel et des pommes de terre de l'île sont produits à Ars.

Où dormir ?

Camping

Le Camp du Soleil : *57, route de la Grange.* ☎ *05-46-29-40-62.* • *contact@campdusoleil.com* • *campdusoleil.com* • ♿ *Ouv fin mars-oct. Prix pour 2 pers : 37,70 € en hte saison ; mobile homes et chalets 4-6 pers 240-1 070 €/sem. 112 empl.* On a bien aimé ce petit camping pour ses emplacements sacrément bien ombragés, avec de beaux arbres, et même des bambous ! Bon accueil et bons services. Grande piscine chauffée avec pataugeoire. Location de vélos. Tennis et minigolf en face du camping.

De chic à beaucoup plus chic

Hôtel Le Sénéchal : *6, rue Gambetta. ☎ 05-46-29-40-42. • hotellesenechal@wanadoo.fr • hotel-le-senechal.com • ♿ À côté de l'église. Congés : début janv-début fév. Résa vivement conseillée. Selon saison et confort, doubles 80-299 €, et 2 petites chambres avec douche 69-100 €. Propose aussi des hébergements pour 4-14 pers en apparts, maisons, villas et même dans un moulin aux environs. Réduc de 10 % en basse saison sur présentation de ce guide.* Christophe n'est pas architecte pour rien ! Aidé de Marina, il a balayé les vieilles habitudes et insufflé un esprit contemporain à son ancienne demeure rétaise des années 1930. Plancher brut, jonc de mer, murs en pierre et plafond en bois caractérisent la vingtaine de chambres, le tout agrémenté de luminaires design, ou même de cheminée pour certaines. L'ensemble est chaleureux, avec de nombreuses touches de couleurs pastel ou plus soutenues. Un patio fleuri et charmant, avec piscine, invite à la détente. On y prend même le petit déj. Agréable salon avec cheminée. Bref, une atmosphère sereine et délicate pour l'un de nos hôtels préférés, voire notre coup de cœur sur l'île.

Le Clocher : *pl. Carnot. ☎ 05-46-29-41-20. • hotel.leclocher@gmail.com • hotel-le-clocher.com • ♿ Congés : déc-janv. Selon saison, doubles 66-107 €, familiales 4 pers 109-162 €. Menus 22-35 €. Garage à vélos. Apéritif offert sur présentation de ce guide.* Tenu et rénové par Charline et Xavier, *Le Clocher* vous accueille dans un décor très contemporain. Chambres coquettes et lumineuses où le métal et le bois brut sont accordés avec goût. Également des chambres toutes neuves autour d'un patio, dans une annexe. Bon resto de poisson (croustillant de lieu au gingembre) et bar à cocktails tout aussi sympa que la belle terrasse. Une adresse d'un bon rapport qualité-prix-accueil.

Où manger ?

De bon marché à prix moyens

La Tour du Sénéchal : *7, pl. Carnot. ☎ 05-46-29-41-12. • latourdusenechal@gmail.com • En face de l'église. En saison, tlj sf mar, midi et soir ; hors saison, ouv mer soir-dim. Congés : début janv-début fév. Plat du jour 12 € ; carte env 26 €.* Il n'existait plus d'épicerie au centre du village. Voilà pourquoi l'hôtelier du *Sénéchal* a réuni son talent (et son argent) pour ouvrir ce superbe lieu où l'on propose aussi des plats du jour et des tapas. Langoustines, huîtres et charcuteries ibériques au programme gourmand. Magnifiquement décoré ; le patron est un architecte de talent, et ça se voit ! Quelques tables en terrasse. Une belle initiative pour que le village reste bien vivant. Excellent accueil.

Aux Frères de la Côte : *route de la Grange, face à la plage. ☎ 05-46-29-04-54. ♿ Congés : de mi-nov à mi-déc. Résa conseillée. Compter (par exemple) 9 € pour 6 huîtres et 18,50 € pour une assiette de fruits de mer.* À l'extérieur d'Ars, une minuscule guinguette en bord de mer où l'on déguste une cuisine certes limitée mais fraîche : salades, huîtres rétaises, crevettes, moules-frites, viandes et poissons grillés. Génial pour prendre l'apéro face au coucher du soleil avec quelques habitués accoudés au comptoir. Et puis c'est toujours rigolo de voir Lise Toubon, Michel Piccoli ou Jean Becker jouer à la pétanque à côté du rédacteur en chef de *L'Huma*.

K Ré d'Ars : *9, quai de la Criée. ☎ 05-46-29-94-94. • kre-dars@club-internet.fr • ♿ Tlj sf dim soir, mar soir et mer hors saison. Le midi, menu 19,90 € ; carte 35-40 €. Digestif maison offert sur présentation de ce guide.* Une salle proprette, un décor bois avec quelques clins d'œil à la mer et une petite terrasse aux beaux jours pour une cuisine avenante. Tables bien séparées. Assiette de fruits de mer d'une belle fraîcheur, Saint-Jacques cuites exactement, souris d'agneau au cidre et seiche en persillade *a la plancha* bien servies... Précisez avant le repas si vous payez en chèques-restaurant. Accueil jeune.

« V » : *3, quai de la Criée. ☎ 05-46-37-10-85. • buh.ars17@yahoo.fr • Tlj sf jeu hors vac scol, jusqu'à minuit (22h hors saison). Congés : 12 nov-20 déc. Carte 20-28 €. Café offert sur présentation de ce guide.* Sur le port, un bistrot à huîtres à l'ambiance conviviale pour s'en taper une bonne douzaine accompagnée d'un coup de charentais blanc au verre. Et comme tout ça met en appétit, on se laissera tenter par une bonne assiette de charcutailles avant de conclure par un cannelé maison à la fleur de sel. Simple et bon... la vie est belle !

Le Grenier à Sel : *20, rue de la Baie. ☎ 05-46-29-08-62. • contact@grenierasel.fr • Dans une petite rue en retrait du port. Tlj sf dim soir et lun hors saison. Menus 23-30 € ; plat du jour 18 € ; carte 35-40 €. Apéritif maison offert sur présentation de ce guide.* Michelle et Pascal passent leurs hivers à Bali, d'où ils ramènent des recettes parfumées et savoureuses qu'ils fusionnent avec les classiques charentais. Tom Yam, *tataki* de bœuf au wasabi, wok de seiche au piment d'Espelette, ravioles de langoustines... Plein de surprises à déguster dans cet ancien grenier à sel, à la déco forcément balinaise, ou sur la belle terrasse sous les oliviers.

Le 20 : *20, route de Saint-Clément. ☎ 05-46-29-69-52. • levingtars@orange.fr • Avr-janv : en saison, tlj sf mar jusqu'à 2h ; hors saison, tlj sf lun-mer. Plats du jour 12-22 € ; carte env 20 €.* Cuisines du monde, musiques du monde... Bar à vins et resto proposant un bon plat du jour ainsi que des huîtres, foie gras et cochonnailles. Le tout dans un décor de brocanteur ou sur une belle terrasse à l'arrière. Les patrons, fort sympathiques, organisent des concerts de musique du monde en saison. Ces soirs-là, le vin est remplacé par des mojitos, tequilas et caïpirinhas !

Café du Commerce : *6, quai de La Prée. ☎ 05-46-29-41-57. • cafcomars@orange.fr • Ouv tlj. Congés : 4-24 janv. Menu 20,30 € ; carte env 30 €. Café offert sur présentation de ce guide.* Ce bistrot qui porte bien son siècle (il existait déjà du temps où passait le petit train de Ré) reste un des points de passage de l'île. Depuis 30 ans, les proprios ont rapporté quelques souvenirs de leurs séjours aux États-Unis et une carte qui aligne fajitas, *barbecue ribs* et burgers... Si vous n'êtes pas très porté sur la *tex mex food,* vous trouverez également crêpes, salades et autres *bruschette.* Pas de la grande cuisine, un poil irrégulière en saison, mais les prix restent décents pour l'île. Vaste terrasse face au port, où il est bon d'être vu. Une adresse tout de même un peu crâneuse !

Chic

Ô de Mer : *5, rue de Thiers. ☎ 05-46-29-23-33. • info@odemerbistrotgourmand.fr • Dans le centre. Tlj sf lun, plus dim soir en basse saison. Congés : 15-30 janv et 1er-15 déc. Formule déj sf dim 25 € ; carte 50-60 €.* Cadre élégant, pierre et mobilier contemporain pour une cuisine assez classique mais finement revisitée, à base de produits frais et de saison. Quelques plats d'une carte qui tourne : pavé de turbot, cromesquis de cuisses de grenouilles et homard, bolognaise de homard sauvage, sole accompagnée de pommes de terre rétaises comme risotto... chaque plat peut être relevé par de la truffe *(en sus).* Une cuisine bien troussée, joliment dressée, que l'on poussera jusqu'aux desserts au goût de l'enfance ! Carte des vins exceptionnelle avec près de 3 000 bouteilles en cave. Accueil sympathique. Une adresse à suivre... et à rattraper résolument...

Où dormir ? Où manger dans les environs ?

Hôtel Le Martray : *8, route d'Ars, lieu-dit* **Le Martray.** *☎ 05-46-29-40-04. • le-martray@orange.fr • hotel-le-martray.com • D'Ars, prendre la route de La Couarde, c'est sur la gauche. Resto fermé dim soir* *et lun hors saison ; guinguette en saison, tlj en continu 11h-19h. Congés : janv (plus fév pour l'hôtel). Selon saison, doubles 76-98 €, chambres à thème 109-158 € ; appart 6 pers 220 €/nuit, 1 350 €/sem.* Cet élégant hôtel des années 1950 s'est métamorphosé en hôtel-resto branché. La quinzaine de chambres, tout confort et à thème (« Marocaine », « Italienne », « Viola », « Espagnole », etc.), affiche même un surprenant décor dans le style le plus avant-gardiste qui soit ! D'autres, plus classiques mais à petits prix, ont pour certaines un balcon sur mer. Méfiance malgré tout si vous dormez fenêtre ouverte avec la route fort fréquentée en saison (et pas seulement). Location de vélos.

La Cabane du Fier : *lieu-dit Le Martray. ☎ 05-46-29-64-84. • cabanedufier@free.fr • À 3 km au sud d'Ars sur la D 735. Tlj sf mar soir et mer hors juil-août. Congés : de mi-nov à mi-mars. Résa conseillée. Carte 30-45 €.* Une baraque de planches évoquant les cabanes d'ostréiculteurs, en nettement plus smart toutefois ! La cabane s'est muée en resto fort fréquenté. Chouette déco de bistrot d'antan et vastes fenêtres offrant une vue imprenable sur le marais salant, somptueuse au coucher du soleil. Avenante cuisine marine qui change souvent et à l'aise dans le décor : salade de fruits de mer, langoustines, bar grillé... Tout cela est conduit par une équipe décontractée et accueillante. Et pour les insatiables, vente d'huîtres au détail. Une adresse qui jouit d'une réputation plus que méritée.

Où acheter de bons produits ?

La coopérative des sauniers de l'île de Ré : *route de La Prée (en direction de La Couarde). ☎ 05-46-41-25-72 ou 05-46-29-40-27. Point de vente de la coopérative à la Cabane des Sauniers, juste derrière, tte l'année, tlj sf dim. Fermé le w-e hors saison.* On peut y acheter son gros sel par paquets de 5 kg ! On y trouve aussi (en petit format, rassurez-vous !) du sel gris, du sel fin, des sels aux aromates et bien évidemment de la fleur de sel...

Les Confitures du Clocher : *1, chemin des Palissiats. ☎ 05-46-29-41-35. En saison, tlj 9h30-13h, 14h30-19h ; le reste de l'année, horaires restreints.* On ne sait pas trop ce qui bouillonne le plus, du cerveau de Françoise et de ses enfants ou de leur marmite. Parce que des idées, ils en ont à revendre ! Parfois surprenantes, souvent délicieuses, toujours originales, leurs confitures font le bonheur des gourmands.

À voir

L'église Saint-Étienne : *sur résa auprès de l'office de tourisme, visite guidée du clocher avr-Toussaint (4 € ; gratuit moins de 8 ans).* Une des célébrités de l'île ! Vous ne pouvez pas la manquer, on la voit de partout grâce à son clocher peint en noir et blanc. Elle constitue un ensemble assez hétéroclite ; sa construction aurait débuté dès le VIIe s et les derniers remaniements dateraient du XVIe s. L'imposant édifice est doté d'un très beau portail roman du XIe s. À l'intérieur, la chaire en noyer date du début du XIIIe s, comme le crucifix qui lui fait face.

UN PHARE RÉVOLUTIONNAIRE !

Le clocher gothique noir et blanc de l'église Saint-Étienne, qui date du XVe s, est légèrement penché à cause de la foudre qui lui tomba dessus au XIXe s. Sachez que s'il est peint ainsi, c'était afin de servir de repère... aux bateaux. Bref, c'est quasiment un phare. Plutôt innovant ! Autre originalité : pendant la Révolution, il fut coiffé du bonnet phrygien !

La maison du Sénéchal : à l'angle de la rue des Tourelles et de la rue Gambetta. Ne se visite pas. Beau logis Renaissance à échauguettes, décoré de sculptures. Unique exemple architectural de ce type sur l'île, orné de deux belles tourelles d'angle.

Animation estivale

– ***Le Manège de Donin :*** en été, M. Donin monte un manège « en chanteur » pour enfants sur la place du marché (et diverses animations sur l'île, à La Flotte ou à La Couarde). Il est adoré des enfants Rétais... et de leurs parents.

SAINT-CLÉMENT-DES-BALEINES

(17590) 740 hab. *Carte Charente-Maritime, A1*

Commune à part entière depuis 1874 seulement, elle tient son nom de la pointe des Baleines, extrémité ouest de l'île où passaient naguère de nombreux cétacés (c'était le bon temps !). Le village est né de la réunion de cinq hameaux, ce qui explique son aspect étiré, un tantinet décousu.

Adresses et info utiles

Office de tourisme : *8, pl. de l'Église. ☎ 05-46-29-24-19. • stclementdesbaleines.com • Juil-août, tlj sf dim ap-m ; le reste de l'année, mar-sam.*

Location de vélos : ***Cycland,*** *152, rue du Centre. ☎ 05-46-29-29-08.*

– ***Marché :*** *ts les mat en juil-août ; mar, jeu et sam en basse saison (slt jeu en très basse saison).*

Où dormir ?

Campings

Camping Les Baleines : *chemin de la Devaude, au lieu-dit* ***le Gillieux.*** *☎ 05-46-29-40-76. • camping.lesbaleines@wanadoo.fr • camping-lesbaleines.com • À 300 m du phare des Baleines. Ouv fin avr-fin sept. Forfait pour 2 avec voiture et tente 33,50 € en hte saison ; mobile homes et tentes lodges tt confort 2-8 pers 310-985 €/sem selon confort et saison. 170 empl.* Vaste camping bien situé, au calme sur la côte sauvage et où les tentes trouvent leur place sans souci. Emplacements agréables en partie ombragés (certains mieux ombragés), à deux pas de la plage de la Conche. Laverie, épicerie, location de vélos, minigolf, pétanque, salle de jeux et TV. Activités sportives à proximité.

Village Center – Camping La Côte Sauvage : *336, rue de la Forêt. ☎ 05-46-29-46-63. • acccotesauvage@tohapi.fr • campinglacotesauvage.com • Ouv fin avr-sept. Env 26 € pour 2 en hte saison ; bungalows et yourtes 2-5 pers 231-665 €/sem. 351 empl.* Ce joli camping forestier est aménagé sur un site de 10 ha appartenant à l'ONF. Avec 350 emplacements de 80 à 120 m², très bien ombragés sous les arbres et les vieux pins, le moins que l'on puisse dire, c'est qu'on n'est pas entassés les uns sur les autres. La protection de l'environnement (écolabel) étant ici un souci constant, on a privilégié le camping nature, au détriment des mobile homes. Et puis il existe toujours un compromis : pour la touche exotique mais aussi pour un confort incomparable, la yourte mongole (une vingtaine) ! Les puristes dormiront dans des bungalows toilés. Petit bémol : quelques emplacements récents manquent encore d'ombre. Pas de piscine, mais la mer est à deux pas. Nouveau snack. Location de vélos. À proximité (2 km) : équitation, planche à voile, canoë et voile. Un coup de cœur en terme de situation, de cadre et d'accueil charmant !

De chic à beaucoup plus chic

Hôtel Le Chat Botté : *pl. de l'Église. ☎ 05-46-29-21-93. • hotelchatbotte@wanadoo.fr • hotelchatbotte.com • Congés : 5 janv-8 fév et 1er-19 déc. Résa conseillée longtemps à l'avance. Selon confort, saison et vue, doubles avec douche ou bains 87-143 €, suites 180-245 € ; petits déj 12-14 €. Apéritif maison offert sur présentation de ce guide.* Cet hôtel cossu et de charme à l'atmosphère sereine offre des chambres boisées, lumineuses et élégantes. On prend son petit déj – traditionnel, diététique ou énergétique – dans un patio fleuri, avant de s'installer dans l'un des transats disposés dans le vaste et beau jardin pour un bain de soleil sans bain de foule... et un goûter maison très gourmand. Un centre de remise en forme (enveloppement d'algues, espace beauté...) pour cet ensemble fort plaisant, propice à la détente... L'hôtel a été conçu en pratique de bio-énergie (harmonisation de l'électricité, du wifi, dynamisation de l'eau...). Accueil souriant et charmant.

Où manger ? Où boire un verre ?

De prix moyens à plus chic

Café du Phare : *99, chemin du Pas-du-Nord, lieu-dit* ***le Gillieux.*** *☎ 05-46-29-46-66. • cafeduphare@orange.fr • Au pied du phare des Baleines, un peu éloigné du tumulte commercial. Tlj sf mar hors saison. Congés : 5 janv-8 fév et 11 nov-20 déc. Formule 14,50 € ; menus 20-28 € ; carte env 27 €.* Un agréable resto-bistrot qui, à la différence des voisins touristico-commerciaux autour du phare, distille un doux parfum rétro avec tables et chaises en bois, luminaires des années 1930 et belle collection de photos de phares de bouts du monde. Cuisine sérieuse. Suggestions du jour au tableau noir, plateaux de fruits de mer, poissons grillés et mouclade, bien sûr... mais aussi crêpes pour les petits creux. Très grande terrasse protégée.

Restaurant Le Chat Botté : *20, rue de la Mairie. ☎ 05-46-29-42-09. • restaurant-lechatbotté@wanadoo.fr • Fermé lun en saison, lun-mar hors saison. Congés : 25 nov-2 fév. Menu 25 € (sf sam soir et dim) et 39-82 €.* Indépendant de l'hôtel du même nom sur la place. La grande spécialité : le bar en croûte (cher mais exceptionnel). Salle coquette et confortable avec du bois à profusion, une cheminée pour les jours un peu frais, et une terrasse plein sud pour profiter du soleil.

À l'Ouest : *6, mail du Clocher,* ***Le Chabot.*** *☎ 05-46-29-96-03. • a.louest@bbox.fr • À deux pas de l'église, derrière la place. De début avr à mi-nov, tlj sf lun-mar hors saison. Plats du jour 16-18 € ; menu midi en sem 12 € ; carte env 30 €.* L'avant-dernier bistrot avant New York. Un bar plein de couleurs et de fraîcheur. On boit un verre sur des tonneaux bariolés. Accueil jeune. Petite sélection de vins au verre. Possibilité de grignoter une assiette de charcuterie, des tapas et de bons plats du jour à prix très abordables. Menu moules-frites à volonté... Desserts maison, galettes, crêpes et sushis sur commande. Accueil sympa, décontracté. Un coup de cœur du chef !

À voir

Le phare des Baleines : *à la pointe de l'île, sur la route de Saint-Clément-aux-Portes. ☎ 05-46-29-18-23. • lepharedesbaleines.fr •*

♿ (musée slt). Avr-mai, tlj 10h-19h ; juin-sept, tlj 9h30 (10h 1re quinzaine de juin et 2de de sept)-21h ; oct-mars, tlj 10h30-17h30. Fermé en cas de très mauvais temps. Montée du phare : 3,20 € ; musée : 4,50 € ; phare + musée : 6,50 € ; réduc 7-12 ans ; gratuit moins de 7 ans ; intéressant pass famille 18 €.
Le phare doit son nom aux nombreuses baleines qui passaient par là depuis l'Antiquité. Plusieurs d'entre elles se seraient d'ailleurs échouées à cause d'un banc de sable. Le dernier échouage de baleine date de 1927.

Le phare et ses petits...
Un des « monuments » les plus visités de l'île ! Et pour cause : octogonal et haut de 57 m, c'est l'un des plus puissants de la façade atlantique. Mis en service en 1854, il porte à 27 miles, soit 50 km. On grimpe 257 marches très exactement, par un superbe escalier en pierre qui régalera les photographes... mais donnera des frissons à ceux qui ont le vertige. Là-haut, c'est le ravissement avec le panorama exceptionnel sur l'île, l'étendue d'eau à perte de vue, la plage de la Conche (où fut tourné en partie le célèbre film *Le Jour le plus long*) et, par temps dégagé, les côtes vendéennes... Sachez que sa lentille sur bain de mercure fonctionne encore, en cas de panne du GPS ! Pour l'anecdote, le patron du resto *Le Patio* est le fils du dernier gardien du phare.

LE JOUR LE PLUS LONG

Quand Darryl Zanuck décida de tourner le plus célèbre film sur le Débarquement, il choisit la plage de la Conche, sur l'île de Ré. Pour deux raisons : il craignait la pluie en Normandie et il pouvait filmer des blockhaus intacts. Outre les difficultés incroyables de tournage, comment ont-ils fait pour loger John Wayne, Henry Fonda, Richard Burton et Sean Connery sur une île qui n'avait aucun hôtel correct dans les années 1960 ?...

Ce phare remplace la tour des Baleines (le deuxième plus vieux phare de France encore debout), construite en 1682 sur ordre de Colbert, puis jugée trop faible, mais encore visible juste derrière, au bord du parapet, face à la mer et l'horizon. La tour des Baleines était quand même le deuxième phare construit en France à cette époque après celui de Cordouan (à l'entrée de la Gironde). Récemment restaurée (mais non visitable), elle diffusait une faible lueur grâce à une petite lucarne de pierre dans laquelle on entretenait une combustion avec de l'huile de poisson. Bonjour les émanations ! Aujourd'hui, le système est bien trop sophistiqué pour qu'on se lance dans les explications (et le petit musée sert à ça) ! Ne manquez pas, au pied de cette vénérable tour, la superbe vue sur l'écluse à poissons, la mer, les mouettes et... le phare des Baleineaux au loin (eh oui, ça en fait trois pour le prix d'un !).

Le musée
Aménagé dans l'ancienne école des gardiens de phare, sous la tour des Baleines, ce musée a été conçu avec le concours de Jamy, l'animateur télé de *C'est pas sorcier !* Et c'est vrai que c'est pas sorcier les phares et les balises, grâce à l'itinéraire pédago-ludique et audiovisuel animé par le présentateur chouchou des enfants. Ou d'apprivoiser la lumière au GPS ! On ne fera pas la visite à votre place, mais disons que ça parle du « phare d'atterrissage », de Beautemps-Beaupré, père de la cartographie française et coloniale, des poétiques alvéoles des lentilles de Fresnel (les électriciens de cinéma s'en servent encore !) et de toutes sortes de balises. La vidéo décoiffe, autant que l'épaisseur des murs ! Mesurez !
Pour finir, très belle ***boutique-librairie maritime*** pleine d'objets, d'affiches et de très nombreux livres sur les phares et sur la mer.

LES PORTES-EN-RÉ (17880) 680 hab. *Carte Charente-Maritime, A1*

Dernier bout de terre de la partie nord-ouest de l'île. La pointe est bordée de magnifiques plages. Situé tout au bout de l'île et de la route, le village peut aussi s'enorgueillir de son calme et de ses ruelles préservées. C'est probablement ce qui lui vaut de recevoir de nombreuses vedettes du showbiz et de l'édition. Et c'est ce qui explique ce petit côté branché et mondain parfois agaçant !

COURANT MAOÏSTE

Dériver sur l'île de Ré, plus précisément depuis la plage de Trousse-Chemise, dans le sens du courant, c'est « faire son Mao », du nom du Grand Timonier. D'où vient cette expression ? De Chine, à l'époque où Mao Tsé-toung, pour donner l'exemple de sa révolution culturelle, se laissa filer sur le Yang Tsé, le fleuve Jaune mythique, sur plus de 15 km, à l'âge de 75 ans.

Adresses et info utiles

Office de tourisme : *6, pl. des Marais-de-La-Prée. ☎ 05-46-29-52-71. • lesportesenre.com • En saison, tlj sf dim ap-m ; sinon fermé dim.* Organise des sorties nature avec guide. Liste des hébergements. Billetteries diverses, billets de bus, de croisières (résa conseillée)...

Location de vélos : Neaud-Morin, *12, av. du Haut-des-Treilles. ☎ 05-46-29-60-01. • neaud-morin.com •* **Pop Cycles,** *rue de Hurle-Vent (à côté de Maison et Jardin). 06-84-25-76-62.* **Cycland,** *2, route de la Pointe-à-Chabot (en face de l'office de tourisme). ☎ 05-46-29-08-36.*

Taxi Olivier : *☎ 05-46-29-08-36. 06-09-34-00-49.* Toutes distances, véhicule climatisé 6 places.

– **Marché :** *en été, tlj ; hors saison, slt mer et le w-e.*

Où dormir ? Où manger ? Où boire un verre ?

Campings

Camping municipal de La Prée : *route de la Pointe-à-Chabot. ☎ 05-46-29-51-04. • camping-les-portes@orange.fr • À côté de l'office de tourisme, à l'entrée du village. Ouv de mi-mars à mi-oct. Forfait pour 2 avec tente et voiture 15-21,30 € selon saison. 130 empl.* Adorable petit camping municipal aux emplacements spacieux et bien ombragés, bordés par de vastes champs. Pas de mobile homes et bloc sanitaire en bon état. Ambiance calme et conviviale. Une manière très abordable de résider sur Ré !

Camping La Providence : *route de Trousse-Chemise. ☎ 05-46-29-56-82. • campingprovidence@wanadoo.fr • campingprovidence.com • Ouv de Pâques à mi-oct. Résa conseillée en saison. Forfait pour 2 avec tente et voiture 39,80 € en hte saison ; mobile homes 4-8 pers 360-1 030 €/sem selon taille et saison. 260 empl.* À 50 m de la plage (route à traverser), sur 6 ha, un camping confortable avec de bons emplacements ombragés et bien délimités. Riche en équipements : 2 piscines chauffées dont 1 couverte (avec balnéo et rivière à courant), jacuzzi, sanitaires chauffés par le sol, snack, minigolf, aire et salle de jeux. Location de vélos et animations en saison.

De prix moyens à chic

Chambres d'hôtes Hôte des Portes : *1, pl. Victor-Dron. ☎ 05-46-28-02-20. • info@hotedesportes.com • hotedesportes.com • Ouv tte l'année. Résa conseillée. Doubles*

L'ÎLE DE RÉ

et suites 90-413 € selon confort et saison. Surveiller les promos sur le site. En plein centre du village mais à l'écart de la foule, un ex-hôtel tout neuf, de grand confort transformé en chambres d'hôtes de charme. Mur végétal à l'entrée, musique zen et des chambres confortables, très contemporaines, aux noms évocateurs : « Charme », « Élégance », « Prestige », « Privilège »... Elles sont 5 au total, toutes avec parquet, murs lambrissés blanc ou crème dans un style rétais, avec une superbe salle de bains (baignoire balnéo-chromothérapie pour la plus chère). Un lieu impeccablement tenu par une jeune gérante aux petits soins pour ses hôtes.

La Bazenne : *14, pl. de la Liberté. ☎ 05-46-29-52-20. • labazenne@labazenne.com • Avr-sept, tlj midi et soir (fermé mar avr-juin et sept, sf pdt vac de Paris). Galette env 10 € ; plats 15-25 € ; carte env 40 €.* Un bar-resto coquet avec une chouette terrasse estivale déployée sur la place du village depuis plus de 40 ans. On est aux premières loges pour suivre l'animation ! Idéal pour un petit déj tardif ou pour l'apéro au *Zen Bar* *(ouv le soir).* On peut aussi y manger des produits de la mer, poissons et crustacés, ou plus simplement des grillades, des salades, des galettes et des crêpes. Et si les branchés d'Île-de-France remplissent la terrasse souvent étoilée de stars, celle du ***Chasse-Marée,*** en face, propose les mêmes plats aux mêmes prix avec un bon accueil également.

À voir. À faire

La réserve naturelle Lilleau des Niges et la Maison du Fier *(Ligue pour la protection des oiseaux) : au sud du vieux bourg, par la route du Vieux-Port. ☎ 05-46-29-50-74. • lilleau.niges.reserves-naturelles.org • Vac scol de Pâques-fin sept, tlj sf sam mat 10h-12h30, 14h30-18h (19h juil-août) ; vac scol de la Toussaint, tlj sf sam mat 14h30-18h. Fermé le reste de l'année. Entrée : 4 € ; 2 € enfant. Loc de jumelles. Sorties découverte 4-6 €, certaines s'adressant particulièrement aux enfants. Forfait famille : 10 €.*

Centre d'information sur la nature aménagé dans le dernier hangar à sel de l'île, avec expos, projections vidéo sur l'avifaune, bornes interactives pour comprendre la faune, la flore et les paysages. Expos temporaires d'artistes (peinture...). Organise des sorties découverte avec un écoguide (inscription obligatoire ; 20 personnes maximum, et c'est toujours complet !). Sinon, la piste cyclable qui relie Les Portes à Ars-en-Ré passe derrière ces zones de protection. Le circuit est ponctué de panneaux explicatifs. Mieux : en été, des bénévoles installent chaque jour un point d'observation et invitent les cyclistes à observer les oiseaux. Mais préférez plutôt les visites accompagnées, qui permettent de bénéficier du regard affûté des animateurs ! Sachez que dans tous les cas, vous ne ferez que longer, frôler la réserve, puisque celle-ci est une zone protégée dont l'accès est rigoureusement interdit. On vous prêtera donc des jumelles, indispensables pour observer les oiseaux éloignés.

Créée en 1980, cette réserve naturelle accueille, sur d'anciens marais salants, les oiseaux au cours de leur migration ou pour leur nidification. Un climat particulièrement doux, allié à une flore et à une microfaune importantes

COMPTONS SUR NOS MOUTONS

Parmi les curiosités de la réserve Lilleau des Niges : les moutons écossais ! Certes, à la LPO (Ligue pour la protection des oiseaux), on aime bien les animaux, mais ces moutons ont surtout été amenés là pour des raisons pratiques... D'une espèce rustique, ils sont tout-terrain : ils résistent parfaitement au froid, à l'humidité, et ce sont de véritables tondeuses à gazon ! De plus, comme l'oiseau est un animal stressé, avec des pelouses rases, il peut voir venir les prédateurs...

des marécages, en fait une étape de prédilection pour nos copains à plumes. Des centaines d'espèces viennent y trouver refuge. On compte jusqu'à 50 000 têtes et becs en hiver ! En tout, c'est près de 320 espèces qui ont été observées sur l'île de Ré, soit 50 % des espèces européennes. Pas mal ! La Ligue pour la protection des oiseaux effectue un contrôle et une reconnaissance systématiques des espèces migratrices grâce au baguage. On y trouve notamment des aigrettes garzette (orteils jaunes) de la famille du héron. Cette espèce est arrivée sur l'île de Ré il y a plus de 20 ans, de Camargue et d'Espagne. Elle était fortement menacée au début du XXe s, car très convoitée pour ses plumes. Aujourd'hui, plus de problème pour elle.
En hiver, les bernaches cravant, ces oiseaux noir et blanc de la famille des oies, viennent chaque année de Sibérie pour passer l'hiver (10 000 km parcourus !). Courlis cendrés, huîtriers pie... sont nombreux aussi. Au printemps et en été, avocettes, échasses blanches, tadornes de Belon, et le rare gorge bleue à miroir blanc sont des hôtes réguliers (voir le comptage et la liste des espèces sur le site).

➢ ***Circuits pédestres :*** procurez-vous le topoguide, en vente à la Maison du Fier et à l'office de tourisme *(1 €),* qui propose trois circuits pédestres pour visiter le village, les marais, la côte et les forêts. Également un jeu de piste « De portes en portes » ou « L'histoire sort du puits » à découvrir sur smartphone ou tablette.

Le bois de Trousse-Chemise : *à la pointe du Fier-d'Ars.* Il porterait le nom qu'on donnait à ceux et celles qui traversaient le Fier d'Ars à marée basse pour se rendre à Loix en retroussant leur chemise. Charles Aznavour l'a très bien chanté !

Manifestations

- ***Concours « Mon plus bel œuf de Pâques » :*** *sem de Pâques évidemment !*
- ***Salon du vin et de la gastronomie « Fleur de vigne en Ré » :*** *w-e de l'Ascension.* Un tour des vins de France... et de Ré !
- ***Journée du livre ancien et d'occasion :*** *dim de Pentecôte.*
- ***Exposition des peintres et sculpteurs amateurs des Portes-en-Ré :*** *dernière sem de juil-1re sem d'août. Gratuit.*

AU SUD-EST DE LA ROCHELLE

SURGÈRES (17700) 6 750 hab. *Carte Charente-Maritime, C1*

Carrefour sur la route qui va de Niort à La Rochelle en passant par Saint-Jean-d'Angély (le GR 360 y passe également), Surgères est une étape très agréable. Cette ville au long passé mouvementé est aujourd'hui connue pour avoir abrité Hélène de... Surgères (à qui Ronsard adressa ses fameux *Sonnets*), mais aussi pour son beurre !

UN PEU D'HISTOIRE

Pratiquement au centre de l'ancienne province royale de l'Aunis et à quelques galops de cheval des zones inondées du Marais. ***Guillaume de Poitou y établit dès le IXe s un camp fortifié*** afin de contenir les attaques des Normands. Quelques années plus tard, il revend le camp et sa forteresse à son cousin, le vicomte de Maingot, qui transforme le tout en château. Sa famille l'occupe jusqu'au XIVe s. ***Devenu l'un des châteaux forts les plus puissants de la région,***

il fut mis à rude épreuve lors de la guerre de Cent Ans. Par la suite, Louis XI ordonna, en 1472, la démolition de l'enceinte.
À nouveau meurtri par les guerres de Religion, l'ensemble seigneurial est repris par René de Fonsèque, père d'Hélène de Surgères, copine de Ronsard. Le château et son église connaissent alors une période de répit aux mains de Charles de Fonsèque et de sa sœur Hélène, qui consacre son temps aux bonnes œuvres. De cette époque date l'enceinte actuelle. Au XVIIe s, le château passe aux mains des La Rochefoucauld, héritiers des Fonsèque, avant d'être revendu à la Ville en 1856. Depuis, ***l'hôtel de ville et la police municipale y ont trouvé leur place...***

LE BEURRE ET L'ARGENT DU BEURRE

Après la Révolution française et la fuite en Angleterre d'Ambroise de La Rochefoucauld, dernier seigneur de Surgères, le domaine est racheté par la bourgeoisie locale, qui s'ouvre à ***une économie viticole.*** Une orientation qui vaudra à la ville une période faste jusqu'en 1876, date à laquelle toutes les vignes de la région sont ***ravagées par le phylloxéra.*** La majeure partie des propriétés est rachetée à très bas prix par des paysans des Deux-Sèvres et de Vendée qui apportent avec eux leur « beurrée de confiture ». La région se consacrera désormais à la ***production de lait*** et à la ***fabrication du beurre.*** Et les cuisinières remplaceront définitivement le saindoux par le beurre !
En 1888, c'est le début de la gloire lorsque Eugène Biraud, un paysan de Chaillé (près de Surgères), crée la première laiterie coopérative des Charentes, dont le dynamisme est à l'origine de cette renommée. Elle a pour but d'encourager la commercialisation de la production laitière et, surtout, de lutter contre la baisse du prix du lait. D'autres coopératives voient alors le jour sur le même modèle, et se réunissent toutes en 1893 au sein de l'Association centrale des laiteries coopératives des Charentes et du Poitou. Telle est l'origine de l'actuelle appellation d'origine contrôlée « beurre de Charentes-Poitou ».
Aujourd'hui, Surgères est un centre de production laitière d'envergure européenne, et son beurre s'est taillé une belle réputation sur tout le territoire pour son p'tit goût de noisette ! Ses installations à la pointe de la technologie promettent encore un bel avenir...

Comment y aller ?

➢ ***En train :*** *☎ 36-35 (0,34 €/mn).* • *sncf.fr* • 3-5 liaisons/j. en TGV au départ de Paris-Montparnasse (direction La Rochelle). Durée : env 2h45.

Adresse et info utiles

ℹ ***Office de tourisme Aunis – Marais poitevin – Bureau de tourisme de Surgères :*** *5, rue Bersot. ☎ 05-46-01-12-10.* • *aunis-maraispoitevin.com* • *Juil-août, lun-sam ; avr-juin et sept, fermé dim et lun mat ; oct-mars, fermé dim, lun mat ainsi que l'ap-m jeu et sam.* En été, des « Balades découverte » à travers les curiosités des communes du pays d'Aunis. Livret découverte de la ville gratuit.

– ***Marché couvert :*** *mar, jeu et sam mat.* Marché réputé où l'on retrouve tous les produits à vocation maraîchère, céréalière et laitière de la région, vendus directement par les producteurs.

Où dormir ? Où manger ?

Camping

⛺ ***Camping de la Gères :*** *10, rue de la Gères. ☎ 05-46-07-79-97.* • *contact@campingdelageres.com* • *campingdelageres.com* • ♿ *Ouv de début janv à mi-déc. Prix : 15,30 € en hte saison ; mobile homes,* *chalets et bungalows toilés ou non pour 4-9 pers 231-663 €/sem. Réduc de 5 % de 8 à 14 nuits, de 8 % de 15 à 21 nuits ou de 10 % pour plus de 21 nuits sur les forfaits camping, hors juil-août, sur présentation de ce guide.* Une soixantaine d'emplacements, simples mais convenables, au bord de la rivière. Ombragé et à deux pas du centre et de ses commerces. Piscine.

De bon marché à prix moyens

Hôtel-restaurant Gambetta : *49, rue Gambetta. ☎ 05-46-07-03-64. • hotelgambetta17@orange.fr • Resto fermé sam-dim hors saison. Double avec douche 58 € ; familiale 3-4 pers 67 €. ½ pens demandée juil-août 50 €/pers. Menus 14-28 € ; carte env 25 €. Apéritif maison offert sur présentation de ce guide.* Bien connu des VRP et des travailleurs en déplacement, ce petit hôtel familial fera l'affaire pour une soirée étape. Chambres standard très convenables et bien tenues, au calme côté jardin. La patronne étant originaire du Beaujolais, elle propose des vins de sa région, à des prix très corrects.

Restaurant Le Vieux Puits : *6, rue Paul-Bert. ☎ 05-46-07-50-83. • gireaudrestauration@wanadoo.fr • Fermé dim soir, jeu et j. fériés. Congés : 20-30 sept. Plat du jour en sem 9,50 € ; menus 21-29,50 € ; carte env 35 €. Café offert sur présentation de ce guide.* Pourtant cachée au fond d'une courette pavée bordée de roses trémières, cette adresse conviviale n'a pas échappé aux gastronomes de la région. Propose une bonne cuisine de saison à base de produits frais, privilégiant aussi bien le poisson que la viande.

Chambres d'hôtes Le Logis des Oiseaux : *chez Dominique et Odile Quette, 4, rue Neuve. ☎ 05-46-31-38-10. 📱 06-13-43-72-43. • doquette@orange.fr • lelogisdesoiseaux.fr • Ouv tte l'année. Double 80 € ; familiales 2-4 pers 75-130 €. Parking fermé la nuit.* Dans cette belle demeure, 3 chambres coquettes et chaleureuses, ouvertes sur jardin ou piscine, au calme dans une petite rue au cœur de la ville. Pour profiter des lieux, un beau jardin fleuri et ses grands arbres, la cuisine d'été (avec BBQ) et la piscine plein sud *(juin-fin sept).*

Où dormir ? Où manger dans les environs ?

Chambres d'hôtes Le Clos de la Garenne : *chez Brigitte et Patrick François, 9, rue de la Garenne, 17700* ***Puyravault.*** *☎ 05-46-35-47-71. • info@closdelagarenne.com • closdelagarenne.com • De Surgères, prendre la D 115 au nord-ouest et suivre les panneaux jusqu'à Puyravault, à 5 km. C'est au centre. Doubles avec douche ou bains env 75-85 € ; familiales 5 pers 135-155 € ; studio-gîte (2 pers) 350-450 €/sem. Table d'hôtes sur résa 27 €, vin et café compris (ado 22 €, enfant 12 €).* Cette maison du XVIIe s appartint à Pierre-François Audry qui, sa vie durant, fut un fervent défenseur de la République et président de l'Assemblée constituante en 1848... Aujourd'hui, Brigitte et Patrick continuent de rénover patiemment et constamment cette demeure de charme tout en proposant 2 vastes chambres, 2 suites et 1 studio-gîte partagés entre la maison et les dépendances. Déco et ameublement de bon goût, à l'image du salon avec bibliothèque et billard. Table d'hôtes partagée en famille, à base d'excellents produits locaux : volailles fermières, agneau du cru, légumes souvent bio, etc. Parc de 5 ha où les animaux du domaine s'en donnent à cœur joie. Sans oublier les nombreux jeux à disposition et les chaises longues qui invitent au farniente... Un authentique havre de paix.

La Ferme du Bateau-Lavoir : *13, rue du Logis, 17290* ***Landrais.*** *☎ 05-46-27-74-76. • lafermedubateaulavoir@bbox.fr • À 12 km au sud-ouest de Surgères par la D 939 puis la D 117. Ouv ven soir, sam soir et dim midi. Résa obligatoire. Formule tt compris 27 € avec apéro, vin à volonté et café-cognac !* Pain de porée, crème de mojettes, fagot, farci poitevin, grillons, gigourit, pouclade, petatout, jambon de cinquarat, cagouilles, etc., sans oublier les fromages et desserts de saison... le menu comporte une dizaine de plats ! Copieusement servis, encore ! Et si certains noms vous semblent un peu nébuleux, pas de panique, vous aurez comme professeur Fabien Jacques, un sacré personnage qui mérite le détour à lui seul. Il vous expliquera « benaise » et « chap'tit », principes essentiels de vie. Peintre et charcutier, il est aussi saltimbanque, éleveur d'escargots et un conservatoire de gastronomie locale à lui tout seul. Boutique de produits maison et régionaux. Concert croquignolet des groupes Binuchards et Trace de Pneu à l'occasion ; on y a même vu Gérard Depardieu.

Le P'tit Caprice : *1, chemin des Chèvres, 17700* ***Vouhé.*** *☎ 05-46-68-17-98. • carl.margueres@wanadoo.fr • Au centre du village, à 6,5 km de Surgères en direction de Marans par la D 115. Tlj sf lun et mar soir, plus mer soir hors saison, 12h-14h, 19h30-21h30. Congés : 2 sem début janv et fin oct-début nov. Menus 12 € (midi en sem)-30 € ; menu-enfants 7,50 € ; carte env 35 €.* Tenu par un couple souriant et dynamique, ce petit resto-bar occupe une jolie maisonnette traditionnelle en pierre, en retrait de la route. Grande terrasse pour les beaux jours. Au bonheur de la carte, cassolette d'escargots, persillade d'anguilles, gâteau tiède de Saint-Jacques... Un resto qui s'est forgé une bonne petite réputation.

LA CHARENTE-MARITIME

À voir. À faire

Le château : ce qu'on appelle communément « château » n'est en fait que l'enceinte qui le cernait autrefois. Longue d'environ 600 m et agrémentée de six tours, elle témoigne encore de l'importance des lieux dans l'histoire. Détruite à plusieurs reprises pendant les guerres de Cent Ans et de Religion, elle fut à nouveau rasée (à mi-hauteur seulement !) au XIXe s pour que l'intérieur de l'enceinte soit mieux éclairé ! En entrant par la place du Champ-de-Foire, on aperçoit les traces de l'ancien pont-levis. Sur la droite, une motte féodale érigée artificiellement afin de mieux guetter l'assaillant, le château étant, chose peu commune au Moyen Âge, bâti sur une base plate.

L'enceinte ouvre sur un grand parc boisé de chênes et de hêtres séculaires, aujourd'hui jardin public. Il abrite une très belle porte Renaissance du XVIe s, par laquelle on accédait au parc du logis médiéval dont il ne reste aujourd'hui que la tour Hélène, vestige du donjon de l'ancien château. Le logis seigneurial du XVIIe s, très belle demeure construite par la famille de La Rochefoucauld, est aujourd'hui le siège de la mairie... tandis que les dépendances (anciennes écuries des XVIIe et XVIIIe s, et maison dite « du Régisseur », avec son toit d'ardoises à la Mansart) abritent respectivement la bibliothèque et le centre social.

L'église Notre-Dame : *dans l'enceinte du château.*
« Bien que blasé, j'ai trouvé à m'extasier devant son église ; je ne trouve rien de plus beau que sa façade... », déclarait Prosper Mérimée, alors inspecteur des Monuments historiques, lors de son passage à Surgères en 1841. Édifiée au XIIe s sur commande de la famille Maingot, l'église Notre-Dame est un très bel exemple d'art roman, même si les grandes restaurations entreprises au XIXe s ont légèrement dénaturé l'ensemble.

La porte principale est entourée d'une magnifique série d'arcatures sur deux étages : au rez-de-chaussée, elles sont aveugles, tandis qu'au 1er étage elles sont asymétriques, avec des voussures richement ornées. Celle du milieu est entourée de deux petites niches. Dans chacune d'elles, un cavalier : à gauche, ce serait l'abbé de Vendôme, et à droite Guillaume d'Aquitaine (suzerain des comtes de Surgères) ; à moins qu'il ne s'agisse de l'empereur Constantin et du Christ triomphant entrant dans Jérusalem. Beaux chapiteaux qui représentent toutes sortes d'animaux, monstres et signes du zodiaque. Le clocher domine la croisée du

transept. Le toit octogonal, porté par 16 colonnes à 30 m du sol, abrite notamment une énorme cloche classée de 420 kg, datant du XVIIIe s.
L'intérieur a été restauré en vue de lui redonner son allure d'origine. Les églises romanes étaient souvent enchâssées dans le sol pour des facilités de construction (on y pénétrait en descendant un escalier), aussi l'a-t-on rabaissé à son niveau initial, dégageant du même coup la crypte où l'on a retrouvé des traces de peintures murales. On y a installé de nouveaux vitraux aux motifs géométriques. Hélène de Surgères aurait par ailleurs été enterrée dans cette église.

➢ ***Promenade le long de la Gères :*** *sentier en boucle de 3 km. Compter 1h30. Infos à l'office de tourisme.* De l'avenue de Saint-Pierre, longer la Gères derrière le château (belle vue sur les douves). Très beaux paysages. Retour au centre avec une halte dans le superbe parc verdoyant du château.

Manifestations

– ***Grande foire :*** *3e mar mat de chaque mois, dans les rues de la ville.*
– ***Marchés nocturnes :*** *juil-août, slt 1/mois.*
– ***Scènes d'été :*** *courant juil. ☎ 05-46-07-16-39.* Concerts gratuits sur les places des villages.
– ***Sites en scène :*** *2 j. fin juil, à 21h30. ☎ 05-46-07-00-23.* Spectacle historique avec danse, théâtre et chants, dans l'enceinte du château.
– ***Sérénade :*** *début août. ☎ 05-46-07-00-23.* Festival de musique de chambre.

DANS LES ENVIRONS DE SURGÈRES

Petit circuit pour les amateurs d'églises romanes

Compter une matinée (encore faut-il trouver les clés !).

Saint-Mard : *reprendre la D 911 vers Surgères, puis la D 939 en direction de Saint-Jean-d'Angély.* Appelée aussi Saint-Médard, cette église a été remaniée plusieurs fois. Architecture très sobre. À l'intérieur, superbes fresques du XIIe s, parfaitement conservées.

Breuil-la-Réorte : *de Saint-Mard, prendre la D 211. Demander les clés à la mairie (☎ 05-46-68-91-72).* Sur une petite colline, au milieu des champs. Mélange de roman et de gothique, et façade du XVIIIe s. Voir les très belles peintures murales gothiques du XIVe s, remarquablement conservées également : l'Annonciation, la Nativité, l'Adoration des bergers et la Crucifixion.

Vandré : église de la fin du XIIe s dédiée à saint Vivien. Clocher carré. Voir les vitraux aux armes des seigneurs de Vandré. Haut lieu de résistance pendant les guerres de Cent Ans et de Religion.
– ***Le musée du Foyer rural « Vandré, il y a 100 ans » :*** *dans les dépendances de l'ancien presbytère. Sur rdv (☎ 05-46-68-88-64). Entrée : 1,50 € ; réduc.* Cinq pièces aménagées par des bénévoles évoquent la vie des paysans avant 1914, selon différents thèmes : les tâches ménagères, les travaux des champs, l'art de vivre charentais et la vigne. Un petit musée très intéressant, avec notamment une riche collection de coiffes et costumes charentais (belle robe de mariée de 1904) ou encore une étonnante ponne (profond bac doté d'un orifice) pour la lessive. Mérite d'être vu.

LITRE ET TITRES DU SEIGNEUR

Une litre funéraire ? Mais qu'est-ce donc ? C'est la large bande de peinture noire qui fait le tour de l'intérieur de l'église de Genouillé, découverte par hasard lors de travaux de restauration. Sur cette litre sont peints les 16 blasons du dernier seigneur de la région. Par transparence, on peut même apercevoir d'autres blasons légèrement décalés, qui laissent supposer qu'on y peignait systématiquement les armes du dernier seigneur défunt.

Genouillé : *par la D 211.* Église fortifiée construite entre les XIIe et XIIIe s. Notre préférée ! Une des très rares en France (il y en aurait actuellement trois ou quatre) à avoir une litre funéraire (voir encadré).

Ardillières : *par les D 117, D 112 et D 111. Pour y accéder, on passe à travers champs devant des dolmens (après Chaban, sur la gauche).* Belle église du XIIe s.

Landrais : *reprendre la D 111, puis la D 112.* Vaut surtout pour son magnifique retable du XVIIe s, classé Monument historique. Il n'y en aurait que trois comme celui-ci en France !

Vouhé : *par la D 115 en direction de Marans.* Église classée, remaniée au XIVe s. Les coquilles Saint-Jacques attestent du passage des pèlerins en route vers Compostelle.

Saint-Georges-du-Bois : *par la D 911, en direction de Niort.* Petite église rurale typiquement romane. Les pans de mur sont évasés, conséquence des poussées latérales beaucoup trop fortes exercées par la voûte. Le chœur n'est pas dans l'axe de la nef. Il penche légèrement sur la droite (comme pour représenter la tête penchée du Christ crucifié...).

LA CÔTE DE LA ROCHELLE À ROCHEFORT

CHÂTELAILLON-PLAGE

(17340) 6 079 hab. *Carte Charente-Maritime, B1*

Ancienne capitale de l'Aunis, la forteresse de Châtelaillon a connu des heures glorieuses jusqu'au long siège fomenté par Guillaume X, duc d'Aquitaine, à la demande des habitants, excédés par l'arrogance et l'insolence de leurs seigneurs. Le fort fut donc en partie détruit, puis un raz de marée emporta le reste au XVIIIe s. De cette histoire est née la légende selon laquelle la fée Mélusine serait allée juger du comportement desdits seigneurs en leur demandant l'hospitalité déguisée en mendiante. Vilainement éconduite, elle se serait alors vengée en enlevant chaque jour une pierre du fort jusqu'à son effondrement total... Il faudra ensuite attendre les années 1870 pour que Châtelaillon, sortant de son long sommeil, voie affluer les adeptes des premiers bains de mer. Des villas caractéristiques de l'architecture balnéaire (cottages ou maisons basses décorés de bois, murs de brique et de pierre, incrustations de céramiques et bow-windows) façonnent un paysage désormais centré sur le tourisme. Cabines de bain, casino, promenade de bord de mer, parcs et espaces verts constituent autant d'éléments propres à attirer et à séduire les premiers estivants. La commune, en fêtant son centenaire, en a profité pour s'offrir une cure de rajeunissement et fidéliser sa clientèle. Ses atouts : 3 km de plage et 2 600 heures d'ensoleillement annuel revendiquées par toutes les brochures touristiques ! En tout cas, cette station très familiale a su conserver une bonne part de son cachet Belle Époque.

Adresses et infos utiles

Office de tourisme : *5, av. de Strasbourg. ☎ 05-46-56-26-97. • chatelaillon-plage-tourisme.fr • Avr-sept, tlj ; le reste de l'année, fermé sam-dim. Juil-août, point info touristique au milieu du bd de la Mer, mar-sam.* Brochure sur la station et plan de la ville (bien utile car Châtelaillon est assez étendue). Visites. Animations en été.

Gare SNCF : *av. Félix-Faure. ☎ 36-35 (0,34 €/mn). • sncf.fr •*

Cars Kéolis Les Mouettes : *☎ 0811-36-17-17. • lesmouettes-transport.com •* Liaisons Châtelaillon-Plage et villes des alentours. Excursions à la journée.

Bus RTCR : *☎ 0810-17-18-17. • rtcr.fr •* Pour La Rochelle (ligne nº 16 en sem, nº 46 dim).

Location de vélos : ***Châtel Dépannage,** 119, av. d'Angoulins. ☎ 05-46-56-33-64. Et **Châtel Vélo,** 81, bd de la Mer. 06-30-53-01-86.*

– Marchés : *sous la halle tlj le mat ; sur le boulevard mar et ven mat, ainsi qu'en nocturne pour l'artisanat dim en saison. Enfin, ts les dim mat en saison, marché du terroir au village des **Boucholeurs.***

Où dormir ?

Camping

Camping Port Punay : *allée Bernard-Moreau, **Les Boucholeurs.** ☎ 05-17-81-00-00. 06-78-91-15-86. • contact@camping-port-punay.com • camping-port-punay.com • Accès : par la N 17, sortie Châtelaillon-Plage ; sur la D 109, suivre « Les Boucholeurs », puis « Camping Port Punay ». Ouv avr-sept. Prix : 28 € en hte saison ; cottages, bungalows toilés et mobile homes pour 4-6 pers 295-940 €/sem. 156 empl. Café offert sur présentation de ce guide.* Situé au sud de Châtelaillon, un camping au calme, familial, dans un très joli secteur. Complètement rénové et exploité depuis 50 ans par la même famille. Emplacements « confort » et « grand confort » nickel et ombragés, à deux pas des plages. Labellisé Camping Qualité, Écolabel et Clé verte, il offre d'excellentes prestations : épicerie, laverie, location de vélos, snack, jeux... sans oublier une belle piscine chauffée. Animations enfants et adultes en haute saison. Accueil charmant d'Angélique.

Prix moyens

Hôtel Le Rivage : *36, bd de la Mer. ☎ 05-46-56-25-79. • hotel.lerivage@wanadoo.fr • hotel-lerivage.fr • Ouv avr-nov. Doubles avec douche ou bains 65-85 € selon confort et vue ; familiales 3-5 pers 75-95 €.* Un hôtel balnéaire de style moderne aux chambres confortables et fonctionnelles. Côté mer, elles disposent d'une petite loggia (où vous pouvez prendre votre petit déj) fermée par une baie vitrée. Les autres s'organisent autour d'un agréable patio, certaines possèdent une kitchenette à dispo pour un séjour de 3 jours minimum. Enfin quelques petites chambres économiques au rez-de-chaussée. Salon de thé (exceptionnel chocolat à l'italienne) convivial en journée. Bon accueil.

Hôtel Les Flots : *52, bd de la Mer. ☎ 05-46-56-23-42. • contact@les-flots.fr • les-flots.fr • Doubles 70-170 € selon vue et saison.* Cet hôtel Belle Époque propose des chambres simples mais rénovées de couleurs vives, avec un bon lit dodu recouvert d'une jolie couette. 3 d'entre elles jouissent d'une terrasse face aux flots. Des autres, on aperçoit un bout de mer en se penchant un peu. Une nouvelle annexe avec une vingtaine de chambres modernes, très confortables, un nouveau resto et un bar. Le tout idéalement situé face à la mer... et à la plage.

Où dormir dans les environs ?

Aire naturelle La Cabane des Frênes : *chez M. et Mme Charbonnier, lieu-dit la Cabane-des-Frênes, 17340 **Yves.** ☎ 05-46-56-41-31.*

• contact@la-cabane-des-frenes.fr • la-cabane-des-frenes.fr • Accès par le village d'Yves, à 8,5 km au sud de Châtelaillon par la D 137, puis suivre le fléchage sur env 7 km. Ouv avr-fin sept (tte l'année pour les chambres d'hôtes). Camping 21 € en hte saison ; chambres d'hôtes 53-56 € pour 2, 78-82 € pour 4 ; gîte 6 pers 390-590 €/sem selon saison. Située au cœur des marais côtiers, en « zone remarquable » et à 6 km de la réserve naturelle d'Yves, cette petite adresse familiale ravira les amoureux de la vraie nature. Dans ce secteur, en effet, tout n'est que ravissement : marais à gauche, marais à droite, oh, un bel échassier, oh, un drôle d'oiseau sauvage ! Une merveille. Côté infrastructures, l'aire de camping est toute simple mais, après tout, c'est ce qu'on lui demande lorsqu'on veut camper en pleine nature. Accès à un point d'eau, à l'électricité et à des sanitaires communs. Également 3 chambres d'hôtes dans la maison, idéales pour accueillir une famille entière ou une bande de copains (capacité de 10 personnes maximum). Cuisine et grande salle à disposition. Vente de produits de la ferme (légumes, volaille, mouton et œufs) et restauration possible en été. Piscine.

Où manger ?

Bon marché

Bains des Fleurs : *76, bd de la Mer. ☎ 05-46-56-00-58. • bainsdesfleurs@wanadoo.fr • Tlj sf lun. Congés : 2 sem fin nov-début déc. Résa indispensable en saison. Carte env 15 €.* Cette ravissante maison au charme désuet, à la façade toute bleue sur le front de mer, abrite une honorable crêperie. Pas mal de choix à la carte : crêpes et galettes classiques, ou plus audacieuses, et plus ou moins copieuses... à base de produits frais et vraiment pour tous les goûts. Résa indispensable, surtout pour obtenir une table sur la sympathique terrasse face à la mer.

L'Alsacien : *31, bd de Lattre-de-Tassigny. ☎ 05-46-31-51-77. • cueros@laposte.net • Fermé mer, plus le soir dim-lun hors saison. Menus 16,50-25 €. Apéritif offert sur présentation de ce guide.* L'Alsace en Charente ou quand Mariane et Sébastien y font leur nid... de cigogne ! Toute l'Alsace et ses clichés, de Hansi aux cartes postales et à la *flammeküeche* dans un service alsacien. Produits frais en direct de là-bas, produits locaux dans ce resto « qui fait à manger ». Bar où on arrive parfois à du charentais non homologué mélangé à l'alsacien. Salut ! À la prochaine !

Chic

Mirko al Mare : *59, av. de l'Abbé-Guichard, au port des **Boucholeurs.** ☎ 05-46-56-06-06. • mirkoalmare@orange.fr • Tlj sf dim (slt dim soir en saison)-lun. Congés : 1 sem fin juin, 2 sem début oct et 3 sem fin déc-début janv. Résa conseillée. Pizza env 13 € ; carte 25-30 €. Grappa offerte sur présentation de ce guide.* Bienvenue chez Mirko et sa petite famille italienne ! L'ancien patron du *Teatro Bettini*, à La Rochelle, a emporté dans ses bagages sa bonne humeur et cette atmosphère de ruche dont il a le secret, pour emménager dans ce vaste resto de bord de mer. Murs blancs, tableaux et sièges design... Que les petits budgets se rassurent, les pizzas au feu de bois sont abordables et excellentes. Les autres prendront leur mal en patience pour déguster fruits de mer, moules, poissons ou l'un des nombreux plats italiens de la carte (pour changer un peu !). Belle terrasse également.

Les Flots : *52, bd de la Mer. ☎ 05-46-56-23-42. • contact@les-flots.fr • Fermé mar oct-mars. Formule et menu 16,50 € (midi en sem)-27 € ; menu-carte 48 € ; carte env 35 € ; plateaux de fruits de mer 37-57 €.* Un resto au charme discret avec beau parquet, tables et chaises en bois. Il y règne un parfum de bistrot gastronomique tourné vers le large, avec sa grand-voile et son mât posés sur fond de mer houleuse. Cuisine marine qui s'inspire de recettes traditionnelles, dont la fraîcheur est assurée par une sélection rigoureuse de produits régionaux. Pâtisseries maison et bon choix de vins servis au verre. Une adresse dont la réputation dépasse largement les limites de Châtelaillon.

À voir. À faire

– Essentiellement station balnéaire, Châtelaillon ne compte pas de curiosités particulières, si ce n'est la ***plage des Boucholeurs*** et les ***parcs ostréicoles*** : une visite chaque jour (en juillet-août) à marée basse, dans une charrette tirée par un tracteur, est organisée par l'office de tourisme. Inscription à l'avance *(compter 11 €/adulte avec dégustation d'huîtres ; 6,50 € 4-12 ans).*

– Des ***visites guidées*** permettent également de découvrir le patrimoine balnéaire et ses plus jolies villas. Par exemple, « À la mode des bains de mer » : 2h de visite passionnante *(visites proposées tte l'année ; infos et résa obligatoire à l'office de tourisme ; tarif : 8 € ; réduc enfants ; gratuit jusqu'à 10 ans).*

– Également des sorties de ***pêche à pied,*** en partenariat avec *Nature Environnement 17,* où un animateur vous enseignera les précautions à prendre pour découvrir et pêcher à marée basse moules, palourdes, bigorneaux, berniques, anémones, etc. *(infos et inscriptions à l'office de tourisme ; tarif : 6,50 € ; réduc enfants).*

➢ Diverses possibilités de ***balades à vélo*** (libres ou guidées) sur la voie *Vélodyssée* dans les environs de Châtelaillon.

Manifestations

– ***Festival de Cerfs-volants :*** *w-e de Pâques, sur la plage.*
– ***Chatel en fête :*** *dernier w-e de juin.* Grande manifestation pour ouvrir la saison estivale.
– ***Sorties de plage :*** *juil-août. Programme disponible à l'office de tourisme.* Nombreuses animations gratuites, concerts, bals et spectacles jeune public.
– ***Les Boucholeurs en fête :*** *mi-août.* Grande fête traditionnelle des huîtres, des moules, avec éclade géante, concerts et chants de marins.

DANS LES ENVIRONS DE CHÂTELAILLON

La réserve naturelle du marais d'Yves : *à env 6 km de Châtelaillon-Plage, en bordure de la D 137. ☎ 05-46-56-41-76. • marais.yves.reserves-naturelles.org • Centre nature du marais d'Yves : juil-août, tlj sf sam 14h30-18h30 ; vac scol, tlj sf sam 14h-18h ; dim tte l'année et lun-ven de mi-juin à début juil 14h-18h. Visite découverte à thème : 7 € ; gratuit jusqu'à 10 ans et à partir du 2e enfant. Nombreuses activités spécialement conçues pour les enfants (6-10 ans) : « Safari Junior », « Le lapin de Garenne », « Les oiseaux de la baie », « Les petites bêtes de l'eau », etc. ; tarif : 5,50 € enfant, 4,50 € accompagnateur.*
Différentes sorties suivant une grande variété de thèmes : observation ornithologique, à pied ou à vélo, à cheval, en kayak... Située sur l'une des principales voies de migration, la réserve est un des sites du littoral atlantique où l'observation de la faune est la plus facile. Vaste espace naturel d'environ 200 ha de marais, de dunes et de lagunes, très riche en termes de biodiversité (nombreux oiseaux sauvages, fleurs, papillons...).

FOURAS-LES-BAINS

(17450) 3 850 hab. *Carte Charente-Maritime, B2*

À l'entrée de la presqu'île, point d'embarquement pour l'île d'Aix, Fouras (le *s* ne se prononce pas) n'était jusqu'au XIXe s qu'un modeste village de pêcheurs, fier de son fort Vauban... Ce n'est qu'avec le Second Empire et la vogue des bains de mer que Fouras trouvera sa vocation de station balnéaire familiale tranquille, avec quelques belles plages, une esplanade, un casino... Moins connue que Royan, Ré ou Oléron, la localité est aussi plus calme en été, tout en restant proche de l'archipel charentais et des villes de Rochefort et de La Rochelle. On apprécie son cachet, relativement préservé, ses vieilles villas, ses pêcheries (qu'on appelle ici « carrelets »), ses parcs ostréicoles et son panorama sur le fort Boyard, depuis la pointe de la Fumée.

Adresses utiles

Office de tourisme Rochefort-Océan : *av. du Bois-Vert.* ☎ *05-46-84-60-69.* • *rochefort-ocean.com* • *Avr-fin sept, tlj ; le reste de l'année, lun-ven, plus sam fév-mars et oct.* Propose le *Pass Rochefort-Océan* (20 % de remise sur différents accès selon choix). Location de vélos électriques. Expos temporaires. Sorties ornithologiques à vélo encadrées par un accompagnateur de la Ligue pour la protection des oiseaux *(8 €),* visites des parcs ostréicoles *(6 €),* visites théâtralisées Folies balnéaires *(10 €),* sorties botaniques *(7 €),* etc. Ateliers créatifs pour enfants. Accueil très pro et souriant.

Embarquement pour l'île d'Aix : *à la pointe de la Fumée.* ☎ *0820-16-00-17 (0,12 €/mn).* • *service-maritime-iledaix.com* • *Départ tlj, min ttes les heures, avec une grosse coupure déj. Prévoir 30 mn de traversée. Tarifs A/R : 15 €/pers avr-sept, 9,80 €/pers oct-mars ; réduc enfants. Vente au guichet sur le quai et à l'office de tourisme.* On vous rappelle que les voitures sont interdites sur l'île d'Aix et que le parking du port d'embarquement est hors de prix : prévoir environ 0,30 € pour 15 mn (1re demi-heure gratuite), puis 16 €/j. Pour info, les aires de stationnement alentour sont hérissées d'horodateurs, ou réservées aux ostréiculteurs. Le mieux est encore de se garer au parking (gratuit) de la prairie du Casino (à 1 km de l'embarcadère, soit 15 mn à pied). Sinon, il faut s'éloigner du port... Un bus assure régulièrement la liaison centre-ville (mairie)-pointe de la Fumée.

Location de vélos : ***Le Kiosque,*** *pl. Carnot (face à l'église).* *06-66-90-88-14.* ***Le Garage du Centre,*** *9, av. Aristide-Briand.* ☎ *05-46-84-01-98.* Carte des liaisons cyclables de Rochefort-Océan disponible à l'office de tourisme.

Où dormir ?

Campings

Camping municipal Le Cadoret : *bd de Chaterny.* ☎ *05-46-82-19-19.* • *campinglecadoret@mairie17.com* • *campings-fouras.com* • *Ouv tte l'année (avr-oct pour le locatif). Prix : 24 € en hte saison ; loc de mobile homes 2-5 pers 280-660 €/sem.* Un vaste camping super équipé qui n'a pas volé ses 3 étoiles : piscine, terrain multisports, ainsi que des emplacements bien délimités, et pour certains face à la mer. Snack indépendant en face. Dépôt de pain. Animations pour petits et grands en saison. À proximité, *fungolf*, voile, kayak de mer. Et excellent accueil, ce qui ne gâche rien !

Camping municipal de l'Espérance : *route de l'Espérance. ☎ 05-46-84-24-18. • camping-fouras.com • Ouv de mi-juin à début sept. Prix : 10,70 € en hte saison.* Les pieds dans l'eau, tout en longueur le long de la plage, dans un secteur tranquille et bien tenu mais malheureusement très touché par la tempête de 1999 ; l'ombre se fait rare. Simple et très nature, pas de mobile homes ni d'équipements. Idéal pour les amateurs de pêche à pied (la baie est à sec à marée basse). Très prisé également des Allemands et autres touristes venus du froid.

De prix moyens à chic

Grand Hôtel des Bains : *15, rue du Général-Brüncher. ☎ 05-46-84-03-44. • hoteldesbains@wanadoo.fr • grandhotel-desbains.fr • Congés : 3 janv-5 fév. Doubles avec douche et w-c ou bains 61-96 € selon saison ; suite luxueuse 98-128 €. Parking payant. Apéritif offert sur présentation de ce guide.* Au cœur de la ville et à 50 m de la plage, cet ancien relais de poste modernisé a conservé une belle façade. Organisées autour d'un joli patio (où l'on peut prendre son petit déj en été), des chambres de styles très différents, pour tous budgets. De la petite économique dans une aile ancienne aux luxueuses décorées avec beaucoup de goût et un sens du détail enthousiasmant, on trouvera à prix moyens *(env 60 €)* des chambres refaites, spacieuses, avec parquet, literie neuve, TV écran plat et beaucoup de luminosité. Piscine intérieure. En prime, un accueil excellent.

Hôtel La Roseraie : *2, rue Éric-Tabarly. ☎ 05-46-84-64-89. • hotellaroseraie@orange.fr • hotel-fouras.com • Ouv tte l'année. Doubles 48-98 € ; familiales 85-148 €. 2 petits déj offerts à partir de 2 nuits sur présentation de ce guide.* Un sympathique petit hôtel (une vingtaine de chambres) offrant un cadre intime et des chambres charmantes, toutes différentes, décorées avec goût et raffinement, certaines avec couleurs et motifs assez délirants. Les plus chères avec une terrasse sur le large, le port de plaisance et le fort. Carole et Christophe sont aux petits soins pour leurs hôtes et savent entretenir une bonne atmosphère familiale. Petit déj servi dans un jardin verdoyant. Location de vélos. Parking public en face. Un coup de cœur !

Hôtel Le Galet Bleu : *20, rue du Général-Brüncher. ☎ 05-46-84-22-62. • galet-bleu-hotel@hotmail.com • hotel-galet-bleu-fouras.com • Doubles 59-70 € selon confort et saison ; familiales 89-99 €.* Un tout petit hôtel familial dans le centre et pas loin de la plage. Une douzaine de chambres refaites récemment, simples, d'un blanc lumineux, insonorisées et fort bien tenues. Nos préférées sont au 2e étage. Belle familiale en duplex. Une adresse chaleureuse en toute saison.

Chambres d'hôtes chez Hélène Chognot : *35, rue du Général-Brüncher. ☎ 05-46-84-21-78. • coquillages-et-rosetremieres.com • Ouv tte l'année. Doubles (avec sanitaires privés sur le palier) 55-60 € selon saison. Apéritif maison offert sur présentation de ce guide.* Idéal pour ceux qui ne veulent rien rater du spectacle ! Au cœur de Fouras, au bord de la grande plage, Hélène, 4e génération aux manettes, règne sur cette maison familiale tournée vers l'horizon à la manière d'une vigie. Ses 4 chambres occupent les étages d'un petit bâtiment mitoyen. 2 d'entre elles, très confortables et agréables, donnent sur le fort Vauban et la mer ; les autres, sur les cours intérieures et le petit jardin. Le petit déj et l'accueil sont les mêmes pour tous : très engageants ! Une adresse qui a ses fidèles habitués. Si c'est complet, la fille d'Hélène propose également des chambres en ville.

Résidence Les Terrasses de Fort Boyard : *av. Philippe-Janet. ☎ 05-46-83-87-51. • fouras@odalys-vacances.com • Studios 80-205 € en formule hôtelière selon disponibilité ; 200-1 200 €/sem pour 3-4 pers selon saison. (payant à la réception).* Emplacement magique face à la plage, les pieds dans l'eau. La résidence propose des appartements en location à la semaine essentiellement, du studio 2-3 personnes au 3-pièces 7-8 personnes, certains en mezzanine. Les plus sensibles au bruit réserveront en priorité dans le bâtiment A, un peu plus éloigné de la piscine que le bâtiment B mais face à la mer. Au sein de la résidence, bar-brasserie-pizzeria.

Où manger ?

Bon marché

L'Instant Thé : *33, rue de la Halle. ☎ 05-46-82-76-56. • linstanthe@orange.fr • Tte l'année, tlj le midi ; fermé jeu hors saison. Menus 14 € (sf dim)-22 €. Thé offert pour un repas servi, valable pour 2 pers, sur présentation de ce guide.* Dans une ruelle, un poil en marge de la rue principale, un petit havre de repos à la façade rose bonbon pour déguster un bon thé et une gentille restauration de bons produits de saison. Cadre particulièrement cosy et chaleureux, avec plein de beaux objets. Cuisine ouverte et accueil charmant. Quiches, salades, tartare, pâtes et bons gâteaux ; le tout fait maison, bien sûr !

De prix moyens à plus chic

La Fumée : *pointe de la Fumée. ☎ 05-46-84-60-38. • restaurant.lafumee@wanadoo.fr • Tte l'année : tlj sf lun de mi-juil à fin août, plus le soir jeu et dim hors saison. Formule déj en sem 14,60 € ; menus 20,60 € (midi en sem), puis env 29-47,50 €. Café offert sur présentation de ce guide.* Cadre bien agréable tout en bois lazuré et véranda offrant une vue imprenable sur le large et le fort Boyard. Remarquez les belles maquettes du *Belem* et du *Victory* à l'entrée. Une table réputée pour ses copieux et très frais plateaux de fruits de mer, parmi les meilleurs de la région, ou encore la brochette de Saint-Jacques en saison. Bon vin au pichet à tarif très abordable. Une adresse touristique mais au service impeccable et dévoué. Mieux vaut privilégier les menus pour réduire l'addition. Grande terrasse au soleil.

Ti Sable : *av. du Général-de-Gaulle. ☎ 05-46-84-61-10. • tisablefouras@gmail.com • Sur le front de mer, au-dessus de la grande plage de Fouras. Avr-oct, tlj sf lun-mar hors juil-août. Formule déj (sf dim) 14,50 € ; 3 menus 24-28,50 € ; carte env 30 €.* Grande terrasse, salle ouverte, décor moderne, atmosphère relax et une belle cuisine aux parfums caraïbes. Resto renommé pour la fraîcheur de ses produits, la touche très personnelle des mets et le remarquable rapport qualité-prix des menus. D'ailleurs, ça se sait, et la terrasse a vite fait de se remplir pour goûter au curry de requin et crevettes, aux rillettes de Saint-Jacques au coulis d'oursins... ou aux salades-repas. Très belle assiette de la mer. Accueil et service souriants. Bons cocktails exotiques.

À voir. À faire

Le *Pass Rochefort-Océan* propose transports et sites à prix réduits. Se renseigner à l'office de tourisme.

Le fort Vauban : construit sur les fondations d'un ancien château fort et autour du donjon du XVe s, le fort Vauban de Fouras fait partie de cet ensemble défensif de bastions gardant l'estuaire de la Charente et l'arsenal de Rochefort, construits au XVIIe s par les Vauban, Montalembert et autre Ferry, et jusqu'au XIXe s sous l'impulsion de nos deux empereurs. De la plate-forme du sommet du donjon (122 marches à gravir prestement ; compter 1,50 €), superbe point de vue sur les îles d'Oléron, de Ré, d'Aix, et sur toutes les fortifications

plantées çà et là : redoute de l'île Madame, fort Énet, fort Lupin et, par temps clair, fort Boyard et la citadelle du Château-d'Oléron...
– Dans ce fort de Fouras se trouve le ***Musée régional*** : ☎ *05-46-84-15-23.* • *musee.fouras.assoc.pagespro-orange.fr* • *Juin-3e w-e de sept, tlj sf lun mat 10h-12h, 15h-18h30 ; vac scol, tlj sf lun 14h30-17h30 ; le reste de l'année, slt w-e et j. fériés 14h30-17h30. Entrée : 3,80 € ; réduc ; terrasse panoramique incluse. Visites guidées en saison tlj sf lun à 14h : 6 €.* Petit musée éclectique qui retrace l'histoire de Fouras. Il rassemble aussi bien des poteries médiévales que des affiches publicitaires du XIXe s. Expos temporaires. Dix salles dans le donjon avec terrasse panoramique pour vue sur la presqu'île et l'estuaire.

Le fort Énet : *2h d'excursion à pied à marée basse. Rens à l'office de tourisme pour les horaires de traversée (les horaires d'ouverture en dépendent) ou* ☎ *05-46-84-96-28. Compter 6 € ; réduc.* Fort construit en 1812. C'est surtout l'occasion de faire une excursion sympa, façon boy-scout, puisqu'on y va à pied lorsque la mer s'est retirée (bottes vivement conseillées).

➢ D'avril à septembre, l'office de tourisme propose plusieurs ***balades et visites,*** à pied ou à vélo *(compter 6-8 € avec ou sans vélo),* pour découvrir les oiseaux des marais, la botanique, l'ostréiculture...

➢ ***Excursion à l'île d'Aix,*** pardi ! (voir « Adresses utiles »), ou ***croisière autour du fort Boyard*** : ***Croisières Fourasines*** *ou* ***Croisières Alizé*** *au départ de la pointe de la Fumée. Résa (obligatoire en saison) à l'office de tourisme, au* 📱 *06-19-92-81-65* (Croisières Fourasines) *ou au* 📱 *06-62-68-81-69* (Croisières Alizé). *Mars-nov.* Accueil très sympa, en famille.

Fêtes et manifestations

- ***Fêtes marines impériales :*** *en avr.*
- ***Festival des Rencontres des arts fous :*** *une journée en mai et 2 j. en juil.*
- ***Festival de Jazz José Cando :*** *1re sem d'août.*
- ***Fête de l'Huître :*** *1re quinzaine d'août.*
- ***Fort Boyard Windsurf Challenge :*** *en sept.*

L'ÎLE D'AIX

(17123) 186 hab. *Carte Charente-Maritime, B2*

Si mignonne île d'Aix, toute verte et maritime, toute petite et si loin de tout... Pépite d'à peine un demi-kilomètre sur trois, que la négligente Charente-Maritime aurait laissé tomber de sa poche. Un fort à chaque extrémité et, au sud, entre de bas remparts, trois ou quatre rues larges aux maisonnettes bordées de roses trémières... Le reste à la nature. Son histoire a produit quelques jolis bébés baptisés... Napoléon (il y en a encore !). Ici, pratiquement pas de voitures, mais beaucoup de monde en été. Avec une telle affluence,

LA BARONNE EST BIEN BONNE

C'est en épousant l'arrière-petit-fils du général Gourgaud (oui, le fidèle aide de camp de Napoléon) qu'une riche Américaine tomba follement amoureuse de l'île d'Aix dans les années 1920. Aussitôt, la généreuse et excentrique baronne Gourgaud consacra sa fortune à transformer l'île en un joyau balnéaire. Elle fit restaurer la maison du Gouverneur, fonda le Musée africain et alla jusqu'à badigeonner de rose (sa couleur préférée) les façades et même... les routes ! À sa mort, elle eut encore l'élégance de laisser ses dollars sur un compte bloqué pour perpétuer son œuvre. Thanks, Lady !

l'île d'Aix se mérite... ou plutôt se paie. Prévoir un sérieux budget pour les parkings, la traversée, les vélos... Autre avertissement, vital : hors saison, il n'y a pratiquement plus d'infrastructures et un seul resto ouvert (à l'entrée du village). Certains jours (généralement le lundi), vous trouverez porte close quasiment partout, et sachez que l'épicerie est ouverte seulement le matin en hiver (mais pas le mercredi !). Pensez au pique-nique ou contactez l'office de tourisme pour connaître la liste des établissements ouverts. Allez-y depuis Fouras (liaisons toute l'année), ou passez en saison par l'île d'Oléron ou La Rochelle, ce qui permet de faire le tour du célèbre fort Boyard.

UN PEU D'HISTOIRE

Comme ses voisines Ré et Oléron, l'île d'Aix connut bien des péripéties. Invasions romaines, barbares, normandes puis anglaises et guerres de Religion se succédèrent jusqu'à ce que Louis XIV mette un peu d'ordre dans tout ça. Il fait alors d'Aix une petite île bien de chez nous, notamment en la dotant de ***fortifications, remparts, douves et pont-levis...*** qui furent pris d'assaut en 1757 en un temps record (53 mn), puis détruits par nos ennemis héréditaires, ces diables d'Anglais ! Anecdote amusante : une partie de la construction des fortifs fut supervisée par le sieur Choderlos de Laclos, auteur des peu morales *Liaisons dangereuses* – comme quoi les militaires peuvent aussi être fins psychologues. Mais c'est en réalité aux ingénieurs du Premier Empire qu'on doit les fortifications actuelles, même si l'architecture reste globalement vaubanesque. Au début du XIXe s, Napoléon flanqua toute la façade ouest de batteries côtières, notamment le fort Liédot, qui garde le nord de l'île.

Un hôte illustrissime

C'est encore à l'Empereur que l'île d'Aix doit son intérêt historique particulier. Il y débarque une première fois en flambard le 5 août 1808, histoire de vérifier l'état des défenses antianglaises. Par la même occasion, il ordonne la construction d'une maison du Gouverneur. Le bougre ne se doutait pas qu'il y emménagerait bien malgré lui 7 ans plus tard, au terme des Cent Jours et après le fiasco de Waterloo. Coincé à Rochefort et ne pouvant prendre le large, il tente le contre-pied (joli !) en s'embarquant à Fouras le 8 juillet 1815 pour gagner l'île d'Aix. Ce fut l'instant d'un des plus émouvants épisodes de l'épopée napoléonienne : à marée basse, il fallut porter l'Empereur jusqu'à la chaloupe. Et c'est à dos de matelot (et pas n'importe lequel : le matelot Beau, oui, M. Beau, il s'agit bien d'un patronyme, non d'un sobriquet) que celui-ci s'éloigna de la grève sous les vivats de la foule. Il sera à nouveau acclamé sur l'île d'Aix, où il pose la botte le temps d'une ovation, à l'aube du 9 juillet. Enfin, le 12, il décide de s'installer sur l'île avec quelques proches et fidèles, dont son aide de camp, le général Gourgaud, à qui, plus tard, il dictera ses fameux *Mémoires* à Sainte-Hélène. Et c'est ici, dans la maison du Gouverneur de l'île d'Aix, qu'il rédige le 13 juillet 1815 sa lettre de reddition au prince régent. Écoutez ça : « J'ai terminé ma carrière politique, et je viens, comme Thémistocle, m'asseoir au foyer du peuple britannique. Je me mets sous la protection de ses lois, que je réclame de Votre Altesse Royale, comme du plus puissant, du plus constant, du plus généreux de mes ennemis. »

L'HÉSITATION DE NAPOLÉON

Après la catastrophe de Waterloo, il s'enfuit à l'île d'Aix. Là, deux frégates l'attendent pour le convoyer aux États-Unis. L'empereur hésitera 5 jours, sans raison. Les bateaux anglais auront alors le temps de l'intercepter. Les Britanniques l'exileront à Sainte-Hélène. Pour toujours.

Comment y aller ?

Embarquement pour l'île d'Aix : *à la pointe de la Fumée, à* ***Fouras-les-Bains.*** *☎ 0820-16-00-17 (0,12 €/mn).* *• service-maritime-iledaix.com • Voir « Adresses utiles » à Fouras.* En saison, on peut aussi prendre le bateau à La Rochelle, à Bourcefranc-le-Chapus ou à l'île d'Oléron (Boyardville) avec **Navipromer** *(☎ 05-46-01-52-96 en saison ; 06-08-31-04-62)* ou **Inter-Îles** *(☎ 0825-13-55-00, 0,15 €/mn ; • inter-iles.com •).* Autre possibilité avec **Croisières Fourasines** : d'avr à sept, de Port-des-Barques tlj, tour du fort Boyard avec escale sur l'île d'Aix ; de Rochefort, dim, croisière au départ du ponton de la Corderie royale à Rochefort vers l'île d'Aix, avec approche du fort Boyard. Escale de 4-5h sur l'île. Retour le soir vers 18h à Rochefort. D'autres compagnies privées assurent également ces liaisons.

Adresses utiles

Office de tourisme Rochefort-Océan : *6, rue Gourgaud. ☎ 05-46-83-01-82. • rochefort-ocean.com • Dans la rue principale, en arrivant. Avr-sept, tlj ; oct-mars, mat mar-sam.* Infos sur la trentaine de meublés à louer (consultable sur Internet). Ateliers créatifs pour enfants en saison. Bon accueil.

Location de vélos : très conseillé si l'on n'a pas le temps ni le courage de faire le tour de l'île à pied. Un loueur à l'embarcadère, ce qui permet de rendre le vélo juste avant d'embarquer *(**Chez Françoise,** ☎ 05-46-84-66-84). Également **C'est Aixquis,** pl. d'Austerlitz. ☎ 05-46-84-68-27. Ouv mars-fin oct. **CyclAix,** rue Marengo. ☎ 05-46-84-58-23. Compter env 5,50 €/h ou 10,50 €/j. (même tarif tte l'année).*

Où dormir ?

Camping

Résidence Pierre et Vacances : *fort de la Rade. ☎ 05-46-84-28-28. • reception.iledaix@groupepvcp.com • À 200 m du débarcadère. Ouv mai-sept. Prix : 24,50 € en hte saison. 60 empl. 4e nuit offerte pour 3 nuits achetées, 1er juin-1er juil et 1er-30 sept, sur présentation de ce guide.* Dans l'enceinte même du site classé du fort de la Rade. Possibilité de louer des gîtes. À proximité : tennis, voile, pétanque. Piscine.

Bon marché

La Maison Familiale : *pl. d'Austerlitz. ☎ 05-46-84-62-08 (résidence et gîtes) ou 05-55-34-11-55 (pens complète). • lacolo@neuf.fr • lacolo-asso.fr • Tte l'année, tlj sf dim soir. Ouv à ts, à condition de souscrire à une adhésion de 17 €/chambre ou de régler des frais de dossier de 9 €/famille en été pour le gîte. Env 36,70 € (31,70 € sans le chauffage) par chambre de 2-6 pers ; 13,30 € en dortoir. Juil-août, pens complète obligatoire 45,90 €/adulte (réduc moins de 13 ans). Taxe de séjour, frais de dossier, draps et douches en sus. Parking payant.* Le bon plan de l'île ! Il s'agit de l'association La Colonie de vacances, qui gère une grande bâtisse aux allures d'ancienne école de village, avec un mode de fonctionnement similaire à une AJ. Confort assez rudimentaire, on s'en doute, avec douches et sanitaires en commun. Hors saison, les différentes chambres familiales basiques sont louées en tant que gîte, avec 3 cuisines à disposition. Ah ! les jolies colonies de vacances...

Prix moyens

Les Logis des Paillotes : *chez Cathy Girard et Michel Jean, à l'entrée du hameau de Bois-Joly.*

06-09-62-36-91. • contact@leslogisdespaillotes.com • leslogisdespaillotes.com • À 800 m du débarcadère en sortant du bourg par la porte de l'Église vers le fort Liédot. Ouv tte l'année. Doubles 87-92 € selon saison ; studios 380-510 €/sem ; maisons 4-8 pers 600-2 500 €/sem. Une dizaine de chambres de bon confort, à la déco soignée, avec douche et TV. Également 2 studios bien équipés avec salle de bains moderne et 3 charmantes maisons. Un rapport qualité-prix-confort exceptionnel pour l'île d'Aix. Le tout à 100 m de la plage. Location de vélos. Pour les repas, les propriétaires tiennent un sympathique resto (voir « Où manger ? »).

Également ***une chambre d'hôtes et des meublés à louer dans le village.*** S'adresser à l'office de tourisme ou consulter leur site internet.

Chic

Hôtel Napoléon – Restaurant Chez Joséphine : *rue Gourgaud. ☎ 05-46-84-00-77. • contact@hotel-ile-aix.com • hotel-ile-aix.com • Resto fermé dim soir et lun hors saison. Congés : de mi-nov à mi-mars. Selon saison, doubles 85-140 €, triples 140-210 €. Menus 23,50-28 € ; carte env 35 €.* Mieux vaut ne pas rater le dernier bateau pour Aix afin de découvrir ce lieu chargé d'histoire. L'hôtel, entièrement rénové, offre une vue imprenable sur la mer et le fort Boyard. La déco mêle esprit classique et design contemporain, et les 18 chambres sont élégantes et confortables. Cuisine innovante, ambiance raffinée et dépaysement garanti dans cet hôtel plein de charme !

Où manger ?

Si vous comptez visiter l'île d'Aix dans la journée, la meilleure solution (et la plus économique) pour se sustenter est d'emporter un pique-nique, à déguster dans les nombreux recoins de nature ou sur la plage. En dépannage, il y a la sandwicherie *Point Chaud,* rue Marengo, et quelques snacks-restos, tous ouverts en saison. Ceux qui ont un budget plus important pourront prendre un repas au restaurant ***Chez Joséphine*** de l'*Hôtel Napoléon* (voir ci-avant).

Les Paillotes : *à l'entrée du hameau de Bois-Joly. ☎ 05-46-84-66-24. • lespaillotes@wanadoo.fr • En sortant du bourg par la porte de l'Église, c'est à 300 ou 400 m des remparts. Juil-août, tlj ; avr-juin et sept-oct, tlj sf lun. Congés : fin des vac de la Toussaint-dernier w-e de mars. Formules env 15,50-24,50 € ; carte 30-35 €.* Une adresse au cadre agréable, avec une jolie terrasse ombragée dans une vaste cour intérieure. Honnête cuisine traditionnelle à base de produits frais, comme les noix de Saint-Jacques *a la plancha.*

À voir

Noter qu'il existe le *Pass Rochefort-Océan,* valable dans les musées de l'île et pour les visites guidées organisées par l'office de tourisme Rochefort-Océan.

Le musée Napoléon : *30, rue Napoléon, maison du Gouverneur. ☎ 05-46-84-66-40. Avr-sept, tlj 9h30-12h, 14h-18h ; oct-mars, tlj sf mar 9h30-12h, 14h-17h (18h oct). Billet jumelé avec le Musée africain : 4,50 € ; réduc ; gratuit moins de 25 ans et pour ts le 1er dim du mois.*
Il fallait bien sûr qu'un musée fût consacré à Napoléon. Dans cette grande maison bourgeoise que Napoléon fit bâtir pour le gouverneur en 1808, et dans laquelle il séjourna (voir « Un peu d'histoire »), d'intéressants portraits, bustes et objets divers ayant trait au grand homme et à ses maréchaux.

À l'entrée, belle collection de 40 pendules Premier Empire ou Louis-Philippe, inspirées de la vie de Napoléon, et toutes arrêtées à l'heure de la mort de l'Empereur, soit 17h49 ! On peut aussi voir la chambre qu'il occupa, avec le fac-similé de la fameuse lettre de reddition du 13 juillet 1815. Sans oublier un billet d'entrée à Notre-Dame pour le baptême du roi de Rome (1810) ou le lit du général Gourgaud pendant l'exil de l'Empereur. Quelques gravures ou toiles sur les derniers instants : *Les Cent Pas* à Sainte-Hélène et scènes funèbres autour du lit mortuaire. Dans la série « reliques de l'Empereur », signalons le voile de crêpe du retour des Cendres de l'Empereur de 1840 et le fragment du cercueil de Napoléon ! Celui-ci fut purement et simplement partagé à bord de *La Belle Poule,* chargée en 1840 de rapatrier les cendres du défunt en France. Enfin, série de fourneaux à pipe en porcelaine décorés de scènes de la vie militaire et collection de cartes postales anciennes. Dans le jardin, un arbre greffé par l'Empereur lui-même, toujours bien vivace... Salon de thé.

Le Musée africain : *rue Napoléon toujours, quasiment face au musée Napoléon. Mêmes tél, horaires et tarifs que le musée Napoléon.* Explorateur dans les années 1920 et 1930 d'une Afrique noire encore vierge (Zaïre et Kenya principalement), l'arrière-petit-fils du général Gourgaud en rapporta trophées et pièces d'ethnologie. Son musée n'a pratiquement pas bougé depuis, comme le démontre cet incroyable avertissement : « Défense absolue de toucher aux objets exposés, danger d'empoisonnement ». Naturalisés à Londres, les gorilles, le rhino, la hyène et le pangolin (étrange animal griffu à carapace d'écailles), entre autres, témoignent de ces voyages aventureux. Annotations d'époque souvent rigolotes (en ce qui concerne les koudous, par exemple), même si les grands massacreurs, présentés alors comme explorateurs ou aventuriers, ne feraient plus rire personne aujourd'hui. Clou du musée, le dromadaire que Bonaparte montait pendant sa campagne d'Égypte. « Ramené vivant en France, il mourut au Jardin zoologique de Paris », nous indique la petite pancarte. Enfin, sans vouloir finir sur une note triste, regardez tout de même, dans l'autre salle, le dodo, cet oiseau si gentiment dodu de l'île Maurice dont la race s'est éteinte à jamais au XVIIe s, victime... de l'appétit des marins hollandais et de ses ailes trop courtes pour lui permettre de s'envoler. Et puis notez ces affreux pieds et oreilles d'éléphant, exposés en vitrine comme des pots de fleurs, pathétiques trophées... Au moins produisent-ils peut-être l'effet recherché inverse : nous dégoûter (à jamais ?) de recommencer pareil massacre.

La Maison de la nacre : *boutique* Gallet Nacres, *pl. de l'Église.* ☎ *05-46-84-66-17. Avr-juin et sept, tlj 10h-12h30, 13h30-17h ; juil-août, tlj 10h-18h. Entrée : 4 € ; réduc ; gratuit jusqu'à 15 ans.* C'est sans doute le dernier, en tout cas l'un des derniers ateliers de travail de la nacre en France (depuis 1954). La nacre, après avoir été écroûtée, satinée et polie, révèle son irisation. Elle est ensuite utilisée pour la création d'objets ou de bijoux. On peut observer le travail d'Hervé Gallet de l'extérieur, puis enchaîner sur la visite du petit musée. Des vitrines et des vidéos y retracent la vie des mollusques marins, la constitution chimique et physique de leur coquille, ainsi que le travail de la nacre en France depuis plus de deux siècles.

Le fort Liédot : *à l'est de l'île, dans la forêt. Avr-juin et sept, visite guidée mer et dim à 15h ; juil-août, visites tlj à 11h30, 14h et 15h ; Toussaint, visites mer et dim à 15h30. Env 6 € ; réduc.* Surnommé le « fort de la Sommité » en raison de sa situation stratégique sur le point culminant de l'île (9 m !), le fort Liédot est né du désir de Napoléon de protéger la rade de l'île d'Aix. Mais il n'a jamais eu à tirer un seul boulet de canon ! À l'inverse, il en a reçu un bon paquet sur la tête, les militaires français l'ayant utilisé pour tester de nouveaux modèles de canons rayés. Ses casemates résistaient si bien au déluge qu'on lui accorda une seconde chance : il servira à nouveau de prison (il avait accueilli des prisonniers russes pendant la guerre de Crimée). Un emploi à temps plein cette fois-ci, si l'on en juge par le grand nombre de ses locataires... Les communards ont ouvert le bal en 1870, rejoints par les soldats allemands de la Grande Guerre, suivis par le premier président de la République algérienne, Ben Bella, détenu avec ses compagnons de 1959 à 1961. Rien que ça !

À faire

– À noter un livret-jeu à la découverte de l'île pour toute la famille. Disponible dans tous les points d'accueil Rochefort-Océan (Fouras, Aix, Rochefort).

➢ ***Le tour de l'île :*** *env 7 km à parcourir, à pied (2-3h selon votre rythme), à vélo, ou encore en calèche, avec Calèches de l'île d'Aix (☎ 05-46-82-76-72 ; 06-87-23-11-49).* Parcours très agréable le long de ce sentier entre plages, criques et sous-bois. On rencontrera d'abord les parcs à huîtres et le charmant hameau de Bois-Joly, face à la plage de l'anse du Saillant, puis au nord une côte découpée de rochers et de recoins de sable d'ocre. Le chemin serpente ensuite entre pins, chênes, genêts et ajoncs... On passe la minuscule anse de Baby-Plage... ou alors, on s'y glisse comme dans un secret, le temps d'une baignade. On peut ensuite redescendre par la côte ouest, le long de la Grande Plage, et regagner ainsi le fort de la Rade et le phare : la boucle est bouclée. Ou, si l'on préfère, on coupe par l'intérieur : au nord, perdu dans la forêt, se trouve le fort Liédot (voir plus haut), puis on verra des lopins maraîchers, des haies, des ormes, quelques arpents de vignes et tout un chatoiement floral au printemps... Durant la promenade, peut-être surprendrez-vous l'échasse ou l'avocette, à moins que ce ne soit le vol de quelques aigrettes... Promenade idéale pour ceux que les longs et gros efforts rebutent (boucle de 7 km, point culminant à 9 m), à faire en toute saison.

➢ ***Marcher dans les pas de l'Empereur :*** *juil-août, dim à 14h30 à l'office de tourisme de l'île d'Aix. Adulte 8 € ; réduc.* Suivre Napoléon en visite et entrer dans son intimité. Une promenade avec l'Empereur lui-même et son aide de camp.

➢ ***Promenades guidées*** proposées par l'office de tourisme. Un moyen sympa d'appréhender toute l'originalité du patrimoine de l'île, comme la visite consacrée aux VIP de l'époque qui ont marqué l'île (Choderlos de Laclos, Simenon...).

➢ Ne pas rater le petit ***sentier du fort de la Rade*** pour une bien belle balade sur le rempart en demi-lune, en attendant l'arrivée du bateau par exemple.

Manifestation

– ***Les Vendredis d'Aix :*** *juil-août.* Musique, danse, théâtre, cirque...

ROCHEFORT (17300) 27 499 hab. *Carte Charente-Maritime, B2*

Malgré son nom trompeur, Rochefort (officiellement « -sur-Mer ») se trouve à quelques kilomètres des côtes, dans une boucle de la Charente. Voici pourtant une ville éminemment maritime, encore hantée par le souvenir des fringants voiliers qui virent le jour dans son étonnant arsenal. N'oublions pas que Rochefort fut aussi le port d'embarquement des grands découvreurs, explorateurs et autres généraux (La Fayette). En revanche, un officier de marine à l'esprit contradictoire (on aura reconnu Pierre Loti) a préféré en faire son port d'attache : pas bête, il y était né !
Fier de son passé, Rochefort a su conserver la cohérence de son élégante architecture du XVIIe s, merveilleusement intacte. Récompense :

l'attribution en 1993 du grand prix national du Patrimoine et l'obtention du label tant convoité de Ville d'art et d'histoire. On y séjourne donc avec plaisir et intérêt, d'autant plus que sa population demeure accueillante, tradition portuaire oblige. Et même si les derniers marins d'active ont abandonné Rochefort en 2002, ses rêves ne l'ont pas quittée : une poignée de passionnés ayant fondé l'Association *Hermione*-La Fayette, notamment en partenariat avec la municipalité, ont été immergés jusqu'au cou pendant 18 ans dans le chantier de reconstruction de *L'Hermione*, une frégate du XVIIIe s, avant d'avoir le bonheur de la voir traverser l'Atlantique en juin 2015.

Ville nouvelle, ville royale, ville-musée, ville thermale (on y soigne, depuis les guerres napoléoniennes, les séquelles de traumatismes, rhumatismes et maladies de peau), Rochefort est également une ville nature (on n'en attendait pas moins de la patrie du bégonia !), grâce à ses marais, lagunes, jardins et conservatoires. Sa prédominance historique et géographique est telle, dans la région, que l'on parle désormais de « Rochefort-Océan » incluant tout l'estuaire de la Charente, avec villages et marais, et s'étendant jusqu'aux « protections » de l'arsenal, telles l'île d'Aix et l'île Madame. Avec tout cela, on comprend que Rochefort ait servi de décor de cinéma !

« NOUS SOMMES DEUX SŒURS JUMELLES... »

C'est en 1966 que Jacques Demy tourna à Rochefort, en décors réels, un hommage inoubliable à la comédie musicale américaine. Il faut dire que tout était réuni pour faire de ce film chanté, Les Demoiselles de Rochefort, *une pure merveille : la présence pleine de grâce et de fantaisie de Françoise Dorléac et de Catherine Deneuve, sœurs dans la vie, et une musique géniale de Michel Legrand. Sans oublier les rues, les boutiques et les cafés de la ville en personnages secondaires...*

– À propos de Rochefort-Océan, signalons la mise en circulation du *Pass Rochefort-Océan* *(1, 2, 3 ou 7 j. ; payant),* qui offre un transport illimité sur le réseau *R'Bus* et des réductions jusqu'à 20 % dans les musées et les sites de visite de la région. Disponible dans les offices de tourisme et autres points de vente. Sont concernés : les musées et visites guidées de Rochefort, la réserve naturelle d'Yves, les sites de Fouras, de Port-des-Barques, d'Échillais et de l'île d'Aix.

UN PEU D'HISTOIRE

Voici comment Érik Orsenna imagine l'origine de Rochefort : « Un auguste index posé un beau jour de 1666 sur une carte de France. » L'index est celui de Louis XIV. Et sous ce doigt, sur la carte, ne figure alors qu'un petit village tranquille. Mais sous l'impulsion de la dextre royale va y naître un ***formidable arsenal,*** le plus beau de son temps, conçu pour permettre à la Marine française de rivaliser avec celle des Anglais. Il faut dire qu'avant cela notre flotte était plutôt inexistante...

Les 12 travaux de Colbert

Chargé des travaux par le roi, l'incontournable Colbert ne va pas lésiner sur les moyens. On construit d'abord la pièce maîtresse de l'arsenal : la corderie, qui sera le plus long bâtiment d'Europe (373 m !). On se rend compte que le sol est marécageux ? Qu'à cela ne tienne ! On décide alors de construire... un radeau, sur lequel reposera le bâtiment ! (Ils sont fous ces Gaulois !) À lui seul, ce « radier » engloutit le montant total du devis.
Autour de la corderie (où l'on fabriquait les cordages, comme son nom l'indique), un chantier naval (interdit aux civils !) qui s'étend sur 2,5 km. On y trouve tous

les bâtiments nécessaires à la construction et à l'équipement d'une flotte : voilerie, tonnellerie, menuiserie, fonderie, forge, rampes de lancement, mais aussi magasins, hôpital, etc. À l'écart : les poudrières, construites sans métal pour éviter que les semelles à clous des soldats ne produisent des étincelles (clin d'œil du sort : l'une d'elles est restée « explosive » puisqu'elle sert aujourd'hui de... salle de concerts de rock !). Mais tout cela ne suffit pas. ***L'arsenal de Rochefort met à contribution la France entière*** pour satisfaire les exigences royales. On fait venir les mâts des Pyrénées, les voiles d'Anjou, le goudron du Jura, le chanvre de Bretagne ou d'Auvergne... En à peine 20 ans, 120 vaisseaux, frégates et galères sortent du chantier. Le roi peut être fier de son arsenal. Pourtant, il ne viendra jamais juger des résultats sur place (les habitants lui en gardent rancune).
Plus tard, l'arsenal sera également utilisé pour la construction du premier bateau à vapeur, *Le Sphynx,* puis du premier sous-marin français, *Le Plongeur.*

La fleur au bout du fusil

En 1688, le ***grand intendant Michel Bégon*** débarque à Rochefort. Ce copain de Colbert aura une influence capitale sur la ville. Devant l'ampleur du taux de mortalité, il décide d'assainir les rues en les pavant et en construisant des maisons en dur. Il faut dire que les lieux étaient plutôt insalubres (à cause des marais) !
Mais c'est grâce à la botanique que son nom restera dans l'histoire : il finance l'expédition du père Plumier, chargé de rapporter de nouveaux végétaux des Amériques. Parmi ceux-ci, une plante sera tout naturellement baptisée... bégonia.
En 1780, toujours à Rochefort, un certain ***La Fayette*** s'embarque sur ***L'Hermione.*** Direction Boston, où l'attend Washington, à qui il annonce que le royaume de France a décidé de soutenir les insurgés américains contre l'oppresseur anglais. Aussitôt après, 6 000 soldats français embarquent à Brest pour gagner à leur tour l'Amérique. On connaît la suite : menés par La Fayette (qui ne faisait pas qu'épater la galerie), ils apporteront une contribution décisive à l'indépendance du pays... Celui-ci aurait-il imaginé qu'un énorme chantier de reconstruction de sa frégate verrait le jour plus de deux siècles plus tard ?
En 1815, un autre personnage historique embarque à Rochefort, mais dans des conditions moins glorieuses... Il s'agit de Napoléon Ier, qui y passe ses derniers jours sur le continent (puisqu'il n'y remettra plus les pieds). Mais, comme le pensait Napo à ce moment-là, les meilleures choses ont une fin : l'arsenal est fermé en 1927. Deuxième coup dur : les Allemands incendient la Corderie royale en 1944. Elle est reconstruite en 1976, déclenchant la renaissance d'une ville sinistrée économiquement. Depuis 1997, c'est le ***chantier de L'Hermione*** qui a fait battre le cœur de la ville. La frégate de La Fayette, reconstruite à l'identique par des passionnés, a traversé l'Atlantique en juin 2015... Elle renoue ainsi avec son passé, tout en jouant à fond la carte du tourisme.

Adresses et infos utiles

ℹ ***Office de tourisme Rochefort-Océan*** *(plan A2)* **:** *av. Sadi-Carnot.* ☎ *05-46-99-08-60.* ● *rochefort-ocean.com* ● *En été, lun-sam 9h30-18h30 ; le reste de l'année, tlj 9h30-12h30, 14h-18h30 (18h oct-mars) ; janv, sam-dim slt 10h-12h30, 14h-17h30. Annexe à la porte de l'Arsenal (près du musée de la Marine) : vac de Pâques et 6 juil-août, tlj 9h30-18h30 ; hors saison, ouvertures et horaires variables, se renseigner ; fermé déc-janv.* Doc complète sur la ville et les environs : liste des hébergements avec disponibilités en temps réel, agenda, obtention du *Pass Rochefort-Océan* (détails dans l'introduction à la ville ; lire plus haut), vente de *pass* thématiques et de séjours à thème, livret rallye « famille » (pour visiter Rochefort en famille), etc. La petite brochure qui fait le tour des lieux de tournage des *Demoiselles* est superbe... Propose aussi d'intéressantes visites guidées à thème, notamment théâtralisées et costumées au pont transbordeur, à Fouras... Enfin, billetterie pour les croisières, le *Fluviobus* et le franchissement de la Charente.

Service du patrimoine : *hôtel Hèbre, 63-65, av. Charles-de-Gaulle. ☎ 05-46-82-91-60. • vpah.culture.fr •* Organise des visites guidées sur le patrimoine de Rochefort. Nombreuses visites à thème, animées par des guides spécialisés en histoire et en patrimoine, Ville d'art et d'histoire oblige.

Espace Nature (plan A2, **1**) **:** *35, pl. Colbert. ☎ 05-46-82-12-44. Tte l'année, lun-sam 10h-12h (12h30 sam), 14h30-18h30.* Centre d'information et de sensibilisation sur l'environnement (expos, ouvrages, etc.) et sur l'ensemble des « Pôles Nature » des réserves naturelles de la Charente-Maritime.

Gare SNCF (plan A-B1) **:** *pl. Françoise-Dorléac. ☎ 36-35 (0,34 €/mn). • sncf.fr •* Notez qu'en venant de Paris par le TGV on n'est pas obligé de descendre à La Rochelle : on peut descendre avant, à Surgères, et prendre la navette *(rens et résas : ☎ 05-46-99-98-97)* pour Rochefort, ce qui met la ville à 3h30 de Paris.

Gare routière (plan A2-3) **:** *pl. de Verdun. ☎ 05-46-99-22-66* ***(Véolia R'Bus)*** *ou 0811-36-17-17* ***(Les Mouettes ;*** *réseau de transports de la Charente-Maritime).*

Stationnement : *cours Roy-Bry (face à l'office de tourisme).* Parking gratuit 1 000 places.

Taxis : *☎ 05-46-99-07-64 ou 03-74.*

Aéro-club : *infos à l'office de tourisme. Vol en petit avion ou en hélico à partir de 100 € pour 2-4 pers.* Survol de la route des forts, dont le célèbre fort Boyard, mais aussi de Fouras, d'Oléron, de Brouage et de la Charente.

– **Marché :** *tte l'année, mar, jeu et sam mat, le long de l'av. Charles-de-Gaulle et sous les halles 7h-12h30.* Très réputé.

Où dormir ?

Campings

Camping municipal Le Rayonnement (hors plan par A3, **10**) **:** *3, av. de la Fosse-aux-Mâts. ☎ 05-46-82-67-70. • camping.municipal@ville-rochefort.fr • ville-rochefort.fr • ♿ Ouv mars-fin nov. Prix : 9,92 € en hte saison ; mobile homes 2-6 pers 259,50-365,70 €/sem selon saison. 116 empl.* Propose des emplacements bien nets dans un cadre ombragé mais surtout dans un secteur assez tranquille (le soir notamment), à 10 mn à pied du centre-ville (arrêt bus). De belles allées le sillonnent, dominées par une petite colline réservée aux tentes. Dépôt de pain, laverie, aires de jeux pour enfants, etc. Proximité zone commerciale. Soirées animations.

Le Bateau (hors plan par A3, **11**) **:** *rue des Pêcheurs-d'Islande.*

Adresses utiles

- Office de tourisme Rochefort-Océan
- **1** Espace Nature

Où dormir ?

- **10** Camping municipal Le Rayonnement
- **11** Le Bateau
- **12** Auberge de jeunesse
- **13** Chambres d'hôtes La Ferme de Béligon
- **14** Hôtel Roca Fortis
- **15** Chambres d'hôtes Palmier sur Cour
- **16** Chambres d'hôtes La Parenthèse
- **17** Hôtel La Fayette
- **18** Hôtel-restaurant de la Corderie Royale
- **19** La Belle Poule
- **20** Hôtel de France

Où manger ?

- **21** La Villette
- **22** O' Gabier
- **23** Terre Océan
- **24** Les Longitudes
- **25** Le Cap Nell
- **26** Les Quatre Saisons
- **27** Le Marydiane

Où boire un verre ?

- **30** Le Club House

13 FOURAS, LA ROCHELLE, D 137
A
B
0 100 200 m
NORD
Bd du Vercors
Bd Aristide Briand
PL. R. F. DORLÉAC
Av. du Président Wilson
R. des Broussailles
PL. AMIRAL P. MARTIN
Marcel Dassault
R. d'Orléans
Av. V.-L. Bachelar
Bassin de plaisance Bougainville
22
Av. William Ponty
NIORT, D 911, SAINTES, D 137, A 837
Rue du Breuil
Meyer
Rue Amiral
Ancienne école de médecine navale
R. Henri Laborit
Avenue
ROND-POINT BEGON
ESPLANADE P. SOUMET
Qu. aux Vivres
Qu. Le Moyne de Sérigny
Bassin de plaisance Lapérouse
R. Pasteur
Av. C. Pelletan
R. Galliéni
R. Begon
Rue Voltaire
R. du 4 Sept.
R. Chanzy
Palais de justice
R. du Dr Pujos
PL. G. DUPUIS
25
18
R. Clémot
Corderie royale
Av. Gambetta
R. Dulaurens
Rue Denfert-Rochereau
R. du Dr Peltier
R. Thiers
Rue Pierre Loti
République
15
14
16
Rue Toufaire
Jardin de la Marine
Jardin des Retours
Av. S. Carnot
P
R. Victor Hugo
Rue Jaurès
20
Saint-Louis
3e RIC
COURS ROY-BRY
Av. du
1
R. Audry de Puyravault
Sous-préfecture
R. de l'Amiral Courbet
24
Centre international de la Mer
Hôtel de ville
Place Colbert
Musée archéologique de la Vieille Paroisse
Hôtel Hèbre de St-Clément
Musée des Commerces d'autrefois
PL. DE VERDUN
Cochon Duvivier
Av. Rochambeau
Avenue Charles de Gaulle
Av. Lesson
Rue Jean Jaurès
Forme Louis XV
21
Halles
Forme Napoléon III
Avenue Burot
R. Auguste Roux
Rue Thiers
R. Edouard
Avenue La Fayette
26
30
17
PLACE DE LA GALISSONNIÈRE
R. Grimaux
Maison de Pierre Loti (fermée)
Musée national de la Marine
Charente
R. des Déportés
R. Benès
Rue Pierre Loti
R. Émile Combes
27
Z. I. DE L'ARSENAL
R. du Port
23
R. de la Ferronnerie
Bd Ed. Pouzet
ROND-PT DU POLYGONE
Rue Émile Zola
R. Vaudreuil
PL. VAUDREUIL
Av. de Torrelavega
et Fusillés
ROND-POINT VAUBAN
FOURAS, LA ROCHELLE, D 137
Pôle-Nature, la cabane de Moins
FOURAS, LA ROCHELLE, D 137
11
1
2
3
ÎLE D'OLÉRON, ROYAN, D 733 10, 12, 19, Pont transbordeur, Conservatoire du Bégonia

ROCHEFORT

☎ *05-46-99-41-00. • lebateau@orange.fr • campinglebateau.com • ♿ À env 2,5 km du centre ; ligne de bus D, arrêt Hendaye à 300 m. Ouv fév-oct. Prix : 19 € en hte saison ; mobile homes 299-649 €/sem. 132 empl.* Un 3-étoiles avec tennis, resto, bar, piscine, toboggans aquatiques et tout le tralala. Joli cadre champêtre : coincé entre la Charente, les marais et un petit lac de pêche accessible aux campeurs. Peu ombragé et peu protégé du vent. Attention, le règlement du séjour est demandé à l'arrivée !

Bon marché

Auberge de jeunesse *(hors plan par A3,* ***12****) : 7, av. Maurice-Chupin, parc des Fourriers.* ☎ *05-46-99-74-62. • rochefort@hifrance.org • fuaj-aj-rochefort.fr • ♿ À 1,5 km du centre, en direction du pont transbordeur, au rond-point à gauche, fléchage « Parc de Fourriers ». De la gare, bus ligne B, arrêt Parc-de-Fourriers. Congés : déc-fév. Nuitée en dortoir de 4-6 lits 16,85-22,05 €/pers ; doubles 21,05-23,55 €/pers ; petit déj et draps inclus. Repas au snack 11 €/pers. (payant).* Un brin excentrée, une AJ toute neuve dans un bâtiment moderne recouvert de bois, cernée par les marais et donc au calme. Malgré une atmosphère un peu froide que cherchent à égayer des couleurs vives et de la musique dans les couloirs, des chambres nickel pour 2-6 personnes (lits superposés), toutes avec sanitaires privatifs. Pas de pièce commune ni de salle TV, mais un resto-snack dans une annexe.

Chambres d'hôtes La Ferme de Béligon *(hors plan par A1,* ***13****) : chez Andrée et Antoine Capelle, route de Breuil-Magné.* ☎ *05-46-82-04-29. Sur la D 116, tt de suite à droite après l'A 837. Congés : Noël-début janv. Double avec bains 50 €. Parking privé. Réduc de 10 % sur le prix de la chambre hors juil-août sur présentation de ce guide.* Aux portes de Rochefort, cette ancienne ferme environnée de champs organise ses bâtiments autour d'une vaste cour carrée. Le corps de logis renferme à l'étage 2 chambres très confortables, défendues par d'antiques portes de grenier. D'ailleurs, pour rester dans le thème, l'une d'entre elles est entièrement bardée de bois et coiffée d'une belle charpente apparente. Accueil sympathique.

De prix moyens à chic

Hôtel Roca Fortis *(plan B2,* ***14****) : 14, rue de la République.* ☎ *05-46-99-26-32. • info@hotel-rochefort.fr • hotel-rochefort.fr • Congés : 26 déc-3 janv. Doubles 62-110 € selon confort et saison. Réduc de 5 % sur le prix de la chambre sur présentation de ce guide.* L'adresse tranquille par excellence... En plein centre, un ancien hôtel particulier dans une rue peu fréquentée. Préférer celles qui donnent sur le patio ou sur le jardin (gros coup de cœur pour les nos 102 à 105 et 209, avec lit à baldaquin). Déco très agréable (plus moderne derrière) et des transats confortables pour une invitation au farniente ! Salle de petit déj très mignonne. Pâtisseries maison gourmandes ! Accueil enthousiaste du jeune couple de proprios. Un très bon rapport qualité-charme-prix.

Hôtel de France *(plan A2,* ***20****) : 55, rue du Docteur-Peltier.* ☎ *05-46-99-34-00. • contact@hoteldefrancerochefort.com • hoteldefrancerochefort.com • ♿ Ouv tte l'année. Selon confort et saison, doubles 63-80 €, familiales 79-132 €. Plateau-repas 14 € ; sac pique-nique 8 €. Apéritif offert sur présentation de ce guide.* Situation centrale stratégique pour découvrir la ville à pied. Ancien relais de poste (elle est juste en face...) du XVIIIe s. Hôtel en mode « chambres d'hôtes » aux chambres modernes et design, pimpantes et claires. Toutes bien insonorisées. Très belle adresse et accueil charmant.

Chambres d'hôtes Palmier sur Cour *(plan B2,* ***15****) : 55, rue de la République.* ☎ *05-46-89-72-55. • contact@palmiersurcour.com • palmiersurcour.com • Compter 84-102 € pour 2 ; certaines chambres peuvent accueillir 3-4 pers 110-135 €.* Belle maison bourgeoise du XIXe s, située en plein centre de Rochefort. 3 chambres de charme évoquent l'histoire de

Rochefort ou de Pierre Loti. Jolie déco, raffinée et agrémentée de meubles anciens. Grand salon avec TV, sans oublier le patio au palmier qui donne son nom à la maison. Accueil charmant des proprios.

Chambres d'hôtes La Parenthèse *(plan A2,* ***16****) : 11 bis, rue Victor-Hugo. ☎ 05-46-99-51-28. • alain.gresy-aveline0972@orange.fr • laparenthesederochefort.com • Doubles 68-74 € selon confort.* Cette autre maison bourgeoise datée de 1890 recèle à l'étage 2 chambres (une double et une triple) douillettes, mêlant parquet de planches de bateau, meubles anciens et confort moderne. Boudoir pour l'une, petit bureau attenant pour l'autre, des teintes harmonieuses au goût du jour et un bon volume sous plafond pour une atmosphère apaisante. Accueil dévoué.

Hôtel La Fayette *(plan A-B3,* ***17****) : 10, av. La Fayette. ☎ 05-46-99-03-31. • hotel-lafayette@wanadoo.fr • hotel-lafayette.fr • Doubles 61-85 € ; familiales 72-93 €.* Tenu par un couple qui s'est pris de passion pour la région, le *La Fayette* s'avère une excellente étape. Les chambres (certaines sur la rue latérale) sont très joliment au goût du jour, tout en gardant le charme de l'ancien, et dotées de tout le confort. Bon accueil.

La Belle Poule *(hors plan par A3,* ***19****) : 102, av. du 11-Novembre. ☎ 05-46-99-71-87. • hotel-labellepoule@wanadoo.fr • hotel-labellepoule.com • À 2 km du centre-ville, entre le pont transbordeur et le viaduc. Doubles 62-78 €. Parking privé.* Excentré mais au calme, cet hôtel, fréquenté principalement par des curistes et une clientèle d'affaires, propose des chambres fonctionnelles de bon confort. Celles donnant sur l'arrière sont particulièrement attrayantes pour leur vue irrésistible sur le pont transbordeur. Fait également resto, mais on préférera dîner en ville.

Chic

Hôtel-restaurant de la Corderie Royale *(plan B2,* ***18****) : rue Audebert. ☎ 05-46-99-35-35. • corderie.royale@wanadoo.fr • corderieroyale.com • Au bord du fleuve et au nord de la Corderie. Resto fermé sam midi, dim soir et lun en basse saison. Congés : de mi-déc à mi-janv. Doubles standard avec sdb 91-208 € selon confort et saison ; suites 178-302 € ; petit déj 12 €. Formules déj en sem 24-28 € ; menus 36-66 €.* Installé dans les murs de l'ancienne artillerie de l'arsenal, le plus prestigieux hôtel de la ville. Pourtant, un petit grain de sable grippe la machine... Est-ce l'aménagement de l'entrée, pseudo-moderne, qui ne met pas en valeur les vieilles pierres du bâtiment ? Est-ce la déco de certaines chambres qui ne séduit pas toujours, même si celles-ci proposent tout le confort d'un hôtel 4 étoiles ? Certaines donnent sur le fleuve, d'autres sur le jardin. Avec, bien sûr, piscine et club de remise en forme.

Où manger ?

De bon marché à prix moyens

La Villette *(plan B3,* ***21****) : 15, av. Charles-de-Gaulle. ☎ 05-46-99-05-72. • brimoun@wanadoo.fr • Tlj sf dim, le midi slt. Congés : oct. Pas de menu ; plat du jour 10 € ; carte env 16 €.* À deux pas de la Corderie, la parfaite adresse prisée du midi. Un poisson et un plat du jour traditionnel, simple mais bon, du style hachis Parmentier, et des desserts maison. Les habitués sont nombreux à apprécier ce bistrot dont la devise, *Une ville sans bistrots est une ville sans rencontres,* fait que vous trouverez toujours une petite place (même au bar). Le service est rapide et la rotation assurée.

Terre Océan *(plan A3,* ***23****) : 82, rue Jean-Jaurès. ☎ 05-46-87-05-81. Fermé mar et dim midi, plus dim soir hors saison. Formule 13,90 € ; moules-frites 17,90 € ; menus 19-28 €. Réduc de 10 % (hors consommation) sur présentation de ce guide.* Déco marine fraîche pour resto marin et choix mer, terre (un peu). Rien que du frais, des produits régionaux et une cuisine simple. C'est le credo du chef. Service sympa, sans se prendre la tête. Et vin du mois à très petit tarif !

Le Marydiane *(plan A3,* ***27****) : 72, rue Jean-Jaurès. ☎ 05-46-99-07-11. Tlj sf mer et dim. Congés : 2 sem début juil. Formules déj en sem 15-50 € ; menu 21 € ; carte env 30 €.* Les ardoises aux murs d'une salle néoclassique aux tons modernes invitent à la généreuse cuisine traditionnelle d'Alain, le Breton. Produits d'une fraîcheur exemplaire, du jour... et de saison. Entre terre et mer avec le même bonheur gustatif. Le terroir rejoint la tradition avec une note créative, comme le filet de bar au vin jaune et purée vanille ou la blanquette de poissons à la moutarde à l'ancienne. Pascaline, au service, assure le sourire et l'accueil. Coup de cœur !

O' Gabier *(plan B1,* ***22****) : 25, av. Marcel-Dassault, face au bassin n° 2 du port de plaisance. ☎ 05-46-87-56-24. Tlj sf dim soir et lun (plus jeu soir hors saison). Formule déj en sem 14,80 € ; menus 17,30 € (midi), puis 22,30-37,50 €. Café offert sur présentation de ce guide.* Une belle salle à la déco forcément marine et une terrasse face aux bateaux de plaisance. Au menu, poissons, crustacés et fruits de mer. On apprécie également ces copieuses planches tout Saint-Jacques, tout saumon ou tout canard, dressées avec soin. Chef affable qui aime faire un brin de causette avec ses nombreux et fidèles clients.

Les Longitudes *(plan B2,* ***24****) : à l'entrée de la Corderie royale. ☎ 05-46-87-56-15. • leslongitudes@corderie-royale.com • Tlj sf w-e nov-mars ; service en été 10h-19h (18h avr-juin et sept). Congés : janv. Plat du jour 8,50 € ; menus 18,50-25,50 € ; carte env 30 €.* Dans l'élégant bâtiment à arcades de 1779 qui accueillait les soldats surveillant l'arsenal. Bien restauré, il abrite une petite salle décorée en harmonie avec l'expo temporaire présentée à la Corderie. Pour un petit déj tardif, un plat du jour, une salade, du poisson, des grillades, ou tout simplement pour boire un verre après la visite. Sandwicherie en juillet-août. Ambiance sympa et belle terrasse sous les arcades. Très touristique, bien sûr.

Le Cap Nell *(plan B2,* ***25****) : 1, quai Bellot. ☎ 05-46-87-31-77. • contact@capnell.fr • Face au port de plaisance, au bout de la Corderie royale. Fermé mar soir et mer sf juil-août. Congés : vac de la Toussaint. Formule déj 12 € ; menus 22,30-28,20 € ; carte env 30 €. Café offert sur présentation de ce guide.* Bien situé face aux bateaux du petit port, un petit resto créé par une bande de copains. Le nom de l'endroit fait référence à une bien mystérieuse légende dont vous aurez un aperçu en feuilletant la carte des plats, rédigée comme un carnet de voyage... Au bistrot traditionnel est venue s'adjoindre une salle résolument contemporaine, où l'on déguste une honnête cuisine préparée, entre terroir et océan, avec par exemple les classiques moules en cocotte et du poisson *a la plancha*. Très belle terrasse pour manger une grosse salade ou boire un verre. Accueil agréable et bonne ambiance.

Chic

Les Quatre Saisons *(plan A3,* ***26****) : 76, rue Grimaux. ☎ 05-46-83-95-12. • les4saisonsrochefort@orange.fr • Derrière la maison de Pierre Loti. Tlj sf dim-lun. Congés : 23 déc-3 janv. Formule 19 € ; menus 25-34,90 € ; carte 35-40 €. Café offert sur présentation de ce guide.* Typiquement le petit gastro de ville, avec un décor intime et chaleureux, un accueil et un service fort gentils, et une cuisine fraîche et étudiée. Avec un nom pareil, les menus suivent évidemment les saisons (gratin de pied de cochon au foie gras poêlé...). Le 1er menu n'est pas mal du tout, mais on vous conseille plutôt de venir ici pour vous faire plaisir avec les menus suivants, plus élaborés. Terrasse.

Où dormir ? Où manger dans les environs ?

Chambres d'hôtes Les Grandes Maisons : *chez Véronique et Jean-Marc Vaillant-Marescaux, 10, Les Champs-de-la-Croix, 17620* ***La Gripperie-Saint-Symphorien.*** *☎ 05-46-82-60-95.*

• grandesmaisons@mac.com • grandesmaisons.com • À env 20 km au sud de Rochefort par la D 733 et la D 18 ; à la sortie de La Gripperie, tourner à droite au panneau « Viande limousine Brochard ». Double 80 € ; familiale 4 pers 125 € ; gîte 2 pers 370-610 €/sem. Réduc de 10 % hors juil-août sur présentation de ce guide. Elle est bien belle, cette grande maison posée sur une ancienne propriété viticole de 4 ha avec cyprès, palmiers, chênes et bambous, entre autres. Le tout parfaitement au calme, un endroit rêvé pour jouir de la nature saintongeaise ! Les 2 chambres doubles et la suite ont été intelligemment rénovées en conservant pierres apparentes et poutres. La « Pierre Loti » possède logiquement une petite touche orientale, mais également une cheminée ancienne. La « Champlain » est plus axée sur un style nature, et la suite « Fort Boyard », composée de 2 chambres communicantes, vous enverra quelques embruns maritimes à travers sa déco... Et puis Véronique, enjouée, sait accueillir ses hôtes. Bons produits maison au petit déj.

***Les Jardins du Lac :** 3, chemin de Fontchaude, 17250 **Trizay.** ☎ 05-46-82-03-56. • hotel@jardins-du-lac.com • jardins-du-lac.com • À 13 km de Rochefort par le viaduc direction Royan-Oléron, 1re sortie pour Échillais, puis fléchage Trizay. Resto tlj sf dim soir et lun (slt pour les clients de l'hôtel). Congés : 2de quinzaine de fév. Doubles 145-185 € selon confort et saison ; petit déj 17 €. Menus 36-60 € ; carte env 75 €.* Situé au cœur d'un écrin végétal, en bordure d'un romantique lac, un hôtel de grand confort classé *Relais du silence*. Chambres spacieuses et lumineuses, toutes avec balcon privatif offrant une belle vue panoramique sur le lac. Table de haut vol pour une cuisine gastro de saison où « on laisse aux choses le goût de ce qu'elles sont ». De la mise en bouche au dessert, des plats subtils aux saveurs délicates des produits nobles. Pour parfaire le séjour détente, piscine chauffée, spa et un accueil d'exception. Une belle adresse pour ceux qui en ont les moyens.

Où boire un verre ?

Peu de lieux festifs à Rochefort ! Dommage. Si ce n'est un peu d'animation autour de la place Colbert. Mais où sont passés les *Demoiselles* ?

***Le Club House** (plan A3, **30**) : 21, av. La Fayette. ☎ 05-46-87-35-59. Ouv tlj.* Sympathique bar à cocktails à l'ambiance chaleureuse. Pas de folie ici, mais on peut y boire un coup et bavarder avec des habitués accueillants. Des groupes y font des séances de sophrologie certains soirs dans l'arrière-salle. Fait également brasserie.

À voir

Si vous comptez explorer tout ou partie de Rochefort-Océan, on vous rappelle qu'il existe un *Pass Rochefort-Océan* offrant des réductions dans les musées et les sites de la région (tous les détails en fin d'introduction plus haut) et pour les activités de loisirs (croisières, train touristique, kayak...). Sinon, il existe des *pass* thématiques. ***Attention,*** tous les musées sont fermés en janvier.

Depuis 2014, le paysage touristique de Rochefort ne vit plus au rythme du chantier de *L'Hermione*. La réplique de la frégate de La Fayette a quitté son port d'attache pour se lancer sur l'océan. Après avoir caboté le long des côtes, elle vogue sur les traces d'un jeune major général qui aura été le symbole du soutien français aux insurgés d'Amérique en lutte pour leur indépendance. La Fayette avait quitté Rochefort en 1780. Le gigantesque chantier de reconstruction à l'identique de sa frégate et la folle aventure a débuté en 1997. Au printemps 2015, *L'Hermione* a rejoint la côte est des États-Unis avec quelque 70 hommes à son bord, après avoir accueilli plus de 3,7 millions de visiteurs à Rochefort. *• hermione.com •*

La Corderie royale (plan B2) : *au bord de la Charente. ☎ 05-46-87-01-90. • corderie-royale.com • Accès par la rue du Docteur-Pujos. Oct-début janv et fév-mars, tlj 10h-12h30, 14h-18h ; avr-fin sept, tlj 10h-19h. Fermé janv et 25 déc. Entrée : 9 € ; 8 € tarif réduit ; 5 € 6-15 ans ; gratuit moins de 6 ans. Forfait famille (2 adultes et 2 enfants) 23 €. Audioguide gratuit.*

Magnifique bâtiment du XVIIe s, véritable symbole de la ville (voir plus haut « Un peu d'histoire »). Célèbre pour sa longueur (374 m !), la Corderie était unique en son genre pour l'époque. Une dimension qui s'explique par la fonction même du bâtiment : pour fabriquer des cordages de 200 m (une encablure), il fallait une longueur de « fil » de 300 m et à chaque extrémité, un pavillon de stockage. Quant au bâtiment central, il abritait la goudronnerie. À l'époque, tout cela était d'un seul tenant.

UN NAVIRE DE PIERRE

La Corderie doit sa longueur au fait qu'on y fabriquait les cordages des navires. Son nom surprend car le terme « corde » porte malheur chez les marins (ils disent « bout »). En longeant la façade ouest, vous noterez certainement les imposantes clés de sol. Ne cherchez pas de partition à déchiffrer, ces élégants contreforts servaient à stabiliser les murs, qui gondolaient à cause des marécages !

Aujourd'hui, l'ensemble abrite la *chambre de commerce et d'industrie,* la *bibliothèque municipale,* la *médiathèque* (expos temporaires), le *Conservatoire du littoral* et le *Centre international de la mer,* où ont lieu les expos (lire ci-après).

– ***Le Centre international de la mer :*** *entrée à l'extrémité sud du bâtiment. Projection d'un film de 20 mn sur l'histoire de l'arsenal.* Visite très instructive si l'on prend le temps de tout lire ou de se faire expliquer, d'autant plus que les guides sont vraiment des passionné(e)s. La partie musée vous plonge dans l'histoire de cet interminable bâtiment et de ses particularités, mais aussi dans les techniques de réalisation des cordages, du XVIIe s à nos jours. À noter, pour les enfants, un livret-jeu, des dioramas singuliers et finement exécutés sur la transformation du chanvre (!) en cordage et une machine à câbler à vapeur de la fin du XIXe s, installée sur un socle de 12 m (unique modèle de cette taille à être présenté dans une exposition permanente). Un espace interactif propose la manipulation de poulies dans le cadre d'un atelier matelotage (fabrication de nœuds marins). En complément, de grandes expositions temporaires, toujours liées à la mer et généralement très bien faites (avec parcours enfants).

N'oublions pas la *librairie,* exclusivement consacrée à la mer et à ses dérivés (îles, aventures, etc.), et le *magasin,* qui propose une gamme de produits à base de cordages, fabriqués par l'atelier matelotage.

– ***Le jardin des Retours :*** ce nom mystérieux désignait autrefois les jardins où étaient soigneusement stockées les plantes rapportées des expéditions scientifiques. Dans le jardin de la Marine, le potager du Roy a été récemment restauré et accueille les plantes en lien avec les expéditions : le chanvre pour le cordage, les plantes alimentaires et médicinales... Les jardins et espaces verts, remaniés en 1991, ornent les abords de la Corderie de toutes sortes de plantes exotiques : tulipiers de Virginie, magnolias, palmiers, etc. Bien agréable balade à effectuer depuis le bâtiment central jusqu'aux rives du fleuve, que l'on peut longer jusqu'à l'aire des gréements (reconstitution de mâts à l'ancienne) d'un côté, ou jusqu'au labyrinthe des Batailles navales (massif d'ifs où jouer à cache-cache) de l'autre. Accès libre. Visites guidées et animées. Un moyen sympa et original pour découvrir les grandes expéditions botaniques et des senteurs épicées.

– ***Les formes de radoub :*** cette appellation désigne en fait les cales où l'on « radoubait » (réparait) les bateaux. On y amenait les bateaux à marée haute, puis on fermait la porte avant de pomper l'eau pour l'évacuer. Il y a plusieurs « formes » sur le site. La « vieille forme », au nord de la Corderie, est la plus ancienne forme maçonnée au monde (elle date de 1669). La « double forme de radoub » (une double cale pouvant accueillir deux bateaux) date du XVIIIe s. Fierté de la ville, ce vaste « monument » de pierre aux airs d'hippodrome (ou de théâtre romain, au choix) a été désenvasé et restauré. Enfin, la forme Napoléon III date bien évidemment du XIXe s.

La maison de Pierre Loti *(plan A3)* **:** *141, rue Pierre-Loti. ☎ 05-46-82-91-60. • ville-rochefort.fr/culture •* ***Fermée*** *pour restauration pour plusieurs années.* Depuis juillet 2015, un espace est dédié à Pierre Loti au musée Hèbre de Saint-Clément (lire plus bas) ; des parcours « Autour de Pierre Loti » sont organisés en bus (« Naissance de l'esprit voyageur » ; *durée 3h30 ; 16,50 €*) ou à pied en ville (« Loti, voyages dans la ville » ; *durée 1h30 ; 6 €*). Le musée a également prêté des objets de collection au château de La Roche-Courbon (voir plus loin).

DES DÎNERS DE DINGUES

C'est dans la salle gothique située à l'étage de sa maison que Loti donna sa fête la plus extravagante : un dîner Louis XI, préparé 1 an à l'avance. Les convives étaient soumis à deux obligations : se déguiser selon les circonstances et ne parler qu'en « vieux françois ». Au menu : 13 services, 2 lavages de mains et 11 plats, avec notamment du paon farci servi toutes ailes déployées, du hérisson et de l'écureuil... Autre soirée mémorable : une fête chinoise organisée en présence d'un jeune éphèbe déguisé en impératrice de Chine... et de deux réels membres de l'ambassade chinoise ! L'incident diplomatique a été frôlé...

Le musée national de la Marine *(plan B3)* **:** *hôtel de Cheusses, 1, pl. de la Galissonnière. ☎ 05-46-99-86-57. • musee-marine.fr • Au bout de l'av. Charles-de-Gaulle. Avr-sept, tlj 10h-19h ; oct-mars, tlj 13h30-18h. Fermé 4 janv-6 fév, ainsi que 1er janv, 1er mai et 25 déc. Entrée : 6 € ; réduc ; gratuit jusqu'à 26 ans. Billet jumelé avec l'ancienne école de médecine navale : 10 € ; réduc. Audioguide gratuit. Livret-jeu pour les enfants. N.B. : le musée est engagé dans un projet de restructuration profonde mais qui n'empêche pas la visite. Phases d'extension en cours dans un hôtel particulier mitoyen.*

Édifié entre 1600 et 1690, l'hôtel de Cheusses est le plus vieil édifice civil de la ville. Il s'agissait à l'origine de la demeure du dernier seigneur de Rochefort que l'on « remercia gentiment » (comme on savait remercier les protestants à l'époque) pour en faire, au XVIIe s, la résidence du commandant de la Marine. Il abrite aujourd'hui un beau musée pétri de nostalgie, complément naturel de la visite de la Corderie (et une antenne locale du musée de la Marine de Paris), introduction indispensable à la visite de l'arsenal. Y sont exposés, dans une dizaine de salles, une cinquantaine de maquettes des XVIIe-XIXe s et toutes sortes de souvenirs maritimes qui feront rêver les amoureux du grand large... Depuis 2014, une reproduction aux dimensions de l'original (20 m x 12) du *Radeau de la Méduse* est intégrée dans la visite. Une manière concrète d'aborder une page méconnue de l'histoire maritime et de celle de Rochefort.

Parmi les plus intéressants, notons en vrac : une cloche du bagne de Rochefort, la pendule du bagnard Dubois (entourée d'un mystère...), les cariatides d'une poupe du XIXe s, des photos stéréoscopiques (en relief donc) de l'arsenal de 1862, des maquettes expliquant la construction des navires ou des techniques de navigation, celles de moulins à draguer la vase, laminer le plomb ou encore broyer les couleurs, le cabestan du vaisseau amiral *Duguay-Trouin,* la figure de proue de l'*Australie...* Sans oublier le modèle d'instruction du *Royal* (5 m de long) et du *Dauphin Royal,* maquette d'un vaisseau... n'ayant jamais existé.

À l'étage, voir le grand modèle d'arsenal de la frégate *La Dédaigneuse,* très proche cousine de *L'Hermione.* Également de nombreux souvenirs de guerre : tromblon « à chenapan » (!) russe, espingole en bronze, caronade, obusier, compas, hache d'abordage et sabre de bord (dit « cuiller à pot »)... Et d'autres superbes maquettes de tous formats (trois-mâts, cuirassé, le *Formidable,* équipé d'un pare-torpille, etc.). Sous les combles, émouvante salle consacrée aux sculpteurs qui travaillaient les figures de proue (des héros de la mythologie au coq gaulois triomphant). Fréquentes expositions temporaires.

L'ancienne école de médecine navale (plan A1) : *25, rue de l'Amiral-Meyer. ☎ 05-46-99-59-57. Site accessible slt sous forme de visite guidée (résa indispensable). Visite approfondie de 1h30, tlj à 10h30 ; 9,50 €. Visite découverte de 30 mn, tlj à 14h, 15h et 16h ; 6 €, réduc, gratuit jusqu'à 26 ans. Fermé janv, 1er mai et 25 déc. Billet jumelé avec le musée national de la Marine : 10 € ; réduc.*
La création d'une école d'anatomie et de chirurgie à Rochefort remonte à 1722. On doit cette première au monde à Jean Cochon-Dupuy, alors médecin-chef du port de Rochefort. Il fallait absolument remédier à l'ignorance chronique des chirurgiens navigants de l'époque et créer des pavillons séparés pour traiter les maladies contagieuses ramenées du monde entier ! C'est le premier hôpital pavillonnaire de type CHU. Très vite, son succès fit des émules, d'abord à Toulon, puis à Brest. En 1766, un bagne fut installé à Rochefort. Pendant les années calmes, l'école disposait d'environ 150 macchabées, s'agissant principalement, vous l'avez deviné, de bagnards. On souleva la peau, on ouvrit entrailles et crânes, bref, on disséqua et l'on acquit un savoir théorique et surtout pratique... avec des conclusions plus ou moins scientifiques ! Les conflits du XVIIIe s rendirent nécessaire la construction d'un nouvel hôpital (inauguré en 1788). Il accueillit alors l'école dans l'un des pavillons, transformé aujourd'hui en musée.
Au rez-de-chaussée, la salle des Actes et celle du Conseil de santé sont conservées en l'état. La première servit aux travaux de dissection et aux cours d'anatomie. Belle collection d'instruments des XVIIIe et XIXe s. Au 1er étage, la bibliothèque (ou salle de la Coquille) rassemble près de 25 000 ouvrages (médicaux, mais aussi philosophiques, récits de voyage, etc.) qui permettent de suivre l'évolution de l'histoire de la médecine (consultation possible sur résa).
Au 2e niveau, c'est le cœur du musée, déconseillé aux personnes sensibles. La visite est obligatoirement guidée afin d'accompagner le public dans la découverte de ce cabinet de sciences. On y voit des écorchés (ou des morceaux !) trempés dans de la résine ou de la cire et parfaitement conservés ! Les panneaux d'artériologie et de névrologie humaines (pièces rarissimes) sont impressionnants ! Belle petite collection de crânes de bagnards pour lesquels on a tenté de mettre en évidence le rapport entre la forme du crâne et le délit commis (et donc le caractère). Même tentative avec les différentes races (eh oui, des idées darwinistes très tendance... au XIXe s !). Impressionnante vitrine d'êtres monstrueux comme un mouton à deux têtes, un chat à deux corps (huit pattes !) et des squelettes d'enfants hydrocéphales (au crâne disproportionné, genre *Alien !*). Une étrange collection de prothèses, jambes de bois et casques à pointe entrant dans la boîte crânienne... Les bricolos se passionneront pour les 600 instruments de chirurgie (scies, marteaux, vis, clous...) avec des planches pour les travaux pratiques. Et puis plein d'autres curiosités que l'on vous laisse découvrir. Une visite captivante, menée avec humour pour dédramatiser et mieux comprendre l'évolution de la médecine.

Le musée des Commerces d'autrefois (plan B2) : *12, rue Lesson. ☎ 05-46-83-91-50. • museedescommerces.com • ♿ (sf sous-sol). Juil-août, tlj 10h-20h ; hors saison, tlj sf dim mat 10h-12h, 14h-19h (18h fév-mars et nov-déc). Fermé janv. Entrée : 6,70 € ; 4,50 € 8-11 ans et étudiants ; gratuit jusqu'à 8 ans. Audioguide 2 €. Jeu de visite pour les enfants (6-12 ans) offert ou à télécharger.*
Un bien joli musée privé, installé dans un bel entrepôt de 1900. Jean-François et Christine y ont minutieusement reconstitué, avec passion, ateliers et boutiques des années 1900 à 1945, à partir d'une foule d'objets provenant de la région.
On passe du *Bar du Théâtre* à une teinturerie, d'une pharmacie à une boucherie, d'un coiffeur à une épicerie (impossible de tous les citer), sans oublier les modèles d'une modiste, d'innombrables réclames désopilantes et les boîtes de *Café Freddy,* une marque de Rochefort. On déniche parfois des objets vraiment

inattendus, comme ces toilettes publiques avec l'indication « Contravention pour occupation intempestive : 250 Fr ». La visite se fait sur fond musical très Arletty et sur diffusion d'effluves d'autrefois. Au sous-sol, reconstitution d'une distillerie charentaise consacrée évidemment au cognac, mais aussi à la fabrication du pineau. Expo permanente : l'école d'autrefois.
Une visite drôle et attachante, qui mêle le charme des objets d'autrefois à la nostalgie d'une époque révolue. Pour l'anecdote, il paraît que le musée provoque souvent un « désir d'achat » de résidence secondaire ou principale chez les touristes étrangers !

Le musée archéologique de la Vieille Paroisse *(plan A2) :* *av. Rochambeau. Slt mer 15h-18h. GRATUIT.* L'ancienne église Notre-Dame (« vieille paroisse » pour les intimes) est le plus vieux bâtiment de la ville. Édifiée au XIIe s, elle fut reconstruite en partie au XVIIe s. Restaurée il y a une quinzaine d'années, elle permet désormais la présentation d'une collection archéologique réunie après des fouilles dans les environs. Pièce maîtresse de l'exposition : *Le Vieillard de l'Apocalypse,* belle sculpture d'époque romane.

L'hôtel Hèbre de Saint-Clément – musée d'Art et d'Histoire *(plan A2) :* *63, av. Charles-de-Gaulle. ☎ 05-46-82-91-60. Tlj sf lun, sam mat et dim mat 10h-12h30, 14h-18h. Fermé janv, 1er mai et 25 déc. Visite libre des espaces permanents : 4 € ; visite 3D : 8 € ; réduc. Visites thématiques (payantes) avr-sept.*
Ce musée récent occupe tout un pan de l'*hôtel Hèbre,* comme on l'appelle ici, entièrement rénové pour l'occasion. Il accueille les collections du musée d'Art et d'Histoire et le Centre d'interprétation de l'architecture et du patrimoine. Parcours à la scénographie moderne, mêlant histoire de la ville, objets ethnographiques et collections beaux-arts. Dans l'attente de la réouverture de la maison de Pierre Loti, une partie de la collection est exposée de façon thématique et temporaire.

Rez-de-chaussée et 1er étage
Depuis juillet 2015, un espace est dédié à Pierre Loti. Une expo permanente relate sa vie, et des expos temporaires sont consacrées à ses photographies de voyages ; également proposée (mieux vaut réserver), une projection en 3D avec visite conduite par un guide conférencier. Le challenge de cette projection en 3D est que le guide dirige la visite, « appelle » un objet, le présente, peut le zoomer, le retourner, etc. Hier, il était interdit de toucher l'objet, aujourd'hui, on peut extraire un objet du décor, ouvrir un tiroir... Compter 40 mn.

2e étage
D'abord, quelques gravures, plans et reproductions consacrés à l'arsenal, mais surtout un étonnant plan-relief de la ville et de l'arsenal vers 1830 ; très beau car tout rond et composé de neuf tables en chêne. Passionnant pour ceux qui s'intéressent à l'histoire de la ville, d'autant qu'une loupe visuelle projetée sur le mur le détaille consciencieusement. On débouche ensuite sur la galerie de peintures du XIXe s, fruit de la collection parisienne d'Alphonse-Alexandre Fiocchi. Celui-ci légua environ 40 tableaux et une centaine de dessins au musée en échange... du poste de conservateur, d'un logement et d'une rente ! Ensemble hétéroclite de scènes religieuses et mythologiques, paysages et portraits. Belle série de portraits, avec notamment *Réunion de notables,* de Peutemans, et différents portraits de femmes anonymes des écoles flamande et française des XVIIe et XVIIIe s. S'attarder ensuite devant le *Jésus portant sa Croix,* sur le regard profondément marqué de la belle aventurière *Lola Montès* (signée Rouget), sur l'empoignade du *Massacre des janissaires* où le blanc des yeux joue un rôle certain (pas un chef-d'œuvre, mais une œuvre monumentale, pour sûr !), sur la surprenante *Mendiante arabe* signée Moulignon (regard voilé mais sein offert...) et, pour l'anecdote, sur le *Radeau de la Méduse* de Roujat (« d'après Géricault », évidemment). Enfin, les régionaux de l'étape nous ont légué les jolies *Noces d'autrefois en Saintonge,* de Boucart, et le sympathique *Bac de Soubise,* de Morchain.

3e étage
Il est entièrement consacré aux collections extra-européennes, rappelant le passé militaire et colonial de la ville. Jolie section consacrée à la culture kanake (sculptures et masques XIXe-XXe s), mais aussi aux cultures africaine et asiatique.

Le Conservatoire du bégonia *(hors plan par B3)* **:** *La Prée horticole, 1, rue Charles-Plumier. ☎ 05-46-82-40-30. • begonia.rochefort.fr • Au sud-est du centre-ville, suivre la direction de la Z.I. de l'Arsenal ; accès par l'av. du 11-Novembre, puis l'av. de Charente. Juil-août, possibilité de visite libre mar et jeu 9h30-12h. Sinon visites guidées, limitées à 25 pers : mai-sept, mar-ven à 14h30, 15h30 et 16h30, sam à 15h30 et 16h30 ; fév-avr et oct-nov, mar-ven à 15h30 et 16h30. Fermé déc-janv, dim-lun et j. fériés. Entrée : 4,50 € ; 3,50 € 12-18 ans ; gratuit jusqu'à 12 ans.* Dans une serre de 1 000 m² sont conservées et étudiées ici des milliers de plantes rares rapportées du Mexique, de Malaisie, d'Afrique ou d'ailleurs. Formidable collection de bégonias ; et pour cause, il s'agit quand même de la plus grande collection au monde (précisons que les bégonias composent l'une des familles les plus riches du règne végétal). Les bégonias doivent leur nom à Michel Bégon, grand intendant proche de Colbert et assainisseur de Rochefort au XVIIe s. Il finança l'expédition du père Plumier qui rapporta d'Amérique une nouvelle plante, baptisée... bégonia.

BÉGON VERT

Grand navigateur, le petit-fils de l'intendant de Rochefort, Michel Bégon (celui qui donna son nom au bégonia), rapporta le magnolia et le tulipier de Virginie. Ainsi, avec le XVIIIe s, Rochefort changea subrepticement de fonction : après les guerres, les fleurs ! Les conséquences furent énormes : l'arrivée de nouvelles espèces modifia les jardins, mais aussi l'agriculture, et bientôt influença même la médecine...

La vieille ville

Ville « nouvelle » du XVIIe s, Rochefort est un modèle en soi. Certains esprits chagrins pourront déplorer sa construction militaire au carré, mais force est de constater qu'aucune faute de goût n'est visible.

La place Colbert *(plan A2)* **:** centre géographique de Rochefort, c'est le lieu de promenade idéal grâce à ses allées piétonnes et ses jets d'eau. Très agréable à la belle saison. Immortalisée par Jacques Demy dans *Les Demoiselles de Rochefort* ; le café en préfabriqué est toujours là, il a même un concurrent à l'autre bout de la place ! En saison, des playbacks *en-chantés* sont organisés... « Nous sommes deux sœurs jumelles, nées sous le signe des gémeaux... »

Nombreux ***hôtels particuliers*** dans le centre, principalement dans la partie piétonne de la rue de la République. Notons, entre autres, le petit théâtre à l'italienne de la Coupe d'Or avec une intéressante façade XVIIIe s *(possibilité de visite avec l'office de tourisme)* et, un peu plus haut, le palais de justice, de style Régence.

Les bâtiments de l'ancien arsenal : excepté la Corderie royale, peu de souvenirs visibles de ce qui fut à l'origine de la création de la ville. Le magasin aux vivres est en attente de restauration, les fonderies abritent le siège de la Ligue pour la protection des oiseaux, la poudrière est aujourd'hui devenue une salle de concerts et les anciennes casernes accueillent des hébergements locatifs. Dans la caserne *Charente,* premier hôpital de la Marine, est installé le Forum des marais atlantiques. Quant à l'artillerie, c'est un hôtel 3 étoiles ! On peut tout de même voir la porte dite « du Soleil » ou « de l'Arsenal », sorte d'arc de triomphe daté de 1830 qui marquait l'entrée principale de l'arsenal (à côté du musée de la Marine).

Les ports de plaisance : composés de deux bassins distincts, ils remplacent l'ancien port de commerce (port des Charbonniers). Les amoureux de la mer ne manqueront pas d'y flâner pour saliver devant les petits voiliers. Derrière les bassins et au milieu des chantiers, une « vieille forme », moins insolite que la double forme de radoub (dont on parle plus haut) mais considérée comme la plus vieille forme maçonnée au monde...

À voir encore pas loin du centre

La station de lagunage : *route de Soubise, au sud-ouest du centre. Sorties découverte commentées tte l'année, 1h30. En hiver et au printemps, sorties « Oiseaux migrateurs ». Compter 6 € ; réduc ; gratuit moins de 10 ans. Rens :* Espace Nature, *pl. Colbert ; ☎ 05-46-82-12-44.*
Cette station d'épuration naturelle de 70 ha est, paraît-il, unique en Europe. Elle a fêté ses 25 ans en 2014. Dans ce petit paradis écologique, on fabrique de l'électricité avec de la boue (c'est possible !) et l'on observe joyeusement canards et petits échassiers. En fait, le principe est tout bête (encore fallait-il y penser) : en passant d'un étang à l'autre, les eaux usées se purifient progressivement, par l'action conjuguée du soleil, du vent et du plancton (genre daphnies).
La qualité de certains de ces étangs et leur site tranquille (zone de marais au bord du fleuve) en font un lieu d'accueil privilégié des oiseaux migrateurs... ainsi que des poissons attirés par les vers (gros recycleurs, c'est connu). Un observatoire des lagunes a été aménagé ; accès libre (des observations sont aussi organisées par *Espace Nature*).

Le pont transbordeur de Rochefort et son musée (hors plan par B3) **:** *au sud de la ville, route de Martrou. Accès par le* Fluviobus *au départ de la Corderie royale. Maison du transbordeur située rive gauche de la Charente, 17620* ***Échillais.*** *☎ 05-46-83-30-86. • pont-transbordeur.fr • Maison du transbordeur avr-nov, tlj sf lun mat 9h-12h15, 14h-19h (18h avr-mai et sept, 17h oct-nov). Congés : nov-mars. Café sympa également. Amusantes visites théâtralisées avr-oct jeu à 17h (11 € ; réduc). A/R : env 2,60 €. Visites guidées du site. Livret-jeu disponible pour les plus petits.*
Ce célèbre pont à l'ahurissante structure métallique (176 m de long) est le dernier pont transbordeur encore debout en France, tous les autres ayant été démantelés. Immortalisé par *Les Demoiselles de Rochefort,* il fut classé Monument historique avant de reprendre du service pour les touristes en 1994. Une demande de classement au Patrimoine mondial de l'Unesco est en cours, jumelée avec les sept autres ponts transbordeurs dans le monde (Bilbao, Buenos Aires, deux en Allemagne et trois en Angleterre). Comme en 1900 et jusqu'à fin 2015, il permet aux piétons de franchir les 150 m de largeur de la Charente... sur une nacelle qui avance à la vitesse record de 1,5 km/h ! Il avait besoin de se refaire une beauté : 115 ans en 2015 ! Jeter un coup d'œil à la Maison du transbordeur (petit musée dédié aux ponts et viaducs de la région) pour tout savoir sur le chantier et sa restauration (le pont sera fermé pour travaux au moins jusqu'à mi-2017), avant de continuer la balade pour aller visiter Échillais...

Échillais : *à 4 km au sud de Rochefort.* Ce village propose sa charmante église romane aux gambadeurs qui voudraient tester le transbordeur. Belle façade saintongeaise à colonnes, sculptée de petits bonshommes et de monstres. Possibilité de visites guidées à pied ou à vélo *(infos à l'office de tourisme de Rochefort-Océan : ☎ 05-46-83-30-86).* Beau jardin privé « La Cétoine » au cœur du village *(avr-oct, mar-mer 10h-19h, sam-lun 15h-19h ; entrée env 2,50 €).*

À faire

➢ ***Balades sur la Charente :*** *rens et résas à l'office de tourisme ou au 06-17-92-81-65. Départ dim à 9h. Tarif : 25 € adulte ; réduc.* À Rochefort, on ne peut oublier la Charente, ce fleuve qui relie la ville à l'Atlantique. D'avril à septembre, l'office de tourisme propose de belles croisières entre Rochefort et l'île d'Aix, permettant de découvrir de manière originale le fleuve et son estuaire. Au programme, descente de la Charente, approche du fort Boyard, escale libre (de 11h à 16h30) sur l'île d'Aix et retour en fin d'après-midi.

Manifestations

– ***Les Passagers de l'histoire :*** *jeu avr-oct ; horaires variables selon périodes (17h ou 18h). Infos à l'office de tourisme. Compter 11 € ; réduc.* Une invitation à accompagner les passeurs du transbordeur lors de l'inauguration du pont en 1900.
– ***Les Noctambulations :*** *juil-août. Infos et résa (obligatoire) auprès de l'office de tourisme.* Visites nocturnes et insolites du centre-ville, en compagnie d'un musicien et d'un guide conférencier.
– ***En accords :*** *normalement fin août. Infos à l'office de tourisme.* Festival rock, folk et acoustique avec de nombreux musiciens anglo-saxons et quelques artistes français. Concerts bien sympas organisés dans plusieurs lieux intimistes, cours et jardins en ville.

DANS LES ENVIRONS DE ROCHEFORT

L'abbaye de Trizay : *17250* ***Trizay.*** *☎ 05-46-82-34-25. À 14 km de Rochefort via Échillais. De mi-juin à mi-sept, tlj 10h-13h, 14h-19h ; le reste de l'année, mar-dim 14h-18h. Fermé déc-janv. Entrée : 3,50 € ; gratuit jusqu'à 14 ans. Entrée couplée avec les jardins : 6 €.* Les vestiges de ce prieuré bénédictin, fondé au XIe s, se dressent, admirables et majestueux, en pleine campagne saintongeaise. Les bâtiments conventuels ont été restaurés et accueillent un centre d'art contemporain (expos toute l'année). On peut également admirer, entre autres, les belles voûtes de la salle capitulaire et sa façade présentant des arcatures polylobées, l'abside et les deux absidioles (voir les vitraux dessinés par Richard Texier), le réfectoire ou encore de belles peintures murales du XVIe s.
– À proximité, les ***jardins de Compostelle*** *(rens : ☎ 05-46-82-19-64 ; de mi-juin à mi-sept, tlj sf lun 14h-19h ; entrée : 3,50 €, gratuit moins de 14 ans).* Jardin paysager et contemporain aménagé sur les rives du lac du Bois-Fleuri. Sentier, parc floral, roseraie de Saint-Jacques, oliveraie, grand canal...

Le pigeonnier Renaissance de Montierneuf : *à* ***Saint-Agnant,*** *au sud de Rochefort. ☎ 05-46-82-06-29. Visite guidée slt, juil-août, mar-sam 15h-19h. Entrée : 2 €. Point d'accueil sur place.* Vous êtes sur des terres données par Geoffroy Martel, comte d'Anjou, aux moines de Vendôme, qui y édifièrent un prieuré en 1075. Au début du XVIe s, on décide de la construction de l'un des plus vastes pigeonniers du royaume, avec sept ouvertures et 2 959 boulins, soit autant de « nids de pierre » destinés à recevoir chacun un couple de pigeons ! Évidemment, il faut venir pour la visite guidée en saison afin de voir le mécanisme intérieur avec échelles tournantes et potences. Également un circuit pédestre de 14 km le long des anciennes fontaines du secteur.

Le château de Saint-Jean-d'Angle : *route de Marennes, 17620* ***Saint-Jean-d'Angle.*** *☎ 05-46-82-76-03. • chateausaintjeandangle.fr • À env 15 km au sud de Rochefort par la D 733. Avr-sept, tlj 14h-19h ; oct, tlj sf lun 14h-18h. Visite libre ou guidée (16h) : 8 € ; réduc. En famille, animation pour les enfants.* Tout beau, tout rond, ce petit château fort du XIIe s, propriété privée classée Monument historique, est l'un des rares à subsister dans cet état, d'autant qu'il a été courageusement restauré par son actuel propriétaire (voir les photos de la restauration). Édifié par la famille Lusignan, qui bénéficiait tout de même des titres de rois de

Jérusalem et de Chypre ainsi que de la protection de la fameuse fée Mélusine (on vous racontera comment...), ce château défensif a été construit sur un plan en *Shell Keep* (en coquillage, pour faire simple), typique des Plantagenêts. D'où cette rondeur voluptueuse dans l'architecture. Le château était destiné, comme la tour de Broue voisine, par exemple, à protéger les marais salants et la richesse issue de leur exploitation. Aux beaux jours, expos temporaires et petits concerts.

L'église Saint-Symphorien : *à env 20 km au sud de Rochefort par la D 733 ; à* ***La Gripperie-Saint-Symphorien,*** *descendre vers le vieux village. Infos et visites : ☎ 05-46-83-21-94. En principe, messe à 9h45 les 2e et 4e dim du mois.* Pourquoi donc l'église se trouve-t-elle en bas du village et les habitants actuels en haut ? Parce que, à l'origine, celle-ci était au bord du golfe, puis celui-ci s'est envasé, et les habitants ont dû monter vivre plus haut ! Quoi qu'il en soit, cette église romane du XIIe s est très émouvante avec son portail de toute beauté. Dommage qu'elle ne soit pas plus souvent ouverte !

UN SACRÉ ROUTARD

Orphelin à 12 ans, René Caillié, passionné par Robinson Crusoé, quitte la France à 16 ans. Il répond au concours lancé par la Société de géographie : devenir le premier Occidental à se rendre dans la ville mythique de Tombouctou, au Mali ! Jules Verne le qualifiera de « plus intrépide voyageur des temps modernes ». Gravement malade, il meurt à La Gripperie-Saint-Symphorien en 1838.

LE CHÂTEAU DE LA ROCHE-COURBON

Carte Charente-Maritime, B-C2

À mi-chemin, grosso modo, de Rochefort et de Saintes. L'un des plus beaux châteaux des Charentes, qui attire plus de 50 000 visiteurs par an. Plusieurs films y furent tournés, parmi lesquels *Les Trois Mousquetaires* et *Point de chute,* avec Robert Hossein et Johnny ! Prévoyez du temps, pas seulement pour la visite de l'intérieur, mais aussi pour les jardins, splendides, ainsi que pour la forêt, ses grottes et ses expositions. En été, jeux anciens pour les enfants. Aire de pique-nique.
Construit au XVe s, le château est d'abord une forteresse, édifiée sur les ruines d'un fief plus ancien du nom de La Roche. Tout est remanié au XVIIe s, dans le style des élégantes demeures Renaissance, avec galerie, escalier en fer à cheval, toits à la Mansart, pavillons Louis XIII et jardins à la française. L'intérieur n'est pas en reste, embelli de poutres peintes, de frises, de tomettes et surtout d'un étonnant cabinet entièrement décoré de peintures sur bois datant de 1662.

LE CHÂTEAU DE LA BELLE AU BOIS DORMANT

C'est sous ce titre pour le moins romantique que paraît dans *Le Figaro,* en octobre 1908, un article signé ***Pierre Loti...*** Plus qu'un simple article, il s'agit d'un appel au secours pour « sauver de la mort une forêt, avec son château féodal campé au milieu, une forêt dont personne ne sait plus l'âge »... Un cri du cœur justifié : Loti passa 12 années de son enfance à parcourir cette forêt qu'il comparait à une jungle, et où se développa son amour des paradis exotiques... Et il apprend que le domaine, abandonné depuis des lustres, risque d'être livré à la hache des bûcherons... Comme dans un vrai conte de fées, l'appel de l'écrivain est entendu, mais avec 12 ans de retard ! Entre-temps, un escroc belge s'est rendu acquéreur de la propriété, puis la guerre a éloigné les bûcherons... En 1920, un certain Chenereau rachète le domaine. Son fils Paul, riche industriel, promet à Pierre Loti de sauver le chef-d'œuvre en péril. Il y consacrera effectivement toute sa fortune. Vendre des conserves en boîte n'empêche pas le fils Chenereau d'avoir du goût, beaucoup même, et il apporte tout son amour de l'art à la restauration des lieux. On lui doit le château tel qu'on peut l'admirer aujourd'hui, qu'il restaura intégralement, meubla à l'ancienne et agrémenta d'un ravissant jardin en s'inspirant d'une peinture du XVIIe s pour le reconstituer tel qu'il était à l'époque... Ses descendants poursuivent la mission de préservation des lieux, à travers la Société du domaine de La Roche-Courbon, propriétaire du château.

Infos utiles

➢ **Accès :** *pour s'y rendre, de Saintes ou de Rochefort, prendre la D 137 et sortir à Saint-Porchaire puis suivre les flèches.*

– **Horaires et conditions de visite :** *☎ 05-46-95-60-10. • larochecourbon.fr • ♿ (partiel). Château ouv mai-sept, tlj 10h-19h ; le reste de l'année, tlj sf jeu 10h-12h, 14h-18h (17h en hiver). Visite du parc, des jardins et des grottes : env 11,50 € (réduc sur présentation de ce guide) ; 7 € pour les extérieurs slt ; 5,50 € enfant, comprenant 2 parcours-jeux château et jardin ; gratuit moins de 7 ans. Pour l'intérieur, visite guidée obligatoire (env 45 mn ; horaires fluctuants selon monde). En été (voir dates et tarifs sur le site), visite scénarisée (adulte env 11,50 €) : déambulation dans le château et dialogue entre le guide et Gaston Mauberger, le secrétaire de Pierre Loti, qui évoque anecdotes et passions de l'écrivain-artiste. Ensemble du site ouv tlj en hiver sf dim mat et en sem en janv.*

– Sur place, aire de jeux anciens pour s'amuser en famille, restauration rapide de juin à septembre et aire de pique-nique.

À voir

🌶🌶🌶 ***L'intérieur :*** il surprend non seulement par son mélange rare de raffinement, mais aussi par son charme... car rien ici n'est clinquant. Pour preuve, la cuisine traditionnelle saintongeaise, où les batteries de casseroles en cuivre côtoient les poutres merveilleusement décorées, ou encore la chambre dite « paysanne », joliment dépouillée malgré ses baldaquins. Quel contraste avec le salon XVIIIe s (ravissantes boiseries) et le vestibule digne d'un musée (superbe escalier du XVIIIe s, tapisseries et statues) ! Bref, contrairement à bien d'autres, cet endroit a une âme. La pièce la plus spectaculaire est cette fameuse « salle de bains » qui ressemble à tout sauf à une salle de bains ! Il s'agit en fait d'un ancien cabinet (au sens ancien, hein, rien à voir avec de vulgaires *waters !*) intégralement orné, plafond compris, de médaillons, de frises sculptées et de panneaux de bois peints du XVIIe s représentant la vie et certains travaux d'Hercule. Il se trouve que l'une des anciennes propriétaires, une certaine Charlotte, a eu la bien curieuse idée d'y faire installer une baignoire, vraisemblablement pour profiter du soleil couchant...
On termine par la cuisine des gardes, avec son exposition sur les jardins et sa salle des gardes à l'atmosphère médiévale avec sa monumentale table en pierre.

🌶🌶 ***Le donjon :*** un nouveau musée de la préhistoire, entièrement restauré, y a été aménagé. On y apprend que les magdaléniens occupèrent le site : on a retrouvé leurs traces dans des grottes situées sous le château !

Les jardins : dans le plus pur style français, d'une rare élégance, avec compositions florales, parterres de gazon, allées, statues, conifères et un gigantesque plan d'eau prolongé d'escaliers et d'une imposante terrasse conçue pour admirer l'ensemble. Ne loupez pas ce panorama, le plus somptueux qui soit de La Roche-Courbon, avec le reflet du château dans l'eau.

DES JARDINS SUR PILOTIS

Les jardins reposent sur des marais. Ils auraient été engloutis depuis longtemps si les propriétaires n'avaient pris les mesures qui s'imposent, à savoir : planter chaque année des pieux de plus en plus longs pour consolider le terrain. Même les allées sont sur pilotis ! C'est donc pas moins de 23 ans qu'il a fallu pour planter les 1 200 pilotis amarrés à la partie solide du terrain...

Les grottes : le secteur semble en être truffé. Les grottes du Bouil-Bleu, les plus intéressantes, se trouvent à environ 800 m du château. Elles furent habitées pendant le Paléolithique. Mais bon, de nos jours, elles servent avant tout de prétexte à une agréable petite promenade... Un parcours karstique y est installé pour comprendre la formation géologique du site. Malheureusement, cet espace boisé, qui était l'endroit préféré de Pierre Loti, a été fortement touché – allez, n'ayons pas peur des mots... ravagé – par la tempête de décembre 1999. Évidemment, des vents à plus de 200 km/h, ça laisse des traces ! On compte beaucoup sur la régénération naturelle... Cependant, les propriétaires, aidés d'une association d'amis, redessinent et plantent les allées chaque année.

LA SAINTONGE

La Saintonge, bordée au nord par l'Aunis, est une ancienne et vaste région qui déborde à l'est sur le département de la Charente et descend jusqu'aux Landes. À l'ouest, l'océan la limite – plus précisément, l'estuaire de la Gironde. Un vrai pays, historiquement cohérent (c'était, dès la fin du IVe s av. J.-C., le territoire d'une prospère tribu gauloise, les Santons), qui se décompose traditionnellement en deux régions. D'abord, la Saintonge des terres (haute et basse Saintonge), plaines et vallons agricoles et viticoles (pineau et cognac, eh ! eh !), et leur cortège d'églises si caractéristiques qu'on parle d'un art roman saintongeais. Ensuite, la Saintonge côté mer, les parcs à huîtres de l'estuaire de la Seudre, les mimosas de l'île d'Oléron et Royan, capitale balnéaire de la Côte de Beauté. Tout un programme...

SAINTES

(17100) 28 000 hab. *Carte Charente-Maritime, C2-3*

Capitale de la Saintonge, comme on s'en doute, depuis quelques bons millénaires ! Riche histoire, riche patrimoine donc. Rien d'étonnant, dès lors, à ce que la ville soit labellisée Ville d'art et d'histoire. Pourtant, que cet archétype de sous-préfecture paraît banal quand on se contente de traverser la ville, longeant cours et avenues tracés au cordeau du XVIIe au XIXe s ! Saintes se mérite. Oh, avec peu de peine ! Grimpez seulement les quelques volées d'escalier de la ruelle de l'hospice entre petites maisons presque blanches et jardins suspendus, où pointent les têtes ébouriffées des palmiers qui frôlent les toits de tuiles roses. Depuis la terrasse du Logis du Gouverneur (l'hôpital), le regard embrasse toute la ville : le saugrenu clocher de la cathédrale, la Charente nonchalante qui baigne berges verdoyantes et hôtels particuliers cossus. Voilà, vous êtes, comme nous, sous le charme...

UN PEU D'HISTOIRE

Les Santons, tribu celte plutôt à l'aise financièrement, avaient bien dû planter là quelques maisons puisque César a trouvé trace d'une *Civitas Santonum* en conquérant la Saintonge. Mais c'est véritablement ***entre 40 et 20 av. J.-C.*** qu'Agrippa, gendre d'Auguste, séduit par cette position de carrefour entre la grande voie romaine qui reliait Lyon à l'Aquitaine et la Charente, érige ici une ville appelée *Mediolanum*. Une ville ? Une ***métropole*** plutôt, qui, en véritable capitale de l'Aquitaine, fait la nique à Bordeaux et à Poitiers, et se dote de monuments en nombre. La civilisation romaine y brille de tous ses feux... vite éteints ! Dès le milieu du IIe s, la ville décline. La chrétienté marque ensuite la ville, réduite à l'actuel quartier Saint-Pierre, de son empreinte (ce qui va finalement bien à son nom...). Les coteaux environnants se couvrent de nécropoles chrétiennes, notamment celles de Saint-Eutrope. Au cours du Moyen Âge, au cœur d'une région dont tout le monde ou presque se dispute la suprématie, Saintes connaîtra quelques siècles pour le moins mouvementés, passant de mains en mains jusqu'à être littéralement coupée en deux par le traité de Paris qui plaçait sa rive gauche sous domination anglaise, la rive droite restant française !

La Révolution porta au pinacle un enfant du pays *:* en 1789, le bon ***docteur Guillotin*** fit adopter à l'Assemblée l'instrument que l'on sait. Sans doute avec des arguments tranchants...

Au XVIIIe s, Saintes renoue avec la prospérité ; les hôtels particuliers et les balcons en fer forgé des riches négociants en cognac ont pignon sur Charente. Pourtant, Napoléon, en 1810, choisit comme préfecture La Rochelle plutôt que Saintes. En 1867, la mise en service de la première ligne de chemin de fer Rochefort-Saintes-Angoulême redonne de l'élan à la ville. La construction de la gare et d'ateliers de réparation peuple la rive droite de la Charente. Ce qui explique son petit côté popu, face à la rive gauche, plus chic, plus bourgeoise... Saintes est aujourd'hui une tranquille sous-préfecture, dotée d'un secteur tertiaire florissant. C'est, encore et toujours, le centre commerçant d'une Saintonge rurale dans sa grande majorité (foire et marchés d'importance).

FAIRE FEU DE TOUT BOIS

On connaît tous le céramiste Bernard Palissy, qui n'hésita pas à brûler meubles et planchers afin de découvrir le secret des émaux en 1555. Établi à Saintes, il lui faudra 20 ans de recherche. Mais ses vrais soucis venaient de ses origines protestantes. Il réchappa de peu à la Saint-Barthélemy et mourut à la Bastille.

Comment y aller ?

➢ ***En train :*** ☎ *36-35 (0,34 €/mn).* • *voyages-sncf.com* • Une bonne dizaine de TGV/j. A/R en moyenne, au départ de Paris-Montparnasse, avec un changement à Angoulême, Bordeaux, La Rochelle, Nantes ou Niort (3h30-4h).

➢ ***En bus :*** *rens au ☎ 0811-36-17-17 (0,14 €/mn).* • *lesmouettes-transports.com* • *Les Mouettes*, liaisons régulières en autocar avec Royan, Rochefort, Saint-Jean-d'Angély, Pons... Départ depuis les gares SNCF et routières.

➢ ***En voiture :*** autoroute A 10, sortie no 35 « Saintes ».

Adresse et infos utiles

ℹ ***Office de tourisme de Saintes et de la Saintonge*** *(plan C2) : pl. Bassompierre (à l'arc de Germanicus).* ☎ *05-46-74-23-82.* • *saintes-tourisme.fr* • *Oct-mai, lun-sam ; juin-sept, tlj.* L'équipe est charmante ! Dans le cadre du label Ville d'art et d'histoire, l'office de tourisme et les Services du patrimoine proposent ensemble, de juin à fin septembre, des visites régulières de la ville avec guide conférencier *(6 € ; gratuit moins de 16 ans).* Billetterie pour les croisières sur la Charente. Prêt de vélos toute l'année.

– ***Stationnement :*** *places gratuites tte l'année sur la pl. du 11-Novembre (cours Reverseaux, en lisière du centre piéton ; plan B2) et au parking Mendès-France (proche de l'office de tourisme ; plan C2). Sinon, stationnement payant partout dans le centre (lun-ven).*

– ***Marchés :*** *mar et ven pl. du 11-Novembre, mer et sam pl. Saint-Pierre, jeu et dim av. Gambetta. Sans oublier la grande foire, le 1er lun de chaque mois, tt au long de la rue principale.*

Où dormir ?

Camping

⛺ ***Au Fil de l'Eau*** *(hors plan par C1,* ***10****) : 6, rue de Courbiac. ☎ 05-46-93-08-00. • campingaufildeleau@sfr.fr • camping-saintes-17.com • ♿ À env 1 km du centre, en longeant la Charente vers Taillebourg. Ouv mai-sept. Prix : 15,06 € en hte saison ; mobile homes 150-250 €/sem. 214 empl.* Comme son nom l'indique, le *Fil de l'Eau* déroule une bonne partie de ses vastes emplacements le long de la Charente. Propre et assez bien ombragé (certaines zones le sont très bien), il dispose en outre d'un petit bistrot et d'un point alimentation. Piscine à disposition des campeurs à la base de loisirs à côté.

Très bon marché

🏠 |●| ***Auberge de jeunesse*** *(plan C2,* ***11****) : 2, pl. Geoffroy-Martel. ☎ 05-46-92-14-92. • saintes@hifrance.org • fuaj.org/saintes • ♿ À côté de l'abbaye aux Dames. Congés : vac de Noël. Nuitée en dortoir 16,80-18 €, en chambre double 21,10-23,70 €/pers, draps et petit déj inclus. Self-service sur résa : formules 8,30-11,10 €. Parking gratuit.* 💻 📶 Idéalement située, en centre-ville et à 5 mn de la gare ferroviaire, cette auberge nickel dispose de 90 places réparties en chambres de 2 à 6 lits. Simples et confortables, dans un bâtiment moderne, elles ne partagent leur salle d'eau (lavabo, douche, w-c) qu'avec une seule chambre mitoyenne. En outre, l'AJ dispose de doubles avec salle de bains individuelle dans une annexe, presque au même prix que les autres, ainsi que d'une grande salle de détente. Salle TV commune et cuisine à dispo. Avec un brin de fantaisie dans la déco, tout serait parfait.

Prix moyens

🏠 |●| ***Hôtel Saveurs de l'Abbaye*** *(plan C2,* ***12****) : 1, pl. Saint-Pallais. ☎ 05-46-94-17-91. • infos@saveurs-abbaye.com • saveurs-abbaye.com • Sur la rive droite, à deux pas de l'abbaye. Doubles 62-69 € ; familiales 3 pers 77-85 €.* 📶 L'auberge est là depuis des lustres, assurant le gîte et le couvert aux voyageurs et aux pèlerins, mais un grand vent de jeunesse a soufflé. D'abord, charmant accueil d'un jeune couple. Puis 8 chambres coquettes, au très bon rapport qualité-prix-confort, totalement rénovées, à la déco exotique et personnalisée, certaines donnant sur l'abbaye. Elles accueillent les amoureux et les gourmands de passage. Car c'est aussi et surtout le resto qui se distingue... Voir plus loin « Où manger ? ».

🏠 ***Hôtel de l'Avenue*** *(plan C2,* ***15****) : 114, av. Gambetta. ☎ 05-46-74-05-91. • contact@hoteldelavenue.com • hoteldelavenue.com • Dans le quartier de l'abbaye aux Dames. Congés : 23 déc-7 janv. Selon saison, doubles avec douche ou bains 66-76 €, familiales 3 pers 83-91 €.* 💻 📶 *Parking offert sur présentation de ce guide.* Ce petit hôtel de quartier propose des chambres refaites dans un esprit contemporain sympa, certaines ont même un balcon donnant sur un calme jardinet à l'arrière. Car, qui l'eût cru, ce petit hôtel, dit « de l'Avenue », ne compte

■ **Adresse utile**	**11** Auberge de jeunesse
ℹ Office de tourisme de Saintes et de la Saintonge	**12** Hôtel Saveurs de l'Abbaye
Où dormir ?	**13** Hôtel des Messageries
10 Au Fil de l'Eau	**14** Hôtel du Centre
	15 Hôtel de l'Avenue

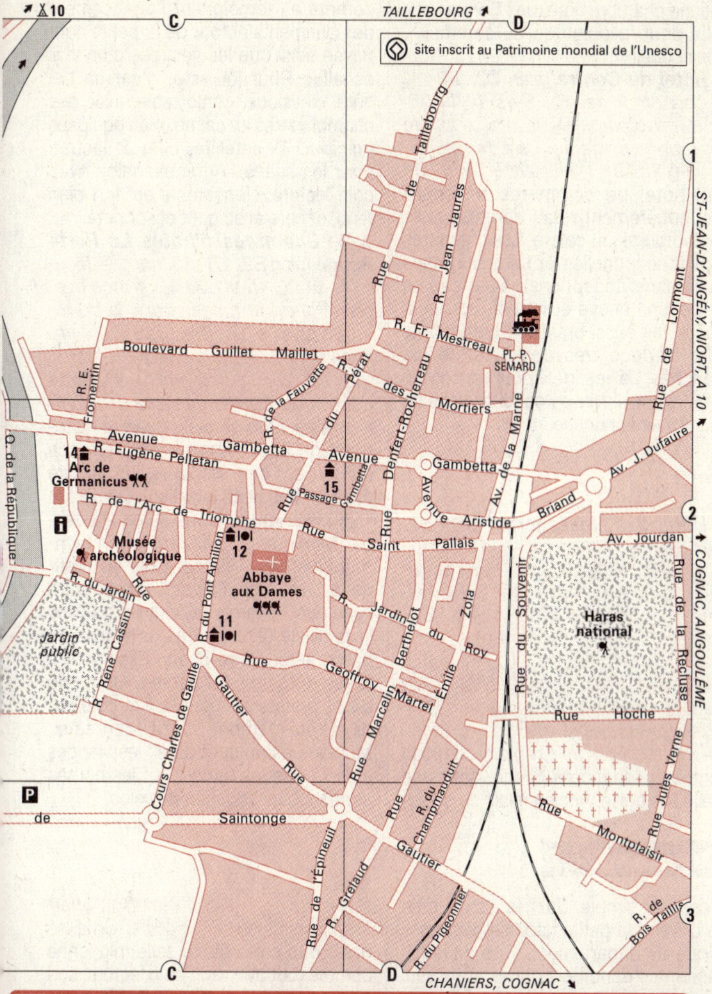

SAINTES

17 Chambres d'hôtes La Porte Rouge

Où manger ?

12 Saveurs de l'Abbaye

22 Le Clos des Cours
23 La Cave passe à Table
24 Res'Thé Manger
25 L'Adresse
27 Le Parvis

aucune chambre côté rue ! Bonne nouvelle pour la quiétude du sommeil... Bon accueil.

Hôtel du Centre (plan C2, **14**) : *1, pl. Bassompierre. ☎ 05-46-94-11-95. • del.isa@orange.fr • Face au pont qui enjambe la Charente. Ouv tte l'année. Double 68,50 € ; familiale 80 €.* Un vieil hôtel de commerce très central, entièrement refait dans un style contemporain et coloré. Les chambres sont fonctionnelles et sans surprises (mais sans déceptions), avec cabine de douche neuve et bon lit moelleux. L'hôtel fait aussi brasserie-bar-*lounge*, dont la déco très design attire les branchés. Le lieu idéal pour un dernier verre avant d'aller se coucher dans sa chambre insonorisée.

Chic

Hôtel des Messageries (plan B2, **13**) : *rue des Messageries. ☎ 05-46-93-64-99. • info@hotel-des-messageries.com • hotel-des-messageries.com • Congés : vac de Noël. Doubles 88-97 € selon confort et saison ; familiales 3-4 pers 102-107 € ; suites également. Parking payant. Un petit déj/chambre par nuit (non cumulable avec promos) offert sur présentation de ce guide.* En plein cœur du centre ancien (accès direct), dans une ruelle tranquille. Ancien relais de poste, comme en témoignent l'agencement des bâtiments autour de la petite cour pavée ainsi que les vestiges d'un vieil escalier. Pour le reste, c'est un bel hôtel classique, confortable, avec des chambres très au calme, bien équipées (minibar, TV satellite, clim et jacuzzi pour les suites). Agréable salon avec coin lecture. L'ensemble est fort bien tenu, décoré avec goût et sobriété.

Chambres d'hôtes La Porte Rouge (plan B2, **17**) : *15, rue des Jacobins. ☎ 05-46-90-46-71. • monique.potel@la-porte-rouge.com • la-porte-rouge.com • Double 110 € ; suite familiale 160-175 €. Table d'hôtes sur résa 28 € tt compris.* Cette maison en pierres de taille des XVIe-XVIIe s se situe en plein quartier historique de l'Échevinage, juste en face du couvent des Jacobins. Autant dire dans un très beau quartier... Derrière la jolie porte rouge, vous serez accueilli par Monique ou par James, un sympathique New-Yorkais exilé au cœur de la Saintonge. Ils vous conduiront à l'une des 2 chambres doubles ou dans la familiale (2 chambres, une salle de bains) selon votre choix. Elles sont à la fois élégantes et sobres. On a une petite préférence pour la vue côté jardin (très mignon). Côté fourneaux, Monique a une spécialité : les viandes et les poissons fumés... et les herbes aromatiques. Location de vélos.

Où manger ?

C'est tout simple, Saintes est en train de devenir la petite capitale gastronomique du département. Trop de choix désormais dans les bonnes adresses, et même un resto étoilé, *La Table de Marion* ! Une solution pour en profiter : rester un peu plus dans la ville... d'autant qu'il y a de quoi visiter, et les musées sont gratuits !

Bon marché

Res'Thé Manger (plan B2, **24**) : *13, rue Saint-Michel. ☎ 05-46-95-21-97. • resthemanger@yahoo.fr • Tlj sf dim et j. fériés ; service continu 8h30-18h (14h30 lun-mar). Formules 12-15 € ; carte env 15 €. Apéritif maison offert sur présentation de ce guide.* On aime beaucoup cette petite salle mignonne comme tout avec son coin lecture, son petit espace-jeux pour enfants et de drôles d'objets de récup détournés de leur fonction. Tenu par deux femmes adorables, qui proposent des produits bio de saison, de bonnes assiettes charcuterie-fromage-salade composées à la demande, des clafoutis, des tartes et de craquants gâteaux de grand-mère. Un lieu où l'on se sent bien, pour déjeuner à toute heure ou simplement pour prendre un thé (grand choix bio également). Belle terrasse sur le calme square à l'arrière.

La Cave passe à Table (plan B2,

23) : *27, rue Saint-Michel. ☎ 05-46-74-05-01. Tlj sf dim-lun et mar soir (plus le soir mer-jeu hors saison) ; service 10h-19h (22h ven-sam). Menus 15,50-18,50 €.* Gentil bistrot à vins, au cadre intime et plaisant, où la dive bouteille, bien sûr, domine dans le décor. Sympathique patron à l'énergie gouailleuse (et sûrement amateur de polars vu le nom du resto !) pour un plat du jour du marché unique et bien troussé... bien sûr accompagné de gouleyants petits crus. Comptoir pour les pressés et quelques tables dehors.

Prix moyens

I●I ***Saveurs de l'Abbaye*** *(plan C2,* ***12****) : 1, pl. Saint-Pallais. ☎ 05-46-94-17-91. • infos@saveurs-abbaye.com • Fermé dim-lun en saison. Congés : 15 j. fin sept-début oct. Menu du jour env 17 € (midi en sem) ; 4 menus-carte 30-50 €.* Non seulement notre meilleure adresse pour dormir, mais aussi une belle table ! Dans une salle design, on découvre non sans un certain étonnement une cuisine créative à la présentation bien pensée. Une cuisine contemporaine assurément, qui fait de ces *Saveurs*-là l'une des tables les plus surprenantes en ville. Dès le 1er menu, c'est un feu d'artifice de trouvailles, et plus on monte en prix, plus on monte en puissance avec des produits nobles à la cuisson parfaite. Des saveurs originales transcendées par des associations impeccables. Faites-vous guider par le sympathique et très compétent jeune sommelier, qui sait trouver, selon votre budget, le nectar harmonieux pour accompagner les plats du chef. Une réussite totale !

I●I ***Le Clos des Cours*** *(plan B2,* ***22****) : 2, pl. du Théâtre. ☎ 05-46-74-62-62. • info@closdescours.com • Tlj sf dim, plus mer hors saison. Congés : 1 sem début janv et 1 sem à la Toussaint. Menus 14,90 € (midi en sem), puis 29-45 € ; carte env 40 €.* Ce resto contemporain avec une cuisine ouverte sur la salle n'est pas bien grand, mais le bouche-à-oreille l'a fait vite grandir. Dès le petit menu du midi, d'un très bon rapport qualité-prix, un petit effort de créativité dans les plats fait toute la différence, à l'image de la modernité des lieux. Idem dans les autres menus. À la carte, entre autres, dos de canette, nems abricots secs et noisettes, dos de merlu, langoustines et coquillages, et pièce de bœuf fumé maison pour les viandards. Terrasse aux beaux jours. Accueil pro.

I●I ***L'Adresse*** *(plan A2,* ***25****) : 48, rue Saint-Eutrope. ☎ 05-46-94-51-62. En face de l'église. Tlj sf dim-lun. Formules déj en sem 18,50-26 € ; menus 31-42 €.* Dans un cadre un peu austère (on dit « de style minimaliste »), une cuisine inventive proposée par une jeune équipe, preuve du dynamisme de la ville en matière de gastronomie. Goûtez à la selle d'agneau en croûte de wasabi et graines de sésame, ou au carpaccio de maigre, caviar de hareng et citron confit. Beaux desserts (normal, le chef est un ancien pâtissier !). Carte changeant suivant les saisons.

Chic

I●I ***Le Parvis*** *(plan B1,* ***27****) : rue du Bois-d'Amour. ☎ 05-46-97-78-12. ♿ Tlj sf dim soir et lun (hors j. fériés). Résa conseillée. Menus 16 € (midi en sem), puis 27-56 € (« découverte », « confiance » pour tte une table).* Demeure particulière précédée d'un charmant jardin qui vous fait immédiatement oublier la ville. Salle au cadre contemporain d'une sobre élégance. Joli décor de carreaux peints. Là encore, une authentique cuisine de pro. Pascal Yenk ne travaille que les produits frais, possède une maîtrise absolue des cuissons, joue habilement des déclinaisons sur un produit et sait concocter des plats solides et inspirés tout à la fois : demi-pigeon en croûte de chocolat sésame, suprême de saint-pierre et risotto aux langoustines, pavé de bar à la fleur de thym... Madame est experte en vins, et la carte change toutes les 6 semaines. Que demandez de plus ? Terrasse protégée sur le jardin, très recherchée aux beaux jours.

Où dormir ? Où manger en Saintonge ?

Prix moyens

Chambres d'hôtes des Bujours, chez Marie et Stéphane Trouvé : *5, rue de l'Église, 17810* ***Saint-Georges-des-Coteaux.*** *☎ 05-46-92-96-66. • mstrouve@yahoo.fr • les-chambres-des-bujours.fr • À 7 km à l'ouest de Saintes par la N 150 (direction Royan) puis la D 125. Ouv d'avr à mi-nov. Double 63 € ; triple 80 €. Parking privé. Réduc de 10 % sur le prix de la chambre hors juil-août sur présentation de ce guide.* Aménagées dans les anciens greniers à foin d'une ferme du XVIIIe s, 3 chambres avec bains, pleines de charme, plus une suite familiale, avec une déco très nature et un accès direct au jardin. Pas de table d'hôtes mais une cuisine à disposition, décorée dans l'esprit « vieux commerce » avec des tons gris-bleu acier et rouge foncé. Vaste salle de séjour : magnifique charpente, solides murs aux pierres apparentes, grande cheminée, coin lecture en mezzanine et un billard français pour s'escrimer à réussir les 3 bandes. Accueil agréable.

Chambres d'hôtes La Lézardière : *11, rue Pierre-Schœffer, 17100* ***Courcoury.*** *☎ 05-46-90-43-21. 06-79-05-35-72. • lalezardiere.17@gmail.com • lalezardierechambredhote.wifeo.com • Doubles 70-80 €. Réduc de 10 % hors vac scol sur présentation de ce guide.* Située face à la mignonne église de ce village paisible, bienvenue dans cette maison de maître du XIXe s à la façade sculptée, sans doute l'ancienne résidence du maire dont la rue porte le nom. Pascal vous guidera jusqu'à l'une des 3 chambres d'hôtes (dont 1 familiale) desservies par un long couloir recouvert de beau parquet. On retrouve celui-ci dans les chambres, ainsi que de vastes et belles salles de bains et une décoration de très bon goût. Sinon, salon avec moulures et piscine chauffée dans le jardin fleuri ; que demande le peuple ?

Chambres d'hôtes Au Point du Jour : *chez Danielle et Jean-Pierre Galand, 2, chemin du Vallon, 17100* ***Vénérand.*** *☎ 05-46-97-79-65. • aupointdujour.accueil@orange.fr • aupointdujour.net • À env 10 km au nord-est par la N 150 direction Saint-Jean-d'Angély. Congés : déc-fév. Double 72 € ; familiales 3-4 pers 107-132 €.* Sur une belle propriété située entre vignes et forêt, à proximité d'une église du XIe s et d'étonnantes fontaines gallo-romaines, voici une belle maison de notaire de la fin du XVIIIe s. Remarquablement rénovée, elle abrite 2 chambres, la verte et la bleue, côte à côte à l'étage de la grange attenante, avec chacune une petite terrasse mitoyenne en bois. Juste en dessous, la grande chambre blanche pour 4 personnes, très vaste, avec un grand lit, 2 lits individuels et une terrasse en rez-de-jardin. Toutes superbement décorées dans les tons blanc, bleu et marron, avec le charme de la pierre apparente et un élégant mobilier. Pour se relaxer, 3 ha de terrain avec pelouse et petit bois. Les fontaines sont à deux pas et on peut facilement rejoindre quelques sentiers de rando. Accueil charmant.

Chic

Chambres d'hôtes Le Logis d'Astrée : *chez Sophie Boutinet-Mangeart, 17770* ***Saint-Bris-des-Bois.*** *☎ 05-46-93-44-07. • sophie@logis-astree.fr • logis-astree.fr • Ouv de préférence sur résa. Congés : déc-fév. Doubles avec douche et w-c ou bains 110-125 € ; gîte (4-5 pers) 590-860 €/sem selon saison. Réduc de 10 % sur le prix de la chambre sur présentation de ce guide.* En plein vignoble, une splendide maison aux allures de château, datant du XVIIe s et appartenant à la même famille depuis 7 générations ! La dernière en date, tout en perpétuant la tradition de la vigne, a ouvert ses portes aux hôtes de passage. Heureux hôtes qui pourront ainsi profiter de 4 chambres de charme avec meubles anciens, cheminées majestueuses et déco tendance. Parc, piscine et salon à disposition. Une bien belle adresse.

Domaine Les Chais de Thénac : *41, rue de la République, 17460 **Thénac.** ☎ 05-46-91-05-74. • accueil@domainedeschais.com • domainedeschais.com • ♿ Dortoir 23 €/pers, avec petit déj (sans draps ni couverture) ; doubles 95-120 €.* Un complexe touristique assez chic (reçoit des séminaires d'entreprise), dans un parc de 2 ha. Installé dans un ancien chai de 1785 (puis écuries, caserne napoléonienne, entrepôt pour les tonneaux de pineau) superbement rénové. 5 chambres de charme au-dessus du chai, qu'on atteint par un vénérable escalier en bois, plus une en rez-de-chaussée. Chaque chambre possède sa personnalité, mais toutes présentent un côté tout à la fois élégant et cosy, dans des tonalités douces (diverses variétés de gris, crème, blanc), avec des murs en pierre sèche et du beau mobilier ancien... Parfois des baldaquins, des ciels de lit, et pour toutes de superbes salles de bains. 2 gîtes à louer aussi. Piscine. Attention, on y célèbre souvent des mariages et autres réunions de famille. Évitez quand même les week-ends festifs si vous recherchez la tranquillité. Au rez-de-chaussée, le restaurant.

Design Hôtel des Francs Garçons : *1, rue des Francs-Garçons, 17610 **Saint-Sauvant.** ☎ 05-46-90-33-93. • contact@francsgarcons.com • francsgarcons.com • À 13 km à l'est de Saintes, sur la route de Cognac. Doubles 90-120 € ; suites 132-150 €. Dîner 26 € sans la boisson. Apéritif offert sur présentation de ce guide.* Comment imaginer qu'un hôtel aussi branché – et aussi réussi – puisse naître dans un petit village comme Saint-Sauvant, aussi adorable soit-il ? Eh bien, miracle, c'est arrivé. Il faut dire que les architectes de l'école de Saintes et ceux du village s'y sont tous mis. Ils ont ouvert et restauré 3 maisons mitoyennes qui tombaient en ruine et les ont métamorphosées. À l'intérieur, tout n'est qu'élégance et créativité, que ce soit dans les petits salons, situés à des niveaux différents, ou dans les chambres et les suites où les couleurs et le mobilier contemporain se marient merveilleusement à la pierre. Par le velux de la chambre *twin,* on a même la vue sur la petite église romane, comme un tableau d'un autre siècle. Pour compléter cette description idyllique, une très belle piscine aux lignes épurées offre un contraste parfait avec les angles et le grain de la pierre séculaire de la maison de Dieu, juste en face. Bref, une élégance touchée par la grâce !

À voir

Bonne nouvelle, tous les musées sont gratuits !

L'amphithéâtre gallo-romain (ou arènes ; plan A2) **:** *20, rue Lacurie, sur les hauteurs de la rive gauche, dominant la ville. ☎ 05-46-97-73-85. ♿ Juin-fin sept, tlj 10h-20h ; avr-mai, tlj 10h (14h dim)-18h (18h30 dim) ; le reste de l'année, tlj 10h-12h30, 13h30 (14h dim)-17h (17h30 dim). Visites guidées juin-sept : 6 €.* Même si les siècles l'ont endommagé, l'amphithéâtre de Saintes, adossé à un vallon naturel, a encore une sacrée superbe. Et la végétation qui, par endroits, a remplacé gradins et escaliers lui confère une allure toute romantique. C'est l'un des plus anciens de l'Empire romain, typique de la « Gaule chevelue » (Belgique et France non méditerranéenne). De forme elliptique (126 m sur 102 m pour l'ensemble, l'arène mesurant, quant à elle, 65 m sur 39 m), on estime qu'il pouvait recevoir environ 15 000 spectateurs. On distingue encore, de part et d'autre de l'arène, les *vomitoires* par lesquels entraient les spectateurs venant assister aux combats sanglants des stars de la gladiature. Un vrai décor de péplum !

L'église Saint-Eutrope (plan A2) **:** *en descendant des arènes vers le centre, rue Saint-Eutrope.*

Ce chef-d'œuvre de l'architecture romane, dédié à saint Eutrope (premier évêque des Santons), fut consacré en 1096 par Urbain II, le pape de la première croisade. Étape essentielle sur la route de Compostelle, l'église figure sur la liste du Patrimoine mondial de l'humanité de l'Unesco, tout comme l'ensemble des chemins et monuments jacquaires, d'ailleurs. À l'époque, pour faire face à l'afflux croissant des pèlerins en route pour Compostelle venus prier au tombeau du saint, les architectes innovèrent en construisant un sanctuaire présentant deux églises superposées et reliées par une nef unique. Celle-ci fut détruite au XIXe s, laissant orphelins le chœur supérieur réservé aux moines et le chœur inférieur où l'on exposait les reliques.
Si l'église recèle encore quelques trésors, comme de magnifiques chapiteaux historiés, le prodigieux contraste offert par sa crypte laisse sans voix le visiteur (entrée sur le côté, en face de la boulangerie)... De cette merveille architecturale, à peine éclairée, se dégage une impression de puissance et de recueillement saisissante. Piliers trapus et motifs floraux sur les chapiteaux. Au centre, le sarcophage de saint Eutrope, avec cette simple inscription : « Evtropivs », gravée vers l'an 600. On ressort de là tout chose, comme d'un lieu magique...

Le musée Dupuy-Mestreau (plan B2) : *4, rue Monconseil. ☎ 05-46-93-36-71. Mars et oct, mar-sam et j. fériés 13h30-17h ; avr-sept, mar-sam 10h-12h30, 13h30-18h, dim et j. fériés 14h-18h. Fermé 1er mai et nov-fév.*
Installé dans l'hôtel de Monconseil, construit en 1738 par un riche marquis saintongeais, ce musée « régional » (nous mettons les guillemets car le terme nous paraît trop restrictif, tant ce musée est riche et varié) a été notre coup de cœur culturel à Saintes.
Sur trois niveaux, quantité d'objets sont exposés, insolites, rares, précieux ou tout simplement beaux... Nous ne pourrions les évoquer tous, mais citons la collection d'enseignes. Saviez-vous qu'avant la « carotte » les buralistes accrochaient un aigle ou un napoléon pour signaler leur commerce, parce que l'Empereur fut à l'origine de la Régie nationale des tabacs ? Estampes, gravures, notamment une série sur le thème des églises romanes régionales, jolie comme tout. Puis coffre de corsaire en fer forgé et décor peint (pièce rare, datant du XVIIe s), belle figure de proue et, au sol, une espèce d'haltère : il s'agit d'un boulet destiné à démâter les navires ennemis. Plus loin, les sacoches ayant contenu les quatre clés des portes de La Rochelle, et d'anciennes plaques administratives, dont un permis de mendier... qu'il fallait pouvoir se payer !
Côté vestimentaire, coiffes et tenues paysannes, tenues somptuaires ou encore ces énormes bottes de postillon (10 kg la paire). Et puis de superbes faïences de La Rochelle, des pendules (dont une entièrement en bois et à engrenages de terre cuite, pièce unique), et nombre de collections d'objets délicats (les passe-temps de demoiselles : broderies réalisées avec des grains de sable ! Il n'y avait pas la TV...) des XVIe-XIXe s, ainsi que quelques meubles, comme cette magnifique armoire en noyer blond, tout en courbes... Enfin, portrait de la marquise de Montespan : « Tu es voleuse de cœur », et, véritable relique, pantoufle portée par Louis XVI lors de sa détention au Temple...
Franchement, cette riche collection rassemblée depuis 1920 par le négociant en cognac Mestreau, et laissée respectueusement en l'état depuis sa vente en 1993, nous a impressionnés. Par ailleurs, toutes les salles sont superbes, avec parquet chevillé, plafond d'époque, et boiseries provenant du château de la Montespan. Une visite à ne pas manquer et dont la présente évocation ne donne qu'un pâle reflet.

La cathédrale Saint-Pierre (plan B2) : *pl. Saint-Pierre.* Au XIIe s se trouvait là une cathédrale romane. Elle menaçait de tomber en ruine, on décida de la reconstruire. Une reconstruction qui s'est éternisée jusqu'au XVIIIe s et qui, de fait, ne fut jamais menée à terme. Résultat : un drôle d'édifice. L'extérieur, gothique, date pour l'essentiel du XVe s. L'imposant clocher est recouvert d'un dôme métallique, comme si un géant facétieux l'avait coiffé d'une passoire ! L'intérieur, lumineux, est globalement très dépouillé et plutôt composite : nef et collatéraux du XVIe s, une coupole romane dans un coin, des chapelles Renaissance dans un autre et une porte qui s'ouvre sur les vestiges d'un cloître du XIIIe s... Sauvons tout de même le beau buffet d'orgues (XVIe-XVIIe s) et le baldaquin du chœur emprunté à l'abbaye aux Dames.

Autour de la cathédrale, quelques rues quadrillent ce qui fut la ***ville médiévale*** *(plan B2).* Le quartier a bien sûr changé de physionomie au fil des siècles mais, avec ses rues un peu de guingois, ses maisons du XVe s (le long de la rue Saint-Michel notamment) et ses vieux noms évocateurs (place aux Herbes, des Récollets), il a conservé pas mal de charme.

Le quartier de l'Échevinage : prétextes à d'agréables balades, encore des vieilles rues, commerçantes et piétonnes, comme la rue des Jacobins jalonnée d'anciens hôtels particuliers (hôtel de Brémond d'Ars construit en 1597 à l'angle de la rue Martineau). On pourra se poser quelques instants dans la bucolique cour de la médiathèque municipale installée dans l'ancien couvent des Jacobins, dont les origines remontent au XIIIe s. Dans la chapelle à la superbe rosace, une association de tailleurs de pierre ouvre ses portes en semaine pour faire partager sa passion.

Le Centre d'interprétation de l'architecture et du patrimoine *(plan B2)* **:** *pl. de l'Échevinage, à deux pas de la médiathèque. Infos auprès de l'Atelier du patrimoine : ☎ 05-46-92-06-27.* On y trouve l'expo permanente qu'implique l'adhésion à la charte des Villes d'art et d'histoire. « Saintes, la lumière de la ville » constitue une introduction indispensable à la découverte de la ville pour tous ceux qui s'intéressent à l'architecture et à l'histoire urbaines.

Le musée de l'Échevinage *(plan B2)* **:** *29 ter, rue Alsace-Lorraine. ☎ 05-46-93-52-39. Oct-mars, mar-sam 13h30-17h ; avr-sept, mar-sam 10h-12h30, 13h30-18h, dim et j. fériés 14h-18h. Fermé 1er janv, 1er mai, 1er nov et 25 déc.* Toujours dans un ancien hôtel particulier, précisément celui des échevins (équivalents des maires actuels), doté d'un impressionnant beffroi de 1587 où sont exposés des tableaux du XVe au XXe s. Pas de peintres majeurs (à part un petit Courbet), mais des artistes locaux de valeur. Les collections sont classées par thématiques : le rez-de-chaussée est consacré à l'histoire, la mythologie et la religion ; le 2e étage aux paysages urbains et maritimes et le 3e aux portraits. Muséographie fraîchement repensée (murs de couleurs vives, coussins au sol...). Au passage, on remarquera quelques céramiques de Sèvres et une armoire Art nouveau somptueuse. Fréquentes expos temporaires.

L'arc de Germanicus *(plan C2)* **:** *sur la rive droite de la Charente, pl. Bassempierre.* Véritable symbole de la ville, cet arc votif édifié au Ier s de notre ère ne manque pas d'allure. Il fut sauvé in extremis par Prosper Mérimée, alors inspecteur des Monuments historiques, en 1843, lorsqu'il fallut détruire le pont sur lequel il était construit. Mais il y a toujours des grincheux. Victor Hugo laissa une description critique de ce « déménagement », selon lui sacrilège.

Le Musée archéologique *(plan C2)* **:** *face à l'office de tourisme, pl. Bassompierre. ☎ 05-46-74-20-97. Oct-mars, mar-sam 13h30-17h ; avr-sept, mar-sam 10h-12h30, 13h30-18h, dim et j. fériés 14h-18h. Fermé 1er janv, 1er mai, 1er nov et 25 déc.* Dans une salle, présentation d'objets de la vie quotidienne des Gallo-Romains du Ier au IIIe s (tablettes d'écriture, amphores, bijoux, biberons et jeux romains...) et la tête de l'empereur Auguste, en marbre de Carrare.
– À côté, les *anciens abattoirs* du XIXe s accueillent un spectaculaire entassement de pilastres, bustes, bornes, bas et hauts-reliefs romains, retrouvés dans les vestiges de l'ancien rempart du IVe s. Belles stèles funéraires, chapiteaux corinthiens...

L'abbaye aux Dames, la Cité musicale *(plan C2)* **:** *rive droite, pl. de l'Abbaye (accès par la rue Geoffroy-Martel ; parking gratuit). ☎ 05-46-97-48-48.*

● *abbayeauxdames.org* ● *Juin-sept, tlj 10h-20h ; avr-mai, oct et déc, tlj 10h-12h30, 14h-20h (18h oct et déc) ; janv-mars et nov, tlj 14h-18h. Accès libre de l'abbaye. Visite 6 €/pers avec audioguide, 4 € jusqu'à 17 ans. Billet couplé abbaye aux Dames/amphithéâtre visite audioguidée : 8 €/pers. Demander le livret pour les enfants et celui pour les adultes, pour aller à l'essentiel.*
Fondée par Agnès de Bourgogne, épouse en secondes noces de Geoffroy Martel, comte d'Anjou, tout-puissant en Saintonge, cette abbaye bénédictine de femmes (d'où son nom...) a été consacrée en 1047. Une abbaye très puissante (les abbesses portaient, comme les évêques, crosse et mitre, et ne reconnaissaient que le pape comme autorité supérieure), chargée de l'éducation des jeunes filles des meilleures familles (une certaine Athénaïs de Rochechouart, future marquise de Montespan, y fit un passage). L'abbaye prospéra jusqu'à la Révolution. Transformée en prison puis, sous l'Empire, en caserne (l'église abbatiale servait carrément d'écuries), l'abbaye aux Dames fut rendue au culte en 1939 et complètement restaurée en 1988.
L'architecture et l'histoire du site sont présentées de façon claire, avec même un peu d'humour. La visite vous fait passer du cloître à la tribune qui surplombe la nef, et au clocher, joyau de l'art roman saintongeais du XIIe s. Au passage, on découvre le revers de la voûte en croisée d'ogives du transept sud, rarissime, paraît-il.

L'église abbatiale
Un des édifices majeurs de la Saintonge, l'une des plus belles églises romanes qui soient. La façade, l'une des plus ornées de Saintonge, présente un large portail aux admirables voussures finement ciselées. Sur la première voussure, Dieu est symbolisé par une main bénissant ceux qui pénètrent dans l'église ; sur la deuxième, l'Agneau agenouillé est encadré par les quatre animaux qui représentent les évangélistes ; la troisième voussure évoque le Massacre des saints innocents. Enfin, sur la quatrième voussure se serrent les 24 vieillards de l'Apocalypse qui, par la grâce du sculpteur, sont devenus 54 mais n'en portent pas moins les instruments de musique qui les caractérisent. Une exubérance, typique de l'iconographie romane, que l'on retrouve sur les tout aussi superbes chapiteaux ornés de figures décoratives : lutte symbolique du Bien et du Mal, anges et démons, bestiaire... Sur le carré du transept s'élève le clocher, massif et carré à la base, puis surmonté d'une tour cylindrique ajourée de fenêtres géminées. On peut, dans le cadre de la visite du monument, grimper jusqu'à la plate-forme sommitale (joli panorama sur la cité).
À l'intérieur, les chapiteaux sont en revanche très sobres (ils n'ont jamais été colorés, comme cela avait été prévu). Aux murs, une collection de tapisseries contemporaines aux coloris éclatants, dont l'ensemble charme plus qu'il ne choque.

Les bâtiments conventuels
Ils s'ordonnent autour de l'abbatiale. Long corps de logis du XVIIe s, d'une grande pureté de lignes, accentuée par la blancheur du calcaire typiquement saintongeais.
Aujourd'hui remarquablement restaurée, l'abbaye aux Dames est maintenant la *Cité musicale.* Lieu de concert (pendant le festival en juillet, mais aussi toute l'année), de création et de formation.
Possibilité de passer une nuit dans les anciennes cellules rénovées des moniales transformées en chambres doubles *(avec sanitaires communs 39-66 €, avec douche privative 52-95 € selon saison ; ☎ 05-46-97-48-33).*

Le haras national *(plan D2)* **:** *rive droite, 2, av. Jourdan. ☎ 05-46-74-80-13. Juil-août, vac de printemps et de la Toussaint, visites guidées et animations ; le reste de l'année, visite libre et gratuite lun-ven 14h-17h.* Créé en 1846, le haras national de Saintes a pour principal objectif l'élevage de différentes races de chevaux de selle et de trait. Une tâche délicate, qui exige beaucoup de savoir-faire, mais surtout une immense passion. La visite nous entraîne dans l'univers des cavaliers, plein de codes, à la rencontre des pur-sang anglais et arabes, des percherons ou encore du fameux baudet du Poitou. Tout est expliqué d[…] détail, depuis les différentes méthodes de reproduction jusqu'aux exercices pour entretenir la forme physique des chevaux. Un petit tour à la forge et dans la remise où sommeillent de belles voitures hippomobiles, et la plus belle conquête de l'homme aura dévoilé tous ses secrets, ou presque...

Le jardin public Fernand-Chapsal : *à côté de l'office de tourisme et proche de l'arc de Germanicus.* Arbustes, fleurs et bancs en bord de Charente. Calme et reposant. Quelques jeux d'enfants et un petit parc.

À faire

➢ **Promenades fluviales sur la Charente :** *juin-sept. Infos à l'office de tourisme.* Trois possibilités de navigation : des petits bateaux électriques à piloter soi-même, une gabare charentaise traditionnelle pour une balade commentée de 1h-1h30 ou un bateau de promenade effectuant des croisières jusqu'à Chaniers ou Port-d'Envaux à la journée.

Manifestations

– **Festival de Saintes :** *mi-juil. Rens : ☎ 05-46-97-48-48.* • *festivaldesaintes.org* • Festival de musique classique classé parmi les 100 meilleurs du monde. Concerts donnés à l'abbaye aux Dames et dans les églises de la Saintonge romane.
– **Charentes'Ô folies :** *2 j. début août. ☎ 05-46-92-34-26.* Festivités autour du fleuve.

DANS LES ENVIRONS DE SAINTES

Le musée des Bujoliers : *au lieu-dit les Bujoliers, 6, rue de la Mérine, 17770* ***Saint-Césaire.*** *☎ 05-46-91-98-11. À 4 km au sud-est de La Chapelle-des-Pots. Ouv tte l'année, tlj sur rdv par tél. Difficile à joindre... Entrée : 5,50 €.* Sympathique petit musée d'arts et traditions populaires, installé dans une demeure authentique de 1860 qui a conservé son mobilier d'origine. Au rez-de-chaussée, la distillerie avec son alambic et l'histoire des bujours à lessive, poterie locale des Bujoliers. À l'étage, reconstitution d'un intérieur traditionnel du XIXe s, tout à fait charmant avec ses cheminées et son solide mobilier (armoires, bonnetières, vaisselier...). Également une salle de géologie et un parcours découverte sur la préhistoire avec l'homme de Neandertal mis au jour en 1979 à Saint-Césaire.

Le Paléosite : *17770* ***Saint-Césaire.*** *☎ 05-46-97-90-90.* • *paleosite.fr* • ♿ *Avr-sept, tlj sf lun-mar hors vac scol 10h30-19h (juil-août, tlj 10h-20h) ; oct-nov, tlj sf lun-mar hors vac scol 10h30-18h30. Fermé 11 nov-mars. Entrée : 10 € ; tarif réduit sur présentation de ce guide (pour 2 adultes max) ; 6 € 6-14 ans ; forfait famille 26 €. Compter 2h15 pour le parcours.*
De l'info néandertalienne certes, mais interactive ! Voilà ce qu'ont imaginé les concepteurs de ce site, construit sur le lieu même où Pierrette, une jeune Néandertalienne, a été découverte à la fin des années 1970. Dans le hall, exposition sur les animaux de la préhistoire (mammouths, tigre à dent de sabre, mégalocéros, rhinocéros laineux...).
Puis on enchaîne à un rythme effréné séquences pédagogiques et ludiques, et l'on ne s'ennuie pas une seconde. Entre deux vidéos à la technique bouleversante, on joue les apprentis scientifiques : à l'aide d'un scan, on peut comparer son crâne avec celui d'un Néandertalien ou jouer au bras de fer avec lui... Carrément

désopilant, un procédé de morphing vous transforme en quelques secondes en personnage de *La Guerre du feu*.
À l'extérieur, à l'occasion des ateliers et animations proposés les week-ends et vacances scolaires, on peut s'entraîner au tir au propulseur (toujours pratique pour aller chasser le mammouth !) ou apprendre à allumer un feu et tailler des outils en silex, etc. On peut aussi découvrir les reconstitutions grandeur nature d'habitats préhistoriques du film *Ao le dernier Neandertal*, ou d'un troupeau de rennes et d'un aurochs sur un parcours extérieur sonorisé. De la vulgarisation au sens noble du terme, une réussite ! Rien d'étonnant quand on sait qu'Yves Coppens a participé au projet. Grâce à lui et au reste de l'équipe, on ressort incollable sur le big bang et l'histoire de l'évolution humaine ! Resto sur place *(w-e et vac scol)*.

Saint-Sauvant : *petit village perché à 2 km au sud de Saint-Césaire.* Tout en ruelles pentues, maisons anciennes et vestiges de fortifications médiévales, ce village est superbe. Comme sa discrète église romane.

L'abbaye de Fontdouce : *sur la commune de* ***Saint-Bris-des-Bois,*** *à env 15 km à l'est de Saintes par la D 131. ☎ 05-46-74-77-08. • fontdouce.com • Visites (guidées ou libres) juil-août, tlj 10h-19h (17h sam) ; avr-juin et sept-oct, tlj 10h30-18h30 (17h sam) ; le reste de l'année, slt sur résa. Entrée : 6 € ; réduc.*
Fondée au XIIe s, elle fut en partie détruite par les guerres de Religion et la Révolution, avant d'être restaurée au XXe s. Superbe chapelle basse aux voûtes évoquant l'art roman. La salle capitulaire, de style gothique primitif (XIIIe s), compte 12 travées (contre 6 habituellement). Toutes les clés sont richement et différemment ornementées. De plus, elle est traversée par la Fontdouce, qui prend sa source 500 m en amont. C'est l'une des plus belles salles capitulaires de France. Remarquez la blancheur de la pierre du parloir ; aucune opération de nettoyage n'a été réalisée. Impressionnant ! La chapelle haute date du XIIe s et a été transformée au XVIIIe s. Elle abrite aujourd'hui un modeste musée qui rassemble des morceaux de poteries retrouvées sur place.
Ne pas rater non plus les restes de l'abbatiale où ne subsiste guère que l'autel. En revanche, l'emplacement de la nef et des transepts nord et sud se repère parfaitement. Quelques sarcophages retrouvés sur place, avec des alvéoles funéraires pour la tête et les pieds !
En août, l'association Guillaume de Conchamp organise de nombreuses animations culturelles proposées en période d'ouverture, et même un festival Contes et Concerts avec récitals classiques dans la salle capitulaire, concerts de jazz dans les jardins, ainsi qu'une visite nocturne.

Le Jardin de Gabriel : *commune de* ***Nantillé,*** *au lieu-dit Chez Audebert, à 20 km au nord-est de Saintes, sur la droite de la D 129, à l'entrée du lieu-dit. Visite possible sur résa : ☎ 05-46-32-04-72 (office de tourisme de Saint-Jean-d'Angély), mais bien visible de la route.*
Cousin saintongeais du Facteur Cheval, M. Albert a occupé sa retraite à décorer sa cour-jardin d'un incroyable monde de figures humaines, sculptures de taille moyenne (environ 1,60 m), parfois de bustes, et aussi de quelques animaux (chiens principalement).
Combien sont-ils à vivre là, dans cette cour ? Plusieurs centaines, nous n'avons pas compté. Nous n'avons jamais rien vu de tel : les personnages, aux traits doux et naïfs, présentent d'aimables figures. Il y a le garde champêtre, le facteur, le paysan trinquant avec un ami, et beaucoup de femmes étrangement vêtues de robes plissées courtes et assez décolletées. Puis il y a les groupes : les huit (!) nains autour d'une biche, une ronde de jeunes filles dansant... Au fond de la cour, quelques nus, et sur la gauche, allez savoir pourquoi, MM. Giscard d'Estaing, Mitterrand et Marchais (seuls personnages au demeurant n'ayant pas l'aspect doux et naïf du monde de M. Albert), et même un Chirac à la figure machiavélique (réaliste ?).

Le charme de ce « musée » tient tant à la qualité esthétique des œuvres qu'à leur caractère insolite, étrange, accentué par l'usure (car tout ce monde vit en plein air : teintes passées, visages moussus)... Mais M. Albert est parti. Qui sait, peut-être a-t-il rejoint ses divinités ou les huit nains ?

Petite balade romane autour de Saintes

Difficile, bien sûr, de vous indiquer toutes les églises romanes qui ont poussé sur le sol de Saintonge. Ce petit circuit se balade essentiellement dans un rayon d'une vingtaine de kilomètres au sud et sud-ouest de Saintes, à la rencontre de quelques-unes des plus intéressantes églises du coin. Difficile également de détailler la débauche d'ornementations de leurs portails ou chevets. À vous de jouer, de traquer les acrobates, les monstres et les scènes érotiques...

Chermignac : *à 7 km au sud-ouest de Saintes par la D 129.* Église Saint-Quentin (XIIe et XIIIe s). Les voussures du portail sont ornées d'étonnantes sculptures : animaux carrément flippants et une ribambelle de personnages (on devine un forgeron, à son marteau et sa tenaille). Croix hosannière du XVe s dans le cimetière.

Rétaud : *à 6 km à l'ouest de Chermignac par la D 138.* L'église Saint-Trojan (du XIIe s) est sans conteste l'une des plus belles du coin. Ornementation un poil chargée (on la qualifie de baroque) mais moins que chez certaines de ses voisines. La façade est à observer à la loupe, comme le chevet (masques grimaçants des modillons).

Rioux : *à 5,5 km au sud de Rétaud par la D 216.* De prime abord, l'église Notre-Dame (fin du XIIe s) paraît bien modeste... Pourtant, en façade, les voussures et les arcatures sont déjà finement travaillées (belle Vierge à l'Enfant dans l'arcade centrale). Et vous n'avez pas encore vu le chevet ! Ses cinq pans font véritablement dans la débauche d'ornementations. Motifs géométriques, figures humaines ou monstrueuses, il faudrait des heures pour tout détailler. Bel exemple de cet art roman qu'on associe souvent (à tort) à la sobriété et qui, ici, est proche de la démesure... À l'intérieur, colonnes du chœur en contre-courbe (pour faire simple, elles font des zigzags : sacrée prouesse technique !) et bel ensemble en bois polychrome du XVe s (le mariage mystique de sainte Catherine).

Meursac : *à 7,5 km au nord-ouest de Thaims par la D 138.* Chœur roman et chevet gothique, mais le mélange fonctionne. Chapiteaux romans sculptés (combats entre hommes et animaux). Surprenante crypte monolithe (comprendre entièrement creusée dans la roche) paléochrétienne du Ve s.

Corme-Royal : *à 15 km à l'ouest de Saintes par la D 728.* Et une « perle de la Saintonge », une ! On a l'air de se moquer, mais la façade romane (XIIe s) de l'église Saint-Nazaire, ancien prieuré de l'abbaye aux Dames, est plutôt impressionnante. Les sculpteurs ont développé leur art sur trois étages, n'oubliant pas un millimètre carré de pierre. Même les plus petites colonnes fourmillent de détails ! À l'intérieur, gothique, curieux bénitier, chapiteau de marbre renversé, peut-être rapporté des croisades.

LES VALS DE SAINTONGE – SAINTONGE DORÉE

Le pays des vals de Saintonge, ou basse Saintonge, est délimité à l'ouest par la rive droite de la Boutonne, à l'est par le département de la Charente, et au sud par le fleuve Charente. Le paysage, contrairement à celui des plaines monotones de l'Aunis, est nettement plus vallonné. Il annonce déjà la verte vallée charentaise. On trouve, dans ce berceau de l'art roman, l'un des plus beaux exemples architecturaux saintongeais : l'église d'Aulnay. Sa tradition viticole fait également de cette région un des grands centres de fabrication du cognac.

SAINT-JEAN-D'ANGÉLY

(17400) 8 101 hab. *Carte Charente-Maritime, C2*

Sous-préfecture de la Charente-Maritime, Saint-Jean-d'Angély prend place dans un méandre de la Boutonne où elle offre sans retenue ses majestueuses richesses architecturales. Encerclé par des routes nationales, son centre est un entrelacs de rues labyrinthiques dans lesquelles il vaut mieux flâner pédestrement, sous peine d'y laisser ses nerfs.

UN PEU D'HISTOIRE

Autrefois capitale de la basse Saintonge, bâtie sur une ancienne villa romaine, *Angeriacum* devient une abbaye au IXe s. Elle est alors entourée de remparts afin de prévenir les pillages dévastateurs des Normands dans la région. Elle entre dans une phase prospère de son histoire : ***située sur le chemin de Saint-Jacques-de-Compostelle,*** elle en devient vite l'une des ***étapes principales*** et un haut lieu d'échanges. Malheureusement, c'est aussi l'époque à laquelle Aliénor d'Aquitaine nous quitte pour les Plantagenêts, emportant du même coup l'ensemble de ses terres, dont Saint-Jean ! La ville se rebelle : constamment ballottée entre Français et Anglais (dont elle subit l'occupation pesante), elle s'implique corps et âme dans la guerre de Cent Ans. Grâce au valeureux Du Guesclin (merci les Bretons !), elle retrouve définitivement sa liberté et son identité en 1372.
Acquise aux idées de la Réforme dès le XVIe s, elle paiera de ses privilèges pour sa puissance jugée insolente par le roi. En 1621, Louis XIII la soumet après un siège (qui n'a toutefois rien à voir avec celui de La Rochelle), fait raser ses fortifications (passe encore...) et lui retire son nom. Saint-Jean s'appellera Bourg-Louis (ben voyons !) jusqu'en 1665.
Aujourd'hui centre maraîcher et viticole, Saint-Jean-d'Angély surmonte difficilement une crise agricole alors que l'activité industrielle du secteur reste encore insuffisante. On table désormais sur le tourisme.

Adresses et infos utiles

■ ***Office de tourisme Saintonge Dorée :*** *pl. du Pilori.* ☎ *05-46-32-04-72.* • *contact@saintongedoree.com* • *saintongedoree-tourisme.com* • *Juil-août, lun-sam, plus le mat des dim et j. fériés ; hors saison, se renseigner sur le site pour les 7 offices de tourisme de Saintonge Dorée réunis sous une seule appellation (un site identique).* En saison, l'office de tourisme organise différentes visites guidées thématiques (payantes), notamment du cœur historique et de l'abbaye royale, et des visites en calèche de la ville. Également des après-midi à la découverte des alentours de Saint-Jean-d'Angély (payant). Accueil attentionné et professionnel.

■ ***Gare SNCF :*** *13, av. A.-Briand.* ☎ *36-35 (0,34 €/mn).* • *voyages-sncf.com* • Depuis Paris, TGV jusqu'à Niort, puis correspondance jusqu'à Saint-Jean-d'Angély. Liaison directe avec Saintes ; de là, correspondance pour La Rochelle...

@ ***N-Tech :*** *20 A, rue Gambetta.* ☎ *05-46-32-40-98. Mar-sam 9h30-18h30 (17h sam).*

■ ***Club Canoë-kayak :*** *30, quai de Bernouët.* ☎ *05-46-32-59-61.* Location de canoës-kayaks, ministages d'apprentissage et de perfectionnement, balades découverte avec animateurs, soirées « Fil de lune » autour d'un apéro, d'une balade en canoë et d'un repas.

■ ***Atlantys (centre aquatique) :*** *av. de Marennes.* ☎ *05-46-59-21-50.* • *atlantys.e-monsite.com* • *Tte l'année, tlj : juil-août, 10h (14h30 sam)-20h (21h30 mar) ; le reste de l'année, horaires variables.* Piscines (bassins ludique et sportif, pataugeoire, toboggans...), espaces formes et bien-être.

Où dormir ? Où manger ?

Camping

▲ **Val-de-Boutonne :** *56, quai de Bernouët. ☎ 05-46-32-26-16. • campingvaldeboutonne@gmail.com • camping charentemaritime17.com • ♿ Ouv avr-sept. Prix : 14,50 € en hte saison ; hébergement locatif 210-599 €/sem selon confort et saison. 99 empl. Réduc de 10 % sur présentation de ce guide.* Idéalement situé à moins de 1 km du centre-ville, dans le quartier agréable de l'ancien port de transit de Saint-Jean-d'Angély. Une centaine d'emplacements peu spacieux mais bien ombragés et bien tenus. Possibilité de louer chalets et mobile homes pour 4-8 personnes, certains en dehors du camping, face à la Boutonne et à côté d'un arboretum *(210-599 €/sem).* Location de vélos. Dépôt de pain. Nombreuses activités à proximité : centre aquatique, canoë, rando, etc. Accès direct par une passerelle à la base de loisirs. Piscine. Accueil sympa.

Prix moyens

Hôtel-restaurant de la Place : *pl. de l'Hôtel-de-Ville. ☎ 05-46-32-69-11. • paris.mail.sinclair@wanadoo.fr • hoteldelaplace.net • Congés : 3 premières sem de janv et w-e de la Toussaint. Doubles 64-74 €. Formules déj en sem 14,50-16,90 € ; menus 24-36 € ; carte env 40 €.* Une dizaine de chambres confortables et accueillantes, équipées du double vitrage. Toutes de taille et de style différents, celles du 2e étage sont mansardées. Cuisine de saison et du marché, de bonne tenue, assaisonnée à l'occasion d'une pointe d'inventivité : le menu du marché change tous les jours ! Salle élégante et contemporaine, ou agréable petite cour intérieure.

Hôtel-restaurant La Goule Benèze : *21, av. du Port-Mahon. ☎ 05-46-32-57-67. • infos@lagoule-beneze.com • lagoule-beneze.com • Resto fermé ven, sam midi et dim soir hors saison ; slt le midi jeu-sam en saison. Congés : déc. Double 66 €. Formules 13,80 € (midi en sem)-17 € (sf fériés) ; menus 26-35,50 €. Café offert sur présentation de ce guide.* Un joli petit hôtel à proximité du centre-ville. Les chambres rénovées ne manquent pas de charme, celui de l'élégance contemporaine ingénieusement injectée dans le cadre de l'ancien. Belle hauteur sous plafond dans celles du 1er étage. Seul défaut, sa situation au bord de l'avenue circulaire, mais le survitrage couvre correctement le bruit. Côté resto, élégante petite salle et terrasse en été où les habitués du coin se côtoient chaque midi. Gentille cuisine, classique et de très bonne facture. Bon accueil.

Chambres d'hôtes Les Acanthes : *16, rue Rose. 06-66-47-93-11. • contact@les-acanthes.com • les-acanthes.com • Dans le centre-ville. Ouv tte l'année. Doubles 69-75 € ; suite familiale et appart 130 € pour 4 pers. Garage.* Dans un hôtel particulier de caractère du XVIIIe s, où les proprios ont réussi à caser mobilier et objets anciens méticuleusement chinés durant de longues années, 2 chambres spacieuses et un appartement avec cuisine équipée. Trumeaux, chauffeuses, causeuses, bibliothèque Napoléon se mêlent avec succès au confort moderne (TV écran plat, douche à l'italienne à éclairage tamisé au sol, ainsi qu'un lit Louis XVI, électrique, svp !). En prime, salon à dispo et un jardin paysager de 1 500 m² avec bassin et petit pont romantique. Une adresse de charme à l'accueil chaleureux.

Où dormir dans les environs ?

De prix moyens à chic

Domaine de Rennebourg : *chez Michèle Frappier, lieu-dit Rennebourg, 17400* ***Saint-Denis-du-Pin.*** *☎ 05-46-32-16-07. • domaine-de-rennebourg@orange.fr • domainederennebourg.fr • ♿ À 6 km au nord de Saint-Jean-d'Angély par la N 150 en direction de Niort. Ouv tte l'année. Doubles avec sdb 80-90 € selon saison ; familiales 155-165 €.* Sous la houlette

LA CHARENTE-MARITIME

de Michèle et de sa fille Florence, ce superbe logis saintongeais du XVIIIe s a troqué sa défroque paysanne pour une tenue des plus aristocratique. Les 5 chambres, restaurées et aménagées avec soin, arborent des boiseries d'époque ou des tapisseries aux tonalités chaudes. Le mobilier de style est à l'avenant, de même que les faïences anciennes et des porcelaines de famille qui accompagnent à merveille le petit déjeuner de Michèle. Enfin, le pompon : cette fabuleuse collection de jouets et de costumes chinés à droite et à gauche par Florence. À côté du joli parc, une piscine et une grange transformée en salon d'été Louis XV. Une adresse coup de cœur où il fait bon séjourner... longtemps !

Chambres d'hôtes Les Moulins : *chez Marie-Claude Fallelour, 10, rue de Maurençon, Les Moulins, 17400* ***Antezant-la-Chapelle.*** *☎ 05-46-59-94-52. • marie-claude.fallelour@neuf.fr • À env 10 km au nord-ouest par la D 127 en direction de Dampierre. Bien fléché à partir d'Antezant. Résa indispensable. Compter 55 € pour 2, jusqu'à 90 € pour 4.* Marie-Claude, mamie au sourire communicatif, a décoré avec goût 2 belles chambres dans la magnifique propriété charentaise du XVIIe s qu'elle partage avec sa famille. L'une d'entre elles comprend 2 pièces séparées, impeccables pour les familles. Et puis, avec le pigeonnier et le parc sillonné de ruisseaux, on flirte avec la vie de château !

LA CHARENTE-MARITIME

À voir. À faire

À signaler, des petites brochures bien faites, disponibles à l'office de tourisme, relatant les principaux événements, personnages et monuments de la ville.

L'abbaye royale : *possibilité de visites guidées en saison (rens à l'office de tourisme).*
Abbaye construite au IXe s par Pépin, petit-fils de Charlemagne et roi d'Aquitaine, afin d'abriter la tête de saint Jean-Baptiste rapportée d'Orient. Ravagée une première fois par les Vikings, elle est reconstruite au XIe s par l'abbé Alduin, qui y installe la sainte relique retrouvée dans les décombres. L'abbaye devient ainsi l'une des étapes de prédilection des pèlerins sur la route de Saint-Jacques-de-Compostelle et, surtout, l'une des plus puissantes de tout l'ouest de la France. À nouveau saccagée pendant la guerre de Cent Ans, puis démolie au XVIe s par les protestants, elle est reconstruite pour de bon au cours du XVIIe s ! D'architecture classique, elle possède un portail d'entrée monumental et une vaste cour d'honneur. Remarquez, gravées sur les murs du cellier ouest, les cibles sur lesquelles les soldats allemands s'entraînèrent pendant l'Occupation !
L'agencement intérieur est quasiment resté le même : dortoir, infirmerie et logis des hôtes ont subsisté, comme cette énorme vis plantée dans la charpente, qui échappe à l'entendement. Seul le cloître du XVIIe s a été supprimé au XIXe s.
L'abbaye abrite aujourd'hui la bibliothèque municipale et une école municipale de musique. Elle est surtout devenue le Centre de culture européenne ouvert à tous les jeunes Européens, et reste une étape sur le chemin de Saint-Jacques-de-Compostelle... suivant ainsi une ancestrale tradition d'échanges culturels. Elle est inscrite depuis 1998 par l'Unesco au Patrimoine mondial de l'humanité, comme étape sur les chemins de Saint-Jacques-de-Compostelle.
Possibilité de dormir dans l'une des 37 ***chambres*** monacales ; mais peu de confort et surtout réservées aux lycéens, séminaires et pèlerins *(simple env 42,50 €, double 46,50 €).*

Les tours : *de mi-juin à mi-sept, tlj sf mar 10h30-12h30, 14h30-19h. GRATUIT.* Beau panorama sur Saint-Jean et la campagne environnante. Les tours furent érigées lors de l'ambitieuse reconstruction (la cinquième !) de l'abbatiale, entreprise en 1741. Il ne s'agit donc pas de ruines, mais d'un ensemble inachevé, les moines étant partis à la Révolution. Elles furent aménagées en prison à partir de cette période instable et jusqu'en 1872. On peut encore voir l'ébauche des grandes arcades de la nef. La façade, d'une hauteur de 35 m, est d'une prestance admirable...

L'église Saint-Jean-Baptiste : attenante aux tours, elle avait été provisoirement construite en remplacement de l'abbatiale. La construction de la nouvelle abbatiale n'ayant jamais été achevée (voir plus haut), on garda celle-ci comme église paroissiale. Ce qui explique qu'elle n'ait pas été peaufinée, tant sur le plan architectural que sur celui de la décoration intérieure. Restaurée au XIXe s, elle a gardé quelques éléments des ruines de l'ancienne abbatiale gothique sur laquelle elle avait été bâtie : le mur du chevet, trois fenêtres et un arc-boutant encore bien visibles. On peut y voir une belle toile du XIXe s (*La Présentation de la Vierge au Temple,* de Sotto), une magnifique Vierge à l'Enfant, statue en bois du XVIIe s, et un très bel orgue classé, en bois sculpté, de 1849.

Le musée Saint-Jean-d'Angély : *9, rue Régnaud. ☎ 05-46-25-09-72. ♿ De mi-juin à mi-sept, tlj sf lun 10h30-12h30, 13h30-18h ; le reste de l'année, mer-ven 14h-18h, sam-dim 14h30-18h. GRATUIT.* Ce musée évoque l'époque héroïque des fameuses expéditions Citroën en Afrique dans les années 1920. Confiés à un enfant du pays, Louis Audouin-Dubreuil, ces raids hauts en couleur relevaient aussi bien du défi technique que de l'aventure ethnographique, anthropologique et géographique. L'autochenille rescapée de la Croisière noire et présentée au public n'a plus grand-chose à voir avec les bolides du Paris-Dakar... Une expo qui sent bon le sable chaud ! On y trouve pêle-mêle de belles pièces d'art africain, des photos, des films et divers souvenirs rapportés de ces expéditions. Également, à l'étage, une collection d'armes européennes des XVIIIe et XIXe s, un panorama de l'évolution des styles du mobilier français et quelques statues religieuses du XIVe au XVIIIe s.

La fontaine du Pilori : *au centre du canton du Pilori.* Petite place où les condamnés étaient exposés à la vindicte de la population. On y trouve désormais une fontaine de style Renaissance (c'est plus sympa !), sise sur un ancien puits. On peut y lire l'inscription suivante : « L'an 1546, je fus édifiée et assise. »

La tour de l'Horloge : *rue Grosse-Horloge. De mi-juin à mi-sept, tlj 10h30-12h30, 14h30-19h. GRATUIT.* Belle construction gothique du XVe s, qui enjambe la rue à l'emplacement d'une ancienne porte de la ville. Au sommet de ce beffroi à mâchicoulis, une cloche de 1 500 kg qui rythme toujours la vie de la communauté puisqu'elle sonne encore les heures aujourd'hui.

Les rues anciennes : pour les raisons évoquées plus haut, et parce que les rues sont étroites, il vaut bien mieux arpenter le vieux Saint-Jean à pied... Par ailleurs, un réel effort de mise en valeur du patrimoine architectural permet d'identifier, à l'aide de plaques apposées sur les façades, les maisons anciennes et autres curiosités.

De la plus vieille maison de la ville, au no 6 de la rue de Verdun (maison d'un marchand du XVe s), à l'hôtel de Lestang (fin XVIIIe s), au no 14 de la rue de l'Échevinage, quelques beaux porches et façades qui témoignent de l'importance de Saint-Jean dans l'histoire. De récents travaux de restauration de façades ont mis en valeur un patrimoine d'une grande richesse.

Au hasard de vos pérégrinations, découvrez notamment les rues de l'Abbaye, du Minage, Grosse-Horloge, Jélu ou le canton des Forges (petite place où se trouvaient serruriers et ferronniers), pour leurs très belles maisons à colombages des XVe-XVIe s. De la même époque, remarquez encore un tympan de porte au croisement des rues Maîtresse-École et de la Bonneterie. Les rues d'Aguesseau, Coybo, Rose, des Bancs (rue très commerçante) ou de l'Échevinage et la place André-Lemoyne réunissent quelques exemples d'architecture des XVIIIe-XIXe s avec de beaux portails, des petites cours et des balcons en fer forgé travaillé. L'hôtel de Saint-Mandé (au no 6 de la rue Jélu), devenu école maternelle, est doté d'une jolie porte Louis XVI. Dans la rue de l'Hôtel-de-Ville, voir la façade d'une maison du XVIIIe s à l'emplacement de l'ancien l'hôtel de Condé. Henri de Condé (ancêtre du Grand Condé) y mourut en 1588 d'une péritonite. Ce qui valut à sa femme, Charlotte de La Trémoille, d'être accusée de meurtre !

– ***La base de loisirs de Saint-Jean-d'Angély – plan d'eau de Bernouët :*** *quai Bernouët. ☎ 05-46-32-59-61. Accessible tte l'année.* Piste de roller et skate, boulodrome, jeux pour enfants, table de ping-pong, terrain de basket, foot, beach-volley, espace de fitness... De mai à septembre, guinguette *(Pâques-sept, tlj 11h-22h ; petite restauration, glaces, crêpes),* minigolf et location d'embarcations à pédales. En juillet-août, piscine surveillée pour les enfants.

Manifestation

– ***Festival Théâtre en l'abbaye :*** *1er w-e d'août, dans le cadre des cours de l'abbaye royale. Infos sur place ou à l'office de tourisme.* Des compagnies de notoriété interprètent des œuvres classiques revues par des créateurs contemporains.

DANS LES ENVIRONS DE SAINT-JEAN-D'ANGÉLY

L'écomusée du Cognac : *17770* ***Migron.*** *☎ 05-46-94-91-16. (accès partiel). À 17 km au sud-est de Saint-Jean ; itinéraire fléché en direction de Cognac. De mi-juin à mi-sept, tlj sf sam 10h-12h30, 14h30-18h30. De mi-juil à mi-août, visite guidée tlj sur résa avec spectacle audiovisuel (durée : 1h30). Entrée : 5 € ; réduc.*
Ce petit musée très sympa et remarquablement conçu a été créé par les Tesseron, famille de vignerons depuis 1850, à partir du patrimoine familial (locaux, outils... et savoir-faire !). C'est une véritable invitation (unique en son genre) à la compréhension du cognac, à un regard sur le métissage culturel dont il est issu, à la découverte de ses mystères et de son univers sensoriel raffiné. Tout ça de manière ludique et poétique.
Au rez-de-chaussée, reconstitution d'un logis de vigneron saintongeais, d'un atelier de tonnellerie, d'un chai de pineau, de l'ancien atelier de distillerie. À l'étage, l'audiovisuel « Le cognac et 2 000 ans d'art et d'histoire » précise que les premières vignes plantées dans cette région le furent à l'époque romaine ! Le commerce du vin va se développer au Moyen Âge, puis s'intensifier en raison des échanges croissants avec les pays du Nord. D'où l'extension des vignobles sur les bords de la Charente, axe principal de communication. Pour une histoire détaillée du cognac, voir dans « Hommes, culture, environnement », en début de guide, la rubrique « Vins et alcools ». On rejoint ensuite les orgues à parfums qui distillent les arômes fruités, épicés ou boisés... Superbe !
Il ne reste plus qu'à passer de la théorie à la pratique, avec une dégustation très attendue. Également une expo sur le havane et le café, ainsi qu'une expo sur le chocolat. Tiens, pourquoi le havane ? Tout simplement parce que sa production rappelle en de nombreux points celle du cognac. Patrick Tesseron vous expliquera tout ça avec passion.

Le Cep Enchanté *(M. et Mme Queron, viticulteurs)* ***:*** *4, rue de la Croix-de-l'Anglais, lieu-dit la Botte, 17490* ***Macqueville.*** *☎ 05-46-26-67-76. • lecepenchante.com • À env 37 km au sud-est de Saint-Jean ; tt droit par la D 939, puis tourner à droite à Siecq sur la D 133. De mi-avr au 6 juil et du 31 août à mi-oct, tlj sf sam-lun 14h-17h30 ; 7 juil-30 août, tlj sf lun 10h30-19h (dernier départ à 18h). Entrée selon activité : 5-10 € ; 4-7,50 € enfant ; forfait famille 16,50-33,50 €.*
Pour les parents qui veulent faire une dégustation de pineau, cognac et vin de pays tout en occupant les enfants, la sympathique famille Queron propose un

parcours ludique dans les vignes, ainsi qu'un parcours de swing-golf et un labyrinthe. M. Queron, cinquième génération, et sa femme vous feront goûter leur production : pineau classique ou extra, colombard et chardonnay pour les vins blancs (arômes agrumes citron pamplemousse et grillé vanillé), cabernet et merlot pour les rosés et les rouges (plus fruités, arômes prunelle et épices), et jus de raisin pour les enfants ; circuit de tracteur à pédales pour ces derniers.

AULNAY-DE-SAINTONGE

(17470) 1 540 hab. *Carte Charente-Maritime, C2*

Amateurs de vieilles pierres, ouvrez grand vos yeux ! L'église Saint-Pierre d'Aulnay est l'un des joyaux de l'art roman français en général et poitevin en particulier. Elle fut construite au cours du XIIe s et, bien que simple paroisse, elle tenait certainement une place prépondérante sur l'un des multiples chemins de pèlerinage vers Saint-Jacques-de-Compostelle. Aux abords d'un cimetière (tombes du XIXᵉ s et croix hosannière du XVᵉ s) à la périphérie du bourg, entourée de cyprès, elle s'offre pleinement à la vue de chacun, et vous aurez tout le recul nécessaire pour apprécier les volumes harmonieux de son architecture. Quant aux gourmands, ils se régaleront d'angélique sous toutes ses formes. Introduite en France par les Vikings, c'est aujourd'hui la spécialité de la ville.

Adresse utile

Office de tourisme Saintonge Dorée : *290, av. de l'Église.* ☎ *05-46-32-60-71.* • *saintongedoree-tourisme.com* • *Horaires : consulter le site.* Organise des visites guidées de l'église en saison, se renseigner *(mar et ven sur résa ; 4 €, gratuit moins de 16 ans).* Pour les pressés, intéressant descriptif de l'église *(2 €).* Boutique de livres, circuits de randonnée, produits régionaux.

Où dormir ?

Prix moyens

Hôtel du Donjon : *4, rue des Hivers.* ☎ *05-46-33-67-67.* • *hoteldudonjon@orange.fr* • *hoteldudonjon.com* • *En plein centre-bourg, en retrait de la place. Doubles avec douche ou bains 66-92 € selon confort et saison ; familiales 3-4 pers 80-112 €. Apéritif offert sur présentation de ce guide.* Une ancienne maison de ville saintongeaise, récemment restaurée avec talent. Déco mettant en valeur le charme des vieilles pierres et des poutres apparentes. Mobilier confortable et patiné, ajoutant au caractère de l'établissement. Seulement une dizaine de chambres, lumineuses et douillettes (comme la coquette chambre-salon), qui garantissent l'intimité du lieu. Et puis le jardinet croquignolet vous tend les bras à l'heure du farniente !

À voir

L'église Saint-Pierre : *en saison, tlj 10h-19h.* Inscrite depuis 1998 par l'Unesco au Patrimoine mondial de l'humanité comme étape sur les chemins de Saint-Jacques-de-Compostelle. Malheureusement, quatre affreux contreforts ajoutés au XVᵉ s altèrent l'équilibre de la façade occidentale. Sur le portail latéral gauche, belle crucifixion de saint Pierre. Trois voussures décoratives rappellent la délicatesse et la richesse ornementales de l'art musulman. La scène du tympan du portail latéral droit est illisible. Mais remarquez les traces de polychromie et tentez d'imaginer l'église telle qu'elle était, c'est-à-dire peinte de la tête aux pieds ! Le portail central porte des voussures historiées. Belles petites sculptures de la corniche, dignes d'une B.D. de science-fiction. Sur la voussure interne, les Vices et les Vertus s'affrontent. Le Christ est très bien entouré (par les vierges folles et les vierges sages !), tandis qu'un calendrier zodiacal est illustré sur la voussure externe.

À l'extérieur

À droite, le portail sud. Un petit bijou. C'était d'ailleurs le portail principal (la rosace au-dessus est gothique). Cette fois-ci, chaque pierre de la voussure contient une sculpture, d'où un effet de rayonnement différent du portail ouest. Belle voussure interne décorative. Prophètes et apôtres, vieillards de l'Apocalypse et, sur la voussure externe, un bestiaire d'une richesse et d'une inventivité surprenantes.

À l'intérieur

L'architecte d'Aulnay a utilisé pour la nef une nouveauté de la première moitié du XIIe s, la voûte en berceau brisé. Elle exerce moins de poussées latérales qu'une voûte en berceau plein cintre. Néanmoins, ces poussées n'étant pas négligeables, il a fallu élever deux collatéraux en berceau brisé de hauteur presque équivalente au vaisseau central pour les contrebalancer (malin, non ?). L'éclairage de la nef est donc indirect (fréquent dans les églises romanes), puisque les seules fenêtres existantes s'ouvrent sur les collatéraux. Cette douce pénombre de la nef contraste avec l'éclairage direct du chevet par les fenêtres de l'abside.

Les piliers de la nef sont formés de quatre colonnes accolées. Chaque colonne est surmontée d'un chapiteau en continuité avec le chapiteau voisin. Chaque pilier donne ainsi l'impression d'être une simple colonne. Cette disposition permet de créer un espace d'une grande sobriété, sans lourdeur, où lignes courbes et verticales s'organisent harmonieusement.

Après un coup d'œil général, il est temps d'observer les magnifiques chapiteaux qui forment l'essentiel du décor intérieur. Les chapiteaux ornementaux figurés et les chapiteaux historiés sont caractéristiques de l'art roman. Les artistes romans, peu sensibles au relief et au réalisme, se jouèrent des contraintes techniques imposées par la forme des chapiteaux (comme les enlumineurs se débrouillèrent avec le peu de place qui leur était alloué) en développant une sculpture stylisée d'une expressivité presque moderne ! Ça rappelle parfois les dessins de Bilal. Les premiers chapiteaux de la nef sont à décor végétal (palmettes, entrelacs, etc.) ou figurés (griffons adossés, grosses têtes aux yeux globuleux, éléphants même !). Certains sont historiés (Caïn et Abel). Dans le chœur et l'abside, on retrouve encore une décoration végétale. C'est sous la coupole de la croisée du transept que se trouve l'essentiel des chapiteaux historiés d'Aulnay : histoire de Samson et Dalila, péché originel, saint Georges terrassant le dragon, et plein d'autres histoires aussi croustillantes les unes que les autres.

On peut aussi voir le ***donjon*** (archéoscope) du XIIe s sur la place Charles-de-Gaulle, qui présente des objets provenant des fouilles d'un camp militaire romain. Possibilité, enfin, de jeter un coup d'œil au ***colombier*** restauré, rue de Salles. Mais après l'église Saint-Pierre, c'est franchement décevant.

DAMPIERRE-SUR-BOUTONNE

(17470) 300 hab. *Carte Charente-Maritime, C1-2*

Petit village tranquille lové dans un méandre de la Boutonne, à la frontière du département des Deux-Sèvres et à quelques kilomètres seulement de

la forêt de Chizé. Il faisait autrefois partie de la province du Poitou. Si le château du XVIe s a malheureusement brûlé en 2002 (c'est aujourd'hui le château restauré qu'on peut découvrir), laissant orphelins ses beaux jardins (entrée payante), l'asinerie du baudet du Poitou mérite à elle seule une halte...

Où dormir dans le coin ?

Au Petit Bonheur : *impasse du Camping. ☎ 05-46-26-14-20. 📱 06-76-23-38-52. • jc-foulon@laposte.net • Près du centre du village. Ouv mars-fin oct. Prix : 10 € en hte saison. CB refusées. 17 empl.* Tout petit camping, dans un ravissant coin de nature bien ombragé, ceinturé par la Boutonne et un charmant petit canal de vieilles pierres. Douches et sanitaires propres. – Voir, dans le chapitre « Les Deux-Sèvres », notre adresse à Chizé dans « Chizé et sa forêt ».

À voir

Le château : *☎ 05-46-24-02-24. Juil-août, tlj 10h-18h30 ; mai-juin et sept, tlj 14h-18h (17h30 mai) ; vac scol, tlj 14h-17h30 ; de mi-mars à mai et d'oct à mi-nov, dim et j. fériés 14h-17h. Entrée : 6 € ; 9 € avec visite guidée des appartements privés ; réduc.* Complètement restauré et classé, on découvre dans ce château un parcours de visite culturelle assez original. Il permet de découvrir la superbe galerie Renaissance, mise en scène avec des installations sonores (notamment sur le travail de restauration des Compagnons), ou encore les douves de la Boutonne, qui évoquent le merveilleux médiéval de la période romane, sans oublier les communs, qui abritent d'intéressantes expos contemporaines et une scénographie costumée des sept familles de Dampierre. L'escalier à vis de la tour sud mène au joli parc arboré, jalonné de panneaux illustrés. Pour finir, explorez le superbe *jardin de Diktynna* en suivant les trois parcours d'initiation à la mythologie, au cosmos et à l'alchimie, ainsi que l'*écopiste de Merlin,* un tapis de fleurs de 1 ha consacré à l'histoire médiévale du château... Également le bois de Robin, aire de jeux et de pique-nique.

DANS LES ENVIRONS DE DAMPIERRE-SUR-BOUTONNE

L'asinerie du baudet du Poitou : *à* ***La Tillauderie.*** *☎ 05-46-24-68-94. À 4,2 km de Dampierre. Très bien indiqué. Avr-oct, tlj 10h-12h, 14h-18h. Fermé nov-mars sf résa. Compter 3 € (6 € en visite guidée) ; réduc ; gratuit moins de 6 ans. Chaque année, 3 manifestations estivales gratuites importantes : le concours national d'attelage, le concours national mulassier et la fête de l'Âne.*

Petite exposition sur l'historique du baudet (l'âne) du Poitou, puis rencontre avec des animaux attendrissants, au contact des mères et des petits. Gérée en partie par le parc naturel interrégional du Marais poitevin, le conseil général et les haras nationaux, cette asinerie fut créée en 1979 pour éviter l'extinction de la race.

Le baudet du Poitou est grand, massif, avec une grosse tête et de longues oreilles. Il pèse en moyenne 350 à 400 kg. Le tout avec une belle toison courte et frisée, ou un étonnant pelage de longs poils bruns... En attendant 2020, échéance théorique d'un audacieux programme de sauvegarde, l'asinerie organise régulièrement des visites guidées, des balades à dos d'âne (pour enfants) et des petites balades en voiture hippomobile, ou des randos avec âne bâté *(résa obligatoire).*

LE VAL DE CHARENTE

TAILLEBOURG (17350) 600 hab. *Carte Charente-Maritime, C2*

Plus que pour ses quais pittoresques au bord de la Charente et ses vestiges d'un puissant château fort, Taillebourg est resté célèbre dans l'histoire grâce à la vraie-fausse bataille de 1242 entre Saint Louis et Henri III Plantagenêt. Celui-ci mit un terme à la première étape des multiples rebondissements de la guerre de Cent Ans. On s'explique : les armées française et anglaise se sont effectivement mesurées à Taillebourg mais dans un face-à-face pacifique, chacune campée sur une rive du fleuve. À la faveur d'une trêve, le roi d'Angleterre en profita pour se réfugier derrière les remparts de Saintes, interrompant ce terrible duel !

Adresses utiles

■ ***Location d'embarcations à pédales et de bateaux :*** ***Les Quais de Taillebourg,*** *sur les quais.* ☎ *05-46-91-73-28.* • *lesquaisdetaillebourg.com* •

■ ***École de ski nautique :*** *sur les quais. Rens : M. Fouquet,* ☎ *05-46-74-50-30.* Stages d'initiation et de perfectionnement.

Où manger ?

|●| ***Auberge Les Glycines :*** *4, quai des Gabariers.* ☎ *05-46-91-81-40. Ouv tte l'année, tlj sf lun, plus dim soir hors saison. Résa conseillée (surtout le w-e). Menu 23,40 € ; carte env 30 €.* Vénérable et coquette demeure en bord de Charente, dans un environnement de charme. Salle lumineuse aux tonalités jaune d'or sur pierre sèche. Solide réputation pour ses plats de terroir bien ficelés à base de produits régionaux. Accueil jeune et souriant. Tables bien séparées. Goûtez à la montgolfière de cagouilles flambée au cognac, au médaillon de lotte fourrée de langoustines ou aux ravioles de langoustines et aux desserts gourmands (vacherin). Agréable terrasse sous la glycine, dans la cour fermée.

Où dormir ? Où manger dans les environs ?

⌂ ***Chambres d'hôtes du château de Crazannes :*** *à 8 km à l'ouest de Taillebourg, commune de* ***Crazannes.*** ☎ *05-46-90-15-94.* 📱 *06-80-65-40-96.* • *contact@crazannes.com* • *crazannes.com* • *Doubles 95-150 € selon confort et saison ; suite 190 € ; suite familiale 240 € ; gîte dans le donjon 1 400-1 750 €/sem.* Nul besoin d'une chevalière armoriée ou d'un haubert étincelant pour se sentir châtelain. À force de gravir les escaliers des tours, de s'endormir dans de vastes chambres au mobilier d'époque ou de bouquiner le dos à la cheminée, on prend vite des habitudes ! Et si le petit déj servi dans l'ancienne salle des pèlerins renforce l'atmosphère médiévale, la piscine rappelle les bienfaits du monde moderne. Animations équestres et médiévales le dimanche après-midi en mai-juin.

⌂ ***Le Château de Mouillepied :*** *chez Claire et Pierre Béladina, hameau de Saint-James, 17350* ***Port-d'Envaux.*** ☎ *05-46-90-49-88.* • *info@chateaumouillepied.com* • *chateaumouillepied.com* • ♿ *À 7 km de Saintes,* *entre Port-d'Envaux et Taillebourg, sur la D 128. Doubles 99-140 € selon taille, confort et saison ; petit déj 9,50 €. Gîtes 250-750 €/sem selon situation et saison.* Hébergement de charme par excellence, aménagé dans un château dont les plus anciennes parties remontent au XVe s. Il fut édifié pour l'évêque de Bordeaux, puis agrandi au XVIIe s par l'ingénieur en chef de l'arsenal de Rochefort. Également une belle tourelle (avec 2 chambres d'appoint pour les romantiques !), un beau pigeonnier de 1 000 boulins, sa jolie source aménagée au pied du château et 43 ha de propriété, dont 12 ha de parc boisé, de quoi largement se mouiller les pieds en toute tranquillité après la rosée du matin... Côté confort, 9 chambres bien rénovées et toujours agrémentées des poutres provenant des bateaux de l'arsenal rochefortais. Mais ce sont les 2 gîtes que l'on a préférés, à cause de la belle pierre apparente reflétant réellement le charme des lieux.

Le Gabarier : *2, rue de la Mairie, 17350* ***Port-d'Envaux.*** *☎ 05-46-90-18-33. • legabarier@orange.fr • Dans le centre du village. Tlj sf mer et le soir des dim-lun et j. fériés. Congés : 1 sem en avr et 1 sem à la Toussaint. Résa impérative le w-e. Menus 14 € (midi en sem), puis 22-30 €. Apéritif maison offert sur présentation de ce guide.* Grosse demeure particulière avec une gentille terrasse. Excellente cuisine du terroir traditionnelle mais n'excluant pas une certaine recherche, comme la mousseline de sandre aux écrevisses, le suprême de pintadeau aux morilles, et tant d'autres petits plats bien troussés.

À voir

Les remparts et le château : *sur les hauteurs de la ville. Visite des vestiges du château : rens auprès de la mairie, ☎ 05-46-91-71-20. • taillebourg@mairie17.com •* L'allée qui y mène est bordée de jolies maisons bourgeoises, aménagées dans les anciennes écuries datant du XVIIIe s. Bel ensemble où se mêlent restauration XVIIIe s et architecture médiévale. Autour des vestiges remaniés du château, le parc est occupé par la mairie de Taillebourg. Les vestiges souterrains du château se visitent sur réservation (*06-26-08-57-06*). Déjà habité au IXe s, il fut ensuite reconstruit de façon plus prestigieuse. À tel point qu'il accueillit Louis VII et Aliénor d'Aquitaine lors de leur nuit de noces ! Objet de luttes incessantes entre Français et Anglais, il fut rasé en 1179 par Richard Ier Cœur de Lion, fils (ingrat) d'Aliénor ! Entrée dans le domaine royal au début du XVe s, la forteresse sera démolie puis reconstruite à maintes reprises. De cette histoire mouvementée subsistent la tour d'angle du XVe s et les fortifications. De la terrasse du parc, très belle vue panoramique sur la vallée de la Charente.

DANS LES ENVIRONS DE TAILLEBOURG

Le château de Crazannes : *☎ 05-46-90-15-94. • crazannes.com • À 8 km à l'ouest de Taillebourg. Juin-août, tlj 10h-19h (visites à 11h, 14h30, 16h et 17h30) ; hors saison (voir le site), tlj sf lun sept-avr, visites à 15h et 16h30. Congés : 1er janv-20 fév. Entrée : 9 € ; 5 € 7-14 ans. Visite guidée slt.*

Son surnom de *Château du Chat botté* vient du fait qu'au XVIIe s il fut la propriété du comte de Caravaz, dont s'inspira Charles Perrault pour son personnage du marquis de Carabas, rendu riche et célèbre grâce aux ruses de son chat. Bien que d'architecture composite, avec une chapelle, une tour de défense et des douves du XIe s, un logis seigneurial flanqué d'une grosse tour cylindrique, tous deux fin XIVe s, et une façade sud remaniée début XXe s, le château de Crazannes présente un ensemble homogène et intéressant (sauf la façade sud, sur laquelle on ne s'attardera pas). Face nord sculptée d'époque gothique flamboyant, avec notamment une superbe porte ornée d'emblèmes plus ou moins mystérieux et interprétables, et impressionnante tour à mâchicoulis qui rappelle Thierry la Fronde !

À l'intérieur, noter le bel escalier en bois et l'énorme table rustique, l'âtre monumental en pierre de Crazannes et le plafond à caissons du XIVe s, en bois de fer (un bois trempé dans l'eau, extrêmement résistant). On découvre ensuite les salons, la bibliothèque, la cuisine, la salle des gardes, le grenier et la chambre du *Chat botté* (si elle n'est pas louée en chambre d'hôtes). Depuis toujours propriété de riches Saintongeais, le château servit aussi au XVIIIe s de résidence à Mgr Pierre-Louis de La Rochefoucauld, dernier évêque de la ville de Saintes. Le Prince Noir et François Ier y séjournèrent également.
Dans le parc, une chapelle romane et un petit musée d'objets ruraux anciens dans une dépendance.

Les carrières Crazannes : *à 300 m du village de* ***Crazannes.*** *☎ 05-46-91-48-92. • poles-nature.fr • Accès par la D 119 ou par le chemin en face de la rue où se trouve la maison des Pierreux (D 128). De mi-fév à mi-juin, tlj 10h-12h, 14h-17h30 (17h fév-mars) ; de mi-juin à mi-sept, tlj 10h-12h, 14h-19h ; de mi-sept à mi-nov, slt mer et w-e sur résa. Fermé de mi-nov à mi-fév. Accès gratuit pour le musée. Visites guidées organisées tlj : env 6 € ; réduc. Animations thématiques régulièrement proposées.* Ce petit musée, estampillé « Pôle-Nature » de la Charente-Maritime, livre un aperçu rapide sur l'activité de carriers, spécialité de la région pendant près de 2 000 ans. Bien plus intéressante est la balade champêtre dans les carrières, désaffectées depuis la Seconde Guerre mondiale. On déambule au fond d'impressionnants canyons creusés par les carriers, aujourd'hui envahis par une végétation luxuriante aux allures tropicales. Les guides énumèrent avec passion toutes les espèces rencontrées, depuis la fougère scolopendre jusqu'aux différentes espèces d'orchidées. On peut voir les blocs de pierre lors de différentes phases d'extraction. Quel boulot ! Ils étaient ensuite traînés, poussés jusqu'au port, puis chargés dans les gabares. Également diverses animations thématiques de mai à fin septembre : initiation à la taille de la pierre, randonnées pédestres sur l'ancienne route de la pierre, etc. Enfin, pour les apprentis Rodin, signalons les *Lapidiales,* une résidence de sculpteurs installée dans les carrières.

UNE PIERRE PRÉCIEUSE

La pierre de Crazannes a fait la renommée de la ville et équipa l'Europe et le monde entier : elle s'enorgueillit même de servir de socle à la statue de la Liberté ! Citons aussi la cathédrale de Cologne, l'arc de Germanicus à Saintes et... le fameux fort Boyard. Autant dire que Crazannes est fier de sa pierre !

La lanterne des morts : *17350* ***Fenioux.*** *À 9 km au nord de Taillebourg par la D 127.* Au cœur de la verdoyante vallée de la Boutonne. Cet édifice, dressé à la gloire des défunts, date du XIIe s. Constitué de 11 piliers surmontés d'un lanternon, le tout atteint presque 20 m. Juste à côté, très belle église romane des IXe-XIIe s. Admirez le magnifique portail aux voussures typiquement saintongeaises.

Le château de Panloy : *17350* ***Port-d'Envaux.*** *☎ 05-46-91-73-23. • panloy.com • À 12 km au nord-ouest de Saintes. 15 juin-15 sept, tlj 10h-19h ; avr-juin et sept-oct, tlj sf lun 10h-12h, 14h-18h ; le reste de l'année, téléphoner avt. Entrée : 8 € ; réduc.* Caractérisé par son harmonieuse façade, ce vaste château de style Louis XV appartient à la famille de Grailly depuis sa reconstruction au XVIIIe s. L'actuel propriétaire, tel un gentleman-farmer, vous reçoit aimablement et commente la visite. Les outrages du temps et des remaniements malheureux n'enlèvent rien au fait qu'on y trouve encore de bien jolies choses. Une chaise à porteurs et une baignoire à roulettes Louis XV, une trompe de calèche, ancêtre du klaxon, de rares lampes à huile de 1840, un rafraîchissoir du XVIIIe s, etc. Et de nombreux trophées de chasse, dont une peau de loup, l'un des derniers abattus en France. Dans le salon d'honneur, de rares et belles tapisseries de Beauvais du XVIIIe s représentent des scènes bucoliques et courtoises. Monsieur le marquis s'arrête sur chaque objet, samovar ou machine à café, le faisant revivre.
Également deux ***chambres d'hôtes*** spacieuses *(compter 150 €, petit déj compris).*

SAINT-SAVINIEN-SUR-CHARENTE

(17350) 2 536 hab. *Carte Charente-Maritime, C2*

Superbe bourg lové dans une boucle de la Charente. Une église juchée sur un rocher et, au pied, des maisons qui s'alignent le long de la rivière. Bien paisible aujourd'hui, Saint-Savinien fut pourtant un port très actif dès le XIIIe s. Les gabares y étaient chargées de vin, de bois ou de céréales, mais aussi et surtout de ces pierres de taille extraites des carrières de Saint-Savinien qui ont servi à construire aussi bien les quais du port de Londres que les églises d'Anvers ou de Gand. Pour patienter pendant les chargements, les mariniers plongeaient dans la Charente à la recherche des fameuses moules perlières appelées patagaux...

Adresses utiles

Bureau d'accueil : *1, rue des Bateliers. ☎ 05-46-32-04-72. • saintongedoree-tourisme.com • Sur l'île de la Grenouillette, de l'autre côté du pont (commune du Mung). En saison, lun-sam et dim mat ; le reste de l'année, vérifier les horaires sur le site.* Propose des visites guidées payantes. Infos sur les nombreuses activités sportives et les croisières sur la Charente.

Location de vélos : ***Garage Garnier,*** *route de Saintes. ☎ 05-46-90-20-24. Ouv lun-ven et sam mat.*

Où dormir dans le coin ?

Camping L'Île aux Loisirs : *sur l'île de la Grenouillette, de l'autre côté du pont (commune du* ***Mung****). ☎ 05-46-90-35-11. • contact@ileauxloisirs.com • ileauxloisirs.com • Ouv avr-sept. Forfait campeurs 18,70 € en hte saison ; mobile homes, caravanes, bambis et chalets pour 4-6 pers 205-615 €/sem. 82 empl.* Camping familial arboré et bien entretenu, sur une île entourée par la Charente. Des emplacements au calme, à l'écart des hébergements locatifs. Pêche autorisée (ponton sur la Charente), location de canoës et kayaks, soirées thématiques, jeux pour enfants et accès gratuit à la piscine municipale. Tennis à proximité. Accueil sympa.

Chambres d'hôtes La Pertuzerie : *chez Mireille et Éric Framont, hameau* ***La Pertuzerie.*** *☎ 05-46-91-19-97. 06-29-25-45-79. • contact@lapertuzerie.fr • lapertuzerie.fr • À 5 km du centre-ville, passer la voie ferrée vers Saint-Jean-d'Angély, prendre à gauche en direction des Nouillets, puis encore à droite en campagne (fléché). Congés : 21 juin-3 août. Doubles 49-59 € ; familiales 79-89 €. Table d'hôtes 19,50 €/pers, boissons incluses. Bouteille de pineau offerte sur présentation de ce guide.* Des chambres d'hôtes de charme, réparties sur 3 maisons indépendantes d'un ancien hameau restauré. De l'adorable maisonnette avec cheminée et douche hydromassante aux familiales en duplex avec kitchenette, poêle à bois et salle de bains à l'italienne, en passant par celle aménagée dans les anciennes écuries aux pierres apparentes, toutes sont soignées, de bon confort et avec une terrasse privative. On ne manquera pas la table d'hôtes pour les petits plats concoctés par Éric, à base de produits bio de sa ferme ou de poisson que ses amis mareyeurs lui rapportent de La Cotinière. Une adresse délicieuse !

Chambres d'hôtes Les Hortensias : *chez Marie-Thérèse Jacques, 16, rue des Sablières, 17380* ***Archingeay.*** *☎ 05-46-97-85-70. • jpmt.jacques@wanadoo.fr •*

LA CHARENTE-MARITIME

chambres-hotes-hortensias.com • *À 7 km de Saint-Savinien sur la D 114 en direction de Tonnay-Boutonne. Dans le centre du village. Congés : Noël-2 janv. Doubles avec bains 62-69 €. Table d'hôtes 24 € tt compris.* Marie-Thérèse a fait de son jardin un petit paradis floral dans cette ancienne exploitation viticole aménagée avec talent. Les 3 chambres (dont 1 familiale) offrent un bon niveau de confort, décorées de beaux meubles charentais et pourvues de salles de bains agréables, et bénéficient d'un cadre charmant. La table d'hôtes l'est tout autant, avec Marie-Thé en cordon bleu du terroir.

À voir. À faire

L'église : édifiée entre les XIIIe et XIVe s. Grimpez-y à pied, les rues tortueuses n'aiment pas les voitures. Impressionnant clocher doté d'une échauguette : il aurait été érigé par les Plantagenêts et servait de tour de guet pendant l'occupation anglaise de la Saintonge.

– Dans le bourg, on pourra aussi voir le ***château de la Cave,*** logis noble fortifié du XVIe s, l'***ancien couvent des Augustins*** (XIIIe s), la ***maison de l'Armateur*** et l'***ancien temple protestant.***

La Maison du patrimoine : *24, quai du Port. ☎ 05-46-97-76-17. • lesamisdestsavinien.fr • Sam 10h-12h, plus jeu 15h-18h juil-août, et sur rdv. GRATUIT.* Vieille maison restaurée qui retrace l'histoire et les activités sociales de la ville à travers archives, maquettes et objets divers. Abrite une ancienne chapelle, dite « des Marins ».

– ***Le port miniature :*** *sur l'île de la Grenouillette, qui concentre ttes (ou presque) les activités de loisirs du pays savinois. 06-70-95-25-14. Juil-août, tlj 14h-18h ; mai-juin et sept, slt dim et j. fériés. Fermé en cas de mauvais temps. Entrée : 5,70 € ; 4,70 € moins de 9 ans ; réduc.* Un rêve de môme (ou de grand enfant !). Des modèles réduits sur lesquels on peut embarquer pour une balade de 15 mn sur un étang artificiel, doublé d'une petite rivière spécialement conçue pour la navigation. Une flotte assez conséquente de bateaux, du chalutier pour pêcher la sardine au vapeur du Mississippi.

Manifestation

– ***Foire aux vins et à la bonne chère :*** *1er w-e d'août.* Dégustation, vente de vins et de produits du terroir.

DANS LES ENVIRONS DE SAINT-SAVINIEN-SUR-CHARENTE

Les Trésors de Lisette : *11, rue Raymond-Joubert, 17380* ***Archingeay.*** *☎ 05-46-97-81-46. • lestresorsdelisette.monsite.orange.fr • À 7 km de Saint-Savinien sur la D 114 en direction de Tonnay-Boutonne. Dans le centre du village. 15 juin-15 sept, tlj 15h-19h, le mat sur rdv ; hors saison, se renseigner. Entrée : 6 € ; 4 € 6-17 ans ; 5 € sur présentation de ce guide.*

Voilà un endroit où la passion, le rêve, l'imaginaire et le réel s'enchevêtrent et fusionnent pour donner un pur instant de magie et de bonheur ! À l'origine, des années passées par Gisela et Éric à arpenter les brocantes de l'Europe et à collectionner des milliers d'objets de la vie domestique du XIXe s aux années 1950. Et puis une idée géniale... celle de mettre en scène tous ces trésors à travers un conte, celui de Lisette, servante du baron Arquier, veuf et père de trois enfants : Maximilien, Émily et Jean-Paul.

Le rideau s'ouvre. On découvre des vitrines qui regorgent d'ustensiles, et Lisette, qui s'affaire aux tâches ménagères quotidiennes (le marché, la cuisine, la lessive, etc.). Les yeux s'emballent, s'émerveillent... on a envie de tout voir. C'est impossible ! Il ne faut quand même pas rater l'attendrissante Zézette, la petite chienne naturalisée de la grand-mère d'Éric, qui ne mangeait qu'à table, avec sa bavette, sur une chaise de bébé ! Mais aussi le petit morceau de pain qui date du siège de Paris (1870-1871), le « bourdaloue » qui servait de pot de chambre aux dames pendant les prêches du curé, ou cette incroyable collection de boîtes publicitaires du XIXe s... et il y en a tant d'autres ! Éric et Gisela sont là pour nous accompagner dans cette aventure, pour nous raconter la vie des gens d'autrefois. Et puis des tas de devinettes. L'histoire finit bien pour tout le monde, à l'image des contes de fées. Seule la dernière scène est interdite aux moins de 18 ans !
La visite s'achève. On a ri. On a l'impression d'avoir pénétré le monde magique de ces livres d'histoires qu'on nous racontait le soir avant de nous endormir paisiblement. Gisela et Éric, bravo !

LA HAUTE SAINTONGE

La haute Saintonge, vallonnée et boisée, couvre le sud du département. Méconnue, rurale dans sa grande majorité, elle semble désormais fermement décidée à jouer la carte tourisme. Un tourisme vert, comme les rangs de vignes autour de Jonzac ou les forêts de pins dans lesquelles on se sent déjà un peu dans les Landes, ou blanc, comme la multitude d'églises romanes semées dans la campagne.

PONS (17800) 4 430 hab. *Carte Charente-Maritime, C3*

Dominant le cours de la Seugne, cette cité ancienne mène une vie paisible autour de son donjon, ses remparts ayant été démantelés en 1621 par les armées de Louis XIII. Elle n'a plus l'importance stratégique et économique de naguère, et vit essentiellement des industries de l'alimentation (biscuiteries, etc.), du pineau et du cognac, *of course !* Au fait, on prononce « Pon ».

Adresse utile

Office de tourisme : *1, rue de Pontils, proche du rond-point des Pèlerins. ☎ 05-46-96-13-31. • tourisme.pons17800@orange.fr • pons-tourisme.fr • Tte l'année, lun-ven, plus l'ap-m w-e de mi-juil à mi-août. Également une **annexe** au donjon, de mi-avr à fin juin et sept-fin oct, tlj sf lun hors juil-août.* Riche documentation sur tout le département. Organise des visites guidées de la cité médiévale *(juil-août, jeu à 15h30)* et de l'hôpital des pèlerins. Au sous-sol, espace scénographique « Au fil de l'eau » recréant l'ambiance visuelle et sonore d'antan au bord de la Seugne. Évocation des activités du tisserand, du tanneur, du drapier à travers un parcours immersif avec images 3D. Également des visites guidées des bords de la Seugne *(juil-août, mar à 15h30).*

Où dormir ? Où manger ?

Chambres d'hôtes Les Balcons de la Seugne : *chez Sue et Peter Wright, 33, rue Charles-de-Gaulle. ☎ 05-46-97-01-12. 06-78-53-11-33.*

• lesbalcons33@orange.fr • balcons-de-la-seugne.com • Dans le centre, ville basse, à côté du pont sur la Seugne. Ouv tte l'année. Doubles 75-85 €. Table d'hôtes env 25 €, vin compris (sur résa slt). 3 chambres superbes, confortables et pleines de charme(s) sur la rivière Seugne. Une déco, un accueil, un style à l'anglaise ! Un faible pour la chambre « Le Jardin » avec ses pierres apparentes et son petit balcon sur le... jardin, et la rivière. Sinon, le *so British, so cosy* de la « Granada ». Et le breakfast en terrasse. Jardin fleuri et petit embarcadère sur la rivière. Accueil charmant !

Café-restaurant L'Arrière-Cour : *29, rue Émile-Combes. ☎ 09-82-56-66-38. • reservation@larrierecour.eu • Proche du donjon, ville haute. Ouv le midi lun-sam, plus le soir ven-sam. Plat du jour 9,50 € ; carte env 20 € (entrées 5-6 €, plats 10-15 €).* Sans prétention ? Peut-être ! Sinon celle d'une petite adresse sympa, agréable, à la réputation bien forgée et qui fait aussi café et café-tricot ! Dans la petite salle ou le patio (l'arrière-cour !), une cuisine simple tendance « exotico-mondiale » pour viandes, grillades, salades... canard, avant de terminer par un dessert gourmand. Accueil jovial et souriant dans ce bar qui a ses habitués. Petite terrasse aussi à rue...

Restaurant de Bordeaux : *1, av. Gambetta. ☎ 05-46-91-31-12. • info@hotel-de-bordeaux.com • hotel-de-bordeaux.com • Resto fermé sam midi et dim hors saison. Congés : sem de Noël. Formule déj en sem 15 € ; 3 menus 20-31 € ; carte 38-45 €. Réduc de 10 % sur le prix de la chambre (oct-avr) sur présentation de ce guide.* Si l'hôtel est fermé pour des raisons de sécurité, le restaurant continue de ravir les palais gourmands. La grande salle reste certes classieuse, presque solennelle malgré ses murs colorés, le service très « école hôtelière », mais l'accueil est nature. Au déjeuner, menu du jour avec quelques produits tout simples, tout frais. Une cuisine uniquement de saison, inventive mais pas frimeuse, pleine de jeunesse et de vivacité. Nos papilles en frémissent encore... De quoi donner envie de revenir le soir, pour faire honneur à l'un des autres menus. Une adresse qui a tout d'une grande. Un coup de cœur, quoi !

Où dormir ? Où manger dans les environs ?

Chambres d'hôtes La Tonnelle : *chez Annie et Franck Renolleau, 10, rue du Petit-Bois, Chez Bonnin, 17260* ***Virollet.*** *☎ 05-46-94-52-93. • annie.renolleau@orange.fr • À 10 km à l'ouest de Pons par la D 732 direction Cozes-Royan ; tourner à gauche vers Virollet, puis direction Saint-Germain-du-Seudre (D 244). Fermé dim et j. fériés hors saison. Double 53 € ; familiale 65-70 € ; gîte 4-6 pers 350-550 €/sem. Réduc de 10 % sur le prix de la chambre sur présentation de ce guide.* La chambre d'hôtes à la campagne comme on l'imagine. Dans une belle ferme du XVIIIe s restaurée, sur la propriété d'un charmant couple de producteurs de pineau, 3 chambres de caractère avec pierre et poutres apparentes. Très joliment aménagées, avec beaucoup de goût. De plus, on est en pleine campagne charentaise, idéale pour des balades nature. Sinon, possibilité de sieste sous le catalpa (tout rose au printemps) ou de p'tit plongeon dans la piscine. Accueil authentique et sympathique.

Auberge du domaine du Seudre : *17240* ***Saint-Germain-du-Seudre.*** *☎ 05-46-70-91-26. • domaineduseudre@wanadoo.fr • À env 15 km au sud-ouest de Pons. Tlj sf mar-mer. Congés : vac de fév et 15 j. en oct. Résa obligatoire. Formules et menus 24-35 € ; menu découverte (5 plats) 45 €. Café offert sur présentation de ce guide.* Dans une ancienne propriété viticole du XVIe s, une auberge gastronomique de grande réputation, spécialisée dans les séminaires, mariages et repas de famille, mais qui reçoit aussi les individuels. Grande salle à manger en pierre sèche.

Que des produits régionaux pour une belle cuisine de terroir. Grand parc ombragé pour se délasser. Et 4 roulottes *(60 € pour 2 pers ou 90 € pour 4 pers)* pour dormir au frais si ça vous dit.

À voir

Le donjon : *infos, ☎ 05-46-96-13-31. Juil-août, tlj (sf 14 juil et 15 août) 10h-12h30, 14h-18h30 ; de mi-avr à juin et sept-oct, tlj sf lun 14h-18h. Fermé le reste de l'année. Entrée : 3,50 €.* Ses créneaux (ajoutés en 1904) lui donnent un air de château de parc d'attractions floridien, mais c'est un vrai donjon du XIIe s, seul vestige encore debout de la forteresse de Pons, pourtant réputée imprenable. On pénétrait autrefois dans ce donjon haut de 30 m par des échelles que l'on retirait en cas de danger. On passe aujourd'hui par la porte pour découvrir quelques salles d'exposition, un diaporama sur l'histoire de la ville et, au terme de 136 marches, un chouette panorama sur la ville. Au pied du donjon, un ancien logis seigneurial du XVIIe s, et au fond du jardin public se cachent l'ancienne chapelle du château et un petit musée archéologique. Animations médiévales régulières (se renseigner).

L'hôpital des pèlerins et sa voûte : *dans la ville basse (suivre la direction Bordeaux). Juil-août, tlj 14h-18h30 ; le reste de l'année, horaires réduits. Entrée : 3,50 €.* Un des rares monuments de ce type existant encore en France. Il est d'ailleurs inscrit au Patrimoine mondial de l'Unesco depuis 1998. Né de l'obligation d'accueillir les pèlerins en route pour Compostelle et construit hors les murs pour leur offrir un abri de nuit quand les portes de la ville étaient fermées. Asseyez-vous sur les bancs de pierre installés pour les pèlerins et détaillez les graffitis (notamment des fers à cheval) gravés sur la voûte. Possibilité de visiter la salle des malades, coiffée d'une belle charpente des XIIe-XIIIe s, ainsi qu'un jardin médiéval de 3 000 m^2 dans lequel on dénombre plus de 100 plantes médicinales.

Le château des Énigmes (château d'Usson) **:** *route de Fléac, à 1 km au sud de Pons par la D 249. ☎ 05-46-91-09-19. • chateau-enigmes.com • Début avr-début nov, tlj 10h-19h (20h en été) ; fermeture des guichets 2h avt. Entrée : 14 € ; 11 € 4-12 ans.*
Drôle d'histoire que celle de ce château. Édifié au XVIe s à la sortie de Pons pour la famille de Rabaine, il a été racheté au XIXe s et déplacé pierre par pierre quelque 6 km plus loin ! Drôle de château Renaissance aussi. Au fond de la cour, la galerie aligne en façade Césars en médaillons, sentences tirées de la Bible et des créneaux d'où émergent une ribambelle de petits Cupidons. À un angle, une tour, donjon en réduction mais coiffé d'un toit dont on dirait qu'il est pour le moins original si le terme n'était pas un peu faible... Bref, le château d'Usson, c'est « pourquoi faire sobre quand on peut faire exubérant » !
Mais c'est avant tout un parc de loisirs. On vient ici pour s'amuser. Il s'agit d'observer, de réfléchir et d'être un minimum adroit pour rechercher des indices qui permettent de résoudre une énigme.
Cinq ***cabanes*** dans les arbres permettent de prolonger le dépaysement en dormant sur place *(résa longtemps à l'avance : ☎ 09-77-53-83-92 ; • sur-un-arbre-perche.com • ; compter 135-165 €, petit déj compris).*

À faire

– **Le Jardin de la Seugne :** *au fond du parking du 18-Juin (ville basse), près du pont sur la Seugne. Avr-oct, ouv dès 6h30.* Quelques bancs, un petit accès à la rivière pour un petit coup de vert et de fraîcheur dans un beau petit parc.

LA CHARENTE-MARITIME

DANS LES ENVIRONS DE PONS

Si vous avez un faible pour les églises romanes, sachez que la haute Saintonge en regorge (plus d'une centaine). Évidemment, toutes ne valent pas forcément le détour. Pour vous aider dans votre choix, l'office de tourisme dispose d'un guide consacré aux promenades romanes ; une dizaine de circuits sont proposés. Nous avons retenu deux églises incontournables.

*** ***L'église Saint-Martin :** *à* ***Chadenac.*** *À 8 km au sud-est de Pons sur la D 250.* Édifiée au milieu du XIIe s, elle est considérée comme l'une des plus remarquables églises romanes saintongeaises. Sa façade richement ornementée lui a d'ailleurs valu le surnom de « marquise de Saintonge ». Marquise un peu décatie, certes (la maladie alvéolaire de la pierre), mais superbe encore. Toute la décoration tourne autour du thème du Bien et du Mal. On retrouve les sujets habituels de l'iconographie romane (vierges folles et vierges sages, Vertus terrassant les Vices, etc.) auxquels s'ajoute une série de personnages aux prises avec des monstres qu'on espère ne jamais rencontrer. Les arcades abritent des statues fatiguées par les années mais qui témoignent d'un sacré coup de ciseau.

** ***L'église Saint-Sulpice :** *à* ***Marignac.*** *À 10 km au sud-est de Pons par la D 142.* Une des plus originales de la Saintonge. D'abord, en raison de son plan : nef unique et sanctuaire à plan tréflé. Ensuite, pour sa décoration. Une frise qui court sur presque tout l'édifice, à l'intérieur comme à l'extérieur. D'un embrouillamini végétal surgissent un homme tonneau, des couples qui se livrent à des pratiques que la morale réprouve... Tiens, on aurait bien aimé le rencontrer, celui qui a sculpté cette petite merveille !

JONZAC

(17500) 3 500 hab. *Carte Charente-Maritime, C3*

Ruinée par la guerre de Cent Ans, écartelée pendant les guerres de Religion, Jonzac peine à s'affirmer avant 1800, date à laquelle elle est promue sous-préfecture de la Charente-Inférieure. Avec une histoire en dents de scie, faite de périodes fastes dues notamment au commerce du cognac et de moments difficiles comme la crise du secteur agricole, Jonzac a abordé le nouveau millénaire avec un esprit revanchard. La petite ville campée sur deux collines multiplie les projets pharaoniques : la station thermale est désormais rejointe par un giga complexe aquatique, et depuis peu par un casino. Pourtant créée en 1986, Jonzac est également devenue la 10e station thermale de France. En attendant, on ira se balader dans l'agréable centre historique d'une ville qui mise sur l'avenir. Jonzac s'est tournée vers les économies d'énergie et les énergies renouvelables à travers différents pôles de production et de sensibilisation des habitants. La géothermie se positionne en véritable enjeu de développement ; elle permet d'approvisionner les thermes et d'assurer le chauffage urbain. Les chaufferies à bois alimentent déjà 2 000 foyers. Et la collecte des eaux de pluie permet d'arroser terrains de sport et bacs de fleurs municipaux. Une ville exemplaire qui suscite un intérêt international pour cette gestion responsable.

Adresse utile

i ***Office de tourisme :*** *22, pl. du Château.* ☎ *05-46-48-49-29.* • *jonzac-tourisme.com* • *Janv-fév, tlj sf dim ; mars-déc, tlj.* Organise des visites guidées payantes du château *(en été, tlj à 16h ; le reste de l'année, slt mar à 15h).* Visites payantes de la ville également *(juil-août, mar et jeu à 17h ; le reste de l'année sf en hiver, mar à 16h).* Sinon, plan gratuit *La traversée de Jonzac,* pour parcourir la ville à pied. Organise des après-midi découverte sur différents thèmes tout au long de l'année. Balades thématiques sur la biodiversité de la rivière. Visites du jardin médiéval.

Où dormir ? Où manger ?

Camping municipal : *pl. Saint-Exupéry. ☎ 05-46-48-49-29 (office de tourisme). • jonzac-tourisme.com • Proche du centre-ville, le long de la rivière. Ouv de mi-mars à mi-nov. Forfait 11 €. 33 empl.* Un petit camping basique, simple et fonctionnel, avec une petite note bucolique pour les quelques emplacements en bord de rivière (le n° 27 par exemple). Équipement correct. Ombrage moyen sur sol dur ou herbeux selon les emplacements. Accès direct (1 km) aux thermes et commerces très proches.

Le Coq d'Or : *18, pl. du Château. ☎ 05-46-48-00-06. • lecoqdor.fr@gmail.com • (partiel). Resto fermé dim soir et lun. Congés : 17-31 mars et vac de Noël. Doubles 89-99 €. Formule 16 € ; menus 23-30 € ; carte env 40 €.* On ne peut plus central, en face du superbe château. Belle façade de 1908 aux airs de théâtre parisien de la Belle Époque. 5 chambres spacieuses (plus une familiale), élégant mobilier ancien d'un charme certain et d'un bon confort (double vitrage, clim, Canal +...). Au rez-de-chaussée, une agréable brasserie dont on remarquera le cadre de caractère, les grandes glaces gravées et le joli comptoir en bois et zinc. Élégante salle de restaurant également pour une bonne cuisine classique : joue de bœuf-mousseline de pommes de terre, noix de Saint-Jacques poêlées aux cèpes... Plaisante terrasse.

Où dormir ? Où manger dans les environs ?

Camping municipal : *17520* ***Archiac.*** *☎ 05-46-49-10-46 ou 82 (mairie). • accueil@archiac.fr • À env 15 km au nord-est de Jonzac. Ouv 1er juin-sept. Forfait 7,90 €. CB refusées. 40 empl.* Au creux d'un vallon, un camping gentil comme tout et pas cher. Bon accueil et hyper bien tenu. Sanitaires impeccables. Ombragé, vastes pelouses. Autre avantage : la superbe piscine municipale (avec toboggan) jouxtant le camping (réduc pour les campeurs).

Hôtel Le Vieux Logis : *rue du 8-Mai-1945, 17500* ***Clam.*** *☎ 05-46-70-20-13. • info@vieuxlogis.com • vieuxlogis.com • À 5 km au nord de Jonzac par la D 142. Ouv tte l'année. Résa conseillée. Doubles avec douche et w-c ou bains 80-100 € selon confort. Menus 18-22 € (sf w-e), puis 35-50 € ; carte env 50 €.* Aimable auberge de campagne, à l'écart de la route, où l'on se restaure très bien. Hôtel juste à côté, dans un genre de chalet contemporain mais horizontal et discret, tout bardé de bois. Une dizaine de chambres spacieuses et très confortables, toutes de plain-pied et prolongées de terrasses privées donnant sur un agréable jardin. Petite piscine et tennis derrière l'hôtel. Quant au resto, 3 petites salles lumineuses et une cuisine traditionnelle bien troussée, au fil des saisons et du marché. Ou des saveurs plus exotiques comme l'émincé de bœuf sauté à la vietnamienne. Accueil particulièrement affable, service attentionné. Belle carte de cognacs, à découvrir avec le patron.

Chambres d'hôtes du domaine du Terrier : *domaine du Terrier, 17500* ***Reaux.*** *☎ 05-46-48-25-08. • contact@domaineduterrier.fr • domaineduterrier.fr • De Jonzac, D 699 vers Reaux, puis à droite vers Meux, puis pancarte à droite (ne pas être surpris, c'est une allée !). Ouv tte l'année. Double 59 € ; familiales 73-88 € ; gîte*

4 pers 240-520 €/sem. Une exploitation viticole dans la même famille depuis 1690, ça impressionne ! Belle demeure charentaise traditionnelle au milieu des vignes et accueil affable du proprio qui propose 2 chambres de bon confort. Il aime aussi partager sa passion pour la vigne, le pineau, le cognac, et faire visiter sa distillerie. Si vous réservez à l'avance, demandez la « Chambre de maître », très spacieuse et colorée, avec vue privilégiée sur le parc. L'autre est bien aussi mais plus classique. Beau gîte rural équipé avec 2 chambres et jardin privatif. Vente de bon pineau, mais vous l'aviez deviné !

Chambres d'hôtes Le Moulin de Narrat : *17520* ***Saint-Maigrin.*** *☎ 05-46-04-04-62. • contact@moulindenarrat.fr • moulindenarrat.fr • À 15 km à l'est de Jonzac par la D 2 puis la D 152 vers Saint-Maigrin ; fléché à la sortie du village. Ouv tte l'année. Doubles 75-120 € selon taille et saison ; gîte de 2 chambres avec sdb individuelle 390-490 €. Table d'hôtes (résa obligatoire) env 25 €.* Un moulin classé Fondation du Patrimoine, entièrement restauré, aménagé avec un goût extrême et une déco dans l'air du temps… et du cadre ! Au calme, avec le bief ou la pêcherie en paysage depuis les chambres. Le gîte dans l'ancienne maison du meunier ajoute au charme des lieux. Adresse incontournable.

La Clé des Champs : *39, av. de l'Océan, 17500* ***Meux.*** *☎ 05-46-04-77-66. Sur la D 2, à 7 km à l'est de Jonzac. Tlj sf le soir lun-mer. Formule 13,90 € ; carte env 23 €.* Le petit resto de village comme on l'aime, avec sa cuisine de campagne rustique et généreuse, ses habitués réjouis et ses prix d'avant-guerre. 2 salles, dont celle des célibataires, comme dit le patron (avec sa longue table de bois). Ici, surtout des grillades (viandes fermières) au feu de bois dans la grande cheminée.

À voir. À faire

Le château : *visites organisées par l'office de tourisme (voir « Adresse utile »).* Il existe depuis la fin du XIe s, mais l'édifice actuel ne remonte, pour ses parties les plus anciennes, qu'au XVe s. Puissant châtelet d'entrée flanqué de tours rondes, mâchicoulis (au passage, plus bretons que saintongeais) et douves : il porte encore beau. C'est toujours le siège du pouvoir puisque ses ailes abritent la sous-préfecture et l'hôtel de ville. On ne peut donc en visiter qu'une partie : l'ancien chemin de ronde, la salle des mariages et celle du conseil municipal (qui datent du XIXe s), et un mignonnet théâtre de style Napoléon III.

Autour du château, l'***ancien bourg,*** qui a constitué l'essentiel de la ville de Jonzac jusqu'au XVIIe s, a conservé moult traces de son passé : la *porte de ville* (XVe s) ou la ruelle médiévale de *Champagnac,* entre sente et tunnel, les galeries noires…

L'église Saint-Gervais : à côté d'un marché couvert pur style Baltard, entièrement restauré. Beau portail roman typiquement saintongeais. Illuminations tous les soirs. Scénographie autour de la nécropole mérovingienne du parvis.

Le pont de pierre : jeté sur la Seugne au XIXe s. Un coin délicieux. Des maisons anciennes pieds dans l'eau et une rivière qui se perd un peu au milieu d'îlots moussus. Fort joli cheminement piéton le long de la rivière.

Le cloître des Carmes : fondé en 1505, il n'a jamais abrité plus de huit religieux… Après la Révolution, il devient tribunal de l'arrondissement et maison d'arrêt. L'église abbatiale abrite toujours le tribunal. On n'en verra donc que le petit cloître du XVIIe s, adorable même si toutes ses arcades n'ont pu être dégagées.
– Une des chapelles latérales accueille un *Musée archéologique* (se renseigner auprès de l'office de tourisme pour connaître les conditions d'accès). Des visites régulières sont proposées toute l'année sur inscription auprès de l'office de tourisme.

– *Expositions temporaires* toute l'année et cycle de *conférences* en juillet-août. Également une toute nouvelle médiathèque.

La Maison de l'énergie : *☎ 05-46-04-84-51. Mer-sam 14h-18h, plus lun-mar pdt vac scol zone A. Fermé janv-fév et j. fériés (visites sur résa). GRATUIT.* Histoire de la géothermie à Jonzac et découverte des énergies renouvelables de manière ludique (ateliers pour enfants). Bornes interactives, exposition permanente sur les énergies renouvelables, l'éco-énergie, visites commentées et conseils, comme « comment choisir son mode d'isolation ».

Le moulin à vent du Cluzelet : *rue de Cluzelet, au-dessus des* Antilles, *mais pas évident à trouver ; suivre la voie tracée en face des* Antilles, *vers les châteaux d'eau jumeaux. Infos à l'office de tourisme. Juil-août, tlj sf... certains j. ! Se renseigner à l'office de tourisme pour les horaires, variables selon saison, période... et vent. Entrée : env 4,20 € ; 1,35 € enfant.* Ce meunier-là ne dort pas beaucoup. Il préfère raconter l'histoire de son moulin, exposé aux quatre vents depuis le XVIIIe s, et moudre du grain pour enseigner à ses visiteurs l'art de « pigeonner » le client. Faut bien vivre ! Et la farine dans tout ça ? On peut en acheter un sachet ou goûter aux délicieuses crêpes préparées à la base de loisirs.

– Le ***moulin à eau de chez Bret*** est en activité. Même principe, avec une meunière qui fait de l'huile de noix. *En été, tlj ; le reste de l'année, se renseigner à l'office de tourisme. Entrée : 5,60 € ; 2,25 € enfant. Pass 2 moulins : 8,15 € ; 2,95 € enfant ; 19,90 € famille.* Scénographie sur l'occupation de Jonzac depuis 50 000 ans et expo permanente sur les vestiges découverts dans la villa gallo-romaine. Également témoin de la vie de la rivière et du lien homme-rivière. Très intéressant et didactique.

– ***Les Antilles de Jonzac :*** **parc du Val-de-Seugne.** *☎ 05-46-86-48-00. • lesantillesdejonzac.com • Téléphoner pour les horaires, très différents selon période. Entrée : lagon env 10,15-10,75 €, espace forme 12,80-13,60 € ; pass* Antilles *19-19,95 € ; réduc jeunes et familles.* Parc 100 % écologique puisque l'eau est chauffée grâce à un forage géothermique à 1 840 m de profondeur. Pas moins de 10 000 m² de jeux d'eau, de vraies-fausses plages, de bassins à vagues, de rivières à courants, de bains bouillonnants dans une eau à 29 °C. Toboggan de 60 m, bain romain, bassin sportif et animation (pataugeoire) pour les petits. Serre tropicale qui longe la structure et les bassins. Température ambiante... qui fait aussi pousser les plantes tropicales ! Un second pôle réunit un espace « bien-être », remise en forme et soins ! Aux produits déclinés à base d'eau de... Jonzac.

– ***La base de loisirs d'Heurtebise :*** *avec plage et espaces verts. ☎ 05-46-48-49-29 ou 14-07. À partir de 3,60 € activité enfant, 4,60 € activité adulte ; également un passeport loisirs pour 4 activités à prix réduit (infos à l'office de tourisme).* Sur place, espace jeux pour enfants (accessible toute l'année), aire de pique-nique, resto (de début mai à mi-septembre), rampe de skate et de rollers, boulodrome, centre équestre, sentiers balades, pêche... En juillet-août uniquement, parcours aventure d'arbre en arbre, voile, tir à l'arc, mur d'escalade, trampoline, nautisme, mininavires, jeux traditionnels géants, tyroliennes, structures gonflables, activités « pitchouns »...

– ***Les thermes de Jonzac :*** *☎ 05-46-48-59-59.* Jonzac est aussi une ville thermale. Ces thermes, qui traitent des problèmes de rhumatisme, voies respiratoires, phlébologie, sont situés dans un site troglodytique unique en Europe. Le parc thermal qui entoure le site permet une jolie balade.

➢ ***Balades en barque :*** *avr-oct. Sur résa à l'office de tourisme.* Promenade historique ou promenade « découverte nature » sur la Seugne accompagnées par un guide batelier.

Manifestations

– ***Journée des moulins :*** *1 j. en mai.*
– ***Site en scène Drôles de rues*** *(juil)* ***et festival Eurochestries*** *(août)* **:** concerts gratuits et animations.
– ***Université d'été :*** conférences et expos gratuites sur l'histoire, la généalogie... aux Carmes.
– ***Brocante géante :*** *1er w-e d'oct.* Toute la ville de Jonzac envahie par un gigantesque vide-greniers ! Très prisée.
– ***Bourse du jouet ancien et de collection :*** *1 j. mi-déc.*

DANS LES ENVIRONS DE JONZAC

La haute Saintonge regorge évidemment d'églises romanes. Demander aux offices de tourisme la remarquable brochure *Promenades romanes,* qui les répertorie toutes à travers une dizaine d'itinéraires.

La Maison de la vigne et des saveurs : *La Pierre-Brune, 17520* ***Archiac.*** *☎ 05-46-49-57-11. • maisondelavigneetdessaveurs.com • À 15 km au nord-est de Jonzac par la D 699. Tte l'année sf 1er w-e de janv-1er w-e de fév : avr-oct, tlj 10h-19h ; nov-mars, lun-ven 14h-18h, sam-dim 10h-18h. GRATUIT.* Les sens en alerte pour une visite aromatique, gustative, éducative, didactique et ludique. Espaces découverte sur la vigne dans un village au cœur de la « petite Champagne », un des six crus de l'appellation. Scénographie moderne et interactive. Impressionnante palette des couleurs des pineaux et des cognacs ! Ateliers et animations toute l'année (se renseigner).

L'église de Moings : *à 7 km au nord-est de Jonzac par la D 249 puis la D 250. Demander la clé à la mairie.* Une petite église romane comme il y en a quelques-unes dans le coin ! Mais toutes n'ont pas leurs murs ornés d'un ensemble de graffitis du XIIe s qui semble n'avoir aucun équivalent. Découverts par hasard sous une couche de badigeon dans les années 1950, ces graffitis évoquent, avec un étonnant sens du récit, des scènes de bataille : chevaliers, sonneurs d'olifant. Une sorte de bande dessinée gravée dans la pierre, qui fait d'emblée penser à la tapisserie de Bayeux. Surprenant.

La Maison de la forêt de haute Saintonge : *17210* ***Montlieu-la-Garde.*** *☎ 05-46-04-43-67. • haute-saintonge.net/foret/ • En bordure de la D 730, bien indiqué. Fév-déc. Lun-ven 9h-12h, 14h-18h (sam-dim en déc) juil-août : lun-ven 9h-18h30, sam-dim 10h30-18h30 (sauf avr-nov dim : 15h-18h). Fermé janv. C'est aussi l'office de tourisme de Montlieu-la-Garde.* Pôle Nature départemental consacré à la forêt et au bois. À découvrir : parc arboré de 15 ha, tour de guet avec son belvédère, ancienne scierie, constructions à colombages et grange du XVIIIe s. Un autre sentier ludique, ponctué d'énigmes à résoudre, permet de découvrir la nature (ouvert à tous à partir de 6 ans ; livret-jeux). Également des expositions et animations toute l'année *(entrée payante, gratuit jusqu'à 12 ans).* Sur le site, vente de produits régionaux, objets en bois et livres.

– ***La foire aux célibataires de La Genétouze :*** *à* ***Saint-Aigulin.*** *Aux confins sud-est du département, à env 20 km à l'est de Montguyon.* La Genétouze est un village de 270 âmes où, depuis plus d'une vingtaine d'années, est organisée une foire (un terme charmant...) aux célibataires le dernier week-end d'août. Au début, il y avait même un concours du plus long baiser et des compétitions entre femmes aux seins nus... mais on a mis fin à ces joyeuses manifestations païennes. Il n'empêche qu'on y a compté jusqu'à 2 000 participants ! Alors, si vous cherchez l'âme sœur...

L'ESTUAIRE DE LA SEUDRE

L'estuaire de la Seudre ? Si on avait écrit comme titre de chapitre « Le bassin de Marennes-Oléron », ça aurait tout de suite été plus parlant, bien sûr. Tout le monde identifie une région qui fournit chaque année près de la moitié des huîtres consommées en France. L'ostréiculture ne se limite pourtant pas aux environs de Marennes et à une des côtes de l'île d'Oléron. Elle s'est étendue à l'ensemble de l'estuaire. Une monoactivité qui joue sur la physionomie de la région. Les anciens marais salants reconvertis en parcs à huîtres et en claires ajourent la côte comme une dentelle. Et le chenal jalonné de baraques en bois aux couleurs éclatantes est devenu le mètre étalon du paysage.

➢ ***Le train des Mouettes :*** *gare touristique, 3, chemin Vert, 17600* ***Saujon.*** *☎ 05-46-05-37-64. • traindesmouettes.fr • Fonctionne mai-début oct. Départ à 10h et 15h15 de Saujon, et à 11h35 de La Tremblade. Juil-août, 5 départs/j., circulation les w-e et j. fériés (se renseigner pour les dates et horaires précis). Trains spéciaux en juil-août, Noël, Journées du patrimoine... Compter 13 €/adulte pour un A/R ; 6,50 € 4-11 ans ; forfait famille 36 €.* Pour découvrir l'estuaire de la Seudre à toute vapeur ! Compter 1h15 de trajet entre La Tremblade et Saujon, avec arrêt possible à Chaillevette et Mornac. Ligne créée en 1875 pour le transport des huîtres. En route, vous pourrez admirer les marais salants, les parcs ostréicoles et les villages de pêcheurs. À 30 km à l'heure, comme au XIXe s, on a le temps de profiter du paysage. Et quel bonheur d'emprunter la plus vieille loco encore en circulation (1891), autant dire un monument historique ! Pour le retour (ou l'inverse), on peut rentrer sur un vélo, que l'on aura auparavant embarqué à bord (gratuitement). À propos, tous les mardis soir en juillet-août, au départ de Saujon, pique-nique à bord (prévoir le sien donc), arrêt à Mornac avec visite guidée nocturne et retour dans une ambiance fin XIXe s. Un train animé par le jovial *Piqthiu,* amuseur saintongeais !

MORNAC-SUR-SEUDRE

(17113) 650 hab. *Carte Charente-Maritime, B3*

À l'embouchure de l'estuaire de la Seudre. Un Village de pierres et d'eau, un des Plus Beaux Villages de France, sans aucun doute, encore labellisé Villes et métiers d'art. Ils sont nombreux en Charente-Maritime à mériter l'appellation. Mais, pour être objectif, Mornac-sur-Seudre a vraiment beaucoup de caractère : un écheveau de ruelles fleuries bordées de simples demeures de pêcheurs, des halles médiévales, un port avec ses vieux gréements. Et des artisans d'art (potiers, aquarellistes...) qui ont remplacé les naufrageurs d'autrefois (ils laissaient les navires s'enliser dans les marais).

Adresse et info utiles

Office de tourisme : *5, route de Plordonnier. ☎ 05-46-22-92-46. • tourisme-mornac-sur-seudre.fr • À l'entrée du village en venant de Royan/Rochefort ; en face du cimetière. De juil à mi-sept, tlj 9h-13h, 14h-18h ; de mi-avr à fin juin et de mi-sept à mi-oct, tlj sf lun ap-m 9h-13h, 14h-17h ; de mi-oct à mi-avr, lun-sam 9h-12h30.* Organise des visites commentées du village *(nocturne mar en juil-août ; voir « Le train des Mouettes » plus haut)* et des balades sur le marais en saison. Accueil super sympa et souriant.

LA CHARENTE-MARITIME

– ***Stationnement :*** le petit centre historique étant piéton, en saison, on se gare sur les différents parkings signalés et... payants, ou sur d'autres gratuits, un peu plus éloignés.

Où dormir ? Où manger ?

Chambres d'hôtes Le Mornac : *21, rue des Halles. ☎ 05-46-22-63-20. • lemornac@sfr.fr • le-mornac.fr • Congés : 25 janv-2 fév. Doubles 75-85 € selon confort et saison.* Chez Riedel et Jan-Heyme Goedkoop, on profite du confort d'une maison bourgeoise française revisité par un accueil à la hollandaise. Avec un accent savoureux, le maître des lieux dévoile tous les charmes de sa demeure, des salons cossus et lumineux aux 5 chambres douillettes, rustiques ou contemporaines. Les chambres « Bleue » et « Jaune » sont peut-être les plus ensoleillées et les plus calmes... Et la piscine dans la cour ne gâte rien ! Atmosphère chic-décontractée à quelques pas des halles.

Les Basses Amarres : *5, rue des Basses-Amarres. ☎ 05-46-22-63-31. À 50 m du port. Tlj sf lun-mar hors saison. Congés : 1 sem en fév, 1 sem en nov et à Noël. Menus 28,50-33,50 € ; carte 40-45 €. Café offert sur présentation de ce guide.* Le chef Franck Berthier a pas mal bourlingué de par le monde et a finalement fixé ses amarres ici. Il propose une cuisine moderne de saison et du marché pleine des couleurs et des fragrances qu'il a rapportées... Pavé de bar et Saint-Jacques à l'huile de truffe blanche, foie gras poêlé au chutney d'algues à l'orange... Terrasse avec panorama sur les marais alentour. Une très bonne table !

Où dormir ? Où manger dans les environs ?

La Cabane : *rive droite du port, 17600* ***L'Éguille.*** *☎ 05-46-22-83-07. ♿ 15 juin-15 sept, tlj sf lun ; hors saison, tlj sf lun soir et mar. Congés : se renseigner. Menus 18 € (sf dim midi et j. fériés), puis 23-32 € ; carte env 40 €. Café offert sur présentation de ce guide.* D'abord, on aime bien ce port de poche, en dehors des sentiers battus et, surtout, cette très belle adresse. Pour l'accueil déjà (patronne délicieuse), et pour la qualité de la cuisine, réalisée avec un brio et un sérieux confondants. Cadre bois et poutres chaleureux, tables bien espacées, terrasse protégée. Fruits de mer d'une belle fraîcheur (copieuse assiette) et des petits plats particulièrement élaborés : magret de thon aux épices et pesto d'algues, huîtres chaudes en sabayon de corail de Saint-Jacques... Hmm !

La Cabane du Port : *21, port de Chatressac, 17890* ***Chaillevette.*** *☎ 05-46-36-39-58. 📱 06-29-85-64-55. Mai-sept, tlj sf jeu 10h-22h. Dégustation d'huîtres, moules-frites et poisson selon arrivage env 20 €.* Sur le port ostréicole, un petit paradis sauvage et préservé. Un endroit authentique pour une dégustation sympa et sans façons. Bons poissons cuits *a la plancha* et éclade de moules en saison. Terrasse sur port ! Accueil génial.

Auberge de Vivonne : *54, av. Jean-de-Vivonne, 17600* ***Pisany.*** *☎ 05-46-91-61-80. À 12 km à l'est de Saujon. Ouv tlj. Congés : janv. Double 46 €. Menu midi slt 12,50 €. Pineau offert sur présentation de ce guide.* Petit hôtel de village proposant des chambres correctes à bon prix (dont une familiale). Resto copieux.

Où boire un verre ?

Le Café des Arts : *21, rue du Port. ☎ 05-46-06-40-43. • cafedesarts.over-blog.fr • ♿ Vac scol et en été, tlj ; hors saison, slt ven-dim et j. fériés. Formules déj hors saison slt 15-18 € ; carte env 20 €. Café offert sur présentation de ce guide.* Un surprenant café pour un petit village comme Mornac.

Le décor est entièrement contemporain, avec une grande salle presque design, voire un peu clinquante, une cour – couverte – aveugle à l'arrière et quelques tables dans la ruelle. Très sympa pour boire un verre ou pour avaler une bonne crêpe, une salade ou une coupe glacée. Également d'excellentes soirées musicales dans l'année, mais surtout en été. Accueil tout aussi super que la programmation.

À voir. À faire

L'église Saint-Pierre : église médiévale fortifiée. Imposante pour un si petit village. Chœur et chapelles en cul-de-four arborant une litre funéraire médiévale (bande noire et blasons). Remarquez le chevet du XIIe s. Dans le vaste chœur encore, chapiteaux d'une facture qui s'éloigne des standards saintongeais. Quelques vestiges de fresques.

➢ ***Visite d'un marais salant :*** *rue des Mouettes. ☎ 05-46-22-42-31. 06-71-09-03-03. • marais-salant@orange.fr • Juin et sept, mar, ven et dim à 16h30 ; juil-août, tlj à 16h30. Entrée : 3 € ; gratuit moins de 15 ans.* Visite guidée avec Sébastien Rossignol, producteur, pour tout découvrir sur le métier de saunier et sur son environnement.

➢ ***Les taillées :*** *infos et descriptif à l'office de tourisme.* Petit circuit pédestre (4 km) le long des digues qui longent les marais de la Seudre.

➢ ***Le marais en kayak :*** ***Kayak & Nature,*** *06-12-64-92-88. • kayaketnature.com • Avr-oct.* Sorties kayak à thème *(guidées ; durée 2h-3h30 ; 22-40 €/adulte)* ; location de kayaks une ou deux personnes *(10 €/h ; dégressif).* Également *stand up paddle.*

DANS LES ENVIRONS DE MORNAC-SUR-SEUDRE

L'église Saint-Vivien : *à* ***Breuillet.*** *À 2 km au sud-ouest de Mornac par la D 140.* De type roman saintongeais. Elle souffrit énormément des guerres de Religion, comme en témoignent les deux inesthétiques contreforts sur les côtés. Façade joliment restaurée, dotée d'un large portail central à quadruples voussures, surmonté de deux étages d'arcatures et d'une frise à modillons (avec faces grimaçantes). Tout à côté, un vieux cimetière (pierres tombales éventrées et vermoulues, inscriptions mystérieuses) où déambuler philosophiquement. Notez ces curieuses tombes (les mêmes qu'à Talmont) en forme de bancs de pierre sculptée, ainsi que le carré à part de la famille Valette des Hermaux, hobereaux locaux aux épitaphes édifiantes...

LA TREMBLADE

(17390) 4 670 hab. *Carte Charente-Maritime, B2*

Gros bourg sur la rive gauche de l'estuaire de la Seudre. On dirigera ses pas surtout vers la Grève, son port ostréicole, le plus important de France. En saison, possibilité d'y prendre le bateau-passeur pour Saint-Trojan-d'Oléron, ou pour le port de la Cayenne à Marennes. Une bonne alternative à la voiture, d'autant que les vélos sont autorisés à bord !

Adresses utiles

Office de tourisme La Tremblade - Ronce-les-Bains : *1, bd Pasteur. ☎ 05-46-36-37-71. • latremblade.com • Juil-août, tlj sf dim ap-m 9h-12h30, 14h-18h ; hors saison, lun-sam mat, plus dim en juin. Borne extérieure 24h/24.* Excellent accueil.

Le bateau-passeur : *au port de la Grève. • bateaupasseur17.fr • En service en juil-août. Compter env 4 € pour l'île d'Oléron (Saint-Trojan), 1,50 € pour la Cayenne (Marennes).*

Où dormir ? Où manger ?

Hôtel Le Héron Cendré : *71, av. du Général-de-Gaulle. ☎ 05-46-36-09-19. • info@hotelleheron.fr • hotelleheron.fr • À 5 mn du centre et du port. Congés : vac scol d'hiver (selon zone). Doubles 54-71 € ; familiales 3-4 pers 80,50-105 € selon taille et saison. Parking privé. Un petit déj offert pour 5 nuitées (payantes en direct) sur présentation de ce guide.* Hôtel horizontal façon motel, sans charme particulier, en retrait de la route, au toit de tuiles romaines avec un rideau d'arbres en fond. Une quinzaine de chambres refaites. Plaisant, calme, fonctionnel, confortable et, surtout, un accueil pro.

Chez Gaby : *sur le port de la Grève. ☎ 05-46-36-01-47. Mars-nov : en saison, tlj ; hors saison, fermé dim soir et lun. Résa conseillée. Menus 20-38,50 €. Café offert sur présentation de ce guide.* Genre de caboulot populaire qui s'est forgé une bonne petite réputation, installé dans une cabane d'ostréiculteur séparée en 2 par un grand filet. Également une terrasse sur le bord du chenal. 1er menu qui connaît ses classiques : huîtres, fricassée de coquillages, friture de céteaux, etc. Sinon, ris de veau aux crevettes et langoustines ou assiette royale de coquillages farcis.

À voir. À faire

Le port de la Grève : des cabanes de bois qui s'accrochent au chenal, les hommes qui déchargent les collecteurs des bateaux et les femmes, à quai, préposées au « détroquage » (elles détachent les huîtres du collecteur) au milieu d'entassement de coquilles... Une visite indispensable pour qui veut appréhender le vrai travail des ostréiculteurs. Dégustations toute l'année (ou presque) et expositions en juillet-août sur cette même grève ; illumination du port en nocturne (toute l'année).

Le train des Mouettes : *voir plus haut dans l'intro de « L'estuaire de la Seudre ».* Départ et arrivée du train littoral à La Tremblade.

RONCE-LES-BAINS

(17390) 4 608 hab. *Carte Charente-Maritime, B2*

Une station balnéaire encore assez tranquille, familiale, créée de toutes pièces vers 1860 (ce qui explique ces rues tracées au cordeau et l'unité architecturale des jolies villas du centre-ville). Nous sommes toujours dans l'estuaire de la Seudre, avec ses parcs à huîtres et ses fortes marées, et les « vraies » plages de baignade se trouvent un peu plus au nord-ouest, à 2 ou 3 km vers la pointe de la Coubre : la Cèpe, le Galon d'Or, l'Embellie, la Pointe espagnole, la Côte Sauvage jusqu'au phare de la Coubre.

Adresse utile

Point accueil : *pl. Brochard. ☎ 05-46-36-06-02. • la-tremblade.com • Avr-mai et sept, mar-sam et dim mat ; juin-août, tlj 9h-19h ; hors saison, s'adresser à l'office de tourisme de La Tremblade.* Propose des visites guidées de la station de bain de mer avec balade au crépuscule vers les villas de style classique et rococo *(de mi-juil à fin août, voir avec le guide).*

Où dormir ? Où manger ?

Café-resto Le Martin Plage : *2, av. de Saint-Martin. ☎ 05-46-36-06-15. • aupetitmartin@yahoo.fr • Mars-nov, tlj sf mar soir et mer en juin. Plats 10-18 €.* Pour une petite ou une plus grande faim, une table dans la salle style brasserie avec son long comptoir, ses chaises à l'ancienne et ses banquettes ! Ou dans la véranda. La villa de 1910 Art nouveau garde ce charme désuet des boiseries. Carte éclectique du petit déj complet au copieux burger maison avec frites maison (le cuisinier est belge ; son fils aussi, et bon sang ne saurait mentir donc). Suggestions du jour. Prix gentils et produits d'une exemplaire fraîcheur. Accueil sympa.

Le Grand Chalet : *2, av. de la Cèpe. ☎ 05-46-36-06-41. • contact.grandchalet@orange.fr • hotel-grand-chalet.com • Resto fermé lun-mar. Congés : de mi-nov à début fév. Doubles 67-135 € selon confort, vue et saison. Formule déj (sf dim) 19 € ; menus 30-58 € ; carte env 40 €. Parking 7 places gratuit.* Hôtel d'un classicisme bon teint (en phase avec cette station balnéaire un brin désuète), posé tout au bord de l'océan, un peu à l'écart du bourg. Chambres lumineuses et équipées pour la plupart de balcons côté mer. Piscine chauffée de Pâques à fin septembre. Côté resto, *Le Brise-lames* propose dans sa grande salle ouverte sur la mer une cuisine de saison qui fait la part belle au poisson et autres fruits de mer, avec quelques solides plats de terroir, comme la chaudrée ronçoise, le blanc de barbue aux artichauts, la terrine de homard coraillée. Pains et viennoiseries faits maison. Accueil et service très pros.

À voir. À faire

➢ De Ronce-les-Bains, rejoindre la côte vers La Palmyre par la D 268 (La Fouasse) où la D 25 (route côtière de la Côte sauvage, notre préférée). Pour traverser la forêt de pins et de chênes avec ses nombreuses aires de pique-nique et ses accès aux plages par les sentiers verdoyants et sablonneux. Et après le phare, les ouvertures vers les plages de la Bonne-Anse fermée par son croissant de dune...

Le phare de la Coubre : *D 25, Ronce-les-Bains. ☎ 05-46-06-26-42. 📱 06-70-21-22-00. • la-tremblade.com • Juil-août, tlj 10h-13h, 14h-18h30 ; de mi-avr à fin juin et sept, tlj sf mar, horaires légèrement réduits ; autres périodes, se renseigner. Visite : 3 € ; réduc ; gratuit moins de 6 ans. Accès limité à 19 pers/visite.* La vue à 360° en haut des 64 m et des 300 marches se mérite, évidemment. Mais rien que la vue de l'intérieur en opaline bleue est lumineuse. Que dire de l'escalier hélicoïdal conçu par Eiffel ? Et si votre vue ne porte pas aussi loin que les 52 km de la puissante lampe, profitez du panorama, même plus proche, sur l'ancien phare de 1895. En bas, petit écomusée sur l'histoire et le matériel du phare si vous avez le vertige !

MARENNES

(17320) 5 740 hab. *Carte Charente-Maritime, B2*

Passage obligé pour se rendre dans l'île d'Oléron, la ville de Marennes ne présente pas de grand intérêt touristique mais tente d'y remédier en aménageant plage, camping et tutti quanti...

Quoi qu'il en soit, Marennes est surtout célèbre, voire mondialement connue, pour son ostréiculture, et elle peut, à juste titre, se targuer d'être la « capitale de l'huître verte ». Pour le coup, les paysages sont fantastiques et, en plus, on se régale bien...

LA MAGIE DES HUÎTRES DE MARENNES-OLÉRON

De l'eau et de la terre, de la terre et de l'eau. De l'eau dans la terre et de la terre dans l'eau. Des espaces mouvants, un lieu émouvant. Pas moins de trois estuaires (Gironde, Seudre et Charente) pour créer cet incessant ballet d'eau salée qui se mélange à l'eau douce. C'est cette subtilité des eaux qui régule la vie dans le bassin. Des bancs de terre, des bras de mer, et toujours cette eau qui se faufile dans les espaces herbeux. Et puis de curieuses cabanes en bois colorées, perchées sur de fins piquets, doucement éclairées par des guirlandes lumineuses. Un décor étrange, une alchimie singulière, un accord délicat entre les éléments pour que, depuis la nuit des temps, l'huître puisse naître, se développer et procréer.

Au début était la plate...

La gentille anarchie naturelle existante ne semblait pas convenir à ces diables d'envahisseurs ***romains,*** organisateurs dans l'âme. ***Ils furent les premiers à créer ici des parcs pour les huîtres au début de notre ère,*** tentant ainsi de maîtriser l'évolution du coquillage. L'ostréiculture était née. Des empereurs romains jusqu'à nos têtes couronnées, l'huître, accompagnée d'un simple filet de vinaigre, parfois pochée ou fumée, ou relevée d'une sorte de mélange de jus de poisson, ravira tous les palais royaux pendant des siècles. Mais, première parenthèse, tout le monde sait bien que le seul moyen de goûter véritablement l'huître est de la manger nature et en la mâchant (et non en la gobant !).

... puis vint la creuse

Dure à l'extérieur, fragile et délicate à l'intérieur. On pensait que l'huître arrivée ici par la magie de la nature était là pour toujours. Patatras ! En 1922, une épizootie ravage les plates du bassin. Heureusement, le destin avait voulu que, quelque temps plus tôt, un navire rempli d'huîtres portugaises, des creuses, vienne se protéger d'une tempête dans l'estuaire de la Gironde. Mais on ordonna au capitaine de se séparer de sa cargaison de coquillages. Miracle ! Ces nouvelles émigrées ne mirent pas longtemps à s'intégrer à leur nouvel environnement, s'installant dans le bassin comme chez elles et remplaçant les plates moribondes. Pas pour longtemps. Une nouvelle épizootie décime cette fois les portugaises en 1970. On cherche alors le salut du côté du Japon d'où l'on rapporte la *Crassostrea gigas.* Encore une creuse qui s'adapte merveilleusement et croît vite. C'est cette espèce qui occupe aujourd'hui le bassin de Marennes-Oléron (et même la quasi-totalité du littoral français) et donc le fond de nos assiettes.

Une huître, c'est comme un enfant, ça s'éduque !

Captage, domptage et éducation. Trois mots-clés pour un parcours plein d'embûches. Une alchimie d'une grande complexité dans laquelle la température et la salinité de l'eau jouent un rôle important. Sans entrer dans un discours complexe – bien que passionnant –, sachez tout de même que l'huître perd sa graisse à la fin de l'hiver pour fabriquer sa laitance et ses œufs au début du printemps, au moment du réchauffement de l'eau (les fameux mois sans « r »). ***La fécondation n'aura lieu qu'en juillet.*** Des centaines de milliers d'huîtres à la fois lâchent leur laitance et fécondent dans le lit de la rivière des milliards de poches d'œufs. Dès leur éclosion, les embryons cherchent à s'accrocher à tout ce qu'ils rencontrent. Les collecteurs mis en place par les ostréiculteurs sont là pour ça. Ce sont souvent des tiges de plastique ou des barres de fer, parfois des tuiles. Les huîtres se fixent alors elles-mêmes sur les capteurs. Puis, durant 4 ans, elles seront baladées d'un parc à l'autre en fonction de la profondeur de l'eau, de la situation des parcs, de la présence de prédateurs dans les bassins, etc. Chaque producteur possède donc plusieurs parcs. Ainsi, dans l'estuaire, on assiste au ballet permanent de barges qui promènent des dizaines de poches d'huîtres. Le parc principal est celui du mi-élevage, situé en mer, là où l'on trouve le phytoplancton en abondance. L'huître s'y développera pendant près de 2 ans. ***La 4e année est déterminante.*** C'est l'heure du triage, du calibrage et surtout de l'orientation de l'huître pour en faire une « fine de claire », une « spéciale » ou une « pousse en claire » en fonction de sa taille, de son poids et de sa forme.

UN PEU DE SEL...

Laissons la parole au grand érudit et émailleur du XVIe s, Bernard Palissy, qui avait déjà noté à l'époque que les « huistres se nourrissent la plus grande part de sel [...]. Et si le sel a ceste vertu d'esmouvoir les parties genitalles (comme j'ay dit), c'est une chose certaine et bien approuvée que les huistres causent une mesme action ». Messieurs, foin de la corne de rhinocéros, du bois bandé ou du Viagra... mais des huîtres, rien que des huîtres !

La claire, spécificité de Marennes

Les claires sont en fait d'anciens marais salants (il y en a des milliers formant un étonnant quadrillage tout le long des estuaires) dans lesquels les huîtres font un passage plus ou moins long pour s'affiner. Elles y trouvent un complément de nourriture et un taux de salinité moindre que dans l'eau de mer. Là, elles ne croissent plus, mais leur coquille se durcit, elles gagnent en poids de chair et affinent leur goût. Et puis il y a la magie de la navicule bleue, la *Navicula ostraria.* C'est une algue unicellulaire qui se développe sur le fond du bassin de claire. Un étrange phénomène, spécifique au lieu et parfaitement incontrôlable, qui donne à l'eau une coloration bleue. Pourquoi, comment ? Personne n'a jamais percé ce mystère. ***L'huître, grâce à elle, prend une jolie teinte verte, véritable signature de l'huître de Marennes.*** Ce sont tous ces éléments qui confèrent sa noblesse à l'huître affinée en claire. À Noël, vous saurez maintenant ce que « claire » veut dire avant d'acheter votre bourriche chez le poissonnier. Voici un miniguide pour mieux comprendre.
- *La fine :* c'est l'huître normale, qui ne passe pas par le bassin de claire.
- *La fine de claire :* elle doit avoir séjourné au moins 1 mois en bassin de claire, avec une densité maximale de 20 huîtres par mètre carré. Un Label rouge a même été mis au point, déterminant des caractéristiques précises de la fine de claire.
- *La spéciale de claire :* son passage en claire doit durer au moins 2 mois (densité de 10 huîtres au mètre carré) et elle doit répondre à des critères de forme, de poids et de volume de chair encore plus exigeants que la fine de claire.
- *La pousse en claire :* le nec plus ultra ! Une croissance à l'écart des copines (densité de deux à cinq coquillages par mètre carré) et un séjour de 4 à 8 mois en claire. Elle est en fait produite de manière très confidentielle et donc difficile à trouver.

À noter qu'on peut très bien trouver des fines de claire en Bretagne. Il s'agit alors d'huîtres élevées en Bretagne, puis affinées en bassin de claires à Oléron.

Quelques chiffres

Le bassin de Marennes couvre 6 000 ha dont 3 000 ha de parcs et autant de bassins de claires concédés pendant 35 ans (et cessibles de père en fils) à 1 200 exploitants. Un couple d'ostréiculteurs peut produire entre 40 et 50 t d'huîtres par an. ***En tout, ce sont environ 50 000 t*** qui sont produites ***annuellement*** (soit près de ***la moitié de la production nationale***), plus 20 000 t affinées ici en claires mais provenant d'autres bassins français. À l'inverse, nombre de naissains captés ici seront achetés par des producteurs et envoyés vers d'autres bassins ostréicoles français pour y être élevés.

Adresse utile

Office de tourisme : *1, pl. Chasseloup-Laubat. ☎ 05-46-85-04-36. • tourisme-marennes.fr • ile-oleron-marennes.com • Juil-août, tlj sf dim ap-m et j. fériés 9h30-18h30 ; le reste de l'année, fermé lun, sam ap-m et dim (avec quelques fermetures pour congés en fév-mars et nov).* Accueil prévenant et pro.

Où camper ?

Au Bon Air : *9, av. Pierre-Voyer. ☎ 05-46-85-02-40. • contact@aubonair.com • aubonair.com • À Marennes-Plage, en direction de La Tremblade, au rond-point à gauche. Ouv avr-sept. Prix : 23,50 € en hte saison ; mobile homes et chalets 4-6 pers 199-750 €/sem. 126 empl.* Petit camping familial proposant de grands emplacements de 80 m² chacun. Bien verdoyant et arboré. Animations sportives, soirées à thème. Piscine de 170 m² chauffée avec une pataugeoire... mais la plage de Marennes est à deux pas (à peine 200 m). Bon accueil.

Où manger ?

Établissement Fabrice Billeau – Bar à Huîtres : *à la pointe du port de la Cayenne. ☎ 05-46-85-34-61. De mai à mi-sept slt, tlj 10h-21h. Dégustation d'huîtres à partir de 8 € ; menus env 16-19 €.* Difficile de faire plus simple : une poignée de tables et de chaises de jardin éparpillées sur la grève avec, comme seul décor, la Seudre mouchetée d'embarcations. On se sent proche des éléments, dans un état d'esprit idéal pour savourer sans façon les huîtres élevées par la famille Billeau. Intéressante formule comprenant huîtres, moules, crêpe et café.

Où dormir ? Où manger dans les environs ?

Pour l'hébergement, contacter sans hésiter l'office de tourisme afin d'obtenir la liste des chambres d'hôtes.

La Cabane du Chapus : *au port du Chapus, rue du Fort-Louvois, 17560* ***Bourcefranc-le-Chapus.*** *☎ 05-46-47-21-91. • lacabaneduchapus@gmail.com • Avr-début nov, tlj sf lun en saison, tlj sf mer hors saison. Formule déj 13,50 € ; menu 20,90 € ; plateau de fruits de mer env 24,50 €.* Une ancienne cabane ostréicole transformée en resto sur pilotis, à la déco lambrissée grise, avec une agréable terrasse donnant sur le pont d'Oléron. L'adresse idéale pour se régaler d'un solide plateau de fruits de mer en faisant bien traîner le dépiautage. Fait également bar à huîtres, à moules, et propose de savoureux poissons *a la plancha* préparés par un chef qui maîtrise à merveille ses produits, d'une grande fraîcheur.

À voir

L'église Saint-Pierre-de-Sales et son clocher : *en été, on peut monter au clocher tlj 10h-12h30, 14h-18h30 ; hors saison, s'adresser au presbytère (☎ 05-46-85-03-86) ou à l'office de tourisme. Tarif : 2 € ; réduc.* Édifiée au XVIᵉ s, puis retapée au début du XVIIe s (les guerres de Religion l'ayant endommagée), l'église domine nettement le paysage, du reste assez plat, des marais et bassins environnants. Remarquable pour son clocher de style gothique flamboyant, culminant à 85 m et qui servit de phare...

Le port de la Cayenne : jolie vue sur la Seudre et les parcs à huîtres. On y accède en longeant le chenal de Marennes bordé de ravissantes petites cabanes de pêcheurs. Ne vous y trompez pas, le chenal s'étire sur environ 4 km. On ne dirait pas !
– On pourra prendre le **bateau-passeur** pour rejoindre La Tremblade (*• bateau passeur17.fr • ; en service juil-août slt ; compter 1,50 €).* Vélos acceptés.

La Cité de l'Huître : *voie de la Cayenne. ☎ 05-46-36-78-98 (infos et résas). • cite-huitre.com • (certaines cabanes slt). Bien indiqué dans Marennes. Avr-juin et sept, tlj sf lun-mar hors vac scol 11h-19h ; juil-août, tlj 10h30-20h ; oct, w-e slt (tlj pdt vac scol de la Toussaint). Fermé début nov-mars. Entrée : 9 € ; 7 € senior ; 5 € 6-16 ans ; gratuit moins de 6 ans ; forfait famille (2 adultes + 2 enfants) 23 €. Diverses animations au calendrier de l'année (se renseigner).*
Créé directement à l'entrée du site de production des fameuses huîtres de Marennes-Oléron, ce vaste complexe se visite en plusieurs parties. *Prêt de vélos selon dispo. Slt à la gare d'accueil avec la formule « train-vélos » en juil-août. Sinon, prêt de vélos à* L'Aventure de l'huître.

Le chemin des claires
C'est un sentier d'interprétation de 3,8 km – à faire à pied ou à vélo – le long du chenal, au cœur des marais et des exploitations ostréicoles. Parking et point d'accueil à l'entrée du site avec une navette en été.

La cabane des claires
Visite d'une ferme ostréicole pédagogique avec, en saison, des visites guidées, des animations, un « atelier des sens », des dégustations et la vente d'huîtres. Intéressant.

L'Aventure de l'huître
C'est un centre d'interprétation situé dans un grand bâtiment moderne derrière lequel se trouvent cinq « cabanes-spectacle » de couleurs différentes, avec une nouvelle scénographie et un nouveau concept encore plus tourné vers le public. Encore plus dynamique aussi pour créer des ambiances avec les animateurs. Selon l'affluence et la disponibilité des cabanes (un panneau lumineux indique les délais d'attente pour chaque cabane), on assiste à des minispectacles sur un thème différent (cinq thématiques) et muni d'un casque audio. Pas d'ordre de visite particulier, mais il peut y avoir un peu d'attente en saison. Pour vous donner une petite idée des thèmes, sans faire la visite à votre place, la *Cabane verte* parle de l'histoire de l'huître, récits d'époque joués par des comédiens sur le métier d'ostréiculteur et les péripéties de l'introduction de l'huître à Marennes-Oléron. La *Cabane bleue* traite des saisons et marées, avec la projection sur un grand écran (bizarrement) incliné d'un documentaire sur le plus grand bassin ostréicole d'Europe, le mélange mer et rivières qui donne toute leur saveur aux huîtres, les scientifiques et les travailleurs de l'huître, les bestioles nuisibles, le système des claires et leur biodiversité. Dans la *Cabane rouge,* « Vies d'huîtres, secrets d'éleveurs » parle bien sûr des complexes méthodes d'élevage (« la claire est à l'huître ce que la barrique est au vin »), jusqu'au fameux verdissement automnal. Dans le grand amphithéâtre de la *cabane des Rêves,* projection du film *Entre terre et mer,* une présentation aérienne, maritime et terrestre du bassin Marennes-Oléron. On est resté un tantinet sceptiques. Enfin, il n'est pas stupide de terminer par la *Cabane dorée,* reconstitution d'un bar à huîtres branché où un couple vous expliquera les différentes recettes à base d'huître, non sans s'envoyer quelques piques humoristiques pour amuser la galerie.

DANS LES ENVIRONS DE MARENNES

Le château de la Gataudière : *19, rue de la Gataudière. ☎ 05-46-85-01-07. 06-13-23-57-63. • gataudiere.com • À 2-3 km du centre-ville de Marennes. Prendre la D 728 en direction d'Oléron, puis tourner à droite (bien indiqué) après le croisement avec la D 3. Juil-août, tlj 10h-12h, 14h-18h ; le reste de l'année, tlj sf lun 14h-17h30 (dernière visite à 17h). Fermé Toussaint-Pâques. Visite guidée : 8 € ; 6 € 6-15 ans ; réduc.*
Construit au XVIIIe s par François Fresneau, seigneur de la Gataudière et père du caoutchouc, ce bel édifice de style Louis XIV mérite vraiment d'être visité. Fait rarissime, mobilier et architecture sont demeurés intacts depuis leur origine. Commodes, fauteuils ou bibliothèques Louis XIII, Régence ou Louis XV ornent ainsi les vastes pièces.
Au rez-de-chaussée, outre la rampe en fer forgé, on appréciera l'harmonieuse galerie voûtée en plein cintre... À l'étage, salle à manger décorée de boiseries et salon tapissé de brocatelle d'époque, dont l'exceptionnel état de conservation ne manque pas d'étonner. Enfin, le magnifique salon d'honneur présente d'inhabituels murs de pierre sculptée : pilastres corinthiens et représentation des quatre saisons, corniche à l'antique avec frise à rinceaux. La façade ouest est également intéressante, avec son fronton *Triomphe de Flore* et ses quatre trophées représentant la viticulture, l'ostréiculture, la saliculture et le jardinage. Enfin, visite guidée par le prince Murat de Chasseloup-Laubat en personne, descendant direct de Caroline Bonaparte (sœur de l'Empereur) et du maréchal d'Empire Joachim Murat, roi de Naples et des Deux-Siciles. Un homme charmant qui saura vous faire partager les beautés de sa demeure.
Également une exposition de voitures hippomobiles, la location de quads et un parcours de *paintball,* sans oublier le *Châteaubranche Aventure,* pour un parcours dans les arbres *(périodes d'ouverture, horaires et tarifs ou tarifs combinés pour plusieurs activités : se renseigner).*

Le moulin des Loges : *route de Mauzac, 17320* ***Saint-Just-Luzac.*** *Infos : ☎ 05-46-85-98-41 ou 05-46-47-35-77. • bassin-de-marennes.com • Depuis Marennes, prendre la D 728 en direction de Saintes ; après env 3 km, suivre les panneaux (petits) pour le moulin et s'enfoncer à droite dans les marais. 15 juin-20 sept, tlj sf sam 14h30-18h30 ; plus le mat 10h-12h 6 juil-28 août ; de début avr à mi-juin, w-e et j. fériés 14h30-18h30. Entrée : 4,50 € ; 2 € 5-12 ans ; réduc.* Ce site protégé est une invitation à découvrir un patrimoine unique dans un cadre naturel de toute beauté. Construit probablement dès le XIIe s, le moulin des Loges, situé au cœur des anciens marais salants de la Seudre, est l'un des derniers moulins à marée d'Europe à produire sa farine. Au programme : expositions, animations, démonstration de meunerie à marée basse (sous réserve d'un coefficient de marée suffisant). Sur place, boutique et vente de farine.

Le bateau-passeur : *au port du Vieux Chapus. • bateaupasseur17.fr • En service juil-août.* Liaison avec l'île d'Oléron (Le Château) ; compter 3 €. Vélos acceptés.

Le fort Louvois : *à env 3 km de Marennes. ☎ 05-46-85-23-22. • fort-louvois.com • On y accède à pied (440 m à parcourir à marée basse, évidemment !) ou en bateau (en été slt ; gratuit) depuis le port de Bourcefranc-le-Chapus. Juil-août, tlj 10h30-18h30 (visite libre ou guidée) ; de mi-avr à juin, sept-oct et vac scol de la Toussaint, accès limité à marée basse (donc horaires variables). Entrée : 7 € ; 1 € de réduc sur présentation de ce guide.* Il fut construit par Vauban à la fin du XVIIe s pour défendre l'accès sud à l'arsenal de Rochefort, à la demande de Louis XIV. Expositions, maquette de la région, vue panoramique avec table d'orientation. Jeu de l'oie et énigme pour les enfants.

HIERS-BROUAGE

(17320) 580 hab. *Carte Charente-Maritime, B2*

L'océan a abandonné à son triste sort le « plus beau havre de France ». L'histoire lui a préféré Rochefort ou La Rochelle. Et aujourd'hui, cette petite cité fortifiée dressée au beau milieu de nulle part a, malgré son ouverture au tourisme, des airs de ville-musée. Une ville avec ses fantômes : à la morte saison, on ne s'étonnerait guère d'y voir la cape pourpre de Richelieu tourner à l'angle d'une de ses rues tracées au cordeau, ou de rencontrer sur les quais le jeune Samuel de Champlain, originaire du coin et futur fondateur de Québec... Hiers-Brouage est un décor fabuleux, ouvert à tous les rêves, une étoile de pierre qui brille au milieu des marais.

ET CHAMPLAIN DÉNICHA UN SPONSOR !

Né de parents pauvres, il avait bien du mal à financer ses expéditions au Québec. À 40 ans, il épouse Hélène Bouillée, âgée de 12 ans. Le beau-père, fortuné, est secrétaire de la chambre du Roi. Le navigateur recevra une dot de 6 000 livres (30 fois ses gains annuels)...

UN PEU D'HISTOIRE

Véritable havre naturel, avec une embouchure de 400 m de large, elle était le ***grenier à sel de l'Europe et, pour cette raison, l'un des ports les plus actifs de la côte atlantique.*** Venues des Flandres, de la Hanse ou d'Angleterre, les gabares y débarquaient pour transborder le précieux or blanc. C'est pourquoi, vers 1555, un certain Jacques de Pons, baron de Mirambeau, décide d'y fonder Jacopolis, qui deviendra bientôt Brouage.

Mais les guerres de Religion eurent raison de cette suprématie. Rusé comme un renard, Condé (chef de file des protestants) eut l'idée d'assécher le port en y faisant sombrer 21 vieux vaisseaux chargés de sable et de caillasses. Opération réussie : Brouage s'envase. Richelieu prendra sa revanche, au siècle suivant, en s'emparant de La Rochelle, corrigeant cette fois définitivement les huguenots. Mais désormais, inexorablement, le port de Brouage se comblera... Et la cité ne sera plus qu'une forteresse cernée de marais, vouée à la déchéance, qui revit aujourd'hui grâce à l'obtention du label Grand Site national en 1989, qui permit la réhabilitation du site, et, bien entendu, grâce au tourisme qui en découle.

LOUIS XIV ET MARIE MANCINI

Marie Mancini, la nièce de Mazarin, fut le premier grand amour du jeune roi. Pour raison politique, Mazarin décida de marier Louis XIV à l'infante d'Espagne. Il exila alors sa nièce à Brouage, plutôt faible en animation. Cette femme pleurant son amour contrarié sur les remparts inspira Racine dans Bérénice. Bien après, Louis XIV, revenant des guerres d'Espagne, s'arrêta à Brouage... et il pleura beaucoup.

Adresses utiles

i Office de tourisme : *2, rue de l'Hôpital. ☎ 05-46-85-19-16. • hiers-brouage-tourisme.fr • Avr-sept, tlj 9h30-13h, 14h-18h30 ; oct-mars, lun-ven 10h-13h, 14h-17h.* Visite guidée de la citadelle *(avr-sept, tlj à 10h30* *et 15h ; oct-mars, lun-ven à 15h ; 5,50 €, réduc).* Liste des meublés sur la commune.

■ ***Syndicat mixte pour la restauration et l'animation du site de Hiers-Brouage :*** *☎ 05-46-85-77-77. Dans la halle aux vivres.* Organise des sorties nature, ainsi que différentes expos et manifestations culturelles.

Où dormir ? Où manger ?

Hôtel-restaurant Le Brouage : *16, rue du Québec. ☎ 05-46-85-03-06. • le-brouage.com • Ouv fév-nov. Resto fermé mer soir et jeu hors juil-août. Double 50 € ; familiales 3-4 pers 65-72 €. Poisson du jour 12-15 € ; menus 20-29 €.* Une poignée de chambres agréables, dont 2 familiales, toutes restaurées mais sans TV, pour apprécier au mieux la quiétude de ce village-musée. La table est à l'image des lieux, authentique et sincère, simple et généreuse. Petite cuisine de terroir qui fait la part belle aux poissons, variant selon le retour de pêche et travaillés avec l'envie de faire plaisir. Belle sélection de vin charentais et pâtisseries maison qui régalent les promeneurs quand le resto devient salon de thé. Terrasse également.

Chambres d'hôtes La Marouette : *chez M. et Mme Remont, 3, rue Martineau. ☎ 05-46-76-14-01. • la-marouette@neuf.fr • Entrée par le parking, rue Monboileau. Double 55 €, familiale 3 pers 70 €, petit déj compris.* Dans le petit village de Hiers, à 3 km de Brouage, vous serez accueilli avec le sourire par Magali, qui tient avec beaucoup de cœur ses 5 chambres d'hôtes (3 doubles, 1 chambre-gîte avec cuisine et 1 familiale). Logées autour de la cour intérieure d'une ancienne maison (bien restaurée par les proprios), les chambres sont simples et zen, avec de grandes douches à l'italienne. Très agréables, tout comme le salon et la salle du petit déj. Une petite adresse sympa pour goûter au calme d'un hameau.

LA CHARENTE-MARITIME

À voir

La ville a peu ou prou l'aspect qui lui a été donné au XVIIe s par Richelieu. Brouage la catholique était l'ennemie de La Rochelle la protestante. Le cardinal avait fait de Brouage une base opérationnelle pour lancer le grand siège de La Rochelle. Tout y était prévu pour subvenir aux besoins d'une garnison de 6 000 hommes : tonnellerie, forges, et même un port souterrain. Brouage mérite vraiment le détour, c'est avant tout une ambiance... Petit circuit disponible à l'office de tourisme et panneaux explicatifs sur chacun des sites et monuments.

Les remparts : des murs hauts de 13 m, renforcés de 7 bastions et de 19 échauguettes, qui forment un carré d'un peu plus de 2 km. Avec deux ports souterrains et quatre... latrines publiques ! Belle balade le long du chemin de ronde avec ses quatre poternes. Vue superbe sur les marais (désormais site protégé).

La halle aux vivres : *☎ 05-46-85-77-77. En été, tlj 10h-19h ; le reste de l'année, tlj sf lun-mar hors vac scol 10h30-18h. Fermé déc-janv. Entrée : 3 € ; réduc.* Longue construction à double voûte d'arêtes. On y trouvait tout ce qui était entreposé en tonneau (sel, vin...). Abrite un musée d'architecture militaire, avec quelques maquettes, des plans et une expo temporaire.

La forge royale et la forge prison : *à l'entrée du village.* Restaurées depuis peu, elles reçoivent des expos temporaires d'avril à septembre. On notera dans la forge royale une cheminée centrale datée de 1629, servant à la confection de l'alliage pour des pièces de canon.

La glacière : à l'opposé de l'entrée principale, sur la gauche, près des remparts coiffée d'un toit tout rond et pointu tout en bois. Aujourd'hui restaurée, elle a été construite en 1690 et mesure 4,15 m de profondeur. Comme son nom le laisse penser, c'est le réfrigérateur de l'époque. On y déposait de la glace, et le tour était joué (10 % de perte par an)... Ainsi, le roi disposait de sorbets à volonté !

La poudrière et le port souterrain de la Brèche : la poudrière est un édifice de style Vauban avec une enceinte de protection destinée à éviter tout risque d'incendie. Le toit en pierre protégeait l'édifice des boulets de canon. Salle d'expositions temporaires en été. Sur le côté gauche, ne pas rater le port souterrain (n'hésitez pas à pousser la porte en bois) où accostaient secrètement des barques pour assurer le ravitaillement de la citadelle.

L'église Saint-Pierre : d'une austérité redoutable malgré ses vitraux offerts par des délégations canadiennes francophones. À l'intérieur, des cartels très intéressants évoquent les origines religieuses de la Nouvelle-France. Champlain vint y prier pour que le Canada conquis par les Anglais soit restitué à la France. Une plaque commémorative le rappelle. « Ici Champlain a été exaucé »... ce qui est totalement faux !

À faire

➢ ***Randonnée des anciennes salines de Hiers-Brouage :*** *8 km. Compter 2h30 A/R (sans les arrêts ni la boucle supplémentaire des Canaux et des Écluses). Carte IGN au 1/25 000, 1430-OT. Parcours facile, balisé de bornes.* Marchez en évitant les parcelles privées des marais. Deux autres circuits en boucle sont possibles à partir de Hiers-Brouage, ainsi que des circuits à faire à vélo. Doc et infos auprès de l'office de tourisme. Une flore spécifique, des maisons toutes simples en pierre font le charme de ce marais qui n'est pas monotone pour qui sait observer. Ainsi, les oiseaux migrateurs demandent des jumelles, tôt le matin.

➢ ***Découverte de la réserve naturelle de Moëze-Oléron :*** *à env 3 km de Moëze ; à la sortie du village, prendre la direction de Brouage, puis suivre les panneaux jusqu'à la ferme de Plaisance (point accueil) ; bien indiqué. Rens : ☎ 05-46-82-42-85. Juil-oct, tlj 10h-12h30, 15h-19h (17h30 sept-oct) ; vac scol de Pâques, jeu-dim 14h30-17h30. Petite expo. Sentier de découverte en accès libre (compter 1h) : fév-août, tlj 8h30-18h30 ; sept-janv, tlj 12h-18h. Également d'autres visites à thème avec un écoguide de la LPO (résa obligatoire), ainsi qu'un chemin communal qui longe la réserve (équipé de plates-formes d'observation) ; se renseigner. Compter 6 € ; réduc ; gratuit moins de 8 ans.* Cette réserve, créée en 1985, vise à préserver des milieux naturels (marais littoraux) d'une grande richesse écologique. Elle est située sur une voie majeure de migration pour l'avifaune, entre l'Europe du Nord et l'Afrique de l'Ouest. C'est le deuxième site français pour l'hivernage des limicoles (bêtes à plumes, ailes et bec qui aiment les rivages) après la baie du Mont-Saint-Michel : plein de bernaches cravant, tadornes de Belon, canards siffleurs, pilets et souchets, etc. Au printemps, on peut y voir des cigognes blanches (nichoirs aménagés, notamment à la ferme des Tannes).

DANS LES ENVIRONS DE HIERS-BROUAGE

L'ÎLE MADAME – PORT-DES-BARQUES

À 16 km au nord-ouest de Brouage par la D 3 puis la D 125 jusqu'à Port-des-Barques. On gagne l'île (à pied s'il vous plaît, à vélo ou en voiture slt pour les pressés !) par la Passe-aux-Bœufs, découverte à marée basse. ***Attention,*** *ne mettez pas la carriole avt les bœufs dans la passe sans vous être renseigné sur l'horaire des marées : tte l'année à l'office de tourisme à Port-des-Barques ou affichage*

au point infos situé juste avt le départ de la route submersible. Sinon, consulter le site internet • rochefort-ocean.com •
On ne va pas vous faire le coup de l'île déserte, Madame ne l'est pas. Il y a trois maisons et quatre habitants ! Mais la plus minuscule (80 ha, environ 1 km de long sur 600 m de large, 4 km de circonférence) des îles charentaises a quand même un sacré charme. Signalons l'existence d'une *ferme aquacole (visite guidée juin-août, tlj)*, d'un marais salant et d'un fort du XVIIIe s. Proches du fort, des casemates qui se visitent en saison *(juin-oct, tlj sf dim)*.
À la sortie de la passe, une croix de galets marque l'emplacement où, entre la Révolution française et le Concordat, des prêtres réfractaires furent ensevelis après avoir péri des suites de mauvais traitements sur les navires qui les emmenaient en déportation à Cayenne.
Dans un autre registre, les couchers de soleil y sont somptueux...

UN NOM CHASSE L'AUTRE

L'île doit son nom à l'une de ses propriétaires, Mme de Rohan Soubise, que tout le monde appelait « Madame ». Mais elle devint aussi « île Garenne » pour un seigneur qui y trouvait gibier à son goût, et la Révolution la baptisa « Citoyenne » !

Adresse et info utiles

Office de tourisme : *pl. des Blagueurs (non, ce n'est pas une blague !), à **Port-des-Barques.** ☎ 05-46-84-87-47. • rochefort-ocean.com • Juil-août, tlj ; sept : tlj sf lun avr-mai, slt mar-dim. Fermé oct-mars.* Visites guidées organisées par les bénévoles de l'écomusée *(☎ 05-46-84-19-19)*. Location de vélos traditionnels pour de belles balades sur l'île et la presqu'île *(5,50-9 €/j.)*.

Croisières pour l'île d'Aix : *au petit port de **Port-des-Barques.** 06-17-11-32-08. • compagniedes3iles.com • Avr-sept. Départ à 10h pour un retour vers 18h.* Liaison maritime avec l'île d'Aix sur la vedette en bois ***Fée des îles*** avec approche du fort Boyard *(18 €/pers ; réduc)*.

Où dormir ? Où manger ?

Camping La Garenne : *av. de l'Île-Madame, 17730 **Port-des-Barques.** ☎ 05-46-84-80-66. • camping@ville-portdesbarques.fr • camping-municipal-portdesbarques.com • Face à la passe pour l'île Madame. Ouv mars-oct. Forfait 16 € en hte saison ; mobile homes et chalets 4-6 pers 290-640 €/sem selon capacité et saison. 230 empl.* Camping familial de bord de mer avec de bons emplacements de 100 m² bien délimités mais hélas peu ombragés depuis le passage de la tempête (subsistent quelques zones privilégiées). Piscine, tennis, animations en saison et 2 snacks. Plein de balades à faire dans les environs dont à l'île Madame, bien sûr, juste en face.

Hôtel-restaurant La Chaloupe : *49, av. de l'Île-Madame, 17730 **Port-des-Barques.** ☎ 05-46-83-00-10. • lachaloupe17@orange.fr • lachaloupe17.com • Ouv tte l'année. Doubles 66-73 € selon vue et saison ; suites 79-87 €. Menus 23-29 €.* Derrière une façade somme toute banale se cache une belle surprise : un cadre design étonnant. Original : le bar en forme de barque et le décor contemporain dans l'esprit d'un Costes ou d'un Philippe Starck. Peu de chambres mais avec un bon volume et confortables (jonc de mer au sol, belles couleurs, TV, minibar, coffre...). Les plus chères donnent sur la mer et possèdent une douche hydromassante. Resto proposant une cuisine soignée avec une carte courte mais de qualité (bar *a la plancha*, tartare de saumon en verrine, etc.) et de beaux plateaux de fruits de mer. Location de vélos. Bon accueil des propriétaires.

L'Huître y est : *6, rue Claude-Bernard, 17730* ***Port-des-Barques.*** *☎ 05-46-84-33-40. • contact@lhuitreyest.fr • Resto tlj sf dim soir et lun hors saison. Double 40 € ; familiale 3-4 pers 55 €. Plat du jour 10 € ; menu 24 € ; carte 24-38 €. Café offert sur présentation de ce guide.* Gentil petit caboulot planqué dans une rue parallèle à celle du front de mer. Accueil du nouveau patron et cadre sympas pour se régaler d'huîtres crues ou cuites au beurre d'escargot ou d'un copieux plat du jour économique. Belles grillades et plateaux de fruits de mer. Agréable patio à l'arrière. Propose également des chambres très correctes à prix imbattables, à l'étage, avec sanitaires sur le palier. L'une de nos petites adresses secrètes (mais qui ne l'est plus désormais !).

Ferme aquacole de l'île Madame : *à l'île Madame. ☎ 05-46-84-12-67. • milocean@ilemadame.com • Au milieu de l'île. Ouv slt le midi, tlj sf lun. Congés : de fin janv à mi-fév et fin nov. Résa indispensable. Menu 24,50 € et carte.* Une adresse qui nous a séduits. Le cadre est certes sympathique, mais on vient surtout pour la fraîcheur des produits et pour l'accueil chaleureux. Un petit kir à la liqueur de violette accompagné de salicorne bio donne le ton. Fruits de mer et poisson quasi obligatoires provenant de la pêche de la veille (ou du jour même), huîtres, palourdes farcies, bar aux algues, choucroute de la mer... Élisabeth et Jean-Pierre ont le souci permanent de l'innovation et se feront un plaisir de vous donner moult explications culinaires. Pour achever le repas, rien de mieux qu'une caillebotte au cognac, divin ! Organise des visites guidées des marais salants et de leur ferme aquacole *(juin-août, tlj sf lun à 15h ; sur résa ; 5 € ; 3,50 € pour les clients de l'auberge).*

De juin à septembre, possibilité de planter sa tente au ***camping de l'île Madame*** *(☎ 05-46-84-56-20 ; compter 9,50 €),* sur un petit terrain jouxtant la ferme appartenant à la même famille. Seulement quelques emplacements mais peu ombragés, avec des sanitaires simples. Pour une robinsonnade, si on occulte les quelques caravanes présentes à l'année et les camping-cars de passage.

À voir

L'écomusée de la Presqu'île : *à* ***Port-des-Barques,*** *sur le continent. ☎ 05-46-84-19-19. • ecomuseeportdesbarques.net • Ouv tte l'année sur résa (juin-sept, tlj sf dim 14h30-18h). Entrée : 4,50 € ; réduc ; gratuit moins de 6 ans.* Au cœur d'un site ostréicole en activité, en bordure de Charente, un lieu consacré au patrimoine maritime de l'estuaire. Une cabane ostréicole retrace l'histoire, la vie et la culture de l'huître. Possibilité de pêche à la crevette pour les enfants et d'une initiation à la pêche au carrelet pour les plus grands. Organise également des visites des casemates du fort de l'île Madame *(juin-sept, tlj sf dim ; 4,50 €, réduc* Pass Rochefort-Océan*).*

L'ÎLE D'OLÉRON

Pour la carte de l'île d'Oléron, se reporter au cahier couleur.

Ah, l'île d'Oléron ! 30 km de long sur 6 km de large, le meilleur ensoleillement de la côte atlantique (avec Ré et Royan), des plages et des huîtres en pagaille ! Ici, point de buildings et pas trop de béton (encore que, parfois, on aurait envie de râler...), mais pas mal de mignonnes maisons basses et quelques

demeures bourgeoises de deux ou trois étages au plus. Bref, Oléron (qui se prononçait Ol'ron jusque dans les années 1950) nous plaît bien.
Grâce à son célèbre pont (ou viaduc) long de plus de 3 km, inauguré en 1966 et gratuit depuis une quinzaine d'années, on s'y rend facilement. La foule qui s'y presse (250 000 estivants en moyenne pour 20 000 habitants) en altère le charme. Mais on peut y aller en mai, juin ou septembre, ou tout le reste de l'année, ce n'est pas interdit !
Signalons qu'Oléron s'avère également un bon spot pour les amateurs de sports nautiques : char à voile à Saint-Trojan et dans le sud, surf à Vertbois et Saint-Denis (en particulier Les Huttes), randos en kayak en mer et dans les marais entre Saint-Denis et Saint-Georges. Et puis il y a la pêche en mer, pas si chère que cela... Liste des prestataires auprès de l'office de tourisme (voir plus loin). *Le Littoral,* hebdomadaire local, a été repris par l'éditeur du *Phare de Ré.* Sans changer de ligne éditoriale, la réunion des deux hebdos permet d'améliorer la rédaction qui fait la fierté de l'île et de Royan depuis plus d'un siècle.

UN PEU D'HISTOIRE

L'homme occupe Oléron dès le début de l'ère quaternaire (longue période allant de trois millions d'années à 10 000 ans av. J.-C.). Mais à l'époque, ce n'est pas une île, la côte se trouvant beaucoup plus loin ! Ce n'est que quelques décennies avant notre ère que les Romains conquièrent le pays, Auguste instaurant en l'an 31 av. J.-C. la durable *pax romana* dans le pays des Santons (la Saintonge).
Au Moyen Âge, l'île passe de mains de seigneurs en mains seigneuriales, selon le principe féodal... La région est alors relativement calme.
S'ensuit, à partir du XVIe s, cette guerre civile appelée guerre de Religion qui, comme on sait, ravagea particulièrement le Sud-Ouest de la France, huguenots et armée royale ne cessant de se harceler, de se prendre et se reprendre du terrain.

BRITISH ISLAND

En 1152, le mariage d'Aliénor d'Aquitaine avec le roi d'Angleterre fut à l'origine de la guerre de Cent Ans... et Oléron devint britannique. En souvenir, le prénom James est toujours usité (prononcez le « a » comme dans Jeanne ; quant au « s », il reste muet).

1598 : édit de Nantes, on oublie tout... en principe, car des combats surviendront sporadiquement sur l'île, les huguenots subissant les pertes les plus lourdes. Toutefois, ces gens-là sont tenaces et, en 1750, l'île d'Oléron compte encore environ 5 000 protestants.
1789... Après les cahiers de doléances, la nomination des maires : 11 pour l'île, rattachée administrativement à Marennes. Un vent d'idées neuves souffle sur Oléron : désormais, Le Château s'appellera « L'Égalité », Dolus « Sans-Culotte » et Saint-Pierre « La Fraternité »... Voir le ciel de Brumaire sur La Fraternité, ça devait être quelque chose. Puis la Terreur abolira le rêve... Il était temps de tourner la page, et Bonaparte s'en chargera. Sous son règne, Oléron reste avant tout un poste défensif avancé et fortifié, qui ne sera d'ailleurs pas trop inquiété militairement, sauf lors du Trafalgar de la rade toute proche de l'île d'Aix, où 12 de nos vaisseaux seront envoyés par le fond (pour plus d'informations à propos de Napoléon dans les parages, se reporter à « L'île d'Aix » plus haut).
Dernier épisode de l'histoire oléronaise : la Seconde Guerre mondiale. Le 23 juin 1940, les Allemands investissent Oléron. À la Libération, le bombardement du Château-d'Oléron par l'aviation alliée détruit 208 immeubles. Enfin, l'île est libérée le 30 avril 1945.

Comment y aller ?

En bateau

Pour gagner l'île depuis le continent, le meilleur moyen consiste à prendre le ***bateau-passeur de Bourcefranc-le-Chapus*** *(☎ 05-46-85-07-00)* au ***Château*** *(☎ 05-46-47-60-51)*, ou de ***La Tremblade*** *(☎ 05-46-36-37-71)* à ***Saint-Trojan*** *(☎ 05-46-76-00-86)*. En service juil-août. C'est très peu cher (2,50-3,50 €), ludique et bien plus sympa que d'emprunter le pont, trop souvent embouteillé. À noter toutefois que l'accès est réservé uniquement aux piétons et cyclistes.

Liaison rapide entre ***La Rochelle*** (médiathèque) et ***Boyardville*** avr-sept et pdt vac scol de la Toussaint avec ***Liaison Maritime*** *(☎ 05-46-47-05-10 ; ● oleron-larochelle.com ●)*. Env 2-3 liaisons/j. en été. Durée : 50 mn.

Également liaison presque quotidienne en juil-août entre ***La Rochelle*** (médiathèque) et ***Saint-Denis*** avec ***Croisières Inter-Îles*** *(☎ 0825-13-55-00, 0,15 €/mn ; ● inter-iles.com ●)*. Durée : 1h.

En train + autocar

SNCF : *☎ 36-35 (0,34 €/mn).* *● voyages-sncf.fr ●* Notez qu'en venant de Paris par le TGV on n'est pas obligé de descendre à La Rochelle : on peut descendre avant, à Surgères, et prendre la navette *(rens et résas : ☎ 0811-36-17-17 ; ● lesmouettes-transports.com ●)*, un autocar pour Saint-Pierre-d'Oléron via Marennes et Bourcefranc-le-Chapus, ce qui met Oléron à 4h30 de Paris.

Comment en faire le tour ?

On peut commencer par longer la côte ouest : longue plage dite « de la Côte Sauvage », avec, ici et là, quelques conches (Domino, La Rémigeasse, dont la température de l'eau, en raison du Gulf Stream, est de quelque 2 ou 3 °C supérieure à celle de la côte opposée). Ou alors par la côte est, vouée en partie à l'ostréiculture (dans sa partie sud). On peut aussi choisir de traverser d'abord l'île par son axe central sud-nord (la D 734). On pourra de toute façon en apprécier les attraits principaux – ceux qu'en tout cas nous avons retenus. Comme chez sa copine l'île de Ré, de gros efforts ont été mis en œuvre pour développer les pistes cyclables : une centaine de kilomètres sillonnent aujourd'hui les paysages de l'île. On trouve des loueurs de vélos dans chaque commune. Un plan des pistes cyclables est disponible dans les offices de tourisme ou sur l'application mobile *● ile-oleron-marennes.mobi ●*

Adresses et info utiles

Office de tourisme de l'île d'Oléron et du bassin de Marennes : *adresse administrative 22, rue Dubois-Meynardie, 17320* ***Marennes*** *(ne reçoit pas de public).* ***12 points d'accueil*** sont répartis sur toute l'île et le bassin de Marennes : *☎ 05-46-85-65-23. ● accueil@marennes-oleron.com ● ile-oleron-marennes.com ● Lun-sam 9h-12h, 14h-17h (jusqu'à 20h en hte saison pour certains bureaux).* On trouve une foule d'infos (hébergement, restauration, visites, activités, horaires de marée, météo...) sur l'application mobile *● ile-oleron-marennes.mobi ●* Désormais, de nombreux sites sont équipés pour accueillir les personnes à mobilité réduite.

– ***« Sur les chemins de Marennes-Oléron » :*** disponible dans tous les offices de tourisme de l'île d'Oléron et du bassin de Marennes, ce guide propose des circuits de découverte du petit patrimoine à découvrir à pied ou à vélo sur les 160 km de pistes cyclables *(payant, sinon téléchargeable gratuitement sur ● ile-oleron-marennes.com ●).*

■ ***Association LOCAL :*** *5, rue de la République, 17310* ***Saint-Pierre-d'Oléron.*** *☎ 05-46-47-16-01. • local.oleron@interpc.fr • Ouv tte l'année, lun-ven (horaires très fluctuants).* Des passionnés qui proposent toutes sortes d'ouvrages culturels (et, notamment, éditent les excellents *Cahiers d'Oléron* – catalogue sur demande) et qui aiment et défendent leur patrimoine.

LE CHÂTEAU-D'OLÉRON

(17480) 4 040 hab. *Carte Charente-Maritime, B2*

Cet ancien petit port de pêche et de voyageurs tire son nom d'un château féodal qui gardait la côte occidentale de l'île. Une importance stratégique qui n'a pas échappé à Richelieu (soucieux, disent les mauvaises langues, de garantir le transport du sel – dont il tirait des revenus – depuis Brouage) : à partir de 1630, il fait édifier une citadelle sur les ruines du château détruit par les guerres de Religion. Louis XIV, voulant protéger l'embouchure de la Charente et le port de Rochefort, s'y colla ensuite. C'est l'inévitable Vauban qui entreprit d'optimiser le système de défense de la citadelle. Dans son élan, il réorganisa complètement la ville selon un plan en damier d'une rigueur toute militaire. Un vaste projet qui ne sera pas mené à terme...
De toute façon, cette place forte ne fut jamais inquiétée et, comme le fort Boyard, servit surtout à l'incarcération de prisonniers allemands (guerre de 1870), de communards et de disciplinaires de l'armée. Enfin, pas inquiétée... jusqu'en 1945, date à laquelle l'aviation alliée la bombarda copieusement.
Ses enceintes fortifiées percées encore de vieilles portes, son centre qui a conservé son aspect de « ville neuve » du XVIIe s, sont pour beaucoup dans le charme indiscutable du Château-d'Oléron.

Adresses et info utiles

ℹ ***Office de tourisme :*** *1, pl. de la République. ☎ 05-46-85-65-23. • accueil@marennes-oleron.com • ile-oleron-marennes.com • Juil-août et vac scol, tlj sf dim ap-m ; hors saison, fermé dim.*

■ ***Maison de la nature :*** *2, route des Huîtres. ☎ 05-46-47-72-77. 📱 06-98-47-69-43. • oleron-maison-nature.org •* Propose une visite interactive à la découverte de la mer. Sorties nature (pêche à pied écologique, saveurs d'algues), chasses au trésor ou encore ateliers nature créatifs.

■ ***Location de vélos :*** ***M. Chavignay,*** *8, av. d'Antioche. 📱 06-10-61-77-19. Avr-sept.* ***Cyles Demion,*** *av. du Port. ☎ 09-71-53-63-21. Pâques-sept.*

– ***Marchés :*** *grand marché dim mat sur la pl. de la République. Également un petit marché tlj (sf lun hors saison) au même endroit. Nocturnes en saison : mer en ville et ven sur le port.*

Où dormir ? Où manger ?

Camping

⛺ ***Camping de la Brande :*** *route des Huîtres. ☎ 05-46-47-62-37. • contact@camping-labrande.com • camping-labrande.com • ♿ À 2,5 km au nord de la ville, sur la côte. Ouv de fin mars à mi-nov. Prix : 39 € en hte saison ; chalets ou mobile homes 2-6 pers 276-1 212 €/sem. 199 empl. À partir de 55 € la nuit en chalet pour 2 pers hors saison sur présentation de* *ce guide.* Un 4-étoiles assez verdoyant, parmi les mieux équipés de l'île, et c'est là son principal attrait : 2 piscines chauffées (dont 1 couverte), avec cours d'aquagym et toboggan aquatique de 42 m, tennis et minigolf, tir à l'arc, sauna, hammam, jacuzzi, bar, snack et une foule d'animations en saison. Club enfants (5-12 ans). Des emplacements agréables, spacieux (100 m^2), bien délimités et ombragés. Location de vélos. A obtenu l'écolabel pour sa bonne gestion des ressources.

Prix moyens

Hôtel-restaurant Un Air de Famille : *4, pl. de la République. ☎ 05-46-47-60-60. • unairdefamille.oleron@gmail.com • unairdefamille-oleron.com • Resto ouv tlj en saison, sinon jeu-lun midi ; hôtel slt juin-sept. Congés : janv-fév. Doubles 50-69 € selon confort ; familiale 69 €. Carte 15-20 €.* Un hôtel à l'ancienne, tenu par un jeune couple créatif qui a entièrement rénové les 9 chambres dans un esprit très vintage, avec mobilier dépareillé. Le résultat est sympa et offre un bon petit confort (matelas neuf, douche privative...) avec le charme du parquet qui craque. Fait également resto, à la déco « 50's-60's » assez surprenante mêlant murs rouge flashy et papier peint fleuri, pour une cuisine bistrotière simple mais fraîche et copieuse (assiette brunch terre-mer). Une adresse routarde plutôt enthousiasmante à prix très abordable.

La Croix du Sud : *les Valennes du Port. ☎ 05-46-76-45-24. • contact@lacroixdusud-oleron.com • Tlj en été ; fermé dim soir et lun-mar hors saison. Résa conseillée. Carte 20-40 €.* Une cabane jaune sur le modèle ostréiculteur mais avec vue sur la grand-place envahie de platanes et, au-delà, sur la mer. Déco ethnique ! Le thème, ici, c'est le voyage. Partout sur les murs, des souvenirs rapportés par les copains et quantité de couvertures de votre serviteur... Il faut dire que le patron oléronais est un grand routard devant l'Éternel (et qu'il aime en parler quand il ne cuisine pas). À l'ardoise, des huîtres *(of course !)*, des croustillants de langoustines ou de Saint-Jacques, des couscous, de nombreux poissons et quelques viandes bien exécutées. Rien que des produits locaux toute l'année, pour garantir une fraîcheur extrême. Bonne atmosphère et bonne musique.

La Courtine : *av. du Port. ☎ 05-46-36-00-74. Tlj sf lun, plus dim soir hors vac scol. Congés : 3 nov-10 fév. Menus 13,50 € (midi en sem)-19 € ; carte env 25 €. Digestif offert sur présentation de ce guide.* Ce gentil bistrot de la mer, installé dans une cabane bleue avec véranda ouverte sur l'adorable petit port, propose de bons plats de poisson (poêlée de couteaux...) bien frais, au dressage soigné. Choix à l'ardoise variant en fonction des marées, copieux plat du jour et moules à petit prix en saison. Le tout avec un super accueil dans une ambiance familiale. Belle terrasse au soleil sur le petit port. Alternative en dehors des heures de service, ***L'Atelier*** : *☎ 05-46-36-25-30. Tte l'année, tlj sf lun. Fruits de mer et huîtres (dégustation à la pièce pour tester !) à tte heure.* Un bar à huîtres qui jouxte *La Courtine.* C'est le même proprio, le même ostréiculteur. Vente de produits exclusifs de l'île. Accueil tout aussi super.

Le Drugstore : *pl. de la République. ☎ 05-46-85-02-66. De mi-avr à fin janv : de juil à mi-sept, tlj sf dim soir et lun midi ; hors saison, slt ven-sam et dim midi. Plats 12-17 €.* S'intitule « salon-salle à manger », ça donne le ton. Cadre plutôt sympa, ambiance brocante. Coin lecture, joli bar... Lieu particulièrement accueillant pour les enfants. Menu inscrit sur des ardoises. Cuisine personnalisée à base de produits du marché, poissons finement cuisinés, steak tartare maison, croustillant de sardines. Quelques tables dehors.

Chic

Les Jardins d'Aliénor : *11, rue du Maréchal-Foch. ☎ 05-46-76-48-30. • lesjardinsdalienor@wanadoo.fr • lesjardinsdalienor.com • Juil-août, resto ouv le soir slt ; le reste de l'année, tlj midi et soir sf* *lun et mar midi. Doubles 110-180 € selon confort ; petits déj 9-16 €. Formules déj 19-34 € ; menus-carte 49-69 €.* Dans une petite rue adjacente à la place principale, l'une des plus belles adresses d'Oléron, avec seulement 8 chambres de charme, luxueuses et cocoon. Belles salles de bains, TV écran plat. Et partout, dans le salon et au resto, une très belle déco à la fois contemporaine, chic et printanière. Adorable patio fleuri pour le petit déj aux beaux jours. Quant au resto, sa réputation dépasse largement les frontières du village. Cuisine très raffinée avec une prédilection pour le poisson, mariné et cuisiné *a la plancha.* Superbe accueil.

Où dormir dans les environs ?

Chambres d'hôtes La Cabane d'Ors : *chez Vanessa Parent, 62, route du Viaduc, 17480* ***Ors.*** *☎ 05-46-47-48-01. • vanessa@alacabane.fr • alacabane.fr • Double 68 € ; familiales 90-110 € ; gîtes 4-10 pers 480-1 700 €/sem.* Dans le joli et traditionnel village d'Ors, une sympathique maison de famille (2 fois centenaire) avec des volets bleus comme on imagine la maison de pêcheur. Décoration intérieure très réussie elle aussi. 5 chambres, dont 1 familiale, dans les tons blanc, gris ardoise, beige sable ou vert mer. Grand jardin avec parking intérieur (et télécommande). Sauna et hammam sur demande. Également 3 gîtes et une maison à louer dans les environs. Un lieu agréable. Bon accueil.

Hôtel Le Vert Bois : *104, chemin Saint-James, 17550* ***Dolus-d'Oléron.*** *☎ 05-46-36-87-66. • info@hotel-vert-bois-oleron.com • hotel-vert-bois-oleron.com • Entre La Cotinière et Le Grand-Village. Congés : Toussaint-Pâques. Doubles 50-135 € selon confort et saison ; familiales 110-180 €.* Dans la forêt, un hôtel tenu par un jeune couple dynamique. Parquet partout, salles de bains nickel avec quelques souvenirs de la faïence d'avant pour souligner le vent de fraîcheur qui a soufflé sur les lieux. Le tout est bien pensé, au goût et au confort du jour, avec quelques petits plus fort appréciables comme la terrasse privative au rez-de-chaussée donnant sur une superbe piscine bordée de palmiers. L'une des plus belles plages de l'île n'est qu'à 900 m (*stand up paddle,* kitesurf, char à voile et châteaux de sable). Location de vélos sur place.

Où manger des huîtres dans les environs ?

Chez Mamelou : *chenal de la Baudissière, 17550* ***Dolus-d'Oléron.*** *☎ 05-46-75-44-41. Sur la route des Huîtres, entre Le Château et Dolus. Juin-sept, tlj, le midi slt (sf lun en juin et sept). Résa fortement conseillée. Assiettes de dégustation ou plats 13-19 €.* Une petite cahute coiffée d'un drapeau français s'agitant aux quatre vents et, dans son genre, une véritable institution locale ; un petit resto avec une terrasse de poche suspendue au-dessus du chenal. Le patron est ostréiculteur, donc rien à craindre pour la fraîcheur des huîtres. Son épouse, la Mamelou bien sûr (au passage, un sacré personnage...), y sert aussi la fameuse églade, ce régal oléronais.

À voir. À faire

La citadelle : *au nord-ouest de la ville. Accès libre et visites guidées costumées et pleines d'humour mer soir juil-août (ainsi que ven août). Infos et billetterie dans les offices de tourisme de l'île d'Oléron. Visite guidée en nocturne (20h45) : 7,50 € ; réduc.* Une grande étoile de pierre qui, vue du ciel, donne l'impression d'avoir été jetée dans l'océan par quelque géant en colère. Ses remparts offrent une vue superbe, tôt le matin quand partent les bateaux des ostréiculteurs, ou tard le soir pour de sublimes couchers de soleil. Pilonnée par les forces alliées, la citadelle fut détruite à 95 % avant d'être laissée à l'abandon pendant plusieurs décennies. Réhabilitée, elle se visite librement aujourd'hui. On pénètre au cœur du système de fortifications, entre autres, par l'opulente Porte royale. Vaste cour herbue bordée par de nombreux bâtiments, dont l'arsenal et la poudrière qui abritent des expos temporaires en été, et un musée. Ne pas manquer, dans la poudrière, le plan-relief du Château-d'Oléron conçu d'après des études et des plans de 1705, une superbe réalisation (accès lors des visites guidées seulement).

Le circuit du patrimoine : *tte l'année ; durée : 2h. Livret gratuit à l'office de tourisme. Parcours en accès libre.* On peut découvrir la vieille ville et notamment l'ancienne place d'Armes (place de la République) avec sa jolie fontaine Renaissance aux colonnes torsadées. Ou encore la citadelle et le port ostréicole. Également de mi-juillet à mi-septembre, « Flâneries au cœur de la ville », 2h de balade commentée *(payant).* Se renseigner auprès de l'office de tourisme.

➢ ***Le sentier du littoral :*** *du port du Château au viaduc, sentier balisé de 2,5 km entre littoral et claires ostréicoles en libre accès tte l'année.*

Couleurs cabanes : *• couleurs-cabanes.fr • Avr-déc, tlj (nocturne mar).* Des artistes et créateurs d'art ont investi une trentaine d'anciennes cabanes ostréicoles pour leur offrir une seconde vie. Ne pas hésiter à pousser la porte de leurs ateliers colorés pour retrouver ces gestes du passé (vannerie, tissage, poterie, sculpture, vitraux...). Un vent de création souffle sur le port ! Poursuivre la balade de l'autre côté de la route vers le chenal par le petit pont et le quai Belandroi... le bien nommé !

DANS LES ENVIRONS DU CHÂTEAU-D'OLÉRON

Après le pont, à droite, vestiges d'un ***polissoir néolithique*** ; et, non loin, les ***piliers du dolmen d'Ors,*** sous lequel ont été dégagées plusieurs sépultures datées approximativement du IIIe millénaire av. J.-C. Comme quoi, les Oléronais ne sont pas tombés de la dernière pluie...

➢ En quittant Le Château-d'Oléron par la porte de Dolus, prendre à droite. Là commence la ***route des Huîtres*** qui longe la côte est jusqu'à Boyardville. Elle sinue entre claires et chenaux bordés de baraques multicolores.

Office de tourisme : *parvis Saint-André, Dolus-d'Oléron. ☎ 05-46-85-65-23. • accueil@marennes-oleron.com • ile-oleron-marennes.com • Juil-août et vac scol, tlj sf dim ap-m ; hors saison, fermé sam-dim.*

Le Pôle-Nature – Marais aux Oiseaux : *Les Grissotières, 17550* ***Dolus-d'Oléron.*** *☎ 05-46-75-37-54. • poles-nature.fr/marais-aux-oiseaux-oleron • Avr-juin et sept, tlj sf le mat sam-dim 10h-13h, 14h-18h ; juil-août, tlj 10h-19h ; le reste de l'année, mer et dim 14h-18h, ainsi que ts les ap-m sf sam pdt vac scol. Fermé de mi-nov à mi-fév. Entrée : 4,50 € ; réduc ; 3,70 € sur présentation de ce guide (pour 2 pers max). Organise également des sorties à thème en saison.* Ce parc de près de 10 ha permet d'observer à la fois des animaux domestiques et des espèces sauvages. Mais certains oiseaux, attirés par leurs semblables, ont niché et se sont carrément installés ! Un petit sentier ombragé mène tout d'abord à l'enclos de monsieur bouc qui nous regarde de son œil malicieux, alors que maman canard et sa progéniture barbotent allègrement. Plus loin, c'est le domaine des oiseaux aquatiques comme s'il en pleuvait : bernaches, colverts, hérons, aigrettes, etc. Petit observatoire offrant une vue panoramique du site (prévoir des jumelles). À la tombée de la nuit, le hibou paraît. Une belle balade à faire avec les enfants.

À noter que le Marais aux Oiseaux, l'un des 14 « Pôles Nature » du département, abrite en outre un centre de sauvegarde et de soins pour les oiseaux mazoutés, blessés ou malades.

Le parc aquatique ILEO : *route du Stade, 17550* ***Dolus-d'Oléron.*** *☎ 05-46-76-18-19. • ileo@vert-marine.com • vert-marine.com • Juin-sept, tlj 10h-19h (20h mar et jeu). Entrée du parc : 19,90 € ; réduc enfants et forfait famille. Piscine : horaires multiples, téléphoner.* Espace de bain et de natation, remise en forme, bien-être et fitness. Extérieur avec jeux aquatiques ouverts en saison : toboggans, rivière à bouées, bassin à vagues, bains bouillonnants, à remous, geysers, cascades et pataugeoires pour les petits. Resto.

SAINT-TROJAN-LES-BAINS

(17370) 1 625 hab. *Carte Charente-Maritime, B2*

À la pointe sud de l'île. Station balnéaire déroulée comme un long ruban face à la mer, lancée à la fin du XIXe s comme sa grande sœur continentale, Royan. Bow-windows, décor de briques polychromes et festonnages de bois découpés font donc partie du paysage. Mais les années 1960 et 1970 ont fait dans un urbanisme un peu moins pertinent... Et malgré tout cela, labellisé Village de pierres et d'eau. Pas mal de charme tout de même grâce à sa superbe forêt de pins maritimes (la plus grande de l'île, avec 2 000 ha), une spécialité locale qui ne se mange pas mais se voit et se sent (le mimosa), et quelques plages intéressantes : à l'ouest, la Grande Plage (15 km) ravira les amateurs d'espace et de sports nautiques... Au sud, l'anse de Gatseau, plus familiale et bordée de hauts pins maritimes, est plus séduisante. Cependant, on ne peut s'y baigner qu'en fonction des marées, car la mer se retire très loin à marée basse.

Adresses et info utiles

Office de tourisme : *carrefour du Port. ☎ 05-46-85-65-23. • accueil@marennes-oleron.com • ile-oleron-marennes.com • Vac scol et juil-août, tlj non-stop ; en intersaison, lun-sam et dim mat ; le reste de l'année, fermé w-e.* Renseignements à propos de toutes les visites, balades, sorties nature et autres organisées par la Maison de la nature, par l'office de tourisme de l'île d'Oléron et du bassin de Marennes ou par Les Sorties de la renarde sur des thèmes éclectiques : marais, forêt, histoire du village... Excellent accueil.

Location de vélos : ***Cycles Demion,*** *sur le port. ☎ 05-46-76-02-63. Ouv tte l'année. Et* ***Vélos 17 Loisirs,*** *av. des Bris, à proximité des campings. ☎ 05-46-76-07-94.*

– ***Marchés :*** *en saison, ts les mat, pl. des Filles-de-la-Sagesse (si, si !). Marché de nuit jeu en été, dans la rue de la République. Le reste de l'année, marché mar, jeu, sam et dim mat pl. des Filles-de-la-Sagesse et sous les nouvelles halles.*

Où dormir ?

Campings

St-Tro'Park : *36, av. des Bris. ☎ 05-46-76-00-47. • info@st-tro-park.fr • st-tro-park.com • À 1,5 km de la ville en direction de la plage de Gatseau, en forêt. Ouv d'avr à mi-oct. Prix : 28,50 € en hte saison ; studios et chalets pour 2-6 pers 250-550 €/sem. 208 empl. 1 produit du terroir offert pour tt séjour de 2 nuits min sur présentation de ce guide.* Accueil très sympa et tarifs abordables pour ce 4-étoiles labellisé Camping Qualité.

Emplacements sablonneux plus ou moins ombragés mais bien séparés des chalets. Excellentes prestations : bar, snack, dépôt de pain, dépannage épicerie, laverie, aires de jeux, pétanque, ping-pong, location de vélos, animations en juillet-août... Piscine chauffée, salle de sport, hammam et sauna...

Camping Indigo Oléron Les Pins : *11, av. des Bris. ☎ 05-46-76-02-39. • oleron@camping-indigo.com • camping-indigo.com • Ouv de fin avr à mi-sept. Forfait 14,90-25 € ; loc de tentes ttes équipées jusqu'à 5 pers 245-791 €/sem selon saison. 225 empl. Apéritif maison offert sur présentation de ce guide.* Nouveau venu dans la famille *Indigo*, cette chaîne de « campings nature » qui a à cœur de respecter l'esprit campeur et les valeurs originelles du camping, dans des sites préservés. Ici, au sein de la superbe forêt de Saint-Trojan, pas de dictature des mobile homes : des tentes toile et bois. Seulement la nature, pas d'entassement, des espaces ombragés et d'excellentes prestations. Aire de jeux pour enfants, piscine, boutique, snack, dépôt de pain, machine à laver. Sanitaires impeccables.

De bon marché à prix moyens

Le Nautile : *21, allée des Mimosas. ☎ 05-46-76-09-15. • hotel.le.nautile@wanadoo.fr • hotel-lenautile.fr • Au centre héliomarin du front de mer, tourner à droite et suivre les panneaux. Congés : début nov-début fév. Selon saison, doubles 50-83 €, familiales 71-89 €. Parking. Une boisson/pers offerte sur présentation de ce guide.* Au calme et en lisière de forêt, un petit hôtel 2 étoiles impeccable et relativement bon marché. Une quinzaine de chambres soignées avec douche, w-c et TV écran plat. Jardin et terrasse pour pique-niquer. Bon accueil.

De chic à plus chic

Hôtel-restaurant L'Albatros : *11, bd du Docteur-Pineau. ☎ 05-46-76-00-08. • contact@albatros-hotel-oleron.com • albatros-hotel-oleron.com • Au sud-est de la station. Congés : 11 nov-5 fév. Doubles avec douche et w-c 95-165 € selon vue et saison ; également une suite avec terrasse. Formule 19 € ; menus 33-48 € (menu homard 90 €) ; carte env 45 €.* Si *L'Albatros* de Baudelaire avait plutôt la tête dans les nuages, celui de Saint-Trojan a les pieds dans l'eau. À marée haute, les rouleaux s'écrasent au pied de la terrasse ! Vraiment chouette. À l'intérieur, petite salle dans un style bistrot très contemporain. Pas vraiment intime, mais l'atmosphère reste familiale. La cuisine est un peu chère, mais ce sont toujours des produits frais, et la mouclade demeure une valeur sûre. Les chambres, confortables, ont vue sur la mer ou sur le jardin (certaines dans un bungalow). Elles sont accueillantes et nickel, et surtout très tranquilles. Confort douillet, avec clim, TV écran plat, douche à l'italienne, etc.

Hôtel Les Cleunes : *25, bd de la Plage. ☎ 05-46-76-03-08. • contact@hotel-les-cleunes.com • hotel-les-cleunes.com • Congés : 15 nov-15 fév. Doubles 65-275 € selon confort, vue et saison ; familiales 3-5 pers 125-295 €. Café offert sur présentation de ce guide.* Face à la mer, plaisant hôtel horizontal de grand standing, offrant des chambres d'excellent confort. Grand hall moderne avec bar, billard et piano pour les virtuoses. Cadre cossu pour un copieux petit déj. Piscine, tennis et espace bien-être (spa, sauna, hammam, massage...). Accueil pro.

Où manger ?

De prix moyens à chic

Le Bout au Vent : *quai Anthony-Dubois, digue de Bon-Songe. ☎ 05-46-76-05-43. • leboutauvent@live.fr • Tt au bout du port de Saint-Trojan, côté droit, à 5 mn à pied de l'office de tourisme. Ouv slt de début juin à mi-sept. Résa conseillée. Menus 20-25 € ; carte 20-25 €. CB refusées.* Au bout de nulle part, une baraque ostréicole sur pilotis, au-dessus de la mer. Une dizaine de tables en plastique dans la petite salle entourée de baies vitrées. Tout autour (et sous vos pieds), l'océan à perte de vue, le pont d'Oléron, le fort Louvois. Une vue incroyable. Les huîtres passent directement du bassin à votre assiette ! Spécialités d'huîtres farcies. Desserts et pain maison. C'est bon, simple et sans chichis. Une adresse authentique, curieusement peu connue (même des Oléronais).

L'Écume : *2, rue de la République. ☎ 05-46-75-34-66. Juil-août, tlj sf lun et sam ; le reste de l'année, fermé sam midi et dim-lun. Formule et menu déj en sem 13,50-20 € ; menus 29,50-36,50 €. Café offert sur présentation de ce guide.* Convaincante cuisine traditionnelle à tendance gastro pour ce resto récent à la déco élégante, offrant une vue panoramique sur la baie. Pot-au-feu de Saint-Jacques, filet de bœuf sauce cacao... Des plats terre-mer bien maîtrisés et goûteux (la très belle mise en place constitue un plus) qui varient au fil des saisons et des arrivages. Bon accueil.

Et puis n'oubliez pas ***L'Albatros*** (l'hôtel-restaurant chic ; voir « Où dormir ? »).

Où manger dans les environs ?

Le Relais des Salines : *au port des Salines, 17370* ***Le Grand-Village.*** *☎ 05-46-75-82-42. • james.robert@wanadoo.fr • ♿ À 3 km au nord de Saint-Trojan. Ouv de mi-mars à mi-nov : en saison, tlj ; sinon fermé dim soir et lun. Menu midi en sem 23 € ; carte env 35 €. Café offert sur présentation de ce guide.* Au cœur d'un marais salant, sympathique petit resto installé au bord d'un canal, dans une pittoresque baraque de planches colorées, sur pilotis. Quelques tables dans une salle estivale ou dispersées sur différents pontons. Bref, un cadre à l'ancienne pour une franche cuisine marine, pleine de saveurs. La carte aligne les classiques oléronais et quelques réjouissantes spécialités : huîtres chaudes à la fondue de poireaux, poêlée de céteaux meunière, aile de raie façon mémé aux salicornes, etc. En outre, le patron affiche fermement ses convictions : « Nous ne servirons jamais de frites avec les moules, c'est une hérésie ! » Un des paradis cachés d'Oléron, autant dire une adresse incontournable. Envisager une promenade digestive en barque : le coin est superbe.

Le Maha Prana : *20, route du Large, à Vertbois, 17550* ***Dolus-d'Oléron.*** *☎ 05-46-75-38-37. • mahapranaoleron@yahoo.fr • ♿ Sur la route entre Saint-Trojan et La Cotinière. Ouv avr-sept : juil-août, le soir tlj sf lun ; hors saison, le soir jeu-sam. Résa conseillée. Menus 21-25 €.* Surprise : un resto bio et d'inspiration indienne à Oléron. Valérie et Jean-François passent la moitié de l'année dans la région de Pondichéry et reviennent pour les beaux jours au « Grand Souffle » (*Maha Prana* en hindi). Là, ils vous accueillent très simplement et avec le sourire dans un cadre dépouillé et coloré à la fois (ou sur la terrasse en été), dans l'ambiance d'une musique relaxante. Dans l'assiette (d'Auroville), donc, que des plats frais et bio d'inspiration indienne, avec parfois quelques ingrédients venus d'ailleurs (d'Afrique ou... du maraîcher bio à 500 m !). Le tout est réellement savoureux et vraiment original, que demander de plus ? Entre 2 cures d'huîtres, ça fait un bien fou ! Et si vous êtes accro, allez donc vous offrir une chemise indienne (bio !) dans la boutique derrière...

Où boire un verre ?

Cuba Noche – La Pampa : *2 bis, bd Pierre-Wiehn. ☎ 05-46-76-44-03. Situé à l'entrée du* Fun Park. *Fév-mars, tlj sf lun-mar ; avr-juin et sept-janv, tlj sf lun ; en été, tlj 17h-2h.* Une vraie bonne idée, cette adresse qui apporte une petite touche d'exotisme à Oléron ! Venez donc fumer le cigare (dehors !) et jouer le Che sous son nez, devant son portrait planté dans le beau salon cosy. Mais le plus, c'est la terrasse à l'arrière, avec plancher, végétation et mobilier contemporain. Très sympa, dans la veine actuelle du *lounge.* À l'ardoise, rhums arrangés maison, mojito, caïpirinha, *piña colada,* etc. Tous les mardis et vendredis en saison, initiation à la salsa et à la *bachata* à 22h. Également resto brésilien.

Achats

Retour de Plage : *1, quai Raoul-Coulon. ☎ 05-46-76-42-93. À l'entrée du port, c'est la 1re cabane sur la gauche (blanc et bleu). Ouv tte l'année sf 1er janv et 25 déc.* Dans une vieille baraque ostréicole, Myriam Bataille, créatrice de bijoux inspirée par ses voyages, présente sa collection, exposée sur de vieilles planches blanchies ou même carrément sur des portes et des fenêtres posées sur des tréteaux. L'endroit ne manque pas de charme, et les bijoux sont originaux, faciles à porter et à des prix abordables.

À faire

➢ **Randonnées en forêt :** au sud et à l'ouest de la commune de Saint-Trojan s'étend la plus grande forêt d'Oléron, essentiellement plantée de pins et de chênes verts. Malheureusement fort abîmée par la tempête de fin 1999, elle remonte sur environ 8 km jusqu'à la plage de La Rémigeasse. Un circuit pédestre la parcourt dans sa partie sud : départ de ce « circuit bleu » au parking de la plage de Gatseau. Promenade agréable, où les senteurs des pins se mêlent au parfum des immortelles (environ 2h30 aller en prenant son temps). Pour le retour, suivre toujours le balisage bleu ou alors prendre le ***p'tit train de Saint-Trojan*** qui traverse la forêt, de Pâques à début octobre *(rens : ☎ 05-46-76-01-26 ; ● le-ptit-train.com ● ; billet env 12 € pour un A/R de 1h15).*

➢ **Le marais des Bris :** *infos auprès de l'office de tourisme. Billetterie : Maison de la nature. ☎ 05-46-47-72-77. 📱 06-98-47-69-43.* Ceux qui ont vite mal aux pieds économiseront des pas en allant faire un tour dans cet espace naturel du littoral. Enclavé dans le secteur de Saint-Trojan, il propose différentes visites guidées sur le thème de la faune et de la flore locales *(sur résa ; 6 €, réduc).* Vite fait et bien fait !

DANS LES ENVIRONS DE SAINT-TROJAN-LES-BAINS

Le port des Salines : *au lieu-dit Petit-Village, au* ***Grand-Village,*** *à 3 km au nord de Saint-Trojan. ☎ 05-46-75-82-28.* C'est l'un des sept marais salants en activité sur l'île d'Oléron. Quatre hectares exploités par un seul saunier. On peut s'y balader à pied (deux sentiers pédestres de 800 m et 1,2 km ; accès gratuit). On peut aussi le découvrir en barque ou en visite guidée au départ de l'écomusée.

L'écomusée du port des Salines : *☎ 05-46-75-82-28. ♿ (musée et visite guidée slt). Dans des maisons en bois du port des Salines. Juil-août, tlj sf dim mat 10h-19h ; avr-juin et sept, tlj sf dim mat 10h-12h30, 14h-18h. Fermé oct-mars. Entrée : 4,50 € ;*

> **« KISS ME » OR « KISS ME NOT » ?**
>
> *L'origine du nom des célèbres « quichenottes », ces coiffes qui cachaient les joues des femmes, viendrait (mais l'étymologie est contestée) de* « kiss me not », *histoire de dire aux soudards anglais d'aller voir ailleurs !*

réduc. Possibilité également de visites guidées de 1h pour comprendre le marais salant ; compter 4,50 € par visite ou 6 € pour le musée + la visite du marais. Présentation exhaustive du marais, des techniques d'extraction, des outils traditionnels comme le servion avec lequel on racle la surface de l'eau pour en retirer la délicate fleur de sel. Une vidéo de 20 mn permet de mieux comprendre le quotidien du saunier. Intéressante expo « Sel à vie » sur la biodiversité. Possibilité de louer une barque pour une balade de 1h *(12 €/h pour 4 pers max).* En été, « Rendez-vous avec le saunier » pour la récolte du sel *(dates et horaires : se renseigner ; adulte 8 €, réduc).* Vente de sel à *la Salorge,* à 100 m de l'entrée de l'écomusée, dans le marais.

– Également un marché de producteurs chaque mercredi. Si vous êtes dans le coin, ne pas rater la ***Journée du sel en fête*** le 12 août ; visite guidée gratuite et gigantesque églade !

LA COTINIÈRE (17310) 900 hab. *Carte Charente-Maritime, B2*

Le petit port de La Cotinière est le... plus grand de l'île, avec une flottille d'une centaine de navires pour pêcher des langoustines, soles, merlus et de fameuses crevettes. Charme tout pittoresque des ports de pêche avec chalutiers aux coloris vifs qui manœuvrent pour accoster, fileyeurs sur les quais et marchés au poisson et aux huîtres animés (tous les après-midi). Mais aussi, inévitablement, très touristique... En juillet-août, c'est même à la limite du supportable.

Adresses et info utiles

■ ***Office de tourisme :*** *pl. du Marché. ☎ 05-46-85-65-23. • accueil@marennes-oleron.com • ile-oleron-marennes.com • ♿ De Pâques à mi-sept, mar-sam (juil-août, tlj sf dim ap-m) ; hors saison, s'adresser à l'office de tourisme de Saint-Pierre-d'Oléron.* 📶

■ ***Location de vélos : Passion Loisir Océan,*** *68, bd du Capitaine-Leclerc. ☎ 05-46-47-10-91.*

■ ***Le Comptoir de la Mer :*** *à l'entrée du port, à gauche en entrant (sur le parking). ☎ 05-46-75-55-50.* Coopérative maritime offrant un large choix de vêtements marins.

– ***Marchés :*** *ts les mat (sf lun de mi-nov à Pâques), sur la pl. du Marché. Et ts les ap-m sur le port à partir de 16h, tte l'année.*

Où dormir ?

Camping

⛺ ***Camping Le Sous-Bois :*** *av. des Pins. ☎ 05-46-47-22-46. • resa.lesousbois@orange.fr • camping-lesousbois-oleron.com • Ouv avr-oct. Prix : 26 € en hte saison ; bungalows toilés, mobile homes, chalets et villas 2-6 pers 290-910 €/sem. 100 empl.* 📶 *(offert pour 1 sem en locatif).* Agréable camping propre et nickel, arboré d'acacias, de chênes verts et de pins. Beaucoup de fleurs, d'oiseaux et de calme dans ce petit havre de paix, surtout hors saison. Grands emplacements pour campeurs, bien séparés du locatif. Quelques villas très confortables avec jardin privatif. Dans le pré, au fond, les enfants pourront aller saluer les chevaux et les chèvres de la patronne. Plage à 200 m accessible par un chemin forestier. Un bon camping familial à l'accueil chaleureux.

De prix moyens à chic

🏠 ***Hôtel Face aux Flots :*** *24, rue du Four. ☎ 05-46-47-10-05. • face.aux.flots@wanadoo.fr •*

hotel-faceauxflots-oleron.com • À 500 m du port et proche de la plage (fléché). Congés : début janv-début fév et 2 nov-23 déc. Selon saison, vue et terrasse ou pas, doubles 64-148 €, familiales 3-4 pers 97-185 €. Café offert sur présentation de ce guide. Un bâtiment à l'architecture classique à la blancheur immaculée, révélant toutes les qualités qu'on aime en hôtellerie : un concept original, une vraie expérience pro, un accueil souriant et un service attentionné dans un coin calme et peu touristique. Décor personnalisé moderne et chaleureux tout à la fois, et souci permanent de créer les meilleures conditions de séjour. Jardin fleuri et coloré, grande piscine chauffée, chambres à thème (« Tour Eiffel », « Marylin », etc.) très plaisantes, colorées et confortables, certaines avec balcon, d'autres en angle avec une vue panoramique sur la ville et la mer. Parties communes décorées de façon originale, objets d'art contemporain et tableaux colorés. Et, cerise sur l'huître... *L'Endroit,* le bar décoré de façon luxueuse et gentiment clinquante, genre bar des grands hôtels américains et offrant un vrai et inhabituel moment de détente !

Hôtel L'Océane : *47, route de Matha. ☎ 05-46-75-09-85. • hotel.oceane@wanadoo.fr • hotel-oceane-oleron.com • Juste avt d'arriver à La Cotinière, sur la droite de la route côtière. Congés : de mi-nov à fin mars. Selon saison, doubles avec douche ou bains 93-130 €, familiales 126-158 € ; également des studios pour 2.* Un hôtel avec 2 piscines (dont 1 couverte) et espace détente, situé à 100 m de la plage (il suffit de traverser la route et de franchir les dunes). Chambres refaites dans un style moderne, plutôt spacieuses et toutes avec balcon ou terrasse ouverte sur le jardin et la mer. Les studios équipés de kitchenette s'avèrent bien pratiques pour les séjours. Bon accueil.

Hôtel de la Plage : *51, bd du Capitaine-Leclerc. ☎ 05-46-47-28-79. • laplage.hotel@orange.fr • oleronhotel.com • Congés : nov-janv. Doubles 57-87 € selon saison ; familiales et studios 3-5 pers 77-153 € selon confort, kitchenette et ménage. Parking privé gratuit.* Petit établissement entièrement refait et organisé autour d'un beau et vaste jardin fleuri. La plage est au bout du chemin, mais rien ne vient perturber la tranquillité de cet hôtel, à la fois en retrait du passage et dans un secteur préservé du tourisme tapageur. Chambres à la déco et à la tenue impeccables, prolongées à l'occasion par une petite terrasse ou un balcon. La plupart possèdent une kitchenette sous un rideau de fer, se transformant pour 15-20 € de plus en studio. Piscine chauffée. Petit déj-buffet. Accueil super sympa et décontracté.

Où manger ?

De bon marché à prix moyens

Restaurant-bar à huîtres La Pigouille : *20, rue du Port. ☎ 05-46-47-13-77. • lapigouille17@gmail.com • Avr-15 sept, tlj en service continu jusqu'à 2h ; hors saison, ouv le midi mar-dim, plus le soir ven-sam. Congés : janv-début fév (hors vac scol). Plats 10-25 € ; carte env 30 €.* Huîtres, coquillages et crustacés, du producteur au consommateur. À déguster sur le pouce, assis en terrasse, et à accompagner d'un petit coup de blanc d'Oléron. Parfait pour un apéro, un en-cas ou même un vrai repas avec un poisson bien cuisiné. Ne pas manquer non plus les moules-frites à l'ancienne lorsque c'est la saison (de juin à décembre) et le poisson *a la plancha.* Contrairement à d'autres restos, ici, pas de vue sur le port, mais accueil souriant. C'est le rendez-vous des gens du coin et notre resto préféré. On y trouve un stand de vente directe.

L'Assiette du Capitaine : *2, bd du Capitaine-Leclerc. ☎ 05-46-47-38-78. • assietteducapitaine@hotmail.fr • Ouv de mi-fév à la Toussaint, tlj sf mar-mer hors vac scol. Menus 15-31,80 €. Café ou digestif maison offert sur présentation de ce* *guide.* Terrasse sur le port et cuisine ouverte sur l'aimable petite salle. Déco marine colorée et hétéroclite, toiles contemporaines et belle collection de paniers pour aller à la pêche. La devise : *Toute la fraîcheur de l'océan dans l'assiette.* Faut dire que les produits de la mer traversent la rue, en direct de la criée. La spécialité : le requin grillé. Et une pour changer du poisson : le *fagot charentais.* Carte assez originale et bons desserts maison. Pour les amateurs, une belle sélection de rhums arrangés (attention de ne pas l'être en sortant... arrangé !) que le patron fait venir du monde entier.

Où dormir ? Où manger dans les environs ?

De prix moyens à chic

Chambres d'hôtes Les Tranquilles d'Oléron : *chez Gaëlle et Julien Dubois, 85 bis, route de La Perroche. ☎ 05-46-85-18-26. • lestranquillesdoleron@cegetel.net • lestranquillesdoleron.com • À env 3 km au sud, en direction de Grand-Village par la côte, à gauche. Congés : vac scol de Noël. Doubles 65-80 € ; familiales 4 pers 130-160 €. Gîte 4 pers 490-790 €/sem, dispo également pour un w-e.* Une belle adresse où vous serez extrêmement bien accueilli par Gaëlle, fille d'ostréiculteur (un bon plan pour les huîtres !). Elle propose 3 très belles chambres contemporaines sur des thèmes que ne renierait pas un routard (« Océan » avec terrasse, « Zen » et « Inventive »), avec accès indépendant. Toutes coquettes et confortables, avec d'agréables salles de bains. Profitez donc de la cuisine à disposition pour vous faire la popote, et du beau jardin et de la terrasse pour vous relaxer un peu. La mer est à 500 m...

Atlantic Hotel : *11, rue de la Sablière, 17310* ***La Menounière.*** *☎ 05-46-47-07-09. • hotelatlantic@free.fr • oleron-hotel.fr • À 2 km au nord de La Cotinière par la route côtière. Doubles avec ou sans balcon 54-79 € ; familiales et suites 5 pers 99-160 € selon saison ; studios 2-6 pers avec coin cuisine 96-125 € (également à la sem 460-904 €). Possibilité de ½ pens en saison.* D'emblée, on l'avoue, notre coup de cœur à Oléron ! Pour le cadre, le calme, l'accueil... et les prix plus que corrects pour l'île en saison. Toutes les chambres, avec balcon au 1er étage (une seule sans balcon) ou terrasse, décorées sur des thèmes différents, colorées, pimpantes ! Piscine chauffée (à partir de mai), parking privé et accès direct à la plage par sentier (150 m) complètent la palette de l'accueil de la joviale et sympathique patronne.

Chambres d'hôtes Le Clos : *chez Jean-Pierre et Micheline Denieau, 20, rue de la Légère, 17310* ***La Menounière.*** *☎ 05-46-47-14-34. • denieau.jean-pierre@orange.fr • denieau-gites.pagesperso-orange.fr • ♿ À 2 km au nord de La Cotinière (à 1 km des plages). Double 65 € ; 3 gîtes 4-6 pers 350-780 €/sem selon capacité et saison.* Sur une exploitation viticole nichée au cœur d'un charmant village tranquille. Séparées de la maison des proprios par un agréable jardin où prendre le petit déj, 5 confortables chambres d'hôtes (bonne literie !) bien tenues. Toutes sont avec douche et w-c, et 3 disposent d'une mezzanine. Beau salon commun de caractère, avec cuisine équipée. Piscine. Accueil très aimable.

Saveurs des Îles : *18, rue de la Plage, 17310* ***La Menounière.*** *☎ 05-46-75-86-68. • osaveursdesiles@wanadoo.fr • ♿ En basse saison, fermé lun et mar midi ; en hte saison, fermé le midi lun et mer. Congés : début nov-début avr. Menus 28 € (en sem avt 21h), puis 40 et 55 € (pour tte la table, 6 plats). Digestif maison offert sur présentation de ce guide.* Comme on s'en doute, il ne s'agit pas des îles charentaises. Car si les produits sont locaux, les saveurs, elles, sont lointaines... Associant le sucré et le salé, les épices sont moins là pour la force que pour la douceur. La carte fait rêver et voyager. Cuisine raffinée. Poissons et crustacés, certes, mais aussi viande comme ce bœuf fumé aux aiguilles de pin. Délicieux ! Si bien que certains plats gagneraient parfois à être plus copieux... Côté boisson, le petit vin d'Oléron, pas cher du tout mais fort sympathique, permet de ne pas faire trop grimper l'addition. À déguster sur une élégante terrasse en saison ou près des fenêtres avec vue sur le jardin.

À voir

Le port : *visite guidée de la criée lun-ven en juil-août et pdt vac scol, ainsi que 1er ven de chaque mois à 15h. Infos et résas à l'office de tourisme. Compter 2,50 € ; réduc.* Il n'est malheureusement plus possible pour les particuliers d'y acheter son poisson (mais on trouvera des stands de poissonniers juste en face). Petite consolation, la visite organisée par l'office est suivie d'une dégustation. La ***criée*** (le bâtiment) n'en est plus vraiment une : les acheteurs, assis dans un hémicycle, ne crient plus mais pressent un bouton pour dire « j'achète », les cours apparaissant sur grand écran...

DANS LES ENVIRONS DE LA COTINIÈRE

En remontant la Grande Côte jusqu'à la pointe de Chassiron, on traverse les plus authentiques villages de l'île : notamment ***Domino,*** cerné par sa grande forêt de pins, et surtout ***Chaucre,*** avec ses maisons traditionnelles desservies par un escalier extérieur en pierre, ses puits et son four banal, ses rues anciennes comme celle des Naufrageurs, souvenir de l'époque où ces pirates attiraient les navires sur les récifs de la côte pour les piller... Belle plage et coin vraiment sympa pour résider et se restaurer (voir plus loin « Où dormir ? Où manger ? » à Saint-Georges-d'Oléron).

SAINT-PIERRE-D'OLÉRON

(17310) 6 990 hab. *Carte Charente-Maritime, B2*

Centre géographique, économique et administratif de l'île, Saint-Pierre est pour ainsi dire la ville oléronaise par excellence, vivante et animée toute l'année. Rues commerçantes et piétonnes, placette fleurie et kiosque à musique, bons petits restos et lieux où se distraire en soirée en font un bourg agréable – on le parcourt tranquillement à pied – tant en été que hors saison.

Adresses et info utiles

Office de tourisme : *pl. Gambetta. ☎ 05-46-85-65-23. • accueil@marennes-oleron.com • ile-oleron-marennes.com • ♿ Avr-sept, tlj sf dim ap-m ; hors saison, lun-sam.* Une équipe compétente, souriante et disponible.

■ ***Association LOCAL :*** voir « Adresses et info utiles » en introduction de « L'île d'Oléron ».

■ ***Location de cycles : Veloland Fun Cycles,*** *à La Claircière, D 734. ☎ 05-46-36-91-97.* ***Vélos 17 Loisirs,*** *carrefour de la Gendarmerie, D 734. ☎ 05-46-47-14-05.*

■ ***Cinéma L'Eldorado :*** *rue de la République. ☎ 05-46-47-22-04.* Du tout commercial et une sélection pour cinéphiles : grands classiques, films d'auteur, courts-métrages, soirées thématiques, etc.

L'ÎLE D'OLÉRON

■ ***Littoral Hélicoptère :*** *aérodrome de Bois-Fleury. ☎ 05-46-47-03-33. 📱 06-80-60-18-37. • littoral-helicoptere.com • Baptême de l'air à partir de 72 €/pers (ts sièges occupés).* Un survol de l'île en hélico de 12 à 30 mn, tentant, non ? Possibilité de pousser jusqu'au fort Boyard et à l'île d'Aix.

– ***Marchés :*** *pl. de l'Europe, le mat, tlj juil-août ; tlj sf lun avr-juin et sept ; mar, jeu et sam-dim slt oct-avr. Foire mensuelle le 4e mar de chaque mois, sur la place principale (pl. Gambetta).*

Où dormir ?

🏠 ***Hôtel Le Square :*** *2, pl. des Anciens-Combattants. ☎ 05-46-47-00-35. • infos@le-square-hotel.fr • le-square-hotel.fr • Ouv mars-nov. Doubles avec douche et w-c 56-92 € selon vue et confort.* 💻 📶 Idéalement située en centre-bourg mais à l'écart de l'agitation, cette maison bourgeoise du XVIIIe s, non dénuée de charme, a été rénovée de fond en comble. Accueil particulièrement pro et sympathique. Beaucoup de confort, depuis les chambres accueillantes avec parquet et rideaux épais côté cour (et piscine), moquette et double vitrage côté rue, jusqu'à la piscine (chauffée) et son joli jardin fleuri. Salle de jeux (ping-pong, billard...).

🏠 ***Chambres d'hôtes Le Moulin de la Borderie :*** *chez Vanina et Jean-André Thiou, 184, rue de la République. 📱 06-80-45-60-42. • lemoulindevany@aol.com • lemoulindelaborderie.com • Congés : déc. Selon saison, doubles 96-125 €, triples 116-145 €.* Le moulin est à l'entrée, vous ne pouvez pas le manquer. Bienvenue dans cette belle longère charentaise dont la dépendance abrite 4 chambres de style. La plus grande est celle « du Meunier », suivie de celle... « de la Meunière », avec une baignoire balnéo. Déco à base de pierres apparentes, chaux grasse et bois, sans oublier les tissus et voilages qui donnent une touche chic à l'ensemble. Pour se détendre, grande pelouse avec potager et... piscine, chauffée en partie par l'énergie solaire et aérothermique. Une adresse de caractère. Et l'accueil n'en manque pas non plus !

Où dormir dans les environs ?

⛺ ***Camping Les Cercelles :*** ***Le Marais-Doux.*** *☎ 05-46-47-19-24. • contact@camping-les-cercelles.com • camping-les-cercelles.com • Ouv tte l'année. Prix : 26 € en hte saison ; bungalows toilés et mobile homes 4-6 pers 266-840 €/sem selon saison et nombre de pers. 87 empl. Réduc de 10 % pour tous les couples, également de 5 % sur présentation de ce guide.* Un camping familial, verdoyant et bien ombragé, labellisé Hôtel de plein air et 3 étoiles. Mobile homes avec des terrasses en bois. Resto-snack *Le Marais Gourmand* avec plats à emporter, paniers pique-nique et cuisine à base de produits locaux. Côté loisirs, ping-pong et billard en plus des infrastructures classiques. Piscine couverte et chauffée.

🏠 ***Chambres d'hôtes Les Sarments :*** *chez Rosa et Frédéric Coulon, 2, rue des Sables-Vigniers, hameau de* ***Saint-Gilles.*** *📱 06-88-19-69-31. • lessarments@wanadoo.fr • lessarments.com • ♿ En direction de Saint-Denis, 1 km après le centre commercial, à gauche (fléché). Congés : janv. Doubles 60-90 € ; gîtes 6 pers 600-980 €/sem selon saison. 📶 Apéritif offert sur présentation de ce guide.* Les amateurs de calme et de farniente seront aux anges dans cette belle maison oléronaise au cœur des vignes, avec piscine chauffée semi-ouverte. Au choix, 4 chambres spacieuses et très soignées avec entrée indépendante, douche à l'italienne, et lit à baldaquin pour certaines. En duplex ou bordant la piscine, toutes ont du caractère. Belle salle commune avec cuisine à dispo, terrasse avec barbecue et grand jardin avec jeux pour les enfants qui sont les bienvenus, voilà une bonne adresse familiale ! Et comme les proprios sont viticulteurs, il y aura sûrement de bons coups à boire, accompagnés par les chants de marin de Rosa, la sémillante patronne.

Village de vacances La Martière : *Saint-Pierre-d'Oléron. ☎ 05-46-85-92-87. ● lamartiere@odcv.com ● odcv.com ● À 2 km de la mer. Ouv tte l'année. Pavillons 4-6 pers 256-820 €/sem selon taille et saison, ou 72-90 € la nuit. ½ pens possible de mi-juin à mi-sept.* Dans un parc de 18 ha de forêts et de prés, un séduisant lieu de séjour pour les familles. Pavillons fort agréables, au décor frais et coloré, et très bien équipés, qu'on peut louer à la semaine en juillet-août et pour 2 jours minimum le reste de l'année (la 3e nuit est offerte !). Pour 4 à 6 personnes, donc idéal en famille. Location de linge, bar, resto, laverie, aire de jeu, piscine : quasiment tous les services... Un peu « touristique », mais le calme fait tout son confort.

Où manger ?

Le P'tit Bouchon : *55, rue de la République. ☎ 05-46-47-29-44. ● lep.titbouchon@hotmail.fr ● Dans le centre piéton. Tlj sf mer hors juil-août. Congés : 2 sem en janv et 1 sem en fév et nov. Formule déj en sem 17,80 € ; menus à partir de 20,50 €.* On garde un souvenir ému de ce *P'tit Bouchon*-là, pour son patron chaleureux, ses bons p'tits plats mitonnés avec générosité et ses serveurs efficaces et sympas. Les assiettes, pleines de fraîcheur, font des clins d'œil aux saveurs ensoleillées du Sud. Méli-mélo de crustacés, poissons grillés accompagnés de risotto et ratatouille ou homard du vivier à prix abordable, servis dans une gentille salle agrémentée de photos d'art contemporain. Sûr, on reviendra. Comme les régionaux îliens qui en font une de leurs références.

Le Petit Coivre : *10, av. Bel-Air (D 734). ☎ 05-46-47-44-23. Au bord de la route départementale, à l'entrée de la ville. Tlj sf lun, plus mer soir et dim soir hors saison. Congés : courant juin. Menu 27 €. Café offert sur présentation de ce guide.* Charmante demeure basse traditionnelle, toute blanche et fleurie, surmontée d'une tourelle. Excellente cuisine de marché, carte évoluant au fil des saisons, plats solides avec une touche personnelle : filet de lieu au cidre et aux pommes, cocotte de poissons, navarin de roussette crème de langoustines. Le tout servi dans une salle agréable et colorée, à la déco d'objets chinés. Terrasse. Loue également des studios et appartements à l'arrière.

Le Mille-Pâtes : *7, pl. Gambetta. ☎ 05-46-47-33-44. Tlj sf mar-mer. Congés : janv. Carte 16-20 €. Apéritif maison offert sur présentation de ce guide.* Avec sa terrasse donnant place Gambetta, *Le Mille-Pâtes* fait partie des adresses les plus fréquentées de Saint-Pierre. Parfait pour les joyeuses bandes de copains, à déconseiller aux amoureux en quête d'intimité. Pizzas au feu de bois convenables et pâtes fraîches maison à découvrir autrement (tagliatelles girolles-pancetta).

L'Olympia : *8, rue Raymond-Grandsart (pl. Saint-Pierre). ☎ 05-46-47-02-05. Tlj sf dim soir en saison ; fermé le soir hors saison. Plats à partir de 9,50 €.* En plein centre, un populaire bar-brasserie-PMU, l'un des points de rencontre de l'île. Petits plats de brasserie d'excellente qualité et servis avec gentillesse. Prix gentils aussi. Terrasse animée en été et les jours de marché, avec ses habitués.

Où boire un verre ? Où sortir ?

Le Bus-Stop : *1 bis, rue Aliénor-d'Aquitaine. ☎ 05-46-75-09-90. ● contact@lebusstop.fr ● Derrière la poste, dans une petite rue. En saison, tlj 16h-2h ; hors saison, slt mer-sam. Congés : janv. Apéritif maison offert sur présentation de ce guide.* Un endroit psychédélique pour une clientèle hétéroclite. On est inévitablement attiré par les tonalités vives, puis très vite séduit par l'intérieur et son formidable bric-à-brac. Un côté zinc pour partager une mousse à la pression, un côté salon pour faire un brin de causette confortablement, et terrasses pour les beaux jours. En journée, l'ambiance est calme et plutôt jazzy. Le soir, le registre est plus house. Idéal pour un apéro tapas en été, avec de véritables soirées « à l'andalouse » où chacun prend son verre dans la ruelle, discute et s'amuse ! Un endroit à ne pas rater.

Le Zing : *1, rue Louis-Barthou. ☎ 05-46-47-02-08. • lezing@orange.fr • Tlj sf dim-lun hors saison.* Au cœur de la ville, belle terrasse et salle à la déco pétillante, au goût du jour. L'ambiance y est sympa et la jeunesse oléronaise, post-étudiante et sans complexe, s'y retrouve. Fait également resto *(formule déj 15 €).*

À voir. À faire

La lanterne des morts : située sur l'emplacement d'un ancien cimetière, place Mémain, une colonne de 25 m (ce qui en fait une des plus impressionnantes de tout l'ouest de la France) avec flèche à huit pans, colonnettes et chapiteaux décorés. Au faîte, un lanternon surmonté d'une pyramide où s'élève une croix. On y plaçait autrefois une lanterne, censée rappeler le souvenir des défunts.

L'église et son clocher : *visite de juil à mi-sept, en principe tlj sf dim 10h-12h30, 16h-19h30 ; appeler la mairie avt : ☎ 05-46-47-02-83 ; tarif : 2,50 €, réduc, non accessible pour les moins de 7 ans. Accès libre au clocher pour la vue panoramique.* Bâtie sur les vestiges d'une église romane du XIIe s, elle ne nous a pas semblé bien jolie. Le clocher servait d'amer (point de repère) aux navires.

Le musée de l'Île d'Oléron : *9, pl. Gambetta. ☎ 05-46-75-05-16. Avr-juin et sept-oct, tlj 10h-12h, 14h-18h ; juil-août, tlj 10h-19h ; nov-mars, tlj sf lun 14h-18h. Tarif : 4,50 € ; 2,50 € enfant ; réduc. Expos temporaires. Ateliers jeune public pdt vac scol (5,50 €).* Le musée présente l'histoire d'Oléron, du Néolithique à nos jours, en insistant sur le XIXe s. Par le biais d'une muséographie ludique et moderne, voire interactive, on découvre la vie rurale insulaire. Présentation thématique : viticulture, ostréiculture, alimentation, écluses à poissons, costumes...

SAINT-GEORGES-D'OLÉRON

(17190) 3 300 hab. *Carte Charente-Maritime, B2*

Légèrement à l'écart de l'axe principal qui traverse l'île du nord au sud, Saint-Georges-d'Oléron paraît comme un peu engourdi. Les visiteurs sont peut-être pressés de gravir les marches du phare de Chassiron ? Et pourtant, ce bourg, qui est l'un des plus anciens de l'île, vaut bien une halte. Avec son église commencée au XIe s, sa halle, ses rangées de tilleuls, la place centrale distille un charme assez unique et bien différent de celui des bourgs aux venelles étroites.

UN VŒU, UNE CHAPELLE

L'origine de la statue de la Vierge de Notre-Dame serait liée au vœu d'un Viking qui, réchappé d'une terrible tempête au large de l'île, aurait alors fait édifier une chapelle dédiée à Notre-Dame... La chapelle a disparu, mais la statue est toujours là. Et la légende ajoute que, de ce jour, le « marin danois » remplaça la figure de proue de son drakkar par une statue de la Vierge...

Adresses et info utiles

Office de tourisme : *28, rue des Dames, face à l'église. ☎ 05-46-85-65-23. • accueil@marennes-oleron.com • ile-oleron-marennes.com • Juil-août, tlj sf dim ap-m ; le reste de l'année, lun-sam (oct-mars, lun-ven). Autre bureau à* ***Boyardville,*** *avr-sept le mat tlj sf jeu (tlj juil-août) ; et petite annexe à* ***Domino,*** *sur la pl. du Marché, ts les mat vac de Pâques et juil-août.*

Location de vélos : ***Chéray Cycles,*** *212, route de Domino, Chéray. ☎ 05-46-76-64-70. Avr-sept.* ***Roue Libre,*** *proche du marché de Boyardville. ☎ 05-46-47-38-71.* ***Vélos 17 Loisirs,*** *157, rue Pierre-Sémard, à* ***Domino.*** *☎ 05-46-76-62-70. Juil-août slt.* ***Les Cabanes du Douhet,*** *sur le port. 📱 07-61-61-56-81. Avr-sept.* ***Localoisirs,*** *1103, av. des Bouriennes,* ***Les Sables-Vignier.*** *☎ 05-46-47-52-98. Vac de Pâques et 1er juil-15 sept.*

– **Marché :** *vac de Pâques et juil-août, sous les halles.*

Où dormir ? Où manger ?

Motel Saint-Georges : *186, route de Saint-Pierre. ☎ 05-46-76-61-18. • motel.saint.georges@free.fr • hotel-saint-georges-oleron.com • ♿ Ouv tte l'année. Selon saison, doubles avec douche et w-c 36-70 €, familiales 58-85 €.* L'appellation « motel » prête à confusion. En réalité, le parking est devenu un jardin avec en son centre une cuisine commune sous une chaleureuse gloriette. Gentille maison oléronaise à 2 ailes, à mi-chemin entre l'hôtel et la chambre d'hôtes. Chambres nickel et guillerettes (style classique marin ou joyeusement vintage). Prêt de vélo, trampoline pour enfants et transats dans un coin qui font de l'œil aux amateurs de farniente.

Chambres d'hôtes chez Mme Hélène Trichard : *150, rue du Cellier. ☎ 05-46-76-58-92. Double avec douche et w-c 51 €.* Une dame accueillante met à la disposition des visiteurs 2 chambres simples mais bien tenues, à l'ancienne, avec sanitaires privatifs mais sur le palier, à l'étage de sa maison. Calme, confort et confitures maison au petit déj. La plage de Plaisance est à 3 km.

Le Saint-Georges : *5, pl. de Verdun (pl. des halles). ☎ 05-46-76-56-09. Tlj sf lun, plus dim soir hors saison. Congés : nov-janv. Menu 20 € ; carte env 30 €.* La bonne petite auberge de village avec sa déco chaleureuse et ses filets de pêche pour ne pas oublier que la mer n'est pas loin. Pas de carte mais une ardoise qui varie selon les arrivages, pour n'assurer que du frais ! Au final, une cuisine traditionnelle, goûteuse et gourmande, qui donne la part belle au produit : bar grillé à la fleur de sel, sole meunière, souris d'agneau, huîtres farcies...

Où dormir ? Où manger dans les environs ?

Campings

Camping Le Suroît : *au lieu-dit* ***l'Îleau-de-la-Grande-Côte,*** *route de Ponthezière. ☎ 05-46-47-07-25. 📱 06-33-79-34-18. • info@camping-lesuroit.com • camping-lesuroit.com • ♿ Ouv avr-fin sept. Prix : 29,50 € en hte saison ; mobile homes (certains avec clim) 2-6 pers 280-1 490 €/sem. 220 empl.* Un ravissant 4-étoiles parfaitement équipé (laverie, superette, barbecue collectif...) et bien ombragé. La plupart des emplacements sont délimités par de petites haies, si bien qu'on a l'impression d'être dans son jardin. On se surprend même à déambuler avec plaisir sur les petites allées. Piscine (couverte et chauffée au besoin) avec toboggans aquatiques et petite bibliothèque éclectique à disposition.

Quelques animations et spectacles sont organisés en été. Location de vélos. L'un de nos campings préférés sur l'île. Atout non négligeable : navette plages gratuite. Fait également resto-bar : **Le Coq.** Cuisine de belle qualité avec plusieurs menus changeant tous les jours, axés sur les produits de la mer.

Camping Le Domaine d'Oléron : *La Jousselinière.* ☎ *02-51-33-05-05 ou 05-46-76-54-97. • info@chadotel.com • chadotel.com • Ouv avr-sept. Prix : env 32 € en hte saison ; lodges toilés et mobile homes 4-7 pers env 175-903 €/sem. 172 empl.* Situé à 1 km de Saint-Georges-d'Oléron et à 2,5 km des plages, ce camping offre des emplacements bien spacieux et dans l'ensemble bien ombragés sur 3 ha. Nombreux services et activités (piscine, toboggans aquatiques, terrain multisports, aire de jeux, resto, pizzeria, dépôt de pain, etc.). Accueil souriant.

Camping et hôtel de plein air Les Gros Joncs : *rue de Ponthezière, **Les Sables-Vignier.** ☎ 05-46-76-52-29. • info@les-gros-joncs.fr • les-gros-joncs.com • Ouv tte l'année. Tarif : 47,50 € ; mobile homes et chalets 4-6 pers 442-1 484 €/sem. 253 empl. Piscine couverte.* Estampillé 5 étoiles et Hôtel de plein air, ce camping prétend être la Rolls des campings oléronais, mais il faut bien avouer que les tarifs sont un peu excessifs ! Proche d'une belle plage (avec pêche à pied), protégé par dunes et forêt, c'est une vraie miniville arborée sans les tensions urbaines (en plein mois d'août, peut-être pas totalement garanti !). Supérette (d'avril à septembre), resto, snack et pizzas (juillet-août), distributeur de billets, miniclub, animations, piscine couverte, piscine extérieure chauffée (toboggans), spa et remise en forme...

De prix moyens à chic

Hôtel La Petite Plage – Restaurant Le Grain de Sable : *839, route de l'Océan, 17190 **Domino.** ☎ 05-46-76-52-28. • lapetiteplage@orange.fr • lapetiteplage.com • ♿ (resto). Ouv de début fév à mi-nov. Resto tlj sf lun midi, mar et mer midi en basse saison ; fermé slt le midi lun-mar en juil-août (le chef en profite pour chercher de nouveaux produits). Doubles 50-96 € selon vue et saison. Formules déj en sem 19-25 € ; menu 30 € ; carte 35-40 €. Réduc de 10 % sur le prix de la chambre, à préciser au moment de la résa, sf hte saison, sur présentation de ce guide.* Très sympathique petit hôtel sur l'une des plages les plus sauvages de l'île. Environnement préservé. 9 chambres fonctionnelles, très propres, avec chacune une petite terrasse privative, toutes au 1er étage. Tendance bio pour les produits d'accueil et d'entretien. Ainsi que pour tout l'établissement. Tenu par un gentil couple. La fierté de l'établissement, c'est aussi sa cuisine et la salle à manger de charme avec son petit côté « design marin » chaleureux. Cuisine concoctée exclusivement avec des produits frais locaux et à partir de recettes revisitées et inspirées : turbot aux huîtres et risotto, filet de saint-pierre à la vanille, tartare de Saint-Jacques et salade de wakamé... Jolie présentation des mets. Enfants bienvenus. Que demander de plus ?

Brasserie-bar des Flots : *50, pointe de Chaucre, à Saint-Georges-d'Oléron. ☎ 05-46-36-44-81. À deux pas de la belle plage de Chaucre, après la forêt de Domino. Avr-oct, tlj sf mar (ouv mar soir en saison), midi et soir jusqu'à 21h30. Résa conseillée le soir. Carte env 20 €.* Petit resto populaire sans chichis, proposant une cuisine de saison et de bonnes petites spécialités à prix modérés, comme la morue à la chaucrine, la blanquette de la mer et les encornets à la catalane. Viandes correctes également. Un peu d'attente parfois, mais tout est fait à la demande. Bien connu des locaux. Terrasse protégée.

Où boire un verre ? Où sortir ?

Brasserie des Naufrageurs : *Les Landes, D 734, à Saint-Georges-d'Oléron (sur la D 734 entre Saint-Gilles et Chéray ; fléché).*

☎ 05-46-76-67-50. Tte l'année, tlj sf dim, plus j. fériés et mar midi hors saison (il est prudent de s'annoncer hors saison). Visite guidée sur rdv. Boutique. Si, comme les marins attirés par la lanterne accrochée au cou des ânes sur la côte pour provoquer un naufrage, vous devenez naufragé de cette institution brassicole insulaire, le naufrageur Jean-Luc Métayer et ses bières artisanales (sans colorant ni conservateur et non pasteurisées) sauront vous requinquer. Quel lieu mieux choisi que cet ancien monastère trappiste (les connaisseurs savent pourquoi) ? Une vingtaine de cuvées traditionnelles (blanche, blonde, ambrée, noire, brune) et originales... parfois très originales : la *Mer*, la *Marennes-Oléron* (spéciale huîtres), blanche fleur de sel et autres fruitées...

À voir. À faire

L'église : l'un des plus anciens et des plus beaux édifices (Monument historique) de l'île (Agnès de Poitiers en a fait don en 1040). Seuls la nef et le portail ouest sont d'origine (1040) ; on pense que l'église était alors fortifiée pour servir de retraite aux habitants lors des incursions des pirates. Aliénor d'Aquitaine fit construire au XIIe s le chœur et le transept, pur style Plantagenêt. Notez les piliers massifs couverts d'ogives à huit branches, en bois. Malgré les pillages des guerres de Religion, l'église a donc conservé une bonne part de son authenticité. L'édifice fut à nouveau agrandi au XVIIe s, dans un style Renaissance cette fois (chœur). Beau mobilier également, dont un retable style Régence ainsi qu'une statue de la Vierge de Notre-Dame en l'île.

Ti'Bato : *aire de loisirs,* ***étang des Près-Valet,*** *Saint-Georges-d'Oléron. 06-78-61-61-75. • tibato.fr • Pâques-juin et sept-Toussaint, mer, w-e, ainsi que tlj pdt vac scol 14h-18h (ou 19h) ; juil-août, tlj 11h-20h. Entrée : 5,50 € ; réduc.* Dès 9 ans, seul ou accompagné, l'enfant peut conduire paisiblement une réplique de bateau (chalutier, remorqueur, ferry, etc.) et découvrir les plaisirs de la navigation. Aire de pique-nique et de jeux, glaces et boissons. Pour les plus petits, jeux gonflables à ***Boumbadaboum,*** à proximité *(07-82-14-72-39 ; mêmes j. et horaires ; 6 €, gratuit adultes).*

➢ ***Les Ânes d'Oléron, La Ferme aux Ânes :*** *route de la Blanchardière,* ***Chéray,*** *Saint-Georges-d'Oléron. Contacter Nicolas Séguier : 06-81-60-29-83. • contact@lesanesdoleron.com • lesanesdoleron.com • Avr-sept.* Nicolas Séguier, éleveur d'ânes gris et de baudets du Poitou, propose des promenades à dos d'âne à Chéray et au phare de Chassiron, ainsi que des animations pour les enfants (accompagnés d'un parent) en saison. Les ânes d'Oléron sont craquants, il faut bien le dire. Très sympa.

– ***Sun'Session – école de voile :*** *37, rue du Douhet. 06-50-74-51-80. • sunsession@hotmail.fr • sun-session.com • Pâques-Toussaint, tlj ; horaires des balades : se renseigner. Résa obligatoire. Tarifs : 30-48 €/adulte selon type de sortie ; 65 € la croisière d'une journée.* Olivia et Simon, deux Oléronais passionnés de la mer, et un catamaran (plus stable et confortable), *Asoth* ! Les protagonistes de bonheur sur mer pour des balades (2-3h) ou des croisières interactives avec Simon, océanographe et moniteur de voile. Superbe balade « coucher de soleil » avec apéro concocté par Olivia ! Convivialité à prolonger si l'on veut lors de croisières plus longues (cinq couchages à bord). Très belle opportunité de découvrir la mer autrement. Certes à un prix certain pour une famille...

BOYARDVILLE

(17190) *Carte Charente-Maritime, B2*

Boyardville est à la plaisance ce que La Cotinière est à la pêche. C'est, en outre, un site très fréquenté en été, plutôt factice, avec moult terrasses clinquantes donnant sur le port et ses jolis voiliers... Heureusement, il reste quelques coins cachés comme le splendide site ostréicole de fort Royer. Avec cela, la belle plage judicieusement dite « de Boyardville », d'où l'on peut voir le fameux, l'unique, l'elliptique et napoléonesque fort Boyard, monument sorti des eaux comme par miracle... mais qui (drame pour les touristes tout désappointés au bout de la jetée !) ne se visite pas – sauf évidemment pour les équipes de candidats chanceux qui pourront y faire joujou et divertir les téléspectateurs...

Adresses utiles

Office de tourisme : *pl. du Marché. ☎ 05-46-85-65-23. • accueil@marennes-oleron.com • ile-oleron-marennes.com • Juil-août, tlj 10h-13h, 15h30-19h ; avr-juin et sept, tlj sf jeu 10h-13h. Hors saison, s'adresser à l'office de tourisme de Saint-Georges-d'Oléron.*

Croisières Inter-Îles : *billetterie sur le parking du port de plaisance. ☎ 0825-13-55-00 (0,15 €/mn). • inter-iles.com •* Escale à l'île d'Aix avec approche commentée du fort Boyard, promenade en mer, tour de l'île d'Aix, liaison avec La Rochelle de début avril à fin septembre et pendant les vacances scolaires de la Toussaint.

Liaison Maritime : *billetterie sur le port. ☎ 05-46-47-05-10. • oleron-larochelle.com • Avr-sept et vac scol de la Toussaint, liaison rapide (50 mn) avec **La Rochelle** (médiathèque). Env 2-3 liaisons/j. en été.*

Croisières sur « La Marcelle » : *billetterie sur le port. 06-15-20-19-73. • lamarcelle.com • Mai-sept. Compter 25 € pour le tour du fort Boyard et 40 € pour une journée à l'île d'Aix ; réduc.* René, ancien skippeur professionnel, propose des sorties sur *La Marcelle*, vieux gréement de belle allure. Les moussaillons pourront participer aux manœuvres et écouter les récits pleins d'humour du capitaine qui a traversé l'Atlantique plusieurs fois. Chants de marin au retour ! Sympa.

Où manger ?

Le Café de la Plage : *plage de Boyardville, à 1,3 km du port. ☎ 05-46-47-24-45. Ouv mars-oct (tlj en été, midi et soir jusqu'au dernier client). Menus 14,50 € (midi)-24,50 € ; carte 25-30 €.* Le vrai café de la plage tel qu'on le rêvait... et le seul à Oléron ! Au bout du goudron, entouré par la forêt, seul face à la mer, les tables pieds dans le sable. Intérieur genre grande cabane de pêcheur rustique, tenue par une gentille famille (et ici, on aime bien les enfants). Cuisine ouverte pour des petits plats de la mer. Spécialités de poisson grillé, églade de moules, chaudrée de calamars... Terrasse protégée et belle vue sur le fort Boyard, Fouras, les îles. Peut devenir très touristique en saison.

Les Viviers de la Saurine – La Roue tourne : *route de Boyardville, lieu-dit **la Saurine** (17190). ☎ 05-46-47-21-47. • lesviviersdelasaurine@wanadoo.fr • Entre Boyardville et Sauzelle, sur le côté gauche de la route en venant de Boyardville, en face des viviers de la Saurine, le long du chenal. En saison, ouv le midi tlj, le soir sur résa. Congés : 10 nov-31 mars. Formules déj 19-28 € ; menus charentais 38-39 € (fruits de mer) ! Café offert sur présentation de ce guide.* Depuis plus de 30 ans, c'est le bouche à oreille qui fait vivre cette aventure familiale commencée sur la plage de Boyardville. Cadre rustique convivial avec de grandes tablées communes et de longs bancs. Spécialités de poisson et fruits de mer en provenance directe du vivier de l'autre côté de la route (gage de fraîcheur indéniable). Chaque soir en saison, alors qu'on n'est pas encore venu à bout du formidable plateau de fruits de mer et que les conversations vont déjà bon train, voilà qu'un ami du patron sort sa guitare et pousse la chansonnette. Et là, en moins d'une demi-heure, à grand renfort de succès standard, tout le monde chante et danse sur les tables ! Une ambiance incroyable, unique sur l'île. Vous l'avez compris, une adresse incontournable.

La Grange : *2, allée des Acacias, au milieu du quai. ☎ 05-46-47-12-76. Avr-sept, tlj midi et soir jusqu'à 22h30. Formules déj 11,50-12,50 € ; menus 17-21 €. Café offert sur présentation de ce guide.* Bon accueil. Spécialités de pizzas au feu de bois et de patates gourmandes. Friture d'éperlans, sardines grillées à la fleur de sel et petit menu capable d'offrir bulots, moules marinière, frites à volonté et dessert. Imbattable ! Terrasse face au port. Service un peu expéditif.

DANS LES ENVIRONS DE BOYARDVILLE

Le fort Boyard : *ne se visite pas. On peut en faire le tour en bateau (voir « Adresses utiles » plus haut).* Édifié sur un banc de sable à partir de 1804, sous Napoléon, et achevé seulement sous le Second Empire, l'édifice Boyard impressionne par ses dimensions : 68 m de long, 31 m de large et 28 m de haut. Initialement prévu pour être armé sur trois niveaux de 74 canons et loger une garnison de 260 hommes, le fort fut caduc avant même son achèvement, les progrès de l'artillerie étaient tels que l'on pouvait désormais bombarder les navires ennemis avec des canons installés sur la côte. Par ailleurs, Louis-Philippe ayant renoué en 1845 avec l'Angleterre, principal ennemi jusqu'alors de l'archipel charentais et de la nation française, il devenait inutile de dépenser plus... Depuis 1966, le fort s'est donc recyclé : son cadre, des plus original, a été utilisé pour différents tournages de cinéma (*Les Aventuriers,* avec Delon et Ventura) et bien sûr de télévision. Grâce au jeu du même nom, le fort Boyard est désormais célèbre dans le monde entier ! On dit même que des millionnaires rêvent d'acheter l'île pour la transformer en complexe touristique de luxe...

Le site naturel ostréicole du fort Royer : *à la sortie sud de Boyardville, juste après le pont en direction de Dolus. ☎ 05-46-47-06-48. • fort-royer-oleron.fr • Juil-août, lun-sam à 10h30, 15h et 17h, dim à 10h30 ; hors saison, lun-sam à 15h pour une découverte du patrimoine ostréicole. Également un parcours botanique juin-sept ven à 10h30 (sur résa slt) et visite des parcs à huîtres sur résa slt. Fermé déc-janv. Visite : 4,50 € (6 € pour certaines visites comme celles des parcs qui peuvent durer jusqu'à 3h) ; réduc. Prêt de bottes pour les distraits !* Un site protégé où découvrir un milieu naturel très riche, avec un vieux village de cabanes ostréicoles ourlé de parcs. Les balades rondement menées donnent l'occasion d'en apprendre plus sur les pêches traditionnelles ou sur l'histoire de l'ostréiculture, mais également sur la faune et la flore des dunes et des marais. Sortie en mer à la marée. Et dégustation d'huîtres (payante) à la clé ! Nombreuses animations assurées par une équipe fortement motivée et passionnée.

LA BRÉE-LES-BAINS

(17840) 770 hab. *Carte Charente-Maritime, B2*

Village typique avec ses « maisonnettes basses aussi blanches de chaux que les casbahs d'Algérie », évoquées par Loti (il y a vécu son premier amour, à

8 ans...), où l'on peut aussi apprécier le dernier survivant des moulins à vent de l'île et une station balnéaire très calme, d'un autre temps, avec une longue et superbe plage bordée de cyprès qui soulignent un front de mer quasi intact. On a bien aimé La Brée, malgré (ou peut-être à cause de) l'indicible nostalgie qui flotte dans l'air. C'est ici que fut tourné, en grande partie, le film *Liberté Oléron*, des frères Podalydès.

Adresses et info utiles

Office de tourisme : *20, rue des Ardillières. ☎ 05-46-85-65-23. • accueil@marennes-oleron.com • ile-oleron-marennes.com • Juil-août, tlj sf dim ap-m ; hors saison, tlj sf dim, sam en hiver.* Billetterie. Accueil super sympa.

Location de vélos : Cycl'Oléron, *31, rue des Ardillières. ☎ 05-46-75-97-61. 06-82-56-89-10. À 50 m de l'office de tourisme. Tarif adulte : 14 €/j. le VTC-VTT.*

– **Marché :** *ts les mat en saison, sur la pl. du Marché (logique !).*

Où dormir ?

Camping Antioche d'Oléron : *route de Proires. ☎ 05-46-47-92-00. • info@camping-antiochedoleron.com • camping-antiochedoleron.com • Ouv avr-sept. Prix : 34,80 € en hte saison ; mobile homes 2-8 pers 260-1 043 €/sem.* Un camping calme et familial, avec ombrage moyen, à 150 m de la plage de La Brée (2 km de long). Tous services ou presque : laverie, jeux, salle TV, etc. 2 piscines chauffées avec un spa, 2 pataugeoires et un système de nage à contre-courant en saison. En été, snack-bar, petite restauration et glaces. Parc de petits animaux. Marché à 500 m du camping.

Hôtel La Chaudrée : *7, pl. Pasteur. ☎ 05-46-47-81-85. • la.chaudree@wanadoo.fr • hotel-lachaudree.com • Ouv de mi-fév à mi-nov. Doubles 62-92 € selon saison.* Traditionnel petit hôtel de village à la façade toute blanche et aux volets bleus. Chambres fonctionnelles et lumineuses, entièrement rénovées, de bon confort (TV écran plat, clim pour certaines ou vue sur la piscine et un bout de mer pour d'autres). Un bon plan malgré tout car bien situé, sur une place calme et pas loin de la plage. Belle cuisine de la mer chez un producteur de vins, pineaux et cognacs bien nommé *(• maxime-pinard.fr •)* !

À faire

– **Le Grain de Sel :** *à la sortie de la commune de La Brée ; prendre la D 273 en direction de Saint-Georges, puis suivre le panneau « Marais salant » à 800 m. ☎ 05-46-76-86-79. • le-graindesel.com • De mi-juin à mi-sept, visite guidée du marais salant l'ap-m (à 17h et 18h). Tarif : 2 € adulte ; gratuit enfants.* Une occasion sympa de découvrir la production de sel chez un saunier indépendant. Visite vivante bourrée d'anecdotes, et possibilité d'acheter quelques sachets d'or blanc... Vos prochains convives vous en seront éternellement reconnaissants !

SAINT-DENIS-D'OLÉRON

(17650) 1 220 hab. *Carte Charente-Maritime, A2*

Station balnéaire extrêmement fréquentée (quantité de campings dans le secteur, comme dans toute la partie nord de l'île), avec un port de

plaisance dont les abords ont été entièrement réaménagés ces dernières années, Saint-Denis-d'Oléron se trouve à la pointe septentrionale de l'île – enfin, pas tout à fait, puisque le phare de Chassiron, non loin, occupe cette position. Les petites cabines de plage colorées évoquent l'histoire de cette station. Belle église romane et vastes plages, pour ne rien gâcher...

LA GRANDE VOGUE DES CABINES DE BAIN

Quand, dans la seconde moitié du XIXe s, on découvrit les vertus de l'immersion dans la grande bleue, la mode des bains de mer se développa. Cependant, beaucoup de gens étaient fort pudiques, d'où la vogue des cabines en bois pour se changer. Les plus riches faisaient acheminer, directement au-dessus de l'eau, la cabine tirée par des chevaux ou grâce à des porteurs... Quelques cabines subsistent encore sur les plages de la Boirie.

Adresses et info utiles

Office de tourisme : *bd d'Antioche (près du port). ☎ 05-46-85-65-23. • accueil@marennes-oleron.com • ile-oleron-marennes.com • Juil-août, tlj jusqu'à 21h45 ; hors saison, lun-sam.* Compétents, souriants et sympas ! Liste des nombreux campings (11) de la commune. Billetterie pour *Croisières Inter-Îles.* Gère le minigolf d'à côté. Affichage dynamique extérieur 24h/24 en saison. Animations en été.

Location de vélos : Loca Loisirs, *au port de plaisance. ☎ 05-46-47-95-32. Avr-sept, tlj.* Location également de rosalies, cerfs-volants, etc. ***Vélos 17 Loisirs,*** *8 bis, rue de la Sicarde. ☎ 05-46-36-01-58. Ouv vac scol de Pâques, w-e fériés de mai et tlj 25 juin-5 sept.*

Croisières Inter-Îles : *billetterie sur le port de plaisance. ☎ 0825-13-55-00 (0,15 €/mn). • inter-iles.com •* En juillet-août, liaisons entre Saint-Denis et La Rochelle, escale à l'île d'Aix avec approche du fort Boyard, promenade en mer.

– **Marchés :** *ts les mat en saison, pl. Charles-de-Gaulle.*

Où dormir ? Où manger ?

De bon marché à prix moyens

Le Chassiron : *17, rue des Pérots, à* ***Chassiron.*** *☎ 05-46-76-80-56. • lechassiron@gmail.com • campinglechassiron.blogspot.com • À 2 km du phare, vers Chaucre, puis Chassiron (fléché) et à 200 m de la mer. Ouv tte l'année. Roulottes 2-5 pers 400-450 €/sem selon capacité ; tentes inuites (sur plancher) 375 €/sem. Prévoir linge de lit. Douche payante (0,60 €) dans sanitaires communs. (à l'accueil slt).* Hébergement insolite avec vue sur le phare (pour quelques emplacements) dans un espace naturel protégé, au calme de la nature et des oiseaux. Si l'ombrage est rare, le cadre est verdoyant. Simple, fonctionnel et bien tenu. Point d'eau à l'emplacement et salon de jardin.

Le Sabia : *2, chemin de Sabia. ☎ 05-46-47-97-84. • contact@camping-le-sabia.com • camping-le-sabia.com • À la sortie du bourg, dernier camping à droite vers le phare et vers la mer ; fléché. Ouv avr-nov. Mobile homes 2-6 pers 200-970 € selon capacité et saison. (payant).* Un tout petit camping (34 emplacements seulement) « écocitoyen », tout neuf et proche de la mer. Un « camping d'hôtes », selon la définition du sympathique et souriant couple de proprios (le patron peut vous conseiller : il est voileux et plongeur).

Un esprit zen, calme, orienté sports et nature, détente et bien-être (salle de fitness). Piscine avec pataugeoire sécurisée ! Une exclu : un mobile home design (cuisine américaine) 4-6 personnes avec terrasse sur le toit ! Un rien plus onéreux, mais la mer est en vue. Un super coup de cœur de camping.

Les Hameaux des Marines : *rue des Seulières, hameau des **Huttes.** ☎ 05-46-36-45-59 (central de résa) ou 02-47-42-39-50. 07-87-22-23-69. • info@terresdefrance.com • terresdefrance.com • À 2 km au sud-ouest de Saint-Denis. Ouv tte l'année. Chalets 6 pers 330-1 025 €/sem ; possibilité également à la nuitée 90 € hors juil-août.* Dans un écrin de verdure, à proximité de la mer, une cinquantaine de chalets spacieux (250 m²), bien équipés, avec terrasse privative sous un bel ombrage arboré pour la plupart. Le lieu est calme et il y a une piscine couverte et chauffée où les enfants aiment se retrouver. Tarif intéressant pour 6 personnes.

La Fleur de Thym : *8, rue Pierre-Métayer (port de plaisance). ☎ 05-46-76-82-07. • la-fleur-de-thym@orange.fr • C'est le bâtiment tt jaune dans la nouvelle section du port. Juil-août, tlj sf lun-mar, midi et soir jusqu'à 21h30 (22h en saison). Congés : fin sept-début avr. Menus 20-26 €. Digestif maison offert sur présentation de ce guide.* Convaincante cuisine créative axée sur le poisson avec une pointe d'exotisme. Une adresse qui fait grand bruit à Oléron. Accueil sympa, terrasse sur le port.

Sucré-Sablé : *3 bis, bd d'Antioche. ☎ 05-46-75-19-80. Face à l'office de tourisme. Avr-1er nov, tlj sf lun hors vac scol, midi et soir. Menus galettes ou bruschettas 11,90-13,90 €.* Crêperie récente, tenue par un ancien chef sérieux, reconverti maître crêpier. Pour un repas qui ne troue pas le portefeuille (plats du jour et suggestions), à prendre sous la véranda ou dans la salle très moderne.

Quai 17 : *10, rue Pierre-Métayer (port de plaisance). ☎ 05-46-85-62-98. 06-80-72-06-39. • quai17@hotmail.fr • Avr-sept, tlj midi et soir jusqu'à 21h30 (22h30 en été). Assiettes de fruits de mer 11-17 €, moules-frites à volonté env 8 €, plateaux 27-32 €. Digestif offert sur présentation de ce guide.* Facile à repérer avec son côté ordonné et propret, son vivier à huîtres et crustacés, sa terrasse chauffée aux premiers frimas... Cuisine soignée au diapason et service (très) attentif, dynamique et sans chichis. Beau choix de fruits de mer, chaudrée charentaise, friture d'éperlans, une quinzaine de façons de cuisiner les moules... Vente d'huîtres au détail. Un petit plus : le chapeau dispo pour manger au soleil sur la belle terrasse (ou plaid si le temps change...).

Où boire un verre ? Où sortir ?

La Buvette : *la buvette de la plage, tt simplement ; juste à côté des cabines de bains. En saison.* Touristique, mais sympa de prendre un verre face à la mer, les pieds dans le sable.

Le Cocotier : *28, rue du Port. ☎ 05-46-75-98-67. • pascale.lecocotier@gmail.com • Fermé lun soir et mar sf juil-août. Congés : 15 déc-31 janv.* L'adresse estivale qui draine la jeunesse fêtarde de la station. Les proprios passent l'été sur l'île d'Oléron et l'hiver... devinez où ? Aux Antilles, pour vendre des moustiquaires (!). Déco afro-antillaise, cuisine à l'avenant et punch coco à gogo. Musique du même tonneau. Quelques petits plats corrects pour les fringales intempestives : boudin antillais, colombo d'agneau, acras, salades, etc. En été, pour faire monter la sauce, la case vibre un soir par semaine au rythme des concerts rock. Scène ouverte aux musiciens chaque vendredi soir hors juillet-août. Bref, l'endroit tout désigné pour passer la soirée et faire un peu la bringue.

À voir. À faire

L'église : édifice roman considérablement remanié au fil des siècles. Seuls les soubassements et le portail à voussures datent de la fin du XIIe s. Très bel aspect général pourtant, et superbe oculus quadrilobé au-dessus du portail. Cette église, où la Réforme a été prêchée dès 1546, est considérée comme le berceau du protestantisme en France.

Le phare et le musée de Chassiron : *à l'extrémité nord de l'île. ☎ 05-46-75-18-62. • chassiron.net • ♿ (musée slt). Juil-août, tlj 10h-20h ; le reste de l'année, tlj 10h-12h15, 14h-19h (17h oct-mars). Montée au phare ou parcours spectacle : 3 € ; phare + parcours spectacle : 5 € ; réduc. Également des visites guidées en été (4 € ; réduc), mais surtout des visites nocturnes et costumées pleines d'humour à ne pas manquer juil-fin août (5 €, réduc ; rens à l'office de tourisme).*

Le voici, ce fameux Bout du Monde. Bon, on n'y trouve ni crevasse béante ni monstres infernaux, mais c'est bien ainsi que les anciens ou les cartes marines avaient l'habitude de désigner la pointe de Chassiron. Haut de 46 m et cerclé de bandes noires et blanches pour le différencier du phare des Baleines de l'île de Ré, le phare de Chassiron, érigé en 1836, a remplacé l'ancienne « tour à feu », dite « tour Colbert », de 1685, jugée peu efficace. Le phare actuel est visible de jour jusqu'à 35 km ; de nuit, sa portée est de 52 km. Très utile pour repérer le dangereux pertuis d'Antioche. Ne soyez pas déçu, mais le phare est aujourd'hui télécommandé et télésurveillé depuis La Rochelle !

UNE ATLANTIDE OLÉRONAISE

Une légende raconte que le village d'Antioche fut un jour englouti par une terrible tempête. La balise d'Antioche que l'on aperçoit non loin de la côte en marque l'emplacement. Et pendant les soirs de tempête, en tendant l'oreille, certains prétendent qu'ils entendent encore sonner la cloche de l'église ensevelie... Arrêtez le cognac !

Pour grimper au sommet du phare et jouir du panorama, 224 marches. Au 1er étage, un aimable parcours-spectacle audioguidé nous fait tourner en rond autour du phare tout en nous faisant faire deux fois le tour l'air de rien ! On suit le récit d'un jeune naufragé à la pointe de Chassiron, prétexte pour nous présenter en 26 mn la vie des hommes de la côte, le quotidien et le savoir-faire de ces marins des terres et paysans de la mer. Pas toujours passionnant mais parfois instructif, histoire d'en savoir un peu plus sur les vieux outils (marochon, griffon, râteau à sart, etc.), sur les écluses à poissons et sur la pêche à la courtine. Vous y apprendrez aussi le sens du mot « boyard », rendu célèbre par un certain jeu télévisé...
Dans un registre plus bucolique, vous pourrez explorer les jardins du phare, en forme de rose des vents, en suivant justement un itinéraire jalonné de... roses des vents, pour en découvrir toutes les facettes et anecdotes. Un parcours très ludique à l'aide de bornes informatives, tables tournantes, lunettes de visée, borne audio et carte en relief.
Non loin, les falaises. Attention, mieux vaut les longer du haut (chemin balisé en jaune et blanc), les galets de la plage en contrebas rendant la marche malaisée, voire dangereuse. Par endroits, des sentiers aménagés permettent toutefois d'y descendre, histoire de tâter l'eau et de faire des ricochets, puisque, on vient de vous le dire, il y a des galets ! Attention : gare à la marée si vous descendez sur la grève (partir 2 ou 3h avant la marée basse les jours où le coefficient est d'au moins 60). Se renseigner à l'office de tourisme de Saint-Denis.

Visite guidée de l'estran et des écluses à poissons : *infos et résas au phare. ☎ 05-46-75-18-62. Durée : 2h. Tarif : 5 € ; réduc ; gratuit moins de 12 ans. Prévoir des bottes, ça mouille !* Une visite qui présente les différents aspects historiques et naturels de la pointe de Chassiron. Histoire de son phare, fonctionnement des écluses à poissons typiques des îles charentaises (ces ouvrages importants, de 1 km de long et de forme semi-circulaire, sont construits sur l'estran rocheux), présentation des formations géologiques de ses falaises, ainsi que des différentes algues et animaux marins.

***Promenade le long de la mer :** par le sentier côtier au départ du chemin de Sabia (camping ; sortie du bourg de Saint-Denis).* Par plages et criques, par anses calmes et paisibles... enfin, pas toujours en été.

➢ Depuis le phare de Chassiron et le parking, suivre la route côtière en direction de Chaucre, par Les Seulières et Les Huttes, vers Domino et La Cotinière ! Plus sauvage, plus bucolique.

Fête

– ***Fête du Vent :** ts les 2 ans (années paires), en août.* Organisée pour rendre hommage à Éole (fabrication de cerfs-volants, restauration de vieux gréements, etc.), sans oublier un clin d'œil aux énergies renouvelables et un envol nocturne de cerfs-volants.

LA CÔTE DE BEAUTÉ

Ce qualificatif fait très dépliant touristique suranné. Et pourtant, elle le mérite, cette côte qui part de la pointe d'Arvert pour, quelques dizaines de kilomètres plus loin, se confondre avec l'estuaire de la Gironde. D'autant plus que, malgré quelques inévitables verrues, les bétonneurs n'ont heureusement pas pu s'en donner à cœur joie. Sur notre route : des plages de sable qui semblent ne jamais finir, de délicieuses stations balnéaires Belle Époque, des coins déserts même en été le long de la bien nommée Côte Sauvage, et la célèbre Royan, une des premières villes de vacances nées au XIXe s.

LA PALMYRE (17570) 1 710 hab. *Carte Charente-Maritime, B3*

En passe de devenir l'une des stations les plus fréquentées de la côte : un monde fou en été et des bouchons interminables lors des retours de la plage. La Côte de Beauté y devient chic, voire chicos. Une sorte de Côte d'Azur... Pourtant, La Palmyre, créée quasiment ex nihilo parce que le bourg voisin des Mathes était un peu loin de la mer, manque singulièrement d'âme. Mais quelles plages ! Une dizaine de kilomètres, de la pointe de Grande-Côte à la baie de Bonne-Anse. Et la longue Côte Sauvage qui n'est que sable fin (mais attention, si les surfeurs s'y éclatent, la baignade est dangereuse). Et quelle forêt (même si, depuis un certain 27 décembre 1999, on note quelques trouées) ! Plus d'une dizaine de milliers d'hectares (entre la forêt de La Palmyre, celles de la Coubre et de La Tremblade) de chênes et de pins plantés à partir du XIXe s pour stabiliser les dunes. Avec tout ça, on a failli oublier le zoo...

Adresses et info utiles

***Office de tourisme :** 2, av. de Royan, 17570 **Les Mathes-La Palmyre.** ☎ 05-46-22-41-07. • la-palmyre-les-mathes.com •*

Non loin du zoo, le long de la route principale. Juil-août, tlj 9h-19h ; avr-juin et sept, tlj sf dim ap-m ; le reste de l'année, lun-ven et sam mat. 💻 📶 *(payant).* Organise des animations en saison. Propose une application « La Palmyre Tour » à télécharger notamment sur le site.

■ ***Location de vélos :*** ***Cyclo Trott,*** *sur le port.* ☎ *05-46-22-52-34.* • *cyclo trott.com* • *Ouv env Pâques-Toussaint.* Et ***Locacycle Direct.com,*** *23, av. de La Palmyre, Les Mathes.* ☎ *05-46-22-52-34. Après l'hippodrome, à proximité des campings. Avr-sept. Loc en libre service.* Pour profiter des 40 km de pistes cyclables qui sillonnent la forêt.

– ***Marchés :*** *ts les mat sous les halles aux Mathes. Également ts les mer et dim mat au centre de La Palmyre.*

Où dormir ? Où manger ?

Quantité de campings (plus de 20 !) à la chaîne, dont un pour les naturistes, sont installés et concentrés (comme les campeurs au mètre carré) en bordure de mer et forêt, avec épiceries, restos, etc. À prestations grosso modo équivalentes, nous n'en avons sélectionné aucun en particulier, mais les amateurs trouveront leur bonheur en se renseignant à l'office de tourisme. Sachez aussi qu'il n'y a que 2 hôtels à La Palmyre.

🏠 🍽 ***Le Palmyr'Hôtel :*** *2, allée des Passereaux.* ☎ *05-46-23-65-65.* • *resa-palmyre@seml.fr* • *monalisa hotels.com* • *À 500 m du zoo et 800 m de la plage. Congés : 10 oct-1er avr. Doubles 64-129 € selon saison ; familiales en duplex 119-159 €. Menus 12-26 € et carte.* 📶 Un véritable complexe hôtelier version 3 étoiles, qui n'a rien de charmant mais possède de sérieux atouts et offre un bon rapport qualité-prix pour la région. Chambres fonctionnelles et confortables, dotées pour certaines d'un balcon ou d'une terrasse avec vue sur le grand jardin. Situé à l'orée d'une forêt de pins et du célèbre zoo de La Palmyre, central et excentré à la fois, il possède également ***Le Flamant Rose,*** un grand resto de spécialités régionales. Accueil et service très pros.

À voir

👣👣👣 👨‍👧 ***Le zoo de La Palmyre :*** ☎ *05-46-22-46-06.* • *zoo-palmyre.fr* • ♿ *Ouv tte l'année : avr-sept, tlj 9h-19h ; le reste de l'année, tlj 9h-18h. Compter 4h de visite. Spectacle d'otaries et de perroquets Pâques-Toussaint, tlj. Entrée : 17 € ; 13 € 3-12 ans.* L'un des parcs zoologiques les plus renommés d'Europe, notamment par sa superficie (18 ha) et le nombre d'animaux (plus de 1 600 et 115 espèces différentes). M. et Mme Caillé l'ont créé en 1966, puis aménagé et peuplé avec passion et succès. En effet, l'espace et la flore ne manquent pas. Les gorilles et les gibbons, les orangs-outans et les chimpanzés évoluent de branche en branche dans un complexe de 3 ha, et bien sûr les otaries, les ours blancs, les girafes et les éléphants sont du spectacle. Enfin, perroquets, calaos ou autruches animent quelques vastes parcs ou volières, tandis que les reptiles, pythons et tortues des Seychelles rampent nonchalamment... Bref, un superbe zoo, l'un des plus beaux de France, et certainement tenu avec amour et sérieux. La promenade est agréable et on a toujours plaisir à observer l'extraordinaire monde animal, à défaut de pouvoir s'offrir un safari (photo, bien sûr !) au Kenya...

SAINT-PALAIS-SUR-MER

(17420) 3 340 hab. *Carte Charente-Maritime, B3*

À une petite dizaine de kilomètres au sud de La Palmyre, Saint-Palais-sur-Mer présente le visage insouciant d'une station balnéaire bourgeoise avec un terrain de golf, une école de voile active et tout le toutim. Mais ce qui la caractérise sans doute le plus aujourd'hui, c'est son dynamisme culturel et sportif qui la place d'emblée en tête de peloton. Les estivants l'ont bien compris, et les rues ne désemplissent pas... Saint-Palais s'est baptisé ainsi en 1920. Son ancien nom, Bureau-les-Bains (!), devait sûrement trop rappeler le boulot aux premiers estivants... Le coin est plutôt sympathique : une succession de baies (ici, on dit « conches ») et autant de petites plages, des villas balnéaires enfouies sous les pins ou dressées sur les falaises.

UN PROPHÈTE DÉSARMÉ

C'est dans l'une des villas de Saint-Palais (ne la cherchez pas, elle a été détruite) que Trotsky a tenté de se faire oublier quelque temps des hommes de main de Staline. Il n'aurait pas dû quitter Saint-Palais pour Mexico, où sa tête rencontra le piolet de Ramón Mercader...

LA CHARENTE-MARITIME

Adresses utiles

Office de tourisme : *1, av. de la République. ☎ 05-46-23-22-58. • saint-palais-sur-mer.com • Juil-août, tlj ; le reste de l'année, tlj sf dim, plus sam ap-m nov-fév.* Organise des visites guidées thématiques de la station, ainsi que des visites adaptées aux enfants (vacances scolaires uniquement). Appli mobile pour tablettes et smartphones à télécharger gratuitement sur le site pour agenda, horaires des marées, activités, adresses restos... Billetterie.

Location de vélos : ***La Petite Vadrouille,*** *4, rue de la Plage. ☎ 05-46-23-21-94. • lapetitevadrouille.com •* Location de VTT, VTC et tandems. ***Le Vélocipède,*** *parking de la Grande-Côte. ☎ 05-46-06-40-75.*

Où dormir ?

De prix moyens à beaucoup plus chic

Art's Hôtel : *13, av. de Pontaillac. ☎ 05-46-23-11-19. 06-77-92-43-99. • arts.hotel@orange.fr • art-s-hotel.com • Congés : 15 nov-15 fév. Doubles 45-105 € selon confort et saison ; suites et familiales 74-130 €.* Situé à 50 m de la plage, un hôtel de charme entièrement refait, proposant des chambres pour tous budgets. Des petites chambres à prix plancher aux familiales en rez-de-jardin, toutes sont de bon confort, de style contemporain avec une touche Art déco enthousiasmante, ce petit plus qui fait de ce doux lieu notre hôtel préféré dans le secteur. En prime, la patronne et sa fille ont ouvert un bar à vins, *Le Vintage,* pour de chaleureux apéros dînatoires accompagnés de tapas. Accueil formidable.

Hôtel Primavera : *12, rue du Brick. ☎ 05-46-23-20-35. • contact@hotel-primavera.com • hotel-primavera.com • Congés : de mi-nov à mi-déc. Doubles avec sdb 110-162 € et 260 € selon confort, vue et saison. Réduc de 10 % sur le prix de la chambre hors juil-août sur présentation de ce guide.* On ne peut s'empêcher d'indiquer cet hôtel, tant son architecture fantasque nous a impressionnés. Isolée à la pointe de Saint-Palais, cette étonnante et surprenante folie 1900 expose aux vents marins sa façade délirante, patchwork de différents styles médiévaux. Elle abrite des chambres cossues aménagées avec des meubles de style, et souvent pourvues d'un balcon côté mer. Et puis on ira volontiers piquer une tête dans la piscine (couverte et chauffée), ou se dépenser au tennis avant de reprendre des forces dans le salon voûté médiéval dominé par une cheminée armoriée. Également des chambres un brin moins rococo dans un cottage à colombages ou avec terrasse privative dans une annexe. Fait également resto (spécialités de poisson et fruits de mer, mais chères).

Où dormir dans les environs ?

De chic à beaucoup plus chic

⌂ ***Chambres d'hôtes et appartements Le Logis de Mélisandre :*** *46, av. de Malakoff, 17640* ***Vaux-sur-Mer.*** *☎ 05-46-38-46-00. 📱 06-75-02-27-99. • melisandre.mp@orange.fr • melisandre.fr • Congés : 2 sem en oct. Selon saison, chambres 69-99 € pour 2 pers, 88-145 € pour 3-4 pers ; 3 gîtes pour 4-6 pers 390-990 €/sem. Bouteille de vin de pays charentais offerte (selon durée du séjour) sur présentation de ce guide.* En découvrant un comptoir et, en face, le casier où attendent sagement les clés, on a franchement l'impression d'avoir mal compris l'adresse... pas du tout ! Marie-Paule a effectivement racheté un hôtel minuscule où elle cultive un esprit chambre d'hôtes. 5 chambres à la déco colorée et personnalisée. Salle d'eau et w-c privés pour tout le monde, un peu trop étriqués pour la chambre « Marine » (pourtant bien jolie). Également des gîtes entièrement équipés et aménagés avec soin.

⌂ ***Hôtel-résidence de Rohan :*** *7, av. de Rohan, 17640* ***Vaux-sur-Mer.*** *☎ 05-46-39-00-75. • info@residence-rohan.com • residence-rohan.com • ♿ Congés : de mi-nov à fin mars. Selon saison, doubles 89-169 €, familiales 119-240 €.* 💻 📶 À l'origine, il s'agissait d'un joli pavillon balnéaire qui appartenait à la duchesse de Rohan. Elle l'avait surnommé « le parc aux Fées », voilà qui fait rêver ! Le petit manoir, datant du début du XXe s, a gardé son esprit Belle Époque, avec une déco cossue et une certaine idée du luxe et du confort. C'est-à-dire en toute simplicité, sans rien d'ostentatoire ni de tape-à-l'œil. On loge dans les anciens appartements de la duchesse ou dans un bâtiment annexe, plus moderne, ouvrant sur la plage. Piscine chauffée, et surtout un grand et superbe parc avec accès direct à la plage de Nauzan. Une adresse d'exception !

Où manger ?

De bon marché à prix moyens

🍴 ***Crêperie Les Quimpéroises :*** *3, pl. de l'Océan. ☎ 05-46-23-28-41. • lesquimperoises@gmail.com • Tlj sf mer fin nov-déc hors vac scol. Congés : 4 sem janv-fév. Carte env 15 €.* 📶 *Kir breton offert pour un repas sur présentation de ce guide.* Une petite crêperie bretonne sans chichis, qui doit sa réputation à la qualité de ses produits, blé noir et froment. Ici, les galettes sont cuites au coup par coup ; la réchauffe, on ne connaît pas. Essayez donc celles à l'andouille de Guémené, aux fruits de mer ou aux palourdes farcies. Ou les typiquement bretonnes à découvrir : Ker-voal, Brieg... Pour finir sur une note sucrée ou en guise de goûter, crêpe caramel au beurre salé, belles coupes de glace, crêpes dentelle et quelques desserts maison. À déguster dans la salle à la déco marine, sous la véranda ou en terrasse, sur la place de Saint-Palais.

🍴 ***Restaurant Le Flandre :*** *av. des*

Tamaris. ☎ 05-46-23-36-16. • yves.minot@wanadoo.fr • Sur la route de La Palmyre, à gauche dans la forêt (accès un peu tordu, par une contre-allée en sens unique). Fermé dim soir et mer sf juil-août. Formules déj en sem 16-21 € ; menus 27-34 € ; carte env 40 €. On regrette un peu la proximité de la route, mais la vue sur la forêt rattrape le morceau... surtout si l'on choisit une table de l'autre côté du bâtiment. Les 2 jolies salles s'harmonisent parfaitement avec une carte d'humeur marine. Spécialités de poisson classiques de bonne tenue (cassoulet de la mer, huîtres chaudes au champagne), secondées par quelques plats de viande. Service efficace et souriant.

|●| ***L'Arrosoir :*** *73, av. de Pontaillac, face à la plage de Nauzan. ☎ 05-46-02-12-41. • arrosoir-nauzan@gmail.com • Tlj en juil-août ; fermé dim soir-mar midi le reste de l'année (plus mar soir en hiver). Formule déj (sf dim) « 3 en 1 » (entrée, plat et dessert sur la même assiette) 18 € ; menus 29-38 €. Apéritif offert sur présentation de ce guide.* Un resto bistronomique qui fait grand bruit sur la côte. *The resto to be !* Tenu par un jeune cuisinier qui a fait ses classes avec des chefs étoilés, il propose une cuisine imaginative, tout en saveurs, au dressage flamboyant. Cadre élégant très contemporain et terrasse dominant la plage avec coin canapés et fauteuils sous les arbres. Une adresse dans l'air du temps, mais attention au choix du vin, qui peut très vite faire grimper l'addition ! Formule originale et abordable que le « 3 en 1 » à midi !

LA CHARENTE-MARITIME

Où boire un verre ? Où sortir dans le coin ?

🍷 ♫ ***Le Globe-Trotter :*** *3, rue de l'Océan, à Saint-Palais. ☎ 05-46-02-70-40. Tlj jusqu'à 2h en saison ; slt le w-e hors saison.* Très prisé pour l'apéro en terrasse, sous le vieux catalpa, avec la mer en toile de fond. Une salle tout en longueur à la déco contemporaine étonnante, doucement branchée et cosmopolite. *Dance floor* pour soirées DJ. Très prisé des jeunes branchés dévergondés. Mais on pourra lui préférer ***Le Café Dransard,*** quasi en face, sur l'avenue de la République. Un brin plus calme, *dance floor* également.

🍷 Voir aussi à Royan « Où boire un verre dans le coin ? », en particulier ***La Maison Blanche,*** sur la plage de Nauzan, à Vaux-sur-Mer.

À faire

➢ ***Le chemin des Douaniers :*** emprunté autrefois par les gabelous du bureau de douane de Bureau-les-Bains (la voilà l'explication de ce drôle de nom !) qui traquaient les contrebandiers. Il débute le long de la corniche de Saint-Palais et suit la côte jusqu'à La Palmyre (balisage blanc et rouge du GR 4 ; interdit aux vélos). Mais on peut se contenter de le suivre sur 1 ou 2 km, le long d'impressionnantes falaises du Crétacé que la mer sape inlassablement et inexorablement, façonnant des rochers aux noms de légende, le *Pont du Diable...* De l'autre côté, il va jusqu'à la *conche de Pontaillac* de Royan.

Manifestation

– ***Festival de Rock progressif :*** *3e w-e d'août.* Pour les enfants du rock, un festival à taille humaine en plein air et gratuit.

ROYAN

(17200) 18 200 hab. *Carte Charente-Maritime, B3*

Pour le plan de Royan, se reporter au cahier couleur.

Qui n'est jamais passé par Royan, n'y a séjourné, ne s'est promené sur sa vaste plage ? Royan, station balnéaire par excellence, populaire, française, et de Français moyens... En fait, c'est toute l'histoire du tourisme et plus généralement l'Histoire avec un grand H des XIXe et XXe s qui a produit, développé, puis anéanti et reconstruit Royan. Bien sûr, on peut trouver la ville d'aujourd'hui vilaine, avec son architecture 100 % béton des années 1950, on peut ne pas y aimer la foule estivale... Pourtant, nous y avons ressenti un je-ne-sais-quoi d'attachant, peut-être le ciel doux, l'aspect déjà désuet de l'urbanisme de l'immédiat après-guerre, quelque nostalgie indéfinissable... Et nous ne sommes pas les seuls, puisque les habitués, les inconditionnels, se comptent par dizaines de milliers chaque année, depuis des lustres. Royan sera toujours Royan !

EN VOITURE SIMONE !

Cette célèbre expression vient de Simone Louise des Forest qui naquit en 1910 à Royan. Elle entama une carrière exceptionnelle de pilote automobile dès les années 1930. L'expression, associée à son nom, possède une version plus complète : « En voiture Simone, c'est moi qui conduis, c'est toi qui klaxonnes ! »

LA CHARENTE-MARITIME

UN PEU D'HISTOIRE

Comme pour toute la région Aquitaine, l'histoire a secoué Royan de conflits divers depuis les Romains jusqu'aux guerres de Religion. Mais la ville avait cette particularité de constituer une ***place forte défendant aussi bien l'embouchure de la Gironde que le port de Bordeaux.*** On y a donc beaucoup guerroyé.
Cependant, c'est au XIXe s qu'elle deviendra ce pour quoi elle demeure célèbre et fréquentée : une station balnéaire. Elle fut même l'une des toutes premières villes de ce type en France, avec les Deauville et autres Hendaye. La liaison par mer Royan-Bordeaux en 1820, puis en 1875 le raccord à la ligne de chemin de fer Bordeaux-Paris (mettant la capitale à quelques heures de Royan, avec un ou deux changements seulement) déclenchent un succès foudroyant (71 000 touristes en 1881 !).
Royan est devenue le ***lieu de villégiature de la bourgeoisie florissante de cette seconde moitié du XIXe s.*** Les villas s'y multiplient, souvent somptueuses, baroques, et les Années folles s'y complairont à merveille... Deux casinos distraient les nantis, on porte le maillot de bain, Sacha Guitry s'y promène... Bref, Royan est devenue l'endroit à voir, où aller, se montrer, avant que les premiers congés payés de 1936 commencent à y drainer de nouvelles couches de vacanciers, plus populaires...

VOYAGE AU BOUT DE L'ENFER

Le napalm fut utilisé pour la première fois en Europe à Royan par les bombardiers américains le 14 avril 1945. Il s'agissait d'éradiquer les soldats allemands qui résistaient depuis 10 mois. Ce gel incendiaire colle à la peau avant de s'embraser.

Puis patatras, on connaît la suite. La Seconde Guerre mondiale et son dénouement, celui en particulier dans la « poche de Royan », rayeront la ville de la carte : 80 % des constructions anéanties, plus de 600 civils ensevelis (certaines estimations penchent vers le millier), 5 ans de travail pour déblayer les décombres... Comme Le Havre, Dunkerque ou Brest, Royan a payé le prix fort. Celui de la Libération ? Peut-être...

Le premier bombardement de Royan (1 500 t de bombes larguées sur la ville, le 5 janvier 1945, au petit matin) n'a, semble-t-il, servi à rien : les occupants n'ayant subi que de faibles pertes (une trentaine de tués contre 500 chez les civils – et des lignes de défense demeurées intactes). Une regrettable erreur pour les forces alliées mais dont personne, Anglais, Français comme Américains, ne voulait endosser la responsabilité. La polémique est d'ailleurs loin d'être enterrée (on a même reçu du courrier sur le sujet !). Selon la version officielle (un peu tirée par les cheveux...), des bombardiers auraient été détournés sur Royan à cause de mauvaises conditions météorologiques et sans aucune carte des positions allemandes... Une explication que complètent certains spécialistes de la Seconde Guerre mondiale : c'est un général américain du nom de Ralf Royce qui a pris sur lui la décision de l'opération. Et une série de ratés a empêché d'en informer les autorités alliées, notamment le général de Larminat. Pourtant, beaucoup de Royannais ont vu en Larminat le responsable de ce désastre, et vous ne trouverez jamais de place, de rue, ni même d'impasse du Général-de-Larminat à Royan...

Pour conclure ce triste épisode, la « poche de Royan » sera libérée quelques mois plus tard, le 18 avril 1945, après un second bombardement (et, c'était une première, au napalm), suivi d'une attaque de la division Leclerc épaulée par les FFI.

CÉLÈBRE ET PATRIOTE

En 1943, Jean Gabin quitte les bras de Marlène Dietrich pour s'engager sous les ordres du général de Gaulle. Avec son tank, il participera à la libération de la « poche de Royan ». Et pourtant, à la fin de la guerre, il aura bien du mal à retrouver sa popularité.

LA VILLA DE *MON ONCLE*

L'actuelle physionomie de la ville est née de la tragédie causée par le bombardement, mais aussi et surtout de l'envie de « faire du moderne », comme pour oublier le passé. Tandis qu'ailleurs (Flers, Maubeuge), on s'est contenté de faire vite, Royan a été le terrain – unique en France – de la mise en pratique des postulats urbains et architecturaux du Mouvement moderne, groupement d'émules de Le Corbusier. Surtout, la diffusion par les revues de l'évolution de l'architecture moderne au Brésil pendant les années de la guerre apporte un profond bouleversement dans tous les projets architecturaux de Royan. On parle de l'âge d'or de l'architecture brésilienne (entre 1930 et 1960), auquel prennent part notamment Lucio Costa (l'urbaniste de Brasilia) et Oscar Niemeyer, son élève (aujourd'hui plus connu que le maître...). Niemeyer (né en 1907) a accru son prestige en produisant d'étonnants immeubles dans les années 1950. Lors de l'inauguration de la capitale Brasilia, en 1960, certaines de ses œuvres ont été transformées en témoins phares de l'architecture moderne, notamment le Congrès national (1958) et la cathédrale (1959-1970). L'église Notre-Dame de Royan n'est pas l'œuvre de Niemeyer, mais on y retrouve son influence, l'audace et l'imagination caractérisant les prouesses techniques du monument. En outre, l'utilisation du béton armé, dans cet édifice et dans bien d'autres à Royan, rend indéniable l'affiliation à l'architecture moderniste brésilienne. Aujourd'hui, si on ne peut qu'admettre que le modernisme des années 1950 a ses limites (géométrisme trop systématique et mauvais vieillissement du béton), il ne faut pas oublier que Royan était, à l'origine, une ville laide, avec son usine à gaz en plein centre. Ainsi, force est d'y admirer l'œuvre accomplie

en une dizaine d'années (1949-1959), sous la tutelle de l'urbaniste en chef, Claude Ferret, et de son assistant, Louis Simon : l'élégante courbe dessinée par le front de mer, le blanc éclatant des façades cubiques qui, avec le bleu de l'océan et le vert des pelouses, évoquent irrésistiblement les toiles de Mondrian, l'impressionnante église Notre-Dame et ces centaines de villas design, aussi fantaisistes que celle de *Mon oncle,* de Jacques Tati... Ce n'est pas sans raison qu'en 1986 Royan a été consacrée ville « la plus cinquante » de France !
– À lire absolument : *Royan années 50, parcours d'architecture,* Royan Culture, éd. Confluences, CAUE, 2000.

Comment y aller ?

➢ ***En train :*** ligne TGV Atlantique Paris-Montparnasse - Bordeaux, avec changement à Angoulême ou à Niort, selon les cas, et TER jusqu'à Royan (env 4h-4h30 de voyage). En saison, 1 liaison directe/j. Paris-Austerlitz - Royan (6h30) en train Corail.
➢ ***En voiture :*** autoroute A 10, sortie n° 35 (Saintes) en venant du nord, puis prendre la N 150 (40 km). En venant du sud, sortie n° 37, puis suivre la D 730.

Adresses et infos utiles

Office de tourisme *(plan couleur D1) : 1, bd de la Grandière. ☎ 05-46-23-00-00. • royan-tourisme.com • De mi-juin à fin août, tlj 9h-19h30 ; le reste l'année, lun-sam 9h-12h30, 14h-18h, plus dim et j. fériés d'avr à mi-juin 10h-12h30. (1h gratuite ; forfait 4-12 € pour 7 points accessibles en ville). Un point info également sur la plage de Pontaillac, tlj en été.* Organise des visites guidées (se renseigner sur le programme complet). Accueil compétent et très aimable.

Gare SNCF *(plan couleur D1) : pl. de la Gare, pardi ! ☎ 36-35 (0,34 €/mn). • voyages-sncf.com • Non loin de l'office de tourisme.*

Carabus – Se déplacer très royannais : *☎ 0810-81-09-77. • carabus-transport.com • Tlj sf dim 7h15-19h. Ticket 1,60 € (qu'on peut acheter dans le bus) ; forfaits et réduc.* 3 lignes de bus desservent le centre-ville (les plages et les principaux monuments) et permettent de rallier Saint-Palais-sur-Mer via Vaux-sur-Mer ou Saint-Georges-de-Didonne et Meschers ; également le zoo de La Palmyre en été. Dans le centre, possibilité de monter et de descendre à la demande, sympa !

Taxi Radios Royannais : *☎ 05-46-39-88-88.*

Location de vélos : ***Royan By Cycles*** *(plan couleur D1,* ***2****), 1, bd de la Grandière, à 50 m de l'office de tourisme. ☎ 05-46-06-08-18. Ouv en saison slt.* ***Cycles Horseau*** *(plan couleur D1,* ***3****), 107, cours de l'Europe. ☎ 05-46-39-96-43. Ouv tte l'année.*

Service maritime départemental : *19, av. du Phare-de-Cordouan, 33123* ***Le Verdon-sur-Mer.*** *☎ 05-56-73-37-73 ou 05-46-38-35-15 (à Royan). • transgironde.gironde.fr •* Traversée de l'estuaire de la Gironde en ferry, entre Royan et Le Verdon-sur-Mer. Embarquement à la pointe de la Grave *(plan couleur C3).* Fin juin-début sept, départs ttes les 45 mn 7h15-21h15 ; le reste de l'année, 6-9 départs/j. Tarifs : 3,20 €/pers l'aller ; ajouter 23,80 € par voiture ou 1,80 € par vélo. Depuis Le Verdon, départs 6h30-20h30 en saison.

– ***Marché :*** *de mi-juin à début sept, ts les mat sf lun fériés, jusqu'à 13h ; hors saison, tlj sf lun.* L'occasion de visiter le marché central, à l'architecture si caractéristique des années 1950 (visites guidées ; renseignements à l'office de tourisme).

Où dormir ?

Attention, il n'est pas toujours évident de trouver à se loger à petit prix à Royan en période d'affluence estivale. Il faut en plus réserver longtemps à l'avance.

Camping

Camping Clairefontaine *(plan couleur A1,* ***10****) : 6, rue du Colonel-Lachaud. ☎ 05-46-39-08-11. • clairefontaine@campeole.com • campingclairefontaine.com • Au fond d'une impasse, dans un quartier résidentiel à 500 m de la plage de Pontaillac. Ouv avr-sept. Prix : env 37,80 € pour 2 en hte saison ; bungalows toilés, mobile homes et chalets 2-8 pers 29-183 €/nuit. 123 empl.* On se demande comment les promoteurs n'ont pas eu la peau de ces 5 ha de nature (au-delà, ce sont les marais) en pleine ville, mais c'est tant mieux ! Camping 4 étoiles, bien ombragé et bien équipé. Piscine chauffée avec une amusante cabane à carrelet, tennis, château gonflable, jeux pour enfants, snack, dépôt de pain (de mai à septembre), et un petit quelque chose de différent dans l'atmosphère.

De prix moyens à chic

Hôtel Trident-Thyrsé *(plan couleur D2,* ***12****) : 66, bd Frédéric-Garnier. ☎ 05-46-05-12-83. • trident.thyrse1@wanadoo.fr • letridentthyrse.fr • Doubles avec douche et w-c ou bains 48-82 € selon confort, vue et saison ; familiales 72-115 € ; chambres pour 4 pers avec kitchenette env 355-670 €/sem.* Royan est une ville des années 1950. Ce patrimoine architectural est particulièrement flagrant ici. En pénétrant dans le vaste et lumineux hall de cet hôtel, il semble que rien n'a bougé depuis 1954. Des couleurs claquantes (ça commence par la façade blanc et rouge), des bongos au coin du bar en formica, des effluves de salsa sur la terrasse face à l'océan... on pourrait se croire aussi dans un hôtel du quartier Art déco de Miami Beach. Les chambres sont toutes simples, plaisantes, décorées dans le même esprit (mobilier d'origine très vintage), certaines avec balcon sur mer et d'autres, latérales, avec balcon et vue en angle. De belles rénovations ont été réalisées (double vitrage, salles de bains...). Accueil très, très cool. Et il n'y a que le boulevard à traverser pour poser les pieds sur la plage. Un vrai coup de cœur !

Hôtel Belle-Vue *(plan couleur A1,* ***15****) : 122, av. de Pontaillac. ☎ 05-46-39-06-75. • belle-vueroyan@wanadoo.fr • bellevue-pontaillac.com • Ouv avr-oct. Selon confort, vue et saison, doubles 59-90 €, familiales 89-118 € ; 4 studios pour 2-4 pers 560-1 043 €/sem.* Pension de famille dans les années 1950, c'est aujourd'hui un hôtel cossu un brin bourgeois. Accueil dans le même ton, poli, discret et souriant. Chambres refaites et de bon confort. L'enseigne ne saurait mentir : l'*Hôtel Belle-Vue* domine avec une certaine superbe la très chic baie de Pontaillac. On privilégiera donc logiquement les chambres avec vue (certaines sont dotées de balcons, d'autres sont en rez-de-jardin). Une bonne adresse.

Hôtel-restaurant Beau Rivage *(plan couleur C2,* ***13****) : 9, façade de Foncillon. ☎ 05-46-39-43-10. • hotel.beaurivage@wanadoo.fr • hotel-beau-rivage-royan.com • Resto fermé lun midi, sam soir, dim et j. fériés hors saison. Doubles 49-130 € selon confort et saison. Surveillez les intéressantes promos hors saison. Apéritif ou café offert sur présentation de ce guide.* Un gentil petit hôtel familial. Chambres lumineuses et confortables, avec des rideaux ou des couvre-lits de couleurs vives. Excellent niveau de confort de l'établissement (insonorisation et salles de bains). Et puis la vue est si belle depuis les balcons du front de mer... Accueil sympathique.

Hôtel Miramar *(plan couleur A1,* ***11****) : 173, av. de Pontaillac. ☎ 05-46-39-03-64. • miramaroyan@wanadoo.fr • miramar-pontaillac.com • Congés : 21 déc-6 janv. Selon confort, saison et vue, doubles env 75-180 €, familiales 215-285 €.* Comment ne pas succomber au charme de la très chic plage de Pontaillac ? Le casino, la mer à perte de vue, mais aussi la rue, très fréquentée en saison. Les chambres, la plupart avec vue, classiques et lumineuses, offrent un excellent confort. Petit déj-buffet en terrasse.

Voir également les hébergements que nous recommandons à ***Saint-Georges-de-Didonne,*** commune limitrophe qui fait « plage commune » avec Royan, ainsi que les adresses dans la rubrique « Où dormir dans les environs ? » de ***Saint-Palais-sur-Mer.***

Où manger ?

De bon marché à prix moyens

🍽 ***Entre Midi et 2*** *(plan couleur C1,* ***22****) : 11, rue des Bains. ☎ 05-46-05-89-75. • mcperrot@orange.fr • Tlj sf dim et j. fériés 12h-14h. Congés : 3 sem en août. Menus 13,90 € et 16,90 € avec un verre de vin. Café offert sur présentation de ce guide.* Salle spacieuse et cadre contemporain plaisant dans les tons gris, orange et blancs. Longues banquettes confortables pour une simple et fraîche cuisine. Super bonnes lasagnes (et bien servies), filet de poisson... Les plats à l'ardoise bougent. Le tout bien mitonné et pas cher avec ça ! Les employés du quartier ne s'y trompent pas, qui viennent nombreux en profiter.

🍽 ***Le Lido*** *(hors plan couleur par D2,* ***26****) : 157, bd Frédéric-Garnier. ☎ 05-46-05-12-00. • dnoel17@wanadoo.fr • Ouv tlj. Congés : nov-avr. Plat du jour 9,50 € ; carte env 20 €. Café offert sur présentation de ce guide.* Resto de plage d'architecture rétro, posé là depuis les années 1950. La cuisine est à l'image du lieu et de l'accueil, simple et bonne. Moules-frites, poisson du jour, sardines grillées... Vue splendide sur la baie, la plage, la mer, les vagues...

🍽 **Le Petit Bouchon** *(plan couleur C2,* ***27****) : 8, quai de l'Amiral-Meyer, voûtes du port. ☎ 05-46-22-08-82. • lepetitbouchon@hotmail.com • Fermé lun, plus dim soir hors saison. Formule déj en sem en saison 17,50 € ; menu 23 € ; carte env 30 €.* Sous les arcades du port, une déco marine avec ses banquettes arrondies ou sa terrasse protégée. Cuisine aux accents doux et exotiques, sur poissons et desserts ! Un exemple ? Bonite mi-cuite et semoule de carottes crème de coriandre citron vert gingembre ! Petite note du Sud-Ouest avec le canard dans une carte qui évolue au fil des produits de saison d'une parfaite fraîcheur. Service jeune, sympa, efficace et décontracté. Notre coup de cœur !

De prix moyens à chic

🍽 ***L'Avocette*** *(plan couleur D1,* ***24****) : 100, bd de Lattre-de-Tassigny. ☎ 05-46-02-15-30. Juil-août, tlj sf mer et dim midi ; le reste de l'année, tlj sf mar soir, mer et dim soir. Congés : vac de fév et vac de la Toussaint. Formule 22 € ; menus 15 € (midi en sem), puis 32-42 €. Café offert sur présentation de ce guide.* Une table qui monte, qui monte ! Il faut avouer que dès le 1er menu, on est sous le charme de cette cuisine créative, à la cuisson précise, pleine de saveurs et de couleurs. Des produits de saison s'harmonisant à merveille, dressés avec panache, et des desserts qui s'envolent vers un monde de joyeuse délicatesse. Cadre agréable, service impeccable et sans chichis, prix justes (on reconnaît même un rapport qualité-prix-plaisir qui explose le « buzzomètre »). Un sans-faute.

🍽 ***Koud à Koud*** *(plan couleur B2,* ***28****) : 1, plage du Chay. ☎ 05-46-38-51-99. • thorelrichard@sfr.fr • Sur la plage du Chay, en contrebas de la route. Avr-sept, tlj ; hors saison, tlj sf mar. Résa conseillée le soir, le w-e et en saison ! Formule déj en sem 18 € ; carte très large, de 25-30 € à 50-55 €.* Le bar-resto *lounge* branché, avec ses 2 terrasses (une petite très intimiste) les pieds au-dessus du sable et la longue salle de resto immaculée et sobre qui surplombe la petite plage. Carte aussi branchée que les lieux, chic et de qualité. Copieux et superbe plateau de fruits de mer, et originale cuisine de poissons. Même si le cadre est un peu surfacturé, le rapport qualité-prix reste bon. Service agréable et prévenant.

🍽 ***Les Filets Bleus*** *(plan couleur C1,* ***25****) : 14, rue Notre-Dame. ☎ 05-46-05-74-00. Tlj sf dim-lun (ouv lun soir juil-août). Formules déj en sem 17-19 € ; menus 29,50-60 €.*

À deux pas de la cathédrale, le décor marin très réussi rappelle qu'on est ici dans l'un des royaumes de la pêche. La cuisine est aussi très orientée vers la mer. Belles préparations et cuissons justes. Service courtois.

La Jabotière et Face à New York *(plan couleur A1, **23**) : 4, esplanade de Pontaillac. ☎ 05-46-06-53-97. • contact@lajabotiere.com • ♿ Sur la plage de Pontaillac, à côté du casino. Tte l'année, tlj midi et soir. Menus 21 € (midi sf w-e), puis 35-49 € ; carte env 70 €.* Le chef J.-M. Zimmerman tient les rênes de cette excellente adresse branchée, très tendance. Les meilleures tables ont vue sur la plage le long de l'immense baie vitrée dans ce décor chic et *lounge* pour déguster une cuisine de haute volée. Remarquable carte des vins (qui peut faire monter l'addition). Le côté brasserie, *Face à New York,* ouvert dès 8h pour un copieux petit déj, propose des plats uniques et copieux *(14-22 €).* Il ouvre sa terrasse sur la plage si c'est complet à l'intérieur. Les plats, tendance exotique, savoureux et copieux, justifient leur prix ! Énormes burgers grillés au feu de bois et gourmands desserts en « vedettes ». 2 coups de cœur, à prix différents...

Où boire un verre dans le coin ?

Sur le front de mer, moult pianos-bars mais qui n'ont rien d'extraordinaire. En revanche, on vous a dégotté quelques sympathiques adresses à Royan et dans les environs proches.

Café Astoria (plan couleur D1, **30**) : *42, av. du Maréchal-Leclerc, à Royan. ☎ 05-46-05-85-75. Tte l'année, tlj sf dim soir et lun hors saison 16h-2h (21h dim).* Déco qui fait dans le brassage des genres : entre bistrot de toujours, gentil pub anglais et chambre d'étudiant aux Beaux-Arts ! Clientèle à l'avenant : amis de passage, branchés ou habitués du quartier, étudiants étrangers... Tout ça dans une ambiance cool et bon enfant. Quelques chambres basiques à l'étage pour ceux qui ont du mal à repartir. Notre troquet préféré à Royan.

La Maison Blanche *(hors plan couleur par A1, **32**) : plage de Nauzan, 17640 **Vaux-sur-Mer.** ☎ 05-46-38-01-06. ♿ À 1 km à peine de la plage de Pontaillac par la D 25 en direction de Saint-Palais. De mi-mars à mi-sept, tlj.* L'adresse qui n'en finit pas d'attirer une foule de fêtards depuis plusieurs étés. Normal, le cadre est idyllique et propice à de folles nuits : une maison à la Gaudí (une enfilade de pièces presque troglodytiques) dominant la plage de sa grande terrasse et de sa piscine. Les patrons et toute l'équipe ont incontestablement le sens de la fête et assurent des soirées endiablées quotidiennement... Fait également resto, mais cher.

À voir. À faire

Les quartiers Belle Époque : miraculeusement épargnées par les bombardements, une trentaine de villas balnéaires... c'est plus qu'à La Baule, où les promoteurs ont finalement fait davantage de dégâts que la guerre. Royan s'en tire presque à bon compte ! Quelques-unes de ces villas s'alignent, comme à la parade, le long du boulevard Frédéric-Garnier *(plan couleur D2)* : la *Rose Rouge,* au n° 38, d'inspiration Art nouveau, d'où l'on ne s'étonnerait guère de voir sortir Jacques-Henri Lartigue fixant pour l'éternité ses amis Sacha Guitry et Yvonne Printemps ; *Campaniles,* au n° 68, flanquée de deux clochetons, réplique exacte de l'ancien casino de Foncillon ; la villa *Aigue-Marine,* au n° 100, encore un fief de Guitry, véritable château Renaissance. Le paisible quartier du Parc *(plan couleur D2)* cache aussi quelques plus discrètes mais parfois inattendues villas (comme la japonisante *Kosiki,* avenue du Parc). Le long de la corniche de Pontaillac *(plan couleur A1-2),* quelques spécimens pas mal dans leur genre aussi : au départ du boulevard de la Côte-d'Argent, l'immense (et aux faux airs de camp retranché)

LA CHARENTE-MARITIME

Résidence du Golf, la villa *Les Roches*, d'une blancheur tout hollywoodienne, perchée sur la falaise. Et le boulevard, comme les petites rues adjacentes, cache bien d'autres vrais-faux châteaux (*La Jeanne d'Arc*, square de La Trémoille) ou modestes mais croquignolets cottages...

Petit itinéraire des années 1950

Mettons la polémique de côté et admettons que Royan est une ville unique et, à ce titre, remarquable. Fortement décriée, on admet aujourd'hui que cette architecture du « tout béton » et de la reconstruction est avant tout méconnue. À Royan ont œuvré de grands noms de l'architecture, et ça change tout. Pour commencer, il faut envisager la ville comme une démonstration vivante, comme un musée à ciel ouvert, et arpenter les rues comme une galerie d'art.
Avec un peu d'attention, on se rend compte que là où l'on a tendance à ne voir qu'uniformité et austérité, on se trouve au contraire devant une synthèse brillante du modernisme des années 1920, de l'Art déco des années 1930 et de la révolution brésilienne des années 1940. Accordons le fait que le béton ne vieillit pas toujours bien, mais aujourd'hui, rénovée, remise en valeur, cette architecture apparaît moderne, ludique, progressiste. On voit l'importance de la lumière, de la couleur, qui vient ponctuer les façades immaculées et souligner les détails architecturaux. Ce patrimoine réhabilité peut aujourd'hui faire la fierté de Royan. Après tout, on a fait bien pire ailleurs depuis.
– Avant toute chose, on vous conseille de récupérer, à l'office de tourisme ou au musée, le petit guide *Royan, ville 1950*, qui propose quatre circuits et pointe sur un plan chacun des bâtiments qui mérite le coup d'œil ou le détour, et s'accompagne d'un vocabulaire architectural qui permet de se familiariser avec ce style qui, il faut l'avouer, ne séduit pas spontanément.
– Sans oublier le ***« Circuit découverte de Royan »*** : *visites guidées avr-sept. Compter 6 € pour 2h de visite. Pour plus de rens, contacter* Royan Tourisme *(☎ 05-46-23-00-00).*

🎯🎯 ***Royan Musée*** *(plan couleur A1)* **:** *31, av. de Paris. ☎ 05-46-38-85-96. ♿ Juin-sept, tlj sf mar 9h-12h30, 14h30-18h30 (juin et sept, l'ap-m slt le w-e) ; oct-mai, tlj sf mar 14h-18h. Entrée : 5 € (6 € en visite guidée) ; réduc ; gratuit moins de 18 ans.* Musée consacré à l'histoire de Royan, établi dans l'ancien marché couvert de Pontaillac. Un parcours historique retrace le destin mouvementé de la ville, par deux fois détruite et par trois fois (re)construite. Le musée s'attache particulièrement à l'époque moderne, à la naissance de la station balnéaire à la Belle Époque, aux bombardements et, bien évidemment, à la reconstruction. Objets quotidiens, maquettes, affiches et photographies émaillent le parcours. Sans oublier une belle collection de mobilier des années 1950. On termine par la reconstitution d'un cabinet de curiosités, avec des objets tous plus insolites les uns que les autres. Aménagé dans un splendide bâtiment années 1950, ce musée accueille de nombreuses expos temporaires liées à la vie et à l'histoire du pays royannais.

🎯 ***Le palais des congrès*** *(plan couleur C2)* **:** conçu par Ferret « comme une simple boîte rectangulaire de 60 m par 32 », il rejoint dans son plan les idées de Le Corbusier. Depuis son inauguration en 1957, l'édifice a été sérieusement remanié en façade, mais sa structure reste inchangée, offrant une surface de 1 700 m² reposant sur 44 piliers de béton.

🎯🎯 ***L'église Notre-Dame*** *(plan couleur C1)* **:** dessinée par l'architecte Guillaume Gillet, l'église est construite entre 1955 et 1958 dans le même quartier que celle détruite par les bombardements. Ses dimensions (60 m de hauteur de clocher, 80 m de longueur sur 45 m de largeur pour la nef) permettent d'expliquer pourquoi elle est habituellement appelée « cathédrale »... Elle peut accueillir

jusqu'à 2 000 fidèles. La flèche en béton, comme « un point d'exclamation dans le paysage urbain », est tout de même belle et élancée, surtout depuis sa restauration.
L'audace typique du mouvement moderniste se rencontre également à l'intérieur : l'architecture tient compte de la pente du terrain (l'entrée principale est dans la partie haute), et un voile en béton armé (de 8 cm d'épaisseur), en forme de selle de cheval, est tendu par deux arcs paraboliques affrontés, formant un anneau de stabilité. Chaque sculpture est représentative du renouveau de l'art sacré à la reconstruction. Gillet s'étant réservé le soin de dessiner l'autel et le bénitier. Il considérait la « cathédrale » comme son chef-d'œuvre et décida même de s'y faire inhumer, en 1987.
Au 1er étage, le long du chemin de croix, petite expo relatant la construction et la rénovation de l'église, classée Monument historique en 1988.

Le marché central *(plan couleur C1)* **:** en y allant, passez devant le *temple protestant,* autre édifice – très dépouillé – du nouveau Royan. Deuxième fierté architecturale de la ville, le *marché central* (le deuxième de France), construit en 1955-1956, est, lui, couvert d'une coupole de béton ondulé d'environ 53 m de diamètre qui évoque une conque, un parachute ou un parapluie. Avec ses 10 m de hauteur, l'intérieur semble immense. On y trouve de superbes étals : produits maraîchers régionaux et, surtout, poissonneries du tonnerre.

Le front de mer *(plan couleur C1-2)* **:** il faut, bien entendu, longer cet ensemble de 600 m, dont la forme en croissant de lune épouse exprès le littoral. Les urbanistes et les architectes des années 1950 ont fait en sorte qu'il sépare ainsi la ville en deux. Côté balnéaire, de grandes arcades sous lesquelles ont pris place des commerces. Côté urbain plus bétonné, mais des toits en tuiles rouges atténuent cette impression.

La nouvelle jetée-promenade *(entre le port de plaisance et la plage ; plan couleur C2)* **:** c'est ici que s'achève le parcours. Un petit portique... de béton, forcément, a été édifié en 2000 sur la jetée (qui se trouve dans l'axe de l'avenue du Marché). Par son inscription, il rappelle l'importance des années 1950 dans la reconstruction de Royan.

Les plages : il y a, bien sûr, la *Grande Conche,* vaste, orientée plein sud, populaire, appréciée des véliplanchistes et idéale pour la pratique du cerf-volant. Mais attention : par grand vent, le sable cingle terriblement. De l'autre côté du port, on trouve la *conche de Foncillon.* Plus à l'ouest se cachent les *conches du Chay* et *du Pigeonnier,* adorables petites plages nichées au fond de criques rocheuses. Enfin, dernière plage de Royan, la *conche de Pontaillac,* ancienne mondaine, face au casino...

Manifestations

– ***Rêve d'Icare :*** *ts les 2 ans (les années paires), 1 sem début juin. Rens : 06-87-73-53-81.* • *lerevedicare.com* • Comme son nom l'indique, animation et démonstrations sur le thème des objets volants (montgolfières, deltaplanes, cerfs-volants...).
– ***Un Violon sur le sable :*** *3 soirées de concerts gratuits (ou payants pour une place sur les gradins), fin juil, sur la plage.* L'orchestre de l'Opéra de Paris puise dans un registre de musique classique, mais on entend également quelques notes plus contemporaines.
– ***Jumping international de Royan :*** *en principe un w-e en août, au centre équestre de Maine-Gaudin (se renseigner).* Une manifestation qui compte pour le championnat du monde et qui a acquis un certain prestige.

DANS LES ENVIRONS DE ROYAN

Le phare de Cordouan : ne le cherchez pas sur le littoral, il est en pleine mer ! *• littoral33.com/cordouan • Pour s'y rendre depuis Royan, 2 compagnies :* **Promenades en mer Royan Croisières** *(☎ 05-46-06-42-36 ; • royancroisieres.fr •) et* **Croisières la Sirène** *(☎ 05-46-05-30-93 ; • croisierelasirene.com •). Visites avr-sept. Tt de même cher payé : compter env 40 €/adulte avec la visite du phare ! Durée : env 4h. Billetterie au port de plaisance (des minicroisières sont aussi organisées dans l'estuaire de la Gironde).*

SO FAR AWAY ! SO PHARE AWAY !

Le phare de Cordouan mérite à plus d'un titre qu'on s'y intéresse. Doyen des phares français (érigé de 1594 à 1611) et deuxième édifice à avoir été classé Monument historique (en 1862, avec Notre-Dame de Paris), il représente un travail colossal. La plate-forme de soubassement repose sur 2 000 pilotis, et il culmine à 60 m.

L'abbaye de Sablonceaux : *à 17 km au nord-est de Royan par la N 150, puis la D 117. Rens : ☎ 05-46-94-41-62. • abbaye-sablonceaux.com • Ouv à la visite tte l'année, tlj sf mar 15h-18h (certaines parties accessibles librement cependant à tt moment). Visite guidée (adulte 5 € ; réduc) juin-sept, tlj sf mar ; le reste de l'année, 1er dim de chaque mois 15h-18h, avec animations et expos.* Une miraculée, fondée au XIIe s et sauvée d'une ruine annoncée. Le haut clocher de son église se dresse en pleine campagne. Une petite rivière bordée de peupliers, des vaches dans un pré, il ne manque qu'un impressionniste pour y planter son chevalet ! Le site est donc superbe. Comme le vieux porche voûté qui marque l'entrée (qu'un fabricant de camembert utilise d'ailleurs comme logo !). Entourée de bâtiments conventuels, vaste église abbatiale malmenée par l'histoire, fortement remaniée mais toujours d'une simplicité très cistercienne et d'une superbe luminosité. L'aile des Moines, la salle capitulaire et le grenier à grains constituent les points d'orgue de la découverte de ce centre spirituel, artistique et culturel animé par la communauté du Chemin-Neuf.

SAINT-GEORGES-DE-DIDONNE

(17110) 5 200 hab. *Carte Charente-Maritime, B3*

Presque devenue un faubourg de Royan, cette petite station balnéaire familiale, lovée autour d'une jolie baie, n'en a pas pour autant perdu son calme. Une alternative pour ceux qui veulent être à Royan sans y être.

Adresses utiles

Office de tourisme : *12, rue Autrusseau. ☎ 05-46-05-09-73. • saintgeorgesdedidonne.com • Juil-août, tlj ; hors saison, tlj sf dim.*

Saint-Georges Voiles : *bd du Général-Frénal. ☎ 05-46-05-65-14. • stgeorgesvoiles.fr •* Initiation à la pratique du char à voile sur une plage naturellement damée qui s'y prête bien. Propose également des cours de voile, planche à voile, catamaran...

Où dormir ? Où manger ?

Camping

Idéal Camping : *av. de Suzac. ☎ 05-46-05-29-04. • info@ideal-camping.com • ideal-camping.com • ♿ À 2 km du centre-ville et à 200 m de la plage. Ouv avr-sept. Prix : 33,50 € en hte saison ; mobile homes 4-6 pers 280-915 €/sem. 420 empl.* Dans les 8 ha du site protégé de la forêt de Suzac avec vastes étendues herbeuses, un camping familial 3 étoiles bien équipé et très bien entretenu. Parc aquatique chauffé avec toboggans, resto, bar, supérette, salle et aires de jeux... Location de vélos à proximité.

De prix moyens à chic

Hôtel Colinette : *16, av. de la Grande-Plage. ☎ 05-46-05-15-75. • info@colinette.fr • colinette.fr • Resto slt le soir, tlj sf dim hors saison. Congés : 15 nov-15 fév. Selon confort et saison, doubles avec douche et w-c ou bains 55-90 €, familiales 100-130 €. Menus 20-24 € ; carte env 30 €. Réduc de 10 % sur le prix de la chambre, hors 10 juil-20 sept et w-e prolongés, sur présentation de ce guide.* Entre la plage et la forêt de pins de Vallières, un charmant petit hôtel qui aligne des chambres sobres et confortables, équipées à l'occasion de balcons. Impeccables et pimpantes, toutes sont de taille et de style différents, certaines même avec un petit balcon. Bien pour tous budgets. Cuisine traditionnelle au resto. Un bon point de chute pour des vacances au calme, sans être très – trop – loin de la mer. Très bon accueil.

Chez Margot : *55, rue de la République. ☎ 05-46-06-43-76. Avr-sept, tlj midi et soir. Plat du jour 9,50 € ; formule 13 € ; menus 16,50-23 €. Verre de vin pétillant offert sur présentation de ce guide.* Central, en face de l'église. Salle plutôt intime, égayée par une belle collection de masques vénitiens. Petite cuisine traditionnelle sans tapage, correcte, bien servie. Les 7 préparations différentes de moules-frites (dont bisque de homard ou charentaise, pineau-crème), huîtres et toutes les viandes. Choucroute de la mer également. Bon accueil.

À voir

Le phare de Saint-Georges-de-Didonne : *au bout de la rue du Port. Juil-août, tlj 10h-12h, 15h-19h ; 2de quinzaine de juin et 1re quinzaine de sept, tlj 15h-19h. Entrée : 1,60 € ; réduc.* Construit en 1900, il servait à repérer le chenal d'entrée dans l'estuaire de la Gironde, avec le phare des Lapins dans la forêt de Suzac. Évidemment, vu d'en haut, c'est pas mal. Mais il faut gravir 144 marches.

Le parc de l'Estuaire : *47, av. Paul-Roullet. ☎ 05-46-23-77-77. • leparcdelestuaire.com • Juil-août, tlj sf sam mat, dim mat et j. fériés 10h-13h, 14h-18h30 ; vac de printemps, tlj sf mar et le mat sam-dim 10h-12h, 14h-18h ; le reste de l'année, tlj 14h-18h. Fermé de mi-nov à mi-fév. Entrée : 5 € (visite guidée et audioguide inclus) ; 3 € enfant et étudiant. Demander le calendrier des animations et des visites guidées thématiques.* Il s'agit du Pôle-Nature, centre d'interprétation de l'estuaire de la Gironde, aménagé dans une belle villa des années 1950. Le site n'a pas été choisi au hasard puisque l'on jouit, depuis les terrasses, de l'une des plus belles vues qui soient sur l'embouchure de la Gironde. Géologie, écologie, faune, flore, pêche sont les thèmes abordés comme autant de facettes d'un monde secret et d'un écosystème décidément bien fragile. Passionnant ! Jeu de piste pour les enfants sur la faune et la flore. Un sentier de découverte avec des postes d'observation complète l'ensemble. Également sur place, des bornes interactives et multimédias, d'intéressantes expos temporaires, une boutique, un salon de thé...

L'ESTUAIRE DE LA GIRONDE

La pointe de Suzac à Saint-Georges-de-Didonne marque la limite (toute théorique) entre fleuve et océan. Au-delà, c'est donc l'estuaire de la Gironde, le plus vaste de France (et même d'Europe !), un monde de falaises abruptes (mais habitées !) et de pêcheurs installés dans des cabanes à échasses. La Route verte longe toute la rive nord de l'estuaire jusqu'à Libourne en passant par Blaye et sa citadelle.
Il existe un *pass Estuaire* gratuit qui donne accès à 38 sites à tarifs préférentiels de part et d'autre de la Gironde.

MESCHERS-SUR-GIRONDE

(17132) 2 690 hab. *Carte Charente-Maritime, B3*

Site exceptionnel : le bourg est posé sur un plateau calcaire surplombant l'estuaire. Les flots battent des falaises hautes d'une trentaine de mètres et percées d'habitations troglodytiques. Meschers est logiquement et depuis longtemps apprécié des touristes. Au point que le maire, en 1853, ordonna par arrêté la création de zones de baignade : hommes d'un côté, femmes de l'autre. Car tout de même, ça faisait désordre, ce mélange – d'autant qu'à l'époque, on ne se baignait pas toujours en maillot de bain...

Adresse et info utiles

Office de tourisme : *31, rue Paul-Massy. ☎ 05-46-02-70-39. ● ot-meschers.com ● Juil-août, tlj sf dim ap-m ; avr-juin, tlj sf dim ; sept-mars, mar-ven et sam mat.* Visites de la ville (dépliant disponible) et balades contées en forêt pour famille. Infos sur les minicroisières pour le phare de Cordouan et les balades côtières le long des grottes et des falaises.

– ***Marché :*** *pl. du Marché. Juil-août, tlj 9h-13h ; le reste de l'année, tlj sf lun et jeu.*

Où dormir ? Où manger ?

De prix moyens à chic

Hôtel-crêperie Les Grottes de Matata : *67, bd de la Falaise. ☎ 05-46-02-70-02. ● grottesdematata@gmail.com ● grottesdematata.com ● Hôtel ouv avr-1er nov ; crêperie avr-sept. Doubles avec douche et w-c ou bains, TV et minibar 72-102 €. Formule galette 10,50 € ; carte env 25 €. Réduc de 10 % sur le prix de la chambre sf juil-août sur présentation de ce guide.* Une adresse atypique (mais franchement touristique) puisque installée dans le circuit de visite des grottes de Matata. Les 6 chambres avec balcon, sobres mais confortables, occupent un bâtiment moderne perché sur la falaise, fouetté par les vents marins. Terrasse où prendre son petit déj. Et une vue réellement somptueuse sur les flots tourmentés et gris-bleu de l'estuaire de la Gironde. Même panorama depuis la crêperie aménagée dans l'une des habitations troglodytiques. On y mange entre des murs datant du Crétacé et couverts de fossiles ! Étonnant. Étroite terrasse (attention, « vertigeux » s'abstenir) tout en longueur, accrochée à la falaise et littéralement prise d'assaut aux beaux jours (réserver !). Accueil parfois inégal.

Tina's Café : *plage des Nonnes. ☎ 05-46-02-50-72. Ouv le soir, 18h-2h : tlj en juil-août, sinon slt sam-dim et j. fériés. Congés : sept-mars. Formule buffet 20 € ; brunch-buffet dim à partir de 12h30 15 € ; fajitas 32 € ; carte env 28 €. Sur présentation de ce guide, Tina pousse la chansonnette, sur mesure !* Une adresse cool et singulière. L'endroit est joli : une cabane en bois sur une petite plage cernée par les falaises. Mais attention, si l'Américaine Tina mitonne des spécialités tex mex, du chili ou des *ribs,* elle demeure avant tout une chanteuse de blues et de jazz. En fin de soirée, elle monte donc souvent sur scène, avec tout le personnel (parce que les serveurs sont aussi musiciens...). L'ambiance grimpe d'un cran (les excellents cocktails peuvent aider), et l'on finit par se demander de quel côté de l'Atlantique on se trouve...

La Forêt : *64, route de Royan. ☎ 05-46-02-79-87. • laforet-resto@wanadoo.fr • Au niveau du rond-point et route de Royan. Fermé lun-mar (ouv mar soir en hte saison). Congés : 1re quinzaine de mars, 1re quinzaine d'oct et autour des fêtes de fin d'année. Menus 23-37 € ; carte env 35 €.* Tout le monde s'accorde pour reconnaître la bonne tenue de la cuisine alors que l'adresse s'annonce très touristique. Régulière, elle pioche avec bonheur dans le répertoire classique des spécialités bien tournées de viande et de poisson (choucroute du pêcheur, plateaux de fruits de mer, côte de bœuf aux cèpes, etc.). À déguster dans un cadre élégant avec vieux tonneaux et gros poêle moderne. Terrasse également.

LA CHARENTE-MARITIME

À voir

Les grottes de Matata : *67, bd de la Falaise. ☎ 05-46-02-70-02. • grottesdematata.com • Avr-sept, tlj 10h-19h ; oct-début nov, tlj 10h-12h, 14h-18h. Entrée : 4,90 € ; 4,30 € sur présentation de ce guide ; réduc enfants. Visite costumée mer en nocturne en juil-août : 7 € ; réduc.* Aucune tata célèbre n'a jamais habité ces grottes, mais un certain Permilhac de Belcastel, page (et, disent les mauvaises langues, amant) de Charlotte de La Trémoille. Soupçonné d'avoir aidé la jeune femme à empoisonner son époux, Henri de Condé, le page se réfugia dans ces grottes où il vécut comme un miséreux. Un matin, à quelqu'un lui demandant son nom, le page, qui devait être un doux rêveur, répondit d'un poème en latin évoquant la beauté du jour qui se lève : « *matuta, matutina* ». Pour tous les habitants du village peu versés dans la poésie latine, l'ex-page s'appela dès lors Matata. Et son nom est resté à ces grottes (une dizaine) où quelques fanatiques l'emmurèrent vivant, le soupçonnant d'avoir pactisé avec le diable (il ne s'était simplement pas rendu au baptême de la cloche de l'église...). Une belle légende qu'évoque la visite guidée de ces grottes qui ont servi de refuge à beaucoup d'autres : contrebandiers du sel comme protestants. Reconstitution d'un habitat saintongeais du XIXe s dans l'une des grottes et petit écomusée avec aquariums pour faire la connaissance d'un esturgeon.

Les grottes de Régulus : *81, bd de la Falaise. ☎ 05-46-02-55-36. • meschers.com • À flanc de falaise également, juste à côté de celles de Matata. Pâques-Toussaint, tlj : juil-août, visites guidées ttes les 20 mn 10h30-12h30, 13h30-18h30 (dernier départ) ; aux intersaisons, ttes les heures (sf déj) 10h30-17h30 ; oct-début nov, 3 visites/j. 14h30-16h30. Durée de la visite : 45 mn. Entrée : 4,90 € ; réduc ; tarif groupe accordé sur présentation de ce guide. Parcours jeu pour les enfants en visite guidée, les « Énigmes de Minidick ».*
Creusées dans une falaise de calcaire voici 75 millions d'années, ces cavités naturelles furent agrandies par la main de l'homme pour l'habitat. Et elles en ont vu passer du monde ! Des protestants en fuite après la révocation de l'édit de Nantes, des élégants de la Belle Époque venus s'encanailler dans les guinguettes

souterraines, et peut-être même... Cadet ! Les nuits de tempête, le terrible naufrageur promenait son bouc sur les falaises, une cloche et une lanterne suspendues à chaque corne pour attirer les navires sur les rochers et piller leurs épaves... Belle vue dès le sommet de la falaise. À l'intérieur, chaque grotte aborde un thème différent, aussi bien écologique qu'historique, avec des mannequins en costume dans des saynètes typiques, de vieux outils, etc. Les dernières reconstituent l'habitat troglodytique au XXe s ; assez fascinant quand on comprend qu'on y vivait finalement bien à l'abri et même dans un certain confort.
Mais au fait, pourquoi Régulus ? Parce qu'en 1814 le capitaine du *Régulus* saborda son navire devant les grottes plutôt que de le livrer aux Anglais.
Plus ludique : en été, chaque mardi soir *(résa obligatoire)*, une troupe amateur organise une visite scénarisée, avec plein d'animations rigolotes qu'il ne faut surtout pas dévoiler. *Déambulations nocturnes également jeu en juil-août : visites non guidées, à son rythme, 21h-22h30.*

Le Trogloscope : *22, rue de la Tonnelle. ☎ 05-46-02-75-98. Normalement 17 juil-21 août, visites et séances tlj ttes les heures 15h-18h, plus nocturne sam à 21h et 22h. Entrée : 4 € ; réduc.* Spectacles à effets spéciaux dans un vieux moulin, cinéma dynamique en sous-sol et animations pour revivre l'attaque des pirates de Meschers en 1617. Le tout de construction artisanale, fait par un ancien peintre en bâtiment ! Original.

TALMONT-SUR-GIRONDE

(17120) 83 hab. *Carte Charente-Maritime, B3*

« Plus Beau Village de France », « joyau de la Saintonge », « perle de l'estuaire », « Village de pierres et d'eau », l'emphase est toujours au rendez-vous quand il s'agit de qualifier Talmont. Il faut dire que le coin est sacrément chouette. Le village, perché sur une presqu'île, n'est que ruelles fleuries, maisonnettes aux volets pastel, et, inévitablement, succession de boutiques d'artisanat. Et, pour ne rien gâcher, doté d'une des plus belles églises de la région : Sainte-Radegonde. Seulement voilà, les parkings (payants) au pied de la colline occupent une plus grande superficie que celle du village. Les sardines, vous connaissez ? Alors un conseil, venez hors saison, c'est magique !

Adresse utile

Office de tourisme : *place de l'église. ☎ 05-46-90-16-25. • talmont-sur-gironde.fr • Avr-sept : tlj en juil-août ; l'ap-m en sem et w-e hors vac scol.*

Où dormir ? Où manger dans les proches environs ?

Hôtel-restaurant L'Estuaire : *1, av. de l'Estuaire, 17120* ***Le Caillaud.*** *☎ 05-46-90-43-85. • hotellestuaire@orange.fr • hotellestuaire.com • Le long de la Route verte, face à la presqu'île de Talmont. Resto fermé dim soir et lun-mar hors saison. Congés : début nov-fév. Chambres avec douche et w-c 66-83 €. Formule en sem 19,50 € ; menus 25-35 € ; carte env 30 €.* À 5 mn à pied de Talmont, *L'Estuaire* étire langoureusement son bâtiment face à la mer dans un secteur assez tranquille. Situation plutôt privilégiée pour ce petit hôtel aux 6 chambres fraîches et propres. 3 côté petit jardin calme et 3 côté estuaire, en rez-de-chaussée (n°s 1, 3 et 6, et coup de cœur pour la n° 3, toute bleue). Certes, la vue y est un peu limitée, mais l'accès quasi direct à l'estuaire compense. Table régionale avec un 1er menu abordable et quelques spécialités à l'année comme la choucroute de la mer et quelques viandes. De la salle de resto en rotonde, superbe vue panoramique sur Talmont. Petit déj face à l'estuaire et à Talmont...

L'Auberge des Monards : *sur le charmant port de pêche des Monards, 17120* ***Barzan.*** *☎ 05-46-90-44-44. • venanci_sylvia@orange.fr • Hors saison, fermé le soir lun-mer et jeu tte la journée. Congés : de mi-nov à mi-déc. Menu du jour midi en sem 16 € ; 3 autres menus 26,50-38 € ; carte. Apéritif offert sur présentation de ce guide.* Le long d'un chenal, l'auberge de campagne caractéristique, à l'atmosphère chaleureuse. Les arbres de la terrasse sont toujours là mais... sous verre. Il a fallu aux proprios pousser les murs et agrandir leur salle d'une vaste véranda pour accueillir tout le monde ! Les grands classiques culinaires de la région sont au rendez-vous (ragoût de seiche au pineau), tout comme la spécialité maison de viandes grillées au feu de bois. Le midi, un menu exceptionnel à prix riquiqui (entrée-plat-fromage-salade-dessert pour 16 €). On s'est régalés ! Une adresse connue de longue date et à la qualité constante. Bravo !

À voir

L'église Sainte-Radegonde : perchée en équilibre presque instable tout au bout d'un promontoire rocheux qui plonge dans l'estuaire. Sobre et de pur style roman saintongeais, elle fut édifiée à partir de l'an 1094 (eh oui, plus de neuf siècles, et on lui en souhaite encore au moins autant, désormais protégée du lent travail de sape de la Gironde) selon un plan cruciforme simple : il n'y a pas de nef en longueur, chaque partie de la croix étant de dimensions sensiblement égales. Le transept est couvert d'une coupole centrale, tandis que le portail présente des voussures abondamment sculptées et des arcades surmontées d'une arcature aveugle. À l'intérieur, le chœur en hémicycle est décoré d'arcs sculptés et de colonnes élégantes... Sur les chapiteaux, bestiaire fantastique et figures humaines typiques du roman saintongeais. Émouvant petit cimetière marin envahi par un océan de roses trémières et offrant une belle perspective sur l'estuaire et ses typiques cabanes à carrelets. Notez ces tombes typiquement charentaises, en forme de banc de pierre sculptée ! Expo temporaire dans le presbytère.

Le musée de Talmont : *rue de l'Église. ☎ 05-46-90-43-87 (mairie). Avr-sept, tlj 11h-13h, 14h-18h. Entrée : 2,50 € ; réduc ; gratuit moins de 12 ans.* Ce petit musée installé dans l'ancienne école présente le riche passé de Talmont : occupé par l'homme depuis la préhistoire, objet de convoitise au cours des siècles pour les Celtes, les Romains, les Barbares, les Sarrasins, les Anglais, les Espagnols, avec évidemment un clin d'œil inévitable au fabuleux site gallo-romain du Fâ. Pas mal de panneaux à lire, et des lutrins pour les passionnés d'histoire. À l'emplacement de l'ancienne salle de classe, vous pourrez écouter le diaporama réalisé par la Société des amis de Talmont... Au fond de l'ancienne cour de récréation, où l'on peut voir une vieille machine à corder, un minuscule musée de la pêche avec une collection d'outils utilisés par les pêcheurs talmonais.

DANS LES ENVIRONS DE TALMONT-SUR-GIRONDE

Le musée et le site gallo-romains du Fâ : *route du Fâ, 17120* ***Barzan.*** *☎ 05-46-90-43-66. • fa-barzan.com • À 3 km au sud de Talmont et à 2 km de la côte (fléché). Juil-août, tlj 10h-19h ; mai-juin et sept, mer-dim 14h-18h ; avr et oct-nov, mer et sam-dim 14h-18h ; vac scol de Pâques et de la Toussaint, ainsi que j. fériés et ponts 1er avr-11 nov, tlj 14h-18h. Fermé déc-mars. Dernière visite* *env 1h30 avt la fermeture. Entrée : 4 € ; réduc. Visite libre ou guidée, au choix ; on vous conseille vivement la 2de solution. Nombreuses animations en saison et activités spécialement adaptées aux enfants. Partenariat avec l'amphithéâtre de Saintes pour réduc.*

C'est à partir de 1975, à l'aide de photos aériennes, qu'on a repéré des structures ensevelies mais laissant des traces dans les cultures. Visiblement, il s'agissait d'un site archéologique. On a creusé, fouillé, et l'on sait maintenant qu'il s'agit d'une ville portuaire gallo-romaine qui couvre environ 50 ha et qui est, par conséquent, un site archéologique majeur en France. On suppose que son importance dut être équivalente à celle de la Saintes romaine. Autre fait exceptionnel, ces 50 ha n'ont été recouverts par la suite d'aucun village, d'aucune ville, si bien que des trésors dorment sous terre, intacts. Les fouilles ont déjà mis au jour colonnes, marbres sculptés, objets de la vie quotidienne, etc.

Car c'est l'un des attraits majeurs du site du Fâ : les archéologues et leurs équipes œuvrent devant vous (pendant les campagnes de fouilles) avec patience et minutie. On estime qu'il y en a pour plusieurs générations de travail. Le site est devenu un chantier interrégional où travaillent nos futurs archéologues. Trois secteurs sont ouverts à la recherche : les entrepôts d'État (les *horrea*), la grande avenue et le théâtre. Bon, vous l'avez compris, il s'agit d'une découverte extraordinaire pour les spécialistes. Pour aborder l'archéologie de mille et une manières.

Le public peut découvrir en extérieur le sanctuaire et les thermes restitués dans leur organisation urbaine grâce à un parcours adapté aux petits et aux grands. Quant au musée, il présente près de 800 objets provenant des dernières fouilles, dans une muséographie moderne comprenant maquettes, images virtuelles, reconstitutions, offrant la possibilité d'étudier de façon ludique et vivante l'histoire du site. On prend du même coup conscience de ce qui reste à faire...

Le port des Monards : une vraie carte postale, là encore ! Pour vous y rendre, on vous conseille la route côtière, depuis l'*Hôtel L'Estuaire* à Talmont, via Le Pilou. Splendide ! Le vignoble borde la côte et regarde la mer, et la route offre quelques échappées sublimes vers l'estuaire. Puis on arrive au ravissant port des Monards, à l'architecture plutôt insolite. Excellente auberge sur place (voir plus haut « Où dormir ? Où manger dans les proches environs ? »).

MORTAGNE-SUR-GIRONDE

(17120) 965 hab. *Carte Charente-Maritime, B3*

Encore un paysage typique de l'estuaire : perché sur une falaise, labellisé Village de pierres et d'eau, tranquille, endormi même, mais pas peu fier d'avoir eu (il y a quelque temps quand même...) le cardinal de Richelieu comme prince. Dans les falaises, quelques grottes curieusement aménagées en monastère. Et un pittoresque petit port, autrefois considéré comme l'un des plus importants de Gironde, qui abrite un petit musée de la carte postale. Les gabares ont déserté le port, cédant la place aux bateaux de plaisance de bon ton.

Adresse et info utiles

Office de tourisme : *1, pl. des Halles. ☎ 05-46-90-52-90. • ot-mortagne.com • Juil-août, lun-sam et dim mat ; mi-saison, lun-sam (fermé sam nov-janv).*

– ***Marché :*** *pl. du stade, ts les jeu mat. En saison, les cabanes du port sont ouv tlj.*

LA CHARENTE-MARITIME

Où dormir à Mortagne et dans les environs ?

De prix moyens à chic

Chambres d'hôtes Domaine du Meunier : *36, quai de l'Estuaire, à Mortagne. ☎ 05-46-97-75-10. • info@domainedumeunier.com • domainedumeunier.com • Dans la ville basse, face au port. Doubles 70-80 € ; apparts 2-3 pers 110-120 € ; gîtes 4-6 pers 350-1 000 €/sem.* Une maison d'hôtes d'exception, unique dans la région ! Tenue par un couple de Hollandais installé là depuis un bail, cette ancienne maison de meunier du XIXe s, réservée aux hôtes, abrite 5 chambres thématiques, spacieuses avec une vue superbe ; elles sont meublées d'ancien et décorées d'une riche collection vintage de chromos, de mannequins et d'une pléthore d'objets de collection étonnants. Des œuvres d'art contemporaines, de vieux jouets des années 1930-1950, et un joyeux bric-à-brac délirant... Et on vous laisse découvrir maintes surprises comme ce chai où trône une trentaine de flippers des années 1960-1970 (tous en état de marche), ce vieux manège transformé en lieu convivial pour pique-niquer et son espace vert face au calme petit port. Des gîtes dans le silo à grains et des appartements sont également proposés dans des annexes avec jardin et trampoline. Un gros coup de cœur !

Chambres d'hôtes du château des Salles : *chez Sylvie Couillaud, 61, rue du Gros-Chêne, 17240* ***Saint-Fort-sur-Gironde.*** *☎ 05-46-49-95-10. • chateaudessalles@wanadoo.fr • chateaudessalles.com • À 6 km au sud-est de Mortagne par la D 145 ; bien indiqué dans le village. Ouv Pâques-Toussaint. Doubles 88-165 €. Table d'hôtes le soir sur résa 29-38 €.* Bienvenue dans un charmant château du XVe s remanié dans le style néogothique au XIXe s. À l'abri derrière son parc et ses douves, Sylvie entretient l'atmosphère intime et feutrée d'une époque révolue. Un bel escalier grimpe vers des chambres spacieuses, exposées plein sud, toutes différentes et joliment décorées (bourgeoisement cossues au 1er étage, d'une rigueur presque nordique sous les toits). Ici, tout se passe en famille : Sylvie accueille ses hôtes avec le sourire, tandis que sa mère tient les rênes de la cuisine.

À voir

L'ermitage Saint-Martial : *à 600 m du port de Mortagne. 07-82-59-63-78. Accès gratuit, fléché. Visite tte l'année, l'ap-m mer-dim ; horaires des visites très variables, se renseigner à l'office de tourisme.*

Il aurait été fondé au IIe s par saint Martial (on l'aurait parié !), premier évêque de Limoges. Des moines qui transportaient les pèlerins de Compostelle d'une rive à l'autre de l'estuaire (l'eau, à l'époque, baignait le pied de la falaise) se sont installés progressivement à partir du IVe s, définitivement au Xe s.

Cuisine, réfectoire, cellules, les pièces qu'ils ont creusées dans la roche sont toujours là, tout comme l'impressionnant escalier qui grimpe au sommet de la falaise, gardé par une tour, ainsi que la chapelle du XVIIe s, qui baigne dans une lumière quasi surnaturelle (divine ?). Un savant système d'ouvertures pratiquées dans la roche (un truc que l'on retrouve dans l'architecture orientale) maintient en permanence une douce lumière sur l'autel.

La « gardienne » de l'ermitage ne se veut surtout pas guide. Mais sa culture est telle qu'elle peut tenir 1h rien que sur la chapelle !

LA CHARENTE

ABC DE LA CHARENTE

- *Population :* 351 560 hab.
- *Superficie :* 5 956 km^2.
- *Préfecture :* Angoulême.
- *Angoulême :* sept écoles de formation aux métiers du cinéma d'animation. La ville est le deuxième pôle de production d'images animées en France (après Paris).
- *Également 400 églises romanes et... pas loin de 170 millions de bouteilles de cognac vendues chaque année !*
- *Sous-préfectures :* Cognac et Confolens.
- *Truffières :* 700 ha.

La mer confiée à sa sœur voisine, cette Charente-là s'est consolée en s'enrichissant de microrégions piochées de-ci de-là : un brin de Poitou (au nord), une touche de Limousin (au nord-est), un zeste de Périgord (au sud-est), un bout de Saintonge (à l'ouest) et quelques plaines aquitaines (au sud-ouest)... Au centre de cette mosaïque : le fleuve Charente, bien sûr, « le plus beau ruisseau de mon royaume », disait François Ier. Au long des siècles, il a alimenté et enrichi les deux provinces qui constituent le véritable cœur charentais : l'Angoumois, riche en histoire, et le Cognaçais, battant au rythme du divin breuvage qui irrigue ses vignes. Terre fertile, terre tranquille, longtemps refermée sur elle-même, la Charente s'est reconnue dans un animal à son image : l'escargot ! Ici, on prend son temps, on travaille posément et on réfléchit avant de sortir la tête de sa maison...

Ce département discret, voire secret, peut-être aussi un peu jaloux de ses richesses – et de sa tranquillité –, a mis du temps à s'ouvrir au tourisme. En un sens, tant mieux ! Vous aurez l'impression d'être le premier à longer les rives encore sauvages de son fleuve, à arpenter ses vallons intacts, à découvrir ses paisibles villages et à visiter ses églises oubliées.

À part ça, la Charente est l'un des départements français qui paient le plus d'impôts : il faut croire que le cognac rapporte...

Adresses utiles

i *Charente Tourisme* *(zoom couleur d'Angoulême, C3,* ***2****) : dans la Maison du tourisme, 21, rue d'Iéna, 16000* ***Angoulême.*** *☎ 05-45-69-79-09.*

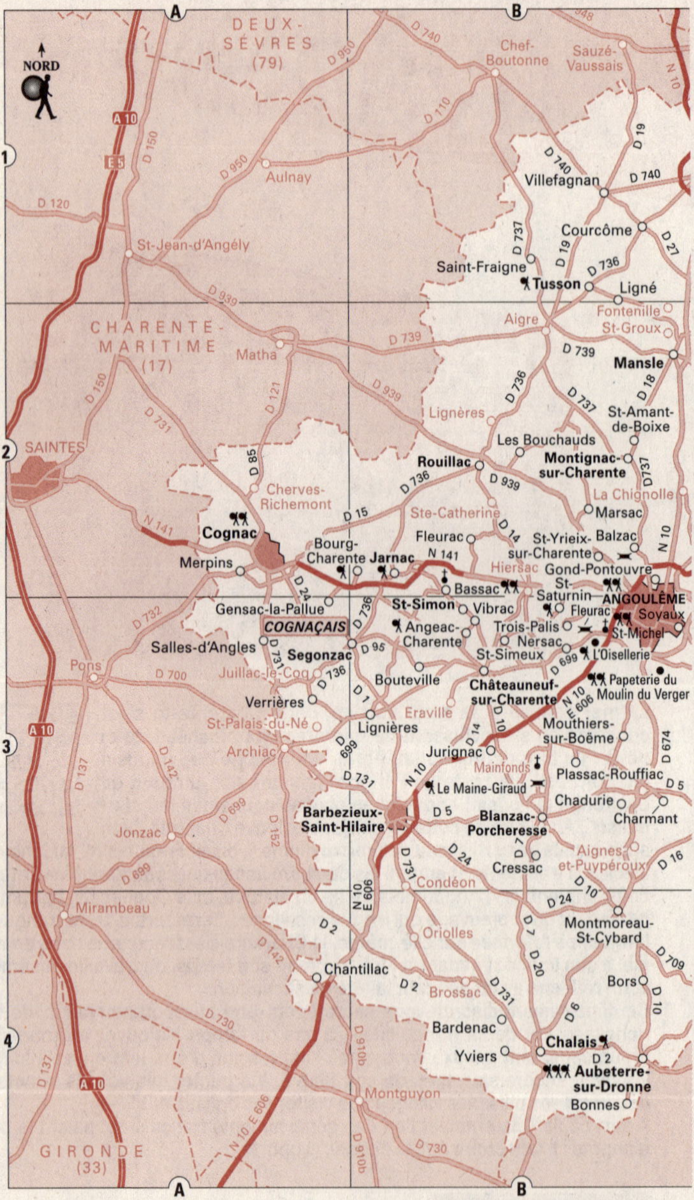

A
B
1
2
3
4
NORD
DEUX-SÈVRES (79)
CHARENTE-MARITIME (17)
GIRONDE (33)
COGNAÇAIS
Chef-Boutonne
Sauzé-Vaussais
Aulnay
Villefagnan
Courcôme
Saint-Fraigne
Tusson
Ligné
Fontenille
St-Groux
Aigre
Mansle
St-Jean-d'Angély
Matha
Lignères
St-Amant-de-Boixe
Les Bouchauds
Rouillac
Montignac-sur-Charente
La Chignolle
Marsac
SAINTES
Cherves-Richemont
Cognac
Merpins
Bourg-Charente
Jarnac
Ste-Catherine
Fleurac
St-Yrieix-sur-Charente
Balzac
Hiersac
Gond-Pontouvre
Bassac
St-Saturnin
ANGOULÊME
Soyaux
St-Michel
Gensac-la-Pallue
St-Simon
Vibrac
Angeac-Charente
Trois-Palis
Nersac
St-Simeux
L'Oisellerie
Salles-d'Angles
Segonzac
Juillac-le-Coq
Bouteville
Châteauneuf-sur-Charente
Papeterie du Moulin du Verger
Pons
Verrières
Lignières
Eraville
Mouthiers-sur-Boëme
St-Palais-du-Né
Archiac
Jurignac
Mainfonds
Plassac-Rouffiac
Le Maine-Giraud
Chadurie
Charmant
Barbezieux-Saint-Hilaire
Blanzac-Porcheresse
Jonzac
Cressac
Aignes-et-Puypéroux
Condéon
Mirambeau
Montmoreau-St-Cybard
Oriolles
Chantillac
Brossac
Bors
Bardenac
Chalais
Yviers
Aubeterre-sur-Dronne
Bonnes
Montguyon
A 10
E 5
N 10
N 141
E 606
D 120
D 150
D 950
D 740
D 110
D 939
D 739
D 731
D 121
D 85
D 736
D 737
D 19
D 27
D 18
D 15
D 14
D 24
D 732
D 700
D 95
D 1
D 699
D 142
D 137
D 152
D 5
D 674
D 7
D 16
D 10
D 20
D 6
D 709
D 2
D 730
D 910b

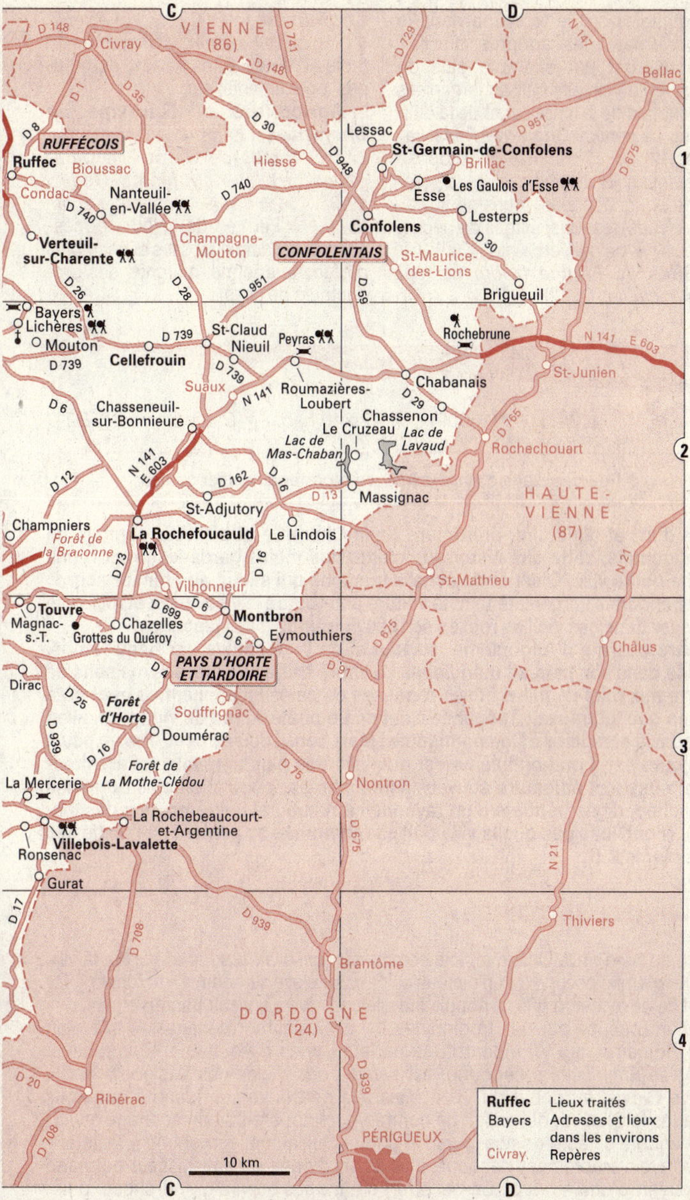
C
D
VIENNE (86)
Civray
D 148
D 741
D 729
N 147
Bellac
D 1
D 35
D 8
RUFFÉCOIS
Ruffec
Bioussac
Condac
D 740
Nanteuil-en-Vallée
Verteuil-sur-Charente
D 30
Hiesse
D 948
Lessac
St-Germain-de-Confolens
Brillac
D 951
D 675
Esse
Les Gaulois d'Esse
Lesterps
Confolens
Champagne-Mouton
CONFOLENTAIS
St-Maurice-des-Lions
D 26
D 28
D 59
Brigueuil
Bayers
Lichères
Mouton
D 739
Cellefrouin
St-Claud
Nieuil
Peyras
Rochebrune
N 141
E 603
St-Junien
Suaux
Roumazières-Loubert
Chabanais
D 29
Chassenon
D 6
Chasseneuil-sur-Bonnieure
Le Cruzeau
Lac de Mas-Chaban
Lac de Lavaud
D 765
Rochechouart
D 12
D 162
D 16
D 13
Massignac
St-Adjutory
HAUTE-VIENNE (87)
Champniers
Forêt de la Braconne
La Rochefoucauld
Le Lindois
D 73
Vilhonneur
St-Mathieu
N 21
D 699
Touvre
Magnac-s.-T.
Grottes du Quéroy
Chazelles
Montbron
Eymouthiers
D 675
Châlus
D 4
PAYS D'HORTE ET TARDOIRE
D 91
Dirac
D 25
Forêt d'Horte
Souffrignac
D 939
Douménac
D 16
Forêt de La Mothe-Clédou
D 75
La Mercerie
Nontron
La Rochebeaucourt-et-Argentine
Villebois-Lavalette
Ronsenac
Gurat
D 17
D 708
D 939
Thiviers
Brantôme
DORDOGNE (24)
D 20
Ribérac
PÉRIGUEUX
10 km
1
2
3
4
Ruffec Lieux traités
Bayers Adresses et lieux dans les environs
Civray Repères

LA CHARENTE

• *lacharente.com* • Toutes les infos imaginables sur le tourisme dans le département (les adeptes du VTT y trouveront par exemple plus de 1 000 km de circuits balisés, organisés en fonction de la longueur et de la difficulté). Le service ***Charente Réservations*** *(☎ 05-45-69-06-68)* y propose différents séjours thématiques (dégustation...), randonnées, tourisme fluvial, week-ends, festivals, stages de pêche, de cuisine, de golf, etc.

■ ***Gîtes de France*** *(zoom couleur d'Angoulême, C3,* ***2****)* **:** *dans la Maison du tourisme, 21, rue d'Iéna, 16000* ***Angoulême.*** *☎ 05-45-69-48-62.* • *gitescharente.com* • Chambres et tables d'hôtes, gîtes ruraux, de groupes, pour enfants, etc.

■ ***Agriculture et Tourisme en Charente :*** *chambre d'agriculture, Les Chaumes-de-Crage-Ma-Campagne, 16016* ***Angoulême*** *Cedex. ☎ 05-45-24-49-49.* • *charente.chambagri.fr* • Fermes de séjour, fermes-auberges, campings, gîtes et chambres d'hôtes à la ferme, marchés des producteurs de pays...

ANGOULÊME

(16000) 42 240 hab. *Carte Charente, B2-3*

▸ Pour les plans d'Angoulême, se reporter au cahier couleur.

Ville d'art et d'histoire, préfecture de la Charente et bien sûr capitale de l'Angoumois, cette cité historique n'en a pas moins gardé les proportions d'une petite ville. C'est cette échelle humaine qui séduit au premier abord : on abandonne immédiatement la voiture pour battre le vieux pavé et mieux se plonger dans ces vieilles ruelles serrées autour de jolies placettes.

L'autre charme d'Angoulême, surtout si on la découvre par beau temps, réside dans son petit air méridional. La clarté de sa lumière, ses maisons de pierre aux toits de tuiles et ses terrasses de cafés lui donnent ce petit côté italien que lui trouvait Théophile Gautier. Le poète Alfred de Vigny, lui, allait jusqu'à la comparer à Constantinople ! Mais bon, il délirait peut-être un peu... Toujours est-il qu'Angoulême est une ville des plus agréable, à l'architecture réussie et au centre souvent animé par une population plus ou moins branchée, digne héritière d'un rayonnement culturel qui remonte à des lustres. N'oublions pas que la ville doit sa renommée au papier et à l'un de ses dérivés : la B.D.

UN PEU D'HISTOIRE

Bâtie au bord de la Charente, axe commercial qui allait assurer sa survie, la ville n'a longtemps occupé qu'un plateau calcaire surélevé surnommé « acropole ». Du haut de ce rocher fortifié, la population allait pouvoir s'enrichir tranquillement...

D'abord occupé par des troglodytes il y a plusieurs millénaires, le site plaît aux Romains, qui y fondent l'une de leurs cités d'Aquitaine. Puis la ville, appelée *Engolisma* à l'époque, est sauvée des mains des Wisigoths par le brave Clovis, au début du VIe s. Mais elle ne trouve son identité que sous Charles le Chauve, qui en fait un comté. Alors apparaît un personnage mythique encore célébré de nos jours : le comte Guillaume, surnommé « Taillefer » pour avoir proprement découpé d'un coup d'épée un envahisseur normand recouvert d'une armure ! Ce bel effort n'aura pas servi à grand-chose, puisqu'en 1360 Angoulême tombe aux mains des Anglais par la grâce d'un traité. La famille d'Orléans récupère ensuite le comté, peu après transformé en duché par François Ier, qui l'offre à sa maman, Louise de Savoie, en signe d'amour filial...

À partir de là, l'histoire de l'Angoumois suit de très près celle du royaume de France. Le duché, dans le genre beau cadeau pour enfants gâtés, échoit à divers princes. Et différentes seigneuries du cru, comme Marguerite d'Angoulême (épouse du roi de Navarre), y font venir les personnalités de l'époque, notamment Calvin, qui aura une grande influence sur les esprits. Mauvaise pioche : après la révocation de l'édit de Nantes, les calvinistes doivent fuir, ce qui entraîne une importante récession économique... Peu de temps avant, en 1610, un Charentais du nom de Ravaillac assassinait Henri IV !

La ville du papier

Depuis le Moyen Âge, les artisans d'Angoulême avaient compris que la qualité des eaux charentaises permettait de fabriquer de la pâte à papier. Au bord des eaux claires s'établirent peu à peu des papeteries installées dans d'anciens moulins. François Ier, décidément visionnaire, leur facilita la tâche en accordant aux papetiers d'importants privilèges. Mais c'est sous Colbert que le papier « royal » d'Angoumois devint le meilleur de son temps, exporté dans toute l'Europe, notamment en Hollande, sous le nom devenu célèbre de vélin.

Ainsi, pendant près de deux siècles, la ville put prospérer, jusqu'au départ forcé, en 1685, des papetiers convertis au protestantisme. Mais une tradition industrielle s'était installée, et du papier naîtront d'autres spécialisations (fonderie, armement, faïence) qui permettront à la région de se développer. Sans oublier la fameuse charentaise qui, sans le feutre nécessaire à la fabrication du papier, n'aurait jamais vu le jour ! Cependant, les papeteries angoumoisines n'ont pas toutes disparu avec le XVIIIe s. Certaines ont persévéré en se diversifiant (cartonnerie, papier à cigarette ou à dessin, etc.), et un irréductible moulin retranché à Puymoyen continue même la production à la main ! C'est cette tradition ancestrale, propre à la région, qui fit tant fantasmer Balzac : il fit d'un papetier d'Angoulême le héros de ses *Illusions perdues*.

L'INVENTION DE LA CHARENTAISE

On utilisait le feutre en laine pour sécher les feuilles de papier que l'on fabriquait dans la région. Ce feutre usagé était ensuite utilisé pour fabriquer des pantoufles placées à l'intérieur des sabots. Aujourd'hui, les charentaises ont survécu à la disparition des sabots.

Évolution des mœurs oblige, la ville s'est reconvertie, après la crise industrielle des années 1970, dans un nouveau créneau culturel : la B.D., avec la création de son fameux Salon (devenu Festival) et de la Cité internationale de la bande dessinée et de l'image. Angoulême reste malgré tout l'une des villes les plus industrialisées de l'ouest de la France, et totalise plus de 111 000 habitants, répartis dans le Grand Angoulême.

Adresses et infos utiles

i ***Office de tourisme du pays d'Angoulême*** *(zoom couleur C2,* ***1****)* **:** *pl. des Halles, BP 20222.* ☎ *05-45-95-16-84.* • *angouleme-tourisme.com* • *Juil-août, lun-sam 9h-18h30, dim et j. fériés 9h-13h ; le reste de l'année, lun-ven 9h (10h lun)-12h30, 13h30-18h, sam 9h30-12h30, 13h30-17h30, j. fériés 9h-13h.* Toutes les infos sur la ville et les environs. Vous y trouverez plein de doc (dont le plan détaillant le circuit des murs peints), ainsi que le mensuel gratuit *Sortir Label Charente* (disponible également dans de nombreux commerces du département). Une application mobile téléchargeable « J'aime Angoulême » recense aussi tous les monuments, circuits, infos historiques, etc.

i ***Charente Tourisme et Gîtes de***

France (zoom couleur C3, **2**) : *voir plus haut, en intro du département.*
■ ***Agriculture et Tourisme en Charente :*** *voir plus haut, en intro du département.*
■ ***Via Patrimoine*** *(zoom couleur C2)* **:** *hôtel Saint-Simon, 15, rue de la Cloche-Verte.* ☎ *05-45-68-45-16.* 📱 *06-37-83-29-72. 1er jeu du mois 14h-17h.* Cette association porteuse du label Pays d'art et d'histoire de l'Angoumois propose des visites (avec guide conférencier) sur les monuments, la vieille ville et la région. Organise également des expositions.
ℹ ***Centre Info Rando*** *(zoom couleur C3,* ***2****)* **:** *dans la Maison du tourisme, 21, rue d'Iéna.* ☎ *05-45-38-94-48.*
🚂 **Gare SNCF** *(plan couleur d'ensemble B1)* **:** *4, pl. de la Gare.* ☎ *36-35 (0,34 €/mn).* Sur la ligne du TGV Paris-Bordeaux. Trains réguliers. Compter 2h30 de trajet seulement depuis Paris.
🚌 ***Gare routière*** *(zoom couleur C2)* **:** ***Cartrans,*** *17, pl. Bouillaud.* ☎ *05-45-95-95-99.*
■ ***STGA :*** *pl. Bouillaud.* ☎ *05-45-65-25-25. • stga.fr •* Service réduit dim et j. fériés. Les bus de la *STGA* desservent les communes du Grand Angoulême, dont Fléac, Gond Pontouvre, La Couronne, Nersac, Puymoyen, Ruelle, Soyaux...
🅿 ***Parkings :*** *gratuits av. de Cognac (zoom couleur C1) et pl. Beaulieu (zoom couleur A1), mais les places sont parfois rares. Autre solution, se garer sur le parking du musée de la B.D. (plan couleur d'ensemble A2) et emprunter la passerelle pour rejoindre le centre. Sinon, les parkings de l'hypercentre sont ts payants (sf les 30 premières mn dans les parkings souterrains).*
■ ***Location de voitures :*** ***Hertz,*** *121, av. de Lattre-de-Tassigny.* ☎ *05-45-95-75-85.* ***Ada,*** *pl. de la Gare.* ☎ *05-45-92-65-29.*
🚕 ***Radio-taxis :*** ☎ *05-45-95-55-55.*

Où dormir ?

De bon marché à prix moyens

🏠 ***Hôtel-restaurant Chez Gasté*** *(plan couleur d'ensemble A2,* ***6****)* **:** *381, rue de Bordeaux.* ☎ *05-45-91-89-98. • info@hotelgaste.com • hotelgaste.com • À 2 km du centre. Fermé w-e et j. fériés sf manifestation. Congés : 3 sem en août et pdt les fêtes de fin d'année. Doubles avec douche et w-c ou bains 51-63 €. Parking. Apéritif offert sur présentation de ce guide.* Qui l'eût cru ? Passé la façade très quelconque, on découvre des chambres fonctionnelles plus que convenables, voire tout à fait mignonnes pour les plus récentes, avec leurs pierres apparentes et leur parquet flottant. Et comme la partie hôtelière occupe principalement un bâtiment perpendiculaire à la route, la plupart des chambres échappent aux nuisances sonores. Si l'on ajoute une petite terrasse fleurie côté cour et un accueil charmant, force est de reconnaître que *Chez Gasté,* nous sommes particulièrement... gâtés ! Fait aussi resto. Cuisine familiale toute simple.
🏠 ***Hôtel d'Orléans*** *(plan couleur d'ensemble B2,* ***7****)* **:** *133, av. Gambetta.* ☎ *05-45-92-07-53. • hoteldorleans@hotmail.fr • hotel-orleans-angouleme.fr • Congés : Noël-Jour de l'an. Doubles 53-63 €.* Une adresse petits budgets, en face de la gare. Avec sa façade bleu ciel et ses chambres aux couleurs acidulées, cet hôtel a pris un sérieux coup de jeune. Entièrement rénové, il propose une vingtaine de chambres simples, bien tenues et avec double vitrage. Celles en angle sont particulièrement agréables. Bon accueil. À ce prix-là, on n'en demande pas plus.

De chic à beaucoup plus chic

🏠 ***Hôtel du Palais*** *(zoom couleur C2,* ***12****)* **:** *4, pl. Francis-Louvel.* ☎ *05-45-92-54-11. • info@hotel-angouleme.fr • hotel-angouleme.fr • Ouv tte l'année. Doubles 75-145 € selon confort et saison. Garage payant. Réduc de 10 % sur le prix de la chambre (hors promos)* *sur présentation de ce guide.* L'un de nos hôtels préférés. D'abord, pour sa situation : c'est l'un des rares situés dans la vieille ville, face à la jolie place du palais de justice. Ensuite, pour l'étonnante variété de types d'hébergement. Les chambres sont décorées avec soin et originalité (on sent la patte d'une vraie décoratrice, qui n'a pas peur des couleurs). Pas deux identiques, il y en a vraiment pour tous les goûts. En revanche, tout le monde profitera des salons cosy aux tons flashy ! Très agréable, tout comme l'accueil.

Chambres d'hôtes de Champ Fleuri *(plan couleur d'ensemble A3, **11**) : rue de l'Hirondelle. ☎ 05-45-68-35-84. 06-85-34-47-68. • contact@champ-fleuri.fr • champ-fleuri.com • Sur la gauche en montant vers le golf. Ouv tte l'année. Doubles 90-100 €.* Dissimulée côté route par un porche et son portail blanc, cette propriété offre l'une des plus belles vues sur Angoulême ! Joli jardin fleuri, terrasse panoramique et piscine, le cadre est superbe. Une dépendance abrite les chambres, raffinées, avec poutres ou mansardées, murs en pierre et de belles salles de bains. 2 d'entre elles bénéficient de la vue sur la ville. Également une salle commune et une cuisine à disposition des hôtes. Une adresse de charme, à côté du golf, extra ! Accueil charmant.

Hôtel de France Mercure *(zoom couleur C2, **13**) : 1, pl. des Halles-Centrales. ☎ 05-45-95-47-95. • H1213@accor.com • mercure-angouleme-hotel-de-France.com • Doubles 115-250 € ; petit déj 16 €. Parking payant.* Si la belle façade ancienne rappelle qu'ici est né l'écrivain Guez de Balzac, les chambres modernes et tout confort n'ont rien conservé du charme de l'époque, privilégiant un style contemporain pour certaines, design pour les autres. Ravissant jardin intérieur, dont les allées bordées de bancs s'entrecroisent à l'abri des regards indiscrets derrière le haut mur d'enceinte.

ANGOULÊME

Où manger ?

De bon marché à prix moyens

Au Jardin *(zoom couleur C2, **25**) : 5, rue Ludovic-Trarieux. ☎ 05-45-90-07-97. • au.jardin16@orange.fr • Ouv le midi lun-ven, plus le soir lun-mar juin-août. Formule en sem 13,50 € ; carte env 16 €. Café offert sur présentation de ce guide.* Salon de thé, boutique, resto, *Au Jardin,* c'est un peu tout cela à la fois. Car il n'y a rien de formel ici, le concept étant de se faire plaisir en mangeant ce qu'on préfère. Alors on s'attable entre amis (plus souvent entre amies d'ailleurs), et on commande la soupe du jour avant de composer sa salade, spécialité de la maison : sur une base de laitue, on ajoute 5 ingrédients à choisir parmi une longue liste. Simple, ludique et fort bon (produits frais, souvent bio). Impeccable pour un déjeuner léger. Terrasse et journaux à dispo.

Le Passe-Muraille *(zoom couleur C2, **27**) : 5, rue Saint-André. ☎ 05-45-92-05-02. Tlj sf sam midi et dim-lun. Plats 15-20 €.* Les années passent, et cette petite adresse conviviale conforte sa popularité auprès d'une ribambelle d'habitués. Il faut dire qu'on y mange fort bien. Rien de gastronomique, c'est certain, mais une solide cuisine de terroir aux accents du Sud : épaisses tranches de grillons charentais, gratin d'andouillette au reblochon, *caldeirada* de seiches au chorizo. C'est bon, copieux et servi par un patron qui ne manque pas de caractère... le tout dans un environnement agréable (façon bistrot des amis avec banquettes de moleskine, vieilles affiches et tables à plateau de marbre). Accueil inégal, dommage.

Le Bistroc *(zoom couleur C1-2, **16**) : 21, rue Raymond-Audour. ☎ 05-45-94-22-20. • bddu86@hotmail.fr • Tlj sf dim, mer soir et sam midi. Formule déj 14,50 € ; carte 30-35 €. Apéritif offert sur présentation de ce guide.* Les habitués viennent pour les bonnes viandes, de première qualité et servies bien épaisses, ou les andouillettes version XL. Pour les accompagner, des frites maison et un bon verre de vin, car c'est l'un des dadas de la maison. Au final, c'est sans complication, fort bon et servi avec bonne humeur (et un zeste de gouaille) dans une petite salle de bistrot chaleureuse.

Chez Paul *(zoom couleur C2,* ***26****) : 8, pl. Francis-Louvel. ☎ 05-45-90-04-61. • chez.paul16@wanadoo.fr • ♿ Tlj sf dim nov-mars. Le midi, plat du jour 9 € ; menus 16,50-29,90 €. Apéritif offert sur présentation de ce guide.* La brasserie typique à la parisienne. Jolie salle ultramoderne et cosy, impeccable pour les jours un peu frais avec ses banquettes, alcôves ou tabourets de bar ; véranda fifties pour un timide printemps ; et, pour les beaux jours, terrasse donnant sur la place, ou (mieux encore !), au fond, un petit jardin traversé par un ruisseau aux eaux murmurantes, franchement agréable dans son genre. Plats classiques (magret, dos de cabillaud, charcuterie...). Service sympa et efficace.

De prix moyens à chic

La Ruelle *(zoom couleur C2,* ***17****) : 6, rue des Trois-Notre-Dame. ☎ 05-45-95-15-19. • laruelle.a@orange.fr • Tlj sf sam midi et dim-lun. Formule déj 23 € ; menus 44-54 € ; carte env 60 €.* Préparations et cuissons étudiées, présentations soignées, juxtapositions audacieuses de textures et de saveurs qui se télescopent mais ne se tuent jamais. C'est tout l'art de Guillaume Veyssière, dont le travail consiste à sublimer le produit de saison. Le velouté de potiron est agrémenté d'une glace aux cèpes, et le tournedos de lotte est cuit à basse température pour conserver une texture fondante. Autrement dit, de la simplicité en apparence, mais beaucoup de recherche derrière, pour un résultat toujours surprenant. Quel talent !

Le Terminus *(plan couleur d'ensemble B2,* ***19****) : 3, pl. de la Gare. ☎ 05-45-95-27-13. • le-terminus16@neuf.fr • Tlj sf dim. Congés : 2-7 janv. Formule déj 14,99 € ; menus 21,50-34 € ; carte env 50 €.* Une des adresses de référence dans le secteur : élégante salle sobre et contemporaine, accueil et service impeccables, cuisine gastronomique (spécialités de poisson) sans fausse note. Il faut dire que le chef travaille avec talent les meilleurs produits (bar, turbot ou maigre, par exemple, proviennent du fameux port de La Cotinière).

Où dormir ? Où manger dans les environs ?

De prix moyens à chic

L'Épicerie de Vénat : *9, rue Jean-Ravanaud, 16710* ***Saint-Yrieix-sur-Charente.*** *06-12-94-35-51. • info@lepicerie-de-venat.com • lepicerie-de-venat.com • À 6 km au nord-ouest d'Angoulême par la D 939. Ouv tte l'année. Doubles 60-80 € selon saison.* Délaissée pendant 40 ans, l'épicerie du village revit ! Aujourd'hui chambre d'hôtes, merveilleusement retapée par Monique, elle a conservé son âme d'antan et arbore un look vintage très sympathique. Déco personnalisée pour chacune des 3 chambres, mais toutes dans le même esprit : simplicité, confort et bon goût. Elles sont situées à l'étage, avec salles d'eau privées et w-c communs. Au rez-de-chaussée, le salon, la cuisine avec son bar en formica, un coin épicerie (avec produits maison et voisins) et même une tonnelle. L'adresse ouvre aussi ses portes pour des manifestations locales. Beaucoup de charme !

Le Clos du Charpentier : *2, rue des Courly, 16430* ***Balzac.*** *☎ 05-45-68-28-39. 06-74-14-97-01. • mcbouchaud@wanadoo.fr • ♿ À 8 km au nord d'Angoulême par la D 737. Ouv tte l'année. Double 69 €.* Une maison en pierre de pays, au confort indéniable : salon avec cheminée, kitchenette, salle de lecture à l'étage, petite piscine intérieure, appareils de musculation et aussi un sauna au fond du jardin. Marie-Claire et Joël se mettent en quatre pour accueillir leurs hôtes douillettement et chaleureusement. Les chambres, toutes de plain-pied, sont élégantes et de styles différents, avec lits doubles ou séparés et une duplex pour 3 personnes. Jolies salles de bains modernes et spacieuses. Une halte paisible.

Chambres d'hôtes La Templerie : *Denat, 16430* ***Champniers.*** *06-87-13-14-65. • richon.jean@wanadoo.fr • latemplerie-richon.fr • À 5 km au nord d'Angoulême par la N 10 (direction Poitiers), puis à gauche la D 105 vers Balzac (ne pas aller vers Champniers) ; suivre alors les panneaux. Double 58 € ; familiale 4 pers 95 € ; gîte 6 pers 430-600 €/sem.* *La Templerie* n'a rien de médiéval. C'est en réalité une belle ferme viticole du XIXe s, dont la grange a été entièrement repensée pour accueillir les hôtes avec la manière : cheminée, cuisine équipée et mobilier agréable dans les parties communes, et des chambres confortables de plain-pied ou à l'étage. Cerise sur le gâteau : la piscine à l'arrière de la maison. Idéal pour les familles. Ne vous laissez pas impressionner par les 2 molosses qui gardent la propriété, ils ne sont pas méchants.

Le Moulin Neuf : *34, rue du Moulin-Neuf, 16160* ***Gond-Pontouvre.*** *05-45-94-50-29. • lemoulinneuf16@orange.fr • À 5 km au nord d'Angoulême par la route de Paris. Ouv mar-dim midi. Congés : 1re sem de janv, 2de quinzaine d'août et 1re sem de nov. Menus 17,50 € (midi en sem), puis 25,50-47 €.* Une adresse qui vaut le détour ! À environ 10 mn d'Angoulême, cet hôtel-resto jouit d'un emplacement privilégié, au bord de la Touvre. De la salle avec baies vitrées s'ouvrant sur la rivière, ou en terrasse à fleur d'eau, le cadre est enchanteur. La déco intérieure n'est pas en reste : murs en vieilles pierres, couleurs chaudes et quelques notes design. Dans l'assiette, une cuisine de marché terre et mer de belle qualité, aux cuissons parfaites, arômes recherchés et présentations soignées. L'hôtel, également rénové, propose des chambres standard.

La Cigogne : *5, impasse Cabane-Bambou, 16800* ***Soyaux.*** *05-45-95-89-23. • lacigogne16@bbox.fr • Au sud-est d'Angoulême, à 10 mn du centre. Depuis la route de Périgueux, à la mairie de Soyaux, prendre la rue Aristide-Briand sur 1,3 km (panneaux). Tlj sf dim soir, lun et mer soir. Menus 25 € (midi en sem), puis 29,50-55 €.* *La Cigogne* a l'estime des notables du coin et des amoureux en quête d'une adresse romantique. Pour sa cuisine traditionnelle délicatement revisitée, avec une prédilection pour les saveurs japonaises, mais également pour son cadre atypique ! En traversant le boyau obscur de cette ancienne carrière de pierre transformée en champignonnière, on ne s'attend pas à découvrir soudainement, comme au théâtre, cette superbe terrasse ombragée offrant une vue panoramique sur la vallée de l'Anguienne. Une belle escapade gourmande.

Plus chic

Le Domaine du Châtelard : *Le Got de Dirac, 16410* ***Dirac.*** *05-45-70-76-76. • info@domaineduchatelard.com • domaineduchatelard.com • À 8 km au sud-est d'Angoulême par la D 939 ; bien fléché à droite avt Dignac. Resto fermé dim soir et lun (slt lun midi en saison). Doubles 95-165 € selon confort. Formules 28 € (midi en sem), puis 44-64 €.* Une impression de bout du monde ! La petite route s'arrête là, au domaine, situé dans la zone protégée de la vallée de l'Anguienne. Cette ancienne ferme du XIXe s, à la façade tapissée de vigne vierge, est tenue par un couple suisse, qui la restaure soigneusement, petit à petit. Les chambres deviennent plus contemporaines, à la déco personnalisée. Côté loisirs, piscine, tennis, barque, canoës, vélos et promenades à pied. Côté resto, une salle cosy avec feu de cheminée et, aux beaux jours, la superbe terrasse surplombant le lac (de 10 ha !). La cuisine est inventive et raffinée, à base de produits de saison, du terroir et d'ailleurs, avec notamment des accents italiens. La carte est courte, mais les suggestions variées, du classique au plus curieux : déclinaison de foie gras, purée de cresson du domaine, fondant betterave-chocolat... Accueil plein de gentillesse. Une adresse aux charmes multiples !

Où boire un verre ? Où sortir ? Où danser ?

Angoulême n'a rien de la cité prospère un peu assoupie. Pas mal de bistrots sympas sont dispersés sur le plateau et désormais aussi au bord de la Charente, pour satisfaire les étudiants et tous les oiseaux de nuit drainés par le petit monde de la B.D. Et dès le retour des beaux jours, les terrasses affichent complet, surtout à l'occasion des concerts des jeudis de l'été (notamment place des Halles, au *Blues Rock* ou au *Chat Noir*).

La Girafe *(zoom couleur C2, **31**) : 23, rue de la Cloche-Verte. ☎ 05-45-90-91-20. Tlj sf dim-lun et j. fériés 18h-2h.* Tout le monde connaît *La Girafe*. Pour sa déco délirante digne d'une galerie d'art (à chacun sa table personnalisée !), mais aussi pour son atmosphère décontractée propice aux retrouvailles entre copains. L'un des rendez-vous favoris des trentenaires débonnaires, surtout dès l'heure de l'apéro, lorsqu'il s'agit de goûter les bières spéciales de la maison.

Le Cinq Sens *(zoom couleur C2, **32**) : 14, rue Massillon. ☎ 05-45-95-34-24. • lecinqsens@free.fr • Tlj sf dim-lun 15h-2h.* Un digne représentant de ces bars rustico-cosy en vogue depuis quelques années : les meubles chinés composent une déco hybride réussie dans les différentes salles, les cocktails réchauffent les esprits, et les expos du moment alimentent les conversations. Cave sympa pour les concerts et terrasse en été. Gentiment bobo et franchement convivial.

The Kennedy Pub *(zoom couleur B2, **33**) : 3, rue de Beaulieu et 10, rue Tison-d'Argence. ☎ 05-45-94-12-41. • lekennedy.angouleme@orange.fr • Tlj sf lun, plus dim en été, 17h-2h.* 2 entrées pour ce vaste pub typique à la déco plus vraie que nature : salle envahie d'un bric-à-brac d'objets hétéroclites, billard, et écran géant pour les retransmissions de matchs. Concert (rock, blues, celtique) les jeudi, vendredi et samedi (seulement le samedi en été). Terrasse agréable dans le porche côté rue de Beaulieu.

Le River 102 *(zoom couleur B1, **36**) : 102, rue de Bordeaux. ☎ 05-45-39-07-94. Tlj sf dim (tlj sf sam midi et dim-lun hors saison) 11h-15h, 18h-2h.* C'est le lieu branché d'Angoulême, adoré des trentenaires et des quadras, au bord de la Charente. Dans cet ancien hangar, les néons, le béton et l'acier le disputent aux vieilles pierres. On vient ici s'accouder au bar, prendre place sur une banquette ou profiter de l'agréable terrasse au bord de l'eau. Un lieu idéal pour siroter un verre ou prendre un en-cas en musique, de jour comme en nocturne.

Les boîtes ne manquent pas dans la ville. Parmi les plus courues : **Le Why Not** *(zoom couleur C2, **34** ; 50, rue de Genève)*, sur 3 niveaux, 3 ambiances différentes (latino, house-techno, généraliste) ; **Le Rancho** *(zoom couleur C1, **35** ; 73, bd Besson-Bey)*, fréquenté par une clientèle jeune adepte d'une musique plutôt commerciale ; **Le Select** *(zoom couleur B1, **37** ; 101, bd Besson-Bey)*, pour une clientèle plutôt trentenaire et quadra.

Ou acheter de bons produits ?

Letuffe *(zoom couleur C2, **40**) : 10, pl. Francis-Louvel. ☎ 05-45-95-00-54. Lun-sam 9h30 (9h sam)-12h, 14h-18h30.* C'est la boutique chic de la célèbre chocolaterie de Trois-Palis (voir « La vallée de la Charente, d'Angoulême à Cognac. Dans les environs de Châteauneuf-sur-Charente »). Spécialités angoumoisines, mais aussi toutes sortes de chocolats, bonbons, pâtes de fruits et berlingots. Il y a tant de créations que les étals ne suffisent pas pour toutes les présenter !

Biscuiterie Lolmède *(zoom couleur C2, **44**) : 3, rue des Arceaux. ☎ 05-45-95-05-09. Mar-sam 9h-19h.* L'avantage, dans cette biscuiterie artisanale au cadre charmant, c'est sa terrasse donnant sur une rue piétonne. Impeccable pour goûter dans les meilleures conditions les célèbres macarons (environ 40 sortes !) et les madeleines au chocolat de cette vénérable maison. Pour accompagner la dégustation : thé, chocolat chaud et autres gourmandises de qualité. Vraiment agréable, d'autant que l'accueil est fort sympathique.

Parfums Sucrés *(zoom couleur C2, **43**) : 9, rue des Postes. ☎ 05-45-38-31-67. Mar-sam 8h30-19h, dim 8h30-13h.* Boutique élégante, appréciée pour ses meringues, ses nougats et ses créations originales élaborées à base de produits régionaux (comme du cognac, pardi !).

Chocolaterie Duceau *(zoom couleur C2, **42**) : 18, pl. de l'Hôtel-de-Ville. ☎ 05-45-95-06-42. Face à la mairie. Mar-ven 9h-19h ; sam 9h-13h, 14h-19h ; plus lun de sept à mi-mai 14h30-19h.* Pour son vrai chocolat noir, notamment sous forme de marguerite à effeuiller ou de charentaise garnie, et aussi pour sa duchesse d'Angoulême (rouleau de nougatine, fourré praliné).

Où trouver chausson à son pied dans les environs ?

La Pantoufle Charentaise : *parc commercial de la Croix-Blanche, N 10, 16430 **Champniers**. ☎ 05-45-92-77-40. • boutique@rondinaud.com • Lun-sam 10h-12h30, 14h-19h.* Le temple de la pantoufle charentaise Rondinaud en direct des ateliers de Rivières et à prix d'usine ! Semelle feutre ou plastique, à poil long ou à poil ras, du modèle le plus classique au plus farfelu...

À voir

Le vieil Angoulême

La cathédrale Saint-Pierre *(zoom couleur B2) : au bout du rempart Desaix.* Construite au tout début du XIIe s sur les ruines de trois autres cathédrales, dont une érigée, paraît-il, par Clovis avant d'être incendiée par les Normands au Xe s. On doit l'actuel bâtiment au richissime évêque Girard de Blaye, légat des papes, qui, pour l'édifier, utilisa les bénéfices que lui rapportaient trois abbayes et une cinquantaine d'églises ! Encore un membre influent de l'Église qui semble avoir oublié le vœu de pauvreté... Toujours est-il que le résultat est superbe, d'autant plus que la cathédrale du XIIe s est restée en grande partie intacte (contrairement à tant d'autres), n'ayant subi de dégâts qu'à l'époque des guerres de Religion. Elle fut ensuite restaurée au XIXe s par l'architecte Abadie (celui du Sacré-Cœur de Paris), perdant les quelques modifications faites après l'époque romane, mais dotée en contrepartie de deux clochetons, d'un pignon et d'un tympan sur le portail central (en gros, toute la partie supérieure de la façade).

L'extérieur

En venant du centre, on remarque tout d'abord la gigantesque coupole et le très joli clocher à six étages, haut d'une soixantaine de mètres, de style presque italien. Mais l'édifice est surtout célèbre pour sa sublime façade sculptée, chef-d'œuvre de l'art roman. Une fois au pied de l'édifice, prenez du recul pour mieux admirer l'ensemble (attention aux voitures du carrefour !) et remarquez la chaude coloration de la pierre, jaune et blanche. L'élégance et la cohérence de la façade se

ANGOULÊME

traduisent par une succession d'arcatures, supportées par de fines colonnes et réparties de manière parfaitement symétrique. Assemblées par blocs autour du Christ en Ascension (évidemment au centre), elles sont censées former... une grande croix, pardi ! Mais on ne le voit pas tout de suite (image subliminale ?), trop occupé que l'on est à détailler toutes les sculptures... En tout, 75 personnages pleins de relief, comme ce cavalier brandissant une épée ou ces damnés aux étonnants corps décharnés. Nombreux monstres et animaux fantastiques autour du portail. À droite, une frise raconte un épisode de la *Chanson de Roland* : la croisade de 1118 contre les Maures. Au 2e niveau, la Vierge et les apôtres (sauf Judas !) assistent à l'Ascension du Christ au milieu des anges. Les thèmes principaux décrits par cette « page de pierre » sont ceux, plus courants, du Jugement dernier (joie céleste aux côtés de Jésus, damnation aux extrémités) et de la Rédemption. Mais leur traitement en dehors du portail était nouveau pour l'époque. Ce qui explique l'influence prépondérante de cette façade sur celles des églises de la région angoumoisine.

L'intérieur

On entre dans la nef unique par un beau portail de bois orné de ferronneries. Le regard est tout de suite happé par les vastes coupoles du plafond, dont la plus haute, située à la croisée du transept, n'est autre que la base du dôme que l'on voit de l'extérieur. Ce genre de nef à coupoles, que l'on ne trouve que dans le Sud-Ouest, serait vraisemblablement d'origine orientale. Autre particularité qui ajoute à la majesté des lieux : les galeries latérales soutenues par des arcatures. Remarquez les chapiteaux sculptés, notamment dans la chapelle de gauche. Le chœur, lui, est embelli par une grande arcade brisée et des absidioles rayonnantes. Les transepts n'ont en revanche plus beaucoup de cohérence, celui du sud ayant, hélas, perdu son clocher, abattu par les protestants. Reste heureusement celui du nord (à savoir la haute tour décrite plus haut). Parmi le mobilier se distinguent des orgues du XVIIIe s richement décorées (têtes d'anges), un bel autel aux colonnettes sculptées et une chaire en bois finement travaillé.

Autour de la cathédrale *(zoom couleur B-C2)* **:** remonter d'abord la rue de Friedland (à droite en sortant de la cathédrale). Sur la façade de l'ancien évêché (actuel musée d'Angoulême), la statue d'un singe laid (enfin... difficile d'en juger !) posée là, à la demande d'un évêque qui s'appelait Saint-Gelais (et ne manquait pas d'humour). Juste en face, un hôtel particulier de la fin du XVIIe s. Poursuivre tout droit dans la rue Tison-d'Argence, puis tourner à droite dans la rue Prudent (au no 16, la chambre des notaires installée dans un petit hôtel particulier). Au fond à gauche, une gentille placette. Par la rue de la Gendarmerie, on gagne la rue d'Arcole et ses maisons anciennes en pierre.

Le musée d'Angoulême *(zoom couleur B2)* **:** *1, rue de Friedland. ☎ 05-45-95-79-88. L'entrée du public se fait par le sq. Girard-II, côté jardin. Tlj sf lun 10h-18h. Fermé 1er janv, 1er mai, 1er nov et 25 déc. GRATUIT. Audioguide 3 € (également un audioguide adapté aux enfants, avec livret : 1,50 €).*

Installé dans l'ancien évêché d'Angoulême, le principal musée de la ville est un site remarquable, à la fois pour le soin apporté à la muséographie et pour la qualité de ses collections. Celles-ci s'articulent autour de trois vastes sujets : l'archéologie de la Charente, les arts d'Afrique et d'Océanie, et les beaux-arts.

Le premier sujet, ambitieux, fait le grand écart entre les temps géologiques et l'époque médiévale. On y verra par conséquent de nombreux fossiles (certains comptent parmi les plus anciens connus au monde), mais aussi de belles pièces gauloises, comme le superbe casque d'Agris (Ve s av. J.-C.), ou encore toutes sortes d'objets médiévaux (étriers, boucles...). À l'étage, la collection d'Afrique et d'Océanie (masques, sculptures, armes...) fut initiée en 1934 par un don du docteur Lhomme, notable de la région. C'est pourquoi une reconstitution de son cabinet de curiosités, attenante à la chapelle, lui rend hommage. Enfin, une collection beaux-arts, avec de nombreuses œuvres des écoles flamande et hollandaise, ainsi qu'une salle consacrée aux artistes charentais. Bref, une escale à ne pas rater, d'autant qu'on y organise régulièrement des animations très intéressantes (visites thématiques, expos...).

Le palais de justice *(zoom couleur C2)* **:** *pl. Francis-Louvel.* Imposante bâtisse du XIXe s, de style néoclassique. Comme l'indique une plaque, ici sont passés quelques grands esprits : Calvin, Vigny, les deux Balzac (Honoré et Jean-Louis Guez), ainsi que Paul Valéry. À côté, l'*Hôtel du Palais* dont vous admirerez la façade du XVIIIe s.

Derrière l'*Hôtel du Palais,* prendre à gauche la rue Ludovic-Trarieux, qui conduit à un charmant quartier de petites rues aux airs médiévaux. On est au cœur du ***vieil Angoulême*** *(zoom couleur C1-2),* plein de jeunes et de bons petits restos. Flânez dans la *rue des Trois-Notre-Dame* jusqu'à la *place du Palet,* perdez-vous *rue des Acacias* (très vieilles maisons de pierre, bien restaurées), passez devant la *maison de Calvin* (rue de Genève) et buvez un verre dans l'un des cafés du coin !

L'église Saint-André *(zoom couleur C2)* **:** *rue Taillefer.* L'une des plus vieilles églises de la ville, construite au XIIe s, puis agrandie au XVe s (le beau clocher carré est de cette époque). La façade classique, elle, ne date que du XIXe s. On la doit au papa Abadie, dont le fiston retapa la cathédrale. L'intérieur est un curieux mélange de roman (d'un côté) et de gothique (de l'autre). On y remarque, entre autres, un retable et une très belle chaire richement sculptée, tous deux du XVIIe s, ainsi qu'un orgue anglais du XIXe s, récemment rénové et classé Monument historique. Derrière l'église, place Saint-André, belle fresque en trompe l'œil d'après un dessin d'Yslaire.

L'hôtel Saint-Simon *(zoom couleur C2)* **:** *15, rue de la Cloche-Verte.* Le porche cache une minuscule et charmante cour pavée où se blottit un tout petit hôtel particulier Renaissance, le seul de la ville ! Joli comme tout avec sa tourelle aux airs d'échauguette, ses médaillons, ses fenêtres à meneaux et pilastres, ses petits carreaux à fil de plomb, ses frises et sa porte sculptée. C'est ici que l'on trouve les bureaux de *Via Patrimoine.*

La place des Halles ou place Gustave-Guillon *(zoom couleur C2)* **:** joli petit marché couvert du XIXe s, bâti à l'emplacement d'une forteresse du XIIIe s dont on aperçoit des restes de remparts côté nord. En face du marché, l'*Hôtel Mercure,* où Marie de Médicis vécut quelques mois avec sa cour après s'être fâchée avec son fils. La petite histoire dit même que Richelieu commença ici sa carrière, puisqu'il réconcilia la reine mère avec son fils par la grâce d'un petit traité d'Angoulême...

L'hôtel de ville *(zoom couleur C2)* **:** *du marché, prendre l'av. du Général-de-Gaulle.*

Vous ne pouvez pas manquer cet imposant château aux airs très seigneuriaux. Pas d'illusion : il n'a plus grand-chose à voir avec la fameuse résidence comtale où naquit Marguerite d'Angoulême (voir « Personnages » dans « Hommes, culture, environnement » au début de ce guide). L'architecte Paul Abadie, qui avait un peu la manie de la reconstruction, a été moins inspiré que pour la cathédrale en transformant le château au XIXe s. L'édifice médiéval a ainsi hérité d'un style vaguement gothique et a été doté en prime d'un beffroi. Heureusement, la vigne vierge embellit tout cela en envahissant un côté du bâtiment. On a toutefois conservé deux vieilles tours, l'une du XIIIe s (le donjon), l'autre du XVe s. C'est dans cette dernière que serait née cette chère Marguerite.

Toute cette partie ancienne se visite ! On peut ainsi voir la chambre (supposée – et non meublée) de ladite Marguerite, une petite chapelle, le donjon et une maquette d'Angoulême. Pour conclure, un beau panorama sur la ville. En prime, des commentaires sur l'historique des lieux. La façade du bâtiment vient d'être restaurée et classée. *Visites guidées sur rdv au ☎ 05-45-68-45-16. 📱 06-37-83-29-72. Durée : 1h-1h30.*

La place New-York *(zoom couleur B-C2)* **:** on y trouve le théâtre d'époque Second Empire (mais l'intérieur, rénové, est définitivement moderne), à la façade chargée, surmontée d'anges musiciens. Au bout de la place, côté opposé à l'hôtel de ville, la statue de Carnot (originaire d'Angoulême), d'où l'on a un large panorama sur la vallée. Un chemin descend vers la rue Waldeck-Rousseau et permet de voir trois des petites tours de l'enceinte construite au XIIIe s.

ANGOULÊME, C'EST L'AMÉRIQUE !

Inaugurée par le maire de New York, la place du même nom fut ainsi nommée en souvenir de l'ancien nom de la ville américaine : Angoulême ! En effet, au XVIe s, l'explorateur Verrazano, envoyé par François Ier à la découverte du Nouveau Monde, baptisa ainsi le futur port de New York en se souvenant que le roi était duc... d'Angoulême.

Le musée de la Société archéologique et historique de la Charente *(zoom couleur D2)* **:** 44, rue Montmoreau. ☎ 05-45-94-90-75. • sahc-charente.org • Petit musée à l'ancienne mode, constitué grâce aux dons des membres de la Société archéologique et historique de la Charente, fondée en 1844 par une équipe d'érudits passionnés. Il s'agit donc avant tout d'une maison de collectionneur, avec son mobilier d'époque et sa délicieuse atmosphère surannée. Les collections éclectiques, réparties dans cinq salles et dans les galeries d'un petit jardin, s'intéressent à toutes les périodes, de la préhistoire à l'époque dite « moderne », en passant par le monde gallo-romain et le Moyen Âge. Toute l'histoire de la ville et de la Charente défile à travers des fragments romains retrouvés sur le site du théâtre des Bouchauds, des morceaux des remparts d'Angoulême, des sculptures de la cathédrale ou de l'abbaye Saint-Cybard, mais aussi des mosaïques gallo-romaines, des poteries médiévales, des émaux champlevés du XIIIe s, d'autres peints du XVIe au XIXe s, ainsi que diverses armes, des bijoux, etc. Quant à l'équipe, très dynamique, elle s'efforce de faire revivre le site en proposant des visites mystère autour d'un objet (le 1er mardi du mois sauf en juillet-août), des conférences et des concerts.

Petit tour des remparts

Au bout de la place New-York, prendre sur la droite pour revenir vers la cathédrale. On remonte alors le ***rempart Desaix,*** qui n'est autre qu'une agréable esplanade. Au n° 30, le bel hôtel Desaix, où mourut Montalembert. En face de la cathédrale démarre le ***rempart du Midi*** (puisqu'il est orienté au sud). Ça commence à grimper. Au n° 16, remarquez la façade ouvragée de l'hôtel. Plus loin, dans un renfoncement, la délicieuse école Saint-Paul, dont l'un des élèves avant guerre fut le petit... François Mitterrand. L'entrée a gardé tout le charme suranné de l'époque avec son vieux portail et sa cour pavée.

Plus haut, la vaste ***place Beaulieu,*** ravissante avec ses platanes. Plein de jeunes, et pour cause : on y trouve le lycée Guez-de-Balzac. Une promenade donne sur l'église Saint-Ausone, la plaine au loin et, en contrebas, un minuscule cours d'eau plein de nénuphars ! L'endroit idéal pour pique-niquer.

Au fond de la place commence le ***rempart Beaulieu.*** D'ici, on aperçoit enfin la Charente, mais les arbres cachent un peu le panorama. Vous apercevrez peut-être la ***tour Ladent*** (XVIIe s), accolée au rempart. C'est de là que s'élança Guillaume Resnier de Goué en 1806, muni d'une paire d'ailes ! La haute falaise sur laquelle est édifié le rempart, truffée de grottes, cacha d'autres originaux, comme saint Cybard, héros du VIe s. Ce grand défenseur des esclaves passa 44 ans ici... Plus loin, au début du boulevard Aristide-Briand, des escaliers (à gauche) vous permettent de descendre (ou de dégringoler) sur l'avenue de Cognac, d'où l'on gagne la Cité (voir plus loin « Parcours B.D. »), puis les berges aménagées de la Charente.

Le Fonds régional d'art contemporain *(FRAC ; zoom couleur C1) : 63, bd Besson-Bey. ☎ 05-45-92-87-01. • frac-poitou-charentes.org • Mar-sam et 1er dim du mois 14h-19h. GRATUIT.* Cette structure a pour mission la collection et la diffusion auprès du public de l'art contemporain. Sa politique d'acquisitions régulières lui a permis de constituer un fonds de presque 800 œuvres (peintures, sculptures, dessins, photographies, vidéos et installations) de plus de 300 artistes français et étrangers. Cette collection, représentative de la création artistique de ces 30 dernières années, est présentée dans le cadre d'expos temporaires dans un vaste bâtiment moderne et lumineux face à la Charente. Le programme comprend également des expos « invitées », visant à présenter à tour de rôle le travail d'un seul artiste ou d'un collectif.

Parcours B.D.

Les murs peints : depuis 1998, les murs de la ville, du centre-ville à la périphérie, se couvrent d'une vingtaine de fresques, inspirées d'œuvres de célèbres dessinateurs de B.D. Si vous avez fait le trajet gare/centre-ville, vous n'avez, par exemple, pas pu manquer le « Samedi à Malakoff » de Margerin qui occupe un large pan de mur au nº 153 de l'avenue Gambetta, ou la bande des Dalton incarcérée par Lucky Luke au nº 58. À défaut de vous dresser la liste complète de tous les murs peints (difficile dans la mesure où la collection s'étoffe régulièrement), on vous conseille de vous procurer à l'office de tourisme le plan détaillant un circuit des œuvres. Sinon, voici une petite balade dans la zone piétonne de la ville *(zoom couleur C-D2)* où sont concentrées beaucoup de fresques.

Départ de la place de l'Hôtel-de-Ville. En face, la plus sexy des hôtesses de l'air *(Natacha !)* patiente à l'angle de la rue Hergé et de la rue de l'Arsenal. Emprunter la rue Hergé : le sarcastique *Baron noir* de Got et Pétillon survole le quartier. Au nº 80 de la rue Hergé, les talents de musicien de *Gaston Lagaffe* réjouissent les voisins. *Les Pieds Nickelés* font, eux, joyeusement la fête dans un immeuble à l'angle des rues Barthou et Fougerat. En traversant la place, on découvre vers la poste *Avec le temps,* premier des murs peints à Angoulême d'après un dessin de François Schuiten, et, dans l'impasse Mestreau, pour les enfants, la fresque de *La Maison de Kirikou* avec Petit Ours Brun, Babar... En revenant vers le centre, on s'arrêtera un moment boulevard Pasteur, où *La Fille des remparts* de Cabanes apparaît perdue dans ses rêveries. Et encore *Les Coulisses du théâtre,* peint par un atelier de muralistes lyonnais d'après la composition graphique de Dupuy et Berberian, juste derrière... le théâtre.

Le musée de la Bande dessinée *(plan couleur d'ensemble A2) : quai de la Charente. ☎ 05-45-38-65-65. • citebd.org • Dans la ville basse, le long de la Charente. Juil-août, mar-ven 10h-19h, sam-dim 14h-19h ; sept-juin, mar-ven 10h-18h, sam-dim et j. fériés 14h-18h. Fermé 1er janv, 1er mai et 25 déc. Entrée : 7 € ; réduc ; famille 16 € (2 adultes et jusqu'à 5 enfants) ; gratuit moins de 10 ans et 1er dim de chaque mois sf juil-août. Ateliers enfants/adultes.*

C'est désormais incontestable, Angoulême est LA ville de la bande dessinée. Il lui fallait par conséquent une vitrine à la hauteur de sa renommée. C'est chose faite depuis la création du musée de la B.D., partie intégrante de la Cité internationale (voir ci-après).

Pour s'y rendre, on emprunte de préférence la passerelle piétonne qui enjambe la Charente depuis la rue de Bordeaux (sinon, vaste parking gratuit à l'arrière), histoire de profiter du cui-cui des oiseaux et de saluer Corto Maltese, dont la belle statue contemple les eaux du fleuve. Romantique à souhait ! D'ailleurs, les locaux en ont fait une de leurs promenades favorites...

ANGOULÊME

Installé dans des chais de 1857, l'intérieur du musée a été entièrement repensé dans un style sobre et contemporain du meilleur effet. Planches originales, revues anciennes et croquis sont regroupés par sections chronologiques (de 1830 à nos jours) et exposés dans des présentoirs horizontaux, agencés à la manière de serpentins, commentés à l'aide de vidéos.
Si les Français figurent en bonne place parmi les précurseurs du neuvième art (images d'Épinal, illustrations de La Fontaine par Benjamin Rabier, Bécassine), les Américains imposent leurs codes dans les années 1930 avec le journal de Mickey ou Tarzan, dont les dessins sont parfois retouchés en traversant l'Atlantique afin d'en atténuer la violence ou l'érotisme. L'après-guerre sonne l'heure de gloire de l'école franco-belge (Lucky Luke, Tintin, les Schtroumpfs, Spirou, Blake et Mortimer, Boule et Bill), jusqu'à la création du journal *Pilote* en 1959, qui révélera une nouvelle génération d'auteurs : Gotlib, Bretécher, Tardi ou même Uderzo et Goscinny, les « papas » d'Astérix. Depuis, la B.D. a acquis ses lettres de noblesse, passant des revues aux albums, devenant outil de reportage, décrochant même le prestigieux prix Pulitzer en 1992 avec *Maus*.
Au bout de cette évocation historique, l'atelier dévoile toutes les étapes techniques nécessaires à la création d'une B.D. (scénario, crayonné, encrage, couleur...). Et dans les méandres du parcours, des espaces de lecture permettent d'approfondir tel ou tel auteur découvert lors de la visite.
Bref, ce musée très riche (le fonds comprend plus de 10 000 originaux) creuse vraiment le sujet, d'autant qu'il organise de nombreuses expos temporaires, des conférences et des projections dans son auditorium.
La librairie, vaste et complète, regroupe un très large choix de B.D., des plus grands auteurs aux nouveaux talents, pour adultes et pour enfants. Plus de 30 000 références disponibles qui couvrent toute l'histoire du genre !

La Cité internationale de la bande dessinée et de l'image *(zoom couleur B1)* **:** *121, rue de Bordeaux. ☎ 05-45-38-65-65. • citebd.org • ♿ Dans la ville basse, en face du musée, par la passerelle. Mêmes horaires que le musée.*
Cet ensemble à la fois complexe et ambitieux regroupe en réalité une Maison des auteurs (inaccessible au public, car elle accueille de nombreux artistes en résidence), le musée (voir ci-dessus) et un vaste centre installé dans un bâtiment de métal et de verre, *Le Vaisseau Mœbius,* construit rue de Bordeaux à la place d'une ancienne brasserie (on ne sort pas des bulles !) par le célèbre architecte Roland Castro. Sur le « parvis des stars », inauguré par Mœbius, le visiteur découvre d'abord les dalles dédicacées par les artistes, sur le modèle des empreintes de Hollywood. Immense, le centre contient (entre autres !) des salles d'expos temporaires, une bibliothèque et deux salles de cinéma.
– ***La bibliothèque :*** *au 1er étage du Vaisseau Mœbius. Ouv aux abonnés et aux visiteurs du musée (ouv à midi, mêmes horaires que le musée).* La plus grande collection spécialisée de France ! Dépôt légal des B.D. Au total, tous fonds confondus, elle regroupe plus de 25 000 bandes dessinées et périodiques, que l'on peut lire sur place ou chez soi. Un coin canapé a même été installé face à la Charente ! Sans compter les innombrables cassettes vidéo et CD-roms. Génial si vous avez du temps ! Également des projections vidéo sur l'histoire de la B.D. et certains auteurs.
La Table à Dessin : *au dernier étage du Vaisseau Mœbius. Ouv le midi lun-ven. Compter env 12 €.* Cette brasserie propose des plats du jour, salades et burgers, servis dans une salle spacieuse et lumineuse avec vue panoramique sur la Charente.

Le musée du Papier – Le Nil *(zoom couleur B1)* **:** *134, rue de Bordeaux. ☎ 05-45-92-73-43. • angouleme.fr/museep • ♿ En face de la Cité internationale de la B.D. Tte l'année, tlj sf lun et j. fériés 14h-18h. GRATUIT.*
Installé sur la Charente, ce bâtiment-pont permettait d'utiliser l'énergie hydraulique. Moulin à papier en 1792, papeterie industrielle en 1835, manufacture de papiers à cigarettes de 1918 à 1970, il accueille finalement le musée du Papier

dans les années 1980 ainsi qu'une artothèque (un concept sympa : plus de 900 œuvres d'art prêtées aux adhérents). • *artotheque-angouleme.fr* •
Une petite expo permanente présente l'évolution des lieux, depuis l'artisanat préindustriel et l'abbaye Saint-Cybard jusqu'à l'actuel Pôle Image, en passant bien sûr par une évocation historique et technique de l'industrie papetière. On en profite également pour évoquer plus largement le fleuve et les différentes industries charentaises liées à son histoire. Également des expos temporaires, toujours de qualité, relatives au papier et à l'image qu'il véhicule, qu'elle soit publicitaire, commerciale ou artistique.
Une visite intéressante, notamment pour le bâtiment lui-même, plein de charme et vraiment original avec ses vieilles passerelles et ses salles traversées par le fleuve. Derniers témoignages d'un passé révolu, une roue à aubes et des cuviers où l'on fabriquait la pâte à papier.

À faire

➢ ***Les berges de la Charente :*** joliment réaménagées, les berges de la Charente donnent l'occasion d'une balade agréable tout le long du boulevard Besson-Bey, grosso modo du pont Saint-Antoine au musée du Papier. Au niveau du musée, ne pas hésiter à emprunter la passerelle piétonne qui conduit au musée de la B.D. Au pied de la statue de Corto Maltese, un escalier donne accès à l'île Marquet, une zone protégée fermée de janvier à mi-avril pour faciliter la nidification des oiseaux. Charmant.

ET LE 1er HOMME S'ENVOLA

En 1801, Guillaume Resnier de Goué s'élança des remparts d'Angoulême à bord d'une machine en forme de papillon. Les ailes étaient actionnées grâce à ses cuisses. En volant 300 m, il put franchir la Charente et se cassa seulement une jambe.

➢ ***La Coulée verte :*** une bien belle randonnée à pied ou à vélo. Deux possibilités sur 3 km à chaque fois :
– de l'île de Bourgines au ***plan d'eau de Saint-Yrieix,*** où se trouvent le Centre Nautilis et une base de voile ainsi qu'un lieu de baignade surveillée ;
– de l'île de Bourgines au ***parc de loisirs de Frégeneuil.*** Possibilité de continuer jusqu'à Nersac, mais compter alors 20 km de balade.

– ***Le Centre Nautilis :*** *le Fontastier, rue des Mesniers, 16710* ***Saint-Yrieix-sur-Charente.*** *☎ 05-45-95-50-00. • nautilis.fr • Pour s'y rendre en bus, lignes nos 3 et 9 de la STGA ; en voiture, suivre les indications pour le plan d'eau de la Grande-Prairie depuis le rond-point de la rue de Bellevue (plan couleur d'ensemble A1).* Vaste centre nautique très moderne regroupant à la fois un complexe sportif (bassin olympique, fosse de plongée...), un espace ludique (piscine à vagues, toboggans, rivière, pataugeoires...), un secteur dédié à la balnéo (saunas, hammams...) et même une patinoire (location de matériel possible). Bars et resto (cuisine du monde) sur place.

– ***Les Bateaux rouges :*** *port de l'Houmeau, bd Besson-Bey. 📱 06-40-32-12-32. • lesbateauxrouges.com • Mars-oct, tlj 9h-12h, 14h-19h (sans interruption pdt vac scol, w-e et j. fériés ; jusqu'à 20h juil-août). À partir de 30 €/h pour un bateau 5 places.* Pour découvrir le fleuve en toute liberté, location à l'heure de bateaux électriques sans permis. Également des embarcations à pédales, barques et vélos.

– ***Accro parc de Soyaux :*** *aire de loisirs des Brandes, 16800* ***Soyaux.*** *📱 06-81-46-33-49. • accroparc-de-soyaux.com • Sur la D 939 en direction de Périgueux. Pâques-Toussaint tlj pdt vac scol, mer, sam-dim et j. fériés le reste du temps : 13h-18h30 (11h-19h 15 juin-15 sept). Entrée : 14,50 € ; 5,50-11,50 € enfants.* Un petit parc avec cinq niveaux de parcours selon les âges (à partir de 3 ans), pour escalader, jouer à Tarzan et descendre en tyrolienne.

Manifestations

– ***Festival international de la Bande dessinée :*** *dernier w-e de janv, jeu-dim. Dans tte la ville : musées, écoles, mairie, Cité, et sous de grands chapiteaux (pl. du Champ-de-Mars), etc. Programme disponible en nov ou déc. Infos : ☎ 05-45-97-86-50. • bdangouleme.com* • Angoulême est bien LA ville de la bande dessinée (on s'en rend compte dès la première plaque de rue en forme de phylactère !). Et son Salon de la bande dessinée est bien au neuvième art ce que Cannes est au septième (pour faire dans le cliché !). Rendez-vous un peu underground d'une « sous-culture » à sa création en 1973, le festival international de la Bande dessinée est aujourd'hui devenu une institution (impensable pour un ministre de la Culture de ne pas faire le déplacement !). Immanquable rendez-vous des stars du genre, dont les albums font des piles dans les librairies, comme des passionnés qui bricolent des fanzines dans leur chambre de bonne. Pendant 4 jours, des foules de bédéphiles envahissent une ville où tout le monde (restos, bistrots, vitrines des boutiques) ne pense plus qu'aux « petits mickeys ». Inutile d'espérer trouver un hébergement sans avoir réservé longtemps à l'avance. Sous les fameuses « bulles » (chapiteaux), les files de fans s'allongent devant les stands où les dessinateurs sacrifient aux sacro-saintes séances de dédicaces (assorties, pour les plus courageux, d'un petit croquis). Des expos sont présentées dans tous les espaces disponibles. Pourtant, malgré le succès, malgré la présence de nombreux médias pour la remise des Alph'art qui récompensent, chaque année, les meilleurs auteurs, le Salon d'Angoulême conserve une atmosphère franchement bon enfant. À l'image, par exemple, des *24h de la B.D.*, un défi relevé chaque année par de nombreux pros, étudiants, ou même de simples amateurs, qui consiste à réaliser en 24h une B.D. (couverture comprise) dont le sujet n'est dévoilé qu'au dernier moment ! Un vrai challenge.

– ***Festival Musiques métisses :*** *w-e de la Pentecôte, 3 j. de concerts (dont certains gratuits) sur l'île de Bourgines. Rens et résas : ☎ 05-45-95-43-42. • musiques-metisses.com* • Un autre festival international, qui fête ses 40 ans en 2016. Saluons ses organisateurs, pionniers de la world music en France ! Beaucoup de groupes et d'artistes africains, mais aussi australiens, américains, japonais ou autres. Bluesmen, jazzmen, chanteurs français, musique antillaise, réunionnaise, etc., bref, pour tous les goûts. On y va pour les têtes d'affiche, mais aussi pour découvrir les nouveaux talents, généralement excellents. Parmi les « enfants » du festival, un certain Johnny Clegg, ou encore Touré Kunda, Salif Keita... Autres bonnes idées : resto des cuisines du monde, salon de thé oriental, expositions, rencontres littéraires, cinéma, espace jeunesse, espace multimédia, espace santé-prévention...

– ***Coupe d'Europe de montgolfières :*** *manifestation qui a lieu ts les 2 ans (années impaires) et dure 4 j. en août. Rens : ☎ 05-45-64-18-98. • mainfonds.com • Entrée payante.* Trois jours de compétitions d'envol de montgolfières sur différents sites charentais et notamment l'île aux Vaches à Angoulême. Le dernier jour, meeting aérien et voltige, démonstration d'hélico, parachutistes, planeurs et présentation d'avions de collection à Mainfonds, près de Blanzac. Possibilité de baptême en montgolfière.

– ***Festival du Film francophone :*** *5 j. fin août. Rens : ☎ 09-81-41-16-00. • filmfrancophone.fr* • Une sélection de films en avant-première et en compétition, projections en ouverture et en fermeture de films invités, focus sur un réalisateur francophone contemporain, focus sur des films coproduits en Poitou-Charentes.

– ***Circuit des Remparts :*** *3ᵉ w-e de sept. Rens : ☎ 05-45-94-95-67. • circuit-des-remparts.com* • Fangio fut en 1978 le parrain de ce circuit, qui reste le grand rendez-vous européen des collectionneurs de voitures de course. On peut ainsi en admirer une bonne centaine, dont bien sûr les Bugatti...

– ***Piano en Valois :*** *2 sem en oct. Rens : • pianoenvalois@wanadoo.fr •* Festival créé en 1993. Quelques pointures du jazz et du classique y sont invitées.
– ***Gastronomades :*** *dernier w-e de nov. Rens : • infos@gastronomades.fr •* Autant dire que c'est le meilleur moment pour découvrir l'authentique cuisine charentaise ou se laisser surprendre par quelques découvertes de chefs. Saveurs, produits, livres : toutes les manières de découvrir la gastronomie de la région.

DANS LES ENVIRONS D'ANGOULÊME

La papeterie du Moulin du Verger : *16400* ***Puymoyen.*** *☎ 05-45-61-10-38. • moulinduverger.com • À env 7 km au sud d'Angoulême par la D 674 puis la D 104 (fléché à partir du village). Excellente visite guidée, très détaillée, mais slt sur résa (Jacques Brejoux travaille seul et doit parfois s'absenter). Prévoir 60 € (à diviser en fonction du nombre de participants). En revanche, on peut toujours passer jeter un coup d'œil au site et à la galerie (là encore, tél avt pour s'assurer que le moulin est ouv).*
Installé dans la charmante vallée des Eaux-Claires, le dernier bastion de la papeterie artisanale authentique est un tout petit moulin adorable dont l'origine remonte au XVIe s. Mais ne vous attendez pas à trouver des vestiges de cette époque. Ce que l'on a conservé ici, outre un séchoir du XVIIIe s et des cuves en cuivre du XIXe s, est plus important que le décor : un secret de fabrication ancestral, hérité des Chinois (inventeurs du papier il y a 2 000 ans) et des Italiens (qui mirent au point la technique moderne au XIIIe s).
Antithèse d'une usine, le Moulin du Verger évoque plutôt l'atmosphère d'un laboratoire d'alchimistes ! En 1972, alors que l'on croyait le moulin perdu, arrive le gérant actuel, un soixante-huitard érudit et volubile : Jacques Brejoux. Ce véritable passionné continue à jouer les irréductibles Gaulois de la papeterie, militant contre l'uniformisation et s'entêtant à fabriquer à la main du papier comme aux XVIIe et XVIIIe s ! C'est d'ailleurs aujourd'hui le seul moulin au monde à utiliser encore des chiffons de lin et de chanvre battus dans une pile à maillets. Seule concession à la modernité : le moulin utilise désormais l'eau du robinet, à la place de celle de la rivière...
La visite (environ 1h30) est en fait une démonstration passionnante, dans l'unique atelier, de la fabrication du papier. Si Jacques Brejoux a le temps, vous aurez probablement droit à un cours magistral. Car ce perfectionniste, multipliant inlassablement recherches et expériences, est devenu une référence dans son domaine, répondant fréquemment aux invitations d'écoles ou d'universités. Chapeau !

Les rochers des Eaux-Claires : *à* ***Puymoyen.*** Déjà prisés des hommes de Neandertal qui avaient trouvé à leur goût les grottes et autres abris-sous-roche de ces falaises. Le coin est aujourd'hui un spot pour dingues de varappe ; c'est même le premier site d'escalade moderne en France ! L'intérêt n'étant pas la hauteur de ces falaises (rien de franchement spectaculaire) mais la difficulté des passages à franchir.

L'Oisellerie : *au lycée agricole de l'Oisellerie, 16400* ***La Couronne.*** *☎ 05-45-67-36-90. • epl-charente.com • À 3 km au sud d'Angoulême par la N 10, sortie La Couronne (fléché). Boutique ouv lun-ven 9h-12h, 13h30-18h, sam 9h-12h.*
L'Oisellerie, c'est avant tout un beau château du XVe s, avec châtelet, tour à mâchicoulis, façade gothique, etc., où François Ier aurait séjourné lorsqu'il participait aux chasses organisées dans la région. Le château était d'ailleurs connu à l'époque pour son élevage de gerfauts dressés pour la chasse royale (d'où, bien sûr, son nom). Il abrite aujourd'hui le CDDP (Centre départemental de documentation pédagogique). Par conséquent, l'intérieur ne se visite qu'à de rares occasions (comme aux Journées du patrimoine), mais ses bâtiments joliment restaurés méritent le coup d'œil. D'autant que le CDDP organise régulièrement des expos

temporaires dans les dépendances. Par ailleurs, le site accueille un lycée agricole largement centré sur la culture de la vigne, Charente oblige, et ouvert au public. Chais en accès libre et boutique.

L'église de Saint-Michel-d'Entraygues : *à 4 km au sud-ouest d'Angoulême par la D 910 puis la D 699.* Très mignonne église romane, construite en 1137 sur l'un des chemins menant à Saint-Jacques-de-Compostelle. L'une de nos préférées dans tout le département. Il faut dire qu'elle est vraiment originale avec sa forme octogonale parfaitement équilibrée ! On est également saisi par l'abondance de sculptures sur le portail, mais aussi, c'est plus rare, sur les côtés. Étonnant bestiaire fantastique et scènes d'une belle inventivité, presque païenne : chouette, vache qui rit, âne hilare, personnage moustachu, ivrogne, serpent, queues de sirènes, etc. Si ce n'était pas dûment daté, on pourrait croire que Gotlib et Solé sont passés par ici ! À l'intérieur, encore des sculptures sur les chapiteaux (remarquez la tête de diable, à droite). Autre originalité : on compte huit absidioles réparties autour du chœur, véritables niches où logeaient, paraît-il, les routards de l'époque lorsqu'ils se rendaient à Compostelle...

Le château de Balzac : *à 3 km de* ***Balzac*** *(16430), sur la route de Vindelle. ☎ 05-45-68-15-16. À 8 km au nord-ouest d'Angoulême. Slt 12 juil-20 août, tlj 12h-18h pour les extérieurs ; visite guidée à 17h pour l'intérieur. Entrée : 9 € ; réduc.* Datant du XIIIe s, puis restauré aux XVIIe-XVIIIe s, il a appartenu à Jean-Louis Guez de Balzac, écrivain né à Angoulême en 1597 et l'un des premiers académiciens. Rien à voir avec l'autre, Honoré de Balzac. Jean-Louis fut l'ami de Richelieu, qui d'ailleurs y séjourna, ainsi que Marie de Médicis. À voir : la grande salle voûtée et les fresques du XVIIe s, le salon, la salle à manger, la galerie à colonnes, le porche charentais, la chapelle du XIIIe s. Et dans la foulée, jeter un coup d'œil à l'église du XIIe s. Sans oublier les jardins !

Saint-Saturnin : *à 10 km à l'ouest d'Angoulême.* Entre le fleuve et la route nationale, un bien joli village étonnamment préservé. Comme si l'horloge du temps s'était détraquée. On longe d'étroites rues bordées de vieilles maisons assoupies pour dégotter la jolie petite église romane à côté de laquelle Calvin séjourna, il y a de cela bien longtemps...

LA VALLÉE DE LA CHARENTE, D'ANGOULÊME À COGNAC

Terre d'histoire et pays de cocagne, la vallée de la Charente relie entre elles les deux villes les plus importantes du département. Très peu industrialisée (heureusement pour le fleuve !), elle ne vit que par – et pour – les vignes... Vous voici donc au doux pays du pineau – et du cognac, bien sûr ! Des boissons qui doivent avoir une influence non négligeable sur les habitants, puisque nous y avons trouvé le plus chaleureux des accueils. Indubitablement, il fait bon vivre sur les rives de ce fleuve, pleines de verdure et de calme, aux paysages empreints de charme : courbes du fleuve, coteaux impeccablement proprets brodés de rangs de vignes, ponts de pierre, îlots de verdure, fermes paisibles, le tout nimbé dans une lumière d'ambre. Pour ne rien gâcher, les curiosités abondent : on s'arrête presque à chaque kilomètre pour visiter quelque chose ! On est vraiment gâté.

Tourisme fluvial

La Charente est un fleuve paisible, à la navigation facile, avec des écluses manuelles. La location de house-boat ne nécessite pas de permis. Alors, lancez-vous et offrez-vous, entre avril et octobre, une promenade d'Angoulême à l'océan ! Compter toutefois 2 bonnes semaines jusqu'à Rochefort.

Inter Croisières : *pont de Sireuil, 16440* ***Sireuil.*** *☎ 05-45-90-58-18. • intercroisieres.com •*

Le Boat : *quai François-Mitterrand, 16200* ***Jarnac.*** *☎ 05-45-36-59-98. • leboat.fr •*

– Voir aussi plus loin nos adresses à Cognac. Enfin, le service réservations de ***Charente Tourisme*** (voir en intro du département) gère également un central de réservation.

CHÂTEAUNEUF-SUR-CHARENTE

(16120) 3 500 hab. *Carte Charente, B3*

La plus grosse bourgade entre Angoulême et Jarnac. Le château (neuf !) est tombé en ruine au XVIIIe s. Le vieux pont qu'il défendait (longtemps le seul de la vallée) a, lui aussi, disparu. Mais cette petite ville tranquille, qui faisait son beurre à l'époque du commerce du sel en taxant les gabares, a conservé quelques vestiges de son passé qui méritent qu'on s'y dégourdisse les jambes.

Adresse utile

Office de tourisme : *2, rue du Général-Leclerc. ☎ 05-45-97-13-32. Dans le centre. Juil-août, lun-sam 9h-12h (13h jeu-sam), 14h-18h (19h mer-sam) ; dim 10h-13h. Le reste de l'année, mar-sam slt.* Excellent accueil et bonne documentation sur la vallée de la Charente.

Où dormir ? Où manger ? Où boire un verre dans le coin ?

La Tonnellerie : *chemin des Quais, à Châteauneuf. ☎ 05-45-65-10-72. • latonnellerie@gmail.com • latonnellerie.com • Resto tlj sf dim soir et lun 12h-14h, 19h-21h. Double 75 €, petit déj compris. Formule déj 16,50 €, incluant un verre de vin ; menu 28 € ; menu du marché 35 €.* Jolie auberge de campagne, en bord d'écluse, tenue par le couple Hookins. Nina à l'accueil et Geoff, chef anglais déjà bien réputé aux alentours pour sa généreuse cuisine aux saveurs sucrées-salées et confectionnée à partir de produits locaux. Beaucoup viennent ici aussi pour l'excellente viande du Limousin. Service à l'intérieur rustico-chic, avec cheminée en hiver, ou en terrasse en été, bucolique à souhait, au bord de la Charente. Piano-bar certains dimanches midi. Pour prolonger le séjour, 5 chambres impeccables. Piscine.

Chambres d'hôtes de La Pelletrie : *chez Martine Leleu,* ***La Pelletrie.*** *☎ 05-45-62-52-22. • martleleu@gmail.com • lapelletrie.chez.com • ♿ À 2 km de Châteauneuf par la D 84, direction Malaville-Barbezieux ; 1 km après la sortie du bourg, prendre une petite route sur la gauche (panneau). Congés : oct-fév. Double 53 €. Repas 22 €.* En pleine nature, dans un ancien corps de ferme joliment rénové, encadrant une cour intérieure lumineuse. Les chambres, coquettes, occupent soit la maison principale, soit un bâtiment indépendant de plain-pied. Salle commune et cuisine équipée si vous préférez jouer la carte de l'indépendance. Atmosphère décontractée et paisible.

Gabariers Pub : *Les Corbeaux, 16120* ***Saint-Simeux.*** *☎ 05-45-66-23-11. • pubgabariers.com • ♿ Fléché depuis la sortie de*

Saint-Simeux, direction Châteauneuf. Tte l'année, tlj 11h-1h (2h les soirs de concert). Concerts ven-sam. Entrée libre (les consos sont un peu majorées...). Au bord de la Charente, un bar très sympa avec une terrasse fantastique au bord de l'eau. Atmosphère simple et populaire ; un excellent point de chute pour boire un verre à toute heure ou croquer un petit quelque chose (carte de grillades). Concerts avec une programmation intéressante à dominante blues et rock.

À voir

L'église : construite au XIIe s et restaurée au XIXe s, c'est l'une des plus élégantes de la région. Elle a conservé sa très belle façade aux influences à la fois saintongeaises et poitevines. Intéressantes sculptures, ici aussi, notamment sur le portail à voussures ornées de feuillages et d'animaux, la frise et les arcades de l'étage. La statue équestre dans la partie médiane représenterait l'empereur chrétien Constantin. À l'intérieur, chœur gothique (du XVe s) et chapiteaux très bien travaillés.

Entre l'église et l'hôtel de ville (sur lequel est inscrit « Tribunal de Paix » !), quelques ***vieilles rues,*** jalonnées d'anciens hôtels particuliers et d'antiques devantures de bois... Place des Minimes, élégante tour, seul vestige d'un ancien couvent.

LA CHARENTE

DANS LES ENVIRONS DE CHÂTEAUNEUF-SUR-CHARENTE

Les ponts et les bras de la Charente : *fléché à partir de Châteauneuf. Prendre la D 10 direction Cognac, puis à droite la D 154 jusqu'à Angeac, puis Vibrac.* L'un des itinéraires les plus bucoliques de la vallée, plein de charmantes surprises. À la sortie d'Angeac, l'église, les ponts de Brassiaud et de la Charente et, après un zigzag, le joli pont Bouée, un canal et une écluse. Puis le canal des Moulins, où l'on ne manquera pas de s'arrêter. On y trouve même, lorsque le niveau de la rivière est suffisamment bas, une toute petite plage de galets au bord des eaux translucides. Autour : des vaches, des saules, une petite cascade en arc et un pont de pierre voûté. En été, on peut même s'y baigner (l'eau est, paraît-il, délicieuse) au milieu des petits poissons !

Les îles de la Charente : *à* ***Nersac.*** Derrière l'ancien moulin à papier, des passerelles mènent à une poignée d'îlots envahis par la végétation. Quel paysage charmant ! Du premier pont, on aura d'ailleurs une belle vue sur le bâtiment avec, en musique de fond, le bruit de l'eau qui cascade et celui du vent.

Trois-Palis : *sur la rive droite du fleuve, juste en face de Nersac.* Gentil village bien tranquille, connu pour son adorable église romane... et sa chocolaterie ! On remarque d'abord l'étonnant clocher à deux étages, recouvert d'écailles de pierre. Puis le portail, usé mais richement orné de végétaux et de monstres d'inspiration orientale. À la place d'honneur, le Christ en majesté (un peu fatigué, lui aussi) cerné par les symboles des évangélistes. La nef unique, dépourvue de transept, se distingue par sa coupole sur pendentifs dont les chapiteaux sculptés reprennent les thèmes du péché originel.

La chocolaterie Letuffe : *à* ***Trois-Palis*** *(16730), dans le bourg (fléché). ☎ 05-45-91-05-21. ● chocolaterie-letuffe.fr ● Visite lun-ven 9h-11h, 14h-17h (sans interruption de mi-juil à fin août) ; sam-dim et j. fériés 14h-17h. Dernière visite à 16h30. Visite guidée avec dégustation et film vidéo : 1h. GRATUIT. Ateliers chocolat (sur résa).* Fondée en 1873, cette petite fabrique artisanale reprise en 1950 par la famille Letuffe est aujourd'hui la plus réputée de Charente. On y prépare mille et une gourmandises : truffandines charentaises (truffes à tous les parfums), guinettes (cerises au cognac), duchesses (nougatines pralinées), marguerites d'Angoulême (chocolat aromatisés à l'orange) et toutes sortes de pâtes de fruits, nougats charentais, fruits enrobés, pâte de praline, confitures... Le personnel dévoué fait visiter le laboratoire, les ateliers et la cuisine avec ses vieux chaudrons, ses cylindres, ses nappes en cuir (pour conserver la chaleur) et ses petits moules aux formes les plus amusantes : crevettes, abeilles, etc.

Saint-Simeux : on vous conseille de passer par là pour vous rendre à Châteauneuf en venant de Trois-Palis. Route ravissante le long de la Charente (via Sireuil). À la sortie de Saint-Simeux, du pont, très beau panorama sur la boucle du fleuve et ses anciennes pêcheries, appelées également « anguillards » : c'est l'une des cartes postales de la Charente ! Revenir ensuite sur ses pas pour rester rive droite. Un autre panorama, tout aussi beau, 2 ou 3 km plus loin. Enfin, un troisième du pont que l'on franchit pour arriver à Châteauneuf.

SAINT-SIMON

(16120) 240 hab. *Carte Charente, B3*

À mi-distance d'Angoulême et de Cognac, ce village ne paie pas de mine. On pourrait le traverser comme ça, la tête dans les nuages, sans se douter un seul instant de son importance historique... Grave erreur que vous n'oserez plus commettre une fois que nous vous aurons conté sa belle histoire ! Et quand vous en aurez fait le tour, vous vous rendrez compte que Saint-Simon s'avère être l'un des villages les plus attachants de Charente.

UN PEU D'HISTOIRE GABARIÈRE

Saint-Simon, qui possède peu de terres, a de tout temps été une commune de marins. Mais pas n'importe quels marins ! Ici, ce sont d'authentiques gabariers, ces hommes qui manœuvraient des gabares, grands bateaux à fond plat qui ont longtemps sillonné la Charente, chargés de sel, de bois, de vin... puis de cognac. Outre les gabariers, le village a également fourni d'éminents charpentiers et « calfats », chargés de la construction et de la réparation des gabares. Ainsi, du Moyen Âge jusqu'aux années 1930, tout le village a vécu des gabares, puisque les femmes et les enfants s'occupaient du halage... Vu l'importance de la Charente, autrefois centre de communication privilégié entre l'océan et l'intérieur des terres, Saint-Simon est ainsi devenu l'un des centres vitaux de cette étonnante civilisation fluviale. Mais l'avènement du chemin de fer a mis un terme à cette activité lucrative. Peu à peu, la cité prospère s'est métamorphosée en un petit village assoupi, ancré dans la nostalgie d'un âge d'or révolu...

Où dormir ? Où manger dans les environs ?

De prix moyens à chic

L'Auberge de Condé : *pl. de la Poste, 16120* ***Bassac.*** ☎ *05-45-83-09-67.* 📱 *06-76-00-42-15.* • *auberge-de-conde@orange.fr* • *auberge-de-conde.net* • *Tlj sf dim soir-mar. Congés : 22 déc-15 janv. Résa souhaitable le w-e. Double 35 € ; triple 45 €. Formule déj 12,80 € ; menus 24-34 €.* *Cocktail maison offert sur présentation de ce guide.* Sur la place du village, à l'ombre des marronniers, une petite auberge de pays qui tient bien ses promesses. Des menus de terroir à base de produits du marché, servis en salle dans un joli décor contemporain égayé de pans de mur framboise, ou aux beaux jours en terrasse. Cuisine gentiment créative, présentation soignée expliquent le succès de la table, en particulier le dimanche ! À l'étage, 6 chambres modestes mais parfaitement tenues.

Hôtel-restaurant L'Essille : *rue de Condé, 16120* ***Bassac.*** *☎ 05-45-81-94-13. • l.essille@wanadoo.fr • À 3 km à l'ouest de Saint-Simon. Resto tlj sf sam midi et dim soir. Doubles 73-115 € selon taille et saison. Menus 18,50 € (midi en sem), puis 30-52 €. Café offert sur présentation de ce guide.* Bon pied bon œil, *L'Essille* maintient le cap et confirme son statut de petite institution locale. C'est dans sa salle contemporaine aux grandes baies vitrées donnant sur jardin que les habitués goûtent une belle cuisine classique aux envolées gastronomiques, tandis que les cols blancs de passage font le détour pour ses 1ers menus d'un bon rapport qualité-prix. Le tout est servi avec la manière par une équipe attentive et efficace. Également 14 chambres très correctes, toutes personnalisées et bien équipées. Une bonne adresse.

Hôtel-restaurant Les Ombrages : *3, route des Ponts, 16120* ***Vibrac.*** *☎ 05-45-97-32-33. • lesombrages@orange.fr • lesombrageshotel.fr • (resto slt). À 3 km à l'est de Saint-Simon, en suivant la Charente. Resto tlj sf lun, plus dim soir et ven hors saison. Double 64 €. Menus 15 € (midi en sem), puis 25-36 €. Café offert sur présentation de ce guide.* Dans un coin superbe, en pleine nature, sous les frondaisons (normal, vu l'enseigne)... Bien pour se mettre au vert, d'autant qu'on y trouve tennis et piscine (un poil vieillissants). Quant aux chambres, à peine une dizaine, elles sont de bon confort et peu à peu rénovées dans un style au goût du jour fort agréable. Une adresse sympathique.

À voir. À faire

Un itinéraire fléché efficace permet à chacun de faire le tour des (nombreuses) curiosités du village. Chaque panneau comporte un petit développement historique et un plan pour se rendre à l'étape suivante.

L'église : *place centrale.* L'une des plus petites du département. On y trouve aussi le seul ex-voto de Charente : une charmante maquette de bateau (un sloop) du XIXe s, pendue au plafond.

La Maison des gabariers : *rue principale, face à l'église. ☎ 05-45-97-33-40. De mi-avr à fin oct, tlj 10h-12h30, 14h-18h. Entrée : 4 € ; réduc.* Une petite expo y est consacrée à l'histoire commune du fleuve et du village, ainsi qu'à la fabrication des gabares, illustrée par quelques belles maquettes et une rare collection d'outils de charpentier. Pour terminer, une vidéo retraçant le voyage d'une gabare donne une petite idée du quotidien des bateliers.

La porte du Calfat : *rester sur le même trottoir et prendre la rue à gauche (panneaux).* Ancienne maison d'un charpentier (ou calfat), datée de 1602, dont le beau portail sculpté a été restauré. Sur l'enseigne de pierre, les outils traditionnels : marteau et burin. Les gabares étaient fabriquées ici même, devant la maison, puis remorquées jusqu'au fleuve.

Les graffitis : on en trouve plusieurs sur la suite du parcours. Ces vieilles inscriptions dans la pierre servaient d'enseigne (ou de fléchage publicitaire) aux différents corps de métiers. Ouvrez bien les yeux en longeant les murs !

Le cimetière : *en retrait du village, à l'opposé du fleuve.* L'un des plus originaux de la région, grâce aux décorations très particulières des tombes de gabariers. La symbolique est évidemment en rapport avec le milieu marin : ancres, cordages, silhouettes de bateaux, etc. On se croirait carrément en Bretagne ! D'ailleurs, certaines images (enfants tenant un agneau et un panier) sont héritées de la tradition celte, sans doute rapportées par des gabariers ayant rencontré des Bretons dans les ports...

> **UNE GLOIRE LOCALE**
>
> *À l'entrée du cimetière de Saint-Simon se trouve la tombe d'un certain Philippe Mitterrand, mort en 1992. Il s'agit du frère de François, ancien maire de Saint-Simon, qui fut directeur de la vinaigrerie familiale de Jarnac, puis responsable des chasses présidentielles. Eh oui, Saint-Simon est aussi l'un des fiefs des Mitterrand !*

➢ ***Les rives du fleuve :*** *ressortir du cimetière par la droite, puis longer les vignes sur la gauche, jusqu'au fond.* En chemin, remarquez cette autre enseigne sculptée sur le mur d'une propriété. Très belle sculpture du XVIIIe s. On redescend ensuite vers la Charente, à laquelle on accède après avoir traversé des potagers ! Une grande allée permet une agréable promenade le long du fleuve.

Le mur des Gabariers : *au bord du fleuve, à l'écart du village en allant vers l'ouest.* On y a retrouvé des centaines de graffitis anciens représentant des bateaux, la plupart émouvants de naïveté. À 200 m de là, le pas du Loup, passage autrefois emprunté par les brigands. Sur la rive opposée, le chemin de halage d'où l'on tirait les gabares.

➢ ***Balade en gabare :*** *de mi-avr à fin oct, tlj sf mar ; départs à 10h30, 15h et 16h30. Visite combinée de la Maison des gabariers et balade : 7 € ; 4 € 5-14 ans ; réduc. Rens et résas à la Maison des gabariers.* Belle balade de 1h30 environ jusqu'à l'écluse de Saintonge à bord de *La Renaissance* (réplique fidèle d'une gabare du XIXe s). Pour découvrir autrement chemins de halage et petites îles du fleuve, et vivre l'expérience réjouissante des passages d'écluse.

DANS LES ENVIRONS DE SAINT-SIMON

L'abbaye de Bassac : *à 3 km à l'ouest de Saint-Simon. ☎ 05-45-81-94-22. Église abbatiale tlj en visite libre. Visite guidée de l'abbatiale et des bâtiments conventuels sur rdv slt ; prévoir alors env 4 €/pers.* Fondée en 1003 par Wardrade et Rixendis (ça ne s'invente pas !), seigneurs de Jarnac, cette superbe abbaye subit les débordements brutaux des guerres de Cent Ans et de Religion, avant d'être désaffectée à la Révolution. Rendue au culte en 1947, elle est aujourd'hui animée par les frères missionnaires de Sainte-Thérèse. Un étrange porche-galerie, voûté au XVIIe s, donne accès à l'ancien cloître, aujourd'hui jolie cour ornée d'un puits. Les jardins et les bâtiments abbatiaux (cuisines, chauffoir, réfectoire, chapelle, salle aux Boiseries...) ne se visitent qu'avec un guide professionnel ou un frère, mais on peut voir librement la remarquable église abbatiale, essentiellement du XIIIe s. Haute façade saintongeaise décorée d'un portail roman et important clocher à étages dont la base est du XIe s. À l'intérieur, on remarque surtout un lutrin énorme, en bois, du début du XVIIIe s, ainsi qu'un intéressant jubé de pierre et des stalles délicatement sculptées de la même époque.

Le gisement paléontologique des carrières d'Audoin : *à* ***Angeac-Charente.*** *À 4 km au sud de Saint-Simon, entre Cognac et Angoulême. Chantier ouv en été ; visites gratuites tlj (rens au ☎ 05-16-09-74-32). Infos et inscriptions à l'office de tourisme de Cognac au ☎ 05-45-82-10-71. Animations enfants.* Découverte fracassante fin 2010 : des squelettes de dinosaures, vieux de 130 millions d'années, retrouvés sur une carrière ! Des centaines d'ossements ont été mis au jour, ce qui fait de ce site l'un des plus importants gisements de dinosaures de France, voire d'Europe ! Les premiers repérages ont révélé la présence de spécimens impressionnants, notamment grâce à un fémur de sauropode retrouvé sur place, qui permet d'estimer le gabarit de ce dinosaure herbivore à 40 m de long !

On y a même retrouvé des bois fossilisés et des graines qui devraient permettre aux chercheurs de recréer l'écosystème dans lequel vivaient ces bestiaux. Les fouilles devraient se poursuivre pendant une dizaine d'années. Par mesure de sécurité, les visites sont très encadrées et ne se font que sur réservation.

ROUILLAC

(16170) 1 800 hab. *Carte Charente, B2*

À l'écart de la vallée de la Charente, cette bourgade est au cœur d'une vaste région de vignes appelée cru des fins-bois. D'ailleurs, on n'est pas loin de Cognac et de Jarnac.

Où acheter du cognac, du pineau des Charentes et du vinaigre de pineau dans le coin ?

***Dhiersat :** Le Breuil (fléché à partir de Rouillac). ☎ 05-45-21-75-75. Tlj sf dim ap-m.* Un producteur du cru de derrière les fagots. Du rouge, du blanc, du vieux : le choix en bons pineaux maison. Également du cognac. Bien sûr, on peut goûter avant d'acheter ! Accueil charmant.

***Conserverie Fleuriet :** 47, route d'Angoulême, à Rouillac. ☎ 05-45-21-72-75. 📱 06-88-77-29-79. • conserverie-fleuriet.com • Tlj sf lun 10h-12h30, 15h-19h. Résa obligatoire.* Passionnée de cuisine, Françoise Fleuriet s'est lancée dans la « conserve » : fruits, légumes, soupes... mais surtout condiments (ketchup maison), glacis, tout est confectionné à base de produits qu'elle cultive ou sélectionne rigoureusement, sans additif ni conservateur. Et ne pas manquer l'exclusivité de la maison, le vinaigre de pineau, dont la saveur aigre-douce se marie subtilement avec les salades à base de poisson. Loue également, de l'autre côté de la cour, une très jolie suite dans une maison indépendante.

LA CHARENTE

DANS LES ENVIRONS DE ROUILLAC

***Le théâtre gallo-romain des Bouchauds :** à **Saint-Cybardeaux.** De Rouillac, prendre la direction d'Angoulême (bien fléché). Pas d'horaires, visite libre. Prêt d'audioguide bien utile pour la visite, à retirer à l'espace d'interprétation.* Vaste amphithéâtre en ruine, dans un site paisible et assez sauvage, au milieu des arbres. On ne s'en rend pas bien compte, mais ce fut le plus grand théâtre de Gaule ! Avec ses 105 m de diamètre, il bat celui d'Arles de 3 m et pouvait accueillir de 5 000 à 6 000 spectateurs... Construit au Ier s, il fut probablement détruit deux siècles plus tard quand les Barbares débarquèrent. Sur une colline, on y accède par deux chemins, un qui arrive par le bas et un par le haut. Nous recommandons l'accès par le haut, qui permet d'appréhender de façon saisissante l'immensité de l'amphithéâtre. D'en haut, enfin, vous apercevrez la vallée de la Charente à travers la frondaison des arbres.

***L'espace d'interprétation du gallo-romain :** peu avt le théâtre (bien indiqué), à **Saint-Cybardeaux.** Rens à l'office de tourisme de Rouillac : ☎ 05-45-21-80-05. • eigr-bouchauds.fr • De juin à mi-sept, tlj sf lun 15h-18h30, plus 10h-12h mar-ven, dim et j. fériés 14 juil-15 août ; Pâques-fin mai, slt w-e et j. fériés 15h-18h30. Entrée : 2 € ; réduc.* Dans une magnifique ferme charentaise du XIXe s restaurée, la visite de l'espace d'interprétation se révèle indispensable à celle du site (lire ci-dessus), dont il est bien difficile d'imaginer ce qu'il fut ! Maquettes, expositions, documents, film... L'histoire du site et sa découverte y sont expliqués de façon claire, pédagogique et exhaustive. L'exposition permet aussi de comprendre la position stratégique des Bouchauds, non loin de la Via Agrippa (l'une des cinq routes principales qui traversaient la Gaule et reliait Lyon à Saintes).

JARNAC

(16200) 4 450 hab. *Carte Charente, B2*

Chef-lieu de canton d'à peine 5 000 habitants, la souriante ville de Jarnac s'étire langoureusement le long de la Charente. Ce qui ne l'a pas empêchée de prospérer discrètement, dans l'ombre de sa célèbre voisine, grâce à ses importants chais de cognac. C'est d'ailleurs ici que s'implanta le premier marchand d'eau-de-vie, en 1610. Malgré cette abondance de richesses, la ville a conservé un sympathique côté provincial et ne dénature pas la paisible vallée charentaise. Outre ses grandes marques de cognac (Courvoisier, Hine) et son coup de Jarnac, la commune s'enorgueillit d'avoir vu naître un président de la République dont le nom vous dit sûrement quelque chose : François Mitterrand. Jarnac a ainsi hérité d'une collection de cadeaux offerts à Tonton par les grands de ce monde ! Et depuis, la petite ville autrefois tranquille est devenue un lieu de pèlerinage...

LE COUP DE JARNAC

Contrairement à ce que des plaisantins ont pu écrire dans les journaux satiriques, le coup de Jarnac n'a rien à voir avec la naissance de François Mitterrand. Ce n'est pas non plus une expression désignant le fait de boire cul sec un verre de cognac. Il s'agit tout simplement d'une botte secrète rendue célèbre lors d'un duel survenu en 1547... Seulement, cet événement devenu historique n'eut pas lieu à Jarnac, mais au château de Saint-Germain-en-Laye. L'affaire, un brin compliquée (on ne va pas entrer dans les détails), commença à la cour d'un autre François (François Ier). Le jeune Guy Chabot, baron de Jarnac et accessoirement beau-frère de la maîtresse du roi, lança une rumeur selon laquelle la belle-mère du Dauphin (futur Henri II) tentait de le séduire. Pour sauver l'honneur du Dauphin, un certain François de Vivonne, seigneur de La Châteigneraie, fit croire au roi qu'il avait lui-même lancé la rumeur. Mais Jarnac le traita de menteur. Le duel était inévitable. La Châteigneraie, excellent escrimeur, étant sûr de gagner, prépara un festin. Que nenni ! Jarnac s'entraîna avec un maître italien qui lui révéla sa botte secrète. Ainsi, le jour du duel, le jeune baron trancha-t-il par surprise le jarret de son adversaire. Celui-ci en mourut quelques jours plus tard...

Adresses et infos utiles

Office de tourisme : *7, quai de l'Orangerie. ☎ 05-45-81-09-30. • jarnac-tourisme.fr • En plein centre. Juil-août, lun-sam 9h-18h et dim mat ; mai-juin et sept, mar-sam 9h-12h30, 13h30-18h ; oct-avr, slt mar-ven et sam mat.* Plan de la ville précis et gratuit. Brochure indiquant une balade le long du fleuve, du pont de Jarnac à celui de Bourg-Charente ; 16 guides de randonnée gratuits.

Location de VTT : *auprès de* ***VTT Concept,*** *à* ***Mainxe.*** *☎ 05-45-81-06-81. 📱 06-11-08-44-44. Tte la saison. Infos également à l'office de tourisme.* Location de vélos à la demi-journée, à la semaine, et randos accompagnées.

– ***Randonnée fluviale :*** *📱 06-87-55-20-49.*

– ***Marché couvert :*** *rue du Chêne-Vert. Tlj sf lun 7h-13h.* Pratique pour

les campeurs. *Également une foire le 1er sam du mois.*
– ***Marché aux truffes :*** *salle des fêtes. Déc-fév, mar mat (dès 9h30 pour les professionnels et les particuliers).* Unique en Charente.

Où manger ?

🍽 ***Le Restaurant du Château :*** *15, pl. du Château. ☎ 05-45-81-07-17. • contact@restaurant-du-chateau.com • ♿ Tlj sf dim soir et lun. Formules déj en sem 19,50-21,50 € ; menus 41-56 €.* La façade élégante annonce la couleur : belles salles sobres et contemporaines (avec ce qu'il faut de couleur vive pour dynamiser le tout), service souriant et discret, et surtout une cuisine qui ne laisse pas indifférent. Le choix des produits de première qualité (locaux de préférence) y est bien sûr pour quelque chose, mais c'est le doigté du chef Ludovic Merle et sa créativité qui font de chaque repas une belle expérience gustative. Les fans pourront même profiter de ses cours de cuisine ! Et les plus chanceux pourront prolonger le séjour à l'hôtel *Ligaro*, un 4-étoiles très joliment décoré et tenu par madame.

Où dormir ? Où manger dans le coin ?

Camping

⛺ ***Camping du Port :*** *allée des Platanes, 16200* ***Bourg-Charente.*** *☎ 05-45-81-30-25 (mairie). 📱 06-03-98-60-19. • campingbourgcharente@orange.fr • jarnac-tourisme.fr • Ouv de mai à mi-sept. Env 9,40 € pour 2 en hte saison.* Petit camping tout simple mais idéalement situé le long du chemin de halage, sur un terrain bucolique à souhait face à la Charente... et loin des voitures. Hyper paisible. Le rêve ! Une trentaine d'emplacements en pente douce, assez bien ombragés et tranquilles. Aire de jeux pour enfants.

Chic

🏠 🍽 ***Hôtel-restaurant Karina :*** *chez Austin et Nikki Legon, Les Métairies, 16200 Jarnac. ☎ 05-45-36-26-26. • info@hotelkarina.net • hotelkarina.net • ♿ À 3 km au nord de Jarnac, fléché à partir de la D 736. Doubles 85-130 € ; familiale 150 €. Menus 15 € (midi en sem), puis 25-35 € ; carte env 35 €.* 💻 📶 Cet hôtel atypique a tout de la chambre d'hôtes de charme. Il occupe une maison charentaise de caractère, dont les bâtiments de plain-pied encadrent une charmante cour arborée agrémentée d'une grande piscine. Les accueillants proprios anglais ont décoré l'intérieur avec beaucoup de goût. Chambres toutes différentes : murs de pierre et parquet de bois ici, tissus fleuris là, déco façon Grand Siècle dans la suite « Champagne »... Une originalité : le bar installé dans une ancienne distillerie, avec son alambic en bonne place. Au resto (rustique), cuisine sucrée-salée qui ravit la nombreuse clientèle anglo-saxonne.

🏠 🍽 ***Château de Brillac :*** *50, route de Jarnac, 16200* ***Foussignac.*** *☎ 05-45-36-45-19. • chateaudebrillac@gmail.com • chateaudebrillac.com • Doubles 90-180 € selon saison.* 📶 3 chambres, 5 suites, dont la différence justifiée par le prix réside dans la taille. Les suites, plus vastes, ont un espace salon en plus. Pour le reste, une déco soignée, personnalisée, mêlant judicieusement le charme de l'ancien aux touches décoratives plus contemporaines et une élégante salle de bains privative ; la TV enfin... Magnifique parc et piscine chauffée toute l'année. Fait aussi resto.

🍽 ***La Ribaudière :*** *pl. du Port, 16200* ***Bourg-Charente.*** *☎ 05-45-81-30-54. • la.ribaudiere@wanadoo.fr • ♿ À 5 km au sud-ouest de Jarnac par la D 157 puis à gauche la D 158. Fermé dim soir-mar midi. Congés : vac scol de fév et de la Toussaint. Formule déj en sem 28 € au bistrot ; menus 46-86 €. Digestif (cognac) offert sur présentation* *de ce guide.* L'étape incontournable du circuit gastronomique charentais. Cuisine de terroir revue et corrigée, dotée d'une vraie personnalité et jamais en panne d'imagination : saveurs délicates, mariage subtil des produits locaux et des senteurs méridionales, c'est du grand art. Comme la carte des vins, carrément hallucinante avec ses 1 200 bouteilles ! Et une déco design hyper sophistiquée, avec des meubles contemporains qui feraient bien la une d'un magazine spécialisé. Bon, si on n'adhère pas, on peut toujours choisir une table sur la magnifique terrasse.

À voir

Courvoisier : *2, pl. du Château. ☎ 05-45-35-56-16. • visitescourvoisier@beamglobal.com • ♿ Au bord de la Charente. Juil-août, lun-ven 10h30 (11h sam-dim)-18h30 ; juin et sept, lun-sam 10h-13h, 14h-18h ; sinon se renseigner. Entrée visite + dégustation : à partir de 10 € (selon dégustation) ; gratuit moins de 18 ans. Visite guidée (compter 1h), agrémentée d'un film sensoriel. Nouveau : visites premium de 2h30, 4h ou 7h incluant brunch ou déjeuner au château.*

La célèbre marque n'a pas pris n'importe qui pour assurer sa promotion : son cognac, depuis 1811, est « officiellement » celui de Napoléon ! Tout cela depuis que l'Empereur visita les entrepôts du négociant Emmanuel Courvoisier. Mais c'est véritablement en 1869 que Napoléon III décida formellement d'en faire son fournisseur exclusif (une lettre exposée ici en atteste). C'est pourquoi un *Musée napoléonien* a été installé dans le grand hall. On y voit le célèbre chapeau porté à la bataille de Friedland (authentifié), une redingote et une mèche de cheveux de Napo, ainsi qu'un gilet auquel manquent trois boutons (pour y glisser sa main !). On a aussi reconstitué son camp à la bataille d'Austerlitz. Amusant : son ombre est encore là ! L'histoire de la marque est évoquée à travers quelques vitrines emplies d'objets publicitaires, de vieilles bouteilles, etc., exposées de manière originale dans de grands foudres (tonneaux de grande capacité). Le guide vous expliquera ensuite tout sur l'élaboration du cognac (bel alambic traditionnel en cuivre), la fabrication des barriques (sans clous ni produits chimiques, attention !), les différents crus, les arômes (avec d'intéressantes barriques à parfum qui permettent de bien comprendre comment l'eau-de-vie s'imprègne de l'odeur du bois), les millésimes, etc. La visite traverse ensuite le chai : impressionnant amoncellement de fûts (à la verticale !) dans une semi-pénombre. L'odeur omniprésente d'alcool est due à l'évaporation. On appelle ça « la part des anges ». Poétique, non ? Un film de 10 mn sur l'art de fabriquer du cognac est projeté sur deux écrans (dont un en forme de boule). Très instructif.

Arrive enfin le moment de la dégustation, très sophistiquée lors des visites *premium* : les visiteurs ont la possibilité de se rendre aux bornes olfactives pour s'exercer à différencier les arômes du cognac, un casque sur la tête qui diffuse de la musique idoine. Le tout, bien sûr, avec un vrai verre à la main rempli de vrai cognac ! Une expérience à la fois ludique et gustative.

Le musée François-Mitterrand : *espace culturel de l'Orangerie, 10, quai de l'Orangerie. ☎ 05-45-81-38-88. ♿ Visite libre mai-juin et sept, mer-dim 14h-18h ; juil-août, mar-dim 14h-18h. Entrée : 4 € ; réduc.*

Dans la grande salle lumineuse d'un centre culturel moderne sont exposés une grande partie des cadeaux dits « présidentiels », des objets d'art reçus par l'ancien président pendant ses deux septennats. Plus que la valeur artistique de ces œuvres (il y en a tout de même de bien jolies), on remarquera les manies et les goûts de ceux qui les ont offertes. Ainsi, à chaque sommet franco-allemand, Helmut Kohl apportait une gravure en couleur représentant des fruits. La reine Elizabeth II préférait les gravures du XIXe s. Et les dignitaires chinois, des vases... de Chine. Les pays arabes, eux, ont une passion pour les sabres et les poignards (dorés, bien sûr). Hassan II, plus diplomate, fit exécuter un portrait du président français. Le pompon du mauvais goût revient au couple Clinton : un vase orangé en forme de saladier, décoré de grosses fleurs. En revanche, l'aquarelle offerte par le peintre Jean Ipoustéguy (une paire de fesses, il fallait oser !) est assez réussie.

LE MONDE À SES PIEDS...

Le plus beau (et le plus subtil) des cadeaux présidentiels, à notre avis, est celui que Mitterrand lui-même apportait lors de chacune de ses visites officielles : une grande mappemonde à l'ancienne, spécialement conçue à son intention par des artisans. En regardant la carte de France, vous remarquerez que parmi les plus grandes villes figurent les sites marqués par la présence mitterrandienne : Vézelay, Nevers, Château-Chinon, Solutré... et Jarnac !

La salle des « architectures capitales », juste en face, dans un ancien chai, présente les maquettes des grands travaux de l'État de 1981 à 1995 (comme la Bibliothèque nationale de France, le ministère des Finances à Bercy, l'Opéra-Bastille ou la Grande Arche de la Défense, pour n'en citer que quelques-uns). Également un espace vidéo. Enfin, à la médiathèque (☎ 05-45-35-42-29), on peut consulter les 35 volumes représentant la compilation de tous les discours prononcés par l'ancien président. Les « tontonnophiles » seront gâtés.

L'église Saint-Pierre : *Grand-Rue, au niveau de la rue du Puits. Juin-sept, tlj sf dim 14h30-18h ; oct-mai, mar 15h-17h.* De construction romane, mais ça ne se voit plus beaucoup. Rare vestige de l'époque, la magnifique crypte du XIIIe s, dédiée à l'archange saint Michel. Les élégantes voûtes partent d'un pilier central et sont soutenues aux angles par des cariatides. Aux murs, des colonnettes sculptées. Certaines clefs de voûte sont également historiées : on reconnaît des feuilles et un visage. On est surtout saisi par les gracieuses nervures des ogives, qui donnent à cette petite pièce toute son harmonie. Également trois fresques murales. Sur la mieux conservée, on reconnaît saint Nicolas, ancêtre du Père Noël et patron des bateliers. À part ça, l'église est surtout devenue célèbre le jour où fut enterré Mitterrand : c'est ici que fut célébrée la messe d'adieu, en toute simplicité.

La maison natale de François Mitterrand : *22, rue Abel-Guy. ☎ 05-45-35-46-08. Dans le prolongement de la Grand-Rue, à gauche du temple protestant. Juin-sept, visites guidées tlj à 11h, 14h30, 15h, 16h30 et 17h30 ; le reste de l'année, l'ap-m slt mer-dim. Fermé déc. Entrée : 4 € ; réduc.*

La maison a été rachetée par la Mairie et offre une idée du quotidien de François Mitterrand dans sa jeunesse. Car rien, ou presque, n'a bougé. Même le papier peint a été reconstitué avec les couleurs d'origine ! La visite, guidée, permet de découvrir le salon, la salle à manger, la cuisine, la chambre personnelle, mais également le jardin et les dépendances. Enfin, une expo retrace l'histoire de la famille (photos et documents inédits).

Mitterrand est né le 26 octobre 1916 dans cette demeure toute simple, et y a passé une partie de son enfance. Élevé dans une famille catholique, plutôt de droite, il fut ensuite pensionnaire au collège Saint-Paul, à Angoulême. On connaît la suite : étudiant parisien à 17 ans, militant nationaliste, prisonnier de guerre de 1940 à 1942, évadé à la troisième tentative, contractuel à Vichy au commissariat aux prisonniers de guerre, puis un des fondateurs et animateur du mouvement de résistance MNPG, secrétaire général à la Libération, sous de Gaulle, du ministère des Anciens Combattants et Prisonniers de guerre, ministre sous la IVe République, leader de l'opposition à de Gaulle, rénovateur du parti socialiste. Drôle de parcours, pas toujours très socialiste mais typiquement mitterrandien, que l'histoire se chargera de juger.

François Mitterrand est mort le 8 janvier 1996, le jour où le journal *Info Matin* cessait de paraître et au moment même où nous bouclions la première édition de ce guide ! Il est enterré dans le caveau familial, au ***cimetière des Grand'Maisons,*** à 800 m de l'église de Jarnac.

À faire

➢ ***Le circuit du Chêne :*** *famille Moine, à* ***Villeneuve.*** *☎ 05-45-80-98-91.* • *lesfreres.moine@wanadoo.fr* • *De mi-juin à mi-sept, mar-jeu, départ de l'office de tourisme de Jarnac à 14h ; le reste de l'année, visite sur résa. Durée : 2h30. Tarif : 6,50 € ; réduc et forfait famille.* Passionnante balade pleine d'enseignements et d'anecdotes, emmenée par les membres de la famille Moine, viticulteurs. Un circuit qui rappelle que le cognac est bien le fruit d'une savante alchimie entre le bois, l'air et l'alcool. C'est de la qualité des barriques (où l'eau-de-vie se chargera de tanins, gagnera sa profonde couleur ambrée) que dépend la qualité d'un cognac. Le circuit commence donc chez le fendeur de merrains. C'est lui qui choisit, sur pied, au cœur des forêts limousines, de superbes chênes centenaires. Du cœur du tronc, il va tirer de belles pièces (dans le droit fil du bois, sinon la barrique fuit !) qui sèchent à l'air libre pendant au moins 3 ans. Pourquoi du chêne et pas une autre essence ? Le petit morceau de bois qu'on vous donne à mâchonner pendant la visite devrait vous apporter la réponse ! La découverte se poursuit chez le tonnelier pour assister à la fabrication d'une barrique, technique qui a peu évolué au fil des siècles. Les douelles (pièces de bois qui, assemblées, formeront la barrique) sont toujours cintrées sur un brasero. Et le temps qu'elles passent sur la flamme a son importance : les tanins seront différents suivant le degré de brûlure du bois (ce que l'on appelle le « bousinage »). Logiquement, le circuit se termine dans la distillerie, au coin de l'alambic, où l'on apprend tout sur la fameuse double distillation et sur la part des anges avant une dégustation de pineau !

➢ ***Promenade en bateau :*** *à bord du Chabot. Embarcadère sous le pont.* *📱 06-87-55-20-49. Excursions commentées, durée 1h30 ou 3h selon passage d'écluse ou non. Mai et sept, 1 départ/j. les w-e et j. fériés à 15h30 (durée 1h30) ; juin, tlj sf lun à 15h30 ; juil-août, 3 départs/j. à 14h, 15h45, 17h30 ; le reste de l'année, sur résa slt. Tarifs : 10 €, ou 18 € avec passage d'écluse ; réduc.*

– ***Canoë :*** *s'adresser au club, 19, quai de l'Île-Madame. ☎ 05-45-81-32-01.* Location et balades accompagnées ou non, commentées par une spécialiste de la faune et de la flore locales. Descente de nuit tous les vendredis en été, avec grillades. Très sympa.

LA CHARENTE

DANS LES ENVIRONS DE JARNAC

Bourg-Charente : *à 5 km de Jarnac.* Prendre la route de Cognac, puis sortir à droite pour découvrir, du pont, ce ravissant village charentais. Sur la gauche, on aperçoit le château de Bourg, des XVIe et XVIIIe s. Dans le bourg, très jolie église romane de style saintongeais, avec une façade à trois étages ornée d'arcatures. À l'intérieur, remarquez les deux coupoles sur pendentifs et la fresque du XIIIe s figurant une Adoration des mages.
– ***Le musée de la Pouponnière :*** *rue du Port. ☎ 05-45-81-20-46. 📱 06-48-26-31-85. Tlj sf mer, sur résa. Entrée : 5 €.* Près de 3 000 pièces tout de même, couvrant la période de 1900 à nos jours.

Le musée de la Coiffe : *16200* ***Fleurac.*** *☎ 05-45-35-82-38. À 8 km au nord-est de Jarnac. En principe, juil-août, mer-dim 15h-18h ; hors saison, sur rdv. GRATUIT.* Dans la mairie d'un petit village, baigné par un charmant ruisseau qui fait frontière entre la Saintonge et l'Angoumois. Belle collection (une soixantaine de coiffes de Charente, Charente-Maritime et Dordogne), présentée avec un réel souci didactique : coiffe-fleur, coiffe-oiseau, bonnets d'enfant, quichenottes des îles de Ré et d'Oléron, boîtes à coiffes, etc.

LE COGNAÇAIS ET LA GRANDE CHAMPAGNE

COGNAC

(16100) 19 000 hab. *Carte Charente, A2*

Combien de petites villes françaises peuvent se vanter, comme Cognac, d'être célèbres dans le monde entier ? Riche, bourgeoise, chargée d'histoire, touristique, royale (François Ier y est né) et européenne (Jean Monnet est également un enfant du pays), Cognac est un cas à part en Charente. Aujourd'hui labellisée Ville d'art et d'histoire, elle affiche d'autant plus fièrement son patrimoine.
Mais Cognac demeure avant tout... la ville du précieux breuvage ! Partout où les toits et les murs sont noircis, il s'agit de l'action d'un champignon microscopique se nourrissant des vapeurs d'alcool, et produisant une patine noirâtre. Dommage pour les trafiquants qui espéraient passer inaperçus ! Il faut reconnaître qu'il y a de quoi faire, avec les 80 000 ha de vignes de la région.

UN PEU D'HISTOIRE

Recroquevillé autour d'un premier château, Cognac n'est qu'un modeste village jusqu'au Xe s. Un prieuré bénédictin est alors fondé, et la ville se développe grâce à son port sur la Charente, par lequel transitent le sel et le vin. Au cours des deux siècles suivants, le commerce du vin s'installe. Anglais, Hollandais et Scandinaves en raffolent tellement qu'ils viennent le chercher jusqu'ici !
À la même époque, l'héritière des seigneurs locaux, Amélie de Cognac, épouse le fils illégitime de Richard Cœur de Lion et revend Cognac à Jean sans Terre... roi d'Angleterre. Beau cadeau de noces. Puis ***la ville est intégrée au comté d'Angoulême.*** Occupée par les deux camps pendant la guerre de Cent Ans, Cognac est enfin rattachée au royaume de France grâce à Du Guesclin. Mais elle restera sans seigneur pendant plus de 30 ans ! En effet, le « bon comte Jean » (de Valois) est prisonnier des Anglais. Après sa libération, le commerce du vin fleurit à nouveau.
Au XVIe s, son fils Charles d'Angoulême entretient à Cognac une véritable petite cour, très prisée des artistes (dont un certain Clément Marot). Et, en 1494, l'épouse de Charles, Louise de Savoie, met au monde un beau bébé joufflu qui deviendra roi de France sous le nom de... ***François Ier.*** Grâce au petit François devenu grand, ***Cognac se transforme en ville royale.*** Le château est agrandi et héberge d'autres personnages fameux de l'histoire : Catherine de Médicis, Charles IX, la reine Margot.

La liqueur des dieux

Le commerce du vin, de son côté, connaît de nouveaux rebondissements au XVIIe s. Le coût du transport étant devenu exorbitant, Anglais et Hollandais ont l'idée de distiller ce vin : il prend ainsi moins de place ! Mais après une grave crise économique, des tonnes d'eau-de-vie se retrouvent invendues. Un petit curieux goûte un jour à cet

> **HIPS !**
> *Savez-vous que l'évaporation du cognac représente chaque année l'équivalent de 180 millions de bouteilles ? De quoi être quasi soûl rien qu'en respirant l'air du coin ! C'est d'ailleurs le cas des araignées vivant dans les chais, dont les toiles ne sont, paraît-il, jamais parfaitement géométriques...*

COGNAC

alcool vieilli en fût et découvre à quel point il est devenu bon. La méthode est reprise avec succès et, au fil des années, le commerce du cognac remplace celui du vin... Des maisons de négoce s'installent à Cognac. Les plus importantes, grâce auxquelles le cognac va faire le tour du monde – Martell, Hennessy, Otard –, voient le jour au cours du XVIIIe s. Au siècle suivant, avec l'arrivée d'autres grandes marques dynamiques, Cognac atteint son apogée et voit sa population croître considérablement grâce à l'industrialisation de tous les produits dérivés dont a besoin le cognac : tonnellerie, verrerie, fabrication des bouchons et des emballages, mais aussi impression des étiquettes, etc. Toute une économie dont va bénéficier la ville, mais qui profitera aussi à ses environs, les vignes s'étant en même temps développées sur plusieurs centaines de milliers d'hectares jusqu'à devenir les plus importantes du monde. Mais le cognac est un alcool cher à produire, très cher même si on le compare au whisky, son principal concurrent sur le marché français. Et les Japonais, grands consommateurs de cognac, frappés par la crise économique et financière, ont fortement diminué leurs achats. D'où les problèmes actuels : surproduction, mévente, concentrations massives, licenciements... Ainsi la crise touche aussi la liqueur des dieux. Mais les producteurs contre-attaquent en tentant de faire du cognac une boisson branchée : désormais, il se boit glacé ou en cocktail, à l'apéro comme en soirée. Bon, on a tout de même encore le droit de le siroter à l'ancienne, en digestif, accompagné d'un bon cigare...

Adresses et infos utiles

Office de tourisme *(plan B2)* **:** *16, rue du 14-Juillet. ☎ 05-45-82-10-71. • tourism-cognac.com • Juil-août, lun-sam 9h-19h, dim 10h-17h, j. fériés 10h-18h ; le reste de l'année, lun-sam 9h30-17h30 (10h-17h oct-avr sf mar mat).* Documentation variée sur Cognac et la région. Plan de ville gratuit. Propose également (sur résa) des visites guidées passionnantes du centre historique (« Laissez-vous conter Cognac »).

– Se procurer à l'office, et disponible dans tous les lieux touristiques en ville, la brochure « Rendez-vous de l'Été » (gratuite). Précieuse, elle recense toutes les visites et animations (concerts, foires, marchés) en pays de Cognac, mois par mois.

■ **Espace Découverte en pays du cognac** *(plan A2)* **:** *se reporter à la rubrique « À voir ».*

✉ **Poste :** *2, rue Taransaud.*

■ **Transport urbain :** *TRANSCOM, 48, rue de Bellefonds. ☎ 05-45-82-66-10.*

■ **Piscines** *(hors plan par B1)* **:** *parc François-Ier. ☎ 05-45-35-29-70. Une d'été, une d'hiver. Tlj 11h-20h en été.*

– **Foire :** *le 2e sam de chaque mois dans les rues piétonnes.*

Où dormir ?

Attention, en période de festival, les prix grimpent et les établissements sont souvent pris d'assaut. Mieux vaut s'y prendre à l'avance pour réserver sa piaule.

Camping

Camping de Cognac *(hors plan par B1, 4)* **:** *bd de Châtenay. ☎ 05-45-32-13-32 ou 05-45-36-64-30. • contact@campingdecognac.fr • campingdecognac.com • ♿ À 3 km au nord du centre, sur la route de Sainte-Sévère ; bien indiqué depuis le centre-ville. Ouv de mai à mi-sept. Env 18,60 € pour 2 avec tente et voiture en hte saison ; mobile homes 4-6 pers 499 €/sem en saison.* Au bord de la Charente, un grand camping de 2 ha situé dans un coin calme et verdoyant. Près de 160 emplacements champêtres et tranquilles, en partie le long de la rivière et bien délimités par des haies. Une multitude de services et activités. Piscine et base de plein air de Cognac (jeux, toboggans...) à 1 km du camping.

COGNAC

De prix moyens à chic

Hôtel Le Cheval Blanc *(plan B2, **9**) : 6, pl. Bayard. ☎ 05-45-82-09-55. • info@hotel-chevalblanc.fr • hotel-chevalblanc.fr • ♿ Doubles 62-69 € selon saison; familiales 3-5 pers 69-107 €. Apéritif offert sur présentation de ce guide.* Hôtel pimpant, tenu par un couple très souriant et serviable. Les chambres ont été refaites dans un style fonctionnel, avec clim et TV écran plat pour certaines. L'ensemble est très bien tenu et d'un bon niveau de confort. Certaines des chambres (type motel) donnent sur une cour intérieure qui sert de terrasse (bien agréable) aux beaux jours où l'on peut également prendre le petit déjeuner. Les autres sont dans le bâtiment principal, côté rue (mais bien insonorisées). À noter, la chambre en duplex, idéale pour les familles. Enfin, petit détail qui ne trompe pas : le café du matin est torréfié dans l'une des meilleures maisons de Cognac ! Hmm !

Chambres d'hôtes chez Bernadette Gaudin *(plan A2, **3**) : 16, rue du Palais. ☎ 05-45-36-45-66. 📱 06-76-93-23-16. • bernadettegaudin@netcourrier.com • maisongaudin.wifeo.com • Ouv tte l'année. Double 72 €.* Cette maison ancienne au cœur de la vieille ville cache bien son jeu : elle dissimule à l'abri des regards indiscrets un petit jardin de curé et une piscine (chauffée) de poche mignons comme tout. Situées dans les étages, les chambres sont de bonne taille, avec salle de bains, et soigneusement décorées. Celles du 2e sont idéales pour les familles.

Hôtel Héritage *(plan B2, **6**) : 25, rue d'Angoulême. ☎ 05-45-82-01-26. • hotel.heritage@wanadoo.fr • hheritage.com • Double 73 €. Possibilité de parking (payant).* Dans la rue la plus commerçante de Cognac, ce charmant hôtel particulier du XVIIe s était déjà à cette époque une auberge. Si l'escalier central en pierre est d'époque, le reste et la déco ont entièrement été revus : le vert pomme et le fuchsia dominent dans les parties communes, tandis que certaines chambres ont carrément hérité de couleurs décoiffantes telles que le rose et orange ou le vert anis et violet. Certaines ont conservé des couleurs plus sobres pour satisfaire une clientèle plus sage. Si le confort est relativement simple pour le tarif (mais correct), c'est vraiment l'atmosphère et l'accueil sympathique qui font la différence. Une adresse d'autant plus recommandable que son bar, à la déco Belle Époque revisitée, est impeccable pour l'apéro, au même titre que son agréable patio.

Hôtel La Résidence *(plan B2, **7**) : 25, av. Victor-Hugo. ☎ 05-45-36-62-40. • contact@hotellaresidence-cognac.com • hotellaresidence-cognac.com • Doubles 60-65 € ; petit déj 9 €. Garage payant.* Petit hôtel doté de 17 chambres fonctionnelles et bien tenues. Sobrement mais joliment décorées pour celles qui ont déjà été rénovées (coloris tendance, salles de bains modernes et literies neuves). Une bonne option, d'autant plus que l'hôtel est situé aux portes de la vieille ville et près d'un parking municipal gratuit.

Quai des Pontis *(plan A1, **10**) : 16, rue des Pontis. ☎ 05-45-32-47-40. • reception@quaidespontis.com • quaidespontis.com • Roulottes et cabanes fermées nov-mars. Compter 81-89 € pour 2. Parking privé gratuit. Apéritif offert sur présentation de ce guide.* Du côté du quartier Saint-Jacques, sur l'autre rive de la Charente, mais proche du centre-ville, un incroyable domaine au cœur d'un parc noyé dans la verdure. Plusieurs types d'hébergements sont proposés : les *lodges* en bois tout confort dotés de terrasse de plain-pied face au vaste jardin ; les cabanes sur pilotis, sans doute les plus dépaysantes, surplombant la Charente ; enfin, 3 roulottes dans une autre partie du parc, bien espacées et chacune avec salon de jardin... Petit déj servi en chambre ou dans l'élégante salle de resto. Déco de très bon goût et confort optimal (kitchenette, TV écran plat, lecteur DVD, clim) permettent de jouer les Robinsons tout en savourant un certain confort. Seule ombre au tableau, les lieux sont entièrement dédiés aux réceptions les samedis soir des mois d'été, et l'ensemble des hébergements est alors inaccessible.

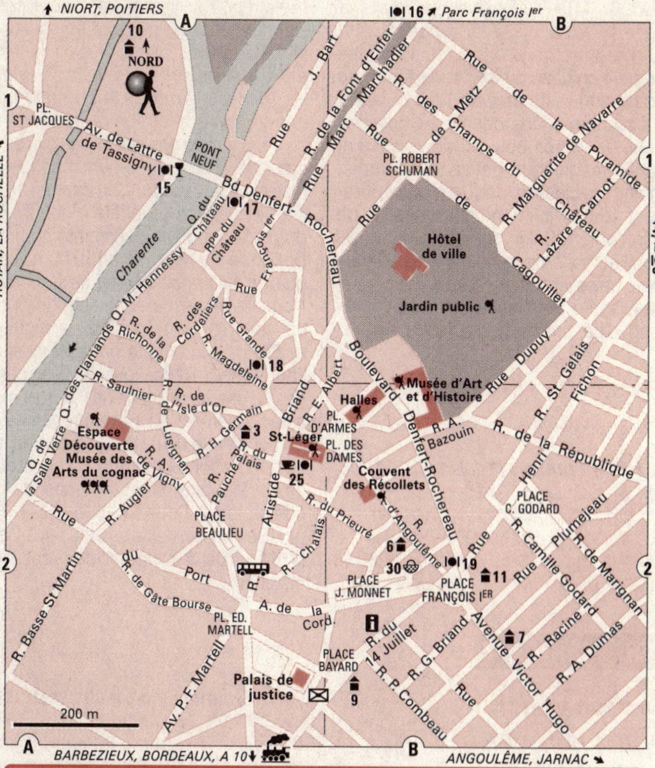

COGNAC

Adresse utile

- Office de tourisme

Où dormir ?

- 3 Chambres d'hôtes chez Bernadette Gaudin
- 4 Camping de Cognac
- 6 Hôtel Héritage
- 7 Hôtel La Résidence
- 8 Domaine du Breuil
- 9 Hôtel Le Cheval Blanc
- 10 Quai des Pontis
- 11 Hôtel François Ier

Où manger ?

- 15 L'Atelier des Quais
- 16 La Courtine
- 17 La Scala
- 18 Le Bistro de Claude
- 19 Le Globe

Où boire un thé ? Où boire un verre ?

- 15 L'Atelier des Quais
- 25 Le Victoria

Où acheter du cognac ?

- 30 La Cognathèque

Domaine du Breuil *(hors plan par B1,* ***8****)* **:** *104, rue Robert-Daugas. ☎ 05-45-35-32-06. • info@domaine-du-breuil.com • domaine-du-breuil.com • À 5 mn du centre en voiture. De la pl. François-Ier, prendre la rue Henri-Fichon, puis toujours tt droit en suivant les flèches. Resto sur place le soir lun-sam. Congés : 19 déc-7 janv et 8 j. en fév slt le resto.*

Doubles 110-115 € selon confort et saison. Menus 26-29 €. Apéritif offert sur présentation de ce guide. Un genre de petit château du XIXᵉ s, dissimulé au cœur d'un vaste parc de 7 ha, qui vient d'être repris. Des chambres cossues dont les vastes bow-windows ouvrent sur le magnifique paysage. D'autres, moins spacieuses, parfois mansardées, sont toutes joliment décorées et de bon confort. Salon cosy, bar tout aussi douillet, salle de restaurant classieuse avec baies vitrées donnant sur le parc et séduisante terrasse panoramique prolongée par une piscine à débordement.

Plus chic, voire beaucoup plus chic

Hôtel François Iᵉʳ *(plan B2, **11**) : 3, pl. François-Iᵉʳ. ☎ 05-45-80-80-80. • contact@hotelfrancoispremier.fr • hotelfrancoispremier.fr • Congés : sem de Noël et Jour de l'an. Doubles 160-218 € ; suites plus chères ; excellent petit déj-buffet 18 €. Tarifs très intéressants sur Internet selon période, en particulier le w-e, et réduc de 30 % sur les résas à J-3. Parking privé payant. Réduc de 10 % sur le prix de la chambre pour une résa directe sur présentation de ce guide.* Sur l'une des plus belles places au cœur de la ville, on ne peut manquer sa majestueuse façade. Construit en 1870, il fut longtemps propriété d'une famille du cru avant d'être transformé en hôtel. De Gaulle y a séjourné en 1914, à l'époque où il s'appelait *Hôtel de Londres*... Nouvelle jeunesse, nouveau look pour cet hôtel désormais géré de main de maître par un couple professionnel de l'hôtellerie... Déco cossue et élégante des 28 chambres (certaines petites mais astucieusement agencées) réparties de part et d'autre de l'escalier monumental. Insonorisation parfaite, y compris côté place (doubles vitres), literies nickel, confort total... Doublé d'un service hyper pro. Spa et piscine(tte) en sous-sol. Dans le hall, un bar à cocktails, mais ambiance tristoune.

COGNAC

Où manger ?

De bon marché à prix moyens

L'Atelier des Quais *(plan A1, **15**) : 2, quai Saint-Jacques. ☎ 05-45-36-31-03. • atelierdesquais@gmail.com • Juste après le Pont-Neuf, sur la gauche. Tlj 12h-14h, 19h-22h ; bar ouv non-stop 9h-1h. Fermé dim et j. fériés hors saison. Formule déj en sem 16,50 € ; menus 29-37 €. Parking public gratuit à proximité. Apéritif offert sur présentation de ce guide.* Une position stratégique avec sa grande terrasse face à la Charente et une carte qui se défend bien. Les mauvais jours, la grande salle décorée à la manière d'un loft, avec ses tables orientées côté baies vitrées, s'avère aussi bien agréable. Voilà pourquoi *L'Atelier* fait le plein à chaque service ! Pour le reste, une cuisine de brasserie qui tient bien ses promesses fraîcheur-quantité-cuisson : planchas, assiettes de moules, tartare et salades. Et surtout, ne pas faire l'impasse sur les desserts ! Service bien rodé.

La Courtine *(hors plan par B1, **16**) : allée Fichon, parc François-Iᵉʳ. ☎ 05-45-82-34-78. • lacourtinecognac@wanadoo.fr • À l'intérieur du parc, bien fléché et parking juste devant. Congés : 23 déc-10 janv. Formules 19-21 € ; suggestions du jour sur ardoise ; menu 28 € (1/4 l de vin de pays et café compris). Apéritif maison offert sur présentation de ce guide.* Ce pavillon, au décor champêtre boisé (un peu sombre à l'intérieur), dispose d'une fabuleuse terrasse en pleine verdure. Difficile d'imaginer que le trépidant centre-ville n'est qu'à 2 mn ! Carte de salades (belles et généreuses), viandes et poissons agrémentés de produits locaux (déglaçage au vinaigre de pineau, sauce au beurre de cognac), et quelques touches exotiques (curry et autres épices), çà et là, liées aux origines du chef ! Accueil pro et sympathique comme tout.

La Scala *(plan A1, **17**) : 7, rampe du Château. ☎ 05-45-36-59-11. Juste à gauche du pont avt de traverser la Charente. Fermé 24 déc au soir et 25 déc. Compter 20 € pour une assiette de* *pâtes ou une pizza + un dessert. Digestif offert sur présentation de ce guide.* Son principal atout est d'être ouvert tous les jours toute l'année ! Hormis cet avantage, la déco de la salle principale façon rue italienne est particulièrement réussie : fausses devantures, toitures et au centre une camionnette vespa où sont confectionnées les pizzas. On s'y croirait ! La carte longue comme le bras décline tous les classiques italiens, des *antipasti* aux *gelati*. Le must reste la pizza *insalata* saveur mer, terre ou jardin : une pâte à pizza toute fine, garnie, roulée puis coupée en tronçons et servie avec de la salade. Correct dans l'ensemble et service rapide. Une adresse impec pour les familles.

Le Globe *(plan B2,* ***19****) : 15, pl. François-Ier. ☎ 05-45-82-00-56. • cognacleglobe@orange.fr • Tlj sf dim oct-mars. Formule déj « 45 mn chrono » 11,50 € (vin compris) ; menus 14,50-27 € ; assiettes complètes, ardoise et carte. Café offert sur présentation de ce guide.* Dans un registre « café de la place » ouvert à toute heure et qui tourne à plein régime, *Le Globe* remplit parfaitement sa fonction et nourrit sa clientèle locale et touristique de belles assiettes complètes et roboratives. L'assiette de pays est particulièrement recommandable. Pas de la grande gastronomie, mais à ce prix-là, rien à redire. Le cadre, récemment relooké, est très agréable et la terrasse aussi. Quant au service, il suit bien la cadence...

Chic

Le Bistro de Claude *(plan A1,* ***18****) : 35, rue Grande. ☎ 05-45-82-60-32. • claude@le-bistro-de-claude.com • Fermé sam-dim. Menus 20-24,50 € le midi, 34 € le soir, vin et café compris.* Un bistrot version chic : beau mobilier, à la fois ancien et moderne, quelques lustres et jolis luminaires, tables élégamment dressées. C'est cosy, et on s'y sent tout de suite à l'aise, notamment grâce à la gouaille bienveillante du maître des lieux. Très sympa, il prend le temps d'expliquer l'ardoise du jour, où l'on a bien du mal à choisir entre les plats alléchants : risotto de Saint-Jacques, foie gras, pain perdu... tous préparés avec les meilleurs produits. Vraiment très bon.

Où boire un thé ? Où boire un verre ?

Le Victoria *(plan A2,* ***25****) : 73, rue Aristide-Briand. ☎ 05-45-82-38-07. • salonlevictoria@yahoo.fr • Tlj sf lun 9h30-18h30 (21h ven ; fermé 13h30-15h30 dim). Congés : à la Toussaint. Formule boisson chaude + pâtisserie 8,50 € ; formules tarte salée ou gratin 13,50-15,50 € ; brunch le w-e env 18 €.* Dans cet élégant écrin, au décor chic et cosy, on sert de délicieux cafés et chocolats chauds de la maison *Richard* et une pléiade de thés aromatisés de toutes provenances, griffés *Betjeman & Barton*. Grand choix d'indétrônables classiques et de créations plus audacieuses à accompagner de pâtisseries chaque jour différentes. Tables en terrasse, sur rue piétonne, bien agréable aux beaux jours, et boutique.

L'Atelier des Quais *(plan A1,* ***15****) : 2, quai Saint-Jacques. ☎ 05-45-36-31-03. • atelierdesquais@gmail.com • Juste après le Pont-Neuf, sur la gauche. Tlj non-stop 9h-1h. Fermé dim soir et j. fériés hors saison.* Une belle adresse contemporaine avec un bar façon loft contigu au restaurant et une belle terrasse abritée, au bord de l'eau, dès les beaux jours. Lorsqu'il est présent, le barman confectionne cocktails classiques et créations personnelles. Le cognac, bien entendu, y est roi ! Mais grand choix d'autres boissons.

Où acheter du cognac ?

La Cognathèque *(plan B2,* ***30****) : 10, pl. Jean-Monnet. ☎ 05-45-82-43-31. • cognatheque.com • Lun-sam, plus dim de mi-juin à mi-sept, 9h30-19h.* Immanquable ! Cette boutique propose un des plus grands choix de cognacs et de pineaux que l'on ait vu en France. Ce qui, dans le fond, est un peu normal à... Cognac. Tous les crus sont représentés, des cognacs hors d'âge, des pineaux abordables, et même des bières aromatisées au cognac ou au pineau dans de jolis conditionnements. En revanche, ce qui distingue vraiment *La Cognathèque,* c'est la qualité du conseil et les dégustations thématiques (les mardi, jeudi et vendredi, sur résa et dirigées par des professionnels dans une petite salle à l'étage).

À voir

Le musée des Arts du cognac *(plan A2) : Les Remparts, pl. de la Salle-Verte. ☎ 05-45-36-21-10. • musees-cognac.fr • Tlj sf lun : juil-août, 10h-18h30 ; mai-juin et sept, 11h (13h w-e)-18h ; oct-avr, 14h-17h30. Fermé certains j. fériés. Billet simple 3 €, combiné avec le musée d'Art et d'Histoire de Cognac : 5 € ; gratuit moins de 18 ans.*

Dans un cadre qui réconcilie avec bonheur vieilles pierres et architecture contemporaine (les travaux ont d'ailleurs permis de dégager un tronçon de remparts du XIVe s et l'emplacement de la tour des Lusignan), ce musée captivant présente la grande aventure humaine, industrielle et commerciale du cognac : une muséographie ludique et didactique associant multimédia, ambiances sonore et olfactive. Après une rapide introduction sur l'évolution des bouteilles à travers les âges (l'une d'entre elles date de 1840... et est encore à demi pleine !), la première partie s'intéresse logiquement à l'univers de la vigne : les saisons, les cépages, les terroirs, les vendanges, le tout agrémenté d'outils comme un curieux sulfateur à bât de mulet du XIXe s, ou un beau pressoir à vis du XVIIIe s. Changement de registre avec l'art délicat de la distillation, où l'alchimie prend le pas sur les considérations climatiques, avant d'évoquer les métiers qui gravitent ou ont gravité autour du cognac (tonneliers, gabariers...). Pour finir, belle collection d'affiches anciennes et intéressante rétrospective sur le packaging des grandes marques. En somme, une excellente introduction à la visite des caves. Café doté d'une terrasse bien agréable.

L'Espace Découverte en pays du cognac *(plan A2) : Les Remparts, pl. de la Salle-Verte. ☎ 05-45-36-03-65. • espace-decouverte.fr • Juil-août, tlj 10h-18h30 ; mars-juin et sept-nov, mar-dim (horaires variables selon période) ; déc, jeu-sam ; janv-fév, sur rdv slt. GRATUIT.* Une bonne initiative : la communauté de communes de Cognac a dédié ce bel espace contemporain, qui communique d'ailleurs avec le musée des Arts du cognac, à la promotion de son territoire et de son patrimoine. Sur deux niveaux, scénographies, diaporamas et enregistrements audio présentent toutes les richesses du pays, qu'il s'agisse de l'art roman, de l'art de la distillation ou de la grande aventure des gabariers. Une petite mise en bouche avant d'aller découvrir ces merveilles sur le terrain !

Le musée d'Art et d'Histoire de Cognac *(plan B1-2) : 48, bd Denfert-Rochereau. ☎ 05-45-32-07-25. • musees-cognac.fr • Tlj sf mar : juil-août, 10h-18h30 ; mai-juin et sept, 11h-13h, 14h (13h w-e)-18h ; oct-avr, 14h-17h30. Billet simple 3 €, combiné avec le musée des Arts du cognac : 5 € ; gratuit moins de 18 ans et pour ts le 1er du mois, sf juil-août. Livret découverte offert aux 7-11 ans.*

Ce n'est pas le musée *du* cognac mais *de* Cognac, nuance. Éclectique et intéressant, il occupe l'ancien hôtel Dupuy-d'Angeac.

– *Rez-de-chaussée :* les traditions populaires (habitat charentais reconstitué, coiffes régionales, lampes et poteries anciennes), la faïence, les vieux manuscrits, etc. Côté archéologie : quelques bifaces, polissoirs et outils plus tardifs de l'âge du bronze, mais surtout une étonnante pirogue du Néolithique retrouvée dans la Charente. Preuve qu'on a toujours circulé sur le fleuve ! Également quelques salles consacrées aux artistes locaux, comme Ducos de La Haille.

– 1er *étage :* les beaux-arts. Sculpture de Rodin dans le hall. Le musée est toutefois célèbre pour sa très belle collection Art nouveau, grâce à un ensemble de verres d'Émile Gallé et d'autres artistes de l'école de Nancy : Daum, Marcus, Lalique... Côté peinture : les galeries rassemblent principalement des œuvres italiennes, flamandes et françaises, où les peintres charentais sont évidemment à l'honneur. Et une section est même réservée à l'art contemporain. Également quelques meubles régionaux et une tapisserie des Gobelins.

Le jardin public de l'hôtel de ville *(plan B1-2)* **:** *entrée par le bd Denfert-Rochereau.* Très joli parc à l'anglaise : pelouses d'un vert presque surnaturel, bosquets fleuris, ruisseaux « cascadants » et cygnes.

Le parc François-Ier et les rives de la Charente *(hors plan par B1)* **:** à deux pas du centre, un superbe parc arboré de 50 ha entouré par une boucle du fleuve, qui offre quelques points de vue on ne peut plus romantiques. Également une base de plein air avec piscine et un resto bien agréable aux beaux jours (voir plus haut « Où manger ? »).

La vieille ville

Le vieux Cognac s'étend entre le centre-ville développé autour de la longue rue (piétonne) d'Angoulême et les quais. Là où, comme dans bien d'autres villes, on s'attendrait à trouver artisans d'art, bistrots, restos... mais à Cognac, rien ! Ce quartier pourtant joliment conservé et bourré de charme est bizarrement peu fréquenté dans la journée (et carrément désert à la nuit tombée). Finalement, tant mieux ! Une balade dans ces vieilles rues sinueuses et pentues, où flotte l'odeur de la « part des anges », s'apprécie en solitaire...

Les rues anciennes *(plan A1-2)* **:** l'essentiel est regroupé autour du château des Valois (dont on parle à propos du cognac Otard dans « Visite des chais », plus loin). Il faut flâner au hasard de ces vieilles rues pleines de charme, jalonnées de maisons du XVe s et d'hôtels particuliers des XVIe et XVIIe s. Rue Grande, par exemple, ne manquez pas la *maison de la Lieutenance* (du XVe s et à pans de bois), avec son diablotin sculpté qui urine sur les passants ! À l'angle des rues Magdeleine et des Cordeliers se dresse l'*hôtel Bernard-de-Javrezac* du XVIe s (gargouille et tourelle). Au 12, rue Magdeleine, l'*hôtel de Rabayne,* où une salamandre (emblème de François Ier) surplombe le portail. La longue et encore pavée rue Saulnier (dont le nom évoque évidemment le commerce du sel) qui descend vers les quais a traversé les siècles sans broncher. Au n° 15, jetez un coup d'œil à l'exceptionnelle façade de l'*hôtel Brunet-de-Bocage* (XVIIe s).

COGNAC

L'église Saint-Léger *(plan A-B2)* **:** *rue Aristide-Briand.* Bâtie au XIIe s, elle conserve essentiellement de l'époque romane une très belle façade, ornée au XVe s d'une rose de style gothique flamboyant. On remarque aussi le portail sculpté, avec ses signes du zodiaque. À l'intérieur, pas mal de choses dont un christ en ivoire sculpté, une jolie Assomption de la Vierge peinte au XVIIe s et, dans l'une des chapelles, un retable en bois doré de la même époque.

Le marché couvert *(plan B2)* **:** *bd Denfert-Rochereau, derrière la pl. d'Armes. Tlj sf lun, jusqu'à 13h.* Un splendide marché classé, typique de l'architecture métallique.

Le couvent des Récollets *(plan B2)* **:** *53, rue d'Angoulême.* Du XVIIe s, désaffecté à la Révolution, il a servi successivement de mairie, de sous-préfecture, d'école, de prison, puis d'hôtel des impôts, avant d'être transformé en centre culturel dans les années 1980 (ouf !). De l'ancien cloître ne subsiste qu'une belle travée *(entrée libre).* Remarquez aussi l'élégante rampe en fer forgé de l'escalier. Aujourd'hui, des expositions y sont organisées.

Visite des chais

Une dizaine de maisons de négoce, parmi les plus grandes, proposent des visites de leurs installations. Dans l'ensemble, les visites se ressemblent : tour commenté des chais et de la distillerie, puis dégustation. Mais en y regardant de plus près, certaines maisons se distinguent toutefois par leur originalité ou leurs efforts à l'intention des touristes. À chacun de choisir en fonction de ses préférences, historiques ou épicuriennes ! Notez qu'il est aussi possible de visiter une maison de cognac à Jarnac (voir plus haut).
Mais avant tout, pour vous y retrouver dans les appellations commerciales, sachez différencier les trois principales. Le VS *(Very Special)* indique un cognac âgé d'au minimum 2 ans, le VSOP *(Very Superior Old Pale)* est âgé d'au moins 4 ans et le XO (pour *Extra Old*) récompense les plus âgés, d'au moins 6 ans et demi (mais bien souvent plus pour les meilleurs). Pour plus d'infos, reportez-vous au chapitre « Vins et alcools » dans « Hommes, culture, environnement » en début de guide. Vous voilà au courant !

***Otard** (plan A1) : château de Cognac. ☎ 05-45-36-88-86. • baronotard.com • Sur les quais ; accès par le 127, bd Denfert-Rochereau. Avr-oct, tlj (sf 1er mai) 10h-12h, 14h-18h ; nov-mars, les contacter. Prévoir 1h de visite (guidée) ; téléphoner à l'avance pour connaître l'heure de la visite en français. Entrée : env 10 € ; róduc.*
Cette prestigieuse marque de cognac fut créée en 1795 par le baron Otard, un Écossais né en Charente et devenu maire de la ville. Pour installer son négoce, il acheta carrément le château de Cognac en 1796, profitant à point nommé de la Révolution (la municipalité le vendait alors pièce par pièce, toutes raflées par le baron). Ironie de l'histoire, ce château n'était autre que la maison natale d'un roi de France : François Ier ! Tout l'intérêt de la visite est là puisque l'on peut profiter de cette très belle demeure principalement du XVe s, pleine de souvenirs historiques, tout en s'instruisant sur les méthodes de fabrication et de vieillissement du cognac... Les chais du château sont d'ailleurs les plus vieux de Charente et, paraît-il, les meilleurs (grâce à leur humidité) puisqu'ils sont juste au niveau du fleuve. Hélas, on ne verra pas la chambre du roi, transformée en bureau. Mais on visite tout de même la plus vieille pièce des lieux, appelée salle au Casque (XIIIe s), où Richard Cœur de Lion célébra le mariage de son fils avec Amélie de Cognac. Suivent une sellerie et le bel ensemble formé par la salle des États et la salle des gardes. Ces deux espaces étaient autrefois séparés par une double cheminée aujourd'hui percée. Notez les voûtes en X et en Y, les médaillons tous différents, et les graffitis dessinés par les marins irlandais qui y furent faits prisonniers pendant la guerre de Sept Ans (XVIIIe s).
Mais l'endroit le plus étonnant, outre les sombres caves voûtées, reste le « paradis », un ancien cachot où sont entreposés les cognacs les plus vieux (1820). Dire que ces bouteilles d'un autre âge, recouvertes volontairement de moisissures et de toiles d'araignée, donneront un nectar aussi divin... On passe ensuite à la salle de l'Alambic (très beau, du XIXe s), où l'on apprend tout sur le maître de chai, la distillation et la tonnellerie, avant de découvrir la chapelle où François Ier fut baptisé. Elle renferme désormais des tonneaux d'eau-de-vie ! Pour terminer, un musée retrace l'histoire du baron Otard et de la marque à travers les siècles (collection d'affiches publicitaires, de bouteilles, de documents originaux d'expédition...), et un espace présente les différents crus de la maison à l'aide de bornes olfactives, dernière étape avant la dégustation tant attendue !

***Hennessy** (plan A1) : quai Maurice-Hennessy. ☎ 05-45-35-72-68. • hennessy.com • ♿ Sur les quais. Mars-avr et oct-déc, lun-ven 10h-11h, 14h-16h30 (départ de la dernière visite) ; mai-sept, tlj 10h-11h30, 13h30-17h (départ de la dernière visite). Fermé janv-fév. Entrée : 11 € pour la visite classique (avec 2 dégustations), sinon 22 € selon cognacs dégustés ; gratuit moins de 12 ans.*

Visite guidée de 1h15. Également une visite prestige 45 € (dégustation parallèle de cognacs et de... chocolats !).

En se lançant dans le négoce en 1765, le capitaine irlandais Richard Hennessy n'imaginait sans doute pas que sa maison deviendrait un jour la première marque internationale de cognac. Elle est aujourd'hui dirigée par le grand groupe de luxe LVMH, qui n'a pas lésiné sur les moyens pour proposer aux visiteurs une visite parfaitement huilée.

La petite originalité, ici, c'est de traverser le fleuve à bord de la vedette *Hennessy*, pour se rendre sur l'autre rive où sont situés les chais (en tout, une cinquantaine). Les plus vieilles eaux-de-vie (1800) y sont également soigneusement gardées. La balade, intéressante, s'effectue dans plusieurs chais et est agrémentée de solides explications sur les différents crus (cartes des terroirs, pieds de vigne, coupes de sol...), les méthodes de vinification (belle salle contenant sept alambics, dont un du XIXe s) et la tonnellerie. Reste à retraverser la Charente pour découvrir le musée Hennessy, un espace de visite moderne consacré principalement à l'histoire de la maison depuis sa naissance. Une maison traditionnelle : les maîtres de chais sont issus de la même famille depuis sept générations ! Enfin, expo de luxueuses bouteilles, et l'inévitable boutique, où l'on déguste les cognacs.

Camus *(plan B1)* **:** *siège 29, rue Marguerite-de-Navarre ; visites 21, rue de Cagouillet. ☎ 05-45-32-72-96. • camus.fr • Mai-sept, ouverture du circuit de visite et de la boutique lun 14h-18h, sam 10h30-12h30, 14h-18h ; le reste de l'année, sur rdv. Entrée : 8,50 € pour la visite classique, avec dégustation d'un cognac « qualité supérieure », 18 € pour 2, 22 € pour 3 ; 80 € pour des cognacs millésimés.*

Camus est l'unique grande maison de Cognac 100 % familiale et indépendante depuis sa fondation en 1863. C'est son principal atout. Forte de son indépendance, elle n'hésite pas à innover en proposant des cognacs issus d'un seul cru comme le Camus Borderies XO, ou élaborés avec des raisins récoltés, distillés et vieillis sur l'île de Ré. Sans pour autant tourner le dos à la tradition et aux cognacs qui ont fait sa réputation ! C'est cette prise de position atypique qui donne tout le sel de la visite.

Celle-ci privilégie la convivialité des petits groupes et commence par une présentation historique du site et des vignes (et des différents terroirs), avant de revenir sur l'histoire de la maison familiale. Elle aborde ensuite les différentes phases de distillation, puis de vieillissement d'un cognac et se termine dans le chai de dégustation, avec la dégustation d'un « qualité supérieure » au choix... ou de plusieurs, selon le budget et l'envie de chacun. Car une autre caractéristique de la maison, et non des moindres, est de s'être spécialisée dans le cognac haut de gamme. Ce n'est pas pour rien si Camus est la seule cave à proposer l'atelier Maître assembleur, pour créer son propre assemblage et emporter son cognac unique et personnalisé *(sur résa ; 160 € incluant une bouteille de 50 cl).*

Martell *(plan A2)* **:** *7, pl. Édouard-Martell. ☎ 05-45-36-33-33. • martell.com • Avr-oct, visite en sem 10h-17h, w-e et j. fériés (sf dim oct) 12h-17h ; le reste de l'année, sur rdv slt. Durée : 1h15. Entrée : 12 €.*

La plus ancienne des grandes maisons de cognac a fort logiquement axé sa visite sur l'histoire. Le circuit commence donc par la demeure du fondateur Jean Martell, natif de l'île de Jersey débarqué à Cognac en 1715. Du feu de cheminée aux bottes du maître oubliées au pied des boiseries, on apprécie les efforts des décorateurs pour reconstituer l'atmosphère du XVIIIe s dans les différentes pièces du logis (cuisine, salon... tous meublés comme à l'époque).

Mais le plus intéressant patiente dans les chais. Rangs de vigne (avec d'astucieuses coupes du sol pour mieux comprendre la notion de terroir), alambics, laboratoire du maître de chai, tonnellerie et chai de vieillissement sont présentés à tour de rôle et avec la manière. La salle des assemblages est particulièrement impressionnante avec ses rangées de foudres aux dimensions colossales. Mais le plus inattendu, c'est la gabare grandeur nature amarrée aux quais reconstitués du port de Cognac. Effet visuel garanti ! On termine la balade par une collection de photographies anciennes et la dégustation de rigueur. Cette visite réjouissante et particulièrement bien huilée plaira à coup sûr aux petits et aux grands.

Meukow (plan B2) **:** *26, rue Pascal-Combeau. ☎ 05-45-82-32-10. • visite meukow.com • Visites mai-sept tlj sf dim 10h-17h (départ dernière visite) ; sur rdv hors saison. Durée : 45 mn. Entrée : 10 € avec dégustation de 3 cognacs.*
Originellement installée à l'écart de la cité, la maison de négoce familiale fut rassemblée ici, au cœur de la ville, sous le nom de Compagnie de Guyenne. L'ensemble architectural remarquable est typique du XIXe s, car il réunit en un seul site les bureaux commerciaux, les chais de vieillissement, la distillerie, le caveau de mise en bouteille. Aujourd'hui, bien que l'unité de production ait été déplacée à Matha, à 20 km au nord de Cognac, le site a conservé son âme d'origine. Fondée en 1862 par les frères Meukow à l'initiative du tsar Alexandre II qui voulait approvisionner sa cour, la maison a profité de son 150e anniversaire pour ouvrir au public les portes de son site historique.
Visite des chais de vieillissement, de la partie où sont entreposés les « foudres » (fûts de cognacs rares et vieux), et les dames-jeannes... ces bouteilles dodues qui renferment les vieux millésimes ; puis découverte de l'espace de travail de l'expert œnologue qui œuvre directement avec le maître de chais... De beaux effets sonores et visuels compensent une visite aux commentaires assez généraux. Très intéressante en revanche, la dernière partie de la visite consacrée au packaging, fer de lance de la maison. Pour l'anecdote, la panthère, symbole de force, souplesse et combativité tout à la fois, a été choisie à la fin des années 1990 comme emblème de la marque dans le but de conquérir le marché chinois qui lui attribue toutes les vertus ! Pour conclure, ne pas manquer la dégustation des créations maison : les très originales liqueurs de cognac au café ou à la vanille.
Restaurant : *ts les midis sur résa. Menu 28,50 €.* Dans une dépendance, la talentueuse chef concocte, dans un cadre atelier-culinaire, des menus du marché *a la plancha* et autour du cognac (cela va de soi !). Terrasse exceptionnelle.

COGNAC

Rémy Martin : *au domaine situé à* ***Merpins,*** *à 4 km au sud-ouest de Cognac en direction de Pons, ou au siège, 20, rue de la Société-Vinicole (hors plan par A2). ☎ 05-45-35-76-66. • visitesremymartin.com • Au domaine, visite sur résa 15 avr-30 sept, lun-sam ; durée : 1h30. Au siège, visite tte l'année sur résa ; durée : 2h. Entrée : 18 € au domaine, 30 € au siège ; réduc.*
La visite grand public s'effectue au domaine, à bord d'un petit train sillonnant les vignes pour rallier les chais d'assemblage et de vieillissement. Tous les aspects techniques sont passés en revue (de la fabrication du cognac, bien sûr, à la tonnellerie), émaillés comme il se doit d'anecdotes historiques sur cette maison fondée en 1724. D'ailleurs, un petit tour dans le chai prestigieux où sont conservées les plus vieilles barriques permet de se faire une idée de l'ancienneté de la maison et de la pérennité du style. En un siècle, il n'y eut que quatre maîtres de chais ! Mais ce qui distingue vraiment Rémy Martin des autres grandes maisons de cognac, c'est l'attention toute particulière portée sur la dégustation.
À l'issue de la visite, les amateurs pourront déguster un VSOP et un XO, tous deux accompagnés de petites douceurs sucrées et salées. Intéressant, mais les connaisseurs exigeants préféreront sans doute les visites prestiges organisées au siège, où les cognacs sont « disséqués » autour de mets au cours d'une expérience épicurienne qui peut durer 2 ou 3h. C'est ce qui justifie le tarif de la prestation.

À faire

➢ **Promenades en gabare :** *avr-oct, sur résa obligatoire à l'office de tourisme. Tarif : 8 € ; 5 € 6-14 ans ; gratuit moins de 6 ans.* 1h45 de croisière à bord de *La Dame Jeanne,* réplique d'un bateau de transport de marchandises du début du XIXe s. Pour découvrir la Charente autrement, comme artère fluviale historique. Visites spécialement dédiées aux enfants les mercredis d'été.

– **Les Canalous :** *☎ 05-45-82-93-12. 📱 06-60-49-78-60. • canalous-plaisance.fr* • Cette agence familiale, basée en Bourgogne, loue des bateaux qui se pilotent sans permis. Plusieurs circuits sont proposés le long de la Charente au départ de Cognac du week-end à la semaine. Après un rapide briefing, vous êtes prêt pour une aventure inédite, géniale en famille ou entre copains. Très joli parcours au fil des méandres de la Charente.

Fête et manifestations

– **Les Mardis du Cognac :** *ts les mar juin-sept. Agenda des animations disponible dans les offices de tourisme ou sur le site des étapes du Cognac • cognacetapes.com* • Toute une série d'animations, de visites insolites (visite d'un vignoble en jeep ou en tracteur), découverte du travail de tonnellerie, balades thématiques accompagnées, concerts... Une belle initiative pour partager la vie de petits producteurs notamment, couronnée du label Vignobles et découvertes. Pour petits et grands.

– **Fête du Cognac :** *pdt 4 j. en juil. ☎ 05-45-81-21-05. • lafeteducognac.fr* • Sur les quais de la Charente, dégustation de nombreux cognacs, de vins de pays, de pineau et de plats du terroir... Concerts et nombreuses animations.

– **Blues Passions :** *1 sem début juil. ☎ 05-45-36-11-81. • bluespassions.com* • Au programme, plus d'une vingtaine de concerts de blues, soul ou jazz, ainsi que des expos, des conférences et des stages. Grosses pointures (on y a vu Dee-Dee Bridgewater, Jimmie Vaughan ou Taj Mahal) et découvertes.

– **Festi Classique :** *15 j. début sept. • festiclassique.com* • Découverte de talents en musique classique, autour d'un bon cognac.

– **Coup de chauffe :** *début sept. ☎ 05-45-82-17-24. • avantscene.com* • Festival de théâtre de rue. Spectacles gratuits.

– **Polar & Co :** *mi-oct. • cerclenoir.com* • Animations, expos, rencontres, dédicaces...

– **Littératures européennes :** *mi-nov. ☎ 05-45-82-88-01. • litteratures-europeennes.com* • Conférences, cafés littéraires et rencontres avec des écrivains venus de toute l'Europe.

SEGONZAC

(16130) 2 300 hab. *Carte Charente, A-B3*

Au sud de Cognac et de Jarnac, cette petite bourgade est au cœur de la Grande Champagne. Ce premier cru du cognac est délimité au nord par le fleuve et s'étend au sud jusqu'à Barbezieux. On est ici au milieu des vignes, dans une belle campagne vallonnée. Des dizaines de producteurs accueillent les visiteurs : au bord des petites routes, les panneaux vous les indiqueront. N'hésitez pas à frapper à leur porte, ils vous feront goûter leur cognac, mais aussi leur pineau. On conseille aussi (à ceux qui le peuvent) de se balader dans le coin en janvier, époque de la « chauffe », quand les vieux alambics se mettent en marche.

Adresses utiles

ℹ **Office de tourisme :** *1, rue Pierre-Viala. ☎ 05-45-83-37-77. • tourisme-grande-champagne.com • En face de l'église. 15 juil-15 août,* *lun-sam ; le reste de l'année, mar-ven, plus lun et sam mat mai-juin et sept.* Excellent accueil, efficace et disponible, et documentation de base pour partir à la découverte de la région. Organise également des visites guidées thématiques pendant la saison estivale.

■ ***Maison de la Grande Champagne :*** *2, rue Gaston-Briand (en face de l'église).* ☎ *05-45-35-39-72. Mêmes horaires que l'office de tourisme (mais ouv sam et dim mat tte l'année, se renseigner pour les horaires).* Dépôt-vente des meilleurs cognacs et pineaux du cru, et autres produits locaux. Liste des viticulteurs ouverts au public (une bonne trentaine).

Où dormir dans les environs ?

Prix moyens

Chambres d'hôtes chez M. et Mme Matignon : *Les Collinauds, 16130* ***Lignières-Sonneville.*** ☎ *05-45-80-51-23.* • *matignon.les-collinauds@wanadoo.fr* • *lescollinauds.fr* • *À 8 km au sud de Segonzac par la D 1 vers Barbezieux, puis la D 699 à gauche direction Châteauneuf. Double 60 € ; familiales 70-80 € ; gîte env 700 €/sem.* Très belle propriété du XIXe s, au milieu des vignes, avec piscine à flanc de colline. Beaucoup de charme avec sa vaste cour intérieure pleine d'arbres et ses vieilles machines agricoles restaurées. Elles paraissent assoupies, mais à y regarder de plus près, des mannequins en costume leur redonnent vie. Il s'agit du musée privé du propriétaire ! Les Matignon sont viticulteurs, on s'en serait douté. À l'étage, une poignée de chambres décorées à l'ancienne de manière rustique ou bourgeoise, dont une pour les familles. Intéressant : une cuisine aménagée avec coin repas. Enfin, possibilité de louer le petit moulin (avec sa roue !) situé au pied de la colline. Bon accueil.

Chambres d'hôtes chez Monique et Henri Geffard : *La Chambre, 16130* ***Verrières.*** ☎ *05-45-83-02-74.* • *cognac.geffard@aliceadsl.fr* • *cognac-geffard.fr* • *À 7 km au sud-ouest de Segonzac par la D 736. Congés : 18 déc-4 janv. Double 50 € ; familiales 3-5 pers 60-85 €.* Un des seuls viticulteurs-producteurs du coin à proposer des chambres. Profitez-en, ça vous permettra de goûter sans risque aux produits maison, cognac et pineau des Charentes ! Excellent accueil de Monique, qui offre d'ailleurs du cognac à volonté à ses clients (et pas le moins cher). On dort dans l'annexe mitoyenne de la ferme, un ancien hangar à matériel réaménagé de façon nickel. À l'étage, 5 chambres refaites à neuf dans un style simple et coloré avec sanitaires privés. Elles donnent sur un vaste salon commun (avec baby-foot) fermé par une grande baie vitrée, le tout prolongé par une cuisine bien équipée à la disposition des hôtes. Les Geffard font aussi visiter leur exploitation et leur distillerie. Vente à emporter.

Chambres d'hôtes chez Micheline et Jacky Chainier : *8, chemin du Chiron, 16130* ***Salles-d'Angles.*** ☎ *05-45-83-72-79.* • *mchainier@voila.fr* • *À 15 km de Segonzac par la D 24 jusqu'à Salles-d'Angles puis direction Celles (D 48) ; à 2,5 km, tourner à gauche (D 151) vers Saint-Fort-sur-le-Né ; c'est à 1 km. Double avec douche et w-c 50 €. Également un camping à la ferme et des loc de mobile homes. Table d'hôtes 20 €. Réduc de 10 % sur le prix de la chambre à partir de 3 nuits sur présentation de ce guide.* Belle maison de maître de 1850 dans une grande cour avec massifs fleuris. À l'étage, des chambres à l'ancienne mode, sans chichis, au joli parquet. Demandez à Jacky de vous montrer sa distillerie, elle vaut le coup d'œil. Si vous voulez voir des chais professionnels, il saura vous indiquer des adresses intéressantes. Bonne table d'hôtes. Emplacements tout simples mais bien ombragés, et bloc sanitaire impeccable ; machine à laver à disposition des campeurs. Excellent accueil.

À voir. À faire

L'église : on la remarque tout de suite avec son curieux clocher à étages, recouvert d'écailles de pierre et, au sommet... d'une pomme de pin. La construction date des XIIe et XIVe s.

➢ ***Les Nuits blanches en Pays jaune d'or :*** *ts les ven soir début juil-fin août. Résa obligatoire à l'office de tourisme. 25 €/voiture (jusqu'à 5 passagers).* L'office de tourisme organise un circuit guidé assez original dont le thème change tous les 2 ans. On fait le parcours en voiture, avec une cassette ou un CD audio diffusant des anecdotes sur l'histoire locale ! En cours de route, les habitants des villages traversés y vont aussi de leurs commentaires, les porches des églises s'illuminent et un producteur local associé à l'opération vous offre une dégustation en fin de circuit. Bonjour le retour au volant (mais on peut se contenter de jus de raisin) !

DANS LES ENVIRONS DE SEGONZAC

Gensac-la-Pallue : *à 5 km au nord de Segonzac par la D 49.* Charmant village méconnu qui vaut le détour. Très intéressante église romane, à la façade richement décorée. Remarquez, sur la droite, un ange disposé... horizontalement. Intérieur très bien conservé mais peu décoré, à l'exception d'une tête sculptée amusante, qui tire la langue. Le chœur gothique est classé Monument historique. Après la visite, promenez-vous derrière l'église. Charmant bassin plein de nénuphars, d'où surgissent des fontaines bouillonnantes. On y a découvert un gouffre, dans lequel tomba autrefois un attelage entier ! Il s'agit en fait d'une source, qui alimente le Ri (sans « z » !), minuscule rivière qui se jette dans la Charente. En face du bassin, une ravissante maison du XVIIIe s propose de la pêche à la ligne ou de la vente directe de truites d'élevage. À côté, un pont de pierre invite à une petite promenade.

Bouteville : *à 9 km à l'ouest de Segonzac par la D 404.* Au détour d'un virage, le spectacle de ce village blotti au pied d'un château abandonné sur son éperon rocheux surprend après les étendues de vignes. Entourée de douves, cette imposante bâtisse fut érigée au XVIIe s pour les seigneurs de Bouteville. Ses ruines romantiques ne se visitent plus (pour des raisons évidentes de sécurité), mais le panorama est superbe.

Les jardins du Chaigne : *à* ***Touzac.*** *• jardinsduchaigne.com • À 12 km au sud de Segonzac par la D 1. De mi-avr à mi-juin, tlj ; de mi-juin à fin oct, sur rdv. Entrée : 7 €.* Quatre hectares de jardins enchanteurs (labellisé Remarquable) dans un site initialement dédié à la culture de la vigne.

LE SUD-CHARENTE

Un autre visage du département, encore différent de celui des régions précédentes. Après les vallons et les vignes, le paysage cède le pas aux collines et aux forêts. Le Périgord n'est pas loin... On y trouve l'un des plus beaux villages de Charente (Aubeterre), d'étonnants châteaux et pas mal de curiosités, dont des églises troglodytiques ! Et pour les amoureux des vieilles pierres, encore un beau circuit d'églises romanes.

BARBEZIEUX-SAINT-HILAIRE

(16300) 5 000 hab. *Carte Charente, B3*

Cette petite cité paisible, capitale du Sud-Charente, a perdu son statut de sous-préfecture en 1926. Elle a surtout fait parler d'elle grâce à son école littéraire, créée par deux natifs de la ville, très célèbres avant guerre : le romancier Henri Fauconnier (auteur de *Malaisie*, prix Goncourt en 1930) et l'écrivain Jacques Chardonne, qui faillit emporter le prix Femina en 1921, chantre de la campagne charentaise, dénoncé comme collabo après la guerre mais souvent cité parmi les auteurs préférés de François Mitterrand...
La ville est aussi connue pour sa poule « race Barbezieux », une grosse volaille au plumage noir et à la chair particulièrement savoureuse. Parce qu'elle ne se plaît que sur un sol calcaire et doit avoir l'impression de vivre en liberté (aucun stress donc), son élevage long et délicat l'a fait tomber dans l'oubli... Jusqu'à ce que des éleveurs passionnés sauvent la belle. On en trouve très localement dans quelques boucheries, supérettes et restaurants.

Adresse utile

ℹ ***Pôle touristique du Sud-Charente – Antenne de Barbezieux-Saint-Hilaire :*** *pl. de Verdun, au château. ☎ 05-45-78-91-04. • sudcharentetourisme.fr • Juil-août, mar-dim 10h-18h ; mai-juin et sept, sam-dim.* Se situe dans l'une des portes historiques du château (porte d'Archiac). Juste à côté, une pièce reconstitue fidèlement un intérieur traditionnel charentais (demander à l'office de tourisme d'ouvrir si c'est fermé). Émouvant.

Où dormir ? Où manger ? Où boire un verre ?

Hôtel-restaurant La Boule d'Or : *9, bd Gambetta. ☎ 05-45-78-64-13. • laboule.dor@wanadoo.fr • labouledor.net • Dans le centre (fléché). En saison, tlj ; hors saison, tlj sf ven soir, sam midi et dim soir. Congés : 22 déc-4 janv. Double 62 €. Formule déj 15,60 € ; menu 20 € ; carte env 32 €. Parking. Apéritif offert sur présentation de ce guide.* L'institution de Barbezieux, posée sur un boulevard arboré qui ceinture la vieille ville. Chambres fonctionnelles, impeccables et de bon confort, bien agréables lorsqu'elles donnent sur le jardin. Aux beaux jours, on prend son petit déj dans une cour fleurie, mignonne comme tout, agrémentée d'une volière. Au resto, cuisine d'un rigoureux classicisme, bien travaillée. Parfait pour une étape.

Pub L'Alambic : *35, rue Marcel-Jambon (entrée par le resto au 25, rampe des Mobiles). ☎ 05-45-79-02-04. • chateau16300@hotmail.fr • Dans le centre. Tlj sf lun-mar 17h-1h (2h w-e).* Il règne ici une bonne ambiance.

À voir

Le château : *au sommet de la ville, sur une colline. Ne se visite pas.* Du fief seigneurial, autrefois propriété de Richelieu puis de la famille La Rochefoucauld, il ne reste que les belles tours à mâchicoulis du XVe s. Les bâtiments actuels sont en fait d'anciennes dépendances.

LA CHARENTE

L'église Saint-Mathias : *de la pl. du Château, accès par un escalier, puis traverser la pl. du Marché jusqu'à la rue Saint-Mathias.* Bâtie au XIe s, puis reconstruite au XIIIe, elle fut largement remaniée par la suite, notamment au XVIIe s. Elle a toutefois conservé son clocher du XIIe s et un portail du XIIIe s, aux voussures sculptées. À l'intérieur, tableaux et statues du XVIIIe s. En revanche, on ne verra pas ce qui fit longtemps la réputation des lieux : la tête de saint Mathias, volée au XVIe s ! Ce saint très respecté n'était autre que le remplaçant de Judas parmi les apôtres...

Les vieilles rues : certaines pleines de cachet, au pied du château, comme la rue des Hautes-Douves.

DANS LES ENVIRONS DE BARBEZIEUX-SAINT-HILAIRE

Chez Roger Prisset : *à Puycaillon, 16250* ***Jurignac.*** *☎ 05-45-66-37-55. • cognac-prisset.fr • Sur la N 10, à env 14 km au nord-est de Barbezieux, prendre à gauche la D 107 (direction Malaville). Compter 5 €/pers (visite en petit train et dégustation).* Au cœur du vignoble charentais, ce bouilleur de cru (c'est-à-dire qui distille lui-même sa récolte) vous convie à écouter ses confidences au pied de son alambic en chauffe, de décembre à février. Le reste de l'année, vous pourrez déguster les productions de ce viticulteur, après une visite des vignes en sa compagnie ou une promenade dans le petit train. Cela permet d'avoir un joli coup d'œil sur le vignoble de Cognac. Accueil sincèrement adorable. Vente sur place.

CHALAIS

(16210) 2 000 hab. *Carte Charente, B4*

Encore une petite ville qui pourrait prétendre au titre de capitale du Sud-Charente. Dans le centre, les rues étroites, bordées d'élégants édifices, témoignent d'un passé prestigieux (elle fut propriété des princes de Talleyrand). La masse imposante du château, propriété de la famille jusqu'en 1883, domine toujours fièrement la vallée de la Tude et de la Viveronne.

Adresse utile

Office de tourisme : *rue de Barbezieux. ☎ 05-45-98-02-71. • sudcharentetourisme.fr • Mai-sept, lun et jeu-sam.*

Où dormir ?

Maison Charles Maurice : *18, pl. de l'Hôtel-de-Ville. ☎ 05-45-98-31-56. • info@maisoncharlesmaurice.com • maisoncharlesmaurice.com • Juste au-dessus de la Société Générale. Doubles 48-65 € ; suites 65-80 € ; petit déj (sur demande) 9 €.* Cette sublime maison de ville du XIXe s abrite 6 chambres et 2 suites magnifiques, louées en meublés. Les suites au 2e étage disposent d'un salon-salle à manger et d'une cuisine. Au 1er, les chambres, de taille tout à fait honorable, donnent sur rue (très calme) ou à l'arrière sur la terrasse-jardin et l'imposante silhouette du château. Déco sobre, contemporaine, dans des teintes actuelles. Literies nickel et lits avec couettes. Le tout desservi par un superbe escalier central. Les clés vous sont remises à l'arrivée. Attention, pour les plus longs séjours, le service de ménage et changement des draps est à prévoir en sus (ou offert la 4e nuit).

LA CHARENTE

Où manger dans les environs ?

Chez Poirier : *16210 **Bardenac.** ☎ 05-45-98-14-31. À 6 km au nord-est de Chalais par la D 731, à deux pas de l'église du village. Ouv tlj tte l'année (sf 1er janv et 1er mai) le midi, sur résa de préférence. Menus 13,50 € (en sem)-21 € (dim et j. fériés).* Inutile de chercher une enseigne grandiloquente : les gens du coin n'en ont pas besoin pour remplir tous les jours ce bistrot populaire au rapport qualité-prix imbattable. Quant aux quantités, elles sont pantagruéliques ! Rouge sur la toile cirée de rigueur et de solides plats de ménage dont beaucoup de grands toqués ont oublié les recettes (vous nous direz des nouvelles du lapin aux pruneaux ou des ris de veau sauce madère...). Mme Poirier est aux commandes, sa fille au service. Le genre d'adresse authentique qu'on adore.

À voir

Le château : *visites guidées passionnantes 15 juin-15 sept, tlj sf lun 15h-18h ; mai-14 juin, w-e et j. fériés ; le reste de l'année, sur résa. 06-12-33-32-76 (M. Bonnin). Entrée : 8 € ; réduc.* Cette énorme bâtisse a appartenu pendant près de six siècles à la famille Talleyrand. Mais, comme tout courtisan qui se respecte, les Talleyrand suivaient le roi dans tous ses déplacements et n'ont que rarement habité à Chalais. Charles Maurice, le fameux diplomate, n'y séjourna pour sa part que de 1758 à 1760. Le château a, hélas, souffert de la guerre de Cent Ans (Charles VII fit détruire l'ancienne forteresse du XIIe s), puis des guerres de Religion. Racheté par l'humoriste Yves Lecoq, ce bien national semble renaître de ses cendres, soutenu par la dynamique Association de sauvegarde du patrimoine du pays de Chalais. Peu à peu restauré, intégralement meublé avec d'authentiques meubles XVIIe s, habité aussi, le château n'a pas encore livré tous ses secrets ! À noter, un superbe pont-levis basculant qui s'ouvre et se ferme quotidiennement.

L'église Saint-Martial : *non loin du château.* Façade au beau portail du XIIe s. Remarquez le christ sculpté. Intérieur intéressant pour sa voûte toute de boiseries peintes. Joli cloître à côté de l'église.

DANS LES ENVIRONS DE CHALAIS

La Bohême : *lieu-dit la Vaure, 16210 **Yviers.** ☎ 05-45-98-09-49. À 4,5 km de Chalais. À Yviers, prendre la direction de Rioux-Martin sur 1 km, puis suivre les panneaux jusqu'à La Vaure. Ouv sur rdv pour la maison. GRATUIT (mais une petite donation à la sortie ne fera pas de mal).* Maison insolite, entièrement décorée de fresques ; son jardin, visible également de la route, est peuplé d'environ 70 statues. On doit cet étonnant musée d'art brut en plein air à Lucien Favreau, émule du Facteur Cheval, disparu en 1990. Ses cendres reposent sur le site, et c'est sa famille qui veille à la conservation de l'œuvre touchante de cet ancien compagnon plâtrier. Parmi les scènes insolites, cette chèvre bottée. La maison est à l'image de ces statues couvertes de feuillage : on y admire des peintures naïves dignes du Douanier Rousseau, une façade verte comme une queue de sirène et couverte d'amusantes fresques. Autre chef-d'œuvre d'art brut : la vache qui pisse quand il pleut (ou si on ouvre le robinet) !

LE « FACTEUR CHEVAL » DE CHARENTE

Lucien Favreau, ce poète du béton, était plâtrier de métier et ancien compagnon du Tour de France. Il découvrit sa vocation à la mort de son chien ! Après lui avoir érigé un beau mausolée dans son jardin, à Yviers, il eut l'idée d'en construire d'autres à la gloire de ses plus grandes idoles : Coluche, Brassens, sans oublier... Adam et Ève !

AUBETERRE-SUR-DRONNE

(16390) 370 hab. *Carte Charente, B4*

Peut-être le plus original des villages de Charente, et sûrement l'un des plus jolis ! Pas étonnant qu'il ait été classé parmi les Plus Beaux Villages de France... Ancienne place forte disputée entre Français et Anglais, puis entre catholiques et protestants, étape médiévale sur l'un des chemins de Compostelle, Aubeterre a été construit en amphithéâtre autour d'une boucle de la Dronne. À l'arrivée, le village se présente d'une bien curieuse manière, avec ses rues qui n'en finissent pas de monter et de redescendre, ses porches, ses impasses, ses escaliers et ses panoramas sur une symphonie de vieux toits. Au début, on ne comprend pas bien où peut se trouver le centre. Une fois qu'on l'a déniché (une charmante placette ornée de tilleuls, qui fleure bon le sud de la France), on respire. Et on peut s'attaquer à nouveau à ces venelles escarpées, bordées de maisons hautes et blanches envahies de balcons fleuris.
Aubeterre ne compte même pas 400 habitants. Mais on se croirait dans une petite ville tellement les curiosités, les boutiques d'artisanat, les manifestations et les activités sportives abondent... Il faut reconnaître que peu de villages en France peuvent se prévaloir d'un aussi riche passé. Savez-vous, par exemple, que le fondateur de la Ligue française des Droits de l'homme et du citoyen est un natif d'Aubeterre ? Bref, on ne s'ennuie pas à Aubeterre. C'est même un endroit idéal pour des vacances.

Adresse utile

***i* Office de tourisme du Sud-Charente :** *2, pl. du Champ-de-Foire. ☎ 05-45-98-57-18. • sudcharentetourisme.fr • ♿ Juil-août, tlj ; sinon lun-sam.* Accueillant et très bien documenté.

Où dormir ? Où manger ? Où boire un verre ?

Camping

⛺ Camping municipal : *route de Ribérac. ☎ 05-45-98-60-17. 📱 06-87-29-18-36. • camping.aubeterre-sur-dronne@orange.fr • camping-aubeterre.fr • ♿ Ouv mai-sept. Env 19,30 € pour 2 avec tente et voiture en hte saison ; hébergement locatif 220-418 €/sem.* Au pied du village, au bord de la Dronne, avec accès direct à la plage de sable fin. Une centaine d'emplacements ombragés et bien délimités. Douches chaudes et électricité. Nombreuses activités sur place et à proximité : pêche, bateau, tennis, VTT, boules, aire de jeux pour enfants, etc.

Prix moyens

🏠 🍽 🍷 Hôtel de France : *pl. Ludovic-Trarieux. ☎ 05-45-98-50-43. Resto ouv tlj. Double 70 €. Hors saison, menu du jour en sem 14 € ; sinon carte env 20 €.* Ce café-resto vient d'être repris par un Hollandais, et le cuisinier est anglais. La rénovation est en cours. Idéalement situé sur la place du village, on peut savourer à toute heure sa petite terrasse adorable avec confortables fauteuils pour boire un verre.

🏠 Chambre d'hôtes chez Yveline Renou : *15, pl. Ludovic-Trarieux. ☎ 05-45-98-04-08. • yveline.renou@free.fr • Congés : 2 nov-25 mars. Double 60 €.* Cette adresse cumule les avantages. D'abord, les amoureux d'histoire seront à la fête en apprenant qu'ils logent dans la maison natale de Ludovic Trarieux, le grand homme d'Aubeterre. Ensuite, la bâtisse profite d'un emplacement de choix : côté pile, elle regarde la plus jolie place du village ; côté face, elle surplombe la vallée de la Dronne. Le petit déj est d'ailleurs servi dans la salle à manger donnant sur ce beau panorama. Quant aux chambres, elles se révèlent impeccables, confortables (salles d'eau nickel) et meublées d'ancien. Pour bouquiner, direction le jardin de curé dont la vue n'a rien à envier à celle de la maison. Bref, que du bonheur, d'autant que l'accueil est gentil comme tout.

Chic

Hostellerie du Périgord : *quartier Plaisance. ☎ 05-45-98-50-46. • hpmorel@aol.com • hostellerie-perigord.com • Au pied du village, sur la route de Ribérac. Resto fermé dim soir et lun. Congés : 2 sem début janv. Double 75 €. Formule déj sf dim 13 € ; menus 18 € le midi, 28,50-32,50 € le soir. Parking.* C'est la bonne adresse du secteur, tenue par un couple franco-anglais très accueillant. Chambres de bon confort, agréables, voire très mignonnes pour certaines d'entre elles. Salle à manger tout aussi plaisante avec sa véranda qui ouvre sur le jardin (avec sa piscine et son spa). Cuisine plutôt mode, pleine d'idées sucrées-salées, qui a conquis sa clientèle locale. Bref, c'est l'hostellerie dans le sens plein du terme : cosy et gourmande !

Où camper dans les environs ?

Camping de la Petite Grange : *16390 **Bonnes.** ☎ 05-45-98-54-28. 06-80-94-86-95. D'Aubeterre, suivre la D 17 en direction de Saint-Aulaye ; c'est 3 km après Bonnes. Ouv avr-sept. Compter 9 € l'emplacement pour 2 ; mobile homes 300 €/sem en hte saison ; chambre d'hôtes 30 €/nuit. CB refusées.* Cette ancienne ferme s'est reconvertie en camping, spécialisé dans l'accueil des pèlerins pour Compostelle. Mais bien entendu, tout le monde a le droit de planter sa tente au bord de l'étang, d'y titiller le gardon et de profiter de la table de ping-pong. Cadre agréable donc, et infrastructures simples mais suffisantes (douches chaudes, lave-linge, passage du boulanger en saison...).

À voir

L'église souterraine dite « église monolithe » : *rue Saint-Jean (fléché à partir du centre). ☎ 05-45-98-65-06. Tlj sf 1er janv et Noël 9h30-12h30, 14h-17h30 (18h30 juin-sept). Visite guidée possible en été en groupe, sinon audioguide gratuit. Entrée : 5 € ; 2 € 7-12 ans ; réduc.*

Longtemps connu sous le nom d'« église monolithe », ce sanctuaire formidable est aujourd'hui considéré comme une église souterraine... comprenant effectivement des éléments monolithes. Nuance. Mais la querelle d'experts a du bon : les différents chantiers de fouilles ont permis de retracer l'histoire de ce site pas comme les autres. On sait désormais que l'église date du XIIe s, et qu'elle a été creusée par Pierre de Castillon dès son retour de croisade. Il s'est inspiré pour l'occasion de modèles visités en Cappadoce, notamment pour la technique de creusement du haut vers le bas (moins dangereuse que l'inverse). Par ailleurs, la cavité creusée au centre, que l'on a longtemps considérée comme une cuve baptismale du Ve ou VIe s, est en réalité une fosse à reliques pour la Vraie Croix (rapportée de croisade par Castillon). C'est d'ailleurs ce qui a motivé la construction de l'église.

Enfin, si cette merveille mérite largement la visite, c'est aussi parce que c'est l'un des rares exemples d'église souterraine visible en France (avec celle de Saint-Émilion, commandée également par le prolifique Castillon, et celle de Gurat, toute

proche) et la plus haute d'Europe. À eux seuls, les piliers du centre mesurent 20 m de haut. Si la nef a aujourd'hui disparu par suite d'un effondrement (elle s'étendait jusqu'à la rue actuelle), le transept impressionne par ses proportions : 27 m de long sur 16 m de large. Tout cela creusé à même la falaise ! Un escalier conduit à une galerie circulaire, d'où l'on a une vue d'ensemble de la grotte.
L'église Saint-Jean d'Aubeterre est aussi unique au monde par la richesse de ses éléments. On y a retrouvé un étrange monument monolithique du XIe s ressemblant à un mausolée. Autre surprise (sur la gauche de la grotte) : une vaste nécropole du IXe s, contenant 160 sarcophages. Enfin, le sous-sol abrite une crypte du XIIe s. Elle fut découverte grâce à un camion qui la fit s'effondrer en passant sur la route !

L'espace Ludovic-Trarieux : *rue Barbecane (presque à l'angle de la pl. Ludovic-Trarieux). ☎ 05-45-98-04-08. Pâques-Toussaint, l'ap-m mer-dim (tlj 16h-19h juil-août) ; le reste de l'année, sur résa. GRATUIT.* Aubeterre se devait de consacrer un espace à son héros, et quitte à bien faire, autant l'installer dans sa maison natale. Par conséquent, les caves en partie médiévales abritent désormais une petite exposition sur la vie de Ludovic Trarieux (universitaire, puis bâtonnier de la Gironde, et enfin député), et plus précisément sur l'œuvre de sa vie : la création en 1898 de la Ligue française des Droits de l'homme et du citoyen. Une section s'intéresse d'ailleurs à l'action de la Ligue aujourd'hui, et au prix Ludovic-Trarieux qui récompense chaque année un avocat ayant œuvré pour les Droits de l'homme.

L'église Saint-Jacques : *au-dessus de la pl. Ludovic-Trarieux.* Splendide façade romane, élégamment décorée d'arcades sculptées surmontées d'arcatures. Certainement l'une des plus belles de Charente. Les colonnettes donnent toute sa finesse à l'ensemble, de style hispano-mauresque. Une frise sculptée décorant les chapiteaux et la façade reprend le thème des travaux des mois. Cette façade est hélas tout ce qu'il reste de l'église du XIIe s, détruite au XVIe pendant les guerres de Religion et reconstruite au siècle suivant. À l'intérieur, belle charpente. À gauche de l'église, la curieuse tour blanche dite « des Apôtres », du XVIe s.

La rue Barbecane : l'une des plus jolies du village, qui part en face de la place Trarieux et descend vers le Guicherot (ou place Merkès-Merval), placette mignonne comme tout : vieux lavoir, fontaine et adorables maisons aux balcons dits espagnols.

Le passage Bardichon : magnifique venelle fleurie qui rejoint l'église souterraine.

La Maison des marionnettes : *6, pl. Ludovic-Trarieux. ☎ 05-45-98-45-59. Juil-août, spectacle mer en français, lun-mar en anglais ; appeler le mat pour réserver.* Créée par un Anglais qui présente sa jolie collection et des spectacles.

Le château : *ne se visite pas.* On peut néanmoins jeter un coup d'œil au châtelet d'entrée du XVIe s.

Le couvent des Cordeliers : *rue Pierre-Véry. En haut du village. Ne se visite pas.* Bâtiment du XVIIe s transformé en école à la fin du XIXe s. Le nom de quelques-uns de ses anciens élèves devrait vous évoquer quelque chose : Zola (Émile, quand son père était en poste à Barbezieux) ou France (Anatole)...

Le couvent des Minimes : *rue Pierre-Véry. En haut du village.* Il abrite désormais une maison de retraite, mais la chapelle est toujours en accès libre avec un point de vue sur le cloître.

À faire

La plage : eh oui ! Une vraie plage, spacieuse et bordée d'arbres. Quant à l'eau... ce n'est pas la mer, mais la Dronne. En tout cas, il y a du vrai sable, importé chaque année au mois de juin... Et le barrage de 40 m de long amuse bien les enfants. Buvette et snack.

– ***Canoë-kayak :*** *à côté de la plage. ☎ 05-45-98-51-72.* En juillet-août, le club organise des randonnées sur la Dronne de 2h à la journée, mieux vaut réserver.

➤ ***Randonnées :*** fiches disponibles à l'office de tourisme. Circuit VTT également.

Manifestation

– ***Festival des Nuits musicales :*** *de juil à mi-août.* Concerts de musique classique et de musiques du monde dans l'église souterraine.

DANS LES ENVIRONS D'AUBETERRE-SUR-DRONNE

MONTMOREAU-SAINT-CYBARD (16190)

Sur la route d'Aubeterre à Blanzac (D 10). On peut faire un crochet par une belle région de campagne vallonnée pour rendre visite à cette petite ville ancienne, surmontée d'un important château du XVe s, autrefois propriété des Rochechouart. Il ne se visite malheureusement pas, mais les vieilles rues des alentours ont un certain cachet. Au pied de la butte, vaste église du XIIe s (remaniée au XIXe s) au porche joliment sculpté.

Où boire un verre dans les environs ?

🍷 ***La Cloche :*** *Le Bourg, 16190* ***Bors****. ☎ 05-45-23-94-69. ♿ À 8 km au sud de Montmoreau par la D 709 puis la D 10 en direction d'Aubeterre. Mer-sam 17h-1h.* 📶 Face à l'église, un pub convivial façon estaminet avec une bonne sélection de bières (le patron est brasseur). Quelques concerts appréciés des jeunes du coin. Et des burgers pour se sustenter.

LA CHARENTE

BLANZAC-PORCHERESSE

(16250) 900 hab. *Carte Charente, B3*

À 15 km à l'est de Barbezieux, un gentil bourg serré autour de sa vieille église, au cœur d'une région riche en curiosités.

Adresse utile

ℹ ***Antenne du pôle touristique du Sud-Charente :*** *• office.de.tourisme.blanzac@wanadoo.fr • Pour tt rens, contacter le pôle touristique du Sud-Charente à Aubeterre (voir plus haut).*

Où dormir ? Où manger dans les environs ?

⛺ 🏠 🍽 ***Le Château de Lerse :*** *16250* ***Pérignac****. ☎ 05-45-25-95-90. • contact@chateaudelerse.com • chateaudelerse.com • À 6 km au sud de Blanzac par la D 10. Emplacement (eau et électricité comprises) 18 €/pers ;*

doubles 150-190 € selon saison, petit déj compris. Table d'hôtes à partir de 35 € (sans la boisson). Acquis en 2010 par un couple de Belges flamands, ce superbe château médiéval abrite désormais, au sein d'une exploitation agricole où sont élevées des vaches au look de panda (les Galloway), 4 superbes chambres contemporaines, toutes dotées de sanitaires privés et d'installations haut de gamme. Le parc est magnifique et dispose, en bordure d'étang, d'une poignée d'emplacements de camping. Les propriétaires ne vivent pas sur place, mais Yveline et Pascal, les régisseurs du domaine, assurent un accueil attentionné et mitonnent de bons plats, inventifs, avec les produits du domaine.

Le Logis de Puygâty : *16250* ***Chadurie.*** *☎ 05-45-21-75-11. • info@logisdepuygaty.com • logisdepuygaty.com • De Blanzac, direction Montmoreau-Saint-Cybard par la D 10, puis à gauche la D 46. Congés : nov-mars. Double 180 € ; petit déj 15 €. Table d'hôtes le soir sur résa 45 €. Apéritif offert sur présentation de ce guide.* Pour une fois, l'image du havre de paix n'est pas galvaudée. La piste en terre s'enfonce en pleine campagne, loin de tout, pour déboucher sur une belle demeure fortifiée du XVe s dont les bâtiments s'organisent autour d'une cour carrée. Mais la civilisation n'est pas oubliée pour autant : les chambres, réparties dans les anciennes écuries, bénéficient toutes du wifi et d'un système complet audio-vidéo ! Quant à la déco, c'est un vrai modèle du genre. Elle respecte l'esprit rustique des lieux (sols en pierre de pays, murs et bois chaulés, auges transformées en lavabos...), dans une version sophistiquée qui intègre parfaitement les nombreux ajouts contemporains. Du beau travail et, au final, une destination cosy en diable. Piscine.

Auberge des Grands Aulnais : *chez Isabelle et André Laurent, Les Grands-Aulnais, 16250* ***Cressac-Saint-Genis.*** *☎ 05-45-64-02-97. • les.grands.aulnais@orange.fr • De Blanzac, direction Chalais par la D 7 sur 4 km et prendre à droite la D 46 sur 500 m. Tlj sf ven et dim soir, sur résa slt. Menus 20-28 €, apéro et café compris.* Joli cadre : un ancien moulin en bordure d'un plan d'eau où les Laurent élèvent des canards. On s'attable dans une grande salle rustique qui n'a rien à envier à celle d'un resto classique, ou dans une véranda lumineuse et chaleureuse (cheminée, mobilier en bois) donnant sur l'étang. Menus composés, logiquement, de rillettes, salade de gésiers, cou farci, foie gras, confit, magret et, plus surprenant, du silure de l'étang. Gâteaux et glaces maison. Vente de conserves. Accueil très sympathique. Fait aussi chambres d'hôtes.

À voir

L'église Saint-Arthémy : *visite libre (mais chapelle fermée au public) ou commentée sur rdv ; s'adresser au Comité de découverte du patrimoine en Blanzaçais (☎ 05-45-64-07-31).* Remaniée plusieurs fois, elle a toutefois conservé un clocher roman et une haute et fine façade du XIIIe s. Admirez le portail polylobé de la même époque. L'intérieur, aux proportions impressionnantes, évoque presque une cathédrale. La nef est de style gothique, mais le chœur est roman (le carré du transept est la partie la plus ancienne de l'édifice). Des vestiges de peintures murales des XVe et XVIe s y voisinent avec de romantiques (et naïves) fresques du XIXe s. Notez également quelques esquisses du XIIe s sur le pilier nord-est du clocher. Enfin, remarquez les chapiteaux sculptés sur les colonnes, et plus particulièrement les quatre atlantes supportant la voûte.

Manifestation

– **Clôture de la Coupe d'Europe de montgolfières :** *pdt 4 j. (ts les 2 ans années impaires), à* ***Mainfonds,*** *près de Blanzac. • mainfonds.com •* *Voir plus haut la rubrique « Manifestations » à Angoulême.*

DANS LES ENVIRONS DE BLANZAC-PORCHERESSE

La chapelle des Templiers de Cressac : *à 2 km au sud de Blanzac (D 7 puis à droite au panneau). En été, mar-sam 15h-17h ; ou sur rdv tte l'année (s'adresser au Comité de découverte du patrimoine en Blanzaçais au ☎ 05-45-64-07-31 ou à la mairie de Blanzac au ☎ 05-45-64-03-77 ; peuvent aussi vous faire visiter les autres églises des alentours). Visite guidée : 4 € ; réduc.*
Cette petite église très dépouillée est une ancienne commanderie. Elle profite d'un cadre charmant, sur un coteau de la vallée du Né bucolique à souhait, mais ce sont ses fresques remarquables qui justifient largement le détour.
Peint au XIIe s, cet authentique chef-d'œuvre médiéval a été patiemment restauré pendant... 18 ans. Les petites histoires dessinées apportent un témoignage essentiel sur l'époque des croisades : ces scènes de combat en Palestine ne sont visibles nulle part ailleurs. On remarque, au-dessus de la porte, le roi terrassant l'infidèle. Pour le récompenser, sa femme lui offre une fleur de lys ! Il s'agit d'ailleurs d'un indice permettant d'identifier les protagonistes : sans doute Louis VII et Aliénor d'Aquitaine. Dans un coin de la fenêtre, un bateau symbolise le voyage. Au début du mur de gauche, la ville d'Antioche. À côté, des chevaliers sortant de leur forteresse, puis une bataille. Au milieu : une remise d'otage. À la fin, les croisés triomphent, bien sûr. On notera également un chrisme (une croix stylisée) sur le mur du fond. Sa signification probable se rapporte à une phrase du Christ : « Je suis l'alpha et l'oméga. » Curieusement, cette chapelle historique appartient aujourd'hui au culte protestant.

Le manoir du Maine-Giraud : *à 3 km au nord de Blanzac par la D 7 puis à gauche (fléché). ☎ 05-45-64-04-49. • mainegiraud.com • Tlj sf dim 9h-12h, 14h-18h. Visite guidée gratuite et commentaire audio.*
Ancien domaine d'Alfred de Vigny, qui y vécut de 1827 à 1863, se lançant avec ténacité dans la production de cognac entre deux poèmes ! Une bien jolie demeure à tourelle, construite en 1464. Notez les initiales AV sur la flèche de la tour. Dans celle-ci, au dernier étage, le cabinet de travail d'Alfred, minuscule pièce entièrement boisée, grande comme un placard ! C'est dans cet ascétique refuge qu'il écrivit *La Mort du loup* en une nuit. Au moins, il pouvait surveiller son vignoble de la fenêtre...
À part ça, on visite également la salle à manger (transformée en petit musée consacré au poète), avant de rejoindre le chai et la distillerie. Car *Le Maine-Giraud*, c'est encore et toujours un domaine viticole ! Avant la dégustation de rigueur, vous aurez droit à une explication détaillée des secrets de fabrication du cognac et du pineau. Également des expos temporaires.

L'église romane Saint-Cybard de Plassac-Rouffiac : *au nord du Maine-Giraud. Prendre la D 7 puis la D 107 à droite.* On la distingue tout de suite de la route, dominant fièrement son petit village. Très beau clocher octogonal surmonté d'une flèche conique aux écailles de pierre. Sa façade austère, aux arcatures aveugles, contraste avec l'intérieur de pierre blanche, étrangement lumineux pour une église romane. Dans le chœur, de beaux chapiteaux historiés soutiennent la corniche. Notez l'oculus curieusement désaxé percé dans l'abside : c'est pour que les rayons de soleil la traversent le jour de la Saint-Cybard ! L'autre curiosité des lieux est la crypte (accès sur les côtés), qui sert encore pour les messes ! En ressortant, ne manquez pas le joli panorama sur la région : la vallée de la Charente est juste en face, derrière les arbres. Cette église du XIIe s était une étape sur la route de Compostelle.

MOUTHIERS-SUR-BOËME *(16440)*

Mignonne petite bourgade autrefois connue pour son monastère et ses papeteries, parmi les plus vieilles de France. De ces temps oubliés reste l'église romane, très intéressante bien que remaniée aux XVe et XVIIIe s. À l'intérieur, chapiteaux joliment travaillés. Du centre du bourg, un chemin mène au cœur de la verdoyante vallée de la Boëme où se cache la *chaire de Calvin.* A-t-il prêché ici ? Rien de moins sûr, mais cette grotte est l'un des plus importants sites préhistoriques du coin. Évidemment, elle ne se visite pas mais, en louchant un peu à travers la grille de protection, on devine la grande frise sculptée qui habille les parois.

LE PAYS D'HORTE ET TARDOIRE

À l'est du pays d'Angoulême, cette région réunit les environs de la forêt d'Horte, grande et encore sauvage, et ceux de la vallée de la Tardoire, plus au nord. Transition entre la Charente, le Limousin et le Périgord, le pays d'Horte et Tardoire offre donc une grande diversité de paysages. Beaucoup de forêts pour les amateurs de randonnée, mais aussi quantité de grottes qui réjouiront les spéléologues en herbe. Pour des raisons pratiques, histoire de ne pas compliquer votre itinéraire, nous avons traité dans cette région les sources de la Touvre, habituellement rattachées au pays d'Angoulême.

VILLEBOIS-LAVALETTE

(16320) 757 hab. *Carte Charente, C3*

Cette très ancienne cité a longtemps servi à défendre le pays d'Horte et la voie romaine de Blanzac à La Rochebeaucourt, comme en témoigne son imposante forteresse, posée sur une colline telle une couronne sur une tête royale. Construite du Xe au XIIIe s par Élie de Villebois puis par les Lusignan, elle a conservé quasi intacts ses remparts et ses sept tours étincelantes. Un vrai décor de cinéma ! L'endroit est surtout fameux pour avoir accueilli Louis XIII, qui planta même un acacia dans la cour ! L'histoire récente du château n'a toutefois plus grand-chose de romanesque : propriété du cadet de Gascogne Nogaret de Lavalette qui laissa son nom à la ville, il fut par la suite transformé en magasin à vivres par l'armée révolutionnaire, en prison, en gendarmerie et enfin en école. Racheté au début du XXe s, il est aujourd'hui privé et fait l'objet d'importantes fouilles archéologiques.

Adresse utile

Office de tourisme : *pl. du Champ-de-Foire. ☎ 05-45-64-71-58. • pays-horte-tardoire.fr • Lun-ven et sam mat (plus juil-août sam-dim 15h-18h au château) ; hors saison, du lun ap-m au sam mat.* Circuit patrimonial du village avec une documentation. Dès juin, plusieurs jours dans la semaine, l'office propose des visites guidées (village et château) en français et en anglais. Bien documenté sur toute la région.

Où manger ?

Le Lavalette : *pl. des Halles. ☎ 05-45-61-71-37. Fermé lun, plus dim soir et mer soir sept-juin. Congés : 3 premières sem de janv et 2de quinzaine de nov. Menus 15,50 € (midi en sem), puis 22-28 €.* Une façade charmante, un intérieur chaleureux (mur en pierre, poutres, parquet et tomettes, sièges en cuir ou en rotin) et des tables en terrasse sous les halles multicentenaires, voilà déjà de quoi se réjouir. Et l'assiette ne déçoit pas, bien au contraire. À base de produits de saison, traditionnelle ou plus innovante, la cuisine est savoureuse, parfumée d'épices et d'herbes et soigneusement présentée. Une raison de plus de faire une halte dans ce joli village !

À voir

Le château : *vous ne pouvez pas le rater, il domine la ville. Visites guidées slt (contacter l'office de tourisme) : juil-août, mar-dim à 14h30, 16h et 17h30, et visites combinées avec le village lun, mer et ven ; le reste de l'année, sur résa. Entrée : 4 € ; billet combiné avec la visite du village 4,50 € ; réduc.* À l'entrée, remarquez sur les murs les marques de boulets de canon ! On visite d'abord les ruines d'une importante chapelle romane (vestige du premier château), qui servit de refuge aux pèlerins de Saint-Jacques. En longeant les enceintes, on découvre ensuite les vieilles tours construites par les Lusignan, soigneusement restaurées il y a quelques années. Enfin, on pénètre dans une poignée de salles de la demeure seigneuriale, édifice du XVIIe s qui remplaça le vieux logis médiéval jugé inconfortable par le maréchal de Navailles.

Les halles : *pl. des Halles, pardi !* Les plus belles de la région, avec leur impressionnante charpente et leurs colonnes de pierre coiffant un large espace pavé. Construites au XIIe s, elles furent démolies et reconstruites au XVIIe. Ne loupez pas le marché chaque samedi matin.

DANS LES ENVIRONS DE VILLEBOIS-LAVALETTE

La folie Réthoré – Château de La Mercerie : *à* **Magnac-Lavalette.** *À 4 km à l'ouest de Villebois, le long de la D 43, aussitôt après la bifurcation pour Magnac-Lavalette (D 34). De mi-avr à fin juin, dim ap-m et sur résa ; juil-août, tlj 14h30-17h ; slt sur résa le reste de l'année (mairie : ☎ 05-45-64-92-54).* L'intérêt de cette étrange demeure réside dans sa formidable façade, que l'on aperçoit parfaitement de la route. Et quelle façade ! 220 m de long, 20 m de profondeur et 15 m de hauteur, le tout en pierre de Charente, de style néoclassique. Derrière : rien. Les frères Réthoré, qui entreprirent ces travaux à partir de 1947, n'eurent jamais assez d'argent pour les achever ! Alphonse (architecte) et Raymond (député-maire, ami du général de Gaulle) ont pourtant englouti leur fortune dans ce que l'on appelle désormais la « folie Réthoré »... Ne se contentant pas de leur petit château à tourelles (que l'on voit sur la gauche), les deux frères ont carrément voulu construire un nouveau Versailles ! En plus de la façade, ils ont entrepris parallèlement l'aménagement de jardins en terrasses (30 000 m³ de terre déblayés !) et acheté des œuvres d'art dans toute l'Europe : il fallait bien meubler leur demeure Grand Siècle. À noter, une belle collection d'azulejos, cette faïence murale portugaise, bleue ou polychrome. Ruinés, Raymond et Alphonse sont morts sans voir l'aboutissement de leur rêve. Ils ont au moins obtenu l'autorisation de se faire enterrer dans leur château...

Charmant : *à 8 km à l'ouest de Villebois par la D 5.* Perché sur une colline, ce village bien nommé mérite un coup d'œil si on passe dans le coin : église adorable (XIIe-XIIIe s) flanquée d'un jardin de curé, vestiges d'une ancienne commanderie des Templiers et belles demeures traditionnelles bordées de roses trémières...

Ronsenac : *à 3 km au sud-ouest de Villebois par la D 16.*
Ronsenac mérite également le détour. D'abord pour son ***prieuré,*** juste derrière l'église *(☎ 05-45-62-10-83 ; 06-73-43-97-12 ; ouv sur rdv ; entrée : 2 €).* Fondé par l'ordre de Cluny au XIe s, remanié à la Renaissance, il a malheureusement été

LA CHARENTE

transformé en remise agricole à la fin du XVIIIe s. Les actuels propriétaires ont toutefois retrouvé par hasard des fresques et des peintures du XIIIe s aux coloris encore étonnamment vivaces (l'une représente Adam et Ève chassés du Paradis terrestre). On visite aussi un vaste cellier voûté du XIVe s, les ruines de la salle capitulaire avec ses pierres tombales et le cloître où l'on remarque les rares caveaux à pourrissoir...
En quittant le prieuré, arrêtez-vous un instant devant le *Safari Bar.* Quelques traces d'arcades, de contreforts et une partie en encorbellement rappellent son ancienne fonction de maison forte du village. Jetez aussi un coup d'œil à la *fontaine* (plus ou moins légendaire...). Cachée dans une vieille impasse (route de Gurat), cette charmante source débite quand même 300 m^3 à l'heure. Elle est clôturée par une belle ferronnerie octogonale qu'enjolivent huit boules de cuivre, dont quatre supportent un décor de fer forgé surmonté d'un globe de cuivre.

Gurat : *à 7 km au sud de Villebois par la D 17.* Construit sur une falaise calcaire au-dessus de la Lizonne, Gurat est un bien curieux village dont les *grottes* mystérieuses furent habitées il y a des siècles... L'une d'elles servit même longtemps d'église ! À la sortie du village, emprunter le joli sentier de gauche, qui longe un cours d'eau et des potagers. Quelques centaines de mètres plus loin, on aperçoit des grottes et des bassins. Tout au bout, le chemin s'élève brusquement et conduit à la fameuse *église rupestre Saint-Georges.* Ouvert aux quatre vents, le site est toutefois officiellement interdit d'accès pour raison de sécurité. D'abord refuge d'ermites au début de l'ère chrétienne, le site aurait abrité ensuite une communauté religieuse, puis se serait développé au XIIe s, à la grande époque des pèlerinages. Abandonnée après le XIIIe s, l'église aurait servi de salpêtrière pendant la Révolution.

LA FORÊT D'HORTE

Carte Charente, C3

Entre Villebois-Lavalette et La Rochefoucauld, une vaste région boisée qui évoque déjà la Dordogne toute proche. Peu peuplée, c'est sans doute l'une des plus sauvages de Charente. La forêt d'Horte est prolongée à l'ouest par celle de Dirac et au sud par celle de La Mothe-Clédou. On passe de l'une à l'autre, au hasard des petites routes du coin, sans vraiment s'en rendre compte. Parfait pour les amoureux de nature et de tranquillité.

À voir. À faire

Petite balade dans la forêt d'Horte

La Rochebeaucourt-et-Argentine : petit bourg sur la frontière entre Charente et Dordogne. Impressionnantes (et pour tout dire un peu inquiétantes) ruines d'un somptueux château néo-Renaissance, construit sous le Second Empire et détruit par un incendie en 1941.

L'arboretum Jean-Aubouin : *forêt de* ***La Mothe-Clédou.*** *Accès par la D 41, au sud de Rougnac. Pour tte info, s'adresser à la Maison forestière de Charras : 06-15-65-34-65.* Ce beau parc de 10 ha, géré par l'ONF, est sillonné d'un intéressant sentier de découverte. De loin en loin, des panneaux explicatifs présentent quelques dizaines d'essences très différentes : chêne rouge, pin noir d'Autriche, cèdre de l'Himalaya, cyprès chauve, frêne d'Amérique... Tables de pique-nique pour la pause déjeuner.

Doumerac : petit crochet (par la D 109) jusqu'à ce hameau pour sa petite église... aux bulbes argentés de pur style byzantin russe ! Le hameau est en effet habité depuis la fin des années 1980 par des moines *orthodoxes* (☎ 05-45-23-05-07 ; visite guidée de l'église – inévitables icônes peintes – juil-août, en principe tlj 14h-18h ; sinon, w-e 14h-18h ou sur rdv, se renseigner avt ; GRATUIT, participation bienvenue). Une curiosité. Vente d'icônes, de tableaux et de produits (confitures...).

TOUVRE

(16600) 1 120 hab. *Carte Charente, C3*

Ce discret village des environs d'Angoulême a le privilège d'être le berceau d'une rivière ! La Touvre, affluent de la Charente, prend ici même sa source, au pied d'une colline surmontée d'une vieille église romane en partie fortifiée (position dominante oblige). Ne manquez pas le spectacle de ces eaux émergeant du sous-sol, dans un bouillonnement de création du monde. Sans conteste parmi les curiosités naturelles les plus étonnantes du département.

Où dormir dans les environs ?

Chambres d'hôtes Le Clos Saint-Georges : *rue de Bel-Air, 16600* **Magnac-sur-Touvre.** *☎ 05-45-68-54-33. 06-83-21-36-86. • nadjacq@voila.fr • le-clos-st-georges.fr • La maison n'est pas à Magnac mais à la sortie de Bussac (village situé au sud) en direction de la D 939. Double 70 €. Réduc de 10 % à partir de 3 nuits consécutives sur présentation de ce guide.* Stratégique ! Car, mine de rien, cette belle demeure en pleine campagne est en réalité aux portes d'Angoulême. Difficile d'y croire en profitant de la vue panoramique sur les bois, en piquant une tête dans la piscine, ou en se reposant dans les chambres à la déco très soignée. Relaxant donc, d'autant que l'accueil est aux petits soins.

Chambres d'hôtes du château de Maumont : *4, rue Aristide-Briand, 16600* **Magnac-sur-Touvre.** *☎ 05-45-68-61-38. • contact@chateaudemaumont.fr • chateaudemaumont.fr • À 2,5 km à l'ouest de Touvre en direction d'Angoulême. Doubles 105-149 €. Repas sur résa le soir 35-60 €.* Dans une magnifique demeure, dont la façade élégante du XVIe s s'emmitoufle de vigne vierge, les 3 chambres et 2 suites mêlent habilement le style d'époque et la décoration contemporaine. Les salons sont tout aussi chaleureux avec murs colorés, cheminée, tapis et objets d'art. Vous profiterez aussi du calme d'un parc soigné, avec massifs et bambouseraie où l'on peut dîner aux chandelles. Les propriétaires, soucieux d'apporter confort et commodité à leurs hôtes, reçoivent avec gentillesse. Massages sur demande.

LA CHARENTE

À voir. À faire

Les sources de la Touvre : *à la sortie du village en venant de Ruelle (au pied de la colline). Laisser la voiture au parking, puis marcher une centaine de mètres pour découvrir ce site séduisant, surtout quand il n'y a personne... Visite libre tlj. GRATUIT.* Il s'agit de la deuxième résurgence de France après celle de Fontaine-de-Vaucluse. Le paysage est à la fois celui d'un marais, tapissé d'algues, et d'un fleuve, avec ses îlots de roseaux. Tout cela attire bien sûr la faune : des poules d'eau, des canards, des cygnes et des oiseaux partout. L'eau, incroyablement claire sur les rives, passe ensuite par toutes les teintes de vert, de l'émeraude à la menthe, en fonction de la végétation. Bref, une piscine naturelle de rêve. Dommage qu'il soit interdit de s'y baigner ! En revanche, un petit sentier en fait en partie le tour. Vous découvrirez ainsi qu'il y a en réalité plusieurs sources : le Gouffre (vaste bassin naturel), le Dormant (profond d'une vingtaine de mètres), le Bouillant (trou de 3 m de diamètre) et la fontaine de Lussac (née d'un tremblement de terre ayant eu lieu à... Lisbonne !).

➢ ***Randonnée :*** ceux qui ont le temps peuvent faire le circuit qui relie Touvre à Bandiat. Compter 3 à 5h A/R en fonction de l'itinéraire choisi.

DANS LES ENVIRONS DE TOUVRE

Les grottes du Quéroy : *16380* ***Chazelles.*** *☎ 05-45-70-38-14. À quelques km à l'est de Touvre par la D 699, puis la D 412 à droite ; un peu après le hameau de Ronzac, tourner encore à droite. De juil à mi-sept, tlj 12h-19h (dernière visite à 17h45) ; de mi-juin à fin juin, tlj 3 visites/j. 14h30, 16h et 17h30 ; de Pâques à mi-juin et de mi-sept à fin oct, slt dim et j. fériés à 14h, 16h et 17h30 ; sinon, sur résa. Visite guidée (50 mn). Entrée : 7,50 € ; réduc. Penser à prendre un pull (12 °C à l'intérieur).* Ce labyrinthe de galeries creusées par les eaux souterraines dans la roche calcaire s'étend sur plusieurs kilomètres. Découvertes par hasard en 1892 par une femme recherchant son chien (le galopin disparut dans un trou en chassant un renard !), elles furent d'abord explorées par le géologue Martel, puis, dans les années 1936, par le fameux spéléologue français Norbert Casteret. Ce fut leur chance. Ce chercheur opiniâtre ouvrit la voie vers un second réseau de superbes grottes, habitées pour certaines au Néolithique. Sur un parcours de 800 m, divisé en deux sections distinctes et spécialement aménagé pour les visiteurs, une trentaine de chambres et de couloirs permettent d'observer éponges, draperies, stalactites (et -gmites) en perpétuelle formation. Magnifique !

MONTBRON (16220) 2 160 hab. *Carte Charente, C3*

Perchée sur une colline qui domine la Tardoire, cette petite ville vit essentiellement de la filature. Ses environs sont superbes : une microrégion, baptisée par certains « petite Suisse charentaise » (incroyable comme le moindre paysage un peu vallonné devient immédiatement suisse !), qui n'a rien à envier au Périgord (vert) voisin. Intéressante église romane au portail orné de voussures sculptées.

Adresse utile

Office de tourisme du pays d'Horte et Tardoire, antenne de Montbron : *pl. de l'Hôtel-de-Ville. ☎ 05-45-23-60-09. • tourisme-scp@pays-horte-tardoire.fr • otmonbron@wanadoo.fr • pays-horte-tardoire.fr • En saison, tlj sf dim ap-m ; le reste de l'année, lun-mar et jeu-ven (slt le mat en hiver).*

Où dormir ? Où manger dans le coin ?

Camping de l'Étang : *16310* ***Le Lindois.*** *☎ 05-45-65-02-67. • campingdeletang.com • À env 15 km au nord-est de Montbron (très bien fléché depuis Le Lindois). Ouv 1er avr-1er nov. Résa conseillée* *(slt 25 emplacements). Compter 19 € pour 2 en hte saison ; chalets 315-385 €/sem. Boisson de bienvenue offerte sur présentation de ce guide.* Un des plus séduisants campings que l'on ait vus en Charente. Au creux d'un bois (vastes emplacements où votre bonne vieille canadienne sera à l'ombre !), face à un étang mignon comme tout qui fera le bonheur des amateurs de pêche. Petite plage pour la baignade, jeux pour enfants, terrain de pétanque, ping-pong. Et surtout, un bar-resto très sympa *(mer-sam le soir et dim ; env 17 €)*, dans un grand chalet confortable décoré de vieux outils et prolongé par une belle terrasse. Excellent accueil de Ilona et Peter, et atmosphère conviviale assurée.

Castel camping Les Gorges du Chambon : *16220* ***Eymouthiers.*** *☎ 05-45-70-71-70. • info@camping-gorgesduchambon.com • camping-gorgesduchambon.com • ♿ À env 5 km au sud-est de Montbron par la D 6, puis à gauche (panneau). Ouv de mi-avr à mi-sept. Selon saison, 16-29,90 € pour 2, mobile homes et chalets 240-735 €/sem. 120 empl. Apéritif maison offert sur présentation de ce guide.* Situé dans la boucle de la Tardoire, ce camping soigné offre toutes les garanties d'un séjour sans fausse note : l'environnement est magnifique (une colline verdoyante baignée par la rivière), l'accueil chaleureux et les prestations à la hauteur (piscine, minigolf, tennis, aire de jeux pour enfants...). Snack dans les dépendances de la ferme attenante (où se trouvent la réception et l'épicerie).

Le Château de Lavaud : *16220 Montbron. ☎ 05-45-23-93-54. • f.manderscheid@gmail.com • chateau-de-lavaud.com • À la sortie de Montbron sur la D 16 en direction de Montembœuf. Ouv tte l'année. Double 135 €. Table d'hôtes sur résa 35 €.* Un coup de cœur pour ce château de 1840 dominant un joli parc et son étang. Florence et Robert (au charmant accent US) ont magnifiquement restauré cet endroit pour en faire une adresse haut de gamme et chaleureuse. Privilégiant les matériaux naturels, ils se sont inspirés avec goût de leurs voyages pour donner à chaque chambre un thème différent. Spacieuses, elles sont dotées de salles de bains très réussies (celle en chaux marocaine est superbe !). Également une suite qui comprend un bureau aménagé dans une des tours. Le salon commun est tout aussi agréable et s'ouvre sur la piscine. Un vrai bonheur !

À voir. À faire

Le château : *ne se visite que dans le cadre des expos et concerts qui y sont organisés.* Imposante demeure construite en 1480 à la demande de Marguerite de Rohan, grand-mère du roi François Ier, à l'emplacement d'une forteresse médiévale détruite pendant la guerre de Cent Ans.

➢ ***Balades à VTT :*** pas mal de possibilités dans le coin. Carte des circuits disponible à l'office de tourisme.

LA ROCHEFOUCAULD

(16110) 3 110 hab. *Carte Charente, C2*

Un nom pareil, celui d'une prestigieuse famille, ça en impose ! Pourtant, de prime abord, cette grosse bourgade traversée par la nationale semble peu attrayante. Elle cache bien sa partie ancienne, que l'on risquerait de manquer si un panneau « Château » n'était pas là pour rappeler que nous sommes dans une ville historique ! Et ce serait dommage : le château de

La Rochefoucauld est certainement le plus beau du département, et la vieille ville réserve quelques surprises.

UN PEU D'HISTOIRE

Au Xe s, une forteresse est bâtie sur la roche qui surplombe la Tardoire. La légende dit que son fondateur, Aymard de Lusignan, apparenté aux Foucauld, était le fils de la fée Mélusine ! Au siècle suivant, sous l'impulsion d'un autre Foucauld, le fort veille sur une petite cité, dont le nom est alors tout trouvé : La Rochefoucauld. Pendant tout le Moyen Âge, la ville s'enrichit grâce à ses artisans, et devient l'une des plus peuplées de la région, rivalisant même avec Angoulême !

Parallèlement, la dynastie des La Rochefoucauld participe activement à l'histoire de France. Très copains avec les Capétiens, puis avec les Valois, les barons de La Rochefoucauld sont de toutes les grandes batailles aux côtés des rois de France. C'est même dans leur château que Charles VII apprend la fin de la guerre de Cent Ans. On imagine la fête qui a dû avoir lieu ici... François Ier de La Rochefoucauld, conseiller de Charles VIII et de Louis XII, devient le parrain de... François Ier, futur roi de France, auquel il donna son prénom. Bref, on ne compte plus les membres célèbres de la famille, et l'on finit même par les confondre puisqu'ils prendront tous l'amusante habitude, à partir de cette date, de baptiser leurs fils aînés... François !

Cette amitié avec François Ier (le roi) va propulser la famille au sommet puisque, grâce à lui, la baronnie est érigée en comté en 1515. Du coup, sous François II (de La Rochefoucauld), le château est agrandi et largement transformé au goût de l'époque, c'est-à-dire en style Renaissance, influencé par le château de Blois. Certains historiens se demandent même si le génie d'un certain Léonard de Vinci (qui a travaillé pour le roi François Ier, comme on le sait) n'est pas derrière le château de La Rochefoucauld... Les François suivants, convertis au protestantisme, ont moins de chance : le numéro III est assassiné pendant le massacre de la Saint-Barthélemy et le numéro IV par les ligueurs. Puis l'ascension reprend, la famille étant redevenue catholique : Louis XIII donne à François V de La Rochefoucauld le titre de duc et pair de France, et le nomme gouverneur du Poitou.

Quant à François VI, qui ne vécut pas ici mais au château de Verteuil, il est sans doute le plus connu des La Rochefoucauld de nos jours, à tel point qu'on oublie souvent son numéro (voir « Personnages » dans « Hommes, culture, environnement » au début de ce guide). C'est en effet lui l'auteur des immortelles *Maximes*...

Adresse utile

🛈 ***Office de tourisme :*** *39 bis, rue des Halles, dans le couvent des Carmes. ☎ 05-45-63-07-45. • tourisme-bt@pays-horte-tardoire.fr • pays-horte-tardoire.fr • ♿ Juil-août, tlj sf dim ap-m ; le reste de l'année, lun-mar et jeu-ven (slt le mat en hiver).* Équipe très sympathique et efficace. Plan de la ville gratuit.

Où dormir ? Où manger ?

Prix moyens

|●| ***Chez Steph :*** *pl. du Champ-de-Foire. ☎ 05-45-62-09-11. • gentys@wanadoo.fr • Juil-août, tlj sf lun-mar ; le reste de l'année, tlj sf lun, mar soir, mer soir et dim soir. Carte 20-30 €.* C'est l'adresse conviviale et chaleureuse, car la carte bien variée s'adresse à tous les budgets et à toutes les envies : pizzas, salades, tartines, mais aussi de bonnes viandes accompagnées de frites croustillantes. Bref, de 7 à 77 ans, tout le monde est satisfait, d'autant que les portions sont généreuses, servies avec

célérité (et le sourire), et en terrasse face au château si le temps le permet. Royal ! Sinon, la salle façon rôtisserie (vue sur le gril) n'est pas mal non plus.

Pour les amateurs du genre, il est possible de loger au ***château*** (lire plus loin « À voir »).

Où manger dans les environs ?

La Bellone : *16310 **Saint-Adjutory.** ☎ 05-45-62-33-88. • alain.gemot@orange.fr • À env 8 km à l'est de La Rochefoucauld. Tlj sf mar soir, mer le soir des dim et j. fériés. Congés : 1 sem en fév et 15 j. fin août-début sept. Menus 13,50 € (midi en sem), puis 23-29 € ; carte env 30 €.* Le village est tout petit, mais les gourmands viennent de loin pour remplir la salle toute simple et pimpante de leurs conversations animées. Il faut reconnaître que la cuisine soignée de *La Bellone* mérite le détour : préparée uniquement avec des produits frais (dessert à la commande, pâtes maison, poisson en fonction des arrivages...) et présentée avec la manière. Une petite perle dans son genre, d'autant plus que l'accueil souriant n'est pas le moindre de ses atouts.

Achats gourmands

Chocolaterie La Pichotte : *33, rue des Halles. ☎ 05-45-63-00-26. Mar-sam 9h30-12h30, 14h30-19h15.* Cette petite boutique est connue pour sa *pichotte,* un bonbon au chocolat à base d'amandes et de sucre glace, avec un léger goût alcoolisé. Elle est fabriquée artisanalement selon une recette secrète depuis 1940. Également toutes sortes de chocolats maison plus communs.

LA CHARENTE

À voir

Le château : *sur les hauteurs de la ville. ☎ 05-45-63-52-71. • chateau-la-rochefoucauld.com • 1er mars-2 janv, tlj sf mar 10h-19h ; janv-fév, slt dim 14h-19h. Visites guidées en juil-août, libres le reste de l'année. Prêt gratuit de costumes adultes et enfants le temps de la visite (150 costumes env). Entrée : 11 € ; 5 € 5-12 ans ; 1 entrée ½ tarif offerte sur présentation de ce guide.*

UNE BIEN ANCIENNE « MAISON DE FAMILLE »

Bien que doté d'un châtelet médiéval du XIIIe s, le fief historique des La Rochefoucauld est un très bel exemple d'architecture Renaissance. C'est aussi le seul château de France habité par la même famille depuis... 1 000 ans !

On y accède par un joli pont de pierre (XVIIe s) qui franchit la Tardoire tout en offrant un beau point de vue sur les remparts et les imposantes tours. Les actuels propriétaires (dont un François, bien sûr, actuellement le 19e de la longue série !) poursuivent dignement la restauration des lieux, véritable gouffre financier, grâce à l'aide de l'État. De Gaulle montra l'exemple en sauvant le donjon en 1962. Depuis, les travaux continuent... Il est même question de confier un vaste projet de rénovation à l'architecte de la pyramide du Louvre, Pei.
La visite donne accès aux parties les plus intéressantes du château. La cour d'honneur réserve une première surprise, avec le spectacle rare (pour l'époque) des galeries à arcades à l'italienne des étages. On visite d'abord la chapelle (au fond, à gauche), bien jolie et très lumineuse. Ensuite, trois salons en enfilade,

tous meublés (et décorés de photos de famille), superbes avec leurs boiseries du XVIIIe s et leurs poutres du XVIe. Par les hautes fenêtres, vue sur la rivière et le vieux pont. Au fond, ravissant petit boudoir qui porte le nom de Marguerite d'Angoulême, en hommage à la sœur de François Ier. Une décoration assez exceptionnelle : les murs sont recouverts de peintures sur bois du XVIIe s. Tous les châteaux que l'on aperçoit étaient ceux de la famille !
On repasse ensuite dans la cour pour visiter deux autres salons dans l'aile voisine. Admirez au passage le superbe escalier à vis, en grande partie sculpté, dont les plans seraient de Léonard de Vinci. La plus longue des marches fait 4 m de long... À l'entresol, les cuisines, avec une batterie en cuivre (nickel !) aux initiales de la famille. Deux immenses cheminées, adossées, laissent imaginer les festins qui s'y préparaient... À gauche de l'escalier, la grande salle des gardes. Tout au fond, un escalier et un souterrain mènent à une petite grotte, appelée « la roche à Foucauld ». Enfin, dispersées dans les étages, les quatre bibliothèques se répartissent les quelque 21 000 volumes du château, les archives du trésor (du XIIIe s à nos jours) et les cartes (salles que l'on ne peut voir qu'accompagné : visites à heure fixe).
À noter qu'il est possible de loger au château. Deux vastes ***chambres*** *(190 €)*, meublées évidemment d'ancien, occupent les étages de l'aile gauche. Le confort est simple (bâtiment historique oblige), mais la vue sur les environs est superbe et l'atmosphère incroyable. On est accueilli par la pétillante maîtresse des lieux, qui offre un apéro de bienvenue et propose une visite privée de ce patrimoine hors norme.

Le couvent des Carmes : *rue des Halles. (partiel). Ouv tlj. Visite libre.* Un très beau cloître et une salle capitulaire, c'est tout ce qui reste d'un couvent carmélite fondé au début du XIVe s. Mais les bâtiments qui ont traversé les siècles valent le coup ! Le long du déambulatoire, typiquement gothique, un alignement de jolies arcades trilobées et de colonnettes galbées. Beaucoup d'élégance et un calme étonnant à quelques mètres de la rue commerçante. L'église attenante accueille désormais une salle de spectacle, un espace d'exposition et l'office de tourisme sur son flanc.

L'église Saint-Cybard : *rue Liancourt (à droite après la rue des Halles). Ouv tlj. Accès libre.* Cette collégiale construite au XIIIe s est l'un des rares exemples d'église gothique en Angoumois. Remarquez la sobriété de la façade et l'élégance du clocher. Hélas ravagée plus d'une fois pendant la guerre de Cent Ans, puis celles de Religion, l'église fut plusieurs fois restaurée. Ce qui explique la disparité de l'intérieur et la pauvreté (relative) du mobilier, surtout daté du XIXe s, à l'exception d'un christ en bois peint du XVIIe et d'un tableau de l'école française du XVIIIe s.

Le musée de l'Hôpital-apothicairerie : *visite slt sur rdv auprès de l'office de tourisme. ☎ 05-45-63-07-45. Gratuit mar ap-m juil-août ; sinon, 2 €.* Il s'agit de l'ancienne apothicairerie de l'hôpital de La Rochefoucauld. Elle renferme une belle collection de vieux pots pharmaceutiques du XVIe au XVIIIe s et deux trousses de chirurgien de l'époque napoléonienne, mais aussi un christ en ivoire, de nombreuses chasubles, des livres anciens, de la vaisselle en étain, des faïences, etc.

LE CONFOLENTAIS ET LA CHARENTE LIMOUSINE

Au nord-est du département, cette région à part a l'originalité d'être une enclave occitane en terre charentaise. Tout y est différent : la terre (granitique), la langue (limousine), l'architecture et, bien sûr, la cuisine. Essentiellement axée sur l'élevage, cette région vallonnée offre de verts paysages,

bucoliques à souhait : petites routes tranquilles, étangs et châtaigniers. Habitée depuis fort longtemps, elle conserve aussi un patrimoine d'une grande diversité : mignons villages, églises originales, châteaux forts, menhirs et thermes romains. Vive la Charente libre, euh, pardon : la Charente limousine !

CONFOLENS (16500) 2 800 hab. *Carte Charente, D1*

Traversée par la Vienne, cette petite ville ancienne a conservé une architecture cohérente qui lui donne une physionomie tout à fait plaisante. Ses rives pleines de charme, ses vieilles rues, ses maisons à pans de bois et sa population accueillante en font même l'une de nos villes préférées du département. En outre, Confolens a pris la bonne habitude de s'ouvrir sur le monde : chaque année, à l'occasion d'un grand festival devenu célèbre, elle accueille des groupes folkloriques issus de tous les horizons.

Adresse utile

Office de tourisme : *8, rue Fontaine-des-Jardins. ☎ 05-45-84-22-22. • cc-confolentais.fr • Juil-août, lun-sam (tlj pdt le festival) ; sept-juin, lun-ven.* On y trouvera un plan, un circuit de visite et un historique de la ville, ainsi qu'une liste des hébergements de la région. Cartes des sentiers de randonnée. Organise toutes sortes de visites guidées thématiques à Confolens et dans le Confolentais (car tout le secteur a été classé Pays d'art et d'histoire !).

Où dormir ?

Camping

Camping municipal : *av. de Saint-Germain, aux* ***Ribières.*** *☎ 05-45-85-35-27. • camping-les-ribieres@orange.fr • campingdesribieres.fr • Au bord de la Vienne, à la sortie du bourg, en direction de Saint-Germain-de-Confolens. Ouv mai-sept. Env 9,60 € pour 2 en hte saison.* Emplacements peu ombragés mais bien verts (car au bord de la rivière), agréables et bien délimités. À proximité, piscine, tennis couvert et découvert... mais équipements limités sur place (aire de jeux pour enfants). On peut aussi pêcher dans le coin.

Prix moyens

Chambres d'hôtes Pont-Vieux : *3, pl. de la Fontorse. ☎ 05-45-30-72-61. • nixxpixx@orange.fr • pont-vieux.com • Au bout du pont, de l'autre côté de la Vienne. Ouv tte l'année. Doubles 58-68 €.* Très bien situé face à la ville, sur les rives de la Vienne. Cette maison tenue par un couple d'Anglais comprend 4 chambres confortables, à la déco sobre et contemporaine, avec vue sur le fleuve. Également une cuisine commune bien équipée, ainsi qu'une terrasse et un jardin au bord de l'eau. Des atouts ô combien appréciables, tout comme l'accueil british de Nick et Mary. Une bonne adresse.

Chambres d'hôtes Val Rocas : *Val Rocas, 9, rue du Pont-de-l'Écuyer. ☎ 05-45-85-32-06. • daniel.valeyre@aol.com • À 300 m du centre-ville, sur les hauteurs. Ouv tte l'année. Double avec douche et w-c 58 €.* Cadre assez étonnant : une grande maison de 1903 hérissée de tourelles (qu'on aurait bien vue dans une station balnéaire de la côte normande) dans un petit parc avec rocailles et escaliers dominant la mignonne vallée du Goire.

Vue formidable depuis la salle à manger. Chambres tranquilles, à la déco un peu chargée (bibelots, bouquins...) mais tout confort (celles du 2e étage sont mansardées). Hôtes sincères et souriants, pas avares en bonnes infos sur la région.

À voir

Rive droite (centre-ville)

Le square Jules-Halgand : c'est de la pointe de ce grand jardin que l'on comprend le mieux la situation de la ville, construite au confluent (origine du nom Confolens) de la Vienne et d'une petite rivière qui s'y jette, le Goire. Joli panorama sur le large cours d'eau.

L'église Saint-Maxime : *pl. du Marché.* Restaurée au XVIe s et au XIXe s, elle conserve néanmoins belle allure avec son portail gothique du XIIIe, sa porte de style Renaissance et sa grande rosace. Une excellente idée : elle est éclairée le soir ; on contemple ainsi de l'extérieur ses magnifiques vitraux.

L'hôtel de ville : *sur la place du même nom (près de l'église).* Ancienne demeure particulière du XVIIIe s, fameuse pour ses ferronneries, notamment celles de l'escalier.

Les maisons à colombages : la plus belle, du XVe s, se trouve rue du Soleil, au no 12 (pas loin de l'église). À l'angle de la rue du Soleil et du quai du Goire, un vieux manoir Renaissance (XVe-XVIIe s). D'autres maisons à colombages sur le quai, qui étaient habitées par des tanneurs aux XVIIe et XVIIIe s. En continuant le quai, jusqu'à un barrage, on tombe sur un moulin à roue. Sinon, rue Pinaguet, de l'autre côté de l'église, d'autres belles maisons à pans de bois dont une avec tour-escalier (à l'anglede la rue Bournadour).

La salle de justice : *accès par la rue du Marché et la rue du Puits-d'Olivet ; ça grimpe.* Reste un beau donjon en granit, du XIe ou XIIe s. Redescendre par la rue du Vieux-Château et prendre la rue des Portes-de-Ville pour admirer l'imposante façade de la salle de justice. De la terrasse, beau panorama sur la ville.

Le Pont Vieux : jeté en travers de la Vienne, il relie les deux parties de la ville. Construit au Moyen Âge mais entièrement rénové au XIXe s, il a hélas perdu ses maisons et ses trois tours fortifiées. Restent ses belles arcades de pierre qui se reflètent dans la rivière. Vue très romantique depuis la petite grève située à la Porte-du-Gué.

Rive gauche

La fontaine de la Fontorse : *sur la place du même nom, dans le prolongement du Pont Vieux.* Vieille de 500 ans, cette élégante fontaine jaillissante (naturelle) fut modifiée au début du XIXe s. Les rues pavées qui partent de la place comptent quelques façades de beaux hôtels particuliers.

La rue des Portes-d'Ansac : *de la place, prendre la rue Fontaine-de-Guimard, puis à droite.* Plein d'autres maisons de tanneurs, à colombages, construites du XVIe au XVIIIe s.

L'église Saint-Barthélemy : *de la rue Théophile-Gibouin, prendre à gauche avt l'ancien hôpital.* Construction romane mais du XIe s, ce qui explique sa sobriété.

Le cimetière : *de la rue Saint-Barthélemy, prendre la rue Auguste-Duclaud, puis à droite.* À l'entrée, incroyable tombeau en lave, posé sur un authentique dolmen.

À faire

➢ ***Vélo-rail :*** *la gare, av. Gambetta. ☎ 05-45-71-16-64. • velorail16.com • ♿ Juil-août, tlj, départs de Confolens et de Roumazières à 10h, 13h et 16h (résa obligatoire) ; le reste de l'année, sur résa. Prix : 28 € le vélo-rail 5 places (2 conducteurs et 3 voyageurs).* Balade le long d'une ancienne voie ferrée à bord de curieuses « voitures à pédales » montées sur des roues de wagons. Cinq places et deux pédaliers. Plusieurs allers-retours possibles, de 15 à 18 km, soit 2 à 3h de balade, de villages en sous-bois en franchissant des viaducs. Départs de Confolens ou de Roumazières vers Manot. Sur cette même ligne circule un train touristique.

Manifestation

– ***Festival international de Danses et Musiques du monde :*** *ts les ans, autour du 15 août. Infos : ☎ 05-45-84-00-77. • festivaldeconfolens.com •* Le festival de Confolens reçoit des groupes de danses et de musiques populaires traditionnels en provenance de pays du monde entier. Spectacles en plein air. À ce jour, tous les pays du monde ont été représentés ! À chaque fois, la ville est envahie de visiteurs venus de toute la France, mais aussi du reste de l'Europe...

SAINT-GERMAIN-DE-CONFOLENS

(16500) 100 hab. *Carte Charente, D1*

Adorable village des bords de Vienne, dominé par les ruines d'une imposante forteresse.

Où dormir dans les environs ?

🏠 🍽 ***Chambres d'hôtes chez Hélène Everitt :*** *Le Pit, 16500 Lessac. ☎ 05-45-84-27-65. 📱 06-30-34-14-11. • everitt16@aol.com • lepit.fr • En quittant Saint-Germain en direction de Lessac, prendre à gauche la D 168. Ouv tte l'année. Double 58 € ; gîte 2-4 pers 380 €/sem. Table d'hôtes sur résa 40 € tt compris (min 3 nuits).* 📶 Petite ferme isolée au bout d'un chemin champêtre, coincée entre un étang et des prés où s'ébattent moutons et lamas. Dans une dépendance, 2 chambres simples mais vastes, claires et confortables. Poêle dans la plus grande pour les soirées d'hiver. Accueil sympathique.

À voir

La forteresse : de toutes petites rues colorées mènent aux vestiges de ce château du XVe s, dont les tours colossales ne manquent pas de prestance depuis leur rénovation. De là-haut, panorama splendide sur le joli village aux vieilles maisons couvertes de tuiles, mais aussi sur la Vienne et les frondaisons des arbres qui la bordent.

L'église : *à côté du château.* De style roman, elle se distingue surtout par son plan en forme de croix grecque, très rare, et ses imposantes dimensions.

CIRCUIT EN CHARENTE LIMOUSINE

Offrez-vous ce beau parcours en boucle au départ de Confolens... Aussi charmante que la route de la vallée de l'Issoire, la D 30 qui va de Confolens à Lesterps est bucolique à souhait : on passe du bocage aux champs de maïs et des alignements d'arbres aux murs de fougères. Un vrai tunnel de verdure !

Adresse utile

Maison des lacs et office de tourisme de Haute-Charente : *Le Bourg, 16310* ***Massignac.*** *☎ 05-45-65-26-69. • office.tourisme@lacshautecharente.com • lacs-de-haute-charente.com • De mi-juin à mi-sept, tlj ; le reste de l'année, fermé sam ap-m et dim.* Pour le secteur des lacs de Lavaud et Mas-Chaban. Là encore, pas mal de doc et très bon accueil. Boutique. Salle dédiée à l'ornithologie.

Où manger dans le coin ?

Le Vieux Moulin : *étang du Bouchaud, route de Limoges, 16150* ***Chabanais.*** *☎ 05-45-84-24-97. • vieux.moulin2@wanadoo.fr • À la sortie de Chabanais en direction d'Étagnac. Tlj sf mar-mer. Congés : 2 sem en mars et 3 sem en oct. Formule déj en sem 15,90 € ; menus 24 € (sf dim)-45 €.* Un peu cachés en contrebas de la route, les bâtiments joliment rénovés sont environnés de fleurs et bordés par l'ancien bief. L'intérieur est tout aussi agréable, dans un style à la fois élégant et rustique. De quoi se mettre en (bonne) condition pour goûter la cuisine joliment ciselée de la maison, du traditionnel recherché de très bon goût. Une halte gourmande comme on les aime.

Circuit

Le menhir du Repaire : *à 2 km de Confolens, sur la droite de la D 30.* Haut de presque 3 m et large de plus de 2 m, c'est le seul du département ! Les Celtes y rendaient un culte à la Nature.

Esse : petit village un peu perché. On y admire un vieux tilleul, paraît-il planté par Sully, devant la jolie petite église romane. Tous les 7 ans, le lundi de Pentecôte (prochain rendez-vous en 2016), on commémore à Esse, depuis le Xe s, l'éradication miraculeuse (après l'exposition au public – ou ostension – des reliques de saint Martial) du mal des ardents qui frappait la région.

Les Gaulois d'Esse : *village gaulois de Coriobona, au* ***Pont-Binot.*** *☎ 05-17-23-15-71. 📱 06-15-63-64-58. • lesgauloisdesse@free.fr • gaulois-esse.fr • D'Esse, prendre la route de Brillac, puis à droite au niveau du pont qui traverse l'Issoire. Juil-août, tlj sf lun, téléphoner pour les horaires (en principe, visites guidées ttes les heures) et pdt les périodes d'animations (les « 10 jours de Grannos », mi-août, tlj 14h-18h) ; le reste de l'année, sur résa. Entrée : 6 € (7 € les j. d'animation).* Il n'y a pas qu'en Armorique qu'on trouve d'irréductibles Gaulois ! Bienvenue à *Coriobona,* village de fiers Lémovices (qui ont donné leur nom à Limoges et au Limousin), retranché sur une colline inexpugnable. Car il faut reconnaître que l'association à l'origine du projet n'a pas chômé : le *murus gallicus* qui défend le site ne manque pas de panache, avec ses remparts en gros moellons et troncs d'arbres. Mais l'intérieur est encore plus impressionnant. Passé la porte en bois épais, on découvre un village complet, construit de façon traditionnelle (chaume, bois, chevilles... et pas de clous !) : maison aristocratique, remises, ateliers, grenier, et même un sanctuaire (avec ce qu'il faut d'ossements d'animaux !). Mais attention, il ne s'agit pas d'un parc d'attractions ! Pendant les périodes d'animation, nos Gaulois d'aujourd'hui se baladent en tenue et s'efforcent d'expliquer en détail le quotidien des Lémovices d'hier. Un peu partout, des artisans travaillent le fer, le bois, la laine, ou façonnent des poteries comme à l'époque, autant d'objets authentiques qui viendront décorer les habitats. Rien n'est laissé au hasard donc, même les reconstitutions de batailles ! Heureusement qu'il y a de la bonne cervoise pour se rabibocher...

Lesterps : au centre du village, une imposante abbatiale célèbre pour son clocher-porche, unique en son genre. D'un seul tenant, ce monument de granit s'élève à plus de 40 m. Mais c'est surtout le porche qui nous intéresse : cet étrange petit couloir se compose de voûtes soutenues par des colonnes aux chapiteaux sculptés, typiques des débuts de l'art roman (Xe s). Le reste de l'église a malheureusement beaucoup souffert : le chœur gothique s'est écroulé au XVIIIe s. À gauche de l'entrée, de vieux chapiteaux sont exposés au sol. Toujours à l'intérieur, sur la droite, remarquez les médaillons représentant le Christ en majesté et une Vierge à l'Enfant. Juste à côté, vous pouvez jeter un œil à la petite maison du Patrimoine *(☎ 05-45-71-02-92 ; juil-août, tlj 14h30-18h30 ; sept, dim slt ; GRATUIT).* Maquette de l'abbaye telle qu'elle était à l'origine, mécanisme d'horlogerie, automates, vieilles photos du village...

Brigueuil : *au sud de Lesterps par la D 30.* Amusante vision que celle de ces grosses maisons serrées les unes contre les autres autour de leur colline. Brigueuil est en fait un vieux bourg fortifié, comme on en voit rarement en Charente. On aperçoit les restes des remparts le long de la route. Laissez votre voiture pour continuer la visite, même si ça grimpe : deux portes du XIVe s, la base d'un donjon du XIIe, le portail gothique de l'église (au sommet du village) et, derrière, la tour à bardeaux du château (XVIIe). Également une lanterne des morts datant du Moyen Âge (dans le cimetière ; voir aussi plus loin à « Cellefrouin ») et une curieuse fontaine pyramidale sur la place du village.

Le château de Rochebrune : *16150* ***Étagnac.*** *☎ 05-45-65-26-69. Infos à l'office de tourisme de Haute-Charente. Visites guidées en été mer-dim 14h-18h. Entrée : 6 € ; réduc.* Il appartenait, aux XIe-XIIe s, au seigneur de Chabanais et Confolens. C'est aujourd'hui un château classique, sobre et élégant, retranché derrière ses douves en eau au bout d'une grande allée. Remarquez le bassin au lion, à l'entrée, et le puits de la cour. Quatre belles tours veillent encore sur l'ancienne demeure des seigneurs de Chabanais, reconstruite au XVIIe s et restaurée au XIXe. À l'intérieur, des cheminées du XVIIe, du mobilier Renaissance et Empire, et divers souvenirs des campagnes napoléoniennes (le château a été acquis en 1805 par un général d'Empire).

Le parc archéologique de Cassinomagus : *16150* ***Chassenon.*** *☎ 05-45-89-32-21. • cassinomagus.fr • (possibilité de parcours adapté). Site ouv début avr-fin sept : juil-août, tlj sf lun 14h-18h ; le reste du temps, lun-ven 10h-18h30, w-e 14h-18h30. Fermé le reste de l'année. Visite libre ou guidée env 1h (à 15h à partir de juin sous réserve de la disponibilité des guides). Entrée : 3,50 € ; réduc.* ***Attention,*** *les thermes resteront fermés pour travaux jusqu'en 2017.*
Cassinomagus (Chassenon en v.f.) est devenu l'un des sites majeurs de Charente. Juste retour des choses,

UN MATÉRIAU DE CONSTRUCTION INÉDIT...

Cassinomagus est définitivement un site unique ! La région a été heurtée par une gigantesque météorite il y a environ 200 millions d'années. Le projectile, d'un diamètre de 1,5 km et évalué à 6 milliards de tonnes, fit un impact de 20 km. La chaleur fut telle que tous les matériaux (terrestres et extraterrestres) ont fusionné, créant une nouvelle roche... utilisée pour la construction du site.

puisque, après tout, c'était déjà le cas à l'époque gallo-romaine ! Aux Ier et IIe s apr. J.-C., Cassinomagus était en effet un important sanctuaire stratégiquement situé au carrefour des voies romaines allant de Saintes à Lyon et de Périgueux à Poitiers. Dévolu au culte, c'était un lieu où l'on venait s'amuser, comme en témoignent les traces du théâtre-amphithéâtre, mais aussi se faire soigner dans les thermes majestueux. Longtemps cachés sous plusieurs tonnes de gravats, ces thermes ont échappé aux pillages et sont aujourd'hui considérés comme les mieux préservés d'Europe. Certains murs atteignent encore plusieurs mètres de hauteur ! C'est dire l'importance du site. D'ailleurs, les archéologues ont obtenu la déviation de la route pour poursuivre les fouilles.
La visite consiste en une présentation vidéo du site dans le beau bâtiment d'accueil à l'architecture contemporaine aérienne (qui abrite également des expos temporaires et des vitrines exposant des objets exhumés lors des fouilles). Par ailleurs, un sentier jalonné de panneaux thématiques et de kiosques permet d'obtenir une vue d'ensemble du site, d'approcher le podium du temple (dont il ne reste rien) et de traverser un jardin planté d'essences connues à l'époque.
Les thermes sont provisoirement fermés pour des travaux de rénovation de toiture. En attendant, sachez qu'ils se distinguent des établissements classiques par leur structure originale : tout avait été prévu en double pour satisfaire à la fois les curistes malades et ceux venus simplement pour une remise en forme. C'est par conséquent la taille inaccoutumée de l'édifice qui surprend d'abord le visiteur. Les galeries de service souterraines conduisent aux salles de chauffe, d'où rayonne un incroyable réseau de conduits servant à alimenter les piscines. À l'étage, les bains au dallage d'époque encadrent la salle des consultations, prolongée par les palestres où l'on pratiquait différents exercices physiques. Des conférences, apéros-philo, concerts, et de nombreuses animations originales (galas de lutte gréco-romaine, théâtre, ateliers archéo-mômes...) restituent l'esprit de Cassinomagus : car c'était avant tout un lieu de vie et d'échanges ! Comme aujourd'hui.

Les lacs de Lavaud et de Mas-Chaban : *Suivre le fléchage « Lacs de Haute-Charente » (immanquable dans le coin).* Au cœur d'une jolie campagne, deux lacs de barrage (environ 200 ha chacun), aménagés à l'origine pour réguler le cours de la Charente. Le nord du lac de Lavaud est très nature (on y trouve des observatoires à oiseaux) ; le sud est plus touristique, avec la grande plage de la Guerlie (sable fin, baignade, base nautique, embarcations à pédales, camping et resto). On trouve quelques petites plages moins fréquentées dans les environs. Le lac de Mas-Chaban est, lui, apprécié des pêcheurs et des planchistes. Un peu plus loin, un Aventure Parc. Sensations garanties : maxi tyrolienne au-dessus de l'eau, parcours dans les arbres de 1,5 m à 10 m et saut à l'élastique et sur airbag géant *(☎ 05-45-24-07-43 ; ● aventure-parc.fr ●).* Sentiers de randonnée qui relient les deux lacs et circuits VTT.

Le château de Peyras : *16270* ***Roumazières-Loubert.*** *☎ 05-45-71-25-25. Accès : du lac de Lavaud, prendre, via Suris, la D 161 direction Roumazières (c'est bien fléché). Ouv tte l'année sur rdv (24h avt), ou dim 14h30-18h (sans rdv). Visite guidée 1h. Entrée : 5 € ; réduc de 1 € sur présentation de ce guide ; gratuit moins de 12 ans.*
Dominant la vallée de la Charente depuis le XIe s (il protégeait un gué), fief de la seigneurie de Roumazières, le château des terribles chevaliers de Peyras est passé de mains en mains (du XIIIe au XVIIIe s, il fut tenu par la famille chevaleresque des Feydeau, puis, en 1720, il devint propriété des La Rochefoucauld) avant de sombrer peu à peu dans l'oubli. Et quand Pierrette et Guy Broin sont arrivés, à la fin des années 1970, au bout de ce chemin en sous-bois, ils ont découvert une semi-ruine. Coup de foudre pourtant. Aujourd'hui, après des années de travaux, ils habitent Peyras à l'année et assurent eux-mêmes la visite.
Certes, Peyras ne ressemble plus guère à ce qu'il était à l'époque médiévale (les tours ont presque toutes disparu, le château est à moitié enfoui sous 6 à 8 m de remblai), mais la visite est captivante, fourmillante d'anecdotes, de précisions

historiques... et les 10 salles meublées comme à l'époque ou la catapulte justifient largement le détour ! Dans la tour intacte (du XIIIe s), salle des gardes du XIIIe et surprenant escalier à vis taillé dans l'épaisseur du mur (on vous expliquera pourquoi il tourne dans ce sens-là !). Superbe pièce aménagée au XVe s (le carrelage est d'époque, le meuble à parchemin du XVIe s). Dans le corps de logis du XVe s, belle charpente en coque de navire renversée et escalier en bois taillé dans la masse. Au passage, petit détour par les ateliers où étaient fabriqués des costumes, armes, armures et boucliers (si vous voulez savoir comment tricoter une cotte de mailles, devant la télé), à l'époque où Peyras organisait de superbes reconstitutions historiques. Enfin, on vous présentera un four de métallurgiste (Ier ou IIe s) qui a été découvert dans l'une des salles les plus anciennes du château, à l'intérieur d'une cheminée du XIIIe s ! Quelques objets celtes et grecs (du Ve au Ier s av. J.-C.), trouvés sur place, attestent que Peyras était occupé bien avant le Moyen Âge.

CELLEFROUIN (16260) 550 hab. *Carte Charente, C2*

À une trentaine de kilomètres au sud-ouest de Confolens, à droite de la route allant vers La Rochefoucauld. On est ici au carrefour du pays d'Horte et Tardoire, du Ruffécois et du Confolentais... Ce charmant village est célèbre pour son ancienne abbaye romane et pour une curiosité : la lanterne des morts.

Où dormir ? Où manger dans les environs ?

Prix moyens

Le Bonnieure : *106, av. de la République, 16260* ***Chasseneuil-sur-Bonnieure.*** *☎ 05-45-39-67-66. À 8 km au sud de Cellefrouin par la D 62. Tlj sf lun. Congés : 1 sem en fév, 1 sem en nov et 1 sem à Noël. Formule déj en sem 13 € ; carte env 25 €. Apéritif ou café offert sur présentation de ce guide.* Au bord de la rue principale qui traverse le village, ce resto apprécié des locaux passerait presque inaperçu tant sa façade est discrète. À l'intérieur, 3 salles pimpantes disposées en L, lambrissées de planches de sapin et décorées d'objets à dominante rouge. Aux beaux jours, la terrasse en teck et son jardin baroque sont des plus rafraîchissants. La cuisine, simple mais goûteuse, est servie en portions généreuses et n'a rien à envier aux meilleures brasseries. Viande ou poisson, il y en a pour tous les goûts. Avec ses prix doux et son service prévenant, c'est une étape convaincante.

Plus chic

Le Logis de la Broue : *rue Abbé-Rousselot, 16450* ***Saint-Claud.*** *☎ 05-45-71-43-96. 06-72-14-68-94. • sylviane.casper@wanadoo.fr • logisdelabroue.com • À 6 km à l'est de Cellefrouin par la D 739. Double 125 € ; gîtes 2-4 pers 400-1 200 €/sem. Table d'hôtes 35 €, apéro et vin compris.* Retranché au bout d'une ruelle, ce beau et vaste logis des XVe-XVIe s préserve son intimité derrière de hauts murs. Du moins côté village. Car la façade arrière donne directement sur la campagne où gambadent les chevaux de la maison ! Un endroit de charme donc, à l'image de ses chambres cosy (mobilier de style et tissus séduisants) et de ses salons élégants. Et puis on ne s'y ennuie pas : billard, piscine et tennis rempliront parfaitement les créneaux entre 2 balades ! Et pour bien finir la journée, Sylviane vous servira, sur réservation, un bon repas préparé avec les produits bio de son jardin.

Beaucoup plus chic

Château de Nieuil : *16270* ***Nieuil.*** *☎ 05-45-71-36-38. • chateaunieuilhotel@wanadoo.fr • chateaunieuilhotel.com • À env 10 km à l'est de Cellefrouin, en passant par Saint-Claud, puis la D 739 (bien fléché à partir du village). Congés : nov. Doubles 130-280 € ; petit déj 15 €. Cocktail de bienvenue offert et réduc de 10 % sur le prix de la chambre (sf 13 juil-31 août) sur présentation de ce guide.* Ancien relais de chasse de François Ier, ce séduisant château Renaissance compte parmi les plus prestigieux de Charente. Évidemment, ce n'est pas donné. Mais l'endroit vaut vraiment la peine d'être vu, avec ses douves en eau, son parc immense, ses jolis jardins à la française et son impressionnante entrée ornée de tapisseries et d'un escalier Renaissance. L'accueil (pas snob) de Luce et Jean-Michel Bodinaud, les propriétaires, est tout à fait charmant. Chambres spacieuses, d'un grand raffinement, décorées à l'ancienne et équipées de salles de bains de rêve... Génial pour une lune de miel ! Certaines s'ouvrent sur le jardin. Piscine dans le parc, bien sûr. Possibilité également de séjourner en gîte en profitant de tous les atouts du lieu. Ou, plus original, dormir à la belle étoile, bien au chaud dans le *carré*, une cabane tout équipée avec plafond de verre et télescope !

La Grange aux Oies : *château de Nieuil, 16270* ***Nieuil.*** *☎ 05-45-71-81-24. • info@grange-aux-oies.com • Pâques-Toussaint, fermé dim soir, lun et mar midi (slt dim soir et lun juil-août) ; hors saison, ouv mer-sam. Congés : 2 sem fin mars-début avr et nov. Formule déj en sem 25 € ; menu 54 €, avec vin, apéro et café ; carte env 70 €.* Les anciennes écuries du magnifique château de Nieuil accueillent une belle salle contemporaine, où le mobilier signé Stark s'accorde parfaitement aux vieilles pierres. L'équipe efficace et souriante propose une carte inventive évoluant au gré des saisons. Excellente cuisine de terroir revue et corrigée avec une pointe de modernisme par un chef jamais en panne d'idées, qui cultive ses propres légumes et aromates dans le potager du château et qui propose même une cuvée maison. Très belle terrasse donnant sur le parc, et salon cosy pour s'offrir un cognac à la fin des agapes.

À voir

L'église : *dans le village.* Cette abbatiale du XIe s est le seul vestige d'un monastère important détruit pendant les guerres de Religion. Elle se différencie de la plupart des églises romanes de la région par son aspect assez austère. On remarque seulement quelques chapiteaux sculptés. En partie enterrée, elle a été l'objet de travaux visant à lui redonner ses dimensions d'origine.

La lanterne des morts : *dans le cimetière, sur les hauteurs du village.* À pied, de l'église, prendre les escaliers situés à gauche de la route, vers la sortie du village. En voiture, prendre la rue du Petit-Château (face à l'église, à gauche de l'épicerie), puis à gauche et à droite. Cet étrange monument est l'un des derniers du genre dans le département et l'un des plus beaux de France.

UNE FLAMME D'OUTRE-TOMBE

Érigée au XIIe s, la lanterne de Cellefrouin de 12 m de haut servait à élever une lampe à huile dont la flamme symbolisait la vie... après la mort. Les ouvertures que l'on aperçoit sous le sommet laissaient filtrer la lumière. Remarquez les griffes sculptées au pied de l'édifice, ainsi que les écailles du toit.

DANS LES ENVIRONS DE CELLEFROUIN

Le mémorial de la Résistance : *16260* ***Chasseneuil-sur-Bonnieure.*** *À 8 km au sud-est de Cellefrouin par la D 62.* Plantée au sommet d'une colline, cette immense croix de Lorraine veille sur le cimetière où reposent les 2 029 maquisards tués pendant la Seconde Guerre mondiale. À l'office de tourisme du bourg *(16, rue Bir-Hakeim ; ☎ 05-45-39-60-71 ; mar-sam 14h30-18h),* une expo gratuite retrace l'historique du groupe de résistants le plus important et le plus actif de la région, le *maquis Bir Hakeim* du colonel Chabanne (affiches, documents et matériel d'époque).

LE RUFFÉCOIS

Au nord d'Angoulême, cette vaste région a longtemps appartenu au Poitou. Pourtant, la Charente y coule, et le long de ses rives se sont établis de bien jolis villages, de vieux châteaux et de charmantes églises, dont la plus photographiée du département !

RUFFEC (16700) 3 560 hab. *Carte Charente, C1*

Capitale d'une microrégion (le Ruffécois, donc), au cœur d'une grande zone rurale spécialisée dans l'élevage, Ruffec a perdu son titre de sous-préfecture et a écarté de son centre l'axe Angoulême-Poitiers, évitant ainsi l'occasion de voir passer les automobilistes. Si elle a gagné en calme, elle a perdu en visiteurs... Dommage, d'autant plus qu'il y a des choses à voir dans la vieille ville, ainsi que dans les environs.

Adresse utile

Office de tourisme du Pays ruffécois : *18, pl. des Martyrs-de-l'Occupation. ☎ 05-45-31-05-42. • ruffecois-tourisme.com • De mi-juin à mi-sept, lun ap-m, mar-ven et le mat sam-dim ; le reste de l'année, mar-mer et ven-sam mat.* Nombreuses infos sur toute la région. Activités natures : randos ludiques familiales *(2 €).* Accueil sympathique et efficace.

Où manger dans les environs ?

Auberge de L'Argentor : *16700* ***Nanteuil-en-Vallée.*** *☎ 05-45-31-85-20. • aubergedelargentor@hotmail.fr • Tlj sf lun. Formule déj en sem 12 € ; menu 24,50 € ; carte env 30 €. Café offert sur présentation de ce guide. L'Argentor* fait l'unanimité. Pour son cadre, une agréable auberge rustique au centre du village, pour son accueil chaleureux et efficace, et pour sa cuisine de qualité. Qu'il s'agisse du petit menu du midi (servi côté bar), simple et bon, ou des plats plus élaborés (servis au resto), on n'est jamais déçu. Une valeur sûre. Terrasse.

À voir

L'église Saint-André : *à 3 rues de la place centrale.* À voir pour sa magnifique façade d'époque romane. Toute l'originalité réside dans les hautes colonnes qui entourent le portail, ainsi que dans cette belle procession d'apôtres sculptée à l'étage. Au sommet, le Christ en gloire, entouré d'anges voletant. Parmi les scènes sculptées sous les arcatures, de chaque côté du portail, on aperçoit un barbu allongé et une femme derrière un rideau. En fait, il s'agirait d'un mourant « dont l'âme prête à quitter le corps sous forme d'un animal [...] est veillée par un archange debout derrière le lit »... À l'intérieur, ne manquez pas les magnifiques vitraux contemporains aux couleurs flamboyantes, signés Vivian Oël, une ancienne élève de Dalí.

¶ ***La vieille ville :*** quelques belles demeures anciennes, certaines à colombages, et les ruines d'une chapelle des Templiers (rue du Pontereau, qui mène au cimetière).

¶ ***Le château :*** *sur une colline, de l'autre côté de la rivière.* Vestiges d'une bâtisse du XVIe s détruite pendant la Révolution. L'endroit est surtout connu pour avoir appartenu au duc de Saint-Simon, illustre mémorialiste du XVIIe s, dont les *Mémoires* sont un régal à lire. Ne se visite pas, mais la balade vaut le coup pour les rives du Lien, avec lavoir et joli moulin (privé).

DANS LES ENVIRONS DE RUFFEC

¶¶ ***Nanteuil-en-Vallée :*** *à 11 km à l'est de Ruffec par la D 740, vers Confolens.* Au cœur d'une charmante vallée, vieux village plein de charme qui, s'il était chez le voisin périgourdin, susciterait sans doute quelques embouteillages. Une promenade à travers le village vous conduira aux jardins de l'Argentor, composés d'un arboretum et d'un jardin aquatique. Dans l'église Saint-Jean-Baptiste (du XIIIe s mais remaniée plusieurs fois), belles stalles sculptées de part et d'autre du chœur.
– En haut du village, de hauts murs cachent l'***abbaye Notre-Dame*** *(juil-août, tlj sf lun 10h30-12h30, 14h-18h ; le reste de l'année, visite pour les groupes slt sur rdv auprès de la mairie : ☎ 05-45-31-82-67 ; entrée : 2,50 €, réduc).* L'abbaye aurait été fondée par Charlemagne et aurait reçu la protection spéciale du pape Clément V. Son bâtiment le plus étonnant est appelé le « Trésor ». C'est sans doute là-dedans que les riches moines de l'abbaye cachaient leur pactole au XIIe s. On peut aussi voir l'*hôtellerie* du XIIIe s et de grandes salles superbement restaurées.

¶ ***La vallée de la Lizonne :*** *le long de la D 309. De Nanteuil, remonter jusqu'à Fretet par la D 187.* Le long d'une pittoresque rivière, une route tout ce qu'il y a de plus mignon, bordée de vieilles fermes et de quelques manoirs, au milieu des arbres.

¶ ***Villefagnan :*** un vieux moulin restauré *(mairie ☎ 05-45-31-60-57 ; 📱 06-71-41-37-22 meunier ; visite sam-mar à 15h et 15h30 ou sur rdv ; entrée : env 4 €),* qu'un meunier fait visiter tout en surveillant sa meule au travail... Petite expo dans la grange attenante.

¶ ***Courcôme :*** *à 7 km au sud-ouest de Ruffec.* Gentil village intéressant pour son église du XIe s, l'une des plus vieilles du Ruffécois. Belle façade, beau clocher, comme tout cela est beau... Mais ne manquez pas l'intérieur, pour ses chapiteaux sculptés (dans le chœur et derrière l'autel) et sa gigantesque statue de la Vierge, du XIIIe s, adorée par les habitants du coin : les mariées y déposent leur bouquet ! À noter, dans le cimetière, la chapelle à toiture en lauzes et les peintures murales restaurées.

TUSSON

(16140) 270 hab. *Carte Charente, B1*

À 16 km au sud-ouest de Ruffec, le village protégé de Tusson vaut le coup d'œil, pour ne pas dire le détour. Il faut prendre le temps de se promener dans les rues lumineuses, dont les vieilles demeures ont été parfaitement restaurées. Un charme exquis et pas mal de curiosités architecturales, héritage

d'un passé important dû à une abbaye aujourd'hui disparue. Marguerite d'Angoulême, la sœur de François Ier, s'y était retirée brièvement (pendant 2 mois) après la mort de son frère.

Adresses utiles

Office de tourisme du Pays ruffécois : *rue des Halles, 16140* **Aigre** *(et non à Tusson donc). ☎ 05-45-21-26-70. • ruffecois-tourisme.com • En été, mar-ven et le mat sam-dim ; hors saison, mar, jeu, ven (sf en hiver) et sam mat.* Abondante documentation.

Club Marpen : *dans la Maison du patrimoine. ☎ 05-45-31-17-32. • clubmarpen.org •* Très active localement, cette association organise des circuits de visite de Tusson, des ateliers de découverte, des expositions, des chantiers internationaux de jeunes, un chantier-école du Patrimoine...

Où dormir ? Où manger ?

Chambre d'hôtes chez Étiennette Gaudin : *pl. de la Mairie. ☎ 05-45-39-04-62. 06-33-21-64-32. Double avec douche et w-c 48 € ; pour 3 pers 55 €.* Au cœur du village, sur la verdoyante place de la Mairie, une chambre douillette (possibilité d'en ajouter une 2e pour les familles ou couple d'amis), décorée à l'ancienne, dans une vieille maison charentaise bordée par un jardin de curé. Accueil charmant.

Le Compostelle : *dans le centre-bourg. ☎ 05-45-31-15-90. • le-compostelle@wanadoo.fr • Juil-août, tlj sf dim soir et lun ; sinon, ouv le midi tlj sf lun, plus le soir ven-sam. Congés : 15 j. en janv. Menus 15-35 € (midi en sem), puis 35-55 €.* On vient de loin pour *Le Compostelle,* et cela n'a rien à voir avec un quelconque pèlerinage ! Le secret : un menu du marché d'un très bon rapport qualité-prix, et surtout une cuisine de terroir personnalisée qui mérite nos louanges. Cadre rustique cossu. Accueil et service charmants. La bonne adresse que méritait ce village de charme.

LA CHARENTE

À voir

La Maison du patrimoine et le Jardin monastique médiéval : *face à l'église. ☎ 05-45-31-17-32. (jardin et rdc du musée). Ouv tte l'année sf vac de Noël : tlj sf lun 10h-12h, 14h-18h (19h Pâques-Toussaint). Entrée : 4 € ; réduc sur présentation de ce guide ; gratuit jusqu'à 13 ans.* Appelé « maison de Marguerite d'Angoulême » (sa suite y aurait séjourné plusieurs fois vers 1547), ce beau logis du XVIe s se distingue pour sa jolie façade Renaissance. À l'intérieur, des collections d'ethnographie présentent du mobilier régional, des outils, mais également des reconstitutions d'intérieurs charentais (la pièce à vivre traditionnelle, la chambre de la mariée, la salle à manger, la cuisine...). Dans un autre registre, une section s'intéresse aux sépultures découvertes lors des fouilles du prieuré, tandis que différents espaces (dont les bâtiments annexes) abritent d'intéressantes expos temporaires. Enfin, après un petit détour par la reconstitution d'une distillerie (avec son alambic), on parvient au charmant jardin monastique. Réalisé à partir de documents d'époque et rassemblant des plantes cultivées entre le XIIe et le XVe s, ce jardin est (presque) la copie conforme d'un jardin médiéval typique. Jardins, potager et verger sur 1 500 m² pour retrouver l'harmonie avec la nature.

Les vieilles rues : maison à échauguette (place des Cochons), nombreux vieux puits, et quelques nobles façades et porches de demeures du XVe s.

Le prieuré : *en retrait du village, dans un champ. Prendre une petite rue à gauche en sortant de la Maison du patrimoine.* Il dépendait de l'abbaye de Fontevrault.

Ne restent que des ruines du monastère fondé au début du XIIe s. Actuellement, on y pratique des fouilles, car Fontevrault avait fondé sur les lieux un couvent des Hommes, dont subsiste le logis du prieur.

DANS LES ENVIRONS DE TUSSON

Le cimetière de Ligné : *à 4 km à l'est par la D 61.* Étrange cimetière que cet alignement de cercueils de pierre, usés par le temps... En tout, 70 sarcophages du Moyen Âge, certains gravés (on reconnaît des épées et des croix), que l'on a longtemps attribués à des templiers. Il s'agirait plus probablement, sous les dalles, de chevaliers tout court. À côté, haute croix de pierre (dite « hosannière ») du XVIIe s.

L'Isle Nature de Saint-Fraigne : *petit village à env 10 km au nord-ouest de Tusson par la D 31 puis la D 737. Infos à la mairie : ☎ 05-45-21-37-67. ● islenature.fr ●* Surprenantes fresques contemporaines dans l'***église*** *(visite guidée 3,50 €).* Et non moins surprenants jardins (juste en contrebas de l'église) et une Maison de l'eau...

– ***Les Jardins éphémères :*** *juil-août, mar-dim 14h-19h ; juin et de sept à mi-oct, sam-dim 14h-19h, ou sur rdv. Entrée : 3,50 € ; visite combinée de l'église et des jardins : 6 € ; réduc.* Venez découvrir un espace entre nature et culture. Charmant endroit, baigné par une petite rivière qui sort de son lit tous les hivers et inonde la totalité du site. C'est pourquoi on recommence tout à zéro chaque année. On confie alors la création de 10 jardins éphémères à de jeunes paysagistes et artistes professionnels ou amateurs qui s'expriment autour d'un grand thème. Une idée originale qui mérite le détour, d'autant qu'on découvre également la reconstitution d'une tourbière et des pavillons abritant de petites expos. La Maison de l'eau accueille des expositions sur le thème de l'eau, bien sûr. Pour les enfants, un labyrinthe végétal, des tipis en osier... et toutes sortes d'animations et d'ateliers.

– ***Le musée de l'École publique :*** *à côté de la mairie. Juin-août, tlj sf mar 14h-18h. Entrée : 2 € ; réduc.* Ce village ne manque décidément pas d'énergie. Il offre aux visiteurs la possibilité de découvrir une salle de classe 1900, avec tous les accessoires en bonne place : blouses, encriers, porte-plume, tableau noir...

LA VALLÉE DE LA CHARENTE, DE RUFFEC À ANGOULÊME

VERTEUIL-SUR-CHARENTE

(16510) 650 hab. *Carte Charente, C1*

Très jolie petite ville des bords de Charente, bâtie autour de son château, propriété de famille des La Rochefoucauld depuis le XIIe s ! Autant dire qu'un bout de l'histoire de France s'y est déroulé : les sièges y furent nombreux pendant la guerre de Cent Ans, un important synode protestant y eut lieu pendant les guerres de

« À NOUS DEUX, PARIS »

Verteuil est avant tout connue grâce à deux écrivains. Le premier, François VI de La Rochefoucauld, y commença la rédaction de ses fameuses Maximes. Le second, Honoré de Balzac, y a fait naître l'un de ses personnages les plus connus : Rastignac !

Religion, l'empereur Charles Quint y séjourna en 1539, puis Louis XIII y résida après son mariage avec Anne d'Autriche...

À voir

Le Moulin de Verteuil : *4, allée du Moulin. ☎ 05-45-29-04-77. • moulindeverteuil.blogspot.com • Juil-août, tlj sf dim soir, à partir de 10h30 ; hors saison, tlj sf mer. Congés : nov-fév.* Immanquable au pied du pont de Verteuil, ce vieux moulin tourne de nouveau grâce à l'énergie passionnée d'un formidable couple de... Savoyards ! François a réparé une à une les pales de la roue à aubes et a dû retrouver des meules de silex avant de se métamorphoser en authentique meunier. Avec la farine bio qu'il produit, Marie-Ange confectionne de délicieuses brioches, tartes salées et sucrées, pains et galettes, à emporter ou à déguster sur place dans le restaurant récemment ouvert. Nul doute qu'après une visite gracieuse du moulin avec monsieur ou madame, vous partagerez leur passion commune pour la meunerie à l'ancienne et sa farine aux qualités incomparables !

Le château : *ne se visite pas, hélas.* On peut toujours l'admirer du pont qui enjambe la Charente (dans le centre, après la poste), d'où la vue est absolument ravissante. Les tours surgissent au-dessus du fleuve, des arbres et des toits de tuiles. L'actuel château fut construit au XVe s (celui du XIIe ayant été détruit), puis remanié au XIXe s. De mi-mai à mi-septembre, il est possible de visiter le ***parc du château*** et la grande ***cuisine*** sur rendez-vous ainsi que la cour d'honneur et la chapelle de mai à juillet et en septembre *(la Régie, ☎ 05-45-30-23-18 ; tlj sf lun hors juil-août à 15h ; 6 €).*

L'église Saint-Médard : *demander les clés à la mairie.* Connue pour son exceptionnelle *Mise au tombeau* : un groupe de personnages grandeur nature, en terre cuite, entièrement peint. Cette véritable œuvre d'art du XVIe s fut commandée pour la chapelle du château aux fameux sculpteurs André et Germain Pilon. Un travail tellement réussi que les vêtements semblent vrais.

MANSLE (16230) 1 540 hab. *Carte Charente, B2*

Dans un méandre de la Charente, à mi-chemin entre Ruffec et Angoulême, cette agréable petite ville s'avère l'une des meilleures étapes du Ruffécois. Pas mal d'activités sur place, des forêts aux alentours, de jolies églises à proximité et quelques bonnes adresses dans les environs.

Adresse utile

Office de tourisme du Pays ruffécois : *pl. du Gardoire. ☎ 05-45-20-39-91. • ruffecois-tourisme.com • En été, tlj sf jeu et slt le mat sam-dim ; hors saison, ouv mar, mer (sf en hiver), ven et sam mat.* Plein de doc sur les environs.

Où dormir ? Où manger ?

Camping municipal Le Champion : *rue Watlington. ☎ 05-45-20-31-41 (mairie). 06-23-01-03-47. • campinglechampionmansle@gmail.com • À 200 m du centre en direction de Ruffec, sur la droite après le pont. Ouv 15 mai-15 sept. Env 12 € pour 2 en hte saison. 120 empl.* Un 3-étoiles bien tenu et bien équipé, stratégiquement situé aux portes de la ville. Les plus agréables emplacements jalonnent les berges de la Charente. Baignade et pêche possibles, aire de jeux pour enfants, terrain de volley-ball. Piscine (bons de réduction pour les campeurs) et location de canoës à proximité.

Hôtel-restaurant Beau Rivage : *pl. du Gardoire. ☎ 05-45-20-31-26. • hotel.beau.rivage.16@orange.fr • hotel-beau-rivage-charente.com • Juste à côté du pont sur la Charente. Resto tlj sf dim soir oct-avr. Double 71 €. Formule déj en sem 13 € ; menus 15 € (en sem), puis 21-30 € ; carte env 35 €.* L'immeuble moderne n'a rien de folichon au premier abord, mais c'est un leurre. D'abord, il cache un vaste jardin luxuriant qui dégringole en cascade jusqu'au bord de la Charente. Ensuite, il abrite des chambres tout confort et souriantes (voire très réussies pour celles qui profitent d'une déco contemporaine soignée). Évidemment, les plus sympas sont celles dont les balcons surplombent le charmant paysage. Vaste salle à manger avec de grandes baies vitrées, ouvrant comme il se doit... sur le parc et la rivière. Cuisine de tradition, sans mauvaise surprise ; spécialité de poisson de mer. Terrasse. Et pour la digestion, rien de tel qu'une balade en barque ou à VTT (loués sur place) !

À voir. À faire

Le parc floral Jean-Pierre-Lanson : *à la sortie de la ville, direction Angoulême. ☎ 05-45-20-39-91 (office de tourisme). Ouv tte l'année. GRATUIT.* Petit jardin botanique et arboretum. Une particularité : est présentée ici une rare collection (500 variétés) de fuchsias.

– ***Toutes sortes d'activités :*** escalade, canoë-kayak, équitation, tir à l'arc, etc. Renseignements et inscription à l'office de tourisme.

– ***Piscine :*** *en été.*

DANS LES ENVIRONS DE MANSLE

L'église de Lichères : *à 8,5 km au nord-est de Mansle, de l'autre côté de la nationale (fléché).*
Perdue en pleine campagne, l'une des petites églises romanes les plus connues de Charente : vous retrouverez son harmonieuse silhouette partout, en prospectus, cartes postales ou posters. Elle symbolise à elle seule l'attachement de la région à ses racines, la modestie de l'architecture romane au sein de la nature, en un mot toute l'histoire charentaise, faite de pierre et de vigne, de recueillement et de pudeur.
Outre le bâtiment lui-même, dont il faut faire le tour pour en admirer les rondeurs, on remarque le noble portail sculpté : l'Agneau apparaît encadré par des anges sur le tympan, surmonté lui-même d'une voussure ornée d'animaux fabuleux. Observez bien les détails des fenêtres, notamment à droite de l'église, côté cimetière : chouette, tête de loup, ogre dévorant une bestiole, etc. À l'intérieur, un sol fait de pavés dits « cœurs des demoiselles » et un chœur décoré de chapiteaux historiés. On resterait des heures ici, à contempler chaque détail, mais aussi à savourer cette quiétude d'un autre temps, à deux pas du fleuve Charente. Mais puisqu'il faut repartir, descendez jusqu'au fleuve justement, qu'on peut traverser grâce à une barque appelée « barque du passeur », qu'on hale d'une rive à l'autre en tirant sur un câble. Une curiosité amoureusement entretenue par les gens du coin.

Mouton et l'église Saint-Martial : *un peu plus au sud de Lichères, à 2 km à peine.* Autre exemple d'art roman, dans un style un peu différent. Élégante façade, un peu austère. On déniche ici aussi des sculptures surprenantes, comme cette tête de Gaulois (au-dessus de la porte) ou ces animaux des

arcades latérales : on reconnaît un lion ailé et bien sûr... un mouton ! Autres sculptures de personnages sur le mur, côté sud.
– En parcourant le village, vous découvrirez plusieurs maisons à « balet » avec l'avancée de toit et l'escalier extérieur, le lavoir alimenté par une fontaine situé à quelques pas de l'église, les pierres tombales provenant de l'ancien cimetière.

Le château de Bayers : *16460* ***Bayers.*** *☎ 05-45-22-54-74. À quelques km au nord-est de Lichères. Juil-août, tlj sf lun, visite guidée slt, à 14h30 et 16h30. Entrée : 5 € ; gratuit moins de 12 ans.* Ancienne propriété de la famille de La Rochefoucauld, ce beau château des XIIe et surtout XVe s a de nouveau fière allure depuis sa rénovation. Des photos donnent la mesure des efforts fournis : les arbres poussaient carrément dans le logis ! Bayers revient donc de loin, surtout qu'avant la Révolution la forteresse comptait un pont-levis et huit tours jalonnant le rempart. Aujourd'hui, il ne reste que quelques pans de murailles et le corps de garde, mais le château mérite à lui seul une visite. La visite permet de voir cinq salles, dont la bibliothèque. Magnifique vue sur les environs.

MONTIGNAC-SUR-CHARENTE

(16330) 730 hab. *Carte Charente, B2*

Au bord du fleuve, à une dizaine de kilomètres en aval de Mansle. Ce souriant village, aux airs méridionaux avec sa petite place centrale, conserve fièrement le seul vestige de son ancien château : un beau donjon carré, au sommet d'une colline. Du centre, on y accède par un escalier. Joli panorama.

Adresse utile

Office de tourisme du Pays ruffécois : *10, pl. du Docteur-Feuillet. ☎ 05-45-22-71-97. • ruffecois-tourisme.com • Juil-août, mer, ven et le mat sam-dim ; sinon, mer-jeu (ven en hiver) et sam mat.* Accueil très sympathique.

LA CHARENTE

DANS LES ENVIRONS DE MONTIGNAC-SUR-CHARENTE

L'Espace d'architecture romane de Saint-Amant-de-Boixe : *à 2 km au nord de Montignac. ☎ 05-45-94-24-27. • abbaye.saintamantdeboixe.fr • ♿ (accès partiel). Juin-août, mar-ven 10h-13h, 15h-19h ; w-e et j. fériés (sf lun) 15h-19h. Mars-mai et sept-nov, mar-ven 10h-12h, 14h-18h ; w-e 15h-18h. Déc-fév, slt w-e 14h30-17h30. Visite audioguidée : 5 € ; tarif réduit 3,50 € sur présentation de ce guide ; gratuit jusqu'à 17 ans. Nombreuses manifestations et visites thématiques tte l'année.* Une halte s'impose pour découvrir ce site passionnant. À l'entrée du village, on tombe nez à nez avec une imposante église abbatiale du XIIe s, complétée d'un chœur gothique du XIVe. C'est muni d'un audioguide que l'on va d'abord en faire le tour (haute tour-clocher fortifiée et très belle façade, pleine d'élan, avec un large portail aux chapiteaux sculptés). Intérieur tout aussi étonnant : pour son escalier en bois (rare dans une église !), et pour la nef qui s'avère construite de travers (encore plus rare !). Bref, il y règne une atmosphère étrange, d'autant plus que c'est l'une des plus vastes églises de Charente, aux proportions de cathédrale. On peut d'ailleurs admirer des peintures murales du XIVe s (provenant de la crypte) dans le transept sud. Après les travaux pratiques, place à la « théorie » dans l'*Espace d'architecture romane* très bien conçu qui prolonge la visite. Attention, rien de barbant ici, mais au contraire, une muséographie intelligente qui interpelle petits et grands à l'aide de belles – et habiles – maquettes, d'illustrations, de documents sonores, de modules ludiques et de bornes interactives. À la fin, vous serez incollable sur le monachisme en Charente, sur les différents aspects de l'architecture romane et, bien sûr, sur l'histoire de l'abbaye.

LES DESSOUS DU CLOÎTRE

En 2004, lors des fouilles archéologiques du cloître, la découverte de la sépulture d'une femme souleva bien des questions. Qui était-elle et pourquoi reposait-elle dans un lieu réservé aux moines bénédictins ? On se demanda même si cette femme n'entretenait pas des relations ambiguës avec les moines. Mais la réponse est moins sulfureuse : certains anonymes avaient à l'époque le privilège de se faire inhumer dans le cloître, parfois même avec l'habit de moine, dans le but d'échapper au diable. À ce jour, on ignore encore tout de cette femme mais on perpétue toujours sa mémoire.

De Montignac à Balzac, oubliez la D 737 qui s'éloigne du fleuve. Passez plutôt rive droite, pour suivre le fleuve par la D 15, puis la D 96 jusqu'à ***Marsac.*** Entre Vouharte (un peu en amont de Montignac) et Marsac, la Charente s'éparpille en une multitude de bras, se couvre de mille et une petites îles, noyées sous la végétation. Un des paysages les plus étonnants de la vallée (qu'on oserait comparer aux bayous de Louisiane).

les ROUTARDS sur la FRANCE 2016-2017

(dates de parution sur • *routard.com* •)

Découpage de la FRANCE par le ROUTARD

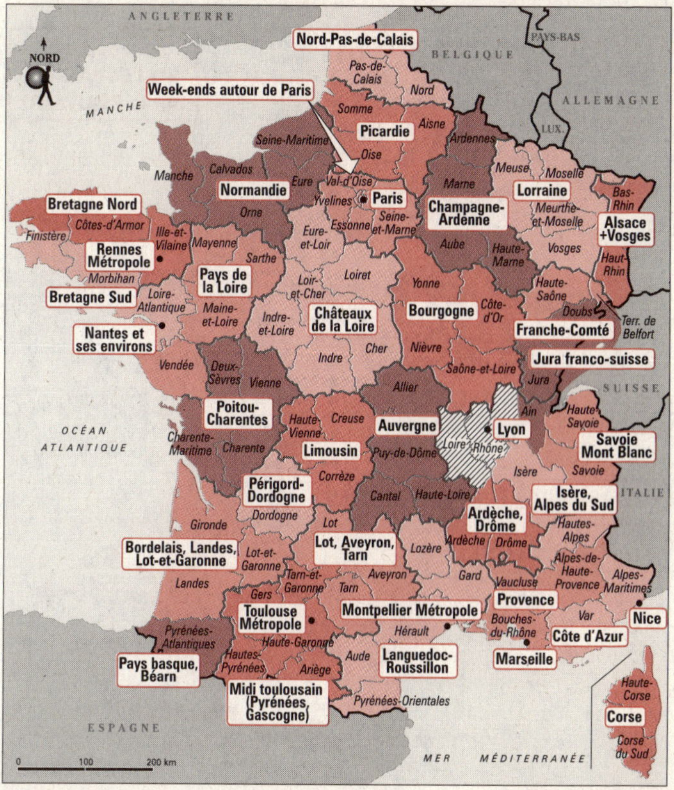

Autres guides nationaux

- La Loire à Vélo
- La Vélodyssée (Roscoff-Hendaye ; avril 2016)
- Nos meilleurs campings en France
- Nos meilleures chambres d'hôtes en France
- Nos meilleurs restos en France
- Nos meilleurs sites pour observer les oiseaux en France
- Tourisme responsable

Autres guides sur Paris

- Paris
- Paris à vélo
- Paris balades
- Restos et bistrots de Paris
- Le Routard des amoureux à Paris
- Week-ends autour de Paris

les ROUTARDS sur l'ÉTRANGER 2016-2017

(dates de parution sur • **routard.com** •)

Découpage de l'ESPAGNE par le ROUTARD

Découpage de l'ITALIE par le ROUTARD

Autres pays européens

- Allemagne
- Angleterre, Pays de Galles
- Autriche
- Belgique
- Budapest, Hongrie
- Crète
- Croatie
- Danemark, Suède
- Écosse
- Finlande
- Grèce continentale
- Îles grecques et Athènes
- Irlande
- Islande
- Madère
- Malte
- Norvège
- Pologne
- Portugal
- République tchèque, Slovaquie
- Roumanie, Bulgarie
- Suisse

Villes européennes

- Amsterdam et ses environs
- Berlin
- Bruxelles
- Copenhague
- Dublin
- Lisbonne
- Londres
- Moscou
- Prague
- Saint-Pétersbourg
- Stockholm
- Vienne

les ROUTARDS sur l'ÉTRANGER 2016-2017

(dates de parution sur • **routard.com** •)

Découpage des ÉTATS-UNIS par le ROUTARD

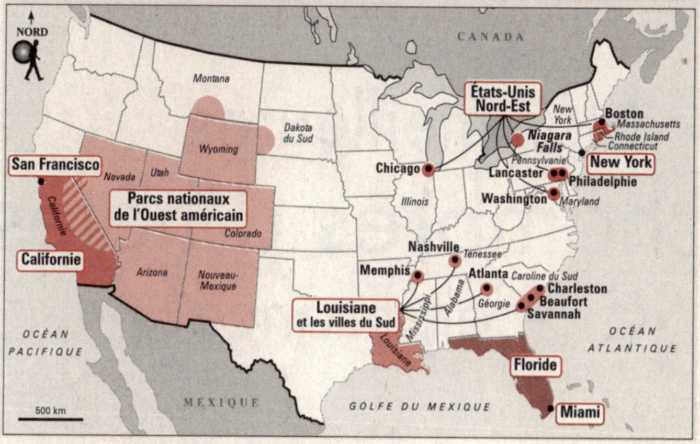

Autres pays d'Amérique

- Argentine
- Brésil
- Canada Ouest
- Chili et île de Pâques
- Équateur et les îles Galápagos
- Guatemala, Yucatán et Chiapas
- Mexique
- Montréal
- Pérou, Bolivie
- Québec, Ontario et Provinces maritimes

Asie et Océanie

- Australie côte est + Ayers Rock (mai 2016)
- Bali, Lombok
- Bangkok
- Birmanie (Myanmar)
- Cambodge, Laos
- Chine
- Hong-Kong, Macao, Canton
- Inde du Nord
- Inde du Sud
- Israël et Palestine
- Istanbul
- Jordanie
- Malaisie, Singapour
- Népal
- Shanghai
- Sri Lanka (Ceylan)
- Thaïlande
- Tokyo, Kyoto et environs
- Turquie
- Vietnam

Afrique

- Afrique de l'Ouest
- Afrique du Sud
- Égypte
- Kenya, Tanzanie et Zanzibar
- Maroc
- Marrakech
- Sénégal
- Tunisie

Îles Caraïbes et océan Indien

- Cuba
- Guadeloupe, Saint-Martin, Saint-Barth
- Île Maurice, Rodrigues
- Madagascar
- Martinique
- République dominicaine (Saint-Domingue)
- Réunion

Guides de conversation

- Allemand
- Anglais
- Arabe du Maghreb
- Arabe du Proche-Orient
- Chinois
- Croate
- Espagnol
- Grec
- Italien
- Japonais
- Portugais
- Russe
- G'palémo (conversation par l'image)

Les Routards Express

Amsterdam, Barcelone, Berlin, Bruxelles, Budapest (nouveauté), Dublin (nouveauté), Florence, Istanbul, Lisbonne, Londres, Madrid, Marrakech, New York, Prague, Rome, Venise.

Nos coups de cœur

- Nos 52 week-ends dans les plus belles villes d'Europe (octobre 2015)
- France
- Monde

PETITS TRUCS ET ASTUCES POUR ÉVITER LES ARNAQUES !

Un routard informé en vaut deux ! Pour éviter les arnaques en tous genres, il est bon de les connaître. Voici un petit vade-mecum destiné à parer aux coûts et aux coups de bambous. À commencer par **l'affichage des prix** : dans les hôtels comme dans les restos, il est **obligatoire** et doit être situé à l'extérieur de l'établissement, de manière visible. Vous ne pouvez donc contester des prix exorbitants que s'ils ne sont pas clairement affichés.

À L'HÔTEL

1 - Arrhes ou acompte ? : au moment de réserver votre chambre par téléphone – par précaution, toujours confirmer par écrit (ou mail) – il n'est pas rare que l'hôtelier vous demande de verser à l'avance une certaine somme, celle-ci faisant office de garantie. Il est d'usage de parler d'arrhes et non d'acompte (en fait, la loi dispose que « sauf stipulation contraire du contrat, les sommes versées d'avance sont des arrhes »). Légalement, aucune règle n'en précise le montant. Toutefois, ne versez que des arrhes raisonnables : 25 à 30 % du prix total, sachant qu'il s'agit d'un engagement définitif sur la réservation de la chambre. Cette somme ne pourra donc pas être remboursée en cas d'annulation de la réservation, sauf cas de force majeure qu'il vous faudra justifier (maladie ou accident) ou en accord avec l'hôtelier si l'annulation est faite dans des délais jugés raisonnables. Si, au contraire, l'annulation est le fait de l'hôtelier, il doit vous rembourser le double des arrhes versées. À l'inverse, l'acompte engage définitivement client et hôtelier.

2 - Subordination de vente : comme les restaurateurs, les hôteliers ont interdiction de pratiquer la subordination de vente. C'est-à-dire qu'ils ne peuvent pas vous obliger à réserver plusieurs nuits d'hôtel si vous n'en souhaitez qu'une. Dans le même ordre d'idées, on ne peut vous obliger à prendre votre petit déjeuner ou vos repas dans l'hôtel ; ce principe, illégal, est néanmoins répandu dans la profession, toléré en pratique, surtout en haute saison... notamment dans les zones touristiques, où la demande est bien plus importante que l'offre ! Bien se renseigner.

> **« QUI DORT DÎNE ! »**
>
> *Cet adage, venu du Moyen Âge, signifie que les hôteliers imposaient le couvert aux clients qui prenaient une chambre. Déjà de la vente forcée !*

3 - Les réservations en ligne : elles se sont généralisées. Par l'intermédiaire de sites commerciaux ou en direct sur les sites des hôtels, elles sont simples et rapides. Mais voilà, les promesses ne sont pas toujours tenues et l'on constate parfois des dérives, notamment via les centrales de résa telles que promos bidons, descriptifs exagérés, avis d'internautes truqués... Des hôteliers s'estiment étranglés par les commissions abusives. N'hésitez pas à contacter l'hôtel sur son site pour vous faire préciser le type de chambre que l'on vous a réservé (sur rue, sur jardin ?).

4 - Responsabilité en cas de vol : un hôtelier ne peut en aucun cas dégager sa responsabilité pour des objets qui auraient été volés dans la chambre d'un de ses clients, même si ces objets n'ont pas été mis au coffre. En d'autres termes, les éventuels panonceaux dégageant la responsabilité de l'hôtelier n'ont aucun fondement juridique.

5 - En cas d'annulation : si vous avez réservé une chambre (sans avoir rien versé) et que vous avez un empêchement, passez un coup de téléphone pour annuler, c'est la moindre des politesses. Trop peu de gens le font, ce qui rend les hôteliers méfiants.

AU RESTO

1 - Menus : très souvent, les premiers menus (les moins chers) ne sont servis qu'en semaine ou que le midi, et avant certaines heures (12h30 et 20h30 généralement). C'est parfaitement légal, à condition que ce soit clairement indiqué sur le panneau extérieur : à vous d'être vigilant et d'arriver dans les bons créneaux horaires ! Il peut arriver que ce soit écrit en tout petit. Par ailleurs, bien vérifier que le « menu d'appel », le moins cher donc, est toujours présent dans la carte qu'on vous donne une fois installé. Il arrive qu'il disparaisse comme par enchantement. N'hésitez pas à le réclamer si vous êtes entré pour ce menu précis.

2 - Le « fait maison » : cette grande « tendance culinaire » de ces dernières années s'oppose aux plats sous-vide ou congelés achetés par les restaurateurs, réchauffés sur place et « agrémentés » d'une petite touche personnelle pour noyer le poisson (ou la souris d'agneau). Depuis 2013, le label « fait maison » permet de vérifier si les plats sont réellement préparés ou non sur place.

3 - Commande insuffisante : il arrive que certains restos refusent de servir une commande jugée insuffisante. Sachez, toutefois, qu'il est illégal de pousser le client à la consommation. Mais l'on peut également comprendre que commander un seul plat pour 3 personnes peut agacer un tantinet le restaurateur. Tout est une question de juste équilibre.

4 - Eau : une banale carafe d'eau du robinet est gratuite – à condition qu'elle accompagne un repas – sauf si son prix est affiché. On ne peut pas vous la refuser, sauf si elle est jugée impropre à la consommation par décret. La bouteille d'eau minérale quant à elle doit, comme le vin, être ouverte devant vous. L'arnaque dans certains restos « pousse-conso » consiste à proposer d'emblée une eau minérale et de la facturer 7 €, voire plus… À la question du serveur : « …et pour l'eau, Badoit ou Vittel ? » vous êtes en droit de répondre « une carafe ! ».

5 - Vins : les cartes des vins ne sont pas toujours très claires. Exemple : vous commandez un bourgogne à 16 € la bouteille. On vous la facture 32 €. En vérifiant sur la carte, vous découvrez que 16 € correspondent au prix d'une demi-bouteille. Mais c'était écrit en petits caractères illisibles. Attention au prix parfois exorbitant des vins au verre. Abus bien courant, l'année de référence n'est plus disponible : on vous sert un millésime plus récent mais au même tarif ! Vous devez obligatoirement en être informé avant le débouchage de la bouteille.

6 - Couvert enfant : le restaurateur peut tout à fait compter un couvert par enfant, même s'il ne consomme pas, à condition que ce soit spécifié sur la carte. Parfois il est libellé « Enfant ne mangeant pas », tant d'euros ! Cela dit, ce n'est quand même pas courant et ça donne une petite idée de la générosité du restaurateur !

7 - Sous-marin : après le coup de bambou et le coup de fusil, celui du sous-marin. Le procédé consiste à rendre la monnaie en plaçant dans la soucoupe (de bas en haut) : les pièces, l'addition puis les billets. Si l'on est pressé, on récupère les billets en oubliant les pièces cachées sous l'addition. Malin !

N'oublions pas que l'hôtellerie et la restauration sont des métiers de service, qui ne souffrent ni l'approximation, ni les (mauvais) écarts. Nous supprimons de nos guides tous les établissements qui abusent. Mais la réciproque est aussi valable : tout est question de respect mutuel.

Bonne route !

INDEX GÉNÉRAL

A

B

C

D

E

F

G

H

I-J

L

M

INDEX GÉNÉRAL

N

O

P

Q-R

S

T

U-V-Y

OÙ TROUVER LES CARTES ET LES PLANS ?

Les **Routards** *parlent aux* **Routards**

Faites-nous part de vos expériences, de vos découvertes, de vos tuyaux. Indiquez-nous les renseignements périmés. Aidez-nous à remettre l'ouvrage à jour. Faites profiter les autres de vos adresses nouvelles, combines géniales... On adresse un exemplaire gratuit de la prochaine édition à ceux qui nous envoient les lettres les meilleures, pour la qualité et la pertinence des informations. Quelques conseils cependant :

- Envoyez-nous votre courrier le plus tôt possible afin que l'on puisse insérer vos tuyaux sur la prochaine édition.
- N'oubliez pas de préciser l'ouvrage que vous désirez recevoir.
- Vérifiez que vos remarques concernent l'édition en cours et notez les pages du guide concernées par vos observations.
- Quand vous indiquez des hôtels ou des restaurants, pensez à signaler leur adresse précise et, pour les grandes villes, les moyens de transport pour y aller. Si vous le pouvez, joignez la carte de visite de l'hôtel ou du resto décrit.
- N'écrivez si possible que d'un côté de la lettre (et non recto verso).
- Bien sûr, on s'arrache moins les yeux sur les lettres dactylographiées ou correctement écrites !

En tout état de cause, merci pour vos nombreuses lettres.

Les Routards parlent aux Routards :
122, rue du Moulin-des-Prés, 75013 Paris

e-mail : • *guide@routard.com* •
Internet : • *routard.com* •

Routard Assurance *2016*

Née du partenariat entre *AVI International* et le *Routard*, *Routard Assurance* est une assurance voyage complète qui offre toutes les prestations d'assistance indispensables à l'étranger : dépenses médicales, pharmacie, frais d'hôpital, rapatriement médical, caution et défense pénale, responsabilité civile vie privée et bagages. Présent dans le monde entier, le plateau d'assistance d'*AVI International* donne accès à un vaste réseau de médecins et d'hôpitaux. Pas besoin d'avancer les frais d'hospitalisation ou de rapatriement. Numéro d'appel gratuit, disponible 24h/24. *AVI International* dispose par ailleurs d'une filiale aux États-Unis qui permet d'intervenir plus rapidement auprès des hôpitaux locaux. À noter, *Routard Assurance Famille* couvre jusqu'à 7 personnes, et *Routard Assurance Longue Durée Marco Polo* couvre les voyages de plus de 2 mois dans le monde entier. *AVI International* est une équipe d'experts qui répondra à toutes vos questions par téléphone : ☎ 01-44-63-51-00 ou par mail • *routard@avi-international.com* • Conditions et souscription sur • *avi-international.com* •

Édité par Hachette Livre (58, rue Jean-Bleuzen, CS 70007 92178 Vanves Cedex, France)
Photocomposé par Jouve (45770 Saran, France)
Imprimé par Jouve 2 (Quai n° 2, 733, rue Saint-Léonard, BP 3, 53101 Mayenne Cedex, France)
Achevé d'imprimer le 23 novembre 2015
Collection n° 15 - Édition n° 01
89/1591/2
I.S.B.N. 978-2-01-912412-0
Dépôt légal : novembre 2015

PAPIER À BASE DE FIBRES CERTIFIÉES

hachette s'engage pour l'environnement en réduisant l'empreinte carbone de ses livres. Celle de cet exemplaire est de : 400 g éq. CO_2
Rendez-vous sur www.hachette-durable.fr